EUROPA-FACHBUCHREIHE
für elektrotechnische und elektronische Berufe

Fachkunde
Informationselektronik

2. Auflage

Bearbeitet von Lehrern und Ingenieuren an beruflichen Schulen
und Fachhochschulen (siehe Rückseite)

Dieses Buch stellt eine zusammengefaßte und erweiterte Neuauflage
der Bände Elektronik 2 — Industrieelektronik — (nicht mehr lieferbar)
und Elektronik 1 — Grundlagen — dar.

VERLAG EUROPA-LEHRMITTEL · Nourney, Vollmer GmbH & Co.
KLEINER WERTH 50 · POSTFACH 20 18 15 · 5600 WUPPERTAL 2

Europa-Nr.: 32319

Bearbeiter der Fachkunde Informationselektronik

Gregor Häberle	Dipl.-Ing., Wiss. Mitarbeiter	Stuttgart
Heinz Häberle	Dipl.-Gwl., Oberstudiendirektor (zugleich Leiter des Arbeitskreises)	Friedrichshafen
Helmut Röder	Dipl.-Ing., Studienprofessor	Pforzheim
Heinz Ruckriegel	Dipl.-Ing., Studiendirektor	Reutlingen, Tübingen
Willi Schleer	Dipl.-Ing. (FH), Oberstudienrat	Überlingen
Bernd Schiemann	Dipl.-Ing., Oberstudienrat	Ulm
Dieter Schnell	Dipl.-Ing., Leit. Regierungsschuldirektor	Stuttgart
Dietmar Schmid	Dr.-Ing., Professor	Aalen
Werner Zieß	Dipl.-Ing. (FH), Studiendirektor	Holzminden

Bildbearbeitung: Zeichenbüro des Verlags Europa-Lehrmittel, Leinfelden-Echterdingen

Lektorat: Oberstudiendirektor Häberle, Friedrichshafen

ISBN 3-8085-3242-4

Diesem Buch wurden die neuesten Ausgaben der DIN-Blätter und der VDE-Bestimmungen zugrunde gelegt. Verbindlich sind jedoch nur die DIN-Blätter und VDE-Bestimmungen selbst.

Die DIN-Blätter können von der Beuth-Verlag GmbH, Burggrafenstraße 4—7, 1000 Berlin 30, und Kamekestraße 2—8, 5000 Köln 1, bezogen werden. Die VDE-Bestimmungen sind bei der VDE-Verlag GmbH, Bismarckstraße 33, 1000 Berlin 12, erhältlich.

Umschlaggestaltung unter Verwendung eines Fotos der Siemens AG, München

© 1985 by Verlag Europa-Lehrmittel, Nourney, Vollmer GmbH & Co., 5600 Wuppertal 2
Satz und Druck: IMO-Großdruckerei, 5600 Wuppertal 2

Aus dem Vorwort zur 1. Auflage

In den letzten Jahren wurden in Industrie, Wirtschaft, Handwerk, Verwaltung, Schule und Forschung viele Arbeitsmethoden und Problemlösungen durch die aus der Digitaltechnik hervorgegangene elektronische Datenverarbeitung grundlegend verändert. Die technischen Einrichtungen dafür, die „Hardware", also die Transistoren, binären Schaltungen, integrierten Schaltkreise, Sensoren, Steuerstrecken, Mikroprozessoren, Computer und die speicherprogrammierbaren Steuerungen stellt die Informationselektronik zur Verfügung.

Der Wunsch, für die Ausbildung der Fachkräfte dieses Industriezweiges ein eigenes Lehrbuch zu schaffen, veranlaßte uns zur Herausgabe der vorliegenden **Fachkunde Informationselektronik**. Das Buch entstand unter Verwendung der Inhalte unserer bewährten Lehrbücher Elektronik 1 — Grundlagen und Elektronik 2 — Industrieelektronik. Sie wurden gründlich neu bearbeitet, erweitert und ergänzt um einführende und weiterführende Sachgebiete. Innerhalb der vier Hauptabschnitte des Buches ist eine gewisse Auswahl der Themen und ihrer Reihenfolge möglich. Dies sowie die in erster Linie sachbezogene Gliederung der Inhalte garantiert die notwendige didaktische und methodische Freiheit des Unterrichts. Bei der Gestaltung des Buches entschlossen wir uns zu einer einbändigen Darbietung des Unterrichtsstoffs.

Die vier aufeinander bezogenen Hauptabschnitte enthalten:

● Grundlagen der Elektrotechnik und Elektronik;

● Schaltungstheorie, Bauelemente und Baugruppen, Grundlagen der Digitaltechnik, Meßgeräte und Schutzmaßnahmen;

● Stromversorgung der Geräte und Anlagen, Motoren, kombinatorische und sequentielle Digitaltechnik, elektronisches Messen; Steuerungs- und Regelungstechnik;

● Mikroprozessoren und Mikrocomputer, Programmieren in höheren Sprachen und speicherprogrammierbare Steuerungen.

Dem Charakter unserer Fachkunde Informationselektronik als eines Lehrbuchs folgend, werden auch komplizierte Sachverhalte in einer verständlichen Sprache dargestellt. Deshalb wurde auf die Gestaltung der Bilder besondere Aufmerksamkeit gelegt. Pädagogisch *sinnvolle* Vereinfachungen und Mehrfarbigkeit machen sie zur *eigenständigen* Erweiterung des Textes und führen gleichzeitig zum Verständnis der in der Fachpraxis üblichen zeichnerischen Darstellung. Die Formeln unseres Buches haben in der Regel die Form von Größengleichungen. Ihre Anwendung wird durch zahlreiche rot unterlegte Beispiele erläutert. Die wichtigsten Informationen und Definitionen werden als blau unterlegte Merksätze deutlich hervorgehoben. Am Ende jedes Abschnitts können die wichtigsten Informationen und Erkenntnisse durch Wiederholungsfragen noch einmal vergegenwärtigt werden.

Die Informationselektronik gewinnt eine immer stärkere Bedeutung in vielen Bereichen der Aus- und Weiterbildung. Dieses Buch ist gedacht für die Berufsausbildung der **Nachrichtengerätemechaniker, Informationselektroniker, Feingeräteelektroniker** und verwandter Berufe. Es ist geeignet für den Unterricht an Technischen Gymnasien, Fachgymnasien und allgemeinbildenden Gymnasien. Als grundlegende Einführung in das gesamte Fachgebiet ist dieses Buch gleichfalls nützlich für Schüler an Fachschulen und Berufsakademien, für Studierende an Fachhochschulen und Technischen Universitäten sowie für die Angehörigen aller technischen Berufe, deren Arbeit immer stärker durch die Informationselektronik beeinflußt wird.

Vorwort zur 2. Auflage

Die freundliche Aufnahme, welches dieses Buch fand, machte bald eine 2. Auflage notwendig. Dabei blieben Aufbau und Umfang unverändert. In der Zwischenzeit eingetretene Normänderungen, insbesondere DIN 19221 und DIN 19225 (Regelungstechnik) sowie DIN 40900 Teil 12 (Binäre Elemente) wurden aber berücksichtigt.

Verfasser und Verlag sind weiterhin für Verbesserungsvorschläge dankbar.

INHALTSVERZEICHNIS

2 Anwendungen der Grundlagen

Übliche Formelzeichen

Kleinbuchstaben

Formelzeichen	Bedeutung
a	1. Beschleunigung 2. Dämpfungsmaß 3. Ablenkkoeffizient
b	Ladungsträgerbeweglichkeit
c	1. spez. Wärmekapazität 2. elektrochem. Äquivalent 3. Lichtgeschwindigkeit
d	Verlustfaktor
f	Frequenz
g	1. Schwerebeschleunigung 2. Tastgrad
i	zeitabhängige Stromstärke
l	Länge
m	Masse
n	1. Umdrehungsfrequenz 2. Anzahl
p	1. Polpaarzahl 2. Druck
q	Querstromverhältnis
r	1. Radius 2. Differentieller Widerstand
s	1. Strecke, Dicke 2. Siebfaktor
t	Zeit
u	zeitabhängige Spannung
$ü$	Übersetzungsverhältnis
v	1. Geschwindigkeit 2. Verstärkungsmaß

Großbuchstaben

Formelzeichen	Bedeutung
A	Fläche, Querschnitt
B	1. Magn. Flußdichte 2. Gleichstromverhältnis 3. Blindleitwert
C	1. Kapazität 2. Wärmekapazität
D	1. El. Flußdichte 2. Dämpfungsfaktor
E	1. El. Feldstärke 2. Beleuchtungsstärke
F	Kraft
G	Leitwert
H	Magn. Feldstärke
I	Stromstärke
J	Stromdichte
K	1. Konstante 2. Kopplungsfaktor
L	1. Induktivität 2. Pegel
M	Drehmoment
N	Zahl, z. B. Windungszahl
P	Leistung, Wirkleistung
Q	1. Ladung 2. Wärme 3. Gütefaktor 4. Blindleistung
S	1. Scheinleistung 2. Steilheit 3. Stabilisierungsfaktor
T	1. Periodendauer 2. Übertragungsfaktor
U	Spannung
V	Verstärkungsfaktor
W	Arbeit, Energie
X	Blindwiderstand
Y	Scheinleitwert
Z	Scheinwiderstand

Griech. Kleinbuchstaben

Formelzeichen	Bedeutung
α	Temperaturkoeffizient
β	Kurzschlußstromverstärkungsfaktor
γ	Leitfähigkeit
δ	Verlustwinkel
ε_0	elektr. Feldkonstante
ε	Permittivität
η	Wirkungsgrad
ϑ	Temperatur
λ	Wellenlänge
μ_0	magnetische Feldkonstante
μ	Permeabilität
ϱ	1. spez. Widerstand 2. Dichte
σ	Streufaktor
τ	1. Impulsdauer 2. Zeitkonstante
φ	Winkel, insbesondere Phasenverschiebungswinkel
ω	1. Winkelgeschwindigkeit 2. Kreisfrequenz

Griech. Großbuchstaben

Formelzeichen	Bedeutung
Δ	Differenz
Θ	Durchflutung
Φ	1. magn. Fluß 2. Lichtstrom
Ψ	elektr. Fluß

Übliche Indizes und Zeichen

Ziffern, Zeichen

Index	Bedeutung
0	1. Leerlauf 2. im Vakuum 3. bei Resonanz
1	Eingang
2	Ausgang
$\widehat{}$, z. B. $\hat{\imath}$	Scheitelwert
', z. B. a'	1. besonderer Hinweis 2. Ableitung

Kleinbuchstaben

Index	Bedeutung
a	1. Abfall; 2. Ausgang 3. Abschalten
ab	abgegeben
auf	aufgenommen
b	1. Betrieb 2. Blindgröße
d	Gleichstrom
e	Eingang
eff	Effektivwert
f	Frequenz
g	Grenzwert
h	hoch, oben
i	1. innen 2. induziert 3. vom Strom 4. ideell
j	Sperrschicht
k	1. kinetisch 2. Kurzschluß

Index	Bedeutung
m	1. magnetisch 2. Meßwerk 3. moduliert
max	maximal
min	minimal
n	Nenn-
o	Oszillator
p	1. potentiell; 2. parallel 3. Pause; 4. Puls
q	quer
r	1. relativ; 2. in Reihe
s	1. Sieb-; 2. Signal
ss	Spitze-Spitze
th	Wärme
tot	total, gesamt
u	durch Spannung
v	1. Vor- 2. Verlust 3. visuell
w	Wirk-
x	unbekannte Größe

Großbuchstaben

Index	Bedeutung
A	1. Strommesser; 2. Anode 3. Anker
B	Basis
C	1. kapazitiv 2. Kollektor
D	Drain
E	1. Entladen 2. Emitter
F	1. Vorwärts 2. Fläche
G	1. Gewicht 2. Gate 3. Glättung
H	1. Hysterese 2. Hall-
K	1. Katode 2. Kopplung (Gegen-) 3. Kühlkörper
L	1. induktiv 2. Laden 3. Last 4. Berührung
M	Mitkopplung
N	Nenn-
Q	Quer-
R	1. Rückwärts 2. Rauschen
S	Source
T	Transformator
U	Umgebung
V	Spannungsmesser
Z	Zener

Griech. Kleinbuchstaben

Index	Bedeutung
σ	Streu-

Die Indizes können kombiniert werden, z. B. bei U_{bL} für die induktive Blindspannung. Indizes, die aus mehreren Buchstaben bestehen, können bis auf den Anfangsbuchstaben gekürzt werden, wenn keine Mißverständnisse zu befürchten sind. Zur Kennzeichnung von Werkstoffen können die Symbole für das Material verwendet werden, z. B. P_{vCu} für Kupferverlustleistung.

1 Grundlagen

1.1 Physikalische Größen

Zur exakten Beschreibung der elektrotechnischen und elektronischen Vorgänge sind physikalische Begriffe unentbehrlich.

1.1.1 Kraftfelder

Auf einen Körper kann durch *unmittelbare Berührung* eine Wirkung ausgeübt werden, z. B. eine Kraft. Die Wirkung kann aber oft auch *aus der Ferne* erfolgen, z. B. durch die Anziehungskraft der Erde auf einen Satelliten **(Bild 1)**. Ohne diese Anziehungskraft würde der Satellit mit gleichbleibender Geschwindigkeit in den Weltraum fliegen.

Massen von Körpern üben aufeinander eine Anziehungskraft aus, die auch aus der Ferne wirkt. Diese Anziehungskraft ist um so größer, je größer die Massen sind und je kleiner ihr Abstand voneinander ist. Bei kleinen Massen ist diese Anziehungskraft sehr klein, bei großen Massen, z. B. Himmelskörpern, aber recht groß.

Tritt eine Wirkung aus der Ferne ein, so sagt man, daß ein *Feld* zwischen der Ursache der Wirkung und dem Körper ist. Ist mit der Wirkung eine Kraft verbunden, so spricht man von einem *Kraftfeld*.

> Jeder Raum kann von Feldern erfüllt sein.

Bekannt ist das *Schwerefeld* der Erde. Es bewirkt, daß es sehr schwierig ist, die Erde und ihre Umgebung zu verlassen.

Bild 1: Erderkundungssatellit im Schwerefeld der Erde

In der Nähe von elektrischen Leitungen tritt ein *elektrisches Feld* auf (Abschnitt 1.7). In der Nähe von Magneten ist ein *magnetisches Feld* wirksam (Abschnitt 1.8). Sich rasch ändernde elektrische bzw. magnetische Felder sind immer miteinander verknüpft. Man nennt sie deshalb *elektromagnetische Felder*. Beim Erderkundungssatelliten (Bild 1) sind gleichzeitig mehrere elektromagnetische Felder wirksam. Die verschiedenen Antennen empfangen diese Felder oder strahlen sie ab. Die segelähnlichen Solarzellen* nehmen die elektromagnetischen Felder der Lichtstrahlung auf und versorgen den Satelliten mit elektrischem Strom. Außerdem ist natürlich das Schwerefeld der Erde wirksam.

1.1.2 Masse und Kraft

Die Angabe der *Masse* eines Körpers gibt Auskunft darüber, ob es leicht oder schwer ist, die Bewegung des Körpers zu ändern. Die Masse ist unabhängig von Ort und Umgebung. Die Einheit der Masse ist das Kilogramm. Ihre Messung erfolgt auf einer Balkenwaage durch Vergleich mit geeichten Massen.

> Die Masse ist an jedem Punkt der Erde und außerhalb der Erde gleich groß.

Infolge des Schwerefeldes der Erde wirkt auf jede Masse auf der Erde oder nahe der Erde eine Kraft. Diese Gewichtskraft kann mit einem Kraftmesser **(Bild 2)** gemessen werden. Beim Kraftmesser tritt unter der Wirkung der Kraft eine Verformung ein, deren Größe ein Maß für die Kraft ist. Die Einheit der Kraft ist das Newton** mit dem Einheitenzeichen N.

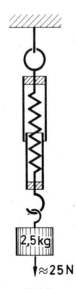

Bild 2:
Kraftmessung

* sol (lat.) = Sonne;   ** Newton (sprich Njutn), engl. Physiker, 1643 bis 1727

F_G Gewichtskraft
g Umrechnungskoeffizient (Schwerebeschleunigung)
m Masse

$$F_G = g \cdot m$$

An der Erdoberfläche ist $g = 9{,}81 \text{ N/kg} \approx 10 \text{ N/kg}$.

Ein Körper mit der Masse 1 kg wiegt auf der Erde etwa 10 N.

1.1.3 Basisgrößen und abgeleitete Größen

Physikalische Größen sind meßbare Eigenschaften von Körpern, physikalischen Zuständen oder physikalischen Vorgängen, z. B. Masse, Länge, Zeit, Kraft, Geschwindigkeit, Stromstärke, Spannung und Widerstand. Jeder spezielle Wert einer Größe kann durch das Produkt von Zahlenwert und Einheit angegeben werden, z. B. zu 10 kg. Der spezielle Wert einer Größe wird *Größenwert* (DIN 1313) und in der Meßtechnik *Meßwert* genannt.

Formelzeichen verwendet man zur Abkürzung von Größen, insbesondere bei Berechnungen. Man verwendet als Formelzeichen Buchstaben des lateinischen oder des griechischen Alphabets. Formelzeichen werden in diesem Buch *kursiv* (schräg) gedruckt.

Physikalische Größen, aus denen man die anderen Größen ableiten kann, nennt man *Basisgrößen* (**Tabelle 1**). Die Länge ist eine Basisgröße. Dagegen ist die Fläche eine abgeleitete Größe.

Vektoren nennt man Größen, zu denen eine Richtung gehört, z. B. ist die Kraft ein Vektor.

Formeln sind kurzgefaßte Anweisungen, wie ein Größenwert zu berechnen ist. Wegen ihres Gleichheitszeichens spricht man auch von *Größengleichungen*. Mit Hilfe der Berechnungsformel kann man meist auch die Einheit des berechneten Ergebnisses erhalten.

Tabelle 1: Basisgrößen

Größe	Formel-zeichen	Einheit	Einheiten-zeichen
Länge	l	Meter	m
Masse	m	Kilogramm	kg
Zeit	t	Sekunde	s
Stromstärke	I	Ampere	A
Temperatur	T	Kelvin	K
Lichtstärke	I_V	Candela	cd

v Geschwindigkeit
s zurückgelegte Strecke
t Zeit für die Strecke

$$v = \frac{s}{t}$$

Beispiel 1: Für eine gleichbleibende Geschwindigkeit gilt obenstehende Formel. Wie groß ist die Geschwindigkeit eines Autos, das in 10 s eine Strecke von 180 m zurücklegt?

Lösung: $v = s/t = 180 \text{ m}/10 \text{ s} = \textbf{18 m/s}$

Einheiten

Die meisten physikalischen Größen haben Einheiten. Die Einheit ist oft aus einem Fremdwort entstanden, z. B. Meter vom griechischen Wort für Messen. Oft sind aber Einheiten auch zu Ehren von Wissenschaftlern benannt, z. B. Ampere. Einheiten der Basisgrößen sind die Basiseinheiten (Tabelle 1). *Einheitenzeichen* sind die Abkürzungen für die Einheiten. Einheitenzeichen werden im Gegensatz zu den Formelzeichen senkrecht gedruckt.

Abgeleitete Einheiten sind aus Basiseinheiten zusammengesetzt oder auch aus anderen, abgeleiteten Einheiten. Oft haben derartige abgeleitete Einheiten einen *besonderen Einheitennamen* (**Tabelle 2**). Auch die besonderen Einheitennamen haben genormte Einheitenzeichen. Einheitennamen erinnern an Wissenschaftler und ermöglichen eine kurze Schreibweise der Größe.

Es ist zulässig, die besonderen Einheitennamen als Einheiten zu bezeichnen. Einheiten mit besonderem Einheitennamen sind z. B. die in der Elektrotechnik häufigen Volt (V), Ohm (Ω), Watt (W), Farad (F) und Henry (H).

Tabelle 2: Abgeleitete Einheiten (Beispiele)

Einheit	Ausgedrückt in Basis-einheiten	besonderer Einheiten-name	Einheiten-zeichen
Amperesekunde	$A \cdot s$	Coulomb	C
Je Sekunde	$1/s$	Hertz	Hz
Meterquadrat	$m \cdot m$	—	m^2

Die abgeleitete Einheit einer Größe erhält man, wenn man in die Berechnungsformel dieser Größe die Einheiten entsprechend einsetzt. Dafür gibt es eine besondere Schreibweise.

> **Beispiel 2:** Die Geschwindigkeit berechnet man aus der Strecke s und der Zeit t mit der Formel $v = s/t$.
> Zu berechnen ist $[v]$ (sprich: Einheit von v).
>
> *Lösung:* $v = s/t \Rightarrow$ (sprich: daraus folgt) $[v] = [s] / [t] =$ **m/s**

Vorsätze geben bei sehr kleinen oder sehr großen Zahlenwerten die Zehnerpotenz an, mit welcher der Zahlenwert einer Größe malzunehmen ist **(Tabelle 1)**.

Tabelle 1: Vorsätze zu den Einheiten, Vorsatzzeichen, Bedeutung

Atto	Femto	Piko	Nano	Mikro	Milli	Zenti	Dezi	Kilo	Mega	Giga	Tera	Peta
a	f	p	n	µ	m	c	d	k	M	G	T	P
10^{-18}	10^{-15}	10^{-12}	10^{-9}	10^{-6}	10^{-3}	10^{-2}	10^{-1}	10^{3}	10^{6}	10^{9}	10^{12}	10^{15}

1.1.4 Kraft als Beispiel eines Vektors

Ein beweglicher Körper wird durch eine Kraft beschleunigt, *ändert* also seine Geschwindigkeit. Als *Beschleunigung* bezeichnet man den Quotienten aus Geschwindigkeitsänderung durch Zeitabschnitt, in dem diese Änderung erfolgt.

a Beschleunigung $[a] = (m/s)/s = m/s^2$
Δv Geschwindigkeitsänderung (Δ griech. Großbuchstabe Delta)
Δt Zeitabschnitt

$$a = \frac{\Delta v}{\Delta t}$$

Je größer bei einer Masse die Beschleunigung ist, desto größer ist die auf die Masse wirkende Kraft. Man bezeichnet diesen Zusammenhang als *Grundgesetz der Mechanik*.

F Kraft $[F] = kg \cdot m/s^2 = N$
m Masse
a Beschleunigung

$$F = m \cdot a$$

Darstellung von Kräften. Die Kraft ist ein Vektor, der durch die Pfeilstrecke $\vec{F}$ (sprich: Vektor F) dargestellt wird **(Bild 1)**. Die Länge der Pfeilstrecke gibt $|\vec{F}| = F$ (sprich: Betrag des Vektors F) an, die Pfeilrichtung die Wirkungsrichtung. Bei der Addition hängt man die Kraftvektoren unter Berücksichtigung ihrer Richtung aneinander (siehe Mathematikbuch).

1.1.5 Arbeit

Eine Arbeit wird aufgewendet, wenn infolge einer Kraft ein Wegstück zurückgelegt wird, z.B. von einem Hubstapler gegen die Gewichtskraft der Last. Der Größenwert der mechanischen Arbeit ist also das Produkt aus Kraft und Weg. Die Einheit der Arbeit ist das Newtonmeter (Nm) mit dem besonderen Einheitennamen Joule* (J). Liegen Kraft und Weg nicht auf derselben Geraden, so wird zur Berechnung der Arbeit nur die Teilkraft in Wegrichtung berücksichtigt (Bild 1).

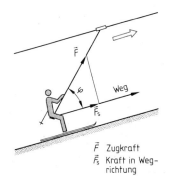

$\vec{F}$ Zugkraft
$\vec{F}_s$ Kraft in Weg-
   richtung

**Bild 1:
Kräfte bei einem Schlepplift**

W Arbeit $[W] = N \cdot m = Nm = J$
F Kraft
F_s Kraft in Wegrichtung
s Weg
φ Winkel zwischen $\vec{F}$ und $\vec{s}$

$$W = F_s \cdot s$$

$$W = F \cdot s \cdot \cos \varphi$$

* Joule (sprich Dschul) engl. Physiker, 1818 bis 1889

1.1.6 Energie

Die Fähigkeit zum Verrichten einer Arbeit nennt man *Arbeitsvermögen* oder *Energie*. Die Energie hat dasselbe Formelzeichen und dieselbe Einheit wie die Arbeit. Arbeit und Energie stellen also dieselbe physikalische Größe dar. Jedoch drückt der Begriff Arbeit den Vorgang aus, der Begriff Energie dagegen den *Zustand* eines Körpers oder eines Systems aus mehreren Körpern. Meist ändert sich die Energie durch Arbeitsaufwand **(Bild 1)**. Die beim Heben einer Last aufgewendete Arbeit steckt nach dem Heben in der Last. Diese Arbeit kann wieder freigesetzt werden, wenn die Last gesenkt wird, z. B. bei einem Baukran. Dann kann elektrische Energie ins Netz zurückgeliefert werden.

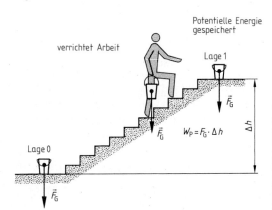

> Energie ist Arbeitsvermögen. Arbeit bewirkt Energieänderung.

Außer der mechanischen Energie gibt es weitere Energiearten. In brennbaren Stoffen ist *chemische Energie* gespeichert. Diese läßt sich durch Verbrennung in *Wärmeenergie* umwandeln. Auch durch Umwandlung der Atomkerne kann Arbeit verrichtet werden. Die in Atomkernen gespeicherte Energie nennt man *Kernenergie* oder auch *Atomenergie*. Die von der Sonne als Wärmestrahlung oder als Lichtstrahlung ausgesandte Energie nennt man *Sonnenenergie*.

Bild 1: Änderung der Energie durch Arbeit

> Energie läßt sich nicht erzeugen, sondern nur umwandeln.

Potentielle Energie* oder Energie der Lage (Bild 1) ist in einem System gespeicherte Energie, z. B. in einer Masse, die sich im Schwerefeld der Erde befindet. Potentielle Energie bedeutet hier das in Lage 1 gespeicherte Arbeitsvermögen gegenüber einer Lage 0 (Bezugslage). Für die Größe der potentiellen Energie ist also vor allem die *Bezugslage* (Ausgangslage) maßgebend.

Die potentielle Energie gegenüber der Bezugslage ist so groß wie die erforderliche Arbeit zur Bewegung der Masse aus der Bezugslage in die neue Lage.

W_p potentielle Energie	g Schwerebeschleunigung ($g \approx 10$ N/kg)	$[W_p] = J$
m Masse	Δh Höhendifferenz	

$$W_p = m \cdot g \cdot \Delta h$$

> **Beispiel:** In einem Stausee befinden sich 1 Million m³ Wasser (Dichte 1 Mg/m³) 600 m über dem Turbinenhaus. Wieviel potentielle Energie ist gegenüber der Lage des Turbinenhauses vorhanden?
>
> *Lösung:* $W_p = m \cdot g \cdot \Delta h \approx 10^6$ m³ $\cdot$ 1 Mg/m³ $\cdot$ 10 N/kg $\cdot$ 600 m $= 10^9 \cdot 10 \cdot 600$ Nm $= 6 \cdot 10^{12}$ Nm $=$ **6 TJ**

Potentielle Energie kann auch anders gespeichert werden, z. B. in einer gespannten Feder.

Kinetische Energie ist in einer bewegten Masse gespeichert. Die kinetische Energie ist unabhängig von einer Bezugslage. Sie hängt nur von der Masse und von deren Geschwindigkeit ab.

W_k kinetische Energie	
m Masse	$[W_k] = J$
v Geschwindigkeit	

$$W_k = \frac{1}{2} m \cdot v^2$$

Wenn einem Körper oder einem System keine Arbeit zugeführt wird, so kann die kinetische Energie des Körpers oder des Systems höchstens so groß werden wie seine potentielle Energie ist, z. B. beim Fall aus einer bestimmten Höhe.

Wiederholungsfragen

1. Welche physikalischen Größen können in einem Raum ohne Materie vorhanden sein?
2. Nennen Sie drei Kraftfelder!
3. Geben Sie die Einheit der Kraft an!
4. Erklären Sie den Begriff Vektor!
5. Worin liegt der Unterschied zwischen Arbeit und Energie?
6. Wie heißen die beiden Arten der mechanischen Energie?

---

* potentia (lat.) = Vermögen, Macht

1.2 Elektrotechnische Grundgrößen

1.2.1 Ladung

Reibt man einen Hartgummistab mit einem Wolltuch und bringt ihn in die Nähe von Papierschnitzeln (**Bild 1**), so werden diese angezogen. Für diese Kräfte sind *elektrische Ladungen* verantwortlich.

> Ladungen entstehen durch Reibung elektrischer Nichtleiter.

Stäbe aus Isolierstoffen, wie z. B. Hartgummi, Acrylglas, Polystyrol, die man mit einem Wolltuch reibt, üben aufeinander Abstoßungskräfte (**Bild 2**) oder Anziehungskräfte (**Bild 3**) aus. Dafür sind ebenfalls die elektrischen Ladungen verantwortlich.

> Gleichartige Ladungen stoßen sich ab, ungleichartige Ladungen ziehen sich an.

Die Ladung des Acrylglasstabes bezeichnet man als *positive Ladung* (Plusladung), die Ladung des Polystyrolstabes oder des Hartgummistabes als *negative Ladung* (Minusladung). Ladungen üben Kräfte aufeinander aus (**Bild 4**).

Jeder Körper ist im normalen Zustand elektrisch neutral. Durch Reibung des Körpers kann dieser Zustand geändert werden, ohne daß sich sein Aussehen verändert. Der Ladungszustand ist aus dem Aufbau der Stoffe erklärbar.

Enthält der Kern eines Atoms so viele Protonen, wie Elektronen um den Kern kreisen, so ist das Atom elektrisch neutral (**Bild 5**). Nach außen tritt keine elektrische Ladung in Erscheinung. Kreisen dagegen um den Atomkern mehr oder weniger Elektronen, als Protonen im Kern vorhanden sind, so ist das Atom im ersten Fall negativ, im zweiten Fall positiv geladen. Man nennt es Ion*.

Die elektrische Ladung ist von der Stromstärke und von der Zeit abhängig. Sie hat die Einheit Coulomb (C)**.

Q Ladung
I Stromstärke $[Q] = As = C$ $\boxed{Q = I \cdot t}$
t Zeit

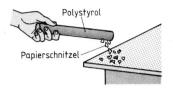

Bild 1: Anziehung von Teilchen durch Ladungen

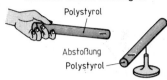

Bild 2: Abstoßung gleichartiger Ladungen

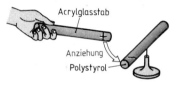

Bild 3: Anziehung ungleichartiger Ladungen

Bild 4: Ladungswirkungen

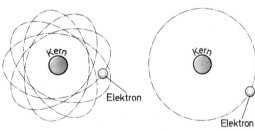

a) Atommodell   b) Vereinfachte Darstellung

Bild 5: Aufbau eines Wasserstoffatoms

Jedes Elektron ist negativ geladen, jedes Proton ist positiv geladen. Beide tragen die kleinste Ladung, die sogenannte *Elementarladung*. Die Elementarladung eines Elektrons beträgt $e = -0,1602 \cdot 10^{-18}$ C, die Elementarladung eines Protons beträgt $e = +0,1602 \cdot 10^{-18}$ C.

1.2.2 Spannung

Verschiedenartige Ladungen werden durch die Anziehungskraft aufeinander zu gezogen (**Bild 1 Seite 14**). Werden verschiedenartige Ladungen voneinander entfernt, so muß gegen die Anziehungskraft eine Arbeit verrichtet werden. Diese Arbeit ist nun als Energie in den Ladungen gespeichert. Dadurch besteht zwischen den Ladungen eine *Spannung*.

* ion (griech.) = wandernd; ** Coulomb, französischer Physiker, 1736 bis 1806

Spannung entsteht durch Trennung von Ladungen.

Die Ladungstrennung ist nicht ohne Arbeitsaufwand möglich. Je höher die erzeugte Spannung ist (Bild 1), desto größer ist das Bestreben der Ladungen sich auszugleichen. Elektrische Spannung ist also auch das Ausgleichsbestreben von Ladungen. Die elektrische Spannung (Formelzeichen U) mißt man mit dem *Spannungsmesser* (**Bild 2**).

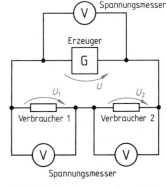

Bild 1: Spannung durch Ladungstrennung

Zur Messung der Spannung wird der Spannungsmesser an die Anschlüsse des Erzeugers oder Verbrauchers geschaltet.

Die Einheit der elektrischen Spannung ist das Volt (V)*. $[U] = $ V. ($[U]$ sprich: Einheit von U). Im Spannungsmesser-Schaltzeichen steht V oder U.

Die elektrische Spannung ist die zur Ladungstrennung aufgewendete Arbeit je Ladung.

U Spannung
W Arbeit
Q Ladung

$$[U] = \frac{Nm}{As} = \frac{J}{C} = V$$

$$U = \frac{W}{Q}$$

Bild 2: Spannungsmessung

Die Ladungstrennung und damit die Spannungserzeugung können auf verschiedene Arten geschehen (Abschnitt 1.5). Bei einem Spannungserzeuger tritt die Spannung über zwei Anschlüsse aus. Man nennt derartige Einrichtungen mit zwei Anschlüssen einen *Zweipol*.

Die Pole eines Spannungserzeugers sind der Pluspol (+) und der Minuspol (−). Der Pluspol ist gekennzeichnet durch Elektronenmangel, der Minuspol durch Elektronenüberschuß. Man unterscheidet Gleichspannung, Wechselspannung und Mischspannung. Die Spannungsart und die Polung der Spannung lassen sich auf verschiedene Weise feststellen. In einer an Gleichspannung liegenden Glimmlampe leuchtet der negative Pol. Bei Wechselspannung zeigen beide Pole ein Flimmern.

Potential nennt man eine auf einen *Bezugspunkt* bezogene Spannung, z. B. die Spannung gegen Erde. Spannung kann als Differenz zweier Potentiale aufgefaßt werden. Eine Spannung kann dabei sowohl zwischen positiven und negativen Potentialen wie auch zwischen gleichartigen, aber verschieden starken Potentialen bestehen.

1.2.3 Elektrischer Strom

Die Spannung ist die Ursache für den *elektrischen Strom*. Elektrischer Strom fließt nur im geschlossenen Stromkreis. Der *Stromkreis* (**Bild 3**) besteht aus dem Erzeuger, dem Verbraucher und der Leitung zwischen Erzeuger und Verbraucher. Mit dem Schalter kann man den Stromkreis öffnen und schließen.

Der elektrische Strom hat verschiedene Wirkungen (**Tabelle 1, Seite 15**). Die Wärmewirkung und die Magnetwirkung treten bei elektrischem Strom immer auf. Lichtwirkung, chemische Wirkung und Wirkung auf Lebewesen treten nur in bestimmten Fällen auf.

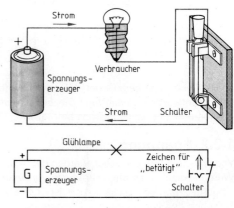

Bild 3: Elektrischer Stromkreis

* Volta, italienischer Physiker, 1745 bis 1827

Tabelle 1: Stromwirkungen

Wärmewirkung	Magnetwirkung	Lichtwirkung in Gasen, in manchen Halbleitern	Chemische Wirkung in leitenden Flüssigkeiten	Wirkung auf Lebewesen bei Menschen und Tieren
immer	immer			
Heizung, Lötkolben, Schmelzsicherung	Relaisspule, Türöffner	Glimmlampe, Lumineszenzdiode	Ladevorgang bei Akkumulatoren, belastete Elemente	Unfälle, Viehbetäubung

Metalle haben Elektronen, die im Inneren des Metalls frei beweglich sind. Man bezeichnet diese als freie Elektronen. Sie bewegen sich von der Stelle mit Elektronenüberschuß zur Stelle mit Elektronenmangel.

Die gerichtete Bewegung von Elektronen nennt man elektrischen Strom.

Die Entstehung der freien Elektronen ist in der Dichte der Atome in Metallen begründet. Dadurch ist es möglich, daß ein Elektron auf der Außenschale eines Atoms genau so weit vom Kern des Nachbaratoms entfernt sein kann, wie vom eigenen Atomkern. Die Anziehungskräfte beider Kerne heben sich auf, und das Elektron ist frei beweglich. Gute Leiter, wie z. B. Kupfer, Silber, haben etwa gleich viel freie Elektronen wie Atome.

Der Spannungserzeuger übt eine Kraft auf die freien Elektronen aus, die sich nach dem Schließen eines Stromkreises fast mit Lichtgeschwindigkeit ausbreitet. Die Elektronen im Leiter bewegen sich dagegen mit sehr geringer Geschwindigkeit (nur wenige mm/s). Der Grund dafür sind die als Hindernis wirkenden Atomrümpfe des Leiters. Bei der Festlegung der Richtung des elektrischen Stromes ging man von der Bewegungsrichtung positiver Ionen in Flüssigkeiten aus (Bild 1).

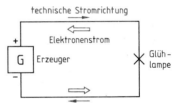

Bild 1: Stromrichtung

Die Elektronen bewegen sich entgegengesetzt zur Stromrichtung.

Den elektrischen Strom (Formelzeichen I) mißt man mit dem Strommesser (Bild 2). Die Einheit der elektrischen Stromstärke ist das Ampere (A)*.

Zur Messung der Stromstärke wird der Strommesser in den Stromkreis geschaltet.

Im Schaltzeichen des Strommessers steht A oder I.

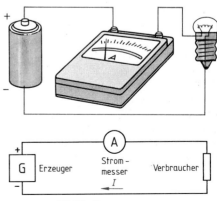

Bild 2: Strommessung

* Ampère, franz. Mathematiker und Physiker, 1775 bis 1836

Man unterscheidet verschiedene Stromarten **(Tabelle 1)**. Bei *Gleichstrom* bleibt der Strom bei gleicher Spannung konstant. Die Elektronen fließen im Verbraucher vom Minuspol zum Pluspol. Im Spannungserzeuger werden die Elektronen unter Arbeitsaufwand vom Pluspol zum Minuspol bewegt. Bei Wechselstrom ändern die Elektronen ständig ihre Richtung.

Ionenstrom ist die Bewegung positiver Ladungsträger in Flüssigkeiten oder Gasen. Ein positives Ion ist ein Atom, dem ein oder mehrere Elektronen fehlen. Ein negatives Ion ist ein Atom, das ein oder mehrere Elektronen zu viel hat.

Löcherstrom ist ein Strom bei Halbleitern mit P-Leitung (Leitung infolge positiver Ladungsträger). Dabei wandern Stellen mit zu wenig Elektronen in Stromrichtung.

Ladungsträgerbeweglichkeit. Die Bewegung der Ladungsträger (*Driftgeschwindigkeit**) im Stromkreis unter Einwirkung eines elektrischen Feldes (Abschnitt 1.7) in oder gegen die Richtung der elektrischen Feldlinien ist vom Leiterwerkstoff und von der elektrischen Feldstärke abhängig. Unter der *Beweglichkeit* der Ladungsträger versteht man das Verhältnis Driftgeschwindigkeit zu elektrischer Feldstärke.

Tabelle 1: Stromarten

Bezeichnung	Schaubild (Kennlinie)	Vorkommen
Gleichstrom DC Zeichen —	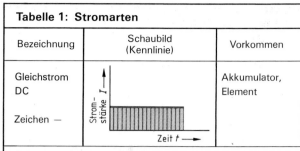	Akkumulator, Element
Gleichstrom ist ein elektrischer Strom, der dauernd in gleicher Richtung und mit gleicher Stärke fließt.		
Wechselstrom AC Zeichen ~	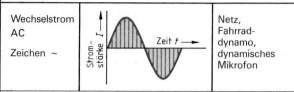	Netz, Fahrraddynamo, dynamisches Mikrofon
Wechselstrom ist ein elektrischer Strom, der ständig seine Richtung und Stärke wechselt.		
Mischstrom (UC) ist Gleichstrom mit überlagertem Wechselstrom.		

b Ladungsträgerbeweglichkeit	
v Driftgeschwindigkeit	$[b] = \dfrac{m/s}{V/m} = \dfrac{m^2}{Vs}$
E elektrische Feldstärke	

$$b = \frac{v}{E}$$

Bei Elektronen ist der Betrag der Beweglichkeit z. B. in Metallen 0,0044 m²/(Vs), in Halbleitern 0,0001 bis 1 m²/(Vs). Die Beweglichkeit der Ladungsträger in Metallen ist infolge der großen Zahl freier Elektronen wesentlich kleiner als bei Halbleitern, weil die vielen Ladungsträger einander mehr hemmen als wenige.

1.2.4 Elektrischer Widerstand

Die Werkstoffe setzen dem elektrischen Strom einen verschieden großen Widerstand entgegen. Der Widerstand, auch Resistanz genannt (Formelzeichen *R*), hat die Einheit Ohm (Ω)**. $[R] = \Omega$.

Den Kehrwert des Widerstandes nennt man Leitwert. Der Leitwert (Formelzeichen *G*) hat die Einheit Siemens (S)***.

R Widerstand	
G Leitwert	$[R] = \dfrac{1}{[G]} = \dfrac{1}{S} = \Omega$

$$R = \frac{1}{G}$$

Beispiel 1: Ein Widerstand beträgt 2 Ω. Wie groß ist der Leitwert?

Lösung: $R = \dfrac{1}{G} \Rightarrow$ (sprich: Daraus folgt) $G = \dfrac{1}{R} = \dfrac{1}{2\,\Omega} = \textbf{0,5 S}$

Leiterwiderstand

Der Widerstand eines Leiters hängt von der Länge, vom Querschnitt und vom Leiterwerkstoff ab. Ein Kupferdraht von 1 m Länge und 1 mm² Querschnitt hat nämlich mehr freie Elektronen als ein Eisendraht gleicher Abmessung.

Der spezifische**** Widerstand gibt den Widerstand eines Leiters von 1 m Länge und 1 mm² Querschnitt an.

* drift (engl.) = abtreiben;   ** Ohm, deutscher Physiker, 1789 bis 1854;   *** Siemens, deutscher Erfinder, 1815 bis 1892;   **** spezifisch (lat.) = arteigen

Der *spezifische Widerstand* ϱ* wird meist für 20 °C angegeben. Oft wird mit der *Leitfähigkeit* γ** statt mit dem spezifischen Widerstand gerechnet. Die Leitfähigkeit γ ist der Kehrwert des spezifischen Widerstandes ϱ.

R Widerstand (Resistanz)
ϱ spezifischer Widerstand
l Länge des Leiters
A Querschnitt des Leiters
γ Leitfähigkeit

$$\gamma = \frac{1}{\varrho}$$

$$R = \frac{\varrho \cdot l}{A}$$

$$R = \frac{l}{\gamma \cdot A}$$

Beispiel 2: Ein Drahtwiderstand besteht aus 1,806 m Manganindraht mit $\gamma = 2,3 \, \dfrac{m}{\Omega \, mm^2}$ und einem Querschnitt von 0,00785 mm². Berechnen Sie den Widerstand!

Lösung: $R = \dfrac{l}{\gamma \cdot A} = \dfrac{1,806 \text{ m}}{2,3 \text{ m/}(\Omega \text{ mm}^2) \cdot 0,00785 \text{ mm}^2} = \mathbf{100 \ \Omega}$

Flächenwiderstand

Unter dem *Flächenwiderstand* versteht man den Widerstand eines quadratförmigen Stückes leitenden Werkstoffes von bestimmter Dicke bei beliebiger Seitenlänge des Quadrats. Er hängt von der Leiterdicke und vom spezifischen Widerstand ab. Die Angabe des Widerstandes erfolgt in Ohm je Quadrat **(Bild 1)**.

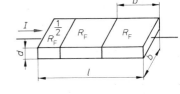

Bild 1: Flächenwiderstand

R Widerstand
ϱ spezifischer Widerstand
l Länge
A Fläche
R_F Flächenwiderstand $\quad [R_F] = \dfrac{\Omega}{\square} = \Omega$
d Dicke
b Breite
N Zahl der Flächenwiderstände

$$R = \varrho \cdot \frac{l}{A}$$

$$R_F = \frac{\varrho}{d}$$

$$R = R_F \cdot \frac{l}{b}$$

$$R = N \cdot R_F$$

$$l = N \cdot b$$

Beispiel 3: Ein Dünnschichtwiderstand aus Chromnickel ($\varrho = 1,08 \ \mu\Omega m$) ist 20 µm breit und 50 nm dick. Berechnen Sie a) den Flächenwiderstand, b) die Zahl der für 4320 Ω erforderlichen Flächenwiderstände, c) die notwendige Länge der Leiterbahn!

Lösung:
a) $R_F = \dfrac{\varrho}{d} = \dfrac{1,08 \ \mu\Omega m}{50 \text{ nm}} = \mathbf{21,6 \ \Omega/\square}$

b) $R = N \cdot R_F \Rightarrow N = R/R_F = 4320 \ \Omega/21,6 \ \Omega = \mathbf{200}$

c) $l = N \cdot b = 200 \cdot 20 \cdot 10^{-3} \text{ mm} = 4000 \cdot 10^{-3} \text{ mm} = \mathbf{4 \text{ mm}}$

1.2.5 Ohmsches Gesetz

Versuch 1: Stellen Sie an einem Schiebewiderstand einen festen Widerstandswert ein! Schließen Sie den Widerstand an einen veränderbaren Spannungserzeuger an! Verändern Sie die Spannung von 0 V ausgehend stufenweise, und messen Sie jeweils die Spannung und die Stromstärke!

Mit zunehmender Spannung nimmt auch die Stromstärke im gleichen Verhältnis zu.

Bei konstantem Widerstand nimmt die Stromstärke linear mit der Spannung zu. Zeichnet man I in Abhängigkeit von U auf **(Bild 2)**, so erhält man eine Gerade. $I \sim U$ (sprich: I ist proportional U). Die Gerade verläuft um so steiler, je kleiner der Widerstand ist. Mit zunehmendem Widerstand nimmt also die Stromstärke ab.

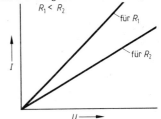

Bild 2: I als Funktion von U

* ϱ griechischer Kleinbuchstabe rho;   ** γ griechischer Kleinbuchstabe gamma

Bei konstanter Spannung nimmt die Stromstärke im umgekehrten Verhältnis zum Widerstand ab. Zeichnet man I in Abhängigkeit von R auf (**Bild 1**), so erhält man eine *Hyperbel*. $I \sim 1/R$ (sprich: I ist umgekehrt proportional zu R).

Das Ohmsche Gesetz drückt den Zusammenhang von Stromstärke, Spannung und Widerstand aus.

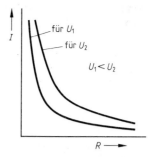

Bild 1: I als Funktion von R

I	Stromstärke
U	Spannung
R	Widerstand

$$[I] = \frac{[U]}{[R]} = \frac{V}{\Omega} = A$$

$$\boxed{I = \frac{U}{R}}$$

Beispiel: Welcher Strom fließt durch eine Glühlampe, die an 4,5 V angeschlossen ist und im Betrieb einen Widerstand von 1,5 Ω hat?

Lösung: $I = \dfrac{U}{R} = \dfrac{4,5\ V}{1,5\ \Omega} =$ **3 A**

1.2.6 Widerstand und Temperatur

Der Widerstand der Leiterwerkstoffe ist von der Temperatur abhängig. Kohle und die meisten Halbleiter leiten in heißem Zustand besser als in kaltem Zustand. Diese Stoffe nennt man deshalb auch *Heißleiter*. Wenige Halbleiterstoffe, z. B. Bariumtitanat, leiten dagegen in kaltem Zustand besser. Man nennt sie *Kaltleiter*. Ihr Widerstand nimmt bei Temperaturerhöhung zu. Auch der Widerstand von Metallen nimmt mit Temperaturerhöhung zu. Der Widerstand von Heißleitern, z. B. Kohle, nimmt bei Temperaturerhöhung ab. Der *Temperaturkoeffizient α** (**Tabelle 1**) gibt die Größe der Widerstandsänderung an. Man nennt ihn auch Temperaturbeiwert.

> Der Temperaturkoeffizient gibt an, um wieviel Ohm der Widerstand 1 Ω bei 1 K Temperaturerhöhung größer oder kleiner wird.

Kelvin (K) ist die Einheit des Temperaturunterschieds, gemessen in der Celsiusskala oder in der Kelvinskala. Der Temperaturkoeffizient von Heißleitern ist *negativ*, da ihr Widerstand mit zunehmender Temperatur abnimmt. Der Temperaturkoeffizient von Kaltleitern ist positiv, da ihr Widerstand mit zunehmender Temperatur zunimmt.

Die Widerstandsänderung bei Erwärmung ist vom Kaltwiderstand, dem Temperaturkoeffizient und der Übertemperatur abhängig.

Tabelle 1: Temperaturkoeffizient in 1/K			
Kupfer	$\alpha = 3,9 \cdot 10^{-3}$	Nickelin	$\alpha = 0,15 \cdot 10^{-3}$
Aluminium	$\alpha = 3,8 \cdot 10^{-3}$	Manganin	$\alpha = 0,02 \cdot 10^{-3}$
Die Werte gelten für eine Temperaturerhöhung ab 20 °C			

ΔR**	Widerstandsänderung
R_k	Kaltwiderstand bei 20 °C
R_w	Warmwiderstand
$\Delta \vartheta$***	Übertemperatur über 20 °C
α	Temperaturkoeffizient

$$\boxed{\Delta R = \alpha \cdot R_k \cdot \Delta \vartheta}$$

$$\boxed{R_w = R_k + \Delta R}$$

$$\boxed{R_w = R_k (1 + \alpha \cdot \Delta \vartheta)}$$

Bei Abkühlung von Leitern nimmt ihr Widerstand ab. In der Nähe des absoluten Nullpunkts (-273 °C) haben einige Stoffe keinen Widerstand mehr. Sie sind *supraleitend* geworden.

1.2.7 Stromdichte

In einem Stromkreis fließt die gleiche Stromstärke durch jeden Leiterquerschnitt und also auch die gleiche Zahl von Elektronen in der Sekunde. Bei verschieden großen Querschnitten, z. B. in der Leitung zu einer

---

* α = griech. Kleinbuchstabe alpha;   ** Δ = griech. Großbuchstabe Delta: Zeichen für Differenz;   *** ϑ = griech. Kleinbuchstabe theta

Glühlampe und im Glühfaden in der Glühlampe, bewegen sich die Elektronen im kleinen Querschnitt schneller als im großen Querschnitt. Deshalb ist auch die Erwärmung im kleinen Querschnitt größer.

J Stromdichte (seither S)
I Stromstärke
A Leiterquerschnitt

$$[J] = \frac{A}{mm^2}$$

$$\boxed{J = \frac{I}{A}}$$

Beispiel: Durch eine Glühlampe fließt eine Stromstärke von 0,2 A. Wie groß ist die Stromdichte a) in der Zuleitung mit 1,5 mm² Querschnitt, b) im Glühfaden mit 0,0004 mm² Querschnitt?

Lösung: a) $J = \dfrac{I}{A} = \dfrac{0,2\,A}{1,5\,mm^2} = \mathbf{0{,}133\,A/mm^2}$;   b) $J = \dfrac{I}{A} = \dfrac{0,2\,A}{0,0004\,mm^2} = \mathbf{500\,A/mm^2}$

Der dünne Leiter mit der größeren Stromdichte erwärmt sich stärker als der dickere Leiter mit der kleineren Stromdichte. Die Erwärmung nimmt noch mehr zu, wenn durch die Art des Werkstoffes der Elektronenstrom beim Durchgang stärker gehindert wird.

Bei Leitungen sind den genormten Querschnitten höchstzulässige Stromstärken zugeordnet (VDE 0100). Die Stromdichte ist dabei bei kleineren Querschnitten größer als bei größeren Querschnitten, weil dünne Drähte eine größere Oberfläche im Vergleich zum Querschnitt haben und daher schneller abkühlen.

Wiederholungsfragen

1. Wie verhalten sich gleichartige und wie verschiedenartige Ladungen?
2. Wie ist die Spannung festgelegt?
3. Woraus besteht der elektrische Strom?
4. Wie ist der spezifische Widerstand festgelegt?
5. Welchen Zusammenhang drückt das Ohmsche Gesetz aus?
6. Was gibt der Temperaturkoeffizient an?

1.2.8 Bauformen der Widerstände

1.2.8.1 Festwiderstände

Bei den Festwiderständen unterscheidet man Kohleschichtwiderstände, Metalloxidwiderstände, Metallschichtwiderstände und Drahtwiderstände.

Kohleschichtwiderstände

Aufbau: Ein zylindrischer, keramischer Körper, z. B. Porzellan, dient als Träger der Widerstandsschicht aus kristalliner Kohle. Die Kohleschicht wird durch Tauchen oder Aufdampfen unter Vakuum aufgebracht. Der Abgleich des Widerstands erfolgt durch Einschleifen einer Wendel in die Kohleschicht. An den Enden der Schicht sind Anschlüsse aus verzinntem Kupferdraht, Kappen oder verzinnte Schellen.

Kohleschichtwiderstände haben als Widerstandswerkstoff eine dünne Kohleschicht.

Es gibt eine Vielzahl von Ausführungsformen von Kohleschichtwiderständen.

Kennzeichnung: Widerstand und Toleranz können durch Zahlen oder durch eine Farbkennzeichnung nach DIN 41429 **(Tabelle 1 Seite 20)** in Form von Ringen, Strichen oder Punkten angegeben sein. Die Farbkennzeichnung ist so angebracht, daß der erste Ring näher bei dem einen Ende des Schichtwiderstandes liegt als der letzte Ring bei dem anderen Ende.

Es bedeuten:

1. Ring: 1. Ziffer des Widerstandswertes
2. Ring: 2. Ziffer des Widerstandswertes
3. Ring: Multiplikator, mit dem die Zahl aus Ziffer 1 und 2 malgenommen wird
4. Ring: Widerstandstoleranz in Prozent.

Tabelle 1: Farbschlüssel für Widerstände

Kenn-farbe	Widerstandswert in Ω			Toleranz des Wider-stands-wertes
	1. Ziffer	2. Ziffer	Multi-plikator	
Keine	—	—	—	±20%
Silber	—	—	10^{-2}	±10%
Gold	—	—	10^{-1}	± 5%
Schwarz	—	0	10^0	—
Braun	1	1	10^1	± 1%
Rot	2	2	10^2	± 2%
Orange	3	3	10^3	—
Gelb	4	4	10^4	—
Grün	5	5	10^5	±0,5%
Blau	6	6	10^6	—
Violett	7	7	10^7	—
Grau	8	8	10^8	—
Weiß	9	9	10^9	—

Sofern Widerstände mit 5 Farbringen gekennzeichnet werden, bilden die ersten 3 Ringe die Ziffern des Widerstandswertes, der 4. Ring gibt den Multiplikator und der 5. Ring die Widerstandstoleranz an.

Die *Widerstands-Reihen* geben die zu bevorzugenden Widerstandswerte an. Für Widerstände kleinerer Leistung gelten die IEC-Reihen* E6, E12 und E24 **(Tabelle 2)**. Für spezielle Anwendungen mit feinerer Unterteilung gelten die Reihen E48, E96 und E192 (DIN 41426). Widerstände für große Leistungen sind nach DIN-Reihen auszuwählen (DIN 41400).

Tabelle 2: Widerstände   IEC-Reihen E6, E12 und E24

E 6	1,0		1,5		2,2		3,3		4,7		6,8	
E 12	1,0	1,2	1,5	1,8	2,2	2,7	3,3	3,9	4,7	5,6	6,8	8,2
E 24	1,0 1,1 1,2 1,3	1,5 1,6 1,8 2,0	2,2 2,4 2,7 3,0	3,3 3,6 3,9 4,3	4,7 5,1 5,6 6,2	6,8 7,5 8,2 9,1

Werte für Widerstände in Ω, kΩ, MΩ

Die IEC-Reihen gelten auch für die Nennwerte anderer Bauelemente, z. B. von Kondensatoren und Z-Dioden.

Belastbarkeit: Die Belastbarkeit eines Kohleschichtwiderstandes ist davon abhängig, wie die entstehende Wärmemenge abgeleitet werden kann. Die Kühlung des Widerstandes erfolgt durch umgebende Luft (Konvektion), Wärmeabstrahlung und Wärmeleitung. Wesentlich sind Luftkühlung und Strahlungskühlung. Beide hängen hauptsächlich von der Oberfläche und der Umgebungstemperatur des Schicht-

---

* IEC = International Electrotechnical Commission (engl.) = Internationale Elektrotechnische Kommission

widerstandes ab. Die *Nennleistung* der Schichtwiderstände kann man bei einiger Übung aus Länge und Durchmesser des Widerstandskörpers erkennen. Maßgebend für die tatsächliche Belastbarkeit eines Kohleschichtwiderstandes ist seine Umgebungstemperatur.

Bei erhöhter Umgebungstemperatur sinkt die Belastbarkeit von Schichtwiderständen ab.

Stromstärke und Spannung: Die zulässigen Höchstwerte von Stromstärke und Spannung lassen sich aus der Nennlast und dem Widerstand berechnen.

Kohleschichtwiderstände mit Kunstharzumkleidung haben einen Überzug aus Epoxidharz. Dadurch sind sie besonders feuchtigkeits-, hitze- und kältebeständig. Ebenso wird die Durchschlagsfestigkeit stark erhöht (1...2,5 kV). Bei den Kohleschichtwiderständen mit Mäanderschliff ist die Induktivität stark herabgesetzt. Sie eignen sich deshalb besonders für hohe Frequenzen.

Metalloxid-Schichtwiderstände

Die Widerstandsschicht besteht aus einem Metalloxid, welches auf einen keramischen Träger aufgedampft wird. Anschließend überzieht man den Widerstand mit Silikonzement. Dadurch wird die Schicht sehr hart und mechanisch fast unzerstörbar. Metalloxid-Schichtwiderstände sind induktionsarm und haben eine wesentlich größere Belastbarkeit als Kohleschichtwiderstände gleicher Abmessungen.

Metallschichtwiderstände

Metallschichtwiderstände haben eine Edelmetallschicht als Widerstandswerkstoff. Die Schicht wird entweder als Paste auf einen Keramikträger aufgetragen (Dickschichttechnik) und eingebrannt oder durch eine Maske aufgedampft (Dünnschichttechnik).

Drahtwiderstände

Drahtwiderstände **(Bild 1)** haben bei gleicher Belastbarkeit kleinere Abmessungen als Schichtwiderstände. Der Nachteil ist die Frequenzabhängigkeit des Widerstandes wegen der Induktivität. Durch besondere Wicklungsausführung kann die Induktivität herabgesetzt werden.

Unlackierte Drahtwiderstände bestehen aus oxidierten Drähten. Die Oxidschicht schützt vor Windungsschlüssen. Drahtwiderstände werden in den Güteklassen 0,5 und 2 mit Toleranzen von 0,5%; 1%; 2%; 5% und 10% hergestellt. Bei den *zementierten Drahtwiderständen* sind die Drahtwindungen mit einer Zementschicht überzogen. Dieser Überzug ist nicht vollkommen luftdicht, so daß der Drahtwiderstand Feuchtigkeit aufnehmen kann. Die zementierten Drahtwiderstände sind daher nicht tropenfest. Für sehr hohe Belastungen eignen sich *glasierte Drahtwiderstände*. Die Glasur schützt den Widerstandsdraht vor Feuchtigkeit und Korrosion, auch bei hohen Temperaturen. Hochbelastbare Bauformen erhalten an Stelle des Widerstandsdrahtes ein gewelltes Band aus Widerstandswerkstoff. *Einstellbare Widerstände* erhalten eine verstellbare Abgriffschelle.

Bild 1: Drahtwiderstände

Belastbarkeit. Drahtwiderstände werden für Nennleistungen von 0,5 W bis 500 W gebaut. Die tatsächliche Belastbarkeit ist ebenso wie bei den Schichtwiderständen von der Umgebungstemperatur abhängig.

> Drahtwiderstände haben eine höhere Belastbarkeit als Schichtwiderstände gleicher Abmessungen.

1.2.8.2 Veränderbare Widerstände

Als einstellbare Widerstände werden hauptsächlich Drehwiderstände (Potentiometer) verwendet. Man unterscheidet Schicht-Drehwiderstände und Draht-Drehwiderstände.

Schicht-Drehwiderstände

Durch kreisförmige Bewegung eines Schleifers auf einer Widerstandsschicht ist eine stetige Änderung des Widerstandes möglich. Die Schicht-Drehwiderstände **(Bild 1)** haben als Widerstandswerkstoff eine leitende Kohleschicht, die auf einen Träger aus Schichtpreßstoff oder Keramik aufgebracht ist. Der Anschluß erfolgt über Lötfahnen oder Stifte. Von der Bedienungsseite aus gesehen liegt die Endlötfahne E links, die Schleiferlötfahne S in der Mitte und die Anfangslötfahne A rechts. Zusätzlich kann neben der Endlötfahne noch eine Masselötfahne vorhanden sein.

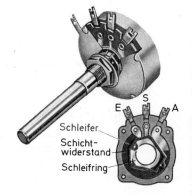

Der Schleifer besteht aus einer Feder mit Kohlekontakt. Der Kohlekontakt schleift auf der Widerstandsschicht, die Feder auf einem Ring, der mit der Schleiferlötfahne verbunden ist. Die *Widerstandskurve* **(Bild 2)** zeigt die Abhängigkeit des Widerstandes zwischen A und S vom Drehwinkel.

Bild 1: Schicht-Drehwiderstand

Man unterscheidet Drehwiderstände mit linearer Kurve (lin) und Drehwiderstände mit gehoben steigend exponentieller Kurve (pos lg) und gehoben fallend exponentieller Kurve (neg lg). Drehwiderstände mit linearer Kurve verwendet man z. B. zur Klangeinstellung, solche mit pos-lg-Kurve zur Lautstärkeeinstellung.

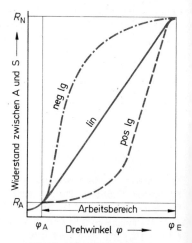

Bild 2: Widerstandskurven

Draht-Drehwiderstände

Die Draht-Drehwiderstände mit geradliniger oder kreisförmiger Schleiferbahn bestehen aus einem zylindrischen Isolierstoffring, z. B. aus Keramik, der die Widerstandswicklung trägt. Bei hochbelastbaren Ausführungen ist die Wicklung mit Ausnahme der Abgreiffläche allseitig mit einer Glasur oder mit Zement überzogen. Das ergibt eine gute Wärmeabgabe und eine hohe Überlastbarkeit.

Wendelpotentiometer haben als Wickelkörper einen flexiblen Rundstab, der nach dem Aufwickeln des Widerstandsdrahtes zu einer schraubenförmigen Wendel geformt wird. Der Schleifer benötigt mehrere Umdrehungen, bis die gesamte Länge des Wickels überstrichen ist. Wendelpotentiometer werden für 2 bis 40 Schleiferumdrehungen hergestellt. Sie haben kleine Toleranzen, geringe Abweichungen von der Linearität, hohes Auflösungsvermögen und hohe Nennlast.

Wiederholungsfragen

1. Welche Festwiderstände unterscheidet man?
2. Wie werden Widerstand und Toleranz auf Schichtwiderständen angegeben?
3. Welche Eigenschaften haben Metalloxid-Schichtwiderstände?
4. Nennen Sie Arten von Drahtwiderständen!

1.2.8.3 Heißleiterwiderstände

Heißleiterwiderstände haben einen großen negativen Temperaturkoeffizient (TK). Ihr Widerstand nimmt mit zunehmender Temperatur stark ab (**Bild 1**). Man nennt Heißleiterwiderstände auch NTC-Widerstände*.

Aufbau: Heißleiterwiderstände bestehen aus Mischungen von Metalloxiden und oxidierten Mischkristallen, die mit einem Zusatz von Bindemitteln gesintert werden. Je nach Anwendungszweck verwendet man verschiedene Bauformen (**Bild 2**).

Eigenschaften: Der Temperaturkoeffizient ist temperaturabhängig. Als Kaltwiderstand gibt man den Widerstand bei 25 °C oder 20 °C an. Ist die Erwärmung des Heißleiters durch den Strom gering, so bleibt der Widerstand vom Strom unabhängig, und die Spannung nimmt geradlinig mit der Stromstärke zu (**Bild 3**). Eine Widerstandsänderung kann dann nur durch eine fremde Wärmequelle erfolgen.

Heißleiter mit kleiner Stromstärke arbeiten als fremderwärmte Heißleiter.

Je größer die Stromstärke ist, desto mehr gehen der Widerstand und damit die Spannung des Heißleiters wegen der Eigenerwärmung zurück.

Eigenerwärmte Heißleiter werden durch den Strom erwärmt.

Anwendungen: Fremderwärmte Heißleiter benützt man z. B. zur Temperaturmessung und Temperaturregelung als *Meßheißleiter*. Meßheißleiter haben kleine Abmessungen, damit sie sich den Temperaturschwankungen der Umgebung rasch anpassen. Zum Ausgleich der Temperaturabhängigkeit von Bauelementen mit positivem Temperaturbeiwert verwendet man fremderwärmte Heißleiter als *Kompensationsheißleiter*. Eigenerwärmte Heißleiter werden als Sensoren bei Flüssigkeitsstandsregelung, z. B. Überlaufsicherungen, verwendet. Anlaßheißleiter benützt man zur Anzugsverzögerung von Relais, zur Unterdrückung von Stromspitzen bei Kleinstmotoren, Kondensatoren und Glühlampen.

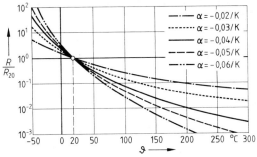

Bild 1: Kennlinien von Heißleiterwiderständen

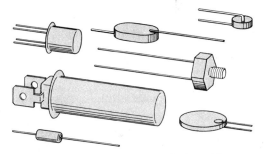

Bild 2: Bauformen von Heißleiterwiderständen und Kaltleiterwiderständen

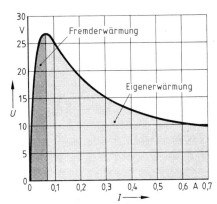

Bild 3: Spannungs-Stromkennlinie eines Heißleiters

1.2.8.4 Kaltleiterwiderstände

Kaltleiterwiderstände haben in einem bestimmten Temperaturbereich einen sehr großen positiven Temperaturkoeffizient. Ihr Widerstand nimmt in diesem Bereich bei Erwärmung stark zu (**Bild 1 Seite 24**). Man nennt sie auch PTC-Widerstände**.

Aufbau: Kaltleiter sind Halbleiter aus eisenhaltiger Keramik. Sie bestehen aus einer Mischung von gesintertem Bariumtitanat mit Zusatz von Metalloxiden und Metallsalzen. Die Kaltleiter werden meist in Scheibenform (Bild 2) hergestellt.

* NTC von engl. **N**egative **T**emperature **C**oeffizient;   ** PTC von engl. **P**ositive **T**emperature **C**oeffizient

Eigenschaften: Im kalten Zustand hat der Kaltleiter den Widerstand R_A (Bild 1). Mit zunehmender Temperatur beginnt bei der Nenntemperatur ϑ_N der Widerstand des Kaltleiters stark zuzunehmen. Bei dieser Temperatur ist der Nennwiderstand $R_N = 2\,R_A$. Je nach Widerstandstyp beträgt der positive Temperaturkoeffizient 0,07/K bis 0,6/K. Diese hohe Empfindlichkeit des Widerstandes in einem engen Temperaturbereich nützt man für Meß- und Regelaufgaben aus. *Fremderwärmte Kaltleiter* werden durch den Meßstrom nur unmerklich erwärmt. Der steile Widerstandsanstieg bei Erwärmung ermöglicht es, mit dem Kaltleiterwiderstand direkt ein Relais abzuschalten. Der Spannungsabfall am kalten Kaltleiterwiderstand ist sehr niedrig. *Eigenerwärmte Kaltleiter* werden vom durchfließenden Strom erwärmt. Dazu sind größere Spannungen erforderlich. Der Kaltleiter erhöht seine Temperatur so lange, bis sich ein Gleichgewicht zwischen zugeführter elektrischer Energie und abgeführter Wärmemenge einstellt **(Bild 2)**.

Anwendung: Fremderwärmte Kaltleiter werden z. B. zur Temperaturmessung in kleinen Temperaturbereichen oder als thermischer Überlastungsschutz verwendet. Eigenerwärmte Kaltleiter eignen sich als Flüssigkeitsstandfühler und Zeitschalter, ferner zur Konstanthaltung des Stromes.

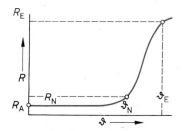

Bild 1: Widerstands-Temperaturkennlinie eines Kaltleiterwiderstandes

1.2.8.5 Spannungsabhängige Widerstände

Bei spannungsabhängigen Widerständen **(Bild 3)** nimmt der Widerstand bei wachsender Spannung stark ab. Handelsbezeichnungen sind VDR (**V**oltage **D**ependent **R**esistor), Varistor und Thyrit-Widerstand.

Aufbau: Spannungsabhängige Widerstände bestehen aus einem Siliciumkarbidpulver, das zusammen mit einem Bindemittel in Formen gepreßt und bei hohen Temperaturen gesintert wird. Der verwendete Werkstoff ist feinkörnig, porös und sehr hart.

Bauformen: Spannungsabhängige Widerstände werden mit und ohne Mittelloch (Bild 3) hergestellt. Die ebenen Flächen tragen eine Metallschicht, die als Kontakt dient.

Eigenschaften: Die Spannung an einem spannungsabhängigen Widerstand nimmt mit zunehmendem Strom zunächst sehr stark und dann immer weniger zu (Bild 3). Die Spannungsabhängigkeit des Widerstandes beruht auf dem veränderlichen Kontaktwiderstand der einzelnen Siliciumkarbidkörner.

Die Spannung am spannungsabhängigen Widerstand läßt sich berechnen.

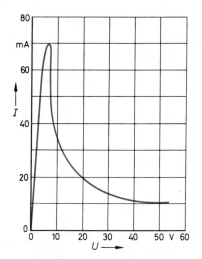

Bild 2: Strom-Spannungskennlinie eines Kaltleiters

U Spannung
C Bauartkonstante
I Stromstärke
β Regelfaktor

$$U = C \cdot I^{\beta}$$

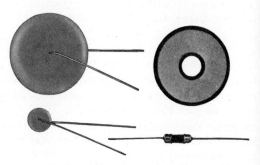

Bild 3: Spannungsabhängige Widerstände

Die Bauartkonstante beträgt 15...2000. Sie hängt von den Abmessungen ab und gibt die Spannung an, die am Widerstand liegen müßte, damit ein Strom von 1 A fließt. Der Regelfaktor beträgt 0,14...0,35. Er hängt vom Werkstoff ab und ist ein Maß für den Anstieg der Spannung mit der Stromstärke.

Die Spannungs-Stromkennlinien **(Bild 1)** zeigen, daß mit zunehmender Spannung die Stromstärke sehr viel größer wird.

Spannungsabhängige Widerstände haben bei niedriger Spannung einen großen Widerstand.

Bei höherer Spannung nimmt die Stromstärke im Verhältnis zur Spannung stärker zu, d. h. der Widerstand wird kleiner.

Anwendung: Spannungsabhängige Widerstände verwendet man zur Verhinderung hoher Überspannungen an gefährdeten Bauteilen, z. B. an Spulen und Schaltern. Dazu muß der spannungsabhängige Widerstand parallel zu dem schützenden Bauteil geschaltet werden. Ferner werden spannungsabhängige Widerstände zum Stabilisieren von Spannungen verwendet.

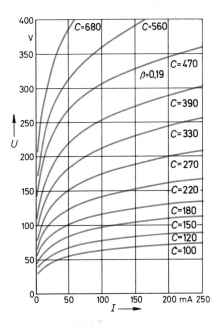

Bild 1: Kennlinien von spannungsabhängigen Widerständen

Wiederholungsfragen

1. Woran erkennt man Heißleiterwiderstände?
2. Welche Heißleiterwiderstände arbeiten mit sehr kleinen Stromstärken?
3. Welches Kennzeichen haben Kaltleiterwiderstände?

4. Wie ändert sich der Widerstand bei spannungsabhängigen Widerständen?
5. Wozu verwendet man spannungsabhängige Widerstände?

1.2.9 Gefahren des elektrischen Stromes

Versuch 1: Berühren Sie mit der Zunge beide Pole einer Taschenlampenbatterie von 4,5 V!

Trotz der geringen Spannung ist die Wirkung eines Stromes zu spüren. Der menschliche Körper leitet den elektrischen Strom, ebenso der tierische Körper.

Die Muskelbewegungen des Menschen werden durch schwache *elektrische Impulse* gesteuert, die meist vom Gehirn ausgehen. Die Herztätigkeit wird vom Schrittmacher an der Herzscheidewand gesteuert. Fremdspannungen stören diese Steuerspannungen. Es kommt je nach Stromstärke zu Schreckempfindung, Muskelverkrampfung, Herzkammerflimmern **(Tabelle 1)**. Bei stärkeren Strömen entstehen Verbrennungen, deren Zersetzungsprodukte den Körper vergiften. Die Muskelverkrampfung verhindert oft das Loslassen spannungsführender Teile. Das *Herzkammerflimmern* führt zum Tode, weil dadurch die Körperzellen nicht mehr mit Sauerstoff versorgt werden.

Tabelle 1: Stromwirkung auf den Menschen	
Strom mA	Folge
50	Herzkammerflimmern, Tod
30	Betäubung
10	Muskelkrampf
1	Schreck
0,3	Empfindungsgrenze

Für die Folgen eines elektrischen Unfalls sind die Stromstärke, die Dauer der Stromeinwirkung, der Stromweg und die Stromart entscheidend. Besonders gefährlich sind Netzwechselströme über 50 mA, wenn sie länger als $\frac{1}{10}$ Sekunde einwirken und wenn der Stromweg über das Herz führt.

Ströme über 50 mA sind lebensgefährlich.

Der durch den Körper fließende Strom wird durch die anliegende Spannung und den *Körperwiderstand* bestimmt. Dieser setzt sich aus dem *Körperinnenwiderstand* und den *Übergangswiderständen* der Haut an den Stromeintrittsstellen und Stromaustrittsstellen zusammen. Je größer die Berührungsfläche ist, desto kleiner ist der Übergangswiderstand. Bei Feuchtigkeit, z. B. Schweiß oder nassem Fußboden, sinkt der Körperwiderstand auf etwa 1 kΩ. Die gefährliche Spannung beginnt somit etwa bei $U = I \cdot R = 50\ \text{mA} \cdot 1\ \text{k}\Omega = 50\ \text{V}$. Nach VDE 0100 gelten Wechselspannungen bis 50 V und Gleichspannungen bis 120 V als ungefährlich. Bei motorisch angetriebenem Kinderspielzeug sind nur 25 V zulässig.

> Spannungen über 50 V sind lebensgefährlich.

Gefährlich ist deshalb das zufällige Berühren eines Leiters, der Spannung gegen Erde führt oder zweier Teile, die gegeneinander Spannung führen. Die Gefahr ist besonders groß bei Arbeiten an Anlagen, die unter Spannung stehen.

> Das Arbeiten an Teilen, die unter Spannung gegen Erde stehen, ist verboten.

Eine Ausnahme ist nur zulässig, wenn die Anlage aus wichtigen Gründen nicht spannungsfrei gemacht werden kann und nur fachkundige Personen daran arbeiten. Für Auszubildende ist das Arbeiten unter Spannung in Starkstromanlagen in jedem Fall verboten. Auch an normalerweise spannungslosen Teilen, z. B. Gehäusen, können durch Fehler Spannungen auftreten. Durch *Körperschluß* (**Bild 1**) wird das Gehäuse eines Gerätes unter Spannung gesetzt.

Durch Spannungsverschleppung kann die eigene Anlage von einer benachbarten Anlage mit Körperschluß über den PEN-Leiter unter Spannung gesetzt werden. Ein Gehäuse führt auch Spannung, wenn Leiter und Schutzleiter vertauscht wurden.

Zur Verhütung von Unfällen sind die Unfallverhütungsvorschriften der Berufsgenossenschaften und die VDE-Bestimmungen (Abschnitt 2.13) zu beachten.

Vor Arbeiten in Starkstromanlagen unter 1000 V sind folgende Maßnahmen erforderlich:

1. Allpolig abschalten, z. B. an der Verteilung.
2. Gegen Wiedereinschalten sichern, z. B. Sicherungen mitnehmen, Warnschild aufstellen.
3. Auf Spannungsfreiheit prüfen, z. B. mit Spannungsmesser oder Spannungsprüfer.

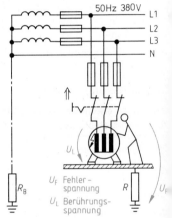

Bild 1: Körperschluß

Die regelmäßige Überwachung elektrischer Geräte und Anlagen ist eine weitere Voraussetzung zur Verhütung von Unfällen. Soweit möglich, sollen nur Bauteile mit VDE-Zeichen verwendet werden.

Erste Hilfe ist nur wirksam, wenn sie sofort erfolgt; es geht dabei um Sekunden. Der Verunglückte ist schnellstens von der gefährlichen Spannung zu befreien, z. B. durch Abschalten, Herausnehmen von Sicherungen oder Verursachen eines Kurzschlusses. Der Verunglückte darf nicht unter Spannung berührt werden. Falls die Atmung aussetzt, sind sofort Wiederbelebungsversuche aufzunehmen bis der Arzt eintrifft (Mund zu Mund-Beatmung). In jedem Falle ist eine ärztliche Untersuchung zu veranlassen. Innere Verbrennungen sind für den Laien nicht erkennbar und können noch nach Tagen zum Tode führen.

> Der Verunglückte ist von der Spannung zu trennen und zu beatmen.

Wiederholungsfragen

1. Welche Folgen können elektrische Unfälle haben?
2. Welche Umstände erhöhen die Lebensgefahr beim Berühren eines elektrischen Leiters?
3. Ab welcher Spannung ist eine Berührung gefährlich?
4. Wodurch kann an metallischen Gehäusen eine Spannung auftreten?
5. Welche Maßnahmen sind vor dem Arbeiten in Starkstromanlagen durchzuführen?
6. Welche Maßnahmen sind bei einem Elektrounfall zu treffen?

1.2.10 Überstromschutzeinrichtungen

Versuch 1: Spannen Sie eine papierbelegte Aluminiumfolie von etwa 5 mm Breite zwischen zwei Klemmen, und schließen Sie die Enden über einen Stell-Widerstand von 10 Ω an das Netz an!

Je größer die Stromstärke wird, desto stärker erwärmt sich der Aluminiumstreifen. Er dehnt sich, glüht und schmilzt schließlich. Nach dem Durchschmelzen entsteht kurzzeitig ein Lichtbogen, die papierbelegte Aluminiumfolie entzündet sich.

Unzulässig starke Ströme gefährden die Anlage und können Brände verursachen. Deshalb baut man als Überstromschutzeinrichtung z. B. eine Schmelzsicherung in den Stromkreis ein. Das ist ein Leiter mit geringem Querschnitt, der bei Überlastung in einem feuersicheren Gehäuse schmilzt.

Sicherungen dürfen nicht geflickt oder überbrückt werden.

Schmelzsicherungen enthalten einen *Schmelzleiter*. Er besteht aus Silber oder aus Kupfer. Der *Schmelzeinsatz* besteht aus einem isolierenden Gehäuse, z. B. aus Glas oder Porzellan, in welches der Schmelzleiter eingebaut ist. Der Schmelzeinsatz ist nach dem Ansprechen auszuwechseln. Das Auswechseln von Schmelzeinsätzen gegen solche von zu starkem Nennstrom ist verboten.

Schmelzeinsätze für Feinsicherungen werden mit Nennströmen von 1 mA bis 10 A zum Schutz von elektronischen Geräten gebraucht **(Tabelle 1)**. Der Nennstrom ist jeweils auf der Kontaktkappe angegeben. Bei den *flinken* Schmelzeinsätzen (kein besonderes Kennzeichen) schmilzt der Schmelzleiter beim gleichen Strom in kürzerer Zeit durch als bei den *trägen* (Kennzeichen T oder TT). Schmelzeinsätze mit hoher Schaltleistung haben ein undurchsichtiges Gehäuse, z. B. aus Glas mit Sandfüllung oder aus Porzellan. Sie können dort verwendet werden, wo der Kurzschlußstrom sehr stark ist, z. B. bei Netzteilen. Schmelzeinsätze mit niedriger Schaltleistung haben ein durchsichtiges Gehäuse. Der Spannungsfall bei Feinsicherungen kann über 10 V betragen (Tabelle 1).

Schmelzeinsätze der Energietechnik werden mit Nennströmen von 2 A bis 850 A zum Schutz von elektrischen Anlagen und in Geräten der Energieelektronik gebraucht, z. B. bei Thyristoren.

Bei der Schmelzsicherung mit Paßschraube ist der Fußkontakt des Schmelzeinsatzes in einer sogenannten Paßschraube mit dem Netz verbunden. Der Kopfkontakt steckt in einer Schraubkappe und ist mit dem Verbraucher verbunden. Die Paßschrauben besitzen verschieden große Innendurchmesser für die entsprechenden Fußkontakte. Die irrtümliche Verwendung von Schmelzeinsätzen mit zu starkem Nennstrom ist dadurch ausgeschlossen.

Das Auswechseln einer Paßschraube gegen eine solche für zu starken Nennstrom ist verboten.

Tabelle 1: Schmelzeinsätze 20 mm x 5 mm für Feinsicherungen Nach CEE* 4		
Nennstrom	**Höchstzulässiger Spannungsfall**	
	Schaltleistung:	
	hoch	niedrig
	Ansprechverhalten:	
	flink	träge
50 mA	10 000 mV	3 500 mV
100 mA	7 000 mV	2 500 mV
400 mA	2 000 mV	1 000 mV
1,6 A	600 mV	150 mV
6,3 A	200 mV	—

Bei Schmelzeinsätzen mit niedriger Schaltleistung und flinkem Ansprechverfahren liegt der Spannungsfall dazwischen, z. B. für 50 mA Nennstrom bei 7 000 mV.

Leitungsschutzschalter (Automaten) erfüllen dieselben Aufgaben wie Schmelzsicherungen. Beim Einschalten wird eine Feder gespannt, die beim Auslösevorgang freigegeben wird und den Schalter betätigt. Der Schutzschalter enthält einen thermischen Auslöser, der bei geringer Dauerüberlast verzögert auslöst, und einen magnetischen Auslöser, der bei Kurzschluß unverzögert auslöst.

Thermische Auslöser arbeiten meist mit einem Bimetallstreifen, der sich bei Erwärmung durchbiegt und bei Überstrom auslöst. Magnetische Auslöser bestehen aus einer Spule mit beweglichem Eisenkern, der bei starkem Überstrom angezogen wird.

* Commission Internationale pour la Réglementation et la Contrôle de l'Equipement Electrique (franz.) = Internationale Kommission für Regeln zur Begutachtung elektrotechnischer Erzeugnisse.

1.3 Grundschaltungen

1.3.1 Zählpfeile

Bei physikalischen Größen ist es zweckmäßig, die Vorzeichen + und − zu gebrauchen. Dies ist bei Zweipolen besonders wichtig, wenn diese sowohl aktive Zweipole, z. B. Akkumulatoren beim Entladen, als auch passive Zweipole, z. B. Akkumulatoren beim Laden, sein können. Nimmt man einen Zweipol als Verbraucher an, so nimmt dieser Energie auf. Über seine beiden Anschlüsse wird ihm z. B. die Energie 1 J zugeführt **(Bild 1)**.

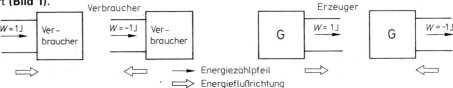

Bild 1: Energiezählpfeile

Ist dagegen die Energie des Zweipols mit − 1 J angegeben, so nimmt er keine Energie auf, sondern er gibt Energie ab. Die Energierichtung ist umgekehrt. Nimmt man einen Zweipol als Erzeuger an (Bild 1), so gibt dieser bei der Angabe $W = 1$ J Energie ab. Bei der Angabe $W = − 1$ J dagegen, nimmt der Zweipol Energie auf. Die Energieangabe sagt also noch nichts über die Art des Zweipols aus, nämlich ob dieser aktiv oder passiv ist. Deshalb hat man vereinbart, durch einen Zählpfeil anzugeben, welche Energierichtung positiv ist (Bild 1).

> Ein Energiezählpfeil gibt die positive Energierichtung an.

Stromzählpfeile (Bild 2) geben die Richtung an, in der Ströme positiv gezählt werden. Sind Stromrichtung und Zählpfeil *gleich* gerichtet, so liegt ein *positiver* Strom vor. Bei *verschiedener* Richtung ist der Strom *negativ*. Stromzählpfeile werden über die Leitung oder über den Zweipol gezeichnet (Bild 2).

Spannungszählpfeile (Bild 3) werden gebogen oder gerade zwischen die Punkte gesetzt, deren Spannung angegeben werden soll.

> Positive Spannungsangabe bedeutet Spannungsrichtung von + nach − entsprechend der Zählpfeilrichtung.

Der Pluspol liegt bei positiver Spannung immer am Beginn des Spannungszählpfeils, der Minuspol an der Zählpfeilspitze (Bild 3). Bei negativer Spannungsangabe ist dies umgekehrt. Die Zählrichtung der Spannung kann anstelle eines Zählpfeils auch durch Indizes hinter dem Formelzeichen angegeben werden. Die positive Spannungsrichtung geht dabei immer vom Anschluß des ersten indizierten Buchstabens aus. So bedeutet z. B. $U_{BE} = 1$ V, daß Anschluß B gegenüber Anschluß E positiv ist. $U_{BE} = − 1$ V heißt, Anschluß B ist gegenüber Anschluß E negativ.

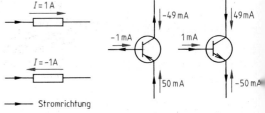

— Stromrichtung

Bild 2: Stromzählpfeile

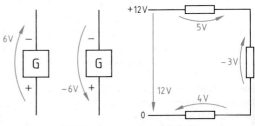

Bild 3: Spannungszählpfeile

> Die Angabe von Stromstärke und Spannung ist nur vollständig, wenn für sie ein Zählpfeil gesetzt wird.

Vierpole sind Energiewandler mit einer Eingangsseite mit zwei Anschlüssen und einer Ausgangsseite mit zwei Anschlüssen **(Bild 4)**. Man setzt die Strompfeile so, daß sie in den Vierpol hinein zeigen (Verbraucherzählpfeilsystem).

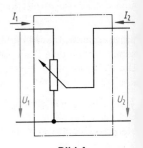

Bild 4:
Vierpol mit Zählpfeilen

1.3.2 Reihenschaltung

Bei der Reihenschaltung sind aktive Zweipole, z. B. Erzeuger, oder passive Zweipole, z. B. Widerstände, hintereinandergeschaltet **(Bild 1)**.

Gesetze der Reihenschaltung

Versuch 1: Schließen Sie 2 Widerstände in Reihe an einen Spannungserzeuger an! Messen Sie die Stromstärke vor, zwischen und nach den Widerständen! Vergleichen Sie die Meßergebnisse!

Die Strommesser zeigen die gleiche Stromstärke an.

In einem geschlossenen Stromkreis werden alle Widerstände vom gleichen Strom durchflossen, da keine Verzweigungen vorhanden sind.

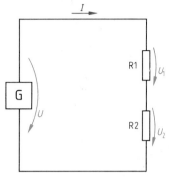

> In der Reihenschaltung ist die Stromstärke überall gleich groß.

Versuch 2: Messen Sie die Spannungen am Spannungserzeuger und an den Widerständen! Vergleichen Sie die Spannungen!

Die Spannungen an den Widerständen sind kleiner als am Spannungserzeuger.

Bei der Reihenschaltung liegt an jedem Widerstand nur eine Teilspannung. Die Gesamtspannung teilt sich auf die einzelnen Widerstände auf.

Bild 1: Reihenschaltung zweier Widerstände

> Bei der Reihenschaltung ist die Summe der Teilspannungen gleich der angelegten Gesamtspannung.

U Gesamtspannung	
U_1, U_2 Teilspannung	

$$U = U_1 + U_2 + \ldots$$

In einer Masche eines Netzwerkes (Bild 1), ist die Summe aller Spannungen Null (2. Kirchhoffsches* Gesetz). Für die Masche Bild 1 gilt $U - U_2 - U_1 = 0$, d. h. die Summe aller erzeugten Spannungen ist gleich der Summe aller Spannungen an den Verbrauchern.

Versuch 3: Messen Sie mit dem Widerstandsmesser die einzelnen Widerstände und den Widerstand der gesamten Schaltung! Addieren Sie die einzelnen Widerstände!
Die Summe ist gleich dem Widerstand der Schaltung.

> Bei der Reihenschaltung ist der Widerstand der Schaltung so groß wie die Summe der Einzelwiderstände.

R Ersatzwiderstand	
R_1, R_2 Einzelwiderstände	

$$R = R_1 + R_2 + \ldots$$

Dieser Widerstand der Schaltung heißt *Ersatzwiderstand*. Er nimmt die gleiche Stromstärke auf wie die in Reihe geschalteten Widerstände. Sind die Teilwiderstände gleich groß, so ist bei n gleichen Widerständen der Ersatzwiderstand $R = n \cdot R_1$.

Beispiel: Zwei Widerstände $R_1 = 50\,\Omega$, $R_2 = 70\,\Omega$ sind in Reihe an eine Spannung von 12 V gelegt. Berechnen Sie den Ersatzwiderstand, die Stromstärke, die Teilspannungen, das Verhältnis der Teilspannungen und das Verhältnis der einzelnen Widerstände! Vergleichen Sie die Verhältniszahlen!

Lösung: $R = R_1 + R_2 = 50\,\Omega + 70\,\Omega = \textbf{120}\,\boldsymbol{\Omega}$; $\quad I = \dfrac{U}{R} = \dfrac{12\,\text{V}}{120\,\Omega} = \textbf{0,1 A}$

$U_1 = I \cdot R_1 = 0,1\,\text{A} \cdot 50\,\Omega = \textbf{5 V}$;

$U_2 = I \cdot R_2 = 0,1\,\text{A} \cdot 70\,\Omega = \textbf{7 V}$; $\quad \dfrac{U_1}{U_2} = \dfrac{5\,\text{V}}{7\,\text{V}} = \dfrac{5}{7}$; $\quad \dfrac{R_1}{R_2} = \dfrac{50\,\Omega}{70\,\Omega} = \dfrac{5}{7}$

Am größeren Widerstand liegt die größere Teilspannung.

> Bei der Reihenschaltung verhalten sich die Teilspannungen wie die zugehörigen Widerstände.

$$\frac{U_1}{U_2} = \frac{R_1}{R_2}$$

* Kirchhoff, deutscher Physiker (1824 bis 1887)

Anwendung. Bauelemente werden in Reihe geschaltet, wenn die zulässige Betriebsspannung eines einzelnen Bauelementes kleiner ist als die Gesamtspannung.

Vorwiderstände

Versuch 4: Schalten Sie eine Skalenlampe 6,3 V/0,3 A in Reihe mit einem Stellwiderstand von 100 Ω, und schließen Sie die Schaltung an eine Spannung von 24 V **(Bild 1)**! Stellen Sie den Widerstand so ein, daß die Lampe ihre Nennspannung erhält! Messen Sie die Spannung am Vorwiderstand!

Am Vorwiderstand liegt eine Spannung von 17,7 V.

Ein Verbraucher kann an einer höheren Spannung als seiner Nennspannung betrieben werden, wenn ein Widerstand in Reihe vorgeschaltet wird. Dieser *Vorwiderstand* muß so bemessen sein, daß

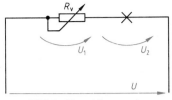

Bild 1: Vorwiderstand

an ihm die überschüssige Spannung abfällt und er den Nennstrom des Verbrauchers aushält. Vorwiderstände werden z. B. bei Glimmlampen verwendet, ferner bei Z-Dioden.

Spannungsfall an Leitungen

Versuch 5: Schließen Sie eine Glühlampe 4,5 V/1 A über eine 20 m lange Klingeldrahtleitung an einen Akkumulator an **(Bild 2)**! Messen Sie die Spannungen am Akkumulator und am Verbraucher! Vergleichen Sie die Spannungen!

Die Spannung am Verbraucher ist kleiner als am Akkumulator.

In jedem Stromkreis sind Hinleitung, Verbraucher und Rückleitung in Reihe geschaltet. Da die Leitungen einen Widerstand R_{Ltg} besitzen, stellt jeder

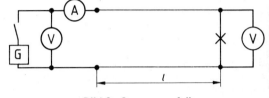

Bild 2: Spannungsfall

Verbraucheranschluß eine Reihenschaltung dar. Die Spannung, die an diesen Leitungen abfällt, der Spannungsfall, geht dem Verbraucher verloren.

> An jedem stromdurchflossenen Leiter entsteht ein Spannungsfall.

Versuch 6: Wiederholen Sie Versuch 5, und schalten Sie zu der Glühlampe eine zweite parallel! Messen Sie jeweils Stromstärke und Spannungen!

Beim Zuschalten der zweiten Lampe wird die Verbraucherspannung kleiner.

Eine größere Stromstärke ruft an den Leitungen einen größeren Spannungsfall hervor.

> Der Spannungsfall an der Leitung wird um so größer, je größer Stromstärke und Leiterwiderstand sind.

$$U_a = I \cdot R_{Ltg}$$

Der Spannungsfall an der Leitung verursacht Energieverluste, die in Wärme umgewandelt werden. Deswegen muß der Spannungsfall möglichst klein gehalten werden. Er wird häufig in % der Nennspannung angegeben.

Meßbereichserweiterung bei Spannungsmessern

Das Meßwerk eines Spannungsmessers ist so empfindlich, daß der Zeiger schon bei Spannungen unter 1 V voll ausschlägt. Zum Messen höherer Spannungen wird ein Vorwiderstand vorgeschaltet, an dem die überschüssige Spannung abfällt **(Bild 3)**. Sind die Meßwerkstromstärke und die Meßwerkspannung bekannt, läßt sich der Vorwiderstand für jede Meßbereichserweiterung berechnen.

R_v Vorwiderstand
U Meßspannung
U_m Meßwerkspannung
I_m Meßwerkstromstärke

$$R_v = \frac{U - U_m}{I_m}$$

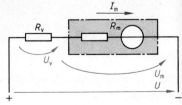

Bild 3: Meßbereichserweiterung

Bei Vielfach-Spannungsmessern werden Vorwiderstände umgeschaltet **(Bild 1)**, um passende Meßbereiche zu bekommen.

Wiederholungsfragen

1. Welcher Unterschied besteht zwischen einem aktiven Zweipol und einem passiven Zweipol?
2. Welche Aufgabe haben Stromzählpfeile?
3. Wie wird bei der Reihenschaltung der Gesamtwiderstand errechnet?
4. Wie verhalten sich die Spannungen und Widerstände bei der Reihenschaltung?
5. Welche Aufgabe hat ein Vorwiderstand?
6. Von welchen Größen hängt der Spannungsfall einer Leitung ab?

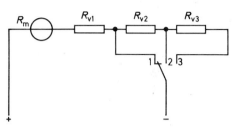

Bild 1: Vielfach-Spannungsmesser

1.3.3 Parallelschaltung

Bei der Parallelschaltung sind die gleichartigen Anschlüsse von Verbrauchern oder Erzeugern miteinander verbunden **(Bild 2)**. Alle parallelgeschalteten Zweipole sind also an dieselbe Spannung angeschlossen. Jeder Zweipol kann unabhängig von jedem anderen Zweipol eingeschaltet oder ausgeschaltet werden.

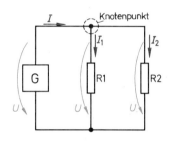

Bild 2: Parallelschaltung

Gesetze der Parallelschaltung

Versuch 1: Schließen Sie zwei verschieden große Widerstände, z. B. 10 Ω und 20 Ω, parallel an einen Akkumulator an! Messen Sie die Spannungen an den Widerständen und am Spannungserzeuger, und vergleichen Sie sie!
Alle Spannungen sind gleich groß.

Bei der Parallelschaltung liegt an allen Widerständen dieselbe Spannung.

Versuch 2: Messen Sie in der Parallelschaltung von Versuch 1 die Stromstärken, die durch die beiden Widerstände fließen und die Gesamtstromstärke! Vergleichen Sie die Stromstärken!
Die Gesamtstromstärke ist größer als der Strom durch einen Widerstand.

Bei der Parallelschaltung ist die Gesamtstromstärke gleich der Summe der Teilstromstärken.

I Gesamtstromstärke
I_1, I_2 Teilstromstärken

$$I = I_1 + I_2 + \ldots .$$

In einem Knotenpunkt (Bild 2) innerhalb einer Schaltung ist die Summe der zufließenden Ströme gleich der Summe der abfließenden Ströme (1. Kirchhoffsches Gesetz). Für den Knotenpunkt in Bild 2 gilt also $I = I_1 + I_2$. I ist der zufließende Strom, I_1 und I_2 sind die abfließenden Ströme.
Sind es n gleiche Widerstände, wird die Gesamtstromstärke $I = n \cdot I_1$.
Durch den kleineren Widerstand fließt der stärkere Strom, durch den größeren Widerstand der schwächere Strom.

Bei der Parallelschaltung verhalten sich die Teilstromstärken umgekehrt wie die zugehörigen Widerstände.

$$\dfrac{I_1}{I_2} = \dfrac{R_2}{R_1}$$

Versuch 3: Schalten Sie drei Widerstände nacheinander parallel an eine Spannung, und messen Sie die Stromstärke in der Leitung!
Beim Parallelschalten mehrerer Widerstände nimmt die Gesamtstromstärke zu und der Widerstand der Schaltung ab.

Bei der Parallelschaltung ist der Ersatzwiderstand kleiner als der kleinste Einzelwiderstand.

Der Leitwert G wird also bei der Parallelschaltung größer.

Bei der Parallelschaltung ist der Ersatzleitwert gleich der Summe der Einzelleitwerte.

$$G = G_1 + G_2 + \ldots$$

Beispiel 1: Berechnen Sie den Ersatzwiderstand der Parallelschaltung von $R_1 = 10\ \Omega$, $R_2 = 20\ \Omega$, $R_3 = 50\ \Omega$!

Lösung: $\quad G_1 = \dfrac{1}{R_1} = \dfrac{1}{10\ \Omega} = 0,1\ \text{S};\qquad G_2 = \dfrac{1}{R_2} = \dfrac{1}{20\ \Omega} = 0,05\ \text{S};\qquad G_3 = \dfrac{1}{R_3} = \dfrac{1}{50\ \Omega} = 0,02\ \text{S};$

$\qquad\qquad G = G_1 + G_2 + G_3 = 0,1\ \text{S} + 0,05\ \text{S} + 0,02\ \text{S} = 0,17\ \text{S};\qquad R = \dfrac{1}{G} = \dfrac{1}{0,17\ \text{S}} = \textbf{5,88}\ \boldsymbol{\Omega}$

Anstelle der Leitwerte kann man auch die Kehrwerte der Widerstände einsetzen. Bei nur zwei parallel geschalteten Widerständen läßt sich die Formel für den Ersatzwiderstand vereinfachen.

Bei 2 Widerständen:

R Ersatzwiderstand
$R_1, R_2, \ldots$ Einzelwiderstände

$$\frac{1}{R} = \frac{1}{R_1} + \frac{1}{R_2} + \ldots$$

$$R = \frac{R_1 \cdot R_2}{R_1 + R_2}$$

Beispiel 2: Berechnen Sie den Ersatzwiderstand der parallel geschalteten Widerstände $R_1 = 10\ \Omega$ und $R_2 = 20\ \Omega$!

Lösung: $\quad R = \dfrac{R_1 \cdot R_2}{R_1 + R_2} = \dfrac{10\ \Omega \cdot 20\ \Omega}{10\ \Omega + 20\ \Omega} = \dfrac{200\ \Omega^2}{30\ \Omega} = \textbf{6,67}\ \boldsymbol{\Omega}$

Bei n gleichen Widerständen:

Bei n gleichen, parallel geschalteten Widerständen R_1 errechnet man den Ersatzwiderstand besonders einfach.

$$R = \frac{R_1}{n}$$

Der Ersatzwiderstand kann auch *zeichnerisch* bestimmt werden **(Bild 1)**.

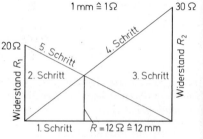

Bild 1: Zeichnerische Bestimmung des Ersatzwiderstandes

Anwendung der Parallelschaltung

Verbraucher, z. B. Glühlampen, elektrische Haushaltgeräte, Elektromotoren, werden meistens parallel an das Netz geschaltet, da sie alle die gleiche Spannung erhalten müssen. Auch Spannungserzeuger mit gleicher Spannung schaltet man parallel, wenn der geforderte Strom von einem Erzeuger allein nicht geliefert werden kann. Durch Parallelschaltung eines Nebenwiderstandes zum Meßwerk eines Strommessers kann sein Meßbereich erweitert werden.

Wiederholungsfragen

1. Wie schaltet man Verbraucher parallel?
2. Welche Spannung liegt an parallel geschalteten Widerständen?
3. Wie berechnet man den Gesamtstrom aus den Teilströmen?
4. Wie verhalten sich Teilströme und Teilwiderstände?

5. Wie groß ist der Ersatzwiderstand der Parallelschaltung im Vergleich zu den Einzelwiderständen?
6. Nennen Sie Anwendungsbeispiele der Parallelschaltung!

1.3.4 Gemischte Schaltungen

Eine Schaltung, in der die Verbraucher sowohl in Reihe als auch parallel geschaltet sind, bezeichnet man als *gemischte Schaltung* (Gruppenschaltung). Im einfachsten Fall besteht die gemischte Schaltung aus drei Widerständen. Diese kann man auf zwei Arten schalten **(Bild 2)**.

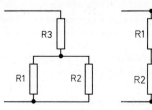

Bild 2: Gemischte Schaltungen mit drei Widerständen

Den Ersatzwiderstand einer gemischten Schaltung bestimmt man, indem man die Reihen- bzw. Parallelschaltungen durch entsprechende Ersatzwiderstände ersetzt **(Bild 1)**. Diese Vereinfachung führt man so lange durch, bis die gemischte Schaltung aus einer einfachen Reihen- bzw. Parallelschaltung besteht.

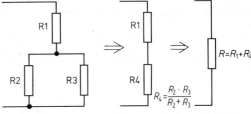

Bild 1: Vereinfachung einer gemischten Schaltung

1.3.4.1 Spannungsteiler

Ein *Spannungsteiler* besteht aus zwei in Reihe geschalteten Widerständen R1 und R2 **(Bild 2)**. Diese sind an die Gesamtspannung U angeschlossen. Am Widerstand R2 wird im unbelasteten Zustand die Teilspannung U_{20} abgegriffen.

Unbelasteter Spannungsteiler. Ein Spannungsteiler ist *unbelastet*, wenn ihm kein Strom entnommen wird (Bild 2).

Beim unbelasteten Spannungsteiler teilt sich die Gesamtspannung U in die Teilspannungen U_1 und U_{20} auf. Die Spannungen verhalten sich wie die zugehörigen Widerstände.

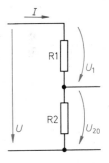

$$\frac{U_{20}}{U} = \frac{R_2}{R_1 + R_2}$$

$$\frac{U_{20}}{U_1} = \frac{R_2}{R_1}$$

Bild 2: Unbelasteter Spannungsteiler

Beispiel 1: Ein Spannungsteiler mit den Teilwiderständen $R_1 = 50\ \Omega$ und $R_2 = 250\ \Omega$ liegt an einer Gesamtspannung $U = 90$ V. Wie groß ist die Teilspannung an R2?

Lösung: $\dfrac{U_{20}}{U} = \dfrac{R_2}{R_1 + R_2} \Rightarrow U_{20} = \dfrac{R_2}{R_1 + R_2} \cdot U = \dfrac{250\ \Omega}{50\ \Omega + 250\ \Omega} \cdot 90\ \text{V} = \dfrac{250\ \Omega}{300\ \Omega} \cdot 90\ \text{V} = \textbf{75 V}$

Mit einem einstellbaren Spannungsteiler **(Bild 3)** läßt sich die Teilspannung U_{20} stufenlos von Null bis zur Gesamtspannung U einstellen. Durch den Schleifer ist der Gesamtwiderstand in die Teilwiderstände R1 und R2 geteilt. Vielfach werden für die Spannungsteilerschaltung Drehwiderstände verwendet.

Belasteter Spannungsteiler. Ein Spannungsteiler ist *belastet*, wenn ihm ein Strom entnommen wird.

Versuch 1: Bauen Sie mit einem Stellwiderstand von 100 Ω eine Spannungsteilerschaltung (Bild 3) auf, und legen Sie eine Spannung von $U = 100$ V an! Schließen Sie parallel zu R2 einen Spannungsmesser über einen Schalter einen Lastwiderstand $R_L = 50\ \Omega$ an! Messen Sie die Spannungen bei offenem und geschlossenem Schalter und den Gesamtstrom!

Bei geschlossenem Schalter ist die Teilspannung an R2 kleiner und der Gesamtstrom größer als bei offenem Schalter.

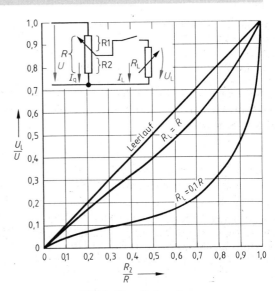

Bild 3: Kennlinien eines belasteten Spannungsteilers

Bei Belastung eines Spannungsteilers mit einem Lastwiderstand R_L (Bild 3) fließt der Laststrom I_L durch den Lastwiderstand R_L und der sogenannte *Querstrom* I_q durch den Teilwiderstand R2. Durch den Teilwiderstand R1 fließt der Gesamtstrom $I = I_L + I_q$. Der Querstrom I_q erzeugt im Teilwiderstand R2 Verlustwärme.

Die Stromaufnahme des Spannungsteilers wird bei Belastung größer, weil der Ersatzwiderstand R_p der Parallelschaltung von R2 und R_L kleiner wird als R2. Damit wird aber auch der Ersatzwiderstand des Spannungsteilers kleiner als im unbelasteten Zustand.

Die Spannungen verhalten sich wie die zugehörigen Widerstände.

$$\frac{U_2}{U} = \frac{R_p}{R_1 + R_p}$$

$$R_p = \frac{R_2 \cdot R_L}{R_2 + R_L}$$

Versuch 2: Wiederholen Sie Versuch 1, und messen Sie die Spannung an $R_L = 50\ \Omega$ in Abhängigkeit von der Schleiferstellung! Wiederholen Sie dann die Messung mit $R_L = 500\ \Omega$!

Bei kleinem Belastungswiderstand ist die abgegriffene Teilspannung kleiner als bei großem Belastungswiderstand.

Beim belasteten Spannungsteiler wirkt R1 als Vorwiderstand. Die Lastspannung weicht um so weniger von der Leerlaufspannung ab, je größer der Lastwiderstand R_L gegenüber dem Teilwiderstand R2 ist. Dann ist der Querstrom I_q wesentlich stärker als der Laststrom I_L. Schwankt der Laststrom und soll die Lastspannung möglichst konstant bleiben, so muß der Querstrom stärker sein als der Laststrom.

Der Querstrom soll wenigstens das Doppelte vom Laststrom betragen.

Die Berechnung eines Spannungsteilers kann auch mit dem Querstromverhältnis erfolgen. Unter dem *Querstromverhältnis* versteht man das Verhältnis Querstrom zu Laststrom. Das Querstromverhältnis beträgt 2 bis 10.

$$q = \frac{I_q}{I_L}$$

q	Querstromverhältnis
I_L	Laststrom
I_q	Querstrom
R_1, R_2	Spannungsteilerwiderstände
U	Betriebsspannung
U_2	Lastspannung

$$R_2 = \frac{U_2}{I_q}$$

$$R_1 = \frac{U - U_2}{I_L + I_q}$$

Beispiel 2: Ein Spannungsteiler hat bei einem Laststrom von 20 mA eine Lastspannung von 6 V. Das Querstromverhältnis beträgt $q = 6$. a) Wie groß ist der Querstrom? b) Wie groß ist der Lastwiderstand?

Lösung: a) $I_q = q \cdot I_L = 6 \cdot 20\ \text{mA} = \textbf{120 mA}$;

b) $R_L = U_2/I_L = 6\ \text{V}/20\ \text{mA} = \textbf{300}\ \Omega$; $R_2 = U_2/I_q = 6\ \text{V}/120\ \text{mA} = \textbf{50}\ \Omega$;

$$R_1 = \frac{U - U_2}{I_L + I_q} = \frac{20\ \text{V} - 6\ \text{V}}{20\ \text{mA} + 120\ \text{mA}} = \frac{14\ \text{V}}{140\ \text{mA}} = \textbf{100}\ \Omega$$

Beispiel 3: Ein Spannungsteiler für $U = 12$ V, $U_2 = 5$ V, $R_L = 150\ \Omega$ soll ein Querstromverhältnis $q = 8$ haben. Berechnen Sie I_L, I_q, R_1, R_2 und die Lastspannungsänderung ΔU_2, wenn R_L auf 100 Ω absinkt!

Lösung: $I_L = U_L/R_L = 5\ \text{V}/150\ \Omega = \textbf{0,033 A}$; $I_q = q \cdot I_L = 8 \cdot 0,033\ \text{A} = \textbf{0,264 A}$;

$R_2 = U_L/I_q = 5\ \text{V}/0,264\ \text{A} = 18,9\ \Omega \approx \textbf{19}\ \Omega$

$$R_1 = \frac{U - U_2}{I_q + I_L} = \frac{12\ \text{V} - 5\ \text{V}}{0,264\ \text{A} + 0,033\ \text{A}} = 23,6\ \Omega \approx \textbf{24}\ \Omega$$

$$R_l = \frac{R_2 \cdot R_L}{R_2 + R_L} = \frac{19\ \Omega \cdot 100\ \Omega}{19\ \Omega + 100\ \Omega} = 15,97\ \Omega \approx \textbf{16}\ \Omega; \quad U_2' = \frac{U \cdot R_l}{R_1 + R_l} = \frac{12\ \text{V} \cdot 16\ \Omega}{24\ \Omega + 16\ \Omega} = \textbf{4,8 V}$$

$\Delta U_L = U_2 - U_2' = 5\ \text{V} - 4,8\ \text{V} = \textbf{0,2 V}$

Der Strom I_{Lmax} ist der größte Belastungsstrom. Er fließt bei kurzgeschlossenen Ausgangsklemmen. In diesem Fall liegt die Gesamtspannung U am Widerstand R1.

Die Spannung U_{20} ist die größte Verbraucherspannung. Man erhält sie, wenn der Spannungsteiler unbelastet ist.

$$R_1 = \frac{U}{I_{Lmax}}$$

$$R_1 = R_2\left(\frac{U}{U_{20}} - 1\right)$$

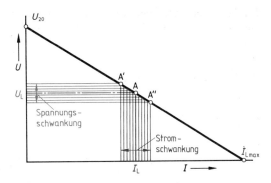

Bild 1: Spannungs-Strom-Kennlinie des belasteten Spannungsteilers

Zur Bestimmung der Spannungsteilerwiderstände bei gegebener Gesamtspannung U, Lastspannung U_L und Laststrom I_L sowie der Stromschwankung und der Spannungsschwankung kann auch ein zeichnerisches Verfahren **(Bild 1)** verwendet werden. Man zeichnet zuerst in ein Spannungs-Strom-Schaubild die Teilspannung U_L und den Laststrom I_L ein. Dadurch erhält man den Arbeitspunkt A. Dann trägt man die Stromschwankung und die Spannungsschwankung ein und erhält die Arbeitspunkte A′ und A″. Die Punkte A′, A, A″ verbindet man durch eine Gerade. Diese schneidet die waagrechte Achse im Punkt I_{Lmax} und die senkrechte Achse im Punkt U_{20}.

1.3.4.2 Meßbereichserweiterung bei Strommessern

Bei Drehspulmeßwerken **(Bild 2)** muß die Widerstandsänderung der Drehspule, die durch Temperaturänderung entsteht, kompensiert werden. Dies kann durch einen in Reihe geschalteten Heißleiterwiderstand oder durch einen Vorwiderstand aus Konstantandraht erreicht werden, dessen Widerstand wenigstens dreimal so groß wie der Meßwerkwiderstand ist.

Zur Meßbereichserweiterung wird zu dieser Reihenschaltung mit dem Ersatzwiderstand R_m ein Widerstand R_p (Shunt*) parallel geschaltet (Bild 2).

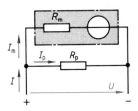

Bild 2: Drehspulmeßwerk mit Vor- und Nebenwiderstand

Von dem zu messenden Strom I darf durch den Strommesser höchstens der zum Vollausschlag nötige Meßwerkstrom I_m fließen. Der restliche Strom $I_p = I - I_m$ muß über den Nebenwiderstand geleitet werden.

$$R_p = \frac{U}{I - I_m}$$

$$R_p = \frac{R_m \cdot I_m}{I - I_m}$$

Beispiel: Ein Meßwerk hat einen Widerstand $R_m = 100\ \Omega$ und einen Meßwerkstrom bei Vollausschlag von 0,5 mA. Wie groß muß der Nebenwiderstand für einen Meßstrom von 5 mA sein?

Lösung: $R_p = \dfrac{R_m \cdot I_m}{I - I_m} = \dfrac{100\ \Omega \cdot 0,5\ \text{mA}}{5\ \text{mA} - 0,5\ \text{mA}} = \dfrac{50\ \Omega}{4,5} = \mathbf{11,1\ \Omega}$

Als Meßgerätezubehör werden für starke Ströme (6 A bis 1000 A) getrennte Nebenwiderstände hergestellt. Diese werden so abgeglichen, daß an ihnen bei Nennstrom (Vollausschlag) 45 mV bei Feinmeßgeräten, 60 mV bzw. 150 mV bei Betriebsmeßgeräten und in Ausnahmefällen 300 mV abfallen. Die Nebenwiderstände werden aus wenig temperaturabhängigen Widerstandswerkstoffen, z. B. Nickelin, Manganin, hergestellt.

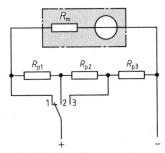

Bild 3: Strommesser mit Ringschaltung

Strommesser mit mehreren Meßbereichen haben meist umschaltbare Widerstände **(Bild 3)**. Die Widerstände R_{p1}, R_{p2}, R_{p3} sind dabei in einer *Ringschaltung* miteinander verbunden. Sie wirken teils als Vorwiderstand und teils als Nebenwiderstand. Dies hat den Vorteil, daß die Übergangswiderstände des Schalters die Messung nicht beeinflussen, weil sie außerhalb der Ringschaltung liegen. Die Berechnung der Widerstände führt man schrittweise durch.

---

* Shunt (engl.) = parallel geschalteter Widerstand

1.3.4.3 Widerstandsbestimmung durch Strom- und Spannungsmessung

Zur indirekten Widerstandsbestimmung verwendet man die Spannungsfehlerschaltung oder die Stromfehlerschaltung (**Bild 1**). Bei der *Spannungsfehlerschaltung* wird der Strom, der durch den Widerstand fließt, genau gemessen. Der Spannungsmesser dagegen zeigt eine Spannung an, die um den Spannungsabfall am Widerstand des Strommessers größer ist als die Spannung am zu messenden Widerstand. Bei der Berechnung des Widerstandes nach dem Ohmschen Gesetz ergibt sich also ein zu großer Wert. Ist der zu bestimmende Widerstand wesentlich größer als der Innenwiderstand des Strommessers, so wird das Ergebnis fast nicht verfälscht.

Bei bekanntem Innenwiderstand des Strommessers läßt sich das Ergebnis korrigieren. Der tatsächliche Wert des zu messenden Widerstandes ist um den Innenwiderstand des Strommessers kleiner als der berechnete Wert.

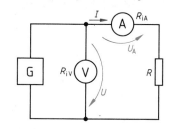

Spannungsfehlerschaltung:

R	Widerstand
U	Spannung
I	Stromstärke
R_{iA}	Innenwiderstand des Strommessers

Spannungsfehlerschaltung:

$$R = \frac{U}{I} - R_{iA}$$

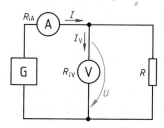

Die Spannungsfehlerschaltung verwendet man zur Bestimmung großer Widerstände.

Bild 1: Schaltungen zur indirekten Widerstandsmessung

Bei der *Stromfehlerschaltung* wird die Spannung, die am Widerstand liegt, genau gemessen. Der Strommesser dagegen zeigt eine Stromstärke an, die um die Stromstärke durch den Spannungsmesser zu groß ist. Bei der Berechnung des Widerstandes nach dem Ohmschen Gesetz ergibt sich also ein zu kleiner Wert.

Ist der Innenwiderstand des Spannungsmessers bekannt, so kann man das Ergebnis korrigieren. Die Stromstärke im Spannungsmesser muß von der gemessenen Stromstärke abgezogen werden, um die tatsächliche Stromstärke durch den Widerstand zu erhalten.

R	Widerstand
U	Spannung
I	Stromstärke
I_V	Stromstärke im Spannungsmesser

Stromfehlerschaltung:

$$R = \frac{U}{I - I_V}$$

Ist die Stromstärke durch den Spannungsmesser wesentlich schwächer als die Stromstärke durch den Widerstand, so ist der Fehler gering. Dies ist der Fall, wenn der zu messende Widerstand sehr viel kleiner als der Innenwiderstand des Spannungsmessers ist.

Die Stromfehlerschaltung verwendet man zur Bestimmung kleiner Widerstände.

Wiederholungsfragen

1. Wie berechnet man die Ausgangsspannung an einem unbelasteten Spannungsteiler?
2. Wie beeinflußt der Lastwiderstand die abgegriffene Lastspannung beim belasteten Spannungsteiler?
3. Welche Stärke muß der Querstrom haben, wenn die Lastspannung möglichst konstant bleiben soll?
4. Wie kann man den Meßbereich eines Strommessers erweitern?
5. Wozu verwendet man die Spannungsfehlerschaltung?
6. Bei welchen Widerständen wird die Stromfehlerschaltung angewendet?

1.4 Leistung, Arbeit, Wärme

1.4.1 Elektrische Leistung

Die Turbine in einem Wasserkraftwerk leistet um so mehr, je größer die Fallhöhe ist und je mehr Wasser in der Sekunde durch die Turbine fließt **(Bild 1)**. Der in 1 kg Wasser gespeicherten Energie entspricht beim elektrischen Verbraucher die gespeicherte Energie je Ladung, also die Spannung, dem Wasserstrom der elektrische Strom. Entsprechend ist die elektrische Leistung um so größer, je höher die Spannung und je größer die Stromstärke ist. Die Einheit der Leistung ist das Watt* (W).

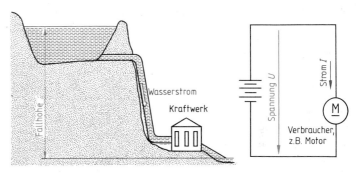

Bild 1: **Wasserkraftwerk und elektrischer Verbraucher**

P Leistung
U Spannung
I Stromstärke

$$[P] = V \cdot A = VA = W$$

Bei Gleichstrom:

$$\boxed{P = U \cdot I}$$

1 W ist die Leistung eines Gleichstromes von 1 A bei einer Gleichspannung von 1 V.

Beispiel 1: Eine Diode leitet einen Gleichstrom von 10 A. Dabei liegt an ihr eine Spannung von 0,8 V. Wieviel W beträgt die Leistungsaufnahme der Diode?

Lösung: $P = U \cdot I = 0,8 \, V \cdot 10 \, A = \mathbf{8 \, W}$

Mit einem Spannungsmesser und einem Strommesser kann man die Leistung indirekt bestimmen. Bei dieser *indirekten Leistungsmessung* sind Strommesser und Spannungsmesser so anzuschließen, daß der Eigenverbrauch der Meßinstrumente das Meßergebnis möglichst wenig beeinflußt. Ist die Leistungsaufnahme eines großen Widerstandes zu messen, z. B. bei einer Diode in Sperrichtung, so wendet man die Spannungsfehlerschaltung an. Dagegen ist für die Messung der Leistungsaufnahme eines kleinen Widerstandes, z. B. bei einer Diode in Durchlaßrichtung, die Stromfehlerschaltung zweckmäßig **(Bild 2)**.

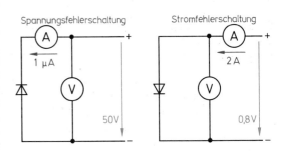

Bild 2: **Indirekte Leistungsmessung bei großen und bei kleinen Widerständen**

Versuch 1: Schließen Sie eine Glühlampe zusammen mit Strommesser und mit Spannungsmesser an Gleichspannung an (Bild 1, Seite 38)! Lesen Sie die Meßwerte von Strom und Spannung ab! Berechnen Sie aus den Meßwerten die Leistung, und vergleichen Sie sie mit der Leistungsangabe auf der Glühlampe!

Die berechnete Leistung weicht von der Leistungsangabe ab.

Bei Glühlampen und bei anderen elektrischen Betriebsmitteln, z. B. Lötkolben, Rundfunkgeräten, Motoren, stimmt die tatsächliche Leistung meist nicht mit der angegebenen Leistung (Nennleistung) überein, weil bei der Herstellung Maßschwankungen (Toleranzen) zugelassen werden müssen.

Die Nennleistung gibt an, welche Leistung ein Bauteil bei den angegebenen Betriebsbedingungen aushalten kann.

---

* James Watt, engl. Ingenieur, 1736 bis 1819

Mit einem *Leistungsmesser* kann man die Leistung *direkt* messen. Die Anzeige des Leistungsmessers hängt von der Spannung und dem Strom ab. Deshalb hat das Meßinstrument je zwei Anschlüsse für Spannungs- und Strommessung, zusammen also vier. Der Teil des Leistungsmessers, an dem die zu messende Spannung liegt, wird *Spannungspfad* genannt. Der Teil, durch den der zu messende Strom fließt, wird *Strompfad* genannt.

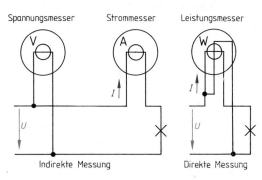

> Beim Leistungsmesser wird der Strompfad wie ein Strommesser angeschlossen, der Spannungspfad wie ein Spannungsmesser.

Bild 1: Leistungsmessung an einer Glühlampe

Bei der Wahl des Meßbereiches ist nicht nur auf die höchstzulässige Leistung zu achten, sondern auch auf die höchstzulässige Stromstärke und die höchstzulässige Spannung.

Versuch 2: Schließen Sie die Glühlampe von Versuch 1 mit einem Leistungsmesser an Gleichspannung an (Bild 1)! Vergleichen Sie den Meßwert mit dem Rechenergebnis aus Versuch 1!

Direkte und indirekte Leistungsmessung führen zum gleichen Ergebnis.

Setzt man in $P = U \cdot I$ für U nach dem Ohmschen Gesetz $R \cdot I$ ein, so erhält man $P = R \cdot I \cdot I = R \cdot I^2 = I^2 \cdot R$

$[P] = A^2 \cdot \Omega = W$

$$P = I^2 \cdot R$$

Setzt man $\frac{U}{R}$ für I, so bekommt man $P = \frac{U \cdot U}{R} = \frac{U^2}{R}$

$[P] = V^2/\Omega = W$

$$P = \frac{U^2}{R}$$

Es ist also möglich, die Leistung zu berechnen, wenn nur Stromstärke und Widerstand oder nur Spannung und Widerstand bekannt sind.

> **Beispiel 2:** Auf einem Drahtwiderstand ist angegeben: 1 kΩ, 10 W. Welche Spannung darf höchstens an den Widerstand gelegt werden?
>
> *Lösung:* $P = \frac{U^2}{R} \Rightarrow U = \sqrt{P \cdot R} = \sqrt{10\,W \cdot 1000\,\Omega} = \mathbf{100\,V}$
>
> **Beispiel 3:** Auf einem Schichtwiderstand ist angegeben: 125 kΩ, 2 W. Welcher Strom darf höchstens durch den Widerstand fließen?
>
> *Lösung:* $P = I^2 \cdot R \Rightarrow I = \sqrt{\frac{P}{R}} = \sqrt{\frac{2\,W}{125\,000\,\Omega}} = 0,004\,A = \mathbf{4\,mA}$

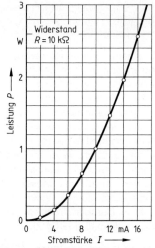

Bild 2: Abhängigkeit der Leistung von der Stromstärke

Die Leistung nimmt bei einem Verbraucher mit gleichbleibendem Widerstand mit dem *Quadrat* der Stromstärke oder mit dem Quadrat der Spannung zu. Bei doppelter Stromstärke ist demnach die Leistung des Verbrauchers viermal so groß, ebenso bei doppelter Spannung **(Bild 2)**. Andererseits ist bei halber Spannung oder bei halber Stromstärke die Leistung nur ein Viertel der Leistung bei voller Spannung oder voller Stromstärke.

Wiederholungsfragen

1. Von welchen Größen hängt die elektrische Leistung ab?
2. Wie kann man die elektrische Leistung indirekt bestimmen?
3. Wieviel Anschlüsse hat ein Leistungsmesser?
4. Wie werden Strompfad und Spannungspfad eines Leistungsmessers angeschlossen?

5. Worauf muß man bei der Wahl des Meßbereiches eines Leistungsmessers achten?
6. Leiten Sie die Formel $P = I^2 \cdot R$ her!
7. Wie ändert sich die Leistung eines Verbrauchers mit gleichbleibendem Widerstand bei doppelter Spannung?

1.4.2 Elektrische Arbeit

Die Spannung ist der Quotient Energie durch Ladung bzw. Arbeit W durch Ladung Q.

$$U = W/Q \Rightarrow W = U \cdot Q = U \cdot I \cdot t \Rightarrow W = P \cdot t$$

Die elektrische Arbeit ist also um so größer, je größer die Leistung und je länger die Zeitdauer dieser Leistung sind.

W Arbeit	
P Leistung	$[W] = W \cdot s = Ws = J$ oder $[W] = kW \cdot h^* = kWh$
t Zeit	

$$\boxed{W = P \cdot t}$$

Umrechnung: $3\,600\,000$ Wattsekunden (Ws) $= 1000$ Wattstunden (Wh) $= 1$ Kilowattstunde (kWh).

Die Einheit Wattsekunde (Ws) hat den besonderen Einheitennamen Joule (J).

> **Beispiel:** Ein Fernsehgerät nimmt 150 W auf und ist an 300 Tagen im Jahr täglich 4 Stunden eingeschaltet. Nach dem Tarif des EVU (**E**nergie-**V**ersorgungs-**U**nternehmen) kostet 1 kWh 0,18 DM. Was kostet die elektrische Arbeit in 1 Jahr?
>
> **Lösung:** $W = P \cdot t = 150\ W \cdot 300 \cdot 4\ h = 180\,000\ Wh = 180\ kWh$
>
> Die Arbeitskosten betragen $180\ kWh \cdot 0,18 \dfrac{DM}{kWh} = \mathbf{32,40\ DM}$.

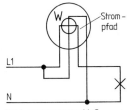

Leistungsmesseranschluß

Die elektrische Arbeit kann man *indirekt* bestimmen, wenn Leistung und Zeit gemessen werden. Meist wird aber die Arbeit mit einem *direkt* anzeigenden Meßgerät gemessen.

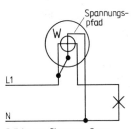

Brücke vom Strom- zum Spannungspfad

> Die elektrische Arbeit wird vom kWh-Zähler gemessen.

Der kWh-Zähler ist wie ein Leistungsmesser geschaltet, er besitzt Strompfad und Spannungspfad (**Bild 1**). Durch die magnetische Wirkung der Spannungsspule und der Stromspule wird eine Zählerscheibe in Drehung versetzt. Die Umdrehungen werden von einem Zählwerk gezählt, welches die elektrische Arbeit meist direkt in kWh anzeigt. In Niederspannungsanlagen ist der Strompfad mit dem Spannungspfad durch eine Brücke verbunden, um den Anschluß zu vereinfachen (Bild 1).

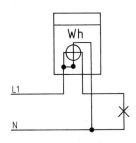

> kWh-Zähler haben Spannungspfad und Strompfad. Der Anschluß des Zählers entspricht dem Anschluß eines Leistungsmessers, ist aber vereinfacht.

Bild 1: Enstehung des Zähleranschlusses

Leistungsmessung mit Zähler und Uhr

Werden mit einem Zähler die Arbeit und mit einer Uhr die Betriebszeit gemessen, so läßt sich die Leistung des Verbrauchers aus $P = W/t$ errechnen. Bei dieser Leistungsmessung läßt man den Verbraucher nicht so lange eingeschaltet, bis man am Zählwerk ablesen kann. Die Leistungsmessung geht schneller unter Verwendung der sogenannten Zählerkonstanten vom Leistungsschild des Zählers (**Bild 2**). Diese

Bild 2: Leistungsschild eines Zählers

---

* h von hora (lat.) = Stunde

gibt an, wie oft sich die Zählerscheibe dreht, bis 1 kWh verbraucht ist (Umdrehungen je kWh). Die Umdrehungen der Zählerscheibe kann man zählen, da die Scheibe am Umfang eine Markierung hat.

P Leistung in kW
n Zählerumdrehungen je Stunde
C_z Zählerkonstante in Umdrehungen/kWh

$$P = \frac{n}{C_z}$$

Man mißt die Zeit für mehrere Umdrehungen und berechnet daraus die Drehzahl je Stunde.

1.4.3 Mechanische Leistung

Der Quotient aus Arbeit durch Zeit ist die Leistung. Die Leistung gibt also an, welche Arbeit in einer Sekunde vollbracht wird. Die Einheit der mechanischen Leistung ist das Watt.

P Leistung
W Arbeit
t Zeit

$$[P] = \frac{Nm}{s} = \frac{Ws}{s} = W$$

$$P = \frac{W}{t}$$

> **Beispiel 1:** Mit einer Motorwinde sollen 300 kg in 5 Sekunden 10 m hoch gehoben werden. Welche Leistung ist dazu erforderlich?
>
> *Lösung:*   Kraft F = 300 kg · 9,81 N/kg = 2943 N
> Arbeit $W = F \cdot s$ = 2943 N · 10 m = 29 430 Nm = 29 430 Ws
> Leistung $P = \dfrac{W}{t} = \dfrac{29\,430\ Ws}{5\ s}$ = 5886 W = **5,886 kW**

Watt und Kilowatt sind Einheiten für die elektrische Leistung und auch für die mechanische Leistung. Bei größeren elektrischen Maschinen ist auf dem Leistungsschild als Nennleistung die *Abgabeleistung* in W bzw. in kW angegeben, bei Motoren also die mechanische Leistung, bei Generatoren die elektrische Leistung. Bei Geräten dagegen, z. B. bei Tonbandgeräten und Handbohrmaschinen, ist die angegebene Leistung die elektrische *Leistungsaufnahme*.

Bei drehender Bewegung, z. B. bei Motoren, steigt die mechanische Leistung mit dem *Drehmoment* und der *Winkelgeschwindigkeit* $\omega = 2\,\pi \cdot$ Drehzahl.

P Leistung
M Drehmoment
ω^* Winkelgeschwindigkeit

$$[P] = Nm \cdot \frac{1}{s} = \frac{Nm}{s} = W$$

$$[\omega] = 1/s$$

$$P = M \cdot \omega$$

Drehmoment

Sucht eine Kraft einen Körper zu drehen, so wirkt auf den Körper ein *Drehmoment*. Das Drehmoment ist um so größer, je größer die Kraft und je länger der zur Kraftrichtung senkrechte Hebelarm ist **(Bild 1)**. Das Drehmoment hat wie die Arbeit die Einheit Nm. Es stellt aber keine Arbeit dar, weil bei ihm die Kraft senkrecht zum Hebelarm wirkt und nicht entlang des Weges.

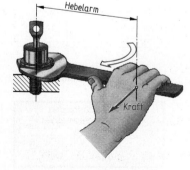

Hebelarm

Kraft

M Drehmoment
F Kraft
r Hebelarm

$$[M] = N \cdot m = Nm$$

$$M = F \cdot r$$

> **Beispiel 2:** Bei einer Gleichrichterdiode ist für das Festschrauben auf den Kühlkörper ein Drehmoment von 60 Nm vorgeschrieben. Welche Kraft ist bei einem Hebelarm von 0,3 m erforderlich?
>
> *Lösung:* $M = F \cdot r \Rightarrow F = M/r$ = 60 Nm/0,3 m = **200 N**

Bild 1: Drehmoment beim Festschrauben einer Gleichrichterdiode

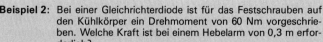

* ω = griech. Kleinbuchstabe omega

1.4.4 Wirkungsgrad

Energie läßt sich weder erzeugen noch vernichten, sondern nur umwandeln. Einrichtungen, welche andere Energiearten in elektrische Energie umwandeln, nennt man *Erzeuger*, Generatoren oder Sender. Erzeuger sind z. B. Generatoren, Akkumulatoren beim Entladen, Fotoelemente, Tonabnehmer beim Plattenspieler, dynamische Mikrofone. Einrichtungen, welche elektrische Energie in andere Energiearten umwandeln, nennt man *Verbraucher* oder Empfänger. Verbraucher sind z. B. Glühlampen, Akkumulatoren beim Laden und Lautsprecher.

> Erzeuger und Verbraucher sind Energiewandler.

In jedem Energiewandler entstehen Nebenwirkungen, die nicht beabsichtigt, aber unvermeidlich sind. Der Strom erwärmt die Drähte der Wicklungen. Die Eisenkerne von Transformatoren und Spulen werden durch die Ummagnetisierung erwärmt. Bei sich drehenden Verbrauchern, z. B. Motoren, treten Lager- und Luftreibung auf. Diese Nebenwirkungen verursachen die *Verlustleistung*, die man auch kurz *Verluste* nennt.

Versuch 1: Schließen Sie ein Netzgerät an das Netz an! Belasten Sie das Netzgerät mit einem Stellwiderstand, und messen Sie die Leistungsaufnahme und die Leistungsabgabe!

Die Leistungsabgabe ist kleiner als die Leistungsaufnahme.

Die zugeführte Energie wird nur zum Teil in die *gewünschte* Energieform umgewandelt, zum anderen Teil in *unerwünschte* Energieformen, meist in Wärme. Die zeichnerische Darstellung der auftretenden Nutz- und Verlustleistungen bezeichnet man als *Leistungsfluß-Schaubild* (**Bild 1**).

Allgemein bezeichnet man das Verhältnis von Nutzen zu Aufwand als *Wirkungsgrad* η* (**Tabelle 1**). Vergleicht man die abgegebene Leistung (nutzbare Leistung) mit der aufgenommenen Leistung (aufgewendete Leistung), so ist der Wirkungsgrad das Verhältnis von Leistungsabgabe zu Leistungsaufnahme.

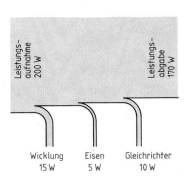

Bild 1: **Leistungsfluß-Schaubild eines Netzgerätes**

η	Wirkungsgrad
P_{ab}	Leistungsabgabe
P_{auf}	Leistungsaufnahme

$$\eta = \frac{P_{ab}}{P_{auf}}$$

Der Wirkungsgrad kann als Dezimalzahl oder als Prozentzahl angegeben werden. Weil die Aufnahme immer größer ist als die Abgabe, ist der Wirkungsgrad immer kleiner als 1 bzw. unter 100%.

Tabelle 1: Wirkungsgrade

Wechselstrommotor 100 W; 1 W	0,5; 0,1
Transformator 1000 VA; 10 VA	0,9; 0,7
3-W-Verstärker	0,3
Glühlampe 40 W	0,015

Beispiel: Ein Rundfunkgerät nimmt 3 W elektrische Leistung aus dem Netz auf und strahlt eine Schalleistung von 1 W ab. Wie groß ist der Wirkungsgrad des Rundfunkgerätes?

Löung: $\quad \eta = \dfrac{P_{ab}}{P_{auf}} = \dfrac{1\,W}{3\,W} = 0{,}333 = \mathbf{33{,}3\%}$

Versuch 2: Schließen Sie ein Netzgerät an das Netz an! Ändern Sie die Belastung stufenweise, und messen Sie jeweils die Leistungsaufnahme und die Leistungsabgabe! Berechnen Sie für jede Belastung den Wirkungsgrad!

Bei verschiedener Belastung ist der Wirkungsgrad verschieden.

Der Wirkungsgrad wird von der Belastung beeinflußt, z. B. bei Transformatoren, Gleichrichtern, elektrischen Maschinen.

Außer dem genannten Leistungs-Wirkungsgrad verwendet man den Energiewirkungsgrad und bei Akkumulatoren den Ladungswirkungsgrad.

---

* η = griech. Kleinbuchstabe eta

1.4.5 Temperatur und Wärme

Temperatur

Führt man einem Stoff, z. B. durch Hämmern, mechanische Energie zu, so nehmen die Atome mechanische Energie auf und schwingen stärker als vorher. Diese Schwingungen nennt man *Wärmebewegung*. Je energiereicher die Wärmebewegung ist, desto wärmer erscheint der Stoff.

> Die Temperatur ist ein Maß für die Wärmebewegung der Teilchen, aus denen die Stoffe bestehen.

Temperaturen werden mit Thermometern meist in Celsiusgraden* (°C) gemessen. In Ländern mit englischem Maßsystem benutzt man daneben noch die Fahrenheit-Teilung** **(Bild 1)**.

Die tiefstmögliche Temperatur beträgt -273 °C (*absoluter Nullpunkt*). Bei dieser Temperatur gibt es keine Wärmebewegung mehr. Die Temperatur über diesem Punkt heißt *absolute Temperatur*. Man mißt sie in Kelvin*** (K). 0 °C = 273 K.

Elektrische Thermometer beruhen auf der Widerstandsänderung von Widerständen oder auf der Erzeugung einer Thermospannung. Beim *Widerstandsthermometer* wird die Widerstandsänderung meist mit einem Widerstandsmesser gemessen. Die Meßinstrumente können direkt in °C geeicht werden.

> Die Einheit der Temperatur ist das Kelvin (K) und bei Angabe von Celsius-Temperaturen der Grad Celsius (°C).

Temperaturen werden meist in Grad Celsius (°C) angegeben, Temperaturunterschiede in Kelvin (K).

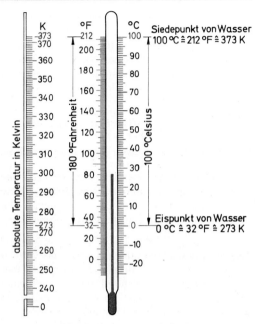

Bild 1: Temperaturskalen

Wärme und Wärmekapazität

Die *Wärme* (Wärmemenge) ist die beim Erwärmen zugeführte oder die beim Abkühlen entzogene Wärmeenergie. Ihre Einheiten sind das Joule (J), die Wattsekunde (Ws) und die Kilowattstunde (kWh).

Die zur Temperaturerhöhung eines Körpers um 1 K erforderliche Wärme nennt man *Wärmekapazität*. Die Wärmekapazität hängt von der Masse des Körpers ab und von seinem Werkstoff. Elektronische Bauelemente mit kleiner Masse haben eine kleine Wärmekapazität. Sie können deshalb bei einer Überlastung nur wenige Millijoule aufnehmen, ohne daß sie zerstört werden.

C Wärmekapazität
Q Wärme
$\Delta\vartheta$ Temperaturunterschied

$$[C] = \frac{Ws}{K} = \frac{J}{K}$$

$$C = \frac{Q}{\Delta\vartheta}$$

Spezifische Wärmekapazität

Wird 1 kg Kupfer um 1 K erwärmt, so braucht man eine kleinere Wärmemenge als zum Erwärmen von 1 kg Wasser um 1 K **(Tabelle 1)**.

> Die spezifische Wärmekapazität gibt die Wärme an, welche die Masseneinheit eines Stoffes um 1 K erwärmt.

Tabelle 1: Spezifische Wärmekapazitäten	
Aluminium	0,92 kJ/(kg · K)
Kupfer	0,39 kJ/(kg · K)
Stahl	0,46 kJ/(kg · K)
Polyvinylchlorid	0,88 kJ/(kg · K)
Wasser	4,19 kJ/(kg · K)

---

* Celsius, schwedischer Astronom, 1701 bis 1744; ** Fahrenheit, Physiker, 1686 bis 1736; *** Lord Kelvin, engl. Physiker, 1824 bis 1907

Die zur Erwärmung erforderliche oder bei Abkühlung eines Stoffes freiwerdende Wärmeenergie hängt vom Temperaturunterschied, von der spezifischen Wärmekapazität und von der Masse ab.

Q Wärme
$\Delta\vartheta$ Temperaturunterschied
c spez. Wärmekapazität
m Masse

$$[c] = kJ/(kg \cdot K)$$

$$\boxed{Q = \Delta\vartheta \cdot c \cdot m}$$

Beispiel: Ein Kühlkörper für eine Gleichrichterdiode besteht aus Al mit $c = 0{,}92$ kJ/(kg · K), hat die Masse von 700 g und eine Temperatur von 40 °C. Nach einer kurzzeitigen Belastung der Gleichrichterdiode hat der Kühlkörper eine Temperatur von 90 °C. Welche Wärmeenergie wurde ihm zugeführt?

Lösung: $\Delta\vartheta = 90\ °C - 40\ °C = 50\ K$; $Q = \Delta\vartheta \cdot c \cdot m = 50\ K \cdot 0{,}92\ kJ/(kg \cdot K) \cdot 0{,}7\ kg = $ **32,2 kJ**

Wiederholungsfragen

1. Welche Einheiten hat die elektrische Arbeit?
2. Welche Einheit wird für die mechanische Leistung verwendet?
3. Von welchen Größen hängt bei Elektromotoren die mechanische Leistung ab?
4. Geben Sie die Einheit für das Drehmoment an!
5. Was versteht man unter dem Wirkungsgrad?
6. In welchen Einheiten gibt man Temperaturen und Temperaturunterschiede an?
7. Geben Sie drei Einheiten für die Wärme (Wärmemenge) an!
8. Erklären Sie den Begriff Wärmekapazität!
9. Was wird durch die spezifische Wärmekapazität angegeben?
10. Wovon hängt die zur Erwärmung eines Körpers erforderliche Wärmeenergie ab?

1.4.6 Wärmeübertragung

Wärmeübertragung (**Bild 1**) erfolgt von Stellen höherer Temperatur zu Stellen niederer Temperatur entweder durch *Wärmeleitung*, z. B. in Metallen, oder durch *Wärmeströmung* (*Konvektion*) bei der Fortbewegung erwärmter Gase und Flüssigkeiten oder durch *Strahlung*, z. B. bei der Sonnenwärme.

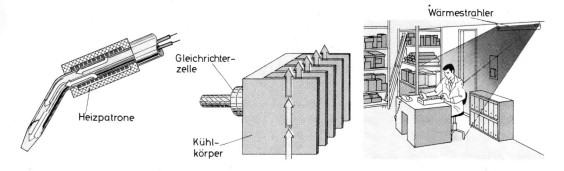

Wärmestrahler

Gleichrichter-
zelle

Heizpatrone

Kühl-
körper

Bild 1: Wärmeübertragung (Wärmeleitung, Wärmeströmung und Wärmestrahlung)

Der *Wärmewiderstand* gibt an, um wieviel K ein Bauelement sich gegenüber der Umgebung bei einer Verlustleistung von 1 W erwärmt.

R_{th} Wärmewiderstand
$\Delta\vartheta$ Temperaturunterschied
P_v Verlustleistung

$$[R_{th}] = K/W$$

$$\boxed{R_{th} = \frac{\Delta\vartheta}{P_v}}$$

Beispiel 1: Ein Transistor erreicht bei der Verlustleistung von 150 mW eine Temperatur von 85 °C, wenn die Kühllufttemperatur 25 °C beträgt. Wie groß ist der Wärmewiderstand des Transistors?

Lösung: $\Delta\vartheta = 85\ °C - 25\ °C = 60\ K$; $R_{th} = \Delta\vartheta/P_v = 60\ K/150\ mW = 0{,}4\ K/mW = $ **400 K/W**

Bauelemente mit großer Leistung, z. B. Thyristoren, Leistungstransistoren, Gleichrichterdioden, entwickeln im Betrieb viel Wärme. Deshalb werden sie auf Kühlkörpern angeordnet **(Bild 1)**. An jeder Übergangsstelle der Wärmeenergie tritt bei ihnen ein Wärmewiderstand auf **(Bild 2)**. Der innere Wärmewiderstand tritt im Inneren beim Übergang der Wärmeenergie von der Sperrschicht zum Gehäuse auf, der Übergangs-Wärmewiderstand zwischen Gehäuse und Kühlkörper. Der Kühlkörper-Wärmewiderstand tritt zwischen Kühlkörper und Kühlmittel auf.

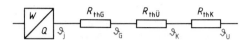

Bild 2: Ersatzschaltplan der Wärmewiderstände eines Thyristors mit Kühlkörper

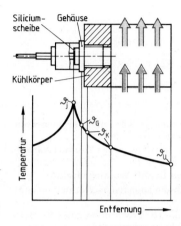

ϑ_j, ϑ_G, ϑ_K, ϑ_U Temperaturen

R_{th} Wärmewiderstand

R_{thG} innerer Wärmewiderstand

R_{thU} Wärmewiderstand zwischen Gehäuse und Kühlkörper

R_{thK} Wärmewiderstand zwischen Kühlkörper und Kühlmittel

$$R_{th} = R_{thG} + R_{thU} + R_{thK}$$

Bild 1: Temperaturgefälle an einem Thyristor mit Kühlkörper

Beispiel 2: Bei einem Thyristor ist der innere Wärmewiderstand 0,4 K/W, der Übergangswärmewiderstand 0,08 K/W, der Kühlkörperwärmewiderstand 0,92 K/W. Wie groß ist der Gesamt-Wärmewiderstand?

Lösung: $R_{th} = R_{thG} + R_{thU} + R_{thK} = 0,4 \text{ K/W} + 0,08 \text{ K/W} + 0,92 \text{ K/W} =$ **1,4 K/W**

Mit Hilfe des Wärmewiderstandes kann man die höchstzulässige Verlustleistung eines Bauelementes berechnen, wenn die höchstzulässige Innentemperatur, z. B. die Sperrschichttemperatur, und die Kühlmitteltemperatur bekannt sind.

Beispiel 3: Die höchstzulässige Innentemperatur (Sperrschichttemperatur) des Thyristors von Beispiel 2 ist 120 °C, die Kühlmitteltemperatur 50 °C. Wie hoch darf die Verlustleistung höchstens sein?

Lösung: $\Delta\vartheta = 120 \text{ °C} - 50 \text{ °C} = 70 \text{ K}$; $P_v = \Delta\vartheta/R_{th} = 70 \text{ K}/(1,4 \text{ K/W}) =$ **50 W**

Der innere Wärmewiderstand kann nicht beeinflußt werden, der Übergangs-Wärmewiderstand läßt sich durch sorgfältige Montage verkleinern. Ein Mittel dazu ist die Verwendung von *Wärmeleitpaste*. Das ist eine temperaturbeständige Silikonverbindung. Durch Wärmeleitpaste werden Hohlräume zwischen Bauelement und Kühlkörper ausgefüllt, die sonst zur Wärmeleitung nicht beitragen. Als elektrische Isolierung zum Kühlkörper können Wärmeleitscheiben aus Berylliumoxid, aus Aluminiumoxid oder aus hart *eloxiertem* (**el**ektrisch **oxid**iertem) Aluminium verwendet werden. Diese leiten die Wärme besser ab als andere Isolierstoffe.

Der Kühlkörper-Wärmewiderstand hängt von Größe, Form und Farbe des Kühlkörpers sowie von der Dichte und Geschwindigkeit der Kühlluft ab. In Datenblättern angegebene Kühlkörper-Wärmewiderstände gelten für Höhen unter 1000 m und für Konvektionskühlung. Bei größerer Höhe ist die Luft dünner, der Wärmewiderstand ist dann größer. Bei verstärkter Kühlung, z. B. mit einem Gebläse, wird der Kühlkörper-Wärmewiderstand kleiner.

Bei kleinen Verlustleistungen verwendet man als Kühlkörper quadratische Bleche, die bei senkrechter Anordnung am besten kühlen.

Bei waagrechter Anordnung muß die Kühlfläche das 1,2fache einer senkrechten Kühlfläche betragen, bei geschwärzter Kühlfläche mindestens das 0,9fache einer blanken Kühlfläche. Schwarze Körper nehmen einerseits am meisten Strahlung auf, geben aber auch durch Strahlung am meisten Energie ab.

1.4.7 Leistungshyperbel

Die von einem Bauelement, z. B. einem Drahtwiderstand oder einem Transistor, aufgenommene Leistung darf nicht zu groß sein, damit die entstehende Wärme abgeführt werden kann. Bei gleichen Bauelementen und gleicher Kühlung richtet sich deshalb die höchstzulässige Leistung nach der Baugröße **(Bild 1)**.

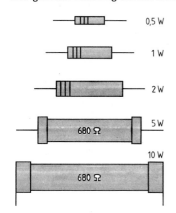

Bild 1: Widerstände mit 680 Ω
für verschiedene Leistungen

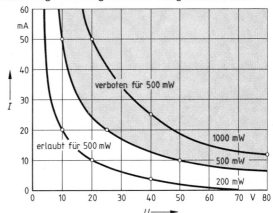

Bild 2: Leistungshyperbeln

Bei einem einzelnen Bauelement darf das Produkt $P = U \cdot I$ einen bestimmten Höchstwert nicht übersteigen. Je höher also die Spannung U ist, desto kleiner muß die höchstzulässige Stromstärke I sein. Dieser Zusammenhang wird in der *Leistungshyperbel* **(Bild 2)** sichtbar gemacht.

Aus der Leistungshyperbel eines Bauelements läßt sich bei gegebener Spannung die höchstzulässige Stromstärke dieses Bauelements ablesen.

$I = \dfrac{P}{U} \Rightarrow I_{max} = P_{max} \cdot \dfrac{1}{U} \Rightarrow$ der Graph der höchstzulässigen Stromstärke ist eine Hyperbel.

Ein Bauelement darf nur mit Spannungen und zugehörigen Stromstärken unterhalb der zugehörigen Leistungshyperbel betrieben werden (Bild 2). Beim Betrieb oberhalb der Leistungshyperbel erfolgt unzulässig hohe Erwärmung.

Beispiel 1: Ein Widerstand 4700 Ω, 0,5 W soll an 42 V gelegt werden, dabei nimmt er 9 mA auf. Ist der Betrieb nach Bild 2 zulässig?

Lösung: Der Betriebspunkt 42 V/9 mA liegt unterhalb der Leistungshyperbel 0,5 W. Der Betrieb ist also zulässig.

Beispiel 2: Ein Transistor hat eine höchstzulässige Leistungsaufnahme $P_{tot} = 0,5$ W. Er soll an 25 V betrieben werden. Wie groß darf die Stromstärke höchstens sein?

Lösung: Nach Bild 2 sind bei 25 V und 500 mW höchstens 20 mA zulässig.

Konstruktion der Leistungshyperbel: Man berechnet für die gegebene Leistung zunächst einen Punkt der Leistungshyperbel, z. B. für 500 mW und 50 V zu $I = P/U = 500$ mW/50 V = 10 mA. Andere Punkte erhält man dann durch Verdoppeln der Stromstärke und Halbieren der Spannung oder durch Verdoppeln der Spannung und Halbieren der Stromstärke.

Wiederholungsfragen

1. Auf welche drei Arten kann Wärme übertragen werden?
2. Welche Einheit hat der Wärmewiderstand?
3. Welche Wärmewiderstände unterscheidet man bei Gleichrichterdioden mit Kühlkörpern?
4. Wie verkleinert man den Übergangswärmewiderstand?
5. Wovon hängt die höchstzulässige Leistung eines Bauelements ab?
6. Welche Größen kann man der Leistungshyperbel entnehmen?

1.5 Spannungserzeuger

1.5.1 Arten der Spannungserzeugung

Spannungserzeugung durch Induktion

Versuch 1: Schließen Sie eine Spule an einen Spannungsmesser mit mV-Meßbereich und Nullstellung des Zeigers in Skalenmitte an **(Bild 1)**! Bewegen Sie einen Dauermagneten in die Spule hinein und wieder heraus!

Während der Bewegung des Dauermagneten schlägt der Zeiger des Spannungsmessers aus. Beim Hineinbewegen schlägt der Zeiger entgegengesetzt wie beim Herausbewegen aus. Es entsteht in der Spule eine Wechselspannung.

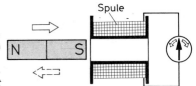

Bild 1: Spannungs-
erzeugung durch Induktion

Bewegt man einen Dauermagneten in einer Spule hin und her, so entsteht in der Spule eine Wechselspannung. Die Spannungserzeugung mit Hilfe eines Magneten nennt man *Induktion**. Man nützt diese Art der Spannungserzeugung in Generatoren.

Spannungserzeugung durch Wärme

Versuch 2: Verbinden Sie einen Kupferdraht mit einem Konstantandraht an einem Ende, z. B. durch Verdrillen, Hartlöten oder Schweißen! Schließen Sie an die freien Drahtenden einen Spannungsmesser mit mV-Meßbereich an, und erwärmen Sie die Verbindungsstelle der Drähte **(Bild 2)**!

An den freien Drahtenden tritt eine Gleichspannung auf, so lange die Verbindungsstelle warm ist.

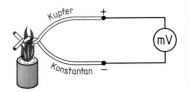

Bild 2: Spannungs-
erzeugung durch Wärme

Einen derartigen Spannungserzeuger nennt man *Thermoelement***. Man verwendet Thermoelemente z. B. als Temperaturfühler zur Temperaturmessung.

Spannungserzeugung durch Licht

Versuch 3: Schließen Sie ein Fotoelement*** an einen Spannungsmesser mit mV-Meßbereich an **(Bild 2)**! Beleuchten Sie das Fotoelement!
Bei Beleuchtung entsteht am Fotoelement eine Gleichspannung.

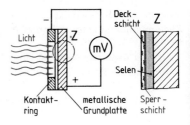

Bild 3:
Spannungserzeugung durch Licht

Am *Fotoelement* entsteht zwischen Grundplatte und Kontaktring bei Lichteinfall eine kleine Spannung. Die Grundplatte wird dabei zum positiven Pol, der Kontaktring zum negativen Pol. Fotoelemente verwendet man z. B. als Belichtungsmesser, als Spannungserzeuger in Satelliten und in elektronischen Steuerungen und Regelungen.

Spannungserzeugung durch Kristallverformung (Piezo-Elektrizität)

Versuch 4: Schließen Sie einen Piezo-Kristall**** an einen hochohmigen elektronischen Spannungsmesser an! Drücken Sie auf den Kristall!
Der Spannungsmesser zeigt eine Spannung an, wenn die Druckkraft zunimmt oder abnimmt.

An den beiden Flächen eines unter Druck oder Zug stehenden Kristalls entstehen durch den *piezoelektrischen Effekt* [5]* verschiedene elektrische Ladungen. Bei wechselndem Druck oder Zug entsteht eine Wechselspannung. Umgekehrt entsteht an piezoelektrischen Werkstoffen eine Längenänderung, wenn sie an Spannung gelegt werden (Elektrostriktion).

Bei Piezo-Kristallen, z. B. aus Quarz oder besonderen Halbleiterwerkstoffen, sind in den Kristallgittern positive und negative Ladungen regelmäßig verteilt. Durch Zug- oder Druckbeanspruchung läßt sich erreichen, daß an den Oberflächen unterschiedliche Ladungen auftreten. Diese Ladungen nimmt man durch leitende Beläge ab.

Piezoelektrische Spannungserzeuger sind z. B. Kristalltonabnehmer bei Plattenspielern, Kristallmikrofone und manche Druckfühler.

---

* inducere (lat.) = einführen;   ** thermos (griech.) = warm;   *** Foto aus dem griechischen „phos" = Licht, Helligkeit;
**** Piezo (sprich: pi-ezo) von piedein (griech.) = drücken;   [5]* Effekt (lat.) = Wirkung

Spannungserzeugung durch Reiben von Isolierstoffen

Beim Reiben von Isolierstoffen können unterschiedliche elektrische Ladungen erzeugt werden. Spannung durch Reibung entsteht ungewollt z. B. bei *elektrostatischer Aufladung* von Fahrzeugen, Folien aus Kunststoffen, Geweben aus Chemiefasern und bei Kunststofftreibriemen. Man kann die elektrostatischen Aufladungen beseitigen, indem man z. B. das metallische Gerätegehäuse erdet.

1.5.2 Belasteter Spannungserzeuger

Quellenspannung und Spannung an den Anschlüssen

Versuch 1: Schließen Sie an eine Taschenlampenbatterie einen Spannungsmesser an! Messen Sie die Spannung! *Der Spannungsmesser zeigt 4,5 V an.*

Im unbelasteten Zustand des Spannungserzeugers fließt kein Strom. An seinen Anschlüssen steht die vom Erzeuger gelieferte Spannung voll zur Verfügung. Diese im Inneren des Spannungserzeugers vorhandene Spannung nennt man *Quellenspannung U_q* oder *Urspannung U_0*.

Versuch 2: Schließen Sie an eine Taschenlampenbatterie einen Schiebewiderstand von 10 Ω an, und messen Sie den Strom und die Spannung an der Batterie in Abhängigkeit von der Schleiferstellung! *Mit zunehmendem Strom nimmt die Spannung an den Anschlüssen der Batterie immer mehr ab.*

Wird der Spannungserzeuger mit einem Lastwiderstand belastet, so fließt ein Strom, und die Spannung an den Anschlüssen wird kleiner. Ein Teil der Urspannung wird also im Inneren des Erzeugers verbraucht. Jeder Spannungserzeuger besitzt einen *Innenwiderstand R_i*, der bei Belastung den inneren Spannungsabfall verursacht. Untersucht man das Verhalten eines Spannungserzeugers bei verschiedenen Belastungen, so denkt man sich den Innenwiderstand als Vorwiderstand zum widerstandslosen Spannungserzeuger. Diese Darstellung **(Bild 1)** ist eine *Ersatzschaltung* des Spannungserzeugers, die *Ersatzspannungsquelle*.

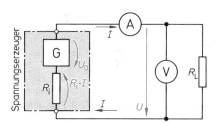

Bild 1: Ersatzschaltung eines Spannungserzeugers

Der Spannungsabfall am Innenwiderstand eines Spannungserzeugers ist meist unerwünscht, aber nicht vermeidbar. Ein idealer Spannungserzeuger müßte unabhängig von der Belastung stets eine konstante Spannung liefern. Dies erreicht man annähernd z. B. bei stabilisierten Netzgeräten durch entsprechende schaltungstechnische Maßnahmen.

> Bei Spannungserzeugern nimmt die Spannung an den Anschlüssen mit zunehmendem Laststrom ab.

Bei einem belasteten Spannungserzeuger besteht der Gesamtwiderstand des Stromkreises aus der Reihenschaltung von Lastwiderstand (Außenwiderstand) und Innenwiderstand des Erzeugers. Die Spannung an den Anschlüssen des Spannungserzeugers ist um den Spannungsabfall am Innenwiderstand kleiner als die Urspannung.

U	Spannung an den Klemmen
U_0	Urspannung
$I \cdot R_i$	Spannungsabfall am Innenwiderstand

$$U = U_0 - I \cdot R_i$$

Beispiel 1: Ein Akkumulator hat im unbelasteten Zustand eine Spannung von 13 V und einen Innenwiderstand von 0,5 Ω. Berechnen Sie die Ausgangsspannung bei Belastung mit 10 A!

Lösung: $U = U_0 - I \cdot R_i = 13\,\text{V} - 10\,\text{A} \cdot 0,5\,\Omega = 13\,\text{V} - 5\,\text{V} = \textbf{8 V}$

Leerlauf und Kurzschluß eines Spannungserzeugers

Bei Leerlauf eines Spannungserzeugers ist an seinen Anschlüssen kein Verbraucher angeschlossen. Es fließt also kein Strom, so daß am inneren Widerstand keine Spannung abfallen kann. Die Leerlaufspannung kann z. B. mit einem elektronischen Spannungsmesser gemessen werden.

> Die Leerlaufspannung ist meist gleich der Urspannung.

Bei *Kurzschluß* eines Spannungserzeugers sind seine Anschlüsse widerstandslos verbunden. Der Lastwiderstand ist also gleich Null. Die gesamte Urspannung liegt am Innenwiderstand des Spannungserzeugers. Bei vielen Spannungserzeugern ist der Innenwiderstand sehr klein. Es fließt dann ein starker Kurzschlußstrom.

I_k Kurzschlußstrom
U_0 Urspannung
R_i Innenwiderstand

$$I_k = \frac{U_0}{R_i}$$

Beispiel 2: Berechnen Sie den Kurzschlußstrom einer Taschenlampenbatterie mit einer Urspannung von 4,5 V und einem Innenwiderstand von 0,9 Ω!

Lösung: $I_k = \dfrac{U_0}{R_i} = \dfrac{4{,}5\ \text{V}}{0{,}9\ \Omega} = \mathbf{5\ A}$

1.5.3 Anpassung

Der Spannungserzeuger gibt an einen angeschlossenen Lastwiderstand eine Spannung, einen Strom und damit eine Leistung ab. Der Lastwiderstand kann so zum Innenwiderstand bemessen sein, daß die Spannung möglichst groß und unabhängig vom Laststrom ist. Dann spricht man von *Spannungsanpassung.* Der Lastwiderstand kann auch so zum Innenwiderstand bemessen sein, daß die Stromstärke unabhängig vom Lastwiderstand ist. Dann liegt *Stromanpassung* vor. Schließlich kann der Lastwiderstand auch so bemessen sein, daß die Leistung möglichst groß ist. Dann liegt *Leistungsanpassung* vor.

Spannungsanpassung (Überanpassung) eines Lastwiderstandes an einen Spannungserzeuger ergibt eine möglichst hohe Spannung. Man muß dann im Leerlaufbereich des Spannungserzeugers arbeiten. Die Lastwiderstände müssen dabei unabhängig vom Laststrom annähernd dieselbe Spannung erhalten **(Bild 1)**. Der Spannungsfall am Innenwiderstand muß bei der Spannungsanpassung möglichst klein sein, damit die Lastspannung etwa so groß wie die Leerlaufspannung wird. Aus $U = U_0 - I \cdot R_i$ folgt $U = U_0/(1 + R_i/R_L)$, d. h. je kleiner R_i/R_L ist, desto größer wird U.

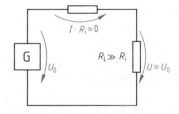

Bild 1: Spannungsanpassung

Spannungsanpassung:

> Bei der Spannungsanpassung ist der Lastwiderstand groß gegenüber dem Innenwiderstand.

$$R_L \gg R_i$$

Soll die Lastspannung unabhängig von der Last sein, z. B. bei einem Motor mit wechselnder Belastung, so wendet man die Spannungsanpassung an.

Stromanpassung (Unteranpassung) eines Lastwiderstandes an einen Spannungserzeuger ergibt einen möglichst starken Strom. Man muß dazu im Bereich des Kurzschlusses des Spannungserzeugers arbeiten. Die Lastwiderstände müssen unabhängig von ihrem Widerstand denselben oder fast denselben Strom erhalten.

Der Spannungsabfall am Innenwiderstand muß deshalb möglichst groß sein, damit eine Änderung des Lastwiderstandes nur eine kleine Stromänderung bewirkt (**Bild 1**). Durch Umformung von $U = U_0 - I \cdot R_i$ erhält man $I = U_0/((R_L/R_i + 1) \cdot R_i)$, d.h. je kleiner R_L/R_i ist, desto mehr ist $I \approx U_0/R_i$, also unabhängig von R_L.

Bei der Stromanpassung ist der Lastwiderstand sehr viel kleiner als der Innenwiderstand.

Stromanpassung:

$$R_L \ll R_i$$

Bild 1: Stromanpassung

Da bei der Stromanpassung der Strom stets annähernd gleich ist, nennt man ihn auch eingeprägten Strom. Soll der Strom unabhängig vom Widerstand der Last sein, z. B. bei Gasentladungslampen, so wendet man die Stromanpassung an.

Leistungsanpassung eines Lastwiderstandes an den Innenwiderstand des Spannungserzeugers ermöglicht die größtmögliche Leistungsentnahme (**Bild 2**).

Die Leistungsabgabe eines Spannungserzeugers ist am größten, wenn der Lastwiderstand gleich dem Innenwiderstand ist.

Bei Leistungsanpassung:

$$R_L = R_i \qquad P_{max} = \frac{U_0^2}{4 \cdot R_i}$$

Beispiel: Ein Spannungserzeuger hat eine Leerlaufspannung von $U_0 = 10$ V und einen Innenwiderstand $R_i = 100\ \Omega$. Berechnen Sie die Abgabeleistung bei Leistungsanpassung!

Lösung: $R_L = R_i = 100\ \Omega$; $P_{max} = \dfrac{U_0^2}{4 \cdot R_i} = \dfrac{10^2\ \mathrm{V}^2}{4 \cdot 100\ \Omega} = $ **0,25 W**

Der Wirkungsgrad ist bei Leistungsanpassung nur 50%. Die Leistungsanpassung wird daher nur bei kleineren Leistungen verwendet, z. B. zur Anpassung von Lautsprechern an Verstärker, Empfängereingängen an Antennen, Verstärkern an Mikrofone.

Die Spannung an den Anschlüssen ist bei Leistungsanpassung nur noch halb so groß wie bei Leerlauf.

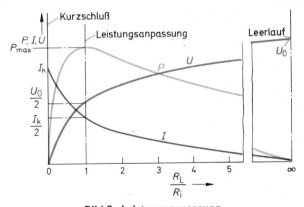

Bild 2: Leistungsanpassung

Ermittlung des Innenwiderstandes

Bei der Kennlinie $U = f(I)$ einer Ersatzspannungsquelle ist das Verhältnis einer beliebigen Spannungsdifferenz zur zugehörigen Stromdifferenz gleich groß wie das Verhältnis Leerlaufspannung zum Kurzschlußstrom. Man kann also den Innenwiderstand durch Messung der Spannungen und Stromstärken für zwei beliebige Lastfälle bestimmen.

R_i Innenwiderstand
U_1 Spannung im Lastfall 1
U_2 Spannung im Lastfall 2
I_1 Stromstärke im Lastfall 1
I_2 Stromstärke im Lastfall 2
ΔU Spannungsdifferenz
ΔI Differenz der Stromstärken

$$R_i = \frac{U_1 - U_2}{I_2 - I_1}$$

$$R_i = \frac{\Delta U}{\Delta I}$$

49

1.5.4 Schaltung von Spannungserzeugern

Reihenschaltung. Bei der Reihenschaltung von Spannungserzeugern **(Bild 1)** addieren sich die Innenwiderstände und die Spannungen. Es gelten die Gesetze der Reihenschaltung. Bei den Spannungen ist dabei auf die Polung zu achten. Die Gesamtstromstärke ist so groß wie die Stromstärke der einzelnen Erzeuger.

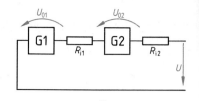

U_0 Leerlaufspannung, Urspannung
$U_{01}, U_{02}, \ldots$ Einzelleerlaufspannungen
R_i Ersatzinnenwiderstand
$R_{i1}, R_{i2}, \ldots$ Einzelinnenwiderstände

$$U_0 = U_{01} + U_{02} + \ldots$$

$$R_i = R_{i1} + R_{i2} + \ldots$$

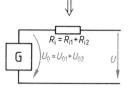

Bild 1: Reihenschaltung von Spannungserzeugern

Erzeuger werden in Reihe geschaltet, um eine höhere Nennspannung zu erzielen.

Schaltet man Spannungserzeuger mit verschiedenen Nennströmen in Reihe, so werden die Erzeuger mit dem kleineren Nennstrom im Betrieb überlastet und eventuell zerstört.

Parallelschaltung. Bei der Parallelschaltung von Spannungserzeugern **(Bild 2)** sind immer gleiche Pole miteinander verbunden. Die Gesamtstromstärke ist so groß wie die Summe der Einzelstromstärken. Die Parallelschaltung von Spannungserzeugern gestattet die Entnahme eines starken Stromes. Damit wird auch die verfügbare Leistung größer. Der gesamte Innenwiderstand der Schaltung ist kleiner als der kleinste Innenwiderstand der parallelgeschalteten Spannungserzeuger. Schaltet man Spannungserzeuger mit verschiedenen Spannungen parallel, so fließen im Inneren der Gesamtschaltung *Ausgleichsströme* vom Erzeuger mit höherer Einzelspannung zum Erzeuger mit niederer Einzelspannung. Diese Ströme rufen an den Innenwiderständen Spannungsabfälle hervor, so daß an allen parallel geschalteten Spannungserzeugern die gleiche Spannung erzwungen wird. Bei parallelgeschalteten Elementen werden deshalb die Elemente mit hoher Einzelspannung rasch entladen.

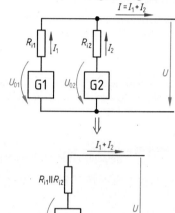

Bild 2: Parallelschaltung von Spannungserzeugern

Nur Spannungserzeuger mit gleicher Einzelspannung darf man parallelschalten.

Gemischte Schaltung. Die Ermittlung der Spannungen und Ströme bei einer gemischten Schaltung von Spannungserzeugern wird wie bei einem linearen Netzwerk vorgenommen. Ein lineares Netzwerk **(Bild 3)** besteht aus Bauelementen mit linearer Strom-Spannungs-Kennlinie. Die Lösungsmethoden für lineare Netzwerke wendet man nur dann an, wenn alle bisherigen Methoden versagen. So kann man z. B. den Strom I_1 in Schaltung Bild 3 mit Hilfe des Überlagerungssatzes bestimmen. Dazu *denkt* man sich zunächst den Erzeuger G1 kurzgeschlossen und bestimmt die Stromstärke I_{21} **(Bild 4)**. Anschließend denkt man sich G2 kurzgeschlossen und berechnet die Stromstärke I_{11}. Die gesuchte Stromstärke I_1 erhält man entsprechend der Zählpfeilrichtung zu $I_1 = I_{11} + (-I_{21})$.

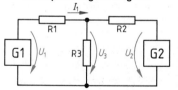

Bild 3: Lineares Netzwerk

G1 kurzgeschlossen

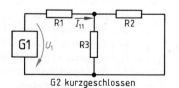

G2 kurzgeschlossen

Bild 4: Ermittlung der Teilströme

1.5.5 Ersatzspannungsquelle und Ersatzstromquelle

Zur Berechnung schwieriger Schaltungen, welche Spannungserzeuger, feste Widerstände und *einen* veränderlichen Widerstand enthalten, verwendet man als Ersatzschaltungen die Ersatzspannungsquelle oder die Ersatzstromquelle.

Ersatzspannungsquelle: Enthält eine Schaltung **(Bild 1)** z. B. einen Spannungserzeuger mit der Spannung U_0, die Festwiderstände R1, R2 und R3 und einen veränderlichen Widerstand R_L, so kann man sie durch eine Ersatzspannung U'_0 mit dem Innenwiderstand R'_i ersetzen. An den Anschlüssen dieser *Ersatzspannungsquelle* liegt dann nur noch der veränderliche Lastwiderstand R_L.

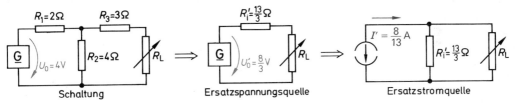

Schaltung   Ersatzspannungsquelle   Ersatzstromquelle

Bild 1: Ersatzspannungsquelle und Ersatzstromquelle

Die Leerlaufspannung und damit die Ersatzspannung U'_0 erhält man durch Messung oder Berechnung der Spannung an den Anschlüssen der Ersatzspannungsquelle **(Bild 2)**. Den Innenwiderstand R'_i erhält man, indem man sich die Urspannung kurzgeschlossen denkt und den Widerstand der Schaltung an den Anschlüssen der Ersatzspannungsquelle berechnet.

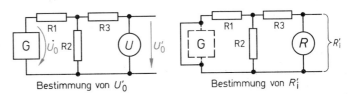

Bestimmung von U'_0 Bestimmung von R'_i

Bild 2: Bestimmung der Kenngrößen der Ersatzspannungsquelle

Beispiel: Von der Schaltung Bild 1 sollen die Ersatzspannung U'_0 und der Innenwiderstand R'_i berechnet werden.

Lösung: a) Leerlauf: $\quad U'_0 = U_{R2} = \dfrac{U_0 \cdot R_2}{R_1 + R_2} = \dfrac{4\,\text{V} \cdot 4\,\Omega}{2\,\Omega + 4\,\Omega} = \dfrac{8}{3}\,\text{V}$

b) Kurzschluß: $\quad R'_i = R_3 + \dfrac{R_1 \cdot R_2}{R_1 + R_2} = 3\,\Omega + \dfrac{2\,\Omega \cdot 4\,\Omega}{2\,\Omega + 4\,\Omega} = \dfrac{26}{6}\,\Omega = \dfrac{13}{3}\,\Omega$

Ersatzstromquelle: Die Ersatzstromquelle (Bild 1) enthält einen Erzeuger, der einen konstanten Strom I liefert. Der Ersatzstrom I' wird bestimmt, indem man die äußeren Anschlüsse kurzschließt und den Strom im Kurzschlußzweig mißt oder berechnet. Dieser Kurzschlußstrom ist gleich dem Ersatzstrom I'. Der Innenwiderstand R'_i ist so groß wie bei der Ersatzspannungsquelle. Man denkt ihn sich zur Ersatzstromquelle parallelgeschaltet.

Meist arbeitet man mit der Ersatzspannungsquelle, insbesondere wenn der Lastwiderstand größer ist als der Innenwiderstand des Erzeugers. Die Ersatzstromquelle verwendet man, wenn der Innenwiderstand der Schaltung sehr groß ist gegenüber dem angeschlossenen Lastwiderstand, z. B. bei einigen Transistorschaltungen.

Wiederholungsfragen

1. Wie erzeugt man in einer Spule eine Wechselspannung?
2. Wozu verwendet man Fotoelemente?
3. Welche Wirkung hat der piezo-elektrische Effekt?
4. Wie nennt man die Spannung im Inneren eines Spannungserzeugers?
5. Wie groß ist die Leerlaufspannung eines Spannungserzeugers?
6. Wie kann man einem Spannungserzeuger die größtmögliche Leistung entnehmen?
7. Wodurch ist die Spannungsanpassung gekennzeichnet?
8. Woraus besteht ein lineares Netzwerk?

1.6 Wechselspannung und Wechselstrom

Elektronische Geräte werden meist mit Wechselstromenergie gespeist. Wird nur ein Wechselstrom zugeführt, z. B. einer Glühlampe, spricht man von *Einphasenwechselstrom*. Werden mehrere, voneinander abhängige Wechselströme zugeführt, z. B. einem Drehstrommotor, spricht man von *Mehrphasenwechselstrom*, z. B. Dreiphasenwechselstrom (Drehstrom).

Periode

Versuch 1: Schließen Sie einen Spannungsmesser mit Nullstellung des Zeigers in der Skalenmitte über einen Polwender an Gleichspannung an! Drehen Sie den Polwender, und beobachten Sie den Zeigerausschlag!

Der Zeiger schlägt bei einer Umdrehung des Polwenders erst nach der einen Seite, dann nach der anderen aus.

Nach jeder halben Umdrehung des Polwenders ändert sich die Richtung der Spannung am Meßinstrument. Ist der Stromkreis geschlossen, so bewegen sich die Elektronen im Leiter mit dauernd wechselnder Geschwindigkeit hin und her. Wiederholt sich die gleiche Bewegung in regelmäßiger Folge, so bezeichnet man sie als *periodisch* (sich wiederholend). Eine vollständige Schwingung nennt man eine *Periode**. Eine halbe Schwingung ist eine Halbperiode.

Frequenz

Die Anzahl der Perioden in einer Sekunde heißt Frequenz**. Die Einheit der Frequenz ist das Hertz*** (Hz).

> 1 Hertz = 1 Periode je Sekunde

Die Frequenz ist um so größer, je kleiner die Periodendauer ist. Die Frequenz ist also der Kehrwert der Periodendauer.

f Frequenz
T Periodendauer

$$[f] = \frac{1}{s} = Hz$$

$$\boxed{f = \frac{1}{T}}$$

Auf Leistungsschildern ist manchmal die Frequenz in c/s oder cps (cycles per second = Perioden je Sekunde) angegeben. 1 cps = 1 Hz.

Die Wechselspannung der Steckdose hat 50 Hz. In den USA und Japan beträgt die Frequenz im Versorgungsnetz 60 Hz. Die Frequenzen in den verschiedenen Verbrauchern, insbesondere in elektronischen Geräten, sind verschieden groß **(Tabelle 1)**.

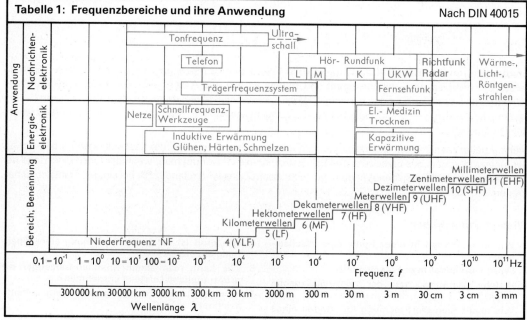

Tabelle 1: Frequenzbereiche und ihre Anwendung   Nach DIN 40015

---

* Periode (griech.) = Zeit der Wiederkehr einer Erscheinung;   ** Frequenz (lat.) = Häufigkeit;   *** Hertz, deutscher Physiker, 1857 bis 1894

Wellenlänge

Beim Einschalten eines Stromkreises übt der Spannungserzeuger auf die Elektronen eine Kraft aus. Diese Kraft breitet sich im Leiter mit einer sehr hohen Geschwindigkeit aus, die aber kleiner ist als die Lichtgeschwindigkeit (300 000 km/s). Bei Wechselstrom wirkt die Kraft auf die Elektronen je Periode zweimal in entgegengesetzter Richtung. Dadurch treten längs eines genügend langen Leiters Stellen mit Elektronenüberschuß und Stellen mit Elektronenmangel auf **(Bild 1)**, ähnlich wie sich beim periodischen Anstoßen von Wasser Wellen bilden. Den Abstand zweier Verdichtungsstellen bezeichnet man als *Wellenlänge*.

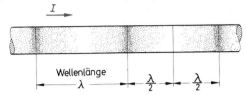

Bild 1: Elektronenverteilung in einem Leiter bei Wechselstrom

Während der Periodendauer T legt die Welle die Wellenlänge λ zurück, dabei ist ihre Ausbreitungsgeschwindigkeit c.

$$c = \lambda / T \Rightarrow \lambda = c \cdot T = c/f$$

Die Wellenlänge wird mit zunehmender Ausbreitungsgeschwindigkeit der Kraft größer und wird mit zunehmender Frequenz kleiner.

λ Wellenlänge
c Ausbreitungsgeschwindigkeit (Phasengeschwindigkeit)
f Frequenz

$$\lambda = \frac{c}{f}$$

Die Ausbreitungsgeschwindigkeit in einer zweiadrigen Leitung kann etwa gleich 80% der Lichtgeschwindigkeit gesetzt werden (240 000 km/s).

Beispiel: Wie groß ist die Wellenlänge eines Wechselstromes bei einer Frequenz von 12 kHz?

Lösung: $\lambda = \dfrac{c}{f} = \dfrac{240\,000 \text{ km/s}}{12 \text{ kHz}} = \dfrac{240\,000 \text{ m/s}}{12 \text{ 1/s}} = \textbf{20\,000 m}$

Das Verhältnis der Ausbreitungsgeschwindigkeit in einer Leitung zur Lichtgeschwindigkeit nennt man *Verkürzungsfaktor*.

Frequenz und Drehzahl

Wird die Wechselspannung durch einen Maschinengenerator erzeugt, z.B. durch einen Kraftwerksgenerator oder einen Fahrraddynamo, so hängt die Frequenz der Wechselspannung von der Drehzahl des Generators ab. Diese Drehzahl hat die Einheit 1/min oder 1/s. Sie wird auch *Umdrehungsfrequenz* genannt.

Maschinengeneratoren sind heute meist als Innenpolmaschinen gebaut. Bei diesen dreht sich ein Läufer in einem Ständer mit feststehenden Spulen **(Bild 2)**.

Dreht sich bei einer zweipoligen Maschine (Polpaarzahl $p = 1$) das Polrad in der Sekunde 50mal, so hat die entstehende Wechselspannung die Frequenz von 50 Hz. Bei Maschinen mit 2, 3, 4... usw. Polpaaren (mit 4, 6, 8 usw. Polen) sind die Frequenzen 2, 3, 4... usw. mal so groß.

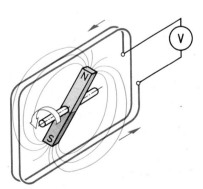

Bild 2: Grundaufbau der Innenpolmaschine

f Frequenz
p Polpaarzahl
n Drehzahl

$$f = p \cdot n$$

Beispiel: Ein Generator hat 8 Pole und eine Drehzahl von 750 je Minute. Wie groß ist die Frequenz?

Lösung: $f = p \cdot n = \dfrac{8}{2} \cdot 750 \,\dfrac{1}{\text{min}} = \dfrac{4 \cdot 750}{60 \text{ s}} = 50\dfrac{1}{\text{s}} = \textbf{50 Hz}$

Kurvenform der Wechselspannung und des Wechselstromes

Versuch 1: Schließen Sie den Y-Eingang eines Oszilloskops an einen Rechteckgenerator an! Beobachten Sie auf dem Bildschirm den Verlauf der Spannung!
Die Spannung hat eine Rechteckform.

Das Oszilloskop ist ein Meßgerät, mit dem man den Verlauf einer Spannung in Abhängigkeit von der Zeit untersuchen kann. Einen rechteckigen Spannungsverlauf **(Bild 1 oben)** würde man auf dem Bildschirm eines Oszilloskops auch sehen, wenn man eine angelegte Gleichspannung schnell umpolt. Der Rechteckgenerator liefert Wechselspannung mit Rechteckform.

Versuch 2: Schließen Sie die Reihenschaltung aus einer Spule mit 600 Windungen und Eisenkern und einem Schichtwiderstand von 1 kΩ an einen Rechteckgenerator an! Stellen Sie eine Frequenz von etwa 500 Hz ein! Untersuchen Sie mit einem Oszilloskop die Spannung am Schichtwiderstand!
Die Rechteckspannung ist jeweils an den linken Ecken abgerundet (Bild 1 Mitte).

Die Rechteckspannung des Generators möchte einen ebenso geformten Strom hervorrufen. Dieser Strom fließt durch den Schichtwiderstand, an dem er eine Spannung hervorruft, und durch die Spule. Spulen widersetzen sich durch Induktion jeder Änderung des Stromes. Dadurch wird die Stromkurve abgerundet, ebenso die Kurve der Spannung am Schichtwiderstand.

Versuch 3: Schließen Sie an den Y-Eingang des Oszilloskops eine Kleinspannung von etwa 20 V an, die dem Lichtnetz über einen Schutztransformator entnommen wird! Beobachten Sie die Kurvenform!
Das Oszilloskop zeigt eine gleichmäßig geformte Wechselspannung (Bild 1 unten).

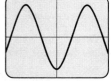

Bild 1: Kurvenformen der Wechselspannung

Kraftwerksgeneratoren sind so ausgeführt, daß die Spannung eine sehr gleichmäßige Form hat. Man bezeichnet diese Form als *Sinusform**. Die Spannung mit Sinusform nennt man *Sinusspannung*, den entsprechenden Strom *Sinusstrom*.

> Die Wechselspannung des Versorgungsnetzes ist eine Sinusspannung.

Die Sinuslinie zeichnet sich gegenüber allen anderen Linien aus. Addiert oder subtrahiert man zwei Sinuslinien gleicher Frequenz, so erhält man wieder eine Sinuslinie mit derselben Frequenz **(Bild 2)**. Beim Malnehmen zweier Sinuslinien von gleicher Frequenz entsteht eine Sinuslinie mit doppelter Frequenz. Untersucht man die Steilheit, also die Änderungsgeschwindigkeit, einer Sinuslinie **(Bild 3)**, so ergibt die Änderungsgeschwindigkeit wieder eine sinusförmige Linie.

> Bei Sinusstrom ist die zeichnerische Darstellung des Stromes in Abhängigkeit von der Zeit eine Sinuslinie.

Das gleiche gilt für andere sinusförmige Wechselgrößen.

Addiert man Sinuslinien von Spannungen mit *verschiedener* Frequenz, so entsteht eine nichtsinusförmige Linie. Umgekehrt bestehen alle nichtsinusförmigen Wechselgrößen aus sinusförmigen Wechselgrößen. Ganzzahlige Vielfache der Frequenz einer *Grundschwingung* nennt man *Oberschwingungen*.

> Nichtsinusförmige Wechselgrößen bestehen aus einer Summe von sinusförmigen Wechselgrößen.

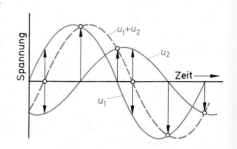

Bild 2: Addition zweier Sinusspannungen

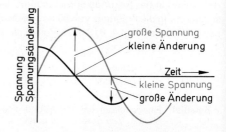

Bild 3: Änderungsgeschwindigkeit einer sinusförmigen Spannung

* sinus (lat.) = Bucht, Busen

Sinuslinie und Zeiger

Sinuslinien können vereinfacht dargestellt werden. Man verwendet dazu *Zeiger*. Unter einem Zeiger versteht man eine Pfeilstrecke, die man sich um ihren Anfangspunkt drehend vorstellt **(Bild 1)**. Dreht sich der Zeiger mit gleichbleibender Geschwindigkeit, so ändert sich dauernd der Abstand der Pfeilspitze von der Waagrechten. Trägt man diesen Abstand in Abhängigkeit vom Drehwinkel in ein Schaubild ein, so erhält man eine Sinuslinie.

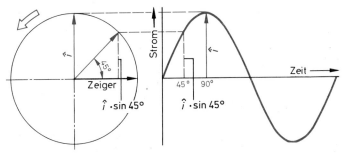

Bild 1: Zeigerdarstellung einer Wechselgröße

> Ein Zeiger kann zur Darstellung einer Sinuslinie verwendet werden. Umgekehrt kann eine Sinuslinie durch einen Zeiger ersetzt werden.

Kreisfrequenz

Soll ein Zeiger eine sinusförmige Wechselgröße mit der Frequenz 50 Hz darstellen, so muß er in einer Sekunde 50 volle Umdrehungen machen. Die Drehzahl eines Zeigers ist gleich der Frequenz der von ihm dargestellten Größe.

Bei der Drehung des Zeigers nimmt der von ihm überstrichene Winkel zu. Der Zeiger hat also je nach Drehzahl eine *Winkelgeschwindigkeit*. Man gibt den Winkeldurchlauf in der Einheit Radiant* (rad) an. Der Winkel hat denselben Zahlenwert wie die Länge des Kreisbogens, welche die Pfeilspitze eines Zeigers von der Länge 1 (z. B. 1 m) bei Drehung des Zeigers zurücklegt. Die von einem Zeiger der Länge 1 während 1 s zurückgelegte Bogenlänge gibt also die Winkelgeschwindigkeit des Zeigers an. Die Winkelgeschwindigkeit eines Zeigers nennt man Kreisfrequenz.

ω**   Kreisfrequenz
f Frequenz
$$[\omega] = \frac{1}{s} = 1/s \qquad \boxed{\omega = 2 \cdot \pi \cdot f}$$

Beispiel: Berechnen Sie die Kreisfrequenz für eine Wechselspannung mit einer Frequenz von 1000 Hz!
Lösung: $\omega = 2 \cdot \pi \cdot f = 2 \cdot 3{,}14 \cdot 1000$ Hz $= 6280$ Hz $=$ **6280 1/s**

Zur Unterscheidung von der Kreisfrequenz verwendet man bei der Winkelgeschwindigkeit von sich drehenden Körpern, z. B. von Motoren, die Einheit rad/s.

Werte von Wechselgrößen

Bei Wechselgrößen wechseln Wert und Richtung, z. B. der Spannung, periodisch. Den Wert der Größe in jedem Zeitpunkt nennt man *Augenblickswert*. Ist es notwendig, die Abhängigkeit einer Größe von der Zeit hervorzuheben, so verwendet man für den Augenblickswert den Kleinbuchstaben des Formelzeichens, z. B. u für die Spannung, i für den Strom. Zusätzlich kann der Augenblickswert einer Wechselgröße als Index (Beiwert) eine Wellenlinie erhalten, z. B. $u_\sim$, $i_\sim$.

Jede Wechselgröße erreicht einen positiven Maximalwert (Höchstwert) und einen negativen Minimalwert (Tiefstwert). Den Höchstwert nennt man bei Sinusgrößen *Scheitelwert* oder *Amplitude****. Der Scheitelwert wird durch den tiefgeschriebenen Index max oder durch ein Dach über dem Formelbuchstaben gekennzeichnet, z. B. i_{max} oder I_{max} (sprich: I max) oder $\hat{i}$ oder $\hat{I}$ (sprich: I Dach), der Minimalwert entsprechend durch $\underline{i}$. Den Abstand des Maximalwertes vom Minimalwert nennt man *Schwingungsbreite* (Spitze-Tal-Wert). Man verwendet dafür den Formelbuchstaben der Größe mit zwei Dächern, z. B. $\hat{\hat{u}}$, oder mit als Index angehängten pp[4]*, z. B. u_{pp}, oder angehängtem ss, z. B. u_{ss}. Der doppelte Scheitelwert ist so groß wie die Schwingungsbreite, z. B. $2\,\hat{u} = u_{pp} = \hat{\hat{u}}$.

---

* radire (lat.) = strahlen;   ** ω griechischer Kleinbuchstabe omega;   *** amplitudo (lat.) = Größe, Weite;
[4]* peak-peak (engl.) = Spitze-Spitze (von Spitze zu Spitze)

Ist der Scheitelwert einer Sinusgröße bekannt, so kann der Augenblickswert zu jedem Zeitpunkt t nach dem Nulldurchgang berechnet werden:

$$u = \hat{u} \cdot \sin \omega t = \hat{u} \cdot \sin \frac{\omega \cdot 360° \cdot t}{2 \cdot \pi} = \hat{u} \cdot \sin (360° \cdot f \cdot t)$$

Beispiel: Eine Sinusspannung von 50 Hz hat den Scheitelwert 10 V. Berechnen Sie den Augenblickswert der Spannung 1 ms nach dem Nulldurchgang!

Lösung: $u = \hat{u} \cdot \sin (360° \cdot f \cdot t) = 10 \text{ V} \cdot \sin (360° \cdot 50 \text{ Hz} \cdot 1 \text{ ms}) = \textbf{3,09 V}$

Eine wichtige Aufgabe des Wechselstromes ist die Erzeugung von Wärme. Deshalb drückt man den *wirksamen* Wert des Wechselstromes durch den Wert eines Gleichstromes aus, der dieselbe Wärmewirkung hervorruft. Diesen Wert nennt man *Effektivwert**.

Der Effektivwert eines Wechselstromes gibt den Gleichstrom an, der dieselbe Wärmewirkung hervorruft.

Das Entsprechende gilt für den Effektivwert der Spannung.

Der Augenblickswert der Wärmeleistung eines Wechselstromes ist $p = u \cdot i = R \cdot i^2$. Zeichnet man das Quadrat i^2 eines Sinusstromes, so erkennt man, daß diese Kurve die doppelte Frequenz von i hat **(Bild 1)** und ganz im positiven Bereich verläuft. Der Mittelwert der Kurve i^2 ist $\hat{i}^2/2$. Ersetzt man diesen Mittelwert vom Quadrat des Wechselstromes i durch das Quadrat eines Gleichstromes I von gleicher Wärmewirkung, so ist $I^2 = \hat{i}^2/2$. Die Wurzel aus diesem Wert ist der Effektivwert.

Der Scheitelwert von Sinusgrößen ist um den *Scheitelfaktor* $\sqrt{2}$ größer als der Effektivwert.

Bei nicht sinusförmigen Größen gelten andere Scheitelfaktoren, z. B. bei Rechteckform der Faktor 1, bei beliebiger Dreieckform (auch Sägezahnform) der Faktor $\sqrt{3}$.

Falls erforderlich, kann durch den tiefgesetzten Index eff auf den Effektivwert hingewiesen werden. Meist wird aber nur der Großbuchstabe des Formelzeichens für den Effektivwert angegeben, während Scheitelwert oder Spitze-Spitze-Wert besonders gekennzeichnet werden.

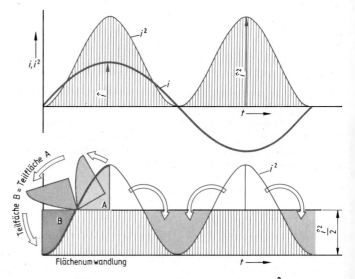

Bild 1: Wechselstromkurve i und Kurve i^2

Effektivwert bei Sinusform:

$$I_{\text{eff}} = I = \frac{\hat{i}}{\sqrt{2}}$$

$$U_{\text{eff}} = U = \frac{\hat{u}}{\sqrt{2}}$$

Der Zahlenwert einer Wechselgröße gibt den Effektivwert an, falls nicht ausdrücklich etwas anderes vermerkt ist.

Wiederholungsfragen

1. Welche Vorgänge nennt man periodische Vorgänge?
2. Welche Einheiten sind für die Frequenz gebräuchlich?
3. Von welchen Größen hängt die Wellenlänge ab?
4. Wie läßt sich eine Sinuslinie vereinfacht darstellen?
5. Erklären Sie den Begriff Kreisfrequenz!
6. Welche drei Werte von Wechselgrößen sind zu unterscheiden?

* Effekt (lat.) = Wirkung, Erfolg

Phasenverschiebung

Gehen zwei Sinusgrößen gleicher Frequenz an derselben Stelle in gleicher Richtung durch Null **(Bild 1)**, so sagt man, die beiden Größen seien *phasengleich* oder *in Phase* oder ohne *Phasenverschiebung*. Ersetzt man die Sinuslinien durch Zeiger, so liegt in diesem Zeigerbild zwischen den Zeigern der Winkeln $\varphi^* = 0°$. Der Winkel φ zwischen Zeigern ist ein Maß für die Phasenverschiebung. Man nennt ihn *Phasenverschiebungswinkel*.

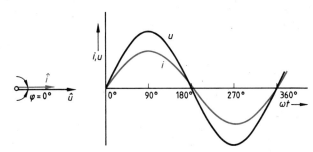

Bild 1: Sinusgrößen ohne Phasenverschiebung

Gehen zwei Sinusgrößen gleicher Frequenz nicht an derselben Stelle durch Null **(Bild 2)**, so sagt man, die beiden Größen seien *phasenverschoben* oder hätten eine *Phasenverschiebung*. Im Zeigerbild ist der Phasenverschiebungswinkel direkt erkennbar.

Phasenverschiebungen treten zwischen mehreren Spannungen oder mehreren Strömen, z. B. beim Drehstrom, auf und zwischen Strömen und Spannungen. Der Strom kann gegenüber der Spannung nacheilen (Phasennacheilwinkel) oder voreilen (Phasenvoreilwinkel).

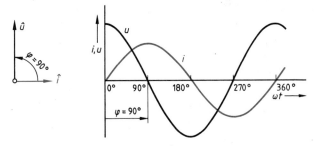

Bild 2: Sinusgrößen mit Phasenverschiebung

Impulse

Ist eine Spannung oder ein Strom nur innerhalb einer beschränkten Zeitspanne vorhanden und folgt danach eine spannungslose oder stromlose Pause, so bezeichnet man den Spannungsstoß oder den Stromstoß als *Impuls*** **(Tabelle 1)**.

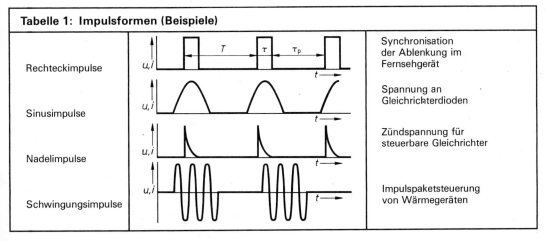

Tabelle 1: Impulsformen (Beispiele)		
Rechteckimpulse		Synchronisation der Ablenkung im Fernsehgerät
Sinusimpulse		Spannung an Gleichrichterdioden
Nadelimpulse		Zündspannung für steuerbare Gleichrichter
Schwingungsimpulse		Impulspaketsteuerung von Wärmegeräten

Beim einseitigen Impuls tritt während der ganzen Dauer des Impulses kein Wechsel der Spannungsrichtung oder der Stromrichtung auf. Diesen einseitigen Impuls nennt man auch kurz Impuls. Beim zweiseitigen Impuls (Wechselimpuls) tritt während der Impulsdauer mindestens ein Richtungswechsel auf. Impulse können verschiedene Formen haben (Tabelle 1).

Folgen Impulse einander periodisch, also mit gleichen Zeitabständen, so nennt man den Vorgang eine periodische Impulsfolge oder einen *Pulsvorgang*.

* φ griech. Kleinbuchstabe phi;   ** impuls (lat.) = Stoß

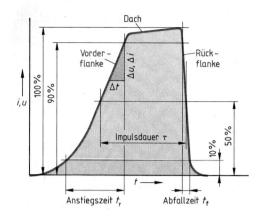

Bild 1: Benennungen beim Impuls

Der *Tastgrad* (DIN IEC 469) ist bei einem Pulsvorgang das Verhältnis von Impulsdauer **(Bild 1)** zu Pulsperiodendauer. Manchmal wird leider dafür oder auch für den Kehrwert Tastverhältnis gesagt.

g Tastgrad
τ Impulsdauer
T Pulsperiodendauer
τ_p Pausendauer
f Pulsfrequenz

$$g = \frac{\tau}{T}$$

$$T = \tau + \tau_p$$

$$f = \frac{1}{T}$$

Die Anstiegszeit wird nach DIN IEC 469 auch *Erstübergangsdauer* genannt, die Abfallzeit auch *Letztübergangsdauer*.

Eine wichtige Kenngröße eines Impulses ist die *Flankensteilheit*. Diese gibt an, wie schnell der Anstieg erfolgt. Negative Flankensteilheit bedeutet Abfall.

Für Spannungsimpuls:

S Flankensteilheit
Δu Spannungsdifferenz $[S] = V/s$
Δt Zeitdifferenz

$$S = \frac{\Delta u}{\Delta t}$$

Man kann jede periodische Schwingung und damit jeden zweiseitigen Impuls als Summe von sinusförmigen Teilschwingungen darstellen **(Bild 2)**. Die Teilschwingung mit der niedrigsten Frequenz ist die Grundschwingung, die anderen Teilschwingungen sind Oberschwingungen. Einseitige Impulse bestehen also aus überlagerten Sinusschwingungen und einem *Gleichwert*.

Je steiler die Flanke eines Impulses (Flankensteilheit) sein soll, desto rascher muß der Impuls ansteigen bzw. abfallen. Je rascher aber der Impuls ansteigen soll, desto mehr Teilschwingungen sind zur Bildung des Impulses erforderlich. Zur Übertragung eines Impulses, z. B. durch einen Sender, ist also eine Vielzahl von Frequenzen erforderlich, ein sogenanntes *Frequenzband*.

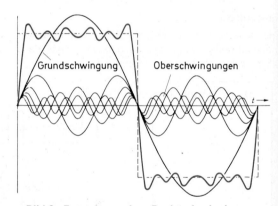

Bild 2: Entstehung einer Rechteckschwingung

> Je steiler die zu übertragenden Impulse sein sollen, desto breiter ist das erforderliche Frequenzband.

Impulse werden z. B. zur Steuerung, zum Zünden von Thyristoren und zur Übertragung von Signalen verwendet. Sie bilden einen wichtigen Bestandteil des Fernsehsignals, mit dem Gleichlauf (Synchronisation) von Aufnahmekamera und Empfängerbild erreicht wird. Impulse können durch Schalter, elektromechanische Relais, elektronische Kippschaltungen und Schwellwertschalter erzeugt werden.

Wiederholungsfragen

1. **Erklären Sie den Begriff Phasenverschiebung!**
2. **Nennen Sie drei Arten von einseitigen Impulsen!**
3. **Wie sind einseitige Impulse zusammengesetzt?**
4. **Wozu verwendet man impulsförmige Spannungen?**
5. **Was versteht man unter dem Tastgrad?**
6. **Welchen Vorgang nennt man Pulsvorgang?**

1.7 Spannung und elektrisches Feld

1.7.1 Elektrisches Feld

Kraftwirkung

Versuch 1: Hängen Sie zwei an einem dünnen blanken Kupferdraht befestigte Styroporkügelchen isoliert nebeneinander auf! Laden Sie beide Styroporkügelchen durch kurzzeitige Berührung des Drahtes an der Aufhängestelle mit einem geriebenen Acrylglas- oder Polystyrolstab* gleichartig elektrisch auf! Wiederholen Sie diesen Vorgang einige Male, ohne die Styroporkügelchen zu entladen! Beobachten Sie jeweils die Größe der Auslenkung der Styroporkügelchen aus der Ruhelage!

Die Styroporkügelchen stoßen sich ab und werden aus der Ruhelage ausgelenkt. Bei wiederholter Berührung des Drahtes mit dem geriebenen Acrylglas- oder Polystyrolstab nimmt die Größe der Auslenkung der Styroporkügelchen aus der Ruhelage zu (**Bild 1**).

Elektrisch geladene Körper üben eine Kraft aufeinander aus. Die Kraft ist um so größer, je größer die Ladung der Körper ist. Die Kraft ist um so kleiner, je größer der Abstand der Körper ist.

F	Kraft, die geladene Körper aufeinander ausüben
Q_1, Q_2	Ladungen der Körper
l	Abstand der Körper voneinander
K	Konstante

Coulombsches Gesetz

$$F = K \cdot \frac{Q_1 \cdot Q_2}{l^2}$$

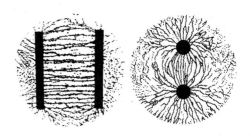

Bild 1: Kraftwirkung elektrischer Ladungen

Dieses Gesetz gilt nur für kleine Kugeln (*Punktladungen*)

Die Konstante K hängt vom Stoff ab, in dem die Kraft wirkt, z. B. für Vakuum ist

$$K = \frac{1}{4\,\pi\,\varepsilon_0} \approx 0.9 \cdot 10^{10}\,\frac{Vm}{As} = 0.9 \cdot 10^{10}\,\frac{Nm^2}{(As)^2}$$

ε_0** elektrische Feldkonstante $\varepsilon_0 = 8.85\ pAs/(Vm)$
Für Luft ist K etwa gleich groß wie für Vakuum.

Elektrische Feldlinien

Bewegt man eine positive Punktladung um einen negativ elektrisch geladenen Körper, so wird sie an jeder Stelle von ihm angezogen. Bewegt man eine positive Punktladung um einen positiv elektrisch geladenen Körper, so wird sie an jeder Stelle von ihm abgestoßen.

> Um jede elektrische Ladung befindet sich ein Kraftfeld, das elektrische Feld.

Versuch 2: Legen Sie zwei Kupfer- oder Aluminiumplättchen von etwa 20 mm Durchmesser im Abstand von etwa 30 mm nebeneinander! Laden Sie sie entgegengesetzt elektrisch auf! Bestreuen Sie die Umgebung der Plättchen mit Kunststoffasern!

Die Kunststoffasern werden im elektrischen Feld elektrisch aufgeladen und richten sich entsprechend der Richtung der auf sie wirkenden Kraft aus. Sie ordnen sich in bestimmten Linien an, den elektrischen Feldlinien (**Bild 2**).

Die Richtung der elektrischen Feldlinien ist gleich der Richtung der Kraft, die auf eine positive Punktladung ausgeübt wird. Die elektrischen Feldlinien beginnen an dem positiv geladenen Körper und enden an dem negativ geladenen Körper. Sie treten senkrecht aus der Oberfläche des positiv geladenen Körpers aus und senkrecht in die Oberfläche des negativ geladenen Körpers ein.

Versuch 3: Legen Sie zwei etwa 2 mm dicke und etwa 5 mm breite Streifen aus Aluminium- oder Kupferblech parallel! Laden Sie sie entgegengesetzt elektrisch auf! Bestreuen Sie die Umgebung der Streifen mit Kunststoffasern!

Zwischen zwei parallelen Streifen, die entgegengesetzt elektrisch geladen sind, verlaufen die Feldlinien parallel. Sie haben gleiche Abstände voneinander (Bild 2).

Das elektrische Feld ist zwischen den parallelen Streifen *homogen* (gleichförmig).

> In einem homogenen elektrischen Feld verlaufen die Feldlinien parallel. Sie haben gleiche Abstände voneinander.

Bild 2: Elektrische Felder

---

* Die Versuche gehen auch mit einem geriebenen Glas- oder Hartgummistab;
** ε griechischer Kleinbuchstabe epsilon

Elektrische Feldstärke

Versuch 4: Schließen Sie zwei gleich große parallele Metallplatten, die einen Abstand von etwa 20 cm voneinander haben, an eine Gleichspannung von 250 V an! Hängen Sie ein Styroporkügelchen, das an einem dünnen blanken Kupferdraht befestigt ist, isoliert so auf, daß es sich zwischen den Metallplatten befindet! Schließen Sie parallel zu den Platten einen Spannungsmesser an! Laden Sie das Styroporkügelchen positiv elektrisch auf!

Das Styroporkügelchen wird aus der Ruhelage ausgelenkt **(Bild 1)**.

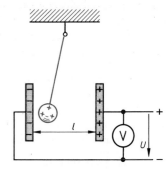

Zwischen den Platten befindet sich ein homogenes elektrisches Feld. Die Ursache des elektrischen Feldes ist die Spannung zwischen den Platten.

> Jede elektrische Spannung erzeugt ein elektrisches Feld.

Bild 1: Kraftwirkung zwischen zwei parallelen Platten

Versuch 5: Wiederholen Sie Versuch 4 mit einer Gleichspannung von 500 V!

Das Styroporkügelchen wird stärker aus der Ruhelage ausgelenkt.

Die elektrische Feldstärke ist um so größer, je höher die Spannung zwischen den geladenen Körpern ist.

Versuch 6: Wiederholen Sie Versuch 5! Verkleinern Sie dann den Abstand der Platten voneinander! Beobachten Sie die Größe der Auslenkung des Styroporkügelchens aus der Ruhelage!

Das Styroporkügelchen wird stärker aus der Ruhelage ausgelenkt.

Die Kraft auf eine Punktladung im elektrischen Feld ist um so größer, je kleiner der Abstand der geladenen Körper ist. Die elektrische Feldstärke ist demnach um so größer, je kleiner der Abstand der geladenen Körper ist.

> Die elektrische Feldstärke ist um so größer, je größer die Spannung zwischen den geladenen Körpern und je kleiner der Abstand der geladenen Körper voneinander ist.

Bei homogenem Feld:

E elektrische Feldstärke

U Spannung zwischen den geladenen Körpern $\qquad [E] = V/m$

l Abstand der geladenen Körper voneinander

$$E = \frac{U}{l}$$

Beispiel: Zwei parallele Metallplatten liegen an einer Spannung $U = 500$ V. Ihr Abstand ist $l = 2$ mm. Wie groß ist die elektrische Feldstärke zwischen den Platten?

Lösung: $E = \dfrac{U}{l} = \dfrac{500 \text{ V}}{2 \text{ mm}} = 250 \dfrac{V}{mm} = \mathbf{250\,000} \dfrac{V}{m}$

> Die Kraft auf einen geladenen Körper im elektrischen Feld ist um so größer, je größer Feldstärke und Ladung des Körpers sind.

E elektrische Feldstärke

F Kraft auf einen geladenen Körper $\qquad [E] = V/m = N/C \qquad F = E \cdot Q$

Q Ladung des Körpers

$$E = \frac{F}{Q}$$

Im homogenen elektrischen Feld ist die Feldstärke überall gleich groß.

Äquipotentialflächen

Bewegt man eine negative elektrische Ladung im elektrischen Feld von der positiven Elektrode zur negativen Elektrode, so wird eine Arbeit verrichtet. Die Ladung hat in einem bestimmten Abstand von der positiven Elektrode eine bestimmte potentielle Energie, d. h. ein bestimmtes *Potential*. Punkte gleichen Potentials werden zu den *Äquipotentialflächen** verbunden **(Bild 1 Seite 61)**. Im homogenen elektrischen Feld haben die Äquipotentialflächen gleiche Abstände voneinander und verlaufen parallel. Die elektrischen Feldlinien stehen senkrecht auf den Äquipotentialflächen. Die Oberfläche eines elektrisch geladenen

---

* aequus (lat.) = eben, gleich

Körpers ist eine Äquipotentialfläche. Auf den Äquipotentialflächen ist die elektrische Feldstärke überall gleich groß.

Elektrischer Fluß (Formelzeichen Ψ*) ist die Gesamtzahl der Feldlinien eines elektrisch geladenen Körpers.

> Jeder elektrisch geladene Körper erzeugt einen elektrischen Fluß.

Der elektrische Fluß ist der Ladung des Körpers gleich.

Elektrische Flußdichte ist der elektrische Fluß eines elektrisch geladenen Körpers, der eine Fläche von 1 m² senkrecht durchdringt.

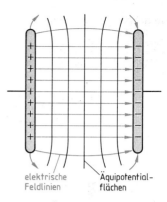

elektrische Feldlinien   Äquipotential-flächen

Bild 1: Äquipotentialflächen

D elektrische Flußdichte
Ψ elektrischer Fluß $D = \Psi/A$
Q Ladung $[D] = \text{As/m}^2$
A geladene Fläche

$$D = \frac{Q}{A}$$

> **Beispiel 1:** Auf einer geladenen Fläche von 400 cm² befindet sich eine Ladung von 2 mC. Wie groß ist die elektrische Flußdichte?
>
> *Lösung:* $D = Q/A = (2\text{ mC})/(4 \cdot 10^{-2}\text{ m}^2) = \textbf{50 mC/m}^2$

Die elektrische Flußdichte ist gleich der Ladungsdichte. Sie ist der elektrischen Feldstärke proportional.

D_0 elektrische Flußdichte im Vakuum
ε_0 elektrische Feldkonstante $\varepsilon_0 = 8{,}85\text{ pC}/(\text{Vm})$
E elektrische Feldstärke

$$D_0 = \varepsilon_0 \cdot E$$

> **Beispiel 2:** Zwischen zwei geladenen Flächen im Vakuum ist die elektrische Feldstärke 5 kV/m. a) Wie groß ist die elektrische Flußdichte? b) Wie groß ist der elektrische Fluß, wenn die geladenen Flächen 200 cm² groß sind?
>
> *Lösung:*   a) $D_0 = \varepsilon_0 \cdot E = [8{,}85\text{ pC}/(\text{Vm})] \cdot (5\text{ kV}/\text{m}) = \textbf{44{,}25 nC/m}^2$
>
>   b) $D = \Psi/A \Rightarrow \Psi = D \cdot A = (44{,}25\text{ nC}/\text{m}^2) \cdot (2 \cdot 10^{-2}\text{ m}^2) = \textbf{885 pC}$

Ist der Krümmungsradius der geladenen Fläche klein, so entsteht bei hoher Spannung eine große elektrische Flußdichte. Die elektrische Feldstärke ist daher z. B. bei dünnen Hochspannungsleitungen oder an Spitzen sehr groß. Dabei kann es zu *Entladungen* kommen, die man bei Hochspannungsleitungen *Coronaentladungen* nennt. Sie haben Verluste an Energie zur Folge. Bei Gewittern z. B. treten an hervorragenden Kanten und Spitzen Entladungen auf, das sogenannte Elmsfeuer.

Influenz

Versuch 7: Nähern Sie einen geriebenen Acrylglasstab einem Elektroskop, und entfernen Sie ihn wieder, ohne das Elektroskop zu berühren!

Das Elektroskop zeigt bei der Annäherung des geriebenen Acrylglasstabes eine elektrische Ladung an. Bei der Entfernung des Stabes verschwindet die Ladung wieder.

Bei der Annäherung des geriebenen Acrylglasstabes entsteht durch das elektrische Feld auf dem Elektroskop eine Ladung. Diesen Vorgang nennt man *Influenz***. Bei der Entfernung des Stabes verschwindet das elektrische Feld in der Umgebung des Elektroskopes und damit die Ladung. Das Elektroskop ist wieder ungeladen.

> Elektrische Influenz ist die elektrische Aufladung eines Körpers durch Ladungsverschiebung unter dem Einfluß eines elektrischen Feldes.

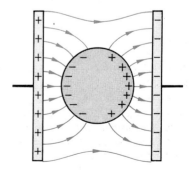

Bild 2: Influenz

* Ψ griechischer Großbuchstabe Psi
* influere (lat.) = hineinfließen

Versuch 8: Legen Sie ein Metallplättchen zwischen zwei parallele Metallstreifen (siehe Versuch 2 und 3)! Laden Sie die Streifen entgegengesetzt elektrisch auf, und bestreuen Sie dabei die Umgebung der Streifen und des Plättchens mit Kunststoffasern!

Das Plättchen bewirkt eine Verformung der elektrischen Feldlinien zwischen den Streifen (**Bild 2 Seite 61**). *Einige Feldlinien verlaufen gekrümmt und treten in das Plättchen ein bzw. aus dem Plättchen aus.*

Das Plättchen wird elektrisch geladen. Dabei wird die Seite des Plättchens, die dem negativ geladenen Streifen zugekehrt ist, positiv geladen, die gegenüberliegende Seite negativ.

Die freien Elektronen des Plättchens werden durch die Kraft im elektrischen Feld entgegengesetzt zur Richtung des elektrischen Feldes bewegt. Im Innern des Plättchens überlagert sich dem elektrischen Feld, das von den Ladungen der Streifen hervorgerufen wird, ein elektrisches Feld, das von den Ladungen des Plättchens herrührt. Beide Felder sind gleich groß, haben aber entgegengesetzte Richtung. Im Innern des Plättchens heben sich ihre Wirkungen auf.

Abschirmung elektrischer Felder

Versuch 9: Schieben Sie zwischen zwei gleich große parallele Metallplatten eine dritte Metallplatte, die etwas größer ist! Die Metallplatten dürfen sich nicht berühren. Schließen Sie an die eine äußere Platte ein Elektroskop an, dessen Gehäuse geerdet ist! Laden Sie die andere äußere Platte elektrisch auf (**Bild 1**)!

Das Elektroskop zeigt eine Ladung der Platte an.

Auf der Platte entsteht durch Influenz eine Ladung.

Versuch 10: Erden Sie die mittlere Platte, und wiederholen Sie Versuch 9!

Das Elektroskop zeigt keine Ladung an.

Die *geerdete* Platte schirmt die Metallplatten voneinander elektrisch ab.

In der geerdeten Platte erfolgt durch Influenz eine Ladungstrennung. Die Fläche der Platte, die der geladenen Metallplatte zugekehrt ist, wird dieser entgegengesetzt elektrisch geladen. Die Ladung der gegenüberliegenden Fläche der Platte wird über die Erdungsleitung ausgeglichen (Bild 1).

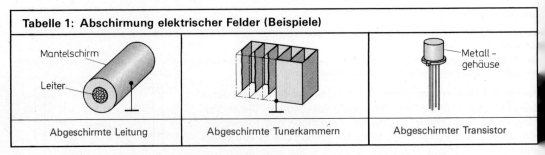

Bild 1: Abschirmung elektrischer Felder

> Elektrische Felder werden durch geerdete Metallflächen, Drahtgitter oder Drahtgeflechte, abgeschirmt.

Die *Abschirmung* elektrischer Felder ermöglicht es, die Schaltelemente in elektronischen Geräten sehr eng zusammenzubauen, ohne daß sie sich gegenseitig beeinflussen (**Tabelle 1**).

Tabelle 1: Abschirmung elektrischer Felder (Beispiele)		
Mantelschirm / Leiter		Metall-gehäuse
Abgeschirmte Leitung	Abgeschirmte Tunerkammern	Abgeschirmter Transistor

Wiederholungsfragen

1. Wovon hängt die Größe der Kraft ab, die elektrisch geladene Körper aufeinander ausüben?
2. Welche Richtung haben die elektrischen Feldlinien?
3. Wodurch wird ein elektrisches Feld hervorgerufen?
4. Wovon hängt die elektrische Feldstärke ab?
5. Was versteht man unter Influenz?
6. Wodurch können elektrische Felder abgeschirmt werden?

1.7.2 Kondensator

Ein Kondensator besteht grundsätzlich aus zwei Leiterplatten, zwischen denen sich ein Isolierstoff befindet.

Versuch 1: Schließen Sie zwei gleich große, parallele Metallplatten, die einen Abstand von etwa 5 mm voneinander haben, über einen empfindlichen Strommesser mit Nullstellung des Zeigers in Skalenmitte und einen Schalter an eine Gleichspannung von 500 V an **(Bild 1)**! Verwenden Sie einen Strommesser mit Mikroampere-Meßbereich! Schließen Sie den Stromkreis, und beobachten Sie die Meßgrößenanzeige!

Der Zeiger des Meßinstrumentes schlägt beim Schließen des Stromkreises kurzzeitig aus und geht dann in die Nullstellung zurück.

Beim Schließen des Stromkreises fließt kurzzeitig ein Ladestrom. Dabei fließen Elektronen auf die eine Platte, während gleich viel Elektronen von der anderen Platte abfließen. Beide Platten sind nun entgegengesetzt elektrisch geladen.

Dielektrikum

Versuch 2: Wiederholen Sie Versuch 1! Schieben Sie zwischen die Metallplatten eine Isolierstoffplatte, z. B. Glas oder Hartpapier, und entfernen Sie sie wieder **(Bild 2)**! Beobachten Sie dabei den Zeigerausschlag des Meßinstrumentes!

Wird die Isolierstoffplatte zwischen die Metallplatten geschoben, so schlägt der Zeiger des Meßinstrumentes kurzzeitig in die gleiche Richtung aus wie beim Laden der Metallplatten. Entfernt man die Isolierstoffplatte, so schlägt der Zeiger des Meßinstrumentes kurzzeitig in die entgegengesetzte Richtung aus. Beide Zeigerausschläge sind gleich groß.

Wird die Isolierstoffplatte zwischen die beiden Metallplatten geschoben, so werden die Platten stärker aufgeladen. Auf die Metallplatten fließt ein zusätzlicher Ladestrom. Wird die Isolierstoffplatte entfernt, so fließt die zusätzliche Ladung von den Metallplatten wieder ab. Die Metallplatten haben danach die ursprüngliche Ladung. Durch den Isolierstoff, das *Dielektrikum** (Mehrzahl: Dielektrika), wird die Ladung auf den Platten des Kondensators** verdichtet. Auf der Oberfläche des Dielektrikums entsteht eine Ladung, deren Polarität der anliegenden Kondensatorplatte entgegengesetzt ist. Dadurch können die Kondensatorplatten mehr Ladung aufnehmen, die elektrische Flußdichte wird größer **(Bild 3)**.

Dielektrische Polarisation

Bringt man einen Isolierstoff in ein elektrisches Feld, so wird auf die Ladungsträger im Isolierstoff eine Kraft ausgeübt, die eine Bewegung der Ladungen zur Folge hat. Es bilden sich *elektrische Dipole*, die im elektrischen Feld ausgerichtet werden (Bild 3). Diesen Vorgang nennt man *dielektrische Polarisation*.

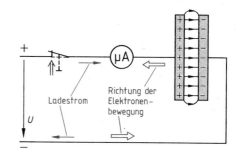

Bild 1: Laden der Metallplatten

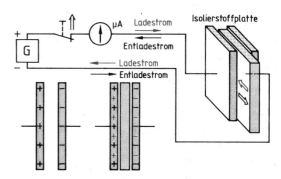

Bild 2: Veränderung der Ladung der Metallplatten durch eine Isolierstoffplatte

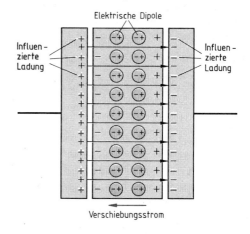

Bild 3: Vorgänge im Dielektrikum

* sprich: Di-elektrikum von di-(lat.) = zwei, zweifach und elektrikum (lat.) = Elektrizität;
** Kondensator (lat.) = Verdichter

Die dielektrische Polarisation ist der elektrischen Feldstärke proportional.

Bei der Elektronen-Polarisation verschieben sich durch die Kraftwirkung im elektrischen Feld die Elektronenbahnen um die Atomkerne **(Tabelle 1)**. Da alle Isolierstoffe Elektronen enthalten, tritt diese Polarisation bei allen Isolierstoffen auf.

Tabelle 1: Polarisationsarten (schematisch)

Art	Elektronen-Polarisation	Ionen-Polarisation	Dipol-Polarisation
ohne elektrisches Feld	Atom-kern, Elektronenbahnen	Ionen	Dipole
mit elektrischem Feld	Elektrische Feldlinien		

Bei einigen Isolierstoffen, z. B. Keramik, Glas, Glimmer, Porzellan, tritt Ionen-Polarisation auf. Hierbei verschieben sich die Ionen im Isolierstoff. Manche Isolierstoffe, z. B. einige Kunststoffe und Wasser, besitzen von Natur aus schon elektrische Dipole, die sich durch die Kraftwirkung im elektrischen Feld ausrichten. Diese Polarisation nennt man Dipol-Polarisation.

Im Isolierstoff fließt dabei kurzzeitig ein Strom, der *Verschiebungsstrom*. Auf der Oberfläche des Isolierstoffes entsteht im elektrischen Feld eine Ladung.

Ferroelektrika sind z. B. keramische Werkstoffe mit sehr großer Polarisation. Sie verhalten sich im elektrischen Feld ähnlich wie ferromagnetische Stoffe im Magnetfeld. Die elektrischen Dipole richten sich im elektrischen Feld aus und behalten ihre Richtung auch nach dem Entfernen des Feldes bei **(Bild 1)**. Die Polarisation verschwindet erst bei einer bestimmten entgegengesetzt gerichteten Feldstärke. Bei Vergrößerung der elektrischen Feldstärke in dieser Richtung erfolgt die Polarisation nun in umgekehrter Richtung als vorher (Bild 1).

Elektrete sind Ferroelektrika, deren Polarisation besonders beständig ist. Sie werden in heißem Zustand durch ein elektrisches Feld polarisiert. Man verwendet sie z. B. in Mikrofonen und Kopfhörern sowie in Fernsprechanlagen.

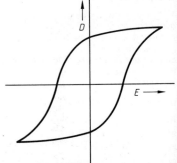

Bild 1: Dielektrische Hystereseschleife

Elektrostriktion nennt man die elastische Verformung dielektrischer Werkstoffe im elektrischen Feld. Durch die dielektrische Polarisation liegen sich die positiven und die negativen Pole der Moleküle gegenüber und ziehen sich an bzw. stoßen sich ab. Dabei ist die Längenänderung quer zur Polarisationsrichtung entgegengesetzt zur Längenänderung in Richtung der Polarisation. Das Volumen des Stoffes bleibt etwa gleich groß.

Permittivität

Die Permittivität* ist das Produkt aus elektrischer Feldkonstante und Permittivitätszahl. Die Permittivitätszahl eines Isolierstoffes gibt an, wievielmal größer die elektrische Flußdichte wird, wenn statt Vakuum (Luft) der Isolierstoff als Dielektrikum verwendet wird **(Tabelle 1 Seite 65)**. Die Permittivitätszahl ändert sich meist mit der elektrischen Feldstärke. Ist sie unabhängig von der Feldstärke, nennt man sie auch *Dielektrizitätszahl*.

* permittere (lat.) = durchdringen

ε_r Permittivitätszahl
D elektrische Flußdichte im Dielektrikum
D_0 elektrische Flußdichte im Vakuum

$$D = \varepsilon_r \cdot D_0$$

$$\boxed{\varepsilon_r = \frac{D}{D_0}}$$

Tabelle 1: Permittivitätszahlen ε_r

Aluminiumoxid	6... 9
Glas	5...16
Glimmer	6... 8
Hartpapier	4
Keramische Masse	10...50 000
Polystyrol	2,5
Quarz	2... 4
Tantalpentoxid	26
Transformatorenöl	2,2...2,4
Zellulosepapier	4

Multipliziert man die elektrische Feldkonstante mit der Permittivitätszahl, so erhält man die Permittivität des Dielektrikums.

ε Permittivität
ε_0 elektrische Feldkonstante
ε_r Permittivitätszahl

$$\boxed{\varepsilon = \varepsilon_0 \cdot \varepsilon_r}$$

Besteht das Dielektrium, z. B. die Isolation zwischen zwei Elektroden, aus verschiedenen Werkstoffschichten, so hängt die elektrische Feldstärke in der Werkstoffschicht von den Permittivitätszahlen ab:

D, D_0, D_1, D_2 elektrische Flußdichte
$\varepsilon_r, \varepsilon_{r1}, \varepsilon_{r2}$ Permittivitätszahl
ε_0 elektrische Feldkonstante
E, E_1, E_2 elektrische Feldstärken

$$D = \varepsilon_r \cdot D_0 \text{ und } D_0 = \varepsilon_0 \cdot E \Rightarrow \qquad \boxed{D = \varepsilon_0 \cdot \varepsilon_r \cdot E}$$

Der elektrische Fluß und bei gleichem Querschnitt auch die elektrische Flußdichte sind bei den einzelnen Werkstoffschichten gleich groß.

$$D_1 = \varepsilon_0 \cdot \varepsilon_{r1} \cdot E_1 \text{ und } D_2 = \varepsilon_0 \cdot \varepsilon_{r2} \cdot E_2 \Rightarrow$$
$$D_1 = D_2 \Rightarrow \varepsilon_0 \cdot \varepsilon_{r1} \cdot E_1 = \varepsilon_0 \cdot \varepsilon_{r2} \cdot E_2 \Rightarrow \qquad \boxed{\frac{E_1}{E_2} = \frac{\varepsilon_{r2}}{\varepsilon_{r1}}}$$

In einer geschichteten Isolierung verhalten sich die elektrischen Feldstärken umgekehrt proportional wie die Permittivitätszahlen.

In der Isolierstoffschicht mit der kleineren Permittivitätszahl ist die größere elektrische Feldstärke.

Elektrische Durchschlagfestigkeit ist die kleinste elektrische Feldstärke, die in einem homogenen elektrischen Feld Durchschlag bewirkt **(Tabelle 2)**. Sie ist um so kleiner, je größer die Schichtdicke und je höher die Temperatur sind. Die Durchschlagfestigkeit wird in kV/mm angegeben.

Tabelle 2: Durchschlagfestigkeit von Isolierstoffen

Isolierstoff	Durchschlag-festigkeit kV / mm	Isolierstoff	Durchschlag-festigkeit kV / mm
Transformatorenöl	15...25	Hartporzellan	35
Polystyrol	60	Glimmer	60...200
Hartpapier	10...20	Luft	24
Die Werte gelten für 20 °C			

Beispiel 1: Polystyrol hat die Permittivitätszahl 2,5. Wie groß ist die elektrische Flußdichte bei einer elektrischen Feldstärke von 3000 kV/m?

Lösung: $D = \varepsilon_0 \cdot \varepsilon_r \cdot E = 8{,}85 \text{ pC}/(\text{Vm}) \cdot 2{,}5 \cdot 3000 \text{ kV}/\text{m} = \mathbf{66{,}4 \ \mu C/m^2}$

Beispiel 2: Ein geschichteter Isolierstoff besteht aus Hartpapier, Permittivitätszahl 4, und Glimmer, Permittivitätszahl 8. Wie verhält sich die elektrische Feldstärke im Hartpapier zur elektrischen Feldstärke im Glimmer?

Lösung: $E_1/E_2 = \varepsilon_{r2}/\varepsilon_{r1} = 8/4 = \mathbf{2/1}$
Die elektrische Feldstärke im Hartpapier ist doppelt so groß wie die elektrische Feldstärke im Glimmer.

Kapazität

Versuch 3: Schließen Sie einen Plattenkondensator (Dielektrikum z. B. Hartpapier oder Acrylglas) über einen empfindlichen Strommesser mit Nullstellung des Zeigers in Skalenmitte und einen Umschalter an eine Gleichspannung von 500 V an **(Bild 1)**! Verwenden Sie einen Strommesser mit Mikroampere-Meßbereich oder ein Galvanometer! Schalten Sie parallel zu dem Kondensator ein Elektroskop! Schließen Sie den Stromkreis, und trennen Sie dann den Kondensator mit Hilfe des Umschalters vom Gleichspannungserzeuger!

Beim Schließen des Stromkreises zeigt der Strommesser durch einen kurzzeitigen Zeigerausschlag einen Ladestrom an. Das Elektroskop zeigt Ladung an.

Die Ladung auf den Kondensatorplatten bleibt auch nach dem Trennen des Kondensators · vom Gleichspannungserzeuger erhalten.

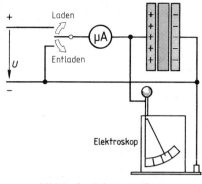

Bild 1: Speichervermögen des Kondensators

> Der Kondensator kann elektrische Ladung speichern.

Das Fassungsvermögen der Kondensatoren für elektrische Ladung ist bei gleich hoher Spannung verschieden. Man nennt die Ladung je Volt angelegter Spannung die *Kapazität** des Kondensators (Formelzeichen C). Die Einheit der Kapazität ist also die Amperesekunde je Volt (As/V). Diese Einheit hat den besonderen Einheitennamen *Farad*** (Einheitenzeichen F).

Versuch 4: Schließen Sie einen Kondensator von 2 μF über einen Ladungsmesser mit Nullstellung des Zeigers in Skalenmitte und einen Umschalter an eine Gleichspannung von 20 V an! Schließen Sie den Stromkreis, und beobachten Sie den Zeigerausschlag des Instrumentes! Entladen Sie den Kondensator durch Kurzschließen von Kondensator und Ladungsmesser mit Hilfe des Umschalters! Wiederholen Sie den Versuch bei 40 V und 60 V!

Der Zeigerausschlag des Ladungsmessers ist bei 40 V doppelt, bei 60 V dreimal so groß wie bei 20 V.

Die Ladung eines Kondensators ist um so größer, je größer seine Kapazität und je höher die angelegte Spannung ist.

Q Ladung
C Kapazität $[C] = \dfrac{As}{V} = F$ $\boxed{Q = C \cdot U}$ $\boxed{C = \dfrac{Q}{U}}$
U Spannung

> **Beispiel 3:** Wie groß ist die Ladung eines Kondensators von 16 μF, wenn er an eine Gleichspannung von 300 V gelegt wird?
> *Lösung:* $Q = C \cdot U = 16 \cdot 10^{-6}\ F \cdot 300\ V = 48 \cdot 10^{-4}\ C =$ **4,8 mC**

Jede Spannungserhöhung hat einen Ladestrom, jede Spannungserniedrigung einen Entladestrom zur Folge. Die Stromstärke ist um so größer, je größer die Kapazität und die Spannungsänderung und je kleiner die dafür benötigte Zeit sind.

I Ladestromstärke, Entladestromstärke
C Kapazität $\boxed{I = C \cdot \dfrac{\Delta U}{\Delta t}}$
ΔU Spannungsänderung
Δt Zeit, in der die Spannungsänderung erfolgt.

> **Beispiel 4:** An einem Kondensator von 1 μF erhöht sich die Spannung gleichmäßig in 5 ms um 100 V. Wie groß ist die Ladestromstärke?
> *Lösung:* $I = C \cdot \Delta U / \Delta t = 1\ \mu F \cdot 100\ V / 5\ ms =$ **20 mA**

Ein Kondensator hat die Kapazität 1 Farad, wenn der Ladestrom 1 Ampere in 1 Sekunde an ihm die Spannung um 1 Volt erhöht.

> Kondensatoren, die an Spannungen angeschlossen waren, sind vor Arbeitsaufnahme oder nach einem Versuch zu entladen.

Größere Kondensatoren müssen über einen Widerstand entladen werden.

* Kapazität = Aufnahmevermögen, Fassungsvermögen;   ** Faraday, englischer Physiker, 1791 bis 1867

Berechnung der Kapazität eines Plattenkondensators

Versuch 5: Schließen Sie einen Plattenkondensator mit einer Plattengröße von etwa 200 cm² und Hartpapier oder Acrylglas als Dielektrikum über einen Ladungsmesser und einen Umschalter an eine Gleichspannung von 500 V an! Schließen Sie den Stromkreis! Schließen Sie dann Kondensator und Instrument mit Hilfe des Umschalters kurz! Beobachten Sie den Zeigerausschlag des Meßinstrumentes! Wiederholen Sie den Versuch mit doppelt so großen Platten!

Der Zeigerausschlag des Ladungsmessers ist bei doppelt so großen Platten doppelt so groß.

Die Ladung und die Kapazität eines Kondensators sind bei gleicher Spannung um so größer, je größer die *geladene* Oberfläche der Platten ist.

Versuch 6: Schließen Sie einen Plattenkondensator, dessen Plattenabstand veränderbar ist, über einen Schalter an eine Gleichspannung von 500 V an! Schalten Sie parallel zum Kondensator ein Elektroskop! Schließen Sie den Stromkreis, und trennen Sie dann den Kondensator mit Hilfe des Schalters von dem Spannungserzeuger! Vergrößern Sie nun den Plattenabstand, und beobachten Sie den Zeigerausschlag des Elektroskops!

Der Zeigerausschlag des Elektroskops wird bei Vergrößerung des Plattenabstandes größer.

Die zum Festhalten der Ladung erforderliche Spannung zwischen den Kondensatorplatten ist um so größer, je größer der Plattenabstand ist. Somit ist die Kapazität eines Kondensators um so kleiner, je größer der Abstand der Kondensatorplatten voneinander ist.

Die Kapazität eines Plattenkondensators ist um so größer, je größer die geladene Plattenoberfläche, je kleiner der Plattenabstand und je größer die Permittivitätszahl ist.

C	Kapazität	
A	gleichartig geladene Plattenoberfläche	
l	Plattenabstand	
ε_r	Permittivitätszahl	
ε_0	elektrische Feldkonstante	

Beim Plattenkondensator:

$$C = \frac{\varepsilon_0 \cdot \varepsilon_r \cdot A}{l}$$

Beispiel 5: Ein Plattenkondensator besteht aus zwei Platten mit je 200 cm² Fläche. Der Plattenabstand beträgt 2 mm. Welche Kapazität hat der Kondensator, wenn das Dielektrikum Hartpapier ($\varepsilon_r = 4$) ist?

Lösung: $C = \dfrac{\varepsilon_0 \cdot \varepsilon_r \cdot A}{l} = \dfrac{8{,}85 \frac{pAs}{Vm} \cdot 4 \cdot 200\ cm^2}{2\ mm} = \dfrac{8{,}85\ pAs \cdot 4 \cdot 0{,}02\ m^2}{Vm \cdot 0{,}002\ m} = \textbf{354 pF}$

Energie des elektrischen Feldes im Kondensator

Der Kondensator nimmt beim Laden elektrische Energie auf. Diese Energie ist beim verlustfreien Kondensator im elektrischen Feld gespeichert.

Ein Kondensator kann elektrische Energie speichern.

Beim Entladen wird das elektrische Feld abgebaut, die elektrische Energie wieder abgegeben. Die Energie kann als Fläche unter der Ladekurve des Kondensators dargestellt werden (**Bild 1**).

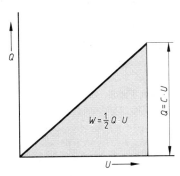

Bild 1: Ladekurve des Kondensators

W	elektrische Energie	
Q	Ladung	
U	Spannung	
C	Kapazität	

$W = \dfrac{1}{2} \cdot Q \cdot U$

$Q = C \cdot U \Rightarrow$

$$W = \frac{1}{2} \cdot C \cdot U^2$$

Beispiel 6: Ein Kondensator von 1 µF liegt an einer Gleichspannung von 1000 V. Wie groß ist die im elektrischen Feld gespeicherte Energie?

Lösung: $W = \dfrac{1}{2} \cdot C \cdot U^2 = \dfrac{1}{2} \cdot 1 \dfrac{\mu As}{V} \cdot (1000\ V)^2 = 0{,}5\ VAs = \textbf{0,5 Ws}$

Wiederholungsfragen

1. Wie verändert sich die Ladung auf den Kondensatorplatten durch das Dielektrikum?

2. Was gibt die Permittivitätszahl an?

3. Wovon hängt die Ladung eines Kondensators ab?

4. Wie ist die Einheit 1 Farad festgelegt?

5. Wo ist die elektrische Energie im Kondensator gespeichert?

1.7.3 Schaltungen von Kondensatoren

Reihenschaltung

Versuch 1: Schließen Sie einen Kondensator von 2 µF über einen Ladungsmesser und einen Umschalter an eine Gleichspannung von 50 V an! Beobachten Sie den Zeigerausschlag! Entladen Sie den Kondensator! Schalten Sie ihm dann einen Kondensator von 4 µF in Reihe **(Bild 1)**, und wiederholen Sie den Versuch!

Der Zeigerausschlag ist bei der Reihenschaltung der Kondensatoren kleiner als bei einem einzelnen Kondensator.

Bei der Reihenschaltung von Kondensatoren ist die Ladung kleiner als bei einem einzelnen Kondensator der Schaltung, der an der Gesamtspannung liegen würde, weil in der Reihenschaltung nur die kleinere Teilspannung am Kondensator liegt.

> **Die Ersatzkapazität ist bei der Reihenschaltung stets kleiner als die kleinste Einzelkapazität.**

Die Ladungen der in Reihe geschalteten Kondensatoren sind gleich groß. Die Summe der Spannungen an den Kondensatoren ist so groß wie die Gesamtspannung $U = U_1 + U_2$ (Bild 1). Die Spannungen an den Kondensatoren müssen also den Kapazitäten umgekehrt proportional sein, damit die Kondensatoren die gleiche Ladung aufnehmen.

> **Der Kehrwert der Ersatzkapazität ist gleich der Summe der Kehrwerte der Einzelkapazitäten.**

C Ersatzkapazität
C_1, C_2 Einzelkapazitäten

Bei Reihenschaltung:

$$\frac{1}{C} = \frac{1}{C_1} + \frac{1}{C_2} + \ldots$$

Bei zwei Kondensatoren in Reihe:

$$C = \frac{C_1 \cdot C_2}{C_1 + C_2}$$

> **Beispiel 1:** Zwei Kondensatoren von 270 pF und 470 pF sind in Reihe geschaltet. Wie groß ist die Ersatzkapazität?
>
> *Lösung:* $\quad C = \dfrac{C_1 \cdot C_2}{C_1 + C_2} = \dfrac{270\ \text{pF} \cdot 470\ \text{pF}}{270\ \text{pF} + 470\ \text{pF}} = \mathbf{171{,}5\ pF}$

Parallelschaltung

Versuch 2: Schalten Sie zwei Kondensatoren von 2 µF und 4 µF parallel **(Bild 2)**, und wiederholen Sie Versuch 1!

Der Zeigerausschlag des Ladungsmessers ist dreimal so groß wie bei dem Kondensator von 2 µF.

Bei der Parallelschaltung von Kondensatoren ist die Ladung und somit die Ersatzkapazität größer als bei einem einzelnen Kondensator der Schaltung.

An den Kondensatoren liegt dieselbe Spannung. Die Gesamtladung ist so groß wie die Summe der Ladungen der Kondensatoren, also $Q = Q_1 + Q_2$. Die Kapazitäten sind aber den Ladungen verhältnisgleich also $C = C_1 + C_2$.

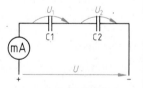

Bild 1:
Reihenschaltung

> **Die Ersatzkapazität ist bei der Parallelschaltung gleich der Summe der Einzelkapazitäten.**

Bei Parallelschaltung:

$$C = C_1 + C_2 + \ldots$$

> **Beispiel 2:** Drei Kondensatoren von 470 pF, 270 pF und 68 pF sind parallelgeschaltet. Wie groß ist die Ersatzkapazität?
>
> *Lösung:* $\quad C = C_1 + C_2 + C_3 = 470\ \text{pF} + 270\ \text{pF} + 68\ \text{pF} = \mathbf{808\ pF}$

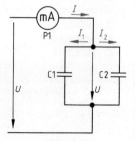

Bild 2:
Parallelschaltung

Bei einem Plattenkondensator aus n Platten, z. B. einem Drehkondensator, sind $n - 1$ Kondensatoren parallelgeschaltet.

Gemischte Schaltungen von Kondensatoren führt man durch Berechnung der Ersatzkapazitäten der einzelnen Schaltungszweige auf eine Reihenschaltung oder eine Parallelschaltung zurück.

1.7.4 Kondensator im Gleichstromkreis

Schließt man einen Kondensator an eine Gleichspannung an, so fließt kurzzeitig ein *Ladestrom*. Sobald der Kondensator geladen ist, fließt kein Strom mehr (Versuch 3, Abschnitt 1.7.2).

Der geladene Kondensator sperrt Gleichstrom.

Zeitkonstante

Versuch 1: Schließen Sie einen Kondensator von 4 µF in Reihe mit einem Widerstand von 500 kΩ über einen Strommesser und einen Umschalter an eine Gleichspannung von 110 V an **(Bild 1)**! Verwenden Sie einen Strommesser mit Milliampere-Meßbereich und Nullstellung des Zeigers in Skalenmitte! Messen Sie die Kondensatorspannung mit einem hochohmigen elektronischen Spannungsmesser! Schließen Sie den Stromkreis, und beobachten Sie die Anzeigen der Meßinstrumente! Entladen Sie dann den Kondensator über den Widerstand und den Strommesser!

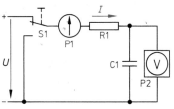

Bild 1: Versuchsschaltung

Der Zeiger des Strommessers schlägt aus und geht langsam in die Nullstellung zurück. Gleichzeitig wächst die Spannung am Kondensator erst rasch, dann immer langsamer auf den Endwert an. Beim Entladen schlägt der Zeiger des Strommessers in entgegengesetzter Richtung aus und geht langsam in die Nullstellung zurück. Gleichzeitig fällt die Spannung am Kondensator erst rasch, dann immer langsamer auf Null ab (Bild 2).

Versuch 2: Wiederholen Sie Versuch 1 mit einem Vorwiderstand von 1 MΩ und anschließend mit einem Kondensator von 8 µF!

Die Bewegungen der Zeiger der Meßinstrumente sind jeweils langsamer.

Aufladezeit und Entladezeit eines Kondensators sind um so länger, je größer Vorwiderstand und Kapazität sind.

Das Produkt aus Widerstand und Kapazität nennt man die *Zeitkonstante* τ*.

τ Zeitkonstante
R Widerstand
C Kapazität

$$\tau = R \cdot C$$

$$[\tau] = \Omega \cdot F = \frac{V}{A} \cdot \frac{As}{V} = s$$

Die Zeitkonstante gibt die Zeit an, in der die Kondensatorspannung beim Laden 63% der Endspannung, beim Entladen 37% der Anfangsspannung erreicht (Bild 2). Ladung oder Entladung sind nach $5\,\tau$ annähernd beendet.

Beispiel 1: Ein Kondensator von 470 pF wird über einen Vorwiderstand von 100 kΩ an eine Gleichspannung angeschlossen. Wie groß ist die Zeitkonstante?

Lösung: $\tau = R \cdot C = 100\ \text{k}\Omega \cdot 470\ \text{pF} = \mathbf{47\ \mu s}$

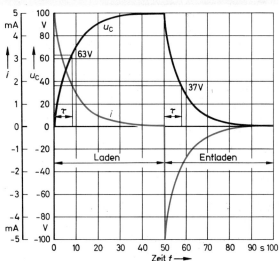

Bild 2: Ladekurve und Entladekurve eines Kondensators mit Vorwiderstand

u_C Spannung am Kondensator
U_0 Spannung des Spannungserzeugers, Spannung des geladenen Kondensators
t Zeit
τ Zeitkonstante
i_C Ladestromstärke, Entladestromstärke
I_0 Anfangsstromstärke
R Widerstand im Stromkreis
$\exp(-t/\tau)$ ist eine andere Schreibweise von $e^{-t/\tau}$

Beim Laden:

$$u_C = U_0 \cdot [1 - \exp(-t/\tau)] \qquad i_C = I_0 \cdot \exp(-t/\tau)$$

Beim Entladen:

$$u_C = U_0 \cdot \exp(-t/\tau) \qquad i_C = -I_0 \cdot \exp(-t/\tau)$$

$$I_0 = \frac{U_0}{R}$$

Der Anfangsstrom wird beim Laden und beim Entladen nur von den Widerständen im Stromkreis begrenzt.

* τ griech. Kleinbuchstabe tau

Beispiel 2: Ein Kondensator von 22 nF wird über einen Widerstand von 10 kΩ an eine Gleichspannung von 24 V gelegt. Wie groß ist die Spannung am Kondensator nach 300 μs?

Lösung: $\tau = R \cdot C = 22\ \text{nF} \cdot 10\ \text{k}\Omega = 220\ \mu\text{s}$;

$$u_C = U_0 \cdot [1 - \exp(-t/\tau)] = 24\ \text{V} \cdot [1 - \exp(-300\ \mu\text{s}/220\ \mu\text{s})] = 24\ \text{V} \cdot (1 - 0,26) = \mathbf{17,76\ V}$$

Wiederholungsfragen

1. Wie berechnet man die Ersatzkapazität bei der Reihenschaltung von Kondensatoren?

2. Wie berechnet man die Ersatzkapazität bei der Parallelschaltung von Kondensatoren?

3. Was versteht man unter der Zeitkonstanten?

1.7.5 Bauformen der Kondensatoren

Die Kondensatoren werden in Festkondensatoren **(Tabelle 1)** und verstellbare Kondensatoren eingeteilt.

Festkondensatoren

Wickelkondensatoren. Die Metallbeläge werden bei den Wickelkondensatoren **(Bild 1)** mit dem Dielektrikum als Band zu einem Wickel fest aufgewickelt. Meist wird der Wickel in einen metallischen Becher gebracht und zum Schutze gegen Feuchtigkeit mit einer Vergußmasse abgedichtet.

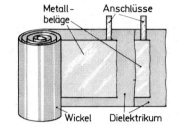

Bild 1: Aufbau eines Wickelkondensators

Tabelle 1: Festkondensatoren					
		Bauformen	Kapazität	Spannung	Verlustfaktor (bei 1000 Hz)
Wickelkondensatoren		Papierfolienkondensatoren	100 pF...50 μF	160 V...20 000 V	0,001...0,01
		Metallpapier-Kondensatoren	0,01 μF...50 μF	160 V...20 000 V	0,001...0,01
	Kunststofffolienkondensatoren	Film-Folien-Kondensatoren	100 pF...10 nF	30 V...500 V	0,0001...0,0005
		Polypropylenkondensatoren, metallisiert	10 nF...4,7 μF	30 V...670 V	0,0001...0,0005
		Polyesterkondensatoren, metallisiert	4,7 nF...100 μF	30 V...1000 V	0,001...0,01
		Polykarbonatkondensatoren, metallisiert	10 nF...50 μF	30 V...1000 V	0,001...0,003
	Elektrolytkondensatoren	Aluminium-Elektrolyt-Kondensatoren	0,5 μF...150 000 μF	3 V...500 V	0,05...0,5 bei 50 Hz
		Tantal-Folien-Kondensatoren	0,15 μF...580 μF	3 V...450 V	0,05...0,1 bei 50 Hz
Massekondensatoren	Keramikkondensatoren	Keramik-Kleinkondensatoren	1 pF...0,1 μF	30 V...700 V	0,001...0,025
		Keramik-Leistungskondensatoren	1 pF...10 nF	2 kV...20 kV	0,0005...0,05
	Elektrolytkondensatoren	Tantal-Sinter-Kondensatoren	naß	0,9 μF...2200 μF	6 V...630 V	0,1...0,4 bei 120 Hz
			trocken	1 nF...680 μF	3 V...125 V	0,01...0,1 bei 120 Hz
Schichtkondensatoren		Glimmerkondensatoren	1 pF...0,25 μF je Baueinheit	bis 10 kV	0,001 im MHz-Bereich
		Keramik-Mehrschichtkondensatoren	5 pF...8 μF	25 V	0,0005 bei 1 MHz

Papierkondensatoren haben ein Dielektrikum aus zwei oder mehreren Lagen Zellulosepapier. Die Beläge werden von Aluminiumfolien gebildet. Die Anschlußdrähte sind an dünne Bleche angeschweißt, die mit eingewickelt sind. Der Wickel wird oft unter Vakuum mit einem flüssigen Isolierstoff imprägniert.

Metallpapier-Kondensatoren (MP-Kondensatoren) haben als Dielektrikum gleichfalls Papier. Auf dieses wird eine dünne Metallschicht aus Aluminium oder Zink im Vakuum aufgedampft. Dadurch erreicht man größere Kapazitätswerte bei kleineren Abmessungen als beim Papierkondensator. Auf der Stirnseite des Wickels ist eine Metallschicht aufgespritzt, die als Anschluß für die Beläge und Anschlußdrähte dient **(Bild 1)**. Dadurch ist die Induktivität klein.

Ein großer Vorteil der MP-Kondensatoren ist ihre Selbstheilung. Schlägt ein Kondensator durch, so entsteht an der Durchschlagstelle ein Lichtbogen. Dadurch verdampft an dieser Stelle die dünne Metallschicht. Es entsteht eine metallfreie Zone. Ein Kurzschluß der Metallbeläge und eine Zerstörung des Kondensators werden somit verhindert.

MP-Kondensatoren werden in der Nachrichtentechnik, Elektronik, Meßtechnik, Steuerungs- und Regelungstechnik als Koppel- und Siebkondensatoren, in Zeitgliedern und als Motorkondensatoren verwendet.

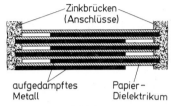

Bild 1:
Schnitt durch einen MP-Wickel

Kunststofffolienkondensatoren haben ein Dielektrikum aus Kunststofffolien wie Polypropylen, Polyester, Polykarbonat. Bei den Film-Folien-Kondensatoren sind die Metallbeläge Aluminiumfolien. Bei den *metallisierten Kunststofffolienkondensatoren* (MK-Kondensatoren) werden die Metallbeläge im Vakuum auf die Kunststofffolien aufgedampft. Dadurch erreicht man bei gleichen Kapazitätswerten kleinere Abmessungen.

Die MK-Kondensatoren sind wie die MP-Kondensatoren selbstheilend. Eine mehrschichtige Lackumhüllung schützt gegen Feuchtigkeitseinflüsse und mechanische Beanspruchungen. Der Anschluß der Beläge erfolgt an beiden Stirnseiten des Wickels. Dadurch erreicht man neben einer guten Kontaktsicherheit eine kleine Induktivität. Kunststofffolienkondensatoren haben einen sehr kleinen Verlustfaktor, sehr hohe Kapazitätskonstanz (enge Kapazitätstoleranz) und einen hohen Isolationswiderstand.

Kunststofffolienkondensatoren werden in der Rundfunk-, Fernseh-, Phonoindustrie und in der Meß-, Regel- und Nachrichtentechnik verwendet. Metallisierte Kunststofffolienkondensatoren eignen sich besonders zur Bestückung gedruckter Leiterplatten.

Elektrolytkondensatoren haben als Dielektrikum eine dünne Oxidschicht. Dadurch ist es möglich, kleine Kondensatoren mit großen Kapazitäten zu bauen.

Aluminium-Elektrolytkondensatoren **(Bild 2)** bestehen aus einem Wickel von zwei Aluminiumbändern mit Papierzwischenlage. Das eine Aluminiumband, der Pluspol (Anode), ist oft aufgerauht. Dadurch erreicht man eine größere Kapazität. Das andere Aluminiumband dient als Zuführung zum Elektrolyt. Das Papier ist mit dem Elektrolyt getränkt. Der Elektrolyt ist der Minuspol (Katode). Der Wickel des Elektrolytkondensators ist in einen Aluminiumbecher eingebaut. Bei den Aluminium-Elektrolytkondensatoren mit *festem*

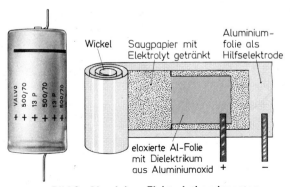

Bild 2: Aluminium-Elektrolytkondensator

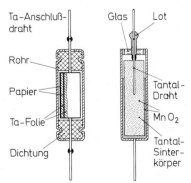

Bild 3: Tantal-Elektrolytkondensatoren

Elektrolyten besteht der Minuspol aus einer Glasfasergewebeschicht, die mit Mangandioxid als festem Halbleiterelektrolyt angefüllt ist.

Zur Formierung wird an die beiden Elektroden eine Gleichspannung gelegt. Dabei bildet sich an der Anode eine dünne Aluminiumoxidhaut, die als Dielektrikum dient. Bei den ungepolten Elektrolytkondensatoren sind beide Aluminiumbänder formiert. Dadurch wird der Platzbedarf größer.

Der gepolte Elektrolytkondensator darf nur mit der angegebenen Polung an eine Gleichspannung angeschlossen werden.

Der Gleichspannung kann auch eine Wechselspannung überlagert werden. Sie darf aber einen bestimmten Wert, der von der Nennspannung des Kondensators abhängt, nicht überschreiten. Wird der gepolte Kondensator mit verkehrter Polung an Gleichspannung angeschlossen, so wird die Oxidschicht an der Anode abgebaut, was schließlich zu einem Kurzschluß der Beläge führt. Dabei wird so viel Wärme entwickelt, daß der Kondensator zerstört wird. Dasselbe geschieht, wenn die überlagerte Wechselspannung zu groß ist. Aluminium-Elektrolytkondensatoren werden als Sieb- und Koppelkondensatoren verwendet.

Tantal-Folienkondensatoren **(Bild 3 Seite 71)** bestehen aus einer meist aufgerauhten Tantalfolie als Anode, die mit einer Katodenfolie und einem porösen Abstandshalter zu einem Wickel zusammengerollt ist. Der Wickel wird mit einem Elektrolyt imprägniert, in einen Metall- oder Kunststoffbecher eingebaut und dicht verschlossen. Durch Oxidation entsteht bei der Formierung an der Anode eine Tantalpentoxidschicht, die als Dielektrikum dient.

Tantal-Sinterkondensatoren (Bild 3 Seite 71) haben eine Anode aus gesintertem Tantalpulver. Bei der Formierung entsteht durch Oxidation an der Oberfläche eine Tantalpentoxidschicht, die als Dielektrikum dient. Die Katode der Tantal-Sinterkondensatoren mit flüssigem Elektrolyt besteht aus Schwefelsäure oder aus Lithiumchloridlösung. Bei den Bauformen mit festem Elektrolyt wird die Anode mit einer Mangannitratlösung getränkt, die sich beim Erhitzen unter Bildung von Mangandioxid zersetzt und als fester Halbleiterelektrolyt in den Poren und an der Oberfläche der Anode abscheidet. Die Zuführung erfolgt durch eine Metallschicht, die auf den Elektrolyt aufgebracht ist. Wegen der hohen Permittivitätszahl des Dielektrikums ($\varepsilon_r \approx 27$) sind die Tantal-Elektrolytkondensatoren die zur Zeit kleinsten Kondensatoren. Die kleinste Ausführung hat Tropfenform.

Tantal-Elektrolytkondensatoren werden als Koppelkondensatoren und als Siebkondensatoren in der Nachrichten-, Meß- und Regeltechnik verwendet. Kunststoffumhüllte Tantal-Elektrolytkondensatoren werden in Geräte der Rundfunk-, Fernseh- und Phonoindustrie eingebaut.

Keramik-Kondensatoren haben als Dielektrikum eine keramische Masse.

Keramik-Kleinkondensatoren werden als Rohr- und als Scheibenkondensatoren ausgeführt. Die Trapezscheibenkondensatoren haben an den Belägen keine Zuleitungen. Sie werden in Montageschlitzen der gedruckten Leiterplatten festgeklemmt und verlötet. Keramische Standkondensatoren wurden insbesondere für die Bestückung von gedruckten Leiterplatten entwickelt.

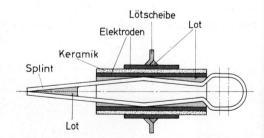

Bild 1: **Keramischer Durchführungskondensator**

Keramische Durchführungskondensatoren **(Bild 1)** werden in der VHF- und UHF-Technik vielfach verwendet. Sie haben eine sehr kleine Induktivität. Ihre Kapazitäten bilden zusammen mit den Induktivitäten der Zuleitungen Tiefpässe. Sie trennen die Niederfrequenzströme von den Hochfrequenzströmen und leiten die Hochfrequenzströme an das geerdete Chassis ab. Ihr Verwendungsbereich geht bis zu höchsten Frequenzen.

Keramik-Leistungskondensatoren werden für Nennleistungen bis etwa 60 kVA verwendet.

Glimmerkondensatoren haben ein Dielektrikum aus Glimmer. Die Glimmerplatten sind mit fest haftenden leitenden Belägen beschichtet. Die Kondensatoren werden aus einzelnen Plättchen gebildet oder die Plättchen sind zu Paketen zusammengefaßt. Glimmerkondensatoren werden hauptsächlich in der Sendetechnik und Meßtechnik verwendet.

Kennzeichnung der Kondensatoren

Größere Kondensatoren sind beschriftet. Die Beschriftung enthält unter anderem die Bauartkennzeichnung, z. B. MK, die Nennkapazität, die Kapazitätstoleranz und die Nennspannung.

Die Nennkapazität ist die Kapazität eines Kondensators (bei 20 °C), nach der er benannt ist. Sie wird bis 10 µF mit 1000 Hz und bei höheren Kapazitäten mit 50 Hz gemessen. Die Kapazitätstoleranz ist die zulässige Abweichung des Istwertes der Kapazität von der Nennkapazität. Sie beträgt etwa 20% bei Nennkapazitäten bis 1 µF und 10% bei Nennkapazitäten von 1 µF und größer. Elektrolytkondensatoren haben eine größere Toleranz. Die Nennspannung ist die höchste Spannung, die dauernd am Kondensator anliegen darf.

Kleinere Kondensatoren können durch Farbringe, Farbpunkte oder Farbstriche gekennzeichnet sein. Angegeben wird die Nennkapazität, die Kapazitätstoleranz, die Nennspannung und der Temperaturbeiwert der Kapazität.

Verstellbare Kondensatoren

Verstellbare Kondensatoren sind Drehkondensatoren und Trimmerkondensatoren.

Drehkondensatoren bestehen meist aus einem feststehenden und einem drehbaren Metallplattenpaket. Die Kapazität des Kondensators ist am größten, wenn die Platten vollständig eingedreht sind. Das Dielektrikum ist meist Luft. Der Verlustfaktor ist deshalb klein. Drehkondensatoren werden meist in der Rundfunk- und Fernsehtechnik zur Abstimmung von Schwingkreisen verwendet. *Differentialdrehkondensatoren* bestehen aus zwei festen Metallplattensätzen, zwischen denen sich ein drehbarer Plattensatz befindet. Sie wirken wie ein verstellbarer kapazitiver Spannungsteiler.

Scheibentrimmerkondensatoren bestehen aus zwei Keramikscheiben als Dielektrikum mit aufgedampften Silberbelägen. Die Einstellung der Kapazität erfolgt durch Verdrehen der Scheiben mittels einer Schraube. Die Beläge werden dabei mehr oder weniger zur Deckung gebracht.

Folien-Scheibentrimmerkondensatoren bestehen aus einem isolierenden Grundkörper, auf dem meist zwei bewegliche und ein feststehendes Plattenpaket befestigt sind. Das feststehende Plattenpaket befindet sich zwischen den beweglichen Plattenpaketen.

Diese Trimmerkondensatoren werden vorwiegend in gedruckten Schaltungen verwendet. Bei den *konzentrischen* Trimmerkondensatoren **(Bild 1)** besteht das feststehende und das bewegliche Metallplattenpaket aus konzentrischen Ringen aus Aluminiumspritzguß. Die Einstellung der Kapazität erfolgt durch Verschieben der Platten in axialer Richtung.

Bild 1: Trimmerkondensatoren

Rohrtrimmerkondensatoren bestehen meist aus einem Keramikröhrchen mit aufgezogener Messinghülse, in dem sich eine Schraube aus Invarstahl* oder Messing bewegt. Bei Quetschtrimmerkondensatoren wird der Abstand zweier runder Metallplatten verändert.

Trimmerkondensatoren dienen zur einmaligen Einstellung der Kapazität und werden zum Feinabgleich in Rundfunk- und Fernsehgeräten sowie im Meßgerätebau verwendet.

Wiederholungsfragen

1. Beschreiben Sie den Aufbau eines MP-Kondensators!
2. Wie erfolgt die Selbstheilung eines MP-Kondensators?
3. Welche Kondensatoren sind selbstheilend?
4. Welche Arten der Elektrolytkondensatoren gibt es?
5. Warum darf ein gepolter Elektrolytkondensator nicht verkehrt gepolt werden?
6. Wozu dient ein Trimmerkondensator?

* invar (lat.) = unveränderlich, d. h. bei Temperaturänderung gleich lang bleibend. Invarstahl enthält 36% Ni

1.8 Strom und Magnetfeld

1.8.1 Magnetisches Feld

Versuch 1: Nähern Sie einen Magneten nacheinander kleinen Teilchen aus Stahl, Gußeisen, Kupfer, Messing, Bronze, Nickel (Kobalt), Kunststoff, Holz, Papier!

Der Magnet zieht die Teilchen aus Stahl, Gußeisen, Nickel und Kobalt an und hält sie fest.

Stahl, Gußeisen, Nickel und Kobalt sind *ferromagnetische** Stoffe, Chromdioxid (CrO_2) verhält sich ähnlich *(ferrimagnetisch).*

Ein Magnet zieht ferromagnetische Stoffe an und hält sie fest.

Pole des Magneten

Versuch 2: Tauchen Sie einen Stabmagneten in Eisenfeilspäne!

Die Eisenfeilspäne haften an den Enden des Magneten sehr stark. In der Mitte haften keine Eisenfeilspäne.

Die Stellen des Magneten mit der größten Anziehungskraft nennt man *Pole*. Die magnetische Wirkung ist an den Polen am größten und nimmt nach der Mitte hin ab. In der Mitte hat der Magnet keine magnetische Wirkung.

Versuch 3: Hängen Sie einen Stabmagneten drehbar auf!

Der Magnet stellt sich annähernd in Nord-Südrichtung ein.

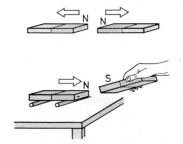

Bild 1: Kraftwirkungen magnetischer Pole aufeinander

Man nennt den Pol, der nach Norden zeigt, *Nordpol* (N), den anderen Pol *Südpol* (S).

Versuch 4: Legen Sie einen Stabmagneten auf 2 Rollen, z. B. zwei runde Bleistifte! Nähern Sie dem Nordpol des Magneten zuerst den Südpol, dann den Nordpol eines anderen Stabmagneten!

Liegen ungleichnamige Pole gegenüber, ziehen sich die beiden Magnete an. Liegen gleichnamige Pole gegenüber, stoßen sich die beiden Magnete ab **(Bild 1).**

Ungleichnamige Pole ziehen sich an, gleichnamige Pole stoßen sich ab.

Da sich ein drehbar gelagerter Stabmagnet, z. B. eine Magnetnadel in einem Kompaß, immer in Nord-Südrichtung einstellt, muß die Erde im Norden einen magnetischen Südpol, im Süden einen magnetischen Nordpol haben. Die Erde ist somit ein großer Magnet.

Versuch 5: Versehen Sie eine Stricknadel aus Stahl mit Kerben bei ¼, ½, ¾ ihrer Länge! Magnetisieren Sie die Nadel durch Bestreichen mit einem Magnetpol! Weisen Sie die Magnetisierung der Stricknadel durch Eintauchen in Eisenfeilspäne nach! Teilen Sie nun die Nadel in der Mitte und die halbe Nadel wieder in die Hälfte! Stellen Sie den Magnetismus und die Polarität der Teile, z. B. mit einer Magnetnadel, fest!

An jeder Trennstelle entstehen zwei entgegengesetzte Pole. Jeder Teil der Stricknadel besitzt einen Nordpol und einen Südpol, ist also ein Magnet.

Denkt man sich einen Magneten immer weiter geteilt, so erhält man schließlich als kleinste Magnete sogenannte *Molekularmagnete*. Bei einem Magneten sind die Molekularmagnete nach einer Richtung geordnet **(Bild 2)**.

Versuch 6: Berühren Sie ein Eisenstück mit einem Stabmagneten! Bringen Sie an das Eisenstück Eisenteile! Entfernen Sie dann den Magneten!

Das Eisenstück hält die Eisenteile fest. Entfernt man den Magneten, so fallen die Eisenteile ab.

Bild 2: Molekularmagnete ungeordnet und geordnet

Jeder ferromagnetische Stoff ist aus Molekularmagneten aufgebaut. Diese nehmen alle möglichen Richtungen ein (Bild 2). Der Stoff wirkt *nach außen* unmagnetisch.

Nähert man einem ferromagnetischen Stoff einen Magneten, so richten sich die Molekularmagnete nach einer Richtung aus. Der ferromagnetische Stoff ist magnetisch geworden.

* ferromagnetisch = magnetisch wie Eisen

Ein ferromagnetischer Werkstoff läßt sich magnetisieren, wenn ein Magnetfeld auf ihn einwirkt.

Eine Entmagnetisierung erreicht man durch Erhitzen der Werkstoffe. Bei der sogenannten *Curie-Temperatur** verlieren die Werkstoffe ihren Magnetismus **(Tabelle 1)**. Einfacher wird die Entmagnetisierung erreicht, indem man den magnetischen Stoff in eine mit Wechselstrom durchflossene Spule gibt und den Strom langsam abnehmen läßt. Man kann auch den Werkstoff und die Spule langsam voneinander entfernen.

Tabelle 1: Curie-Temperaturen	
Eisen	769 °C
Nickel	356 °C
Kobalt	1075 °C
Weichmagnetische Ferrite	50 bis 600 °C

Weißsche Bezirke

Die Elektronen bewegen sich im Kristall um die Atomkerne der Moleküle und drehen sich zusätzlich um ihre eigene Achse (Spin**). Sie stellen dadurch *Kreisströme* dar. Diese Kreisströme erzeugen ein Magnetfeld, den Molekularmagnet. Die Spins und damit die Molekularmagnete sind in den Weißschen Bezirken gerichtet **(Bild 1)**. Die Bezirke umfassen einige Moleküle und sind durch *Bloch-Wände*** voneinander getrennt. Die Molekularmagnete benachbarter Weißscher Bezirke haben andere Richtungen und bilden einen magnetischen Kreis. Die Wirkung der Molekularmagnete hebt sich insgesamt auf, nach außen erscheint der Stoff unmagnetisch.

Magnetisiert man nun den Stoff, indem man z. B. ein Magnetfeld einwirken läßt, so verschieben sich die Bloch-Wände, und die Molekularmagnete richten sich aus. Je stärker die Magnetisierung ist,

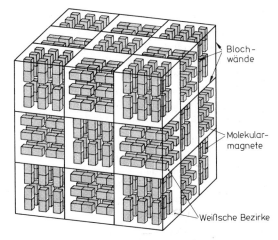

Blochwände

Molekularmagnete

Weißsche Bezirke

Bild 1: Weißsche Bezirke

um so größer ist die Verschiebung der Bloch-Wände, um so mehr Molekularmagnete werden gerichtet. Bei großer Kraftwirkung erfolgt die Verschiebung der Bloch-Wände sprunghaft. Diese Sprünge kann man hörbar machen.

Versuch 7: Schließen Sie eine Spule mit etwa 20 000 Windungen über einen Verstärker an einen Lautsprecher an! Legen Sie in die Spule einen ferromagnetischen Stoff, und führen Sie einen Magnet an der Spule vorbei!

Im Lautsprecher ist ein Geräusch zu hören.

Sind alle Blochwände bis an den Rand des Kristalls verschoben, so besteht der Kristall aus einem einzigen Weißschen Bezirk. Wird die Magnetisierung nun noch weiter verstärkt, so drehen sich die Spins in die Magnetisierungsrichtung. Sind alle Molekularmagnete in der Magnetisierungsrichtung gerichtet, so ist der ferromagnetische Stoff, z. B. Eisen, magnetisch gesättigt.

Nimmt die Kraftwirkung des Magneten auf den ferromagnetischen Stoff ab, z. B. indem man ihn entfernt, so verschieben sich die Bloch-Wände wieder zurück, immer mehr Molekularmagnete nehmen wieder ihre ursprünglichen Richtungen ein.

Bei *magnetisch weichen* Werkstoffen, z. B. unlegiertem Eisen, kehren fast alle Molekularmagnete in die Ausgangsstellungen zurück, so daß der Stoff wieder unmagnetisch ist. Magnetisch weiche Werkstoffe werden z. B. als Spulenkerne verwendet. Bei *magnetisch harten* Werkstoffen, z. B. AlNi- und AlNiCo-Legierungen, bleiben viele Molekularmagnete nach dem Entfernen des Magneten ausgerichtet. Es bleibt eine *Remanenz*[4*] (Restmagnetismus) zurück. Magnetisch harte Werkstoffe werden z. B. für Dauermagnete (Permanentmagnete[5*]) verwendet.

Arten magnetischer Stoffe

Ferrimagnetische Stoffe, z. B. Ferrite, verhalten sich im Magnetfeld ähnlich wie ferromagnetische Stoffe. Die magnetische Sättigung wird jedoch schon bei kleineren magnetischen Kräften erreicht. Außerdem haben ferrimagnetische Stoffe einen großen spezifischen Widerstand.

* Curie, französischer Physiker, 1859 bis 1906; ** to spin (engl.) = sich drehen; *** Bloch, Physiker, geb. Zürich 1905;
[4*] remanere (lat.) = zurückbleiben; [5*] permanere (lat.) = sich erhalten

Paramagnetische Stoffe* sind z. B. Aluminium, Chrom, Platin. Bei ihnen heben sich die Wirkungen der Molekularmagnete in den Weißschen Bezirken nach außen nicht vollständig auf. Diese Stoffe stellen einen kleinen Elementarmagnet dar.

Diamagnetische Stoffe** sind z. B. Silicium, Kupfer, Zink, Gold. Bei ihnen erzeugt die Magnetisierung eine Kraft, die der erzeugenden magnetischen Kraft entgegengerichtet ist und diese schwächt.

Bild 1: Nachweis des magnetischen Feldes

Magnetostriktion

Ferromagnetische und ferrimagnetische Stoffe werden durch die Magnetisierung elastisch verformt. Diese Verformung nennt man *Magnetostriktion*. In Richtung der Magnetisierung und quer dazu erfolgt eine Längenänderung. Dabei ist die Längenänderung quer zur Magnetisierungsrichtung entgegengesetzt zur Längenänderung in Richtung zur Magnetisierung. Das Volumen des Stoffes bleibt etwa konstant.

Ferrimagnetische Stoffe haben eine größere Magnetostriktion als ferromagnetische Stoffe. Ferrimagnetische Stoffe, z. B. Nickel-Ferrite ($NiFe_2O_4$), werden anstelle von Schwingquarzen z. B. für Filterkreise mit sehr hoher Güte und für elektroakustische Wandler verwendet. Magnetostriktion ist auch eine Ursache für das Brummen der Transformatoren.

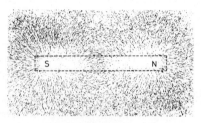

Bild 2: Magnetisches Feld eines Stabmagneten

Magnetische Feldlinien

Versuch 8: Bewegen Sie eine drehbar gelagerte Magnetnadel um einen Stabmagneten herum!

Die Magnetnadel verändert ständig ihre Richtung (**Bild 1**).

Auf eine Magnetnadel wird an jeder Stelle von einem Magneten eine Kraft ausgeübt. Der Magnet ruft also ein *Kraftfeld* hervor, das *magnetische Feld*.

Um jeden Magneten befindet sich ein magnetisches Feld.

Versuch 9: Bestreuen Sie die Umgebung eines Stabmagneten mit Eisenfeilspänen!

Die Eisenfeilspäne ordnen sich in bestimmten Linien an, die von Pol zu Pol verlaufen (**Bild 2**).

Die Eisenfeilspäne werden im magnetischen Feld magnetisch und richten sich entsprechend der Richtung der auf sie wirkenden Kraft aus. Sie ordnen sich entlang den *magnetischen Feldlinien* an.

Führt man eine Magnetnadel um einen Magneten herum, so stellt sie sich immer in Richtung der magnetischen Feldlinien ein. Dabei gibt der Nordpol der Magnetnadel die Richtung der Feldlinien an.

Die magnetischen Feldlinien verlaufen außerhalb des Magneten vom Nordpol zum Südpol, innerhalb vom Südpol zum Nordpol. Sie sind in sich geschlossene Linien.

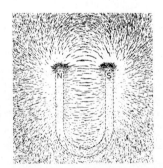
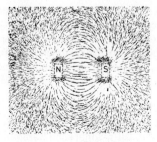

Bild 3: Magnetisches Feld eines Hufeisenmagneten

---

* para... (griech.) = neben..., bei..., beinah...;
** dia... (griech.) = durch..., zer..., ent..., über

Liegen die Pole genügend nahe beieinander, so verlaufen die Feldlinien zwischen ihnen parallel. Sie haben gleiche Abstände voneinander. Das magnetische Feld ist zwischen den Polen homogen.

Versuch 10: Bestreuen Sie die Umgebung eines Hufeisenmagneten mit Eisenfeilspänen **(Bild 3, Seite 76)**!

Die Feldlinien liegen in verschiedener Dichte beieinander.

Liegen die Feldlinien dicht beieinander, so sind die magnetischen Kräfte groß. Bei kleinen magnetischen Kräften dagegen haben die Feldlinien große Abstände voneinander.

Anwendung der Dauermagnete

Dauermagnete **(Tabelle 1)** werden zur Erzeugung mechanischer Kräfte, zur Umwandlung mechanischer Energie in elektrische Energie und zur Umwandlung elektrischer Energie in mechanische Energie verwendet.

Dauermagnete werden in *Generatoren*, z. B. Fahrraddynamos, verwendet. Bewegt man eine Scheibe in einem Magnetfeld, so werden in dieser Wirbelströme induziert. Dadurch wird die Scheibe abgebremst. Dauermagnete dienen hier als *Bremsmagnet* bei Wirbelstrombremsen, z. B. in Elektrizitätszählern, bei Meßinstrumenten und bei der Dämpfung von Waagen.

Im *Tauchspulmikrofon* bewegt sich eine Spule im Rhythmus der Schallschwingungen im Magnetfeld eines Dauermagneten. So werden die Schallschwingungen in elektrische Schwingungen umgewandelt.

Bei manchen *Elektromotoren*, z. B. bei Kleinmotoren für Tonbandgeräte und Spielzeug, ist der Läufer oder der Ständer ein Dauermagnet. Bei elektrischen *Meßinstrumenten* bewegt sich eine vom Meßstrom durchflossene Spule im Magnetfeld eines Dauermagneten. Bei dynamischen *Lautsprechern* oder *Kopfhörern* bewegt sich eine Schwingspule, die mit der Membrane verbunden ist, im Magnetfeld eines Dauermagneten. So werden elektrische Schwingungen in Schallschwingungen umgewandelt.

Tabelle 1: Dauermagnet-Bauformen	
Polanordnung	Bezeichnung
N——S	axial (eine Stirnfläche S-Pol die andere N-Pol)
	6-polig axial (N- und S-Pol wechselweise auf den Stirnflächen)
	radial (S-Pol innen N-Pol außen)
	6-polig (N- und S-Pol wechselweise innen)
Feldlinienverlauf außerhalb der Magnete nicht dargestellt.	

Wiederholungsfragen

1. Welche Werkstoffe sind ferromagnetisch?
2. Welche Eigenschaften hat ein Magnet?
3. Welcher Pol des Magneten ist der Nordpol?
4. Wie wirken die Pole zweier Magneten aufeinander?
5. Was versteht man unter einem Molekularmagneten?
6. Wie sind die Molekularmagnete in einem Magneten geordnet?
7. Wie verhalten sich ferrimagnetische Stoffe im Magnetfeld?
8. Was versteht man unter Magnetostriktion?

Magnetfeld um den stromdurchflossenen Leiter

Versuch 11: Führen Sie einen Leiter durch eine Kunststoffplatte! Schließen Sie den Leiter über einen Stellwiderstand an eine Gleichspannung, z. B. einen Akkumulator, an! Bestreuen Sie die Kunststoffplatte in der Umgebung des Leiters mit Eisenfeilspänen!

Die Eisenfeilspäne ordnen sich in konzentrischen Kreisen um den Leiter an **(Bild 1)**.

Um jeden stromdurchflossenen Leiter entsteht ein Magnetfeld. Ein Magnetfeld entsteht auch, wenn der Strom ohne eigentlichen Leiter fließt, z. B. bei Fernsehbildröhren, Gasentladungsröhren, Hochvakuumröhren und Elektronenstrahlröhren.

Jeder elektrische Strom erzeugt ein magnetisches Feld.

Bild 1: Magnetfeld um den stromdurchflossenen Leiter

Die Feldlinien um den stromdruchflossenen Leiter sind konzentrische Kreise. Sie liegen in Ebenen senkrecht zum Leiter.

Versuch 12: Führen Sie eine drehbar gelagerte Magnetnadel um den stromdurchflossenen Leiter herum! Kehren Sie dann die Stromrichtung im Leiter durch Vertauschen der Anschlüsse um, und wiederholen Sie den Versuch!

Die Richtung der Ablenkung der Magnetnadel ist von der Stromrichtung abhängig.

Die Richtung der Feldlinien hängt von der Stromrichtung ab.

> Blickt man in Richtung des Stromes auf den Leiter, dann umschließen die Feldlinien den Leiter im Drehsinn des Uhrzeigers.

Fließt der Strom vom Betrachter weg, so zeichnet man in den Leiterquerschnitt ein Kreuz; fließt der Strom auf den Betrachter zu, so zeichnet man einen Punkt **(Bild 1)**.

Bild 1: Stromrichtung im Leiter

Versuch 13: Befestigen Sie einen Leiter so über einer drehbar gelagerten Magnetnadel, daß er die gleiche Richtung wie die Magnetnadel hat! Schließen Sie den Leiter über einen Stellwiderstand und einen Strommesser an eine Gleichspannung an! Verändern Sie die Stromstärke!

Die Magnetnadel wird um so stärker abgelenkt, je größer die Stromstärke ist.

> Das Magnetfeld ist um so stärker, je größer die Stromstärke ist.

Versuch 14: Befestigen Sie zwei parallele Metallbänder locker an isolierten Klemmen! Schließen Sie sie über einen Stellwiderstand an eine Gleichspannung an, so daß beide Bänder gleichsinnig vom Strom durchflossen werden **(Bild 2)**!

Die Bänder bewegen sich aufeinander zu.

Die Feldlinien umschließen beide Leiter. Sie haben das Bestreben, möglichst kurze Linien zu bilden. Dadurch wirkt auf die beiden Leiter eine Kraft, die eine Anziehung der Leiter bewirkt.

> Werden parallele Leiter gleichsinnig vom Strom durchflossen, so ziehen sie sich an.

Bild 2: Kraftwirkung und Magnetfeld zweier paralleler Leiter bei gleicher Stromrichtung

Versuch 15: Schließen Sie die Metallbänder so an die Gleichspannung an, daß sie gegensinnig vom Strom durchflossen werden **(Bild 3)**!

Die Bänder bewegen sich voneinander weg.

Die Feldlinien gehen alle zwischen den Leitern hindurch und drängen die Leiter auseinander.

> Werden parallele Leiter gegensinnig vom Strom durchflossen, so stoßen sie sich ab.

Die Kräfte, die stromdurchflossene parallele Leiter aufeinander ausüben, sind um so größer, je größer die Strom-

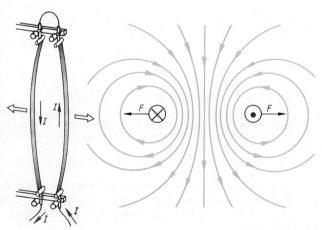

Bild 3: Kraftwirkung und Magnetfeld zweier paralleler Leiter bei entgegengesetzter Stromrichtung

stärke und je kleiner der Abstand der Leiter ist. Wicklungen von elektrischen Maschinen und Geräten, sowie parallele Sammelschienen, die große Stromstärken führen, müssen gut verankert sein, um Verformungen durch diese Kräfte zu verhindern.

Magnetfeld einer stromdurchflossenen Spule

Versuch 16: Biegen Sie einen Leiter zu einer Schleife, und schließen Sie ihn über einen Stellwiderstand an eine Gleichspannung an! Bewegen Sie eine drehbar gelagerte Magnetnadel um die Schleife herum!
Die stromdurchflossene Leiterschleife wirkt wie ein Stabmagnet. Sie hat einen Nord- und einen Südpol.

Legt man mehrere Leiterschleifen hintereinander, so erhält man eine Spule. Die Magnetfelder der stromdurchflossenen Drähte der Spule heben sich zwischen den Spulenwindungen auf und bilden ein Magnetfeld, das dem Magnetfeld eines Stabmagneten gleicht **(Bild 1)**.

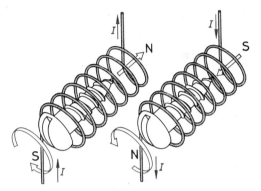

Die magnetischen Feldlinien verlaufen außerhalb der Spule vom Nordpol zum Südpol, innerhalb vom Südpol zum Nordpol. Im Innern der Spule ist das Magnetfeld homogen.

Versuch 17: Stellen Sie mit Hilfe einer Magnetnadel die Polarität der stromdurchflossenen Spule fest! Kehren Sie die Stromrichtung in der Spule durch Vertauschen der Anschlüsse um, und stellen Sie erneut die Polarität der Spule fest!
Die Polarität der Spule hängt von der Stromrichtung ab **(Bild 2)**.

Bild 1: Entstehung des Magnetfeldes um die stromdurchflossene Spule

> Dreht man eine rechtsgängige Schraube in Richtung des Stromes, der durch die Spulenwindungen fließt, so schreitet sie in Richtung auf den Nordpol der Spule fort.

Wiederholungsfragen

1. Welche Form hat das Magnetfeld um den stromdurchflossenen Leiter?
2. Welche Richtung hat das Magnetfeld um den stromdurchflossenen Leiter?
3. Wie verhalten sich parallele Leiter, die
   a) gleichsinnig, b) gegensinnig vom Strom durchflossen werden?
4. Wie lautet die Regel zur Bestimmung der Polarität einer stromdurchflossenen Spule?

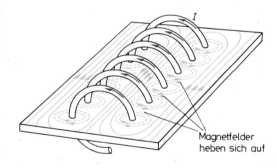

Magnetfelder heben sich auf

Bild 2: Polarität der stromdurchflossenen Spule

Magnetische Größen

Versuch 18: Hängen Sie ein Eisenstück so an einen Kraftmesser, daß es in den Hohlraum einer Spule mit 600 Windungen hineinragt! Schließen Sie die Spule über einen Stellwiderstand und einen Strommesser an eine Gleichspannung an! Stellen Sie die Stromstärke 2 A ein! Lesen Sie die Anzeige des Kraftmessers ab! Wiederholen Sie den Versuch mit einer Spule mit 1200 Windungen bei einer Stromstärke von 1 A!
Die Anzeigen des Kraftmessers sind in beiden Fällen gleich groß.

Eine Spule mit 600 Windungen übt bei 2 A eine gleich große Kraft auf das Eisenstück aus wie eine Spule mit 1200 Windungen bei 1 A. Die Kräfte, die von Spulen auf ein Eisenstück ausgeübt werden, sind gleich groß, wenn das Produkt Stromstärke mal Windungszahl der Spulen gleich groß ist.

Durchflutung nennt man das Produkt Stromstärke mal Windungszahl.

Θ^{*} Durchflutung
I Stromstärke $\qquad [\Theta] = A$
N Windungszahl

$$\boxed{\Theta = I \cdot N}$$

* Θ griechischer Großbuchstabe Theta

Die Windungszahl hat keine Einheit. Deshalb hat die Durchflutung die gleiche Einheit Ampere wie die Stromstärke. Manchmal wird die Durchflutung auch in Aw (Amperewindungen) angegeben.

Beispiel 1: Eine Spule mit 5000 Windungen wird von einem Strom von 10 mA durchflossen. Wie groß ist die Durchflutung der Spule?

Lösung: $\Theta = I \cdot N = 0,01 \text{ A} \cdot 5000 = \mathbf{50\ A}$

Bei einer großen Spule ist die mittlere Feldlinienlänge größer als bei einer kleinen Spule **(Bild 1)**. Zum Aufbau des magnetischen Feldes einer großen Spule ist bei gleicher magnetischer Feldstärke daher mehr Energie erforderlich als zum Aufbau des magnetischen Feldes einer kleinen Spule. Deshalb ist die magnetische Feldstärke bei gleicher Durchflutung bei der großen Spule kleiner als bei der kleinen Spule.

Die **magnetische Feldstärke** ist bei gleicher Durchflutung um so größer, je kleiner die mittlere Feldlinienlänge ist. Sie hat die Einheit A/m.

H magnetische Feldstärke
Θ Durchflutung $\qquad [H] = \dfrac{\text{A}}{\text{m}}$
l mittlere Feldlinienlänge

$$H = \frac{\Theta}{l}$$

mittlere Feldlinienlänge *l*

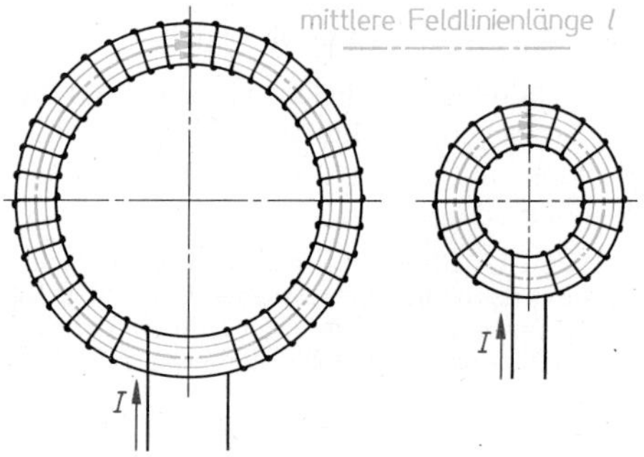

Bild 1: Große und kleine Spule

Beispiel 2: Eine Spule mit 5000 Windungen wird von einem Strom von 10 mA durchflossen und hat eine mittlere Feldlinienlänge von 20 cm. Wie groß ist die magnetische Feldstärke?

Lösung: $H = \dfrac{\Theta}{l} = \dfrac{0,01 \text{ A} \cdot 5000}{20 \text{ cm}} = 2,5\ \dfrac{\text{A}}{\text{cm}} = \mathbf{250\ \dfrac{A}{m}}$

Magnetischen Fluß (Formelzeichen Φ*) nennt man die Gesamtzahl der Feldlinien eines Magneten oder einer Spule. Die Einheit des magnetischen Flusses ist die Voltsekunde (Vs) mit dem besonderen Einheitennamen Weber (Wb)**, 1 Wb = 1 Vs.

Die **magnetische Flußdichte** (magnetische Induktion) gibt den magnetischen Fluß eines Magneten oder einer Spule an, der eine Fläche von 1 m² senkrecht durchsetzt.

Die Einheit der magnetischen Flußdichte ist die Voltsekunde je Meterquadrat (Vs/m²) mit dem besonderen Einheitennamen Tesla (T)***.

B magnetische Flußdichte
Φ magnetischer Fluß
A Fläche

$$[B] = \frac{\text{Vs}}{\text{m}^2} = \frac{\text{Wb}}{\text{m}^2} = \text{T} \qquad B = \frac{\Phi}{A}$$

Die magnetische Flußdichte ist um so größer, je größer die magnetische Feldstärke ist.

B magnetische Flußdichte
μ_0[4]* magnetische Feldkonstante (magnetische Induktionskonstante)

$\mu_0 = \dfrac{4\,\pi}{10} \cdot \mu\text{Vs/(Am)} = 1,257 \cdot \mu\text{Vs/(Am)}$

H magnetische Feldstärke

Bei Spule ohne Eisenkern (Luftspule):

$$B = \mu_0 \cdot H$$

Beispiel 3: Eine Luftspule hat eine magnetische Feldstärke von 250 A/m. Wie groß ist ihre magnetische Flußdichte?

Lösung: $B = \mu_0 \cdot H = 1,257 \cdot \mu\text{Vs/(Am)} \cdot 250 \text{ A/m} = 0,31425 \cdot \text{mVs/m}^2 = \mathbf{0,314\ mT}$

---

* Φ griechischer Großbuchstabe Phi; ** Weber, deutscher Physiker, 1804 bis 1891;
*** Tesla, Physiker, 1856 bis 1943; [4]* μ griechischer Kleinbuchstabe mü

Eisen im Magnetfeld einer Spule

Versuch 19: Schließen Sie eine Luftspule über einen Stellwiderstand und einen Strommesser an eine Gleichspannung an! Stellen Sie die für die Spule höchstzulässige Stromstärke ein! Nähern Sie die Spule kleinen Eisenteilen, z. B. Büroklammern! Führen Sie in die Spule einen Eisenkern ein, und wiederholen Sie den Versuch bei gleicher Stromstärke!

Die stromdurchflossene Spule zieht einige Eisenteile an. Die Spule mit Eisenkern zieht wesentlich mehr Eisenteile an.

Durch einen Eisenkern wird die magnetische Kraft einer stromdurchflossenen Spule wesentlich erhöht. Die magnetische Flußdichte einer stromdurchflossenen Spule mit Eisenkern ist viel größer als die magnetische Flußdichte einer Luftspule bei gleich großer Durchflutung.

> Ein Eisenkern erhöht die magnetische Flußdichte einer stromdurchflossenen Spule.

Die Bloch-Wände der Weißschen Bezirke im Eisenkern werden durch das Magnetfeld der Spule verschoben. Mit zunehmender Durchflutung und damit mit zunehmender magnetischer Feldstärke der Spule werden immer mehr Bloch-Wände verschoben, bis der Eisenkern schließlich bei einer bestimmten magnetischen Feldstärke aus einem einzigen Weißschen Bezirk besteht. Die Molekularmagnete (Spins) werden dabei in eine Vorzugsrichtung ausgerichtet, die von der Magnetisierungsrichtung abhängt.

Wird nun die magnetische Feldstärke noch weiter erhöht, so drehen sich die Molekularmagnete in die Magnetisierungsrichtung. Sind alle Molekularmagnete gerichtet, so nimmt die magnetische Wirkung des Eisens auch bei zunehmender Durchflutung nicht mehr merklich zu. Das Eisen ist magnetisch gesättigt.

Der magnetische Zustand des Eisens ist bei gleich großer magnetischer Feldstärke bei den einzelnen Werkstoffen verschieden. Er wird durch *magnetische Zustandskurven* dargestellt, welche die magnetische Flußdichte des Eisenkerns der Spule in Abhängigkeit von der magnetischen Feldstärke zeigen **(Bild 1)**.

Permeabilität* nennt man das Verhältnis der magnetischen Flußdichte zur magnetischen Feldstärke.

Die Permeabilität ist das Produkt aus der magnetischen Feldkonstanten und der Permeabilitätszahl.

Tabelle 1: Permeabilitätszahlen $\mu_{r\,max}$

Fe-Co-Legierung	2000 ... 6000
Reineisen	6000
Fe-Si-Legierung	10 000 ... 20 000
Fe-Ni-Legierung	15 000 ... 300 000
Weichmagnetische Ferrite	10 ... 40 000

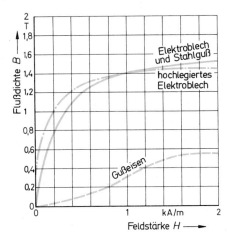

Bild 1: Magnetische Zustandskurven

μ	Permeabilität
B	magnetische Flußdichte
H	magnetische Feldstärke
μ_0	magnetische Feldkonstante, $\mu_0 = 1{,}257\ \mu Vs/(Am)$
μ_r	Permeabilitätszahl

$$\mu = \frac{B}{H}$$

$$\mu = \mu_0 \cdot \mu_r$$

Die *Permeabilitätszahl* μ_r gibt an, wieviel mal größer die magnetische Flußdichte der Spule mit Kern bei gleicher Durchflutung ist als ohne Kern. Die Permeabilitätszahl der Luft ist 1. Die Permeabilitätszahlen der ferromagnetischen Stoffe liegen bei einigen Tausend **(Tabelle 1)**.

* permeare (lat.) = hindurchgehen

Die Permeabilität eines Werkstoffes ist nicht konstant. Sie verändert sich mit der magnetischen Feldstärke **(Bild 1)**. Die Neigung der magnetischen Zustandskurve im Anfangspunkt ist die *Anfangspermeabilität* μ_a **(Tabelle 1)**.

Vergrößert man die Stromstärke in einer Luftspule, so nimmt die magnetische Flußdichte linear zu. Vergrößert man die Stromstärke in einer Spule mit Eisenkern, so verschieben sich die Bloch-Wände im Eisenkern, und die Molekularmagnete richten sich aus. Die magnetische Flußdichte nimmt entsprechend der magnetischen Zustandskurve zu. Geht man dabei vom nichtmagnetisierten Eisen aus, so erhält man die Neukurve **(Bild 1 Seite 83)**. Wird die Stromstärke wieder verkleinert, so nimmt die magnetische Flußdichte weniger ab, weil sich die Bloch-Wände langsamer verschieben und nicht alle Molekularmagnete ihre ursprünglichen Richtungen einnehmen. Bei der Feldstärke Null sind noch einige Bloch-Wände verschoben, im Eisenkern ist eine magnetische *Remanenz* (Restmagnetismus) vorhanden.

Kehrt man die Stromrichtung in der Spule um, so verschwindet die Remanenz schon bei einer kleinen Stromstärke. Alle Molekularmagnete haben nun ihre ursprünglichen Richtungen eingenommen. Der Eisenkern erscheint nach außen unmagnetisch. Die magnetische Feldstärke bei der magnetischen Flußdichte Null wird *Koerzitiv-Feldstärke** genannt.

Bei weiterer Vergrößerung der Stromstärke nimmt die magnetische Flußdichte nun in umgekehrter Richtung wieder zu. Verkleinert man wiederum die Stromstärke, so nimmt die magnetische Flußdichte ab, und es bleibt wieder eine Remanenz im Eisenkern.

Wird die Stromrichtung erneut umgekehrt, so verschwindet die Remanenz bei der Koerzitiv-Feldstärke wieder, und bei weiterer Vergrößerung der Stromstärke nimmt die magnetische Flußdichte zu. Die *Hystereseschleife*** (Hysteresekurve) schließt sich (Bild 1 Seite 83). Der unmagnetische Zustand des Eisens bei der Feldstärke Null wird nicht mehr erreicht.

Die Remanenz bewirkt bei elektromagnetischen Relais, daß der Anker bei Berührung mit dem Eisenkern nicht mehr abfällt. Der Anker „klebt". Bei Haftrelais verstärkt man diese Wirkung durch einen Einsatz aus hartmagnetischem Werkstoff. Bei normalen Relais befestigt man am Anker einen nichtmagnetischen Werkstoff. Dadurch wird eine Berührung des Ankers mit dem Kern verhindert. Der Anker fällt nach dem Abschalten des Relais ab.

* coercere (lat.) = zusammenhalten;
** Hysterese (griech.) = das Zurückbleiben

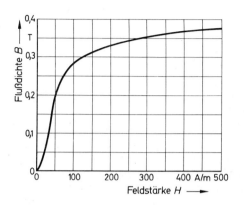

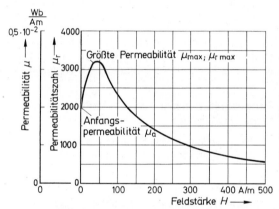

Bild 1: Magnetische Zustandskurve und Permeabilitätskurve für Ferrit

Tabelle 1: Magnetisch weiche Legierungen

Bezeichnung	Legierungs-bestandteile	Anfangs-permeabilität μ_a
Hyperm 36	Fe, Ni	3,14 mWb/(Am)
Megaperm 4510	Fe, Ni, Mn	4,15 mWb/(Am)
Permalloy C	Fe, Ni	12,57 mWb/(Am)
Mumetall	Fe, Ni, Cu, Cr	15 mWb/(Am)
Legierung 1040	Fe, Ni, Cu, Mo	46,5 mWb/(Am)

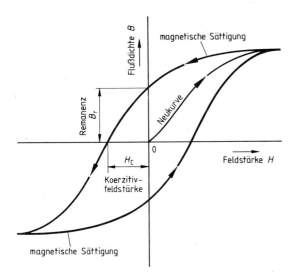

Bild 1: Hystereseschleife

Schließt man eine Spule mit Eisenkern an eine Wechselspannung an, so wird die Hystereseschleife bei jeder Periode einmal durchlaufen **(Bild 2)**. Die Molekularmagnete ändern ständig ihre Richtung. Infolge der inneren Reibung erwärmt sich der Eisenkern. Diese Verlustenergie geht der Spule für den Feldaufbau verloren.

> Die Ummagnetisierung des Eisenkerns erfordert elektrische Energie.

Die Verlustenergie ist um so größer, je größer die von der Hystereseschleife umschlossene Fläche ist. Sie kann z. B. durch Auszählen der von der Fläche umschlossenen kleinen Quadrate berechnet werden **(Bild 3)**.

W_H Ummagnetisierungsarbeit je Periode
ΔH Magnetische Feldstärke einer Quadratseite
ΔB Magnetische Flußdichte einer Quadratseite
n Anzahl der Quadrate

$$[W_H] = \frac{Vs}{m^2} \cdot \frac{A}{m} = \frac{VAs}{m^3} = \frac{J}{m^3} \qquad \boxed{W_H = n \cdot \Delta B \cdot \Delta H}$$

Die für die Ummagnetisierung erforderliche elektrische Leistung nennt man *Hystereseverluste*. Die Verluste werden auf die Masse des Eisenkerns bezogen und bei Wechselfeldmagnetisierung mit einer Frequenz von 50 Hz für den Scheitelwert der magnetischen Flußdichte von 1,0 T bzw. 1,5 T angegeben.

P_H Hystereseverluste
ϱ Dichte des Eisenkerns
f Frequenz

$$[P_H] = \frac{W}{kg} \qquad \boxed{P_H = \frac{W_H}{\varrho} \cdot f}$$

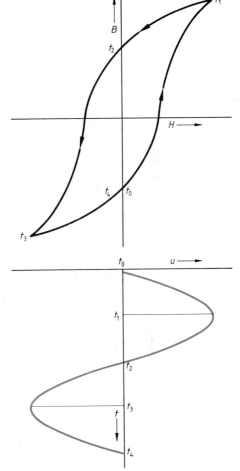

Bild 2: Hystereseschleife bei Wechselmagnetisierung

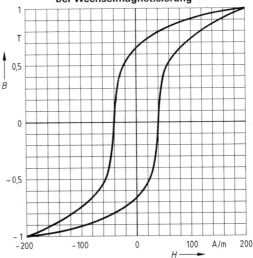

Bild 3: Hystereseschleife zur Berechnung der Hystereseverluste

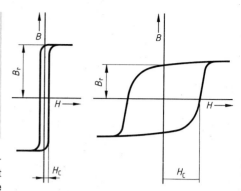

Bild 1: Hystereseschleifen

Um die Hystereseverluste klein zu halten, wird für Spulenkerne eine möglichst schmale Hystereseschleife angestrebt **(Bild 1)**. Werkstoffe für Dauermagnete sollen eine große Remanenz haben, und ihr Magnetismus darf durch den Einfluß fremder magnetischer Felder nicht verloren gehen. Bei diesen Werkstoffen strebt man daher neben einer hohen Remanenz eine große Koerzitiv-Feldstärke an.

Beim *Entmagnetisieren* eines Gegenstandes mit einer Spule wird entweder die Wechselstromstärke durch die Spule verkleinert oder der Gegenstand aus dem Wechselfeld der Spule langsam entfernt. Die Hystereseschleife des Gegenstandes wird dadurch immer kleiner **(Bild 2)**, bis schließlich der unmagnetische Zustand erreicht ist. Bei Gegenständen aus hartmagnetischem Werkstoff muß die Entmagnetisierung unter Umständen wiederholt werden.

Bei Geräten für magnetische Aufzeichnung, z. B. bei Tonbandgeräten, wird die Aufzeichnung gelöscht, indem das magnetisierte Band oder die magnetisierte Scheibe an dem Spalt eines Löschkopfes vorbeigeführt wird. Der Löschkopf ist ein Elektromagnet, der mit Hochfrequenz, z. B. 40 kHz, gespeist wird. In jedem Punkt des Bandes oder der Scheibe nimmt bei der Entfernung vom Spalt des Löschkopfes die magnetische Feldstärke ab, wodurch eine Entmagnetisierung erzielt wird.

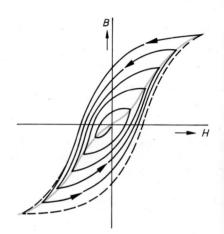

Bild 2: Hystereseschleife beim Entmagnetisieren

Magnetischer Kreis heißt der Weg der in sich geschlossenen Feldlinien **(Bild 3)**. Der magnetische Kreis ist mit dem elektrischen Stromkreis vergleichbar **(Tabelle 1 Seite 85)**. Der Erzeuger der magnetischen Spannung im magnetischen Kreis ist die Spulenwicklung mit der Durchflutung. Als Leiter des magnetischen Flusses dient der Eisenweg. Der Luftspalt ist der magnetische Widerstand.

Beim elektrischen Stromkreis wird der kleine Widerstand der Leitung meist gegenüber dem größeren Widerstand des Verbrauchers vernachlässigt. Auch beim magnetischen Kreis kann der kleine magnetische Widerstand des Eisenweges gegenüber dem erheblich größeren Widerstand des Luftspaltes oft vernachlässigt werden.

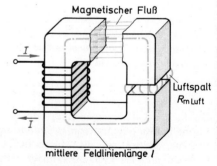

Bild 3: Magnetischer Kreis

Ort	A cm^2	l cm	B T	H A/m	Θ A
Luft-spalt	3,612	$l_1 = 0,05$	0,35	$H_1 = \dfrac{B}{\mu_0}$ $278\,500$	$\Theta_1 = H_1 \cdot l_1$ 139,25
Ferrit-kern	3,612	$l_2 = 13$	0,35	Aus magn. Zustands-kurve $H_2 = 300$	$\Theta_2 = H_2 \cdot l_2$ 39

Gesamtdurchflutung $\Theta = \Theta_1 + \Theta_2 = 139,25\ \text{A} + 39\ \text{A} = 178,25\ \text{A}$.

$I = \dfrac{\Theta}{N} = \dfrac{178,25\ \text{A}}{2000} \approx 0,089\ \text{A} = \textbf{89 mA}$

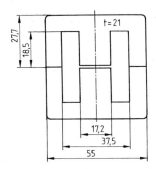

Bild 1: Kern EE 55

Tabelle 1: Vergleich von elektrischem Stromkreis und magnetischem Kreis

Vergleichs-größe	Benennung	Formel-zeichen	Einheit	Benennung	Formel-zeichen	Einheit
Ursache	Elektrische Spannung	U	V	Magnetische Spannung Durchflutung	V Θ	A A
Wirkung	Elektrische Stromstärke Stromdichte $J = \dfrac{I}{A}$	I J	A $\dfrac{A}{mm^2}$	Magnetischer Fluß Magnetische Flußdichte $B = \dfrac{\Phi}{A}$	Θ B	Wb T
mitbe-stimmend	Elektrischer Widerstand $R = \dfrac{l}{\gamma \cdot A}$ Elektrische Leitfähigkeit Elektrischer Leitwert $G = \dfrac{1}{R}$	R γ G	Ω $\dfrac{m}{\Omega\,mm^2}$ S	Magnetischer Widerstand $R_m = \dfrac{l}{\mu \cdot A}$ Permeabilität Magnetischer Leitwert $\Lambda = \dfrac{1}{R_m}$	R_m μ Λ^*	$\dfrac{A}{Wb}$ $\dfrac{Wb}{Am}$ $\dfrac{Wb}{A}$
Ohmsches Gesetz	$I = \dfrac{U}{R}$			$\Phi = \dfrac{\Theta}{R_m}$		
Reihen-schaltung	$R = R_1 + R_2 + R_3 \ldots$ $U = U_1 + U_2 + U_3 \ldots$			$R_m = R_{m1} + R_{m2} + R_{m3} \ldots$ $V = V_1 + V_2 + V_3 + \ldots$ Durchflutungsgesetz $\Theta = H_1 l_1 + H_2 l_2 + H_3 l_3 + \ldots$		

Wiederholungsfragen

1. Was versteht man unter Durchflutung?
2. Wie berechnet man die magnetische Feldstärke?
3. Welche magnetische Größe hat die Einheit Weber?
4. Was gibt die magnetische Flußdichte an?
5. Welchen Einfluß übt ein Eisenkern auf die magnetische Flußdichte einer stromdurchflossenen Spule aus?
6. Welches Verhältnis gibt die Permeabilität des Eisens an?
7. Was gibt die Permeabilitätszahl an?
8. Wodurch entsteht die Remanenz im Eisenkern?
9. Erklären Sie die Koerzitiv-Feldstärke!
10. Wie kommen die Hystereseverluste zustande?
11. Wie werden die Hystereseverluste angegeben?
12. Wie erreicht man die Entmagnetisierung eines Gegenstands?
13. Welcher Teil des magnetischen Kreises wirkt als magnetischer Widerstand?

* Λ griechischer Großbuchstabe Lambda

1.8.2 Elektromagnetische Baugruppen

1.8.2.1 Elektromagnete

Elektromagnete erzeugen eine Kraft, z. B. zum Anheben einer Last, zum Betätigen eines Relais, zum Lüften einer Federdruckbremse oder zum Festspannen eines Werkstückes. Es gibt verschiedene Ausführungsformen von Elektromagneten **(Tabelle 1)**.

Der bewegliche Teil eines Elektromagneten heißt *Anker*. Ein Elektromagnet zieht den Anker um so stärker an, je größer der magnetische Fluß ist. Bei demselben Elektromagneten ist die Kraft deshalb um so größer, je größer die Stromstärke und je näher der Anker schon am Kern ist. Den Abstand des Ankers von den Magnetpolen bezeichnet man als *Hub*. Bei den meisten Ausführungsformen steigt die Kraft des Elektromagneten mit der Abnahme des Hubes **(Bild 1 Seite 87)**.

Elektromagnete können mit Gleichstrom oder bei geeigneter Ausführung der Eisenkerne mit Wechselstrom betrieben werden. Bei festgehaltenem Anker steigt nach dem Einschalten der Gleichstrom nur allmählich auf seinen Endwert an. Bei beweglichem Anker ändert sich zusätzlich der magnetische Fluß, weil sich der Luftspalt ändert. Dadurch entsteht durch Induktion eine Spannung, so daß die Stromstärke während der Bewegung des Ankers verschieden ist **(Bild 2 Seite 87)**. Entsprechend kann die Kraft beim Anziehen schwanken.

Gleichstrommagnete sind leicht einzuschalten und ziehen sanft an. Sie lassen sich beliebig häufig schalten, da sie sich beim Schaltbetrieb weniger erwärmen als im Dauerbetrieb. Beim Abschalten von Gleichstrommagneten entsteht eine Spannungserhöhung. Dadurch kann ein *Lichtbogen* an den Schalterkontakten auftreten.

Gleichstrommagnete sind einfach einzuschalten, aber schwierig abzuschalten.

Gleichstrommagnete haben gegenüber den Wechselstrommagneten den Vorteil, daß sie geräuschlos arbeiten. Deshalb werden in Krankenhäusern, Hotels und Wohnungen Gleichstrommagnete, z. B. als Antriebe von Fernschaltern (Schützen), bevorzugt.

Soll ein Gleichstrommagnet abgeschaltet werden, ohne daß Funken auftreten, so ist entweder ein RC-Glied oder ein spannungsabhängiger Widerstand parallel zum Schalter oder eine Halbleiterdiode parallel zum Gleichstrommagneten anzuschließen **(Bild 3 Seite 87)**. Der spannungsabhängige Widerstand kann auch parallel zum Gleichstrommagneten geschaltet werden.

Tabelle 1: Elektromagnete

Bezeichnung	Aufbau	Anwendung
Kernmagnet	Anker	Bremslüftmagnet, Vibrator, Schütz
Kipphebelmagnet	Anker, Kipphebel	Schütz, Relais
Tauchankermagnet	Wicklung, Anker	Bremslüftmagnet, Spannmagnet
Topfmagnet		Spannmagnet (auch plattenförmig)
Ringspulmagnet	Wicklung, Anker	Kupplung

Beim Öffnen des Schalters fließt der Strom noch kurze Zeit über das RC-Glied. Dabei nimmt die Stromstärke ab, so daß eine hohe Induktionsspannung vermieden wird.

Die Halbleiterdiode ist bei geschlossenem Schalter in Sperrichtung geschaltet, hat also einen sehr großen Widerstand. Wird der Schalter geöffnet, so ist die Diode für den durch Induktion hervorgerufenen Strom in Durchlaßrichtung geschaltet, hat also einen kleinen Widerstand. Man nennt diese Diode *Freilaufdiode*.

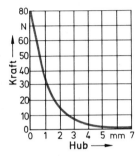

Bild 1:
Abhängigkeit der Kraft eines Magneten vom Hub

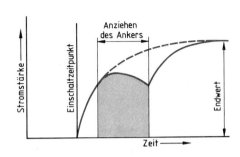

Bild 2: Erregerstrom beim Elektromagneten während des Anziehens

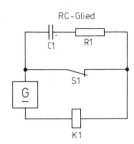

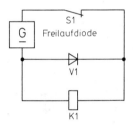

Bild 3: Funkenlöschung an Gleichstrommagneten

Wechselstrommagnete haben einen Kern und einen Anker aus Elektroblech. Der Wechselstromwiderstand der Wicklung ist größer als der Gleichstromwiderstand. Die Magnetspule vom Wechselstrommagneten hat daher weniger Windungen aus dickerem Draht als die Magnetspule beim entsprechenden Gleichstrommagneten. Der Einschaltstrom beim Wechselstrommagneten kann sehr groß sein **(Bild 4)**, wenn der Augenblickswert der Spannung beim Einschalten gerade Null ist.

Durch das Anziehen des Ankers wird der Wechselstromwiderstand größer, die Stromaufnahme kleiner. Am größten ist also die Kraft der Wechselstrommagnete beim Einschalten, sie ziehen ruckartig an. Der beim Abschalten entstehende Lichtbogen ist weniger gefährlich als bei Gleichstrommagneten, da er beim Nulldurchgang des Stromes erlischt. Die trotzdem auftretenden Spannungsspitzen können durch RC-Glieder klein gehalten werden (bei 220 V 50 Hz meist $R = 220\ \Omega$, $C = 0,5\ \mu F$).

Wechselstrommagnete erwärmen sich beim Einschalten stärker als Gleichstrommagnete und dürfen deshalb nicht so oft geschaltet werden.

Vibratoren sind Wechselstrommagnete mit schwingfähigem Anker. Dadurch können mechanische Schwingungen hervorgerufen werden. Vibratoren werden z. B. in Transport- und Sortiereinrichtungen, Rasierapparaten und Membranpumpen verwendet.

Wiederholungsfragen

1. Warum ändert sich die Stromstärke eines Gleichstrommagneten während der Bewegung des Ankers?
2. Wie verhalten sich Gleichstrommagnete beim Einschalten, wie beim Abschalten?
3. Wie kann man beim Abschalten von Gleichstrommagneten die Funken löschen?
4. Unter welcher Bedingung kann der Einschaltstrom beim Wechselstrommagneten sehr groß sein?
5. Wozu werden Vibratoren verwendet?

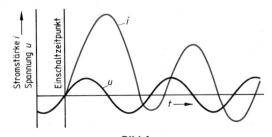

Bild 4:
Einschaltstrom beim Wechselstrommagneten

1.8.2.2 Relais

Elektromagnetische Relais* sind elektromagnetisch angetriebene Schalter für kleine Schaltleistung. In der Nachrichtentechnik dienen sie zum Schalten von Stromkreisen, in denen Signale übertragen werden.

Beim elektromagnetischen Relais wirkt das Magnetfeld einer vom Erregerstrom durchflossenen Spule entweder direkt (unmittelbar) oder indirekt (mittelbar) auf die Kontakte ein **(Bild 1)**.

Direkte Einwirkung: Fließt durch eine Spule Strom, so entsteht im Inneren ein magnetischer Fluß. Hintereinander liegende Eisenteile ziehen sich dabei an, da sie magnetisiert werden.

Indirekte Einwirkung: Ein Elektromagnet zieht einen Anker an. Durch eine geeignete Hebelanordnung läßt sich erreichen, daß Kontakte geschlossen oder geöffnet werden.

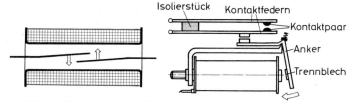

Bild 1: Einwirkung des Magnetfeldes auf die Relaiskontakte
links: direkt; rechts: indirekt

Tabelle 1: Grundarten von Kontakten

Bezeichnung nach DIN 40713	DIN-Kennzahl	Schaltzeichen	Kontaktbild
Schließer	1		
Öffner	2		
Wechsler	21		
Folgewechsler	32		

Kontaktarten

Alle elektromagnetischen Relais können so gebaut werden, daß durch den Erregerstrom *Schließer* oder *Öffner* arbeiten. Schließer schließen einen Stromkreis bei Erregung, Öffner unterbrechen ihn. Werden Schließer und Öffner kombiniert, so entsteht ein *Wechsler* **(Tabelle 1)**.

Schließer, Öffner und Wechsler sind die Grundarten der Relaiskontakte.

Ist der Wechsler so ausgeführt, daß beim Umschalten kurzzeitig alle drei Anschlüsse miteinander verbunden sind, so bezeichnet man ihn als *Folgewechsler*.

Bei Relais mit indirektem Einwirken des Magnetfeldes auf die Kontakte können mehrere Kontaktfedern übereinander angeordnet werden, die mehrere Kontakte tragen. Außerdem können mehrere derartige Kontaktfedersätze nebeneinander angeordnet werden. Alle die dadurch möglichen Kontakte können je nach Ausführung des mechanischen Teiles gleichzeitig oder nacheinander betätigt werden **Tabelle 1 Seite 89)**.

Nacheinander schaltende, elektrisch getrennte Kontakte desselben Federsatzes nennt man *Folgekontakte*. In der DIN-Kennzahl verbindet dann das Zeichen + die Kennzahlen der jeweiligen Kontakte. Bei gleichzeitig schaltenden, elektrisch getrennten Kontakten desselben Relais verbindet das Zeichen − die Kennzahlen der jeweiligen Kontakte. Sind die verschiedenen Kontakte elektrisch voneinander nicht getrennt, z. B. beim Zwillingsöffner, so ist zwischen den einzelnen Kennzahlen kein Zeichen, z. B. 22.

Kennwerte für elektromagnetische Relais

Ein Teil der Kennwerte bezieht sich auf die Kontakte, ein Teil auf die Erregerwicklung und ein Teil auf das Zusammenarbeiten von Erregerwicklung und Kontakten.

---

* Relais (franz.) = Vorspann

Kennwerte für Kontakte: *Schaltspannung* nennt man die höchstzulässige Spannung am Kontakt vor dem Schließen oder nach dem Öffnen, nachdem die Einschwingvorgänge abgeklungen sind, die z. B. durch das Schalten von Induktivitäten entstehen. *Schaltstrom* nennt man die höchstzulässige Stromstärke vor dem Öffnen oder nach dem Schließen, nachdem die Einschwingvorgänge abgeklungen sind, die sich durch Schalten von Kapazitäten einstellen. *Schaltleistung* nennt man die höchstzulässige Leistung eines Verbrauchers, die je Kontakt geschaltet werden kann. *Kontaktöffnung* ist der Abstand zwischen den Kontaktstücken vor dem Schließen oder nach dem Öffnen. *Lebensdauer* ist die Zahl der Schaltspiele (1 Schaltspiel ist z. B. bei einem Schließer erst EIN, dann AUS), die von einem Kontakt sicher ausgehalten werden.

Kennwerte für die Erregerwicklung: *Ansprechstrom* ist der kleinste Wert des Erregerstromes, bei dem der Relaisanker bis zur Kontaktgabe angezogen wird. *Ansprechleistung* ist das Produkt aus dem Widerstand der Erregerspule mit dem Quadrat des Ansprechstromes. *Ansprecherregung* ist das Produkt aus Ansprechstrom und Windungszahl der Erregerspule, also die Mindestdurchflutung für das Arbeiten des Relais. *Rückfallstrom* ist der größte Erregerstrom, bei dem der Anker wieder losgelassen wird. *Betriebserregung* ist die empfohlene Durchflutung für den normalen Betrieb. Sie ist größer als die Ansprecherregung. *Betriebsstrom* und *Betriebsspannung* sind die empfohlenen Werte für den Erregerstrom bzw. die Erregerspannung.

Kennwerte für das Relais: *Anlaufzeit* ist bei rechteckiger Erregerspannung die Zeit vom Nulldurchgang der Spannung bis zum Arbeiten des Kontaktes **(Bild 1)**. *Hubzeit* ist die Zeit vom Öffnen des einen Kontaktes bis zum Schließen des anderen. *Prellzeit* ist die Zeit vom ersten Schließen bis zum letzten Schließen oder Öffnen eines Kontaktes. *Ansprechzeit* ist bei rechteckiger Erregerspannung die Zeit vom Nulldurchgang der Erregerspannung bis zum endgültigen Schließen oder Öffnen des Kontaktes. *Rückfallzeit* ist die Zeit vom Unterbrechen des Erregerstromes bis zum Schalten der Relaiskontakte.

Bauarten von Relais

Relais mit trockenen Zungenkontakten (z. B. Herkon-Relais, Reed-Relais) bestehen aus einer Erregerwicklung und einem Zungenkontakt **(Bild 1 Seite 90)** oder mehreren Zungenkontakten.

Tabelle 1: Abgeleitete Kontakte		
DIN-Kennzahl	Schaltzeichen Form 1	Kontaktbild
11		
22		
1 − 1		
1 + 1		
121		
212		
1 − 21		
2 − 21		
2 − 32		
2 − 11		
22 − 2		
2121		

Bei den trockenen Zungenkontakten befinden sich in einem Glasröhrchen eingeschmolzen zwei Zungen aus einer Eisen-Nickel-Legierung. An der Kontaktstelle sind die Zungen oft vergoldet. Dadurch ist die Kontaktgabe besser und die Kontakte „kleben" nicht. Das Glasröhrchen ist mit etwa 97% Stickstoff und 3% Wasserstoff von einigen kPa Druck gefüllt (1 Pa = 1 N/m²). Dadurch ist die Durchschlagsspannung zwischen den Kontakten höher als bei Luft von normalem Druck. Durch Einbau eines Dauermagneten in das Relais läßt sich aus dem Schließer ein Öffner machen **(Bild 2 Seite 90)**.

Zungenkontakte können Ströme bis etwa 1 A schalten. Die Schaltspannung kann bis 220 V Wechselspannung betragen. Die Schaltleistung

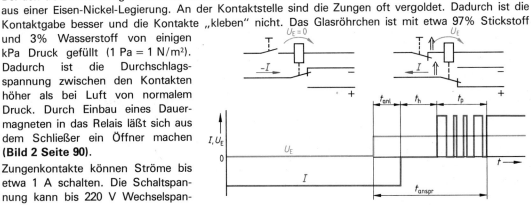

Bild 1: Kennwerte für Relais

liegt bei 60 VA. Die Ansprecherregung beträgt 50 bis 100 A, die Ansprechzeit 0,5 ms. Ähnlich ist die Rückfallzeit. Die Prellzeit ist sehr klein. Die Lebensdauer beträgt 100 bis 200 Millionen Schaltspiele, ist aber sehr von der Schaltleistung abhängig.

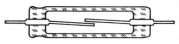

Bild 1: Zungenkontakt

Relais mit Federsätzen verwenden die Kraft eines Ankers zur Betätigung der Kontakte. Je nach mechanischer Ausführung unterscheidet man Rundrelais, Flachrelais und Kammrelais. Beim Kammrelais **(Bild 3)** sind alle Kontaktfedern durch einen isolierenden Betätigungskamm verbunden, so daß sie nur gemeinsam öffnen oder schließen. Die Kontaktfedern sind zu Federsatzreihen zusammengefaßt. Ein Relais kann mehrere Federsatzreihen haben **(Bild 4)**.

Die Federsatzreihen können nach DIN 40719 z. B. mit Großbuchstaben gekennzeichnet werden, die in den Schaltungsunterlagen durch eine schematische Darstellung zu erläutern sind (Bild 4). Die Kontaktanschlüsse werden durch Ziffern gekennzeichnet, die Erregerwicklungsanschlüsse durch alphanumerische Zeichen, meist A1 und A2. Der unterste Kontaktanschluß der Federsatzreihe A vom Relais K1 wird in den Schaltungsunterlagen gekennzeichnet mit — K1 : A11. Relaiswicklungen und Relaiskontakte haben in Schaltungsunterlagen den Kennbuchstaben K (DIN 40719).

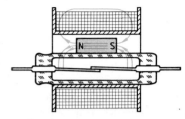

Bild 2: Zungenkontaktrelais mit Öffner

Wicklung von Relais

Relais können mehrere Wicklungen tragen. Man unterscheidet magnetisch wirksame Erregerwicklungen, magnetisch unwirksame Widerstandswicklungen sowie Verzögerungswicklungen. Der Spulenzettel gibt Aufschluß über die wichtigsten Einzelheiten der Wicklung.

Die **Widerstandswicklung** ist bifilar ausgeführt und kann als Vorwiderstand geschaltet werden. Sie erlaubt dadurch z. B. die Verwendung des Relais an verschiedenen Erregerspannungen.

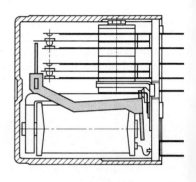

Bild 3: Kammrelais

Die **Verzögerungswicklung** wird durch einige Lagen blanken kurzgeschlossenen Kupferdrahtes in der untersten Schicht der Wicklung gebildet. Beim Abschalten entsteht in ihr durch Induktion eine Spannung, die einen Strom auch dann noch kurze Zeit weiterfließen läßt, wenn die Erregerspannung abgeschaltet wurde. Man erzielt dabei eine Abfallverzögerung, jedoch auch eine Anzugsverzögerung. Größere Verzögerungen erreicht man bei Relais durch RC-Glieder.

Leistungsrelais (Schütze)

Schütze sind elektromagnetisch angetriebene Schalter der Energietechnik. Sie dienen meist zum Schalten von Motoren. Sie enthalten oft Kernankermagnete oder Klappankermagnete. Sie verhalten sich wie die Elektromagnete. Die Schaltstücke der Schütze werden vom Anker des Elektromagneten bewegt.

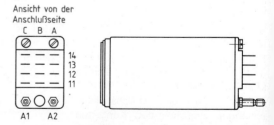

Bild 4: Kennzeichnung der Kontaktanschlüsse

Wiederholungsfragen

1. Welche Aufgabe haben elektromagnetische Relais?
2. Welche Kontakt-Grundarten für Relais gibt es?
3. Erläutern Sie den Begriff Schaltspannung!
4. Wie ist die Anlaufzeit festgelegt?
5. Was versteht man unter Ansprecherregung?

6. Welchen Aufbau hat ein Relais mit trockenem Zungenkontakt?
7. Wie sind beim Kammrelais die Kontaktfedern verbunden?
8. Welche Wicklungen unterscheidet man bei Relais?

1.8.3 Strom im Magnetfeld

Versuch 1: Hängen Sie einen an zwei beweglichen Metallbändern befestigten Aluminiumleiter zwischen die Pole eines starken Hufeisenmagneten **(Bild 1)**! Schließen Sie die Leiterschaukel an einen einstellbaren Gleichspannungserzeuger an, und steigern Sie langsam die Stromstärke!

Der Leiter wird aus dem Magnetfeld herausbewegt, sobald ein Strom fließt.

Auf einen Strom im Magnetfeld wirkt eine Kraft senkrecht zum Strom und senkrecht zum Magnetfeld. Der Strom muß quer oder schräg zur Richtung des Magnetfeldes fließen, damit eine Kraft entsteht. Die Kraft wirkt dann auf die *Stromkomponente* quer zur Richtung des Magnetfeldes.

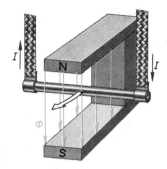

Bild 1: Ablenkung des Stromes im Magnetfeld

Lorentzkraft

Strom ist Bewegung von elektrischer Ladung, z. B. freien Elektronen. Die Kraft wirkt demnach auf die bewegte Ladung und drängt diese auf die Seite, nach welcher die Kraft wirkt. Diese *Lorentzkraft** ist um so größer, je größer die magnetische Flußdichte, die Ladung und die Geschwindigkeit der Ladungsträger sind.

F Lorentzkraft
Q Ladung
v Geschwindigkeit der Ladungsträger
B Magnetische Flußdichte

$$[F] = \frac{Vs}{m^2} \cdot (As) \cdot \frac{m}{s} = (VAs)/m = (Nm)/m = N$$

$$\boxed{F = Q \cdot v \cdot B}$$

Die Kraft wird von den Ladungsträgern auf den Leiter übertragen.

> Auf bewegte Ladungsträger wird im magnetischen Feld eine Kraft ausgeübt, wenn sich die Ladungsträger quer zum magnetischen Feld bewegen.

Beispiel: In einem Leiter bewegen sich die freien Elektronen mit einer Geschwindigkeit von 0,19 mm/s. Wie groß ist die Lorentzkraft auf eine Ladung von 100 C bei einer magnetischen Flußdichte von 1,5 T?

Lösung: $F = Q \cdot v \cdot B = 100\,C \cdot 0{,}19\,mm/s \cdot 1{,}5\,T = \mathbf{28{,}5\ mN}.$

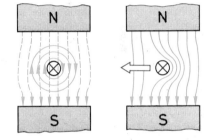

Bild 2: Resultierendes Feld und Ablenkung des Stromes

Versuch 2: Wiederholen Sie Versuch 1 bei vertauschten Anschlüssen!
Der Leiter bewegt sich in das Magnetfeld hinein.

Das Magnetfeld des Stromes schwächt auf der einen Seite des Leiters das Feld des Magneten, während es auf der anderen Seite dieses Feld verstärkt **(Bild 2)**. Die Flußdichte des resultierenden Feldes ist also auf einer Seite des Leiters größer. Der Strom wird daher von der Stelle großer Flußdichte zu der Stelle kleiner Flußdichte verdrängt. Kehrt man die Stromrichtung um, so wird die Flußdichte auf der anderen Seite des Leiters vergrößert, und die Bewegungsrichtung kehrt sich um. Läßt man die Stromrichtung bestehen und kehrt die Richtung des Feldes vom Magneten um, so ändert sich ebenfalls die Bewegungsrichtung. Ändert man die Stromrichtung und die Feldrichtung des Magneten gleichzeitig, so bleibt die Bewegungsrichtung unverändert.

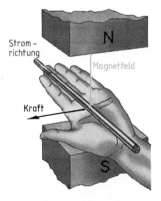

Bild 3: Motor-Regel

> Ein Strom wird in einem Magnetfeld abgelenkt. Die Richtung der Ablenkung ist von der Feldrichtung des Magneten und von der Stromrichtung abhängig.

Die Kraftrichtung kann man auch mit Hilfe der *Linken-Hand-Regel* bestimmen **(Bild 3)**.

* Lorentz, niederländischer Physiker, 1853 bis 1928

91

Ersetzt man in der Gleichung für die Lorentzkraft $F = Q \, v \, B$ die Ladung Q durch das Produkt Stromstärke mal Zeit, und die Geschwindigkeit der freien Elektronen v durch den Quotienten Weg geteilt durch Zeit, so erhält man für die Lorentzkraft die Gleichung:

Bei einem Leiter:

F   Lorentzkraft

I   Stromstärke

l   wirksame Breite des Magnetfeldes $F = I \cdot t \cdot \dfrac{l}{t} \cdot B$

$$F = I \cdot l \cdot B$$

t   Zeit

Bei mehreren Leitern:

B   Magnetische Flußdichte

z   Anzahl der Leiter

$$F = I \cdot l \cdot B \cdot z$$

Die Lorentzkraft ist wirksam, solange sich die bewegten Elektronen im Magnetfeld befinden. Also ist der Weg gleich der wirksamen Breite des Magnetfeldes, und die Zeit gleich der Zeit, die die Elektronen benötigen, um das wirksame Magnetfeld zu durchlaufen.

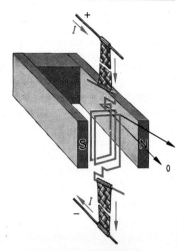

> Die Lorentzkraft wächst mit der Stromstärke, mit der Flußdichte und mit der wirksamen Breite des Magnetfeldes.

Befinden sich gleichzeitig mehrere Leiter im Feld des Magneten, die alle von demselben Strom durchflossen sind, so wird die Kraft um so größer, je größer die Anzahl der Leiter ist.

Die Ablenkung des Stromes im Magnetfeld wird z. B. bei der Fernsehbildröhre und bei Elektromotoren ausgenutzt.

Bild 1: Stromdurchflossene Spule im Magnetfeld

Stromdurchflossene Spule im Magnetfeld

Versuch 3: Hängen Sie eine Spule mit zwei Metallbändern **(Bild 1)** senkrecht zwischen die Pole eines Hufeisenmagneten! Schließen Sie die Spule an Gleichspannung an!

Die Spule macht eine Drehbewegung.

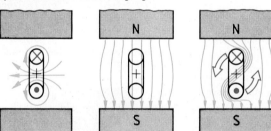

Bild 2: Entstehung des Drehmomentes einer Spule im Magnetfeld

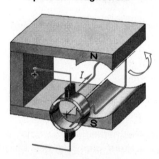

Bild 3: Stromwender

Der Strom in den Leitern einer Spule verursacht ein Magnetfeld **(Bild 2)**. Zusammen mit dem Feld des Dauermagneten entsteht ein gemeinsames Feld. Die Leiter der Spule werden abgestoßen. Die Spule dreht sich, bis ihre Feldlinien dieselbe Richtung haben wie die Feldlinien der Pole des Magneten. Die Drehrichtung hängt von der Stromrichtung in der Spule und von der Richtung des Magnetfeldes ab. Durchdringt das Feld des Dauermagneten die Spule quer zur Spulenachse, so entsteht ein Drehmoment.

M   Drehmoment

F   Lorentzkraft einer Spulenseite

r   Halbmesser der Spule $M = 2 \cdot F \cdot r$ $[M] = \text{N} \cdot \text{m} = \text{Nm}$ $\boxed{M = F \cdot d}$

d   Durchmesser der Spule

> Eine stromdurchflossene Spule dreht sich im Magnetfeld. Die Drehrichtung hängt von der Stromrichtung in der Spule und von der Richtung des Magnetfeldes ab.

Will man eine dauernde Drehung erreichen, so führt man der Spule den Strom über einen *Stromwender* (Kommutator) zu **(Bild 3)**.

Der Stromwender besteht für eine Spule aus *zwei* voneinander isolierten Halbringen (Lamellen) aus Kupfer. Ein Halbring ist mit dem Spulenanfang, der andere mit dem Spulenende verbunden. Spule und Stromwender drehen sich miteinander. Der Spulenstrom wird über zwei feststehende Kohlebürsten zugeführt. Wenn die Spule durch den Schwung bei der Drehung ihren größten Ausschlag (90°) gerade ein wenig überschritten hat, dann ändert der Stromwender die Stromrichtung in der Spule, und sie dreht sich weiter. Durch den Stromwender wird erreicht, daß die Stromrichtung in den Leitern im Bereich jeweils eines Poles immer gleich bleibt.

Beim Gleichstrommotor sind die Spulen meist in ein zylindrisches Blechpaket aus geschichteten Elektroblechen eingelegt. Jede Spule ist mit Anfang und Ende am Stromwender angeschlossen. Damit keine ruckartige Drehbewegung entsteht, macht man die Zahl der Spulen und der Lamellen möglichst groß.

Beispiel: Die Stromstärke in der Läuferwicklung eines Gleichstrommotors beträgt 4,9 A, die wirksame Breite des Magnetfeldes 0,25 m und die Flußdichte 1,5 T. Wie groß ist a) die Kraft auf den Strom, wenn sich gleichzeitig 30 Leiter im Magnetfeld befinden, b) das Drehmoment bei einem Durchmesser des Läufers von 0,1 m?

Lösung: a) $F = I \cdot l \cdot B \cdot z$ = 4,9 A · 0,25 m · 1,5 T · 30 = 55,1 (Nm)/m = **55,1 N**

b) $M = F \cdot d$ = 55,1 N · 0,1 m = **5,51 Nm**

Die Wirkung des Magnetfeldes auf stromdurchflossene Spulen wird z. B. bei Gleichstrommotoren, Drehspulmeßwerken, elektrodynamischen Meßwerken und bei Schwingspulen von Lautsprechern angewendet.

Magnetfeldabhängige Widerstände

Es gibt Halbleiterwerkstoffe, welche ihren Widerstand im Magnetfeld ändern. Bei der *Feldplatte* ist auf einer isolierten Keramikplatte von etwa 0,5 mm Dicke die ungefähr 20 µm dicke Schicht des Halbleiterwerkstoffes (Indium-Antimonid) in Mäanderform aufgetragen **(Bild 1)**. Im Inneren hat der Halbleiter leitende Bezirke aus Nickel-Antimonid parallel zu den Anschlußkanten des Plättchens in Form von nadelförmigen Einschlüssen.

Legt man an die Feldplatte eine Spannung, so fließt der Strom geradlinig (Bild 1), wenn kein Magnetfeld vorhanden ist. Die Einschlüsse haben keinen Einfluß auf die Strombahn. Ist dagegen senkrecht zur Strombahn ein Magnetfeld vorhanden, so ändert der Strom zwischen den leitenden Bezirken durch die Lorentzkraft seine Richtung (Bild 1). An den leitenden Bezirken tritt kein Spannungsabfall auf, die ungleichmäßige Stromdichte zwischen den leitenden Bezirken gleicht sich aus. Die Richtungsänderung des Stromes zwischen den leitenden Bezirken bedeutet aber eine beträchtliche Erhöhung des Widerstandes (Gauß-Effekt oder magnetischer Widerstandseffekt). Die Widerstandszunahme ist vom Halbleiterwerkstoff und von der magnetischen Flußdichte abhängig, jedoch unabhängig von der Richtung des magnetischen Flusses **(Bild 2)**.

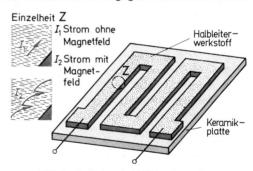

Einzelheit Z
I_1 Strom ohne Magnetfeld
I_2 Strom mit Magnetfeld
Halbleiterwerkstoff
Keramikplatte

Bild 1: Aufbau und Wirkungsweise einer Feldplatte

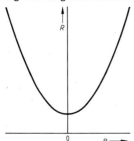

Bild 2: Kennlinie einer Feldplatte

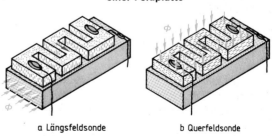

a Längsfeldsonde b Querfeldsonde

Bild 3: Längsfeld- und Querfeldplatte

Der Widerstand kann bis zum Zwanzigfachen seines ursprünglichen Wertes bei einer Flußdichte von 1 T wachsen. Der Widerstand von Feldplatten hängt zusätzlich von der Temperatur ab. Der Temperaturbeiwert ist über einen größeren Temperaturbereich nicht konstant. Zur Vermeidung von Überlastungen darf die Temperatur der Feldplatte 95 °C meist nicht überschreiten.

Feldplatten werden als Längsfeldsonden und Querfeldsonden **(Bild 3 Seite 93)** zur Messung von Magnetfeldern und als steuerbare Widerstände eingesetzt. Die Steuerung kann dabei z. B. durch einen Dauermagneten erfolgen, dessen Lage zum Halbleiter man verändert.

Hall-Sonde (Hall-Generator)*

Bringt man ein rechteckiges, dünnes, leitendes Plättchen, welches in seiner Längsrichtung vom Strom durchflossen wird, so in ein Magnetfeld, daß das Feld senkrecht auf der Fläche des Plättchens steht **(Bild 1)**, dann werden die Elektronen infolge der Lorentzkraft durch das Magnetfeld abgelenkt. Die eine Längsseite des Leiters verarmt an Elektronen, auf der anderen Seite reichern sich Elektronen an. Dadurch entsteht die *Hall-Spannung*. In Bild 1 werden die freien Elektronen nach rechts abgelenkt.

> In einer Hall-Sonde wird durch einen Strom (Steuerstrom) und ein Magnetfeld eine Spannung erzeugt.

Die Hallspannung ist um so größer, je größer die Stromstärke, die magnetische Flußdichte und der Hallkoeffizient sind und je kleiner die Dicke des Plättchens ist.

U_H	Hallspannung
R_H	Hallkoeffizient
I	Stromstärke
B	Magnet. Flußdichte
s	Leiterdicke

$$[U_H] = \frac{m^3/C \cdot A \cdot T}{m} = V$$

$$\boxed{U_H = \frac{R_H \cdot I \cdot B}{s}}$$

Der Hallkoeffizient ist der Kehrwert der Raumladungsdichte in C/m^3. Er berücksichtigt die Eigenschaften des verwendeten Leiters. Er soll möglichst groß sein, damit eine entsprechend große Hallspannung erzielt wird. Dies ist bei den Halbleitern Indium-Arsenid und Indium-Antimonid der Fall.

Die Hall-Spannung ruft eine der Lorentzkraft entgegengerichtete Kraft auf die Elektronen hervor. Beide Kräfte bestimmen die Ablenkung der Elektronen. Die Richtung der Hall-Spannung ist von der Stromrichtung und von der Richtung des Magnetfeldes abhängig **(Bild 2)**.

Beispiel: An einer Hall-Sonde aus Indium-Antimonid wird bei einer Stromstärke von 60 mA eine Hall-Spannung von 20 mV gemessen. Die Leiterdicke beträgt 0,2 mm, die Hallkonstante 50 µm³/(As). Wie groß ist die magnetische Flußdichte?

Lösung: $U_H = \dfrac{R_H \cdot I \cdot B}{s} \Rightarrow B = \dfrac{s \cdot U_H}{R_H \cdot I} = \dfrac{0,2 \text{ mm} \cdot 20 \text{ mV}}{50 \text{ µm}^3/(\text{As}) \cdot 60 \text{ mA}} = \mathbf{1,33\ T}$

Hall-Sonden verwendet man z. B. zur Messung von Magnetfeldern und als kontaktlose Signalgeber.

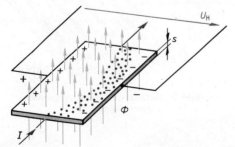

Bild 1: Halleffekt beim N-Leiter

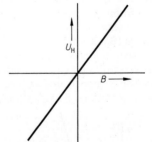

Bild 2: Kennlinie einer Hall-Sonde

Wiederholungsfragen

1. Welche Wirkung erfährt der Strom im Magnetfeld?
2. Wovon hängt die Größe der Lorentzkraft ab?
3. Wie verhält sich eine stromdurchflossene Spule im Magnetfeld?
4. Wodurch kommt bei der Feldplatte eine Widerstandserhöhung zustande?
5. Wie entsteht in einer Hall-Sonde eine Spannung?
6. Wozu verwendet man Hall-Sonden?

* Hall, amerikanischer Physiker, 1855 bis 1938

1.8.4 Induktion

Versuch 1: Hängen Sie einen an zwei beweglichen Metallbändern befestigten Leiter zwischen die Pole eines starken Hufeisenmagneten! Schließen Sie die Metallbänder an einen Spannungsmesser mit Millivoltbereich und Nullstellung des Zeigers in Skalenmitte an! Bewegen Sie den Leiter im Magnetfeld schaukelnd hin und her **(Bild 1)**!

Solange der Leiter im Magnetfeld bewegt wird, zeigt der Spannungsmesser eine Spannung an. Die Richtung der Spannung hängt von der Bewegungsrichtung des Leiters ab.

In einem bewegten Leiter wird im Magnetfeld eine elektrische Spannung induziert*. Man nennt diesen Vorgang *Induktion der Bewegung*. Der Leiter bildet mit der Zuleitung eine Leiterschleife (Bild 1). Bei der schaukelnden Bewegung ändert sich der magnetische Fluß durch die Schleife infolge der Bewegung des Leiters.

> Wird ein Leiter in einem Magnetfeld quer zum Magnetfeld bewegt, so wird in ihm eine elektrische Spannung induziert.

Versuch 2: Wiederholen Sie Versuch 1, vertauschen Sie aber die Pole des Hufeisenmagneten!

Der Spannungsmesser zeigt eine Spannung an, die der Spannung im Versuch 1 entgegengesetzt gerichtet ist.

> Die Richtung der induzierten Spannung hängt von der Bewegungsrichtung des Leiters und von der Richtung des Magnetfeldes ab.

Die freien Elektronen im Leiter werden mit diesem bewegt. Auf bewegte Ladungsträger im Magnetfeld wirkt die Lorentzkraft, wenn sie sich quer zum magnetischen Feld bewegen. Die freien Elektronen im Leiter werden dadurch nach einer Seite des Leiters abgelenkt **(Bild 2)**. Auf der einen Seite des Leiters entsteht ein Elektronenüberschuß, auf der anderen Seite ein Elektronenmangel. Zwischen den Leiterenden entsteht eine Spannung.

Ist der Stromkreis geschlossen, so ruft die im Leiter induzierte Spannung einen Strom hervor. Die Richtung dieses Stromes kann man mit Hilfe der *Rechten-Hand-Regel* bestimmen **(Bild 3)**: Man hält die rechte Hand so, daß das Feld des Magneten in die Handfläche eintritt und daß der abgespreizte Daumen in die Bewegungsrichtung des Leiters zeigt. Die Fingerspitzen zeigen die Stromrichtung an.

In einer Spule wird auch dann eine Spannung induziert, wenn sich im Innern der Spule das Magnetfeld ändert.

Versuch 3: Schließen Sie eine Spule über einen Strommesser und einen Stellwiderstand an einen Gleichspannungserzeuger an! Stellen Sie dann eine zweite Spule, an die ein Spannungsmesser mit Millivoltbereich und Nullstellung des Zeigers in Skalenmitte angeschlossen ist, neben die Spule! Vergrößern und verkleinern Sie die Stromstärke!

Bei Zunahme der Stromstärke zeigt der Spannungsmesser eine Spannung an. Bei Abnahme der Stromstärke schlägt der Zeiger des Instrumentes in die entgegengesetzte Richtung aus.

Der magnetische Fluß der stromdurchflossenen Spule durchdringt die zweite Spule. Die Änderung des magnetischen Flusses bei der Stromänderung induziert in der zweiten Spule eine Spannung. Man nennt diesen Vorgang *Induktion der Ruhe*.

* inducere (lat.) = hineinführen, einführen, veranlassen

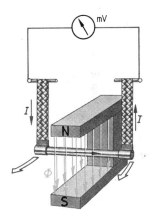

Bild 1: Bewegter Leiter im Magnetfeld

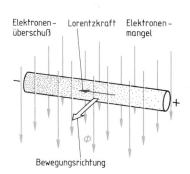

Bild 2: Ladungsverschiebung durch Lorentzkraft

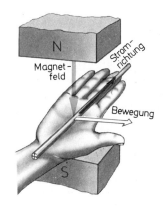

Bild 3: Rechte-Hand-Regel

Versuch 4: Schließen Sie eine Spule mit 1200 Windungen auf einem geschlossenen Eisenkern über einen Schalter an Gleichspannung von 4 V an! Schalten Sie der Spule eine Glimmlampe für 220 V parallel! Schließen Sie den Stromkreis, und öffnen Sie ihn wieder!

Bei der Öffnung des Stromkreises leuchtet die Glimmlampe kurz auf.

Die Glimmlampe hat eine Zündspannung von etwa 150 V. Beim Schließen und Öffnen des Stromkreises ändert sich der magnetische Fluß in der Spule. Dadurch wird in ihr eine Spannung induziert. Man nennt diesen Vorgang *Selbstinduktion.* Die beim Abschalten induzierte Spannung zündet die Glimmlampe.

> Jede Änderung des magnetischen Flusses in einer Spule induziert in ihr eine Spannung.

Lenzsche Regel

Versuch 5: Hängen Sie einen an zwei beweglichen Metallbändern befestigten Leiter zwischen die Polschuhe eines U-Kerns, auf dessen Schenkel zwei Spulen mit 600 Windungen geschoben sind! Schalten Sie die Spulen in Reihe, und schließen Sie sie über einen Stellwiderstand und einen Strommesser an einen Gleichspannungserzeuger an! Stellen Sie eine Stromstärke von 2 A ein! Bewegen Sie den Leiter schaukelnd hin und her, und schließen Sie dann die Metallbänder kurz!

Die Bewegung des Leiters wird abgebremst.

Bild 1: Lenzsche Regel

Der durch die Induktionsspannung hervorgerufene Strom erzeugt um den Leiter ein Magnetfeld, das sich dem Feld des Elektromagneten überlagert **(Bild 1).** Dadurch wird auf den Leiter eine Kraft ausgeübt, die seiner Bewegungsrichtung entgegengerichtet ist.

Versuch 6: Schieben Sie eine Spule auf einen Eisenkern, der etwa doppelt so lang wie die Spule ist! Schieben Sie einen Aluminiumring, der an einem Faden aufgehängt ist, über das freie Ende des Eisenkerns, so daß er sich bewegen kann **(Bild 2)!** Schließen Sie die Spule über einen Schalter an einen Gleichspannungserzeuger an! Schalten Sie den Strom ein und nach einer Weile aus!

Der Aluminiumring wird beim Einschalten des Stromes von der Spule abgestoßen, beim Ausschalten angezogen.

Beim Einschalten ruft die Induktionsspannung im Aluminiumring einen Strom und damit ein Magnetfeld hervor, das dem *Aufbau* des Magnetfeldes der stromdurchflossenen Spule entgegenwirkt.

Beim Ausschalten des Stromes wirkt das Magnetfeld des Aluminiumringes dem *Abbau* des Magnetfeldes der Spule entgegen.

> Der durch Induktion hervorgerufene Strom ist so gerichtet, daß sein Magnetfeld der Änderung des Magnetfeldes entgegenwirkt. Die Wirkung ist der Ursache entgegengerichtet.

Diese Lenzsche Regel* gilt auch für die Selbstinduktion.

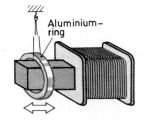

Bild 2: Kraftwirkung auf einen Aluminiumring

Induktionsgesetz

Versuch 7: Wiederholen Sie Versuch 3, benützen Sie aber als Spule 2 nacheinander Spulen mit 300, 600 und 1200 Windungen!

Die induzierte Spannung wächst mit der Windungszahl.

Versuch 8: Wiederholen Sie Versuch 7, stecken Sie aber die Spulen auf einen gemeinsamen Eisenkern!

In der Spule wird eine größere Spannung induziert.

Durch den Eisenkern wird die Flußänderung in der Spule vergrößert. Die in einer Spule induzierte Spannung ist um so höher, je größer die Windungszahl, je größer die Flußänderung und je kürzer die Zeit ist, in der die Flußänderung erfolgt.

* Lenz, russischer Physiker, 1804 bis 1865

u_i induzierte Spannung
N Windungszahl
$\Delta\Phi$ Flußänderung
Δt Zeit, in der die Flußänderung erfolgt

$$[u_i] = \frac{Vs}{s} = V$$

$$u_i = -N \cdot \frac{\Delta\Phi}{\Delta t}$$

Das negative Vorzeichen ist durch die Lenzsche Regel bedingt. Man läßt es in der Rechnung meist weg. Das Verhältnis $\Delta\Phi/\Delta t$ ist die Flußänderungsgeschwindigkeit.

Die Flußänderungsgeschwindigkeit in einer bewegten Leiterschleife ist: $\Delta\Phi/\Delta t = B \cdot \Delta A/\Delta t$ (**Bild 1**). Mit $A = l \cdot s$ wird die Flußänderungsgeschwindigkeit: $\Delta\Phi/\Delta t = B \cdot l \cdot \Delta s/\Delta t$ und mit $\Delta s/\Delta t = v$ wird $\Delta\Phi/\Delta t = B \cdot l \cdot v$. Die im bewegten Leiter induzierte Spannung ist somit:

$$u_i = B \cdot l \cdot v$$

u_i induzierte Spannung
B Magnetische Flußdichte
l Wirksame Breite des Magnetfeldes
v Umfangsgeschwindigkeit der Leiterschleifen
z Zahl der Leiterschleifen

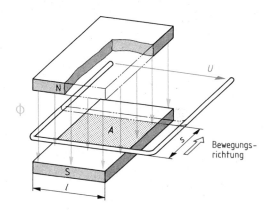

Bild 1: Induktion in einer Leiterschleife

Dieselbe Gleichung gilt auch für eine sich drehende Leiterschleife, z. B. beim Generator. Sind mehrere Leiterschleifen in Reihe geschaltet, so wird die induzierte Spannung mit der Zahl der Leiterschleifen multipliziert.

Induktivität

Die Größe der Flußänderung, durch die in einer Spule durch Selbstinduktion eine Spannung induziert wird, hängt von den Spulendaten ab, also von der Permeabilität, dem Querschnitt A der Spule und der mittleren Feldlinienlänge l. Die Spulendaten sind in der *Spulenkonstanten* zusammengefaßt. Die durch Selbstinduktion in der Spule induzierte Spannung erhält man nach dem Induktionsgesetz:

u_i induzierte Spannung
N Windungszahl
A_L Spulenkonstante
Δi Änderung der Stromstärke
Δt Zeit, in der die Änderung der Stromstärke erfolgt
L Induktivität

$$u_i = -N \cdot \frac{\mu_0 \cdot \mu_r \cdot A}{l} \cdot N \cdot \frac{\Delta i}{\Delta t} = -N^2 \cdot A_L \cdot \frac{\Delta i}{\Delta t}$$

Mit $N^2 \cdot A_L = L$:

$$[L] = \frac{Vs}{A} = H$$

$$u_i = -L \cdot \frac{\Delta i}{\Delta t}$$

Man nennt das Produkt $N^2 \cdot A_L$ die *Induktivität L* der Spule.

$$L = N^2 \cdot A_L$$

Ihre Einheit ist die Voltsekunde/Ampere mit dem besonderen Einheitennamen Henry (H)*.

Eine Spule hat die Induktivität 1 Henry, wenn eine Änderung der Stromstärke um 1 Ampere in 1 Sekunde in ihr eine Spannung von 1 Volt induziert.

Die Induktivität hängt besonders stark von der Windungszahl der Spule ab. Verdoppelt man z. B. die Windungszahl, so wird die Flußänderung in der Spule bei gleicher Änderung der Stromstärke doppelt so groß. Die Flußänderung durchsetzt die doppelte Windungszahl der Spule, was eine viermal so große Induktionsspannung zur Folge hat.

Die in einer Spule durch Selbstinduktion induzierte Spannung wächst mit dem Quadrat der Windungszahl.

Beispiel: Wie groß ist die Induktivität einer Spule mit 1000 Windungen bei einer Spulenkonstanten $A_L = 1250\,nH$?

Lösung: $L = N^2 \cdot A_L = 1000^2 \cdot 1250\,\dfrac{nVs}{A} = 1250\,mH = \mathbf{1{,}25\,H}$

* Henry, amerikanischer Physiker, 1797 bis 1878

In manchen Fällen, z. B. bei Drahtwiderständen in Meßgeräten, ist die Induktivität unerwünscht. Die Wicklung wird dann so ausgeführt, daß der Strom in nebeneinanderliegenden Windungen entgegengesetzte Richtung hat. Diese Wicklung nennt man *bifilar* (**Bild 1**). Die magnetischen Flüsse beider Windungen sind gleich groß, haben aber entgegengesetzte Richtungen. Ihre Wirkungen heben sich daher auf.

**Bild 1:
Bifilare Wicklung**

Bifilare Wicklungen haben keine Induktivität.

Wiederholungsfragen

1. **Bei welchem Vorgang wird eine Spannung induziert?**
2. **Wovon hängt die Richtung der in einer Leiterschleife induzierten Spannung ab?**
3. **Wie lautet die Rechte-Hand-Regel?**
4. **Wovon hängt die Größe der in einer Leiterschleife induzierten Spannung ab?**
5. **Wie lautet die Lenzsche Regel?**
6. **Wie lautet das Induktionsgesetz?**
7. **Was versteht man unter der Induktivität einer Spule?**
8. **Wovon hängt die Induktivität einer Spule ab?**
9. **Wie ist die Einheit der Induktivität festgelegt?**
10. **Erklären Sie den Aufbau der bifilaren Wicklung!**
11. **Welche Eigenschaften haben bifilare Wicklungen?**

Wirbelströme

Versuch 9: Hängen Sie eine Aluminiumscheibe so zwischen die Pole eines starken Elektromagneten, daß sie frei schwingen kann (**Bild 2**)! Setzen Sie die Aluminiumscheibe in schwingende Bewegung! Schließen Sie die Spule des Elektromagneten an Gleichspannung an!
Die Bewegung wird stark gebremst.

In der Aluminiumscheibe wird bei der Bewegung im Feld des Elektromagneten Spannung induziert. Die Scheibe wirkt wie eine in sich geschlossene Leiterschleife. Da ihr Widerstand sehr klein ist, fließen in ihr große Ströme. Diese finden keine festgelegte Strombahnen vor. Sie wirbeln in der Scheibe ungeordnet herum. Man nennt sie deshalb *Wirbelströme*. Nach der Lenzschen Regel bremsen die Wirbelströme mit Hilfe ihres Magnetfeldes die Bewegung der Scheibe.

Wird eine Platte aus einem leitenden Werkstoff in einem Magnetfeld bewegt, so entstehen in ihr Wirbelströme.

Wirbelströme werden z. B. bei *Wirbelstrombremsen* ausgenützt. Bei diesen dreht sich eine Kupferscheibe im Feld eines Magneten. Dadurch entstehen in der Scheibe Wirbelströme, die mit Hilfe ihres Magnetfeldes die Scheibe bremsen. Bei einem *Kilowattstundenzähler* dreht sich eine Aluminiumscheibe zwischen den Polen eines Dauermagneten und wird dadurch gebremst. Die Bewegung der Zeiger von *Meßinstrumenten* wird oft durch das Feld der Wirbelströme gedämpft. Dabei bewegt sich z. B. ein geschlossenes Aluminiumrähmchen zwischen den Polen eines Dauermagneten.

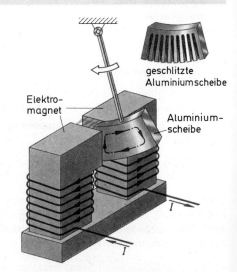

geschlitzte Aluminiumscheibe

Elektromagnet

Aluminiumscheibe

I

I

Bild 2: Wirbelströme bei Bewegung

Oft ist das Auftreten von Wirbelströmen unerwünscht. Man kann sie schwächen, indem man z. B. die Leitfähigkeit der Platte durch Legieren herabsetzt oder indem man den Stromkreis durch Schlitze unterbricht. Hierbei können sich nur in den Zähnen der Scheibe schwache Wirbelströme ausbilden.

Versuch 10: Schieben Sie eine Spule mit 1200 Windungen auf einen geblechten U-Kern! Schließen Sie den Eisenweg mit einem massiven Joch aus Weicheisen! Schließen Sie die Spule an eine Wechselspannung von 220 V an! Berühren Sie nach etwa 5 Minuten vorsichtig das Joch und den U-Kern!
Das massive Joch hat sich stark erwärmt, während der geblechte Kern kalt geblieben ist.

Durch Induktion entstehen im Joch und im Kern Wirbelströme. Das massive Joch hat nur einen kleinen Widerstand. Die Wirbelströme sind daher groß und erwärmen das Joch stark. Die dünnen, gegeneinander isolierten Bleche des Kerns bilden einen großen Widerstand. Es fließen daher nur sehr schwache Wirbelströme.

Liegt eine Spule mit Eisenkern an Wechselspannung, so entstehen im Kern Wirbelströme, die ihn erwärmen.

Wirbelströme im Eisenkern werden z. B. bei der *induktiven Erwärmung* ausgenützt. Um das Werkstück wird eine Induktionsspule gelegt, die an Wechselspannung angeschlossen ist. Die Zeit und die Frequenz der Wechselspannung bestimmen die Eindringtiefe der Wärme. Solche Anlagen werden z. B. zum Härten und Glühen von Stählen verwendet. Auf ähnliche Weise kann man in *Induktionsöfen* Metalle schmelzen.

Bei Spulen sind Wirbelströme unerwünscht, da sie Erwärmung und damit Energieverluste hervorrufen. Man unterdrückt sie, indem man den Kern aus dünnen Blechen (0,1 bis 1 mm dick) herstellt. Diese sind gegeneinander isoliert, und ihr Widerstand wird durch Zulegieren von Silicium erhöht. Die Isolierung erfolgt z. B. mit Papierzwischenlagen oder Oxidschichten. Die Blechpakete werden durch Schrauben oder Niete fest zusammengepreßt oder geklebt. Damit die Bleche nicht kurzgeschlossen werden, sollen die Schrauben bzw. Niete von ihnen isoliert sein. Derartige *Elektrobleche* verwendet man für Transformatoren, Niederfrequenz-Übertrager, Drosseln, Schütze und elektrische Maschinen.

Die Energieverluste durch Wirbelströme wachsen mit dem Quadrat der Frequenz des Wechselstromes. Bei hochfrequenten Strömen, z. B. in der Rundfunk- und Fernsehtechnik, verwendet man Ferritkerne. Da Ferritkerne elektrische Nichtleiter sind, entstehen fast keine Wirbelströme.

Ferrite bestehen aus reinen Metalloxiden. Weichmagnetische Ferrite sind z. B. Mangan-Zink-Ferrite ($MnO \cdot ZnO \cdot Fe_2O_3$) und Nickel-Zink-Ferrite ($NiO \cdot ZnO \cdot Fe_2O_3$). Hartmagnetische Ferrite enthalten Barium. Die Ausgangsstoffe werden fein gemahlen und bei 1400 °C gesintert. Ferrite sind sehr hart und spröde. Sie lassen sich nur durch Schleifen bearbeiten. Ferrite haben eine große Permeabilitätszahl. Ferritkerne haben deshalb eine große Spulenkonstante A_L.

Weichmagnetische Ferritkerne verwendet man z. B. in der Hochfrequenztechnik als Übertragerkerne und Spulenkerne, als Stabkerne bei Ferritantennen und in den Magnettonköpfen der Tonbandgeräte, hartmagnetische Ferrite z. B. als Speicherkerne in Datenverarbeitungsanlagen und als Magnetschicht von Tonbändern.

Magnetische Abschirmung

Versuch 11: Legen Sie zwei Stabmagnete mit ungleichnamigen Polen gegenüber! Legen Sie zwischen die Pole einen Eisenring, der höher als die Magnete ist! Bestreuen Sie die Umgebung der Pole und des Ringes mit Eisenfeilspänen!
Das Innere des Ringes ist feldfrei (**Bild 1**).

Magnetische Felder werden durch geschlossene Eisenbleche abgeschirmt.

Die Abschirmung ist um so besser, je größer die Permeabilität des Bleches ist. Bei Sättigung verliert das Blech seine Abschirmwirkung.

Deshalb verwendet man häufig zur Abschirmung *Mu-Metall*. Dies ist ein magnetisch weicher Werkstoff mit der Permeabilitätszahl 50 000 bis 300 000, kleiner Koerzitiv-Feldstärke und kleinen Hystereseverlusten. Wird Mu-Metall kaltverformt, so verliert es seine guten magnetischen Eigenschaften. Es muß daher nach jeder Verformung geglüht werden.

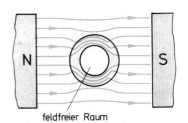

feldfreier Raum

Bild 1: Magnetische Abschirmung

Magnetische Abschirmungen dieser Art werden gegen den störenden Einfluß des *Magnetfeldes der Erde*, z. B. bei empfindlichen Meßinstrumenten, und gegen *niederfrequente Störfelder* verwendet. Niederfrequente Störfelder entstehen z. B. bei Netztransformatoren, Siebdrosseln und elektrischen Maschinen.

Hochfrequente magnetische Felder werden durch Abschirmbecher aus Aluminium- oder Kupferblech abgeschirmt. In dem Blech entstehen Wirbelströme, deren Magnetfeld so groß wie das abzuschirmende Feld und diesem entgegengerichtet ist. Dadurch wird das Störfeld aufgehoben. Die Abschirmung ist um so wirksamer, je höher die Frequenz des Störfeldes ist. Abschirmbecher vermindern die Güte und die Induktivität der Spulen. Abschirmungen dieser Art werden z. B. bei Bandfiltern und Hochfrequenzspulen verwendet. Der störende Einfluß magnetischer Felder auf *Leitungen* wird verhindert, indem man die Leitungen verdrillt.

Stromverdrängung

Bei Gleichstrom ist die Stromdichte über den gesamten Leiterquerschnitt gleich groß. Wird der Leiter aber von Wechselstrom durchflossen, so ändert der Strom laufend seine Stärke und Richtung. Denkt man sich den Strom in Stromfäden zerlegt, so erzeugt jeder Stromfaden ein wechselndes Magnetfeld. Durch die Flußänderung werden im Leiter Wirbelströme induziert, die so gerichtet sind, daß sie im Innern des Leiters dem Strom entgegenwirken, während sie an der Oberfläche die gleiche Richtung wie der Leiterstrom haben. Dadurch nimmt die Stromdichte nach der Mitte hin ab **(Bild 1)**.

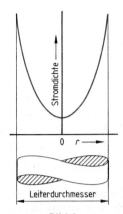

**Bild 1:
Stromdichte im Leiter
bei hoher Frequenz**

> Wechselstrom wird nach der Oberfläche des Leiters hin verdrängt.

Die Stromverdrängung wächst mit der Frequenz des Wechselstromes und mit dem Durchmesser des Leiters. Bei Netz-Wechselstrom ist die Stromverdrängung klein. Bei hochfrequenten Strömen ist die Mitte des Leiters stromfrei. Der Strom fließt nur in einer dünnen Schicht der Leiteroberfläche. Man nennt diese Wirkung *Skineffekt** oder *Hautwirkung.* Der Widerstand des Leiters wird durch die Stromverdrängung stark vergrößert.

Um eine möglichst gute Ausnützung des Drahtquerschnittes für die Stromleitung hochfrequenter Ströme zu erhalten, verwendet man *Hochfrequenzlitze*. Viele dünne Drähte, die gegeneinander isoliert sind, sind so verdrillt, daß die Drähte abwechselnd im Innern und an der Außenseite der Litze verlaufen. Bei Strömen sehr hoher Frequenz verwendet man Kupferrohre, die an der Oberfläche versilbert sind.

Wiederholungsfragen

1. Wobei entstehen Wirbelströme?
2. Wie können Wirbelströme vermindert werden?
3. Wodurch werden magnetische Felder abgeschirmt?

4. Was versteht man unter Stromverdrängung?
5. Wovon hängt die Stromverdrängung ab?
6. Erklären Sie den Aufbau der Hochfrequenzlitze!

1.8.5 Spule im Gleichstromkreis

Versuch 1: Schieben Sie eine Spule mit 300 Windungen über einen U-Kern, und schließen Sie den Eisenweg mit einem Joch! Schalten Sie der Spule eine Glühlampe 4,5 V in Reihe! Schalten Sie die Reihenschaltung eines Stellwiderstandes mit einer Glühlampe 4,5 V parallel! Legen Sie die Schaltung über einen Schalter an eine Gleichspannung **(Bild 2)**! Schließen Sie den Schalter, und stellen Sie mit dem Stellwiderstand die Glühlampen auf gleiche Helligkeit ein! Öffnen Sie den Schalter, und schließen Sie ihn wieder! Beobachten Sie dabei die Glühlampen! Wiederholen Sie anschließend den Versuch mit Spulen mit 600 und 1200 Windungen!

Die Glühlampe, die in Reihe zur Spule geschaltet ist, leuchtet beim Schließen des Schalters später auf als die andere Glühlampe. Die Verzögerung wächst mit der Windungszahl der Spule.

Beim Schließen des Stromkreises steigt die Stromstärke in der Spule infolge der Selbstinduktion langsam auf ihren Endwert an. Der Endwert der Stromstärke ist durch den Gleichstromwiderstand des Stromkreises und die anliegende Spannung bestimmt.

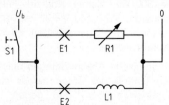

Bild 2: Spule im Gleichstromkreis

* skin (engl.) = Haut;   Effekt (lat.) = Wirkung

Versuch 2: Schalten Sie eine Spule mit 600 Windungen über einem geblechten U-Kern mit Joch und einen Widerstand von 5,6 kΩ in Reihe **(Bild 1)**! Legen Sie die Schaltung an eine Rechteckspannung mit der Frequenz 1 kHz, und oszilloskopieren Sie die Spannung am Widerstand (Bild 1)!
Die Spannung am Widerstand hat gekrümmte Flanken **(Bild 2).**

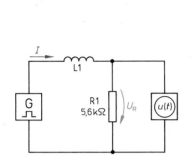

**Bild 1: Spule und Widerstand
an Rechteckspannung**

**Bild 2: Strom in einer Spule nach dem Einschalten
und nach dem Kurzschließen**

Die Spannung am Widerstand entspricht der Stromstärke durch die Schaltung. Die Flanken der anliegenden Rechteckspannung entsprechen dem Spannungsverlauf beim Schließen bzw. Kurzschließen eines Gleichstromkreises, das Dach der Rechteckspannung entspricht einer Gleichspannung.

Der Anstieg und der Abfall der Stromstärke erfolgen nach einer Exponential-Funktion.

i	Stromstärke	
U	Gleichspannung	
R	Widerstand des Stromkreises	
t	Zeit	
τ	Zeitkonstante	

$$i = \frac{U}{R}\,(1 - e^{-t/\tau})*$$

Beim Einschalten:

$$\boxed{i = \frac{U}{R}\,(1 - \exp(-t/\tau))}$$

Beim Kurzschließen:

$$\boxed{i = \frac{U}{R}\,\exp(-t/\tau)}$$

Versuch 3: Wiederholen Sie Versuch 2 mit einem Widerstand von 2,7 kΩ!
Die Spannung am Widerstand und damit die Stromstärke steigen schneller an.

Die Zeitkonstante wächst mit der Induktivität der Spule und nimmt mit dem Widerstand des Stromkreises ab.

Die Zeitkonstante gibt die Zeit an, nach der die Endstromstärke erreicht wäre, wenn die Stromstärke nach dem Einschalten linear ansteigen würde.

τ	Zeitkonstante
L	Induktivität
R	Widerstand des Stromkreises

$$[\tau] = \frac{Vs/A}{V/A} = s$$

$$\boxed{\tau = \frac{L}{R}}$$

Die Stromstärke hat nach der Zeit $t = \tau$ nach dem Einschalten 63% der Endstromstärke, nach dem Kurzschließen der Schaltung 37% der Anfangsstromstärke erreicht. Die Endstromstärke ist jeweils nach $5\,\tau$ fast erreicht.

Beispiel 1: Die Reihenschaltung einer Spule mit einer Induktivität von 360 mH mit einem Widerstand von 5,6 kΩ wird an eine Gleichspannung von 24 V angeschlossen. Berechnen Sie die Zeitkonstante und die Stromstärke 100 µs nach dem Schließen des Stromkreises!

Lösung: $\tau = L/R = 360\text{ mH}/5,6\text{ kΩ} = \textbf{64,29 µs}$;

$$i = \frac{U}{R} \cdot (1 - \exp(-t/\tau)) = \frac{24\text{ V}}{5,6\text{ kΩ}} \cdot (1 - \exp(-100\,\mu s/64,29\,\mu s)) = \textbf{3,38 mA}.$$

Wiederholungsfragen

1. **Wodurch ist der Endwert der Stromstärke in einer Spule bestimmt?**

2. **Nach welcher Funktion steigt die Stromstärke in einer Spule nach dem Schließen des Stromkreises an?**

3. **Wovon hängt die Zeitkonstante einer Spule ab?**

4. **Nach welcher Zeit nach dem Schließen des Stromkreises hat der Strom durch die Spule 63% der Endstromstärke erreicht?**

* e = 2,718…

1.8.6 Bauformen der Spulen

Eine Spule besteht aus dem Spulenkörper und der Wicklung, sowie aus einem Kern.

Kerne der Spulen sind meist aus weichmagnetischen Ferriten und haben je nach dem Verwendungszweck verschiedene Formen **(Tabelle 1)**.

Tabelle 1: Anwendung von Kernformen und Spulenkörpern					
E-Kern	Spulenkörper	Als E-Kernsätze (Mantelkerne) z. B. für Drosselspulen und Übertrager	Sechslochkern / Ringkern		Z. B. für Breitbanddrosselspulen
Schalenkern	Spulenkörper mit einer oder mehreren Kammern	Z. B. für Spulen mit hohem Gütefaktor für Schwingkreise bis etwa 40 MHz, klirrarme Tonfrequenzspulen bis etwa 60 kHz, Transformatoren	Antennenstäbe		Z. B. für induktive Antennen in netz- und batteriebetriebenen Rundfunkempfängern
Glockenkern	Kappenkern	Z. B. für Spulen mit hohem Gütefaktor für Schwingkreise und Filter, Stereo-Decoder und zur Abschirmung von HF-Spulen	Jochring 110°		Z. B. in Ablenkeinheiten für Fernsehbildröhren für den magnetischen Schluß der Horizontalablenkspulen und Vertikalablenkspulen
Schraub-, Abgleich-, Rohr- und Stiftkern	Spulenkörper mit Kern	Z. B. Induktivitätsabgleich von Spulen, Dämpfung, Kerne für Variometer und HF-Spulen mit hohem Gütefaktor, kleinem Aufbau und großem Abgleichbereich	L-Kern		Z. B. in Konvergenzspulen zur Korrektur der dynamischen Konvergenz bei Farbfernsehbildröhren
			Blechkern (EE-Kern)		Z. B. für Niederfrequenzdrosselspulen, Übertrager, Kleintransformatoren

Ferrit-E-Kerne haben kleinere Wirbelstromverluste als die entsprechenden Blech-Mantelkerne. Meist ist ein Luftspalt symmetrisch in beiden Kernhälften eingeschliffen. Die Verluste der Spule mit Luftspalt sind kleiner als ohne Luftspalt.

Durch den Luftspalt wird die Induktivität der Spule verkleinert. Die Anfangspermeabilität des Kernes sinkt auf die *gescherte Permeabilität* **(Bild 1 Seite 103)**. Die gescherte Permeabilität ist die Permeabilität eines gedachten Kernes, der ohne Luftspalt in einem homogenen magnetischen Kreis den gleichen magnetischen Widerstand ergeben würde wie der Kern mit Luftspalt. Das Verhältnis der gescherten Permeabilität zur Anfangspermeabilität nennt man *Scherungsverhältnis*.

Der Temperaturbeiwert der Induktivität wird im Scherungsverhältnis, die Hystereseverluste werden im Quadrat des Scherungsverhältnisses herabgesetzt. Außerdem können bei einem Kern mit Luftspalt kleine Toleranzen der Spulenkonstanten A_L erzielt werden. Kerne mit Luftspalt verwendet man z. B. in der Hochfrequenztechnik.

Schalenkerne werden aus zwei gleichen Schalenkernhälften zusammengesetzt und mit einem Kunststoffkleber verklebt. Der Luftspalt entsteht durch Verkürzen der Mittelzapfen. Bei Spulen mit Luftspalt kann zum genauen Induktivitätsabgleich z. B. ein Schraubkern in einen Gewindeeinsatz im Mittelloch des Schalenkernes eingeschraubt werden.

Glockenkerne haben einen kleinen Luftspalt. Der Induktivitätsabgleich erfolgt z. B. mittels eines Schraubkernes, der in den Spulenkörper eingeschraubt wird.

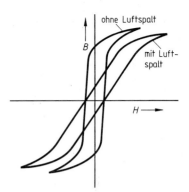

Bild 1: Scherung einer Hystereseschleife

Schraubkerne mit *Führungsgewinde* ergeben wegen ihrer hohen Permeabilität und Güte eine große Einstellgenauigkeit und einen großen Einstellbereich der Induktivität. *Abgleichkerne mit Gewindenippel* haben am Nippel aus Kunststoff vier elastische Stege, in die sich beim Einschrauben in das Muttergewinde das Gewindeprofil eindrückt. Oft wird ein Gewindeflansch aus Kunststoff in das Mittelloch des Schalenkernes eingedrückt und eingeklebt. Die zugehörige Abgleichschraube besteht aus einem Rohrkern mit angespritztem Kunststoffgewinde. Vier Nocken erschweren als Kernbremse das Verdrehen des eingestellten Kernes. Die Kerne werden außerdem nach dem Einstellen der Induktivität durch Kleben oder Verlacken gegen Verdrehen gesichert.

Rohrkerne werden auch als *Dämpfungsperlen* über einen Leiter geschoben. Sie bewirken infolge des starken Anstiegs des Verlustfaktors mit der Frequenz eine Breitbanddämpfung im Bereich von etwa 10 bis 300 MHz. Der Dämpfungswiderstand beträgt bei 40 MHz etwa 100 Ohm. *Stiftkerne* eignen sich wegen ihrer hohen Permeabilität besonders als Kerne für Variometer. *Kappenkerne* werden bei Spulen aus zwei gleichen Hälften zusammengesetzt und mit einem Kunststoffkleber verklebt. Der Abgleich der Induktivität erfolgt durch einen Abgleichkern mit Gewindenippel, in den das Gewinde eingeschnitten ist. Er wird in den Spulenkörper eingeschraubt.

Sechslochkerne haben sechs axiale Löcher, durch die 1,5; 2,5 oder 2 · 1,5 Windungen aus verzinntem Kupferdraht gezogen werden **(Bild 2)**. Breitbanddrosselspulen mit diesen Kernen werden z. B. zur Störstrahlungsverminderung von Rundfunkempfängern im UKW-Bereich und von Fernsehempfängern, Motoren, Zerhackern und Zündanlagen sowie zur Vermeidung von unerwünschten Kopplungen in UKW-Schaltungen verwendet.

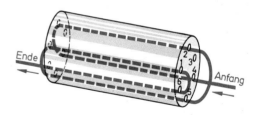

Bild 2: Wickelplan der Breitbanddrosselspule mit Sechslochkern 2,5 Windungen

Ringkerne sind ringförmige Ferritkerne, auf die ein Leiter so aufgewickelt wird, daß er eine Ringspule bildet. *Jochringe* tragen die Ablenkspulen für Fernsehbildröhren. Die Vertikal-Ablenkspulen sind als Toroidspulen* direkt auf den Jochring gewickelt. Die Horizontal-Ablenkspulen für Fernsehbildröhren sind in den Ring eingelegt. Sie sind Sattelspulen (sattelähnliche Spulen) mit einer großen Spulenlänge. Bei Bildröhren für Farbfernsehempfänger sind auch die Vertikal-Ablenkspulen als Sattelspulen in den Jochring eingelegt.

Blechkerne werden meist aus Blechen von genormter Größe geschichtet **(Bild 1 Seite 104)**. Zur Einstellung des Luftspaltes wird bei den EI- und UI-Kernen zwischen Kern und Joch ein Plättchen aus Isolierstoff gelegt. Der E- bzw. U-Kern und der I-Kern müssen dann jeweils für sich geschichtet sein. Bei den M- und EE-Kernen ist der Mittelschenkel entsprechend verkürzt.

---

* Torus (lat.) = Wulst, Ringfläche

M-Kerne werden mit Luftspalten von 0,3; 0,5; 1 und 2 mm geliefert. Eine abgeschrägte Ecke deutet das Vorhandensein eines Luftspaltes an. Blechkerne bestehen aus Elektroblech I, II oder III. Das ist ein mit 1 bis 3% Silicium legiertes Stahlblech von meist 0,35 bzw. 0,5 mm Dicke. Durch die Legierung wird die Leitfähigkeit stark heruntergesetzt, so daß die Wirbelstromverluste klein sind.

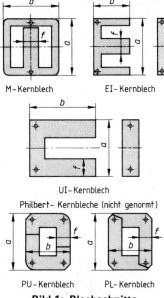

Bild 1: Blechschnitte

Die **Spulenkörper** tragen die Wicklung und isolieren sie gegen den Kern. Sie bestehen meist aus Kunststoff, z. B. Makrolon, Hostaform, Polyester. Die Spulenkörper für Blechkerne sind oft aus Hartpapier oder Preßspan zusammengesetzt. Die Formen der Spulenkörper sind den Kernformen angepaßt (Tabelle 1 Seite 102). Oft sind sie in Kammern unterteilt, wodurch die Kapazität der Wicklung herabgesetzt wird.

Die **Wicklung** wird auf die Spulenkörper aufgebracht. Sie besteht z. B. aus Kupferlackdraht (CuL), Kupferlackdraht mit Seide umsponnen (CuLS) oder Hochfrequenzlitze. Bei hohen Frequenzen erreicht man bei einer Wicklung aus Hochfrequenzlitze einen größeren Gütefaktor.

Lagenwicklungen werden z. B. für Niederfrequenz-Drosselspulen, Spulen für Vorkreise und Oszillatorkreise bei Kurzwelle und Ultrakurzwelle, Spulen für Zwischenfrequenz-Bandfilter bei UKW, Übertrager und Kleintransformatoren verwendet. Der Draht wird bei der Lagenwicklung auf den Spulenkörper so aufgewickelt, daß die Windungen nebeneinander liegen. Dadurch ergibt sich eine verhältnismäßig große Spulenkapazität. Hat die Spannung zwischen Anfang und Ende einer Lage einen größeren Scheitelwert als 25 V, so müssen die einzelnen Lagen der Wicklung durch Lackpapier gegeneinander isoliert werden. Bei Lackseidedraht oder Lackglasseidedraht ist die Isolierung zwischen zwei Lagen erst bei Lagenspannungen über 200 V Scheitelwert erforderlich.

Einlagenwicklungen haben nur eine Lage und eine kleine Eigenkapazität. Sie werden z. B. für Spulen für Schwingkreise und Filter für Kurz- und Ultrakurzwelle verwendet.

Gedruckte Spulen werden z. B. in Rundfunkgeräten im UKW-Bereich und in Fernsehgeräten verwendet. Sie werden wie gedruckte Leiterplatten entweder im Fotoätzverfahren oder im Siebdruckverfahren hergestellt. Die Wicklung ist spiralförmig auf beiden Seiten der Leiterplatte.

Variometer sind Spulen oder Spulensätze mit veränderbarer Induktivität. Die Abstimmung erfolgt z. B. durch Stiftkerne, die über eine mechanische Übersetzung in dem Spulenkörper hin und her bewegt werden. Die Spulen sind meist einlagig gewickelt. Variometer werden z. B. zur Abstimmung des Vorkreises und des Oszillatorkreises bei Rundfunkempfängern mit Transistoren verwendet.

Wiederholungsfragen

1. **Woraus besteht eine Spule?**
2. **Aus welchem Werkstoff ist meist der Spulenkern?**
3. **Welche Eigenschaften der Spulen werden durch einen Luftspalt verändert?**
4. **Was versteht man unter dem Scherungsverhältnis?**
5. **Wie kann die Induktivität der Spulen mit Luftspalt abgeglichen werden?**
6. **Wofür werden Spulen mit Einlagenwicklungen verwendet?**
7. **Wie wird die Induktivität eines Variometers verändert?**

1.9 Elektrochemie

1.9.1 Stromleitung in Flüssigkeiten

Versuch 1: Tauchen Sie in ein Gefäß mit chemisch reinem Wasser eine Kupferelektrode und eine Eisenelektrode, z. B. einen Nagel. Schließen Sie die Kupferelektrode an den Pluspol, die Eisenelektrode an den Minuspol eines Spannungserzeugers an, und schalten Sie einen Strommesser mit Meßbereich 1 A in die Leitung!
Es fließt kein Strom.

Versuch 2: Lösen Sie etwas Kupfersulfatsalz im Wasser auf, oder geben Sie Kupfersulfatlösung zu!
Es fließt Strom. An den Elektroden steigen Bläschen auf. Die Eisenelektrode überzieht sich nach einigen Minuten mit einer Kupferschicht.

Chemisch reines Wasser ist ein Nichtleiter. Bei der Auflösung des Kupfersulfatsalzes ($CuSO_4$) im Wasser wird das Salz in positiv geladene Teilchen (Cu^{++}) und negativ geladene Teilchen (SO_4^{--}) gespalten **(Bild 1)**. Diesen Vorgang bezeichnet man als *Dissoziation**. Die geladenen Teilchen nennt man *Ionen***. Sie sind in der Lösung beweglich und können deshalb den Ladungstransport übernehmen. Dadurch wird die Lösung leitfähig. Die gleiche Wirkung erreicht man durch Auflösung anderer Metallsalze oder durch Zugabe von Säuren oder Laugen. Letztere enthalten ebenfalls Ionen. Auch geschmolzene Salze sind *Ionenleiter*.

> Elektrisch leitende Flüssigkeiten bezeichnet man als Elektrolyte. Die Ladungsträger in Elektrolyten sind Ionen.

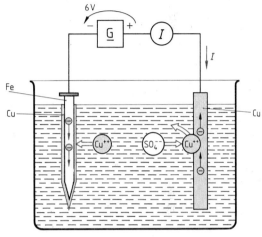

Bild 1: Vorgänge beim Stromdurchgang durch Kupfersulfatlösung (vereinfacht)

Fließt Gleichstrom durch Elektrolyte, so finden chemische Umwandlungen statt. Besteht die positive Elektrode aus Metall, so wird sie abgetragen. An der negativen Elektrode bilden sich metallische Überzüge, wenn im Elektrolyten entsprechende Metallionen vorhanden sind. An beiden Elektroden entstehen Gase, meist durch Zerlegung von Wasser in Wasserstoff und Sauerstoff. Da die Stromleitung in einem Elektrolyten im Gegensatz zur Leitung in Metallen mit einer Zersetzung von Stoffen verbunden ist, nennt man Elektrolyte auch Leiter 2. Klasse.

Die elektrochemischen Vorgänge beim Stromdurchgang in Elektrolyten werden unter dem Begriff *Elektrolyse* zusammengefaßt. Hauptanwendungsgebiete der Elektrolyse sind das Aufbringen von metallischen Überzügen auf andere Metalle (Galvanotechnik), die Gewinnung oder Reinigung von Metallen und die technische Erzeugung bestimmter Gase, z. B. von Wasserstoff oder von Chlor.

Die abgeschiedene Stoffmenge bei der Elektrolyse ist vom Strom, von der Zeit und vom elektrochemischen Äquivalent der Stoffe abhängig. Darunter versteht man die Stoffmasse, die in einer Sekunde bei einer Stromstärke von 1 A abgeschieden wird.

Gesetz von Faraday***:

m Masse
c Elektrochemisches Äquivalent
I Stromstärke
t Zeit

$$m = c \cdot I \cdot t$$

Das elektrochemische Äquivalent **(Tabelle 1)** wird von der Wertigkeit, d. h. von der Ladung der transportierten Ionen, und von deren Atommasse bestimmt.

Tabelle 1: Elektrochemisches Äquivalent c	
Stoff	c in $\dfrac{mg}{As}$
Silber	1,118
Kupfer	0,329
Chrom	0,18
Sauerstoff	0,083
Wasserstoff	0,0104

* dissociare (lat.) = trennen;   ** Ion (griech.) = Gehendes
*** Faraday, engl. Naturforscher, 1791 bis 1867

1.9.2 Elektrolytische Elemente

Elektrolytische Elemente erzeugen durch elektrochemische Vorgänge elektrische Spannung.

1.9.2.1 Primärelemente

Primärelemente können nur eine begrenzte Zeit elektrische Energie liefern und müssen dann ersetzt werden.

Wirkungsweise

Versuch 1: Tauchen Sie zuerst zwei Zinkplatten, dann eine Zinkplatte und eine Kupferplatte in verdünnte Schwefelsäure, und messen Sie jeweils die Spannung zwischen den Platten!

Zwischen den Zinkplatten entsteht keine Spannung. Zwischen der Zinkplatte und der Kupferplatte entsteht eine Spannung von etwa 1,1 V.

Die Metallplatten haben das Bestreben, sich im Elektrolyten aufzulösen und eine Ionenbindung mit dem Säurerest SO_4^{--} einzugehen. Da Zink „unedler" ist als Kupfer, d. h. leichter Elektronen abgibt, gehen wesentlich mehr Zinkionen als Kupferionen in die Lösung. In der Zinkelektrode bleiben deshalb mehr Elektronen zurück. Sie wird negativ gegenüber der Kupferelektrode. Ohne äußere Verbindung der Elektroden stellt sich ein Gleichgewicht zwischen den Ladungen der Ionen und der Elektronen ein. Erst beim Anschluß eines Verbrauchers fließt Strom durch den Elektrolyten. Die Zinkelektrode löst sich allmählich auf. Die Zinkionen und die Wasserstoffionen wandern zur Kupferelektrode und nehmen dort Elektronen auf **(Bild 1)**.

Elektrochemische Spannungsreihe

Versuch 2: Ersetzen Sie die Kupferplatte im Versuch 1 nacheinander durch eine Kohleplatte, eine Bleiplatte und eine Eisenplatte, und wiederholen Sie den Versuch!

Die Spannung ist zwischen der Zinkplatte und der Kohleplatte am größten (etwa 1,5 V). Zwischen der Zinkplatte und der Eisenplatte ist sie am kleinsten (etwa 0,32 V).

Die Spannung hängt vom Werkstoff der Platten (Elektroden), von der Art und von der Konzentration des Elektrolyten ab. Die Größe der Elektroden und ihr Abstand voneinander beeinflussen die Spannung nicht.

Die *elektrochemische Spannungsreihe* **(Tabelle 1)** gibt die Urspannungen an, die bei verschiedenen Werkstoffen zwischen den Elektroden eines Primärelementes mit der Bezugselektrode Wasserstoff entstehen. Der Werkstoff, der in der Spannungsreihe den mehr positiven Wert hat, ist der Pluspol. Der Minuspol ist „unedel", geht in Lösung und wird verbraucht.

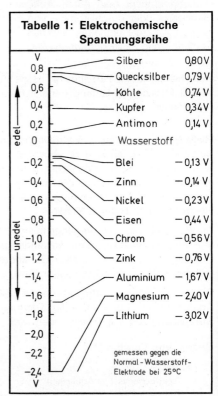

Bild 1: Vorgänge im Primärelement

Tabelle 1: Elektrochemische Spannungsreihe

Silber	0,80 V
Quecksilber	0,79 V
Kohle	0,74 V
Kupfer	0,34 V
Antimon	0,14 V
Wasserstoff	
Blei	−0,13 V
Zinn	−0,14 V
Nickel	−0,23 V
Eisen	−0,44 V
Chrom	−0,56 V
Zink	−0,76 V
Aluminium	−1,67 V
Magnesium	−2,40 V
Lithium	−3,02 V

gemessen gegen die Normal-Wasserstoff-Elektrode bei 25°C

Polarisation

Die H^+-Ionen des Elektrolyten nehmen an der positiven Elektrode ein Elektron auf. Sie werden neutralisiert (Bild 1). Der dabei entstehende Wasserstoff bildet eine Gasschicht an dieser Elektrode. Dadurch stellt sich nach kurzer Betriebsdauer die Spannung ein, die in der elektrochemischen Spannungsreihe der Spannung gegen Wasserstoff entspricht. Gleichzeitig vergrößert sich der innere Widerstand des Elementes. Dieser Vorgang wird *Polarisation* genannt. Die Polarisation wird durch Oxidationsmittel, sogenannte *Depolarisatoren*, vermindert. Depolarisatoren sind z. B. Braunstein (MnO_2) und andere Oxide. Der Sauerstoff der Oxidationsmittel verbindet sich mit dem Wasserstoff zu Wasser.

Als Bauformen unterscheidet man hauptsächlich Rundzellen und Knopfzellen. Sie werden in mehreren genormten Größen hergestellt. Es werden verschiedene elektrochemische Systeme verwendet, die sich vor allem durch die Energiedichte unterscheiden (Tabelle 1).

Tabelle 1: Elektrochemische Systeme der Primärelemente					
Positive Elektrode	Mangandioxid	Mangandioxid	Quecksilberoxid	Silberoxid	Silberchromat
Negative Elektrode	Zink	Zink (Pulver)	Zink (Pulver)	Zink (Pulver)	Lithium
Elektrolyt	leicht sauer (Chloridlösung)	alkalisch (Kalilauge)	alkalisch	alkalisch	organisch
Spannung je Zelle	1,5 V	1,5 V	1,35 V	1,55 V	3 V
Energiedichte	0,1 Wh/cm³	0,3 Wh/cm³	0,5 Wh/cm³	0,4 Wh/cm³	4 Wh/cm³

Das häufigste Primärelement ist das Mangandioxid-Zink-Element. Es wird auch Kohle-Zink-Element oder Leclanché-Element* genannt. In der einfachen Ausführung wird eine becherförmige Zinkelektrode und ein leicht saurer Elektrolyt (Ammoniumchlorid oder Zinkchlorid) verwendet. Eine verbesserte Ausführung wird als Alkali-Mangan-Zelle bezeichnet (Bild 1). Die Zinkelektrode besteht hier aus gepreßtem Zinkpulver. Der Elektrolyt ist Kalilauge. Dadurch wird eine höhere Energiedichte erreicht.

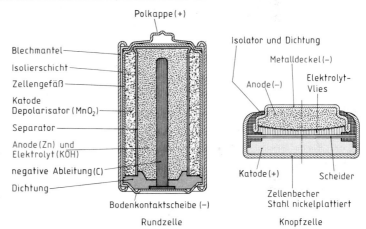

Bild 1: Bauformen von Primärelementen

Bei allen Bauformen und elektrochemischen Systemen bilden der Depolarisator und die positive Elektrode eine Einheit. Der Elektrolyt ist entweder eingedickt oder von einer Papierlage oder einem Vlies aufgesaugt. Während des Gebrauchs wird der Elektrolyt durch die Wasserbildung am Depolarisator dünnflüssiger. Deshalb werden auslaufsichere Zellen mit einem isolierten Stahlmantel umgeben. Da beim Auslaufen des Elektrolyts erhebliche Schäden im Gerät entstehen, ist es zweckmäßig, verbrauchte Elemente auf jeden Fall zu entfernen, insbesondere wenn das Gerät längere Zeit stillgelegt werden soll.

Verbrauchte Quecksilberoxid-Zellen dem Händler zurückgeben, nicht in den Hausmüll werfen! Quecksilber ist ein starkes Umweltgift.

1.9.2.2 Akkumulatoren

Akkumulatoren** werden auch als *Sekundärelemente* bezeichnet. Sie können nach Entnahme der elektrischen Energie wieder geladen werden.

Bleiakkumulatoren

Beim Bleiakkumulator bestehen die Elektroden aus Blei bzw. Bleiverbindungen. Der Elektrolyt ist verdünnte Schwefelsäure.

Ladevorgang und Entladevorgang

Versuch 1: Bringen Sie zwei Bleiplatten in ein Gefäß mit verdünnter Schwefelsäure, und schließen Sie über einen Strommesser einen Gleichspannungserzeuger an die Platten an!
Es fließt ein Strom. Die am Pluspol angeschlossene Platte färbt sich dunkelbraun.

Der über die positive Platte fließende Strom bewirkt eine chemische Veränderung. Die elektrische Energie wird dadurch gespeichert. Der Akkumulator wird geladen (Bild 1 Seite 108).

Versuch 2: Trennen Sie den Gleichspannungserzeuger von den Platten, und schließen Sie an diese ein 2,5-V-Lämpchen an!
Das Lämpchen leuchtet.

* Leclanché, französischer Chemiker, 1839 bis 1882;   ** accumulare (lat.) = anhäufen, sammeln

Die gespeicherte elektrische Energie kann wieder entnommen werden. Der Akkumulator wird entladen. An den Platten bildet sich Bleisulfat (Bild 1).

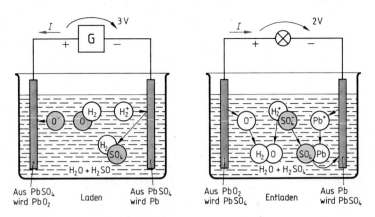

Bild 1: Vorgänge im Bleiakkumulator beim Laden und Entladen

Die Vorgänge beim Laden und Entladen eines Bleiakkumulators können vereinfacht durch eine chemische Gleichung **(Bild 2)** dargestellt werden.

$$\underset{\substack{\text{negative}\\\text{Elektrode}}}{Pb} + \underset{\text{Säure}}{2\,H_2SO_4} + \underset{\substack{\text{positive}\\\text{Elektrode}}}{PbO_2} \quad \overset{\text{Entladen}}{\underset{\text{Laden}}{\rightleftarrows}} \quad \underset{\substack{\text{negative}\\\text{Elektrode}}}{PbSO_4} + \underset{\text{Wasser}}{2\,H_2O} + \underset{\substack{\text{positive}\\\text{Elektrode}}}{PbSO_4}$$

Bild 2: Chemische Vorgänge beim Laden und Entladen

Beim Laden wird an der positiven Elektrode braunschwarzes Bleidioxid gebildet. Gleichzeitig entsteht Schwefelsäure, so daß die Säuredichte ansteigt. Beim Entladen wird an beiden Elektroden Bleisulfat gebildet. Außerdem entsteht Wasser, so daß die Säuredichte abnimmt. Bleisulfat ist ein schlechter Leiter. Die Umwandlung in Bleisulfat darf deshalb nicht vollständig sein, da sonst eine Rückwandlung nicht mehr möglich ist. Bleiakkumulatoren dürfen deshalb z. B. nicht längere Zeit in entladenem Zustand stehenbleiben.

Die Säuredichte ist ein Maß für den Ladezustand des Bleiakkumulators.

Die Säuredichte beträgt im geladenen Zustand 1,28 g/cm³, im entladenen Zustand 1,18 g/cm³. Sie kann mit einer Senkwaage gemessen werden.

Bleiakkumulatoren enthalten als Elektroden Plattensätze, die ineinander geschoben sind. Zur Vermeidung von Kurzschlüssen sind der positive und der negative Plattensatz durch Plattenscheider aus Kunststoff getrennt. Das Gehäuse besteht aus Kunststoff, Glas oder Hartgummi.

Das Speichervermögen eines Akkumulators wird als *Kapazität* in Amperestunden angegeben. Die Ladekapazität ist größer als die Entladekapazität, weil beim Ladevorgang Verluste durch Erwärmung und Gasbildung entstehen.

Q_L, Q_E Ladekapazität, Entladekapazität
I_L, I_E Ladestrom, Entladestrom
t_L, t_E Ladezeit, Entladezeit

$$\boxed{Q_L = I_L \cdot t_L} \qquad \boxed{Q_E = I_E \cdot t_E}$$

Der Wirkungsgrad eines Akkumulators wird entweder als *Amperestundenwirkungsgrad* oder als *Wattstundenwirkungsgrad* angegeben.

η_{Ah} Amperestundenwirkungsgrad
η_{Wh} Wattstundenwirkungsgrad
U_L, U_E Ladespannung, Entladespannung

$$\boxed{\eta_{Ah} = \frac{I_E \cdot t_E}{I_L \cdot t_L}} \qquad \boxed{\eta_{Wh} = \frac{U_E \cdot I_E \cdot t_E}{U_L \cdot I_L \cdot t_L}}$$

Der Amperestundenwirkungsgrad eines Bleiakkumulators beträgt etwa 0,9, der Wattstundenwirkungsgrad dagegen nur etwa 0,75, da die Entladespannung kleiner ist als die Ladespannung.

Eigenschaften und Anwendungen

Die *Nennspannung* einer Bleiakkumulatorzelle ist 2,0 V. Beim Laden kann die Spannung bis auf 2,7 V (Ladeschlußspannung) ansteigen. Die Spannung darf beim Entladen nicht unter 1,8 V sinken. Weiteres Entladen unter diese Spannung führt zu nicht mehr rückbildbarem Sulfat. Der *Innenwiderstand* einer Zelle ist von der Plattenoberfläche, dem Ladezustand und der Säuretemperatur abhängig. Er beträgt einige mΩ. Die *Kapazität* des Akkumulators in Amperestunden beträgt etwa 10 bis 15 Ah je kg für eine Zelle des Bleiakkumulators.

Durch Selbstentladung tritt beim Bleiakkumulator ein Ladungsverlust von etwa 1 Prozent je Tag ein.

Bleiakkumulatoren werden z. B. als Starterbatterien in Kraftfahrzeugen, als ortsfeste 60-V-Batterien für Fernsprechämter, als Stromversorgung für Notbeleuchtungen und für leistungsfähige Blitzgeräte verwendet. Im letzteren Fall wird der Ladezustand durch 3 Schwimmerkugeln mit verschiedenem spezifischem Gewicht angezeigt, die je nach Entladezustand nacheinander absinken.

Stahlakkumulatoren

Beim Stahlakkumulator bestehen die Elektroden aus Nickelhydroxid und Eisen oder Nickelhydroxid und Cadmium. Man unterscheidet deshalb Nickel-Eisen-Akkumulatoren und Nickel-Cadmium-Akkumulatoren. Der Elektrolyt ist 20%ige Kalilauge (KOH).

Ladevorgang und Entladevorgang

Die Vorgänge beim Laden und Entladen des Stahlakkumulators können vereinfacht durch chemische Gleichungen (**Bild 1**) dargestellt werden. Die Kalilauge ist an der chemischen Umsetzung nicht beteiligt. Ihre Dichte ändert sich beim Laden nur geringfügig um 1 bis 2% durch Wasserbildung. Der Elektrolyt dient lediglich zum Ladungstransport.

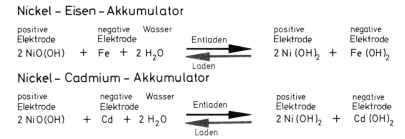

Bild 1: Chemische Vorgänge beim Laden und Entladen

Im entladenen Zustand befindet sich auf der positiven Elektrode zweiwertiges Nickelhydroxid. Beim Laden wird es zur dreiwertigen Stufe NiO(OH) oxidiert. Die negative Elektrode besteht im entladenen Zustand aus Cadmiumhydroxid oder Eisenhydroxid. Dieses wird beim Laden zum reinen Metall reduziert.

Elektrische Eigenschaften

Die Nennspannung einer Stahlakkumulatorzelle ist 1,2 V. Beim Laden kann die Spannung auf 1,8 V ansteigen. Die Entladespannung beträgt 1,0 V. Der Innenwiderstand einer Zelle ist wie beim Bleiakkumulator von der Baugröße, dem Ladezustand und der Elektrolyttemperatur abhängig. Er ist größer als beim Bleiakkumulator. Das Speichervermögen liegt bei 10 bis 20 Ah je kg der Akkumulatorenzelle. Die Selbstentladung ist beim Nickel-Eisen-Akkumulator etwa so groß wie beim Bleiakkumulator. Beim Nickel-Cadmium-Akkumulator beträgt sie dagegen nur 0,3% je Tag.

Der Stahlakkumulator kann beliebig lange im entladenen Zustand stehen bleiben, ohne daß er Schaden leidet.

Bauformen

Die aktiven Massen des Stahlakkumulators, z. B. Nickelhydroxid, sind formlose, gallertartige Massen, die auf Unterlagen schlecht haften. Man preßt sie deshalb in Röhrchenplatten oder Taschenplatten aus vernickeltem Stahlblech oder in Sinterplatten, die durch Sinterung kleinster Nickelteilchen entstehen. Da die aktiven Massen selbst schlechte Leiter sind, werden sie mit Quecksilber oder Nickel angereichert.

Als Isolation zwischen dem positiven und negativen Plattenpaket dienen Plattenscheider (*Separatoren*) aus Kunststoff. Die Plattensätze werden in Behältern aus vernickeltem Stahlblech fest verschraubt. Dadurch ist der Stahlakkumulator unempfindlich gegen mechanische Stöße.

Gasdichte Stahlakkumulatoren. Beim Laden des Stahlakkumulators entwickeln sich ab einem bestimmten Ladezustand Gase. An der positiven Elektrode entsteht Sauerstoff, an der negativen Elektrode entsteht Wasserstoff.

Bei gasdichten Zellen **(Bild 1)** müssen diese Gase wieder gebunden werden. Die Entstehung von Wasserstoff verhindert man dadurch, daß man die negative Elektrode größer ausführt als die positive. Wasserstoff bildet sich nämlich erst bei 90%iger Aufladung der negativen Elektrode. Wenn die positive Elektrode bereits voll geladen ist, besteht an der negativen Elektrode noch eine Ladereserve von mehr als 10%. Es genügt deshalb, den von der positiven Elektrode herrührenden Sauerstoff zu beseitigen **(Bild 2)**. Dies geschieht an der negativen Elektrode, sobald ein geringer Sauerstoff-Überdruck herrscht. Aus Sauerstoff, Wasser und zufließenden Elektronen entstehen negativ geladene OH-Ionen, die zur positiven Elektrode wandern. Dort werden sie entladen. Es entstehen wieder Elektronen, Sauerstoff und Wasser.

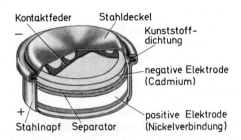

Bild 1: Gasdichter Stahlakkumulator (Knopfzelle)

Stahlakkumulatoren sind für Anwendungen geeignet, bei denen rauhe Betriebsbedingungen vorliegen oder regelmäßige Pflege und Wartung nicht möglich sind. Gasdichte Stahlakkumulatoren finden z. B. in Funksprechgeräten, tragbaren Geräten der Unterhaltungselektronik, elektrischen Uhren, Taschenlampen und Hörgeräten Verwendung. Sie sind so groß wie die entsprechenden galvanischen Elemente und Batterien.

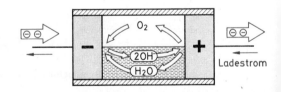

Bild 2: Sauerstoffkreislauf beim gasdichten Stahlakkumulator

Wiederholungsfragen

1. Beschreiben Sie die elektrochemische Wirkungsweise eines Primärelements!

2. Welches Material wird überwiegend als negative Elektrode von Primärelementen verwendet?

3. Welche Wirkung hat die Polarisation?

4. Warum sollen Primärelemente nach ihrem Verbrauch aus dem Gerät entfernt werden?

5. Warum dürfen Bleiakkumulatoren nicht längere Zeit in entladenem Zustand bleiben?

6. Wodurch kann der Ladezustand eines Bleiakkumulators überprüft werden?

7. Wodurch verhindert man die Wasserstoffbildung beim Laden eines gasdichten Stahlakkumulators?

8. Für welche Anwendungen sind Stahlakkumulatoren besonders geeignet?

1.10 Strom in Festkörpern

1.10.1 Bändermodell

In einem Atom kreisen die Elektronen in bestimmten Abständen um ihren Atomkern (**Bild 1** links). Diese Bahnen werden auch *Schalen* genannt. (K-, L-, M-, N-, O-, P- und Q-Schale). Diese Schalen haben Unterschalen (s, p, d, f). Jede Schale kann höchstens eine bestimmte Anzahl Elektronen aufnehmen, z. B. die K-Schale höchstens zwei Elektronen, dann ist sie voll besetzt. Entsprechend dem Abstand vom Atomkern und der Geschwindigkeit besitzt jedes Elektron einen Energiezustand. Der Schale, auf der es sich bewegt, ist also eine Energiestufe zugeordnet (Bild 1 Mitte), auch *Energieniveau** genannt. Die Energiestufe ist um so höher, je größer der Abstand des Elektrons vom Atomkern ist.

Die potentielle Energie eines Elektrons steigt mit seinem Abstand vom Atomkern.

Das Energieniveau wird meist in Elektronenvolt (eV) angegeben. 1 eV ist die kinetische Energie eines Elektrons, die es beim Durchlaufen eines elektrischen Feldes durch den Potentialunterschied 1 V erhält. $1\,\text{eV} = 1{,}6 \cdot 10^{-19}$ J.

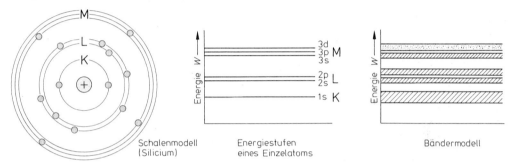

Schalenmodell (Silicium)   Energiestufen eines Einzelatoms   Bändermodell

Bild 1: Entstehung eines Bändermodells

Im Atomverband beeinflussen sich die Atome um so mehr, je dichter sie beisammen liegen. Die Energieniveaulinien spalten sich auf, und durch die vielen Atome besteht eine Vielzahl von Energieniveaulinien. Man faßt diese zu *Energiebändern* zusammen (Bild 1 rechts). Nur innerhalb dieser Bänder können Elektronen von Festkörpern einen Energiezustand annehmen. Für das elektrische Verhalten sind das *Valenzband***, das *Leitungsband* und der *Abstand* zwischen diesen beiden Bändern von Bedeutung.

Das Valenzband (**Tabelle 1**), auch Grundband genannt, ist das Energieband der äußersten bei − 273 °C voll besetzten Schale. Das Energieband der darüber liegenden Schale wird als Leitungsband bezeichnet. Dieses Band kann ohne Elektronen sein oder auch nur teilweise besetzt sein. Elektronen, deren Energiezustand im Leitungsband liegt, sind frei beweglich und tragen als Leitungselektronen zur Leitfähigkeit bei.

1.10.2 Strom in Metallen

In Metallen ist die Elektronenkonzentration sehr groß. Dadurch sind Valenzband und Leitungsband sehr breit und überlappen sich (Tabelle 1). Metalle besitzen deshalb stets freie Elektronen.

Tabelle 1: Bändermodelle			
Werkstoffe	Metalle	Halbleiter	Isolatoren
Bändermodell	Leitungsband / Valenzband / $\Delta W < 0$	Leitungsband / $0 < \Delta W < 3\,\text{eV}$ / Valenzband (Grundband)	Leitungsband / $\Delta W > 3\,\text{eV}$ / Valenzband

* Niveau (franz.) = Höhe;   ** Valenz (lat.) = Wertigkeit

Bei der großen Elektronendichte stoßen mit steigender Temperatur immer mehr durch Wärme angeregte Elektronen mit anderen Gitterbausteinen zusammen. Die Elektronenbeweglichkeit nimmt ab.

Mit steigender Temperatur nehmen die Elektronenbeweglichkeit und damit die Leitfähigkeit von Metallen ab.

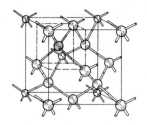

Bild 1: Kristallgitter von Silicium

1.10.3 Strom in Halbleitern

1.10.3.1 Bändermodell und Kristallaufbau

Bei Halbleiterwerkstoffen ist das Valenzband voll besetzt. Im Leitungsband befinden sich bei − 273 °C keine freien Elektronen. Zwischen dem Valenzband und dem Leitungsband befindet sich ein Bandabstand (Tabelle 1 Seite 111), dessen Energiedifferenz ΔW vom Werkstoff abhängt und bei Halbleitern weniger als etwa 3 eV beträgt. Diese Energiedifferenz ist bei Germanium etwa 0,72 eV, bei Silicium etwa 1,12 eV und bei Galliumarsenid etwa 1,43 eV. Bei Isolatoren (Tabelle 1 Seite 111) ist dieser Bandabstand zwischen Leitungsband und Valenzband noch größer ($\Delta W > 3$ eV).

Halbleiter und Isolatoren sind bei sehr tiefen Temperaturen Nichtleiter. Ihr Leitungsband ist leer. Zwischen ihrem Valenzband und Leitungsband besteht ein Energie-Bandabstand.

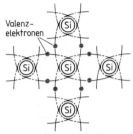

Die Atome sind in einer Ebene dargestellt.

Der Bandabstand ist dafür bestimmend, ob ein Werkstoff ein Leiter, ein Nichtleiter oder ein Halbleiter ist. Halbleiterwerkstoffe bilden Kristalle. Die wichtigsten Halbleiterwerkstoffe sind Silicium, Germanium und Galliumarsenid. **Bild 1** zeigt den regelmäßigen Aufbau des *Kristallgitters* von Silicium. Silicium ist vierwertig und hat damit auf der äußersten Schale (M-Schale) vier Valenzelektronen. Jedes davon umkreist den eigenen und je einen benachbarten Atomkern **(Bild 2)**. Je zwei Siliciumatome haben ein Elektronenpaar gemeinsam und werden dadurch zusammengehalten.

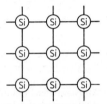

Vereinfachte Darstellung

Bild 2: Chemische Bindung von Siliciumatomen

Diese Betrachtungen gelten nur für reine Halbleiterwerkstoffe. Ein geringer Zusatz von Fremdstoffen verändert die Eigenschaften wesentlich. Für die Herstellung von Halbleiterbauelementen müssen Halbleiterwerkstoffe so rein hergestellt werden, daß z. B. auf 10 Milliarden Si-Atome höchstens 1 Fremdatom kommt. Das entspricht vergleichsweise etwa der Verunreinigung des Wassers in einem 50 m langen, 20 m breiten und 2 m tiefen Becken mit einem Fingerhut voll Tinte.

Oberhalb einer bestimmten Temperaturgrenze wird das Kristallgitter eines Halbleiters zerstört. Deshalb müssen beim Löten entsprechende Vorsichtsmaßnahmen getroffen werden. Sorgfältig vorbereitete Lötstellen und ein ausreichend heißer Lötkolben verkürzen die Lötzeit.

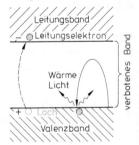

Bändermodell

1.10.3.2 Eigenleitung

Durch Energiezufuhr, z. B. durch ein elektrisches Feld, durch Wärme oder Licht bzw. elektromagnetische Strahlung, können Elektronen des Valenzbandes in das Leitungsband gehoben **(Bild 3)** und zu freien Leitungselektronen werden. Im Band dazwischen können sich die Elektronen nicht aufhalten, weshalb dieses Band auch *verbotenes Band* genannt wird. Die Energie, die zur Überführung eines Elektrons vom Valenzband ins Leitungsband benötigt wird, heißt *Aktivierungsenergie*. Reicht die Energiezufuhr nicht aus, um das verbotene Band zu überspringen, so fällt das Elektron in das Valenzband zurück (Bild 3) und gibt die Energie, z. B. als elektromagnetische Strahlung bzw. Licht, wieder frei. Bei normaler Raumtemperatur von 20 °C gelangen bei Halbleitern bereits sehr viele Elektronen vom Valenzband ins Leitungsband. Dadurch werden Atombindungen im Kristallgitter aufgerissen.

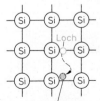

Leitungselektron
Kristallgitter

Bild 3: Paarbildung von Ladungsträgern

Reine Halbleiter sind bei einer Raumtemperatur von 20 °C schwach leitend.

Jedes zum Leitungselektron werdende Valenzelektron hinterläßt im Valenzband eine Fehlstelle eines Elektrons, auch *Loch* oder *Defektelektron* genannt. Durch die fehlende negative Ladung stellt ein Loch eine positive Ladung dar. Es entstehen also stets *Ladungsträgerpaare* (Paarbildung, *Generation**).

Durch Paarbildung entstehen negative Leitungselektronen und gleich viele positive Löcher.

Fängt ein Loch ein Leitungselektron ein, so verschwinden beide Ladungsträger; aus dem freien Elektron wird ein gebundenes Valenzelektron. Diese Zurückbildung der Kristallbindung bezeichnet man als *Rekombination***. Rekombination und Neubildung von Ladungsträgerpaaren halten sich das Gleichgewicht.

Durch die Paarbildung von Ladungsträgern entsteht die Eigenleitfähigkeit der Halbleiter. Sie ist vom Halbleiterwerkstoff und der Temperatur abhängig. Bei Germanium verdoppelt sich die Eigenleitfähigkeit je 9 K Temperaturerhöhung, bei Silicium verdreifacht sie sich je 10 K.

Die Eigenleitfähigkeit von Halbleitern steigt mit der Temperatur.

Diese Temperaturabhängigkeit von Halbleitern wird bei Heißleitern ausgenutzt. Sonst erscheint diese Eigenschaft meist als Nachteil. Halbleiterschichten, welche nahezu nur eigenleitend sind, werden auch als I-Halbleiter (I-Leiter)*** bezeichnet. Solche I-Leiter sind z. B. in PIN-Dioden vorhanden.

Legt man an einen Halbleiter eine Spannung, so bewegen sich die Elektronen vom Minuspol zum Pluspol. Die Löcher rücken bei diesem Vorgang in umgekehrter Richtung vor **(Bild 1)**. Sie verhalten sich wie positive Teilchen.

Bei Halbleitern tragen Elektronenleitung und Löcherleitung zum Stromfluß bei. Leitungselektronen bewegen sich zum Pluspol, Löcher zum Minuspol des angeschlossenen Erzeugers.

Die Paarbildung von Ladungsträgern in einem Halbleiterkristall tritt auch bei Lichteinwirkung ein. Die dadurch entstehende Eigenleitung bezeichnet man als inneren *fotoelektrischen Effekt*. Fotowiderstände sind I-Halbleiter, die diesen Fotoeffekt ausnutzen.

Fotowiderstände bestehen z. B. aus den Halbleiterwerkstoffen Cadmiumsulfid (CdS), Bleisulfid (PbS) oder Indiumantimonid (InSb). Bei Beleuchtung entstehen zusätzliche Ladungsträgerpaare, wodurch ihr Widerstand abnimmt. Der *Dunkelwiderstand* (bei Verdunkelung) beträgt meist mehrere MΩ und der *Hellwiderstand* bei einer angegebenen Beleuchtungsstärke meist unter 1 kΩ.

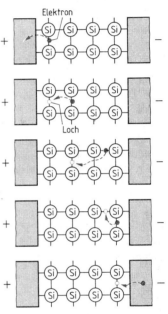

Bild 1: Wandern der Löcher im Halbleiter

1.10.3.3 Störstellenleitung

Die Zahl der beweglichen Ladungsträger im Kristall kann durch Einfügen von Fremdatomen wesentlich erhöht werden. Diese „Verunreinigungen" sind Atome, die ein Valenzelektron mehr oder weniger aufweisen als die Atome des Halbleiterkristalls. Silicium ist vierwertig. Man wird also drei- oder fünfwertige Atome als *Fremdatome* in das Siliciumkristallgitter einbauen. Dadurch wird der regelmäßige Kristallaufbau gestört; es entsteht eine *Störstelle*. Das Hinzufügen von Fremdatomen nennt man *Dotieren*[4]* (Mitgeben).

N-Leiter

Fügt man in das Kristallgitter des vierwertigen Halbleiterwerkstoffes Silicium Fremdatome mit fünf Valenzelektronen ein, z. B. Antimon (Sb), so können jeweils nur vier Valenzelektronen gebunden werden **(Bild 1, Seite 114)**. Das fünfte Valenzelektron des Antimonatoms ist nur schwach an seinen Atomkern gebunden. Deshalb genügt eine geringe Energie (etwa 0,04 eV), z. B. durch Raumtemperatur, um dieses Elektron ins Leitungsband zu heben.

---

* generare (lat.) = erzeugen;   ** recombinare (lat.) = rückvereinigen;
*** I = Abkürzung für intrinsic (engl.) = eigentlich, wahr; hier: eigenleitend;   [4]* dotare (lat.) = ausstatten

Das angeregte Elektron kann sich dann als Leitungselektron frei im Kristallgitter bewegen und läßt ein positives Ion zurück. Es entstehen ebenso viele Leitungselektronen wie positive, *unbewegliche* Ionen. Der Kristall bleibt nach außen jedoch elektrisch neutral.

Fremdatome, die im Kristallverband Elektronen abgeben, bezeichnet man als *Donatoren** (Elektronengeber). Weitere Donatoren für Silicium sind Phosphor (P) und Arsen (As). Da hier der Ladungstransport durch **n**egative Ladungsträger erfolgt, bezeichnet man diese Halbleiter als N-Leiter.

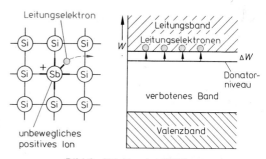

Bild 1: N-leitendes Silicium

> N-Leiter sind mit Fremdatomen höherer Wertigkeit dotiert. Sie haben freie Elektronen als Ladungsträger.

P-Leiter

Baut man dreiwertige Fremdatome, z. B. Indiumatome (In), in ein Siliciumkristall ein, so werden alle drei Valenzelektronen des Indium gebunden, und es bleibt im Kristallgitter jeweils noch eine Bindungslücke, ein Loch **(Bild 2)**. Das Energieniveau des Indiumatoms (Akzeptorniveau) liegt im verbotenen Band des Siliciumkristalls ganz dicht über dem Valenzband. Bei geringem Energieaufwand (etwa 0,16 eV) wird es Elektronen des Siliciums ermöglicht, vom Valenzband auf das Akzeptorniveau des Indium überzuwechseln **(Bild 3)**. In das im Silicium-Kristallgitter nun entstandene Loch kann wieder ein Valenzelektron eines Nachbaratoms springen, was dort selbst wieder ein Loch hervorruft. Das Loch „wandert" dabei durch das Kristallgitter. Das Indiumatom wird durch das zusätzliche Elektron zu einem negativen unbeweglichen Ion. Der Kristall selbst wirkt nach außen aber neutral. Fremdatome, die im Kristallverband Elektronen aufnehmen, heißen Akzeptoren** (Elektronenempfänger).
Weitere Akzeptoren für Silicium sind Bor (B), Aluminium (Al) und Gallium (Ga). Der Ladungstransport erfolgt hier vorwiegend durch **p**ositive Ladungsträger (Bild 3). Man bezeichnet diese Halbleiter als P-Leiter.

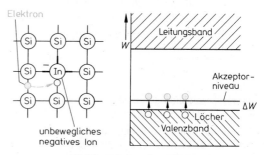

Bild 2: P-leitendes Silicium

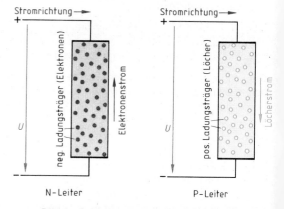

Bild 3: Störstellenleitung im Halbleiter

> P-Leiter sind mit Fremdatomen niedrigerer Wertigkeit dotiert. Sie haben Löcher als Ladungsträger.

Stark dotierte Halbleiter werden durch N+ oder P+ gekennzeichnet, schwache Dotierung durch N- bzw. P-. Dotierte Halbleiter haben stets Störstellenleitung *und* Eigenleitung. Die in der Überzahl vorhandenen Ladungsträger (Elektronen im N-Leiter und Löcher im P-Leiter) nennt man *Majoritätsträger****, die in der Minderheit vorhandenen Ladungsträger (Löcher im N-Leiter und Elektronen im P-Leiter) dagegen *Minoritätsträger*[4*].

> Die Störstellenleitung steigt mit dem Grad der Dotierung, ist aber unabhängig von der Temperatur.

---

* donare (lat.) = geben;   ** accipere (lat.) = annehmen;
*** Majorität = Mehrheit (von lat. maior = größer);   [4*] Minorität = Minderheit (von lat. minor = kleiner)

1.11 Schaltungstechnik

1.11.1 Schaltungsunterlagen

Elektrische Schaltungen erfordern zur Herstellung sowie zum Verständnis meist gezeichnete, geschriebene oder gedruckte Schaltungsunterlagen. Dazu gehören *Schaltpläne, Diagramme**, Tabellen und Beschreibungen.

Schaltpläne nennt man die zeichnerische Darstellung elektrischer Betriebsmittel durch Schaltzeichen. Die Betriebsmittel können gegebenenfalls auch durch Abbildungen oder durch vereinfachte Konstruktionszeichnungen dargestellt werden. Dann spricht man auch von einer Schaltskizze **(Tabelle 1)**. Es gibt zahlreiche Arten von Schaltplänen.

Diagramme sind die graphischen Darstellungen errechneter oder beobachteter Werte. Diagramme zeigen die Beziehungen zwischen verschiedenen Vorgängen, z. B. in einer Steuerschaltung, die Vorgänge in Abhängigkeit von der Zeit, die Beziehung zwischen Vorgang und physikalischer Größe oder auch die Beziehung zwischen den Zuständen mehrerer Betriebsmittel.

Tabellen können einen Schaltplan oder ein Diagramm ergänzen oder auch ersetzen.

Tabelle 1: Wichtige Schaltungsunterlagen

Art, Erklärung	Anwendung	Beispiel
Schaltskizze Darstellung einer elektrischen Einrichtung zur Erklärung der Wirkungsweise oder der Anordnung. Meist allpolige Darstellung.	Anschlußschema von Elektrogeräten, z. B. Herden. Wird häufig bei Bausätzen angewendet, die für Laien bestimmt sind.	
Übersichtsschaltplan Darstellung einer Schaltung ohne Hilfsleitungen. Die Aderzahl der Leitungen wird meist angegeben, jedoch nicht beim Blockschaltplan (Signalflußplan). Die räumliche Lage bleibt unberücksichtigt. Einpolig.	Elektrische Antriebe, Steuerungen und Regelungen, elektronische Geräte, z. B. Meßgeräte, Fernsehempfänger.	
Installationsplan Darstellung der Installation von energietechnischen und nachrichtentechnischen Anlagen, möglichst lagegerecht in einer Gebäudezeichnung. Schaltzeichen nach DIN 40717. Ausführung ähnlich Übersichtsschaltplan. Auch ohne Leitungseintragung.	Alle Arten von Elektroinstallationen, Beleuchtungsstromkreise, Kraftstromkreise, Rufstromkreise, Fernmeldeanlagen, Antennenanlagen	
Stromlaufplan in aufgelöster Darstellung Darstellung einer Schaltung nach Stromwegen aufgelöst. Stromwege möglichst senkrecht oder waagrecht und kreuzungsarm. Die räumliche Lage bleibt unberücksichtigt. Allpolig.	Hauptstromkreise und Hilfsstromkreise von Schützschaltungen, z. B. im Schaltschrankbau.	
Stromlaufplan in zusammenhängender Darstellung Darstellung einer Schaltung mit allen Einzelteilen. Teile desselben Betriebsmittels werden räumlich zusammenhängend gezeichnet. Die räumliche Lage sonst bleibt unberücksichtigt.	Innenschaltung von Betriebsmitteln, Steuerschaltungen einfacher Art.	
Zeitablaufdiagramm Das Zeitablaufdiagramm zeigt den Ablauf von Vorgängen im zeitgerechten Maßstab. Eine Zeitachse wird meist nicht angegeben.	Verdeutlichung des Ablaufes bei Steuerschaltungen, z. B. bei Zeitschaltern.	

Weitere Schaltungsunterlagen siehe Tabellenbuch Elektrotechnik.

---

* Diagramm (griech.) = Schaubild

115

1.11.2 Schaltungen mit Installationsschaltern

Schaltungen mit nicht beleuchteten Schaltern

Zum Verständnis einer Schaltung verfolgt man den Stromweg, bei Wechselstrom meist vom *Außenleiter* zum *Neutralleiter*, z. B. bei Schaltungen mit Installationsschaltern **(Tabelle 1)**.

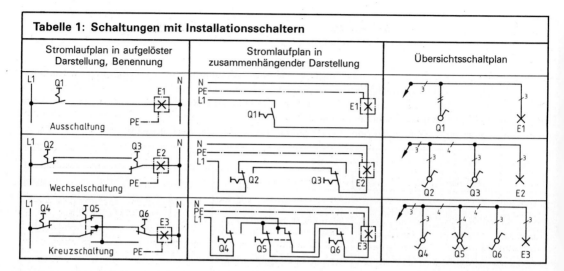

Tabelle 1: Schaltungen mit Installationsschaltern

Stromlaufplan in aufgelöster Darstellung, Benennung	Stromlaufplan in zusammenhängender Darstellung	Übersichtsschaltplan
Ausschaltung		
Wechselschaltung		
Kreuzschaltung		

Bei allen Schaltungen mit Installationsschaltern wird der Neutralleiter *direkt* an den Verbraucher angeschlossen, also nicht geschaltet. Der Schutzleiter PE wird an das Gehäuse geführt, bei Schutzisolierung wird er nicht angeschlossen.

Bei der **Ausschaltung** wird ein Verbraucher von nur einer Stelle aus eingeschaltet oder ausgeschaltet. Der Ausschalter enthält deshalb einen Schließer (Tabelle 1). Ein Schließer ist ein Kontakt, der bei Betätigung den Stromkreis schließt. Bei geschlossenem Schalter Q1 fließt der Strom von L1 über Q1 und E1 nach N.

Bei der **Wechselschaltung** wird ein Verbraucher wahlweise von zwei Stellen aus eingeschaltet oder ausgeschaltet. Dazu braucht man zwei Wechselschalter (Tabelle 1). Wechselschalter enthalten einen Wechsler (Umschaltkontakt). So nennt man einen Doppelkontakt, bei dessen Betätigung der eine Kontakt öffnet, der andere schließt. Wird z. B. der Wechselschalter Q2 betätigt, so fließt der Strom von L1 über Q2, Q3 und E2 nach N.

Bei der **Kreuzschaltung** wird ein Verbraucher von drei Stellen aus eingeschaltet oder ausgeschaltet. Dazu braucht man zwei Wechselschalter und einen Kreuzschalter. Der Kreuzschalter enthält zwei Wechsler (Tabelle 1). Wird z. B. der Kreuzschalter Q5 betätigt, so fließt der Strom von L1 über Q4, Q5, Q6 und E3 nach N. Verwendet man zwei Kreuzschalter zwischen zwei Wechselschaltern, so kann von vier Stellen aus geschaltet werden. Die Schaltung ist durch weitere Kreuzschalter erweiterbar.

Bei der **Serienschaltung** (nicht dargestellt) liegen zwei Ausschaltungen vor, wobei die beiden Ausschalter zu einem Serienschalter zusammengebaut sind. Dadurch können zwei Verbraucher wahlweise geschaltet werden.

Ausschalter, Serienschalter, Wechselschalter und Kreuzschalter kommen bei Installationsschaltungen vor.

Beschreibung der Schaltung durch eine Schaltfunktion

Schaltungen mit Worten zu beschreiben ist umständlich. Deshalb stellt man Schaltungen mit Schaltplänen dar. Der zeitliche Ablauf der Schaltung geht aber aus dem Schaltplan nur indirekt hervor. Man beschreibt das Verhalten der Schaltung durch eine Gleichung, die man Schaltungsgleichung oder *Schaltfunktion* nennt.

Die Schaltfunktion beschreibt das Verhalten einer Schaltung bei der Betätigung von Schaltern.

Wie bei einer mathematischen Funktion kommen bei einer Schaltfunktion *Variable** vor. Die bei Betätigung der Schalter entstehenden Signale sind *unabhängige Variable*. Man stellt sie durch *kursive* (schräggedruckte) Kleinbuchstaben dar. Bei Betätigung des Schalters Q1 entsteht das Signal q_1. Das am Lastwiderstand entstehende Signal ist die *abhängige Variable*. Man stellt sie durch einen kursiven Kleinbuchstaben, meist vom Ende des Alphabets, dar, z. B. y oder x. Bei Bedarf kann ein Index angehängt werden. Der Zustand der Lampe E1 wird z. B. durch y_{E1} ausgedrückt **(Bild 1)**.

Abhängige Variable (Ausgangssignal)	Unabhängige Variable (Eingangssignal)
y_{E1}	= q_1

Bild 1: Schaltfunktion der Ausschaltung

Bei der Schaltfunktion sind die Eingangssignale die unabhängigen Variablen und die Ausgangssignale die abhängigen Variablen.

Die Schaltfunktion der Ausschaltung (Bild 1) $y_{E1} = q_1$ läßt erkennen, daß bei vorhandenem Eingangssignal q_1 ebenfalls das Ausgangssignal y_{E1} vorhanden ist. Bei Betätigung von Q1 leuchtet also die Lampe E1.

Wie bei einer mathematischen Gleichung kommen bei einer Schaltfunktion meist „Rechenanweisungen" vor, allerdings nur sehr wenige. Die Lampe E2 in Tabelle 1, Seite 116, leuchtet z. B., wenn Q2 betätigt ist UND Q3 NICHT. Man braucht ein Zeichen für UND und eines für NICHT **(Tabelle 1)**.

Die unvollständige Schaltfunktion der Wechselschaltung (Tabelle 1 Seite 116) lautet also $y_{E2} = q_2 \wedge \overline{q_3}$. Diese Schaltfunktion ist unvollständig, da die Lampe E2 auch leuchtet, wenn Q2 nicht betätigt ist und Q3 betätigt ist. Die Lampe leuchtet also im Fall 1 $(q_2 \wedge \overline{q_3})$ ODER im Fall 2 $(\overline{q_2} \wedge q_3)$. Mit dem Zeichen für ODER lautet dann die Schaltfunktion der Wechselschaltung $y_{E2} = (q_2 \wedge \overline{q_3}) \vee (\overline{q_2} \wedge q_3)$.

Tabelle 1: Zeichen für Schaltfunktionen

Zeichen	Bedeutung
$\wedge$	UND
$\vee$	ODER
$\overline{}$, z. B. $\overline{q_1}$	NICHT

Die Schaltfunktion zur Beschreibung einer Schaltung kann außer den Signalen (Variablen) die Zeichen UND, ODER sowie NICHT enthalten.

Für Schaltfunktionen gelten die Rechenregeln der Schaltalgebra (Abschnitt 2.11.2).

Beispiel: Wie lautet die Schaltfunktion der Kreuzschaltung von Tabelle 1, Seite 116?

Lösung: E3 leuchtet, wenn Q4 betätigt ist und Q5 nicht und Q6 nicht oder wenn Q5 betätigt ist und Q4 nicht und Q6 nicht oder wenn Q6 betätigt ist und Q4 nicht und Q5 nicht.

$$\Rightarrow y_{E3} = (q_4 \wedge \overline{q_5} \wedge \overline{q_6}) \vee (q_5 \wedge \overline{q_4} \wedge \overline{q_6}) \vee (q_6 \wedge \overline{q_4} \wedge \overline{q_5})$$

Schaltungen mit beleuchteten Schaltern

Häufig enthalten Installationsschalter eine Glimmlampe, damit man den Schalter bei Dunkelheit leichter finden kann. Befinden sich die Schalter in Arbeitsstätten, z. B. Werkstätten, so müssen derartige beleuchtete Schalter verwendet werden. Die Glimmlampen liegen bei den *beleuchteten Schaltern* parallel zum Schalter, also in Reihe zum Verbraucher **(Bild 2)**. Eine zusätzliche Ader ist deshalb nicht erforderlich.

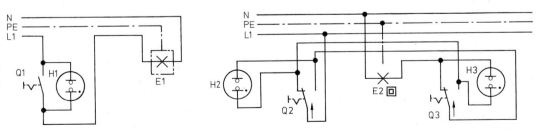

Bild 2: Beleuchtete Schalter bei der Ausschaltung (links) und der Wechselschaltung (rechts)

* variabel (lat.) = veränderlich

Die Beschreibung der Schaltungen mit beleuchteten Schaltern erfolgt mit den Schaltfunktionen oder mit dem zugehörigen *Zeitablaufdiagramm* **(Bild 1)**. Bei der Ausschaltung ist erkennbar, daß die Glimmlampe nicht mehr leuchtet, wenn der Schalter Q1 betätigt wurde. H1 verhält sich also entgegengesetzt zu E1.

Bei der Wechselschaltung mit beleuchteten Schaltern (Bild 2 Seite 117) leuchten die beiden Glimmlampen H2 und H3, so lange E2 nicht eingeschaltet ist **(Bild 2)**. Mit Q2 oder Q3 kann wahlweise geschaltet werden.

Von den Schaltungen mit beleuchteten Schaltern sind die *Kontrollschalter* zu unterscheiden. Diese enthalten eine Glimmlampe, welche bei geschlossenem Schalter leuchtet. An sie ist der Neutralleiter direkt angeschlossen. Deshalb ist bei Kontrollschaltern eine zusätzliche Ader erforderlich.

Wiederholungsfragen

1. **Nennen Sie die wichtigsten Schaltungsunterlagen!**
2. **Wie heißen die wichtigsten Installationsschalter?**
3. **Auf welche drei Arten kann man eine Schaltung beschreiben?**
4. **Welche drei Zeichen kommen in Schaltfunktionen vor?**

1.11.3 Schützschaltungen

Das Schütz ist ein elektromagnetisch betätigter *Fernschalter* **(Bild 3)**. Im Prinzip entspricht das Schütz einem Relais (Abschnitt 1.8.2). Fließt Strom durch die Schützspule, so wird ein beweglicher Anker angezogen, so daß bewegliche Schaltstücke in eine andere Stellung bewegt werden. Dadurch werden Kontakte, die bei stromloser Schützspule offen sind, geschlossen. Diese Kontakte nennt man *Schließer*. Sie schließen einen Stromkreis, wenn sie bewegt werden. In Schützen sind meist auch Kontakte enthalten, die ohne Strom in der Schützspule geschlossen sind. Diese Kontakte können einen Stromkreis öffnen, wenn sie bewegt werden. Man nennt sie *Öffner*.

In Schützen sind Schließer und Öffner vorhanden.

Schließer und Öffner können in einem Schütz auch kombiniert sein zu einem *Wechsler*. Je nach Ausführung der Schützkontakte werden alle Schließer und alle Öffner *gleichzeitig* bewegt oder aber *zeitlich versetzt*. Meist öffnen die Öffner, bevor die Schließer schließen. Die Anschlußkennzeichnung der Schütze ist genormt (siehe Tabellenbuch Elektrotechnik).

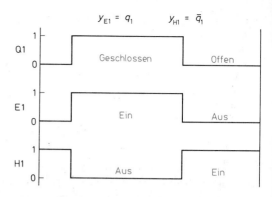

Bild 1: Schaltfunktion und Zeitablaufdiagramm für Ausschaltung nach Bild 2, Seite 117, links

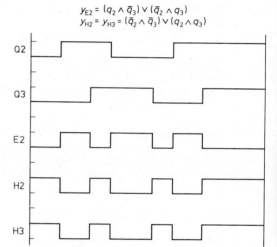

$$y_{E2} = (q_2 \wedge \bar{q}_3) \vee (\bar{q}_2 \wedge q_3)$$
$$y_{H2} = y_{H3} = (\bar{q}_2 \wedge \bar{q}_3) \vee (q_2 \wedge q_3)$$

Bild 2: Schaltfunktion und Zeitablaufdiagramm für Wechselschaltung nach Bild 2, Seite 117, rechts

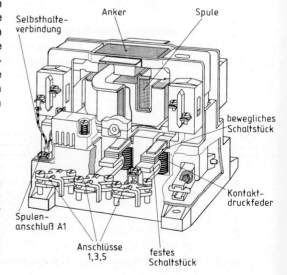

Bild 3: Elektromagnetisches Schütz

Bei den Schützschaltungen unterscheidet man den *Hauptstromkreis* und den *Steuerstromkreis* (Hilfsstromkreis) **(Bild 1)**. Fließt Strom durch die Schützspule, so werden in Schaltung Bild 1 die Hauptkontakte geschlossen. Dadurch gelangen von den Außenleitern des Dreiphasennetzes L1, L2 und L3 die Spannungen an den Motor. Das Dreiphasennetz (Drehstromnetz) liefert nun drei Wechselströme, die gegeneinander eine Phasenverschiebung haben. Dadurch entsteht im Motor ein Drehfeld, welches seine Drehung bewirkt.

Im Hauptstromkreis einer Schützschaltung liegt der eigentliche Verbraucher, der geschaltet wird.

Im Steuerstromkreis einer Schützschaltung liegen meist *Taster*. Das sind Schalter mit Öffnern oder Schließern, bei denen das Öffnen oder Schließen nur so lange erfolgt, wie die Betätigung dauert. Im Gegensatz zu Installationsschaltern rasten die Taster also nicht ein. Bei der üblichen Schaltung mit Haltekontakt (Bild 1) ist ein Schließer des Schützes parallel zum Schließer des EIN-Tasters geschaltet. Dadurch arbeitet das Schütz nach dem Einschalten auch weiter, wenn der EIN-Taster nicht mehr betätigt wird.

Schützschaltungen werden meist als *Stromlaufplan in aufgelöster Darstellung* gezeichnet **(Bild 2)**. In diesem Stromlaufplan sind Hauptstromkreis und Steuerstromkreis getrennt dargestellt. Man kann dadurch die Stromwege leichter verfolgen, insbesondere den Stromweg des Steuerstromkreises.

In Schaltung Bild 2 fließt der Steuerstrom bei betätigtem S2 von L1 über F2, S1, S2 und K1 (Schützspule) nach N. Dadurch zieht das Schütz K1 an und schaltet den Motor M1 ein. Gleichzeitig wird im Steuerstromkreis der Schließer K1 geschlossen. Nach Loslassen von S2 fließt nun der Steuerstrom von L1 über S1, K1 (Schließer), K1 (Schützspule) nach N. Der Schließer „hält" also das Schütz angezogen, man spricht deshalb von einem *Haltekontakt*.

Schützschaltungen sind meist mit einem Haltekontakt ausgeführt.

Die Beschreibung der Schützschaltung erfolgt übersichtlich durch eine Schaltfunktion. Für die Schaltfunktion des Motors M1 entnimmt man aus Bild 2: $y_{M1} = k_1$

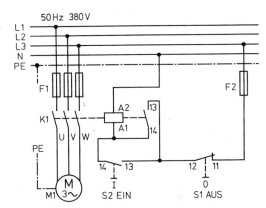

Bild 1: Schützschaltung mit Haltekontakt als Stromlaufplan in zusammenhängender Darstellung

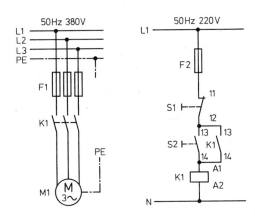

Bild 2: Schützschaltung mit Haltekontakt als Stromlaufplan in aufgelöster Darstellung

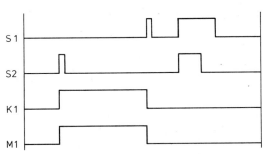

Bild 3: Zeitablaufdiagramm zu Schützschaltung mit Haltekontakt

Für die Schaltfunktion der Schützspule entnimmt man aus Bild 2: $y_{K1} = \overline{s}_1 \wedge (s_2 \vee k_1)$

Das Verhalten einer Schützschaltung ist auch aus dem zugehörigen Zeitablaufdiagramm **(Bild 3)** erkennbar. Man kann aus ihm entnehmen, daß bei Betätigung von S2 sofort K1 anzieht und den Motor M1 einschaltet. Werden S1 und S2 gleichzeitig betätigt, so erfolgt gar nichts, weil bei gleichzeitiger Betätigung der Taster der Steuerstromkreis auf jeden Fall unterbrochen ist (Bild 2).

Schützschaltungen sind meist so ausgeführt, daß bei gleichzeitiger Betätigung mehrerer Taster keine Schaltung erfolgt.

Verriegelung bei Schützschaltungen

Oft soll ein Schütz nur einschaltbar sein, wenn ein anderes Schütz nicht eingeschaltet ist, z. B. bei der Drehrichtungsumkehr von Drehstrommotoren (**Bild 1**). Man sagt dann, daß beide Schütze gegeneinander *verriegelt* sind. Die gegenseitige Verriegelung erfolgt durch wechselseitigen Einbau von Öffnern in jeden Steuerstromkreis (Bild 1). Dadurch wird erreicht, daß der Steuerstrom zu einer Schützspule nur dann gelangen kann, wenn das andere Schütz nicht angezogen hat (elektrische Verriegelung).

> Die Verriegelung von Schützschaltungen erfolgt durch Öffner des jeweils anderen Steuerstromkreises.

Zusätzlich kann auch über die Öffner der Taster verriegelt werden (mechanische Verriegelung).

Entriegelung bei Schützschaltungen

Oft soll ein Schütz nur dann einschaltbar sein, wenn ein anderes Schütz schon eingeschaltet ist. Man spricht dann von einer *Folgeschaltung*. Bei der Schaltung **Bild 2** kann M1 unabhängig von M2 arbeiten, da K1 unabhängig von K2 eingeschaltet werden kann. Dagegen kann K2 nur eingeschaltet werden, wenn der Schließer K1 geschlossen ist.

> Die Entriegelung von Schützschaltungen erfolgt durch Schließer des jeweils anderen Steuerstromkreises.

1.11.4 Schaltungen mit Zeitschaltern

Zeitschalter wendet man an, wenn ein Schaltvorgang (Einschalten und/oder Ausschalten) erst einige Zeit nach der Signalgabe durchgeführt werden soll. Die Zeitspanne zwischen Signal und Schaltvorgang kann je nach Art des Zeitschalters einige Millisekunden bis zu mehreren Stunden betragen. Zeitschalter sind grundsätzlich Relais bzw. Schütze, die verzögert anziehen oder verzögert abfallen (**Bild 3**). Von einem *Zeitrelais* spricht man, wenn von ihm ein Schütz gesteuert wird. *Zeitschalter* steuern dagegen unmittelbar den Verbraucher.

Die Verzögerung kann auf verschiedene Arten erreicht werden, z. B. durch das Aufladen eines Kondensators über einen Widerstand oder durch eine elektrische Uhr.

> Zeitschalter und Zeitrelais schließen oder öffnen einen Stromkreis verzögert.

Verbreitet sind Zeitschalter z. B. in den Treppenhäusern als Treppenlicht-Zeitschalter.

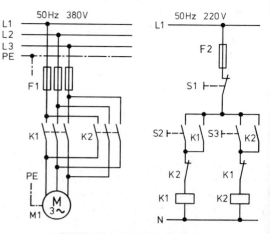

Bild 1: Verriegelung bei einer Schützschaltung zur Drehrichtungsumkehr (Wendeschütz, Umschaltung über 0)

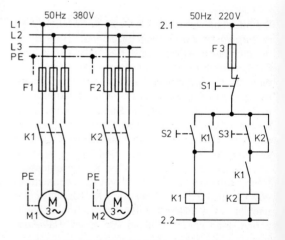

Bild 2: Entriegelung bei einer Folgeschaltung

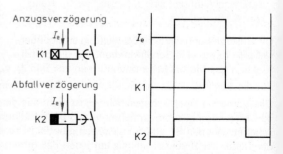

Bild 3: Verhalten von Schaltern mit Anzugsverzögerung und mit Abfallverzögerung

1.11.5 Stromstoßschalter

Stromstoßschalter sind elektromagnetische Fernschalter, die durch Stromstöße (Impulse) geschaltet werden. Bei jedem neuen Impuls ändern sie ihren Schaltzustand und rasten danach bis zum nächsten Impuls ein. Wie bei den Schützschaltungen ist ein Hauptstromkreis und ein Steuerstromkreis vorhanden (**Bild 1**). Die Steuerimpulse werden durch das Betätigen von normalen Tastern oder durch das Berühren von Sensor-Relaistastern hervorgerufen.

> Beim Stromstoßschalter erfolgen Einschalten und Ausschalten durch nacheinanderfolgendes Betätigen desselben Tasters.

Soll das Einschalten und das Ausschalten von mehreren Stellen aus möglich sein, so werden die Taster einander parallel geschaltet (Bild 1).

Meist erfolgt bei den Stromstoßschaltern das Umschalten in den anderen Schaltzustand unmittelbar nach dem Eintreffen des Impulses, also bei ansteigender Impulsflanke (**Bild 2**). Ansteuern durch einen zweiten Taster während des Steuerimpulses ändert das Schaltverhalten nicht.

Die Erregerspule des Stromstoßschalters kann für 220 V oder für eine Kleinspannung von z. B. 25 V bemessen sein.

Wird als Steuerspannung eine Kleinspannung verwendet, so entnimmt man diese einem Kleinspannungstransformator, z. B. dem Klingeltransformator (**Bild 3**). Zum Ansteuern genügen dann einfache Klingeltaster, auch wenn die Ansteuerung im Freien erfolgt.

> Bei Stromstoßschaltern mit einer Steuerspannung von höchstens 25 V ist eine Unfallgefahr auch bei Feuchtigkeit ausgeschlossen.

Nachteilig ist der Umstand, daß bei kleinen Spannungen *Kontaktschwierigkeiten* eher auftreten als bei 220 V. Außerdem können bei niedriger Steuerspannung nur wenige beleuchtete Taster verwendet werden, weil zur Beleuchtung nur Glühlampen möglich sind. Bei zu vielen beleuchteten Tastern würde die Erregerspule dauernd erregt werden (Bild 3), so daß ein Umschalten nicht erfolgen kann.

Meist verwendet man Stromstoßschalter mit einer Steuerspannung von 220 V (**Bild 4**). Bei diesen können sehr viele beleuchtete Taster parallel geschaltet werden, weil in diesen die Verwendung von Glimmlampen mit kleiner Stromaufnahme möglich ist. Außerdem können anstelle von Tastern auch Sensor-Relaistaster verwendet werden.

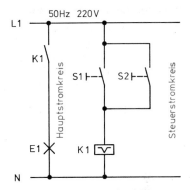

Bild 1: Stromstoßschaltung mit Steuerspannung 220 V als Ersatz für Wechselschaltung

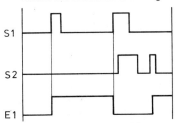

Bild 2: Zeitablaufdiagramm einer Stromstoßschaltung als Wechselschaltung

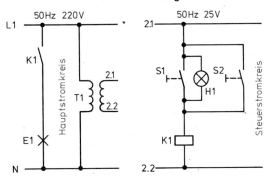

Bild 3: Stromstoßschaltung mit Steuerspannung 25 V (Wechselschaltung, ein Taster beleuchtet)

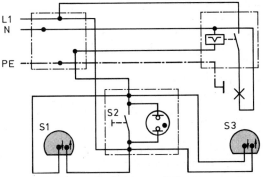

Bild 4: Stromstoßschaltung mit Steuerspannung 220 V als Ersatz für Kreuzschaltung, ein Taster beleuchtet, zwei Taster als Sensor-Relaistaster

1.11.6 Rufanlage und Haustelefon

Rufanlagen enthalten außer einem Spannungserzeuger, z. B. einem Kleinspannungstransformator, neben Tastern noch *Wecker* (**Bild 1**). Bei Weckern ist eine Spule mit einem beweglichen Anker so angeordnet, daß bei anliegender Spannung eine Kraftwirkung auftritt, wodurch der Stromkreis aber unterbrochen wird. Durch die Unterbrechung des Stromkreises und das anschließende Zurückfedern tritt eine dauernde Hin- und Herbewegung auf. *Summer* sind ähnlich aufgebaut. Anziehung und Geräuschentwicklung erfolgen hier durch eine Blechmembran.

Häufig sind in Wohnhäusern die Rufanlagen (Klingelanlagen) mit einem *Türöffner* kombiniert (**Bild 2**). Durch Betätigen der Taster an der Wohnungstür oder am Gartentor wird der Wecker an Spannung gelegt, so daß gerufen wird. Durch Betätigen des Tasters in der Wohnung erhält der Türöffner Spannung, so daß die Tür geöffnet wird.

Beim Haustelefon werden *Handapparate* mit *Gabelumschalter* (**Bild 3**) verwendet. Der Gabelumschalter schließt, sobald der Handapparat abgenommen wird. Der Handapparat besteht aus einem Fernhörer (Telefonhörkapsel) und einem Mikrofon. Im einfachsten Fall besteht ein Haustelefon aus zwei Handapparaten mit Gabelumschalter an den beiden Sprechstellen sowie einer Stromversorgung (**Bild 4**). Nachteilig bei dieser Schaltung ist, daß nicht gerufen werden kann. Der Stromkreis für den *Sprechstrom* ist erst geschlossen, wenn beide Handapparate abgenommen sind, so daß die Gabelumschalter schließen.

Bei der Schaltung für zwei Sprechstellen mit Rufmöglichkeit (**Bild 5**) sind bei jedem Telefonapparat ein Ruftaster und ein Wecker angeordnet. Der *Rufstromkreis* ist hier unabhängig vom Gabelumschalter. Der *Sprechstromkreis* ist erst nach Abnahme der Handapparate geschlossen. Ähnlich arbeitet die Anlage für drei und mehr Sprechstellen. Es sind so viele Ruftaster erforderlich, wie Sprechstellen gerufen werden, bei insgesamt drei Sprechstellen also zwei Ruftaster. Das Netzspeisegerät besteht im einfachsten Fall aus einer Gleichrichterschaltung mit Siebung.

Wiederholungsfragen

1. **Auf welche Weise erfolgt Einschalten oder Ausschalten beim Stromstoßschalter?**
2. **Welchen Vorteil bieten Stromstoßschalter mit Steuerspannungen bis 25 V?**
3. **Welchen Nachteil haben Stromstoßschalter mit Steuerspannungen bis 25 V?**
4. **Beschreiben Sie die Wirkungsweise eines Weckers!**
5. **Wozu dient ein Gabelumschalter?**

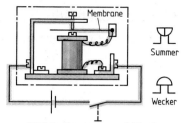

Bild 1: Summer und Wecker
Links: Wirkungsweise, rechts: Schaltzeichen

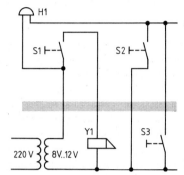

**Bild 2: Rufanlage (Klingelanlage)
mit Türöffner bei Einfamilienhaus**

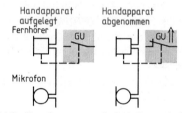

Bild 3: Handapparat mit Gabelumschalter GU

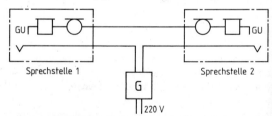

**Bild 4: Sprechanlage für zwei Sprechstellen
ohne Rufmöglichkeit**

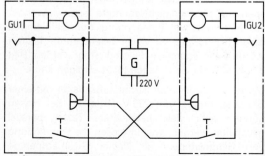

**Bild 5: Sprechanlage für zwei Sprechstellen
mit Rufmöglichkeit**

1.12 Chemie und Werkstoffe

1.12.1 Chemische Grundbegriffe

Durch Mischen verschiedener Stoffe, z. B. Eisenpulver und Schwefelpulver, entsteht ein *Gemenge*. Die Ausgangsstoffe behalten ihre Eigenschaften. Durch physikalische Vorgänge, z. B. mit Hilfe eines Magneten oder durch Schlämmen, läßt sich ein Gemenge wieder in die Ausgangsbestandteile trennen. Wird dagegen ein Gemenge, z. B. aus 7 g Eisenpulver und 4 g Schwefelpulver, erhitzt, so bildet sich ein neuer Stoff. Die so entstandene *chemische Verbindung* Eisensulfid hat andere Eigenschaften als die Ausgangsstoffe Eisen und Schwefel. Durch physikalische Vorgänge läßt sich dieser Stoff nicht mehr in seine Ausgangsbestandteile zerlegen.

> Chemische Vorgänge ändern die Stoffe und deren Eigenschaften.

Den Vorgang der Entstehung einer chemischen Verbindung aus verschiedenen Ausgangsstoffen nennt man *Synthese* (Stoffaufbau). Auf diese Weise können z. B. auch Kunststoffe hergestellt werden.

Erhitzt man in einem Reagenzglas Quecksilberoxid **(Bild 1)**, so schlägt sich am kalten Glasende Quecksilber nieder, und es entweicht Sauerstoff, der durch einen glimmenden Span nachgewiesen werden kann. Diese Zerlegung einer chemischen Verbindung in ihre Bestandteile nennt man *Analyse*.

> Synthese und Analyse sind chemische Vorgänge.

Bild 1: Zerlegung von Quecksilberoxid

Stoffe, welche sich durch chemische Analyse nicht weiter zerlegen lassen, werden Grundstoffe oder *chemische Elemente* genannt. Es gibt 92 natürliche Elemente und noch einige künstliche Elemente (Transurane), die bei der Atomspaltung entstehen und nur kurzzeitig bestehen können.

Als Abkürzung haben die Grundstoffe Symbole (chemische Zeichen), die meist von ihren lateinischen Namen abgeleitet sind, z. B. Silber Ag von Argentum. Jeder Grundstoff besteht aus gleichartigen, kleinsten Teilchen, den Atomen. Diese sind durch chemische Vorgänge nicht weiter zerlegbar. Moleküle sind dagegen die kleinsten Teilchen einer chemischen Verbindung und haben noch deren Eigenschaften.

1.12.2 Atommodell

Atome sind außerordentlich klein. Ihr Durchmesser beträgt etwa 1/10 000 000 mm. Man kann sie deshalb nicht sehen und benötigt Modelle, wie diese Atome aussehen könnten. Ein einfaches und anschauliches Modell ist das *Bohrsche-Atommodell**. Es erinnert an ein Sonnen-Planeten-System **(Bild 2)**. Danach besteht ein Atom aus einem Atomkern, um den auf verschiedenen Bahnen Elektronen mit hoher Geschwindigkeit kreisen. Die Anziehungskraft zwischen den negativ geladenen Elektronen und dem positiv geladenen Atomkern verhindert, daß die Elektronen aus der Bahn herausgeschleudert werden.

Der Kerndurchmesser beträgt etwa 1/10 000 vom Durchmesser des ganzen Atoms. Der Atomkern besteht vorwiegend aus positiv geladenen Protonen und elektrisch ungeladenen (neutralen) Neutronen. Die Masse eines Protons von $1{,}67 \cdot 10^{-24}$ g ist fast gleich groß wie die Masse eines Neutrons und beträgt etwa das 1800fache der Masse eines Elektrons. Deshalb ist fast die ganze Masse eines Atoms in seinem Atomkern vereinigt.

> Ein Atom hat gleich viele negative Elektronen wie positive Protonen und ist nach außen neutral. Ist dieses Gleichgewicht gestört, so liegt ein nach außen elektrisch geladenes Ion vor.

Die verschiedenen Grundstoffe unterscheiden sich durch ihren Atomaufbau. Das einfachste Atom ist Wasserstoff mit einem Proton und einem Elektron.

Den einfachsten Atomaufbau aller Metalle hat Lithium (Bild 2). Die wechselnden Bahnen, auf

3 Elektronen ●
3 Protonen ⊕
4 Neutronen ○

Atommodell   vereinfachte Darstellung

Bild 2: Aufbau des Lithiumatoms

* Bohr, dänischer Physiker, 1885 bis 1962

denen die Elektronen um den Atomkern kreisen, bilden kugelförmige *Schalen*. Man unterscheidet bei Atomen sieben Schalen, die von innen nach außen mit Elektronen besetzt und mit den Buchstaben K bis Q bezeichnet werden. Die K-Schale kann höchstens 2 Elektronen, die L-Schale 8 Elektronen, die M-Schale 18 Elektronen, die N-Schale 32 Elektronen aufnehmen. Innerhalb dieser Hauptschalen gibt es auch noch *Unterschalen*. Je nach dem Energiegehalt befinden sich die Elektronen auf einer dieser Schalen. Zwischen den Schalen können sich keine Elektronen aufhalten.

Die Elektronen auf der äußersten, besetzten Schale bezeichnet man als *Valenzelektronen*. Sie bestimmen die elektrischen und chemischen Eigenschaften eines Stoffes. Jedes Valenzelektron kann ein Wasserstoffatom (einwertig) binden oder ersetzen. Es bildet eine *Wertigkeit*.

Helium und Stoffe mit 8 Außenelektronen (Edelgase) sind chemisch besonders stabil. Sie bilden meist keine chemische Verbindung. Die Zahlen bis vier Valenzelektronen und die Zahlen bis vier freie Plätze werden als Wertigkeiten 1 bis 4 bezeichnet.

Die Wertigkeit gibt an, wieviele Wasserstoffatome gebunden oder ersetzt werden können.

1.12.3 Periodensystem

Alle Grundstoffe werden im Periodensystem der Elemente nach ihrer Elektronenzahl bzw. Protonenzahl geordnet **(Tabelle 1)**. Diese Zahl ist die *Ordnungszahl*. Die *Atommasse* wird in der atomaren Einheit u* angegeben.

$$u = 1{,}66 \cdot 10^{-24} g.$$

Atommassenzahl ≈ Protonenzahl + Neutronenzahl

Tabelle 1: Periodensystem der Elemente (Anfang)

Periode	I	II	III	IV	V	VI	VII	VIII	Schale
	Gruppe								
	1	2	3	4	3	2	1	0	
1	1,0 H 1							4,0 He 2	**K**
2	6,9 Li 3	9,0 Be 4	10,8 B 5	12,0 C 6	14,0 N 7	16,0 O 8	19,0 F 9	20,2 Ne 10	**L**
3	23,0 Na 11	24,3 Mg 12	27,0 Al 13	28,1 Si 14	31,0 P 15	32,1 S 16	35,5 Cl 17	39,9 Ar 18	**M**

Gruppe — Wertigkeit zu Wasserstoff

schwarze Zahlen: Ordnungszahlen, rote Zahlen: Atommassen

Beispiel: Geben Sie für das Element Al aus Tabelle 1 an a) Name, b) Protonenzahl, c) Atommasse, d) Neutronenzahl!

Lösung: a) Al ⇒ **Aluminium**, b) Ordnungszahl 13 ⇒ Protonenzahl **13**, c) Atommassenzahl 27 ⇒ Atommasse 27 u = 27 · 1,66 · 10^{-24} g = **44,82 · 10^{-24} g**, d) Neutronenzahl ≈ Atommassenzahl − Protonenzahl = 27 − 13 = **14**.

Die Gruppenzahl I bis VIII gibt die Zahl der Außenelektronen (Valenzelektronen) an. Alle Elemente in einer solchen Gruppenspalte haben somit ähnliche chemische Eigenschaften.

Von fast allen Grundstoffen gibt es *Isotope***. Diese haben die gleiche Zahl von Elektronen und Protonen sowie gleiches chemisches Verhalten, aber eine unterschiedliche Zahl von Neutronen und damit unterschiedliche Massen. In der Natur kommen die Grundstoffe als Mischung solcher Isotope vor, so daß ihre durchschnittliche Atommassenzahl nicht ganzzahlig ist.

1.12.4 Chemische Bindungen

Formeln

Chemische Verbindungen werden in abgekürzter Schreibweise als Formel dargestellt. Bei der *Summenformel* werden die chemischen Symbole der Grundstoffe nebeneinander geschrieben. Die als Indizes geschriebenen Zahlen hinter den Symbolen geben das Zahlenverhältnis der Teilchen in einer Elementargruppe, z. B. Molekül, an. Elementargruppen sind die kleinsten einander gleichen Teilchengruppen, in die ein Stoff zerlegt gedacht werden kann. *Strukturformeln* deuten den räumlichen Aufbau an. Die Bindungen werden durch Striche dargestellt. Bei der *Elektronenformel* werden die Außenelektronen durch Punkte angegeben. Der chemische Vorgang (Reaktion) bei der Entstehung der chemischen Verbindung wird durch die *Reaktionsgleichung* veranschaulicht. Die Zahl vor dem chemischen Symbol gibt die Zahl der Elementargruppen an.

* u von unit (engl.) = Einheit;   ** iso (griech.) = gleich; topos (griech.) = Ort (im Periodensystem)

Für Wasser gelten z. B. folgende Angaben:

Summenformel	H_2O	$\Rightarrow$ 1 Elementargruppe Wasser besteht aus 2 Wasserstoffatomen und 1 Sauerstoffatom
Strukturformel	H-O-H	$\Rightarrow$ je 2 Wasserstoffatome gehen eine Bindung mit 1 Sauerstoffatom ein
Elektronenformel	$H \cdot + H \cdot \rightarrow H : H$	
Reaktionsgleichung	$2\,H_2 + O_2 \rightarrow 2\,H_2O$	$\Rightarrow$ 2 Moleküle Wasserstoff und 1 Molekül Sauerstoff verbinden sich zu 2 Molekülen Wasser

Bindungen

Die meisten Grundstoffe sind in der Lage chemische Bindungen einzugehen. Ihre Außenschale kann höchstens 8 Elektronen aufnehmen, dann ist sie voll besetzt. Dies ist bei Edelgasen der Fall. Edelgase gehen deshalb keine chemischen Bindungen ein. Grundstoffe, deren Außenschale weniger als acht Elektronen haben, streben Vollbesetzung an. Sind in der Außenschale höchstens vier Elektronen, so versuchen diese Grundstoffe die Außenelektronen abzugeben und werden dann zu positiven Ionen. Sie haben metallische Eigenschaften. Grundstoffe mit 5, 6 oder 7 Elektronen auf der Außenschale versuchen dagegen noch zusätzliche Elektronen aufzunehmen, um die Außenschale voll zu besetzen. Sie werden zu negativen Ionen und haben nichtmetallische Eigenschaften.

Man unterscheidet als Bindungsarten die *Ionenbindung*, die *Atombindung* und die *Metallbindung* (**Tabelle 1**). Es kommen auch Mischformen dieser Bindungen vor.

Tabelle 1: Chemische Bindungsarten

Bindungsart	Ionenbindung	Atombindung		Metallbindung
		nicht polarisiert	polarisiert	
Bindungselemente	Metallatome und Nichtmetallatome. Meist Elemente der Gruppe I mit Elementen der Gruppe VII	Meist Nichtmetallatome. Elemente mit sich selbst. Elemente der Gruppen III, IV und V untereinander. Bei den meisten flüssigen und gasförmigen Verbindungen.		Metallatome, Metalle und Legierungen
Ursache für die Bindung	Übergang von Außenelektronen	Bildung gemeinsamer Elektronenpaare		Dichte Anordnung. Abgabe von Valenzelektronen.
Entstehende Teilchen	Postive Ionen und negative Ionen	Elektrisch neutrale Moleküle	Meist Moleküle mit Dipolcharakter	Positive Ionen und freie Elektronen
Beispiele	$Na^+ + Cl^- \rightarrow NaCl$	$H \cdot + H \cdot \rightarrow H : H$	$H \cdot + \cdot \ddot{C}l : \rightarrow H : \ddot{C}l :$	Cu

Bei der **Ionenbindung** zwischen Metallen und Nichtmetallen, z. B. zwischen Natrium und Chlor zu Kochsalz (**Bild 1**), gibt das Metallatom Außenelektronen an das Nichtmetallatom ab. Die so entstehenden positiven Metallionen ziehen durch elektrostatische Kräfte die negativen Nichtmetallionen an und binden sie.

> Bei der Ionenbindung ziehen sich unterschiedlich geladene Ionen an.

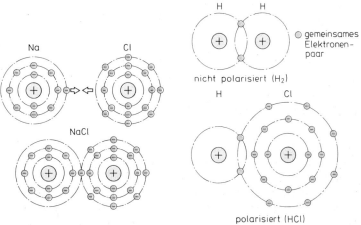

Bild 1: Ionenbindung

Bild 2: Atombindung

Bei der **Atombindung** (Elektronenpaarbindung) gelangen zwei Atome so nahe zusammen, daß sich die Bahnen von je einem Valenzelektron der benachbarten Atome kreuzen. Dieses Elektronenpaar wird dann von beiden Atomkernen angezogen (**Bild 2**). Derartige Verbindungen sind aber leicht flüchtig.

Bei der Atombindung entsteht durch gemeinsame Elektronenpaare benachbarter Atome eine chemische Bindung zu einem elektrisch neutralen Molekül.

Die Bindung kann auch durch mehrere Elektronenpaare erfolgen, z. B. durch Doppelbindung beim Sauerstoffmolekül ($O=O$) oder Dreifachbindung beim Stickstoffmolekül ($N\equiv N$).

Liegt der Ladungsschwerpunkt einer Atombindung in der Mitte zwischen den Atomkernen, z. B. bei Bindung gleichartiger Atome (Bild 2, Seite 125), so spricht man von einer *nicht polarisierten* Atombindung. Ist das Bindungselektronenpaar bei der Bindung verschiedenartiger Atome, z. B. H und Cl (Bild 2, Seite 125), mehr zur Seite des größeren Kerns verschoben, so wird infolge der Ladungsverschiebung das Molekül polarisiert. Durch die *polarisierte Atombindung* entstehen Molekulardipole.

Ordnen sich Atome, Ionen oder Moleküle regelmäßig an, so bezeichnet man diese Anordnungen als *Kristalle*. Die Gesetzmäßigkeit wird durch das *Gitter* dargestellt. Man unterscheidet Atomgitter, Ionengitter, Molekülgitter und Metallgitter.

Bei der **Metallbindung** sind die Atome sehr dicht zu einem Metallgitter zusammengepackt **(Bild 1)**. Infolge der dichten Anordnung können sich Außenelektronen von den Atomen lösen und sich innerhalb des von den unbeweglichen, positiven Metallionen gebildeten Metallgitters frei bewegen. Sie sind die Ursache für die gute elektrische und Wärmeleitfähigkeit.

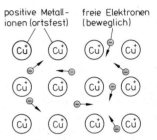

positive Metall-ionen (ortsfest)   freie Elektronen (beweglich)

Bild 1: Metallbindung

Bei der Metallbindung sind im Metallgitter freie Elektronen vorhanden.

Innerhalb des Metallgitters lassen sich auch Fremdatome einlagern, z. B. Kohlenstoff im Eisengitter, wodurch sich die Eigenschaften verändern.

Wiederholungsfragen

1. Was versteht man unter Synthese?
2. Wie ist ein Atom aufgebaut?
3. Was gibt die Wertigkeit eines Elements an?

4. Welche Eigenschaften können im Periodensystem für Silicium (Si) entnommen werden?
5. Warum haben Metalle eine gute elektrische Leitfähigkeit?

1.12.5 Wichtigste chemische Elemente, Gemenge und Verbindungen

Luft

Trockene Luft enthält auf das Volumen bezogen ein Gemenge von 78% Stickstoff, 21% Sauerstoff und fast 1% Argon. Der Rest besteht aus weiteren Edelgasen und aus Kohlendioxid (0,03%). Bei kleinen elektrischen Feldstärken ist trockene Luft ein elektrischer Isolator. Bei hohen elektrischen Feldstärken wird die Luft dagegen ionisiert und elektrisch leitend (Blitz, Zündkerze).

Luft wird zur technischen Gewinnung von Sauerstoff, Stickstoff und Edelgasen verwendet.

Stickstoff (N_2) ist ein farbloses, geruchloses und nicht brennbares Gas. Es erstickt die Flammen und wird deshalb auch zur Brandbekämpfung verwendet. Außerdem dient Stickstoff als Schutzgas, z. B. in Glühlampen.

Edelgase (Argon, Helium, Neon, Krypton, Xenon) sind nullwertig und gehen keine chemischen Verbindungen ein. Sie werden in der Elektrotechnik als Schutzgas, z. B. in Röhren und beim Schweißen, sowie in Glühlampen zur Erhöhung der Lichtausbeute und in Gasentladungslampen verwendet.

Sauerstoff

Sauerstoff (Oxygenium) ist ein farbloses und geruchloses Gas, dessen Molekül (O_2) aus zwei Atomen besteht. Sauerstoff kommt in der Luft und den meisten chemischen Verbindungen vor. Er wird z. B. durch Elektrolyse aus Wasser und durch Verflüssigung der Luft gewonnen. Zwischen $-183\,°C$

Symbol	O
Wertigkeit	2
Siedepunkt	$-183\,°C$
Dichte	$1,43\ kg/m^3$

und $-196\,°C$ schwebt Stickstoff gasförmig über dem flüssigen Sauerstoff, welcher dann in Flaschen abgefüllt werden kann. Um Verwechslungen zu vermeiden, sind Sauerstoff-Flaschen mit einem Rechtsgewinde R 3/4" als Anschluß und einem blauen Anstrich versehen.

Wegen Explosionsgefahr müssen die Ventile von Sauerstoff-Flaschen frei sein von Öl und Fett.

Sauerstoff hat sechs Außenelektronen. Er ist bestrebt die Außenschalen mit zwei weiteren Elektronen aufzufüllen und damit andere Elemente zu binden. Diesen Vorgang bezeichnet man als *Oxidation*.

Das Verbinden eines Stoffes mit Sauerstoff bezeichnet man als Oxidation. Bei der Verbindung mit Sauerstoff entsteht ein Oxid.

$C \quad + \quad O_2 \quad \rightarrow \quad CO_2$	$4\,Fe + \quad 3\,O_2 \quad \rightarrow \quad 2\,Fe_2O_3$
Kohlenstoff Sauerstoff Kohlendioxid	Eisen Sauerstoff Eisen (III)-oxid

Die Verbindung mit Sauerstoff geschieht oft sehr schnell unter Freisetzung von Wärme. Man nennt dies eine Verbrennung. Ist der Verbindungsstoff fein verteilt, z. B. als Staub oder Nebel, so kann eine große Menge gleichzeitig eine Verbindung eingehen. Es erfolgt eine *Explosion*. Ebenfalls explosiv sind ein Volumenteil Sauerstoff und zwei Volumenteile Wasserstoff. Sie bilden Knallgas.

Brennbare Stoffe bilden als Staub, Nebel oder Gas in Luft oder reinem Sauerstoff hochexplosive Gemische. Sauerstoff kann mit Wasserstoff ein explosives Knallgas bilden.

Gibt ein Stoff Sauerstoff ab (Bild 1 Seite 126), so spricht man von *Reduktion**. Meist ist die Reduktion aber mit einer erneuten Oxidation verbunden, z. B. im Hochofenprozeß. Diesen Vorgang nennt man *Redox-Vorgang***.

$2\,HgO \quad \rightarrow \quad 2\,Hg \quad + O_2 + Wärme$	$Fe_2O_3 \quad + \quad 3\,CO \quad \rightarrow \quad 2\,Fe + \quad 3\,CO_2$
Quecksilber- Quecksilber Sauerstoff oxid	Eisen (III)-oxid Kohlenmonoxid Eisen Kohlendioxid

Die Entziehung von Sauerstoff aus einem Oxid nennt man Reduktion.

Sauerstoff wird als Oxidationsmittel und zur Erzeugung hoher Temperaturen verwendet, z. B. beim Schweißen.

Wasserstoff

Wasserstoff (Hydrogenium) ist ein farbloses und geruchloses Gas, dessen Moleküle aus zwei Wasserstoffatomen bestehen. Er kommt meist nur chemisch gebunden vor, z. B. in Wasser, Erdöl, Tier- und Pflanzenstoffen und ist brennbar.

Symbol	H
Wertigkeit	1
Dichte	0,09 kg/m³

Wasserstoff kann z. B. durch Elektrolyse von Wasser gewonnen werden oder aus Wassergas, das beim Durchblasen von Wasserdampf durch glühenden Koks entsteht. Er wird unter 15 MPa Druck in Flaschen gefüllt. Wasserstoff-Flaschen haben Linksgewinde W 21,8 x 1/14″ und sind rot gestrichen.
Wasserstoff dient als Brenngas beim Schweißen, zur Kühlung in Senderöhren und Generatoren und wird für die Herstellung von Kunststoffen benötigt.

Kohlenstoff

Kohlenstoff ist in allen Stoffen der belebten Natur und in Kunststoffen chemisch gebunden. Solche Verbindungen werden als *organische Verbindungen* bezeichnet.

Reiner Kohlenstoff kommt in zwei verschiedenen Kristallformen als Graphit und als Diamant vor. Diamanten werden wegen ihrer Härte für Schneidwerkzeuge und

Symbol	C	
Wertigkeit	4 oder 2	
Formen	Graphit	Diamant
Härte	1–2	10
Schmelzpunkt	3450 °C	—
Dichte	2,25 kg/dm³	3,51 kg/dm³

Schleifmittel sowie zur Abtastung von Schallplatten verwendet. Sie sind elektrisch nicht leitend. Graphit ist dagegen elektrisch leitend, weich und hat einen hohen Schmelzpunkt. Er dient für elektrische Kontakte als Schleifer und Kohlebürste, als Elektrode, als Widerstand und wird in Schmiermitteln verwendet.

Kohlenstoffverbindungen

Die wichtigsten Verbindungen des Kohlenstoffs sind die mit Sauerstoff (Oxide), mit Metallen (Carbide) und mit Wasserstoff (Kohlenwasserstoffe). Oxide **(Tabelle 1 Seite 128)** und Carbide, z. B. Siliciumcarbid SiC, sind anorganische Verbindungen, Kohlenwasserstoffe sind organische Verbindungen. Kohlenwasserstoffe können kettenförmige oder ringförmige Moleküle bilden und dienen als Ausgangsstoff für Kunststoffe.

* reducere (lat.) = zurückführen; ** Redox = Kunstwort aus **Red**uktion und **Ox**idation

Tabelle 1: Oxide des Kohlenstoffs

Verbindung	Eigenschaften	Vorkommen/Entstehung	Anwendung
Kohlendioxid CO_2	Farbloses, geruchloses, nicht brennbares, ungiftiges Gas. Sauer schmeckend. Löscht Flammen. Bei mehr als 3% CO_2 in der Luft besteht Gefahr für Gesundheit und Erstickungsgefahr. Dichte 1,98 kg/m³. Sammelt sich an tiefsten Stellen, z. B. Kellern, da schwerer als Luft.	Bei vollständiger Verbrennung von Kohlenstoff: $C + O_2 \rightarrow CO_2$. Bei Gärung und Verwesung organischer Stoffe. Bei Ausatmung durch den Menschen. Bei Verwitterung von Kalkstein. Technische Erzeugung: Brennen von Kalkstein $(CaCO_3 \rightarrow CaO + CO_2)$	Als Feuerlöschmittel (Löschschaum). Als Kältemittel (hohe Verdunstungskälte) in Kälteanlagen. Als Trockeneis. Zur Herstellung von Carbonaten und organischen Verbindungen. Pflanzen nehmen tagsüber CO_2 auf und geben O_2 ab.
Kohlenmonoxid CO	Farbloses, geruchloses, brennbares, sehr giftiges Gas. Leichter als Luft, brennt mit blauer Flamme. Tödlich bei mehr als 0,5% CO in der Luft (Kopfschmerzen − Bewußtlosigkeit − Tod). CO wird vom Bluthämoglobin gebunden und macht Sauerstofftransport im Blut unmöglich.	Bei Verbrennung von Kohlenstoff mit ungenügender Sauerstoffzufuhr, z. B. bei Zimmeröfen mit wenig Zug. Bei Abgasen von Verbrennungsmotoren. Technische Erzeugung: Verbrennung von Koks $(2 C + O_2 \rightarrow 2 CO)$.	Als Reduktionsmittel für Metalloxide. Als Heizgas.

Gesättigte Kohlenwasserstoffe (Alkane) haben alle Bindungen eines Kohlenstoffatoms durch eine Bindung mit einem anderen Kohlenstoffatom oder mit Wasserstoffatomen abgesättigt **(Bild 1)**. Sie verbinden sich deshalb kaum mit anderen Stoffen. Ihr *Reaktionsvermögen* (Affinität) ist gering. Ihre Moleküle bestehen meist aus unverzweigten Ketten. Erdöl und dessen Verarbeitungsprodukte, z. B. Benzin, sind Gemenge von Alkanen.

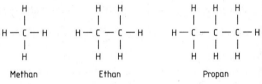

Bild 1: Gesättigte Kohlenwasserstoffe (Alkane)

Ungesättigte Kohlenwasserstoffe (Alkene) haben zwischen den Kohlenstoffatomen Mehrfachbindungen **(Bild 2)**. Solche Bindungen können sich lösen, um andere Atome zu binden. Diese Stoffe sind besonders reaktionsfähig. So entstehen die kettenförmigen oder ringförmigen Riesenmoleküle der Kunststoffe, z. B. Polyethylen aus Ethylen.

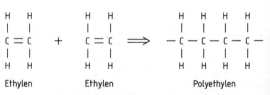

Bild 2: Ethylen und Polyethylen (ungesättigte Kohlenwasserstoffe, Alkene)

Säuren, Basen, Salze

Säuren. Verbindet sich ein Nichtmetalloxid mit Wasser, so entsteht eine Säure. Ebenso auch bei der Verbindung von Wasserstoff mit Chlor, Jod oder Fluor.

SO_3 + H_2O $\rightarrow$ H_2SO_4		H_2 + Cl_2 $\rightarrow$ 2 HCl
Schwefeltrioxid Wasser Schwefelsäure		Wasserstoff Chlor Salzsäure

Säuren schmecken sauer und leiten den elektrischen Strom. Sie sind Elektrolyte. Konzentriert wirken sie stark ätzend. Deshalb sind beim Umgang mit konzentrierten Säuren die Augen und Hände besonders zu schützen. Säuren lassen sich mit Lackmuslösung nachweisen. Lackmus ist ein *Indikator* (Anzeiger) für Säuren.

Säuren färben Lackmus rot.

In wässriger Lösung spalten Säuren positive Wasserstoffionen H^+ und negative Ionen des Säurerestes, z. B. SO_4^-, ab. Sie lösen unedle Metalle und Metalloxide auf und bilden Salze.

Wichtige Säuren sind Schwefelsäure, Salzsäure, Salpetersäure **(Tabelle 1)**, Essigsäure und Kohlensäure. Wird Schwefelsäure mit Wasser verdünnt, so entsteht Wärme. Gießt man Wasser in konzentrierte Schwefelsäure, so ist die Wärmeentwicklung besonders stark, und es spritzt Säure aus dem Gefäß. Dies kann vermieden werden, wenn man umgekehrt die Säure in Wasser gießt.

Beim Verdünnen von Säuren stets die Säuren unter Umrühren langsam in das Wasser gießen.

Tabelle 1: Wichtige Säuren		
Säure	Eigenschaften	Anwendung
Schwefelsäure H_2SO_4	Farblos, geruchlos, ölig, Dichte 1,84 kg/dm³, zieht begierig Wasser an, zerstört sehr schnell organische Stoffe.	Als Elektrolyt in Bleiakkumulatoren. Zum Beizen von Metallen und Metallegierungen.
Salzsäure HCl	Farblos (durch Verunreinigung gelblich gefärbt), riecht stechend und verdampft. Greift fast alle Metalle an. Der Säuredampf greift außerdem Augen, Atmungsorgane und Haut an und beschleunigt die Korrosion.	Zum Entfernen der Oxidschicht von Kupferblechen und Stahlblechen.
Salpetersäure HNO_3	Farblos, bei Lichteinfall gelb, verdampft. Sehr starke Säure, greift alle Metalle, außer Gold und Platin, an.	Zur Herstellung von Kunststoffen. Zum Beizen von Metallen.

Basen. Verbinden sich Metallionen mit OH⁻-Ionen (Hydroxidionen), so entsteht ein Metallhydroxid. Löst sich ein solches Metallhydroxid in Wasser auf, so entsteht eine Base, auch Lauge genannt.

$$2Na + 2H_2O \rightarrow 2NaOH + H_2 \uparrow$$
Natrium   Wasser   Natriumhydroxid   Wasserstoff
(gelöst: Natronlauge)

Basen sind in Wasser gelöste Metallhydroxide. Sie färben Lackmus blau und Phenolphtalein rot.

Basen zeigen alkalisches (basisches) Verhalten. Sie fühlen sich seifig an und lösen Fette. Sie leiten den elektrischen Strom und wirken konzentriert stark ätzend.

Augen und Hände sind beim Umgang mit Basen und Säuren besonders zu schützen. Schutzbrille tragen und Augenspülmittel bereithalten!

Natronlauge (NaOH) dient zum Entfetten, z.B. von Stahl. Kalilauge (KOH) wird als Elektrolyt, z.B. in Quecksilberoxid-Zellen und in Nickel-Cadmium-Akkumulatoren, verwendet.

Salze sind Verbindungen aus Metallionen und Säureresten. Sie entstehen, wenn der Wasserstoff eines Säuremoleküls durch Metall ersetzt wird. Dies tritt bei verschiedenen Reaktionen ein **(Tabelle 2)**.

Die Salze werden nach ihren Metallen und dem Säurerest benannt.

Es heißen die Salze der Salzsäure Chloride, der Salpetersäure Nitrate, der Schwefelsäure Sulfate, der Phosphorsäure Phosphate und die Salze der Kohlensäure Carbonate. Salze sind ebenso wie Säuren und Basen aus Ionen aufgebaut und leiten in Wasser gelöst den elektrischen Strom.

Tabelle 2: Salzbildung	
Reaktion	Beispiel
Metall mit Säure	$Zn + 2HCl \rightarrow ZnCl_2 + H_2 \uparrow$ Zink Salzsäure Zinkchlorid Wasserstoff
Metalloxid mit Säure	$CuO + 2HCl \rightarrow CuCl_2 + H_2O$ Kupferoxid Salzsäure Kupfer(II)-chlorid Wasser
Base mit Säure	$NaOH + HCl \rightarrow NaCl + H_2O$ Natronlauge Salzsäure Natriumchlorid (Kochsalz) Wasser

Säuren, Basen und Salze sind in wäßriger Lösung elektrisch leitend. Man nennt sie Elektrolyte.

Salze dienen z.B. beim Galvanisieren zum Abscheiden eines Metalls aus der Salzlösung, als Elektrolyt in Primärelementen und in Geräteverpackungen zur Trockenhaltung der Luft.

Wiederholungsfragen

1. Was versteht man unter Reduktion?
2. Nennen Sie Kohlenstoffverbindungen!
3. Wie reagiert Lackmus auf Säuren und auf Basen?
4. Was ist beim Verdünnen von Säuren zu beachten?

1.12.6 Eisen und Stahl

Eisen kommt in der Natur als Eisenerz, z. B. als Brauneisenstein Fe_2O_3, vor. Eisenerze sind Verbindungen des Eisens mit Sauerstoff.

Roheisen. Im Hochofen **(Bild 1)** wird Eisenerz durch Reduktion mittels Kohlenstoff der Sauerstoff entzogen ($2 Fe_2O_3 + 3 C \rightarrow 4 Fe + 3 CO_2$). Dieses Roheisen enthält aber noch 3 bis 5% Kohlenstoff, Schwefel, Phosphor, Silicium und andere Verunreinigungen (Eisenbegleiter). Wegen seiner schlechten Eigenschaften muß Roheisen erst noch weiterverarbeitet werden. Graues Roheisen wird zu Gußeisen verarbeitet, weißes Roheisen zu Stahl und Temperguß.

Stahl kann im LD-Verfahren (Sauerstoffaufblas-Verfahren) oder Siemens-Martin-Verfahren (Bild 1) hergestellt werden. Dabei werden die Verunreinigungen des Roheisens verbrannt. Die notwendigen hohen Temperaturen werden durch Luftzufuhr mit hohem Sauerstoffgehalt erreicht.

Stahl ist ohne Nachbehandlung schmiedbarer Eisenwerkstoff.

Durch Zugabe anderer Stoffe wird der Stahl legiert und erhält besonders gute Eigenschaften **(Tabelle 1)**.

Durch Wärmebehandlung kann Stahl gehärtet und vergütet werden.

Gußwerkstoffe werden z. B. für Gehäuse, Zahnräder und Lager verwendet, die sich sonst nur schwer herstellen lassen. Hierzu wird flüssiges Metall in Formen gegossen. Man unterscheidet Gußeisen, Temperguß und Stahlguß.

Normung. Bei Baustählen (unter 0,5% C-Gehalt) gibt die Zahl hinter den Buchstaben St für Stahl, GG für Gußeisen, GS für Stahlguß bzw. GT für Temperguß die Mindestzugfestigkeit in daN/mm^2 an (1 daN = 10 N). Z. B. bedeutet GS-60 Stahlguß mit $60 \cdot 10$ $N/mm^2 = 600$ N/mm^2 Mindestzugfestigkeit.

Bei niedrig legierten Stählen (unter 5% Legierungszusätze) werden die Zeichen der Legierungsstoffe angegeben und danach in der gleichen Reihenfolge deren mit einem Faktor **(Tabelle 2)** multiplizierten Prozentzahlen. Davor ist der Kohlenstoffgehalt angegeben. Um die Prozentzahlen zu erhalten, muß die angegebene Zahl durch den Faktor dividiert werden.

> **Beispiel:** Entschlüsseln Sie die Bezeichnung 13 CrMo 4 4!
>
> *Lösung:* Niedrig legierter Stahl mit (13/100)% C = **0,13% C**, (4/4)% Cr = **1% Cr** und (4/10)% Mo = **0,4% Mo**

Hochlegierten Stählen (über 5% Legierungszusätze) ist ein X vorgestellt. C hat den Multiplikator 100. Die anderen Legierungsanteile sind direkt angegeben, z. B. X 10 CrNi 188. Es gibt noch weitere Arten der Normung (siehe Tabellenbuch).

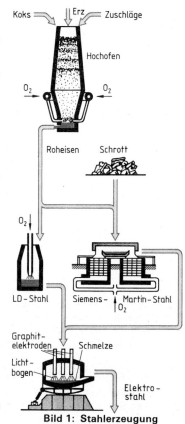

Bild 1: Stahlerzeugung

Tabelle 1: Einfluß der Legierungsbestandteile

Bestandteil		Änderungen der Eigenschaften des Stahls
C	Kohlenstoff	Festigkeit und Härte werden größer, Schmelzpunkt wird niedriger
Co	Kobalt	Härte und Koerzitivfeldstärke werden größer
Cr	Chrom	Härte, Festigkeit, Korrosionsbeständigkeit und Remanenz werden größer
Ni	Nickel	Festigkeit, Zähigkeit, Korrosionsbeständigkeit, Hitzebeständigkeit und spezifischer Widerstand werden größer
Si	Silicium	Elastizität und spezifischer Widerstand werden größer

Tabelle 2: Multiplikatoren für niedrig legierte Stähle

4		10		100	
Chrom	Cr	Aluminium	Al	Kohlenstoff	C
Kobalt	Co	Kupfer	Cu	Phosphor	P
Mangan	Mn	Molybdän	Mo	Schwefel	S
Nickel	Ni	Tantal	Ta	Stickstoff	N
Silicium	Si	Titan	Ti		
Wolfram	W	Vanadium	V		

1.12.7 Korrosion

Korrosion* ist die Zerstörung eines Werkstoffs durch chemische oder elektrochemische Vorgänge.

Korrosionsarten

Bei der *chemischen Korrosion* entstehen durch einwirkende Stoffe, z. B. Sauerstoff, chemische Verbindungen der Metalle. Diese bilden an der Metalloberfläche eine Schicht. Ist diese Schicht porenfrei und wasserunlöslich, so wirkt sie als schützende Haut, z. B. Aluminiumoxid auf Aluminium. Die Korrosion kommt dann zum Stillstand. Ist die Schicht aber durchlässig, wasserlöslich oder gar wasseranziehend, wie z. B. Rost, so beschleunigt sie die Korrosion.

Bei der *elektrochemischen Korrosion* bewirkt ein elektrischer Strom die Auflösung eines Metalls. Es entstehen ähnliche Vorgänge wie im Inneren eines galvanischen Elements. Man unterscheidet elektrochemische Korrosion durch Elementbildung und durch Streuströme.

Versuch: Befeuchten Sie einen Kupferpfennig mit Salzwasser, und drücken Sie eine dünne Aluminiumfolie darauf. Betrachten Sie nach etwa einer Stunde die Folie gegen das Licht!

Die Folie ist zerfressen und voller Löcher.

Gelangt zwischen zwei verschiedene Metalle ein Elektrolyt, z. B. Salzwasser, so entsteht ein galvanisches Element. Sind die beiden Metalle auch elektrisch miteinander verbunden, z. B. durch Berührung (Berührungskorrosion, Kontaktkorrosion), so fließt ein Korrosionsstrom **(Bild 1)**, und ein Metall wird zerstört.

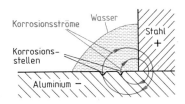

Bild 1: Berührungskorrosion

> Bei elektrochemischer Korrosion korrodiert stets das Metall an der Austrittsstelle des Stromes zum Elektrolyten. Das andere Metall korrodiert nicht.

Bei der Berührungskorrosion (Bild 1) lösen sich Ionen vom unedleren Metall und wandern durch den Elektrolyten zum edleren Metall. Das unedlere Metall wird zerstört. Die Korrosion ist um so stärker, je weiter die beiden Metalle in der elektrochemischen Spannungsreihe auseinanderliegen und je wirksamer der Elektrolyt ist.

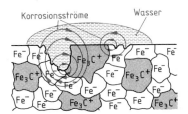

Bild 2: Korrosion im Kristallgefüge

Auch innerhalb eines Metallgefüges können sich galvanische Elemente bilden, wenn das Metall keinen einheitlichen Kristallaufbau hat. So sind z. B. im Stahl Ferritkristalle (Fe) und Eisencarbidkristalle (Fe_3C) nebeneinander vorhanden **(Bild 2)**. Kommt Feuchtigkeit hinzu, so bilden sich Lokalelemente. Fe ist unedler als Fe_3C, bildet den negativen Pol und wird zerstört.

Die *Streustromkorrosion* tritt auf, wenn ein Gleichstrom den vorgesehenen Stromkreis verläßt oder über einen Elektrolyten einen Streustrom bildet.

> Die Streustromkorrosion zerstört jedes Metall an der Stromaustrittsstelle. Sie tritt nur bei Gleichstrom auf.

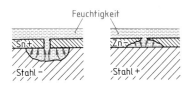

Bild 3: Metallüberzüge mit Riß

Korrosionsschutz. Korrosion wird durch konstruktive Maßnahmen verhindert, z. B. dadurch, daß sich kein Elektrolyt ansammelt, daß sich zwei verschiedene Metalle nicht berühren oder nur dann, wenn sie in der Spannungsreihe dicht beieinander liegen oder daß kein Strom von einem Metall in einen Elektrolyten fließt.

Säurefreie Fettschichten, Farb- und Lackaufträge, Emailleschichten und Kunststoffüberzüge, z. B. durch Aufblasen von Kunststoffpulver auf ein erhitztes Werkstück (Wirbelsintern), schützen eine Metalloberfläche vor Korrosion.

Auch Metallüberzüge **(Bild 3)** schützen vor Korrosion. Ist das Überzugsmetall edler als das Grundmetall, so wirkt der Schutz nur solange der Überzug nicht verletzt ist. Ansonsten wird das Grundmetall aufgelöst. Ist dagegen das Überzugsmetall unedler als das Grundmetall, so besteht auch nach Verletzung des Überzugs ein Schutz. Im Lauf der Zeit löst sich jedoch der Überzug auf.

Beim *elektrischen Korrosionsschutz* läßt man einen Schutzstrom fließen und verlegt die Korrosion an eine Stelle, an der sie am wenigsten schadet.

---

* corrodere (lat.) = zernagen

1.12.8 Leiterwerkstoffe

Die Nichteisenwerkstoffe werden in Leichtmetalle (Dichte $\varrho < 5\,kg/dm^3$) und Schwermetalle ($\varrho \geqq 5\,kg/dm^3$) eingeteilt. Eine besondere Bedeutung haben in der Elektrotechnik und Elektronik die Leiterwerkstoffe **(Tabelle 1)**. Da geringe Verunreinigungen ihre Leitfähigkeit stark herabsetzen, müssen sie äußerst rein hergestellt werden, z. B. E-Kupfer mit 99,9% Cu, Reinaluminium mit 99,5% Al.

Tabelle 1: Wichtigste Leiterwerkstoffe

Werkstoff	Eigenschaften	Anwendung
Kupfer Cu	Dichte 8,9 kg/dm³, elektr. Leitfähigkeit 56 m/($\Omega \cdot$ mm²), Schmelzpunkt 1085 °C, zweitbester elektrischer Leiter und Wärmeleiter, weich, leicht verformbar (Walzen, Ziehen), schlecht zerspanbar (schmiert). Nach Kaltverformung spröde, nach Glühen wieder weich. In feuchter Luft bildet sich eine Patinaschicht (Kupfercarbonat), die vor weiterer Korrosion schützt. Bei Schwefeleinwirkung, z. B. durch Gummiisolierung, muß Kupfer durch Verzinnen geschützt sein. Kupferverbindungen sind giftig!	Elektrolytkupfer als Leiter in Leitungen, Wicklungen und gedruckten Schaltungen. Als Schaltdraht und Stromschiene. Als Wärmeleiter, z. B. Kühlkörper für Halbleiter, Lötkolben, Kühlrohre. Für Kontakte, z. B. in Walzenschaltern. Zum Plattieren (Aufwalzen), z. B. auf Aluminium. In Kupferlegierungen.
Aluminium Al	Dichte 2,7 kg/dm³, elektrische Leitfähigkeit 36 m/($\Omega \cdot$ mm²), Schmelzpunkt 658 °C, guter elektrischer Leiter und guter Wärmeleiter. Aluminium überzieht sich an der Luft mit dichter, elektrisch schlecht leitender Oxidschicht, die vor weiterer Korrosion schützt; dadurch korrosionsbeständig. Geringe Zugfestigkeit, kerbempfindlich, wird von schwachen Laugen angegriffen.	Als Leiter für Stromschienen, Freileitungen und in integrierten Schaltkreisen. Als Kabelmantel, Kondensatorfolie, Bleche für Gehäuse, Antennen und Kühlkörper für Halbleiter. Für elektr. Abschirmung und magnetische Wirbelstromabschirmung, für Wirbelstromdämpfung und Wirbelstrombremsen.
Silber Ag	Dichte 10,5 kg/dm³, elektrische Leitfähigkeit 60 m/($\Omega \cdot$ mm²), Schmelzpunkt 960 °C, bester elektrischer Leiter und bester Wärmeleiter, korrosionsbeständig, weich, leitende Oxidschicht, nicht schwefelbeständig. Als Legierung mit Kupfer, Platin, Iridium, Palladium oder Kadmium ergeben sich besonders gute Eigenschaften, z. B. Hartsilber (Ag, 3% Cu): hart und lichtbogenfest. Silber-Palladium (Ag, 30% Pd): hart und schwefelbeständig.	Als Leiter in der HF-Technik. Für Kontakte. Relaiskontakt, Schützkontakt, Kontaktbimetall, Kfz-Blinkgeber.
Gold Au	Dichte 19,3 kg/dm³, elektr. Leitfähigkeit 46 m/($\Omega \cdot$ mm²), Schmelzpunkt 1063 °C, chemisch beständig, weich.	Für Kontakte und Anschlußdrähte in integrierten Schaltungen.
Kupfer-Zink-Legierungen (Messing)	Dichte etwa 8,6 kg/dm³, elektrische Leitfähigkeit etwa 15 m/($\Omega \cdot$ mm²), größere Zugfestigkeit als Kupfer, 56% bis 95% Cu, z. B. CuZn37 (37% Zn, Rest Cu), große Zähigkeit. Läßt sich weichlöten und hartlöten. Es gibt Kupfer-Zink-Gußlegierungen und Kupfer-Zink-Knetlegierungen.	Für Ösen, Schrauben, Klemmen, Nieten, Fassungen, Schaltkontakte in Schaltern. Profile, Armaturen, Bleche.
Kupfer-Zinn-Legierungen (Zinnbronze)	Dichte etwa 8,8 kg/dm³, elektrische Leitfähigkeit etwa 10 m/($\Omega \cdot$ mm²), Schmelzpunkt etwa 1000 °C, große Zähigkeit, 80% bis 98% Cu, z. B. CuSn8 (92% Cu, 8% Sn), sehr korrosionsbeständig.	Stromzuführende Kontaktfedern
Aluminium-Legierungen	Durch Legieren mit Kupfer, Mangan, Silicium und Magnesium erhält die Verbindung andere Eigenschaften. Der Werkstoff wird gut gießbar (Gußlegierung) oder gut verformbar (Knetlegierung). Spanabhebend sind Aluminium-Legierungen leicht zu bearbeiten. Aluminium-Knetlegierungen: E-AlMgSi (Aldrey), erhöhte Zugfestigkeit; AlCuMg, z. B. Duralumin, aushärtbar, erhöhte Festigkeit. Aluminium-Gußlegierungen: z. B. G-AlSiMg korrosionsbeständig und gut bearbeitbar.	Freileitungen, Drähte, Sammelschienen, Aluminiumschrauben. Gehäuse, Läuferkäfige.

1.12.9 Leitungen

Die Leitungen müssen für die Übertragungsgrößen, z. B. Spannung und Frequenz, sowie für die zu erwartenden Beanspruchungsarten, z. B. Wärme, Feuchtigkeit und Zug, ausgelegt sein. *Harmonisierte* Installationsleitungen **(Tabelle 1)** garantieren einheitliche Prüfbedingungen.

Tabelle 1: Bezeichnungsschema für harmonisierte Installationsleitung, Beispiel H07RN-F2X1,5

H	07	R	N	F	2 X 1,5
Bestimmung	Nennspannung U_0/U^*	Isolierwerkstoff	Mantelwerkstoff	Aufbau	Aderzahl/Schutzleiter/Querschnitt
H Harmonisierte Bestimmung A Anerkannter nationaler Typ	03 300 V/300 V 05 300 V/500 V 07 450 V/750 V $*U_0$ größtmögliche Spannung gegen Erde U größtmögliche Spannung gegen anderen Leiter	V PVC S Silikon-Kautschuk R Naturkautschuk und/oder Styrol-Butadienkautschuk	V PVC N Polychloropren-Kautschuk R Naturkautschuk und/oder Styrol-Butadienkautschuk J Glasfasergeflecht T Textilgeflecht	U eindrähtig R mehrdrähtig F feindrähtig bei flexiblen Leitungen H feinstdrähtig bei flexiblen Leitungen K feindrähtig bei Leitungen für feste Verlegung Y Lahnlitze	Zahl Aderzahl<hr>X ohne Schutzleiter G mit Schutzleiter<hr>Zahl Nennquerschnitt des Leiters

H07RN-F 2 X 1,5 stellt eine harmonisierte Gummischlauchleitung dar für 450 V Nennspannung gegen Erde und 750 V Nennspannung gegen andere Leiter mit Naturkautschuk-Adernisolierung und Polychloropren-Kautschuk-Mantel, 2 Adern ohne Schutzleiter mit je 1,5 mm² Nennquerschnitt.

Diese Leitungen sind durch die Prägung ◁ VDE ▷ ◁ HAR ▷ oder durch einen Kennfaden mit der Farbfolge schwarz-rot-gelb gekennzeichnet. Der VDE-Kennfaden ist schwarz-rot. Schutzleiter und PEN-Leiter haben die Leiterfarbe Grün-Gelb, Neutralleiter (Mittelleiter) die Leiterfarbe Hellblau. Für Außenleiter werden meist die Leiterfarben Schwarz und Braun verwendet. Für nicht harmonisierte Starkstromleitungen besteht nach VDE ein anderes Bezeichnungsschema (Tabellenbuch).

1.12.10 Lote und Flußmittel

Mit Loten können elektrisch gut leitende Verbindungen hergestellt werden. Man unterscheidet Weichlote (Schmelzpunkt unter 450 °C) und Hartlote (Schmelzpunkt über 450 °C).

Zinn-Blei-Legierungen sind die wichtigsten Lote in der Elektrotechnik und Elektronik **(Tabelle 2)**.

Blei und Bleiverbindungen sind sehr giftig.

Tabelle 2: Wichtige Weichlote und Hartlote

Benennung	Kurzzeichen	Zusammensetzung	Schmelzpunkt	Verwendung
Sickerlot (Weichlot)	L-Sn 63 Pb	63% Sn; Rest Pb	183 °C	Verzinnen und Löten von Drähten und Bauelementen im Elektrogerätebau
Zinn-Blei-Weichlot	L-Sn 60 PbAg	60% Sn; 3 bis 4% Ag Rest Pb	178 °C bis 180 °C	Verzinnen und Löten von Bauelementen in der Elektronik
Silberlot	L-Ag 40 Cd	40% Ag; 20% Cd; 19% Cu; Rest Zn	610 °C	Löten von Kupfer, Stahl, Nickel und deren Legierungen
Messinglot	L-Ms 60	60% Cu; Rest Zn	900 °C	Löten von Kupfer und Stahl

Bei 63% Sn und 37% Pb geht die Legierung direkt vom festen in den flüssigen Zustand über. Die Lote L-Sn 63 Pb, L-Sn 60 Pb oder auch L-Sn 60 Pb Ag werden vorwiegend in der Elektrotechnik und Elektronik als Lötdraht mit Kolophonium als Flußmittel verwendet.

Flußmittel lösen die Oxidschicht und schützen während des Lötvorgangs vor Oxidation.

Hartlote sind meist Kupfer-Zink-Legierungen oder Kupfer-Zinn-Legierungen.

1.12.11 Isolierstoffe

Der *Isolationswiderstand* wird bestimmt durch den *spezifischen Durchgangswiderstand* ϱ_D, d. h. den Widerstand des Isolierstoffes von 1 cm² Querschnitt und 1 cm Dicke, sowie vom *Oberflächenwiderstand*. Letzterer wird von Feuchtigkeit und Verunreinigungen beeinflußt. Die Durchschlagfestigkeit E_d gibt an, bei welcher Sinusspannung je mm Isolierstoffdicke ein Durchschlag erfolgt. Die Kriechstromfestigkeit gibt die Widerstandsfähigkeit gegen das Entstehen von Kriechspuren durch Oberflächenströme an.

Man unterscheidet Naturstoffe und Kunststoffe, auch Plaste genannt **(Tabelle 1)**.

Kunststoffe bestehen aus Riesenmolekülen (*Makromolekülen*), die viele Einzelmoleküle vereinigen. Sie können aus den Elementen Kohlenstoff, Wasserstoff, Sauerstoff, Stickstoff, Chlor, Fluor und Silicium gebildet werden. Ausgangsstoffe dafür sind Erdöl, Erdgas, Kohle, Kalk, Kochsalz, Wasser und Luft.

Kunststoffe können z. B. fadenförmig aufgebaute Makromoleküle haben. Sie werden *Plastomere* oder *Thermoplaste* genannt (Tabelle 1). *Duromere* (*Duroplaste*) haben engvermaschte Makromoleküle. Duromere sind hart und spröde. Sind die Makromoleküle weitmaschig vernetzt, so sind sie elastisch. Man nennt sie *Elastomere*.

Plastomere (Thermoplaste) lassen sich fast beliebig oft bei Erwärmung plastisch verformen. Duromere (Duroplaste) und Elastomere sind plastisch nicht verformbar.

Tabelle 1: Isolierstoffe (Auswahl)

	Benennung	Eigenschaften	Anwendung
Naturstoffe / rein	Glimmer	$E_d \approx 30$ bis 70 kV/mm; $\varrho_D \approx 10^{16}$ Ω cm; $\varepsilon_r \approx 6$ bis 8; $\tan\delta \approx 0,0005$; elastisch-biegsames Gestein, hitzebeständig, durchsichtig, nicht hygroskopisch.	Dielektrikum in Kondensatoren. Isolierscheiben für Leistungshalbleiter. Fenster für radioaktive Strahlung. Träger für Heizleiter.
Naturstoffe / abgewandelt	Quarz (SiO₂)	$\varrho_D \approx 10^{13}$ bis 10^{20} Ω cm, gut wärmeleitend, kann auf Si durch Oxidation dünn aufgebracht werden.	In Schmelzsicherungen zur Funkenlöschung. Zur Isolation in integrierten Schaltungen.
	Glas	$\varrho_D \approx 10^{8}$ bis 10^{15} Ω cm, $\varepsilon_r \approx 5$ bis 16, $\tan\delta \approx 0,001$; besteht aus Quarzsand, ist hart, spröde, nicht hygroskopisch.	Für Lampen, Röhren, Diodengehäuse und Isolatoren. Als Träger für Schichtschaltungen. Als Lichtleitfaser; als Glasfasergewebe in Hartgewebe für gedruckte Schaltungen.
	Keramik (z. B. Porzellan, Steatit, Oxid-Keramik)	$E_d \approx 40$ kV/mm, guter Isolator, lichtbogenfest, nicht hygroskopisch, wärmebeständig, chemisch beständig, alterungsbeständig.	Als Isolator, Gehäuse für Leistungshalbleiter, Träger für Schichtschaltungen, Einsätze von Sicherungen, Schalter, Steckdosen. Als Dielektrikum in Keramikkondensatoren und Widerstandsträger.
Kunststoffe / Plastomere	Polyvinylchlorid (PVC)	$E_d \approx 20$ bis 50 kV/mm, $\varrho_D \approx 10^{16}$ Ω cm, $\tan\delta \approx 0,02$; beständig gegen Laugen, Salze, schwache Säuren, Öle und Benzin; schwer entflammbar. Ursprünglich hart; kann mit Weichmachern auch weich und elastisch gemacht werden.	Als Leitungsisolation, Isolierschläuche, Schrumpfschläuche, Rohre, Klebebänder.
	Polystyrol (PS)	$E_d \approx 50$ kV/mm, $\varrho_D \approx 10^{16}$ Ωcm; in reinem Zustand glasklar und spröde; leicht brennbar.	In der HF-Technik als Spulenkörper, Klemmleiste, Isolierfolie und Leitungsisolierung.
	Polyethylen (PE)	$E_d \approx 60$ bis 150 kV/mm, $\varrho_D \approx 10^{15}$ Ωcm, $\tan\delta \approx 0,0004$; elektrische Eigenschaften fast unabhängig von Frequenz und Temperatur, chemisch beständig, wasserabweisend, leicht brennbar.	Isolation für Antennenleitungen, Isolierfolien, Verpackungsfolien, Leitungsrohre, Mantelisolation bei Kabeln.
Kunststoffe / Duromere	Epoxidharz (EP)	Zähfest, chemisch beständig, sehr gute elektrische Eigenschaften, wärmefest.	Als Harz: Gießharz, Klebeharz, Lackharz, Drahtisolierung. Zum Vergießen von Spulen und Transformatoren. Als Schichtpreßstoff: Hartgewebe. Als Preßmasse: Schalterteile, Gehäuse.

2 Anwendungen der Grundlagen

2.1 Blindwiderstände an Wechselspannung

2.1.1 Wechselstromwiderstand des Kondensators

Kapazitiver Blindwiderstand

Versuch 1: Schließen Sie einen Kondensator von 4 µF über einen Strommesser für Wechselstrom und einen Stromwender an eine Gleichspannung von 6 V an! Drehen Sie den Stromwender immer rascher, und beobachten Sie den Zeigerausschlag des Strommessers!

Der Strommesser zeigt Wechselstrom an. Die Stromstärke ist um so größer, je rascher der Stromwender gedreht wird.

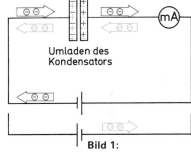

Umladen des Kondensators

Bild 1:
Kondensator an Wechselspannung

Der Stromwender polt die Spannung am Kondensator laufend um. Dadurch liegt der Kondensator an Wechselspannung. Seine Platten werden abwechselnd positiv und negativ geladen.

In der Leitung fließt wechselnd ein Ladestrom oder ein Entladestrom, also Wechselstrom **(Bild 1)**.

Versuch 2: Schließen Sie eine 4,5-V-Glühlampe an einen Stelltransformator an! Stellen Sie die Nennspannung der Glühlampe ein! Schließen Sie dann der Glühlampe einen Kondensator von 8 µF in Reihe! Stellen Sie etwa die gleiche Helligkeit der Glühlampe ein! Messen Sie die Spannung an der Schaltung! Schalten Sie anstelle des Kondensators von 8 µF einen Kondensator von 4 µF in den Stromkreis, und wiederholen Sie den Versuch!

Bei der Reihenschaltung von Glühlampe und Kondensator erreicht man erst bei einer wesentlich höheren Spannung die gleiche Helligkeit wie bei direktem Anschluß der Glühlampe. Hat der Kondensator eine kleinere Kapazität, so erreicht man die gleiche Helligkeit der Glühlampe erst bei einer noch höheren Spannung.

Der Kondensator wirkt im Wechselstromkreis als Widerstand. Er benötigt zum Aufbau des elektrischen Feldes Leistung. Beim Abbau des elektrischen Feldes wird die gleiche Leistung wieder an den Spannungserzeuger abgegeben. Im Mittel ist die Leistung Null. Die zwischen Kondensator und Erzeuger hin- und herpendelnde Leistung nennt man *Blindleistung*. Der ideale Kondensator nimmt nur Blindleistung auf. Er ist deshalb ein *kapazitiver Blindwiderstand*.

Der kapazitive Blindwiderstand ist um so größer, je niedriger die Frequenz und je kleiner die Kapazität ist **(Bild 2)**.

X_C kapazitiver Blindwiderstand
ω Kreisfrequenz
C Kapazität

$$[X_C] = \frac{s}{F} = \frac{s \cdot V}{As} = \frac{V}{A} = \Omega$$

$$\boxed{X_C = \frac{1}{\omega \cdot C}}$$

Beispiel 1: Berechnen Sie den kapazitiven Blindwiderstand eines Kondensators von 22 nF bei einer Frequenz von 1000 Hz!

Lösung: $X_C = \dfrac{1}{\omega \cdot C} = \dfrac{1}{2 \cdot \pi \cdot f \cdot C} = \dfrac{1}{2 \cdot \pi \cdot 1000 \ 1/s \cdot 22 \ nF} = \mathbf{7234 \ \Omega}$

Beispiel 2: Welche Kapazität hat ein Kondensator, dessen Blindwiderstand bei einer Frequenz von 1000 Hz 1591,5 Ω beträgt?

Lösung: $X_C = \dfrac{1}{\omega \cdot C} \Rightarrow C = \dfrac{1}{\omega \cdot X_C} = \dfrac{1}{2 \cdot \pi \cdot f \cdot X_C} = \dfrac{1}{2 \cdot \pi \cdot 1000 \ 1/s \cdot 1591,5 \ \Omega} = \mathbf{0,1 \ \mu F}$

Phasenverschiebung

Schließt man einen Kondensator an Wechselspannung an, so wird er im Wechsel geladen und entladen. Dabei sind die Ladestromstärke und die Entladestromstärke der Änderungsgeschwindigkeit der Spannung proportional. $i = C \cdot (\Delta u)/(\Delta t)$

Bei Sinusspannung ist die Änderungsgeschwindigkeit der Spannung am größten, wenn die Spannung durch Null geht **(Bild 1, Seite 136)**, und Null, wenn die Spannung am größten ist. Der Ladestrom und der Entladestrom in den Zuleitungen zum Kondensator eilen der Spannung um 90° voraus.

Beim idealen Kondensator eilt der Strom der Spannung um 90° voraus.

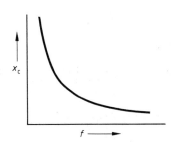

Bild 2: Abhängigkeit des kapazitiven Blindwiderstands von der Frequenz

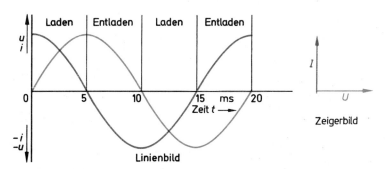

Bild 1: Phasenverschiebung beim Kondensator

2.1.2 Wechselstromwiderstand der Spule

Induktiver Blindwiderstand

Versuch 1: Schieben Sie eine Spule mit 6000 Windungen über einen U-Kern, und schließen Sie den Eisenweg mit einem Joch! Schließen Sie die Spule über einen Strommesser für Wechselstrom und einen Stromwender an eine Gleichspannung von 6 V an! Drehen Sie den Stromwender immer rascher, und beobachten Sie den Zeigerausschlag des Strommessers!

Die Stromstärke ist um so kleiner, je rascher der Stromwender gedreht wird.

Der Stromwender polt die Spannung an der Spule laufend um. Infolge der Selbstinduktion steigt der Strom durch die Spule langsam an und fällt langsam ab. Erfolgt die Umpolung genügend rasch, so kann der Strom seinen Endwert nicht erreichen. Die mittlere Stromstärke nimmt ab. Sie wird um so kleiner, je rascher die Umpolung erfolgt.

Versuch 2: Schließen Sie eine Glühlampe 4,5 V an einen Stelltransformator an! Stellen Sie die Nennspannung der Glühlampe ein! Schließen Sie dann der Glühlampe eine Spule mit 600 Windungen in Reihe! Stellen Sie am Stelltransformator etwa die gleiche Helligkeit der Glühlampe ein! Messen Sie die Spannung an der Schaltung! Schieben Sie die Spule auf einen U-Kern, und wiederholen Sie den Versuch!

Bei der Reihenschaltung von Glühlampe und Spule erreicht man erst bei einer höheren Spannung die gleiche Helligkeit wie bei direktem Anschluß der Glühlampe. Wird die Induktivität der Spule vergrößert, so erreicht man die gleiche Helligkeit der Glühlampe erst bei einer höheren Spannung.

Die Spule hat im Wechselstromkreis einen wesentlich höheren Widerstand als im Gleichstromkreis. Sie benötigt zum Aufbau des magnetischen Feldes Leistung. Beim Abbau des Magnetfeldes wird die gleiche Leistung wieder an den Spannungserzeuger abgegeben. Im Mittel ist die Leistungsaufnahme Null. Die hin- und herpendelnde Leistung nennt man Blindleistung. Die Spule hat deshalb einen *induktiven Blindwiderstand*.

Der induktive Blindwiderstand ist um so größer, je größer die Frequenz und die Induktivität sind.

X_L induktiver Blindwiderstand
ω Kreisfrequenz
L Induktivität

$$[X_L] = \frac{1}{s} \cdot \frac{Vs}{A} = \frac{V}{A} = \Omega \qquad \boxed{X_L = \omega \cdot L}$$

Beispiel 1: Berechnen Sie den induktiven Blindwiderstand einer Spule mit einer Induktivität von 31,5 mH bei einer Frequenz von 1000 Hz!

Lösung: $X_L = \omega \cdot L = 2 \cdot \pi \cdot f \cdot L = 2 \cdot \pi \cdot 1000 \ 1/s \cdot 0,0315 \ H = $ **197,8 Ω**

Beispiel 2: Welche Induktivität hat eine Spule, deren Blindwiderstand bei einer Frequenz von 1000 Hz 2,5 kΩ beträgt?

Lösung: $X_L = \omega \cdot L; \Rightarrow L = \dfrac{X_L}{\omega} = \dfrac{X_L}{2 \cdot \pi \cdot f} = \dfrac{2500 \ \Omega}{2 \cdot \pi \cdot 1000 \ 1/s} = 0,4 \ H = $ **400 mH**

Phasenverschiebung

Schließt man eine Spule an Wechselspannung an, so wird ein Magnetfeld aufgebaut und abgebaut. Dabei ist die Spannung an der Spule der Änderungsgeschwindigkeit des Stromes proportional.

$u = -L \cdot \Delta i / \Delta t$

Bei Sinusstrom ist die Änderungsgeschwindigkeit des Stromes am größten, wenn der Strom durch Null geht (**Bild 1**), und Null, wenn die Stromstärke am größten ist.

> Bei der idealen Spule eilt die Spannung dem Strom um 90° voraus.

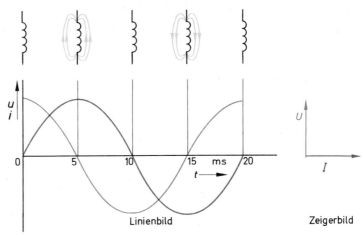

Linienbild   Zeigerbild

Bild 1: Phasenverschiebung bei der Spule

2.1.3 Schaltungen von nicht gekoppelten Spulen

Schaltungen mit Spulen, welche untereinander magnetisch nicht gekoppelt sind, lassen sich ähnlich wie Schaltungen mit Widerständen berechnen.

Bei der **Reihenschaltung** der nicht gekoppelten Spulen addieren sich die Blindwiderstände. Die Induktivität ist dem Blindwiderstand proportional. Die Ersatzinduktivität ist bei der Reihenschaltung gleich der Summe der Einzelinduktivitäten.

L Ersatzinduktivität
$L_1; L_2 \ldots$ Einzelinduktivitäten

Bei Reihenschaltung:

$$L = L_1 + L_2 + \ldots$$

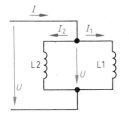

Bild 2: Parallelschaltung

Bei der **Parallelschaltung** von nicht gekoppelten Spulen ist der Scheinwiderstand und damit der Blindwiderstand kleiner als bei einer Einzelspule der Schaltung. Der Gesamtstrom ist gleich der Summe der Ströme durch die Spulen (**Bild 2**). Die Widerstände verhalten sich umgekehrt wie die Stromstärken. Der Kehrwert der Ersatzinduktivität ist also gleich der Summe der Kehrwerte der Einzelinduktivitäten.

L Ersatzinduktivität
$L_1; L_2 \ldots$ Einzelinduktivitäten

Bei Parallelschaltung:

$$\frac{1}{L} = \frac{1}{L_1} + \frac{1}{L_2} + \ldots \qquad L = \frac{L_1 \cdot L_2}{L_1 + L_2}$$

Für zwei Induktivitäten

Beispiel: Berechnen Sie die Ersatzinduktivität der Parallelschaltung von zwei nicht gekoppelten Spulen mit den Induktivitäten 47 mH und 22 mH!

Lösung: $L = \dfrac{L_1 \cdot L_2}{L_1 + L_2} = \dfrac{47 \text{ mH} \cdot 22 \text{ mH}}{47 \text{ mH} + 22 \text{ mH}} = \textbf{15 mH}$

Wiederholungsfragen

1. Wovon hängt der kapazitive Blindwiderstand ab?
2. Wie groß ist die Phasenverschiebung zwischen Strom und Spannung beim idealen Kondensator?
3. Wovon hängt der induktive Blindwiderstand ab?
4. Wie groß ist die Phasenverschiebung zwischen Spannung und Strom bei der idealen Spule?
5. Wie groß ist die Ersatzinduktivität bei der Parallelschaltung von nicht gekoppelten Spulen im Vergleich zu den Einzelinduktivitäten?
6. Wie berechnet man die Ersatzinduktivität bei der Parallelschaltung von zwei nicht gekoppelten Spulen?

2.2 RC-Schaltungen und RL-Schaltungen

Reihenschaltungen und Parallelschaltungen aus Wirkwiderständen und Blindwiderständen sind frequenzabhängige Schaltungen.

2.2.1 Reihenschaltung aus Wirkwiderstand und Blindwiderstand

Bei der **Reihenschaltung** aus einem Wirkwiderstand und einem Kondensator **(Bild 1)** eilt die Wechselspannung am Kondensator dem Strom um 90° nach. Die Spannung am Wirkwiderstand ist mit dem Strom in Phase.

Die *geometrische Addition* der Einzelspannungen ergibt die Gesamtspannung.

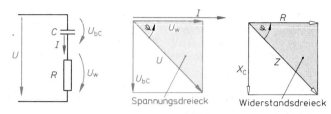

Bild 1: Reihenschaltung aus Wirkwiderstand und Kondensator

Zeiger dürfen parallel und in der Richtung des Pfeils verschoben werden, d. h. der Zeiger U_{bC} darf an der Spitze von U_w angetragen werden. Im Zeigerbild der Spannungen entsteht ein rechtwinkliges Dreieck aus U, U_w und U_{bC}. Für dieses Spannungsdreieck gilt der Lehrsatz des Pythagoras:

U Gesamtspannung
U_w Wirkspannung
U_{bC} Kapazitive Blindspannung

$$U^2 = U_w^2 + U_{bC}^2$$

$$U = \sqrt{U_w^2 + U_{bC}^2}$$

Da sich bei einer Reihenschaltung aus Widerständen die Teilspannungen wie die Teilwiderstände verhalten, läßt sich aus dem Strom-Spannungs-Zeigerbild das Widerstandsdiagramm ableiten. Die geometrische Addition der Einzelwiderstände ergibt den Gesamtwiderstand. Der Gesamtwiderstand wird als *Scheinwiderstand* bezeichnet. Den Scheinwiderstand nennt man auch *Impedanz*.

Z Scheinwiderstand
R Wirkwiderstand
X_C Kapazitiver Blindwiderstand

$$Z = \sqrt{R^2 + X_C^2}$$

Für die Stromaufnahme der Schaltung sind die Gesamtspannung und der Scheinwiderstand maßgebend.

I Stromstärke
U Gesamtspannung
Z Scheinwiderstand

$$I = \frac{U}{Z}$$

Beispiel 1: Ein Widerstand von 5,6 kΩ und ein Kondensator von 4,7 nF sind in Reihe an eine Sinusspannung von 10 V, 10 kHz angeschlossen. Wie groß sind Z, I, U_w und U_{bC}?

Lösung:

$$X_C = \frac{1}{\omega C} = \frac{1}{2\,\pi \cdot 10\ kHz \cdot 4,7\ nF} = 3,39\ k\Omega;$$

$$Z = \sqrt{R^2 + X_C^2} = \sqrt{5,6^2 + 3,39^2}\ k\Omega = \textbf{6,55 k}\boldsymbol{\Omega}$$

$$I = \frac{U}{Z} = \frac{10\ V}{6,55\ k\Omega} = \textbf{1,53 mA}; \quad U_w = I \cdot R = 1,53\ mA \cdot 5,6\ k\Omega = \textbf{8,57 V}$$

$$U_{bC} = I \cdot X_C = 1,53\ mA \cdot 3,39\ k\Omega = \textbf{5,19 V}$$

Der Phasenverschiebungswinkel φ gibt die Phasenverschiebung zwischen U und I an. Aus dem Spannungsdreieck oder dem Widerstandsdreieck kann φ berechnet werden.

φ Phasenverschiebungswinkel
X_C Kapazitiver Blindwiderstand
R Wirkwiderstand
U_{bC} Kapazitive Blindspannung
U_w Wirkspannung

Bei Reihenschaltung:

$$\tan \varphi = \frac{U_{bC}}{U_w}$$

$$\tan \varphi = \frac{X_C}{R}$$

Bei der RC-Reihenschaltung eilt der Strom der Gesamtspannung um den *Phasenverschiebungswinkel* φ voraus. Der Phasenverschiebungswinkel ist um so kleiner, je größer Widerstand, Kapazität und Frequenz sind.

Beispiel 2: Wie groß ist im Beispiel 1 der Phasenverschiebungswinkel φ?

Lösung: $\tan \varphi = \dfrac{X_C}{R} = \dfrac{3,39\ k\Omega}{5,6\ k\Omega} = 0,605;\ \varphi = \mathbf{31,2°}$

Bei der **Reihenschaltung** aus einem Widerstand und einer idealen Spule **(Bild 1)** eilt die Spannung an der Spule dem Strom und damit der Spannung am Widerstand um 90° voraus.

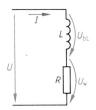 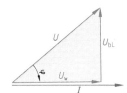 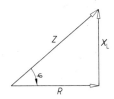

Bild 1: Reihenschaltung aus Spule und Widerstand

Dem Spannungsdreieck entspricht das Widerstandsdreieck.

I Stromstärke
U Gesamtspannung
Z Scheinwiderstand
U_w Wirkspannung
U_{bL} Induktive Blindspannung
R Wirkwiderstand
X_L Induktiver Blindwiderstand

$$I = \frac{U}{Z}$$

$$U = \sqrt{U_w^2 + U_{bL}^2}$$

$$Z = \sqrt{R^2 + X_L^2}$$

Sowohl die Einzelspannungen als auch die Einzelwiderstände werden geometrisch addiert. Der Phasenverschiebungswinkel kann aus dem Spannungsdreieck oder aus dem Widerstandsdreieck ermittelt werden.

φ Phasenverschiebungswinkel
X_L Induktiver Blindwiderstand
R Wirkwiderstand
U_{bL} Induktive Blindspannung
U_w Wirkspannung

Bei Reihenschaltung:

$$\tan \varphi = \frac{U_{bL}}{U_w}$$

$$\tan \varphi = \frac{X_L}{R}$$

Bei der RL-Reihenschaltung eilt der Strom der Gesamtspannung um den Phasenverschiebungswinkel φ nach. Der Phasenverschiebungswinkel ist um so größer, je größer Frequenz und Induktivität sind und je kleiner der Widerstand ist.

2.2.2 Parallelschaltung aus Wirkwiderstand und Blindwiderstand

Bei der Parallelschaltung aus einem Widerstand und einem Kondensator **(Bild 1)** eilt der Strom durch den Kondensator der Spannung um 90° voraus. Der Strom durch den Widerstand ist mit der Spannung in Phase. Den Gesamtstrom erhält man durch *geometrische Addition* der Einzelströme.

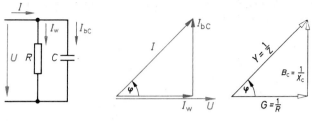

Bild 1: Parallelschaltung aus Widerstand und Kondensator

Da sich bei einer Parallelschaltung aus Widerständen die Teilströme wie die Leitwerte verhalten, läßt sich aus dem Strom-Spannungs-Zeigerbild das *Leitwertdiagramm* ableiten.

I_W Wirkstrom
I_{bC} Kapazitiver Blindstrom
Y Scheinleitwert
G Wirkleitwert
B_C Kapazitiver Blindleitwert
Z Scheinwiderstand

$$U = I \cdot Z = \frac{I}{Y}$$

$$\frac{1}{Z} = Y = \sqrt{G^2 + B_C^2}$$

$$I = \sqrt{I_W^2 + I_{bC}^2}$$

$$Z = \frac{R \cdot X_C}{\sqrt{R^2 + X_C^2}}$$

> Bei der Parallelschaltung ergibt die geometrische Addition der Einzelleitwerte den Scheinleitwert.

Beispiel: Ein Widerstand von 5,6 kΩ und ein Kondensator von 4,7 nF sind parallel an eine Spannung von 10 V, 10 kHz angeschlossen. Wie groß sind I_W, I_{bC} und I?

Lösung: $X_C = \dfrac{1}{\omega C} = \dfrac{1}{2\,\pi \cdot 10\ \text{kHz} \cdot 4{,}7\ \text{nF}} = 3{,}39\ \text{k}\Omega$; $I_{bC} = \dfrac{U}{X_C} = \dfrac{10\ \text{V}}{3{,}39\ \text{k}\Omega} = \textbf{2,95 mA}$

$I_W = \dfrac{U}{R} = \dfrac{10\ \text{V}}{5{,}6\ \text{k}\Omega} = \textbf{1,79 mA}$; $I = \sqrt{I_W^2 + I_{bC}^2} = \sqrt{1{,}79^2 + 2{,}95^2}\ \text{mA} = \textbf{3,45 mA}$

Der Phasenverschiebungswinkel φ läßt sich bei der RC-Parallelschaltung aus dem Stromdreieck oder dem Leitwertdreieck ermitteln.

Bei Parallelschaltung:

φ Phasenverschiebungswinkel
R Wirkwiderstand
X_C Kapazitiver Blindwiderstand

$$\tan \varphi = \frac{R}{X_C}$$

Der Phasenverschiebungswinkel ist bei der RC-Parallelschaltung um so größer, je größer Widerstand, Kapazität und Frequenz sind.

Der Scheinwiderstand der RC-Parallelschaltung kann auch zeichnerisch ermittelt werden **(Bild 2)**. Die Fläche des rechtwinkligen Dreiecks aus den Seiten R, X_C und $\sqrt{R^2 + X_C^2}$ ist $\frac{1}{2} R \cdot X_C$ oder $\frac{1}{2} Z \cdot \sqrt{R^2 + X_C^2}$. Setzt man die beiden Ausdrücke gleich, so erhält man

$$\frac{1}{2} R \cdot X_C = \frac{1}{2} Z \cdot \sqrt{R^2 + X_C^2}$$

Löst man nach Z auf, so entsteht

$$Z = \frac{R \cdot X_C}{\sqrt{R^2 + X_C^2}}$$

Die Höhe Z des Dreiecks entspricht also dem Scheinwiderstand Z und kann zeichnerisch ermittelt werden.

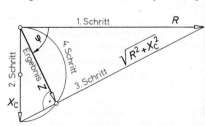

**Bild 2:
Ermittlung des Scheinwiderstandes**

Bei der **Parallelschaltung** aus einem Widerstand und einer idealen Spule **(Bild 1)** eilt der Strom durch die Spule der Spannung und damit dem Strom durch den Widerstand um 90° nach.

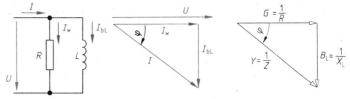

Bild 1: Parallelschaltung aus Widerstand und Spule

Dem Stromdreieck entspricht das *Leitwertdreieck* (*Leitwertdiagramm*). Der Phasenverschiebungswinkel φ ist um so kleiner, je größer Frequenz und Induktivität sind und je kleiner der Widerstand ist.

I	Stromstärke
I_{w}	Wirkstrom
I_{bL}	Induktiver Blindstrom
Z	Scheinwiderstand
Y	Scheinleitwert
G	Wirkleitwert
B_{L}	Induktiver Blindleitwert
R	Wirkwiderstand
X_{L}	Induktiver Blindwiderstand

$$U = I \cdot Z = \frac{I}{Y}$$

$$\frac{1}{Z} = Y = \sqrt{G^2 + B_{\mathrm{L}}^2}$$

$$I = \sqrt{I_{\mathrm{w}}^2 + I_{\mathrm{bL}}^2}$$

$$Z = \frac{R \cdot X_{\mathrm{L}}}{\sqrt{R^2 + X_{\mathrm{L}}^2}}$$

Z kann in gleicher Weise wie bei der RC-Parallelschaltung zeichnerisch ermittelt werden.

2.2.3 Verluste im Kondensator

Die Platten des Kondensators werden an Wechselspannung abwechselnd positiv und negativ geladen. Da es keine idealen Nichtleiter gibt, fließt im Dielektrikum ein schwacher Strom. Außerdem ändern die elektrischen Dipole dauernd ihre Richtung. Beides bewirkt eine Erwärmung des Dielektrikums. Fließen der Ladestrom und der Entladestrom durch die Beläge des Kondensators, so werden auch diese erwärmt. Im Kondensator geht durch Wärme Nutzenergie verloren.

> In jedem Kondensator treten Verluste auf.

Die Verluste werden durch einen *Verlustwiderstand* parallel zum idealen Kondensator dargestellt **(Bild 2)**. Die Verluste des Kondensators sind klein, folglich ist der Verlustwiderstand groß.

Der Ersatzschaltplan eines Kondensators besteht aus der Parallelschaltung von idealem Kondensator und Verlustwiderstand. Durch den Widerstand fließt der *Wirkstrom* I_{w}. An der Schaltung liegt die Wechselspannung U (Bild 2). Der Gesamtstrom I in der Leitung kann aus dem *Zeigerbild* der *Ströme* **(Bild 3)** ermittelt werden: I_{w} ist mit U in Phase. I_{bC} eilt U und damit I_{w} um 90° vor. Die geometrische Addition von I_{w} und I_{bC} ergibt I. Den Gesamtstrom kann man zeichnerisch bestimmen oder mit dem Satz des Pythagoras berechnen.

Die Leitwerte sind den Strömen proportional. Entsprechend dem Zeigerbild der Ströme kann man das Leitwertdiagramm (Bild 3) zeichnen.

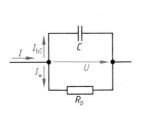

Bild 2: Spannungen und Ströme des Kondensators mit Verlusten

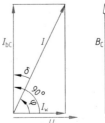

Bild 3: Zeigerbild der Ströme und Leitwertdiagramm

Infolge der Verluste des Kondensators ist die Phasenverschiebung zwischen Strom und Spannung kleiner als 90°. Sie nähert sich um so mehr dem Wert 90°, je kleiner die Verluste des Kondensators sind.

Der *Verlustfaktor* ist gleich dem Tangens des Winkels δ^*. Der Winkel δ ist die Ergänzung des Phasenverschiebungswinkels φ auf 90° (Bild 3 Seite 141).

d Verlustfaktor

δ Verlustwinkel

$$d = \tan\delta$$

Aus dem Zeigerbild der Ströme erhält man $d = \dfrac{I_w}{I_{bC}}$. Da sich bei Parallelschaltung die Ströme umgekehrt wie die Widerstände verhalten, gilt auch $d = \dfrac{X_C}{R_p} = \dfrac{1}{\omega C R_p}$

Der *Gütefaktor* ist der Kehrwert des Verlustfaktors.

Q Gütefaktor

d Verlustfaktor

$$Q = \dfrac{1}{d}$$

Der Gütefaktor des Kondensators ist um so größer, je kleiner die Verluste des Kondensators sind.

Beispiel: Wie groß ist der Verlustwiderstand eines Kondensators mit der Kapazität 10 µF und dem Verlustfaktor $1{,}5 \cdot 10^{-4}$ bei der Frequenz 50 Hz?

Lösung: $d = \dfrac{1}{\omega C R_p} \Rightarrow$

$R_p = \dfrac{1}{\omega C d} = \dfrac{1}{2\pi f C d} = \dfrac{1}{2\pi \cdot 50\ \mathrm{1/s} \cdot 10^{-5}\ \mathrm{As/V} \cdot 1{,}5 \cdot 10^{-4}} = \mathbf{2{,}12\ M\Omega}$

2.2.4 Verluste in der Spule

Schließt man eine Spule mit Eisenkern an Wechselspannung an, so ändern die Molekularmagnete im Eisenkern laufend ihre Richtung. Durch den dauernden Aufbau und Abbau des Magnetfeldes werden außerdem im Kern Wirbelströme induziert. Beide Vorgänge haben eine Erwärmung des Eisenkerns zur Folge. Der Strom fließt durch die Wicklung der Spule und bewirkt ihre Erwärmung. Bei jeder Spule geht also Nutzenergie verloren.

In jeder Spule an Wechselspannung tritt Verlustleistung auf.

Eisenverluste nennt man die Summe von Hystereseverlustleistung und Wirbelstromverlustleistung. *Wicklungsverluste* nennt man die Verlustleistung der Wicklung.

Die Verluste werden im Ersatzschaltplan durch einen *Verlustwiderstand*, der zur idealen Spule in Reihe geschaltet ist, dargestellt **(Bild 1)**. Die Verluste der Spule sind meist klein. Dann ist der Verlustwiderstand kleiner als der induktive Blindwiderstand.

Infolge der Verluste der Spule ist der Phasenverschiebungswinkel φ zwischen Strom und Spannung kleiner als 90°. Er nähert sich um so mehr dem Wert 90°, je kleiner die Verluste der Spule sind.

Der *Verlustfaktor* ist gleich dem Tangens des Winkels δ. Der Winkel δ ist die Ergänzung des Phasenverschiebungswinkels φ auf 90° **(Bild 2)**. Der Gütefaktor ist der Kehrwert des Verlustfaktors.

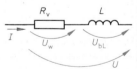

Bild 1:
Spule mit Verlusten

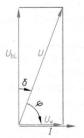

Bild 2: Zeigerbild
der Spannungen

* δ griech. Kleinbuchstabe delta

d	Verlustfaktor	
δ	Verlustwinkel	
R	Wirkwiderstand	
X_L	induktiver Blindwiderstand	
Q	Gütefaktor	

$$d = \tan\delta$$

$$Q = \frac{1}{d}$$

$$\boxed{d = \frac{R}{X_L}}$$

$$\boxed{Q = \frac{X_L}{R}}$$

Der Gütefaktor der Spule ist um so größer, je kleiner die Verluste sind.

Beispiel: Berechnen Sie den Wirkwiderstand einer Spule mit einem Blindwiderstand von 2 kΩ und einem Gütefaktor von 250!

Lösung: $Q = \dfrac{X_L}{R} \Rightarrow R = \dfrac{X_L}{Q} = \dfrac{2000\ \Omega}{250} = 8\ \Omega$

2.2.5 Impulsverformung

RC-Glied an Rechteckspannung

Die Reihenschaltung eines Widerstandes R mit einem Kondensator C wird auch *RC-Glied* genannt.

Versuch 1: Schließen Sie die Reihenschaltung aus $R = 5,6$ kΩ und $C = 4,7$ nF an einen Rechteckgenerator an, und untersuchen Sie die Spannung am Kondensator mit dem Oszilloskop bei verschiedenen Frequenzen!

Bei niedrigen Frequenzen entsteht am Kondensator eine geringfügig verformte Rechteckspannung, bei höheren Frequenzen eine sägezahnförmige Spannung, deren Flanken mit steigender Frequenz immer flacher werden (**Bild 1**).

Bei niedrigen Frequenzen vergeht eine ziemlich lange Zeit, bis die Spannung des Rechteckgenerators ihre Richtung ändert. Aufladevorgang oder Entladevorgang sind bei sehr niedrigen Frequenzen schon beendet, wenn sich die Spannungsrichtung wieder ändert. Die Spannung am Kondensator hat dann annähernd einen rechteckigen Verlauf. Bei höheren Frequenzen polt der Rechteckgenerator die Ausgangsspannung in kürzeren Zeitabständen um. Aufladevorgang oder Entladevorgang des RC-Gliedes sind in dieser Zeit noch nicht abgeschlossen. Das Oszillogramm der Kondensatorspannung zeigt deshalb Abschnitte der Ladekurven oder Entladekurven. Diese werden um so geradliniger und flacher, je kleiner die Periodendauer der Rechteckspannung im Verhältnis zur Zeitkonstanten ist.

In Oszilloskopen und in Fernsehgeräten benötigt man zur Ablenkung des Elektronenstrahles Spannungen bzw. Ströme, die geradlinig ansteigen und abfallen, wobei der Anstieg der Spannung viel länger dauert als der Abfall (**Bild 1, Seite 144**). Eine solche Spannung erzeugt man, indem man beim Aufladen einen großen Widerstand und beim Entladen einen kleinen Widerstand verwendet. Den linearen Anstieg der Spannung erreicht man, indem man den Widerstand während des Aufladens so verkleinert, daß ein konstanter Ladestrom fließt.

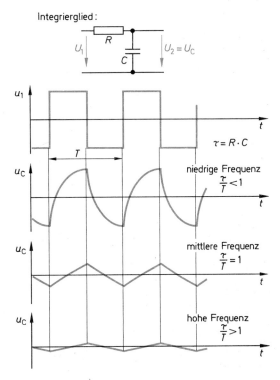

Bild 1: Spannungen am Kondensator bei Rechteck-Eingangsspannung

143

Nimmt man die Ausgangsspannung am Kondensator ab, so arbeitet das RC-Glied als Integrierglied.

Beim *Integrierglied** entspricht die Ausgangsspannung dem Inhalt der Fläche zwischen der Kennlinie der Eingangsspannung und der Zeitachse **(Bild 2)**.

Versuch 2: Wiederholen Sie Versuch 1! Untersuchen Sie aber die Spannung am Widerstand!
Bei niedrigen Frequenzen entstehen am Widerstand Nadelimpulse **(Bild 3)**. *Mit steigender Frequenz nähert sich die Spannung am Widerstand immer mehr der Rechteckform.*

Bei niedrigen Frequenzen ist der Aufladevorgang oder der Entladevorgang schon beendet, wenn die Rechteckspannung ihre Richtung wieder ändert. Da nach Beendigung des Ladevorgangs oder des Entladevorganges kein Strom im Stromkreis fließt, kann auch keine Spannung am Widerstand liegen.

Deshalb ist nur während der Spannungsumkehr am Widerstand ein kurzer Nadelimpuls vorhanden. Am Widerstand liegt die Gesamtspannung aus Generatorspannung und Kondensatorspannung, die im Zeitpunkt der Spannungsumkehr bei niedrigen Frequenzen doppelt so groß wie die Generatorspannung ist. Je kürzer die Periodendauer der Rechteckspannung im Verhältnis zur Zeitkonstanten des RC-Gliedes ist, um so mehr nähert sich die Spannung am Widerstand der Rechteckkurve. In Fernsehgeräten und Verstärkern treten bei der Übertragung von Rechteckspannungen Verzerrungen auf, wenn RC-Glieder eine zu kleine Zeitkonstante besitzen.

In digitalen Meßgeräten und Zählschaltungen werden oft durch RC-Glieder aus Rechteckimpulsen nadelförmige Steuerimpulse erzeugt. In Fernsehgeräten gewinnt man aus einem Impulsgemisch mit Hilfe von Differenziergliedern Nadelimpulse, die der Zeilen-Synchronisierung dienen.

Nimmt man die Ausgangsspannung am Widerstand eines RC-Gliedes ab, so arbeitet das RC-Glied als Differenzierglied.

Beim *Differenzierglied*** entspricht die Ausgangsspannung etwa der Änderung der Eingangsspannung in Abhängigkeit von der Zeit.

* integrieren (lat.) = zusammenfassen
** differenzieren (lat.) = unterscheiden

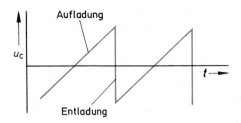

Bild 1: Sägezahnspannung

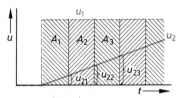

u_{21} entspricht A_1
u_{22} entspricht $A_1 + A_2$

Bild 2: Integrierte Rechteckkurve

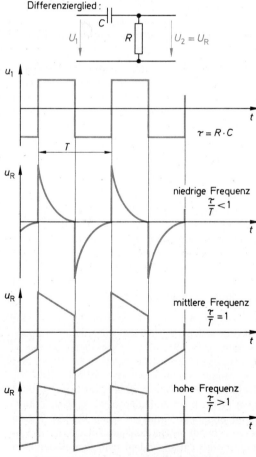

Bild 3: Spannungen am Widerstand der RC-Reihenschaltung

RL-Glied an Rechteckspannung

Die Reihenschaltung eines Widerstandes R mit einer Induktivität L wird *RL-Glied* genannt.

Versuch 3: Schließen Sie die Reihenschaltung aus $R = 5,6$ kΩ und $L = 250$ mH an einen Rechteckgenerator an, und untersuchen Sie die Spannung an der Spule und anschließend am Widerstand mit einem Oszilloskop bei verschiedenen Frequenzen!

Bei niedrigen Frequenzen ist am Widerstand eine etwas verformte Rechteckspannung und an der Spule eine nadelförmige Spannung vorhanden. Bei hohen Frequenzen ist an der Spule eine wenig verformte Rechteckspannung und am Widerstand eine Dreieckspannung mit fast geraden Flanken vorhanden (**Bild 1**).

Ist die Periodendauer der Rechteckspannung groß gegenüber der Zeitkonstanten des RL-Gliedes, so liegt an der Spule keine Spannung mehr, wenn die Eingangsspannung umgepolt wird. Daher entstehen an der Spule Nadelimpulse. Bei hohen Frequenzen ist die Spannung an der Spule noch vorhanden, wenn die Umpolung eintritt. Deshalb ist die Spulenspannung annähernd rechteckig.

Die Spannung am Widerstand erreicht bei sehr niedrigen Frequenzen schnell den Höchstwert und bleibt bis zur nächsten Umpolung der Eingangsspannung konstant. Bei höheren Frequenzen können der Strom und damit die Spannung am Widerstand der schnellen Änderung nicht mehr folgen. Die Spannung am Widerstand wird daher dreieckförmig.

> Das RL-Glied arbeitet als Integrierglied, wenn die Spannung am Widerstand abgenommen wird. Es arbeitet als Differenzierglied, wenn die Spannung an der Spule abgenommen wird.

Mit Rechteckimpulsen erzeugt man geradlinig ansteigende Ströme für die Horizontalablenkung im Fernsehgerät.

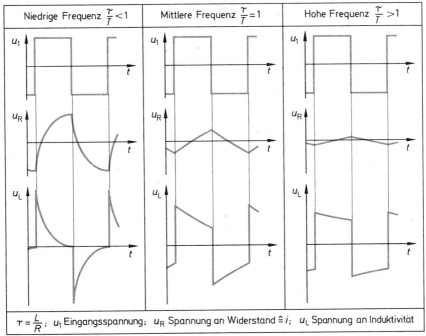

$\tau = \dfrac{L}{R}$; u_1 Eingangsspannung; u_R Spannung an Widerstand $\hat{=} i$; u_L Spannung an Induktivität

Bild 1: Spannungen bei RL-Reihenschaltung an rechteckiger Eingangsspannung

Wiederholungsfragen

1. Wie ist der Phasenverschiebungswinkel einer RC-Reihenschaltung von C, R und f abhängig?

2. Wie ist der Phasenverschiebungswinkel einer RL-Parallelschaltung von R, L und f abhängig?

3. Wodurch entstehen in der Spule an Wechselspannung Verluste?

4. Was versteht man unter dem Verlustfaktor des Kondensators?

5. Wie hängt der Gütefaktor von den Verlusten der Spule ab?

6. An welchem Bauteil nimmt man bei einem Integrierglied aus R und L die Ausgangsspannung ab?

7. Warum tritt bei rechteckiger Eingangsspannung am Widerstand eines RC-Gliedes ein Nadelimpuls auf?

2.2.6 RC-Siebschaltungen und RL-Siebschaltungen

Siebschaltungen (Filter) benutzt man zur Unterdrückung oder Schwächung unerwünschter Bereiche eines Frequenzgemisches. Dazu verwendet man Tiefpässe, Hochpässe, Bandpässe und Bandsperren **(Tabelle 1)**.

Tabelle 1: Pässe und Sperren		
Bezeichnung	Frequenzbereiche	Erklärung
U_1 — ∿ — U_2 Filter, allgemein	U_1 $f \longrightarrow$	Am Eingang einer Siebschaltung ist ein Frequenzgemisch aus allen Frequenzen vorhanden.
U_1 — ≈ — U_2 Tiefpaß	U_2 — SB Sperrbereich SB $f \longrightarrow$	Der Tiefpaß läßt tiefe Frequenzen durch. Hohe Frequenzen gelangen nicht zum Ausgang.
U_1 — ≈ — U_2 Hochpaß	U_2 — DB Durchlaßbereich DB $f \longrightarrow$	Der Hochpaß unterdrückt alle tiefen Frequenzen. Hohe Frequenzen gelangen ungeschwächt zum Ausgang.
U_1 — ≋ — U_2 Bandpaß	U_2 — SB DB SB $f \longrightarrow$	Der Bandpaß läßt nur Frequenzen eines begrenzten Frequenzbereichs zum Ausgang. Alle übrigen Frequenzen werden unterdrückt.
U_1 — ≋ — U_2 Bandsperre	U_2 — DB SB DB $f \longrightarrow$	Die Bandsperre unterdrückt alle Frequenzen eines begrenzten Frequenzbereiches. Die übrigen Frequenzen gelangen zum Ausgang.

RC-Tiefpässe und RL-Tiefpässe

Versuch 1: Schließen Sie die Reihenschaltung aus $R = 5,6$ kΩ und $C = 4,7$ nF an einen Sinusgenerator an, und messen Sie bei verschiedenen Frequenzen mit einem hochohmigen elektronischen Spannungsmesser die Spannung am Kondensator!

Die Spannung am Kondensator ist bei niedrigen Frequenzen fast so groß wie die Eingangsspannung und sinkt mit zunehmender Frequenz **(Bild 1)**.

Mit steigender Frequenz sinkt der Widerstand des Kondensators und schließt die Ausgangsspannung immer mehr kurz.

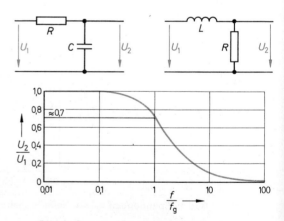

Bild 1: Durchlaßkurve eines Tiefpasses

Bei der Darstellung von *Durchlaßkurven* wird oft als veränderliche Größe anstelle der Frequenz das Verhältnis aus der veränderlichen Frequenz und einer Bezugsfrequenz f_g (Seite 148) gewählt. Anstelle der Ausgangsspannung trägt man dann das Verhältnis Ausgangsspannung zur Eingangsspannung auf. Diese normierte Darstellungsart hat den Vorteil, daß die Durchlaßkurve für beliebige Werte der Bauteile oder der Eingangsspannung gültig ist. In den RC-Siebschaltungen und RL-Siebschaltungen wählt man als Bezugsfrequenz die Grenzfrequenz des Übertragungsbereichs.

Versuch 2: Schließen Sie die Reihenschaltung aus $R = 5,6$ kΩ und $L = 250$ mH an einen Sinusgenerator an, und messen Sie bei verschiedenen Frequenzen die Spannung am Widerstand mit einem hochohmigen elektronischen Spannungsmesser.

Die Ausgangsspannung hat einen ähnlichen Verlauf wie im Versuch 1.

Mit steigender Frequenz nimmt der Widerstand der Spule zu und sperrt den Wechselstrom immer mehr. Dadurch wird die Ausgangsspannung kleiner. RC-Tiefpässe und RL-Tiefpässe verwendet man zur Siebung in Netzteilen oder zur Unterdrückung hoher Frequenzen in Verstärkern. Der Übertragungsbereich von Breitbandverstärkern wird im oberen Frequenzbereich durch Tiefpässe begrenzt, die sich aus Widerständen und Schaltkapazitäten bzw. aus Widerständen und Leitungsinduktivitäten bilden.

Soll ein Breitbandverstärker Spannungen mit sehr hohen Frequenzen verstärken, so müssen durch entsprechende Anordnung der Bauteile und Leiterbahnen die Schaltkapazitäten und die Leitungsinduktivitäten möglichst klein gehalten werden. Außerdem werden kleine Wirkwiderstände, z. B. von Eingangswiderständen und Ausgangswiderständen der Filter und Verstärker, gewählt.

RC-Hochpässe und RL-Hochpässe

Versuch 3: Wiederholen Sie Versuch 1, messen Sie aber die Spannung am Widerstand!

Die Ausgangsspannung ist bei niedrigen Frequenzen fast Null und nimmt mit zunehmender Frequenz bis zur Höhe der Eingangsspannung zu (**Bild 1**).

Der große Widerstand des Kondensators bei niedrigen Frequenzen sperrt weitgehend den Strom, so daß am Widerstand fast keine Spannung auftritt.

Versuch 4: Wiederholen Sie Versuch 2, messen Sie aber die Spannung an der Induktivität L!

Die Ausgangsspannung hat einen ähnlichen Verlauf wie im Versuch 3.

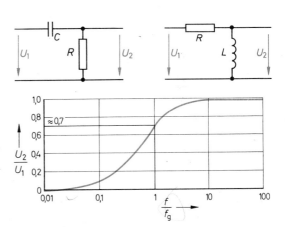

Bild 1: Durchlaßkurve eines Hochpasses

Der kleine Widerstand der Spule schließt bei niedrigen Frequenzen die Ausgangsspannung kurz. RC-Hochpässe treten z. B. bei der RC-Kopplung von Verstärkern auf, RL-Hochpässe entstehen bei Übertragern aus dem Innenwiderstand des Spannungserzeugers und der Übertragerinduktivität.

Phasenverschiebungswinkel

Versuch 5: Schließen Sie einen Tiefpaß aus $R = 5,6$ kΩ und $C = 4,7$ nF an eine Sinusspannung an, und untersuchen Sie mit einem Oszilloskop gleichzeitig die Eingangsspannung und die Ausgangsspannung (Zweistrahloszilloskop oder Zweikanal-Oszilloskop verwenden)! Verändern Sie die Frequenz des Generators zwischen 1 kHz und 100 kHz, und ermitteln Sie den Phasenverschiebungswinkel zwischen U_1 und U_2 (**Bild 2**)!

Bei niedrigen Frequenzen ist der Phasenverschiebungswinkel zwischen Eingangsspannung und Ausgangsspannung fast 0°. Er nimmt mit zunehmender Frequenz zu und beträgt bei hohen Frequenzen fast 90° (**Bild 1 Seite 148**).

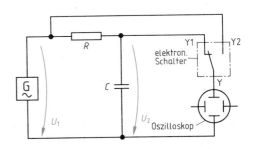

Bild 2: Messung des Phasenschiebungswinkels

Beim RL-Tiefpaß entsteht der gleiche Kurvenverlauf wie beim RC-Tiefpaß.

Versuch 6: Wiederholen Sie Versuch 5, jedoch mit einem Hochpaß!

Bei tiefen Frequenzen ist der Phasenverschiebungswinkel zwischen Eingangsspannung und Ausgangsspannung annähernd 90°. Er nimmt mit steigender Frequenz ab und ist bei hohen Frequenzen annähernd 0° (Bild 2).

Beim RL-Hochpaß entsteht der gleiche Kurvenverlauf wie beim RC-Hochpaß.

Der Phasenverschiebungswinkel zwischen Eingangsspannung und Ausgangsspannung wächst beim Tiefpaß mit zunehmender Frequenz und nimmt beim Hochpaß mit steigender Frequenz ab.

Hochpässe und Tiefpässe können in Breitbandverstärkern zu unerwünschten Phasenverschiebungen führen. Bei RC- oder RL-Siebschaltungen ist der Übergang vom Durchlaßbereich zum Sperrbereich sehr flach, da nur der Blindwiderstand frequenzabhängig ist.

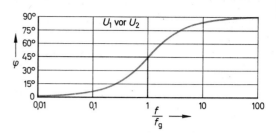

Bild 1: Phasenverschiebungswinkel zwischen U_1 und U_2 beim Tiefpaß

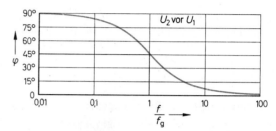

Bild 2: Phasenverschiebungswinkel zwischen U_1 und U_2 beim Hochpaß

Grenzfrequenz

Der Übergang vom Durchlaßbereich zum Sperrbereich einer Siebschaltung ist nicht sprunghaft, sondern stetig. Deshalb definiert man bei einfachen RC-Siebschaltungen oder RL-Siebschaltungen als Grenzfrequenz die Frequenz, bei der Blindwiderstand und Wirkwiderstand gleich groß sind.

X Blindwiderstand
R Wirkwiderstand

Bei Grenzfrequenz:

$$X = R$$

Setzt man für X den Blindwiderstand des Kondensators bzw. den Blindwiderstand der Spule ein, so erhält man

f_g Grenzfrequenz
R Wirkwiderstand
C Kapazität
L Induktivität

$$\frac{1}{2 \pi f_g C} = R \Rightarrow$$

$$2 \pi f_g L = R \Rightarrow$$

$$f_g = \frac{1}{2 \pi R C}$$

$$f_g = \frac{R}{2 \pi L}$$

Bei der Grenzfrequenz sind die Spannungen an X und an R gleich groß **(Bild 3)**. Wegen der Phasenverschiebung zwischen den Spannungen ist die Eingangsspannung das $\sqrt{2}$fache der Teilspannungen. Die Ausgangsspannung der Siebschaltung ist also das $1/\sqrt{2}$fache (etwa 0,7 $\hateq$ 3 dB) der Eingangsspannung.

U_1 Eingangsspannung
U_2 Ausgangsspannung

Bei Grenzfrequenz:

$$U_2 \approx 0.7 \, U_1$$

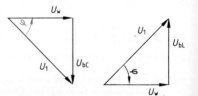

Bild 3: Zeigerbilder bei der Grenzfrequenz

Bei der Grenzfrequenz beträgt der Phasenverschiebungswinkel zwischen Eingangsspannung und Ausgangsspannung 45°.

Beispiel: Wie groß ist die Grenzfrequenz eines RC-Hochpasses aus $R = 4{,}7$ kΩ und $C = 27$ nF?

Lösung: $f_g = \dfrac{1}{2 \pi R C} = \dfrac{1}{2 \pi \cdot 4{,}7 \text{ k}\Omega \cdot 27 \text{ nF}} = $ **1255 Hz**

RC-Bandpaß

Versuch 7: Schließen Sie eine RC-Siebschaltung aus zwei RC-Gliedern **(Bild 1)** mit $R_1 = 1\,k\Omega$, $C_1 = 10\,nF$, $R_2 = 10\,k\Omega$ und $C_2 = 100\,nF$ an einen Sinusgenerator an! Messen Sie bei verschiedenen Frequenzen mit einem hochohmigen elektronischen Spannungsmesser die Ausgangsspannung!

Die Ausgangsspannung ist bei niedrigen und bei hohen Frequenzen klein und erreicht im mittleren Frequenzbereich annähernd die Höhe der Eingangsspannung.

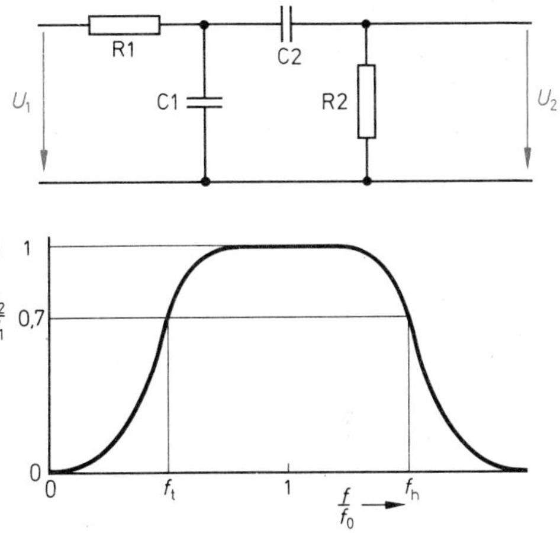

Die Siebschaltung Bild 1 besteht aus einem Tiefpaß und einem nachgeschalteten Hochpaß. Die Grenzfrequenz f_h des Tiefpasses aus R1 und C1 ist wesentlich höher als die Grenzfrequenz f_t des Hochpasses aus R2 und C2. Da der Hochpaß die tiefen Frequenzen und der Tiefpaß die hohen Frequenzen unterdrückt, entsteht ein *Bandpaß*.

Schaltet man einen RC-Bandpaß mit einer unteren Grenzfrequenz von z. B. 300 Hz und einer oberen Grenzfrequenz von z. B. 3000 Hz bei einem NF-Verstärker in Reihe mit dem Signalfluß, so werden Spannungen mit niedrigen Frequenzen und mit hohen Frequenzen unterdrückt. Man erhöht dadurch die Sprachverständlichkeit.

RC-Bandsperre

Versuch 8: Wiederholen Sie Versuch 7 mit einer Siebschaltung **(Bild 2)**, bei der eine RC-Parallelschaltung aus $R_1 = 10\,k\Omega$ und $C_1 = 10\,nF$ und eine RC-Reihenschaltung aus $R_2 = 100\,\Omega$ und $C_2 = 1\,\mu F$ einen Spannungsteiler bilden!

Die Ausgangsspannung ist bei niedrigen und bei hohen Frequenzen gleich der Eingangsspannung. Bei mittleren Frequenzen ist die Ausgangsspannung wesentlich kleiner als die Eingangsspannung.

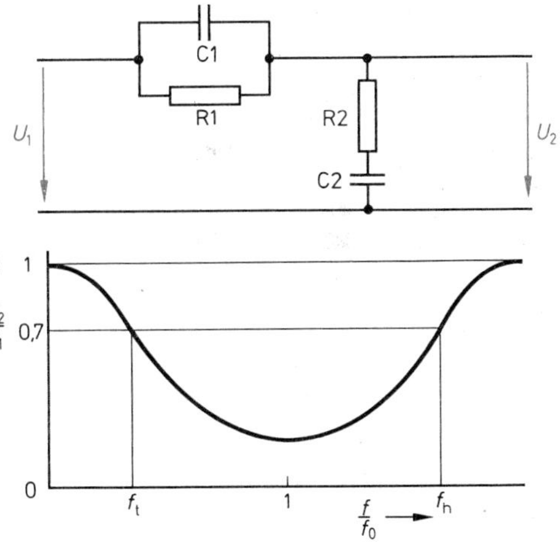

Bei niedrigen Frequenzen ist R2 vernachlässigbar klein gegenüber dem Blindwiderstand von C2. C1 ist vernachlässigbar, da sein Blindwiderstand bei niedrigen Frequenzen groß gegenüber dem parallelgeschalteten Widerstand R1 ist. Deshalb wirkt bei tiefen Frequenzen ein Tiefpaß aus R1 und C2. Bei hohen Frequenzen haben R1 und C2 keinen Einfluß mehr auf die Spannungsteilung. Deshalb wirkt bei hohen Frequenzen ein Hochpaß aus C1 und R2. Im mittleren Frequenzbereich wird die Ausgangsspannung hauptsächlich durch das Verhältnis von R1 zu R2 bestimmt.

Bild 1: RC-Bandpaß

Bild 2: RC-Bandsperre

Wiederholungsfragen

1. Wozu benutzt man Siebschaltungen?
2. Welche Arten von Siebschaltungen verwendet man?
3. Warum sinkt bei einem RC-Tiefpaß die Ausgangsspannung mit steigender Frequenz?
4. Warum verwendet man bei der Darstellung von Durchlaßkurven als veränderliche Größe oft Frequenzverhältnisse?
5. Wodurch wird der Übertragungsbereich von Breitbandverstärkern bei hohen Frequenzen begrenzt?
6. Welche Frequenz bezeichnet man als Grenzfrequenz einer RC-Siebschaltung oder RL-Siebschaltung?
7. Um welchen Faktor ist bei der Grenzfrequenz die Ausgangsspannung kleiner als die Eingangsspannung?
8. Woraus besteht ein RC-Bandpaß?
9. Wie groß ist bei einem RC-Hochpaß der Phasenverschiebungswinkel zwischen Eingangs- und Ausgangsspannung bei der Grenzfrequenz?

2.3 Schwingkreise

2.3.1 Schwingung und Resonanz

Versuch 1: Hängen Sie eine Kugel an eine Zugfeder! Heben Sie die Kugel an, und lassen Sie diese los! Wiederholen Sie den Versuch zuerst mit einer schwereren Kugel, dann mit einer stärkeren Feder!

Die Kugel führt in senkrechter Richtung Schwingungen aus. Die Amplitude* der Schwingungen wird allmählich kleiner. Die Frequenz der Schwingung ist von der Masse der Kugel und der Stärke der Feder abhängig **(Bild 1)**.

Ein schwingungsfähiges System schwingt mit seiner *Eigenfrequenz*.

Versuch 2: Wiederholen Sie Versuch 1! Erzeugen Sie durch wiederholtes leichtes Anstoßen der Kugel eine Schwingung in senkrechter Richtung! Erhöhen Sie langsam die Anstoßfrequenz!

Wenn die Anstoßfrequenz so groß ist wie die Eigenfrequenz des Systems, entsteht eine Schwingung mit großer Amplitude.

Ist die Anstoßfrequenz so groß wie die Eigenfrequenz des Aufbaus, so sind Erregung und schwingfähiges System in *Resonanz***. Bei kleiner Dämpfung ist die *Resonanzfrequenz* so groß wie die Eigenfrequenz, sonst etwas kleiner.

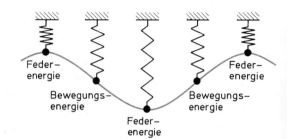

Bild 1: Mechanische Schwingung

Versuch 3: Schließen Sie an einen auf 10 V aufgeladenen Kondensator mit einer Kapazität von etwa 200 μF eine Spule mit einer Induktivität von über 100 H an **(Bild 2)**! Messen Sie die Spannung am Kondensator und die Stromstärke in der Spule mit Meßinstrumenten, deren Nullpunkte sich in Skalenmitte befinden!

Am Kondensator ist eine Wechselspannung mit gleichbleibender Frequenz und abnehmender Amplitude vorhanden. Durch die Spule fließt ein Wechselstrom, welcher der Spannung nacheilt.

Der Kondensator ist aufgeladen und entlädt sich über die Spule. In ihr entsteht ein magnetisches Feld. Nach der Lenzschen Regel fließt der Strom in der Spule nach dem Entladen des Kondensators weiter und lädt den Kondensator entgegengesetzt auf. Nun entlädt sich der Kondensator wieder über die Spule und der Vorgang wiederholt sich. Die Energie pendelt zwischen Kondensator und Spule **(Bild 3)**. Man nennt deshalb eine solche schwingfähige Schaltung einen *Schwingkreis*.

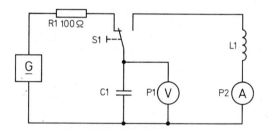

Bild 2: Parallelschaltung aus Spule und Kondensator

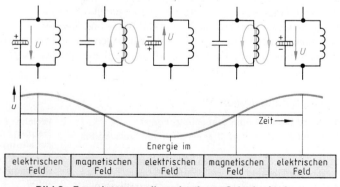

Versuch 4: Wiederholen Sie Versuch 3 jeweils mit einer Spule kleinerer Induktivität und einem Kondensator kleinerer Kapazität!

Die Eigenfrequenz des Schwingkreises ist um so größer, je kleiner Kapazität und Induktivität sind.

Bei Schwingkreisen mit großen Kapazitäten und großen Induktivitäten wird zum Umladen des

Bild 3: Energieumwandlung in einem Schwingkreis

Kondensators eine längere Zeit benötigt als bei kleinen Werten. Die Eigenfrequenz eines Schwingkreises ist um so niedriger, je größer die Induktivität und die Kapazität sind.

---

* Amplitude (lat.) = Weite, Schwingungsweite;   ** resonare (lat.) = schwingen

Versuch 5: Schließen Sie einen Rechteckgenerator mit einer Frequenz von etwa 200 Hz über ein Differenzierglied und einen Widerstand von 18 kΩ an die Parallelschaltung einer Spule von etwa 250 mH und eines Kondensators von 4,7 nF an (**Bild 1**)! Oszilloskopieren Sie die Spannung an der Parallelschaltung aus Spule und Kondensator!

An der Parallelschaltung aus Spule und Kondensator entsteht eine Wechselspannung mit gleichbleibender Frequenz und abnehmender Amplitude.

Da am Widerstand des Differenzgliedes Nadelimpulse vorhanden sind, wird dem Schwingkreis nur jeweils kurzzeitig Energie zugeführt. Dadurch entstehen Schwingungen mit der Eigenfrequenz des Schwingkreises. Die Verluste im Schwingkreis bewirken ein Abklingen der Schwingungen.

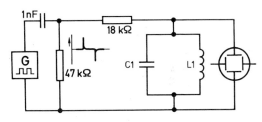

Versuch 6: Wiederholen Sie Versuch 5! Vergrößern Sie langsam die Frequenz des Generators!

Die Amplitude der Wechselspannung am Schwingkreis ist am größten, wenn die Frequenz des Generators mit der Eigenfrequenz des Schwingkreises übereinstimmt.

Bild 1: Parallelschaltung aus Spule und Kondensator am Rechteckgenerator

Sind Generatorfrequenz und Eigenfrequenz des Schwingkreises gleich groß, so ist der Schwingkreis mit der Generatorfrequenz in *Resonanz*. Man nennt deshalb Schwingkreise auch *Resonanzkreise*. Ein Schwingkreis kann ebenfalls in Schwingung durch Impulse versetzt werden, deren Pulsfrequenz ein ganzzahliger Teil seiner Eigenfrequenz ist, weil in diesen Impulsen eine Teilschwingung enthalten ist, deren Frequenz so groß ist wie die Eigenfrequenz des Schwingkreises.

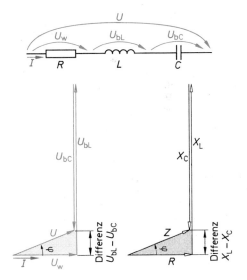

2.3.2 Reihenschwingkreis

Der Reihenschwingkreis besteht aus der Reihenschaltung von Spule und Kondensator. Die Verluste von Spule und Kondensator werden als Reihenwiderstand R dargestellt (**Bild 2**). Durch die Schaltelemente fließt dieselbe Stromstärke. Die Spannung am Verlustwiderstand ist mit dem Strom in Phase. Die Spannung am Kondensator eilt dem Strom um 90° nach, die Spannung an der Spule dem Strom um 90° vor. Beide Spannungen sind

Bild 2: Reihenschwingkreis

gegeneinander um 180° phasenverschoben. Man kann sie daher voneinander abziehen. Die geometrische Addition der Teilspannungen ergibt die Gesamtspannung. Dem Zeigerbild der Spannungen entspricht das Diagramm der Widerstände.

U	Gesamtspannung
U_{w}	Wirkspannung
U_{bL}, U_{bC}	Blindspannungen
Z	Scheinwiderstand
R	Wirkwiderstand
X_{L}, X_{C}	Blindwiderstände

$$U = \sqrt{U_{w}^{2} + (U_{bL} - U_{bC})^{2}}$$

$$Z = \sqrt{R^{2} + (X_{L} - X_{C})^{2}}$$

Beispiel: Bei einem Reihenschwingkreis wird an der Spule die Spannung U_{bL} = 16 V, an dem Widerstand die Spannung U_{w} = 2 V und an dem Kondensator die Spannung U_{bC} = 12 V gemessen. Wie groß ist die Gesamtspannung?

Lösung: $U = \sqrt{U_{w}^{2} + (U_{bL} - U_{bC})^{2}} = \sqrt{2^{2} + (16 - 12)^{2}}$ V $= \sqrt{20}$V = **4,47 V**

Versuch: Schalten Sie einen Reihenschwingkreis aus $L = 250$ mH, $C = 4,7$ nF und $R = 10\ \Omega$ an einen Sinusgenerator mit niedrigem Innenwiderstand an! Messen Sie die Einzelspannungen bei verschiedenen Frequenzen! Halten Sie dabei die Generatorspannung konstant!

Die einzelnen Spannungen sind besonders in der Nähe der Eigenfrequenz stark frequenzabhängig (**Bild 1**).

Die Spannungen an der Spule und am Kondensator sind bei der Eigenfrequenz gleich groß. Der Strom hat bei der Eigenfrequenz seinen Höchstwert.

Teilspannungen des Reihenschwingkreises sind bei Resonanz erheblich größer als die Generatorspannung (Spannungsresonanz).

Bei niedrigen Frequenzen liegt die gesamte Spannung am Kondensator. Bei sehr hohen Frequenzen ist die Spannung am Kondensator Null, die gesamte Spannung liegt an der Spule. Der Höchstwert der Kondensatorspannung tritt etwas unterhalb, der Höchstwert der Spulenspannung etwas oberhalb der Eigenfrequenz auf.

Der Scheinwiderstand des Reihenschwingkreises ist frequenzabhängig (**Bild 2**). Bei niedrigen Frequenzen hat der Kondensator einen großen Blindwiderstand. Deshalb hat der Reihenschwingkreis unterhalb der Eigenfrequenz die Eigenschaften einer RC-Reihenschaltung. Bei hohen Frequenzen hat die Spule einen großen Blindwiderstand. Deshalb wirkt der Reihenschwingkreis oberhalb der Eigenfrequenz wie eine RL-Reihenschaltung. Bei Resonanz heben sich die Blindwiderstände auf, der Schwingkreis hat dann den kleinsten Widerstand (*Saugkreis*).

Der Resonanzwiderstand ist so groß wie der Verlustwiderstand.

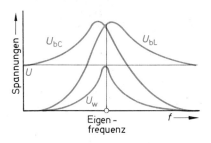

Bild 1: Spannungen am Reihenschwingkreis in Abhängigkeit von der Frequenz

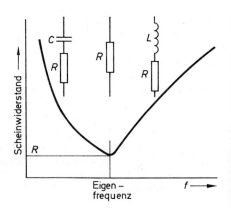

Bild 2: Scheinwiderstand des Reihenschwingkreises in Abhängigkeit von der Frequenz

2.3.3 Parallelschwingkreis

Der Parallelschwingkreis besteht aus der Parallelschaltung von Spule und Kondensator. Die Verluste eines Parallelschwingkreises können entweder durch einen kleinen Reihenwiderstand zur Spule oder durch einen großen Parallelwiderstand zum Kreis dargestellt werden (**Bild 3**). Meist ist die Ersatzschaltung mit dem großen Parallelwiderstand zweckmäßig. Bei sehr niedriger Frequenz stellt die als ideal betrachtete Spule allerdings eine Überbrückung („Kurzschluß") dar, obwohl in Wirklichkeit dann noch der Drahtwiderstand vorhanden ist. Verwendet man die Ersatzschaltung mit dem Parallelwiderstand, so liegt an den Schaltelementen des Parallelschwingkreises die gleiche Spannung. Der Strom durch die Spule eilt dieser Spannung um 90° nach (**Bild 1 Seite 153**), der Strom durch den Kondensator um 90° voraus. Beide Ströme sind also gegenphasig. Der Strom durch den Widerstand ist mit der angelegten Spannung in Phase. Dem Zeigerbild der Ströme entspricht das Leitwertdiagramm.

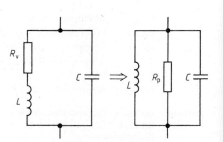

Bild 3: Ersatzschaltung des Parallelschwingkreises

I	Gesamtstrom
I_w	Wirkstrom
I_{bC}, I_{bL}	Blindströme
Y	Scheinleitwert
G	Wirkleitwert
B_L, B_C	Blindleitwerte

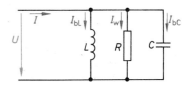

$$I = \sqrt{I_w^2 + (I_{bC} - I_{bL})^2}$$

$$Y = \sqrt{G^2 + (B_L - B_C)^2}$$

Versuch 1: Schalten Sie einen Parallelschwingkreis aus $L = 250$ mH und $C = 4{,}7$ nF an einen Sinusgenerator an! Messen Sie die einzelnen Ströme bei verschiedenen Frequenzen!

Die Ströme durch den Parallelschwingkreis sind in der Nähe der Eigenfrequenz stark frequenzabhängig.

Unterhalb der Eigenfrequenz überwiegt der Strom durch die Spule, oberhalb der Eigenfrequenz ist der Strom durch den Kondensator größer. Unterhalb der Eigenfrequenz hat der Parallelschwingkreis die Eigenschaften einer Parallelschaltung aus einem Wirkwiderstand und einer Spule. Oberhalb der Eigenfrequenz hat er die Eigenschaften einer Parallelschaltung aus einem Wirkwiderstand und einem Kondensator **(Bild 2)**. Bei Resonanz sind die Ströme durch Spule und Kondensator gleich groß. Sie heben sich auf.

Im Resonanzfall wird der Gesamtstrom nur durch den parallel liegenden Verlustwiderstand und die Spannung bestimmt. Der Scheinwiderstand des Parallelschwingkreises ist bei niedrigen und hohen Frequenzen klein. Bei Resonanz hat der Parallelschwingkreis den höchsten Widerstand (*Sperrkreis*).

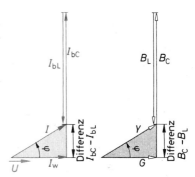

Bild 1: Zeigerbild der Ströme und Leitwertdiagramm

Der Resonanzwiderstand des Parallelschwingkreises ist gleich dem parallelen Verlustwiderstand.

Beispiel: Ein Parallelschwingkreis mit dem parallelen Wirkwiderstand von 100 kΩ und den Blindwiderständen $X_L = X_C = 500$ Ω liegt an einer Sinusspannung von 10 V. Wie groß sind der Gesamtstrom und die Teilströme?

Lösung: $I = \dfrac{U}{R_p} = \dfrac{10\ \text{V}}{100\ \text{k}\Omega} = \textbf{0,1 mA}$

$I_{bC} = \dfrac{U}{X_C} = \dfrac{10\ \text{V}}{500\ \Omega} = \textbf{20 mA}; \quad I_{bL} = I_{bC} = \textbf{20 mA}$

Der Strom im Parallelschwingkreis ist bei Resonanz erheblich größer als der Gesamtstrom (Stromresonanz).

Der Parallelwiderstand läßt sich aus dem Verlustwiderstand der Spule berechnen:

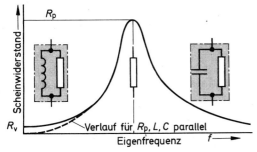

Bild 2: Scheinwiderstand des Parallelschwingkreises in Abhängigkeit von der Frequenz

R_{res}	Resonanzwiderstand
R_p	Paralleler Verlustwiderstand
R_v	Verlustwiderstand der Spule
L	Induktivität
C	Kapazität

$$R_{res} = R_p$$

$$R_p \approx \frac{L}{R_v \cdot C}$$

2.3.4 Resonanzfrequenz (Eigenfrequenz)

Schwingkreise wirken bei Resonanz als Wirkwiderstände. Zwischen der Gesamtspannung und dem Gesamtstrom besteht keine Phasenverschiebung. Beim Reihenschwingkreis und beim Parallelschwingkreis mit geringen Verlusten ist bei Resonanz der induktive Widerstand gleich dem kapazitiven Widerstand.

ω_0	Kreisfrequenz bei Resonanz
X_{L0}, X_{C0}	Blindwiderstände bei Resonanz
f_0	Resonanzfrequenz (Eigenfrequenz)
L	Induktivität
C	Kapazität

$$X_{L0} = X_{C0}$$

$$\boxed{\omega_0 L = \frac{1}{\omega_0 C}}$$

$$\boxed{f_0 = \frac{1}{2\pi\sqrt{L \cdot C}}}$$

Beispiel: Ein Kondensator von 15 nF ist mit einer Spule von 10 mH in Reihe geschaltet. Wie groß ist die Resonanzfrequenz!

Lösung: $\quad f_0 = \dfrac{1}{2\pi\sqrt{L \cdot C}} = \dfrac{1}{2\pi\cdot\sqrt{10\ \text{mH}\cdot 15\ \text{nF}}} = \mathbf{13\ kHz}$

Beim Parallelschwingkreis mit größeren Verlusten der Spule ist bei Resonanz der Strom durch die Spule etwas größer als der Strom durch den Kondensator **(Bild 1)**.

Die Resonanzfrequenz von Parallelschwingkreisen ist also bei Verwendung von Spulen mit größeren Verlusten etwas kleiner als die Resonanzfrequenz verlustarmer Schwingkreise.

f_0	Resonanzfrequenz (Eigenfrequenz)
R_v	Verlustwiderstand der Spule
L	Induktivität
C	Kapazität

$$f_0 = \frac{1}{2\pi}\sqrt{\frac{1}{LC} - \frac{R_v^2}{L^2}}$$

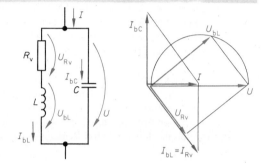

Bild 1: Parallelschwingkreis mit Verlusten

2.3.5 Bandbreite und Güte

Versuch 1: Schließen Sie einen Reihenschwingkreis aus $L = 250$ mH und $C = 4,7$ nF über einen Widerstand von 1000 Ω und einen Strommesser an einen Tonfrequenzgenerator an! Messen Sie den Strom in Abhängigkeit von der Frequenz!

Schließen Sie danach einen Parallelschwingkreis aus $L = 250$ mH, $C = 4,7$ nF und $R_p = 100$ kΩ über einen Widerstand von etwa 1 MΩ an einen Tonfrequenzgenerator an! Messen Sie mit einem hochohmigen elektronischen Spannungsmesser die Spannung am Schwingkreis in Abhängigkeit von der Frequenz!

Beide Versuche ergeben ähnliche Kurven **(Bild 2)**. *Diese Kurven nennt man Resonanzkurven.*

Versuch 2: Wiederholen Sie Versuch 1! Vergrößern Sie jedoch die Verluste der Schwingkreise durch einen größeren Vorwiderstand zum Reihenschwingkreis und einen kleineren Parallelwiderstand zum Parallelschwingkreis!

Die Resonanzkurven haben einen flacheren Verlauf.

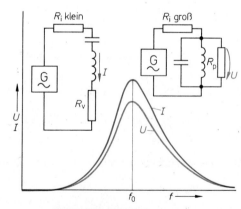

Bild 2: Resonanzkurven

Bei großen Verlusten ist die Resonanzkurve eines Schwingkreises flacher als bei kleinen Verlusten.

Ein Vergleichswert für Schwingkreise gleicher Eigenfrequenz ist die *Bandbreite.* Die Bandbreite ist die Differenz der Frequenzen, bei denen die Resonanzkurve auf 70% ($1/\sqrt{2}$) des Höchstwertes abgefallen ist.

Je größer die Bandbreite eines Schwingkreises bei bestimmter Eigenfrequenz ist, um so kleiner ist die *Güte* dieses Schwingkreises.

Q Güte
f_0 Eigenfrequenz
Δf Bandbreite

$$Q = \frac{f_0}{\Delta f}$$

Beispiel 1: Die Resonanzkurve eines Reihenschwingkreises hat bei der Frequenz 470 kHz ihren Höchstwert. Bei den Frequenzen 467 kHz und 473 kHz ist die Resonanzkurve auf 70% des Höchstwertes abgesunken. Wie groß ist die Güte des Kreises?

Lösung: $Q = \dfrac{f_0}{\Delta f} = \dfrac{470 \text{ kHz}}{473 \text{ kHz} - 467 \text{ kHz}} = \mathbf{78,3}$

Die Güte ist von den Verlustwiderständen abhängig. Die Güte eines Reihenschwingkreises ist um so größer, je größer der Blindwiderstand der Spule oder des Kondensators bei der Eigenfrequenz im Verhältnis zu dem Verlustwiderstand der Spule ist. Die Güte eines Parallelschwingkreises ist um so größer, je größer der Parallelwiderstand des Kreises im Verhältnis zu dem induktiven oder kapazitiven Blindwiderstand bei Resonanz ist.

Q Güte
R_v Verlustwiderstand der Spule
X_0 Blindwiderstand von Spule oder Kondensator bei Resonanz
R_p Parallelwiderstand des Schwingkreises

$$Q = \frac{X_0}{R_v} \qquad Q \approx \frac{R_p}{X_0}$$

Beispiel 2: Wie groß ist die Güte eines Kreises aus C = 250 pF, L = 800 µH und R_v = 11 Ω bei Resonanz?

Lösung: $f_0 = \dfrac{1}{2\,\pi \cdot \sqrt{L \cdot C}} = \dfrac{1}{2\,\pi\,\sqrt{800\ \mu H \cdot 250\ pF}} = 356 \text{ kHz}$

$X_0 = X_{L0} = \omega_0 L = 2\,\pi \cdot 356 \text{ kHz} \cdot 800\ \mu H = 1{,}79 \text{ k}\Omega$

$Q = \dfrac{X_0}{R_v} = \dfrac{1790\ \Omega}{11\ \Omega} = \mathbf{162{,}5}$

2.3.6 Einschwingvorgänge und Ausschwingvorgänge

Versuch 1: Schließen Sie einen Parallelschwingkreis aus L = 250 mH und C = 4,7 nF über einen elektronischen Schalter und einen Widerstand von 1 MΩ an einen Sinusgenerator an, und schließen Sie an den Schwingkreis ein Oszilloskop an **(Bild 1)**! Stellen Sie den Sinusgenerator auf die Eigenfrequenz des Schwingkreises und den elektronischen Schalter auf den zehnten Teil dieser Frequenz ein!

Nach dem Einschalten des elektronischen Schalters steigt die Amplitude der Spannung am Schwingkreis an. Nach dem Ausschalten des elektronischen Schalters wird die Wechselspannung am Schwingkreis kleiner (Bild 1).

Nach dem Einschalten wird dem Schwingkreis bei jeder Halbperiode Energie zugeführt. Dadurch fängt er an zu schwingen. Nach dem Ausschalten ist Energie im Schwingkreis vorhanden. Er schwingt deshalb so lange weiter, bis die ganze Energie in den Wirkwiderständen in Wärme umgewandelt ist. Einschwingvorgänge und Ausschwingvorgänge treten häufig unerwünscht in Verstärkern auf und führen zu Verzerrungen.

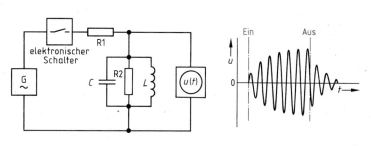

Bild 1: Einschwingvorgänge und Ausschwingvorgänge

Wiederholungsfragen

1. Beschreiben Sie den Schwingungsvorgang in einem Schwingkreis!
2. Welcher Zusammenhang besteht zwischen der Eigenfrequenz, der Induktivität und der Kapazität eines Schwingkreises?
3. Wodurch werden die Verluste eines Reihenschwingkreises dargestellt?
4. Warum wirkt ein Schwingkreis bei Resonanz als Wirkwiderstand?
5. Wie groß ist der Resonanzwiderstand eines Reihenschwingkreises?
6. Wie können die Verluste eines Parallelschwingkreises dargestellt werden?
7. Warum wirkt ein Parallelschwingkreis oberhalb der Eigenfrequenz wie die Parallelschaltung aus Widerstand und Kondensator?
8. Was versteht man unter der Bandbreite eines Schwingkreises?
9. Welcher Zusammenhang besteht zwischen der Güte eines Kreises und dem parallelen Verlustwiderstand?

2.3.7 LC-Siebschaltungen

Bei RC- oder RL-Schaltungen ist der Übergang vom Durchlaßbereich zum Sperrbereich sehr flach, da nur ein Bauelement frequenzabhängig ist. Um steilere Übergänge zu erreichen, verwendet man in vielen Fällen Siebschaltungen aus Spulen und Kondensatoren. Als LC-Siebschaltungen lassen sich Tiefpässe, Hochpässe, Bandpässe und Bandsperren aufbauen. Sie haben wesentlich kleinere Verluste als RC- oder RL-Siebschaltungen.

LC-Tiefpässe

Je nach Anordnung der Bauelemente unterscheidet man die TT-Schaltung (sprich: Pi-Schaltung, **Bild 1**) und die T-Schaltung (**Bild 2**).

Versuch 1: Schließen Sie an einen Sinusgenerator mit einem Innenwiderstand von etwa 10 kΩ eine Siebschaltung aus $L = 250$ mH und $C_1 = C_2 = 1,25$ nF an (Bild 1)! Belasten Sie die Siebschaltung mit $R_2 = 10$ kΩ! Verändern Sie die Frequenz des Generators von 1 kHz bis 100 kHz, und messen Sie die Ausgangsspannung mit einem elektronischen Spannungsmesser!

Oberhalb von 10 kHz wird die Ausgangsspannung immer kleiner.

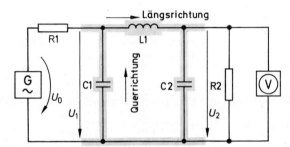

Bild 1: LC-Tiefpaß, TT-Schaltung

Die Widerstände R1 und R2 sind die Abschlußwiderstände. Der Generator liefert eine konstante Leerlaufspannung U_0. Für tiefe Frequenzen ist X_L vernachlässigbar klein, X_{C1} und X_{C2} sind vernachlässigbar groß. Deshalb ist $U_1 = U_2$. Bei höheren Frequenzen wird U_1 kleiner, da X_{C1} abnimmt. Außerdem bilden die Spule und der Kondensator C2 einen frequenzabhängigen Spannungsteiler, der U_2 mit steigender Frequenz verkleinert.

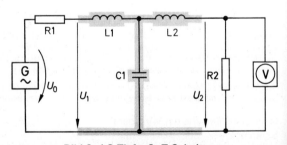

Bild 2: LC-Tiefpaß, T-Schaltung

Den gleichen Kurvenverlauf wie bei Versuch 1 erhält man mit einer Siebschaltung aus $L_1 = L_2 = 125$ mH (in Längsrichtung), $C = 2,5$ nF (in Querrichtung zwischen den Spulen) und $R_1 = R_2 = 10$ kΩ (Bild 2). Auch andere Siebschaltungen lassen sich als TT-Schaltung und als T-Schaltung aufbauen. Beide Schaltungen haben gleiche Eigenschaften. Man nennt sie *duale Schaltungen.*

Spulen sind im allgemeinen teurer als Kondensatoren, außerdem sind die Verluste von Spulen größer als die Verluste von Kondensatoren. Deshalb wählt man meist die duale Schaltung mit nur einer Spule bzw. die Schaltung, die am wenigsten Spulen besitzt.

Den Übergang vom Durchlaßbereich zum Sperrbereich kann man steiler machen, indem man mehrere T-Glieder oder TT-Glieder hintereinander schaltet.

Ersetzt man in den LC-Tiefpässen die Spulen durch Parallelschwingkreise, deren Resonanzfrequenzen im Sperrbereich liegen, so entstehen noch steilere Übergänge vom Durchlaßbereich zum Sperrbereich. Bei niedrigen Frequenzen wirkt der Parallelschwingkreis in **Bild 1** als niedriger, induktiver Blindwiderstand. Da die kapazitiven Blindwiderstände von C1 und C3 sehr groß sind, tritt kaum ein Spannungsverlust ein. Bei der Resonanzfrequenz des Parallelschwingkreises sperrt dieser völlig. Erhöht man die Frequenz weiter, so wird zwar der kapazitive Blindwiderstand von C2 immer kleiner. Gleichzeitig schließen jedoch C1 und C3 die Spannung immer mehr kurz.

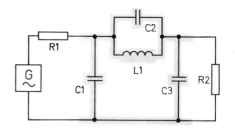

Bild 1: Tiefpaß mit einem Schwingkreis

LC-Hochpässe

Versuch 2: Bauen Sie eine T-Schaltung mit $L = 250$ mH und $C_1 = C_2 = 5$ nF auf **(Bild 2)**, und wiederholen Sie damit Versuch 1!

Unterhalb von 3 kHz ist die Ausgangsspannung U_2 sehr klein.

Bei tiefen Frequenzen sperren C1 und C2, die Spule dagegen schließt die Spannung kurz.

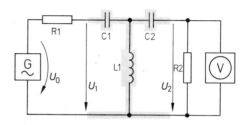

Bild 2: LC-Hochpaß, T-Schaltung

Berechnung von LC-Tiefpässen und LC-Hochpässen

Man zerlegt die TT-Schaltung oder T-Schaltung in zwei Halbglieder **(Bild 3)**. An der Grenze des Durchlaßbereiches sind die Blindwiderstände ungefähr so groß wie die Abschlußwiderstände R1 und R2.

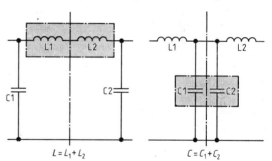

Bild 3: Tiefpässe, in Halbglieder zerlegt

	Bei T-Schaltung:	Bei TT-Schaltung:
R Widerstand ($R = R_1 = R_2$)		
ω_g Kreisfrequenz an der Grenze des Durchlaßbereiches	$L \approx \dfrac{R}{\omega_g}$	$L \approx \dfrac{0{,}64 \cdot R}{\omega_g}$
L Induktivität eines Halbgliedes		
C Kapazität eines Halbgliedes	$C \approx \dfrac{1}{1{,}56 \cdot R \cdot \omega_g}$	$C \approx \dfrac{1}{R \cdot \omega_g}$

Beispiel: Ein LC-Tiefpaß soll Frequenzen bis 20 kHz durchlassen und Abschlußwiderstände von 5,6 kΩ haben. Berechnen Sie die Bauteile der TT-Schaltung!

Lösung: $\quad L_1 = L_2 \approx \dfrac{0{,}64 \cdot R}{\omega_g} = \dfrac{0{,}64 \cdot 5{,}6 \text{ k}\Omega}{2\,\pi \cdot 20 \text{ kHz}} = \mathbf{28{,}5 \text{ mH}}$

$\qquad C_1 = C_2 \approx \dfrac{1}{R \cdot \omega_g} = \dfrac{1}{5{,}6 \text{ k}\Omega \cdot 2\,\pi \cdot 20 \text{ kHz}} = \mathbf{1{,}42 \text{ nF}}$

Die Induktivität der TT-Schaltung ist $L = L_1 + L_2 = 2 \cdot L_1 = 2 \cdot 28{,}5$ mH $= 57{,}0$ mH

Diese so berechneten LC-Schaltungen nennt man *Wellenparameterschaltungen*. Sie haben im Durchlaßbereich keine konstanten Eingangswiderstände und Ausgangswiderstände. Daher benutzt man in hochwertigen Anlagen der Übertragungstechnik meist ähnlich aufgebaute, aber anders berechnete *Betriebsparameterschaltungen* mit annähernd konstanten Innenwiderständen im gesamten Durchlaßbereich.

LC-Bandpässe und LC-Bandsperren

Bandpässe und Bandsperren bestehen aus einem oder mehreren Schwingkreisen. Sind in den Längszweig ein Reihenschwingkreis und in die beiden Querzweige je ein Parallelschwingkreis geschaltet, so erhält man einen Bandpaß **(Bild 1)**. Alle Schwingkreise werden vor dem Zusammenbau des Filters auf dieselbe Frequenz in der Mitte des Durchlaßbereichs abgestimmt.

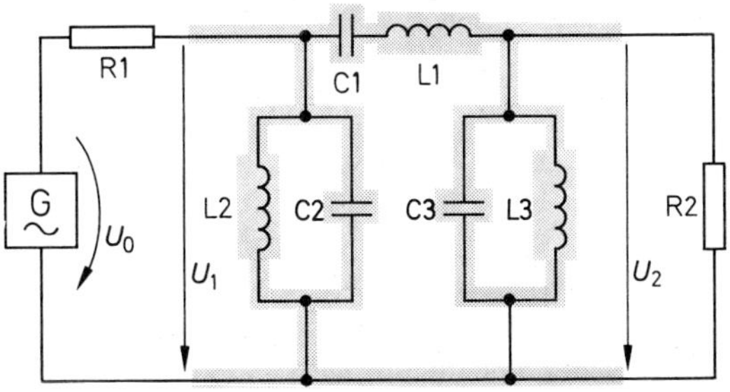

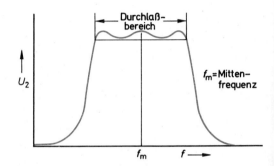

Bild 1: Bandpaß mit 3 Schwingkreisen

Unterhalb der Eigenfrequenz wirkt der Reihenschwingkreis kapazitiv, die Parallelschwingkreise wirken induktiv. Dadurch wirkt die Schaltung dort wie ein Hochpaß aus zwei Induktivitäten in Querrichtung und einer Induktivität in Längsrichtung. Die Kapazität bildet mit der Induktivität am Ausgang einen Reihenschwingkreis, dessen Resonanzfrequenz etwas unterhalb der Mittenfrequenz liegt. Dadurch erreicht die Ausgangsspannung dort bereits ihren ersten Höchstwert **(Bild 2)**. Bei der Mittenfrequenz befinden sich alle drei Schwingkreise jeweils in Resonanz mit der Eingangsspannung. Dadurch entsteht für die Ausgangsspannung ein zweiter Höchstwert. Oberhalb der Mittenfrequenz wirkt die Siebschaltung wie ein Tiefpaß mit einer Induktivität in Längsrichtung und zwei Kapazitäten in Querrichtung. Dieser Tiefpaß besitzt etwas oberhalb der Mittenfrequenz eine Resonanzstelle. Diese verschiedenen Resonanzstellen rufen im Durchlaßbereich eine *Welligkeit* hervor.

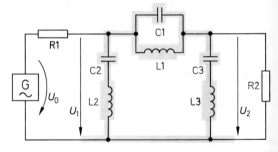

Bild 2: Durchlaßkurve eines Bandpasses

Baut man in den Bandpaß (Bild 1) anstelle der Parallelkreise Reihenkreise ein und anstelle des Reihenkreises einen Parallelkreis, so entsteht eine Bandsperre **(Bild 3)**. Alle Kreise werden bei der Bandsperre auf die Frequenz in der Mitte des Sperrbereiches abgeglichen.

Bild 3: Bandsperre mit 3 Schwingkreisen

Bei tiefen und hohen Frequenzen besitzen die beiden Reihenschwingkreise einen hohen Widerstand, in der Mitte des zu sperrenden Frequenzbereichs wirken sie als Überbrückungen („Kurzschlüsse"). Der Parallelschwingkreis sperrt in der Bandmitte, dagegen besitzt er bei den übrigen Frequenzen nur einen kleinen Widerstand.

Zweikreis-Bandfilter

In Rundfunkgeräten und Fernsehgeräten werden Bandpässe mit zwei lose gekoppelten Schwingkreisen verwendet. Solche Bandpässe nennt man *Bandfilter*. Die Kopplung erfolgt induktiv oder kapazitiv **(Bild 1 Seite 159)**. Beide Kreise sind auf dieselbe Frequenz in der Mitte des Durchlaßbereichs abgestimmt. Während des Abgleichs des einen Kreises muß jeweils der andere Kreis kurzgeschlossen werden. Bei der *Spannungskopplung* wird die Spannung des ersten Kreises auf den zweiten Kreis übertragen. Bei der *Stromkopplung* fließt der Strom des ersten Kreises durch einen Teil des zweiten Kreises.

Versuch 3: Bauen Sie ein Bandfilter mit kapazitiver Spannungskopplung (Bild 1) mit $R_1 = R_2 = 270$ kΩ, $L_1 = L_2 = 250$ mH, $C_1 = C_2 = 4,7$ nF und $C_K = 50$ pF auf! Schließen Sie das Filter an einen Tongenerator an, und messen Sie mit einem elektronischen Spannungsmesser die Ausgangsspannung bei verschiedenen Frequenzen!

Die Ausgangsspannung ist bei der Eigenfrequenz der Schwingkreise und in ihrer Nähe groß, bei den anderen Frequenzen sehr klein oder Null **(Bild 2).**

Für tiefe Frequenzen und hohe Frequenzen ist der Scheinwiderstand der Schwingkreise klein, bei der Eigenfrequenz und in ihrer Nähe ist er groß. Deshalb entsteht nur in einem schmalen Frequenzband am Ausgang des Filters eine Spannung.

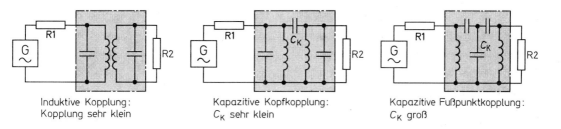

Induktive Kopplung:
Kopplung sehr klein

Kapazitive Kopfkopplung:
C_K sehr klein

Kapazitive Fußpunktkopplung:
C_K groß

Bild 1: Bandfilter

Versuch 4: Wiederholen Sie Versuch 3, verwenden Sie jedoch erst einen Koppelkondensator von 100 pF und dann einen Koppelkondensator von 500 pF!

Die Bandbreite ist um so größer, je größer der Koppelkondensator ist. Bei großen Koppelkondensatoren entsteht eine Einsattelung in der Resonanzkurve.

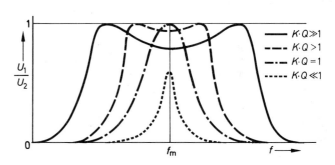

**Bild 2:
Bandfilterkurven bei verschiedenen Kopplungen**

Beim Bandfilter mit induktiver Kopplung sind die Spulen lose gekoppelt. Im Ersatzschaltplan **(Bild 3)** ist ein kleiner Teil der Spulen ($K \cdot L$) wie beim Transformator fest gekoppelt. Der zweite Kreis wirkt als Reihenschwingkreis.

Unterhalb der Mittenfrequenz des Bandfilters wirkt der zweite Kreis als frequenzabhängige Kapazität (Reihenkreis). Sie wird in den ersten Kreis transformiert und liegt parallel zu C1. Dadurch verkleinert sich die Eigenfrequenz des ersten Kreises. Oberhalb der Mittenfrequenz wirkt der zweite Kreis als frequenzabhängige

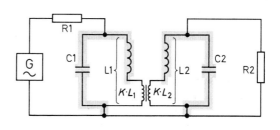

Bild 3: Ersatzschaltung eines Bandfilters

Induktivität. Die Induktivität wird in den ersten Kreis transformiert. Dadurch wird die gesamte Induktivität des ersten Kreises kleiner und die Eigenfrequenz höher. Die gleichen Verschiebungen der Eigenfrequenz treten durch den ersten Kreis beim zweiten Kreis auf. Je fester die Kreise gekoppelt sind, um so mehr verstimmen sich die Kreise. Die Durchlaßkurve wird mit zunehmender Kopplung zunächst höher und dann breiter. Schließlich tritt eine Einsattelung auf.

Der Verlauf der Durchlaßkurve des Bandfilters ist von der Kopplung und von der Güte der Kreise abhängig (Bild 2, Seite 159). Bei überkritischer Kopplung ($K \cdot Q > 1$) ist eine Einsattelung vorhanden. Bei unterkritischer Kopplung ($K \cdot Q < 1$) hat die Durchlaßkurve nur eine Resonanzstelle. Der Phasenverschiebungswinkel zwischen der Eingangsspannung und der Ausgangsspannung des Bandfilters ist bei der Eigenfrequenz der Kreise 90°, unterhalb der Eigenfrequenz kleiner als 90° und oberhalb der Eigenfrequenz größer als 90°. Induktiv gekoppelte Bandfilter verwendet man meist in Rundfunkgeräten und Fernsehgeräten.

2.3.8 Kompensation

In elektronischen Geräten und elektrischen Anlagen treten unerwünschte Kapazitäten, z. B. Schaltkapazitäten, und unerwünschte Induktivitäten auf. Die Auswirkungen dieser Kapazitäten und Induktivitäten lassen sich meist durch *Kompensation** mit Spulen oder Kondensatoren verringern.

Kompensation von Schaltkapazitäten

In Breitbandverstärkern bilden Widerstände mit Schaltkapazitäten oft Tiefpässe **(Bild 1)**, deren Grenzfrequenzen im Übertragungsbereich des Verstärkers liegen. Dadurch wird die Verstärkung bei hohen Frequenzen verringert.

Schaltet man in Reihe zum Widerstand eine Spule, so entsteht ein stark gedämpfter Schwingkreis. Die Spule wird so bemessen, daß die Resonanzfrequenz etwas unterhalb der oberen Grenze des Übertragungsbereichs liegt. Infolge der Resonanz entsteht bei der Resonanzfrequenz und in ihrer Nähe eine Spannungserhöhung. Damit erhöht sich die obere Grenzfrequenz des Verstärkers. Die Spannung fällt anschließend allerdings steiler ab.

Bild 1: Kompensation von Schaltkapazitäten

| Kapazitäten kompensiert man mit Spulen. |

Kompensation von Induktivitäten

Motorwicklungen oder Vorschaltgeräte von Gasentladungslampen **(Bild 2)** enthalten Induktivitäten. Diese entnehmen dem Netz Blindleistung. Schaltet

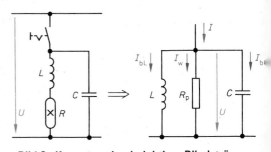

Bild 2: Kompensation induktiver Blindströme

man parallel zum Verbraucher einen Kondensator, so wird ein Teil des induktiven Blindstroms durch den kapazitiven Blindstrom kompensiert. Bei gleicher Wirkleistung ist in den Zuleitungen jetzt eine geringere Stromstärke. Außerdem wird der Phasenverschiebungswinkel zwischen der Netzspannung und dem Gesamtstrom kleiner. Neben der *Parallelkompensation* (Bild 2) wird auch die *Reihenkompensation* angewendet. Bei ihr ist der Kompensationskondensator in Reihe zur Induktivität geschaltet.

| Induktivitäten kompensiert man mit Kondensatoren. |

Wiederholungsfragen

1. Welche Vorteile besitzen LC-Siebschaltungen gegenüber RC-Siebschaltungen?
2. Wodurch kann der Übergang vom Durchlaßbereich zum Sperrbereich eines LC-Tiefpasses steiler gemacht werden?
3. Nennen Sie die Kopplungsarten eines Zweikreisbandfilters!
4. Wovon ist die Bandbreite eines Zweikreisbandfilters abhängig?
5. Warum erhöht sich die obere Grenzfrequenz eines Breitbandverstärkers durch Einbau einer Kompensationsspule?
6. Warum werden in Starkstromanlagen induktive Blindströme zum Teil mit Hilfe von Kondensatoren kompensiert?

* compensare (lat.) = ausgleichen

2.4 Leistungen bei Wechselstrom

2.4.1 Wirkleistung

Versuch 1: Schließen Sie eine Glühlampe 24 V 40 W über einen Strommesser und einen Leistungsmesser an einen Stelltransformator an **(Bild 1)**! Messen Sie die Spannung, die Stromstärke und die Leistung! Berechnen Sie die Leistung aus der Stromstärkenmessung und Spannungsmessung, und vergleichen Sie diese mit der Anzeige des Leistungsmessers!

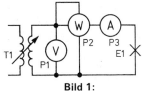

Das Produkt aus Spannung und Stromstärke stimmt mit der Anzeige des Leistungsmessers überein.

**Bild 1:
Leistungsmessung
bei einer Glühlampe**

Die Glühlampe verursacht keine Phasenverschiebung zwischen Strom und Spannung. Multipliziert man die zusammengehörigen Augenblickswerte von Strom und Spannung, so erhält man die Leistungskurve bei Wechselstrom **(Bild 2)**. Da Spannung und Strom in jedem Augenblick gleichzeitig positiv oder gleichzeitig negativ sind, ist die Leistungskurve nur positiv. Die Glühlampe nimmt Leistung vom Spannungserzeuger auf.

Die Leistung hat die doppelte Frequenz wie die Spannung. Ihr Scheitelwert ist $\hat{u} \cdot \hat{\imath}$. Die Fläche unter der Leistungskurve entspricht der verrichteten Arbeit. Verwandelt man diese Fläche in ein flächengleiches Rechteck, so entspricht der Höhe des Rechtecks die Leistung, welche die Glühlampe bei Gleichstrom aufnehmen würde. Man nennt diesen Mittelwert der Leistung *Wirkleistung*. Sie ist gleich der Hälfte des Scheitelwertes der Leistung.

$$P = \frac{\hat{u} \cdot \hat{\imath}}{2} = \frac{U \cdot \sqrt{2} \cdot I \cdot \sqrt{2}}{2} = U \cdot I$$

Da die Glühlampe nur *Wirkleistung* aufnimmt, ist sie ein *Wirkwiderstand*.

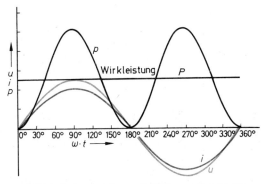

**Bild 2: Leistungskurve bei Phasengleichheit
von Strom und Spannung**

Wirkwiderstände nehmen nur Wirkleistung auf.

Beispiel: Ein Heizlüfter nimmt an einer Spannung von 220 V eine Stromstärke von 10 A auf. Wie groß ist die Wirkleistung?

Lösung: $P = U \cdot I = 220 \text{ V} \cdot 10 \text{ A} = 2200 \text{ W} = \textbf{2,2 kW}$

2.4.2 Blindleistung, Scheinleistung

Versuch 1: Schließen Sie die Reihenschaltung einer Spule mit 600 Windungen auf einem geblechten U-Kern mit Joch und einer Glühlampe 24 V 40 W über einen Strommesser und einen Leistungsmesser an einen Stelltransformator an (Bild 1)! Messen Sie die Spannung, die Stromstärke und die Leistung! Berechnen Sie die Leistung aus der Stromstärkemessung und Spannungsmessung, und vergleichen Sie diese mit der Anzeige des Leistungsmessers!

Die Anzeige des Leistungsmessers ist kleiner als das Produkt aus Spannung und Stromstärke.

Der Leistungsmesser zeigt die Wirkleistung an. Sie ist größer als bei der Glühlampe allein.

Übliche Leistungsmesser zeigen die Wirkleistung an.

Die Ersatzschaltung der Spule besteht aus einem Wirkwiderstand und einem induktiven Blindwiderstand. Der Wirkwiderstand nimmt Wirkleistung auf, der induktive Blindwiderstand *Blindleistung*. Durch die Wirkleistung wird die Spule erwärmt.

Die Verlustleistung führt zur Erwärmung und ist eine Wirkleistung.

Die Blindleistung wird zum Aufbau des magnetischen Feldes benötigt. Beim Abbau des magnetischen Feldes wird die gleich große Leistung wieder an den Spannungserzeuger abgegeben. Die Spule selbst wirkt dann als Spannungserzeuger.

> Blindwiderstände nehmen nur Blindleistung auf.

Die vom Verbraucher aufgenommene Leistung wird positiv gezählt, die abgegebene Leistung negativ **(Bild 1)**. Die von der Spule aufgenommene Leistung ist größer als die von der Spule abgegebene Blindleistung. Eine ideale Spule nimmt nur Blindleistung auf **(Bild 2)**. Hier sind aufgenommene Leistung und abgegebene Leistung gleich groß.

Die *Scheinleistung* ist das Produkt aus Spannung und Stromstärke. Sie ist bei einer Phasenverschiebung zwischen Strom und Spannung stets größer als die Wirkleistung und als die Blindleistung.

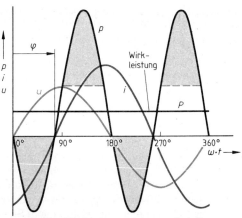

Bild 1: Wechselstromleistung bei einer Phasenverschiebung zwischen Strom und Spannung

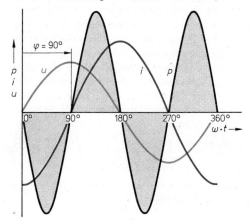

S	Scheinleistung
U	Spannung
I	Stromstärke

$$S = U \cdot I$$

$$[S] = V \cdot A = VA$$

Beispiel: Ein Verbraucher nimmt an einer Wechselspannung von 220 V eine Stromstärke von 16 A auf. Wie groß ist die Scheinleistung?

Lösung: $S = U \cdot I = 220\ V \cdot 16\ A$
$= 3520\ VA = \textbf{3,52 kVA}$

Bild 2: Wechselstromleistung bei einer idealen Spule

Versuch 2: Ersetzen Sie die Spule im Versuch 1 durch einen Kondensator von 24 µF, und wiederholen Sie Versuch 1! Stellen Sie wieder die gleiche Stromstärke ein!

Das Produkt aus Spannung und Stromstärke ist wesentlich größer als die Anzeige des Leistungsmessers. Der Leistungsmesser zeigt fast die gleiche Leistung an wie bei der Glühlampe allein.

Der kapazitive Blindwiderstand des Kondensators nimmt Blindleistung auf. Die Blindleistung wird zum Aufbau des elektrischen Feldes benötigt. Beim Abbau des elektrischen Feldes wird die gleich große Leistung wieder an den Spannungserzeuger abgegeben. Der Kondensator selbst wirkt dann als Spannungserzeuger. Ein Kondensator nimmt bei Niederfrequenz fast nur Blindleistung auf.

2.4.3 Zeigerbild der Leistungen

Bei den Zeigerbildern der Leistungen **(Bild 3)** wird die Reihenschaltung von

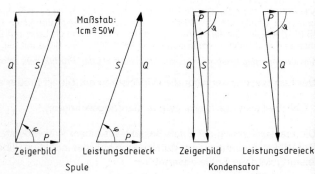

Bild 3: Zeigerbild der Leistungen

Wirkwiderstand und Blindwiderstand als Ersatzschaltung zugrunde gelegt. Die Leistungen sind den Quadraten der Spannungen proportional. Die Zeigerbilder der Leistungen entsprechen demnach den Zeigerbildern der Spannungen. Die Blindleistung Q eilt bei der Spule der Wirkleistung P um 90° vor, beim Kondensator um 90° nach. Die geometrische Addition von P und Q ergibt die Scheinleistung S.

S	Scheinleistung	
P	Wirkleistung	
Q	Blindleistung	
U	Spannung	
I	Strom	
φ	Phasenverschiebungswinkel zwischen Strom und Spannung	

$S = \sqrt{P^2 + Q^2}$	$S = U \cdot I$
$P = S \cdot \cos\varphi$	$P = U \cdot I \cdot \cos\varphi$
$Q = S \cdot \sin\varphi$	$Q = U \cdot I \cdot \sin\varphi$

Für die Scheinleistung wird meist die Einheit Voltampere (VA) und für die Blindleistung die Einheit Voltampere reaktiv* (var) benützt.

Beispiel: Ein Einphasenmotor nimmt an 220 V 14 A auf. Ein Leistungsmesser zeigt eine Leistung von 2,5 kW an. Berechnen Sie die Scheinleistung, den Phasenverschiebungswinkel und die Blindleistung!

Lösung: $S = U \cdot I = 220 \text{ V} \cdot 14 \text{ A} = \textbf{3,08 kVA}$

$P = S \cdot \cos\varphi \Rightarrow \cos\varphi = \dfrac{P}{S} = \dfrac{2,5 \text{ kW}}{3,08 \text{ kVA}} = 0,81; \quad \varphi = \textbf{36°}$

$Q = S \cdot \sin\varphi = 3,08 \text{ kVA} \cdot 0,5878 = \textbf{1,81 kvar}$

2.4.4 Leistungsfaktor

Der *Leistungsfaktor* ist das Verhältnis von Wirkleistung zu Scheinleistung. Bei Sinusstrom stimmt er mit dem $\cos\varphi$ überein.

$\cos\varphi$	Leistungsfaktor
P	Wirkleistung
S	Scheinleistung

$$\cos\varphi = \frac{P}{S}$$

Beispiel: Ein Einphasen-Wechselstrommotor hat eine Wirkleistung von 1,5 kW und eine Scheinleistung von 1,7 kVA. Berechnen Sie den Leistungsfaktor!

Lösung: $\cos\varphi = \dfrac{P}{S} = \dfrac{1,5 \text{ kW}}{1,7 \text{ kVA}} = \textbf{0,88}$

Der Leistungsfaktor gibt an, wieviel von der Scheinleistung in Wirkleistung umgesetzt wird. Die Scheinleistung und damit bei gleicher Spannung auch die Stromstärke sind bei gleicher Wirkleistung um so kleiner, je größer der Leistungsfaktor ist. Generatoren, Transformatoren und Leitungen müssen für die erforderliche Stromstärke ausgelegt sein. Bei großen Stromstärken sind hohe Anlagekosten erforderlich. Deshalb strebt man eine möglichst kleine Stromstärke bei einem möglichst großen Leistungsfaktor an ($\cos\varphi \rightarrow 1$). Der *Blindfaktor* ist das Verhältnis von Blindleistung zu Scheinleistung. Bei Sinusstrom stimmt er mit dem $\sin\varphi$ überein.

Wiederholungsfragen

1. Wie kann man die Wirkleistung bei einem Wirkwiderstand berechnen?
2. Welche Leistung zeigen übliche Leistungsmesser an?
3. Wie wirken sich Verlustleistungen aus?
4. Wie kann man die Scheinleistung berechnen?
5. Wie berechnet man die Wirkleistung aus der Scheinleistung?
6. Wie berechnet man die Blindleistung aus der Scheinleistung?
7. Was versteht man unter dem Leistungsfaktor?
8. Warum strebt man einen Leistungsfaktor $\cos\varphi = 1$ an?
9. Was versteht man unter dem Blindfaktor?

* reaktiv (lat.) = rückwirkend

2.5 Transformator

Transformatoren beruhen auf der Wirkung der Induktion. Sie nehmen Wechselstrom auf und können Wechselstrom abgeben. Transformatoren zum Übertragen von Signalen nennt man *Übertrager*. Transformatoren für Meßzwecke nennt man Meßwandler bzw. Stromwandler oder Spannungswandler.

2.5.1 Wirkungsweise und Begriffe

Zwei Spulen auf einem gemeinsamen Kern aus magnetischem Material (Eisenkern) bilden einen Transformator **(Bild 1)**. Von der *Eingangswicklung* (*Primärwicklung*) wird Wechsel-

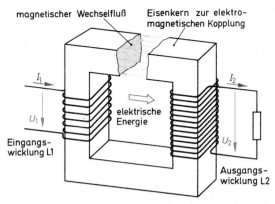

Bild 1: Energiefluß beim Transformator

strom und damit elektrische Energie aufgenommen. Diese Energie wird als magnetischer Wechselfluß an den Kern weitergegeben. Der Wechselfluß induziert in der *Ausgangswicklung* (*Sekundärwicklung*) eine Spannung. Wenn an die Ausgangswicklung ein Lastwiderstand angeschlossen ist, so fließt ein Ausgangsstrom, so daß die Energie an den Lastwiderstand abgegeben wird (Bild 1).

> Beim Transformator ist die Eingangswicklung mit der Ausgangswicklung elektromagnetisch gekoppelt.

Unabhängig von den Begriffen Eingangswicklung und Ausgangswicklung nennt man die Wicklung mit der hohen Spannung auch Oberspannungswicklung und die mit der niedrigen Spannung Unterspannungswicklung.

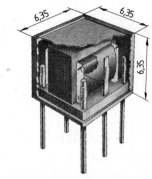

Bild 2: Mikrotransformator für gedruckte Schaltung (Länge 6 mm)

2.5.2 Aufbau

Die Nennleistung von Transformatoren geht von etwa 1 mVA bei Miniaturtransformatoren zum Einbau in gedruckte Schaltungen **(Bild 2)** bis zu etwa 1000 MVA bei Großtransformatoren. Entsprechend verschiedenartig ist der Aufbau.

Der **Kern** von Transformatoren besteht aus Elektroblech oder aus Ferrit. Bei den Kernen aus Elektroblech unterscheidet man *Schichtkerne, Bandkerne* und *Schnittbandkerne* **(Bild 3)**. Die Blechung des Kernes oder die Verwendung von Ferrit ist erforderlich, um die Wirbelströme möglichst klein zu halten.

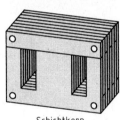

Schichtkern

> Der Kern von Transformatoren muß magnetisch möglichst gut und elektrisch möglichst schlecht leiten. Die Bildung von Wirbelströmen muß unterdrückt werden, auch bei den Konstruktionsteilen des Transformators.

Das enge Zusammenpressen der Kernbleche ist erforderlich, um Brummgeräusche im Betrieb zu verringern. Wenn dazu Spannbolzen bzw. Spannschrauben verwendet werden, so sollten diese unmagnetisch und gegen den Kern isoliert sein. Besser ist das Verkleben der Bleche und die Verwendung von Spannbändern.

Auch bei sorgfältigem Zusammenpressen der Kernbleche tritt wegen der *Magnetostriktion* bei Betrieb mit 50 Hz ein Brummgeräusch auf, weil der Kern im Wechselfeld vibriert.

Bandkern

Schnittbandkern

Bild 3: Kerne für Transformatoren bis etwa 1 kVA Nennleistung

Die **Wicklung** der Transformatoren wird aus Kupfer oder aus Aluminium hergestellt. Bei beiden Materialien werden Leiter mit rundem oder rechteckigem Querschnitt verwendet sowie Bleche oder Folien **(Bild 1)**. Bei Kleintransformatoren wird die Wicklung von einem *Spulenkörper* gehalten, der meist aus einem Thermoplast besteht. Die Wicklung besteht hier meist aus mit Lack isoliertem Kupferdraht mit kreisförmigem Querschnitt *(Kupferlackdraht)*. Sie hat mehrere Lagen, die beim Wickeln übereinander liegen. Die Zahl der möglichen Lagen hängt von der Wickelhöhe (Höhe des Wickelraumes vom Spulenkörper) und vom Drahtdurchmesser ab. Innerhalb jeder Lage ist die Windungszahl je Lage von der Wickelbreite und dem Drahtdurchmesser abhängig (Bild 1).

Bei der Drahtwicklung folgt nach jeder Lage der Wicklung eine *Lagenisolation* aus einer Kunststoffolie **(Bild 2)**. Diese kann entfallen, wenn die Spannung zwischen dem Anfang einer Lage und dem Ende der nächsten Lage einen kleineren Scheitelwert als 50 V hat. Zwischen der Oberspannungswicklung und der Unterspannungswicklung ist die Wicklungsisolation erforderlich. Je nach Prüfspannung verwendet man mehrere Lagen Kunststoffolie oder Preßspan. Bei Netzanschlußtransformatoren liegt zwischen der Oberspannungswicklung und der Unterspannungswicklung oft eine einlagige *Schutzwicklung* mit nur einem herausgeführten Anschluß. Diese führt im Betrieb keinen Strom. Sie wird mit dem Schutzleiter verbunden. Dadurch kann auch bei schadhafter Isolation der Oberspannungswicklung die Oberspannung nicht zur Unterspannungsseite gelangen. Außerdem wirkt diese Wicklung als Abschirmung.

Die zulässige Stromdichte in Kleintransformatoren mit Kupferwicklung beträgt je nach Isolation, Baugröße und Kühlung 8 A/mm² bis 1 A/mm². Am größten ist die zulässige Stromdichte bei kleinen Baugrößen. Die Verlustwärme entsteht nämlich in der gesamten Wicklung, also im Rauminhalt. Die Kühlung erfolgt aber nur an der Oberfläche. Bei zunehmender Baugröße wächst der Rauminhalt mit der 3. Potenz der Bauhöhe, die Oberfläche aber nur mit der 2. Potenz.

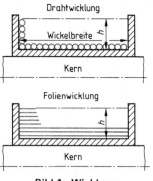

Bild 1: Wicklung von Kleintransformatoren

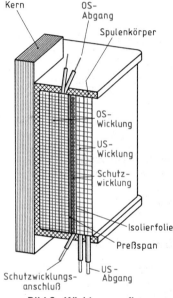

Bild 2: Wicklungsaufbau

2.5.3 Idealer Transformator

Zur Beschreibung der Eigenschaften eines Transformators geht man von einem idealen Transformator aus. Manche realen Transformatoren, insbesondere die größeren, kommen im Verhalten dem idealen Transformator nahe. Die kleineren Transformatoren unterscheiden sich dagegen vom idealen Transformator erheblich.

> Berechnungsformeln für Transformatoren gelten meist nur für den idealen Transformator. Für reale Transformatoren gelten diese Formeln nur näherungsweise.

Definition des idealen Transformators

Beim idealen Transformator treten keinerlei Verluste auf, auch keine magnetischen. Dadurch ist der Wirkungsgrad $\eta = 1$, und die Ausgangsleistung ist so groß wie die Eingangsleistung. Alle magnetischen Feldlinien, welche die Eingangswicklung durchsetzen, gehen auch durch die Ausgangswicklung. Eingangswicklung und Ausgangswicklung sind also fest miteinander magnetisch gekoppelt. Außerhalb des Eisenkernes treten beim idealen Transformator keine magnetischen Feldlinien auf. Wegen der gleich großen Leistungen nimmt der ideale Transformator im Leerlauf keinen Strom auf.

> Der ideale Transformator ist ein gedachter Transformator bei dem keinerlei Verluste auftreten. Insbesondere ist die magnetische Kopplung zwischen den beiden Wicklungen vollständig.

Leerlaufspannung

Die Leerlaufspannung u_0 der Ausgangswicklung ist so groß wie die dort induzierte Spannung u_i. Die Leerlaufspannung ist die Spannung der Ausgangswicklung mit der Windungszahl N_2, wenn dort kein Lastwiderstand angeschlossen ist.

$$u_0 = u_i = N_2 \cdot \Delta\Phi/\Delta t = N_2 \cdot A \cdot \Delta B/\Delta t$$

Der Scheitelwert der Leerlaufspannung $\hat{u}_0$ hängt also vom Scheitelwert des magnetischen Flusses Φ bzw. vom Scheitelwert der magnetischen Flußdichte $\hat{B}$ und vom Eisenquerschnitt A des Kernes ab sowie von der Kreisfrequenz ω des Eingangsstromes und der Windungszahl N_2 der Ausgangswicklung.

$$\hat{u}_0 = \omega \cdot \hat{B} \cdot A \cdot N_2 \Rightarrow U_0 = 2\pi \cdot f \cdot \hat{B} \cdot A \cdot N_2 \cdot 1/\sqrt{2} = 4{,}44 \cdot f \cdot \hat{B} \cdot A \cdot N_2$$

U_0 Leerlaufspannung
$\hat{B}$ magnetische Flußdichte (Scheitelwert)
A Eisenquerschnitt
f Frequenz
N Windungszahl

Transformatorenhauptgleichung

Bei Sinusform:

$$U_0 = 4{,}44 \cdot f \cdot \hat{B} \cdot A \cdot N$$

Der wirksame Eisenquerschnitt ist wegen der Isolierung der Bleche kleiner als der gemessene Kernquerschnitt. Je nach Art der Bleche beträgt der *Füllfaktor* 0,8 bis 0,95. Für Netztransformatoren beträgt der Scheitelwert der magnetischen Flußdichte 1,2 T bis 1,8 T, für Übertrager wird die Flußdichte so gewählt, daß im geradlinigen Teil der Magnetisierungskurve gearbeitet wird, bei Elektroblech z. B. bei 0,6 T.

Welche Wicklung als Ausgangswicklung gebraucht wird, ist beim idealen Transformator gleichgültig. Die Transformatorenhauptgleichung gilt deshalb auch für die Eingangswicklung.

Beispiel: Ein Transformator hat einen Eisenkern von 20 x 20 mm². Der Füllfaktor ist 0,9. Die Eingangswicklung hat 1600 Windungen. An welche Spannung darf die Eingangswicklung bei 50 Hz gelegt werden, wenn die magnetische Flußdichte 1,8 T betragen darf?
Lösung: $A = 20\text{ mm} \cdot 20\text{ mm} \cdot 0{,}9 = 360\text{ mm}^2 = 0{,}00036\text{ m}^2$
$U_0 = 4{,}44 \cdot f \cdot \hat{B} \cdot A \cdot N = 4{,}44 \cdot 50\text{ Hz} \cdot 1{,}8\text{ T} \cdot 0{,}00036\text{ m}^2 \cdot 1600 = \textbf{230 V}$

Aus der Transformatorenhauptgleichung ist ersichtlich, daß die Leerlaufspannung linear mit der Windungszahl ansteigt.

Bei einem Transformator hat die Oberspannungswicklung mehr Windungen als die Unterspannungswicklung.

Übersetzungsformeln

Versuch 1: Bringen Sie zwei Spulen mit 300 Windungen und 600 Windungen auf einen geblechten U-Kern mit Joch! Schließen Sie die Spule mit 600 Windungen an einen Wechselspannungserzeuger mit 50 V an! Messen Sie an der Ausgangswicklung mit 300 Windungen die Ausgangsspannung!
Die Ausgangsspannung ist nur halb so groß wie die Eingangsspannung, wenn die Ausgangswicklung die halbe Windungszahl hat wie die Eingangswicklung.

Wegen der festen Kopplung beim idealen Transformator sind die Beträge der in der Eingangswicklung und der Ausgangswicklung wirksamen magnetischen Flüsse Φ_1 und Φ_2 gleich groß.

$$\hat{\Phi}_1 = \hat{\Phi}_2 = \hat{B}_1 \cdot A = \hat{B}_2 \cdot A \Rightarrow \frac{U_{01}}{f \cdot N_1} = \frac{U_{02}}{f \cdot N_2} \Rightarrow \frac{U_{01}}{N_1} = \frac{U_{02}}{N_2}$$

Beim idealen Transformator verhalten sich die Spannungen wie die Windungszahlen.

U_1 Eingangsspannung
U_2 Ausgangsspannung
N_1 Windungszahl der Eingangswicklung
N_2 Windungszahl der Ausgangswicklung
$ü$ Übersetzungsverhältnis

$$ü = \frac{U_1}{U_2} \qquad \frac{U_1}{U_2} = \frac{N_1}{N_2}$$

Beim idealen Transformator ist die Eingangsleistung S_1 so groß wie die Ausgangsleistung S_2.

$$S_1 = S_2 \Rightarrow U_1 \cdot I_1 = U_2 \cdot I_2 \Rightarrow \frac{I_1}{I_2} = \frac{U_2}{U_1} \Rightarrow \frac{I_1}{I_2} = \frac{N_2}{N_1}$$

Beim idealen Transformator verhalten sich die Stromstärken umgekehrt wie die Windungszahlen.

Durch Umstellung der Formel erhält man $I_1 \cdot N_1 = I_2 \cdot N_2$. Das Produkt aus Stromstärke und Windungszahl ist die Durchflutung. Deshalb sind beim idealen Transformator die Beträge der eingangsseitigen und der ausgangsseitigen Durchflutungen gleich groß.

I_1 Stromstärke der Eingangsseite
I_2 Stromstärke der Ausgangsseite
N_1 Windungszahl der Eingangsseite
N_2 Windungszahl der Ausgangsseite
Θ_1 Durchflutung der Eingangsseite
Θ_2 Durchflutung der Ausgangsseite

$$\boxed{\Theta_1 = \Theta_2}$$
$$I_1 \cdot N_1 = I_2 \cdot N_2$$

$$\boxed{\frac{I_1}{I_2} = \frac{N_2}{N_1}}$$

Durch Division der Übersetzungsformel für die Spannungen durch die Übersetzungsformel für die Stromstärken erhält man

$$\frac{U_1 \cdot I_2}{U_2 \cdot I_1} = \frac{N_1 \cdot N_1}{N_2 \cdot N_2} \Rightarrow \frac{U_1}{I_1} \cdot \frac{I_2}{U_2} = \frac{N_1^2}{N_2^2} \Rightarrow \frac{Z_1}{Z_2} = \frac{N_1^2}{N_2^2}$$

Ein idealer Transformator überträgt die angeschlossenen Widerstände im Quadrat des Übersetzungsverhältnisses.

Z_1 eingangsseitiger Scheinwiderstand
Z_2 ausgangsseitiger Scheinwiderstand
N_1 Windungszahl der Eingangswicklung
N_2 Windungszahl der Ausgangswicklung
$ü$ Übersetzungsverhältnis

$$\boxed{\frac{Z_1}{Z_2} = ü^2}$$
$$\boxed{\frac{N_1}{N_2} = \sqrt{\frac{Z_1}{Z_2}}}$$

Ähnlich wie bei der Spannungsübersetzung ist der große Widerstand auf der Seite mit der hohen Windungszahl.

In gleicher Weise wie die Scheinwiderstände werden durch einen Transformator Wirkwiderstände, kapazitive Blindwiderstände und induktive Blindwiderstände übertragen. Wegen $X_C = 1/(\omega \cdot C)$ und $X_L = \omega \cdot L$ überträgt ein Transformator auch Kapazitäten und Induktivitäten.

N_1, N_2 Windungszahlen
$ü$ Übersetzungsverhältnis
C_1, C_2 Kapazitäten
L_1, L_2 Induktivitäten
(Index 1 für Eingangsseite, 2 für Ausgangsseite)

$$\frac{C_2}{C_1} = ü^2$$
$$\frac{L_1}{L_2} = ü^2$$

$$\boxed{\frac{N_1}{N_2} = \sqrt{\frac{C_2}{C_1}}}$$
$$\boxed{\frac{N_1}{N_2} = \sqrt{\frac{L_1}{L_2}}}$$

Mit einem Transformator können Spannungen, Stromstärken, Widerstände, Kapazitäten und Induktivitäten übersetzt werden.

Die obenstehenden Übersetzungsformeln wurden für den idealen Transformator entwickelt. Sie können für viele reale Transformatoren angewendet werden, wenn die Gleichheitszeichen ($=$) durch Ungefährzeichen ($\approx$) ersetzt werden.

Beispiel: Ein Transformator hat die Windungszahlen 1600 und 320, die Oberspannungswicklung ist an das 220-V-Netz angeschlossen. An die Unterspannungswicklung ist ein Kondensator mit 6,8 µF angeschlossen. Berechnen Sie a) die Unterspannung, b) die auf die Oberspannungsseite übertragene Kapazität!

Lösung: $U_1/U_2 = N_1/N_2 \Rightarrow U_2 = U_1 \cdot N_2/N_1 = 220\ \text{V} \cdot 320/1600 = \textbf{44 V}$
$C_2/C_1 = ü^2 \Rightarrow C_1 = C_2/ü^2 = 6,8\ \text{µF}/(1600/320)^2 = \textbf{0,272 µF}$

2.5.4 Realer Transformator im Leerlauf

Kopplung und Kopplungsfaktor

Versuch: Legen Sie bei einem Experimentiertransformator mit abnehmbarem Joch zwischen Joch und Schenkel 1 mm dicken Preßspan! Schließen Sie den Transformator ans Netz an! Schließen Sie eine Prüfspule mit etwa 300 Windungen an die Tonabnehmerbuchsen eines Rundfunkgerätes an! Halten Sie die Prüfspule in die Nähe des Transformators!
Der Lautsprecher brummt.

Durchsetzt bei einem Transformator der magnetische Fluß eine Luftstrecke, so durchsetzt er nur noch teilweise die Ausgangswicklung **(Bild 1)**. Ein Teil des magnetischen Flusses verläuft außerhalb des Eisenkerns und kann durch eine Prüfspule nachgewiesen werden, in der er eine Spannung induziert. In der Ausgangswicklung wird dann eine kleinere Spannung erzeugt, als das Übersetzungsverhältnis der Windungszahlen erwarten läßt.

Die *Kopplung* ist fest, wenn der ganze oder fast der ganze magnetische Fluß die Ausgangswicklung durchsetzt. Sie ist lose, wenn nur ein kleiner Teil durch die Ausgangswicklung geht. Den Kopplungsfaktor erhält man, wenn man das gemessene Spannungsverhältnis durch das Verhältnis der Windungszahlen teilt.

Der Kopplungsfaktor ist beim realen Transformator kleiner als eins.

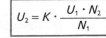
Kopplungsfaktor 1

Kopplungsfaktor 0,5

Bild 1: Kopplung

K	Kopplungsfaktor
U_1	Eingangsspannung
U_2	Ausgangsspannung
N_1	Windungszahl der Eingangsseite
N_2	Windungszahl der Ausgangsseite

$$K = \frac{U_2 \: / \: U_1}{N_2 \: / \: N_1} \qquad K = \frac{U_2 \cdot N_1}{U_1 \cdot N_2} \qquad U_2 = K \cdot \frac{U_1 \cdot N_2}{N_1}$$

Bei Transformatoren der Energietechnik ist der Kopplungsfaktor fast 1. Dasselbe gilt für Übertrager ohne Luftspalt.

Magnetisierungsstrom

Beim unbelasteten Transformator wirkt die Eingangswicklung wie eine Induktivität. Der das magnetische Wechselfeld erzeugende Eingangsstrom heißt *Magnetisierungsstrom* I_m. Zwischen dem Magnetisierungsstrom und der Spannung an der Eingangswicklung U_1 besteht wie bei einer Induktivität eine Phasenverschiebung von 90° **(Bild 2)**.

Der vom unbelasteten Transformator aufgenommene Leerlaufstrom I_0 hat gegenüber der Eingangsspannung eine etwas kleinere Phasenverschiebung als der Magnetisierungsstrom. Das Ummagnetisieren des Eisens erzeugt Wärme und stellt so die Belastung mit einem Wirkwiderstand dar. Der Leistungsfaktor im Leerlauf ist etwa 0,1.

Das vom Magnetisierungsstrom erzeugte magnetische Wechselfeld induziert in der Eingangswicklung eine Spannung U_i. Diese induzierte Spannung ist um die Spannungsabfälle in der Eingangswicklung $I_0 \cdot R$ und $I_0 \cdot X_L$ kleiner als die angelegte Spannung (Bild 2).

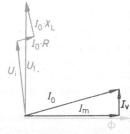

Bild 2: Leerlaufzeigerbild des Transformators

Wird die Eingangswicklung an eine kleinere Spannung gelegt, so wird der Magnetisierungsstrom kleiner, und die magnetische Flußdichte im Eisenkern nimmt ab. Bei einer größeren Spannung nehmen Flußdichte und Magnetisierungsstrom zu.

Beim Transformator stellen sich der Magnetisierungsstrom und die magnetische Flußdichte auf die für die angelegte Spannung erforderlichen Werte ein.

Ein Transformator wird zerstört, wenn er an eine zu hohe Spannung angeschlossen wird. Die zu hohe Spannung erfordert eine größere Flußdichte im Kern. Dazu ist ein stärkerer Magnetisierungsstrom erforderlich. Da der Kern bei Nennspannung schon annähernd gesättigt ist, steigt der Magnetisierungsstrom stark an. Infolgedessen verbrennt die Wicklung.

Einschaltstrom

Beim *Einschalten* von Transformatoren fließen manchmal sehr starke Ströme, auch wenn der Transformator nicht belastet ist. Der Einschaltstrom kann mehr als das 10fache des Nennstromes betragen.

Besonders ungünstig ist es, wenn die Netzspannung im Augenblick des Einschaltens gerade Null ist und wenn im Eisenkern ein Restmagnetismus zurückblieb, der die gleiche Richtung hat wie der jetzt einsetzende magnetische Fluß. Bei zunehmender Spannung muß sich nämlich der magnetische Fluß ändern, damit in der Eingangswicklung eine gegen die angelegte Spannung wirkende Spannung induziert wird. Hat aber der magnetische Fluß des Restmagnetismus dieselbe Richtung wie der entstehende magnetische Fluß, so ist das Eisen bald gesättigt. Nur sehr große Magnetisierungsströme können jetzt die erforderliche Spannung erzeugen.

Der Nennstrom von Sicherungen auf der Eingangsseite von Transformatoren muß etwa doppelt so groß sein wie der Nennstrom des Transformators.

2.5.5 Realer Transformator unter Last

Magnetischer Streufluß

Versuch: Schließen Sie einen Transformator ans Netz an! Schließen Sie eine Prüfspule mit etwa 300 Windungen an die Tonabnehmerbuchsen eines Rundfunkgerätes an! Halten Sie die Spule so in die Nähe des Transformatorkernes, daß der Lautsprecher gerade schwach brummt! Schließen Sie an den Transformator eine möglichst große Last an!
Das Brummgeräusch nimmt zu.

Beim leerlaufenden Transformator ist fast der ganze magnetische Fluß im Eisenkern **(Bild 1)**. Bei Belastung erzeugt der Strom in der Ausgangswicklung einen magnetischen Fluß entgegengesetzter Richtung. Dadurch wird das Magnetfeld der Eingangswicklung geschwächt. Die Eingangswicklung nimmt nun mehr Strom auf, so daß der magnetische Fluß seinen ursprünglichen Wert wieder annimmt. Das Auftreten eines entgegengesetzt gerichteten magnetischen Flusses bewirkt aber, daß ein Teil des magnetischen Flusses der Eingangswicklung das Eisen verläßt und durch die Luft geht (Bild 1). Diesen magnetischen Fluß nennt man *Streufluß*. Er durchsetzt nur eine Wicklung.

> Der Streufluß durchsetzt nur eine Wicklung.

Wegen des Streuflusses ist bei Transformatoren und Übertragern manchmal eine Abschirmung erforderlich.

Der **Streufaktor** σ* ist das Verhältnis des magnetischen Streuflusses zum im Leerlauf auftretenden Hauptfluß. Man berechnet ihn aus der Streuinduktivität, also der Induktivität bei kurzgeschlossener Ausgangswicklung, und der Eingangsinduktivität bei offener Ausgangswicklung.

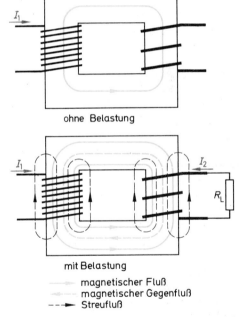

ohne Belastung

mit Belastung

→ magnetischer Fluß
→ magnetischer Gegenfluß
--→ Streufluß

Bild 1: Magnetischer Fluß beim unbelasteten und belasteten Transformator

σ Streufaktor
Φ_σ magnetischer Streufluß
Φ_1 magnetischer Hauptfluß
L_σ Streuinduktivität
L_1 Eingangsinduktivität

$$\sigma = \frac{\Phi_\sigma}{\Phi_1} \qquad \sigma = \frac{L_\sigma}{L_1}$$

Bei Transformatoren mit großer Streuung ist der Streufaktor etwa so groß wie die auf die Nennspannung bezogene *Kurzschlußspannung*. Die Kurzschlußspannung ist die Spannung, die bei Nennfrequenz und kurzgeschlossener Ausgangswicklung an der Eingangswicklung liegen muß, damit der Nennstrom fließt. Der Streufaktor und damit die Kurzschlußspannung liegen bei den meisten Transformatoren zwischen 0,1 = 10% und 0,8 = 80%.

* σ = griech. Kleinbuchstabe sigma

Soll ein Transformator einen großen Streufaktor bzw. eine große Kurzschlußspannung haben, dann legt man die Wicklungen so, daß austretende Feldlinien nur eine Wicklung durchsetzen. Die Wicklungen liegen getrennt, wie z. B. beim Klingeltransformator **(Bild 1)**, oder auf zwei verschiedenen Schenkeln. Wird eine sehr große Kurzschlußspannung verlangt, legt man zwischen die Wicklungen ein Streujoch (Bild 1). Dieses hält von der Ausgangswicklung einen großen Teil des magnetischen Flusses fern und vergrößert so die Streuung.

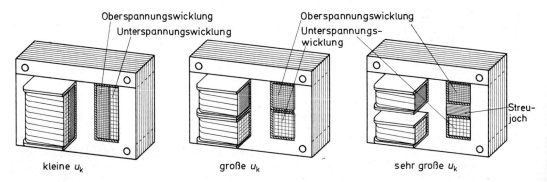

Bild 1: Wicklungsanordnungen für kleine, große und sehr große Kurzschlußspannung

Lastspannung

Die vom Streufluß durchsetzte Wicklung wirkt wie eine Drossel. Der Transformator verhält sich deshalb wie ein Generator, dessen Innenwiderstand aus der Reihenschaltung vom Wirkwiderstand der Wicklung und aus der vom Streufluß hervorgerufenen *Streuinduktivität* besteht **(Bild 2)**.

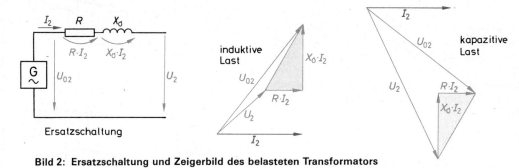

Bild 2: Ersatzschaltung und Zeigerbild des belasteten Transformators

Bei Belastung mit einem Wirkwiderstand sinkt mit zunehmendem Belastungsstrom die Ausgangsspannung weniger als bei Belastung mit einer Induktivität, da die Spannung an der Spule dieselbe Phasenlage hat wie die Spannung am Streublindwiderstand. Der größte Spannungsabfall tritt ein, wenn sich Wirk- und Blindwiderstände im Verbraucher zueinander verhalten wie die Wirk- und Blindwiderstände im Innenwiderstand des Transformators. Bei Belastung mit einem Kondensator steigt die Spannung an, da Streublindwiderstand und Kondensator einen Reihenschwingkreis bilden.

Die Ausgangsspannung eines Transformators ist vom Belastungsstrom und von der Belastungsart abhängig.

Bei Transformatoren mit Nennleistungen unter 16 kVA wird auf dem Leistungsschild die Nenn-Lastspannung angegeben. Das ist die Ausgangsspannung des Transformators bei Wirkbelastung mit der Nennleistung.

2.5.6 Ersatzschaltungen von Transformatoren

Die Ersatzschaltung eines Transformators gibt mit Hilfe einer Schaltung einfacher Bauelemente an, wie sich der Transformator im Betrieb verhält. So kann man aus der Ersatzschaltung Bild 2 erkennen, daß die Ausgangsspannung um so kleiner ist, je größer I_2, R und X_σ sind. Aus der Ersatzschaltung ist das Betriebsverhalten eines Transformators besser zu erkennen als durch eine Beschreibung mit Worten.

Es gibt mehrere Ersatzschaltungen für Transformatoren. Bei einer häufig verwendeten Art von Ersatzschaltungen (Tabelle 1) ist ein idealer Transformator enthalten, der je nach Art des Transformators auf verschiedene Weise mit Wirkwiderständen und Induktivitäten beschaltet ist. Die Wirkwiderstände und Induktivitäten der Ausgangswicklung sind dabei mit den entsprechenden Übersetzungsformeln auf die Eingangsseite umgerechnet und dort angeordnet.

Die Wirkwiderstände stellen die Wicklungswiderstände und sonstige Verlustwiderstände des realen Transformators dar. Die Induktivitäten stellen die Induktivität der Eingangswicklung (*Hauptinduktivität, Querinduktivität*) sowie die Streuinduktivitäten (*Längsinduktivität*) dar.

Tabelle 1: Ersatzschaltungen von Transformatoren

Art des Transformators	Eigenschaften	Ersatzschaltung	Anwendungsbeispiel
Festgekoppelter Transformator ohne Verluste	1. Völlig verlustfrei 2. Keine Streuung 3. Stromaufnahme, auch im Leerlauf		Erklärt annähernd das Verhalten von mittelgroßen und großen Netztransformatoren.
Festgekoppelter Transformator mit Verlusten	1. Verluste vorhanden 2. Keine Streuung 3. Auch im Leerlauf Stromaufnahme		Erklärt gut das Verhalten von spannungssteifen Transformatoren, z. B. Netztransformatoren.
Verlustloser Transformator mit Streuung	1. Keine Verluste 2. Streuung vorhanden 3. Auch im Leerlauf Stromaufnahme		Erklärt gut das Verhalten von kleinen Transformatoren, z. B. der Nachrichtentechnik.
Allgemeiner, realer Transformator	1. Verluste vorhanden 2. Streuung vorhanden 3. Auch im Leerlauf Stromaufnahme		Erklärt genau das Verhalten der Transformatoren, jedoch ist die Übersichtlichkeit geringer als bei den anderen Ersatzschaltungen.

L_1 Hauptinduktivität, L_2 Induktivität der Ausgangswicklung, N_1 Windungszahl der Eingangsseite, N_2 Windungszahl der Ausgangsseite, R_1 Wicklungswiderstand der Eingangswicklung, R_2 Wicklungswiderstand der Ausgangswicklung, R_{VFe} Verlustwiderstand wegen der Eisenverlustleistung, $ü$ Übersetzungsverhältnis, σ_1 Streufaktor der Eingangswicklung, σ_2 Streufaktor der Ausgangswicklung

Je nach Frequenz läßt sich die Ersatzschaltung des Transformators oft weiter vereinfachen. Arbeitet z. B. ein verlustloser Transformator mit Streuung (Tabelle 1) an einer Spannung mit hoher Frequenz, so ist der Blindwiderstand der Hauptinduktivität L_1 sehr groß, so daß man sich L_1 wegdenken kann. Die beiden Streuinduktivitäten sind dann in Reihe geschaltet, so daß sie eine gemeinsame Streuinduktivität darstellen. Bei kleiner Last wirkt ein derartiger Transformator bei hoher Frequenz wie ein idealer Transformator, bei größerer Last dagegen wie ein idealer Transformator mit vorgeschalteter Drosselspule.

171

2.5.7 Besondere Transformatorarten

Übertrager

NF-Übertrager sind Transformatoren, welche in der Nachrichtenelektronik Signale übertragen, z. B. von einem Verstärker zu einem Lautsprecher. Da der Eisenkern magnetisiert werden muß, erhält man im Ersatzschaltplan **(Bild 1)** eine Querinduktivität. Der Streufluß ergibt eine Längsinduktivität. Es gibt weitere Ersatzschaltungen von Übertragern. Die Ersatzschaltung eines Betriebsmittels läßt sein elektrisches Verhalten erkennen. Aus der Ersatzschaltung Bild 1 links erkennt man z. B., daß bei hoher Frequenz die Querinduktivität unwirksam ist, weil ihr Widerstand sehr groß ist, so daß durch sie kein Strom fließt. Dagegen ist die Streuinduktivität bei hoher Frequenz sehr wirksam, weil sie einen großen Spannungsabfall hervorruft.

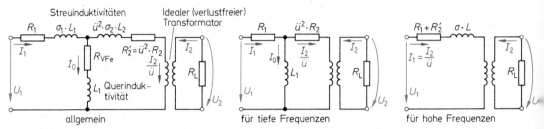

Bild 1: Ersatzschaltungen eines realen Übertragers mit Lastwiderstand

Eisenkerne von Übertragern sind meist Blechkerne aus M-, El- und EE-Schnitten. Es werden z. B. Elektrobleche mit bis zu 4% Silicium und Bleche aus Nickel-Eisen-Legierungen mit bis 75% Nickel verwendet. Außerdem werden Ferritkerne verwendet, z. B. in der Form von Schalenkernen.

Die magnetische Flußdichte muß in Übertragern niedriger sein als in den anderen Transformatoren, damit keine Verzerrungen der Ausgangsspannung auftreten. Die Flußdichte soll unter 0,4 T liegen. Dadurch sind für die Eingangswicklung etwa viermal so viele Windungen erforderlich wie bei einem Netztransformator gleicher Spannung. Im selben Umfang ist die von einem Eisenkern übertragbare Leistung kleiner als bei einem Netztransformator.

> Der Eisenkern eines Übertragers darf nur ein Viertel der Leistung wie der Eisenkern gleicher Größe bei einem Netztransformator übertragen.

Soll die untere übertragbare Frequenz tiefer sein als 50 Hz, so muß die Windungszahl entsprechend erhöht werden. Ebenfalls ist dann ein größerer Eisenkern erforderlich. Fließt in einer Wicklung des Übertragers ein Gleichstromanteil, z. B. bei Eintaktendstufen, so muß der Eisenkern zur Vermeidung von Verzerrungen einen Luftspalt haben, weil er sonst durch den Gleichstrom magnetisch gesättigt würde. Dann ist etwa die doppelte Windungszahl zu verwenden wie bei einem Kern ohne Luftspalt.

Je größer die Eingangsleistung eines Übertragers und je tiefer die übertragbare Frequenz sein soll, desto größer muß der Eisenquerschnitt sein. Die untere Grenzfrequenz hängt von der Querinduktivität (Bild 1) und den Widerständen ab, die obere Grenzfrequenz von der Längsinduktivität und den Widerständen.

$$f_\text{t} = \frac{1}{2\,\pi\,L_1} \cdot \frac{(R_\text{i} + R_1)\,\ddot{u}^2\,(R_2 + R_\text{L})}{R_\text{i} + R_1 + \ddot{u}^2\,(R_2 + R_\text{L})}$$

$$f_\text{h} = \frac{1}{2\,\pi\,\sigma L}\,[R_\text{i} + R_1 + \ddot{u}^2\,(R_2 + R_\text{L})]$$

f_t, f_h untere bzw. obere Grenzfrequenz ($X_\text{L} = R$)
L_1 Querinduktivität
R_i Innenwiderstand des Erzeugers

R_1, R_2 Wicklungs-Wirkwiderstände
σL Streuinduktivität
R_L Lastwiderstand
$\ddot{u}$ Übersetzungsverhältnis

Wicklungen von Übertragern müssen so ausgeführt sein, daß die Streuinduktivität besonders klein ist (Bild 1). Je niedriger nämlich diese Längsinduktivität ist, desto mehr werden die hohen Frequenzen übertragen. Die Streuung wird durch Aufteilen, Zusammenschalten und Ineinanderschachteln der Eingangs- und Ausgangswicklung herabgesetzt.

Spartransformator

Beim Spartransformator sind zwei Wicklungsteile, die *Parallelwicklung* und die *Reihenwicklung*, hintereinandergeschaltet **(Bild 1)**. Unterspannungswicklung ist die Parallelwicklung. Oberspannungswicklung ist die Reihenschaltung von Reihenwicklung und Parallelwicklung. Bei Spartransformatoren ist die Eingangswicklung leitend mit der Ausgangswicklung verbunden. Aus Sicherheitsgründen dürfen Sicherheitstransformatoren, z. B. Spielzeugtransformatoren, keine Spartransformatoren sein.

Die gesamte mögliche Leistungsabgabe eines Spartransformators nennt man *Durchgangsleistung*. Sie wird zu einem Teil durch Stromleitung von der Eingangswicklung zur Ausgangswicklung übertragen und zum anderen Teil durch Induktion. Je größer die durch Leitung übertragbare Leistung ist, desto kleiner ist bei fester Durchgangsleistung die durch Induktion zu übertragende Leistung, die sogenannte *Bauleistung*, nach der sich die Baugröße des Transformators richtet.

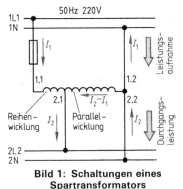

Bild 1: Schaltungen eines Spartransformators

> Mit dem Spartransformator werden Wickelkupfer und Kerneisen gespart.

Kleintransformatoren

Kleintransformatoren (VDE 0550) sind Transformatoren mit Nennleistungen bis 16 kVA zur Verwendung in Netzen bis 1000 V und 500 Hz. Sie werden z. B. als Spannungserzeuger für Rundfunkgeräte, Klingeln, Handlampen und Spielzeug verwendet.

Netzanschlußtransformatoren haben eine oder mehrere Ausgangswicklungen, die von der Eingangswicklung elektrisch getrennt sind. Sie dienen z. B. dem Anschluß von elektronischen Geräten (Radio, Fernsehgerät, Telefon) ans Netz.

Sicherheitstransformatoren (Schutztransformatoren) liefern ausgangsseitig Schutzkleinspannung. Ihre Eingangsspannung beträgt höchstens 500 V, ihre Nennleistung höchstens 10 kVA, ihre Nennfrequenz höchstens 500 Hz. Die Nennspannung der Ausgangsseite beträgt bevorzugt 6, 12, 24 oder 42 V. Sicherheitstransformatoren müssen einen Kurzschluß auf der Ausgangsseite aushalten. Sie müssen durch eine sehr große Streuung unbedingt kurzschlußfest oder durch Einbau einer Sicherung bedingt kurzschlußfest gebaut sein. Die Oberspannungswicklung muß von der Unterspannungswicklung durch eine Isolierstoff-Zwischenwand sorgfältig getrennt sein, so daß auch bei Verlagerung der Wicklung oder beim Herausfallen von Metallteilen keine Verbindung der Eingangsseite mit der Ausgangsseite auftreten kann. Nur vom VDE zugelassene Sicherheitstransformatoren dürfen für die Schutzmaßnahme Kleinspannung verwendet werden.

Zu den Sicherheitstransformatoren gehören auch Spielzeugtransformatoren, Klingeltransformatoren, Handleuchtentransformatoren, Auftautransformatoren und Transformatoren für medizinische Geräte.

Trenntransformatoren sind Transformatoren mit elektrisch getrennten Wicklungen. Die Eingangswicklung von Trenntransformatoren muß besonders sicher gegen unbeabsichtigte Verbindung mit der Ausgangswicklung sein, z. B. durch getrennte Spulenkörper oder Spulenkörper mit Trennwand. Ortsveränderliche Trenntransformatoren müssen schutzisoliert sein.

Wiederholungsfragen

1. Warum wird ein Transformator zerstört, wenn er an eine zu hohe Spannung angeschlossen wird?
2. Was versteht man unter dem magnetischen Streufluß eines Transformators?
3. Was bewirkt die Streuinduktivität von Übertragern bei hohen Frequenzen?
4. Warum muß die magnetische Flußdichte in Übertragern niedriger sein als bei anderen Transformatoren?
5. Wie verringert man die Streuinduktivitäten von Übertragern?
6. Nennen Sie die beiden Wicklungsteile eines Spartransformators!
7. Wovon ist die Bauleistung eines Spartransformators abhängig?
8. Wozu verwendet man Sicherheitstransformatoren?
9. Was versteht man unter Trenntransformatoren?
10. Welche besondere Forderung stellt man an Trenntransformatoren?

2.6 Halbleiterbauelemente

Halbleiterbauelemente bestehen aus N-leitenden Schichten, P-leitenden Schichten und einige Halbleiterbauelemente auch aus I-leitenden Schichten von Halbleiterwerkstoffen. Man unterscheidet *unipolare* und *bipolare Bauelemente*. Bei unipolaren Bauelementen fließt der Strom nur durch eine einzige Zone gleicher Leitungsart, bei bipolaren Bauelementen fließt der Strom durch mehrere Zonen.

2.6.1 Halbleiterdioden

2.6.1.1 Sperrschicht

Grenzen zwei Halbleiterzonen verschiedener Leitungsart aneinander, so entsteht ein *PN-Übergang*.

Durch die Wärmebewegung der Teilchen treten negative Ladungsträger (Elektronen) vom N-Leiter in den P-Leiter über und positive Ladungsträger (Löcher) vom P-Leiter in den N-Leiter. Diesen Vorgang nennt man *Diffusion**. Dabei finden Rekombinationen statt. Die Leitungselektronen der Grenzschicht werden zu Valenzelektronen, und die Löcher verschwinden **(Bild 1)**. In der Grenzschicht zwischen P-Leiter und N-Leiter halten sich keine beweglichen Ladungsträger mehr auf.

Die Diffusion beeinflußt die Lage der Ionen nicht, welche im Halbleiter ortsfest sind. Deshalb verbleibt in der Grenzschicht des N-Leiters nach Abwandern der Elektronen eine positive Ladung (Bild 1). Entsprechend erhält der P-Leiter in der Grenzschicht eine negative Ladung. Diese Ladungen innerhalb der Grenzschicht bewirken eine Spannung am PN-Übergang. Sie wird nach ihrer Ursache *Diffusionsspannung* genannt. Dabei hat gegenüber der Grenzfläche der P-Leiter eine negative Spannung und der N-Leiter eine positive Spannung (Bild 1). Diese Spannungen verhindern ein weiteres Eindringen von Ladungsträgern in die Grenzschicht. Der Ladungstransport wird dort gesperrt. Somit wird die Grenzschicht zu einer *Sperrschicht*.

Am PN-Übergang von Halbleitern entsteht eine Sperrschicht.

Soll an einer Halbleiterschicht ein Kontakt ohne Sperrschicht (ohmscher Kontakt) entstehen, so muß ein geeignetes Kontaktmetall an eine stark dotierte Halbleiterschicht stoßen.

2.6.1.2 Sperrschichtkapazität

Die fast ladungsträgerfreie Sperrschicht **(Bild 2a)** ist ein Isolator. Sie trennt zwei gut leitende Bereiche des Halbleiterelements. Dadurch entspricht der PN-Übergang einem Kondensator, dessen Kapazität *Sperrschichtkapazität* genannt wird.

Wird von außen keine Spannung angelegt, so stellt sich die Breite der Sperrschicht von selbst ein (Bild 2a). Legt man an den P-Leiter den Minuspol und an den N-Leiter den Pluspol einer Spannung, so werden die negativen Ladungsträger vom Pluspol und die positiven Ladungsträger vom Minuspol „abgesaugt". Dadurch verarmt die Sperrschicht weiter an Ladungsträgern und wird breiter (Bild 2b). Ein Verbreitern der Sperrschicht bewirkt ein Verringern der Sperrschichtkapazität.

* diffundere (lat.) = zerstreuen, eindringen

Bild 1: PN-Übergang ohne angelegte Spannung

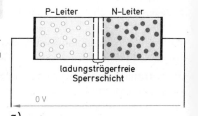

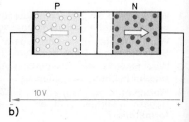

Bild 2: Sperrschichtbreite in Abhängigkeit von der Spannung

Die Breite der Sperrschicht und die Kapazität des PN-Überganges hängen von der angelegten Spannung ab. Die Sperrschichtkapazität steigt mit kleiner werdender Sperrspannung.

Diese Spannungsabhängigkeit der Sperrschichtkapazität findet bei der Kapazitätsdiode Anwendung.

2.6.1.3 Rückwärtsrichtung und Vorwärtsrichtung

Ein PN-Übergang wirkt als Halbleiterdiode (**Bild 1**). Entsprechend den Stromrichtungen unterscheidet man bei der Diode die *Vorwärtsrichtung* und die *Rückwärtsrichtung*. Unabhängig von diesen Stromrichtungen bezeichnet man die Betriebszustände als Durchlaßzustand und Sperrzustand.

Versuch 1: Schalten Sie eine Diode, z. B. eine BYY 88, in Reihe mit einer 3,5-V-Glühlampe! Schließen Sie die Reihenschaltung nach Bild 1 an Gleichspannung von 4 V an!
Die Glühlampe leuchtet nicht.

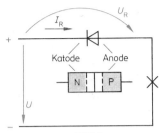

Bild 1:
Diode in Rückwärtsrichtung gepolt

Die Sperrschichtbreite nimmt beim Anlegen der Spannung zu, wenn der Pluspol der Spannung am N-Leiter und der Minuspol am P-Leiter liegen. Diese Richtung der Polung nennt man Rückwärtsrichtung. Die dabei anliegende Rückwärtsspannung U_R* bewirkt den Rückwärtsstrom I_R. Eine Gleichrichterdiode hat im normalen Arbeitsbereich in Rückwärtsrichtung einen großen Gleichstromwiderstand, weshalb ihr Rückwärtsstrom sehr klein ist. Sie ist im *Sperrzustand*.

Durch Anlegen einer Spannung in Rückwärtsrichtung erlangt der PN-Übergang einen großen Gleichstromwiderstand (Sperrzustand).

Versuch 2: Wiederholen Sie Versuch 1 mit umgekehrter Polung der Spannung!
Die Glühlampe leuchtet.

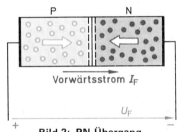

**Bild 2: PN-Übergang
in Vorwärtsrichtung**

Die Sperrschichtbreite nimmt beim Anlegen der Spannung ab, wenn der Minuspol der Spannung am N-Leiter und der Pluspol am P-Leiter liegen (**Bild 2**). Diese Richtung der Polung nennt man Vorwärtsrichtung. Die dabei anliegende Vorwärtsspannung U_F** hat den Vorwärtsstrom I_F zur Folge. Der Gleichstromwiderstand in Vorwärtsrichtung ist sehr klein und der Vorwärtsstrom somit groß. Die Diode befindet sich im *Durchlaßzustand*.

Die Spannung treibt die Leitungselektronen von der Seite des N-Leiters und die Löcher von der Seite des P-Leiters auf die Sperrschicht zu. Die bisher fast ladungsträgerfreie Sperrschicht wird durch Auffüllen mit Ladungsträgern zunehmend abgebaut. Der große Gleichstromwiderstand in Rückwärtsrichtung (Sperrwiderstand) wird dadurch zum verschwindend kleinen Gleichstromwiderstand in Vorwärtsrichtung (Durchlaßwiderstand).

Durch Anlegen einer Spannung in Vorwärtsrichtung erlangt der PN-Übergang einen kleinen Gleichstromwiderstand (Durchlaßzustand).

Ein PN-Übergang, wie ihn jede Halbleiterdiode darstellt, wirkt wie ein Ventil. Er wird z. B. zur Gleichrichtung ausgenutzt. Halbleiterdioden werden auch als elektronische Schalter eingesetzt. Deren Sperrwiderstände betragen je nach Baugröße 0,4 MΩ bis mehrere MΩ, deren Durchlaßwiderstände einige Ω bis einige hundert Ω.

Die Diodenanschlüsse werden *Anode* und *Katode* genannt (Bild 1). Bei einer in Vorwärtsrichtung gepolten Diode ist die Anode die positive Elektrode (P-Schicht) und die Katode die negative Elektrode (N-Schicht). Die Pfeilspitze des Diodenschaltzeichens gibt die Stromrichtung in Vorwärtsrichtung an.

* R von reverse (engl.) = rückwärts;   ** F von forward (engl.) = vorwärts

Zur Beurteilung einer Diode sind vor allem deren Strom-Spannungs-Kennlinie, deren Grenzwerte und Kennwerte wichtig. Die Strom-Spannungs-Kennlinie zeigt die Abhängigkeit des durch die Diode fließenden Stromes von der angelegten Spannung.

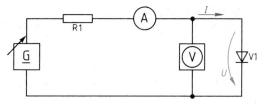

Bild 1: Meßschaltung

Strom-Spannungs-Kennlinie

Versuch 3: Bauen Sie zur Aufnahme der Kennlinie einer Halbleiterdiode, z. B. einer BAY 41, die Meßschaltung **Bild 1** auf! Achten Sie darauf, daß die vom Hersteller angegebenen höchstzulässigen Werte nicht überschritten werden! Polen Sie die Diode in Vorwärtsrichtung, und erhöhen Sie langsam die Spannung! Lesen Sie Spannung und Stromstärke ab, tragen Sie diese in ein Schaubild ein, und zeichnen Sie die Kennlinie für die Vorwärtsrichtung **(Bild 2)**!

Der Vorwärtsstrom steigt mit zunehmender Vorwärtsspannung erst langsam und dann immer schneller an.

Die Spannung, bei welcher der Vorwärtsstrom merklich anzusteigen beginnt, wird *Schleusenspannung* genannt. Man erhält diese Spannung als Abschnitt auf der Spannungsachse durch Anlegen einer Tangente an den nahezu geradlinigen Teil der Kennlinie in Vorwärtsrichtung (Bild 2), auch Durchlaßkennlinie genannt. Die Schleusenspannung ist zur Überwindung der Diffusionsspannung notwendig. Sie beträgt bei Germanium etwa 0,3 V und bei Silicium etwa 0,7 V.

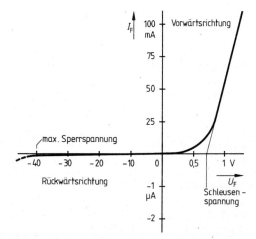

Bild 2: Kennlinie einer Diode

In Datenblättern wird die Kennlinie für Vorwärtsrichtung meist im logarithmischen Maßstab dargestellt **(Bild 3)**. Dadurch wird erreicht, daß über einen größeren Strombereich die Werte genauer abgelesen werden können. Die Schleusenspannung kann daraus jedoch nicht entnommen werden.

> Aus einer Kennlinie im logarithmischen Maßstab können über einen größeren Darstellungsbereich genauere Werte entnommen werden.

Der Widerstand R1 in Schaltung Bild 1 dient zur Strombegrenzung. Ein stärkerer Strom bewirkt nämlich eine erhöhte Wärmeentwicklung. Die höhere Temperatur erzeugt aber mehr Ladungsträger. Dadurch steigt der Strom weiter an, der Halbleiter wird noch mehr erwärmt. Bei zu starken Strömen wird der PN-Übergang zerstört.

> In jeden Stromkreis mit Halbleiterdioden muß ein Widerstand zur Strombegrenzung geschaltet sein.

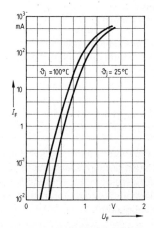

Bild 3: Durchlaßkennlinien

Versuch 4: Polen Sie in der Meßschaltung Bild 1 die Spannung um, so daß die Diode in Rückwärtsrichtung gepolt ist **(Bild 4)**. Wiederholen Sie Versuch 3! Verwenden Sie im Schaubild für die Rückwärtsspannung einen größeren Maßstab und für den Rückwärtsstrom einen kleineren Maßstab. Zeichnen Sie die Kennlinie für den Sperrbereich!

In Rückwärtsrichtung fließt nur ein sehr schwacher Strom, der mit steigender Rückwärtsspannung langsam ansteigt.

Durch den großen Widerstand der Sperrschicht fließt in Rückwärtsrichtung nur ein sehr schwacher *Rückwärtsstrom*, den man auch Sperrstrom nennt. Er kommt durch Eigenleitung zustande und ist

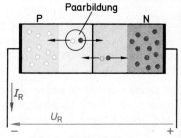

Bild 4: Rückwärtsstrom

temperaturabhängig. Der Sperrstrom hängt vom Querschnitt der Sperrschicht ab. Er ist somit bei Halbleiterbauelementen mit großer Nennleistung stärker.

Grenzwerte

Grenzwerte sind höchstzulässige Werte, die gerade noch dauernd wirken dürfen, ohne daß das Bauelement zerstört wird. Sie gelten für eine bestimmte Gehäusetemperatur. Die wichtigsten in Datenblättern angegebenen Grenzwerte sind die höchstzulässigen Werte für Rückwärtsspannung U_R, Vorwärtsstrom I_F, Verlustleistung P_{tot} und Sperrschichttemperatur ϑ_j. Kurzzeitig sind auch höhere Werte zulässig.

Arbeitspunkte, Kennwerte

Fließt durch eine Diode ein Gleichstrom in Vorwärtsrichtung, so liegt an ihr eine bestimmte Vorwärtsspannung. Der zugehörige Strom kann der Strom-Spannungs-Kennlinie entnommen werden. Beide Werte stellen einen Punkt der Kennlinie dar, den *Arbeitspunkt*. Er hängt vom im Stromkreis liegenden Widerstand (Arbeitswiderstand) ab.

Kennwerte sind Mittelwerte von vielen Exemplaren. Sie werden für einen bestimmten Arbeitspunkt angegeben. *Statische Kennwerte* kennzeichnen das Gleichstromverhalten, z. B. Vorwärtsspannung U_F. *Dynamische Kennwerte* geben das Verhalten bei Wechselstrom und Impulsbetrieb an, z. B. Schaltzeiten und Sperrschichtkapazität. Die Angaben können dabei typische Kennwerte sein, z. B. bei $U_R = 50$ V ist $I_R = 40$ nA, oder Grenzwerte für Exemplarstreuungen, z. B. bei $U_R = 50$ V ist $I_R < 200$ nA.

2.6.1.4 Elektrischer Durchbruch

Die Strom-Spannungs-Kennlinie einer Diode kann auch mit einem Oszilloskop aufgenommen werden (**Bild 1**). Durch Anlegen einer Wechselspannung wird die Kennlinie in Vorwärtsrichtung und Rückwärtsrichtung aufgenommen. Bei Verwendung eines Oszilloskops, das keinen Wahlschalter für die Ablenkempfindlichkeit in X-Richtung besitzt, dient R3 zur Einstellung der X-Ablenkempfindlichkeit.

Versuch: Nehmen Sie mit der Meßschaltung Bild 1 die Strom-Spannungs-Kennlinie einer Z-Diode, z. B. einer BZY85C6V8, auf! Stellen Sie die Y-Ablenkung auf INVERSE, da sonst die Kennlinie spiegelbildlich erscheint! Erhöhen Sie die Spannung U!

In Vorwärtsrichtung zeigt das Schirmbild die erwartete Vorwärtskennlinie, in Rückwärtsrichtung sperrt die Diode bis zu einer bestimmten Spannung und wird dann plötzlich leitend (**Bild 2**).

Ab der Durchbruchsspannung erfolgt ein steiler Stromanstieg. In diesem Bereich verursacht eine kleine Spannungsänderung eine große Stromänderung. Die angelegte Rückwärtsspannung erzeugt ein elektrisches Feld, das auf die Elektronen eine Kraft ausübt. Ab einer bestimmten Spannung werden Valenzelektronen aus ihrer Bindung herausgerissen und werden zu frei beweglichen Ladungsträgern (*Zenereffekt*)*.

Infolge der hohen Rückwärtsspannung werden außerdem die freien Elektronen innerhalb des Kristalls so sehr beschleunigt, daß sie beim Auftreffen auf Atome Valenzelektronen aus deren Bindung herausschlagen und somit weitere freie Ladungsträger erzeugen (*Lawinen-Effekt, Avalanche-Effekt***).

> Durch hohe Rückwärtsspannung entstehen in einer Sperrschicht freie Ladungsträger, die im Durchbruchsbereich einen starken Strom herbeiführen.

Bei normalen Dioden ist der Durchbruchsbereich zu meiden, da sonst die Sperrschicht zerstört wird. Bei Z-Dioden wird dieser *elektrische Durchbruch* technisch ausgenutzt. Unter Berücksichtigung der höchstzulässigen Belastung kann die Diode in diesem Bereich der Kennlinie betrieben werden.

* benannt nach Dr. Zener;   ** avalanche (engl.) = Lawine

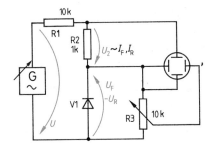

Bild 1: Meßschaltung zur Kennlinienaufnahme mit einem Oszilloskop

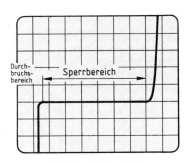

Bild 2: Schirmbild der Kennlinienaufnahme

Eine weitere Durchbruchserscheinung ist der *Wärmedurchbruch*, der bei zu kleiner Wärmeableitung erfolgt. Dieser Durchbruch muß vermieden werden. Zur guten Ableitung der Wärme werden deshalb Leistungs-Gleichrichterdioden auf ein Chassis, Kühlblech oder einen Kühlkörper geschraubt. Mit zunehmender Wärmeabgabe erhöht sich die zulässige Verlustleistung der Diode. Sie wird durch den Wärmewiderstand des Bauelements und den Unterschied zwischen Sperrschichttemperatur und Umgebungstemperatur bestimmt.

Wiederholungsfragen

1. Welche Halbleiter-Bauelemente bezeichnet man als unipolar?
2. Wie entsteht an einem PN-Übergang eine Sperrschicht?
3. Wovon hängt die Sperrschichtkapazität ab?
4. Wie ist ein PN-Übergang (Diode) in Sperrichtung gepolt?
5. Welche Größe wird mit U_F bezeichnet?
6. Wie erhält man aus der Durchlaßkennlinie die Schleusenspannung?
7. Welche Grenzwerte sind für Halbleiterdioden wichtig?

2.6.1.5 Bauformen

Die Eigenschaften der Halbleiterdioden sind abhängig vom Halbleiterwerkstoff, vom Kristallaufbau und von der Art und Stärke der Dotierung.

Versuch: Wiederholen Sie den Versuch aus 2.6.1.4! Wählen Sie aber eine größere X-Ablenkempfindlichkeit, und betrachten Sie nacheinander von einer Siliciumdiode, einer Germaniumdiode und einer Selendiode mit etwa gleicher Nennleistung die Kennlinie in Vorwärtsrichtung!

Wiederholen Sie den Versuch mit kleinerer X-Ablenkempfindlichkeit und größerer Y-Ablenkempfindlichkeit, und betrachten Sie jetzt nur die Kennlinien der drei Dioden in Rückwärtsrichtung!

Die Kennlinien der verschiedenen Dioden zeigen einen unterschiedlichen Verlauf (**Bild 1**).

Die Kennlinien von Siliciumdioden haben in Vorwärtsrichtung und in Rückwärtsrichtung ausgeprägtere Knicke und steilere Flanken, einen kleineren Sperrstrom und eine größere Schleusenspannung als die Kennlinien von Germanium-

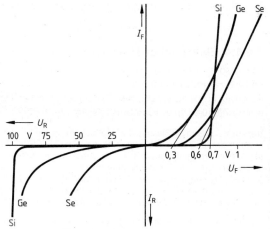

Bild 1: Kennlinien von Dioden

dioden und von Selendioden gleicher Leistung (Bild 1). Sie unterscheiden sich außerdem in der höchstzulässigen Sperrschichttemperatur (**Tabelle 1**).

Begriff	Eigenschaften		
	Germaniumdioden	Siliciumdioden	Selendioden
Sperrspannung	mittel (etwa bis 100 V)	sehr hoch (etwa bis 4000 V)	niedrig (etwa bis 40 V)
Höchstzulässige Sperrschichttemperatur	niedrig (etwa + 90 °C)	hoch (etwa + 190 °C)	niedrig (etwa + 80 °C)
Höchstzulässige Verlustleistung	mittel	hoch	mittel
Empfindlichkeit gegen kurzzeitige Überlastung	klein	sehr groß	sehr klein
Schleusenspannung	etwa 0,3 V	etwa 0,7 V	etwa 0,6 V
Sperrstrom	klein	sehr klein	groß
Temperaturabhängigkeit des Sperrstromes	Verdoppelung bei 9 K	Verdreifachung bei 10 K	Erhöhung um 2% je K

Tabelle 1: Eigenschaften von Dioden aus Ge, Si und Se

Die Eigenschaften von Dioden hängen auch vom Herstellungsverfahren ab (**Tabelle 1 Seite 179**).

Tabelle 1: Wichtigste Bauformen von Dioden

Diodenart	Aufbau (Prinzip)	Eigenschaften	Verwendung bei
Legierungsdiode	z.B. Al / P / N / Si / ohmscher Kontakt	große Querschnittsfläche der Grenzschicht, große Kapazität, große Ströme zulässig, aber gleichmäßige Produktion schwierig	Leistungsdioden, Leistungs-Z-Dioden unter 10 V
Einfach diffundierte Diode	ohmscher Kontakt / P / N / ohmscher Kontakt	große Querschnittsfläche der Grenzschicht möglich; kleine bis große Kapazität	Leistungsdioden, Leistungs-Z-Dioden über 10 V, Kapazitätsdioden
Planar-Diode	ohmscher Kontakt / SiO$_2$ / P / N / ohmscher Kontakt	Wie bei einfach diffundierten Dioden, jedoch genauere Herstellung, sehr kleine Abmessungen und Kapazitäten möglich; kleine Rückwärtsströme, gute HF-Eigenschaften	Universaldioden, Z-Dioden, Kapazitätsdioden, PIN-Dioden, Schottky-Dioden, HF-Dioden, Schaltdioden
Epitaxial-Planar-Diode	ohmscher Kontakt / SiO$_2$ / P / N$^+$ / N / ohmscher Kontakt	wie bei Planar-Dioden; zusätzlich sehr kleiner Widerstand in Vorwärtsrichtung und kleine Sperrträgheit	
Spitzendiode	Metallspitze / Träger / N / P / Ge	sehr kleine Kapazität, nur für schwache Ströme, gute HF-Eigenschaften	Universaldioden für niedrige Sperrspannungen und kleine Durchlaßströme; HF-Dioden (bis UHF-Bereich); Schaltdioden

Niederfrequenzdioden

Zur Gleichrichtung niederfrequenter Signale dienen Flächendioden (einfach diffundierte Dioden, Planardioden* und Epitaxial-Planar-Dioden**). Die große Berührungsfläche zwischen N-Leiter und P-Leiter bewirkt einen kleinen Durchlaßwiderstand und erlaubt große Durchlaßströme. Ihre Sperrschichtkapazität ist groß.

Universaldioden

Diese Dioden lassen mittlere Durchlaßströme zu, ohne daß die Sperrschichtkapazität zu groß ist. Meist handelt es sich hier um Epitaxial-Planar-Dioden. Die notwendige N-Schicht ist bei Epitaxial-Planar-Dioden dünn und hochohmig (Epitaxie-Schicht). Die restliche N-Schicht ist durch hohe Dotierung (N$^+$) niederohmig gehalten. Die Oxidschicht SiO$_2$ an der Oberfläche dieser Planar-Dioden (Tabelle 1) schützt vor Verunreinigungen. Epitaxial-Planar-Dioden haben kleine Sperrströme, niedrige Durchlaßwiderstände und eine geringe Sperrträgheit.

Hochfrequenzdioden

Um HF-Ströme bis in den GHz-Bereich noch gleichrichten zu können, müssen Hochfrequenzdioden besonders kleine Sperrschichtkapazitäten, große Ladungsträgerbeweglichkeit und geringe Sperrträgheit haben. Dazu eignen sich noch Epitaxial-Planar-Dioden mit besonders kleiner Querschnittsfläche der Sperrschicht. Besser geeignet sind jedoch Germanium-Spitzendioden, Schottky-Dioden und PIN-Dioden.

Bei Germanium-Spitzendioden (Tabelle 1) wird auf ein N-leitendes Germaniumplättchen federnd eine Metallspitze aufgesetzt, die durch einen starken Stromimpuls mit dem Kristall verschweißt (Formierung). Dabei bildet sich im Halbleiterkristall um die Kontaktstelle eine Sperrschicht. Die nahezu punktförmige Ausdehnung des PN-Übergangs bewirkt die äußerst kleine Sperrschichtkapazität, erlaubt aber nur schwache Ströme.

* Planar-Diode, nach ihrer ebenen Aufbauform benannt, planus (lat.) = eben;
** epi (griech.) = über; taxis (griech.) = Ordnung

Leistungs-Gleichrichterdioden

Siliciumdioden mit großer Sperrschichtfläche **(Bild 1)** werden zur Gleichrichtung und zum Schalten von Spannungen über 100 V und bei großer Leistung verwendet. Ihr Wirkungsgrad liegt über 90%. Die aus einem N-Leiter und P-Leiter bestehende Siliciumscheibe befindet sich zur guten Wärmeableitung in einem Metallgehäuse, das zum Schutz gegen Verunreinigungen luftdicht abgeschlossen ist.

Der zulässige Nennstrom des Gleichrichters ist um so größer, je größer der Querschnitt der Siliciumscheibe und je besser die Wärmeableitung ist. Für kleinere Durchlaßströme kann man diese Gleichrichterdioden direkt auf das Chassis eines Gerätes schrauben. Bei Leistungs-Gleichrichterdioden ab einem Nennstrom von etwa 6 A wird die Diode in einen besonderen *Kühlkörper mit Kühlrippen* eingebaut. Bei verstärkter Luftkühlung durch einen Ventilator kann die Strombelastung bis zum dreifachen Wert des Nennstromes erhöht werden. Siliciumdioden haben zulässige Betriebstemperaturen von 140 °C bis 190 °C. Ihre Durchlaßkennlinie ist steiler als die von Selendioden. Silicium-Leistungsdioden haben eine Schleusenspannung zwischen 0,8 V und 1 V. Sie werden mit Nennsperrspannungen bis etwa 4000 V Scheitelwert und Nenndurchlaßströmen bis etwa 1000 A hergestellt.

Selendioden (Gleichrichterplatten) sind ein Teil der Selengleichrichter. Da eine einzelne Selendiode (Selenzelle) nur eine Nennsperrspannung von 20 V bis 30 V Effektivwert hat, werden für höhere Sperrspannungen mehrere Gleichrichterplatten hintereinander geschaltet. Sie werden als Flachgleichrichter, Stabgleichrichter und Säulengleichrichter gebaut.

Da Selengleichrichter kurzzeitige Stromüberlastungen und Spannungsspitzen vertragen können, werden sie heute noch für Sonderzwecke verwendet.

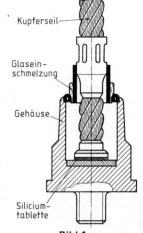

Bild 1:
Silicium-Leistungsdiode

2.6.1.6 Gehäuse und Kennzeichnung der Halbleiterdioden

Die Gehäuseformen sind bei den einzelnen Diodenarten verschieden, ebenfalls die Kennzeichnung der Anschlüsse **(Tabelle 1)**.

Tabelle 1: Ausführungsformen und Kennzeichnung von Halbleiterdioden		
Ausführungsform (etwa natürliche Größe)	Kennzeichnung	Anmerkung
Katode	Seite mit Ring ist der Katodenanschluß. Bei Farbcode beginnt die Farbringkennzeichnung auf der Katodenseite.	Meist Spitzendioden, Planardioden, Epitaxial-Planardioden oder Z-Dioden mit geringer Leistung
Katode	Die Nase am Gehäuse kennzeichnet den Katodenanschluß	Meist Kapazitätsdioden, PIN-Dioden oder Schottky-Dioden
Katode	Metallgehäuse ist Katodenanschluß	Gleichrichter oder Z-Dioden mit mittlerer Leistung
Katode	Metallgehäuse ist Katodenanschluß	Gleichrichter oder Z-Dioden mit größerer Leistung

Als Gehäusewerkstoff sind je nach Leistung und Anwendung der Diode Kunststoffumhüllung, Glas und Metall üblich. Dioden, die für bestimmte Anwendungen, z. B. Demodulatoren oder für Brückenschaltungen, vorgesehen sind, gibt es zum Teil auch gleich als Dioden-Paar bzw. Dioden-Quartett in einem Gehäuse.

2.6.1.7 Z-Dioden

Bei Z-Dioden wird der elektrische Durchbruch in Rückwärtsrichtung ausgenutzt. Z-Dioden bestehen aus Silicium und sind durch starke Dotierung für den Betrieb im Durchbruchsbereich geeignet. In Vorwärtsrichtung verhalten sie sich wie gewöhnliche Siliciumdioden.

Z-Dioden werden meist in Rückwärtsrichtung betrieben. Ihr Arbeitsbereich ist der Durchbruchsbereich.

Erreicht die Rückwärtsspannung den Betrag der Durchbruchsspannung, so bewirkt eine kleine Spannungserhöhung eine große Stromerhöhung **(Bild 1)**. Hier bleibt in einem großen Strombereich die Spannung fast konstant. Im Durchbruchsgebiet werden die Arbeitsspannung bei einer im Datenbuch angegebenen Stromstärke auch Z-Spannung (Zenerspannung) U_Z und der Arbeitsstrom auch Z-Strom (Zenerstrom) I_Z genannt. U_Z und I_Z werden meist mit positiven Zahlenwerten angegeben (DIN 41785).

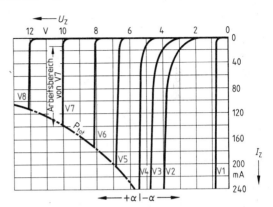

Bild 1: Arbeitskennlinien von Z-Dioden

Durch unterschiedliche Dotierung werden Z-Dioden mit verschiedenen Z-Spannungen von 2,7 V bis 200 V hergestellt. Bei niederen Spannungen (V2 bis V4 in Bild 1) ist die Dotierung stark und der Knick weniger scharf und die Steilheit der Druchbruchsflanke kleiner als bei Dioden mit höherer Z-Spannung (V5 bis V8 in Bild 1) und schwacher Dotierung.

Für Arbeitsspannungen mit etwa 0,7 V wird eine in Vorwärtsrichtung geschaltete Si-Diode mit steiler Durchlaßflanke (V1 in Bild 1) benutzt. Diese Diode wird also in Durchlaßrichtung betrieben.

Für den Durchbruch der Z-Dioden wird bei hoher Dotierung der *Zenerdurchbruch* und bei niedrigerer Dotierung der *Lawinendurchbruch* ausgenutzt.

Bei Z-Dioden mit einer Z-Spannung unter etwa 5,5 V ist der Zenerdurchbruch vorherrschend. Mit steigender Temperatur wird bei diesen Z-Dioden die Z-Spannung kleiner, d. h. die Kennlinie wandert in Richtung Nullpunkt. Diese Temperaturabhängigkeit der Arbeitsspannung U_Z wird durch den Temperaturkoeffizienten α_{UZ} in der Einheit 1/K angegeben.

Z-Dioden mit $U_Z < 5{,}5$ V haben einen negativen Temperaturkoeffizienten.

Bei Z-Dioden mit einer Z-Spannung über etwa 5,5 V ist der Lawinendurchbruch vorherrschend. Mit steigender Temperatur wird bei diesen Dioden die Z-Spannung größer.

Z-Dioden mit $U_Z > 5{,}5$ V haben einen positiven Temperaturkoeffizienten. Z-Dioden mit $U_Z \approx 5{,}5$ V sind nahezu temperaturunabhängig.

Beispiel: Eine Z-Diode mit $U_Z = 4{,}7$ V hat einen Temperaturkoeffizienten $\alpha_{UZ} \approx -2 \cdot 10^{-4}$ 1/K. Wie ändert sich die Arbeitsspannung bei einer Temperaturerhöhung um 40 K?

Lösung: $\Delta U_Z = \alpha_{UZ} \cdot \Delta\vartheta \cdot U_Z = (-2 \cdot 10^{-4} \text{ 1/K}) \cdot 40 \text{ K} \cdot 4{,}7 \text{ V} = \mathbf{-37{,}6 \text{ mV}}$
Die Arbeitsspannung wird um 37,6 mV kleiner.

Z-Dioden sind mit Nenn-Z-Spannungen entsprechend der IEC-Reihen E12 und E24 erhältlich. Die wichtigsten Grenzwerte einer Z-Diode sind die zulässige Verlustleistung P_{tot} und der höchstzulässige Z-Strom I_{Zmax}. Berechnet man bei gegebenem P_{tot} für verschiedene Arbeitsspannungen den zulässigen Arbeitsstrom und trägt diese Punkte in das I-U-Kennlinienfeld ein, so erhält man die Verlustleistungshyperbel für P_{tot} (Bild 1), die den Arbeitsbereich einschränkt und nicht überschritten werden darf. I_Z muß durch einen Vorwiderstand begrenzt werden.

Jede Z-Diode benötigt zur Strombegrenzung einen Vorwiderstand.

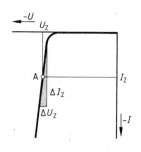

Für das Gleichstromverhalten ist der Widerstand R_Z der Z-Diode kennzeichnend. Für das Verhalten bei Wechselgrößen, z. B. Änderung der Arbeitsspannung, ist der differentielle Widerstand r_z der Z-Diode maßgebend. Er wird aus der Steigung der Tangente im Arbeitspunkt der Kennlinie ermittelt (**Bild 1**) oder dem Datenbuch entnommen. Beide Widerstände gelten nur für einen bestimmten Arbeitspunkt.

R_Z	Widerstand für Gleichstrom
U_Z, I_Z	Arbeitsstrom bzw. Arbeitsspannung im Durchbruchgebiet
r_z	differentieller Widerstand im Durchbruchgebiet
$\Delta U_Z, \Delta I_Z$	Spannungsänderung bzw. Stromänderung um den Arbeitspunkt

Bild 1: Ermittlung von R_Z und r_z einer Z-Diode

$$R_Z = \frac{U_Z}{I_Z}$$

$$r_z = \frac{\Delta U_Z}{\Delta I_Z}$$

Anwendung. Z-Dioden werden meist in *Stabilisierungsschaltungen* (**Bild 2**) zur Erzeugung einer konstanten Spannung verwendet. Je steiler die *I-U*-Kennlinie der Z-Diode im Durchbruchsbereich (Arbeitsbereich) ist, um so konstanter ist die erzeugte Spannung. Z-Dioden dienen auch zur Unterdrückung von Spannungsspitzen als *Begrenzerdiode* in Begrenzungsschaltungen, als Koppelglied und als *Schutzdiode* in Meßschaltungen (**Bild 3**). Zur Erzeugung genauer Vergleichsspannungen werden temperaturkompensierte Z-Dioden verwendet, die fast temperaturunabhängig sind und einen kleinen differentiellen Widerstand haben.

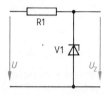

Bild 2: Grundschaltung für Spannungsstabilisierung

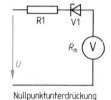

Nullpunktunterdrückung

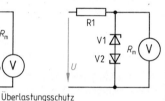

Überlastungsschutz
bei Gleichspannung   bei Wechselspannung

Bild 3: Meßtechnische Anwendungen der Z-Diode

Zur *Nullpunktunterdrückung* wird eine Z-Diode in Reihe zum Spannungsmesser geschaltet (Bild 3). Dadurch beginnt der Spannungsmesser erst nach Überwindung der Z-Spannung anzuzeigen.

Als *Überlastungsschutz* von Meßinstrumenten wird die Z-Diode parallel zum Instrument geschaltet (Bild 3). Unterhalb der Durchbruchsspannung sperrt die Diode. Überschreitet die Meßspannung jedoch die Durchbruchsspannung, so steigt der Strom durch die Z-Diode stark an. Am Vorwiderstand tritt ein höherer Spannungsabfall auf, die Spannung am Meßwerk steigt nicht weiter an. Das Meßwerk ist geschützt. Zum Schutz eines Wechselspannungsmeßbereichs werden zwei Z-Dioden gegeneinander in Reihe geschaltet (Bild 3). Ist der Meßbereich sehr klein, so werden zwei einfache Si-Dioden antiparallel zum Meßwerk geschaltet.

Wiederholungsfragen

1. Welches sind die wesentlichen Merkmale von Germaniumdioden und Siliciumdioden?

2. Welche Eigenschaften haben Epitaxial-Planar-Dioden?

3. Welche Dioden werden meist zur Gleichrichtung bei großer Leistung verwendet?

4. Mit welcher Polung muß eine Z-Diode angeschlossen werden?

5. Wozu benötigt eine Z-Diode einen Vorwiderstand?

6. Wofür werden Z-Dioden verwendet?

2.6.1.8 Kapazitätsdioden

Kapazitätsdioden werden meist aus Silicium hergestellt. Sie nutzen die Spannungsabhängigkeit der Sperrschichtkapazität aus. Die Gesamtkapazität C_{tot} der Diode wird für eine bestimmte Sperrspannung angegeben und kann bis etwa 600 pF betragen. Um möglichst große Kapazitäten zu erreichen, verwendet man Flächendioden mit großer Grenzfläche. Die Kapazität nimmt fast trägheitslos mit steigender Sperrspannung ab.

Kapazitätsdioden werden in Rückwärtsrichtung betrieben. Ihre Kapazität sinkt mit steigender Sperrspannung.

Je nach Herstellungsverfahren der Diode hat die Kapazitäts-Spannungs-Kennlinie einen etwas unterschiedlichen Verlauf (**Bild 1**). Kapazitätsdioden, deren Kapazität über einen großen Kapazitätsbereich einstellbar ist, werden auch Großhubdioden oder Tunerdioden genannt. Sie haben ein großes Kapazitätsverhältnis, z. B. $C_{3V}/C_{30V} = 6{,}5$.

Da Kapazitätsdioden zur Abstimmung von Schwingkreisen eingesetzt werden, ist deren Gütefaktor von Bedeutung. Dieser wird durch den Reihenverlustwiderstand (Ersatz-Serienwiderstand) der Kapazitätsdiode bestimmt, welcher etwa 0,2 Ω bis 2 Ω beträgt. Die Kapazität der Kapazitätsdiode ist bei $U_R \approx 0\,V$ stark temperaturabhängig und hat einen kleinen Gütefaktor. Deshalb soll eine Kapazitätsdiode mit möglichst hoher Sperrspannung betrieben werden.

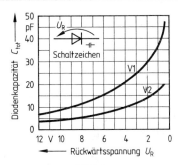

Bild 1:
Kennlinien von Kapazitätsdioden

Um beim Abgleich von zwei Schwingkreisen den gewünschten Kapazitätsgleichlauf zu erreichen, werden auch ausgesuchte Diodensätze angeboten. Außerdem gibt es Doppeldioden in einem Gehäuse, wobei diese Kapazitätsdioden mit entgegengesetzter Polarität in Reihe geschaltet sind. Sie werden eingesetzt, um HF-Verzerrungen in Abstimmkreisen wegen der gekrümmten C-U-Kennlinie klein zu halten. Kapazitätsdioden werden in Schwingkreisen von Rundfunkempfängern und Fernsehempfängern zur Senderwahl und automatischen Abstimmung verwendet.

2.6.1.9 PIN-Dioden

Bei der PIN-Diode befindet sich zwischen einem P-Leiter und einem N-Leiter, welche beide hochdotiert (P$^+$ und N$^+$) und damit gut leitend sind, ein sehr hochohmiger I-Leiter, der gar nicht oder sehr schwach N-dotiert ist.

Bei Frequenzen bis etwa 1 MHz verhalten sich PIN-Dioden wie gewöhnliche Dioden. Sie haben kleine Verluste und kleine Sperrschichtkapazitäten. Bei höheren Frequenzen (etwa über 10 MHz) haben PIN-Dioden keine Gleichrichterwirkung mehr, sondern verhalten sich wie ein Wirkwiderstand (**Bild 2**).

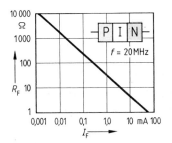

Bild 2: Aufbau und Widerstandskennlinie einer PIN-Diode bei hoher Frequenz

Eine PIN-Diode verliert bei höheren Frequenzen ihre Gleichrichterwirkung und verhält sich wie ein Wirkwiderstand, dessen Wert mit steigendem Durchlaßstrom abnimmt.

PIN-Dioden werden als veränderbare Widerstände für HF-Signale (Dämpfungsglied), als Schalter zur fast verzerrungsfreien Amplitudenregelung in Fernsehgeräten und Antennenverstärkern verwendet.

2.6.1.10 Schottky-Dioden

Schottky-Dioden* (Hot-Carrier-Dioden**) sind meist in Epitaxial-Planar-Technik hergestellt. Sie haben statt eines PN-Übergangs einen Metall-Halbleiterkontakt. Auf einen N-Leiter ist eine Metallschicht aufgebracht (**Bild 3**). Wie bei den Spitzendioden bildet sich in der Grenzschicht des N-Leiters zum Metall eine Sperrschicht aus. Die zweite Kontaktierung des N-Leiters muß jedoch so erfolgen, daß sich dort keine Sperrschicht bildet. Dies wird durch eine starke Dotierung der N-Schicht (N$^+$) an der Kontaktierungsstelle und ein geeignetes Kontaktmetall erreicht (Bild 3). Der Ladungstransport erfolgt nur durch Majoritätsträger (Elektronen im N-Typ). Deshalb speichert diese Diode keine Ladung, und die Schaltzeit beim Übergang von Durchlaßrichtung in Sperr-

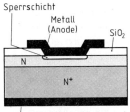

sperrschichtfreie Kontaktierung der Katode

Bild 3: Schottky-Diode

---

* Schottky, deutscher Physiker, 1886 bis 1976;   ** hot (engl.) = heiß, hier: energiereich; carrier (engl.) = Träger, hier: Ladungsträger

richtung (Sperrverzögerungszeit) ist sehr klein. Die Durchlaßkennlinie ist sehr steil, und die Schleusenspannung beträgt etwa 0,4 V.

> Schottky-Dioden haben eine niedrige Durchlaßspannung und kurze Schaltzeiten.

Sie haben jedoch größere Sperrströme und kleinere höchstzulässige Sperrspannungen (bis etwa 60 V) als normale Siliciumdioden. Schottky-Dioden werden zum Gleichrichten von niedrigen Spannungen und als schnelle Schalter verwendet.

2.6.1.11 Fotodioden und Fotoelemente

Fotodioden und Fotoelemente sind Halbleiterbauelemente, welche elektromagnetische Strahlung, z. B. Licht, in elektrische Größen umwandeln.

Lichtelektrische Grundbegriffe

Das menschliche Auge kann elektromagnetische Strahlung mit einer Wellenlänge von 380 nm bis 780 nm als *Licht* wahrnehmen. Die größte Augenempfindlichkeit liegt bei Grüngelb **(Bild 1)**. Ultraviolette Strahlen ($\lambda < 380$ nm) und infrarote Strahlen ($\lambda > 780$ nm) sind für uns unsichtbar. Infrarote Strahlen sind Wärmestrahlen.

Die Größen der elektromagnetischen Strahlung werden in *objektiven Einheiten* angegeben, z. B. die Strahlungsleistung in Watt. Für Lichtstrahlung werden dagegen meist *subjektive Einheiten* verwendet, welche die Empfindlichkeit des menschlichen Auges berücksichtigen. Solche lichttechnischen Größen sind *Lichtstrom* und *Beleuchtungsstärke*.

Lichtstrom ist die von einer Lichtquelle ausgehende Strahlungsleistung unter Berücksichtigung der relativen Augenempfindlichkeit und dem *Lichtgleichwert* als Umrechnungsfaktor. Seine Einheit ist das Lumen* (lm).

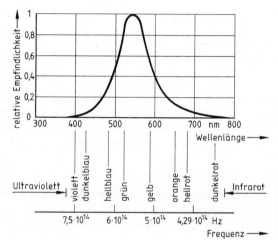

Bild 1: Empfindlichkeit des menschlichen Auges

Beleuchtungsstärke ist das Verhältnis von Lichtstrom zur senkrecht beleuchteten Fläche. Ihre Einheit ist das Lux** (lx). Eine Arbeitsplatzbeleuchtung hat 300 lx bis 1000 lx, Tageslicht hat etwa 30 000 lx bis 70 000 lx.

Φ_v	Lichtstrom
P	Strahlungsleistung
M_v	Lichtgleichwert (682 lm/W)
s_v	relative Empfindlichkeit
E_v	Beleuchtungsstärke
A	Fläche

$$[\Phi_v] = W \cdot \frac{lm}{W} = lm$$

$$[E_v] = \frac{lm}{m^2} = lx$$

$$\boxed{\Phi_v = P \cdot M_v \cdot s_v}$$

$$\boxed{E_v = \frac{\Phi_v}{A}}$$

Fotodioden

Fotodioden enthalten PN-Übergänge, die von Licht bestrahlt werden können. Sie bestehen meist aus Silicium und werden als Planardioden aufgebaut **(Bild 2)**. Die Sperrschicht reicht infolge einer stark dotierten P-Schicht (P$^+$) nur in die N-Schicht hinein. Das Licht besteht aus kleinsten Teilchen, den Photonen. Dringt ein solches *Photon* in den PN-Übergang, so kann es seine Energie an ein Elektron abgeben, welches sich bei genügender Energieaufnahme aus seinem Atomverband lösen kann. Dabei bilden sich paarweise freie Elektronen und Löcher, die den Strom durch den PN-Übergang zusätzlich beeinflussen. Diesen Vorgang nennt man *inneren fotoelektrischen Effekt*.

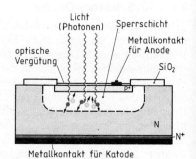

Bild 2:
Aufbau einer Si-Planar-Fotodiode

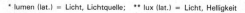
* lumen (lat.) = Licht, Lichtquelle; ** lux (lat.) = Licht, Helligkeit

Er hängt vom Halbleiterwerkstoff, von der Wellenlänge des Lichtes und von der Beleuchtungsstärke ab.

> Beim inneren fotoelektrischen Effekt bilden sich bei Beleuchtung im Halbleiterwerkstoff Ladungsträgerpaare.

Die Fotodiode wird in Rückwärtsrichtung betrieben **(Bild 1)**. Ohne Beleuchtung fließt durch die Fotodiode nur ein sehr schwacher *Dunkelstrom* infolge Eigenleitung durch die Umgebungstemperatur. Bei Beleuchtung nimmt die Stromstärke (*Hellstrom*, Fotostrom I_p) im gleichen Verhältnis mit der Beleuchtungsstärke E_v (Bild 1) zu.

> Fotodioden werden in Rückwärtsrichtung betrieben. Ihre Stromstärke steigt mit der Beleuchtungsstärke.

Die relative Empfindlichkeit von Silicium erstreckt sich vom Ultraviolettbereich bis zum Infrarotbereich **(Bild 2)**. Außerdem liegt der Höchstwert ihrer Empfindlichkeitskurve etwa bei dem von Lumineszenzdioden, wodurch sie sehr gut für Lichtschranken, Optokoppler und Infrarot-Fernbedienungen geeignet sind. Wegen ihrer Linearität werden sie auch in Beleuchtungsmessern und Belichtungsmessern verwendet.

Der Dunkelstrom von Si-Fotodioden beträgt mehrere pA, und die Grenzfrequenz reicht bis etwa 1 MHz. Für hohe Geschwindigkeiten werden PIN-Fotodioden verwendet. Sie haben Grenzfrequenzen bis etwa 500 MHz. Ihre Dunkelströme sind jedoch größer und betragen einige nA. Teilweise sind Fotodioden bereits mit einem eingebauten optischen Filter versehen.

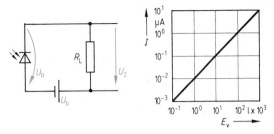

Bild 1: Grundschaltung und I_p-E_v-Kennlinie einer Fotodiode

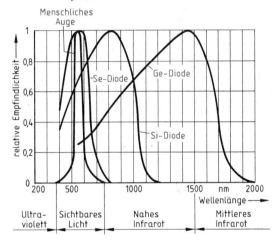

Bild 2: Empfindlichkeit von Fotodioden und Fotoelementen

Fotoelemente

Eine Fotodiode kann grundsätzlich auch als Fotoelement verwendet werden. In der Raumladungszone (Grenzschicht) eines PN-Übergangs entsteht ohne eine von außen angelegte Spannung stets eine Ladung, die in der Raumladungszone des P-Leiters negativ und in der Raumladungszone des N-Leiters positiv ist. Entstehen nun durch Lichteinfall in dieser Raumladungszone Ladungsträgerpaare, so ziehen die bestehenden Ladungen die freien Elektronen zur N-Schicht und die Löcher zur P-Schicht (Bild 2 Seite 184).

Dadurch erfolgt eine Trennung der Ladungen und damit eine Spannung, die an den Anschlüssen abgegriffen werden kann.

Wichtige Kenngrößen eines Fotoelements sind die Leerlaufspannung U_0 und der Kurzschlußstrom I_k **(Bild 3)**. Bei Fotoelementen aus Silicium beträgt die Leerlaufspannung bei 1000 lx etwa 0,4 V, bei Germanium etwa 0,15 V und bei Selen etwa 0,3 V. Sie ist von der Fläche des Elements unabhängig. Der Kurzschlußstrom steigt proportional zur bestrahlten Fläche. Die zulässige Sperrspannung von Fotoelementen liegt bei etwa 1 V.

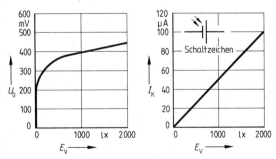

Bild 3: Kennlinien eines Fotoelements

> Fotoelemente geben bei Belichtung eine Spannung ab, die vom Halbleiterwerkstoff und der Beleuchtungsstärke abhängt. Der entnehmbare Strom hängt von der Elementfläche ab.

Mit zunehmender Umgebungstemperatur steigt der Kurzschlußstrom und sinkt die Leerlaufspannung eines Fotoelements. Fotoelemente werden z. B. in Uhren, Belichtungsmessern und Beleuchtungsstärkemessern verwendet.

Großflächige Fotoelemente zur Nutzung der Sonnenenergie (*Solarzellen**) haben einen größeren Wirkungsgrad. Sie haben besondere Bedeutung als Stromversorgung von Satelliten und Füllsendern.

2.6.1.12 Lumineszenzdioden und Optokoppler

Die *Lumineszenzdiode*** **(Bild 1)** ist eine Halbleiterdiode, die in Vorwärtsrichtung betrieben wird. Grundstoffe sind Galliumarsenid (GaAs), Galliumphosphid (GaP) oder Galliumarsenidphosphid (GaAsP). Nach Anlegen der Durchlaßspannung emittiert*** die Sperrschicht Licht. Je nach verwendetem Halbleiterwerkstoff und Dotierwerkstoff, z. B. Zn, Si, N, ist die Strahlung im Infrarotbereich, z. B. bei GaAs **(Bild 2)**, oder im sichtbaren Bereich, z. B. bei mit Stickstoff dotiertem GaAsP, Kurzschreibweise GaAsP(N). Die Strahlungsleistung dieser Dioden steigt fast im gleichen Verhältnis mit dem Durchlaßstrom und sinkt mit steigender Sperrschichttemperatur. Die Ansprechzeiten sind sehr kurz.

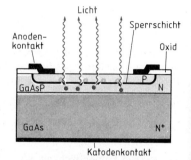

Bild 1: Lumineszenzdiode

> Lumineszenzdioden strahlen bei Betrieb in Vorwärtsrichtung Licht ab, dessen Leuchtdichte vom Vorwärtsstrom und dessen Farbe vom Werkstoff abhängt.

Licht emittierende Dioden werden auch LED[4*] genannt. Sie werden für die Farben Grün, Gelb, Orange und Rot hergestellt. Infrarot emittierende Dioden werden mit IRED[5*] abgekürzt.

Nach Anlegen einer Spannung in Vorwärtsrichtung dringen Elektronen in die P-Schicht und Löcher in die N-Schicht. Dort rekombinieren sie, und es wird Energie frei, die zum Teil in Licht umgewandelt wird. Diese Strahlung entsteht vorwiegend am Übergang zwischen Sperrschicht und P-Schicht und dringt durch die sehr dünne P-Schicht (etwa 1,5 μm) an die Oberfläche. Der Wirkungsgrad einer LED bei der Umwandlung von elektrischer Arbeit in Strahlungsarbeit beträgt etwa 1%. Er ist stark temperaturabhängig. Bei Speisung mit einer Rechteckspannung höherer Frequenz läßt sich der Wirkungsgrad bis etwa 3% erhöhen. Außerdem erhöhen sich durch diesen Pulsbetrieb auch die Lebensdauer der LED bzw. IRED und die Strahlungsleistung auf ein Vielfaches.

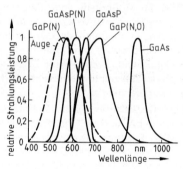

Bild 2: Abhängigkeit der Strahlung vom Werkstoff

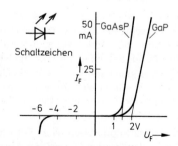

Bild 3: I-U-Kennlinien von Lumineszenzdioden

Zur Strombegrenzung benötigt eine Lumineszenzdiode einen Vorwiderstand. Ihre Betriebsspannung ist sehr niedrig, weshalb sie auch direkt von integrierten Schaltkreisen angesteuert werden kann. Die Schleusenspannung von Lumineszenzdioden liegt je nach verwendetem Diodentyp etwa zwischen 1,5 V und 2,5 V **(Bild 3)**, der höchstzulässige Durchlaßstrom zwischen 10 mA und 100 mA und die höchstzulässige Sperrspannung zwischen 3 V und 5 V.

Damit beim Betrieb an Wechselspannung diese höchstzulässige Spannung in Rückwärtsrichtung nicht überschritten wird, muß man meist eine gewöhnliche Diode in Reihe oder zwei LED antiparallel schalten.

Lumineszenzdioden dienen als Lichtquellen und Anzeigebauelemente, z. B. in Lichtschranken, Optokopplern und Anzeigeeinheiten, als Signallampen und Skalenanzeigen.

---

* solaris (lat.) = Sonnen...;   ** Lumineszenz (lat.) = Leuchten kalter Körper;   *** emittere (lat.) = aussenden;
[4*] LED = Abkürzung für **L**ight **E**mitting **D**iode (engl.) = Licht aussendende Diode;
[5*] IRED = Abkürzung für **I**nfra **R**ed **E**mitting **D**iode (engl.) = Infrarot aussendende Diode

Mehrfarben-LED. Es gibt LED, die wahlweise rotes, grünes und als Mischfarbe gelbes Licht ausstrahlen **(Bild 1)**. Diese LED besteht aus zwei PN-Übergängen verschiedener Dotierung. Durch entsprechendes Anlegen der Betriebsspannung leuchtet die Diode wahlweise in Rot oder in Grün. Werden beide PN-Übergänge angesteuert, so erscheint die Mischfarbe Gelb. Durch unterschiedliche Diodenströme I_{F1} und I_{F2} lassen sich auch Farbzwischentöne von Grüngelb bis Rotgelb erreichen.

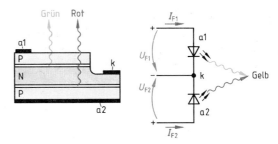

Bild 1: Mehrfarben-LED

Anzeigeeinheiten. Werden mehrere LED nebeneinander angebracht, so entsteht ein Anzeigefeld **(Bild 2)**. Je nach Ansteuerung der einzelnen LED leuchten verschiedene Zeichen (Buchstaben, Ziffern, Sonderzeichen) auf. Für Anzeigefelder werden z. B. 5 · 7 LED verwendet.

Müssen nur Ziffern angezeigt werden, so verwendet man Segment-Anzeigen*. Am häufigsten ist die *7-Segment-Anzeige* (Bild 2). Jedes Segment besteht aus mehreren LED, die gleichzeitig angesteuert werden.

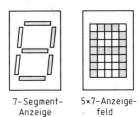

7-Segment-   5×7-Anzeige-
Anzeige   feld

Bild 2: LED-Anzeigen

Vorteile der GaAsP-Anzeigeeinheiten sind hohe Lebensdauer, großer Ablesewinkel (bis etwa 150°), keine Parallaxe**. Nicht zu vernachlässigen ist jedoch ihr Leistungsverbrauch. Sie sind direkt von integrierten Schaltkreisen ansteuerbar. Als Digitalanzeigen finden sie Verwendung z. B. in Tischrechnern, Meßinstrumenten, Kontrollanzeigen.

Optokoppler

Optokoppler bestehen aus einem *Strahlungssender* und einem *Strahlungsempfänger* **(Bild 3)**, die beide in ein gemeinsames, lichtdichtes Gehäuse eingebaut sind, so daß der Empfänger nur Strahlung vom Sender empfängt. Als Strahlungssender werden bevorzugt Infrarot-Lumineszenzdioden verwendet. Als Strahlungsempfänger, auch *Detektor*** genannt, dienen je nach Anwendungsbereich Fotodioden, Fototransistoren oder Fotothyristoren.

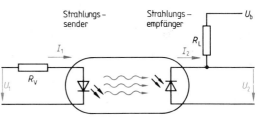

Bild 3: Optokoppler

Die vom Eingangsstrom I_1 (Bild 3) in der Lumineszenzdiode erzeugte Strahlung wird z. B. auf die Fotodiode übertragen und erzeugt dort einen Fotostrom I_2, welcher der Beleuchtungsstärke proportional ist. Der große Isolationswiderstand zwischen Eingangskreis und Ausgangskreis von $> 10^{11}\,\Omega$ bewirkt eine galvanische Trennung zwischen beiden Stromkreisen. Es sind Isolationsprüfspannungen von mehreren kV üblich.

> Optokoppler koppeln zwei Stromkreise meist durch Infrarotstrahlung und trennen sie galvanisch voneinander.

Ein wichtiger Kennwert eines Optokopplers ist sein *Gleichstrom-Übertragungsverhältnis* I_2/I_1 (CTR[4*], Übertragungsfaktor oder Kopplungsfaktor). Es beträgt bei Optokopplern mit Fotodioden etwa 0,002, bei Optokopplern mit Transistoren etwa 0,1 bis 0,5. Optokoppler mit Fotodioden haben sehr kurze Schaltzeiten (etwa ns) und können Signale bis etwa 10 MHz übertragen, während bei Optokopplern mit Fototransistoren die Grenzfrequenz höchstens bis etwa 500 kHz reicht.

Optokoppler werden zur potentialfreien Übertragung von Gleichgrößen, Wechselgrößen und für Schalterbetrieb verwendet. Sie dienen zur Potentialtrennung zwischen zwei Stromkreisen, zur Ansteuerung von Thyristoren, als Pegelumsetzer als Ersatz für Relais. Sie wirken dämpfend auf Störimpulse.

---

* Segment (lat.) = Abschnitt;   ** Parallaxe (griech.) = Abweichung;   *** Detektor (lat.) = Bauteil zum Auffinden, Aufdecken;
[4*] CTR = Abkürzung von **C**urrent **T**ransfer **R**atio (engl.) = Stromübertragungsverhältnis

2.6.1.13 Halbleiter-Laser

Laser-Strahlung* kann erzeugt werden durch Gas-Laser, Festkörper-Laser und Halbleiter-Laser. Entsprechend ist der Strahlung aussendende Stoff ein Gas, ein fester Stoff, z. B. ein Rubinkristall, oder ein Halbleiter, z. B. Galliumarsenid, Galliumaluminiumarsenid.

Der *Halbleiter-Laser* ist eine besondere Ausführungsform einer stark dotierten Lumineszenzdiode. Er besteht im einfachsten Fall aus N-leitendem GaAs und einer durch Diffusion von Zink erzeugten P-Schicht **(Bild 1)**. Beim Anlegen einer Durchlaßspannung strahlt die Sperrschicht Licht oder Infrarotstrahlung aus. Meist liegt die Wellenlänge der Strahlung zwischen 850 nm und 910 nm. Bei der LED wird die durch die P-Schicht an die Oberfläche gelangende Strahlung ausgenutzt. Beim Halbleiter-Laser wird dagegen meist der Teil der Strahlung ausgenutzt, der sich entlang der Sperrschicht bewegt.

Diese Strahlung wird an den Außenflächen teilweise reflektiert. Beträgt die Länge der Sperrschicht ein ganzzahliges Vielfaches der halben Wellenlänge der erzeugten Strahlung, so unterstützt die an der Außenfläche reflektierte Welle die erzeugte Welle (optischer Resonator). Der Lichtstrahl wird verstärkt und damit zum eigentlichen Laserstrahl. Das an der kleinen Stirnfläche austretende Licht erreicht hohe Leuchtdichten. Die Strahlleistung beträgt für Dauerbetrieb bis zu einigen mW, für Impulsbetrieb bis zu mehreren Watt.

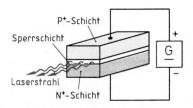

Bild 1: Halbleiter-Laser

Zur wirksamen Führung der Strahlung und zur verlustarmen Reflexion werden die beiden Enden der Sperrschicht zueinander parallel und senkrecht zur Sperrschichtebene geschliffen, poliert und verspiegelt. Laserdioden haben eine Stromdichte bis zu 200 A/mm². Sie müssen deshalb gut gekühlt werden oder im Pulsbetrieb arbeiten. Ihr Wirkungsgrad beträgt bis über 10%.

Im oberen Empfindlichkeitsbereich der GaAs-Diode werden nur Schwingungen einer bestimmten Frequenz verstärkt. Deshalb wird an der Austrittsfläche in einer bestimmten Richtung nur Strahlung mit gleicher Wellenlänge und gleicher Phasenlage abgestrahlt. Es entsteht kohärentes** Licht. Die Leuchtdichte steigt linear mit dem Durchlaßstrom.

Halbleiter-Laser strahlen kohärentes Licht oder kohärente Infrarotstrahlung ab.

Mit wesentlich kleineren Stromdichten (etwa 35 A/mm²) arbeitet eine Mehrschichtdiode als Halbleiter-Laser. Sie besteht aus GaAlAs mit 4 Schichten in der Reihenfolge NPPP. Halbleiter-Laser benötigen im Vergleich zu anderen Lasern kleine Ströme und geben hohe Impulsspitzenleistungen ab. Die Strahlungsleistung läßt sich durch den Diodenstrom einfach steuern. Halbleiter-Laser sind bis in den GHz-Bereich modulierbar. Halbleiter-Laser können verwendet werden z. B. zur Nachrichtenübertragung, in Sicherungs- und Alarmanlagen, in Entfernungsmeß- und Zieleinrichtungen, in Nachtsichtgeräten und in medizinischen Geräten.

Wiederholungsfragen

1. Wie hängen angelegte Spannung und Kapazität einer Kapazitätsdiode von einander ab?
2. Welche Eigenschaften haben PIN-Dioden?
3. Welche Vorteile haben Schottky-Dioden?
4. Was versteht man unter Licht?
5. Erklären Sie den inneren fotoelektrischen Effekt!
6. Wovon und wie hängt der Strom durch die Fotodiode ab?
7. Welche Eigenschaften haben Fotoelemente?
8. Welche Vorteile hat die Speisung einer LED mit Rechteckspannung?
9. Was ist eine IRED?
10. Erklären Sie die Wirkungsweise eines Optokopplers!

---

* Laser = Kunstwort aus light amplification by stimulated emission of radiation (engl.) = Lichtverstärkung durch angeregte Aussendung von Strahlung;
** cohaerere (lat.) = zusammenhängen

2.6.2 Bipolare Transistoren

2.6.2.1 Aufbau

Ein bipolarer Transistor besteht aus drei aufeinanderfolgenden Halbleiterschichten **(Bild 1)**. Der Betriebsstrom fließt sowohl durch N-Schichten wie auch durch P-Schichten.

Es gibt *NPN-Transistoren* und *PNP-Transistoren*. Der Transistor besitzt also zwei PN-Übergänge, an denen sich Sperrschichten bilden **(Tabelle 1)**.

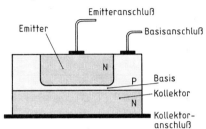

Bild 1: NPN-Transistor

Tabelle 1: Aufbau und Schaltzeichen von Transistoren			
Transistor-typ	Halbleiter-schichten	Dioden-vergleich	Schaltzeichen
NPN	Sperr-schichten	Kollektor / Basis / Emitter	
PNP	Sperr-schichten	Kollektor / Basis / Emitter	

Die erste Schicht muß Ladungsträger aussenden (emittieren), weshalb sie als *Emitter* bezeichnet wird. Die mittlere Schicht ist die *Basis*. Sie hat die Aufgabe, die Emission der Ladungsträger zu steuern. Die letzte Schicht nennt man *Kollektor**. Der Kollektor sammelt die Ladungsträger wieder ein.

2.6.2.2 Wirkungsweise

Versuch 1: Legen Sie einen NPN-Transistor so an zwei Gleichspannungen, daß die Basis-Emitter-Strecke in Durchlaßrichtung und die Kollektor-Basis-Strecke in Sperrichtung geschaltet ist **(Bild 2)**! Schalten Sie eine Glühlampe in den Kollektor-Kreis, und beobachten Sie diese! Polen Sie die Basis-Emitterspannung um, und beobachten Sie wieder!
Die Glühlampe leuchtet nur, wenn die Basis-Emitter-Strecke in Durchlaßrichtung gepolt ist.

> Ein NPN-Transistor ist leitend, wenn Basis und Kollektor positiv gepolt sind gegenüber dem Emitter. Beim PNP-Transistor müssen Basis und Kollektor negativ gepolt sein gegenüber dem Emitter.

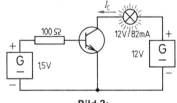

**Bild 2:
Polung des NPN-Transistors**

Beim Transistor ist in die Emitterzone und in die Kollektorzone eine höhere Anzahl von Störstellen eingebaut als in die Basiszone. Die Basisschicht ist sehr dünn; sie mißt einige Nanometer. Sind z. B. beim NPN-Transistor Basis-Emitter-Strecke in Durchlaßrichtung und Kollektor-Basis-Strecke in Sperrichtung geschaltet, so fließt ein Elektronenstrom vom Emitter (N-Leiter) durch die erste Grenzschicht in die Basis. Da diese Schicht äußerst dünn ist, durchlaufen die Elektronen die Basis und gelangen in die zweite Grenzschicht. Dort werden sie von der positiven Kollektorspannung angezogen. Die Kollektor-Basis-Grenzschicht ist also für die Elektronen der Basiszone keine Sperrschicht. Da die Basis infolge geringer Störstellendichte nur wenige Löcher besitzt, rekombinieren auch nur wenige der vom Emitter eindringenden Elektronen, während die restlichen Elektronen durch die dünne Basisschicht schnell zum Kollektor gelangen. Es fließt nur ein schwacher Basisstrom.

Ist die Basis nicht angeschlossen, so fließt kein Kollektorstrom, weil die Kollektor-Basis-Strecke in Sperrichtung geschaltet ist. Läßt man aber einen Strom über die Basis fließen, so wird die in Sperrichtung geschaltete Kollektor-Basis-Strecke durchlässig. Der Transistor wirkt wie ein durch den Basisstrom gesteuerter Widerstand.

Als Stromversorgung für den Basis-Emitter-Stromkreis und für den Kollektor-Emitter-Stromkreis wird meist ein einziger Spannungserzeuger verwendet. Die Spannung für die Basis wird über einen Spannungsteiler gewonnen **(Bild 1 Seite 190)**.

* collectus (lat.) = gesammelt

Versuch 2: Bauen Sie eine Schaltung zur Messung des Stromverstärkungsfaktors eines Transistors (z. B. BC 140) auf **(Bild 1)**! Stellen Sie den Spannungsteiler so ein, daß der Basisstrom I_B zunächst Null ist, und erhöhen Sie dann die Teilerspannung bis ein Basisstrom von etwa 0,5 mA fließt! Messen Sie jeweils den Kollektorstrom I_C!

Fließt kein Basisstrom, so ist der Kollektorstrom fast Null. Mit steigendem Basisstrom steigt auch der Kollektorstrom. Ein Basisstrom von 0,5 mA hat einen Kollektorstrom von etwa 50 mA zur Folge.

Beim Transistor steuert der Basisstrom den Kollektorstrom. Dabei verursacht eine geringe Änderung des Basisstromes eine weit größere Änderung des Kollektorstromes. Im Versuch 2 wird also eine *Stromverstärkung* erreicht. Das Verhältnis Kollektorstrom-*änderung* zu Basisstrom*änderung* nennt man *Stromverstärkungsfaktor*. Dieser Faktor gilt jeweils für eine bestimmte Kollektor-Emitter-Spannung.

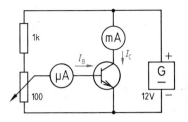

Bild 1: Meßschaltung

> Ein Transistor kann als Verstärker wirken.

Der in einen NPN-Transistor hineinfließende Elektronenstrom teilt sich in den Basisstrom und den Kollektorstrom auf **(Bild 2)**. Die Stromrichtung der Ströme ist dazu entgegengesetzt. Da zur Steuerung eines bipolaren Transistors ein Basisstrom und eine Basis-Emitterspannung benötigt werden, ist eine Steuerleistung erforderlich.

Die Steuerspannung zwischen Basis und Emitter steuert das Einströmen von Ladungsträgern aus dem Emitter in die Basis. Beim NPN-Transistor sind die einströmenden Ladungsträger Elektronen, beim PNP-Transistor Löcher. Bis auf den Teil, der durch Rekombination den Basisstrom hervorruft, fließt der gesamte Emitterstrom zum Kollektor. Außer den erwähnten Strömen fließt auch hier infolge Eigenleitung (Paarbildung) noch ein temperaturabhängiger Sperrstrom I_{CB0}. Diesen unerwünschten Rückwärtsstrom bezeichnet man als *Kollektor-Reststrom*. Er bildet mit dem vom Emitter kommenden Strom den Kollektorstrom I_C.

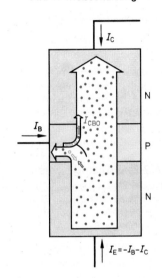

Bild 2: Ströme im NPN-Transistor

> Der Basisstrom steuert den Kollektorstrom eines Transistors. Die Steuerung erfordert Leistung.

2.6.2.3 Kennlinien

Der Zusammenhang zwischen den Strömen und Spannungen eines Transistors wird durch Kennlinien dargestellt. Zur einheitlichen Darstellung hat man beim Transistor eine Zählrichtung festgelegt, nach der alle Ströme in den Transistor hineinfließen **(Bild 3)**. Die Spannungszählpfeile liegen entsprechend. U_{BE} bedeutet dabei, daß der Spannungszählpfeil von der Basis zum Emitter festgelegt ist. Ströme und Spannungen, die in Wirklichkeit die umgekehrte Richtung haben, erhalten dann ein negatives Vorzeichen .

$U_{BE} = -0,7$ V oder $-U_{BE} = 0,7$ V oder $U_{EB} = 0,7$ V heißt, daß der Minuspol an der Basis liegt.

Unter Berücksichtigung dieser Zählrichtungen erhält man die Zusammenhänge für die Ströme und Spannungen eines Transistors.

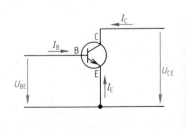

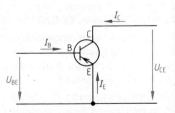

U_{CE}	Kollektor-Emitter-Spannung
U_{BE}	Basis-Emitter-Spannung
U_{CB}	Kollektor-Basis-Spannung
I_B	Basisstrom
I_C	Kollektorstrom
I_E	Emitterstrom

$$U_{CE} = U_{BE} + U_{CB}$$

$$I_B + I_C + I_E = 0$$

$$-I_E = I_C + I_B$$

Bild 3: Zählpfeile für Ströme und Spannungen an Transistoren in Emitterschaltung

Die Strom-Spannungskennlinien von Transistoren können mit einer Meßschaltung **(Bild 1)** aufgenommen werden. Die Widerstände R1 und R2 dienen als Schutzwiderstände zur Strombegrenzung. Diese Widerstände sind in Bild 1 für einen Leistungstransistor, z. B. BD 135, gewählt. Für Kleinleistungstransistoren müssen entsprechend größere Widerstände gewählt werden.

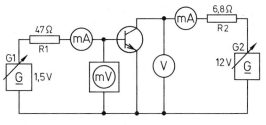

Bild 1: Meßschaltung

Die so aufgenommenen Kennlinien können von den in Datenblättern angegebenen Kennlinien etwas abweichen, da diese nicht mit Gleichspannungen bzw. Gleichströmen aufgenommen werden, sondern mit Impulsen. Dadurch werden Temperatureinflüsse infolge Eigenerwärmung weitgehend unterdrückt.

Eingangskennlinie. Bei der Emitterschaltung bildet der Basis-Emitter-Kreis den *Eingangskreis* (Steuerkreis) und der Kollektor-Emitter-Kreis den *Ausgangskreis* (gesteuerter Kreis). Für die Steuerung des Transistors ist der Basisstrom maßgebend, der seinerseits von der Basis-Emitterspannung abhängt. Die gegenseitige Abhängigkeit der Eingangsgrößen I_B und U_{BE} stellt die Eingangskennlinie **(Bild 2)**, auch I_B-U_{BE}-Kennlinie genannt, dar.

Die I_B-U_{BE}-Kennlinie ist die Gleichrichterkennlinie der Basis-Emitter-Diode in Vorwärtsrichtung. Legt man an den entsprechenden Arbeitspunkt eine Tangente (Bild 2), so kann aus den Werten des Steigungsdreiecks das Verhältnis $\Delta U_{BE}/\Delta I_B$ ermittelt werden. Dieses Verhältnis gibt bei konstanter Kollektor-Emitterspannung den

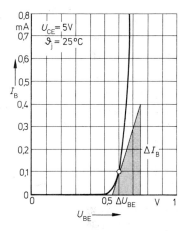

Bild 2: Eingangskennlinie

differentiellen Eingangswiderstand des Transistors an. Kleine Steigung der Kennlinie bedeutet dabei großen Eingangswiderstand. Der Eingangswiderstand ist an allen Punkten der Kennlinie verschieden und muß deshalb stets zusammen mit dem Arbeitspunkt angegeben werden. Mit dem Steigungsdreieck kann der Eingangswiderstand jedoch nur ermittelt werden, wenn die Eingangskennlinie im linearen Maßstab eingetragen ist.

r_{BE} differentieller Eingangswiderstand
ΔU_{BE} Basis-Emitter-Spannungsänderung
ΔI_B Basis-Stromänderung bei ΔU_{BE}

Bei U_{CE} = konstant:

$$r_{BE} = \frac{\Delta U_{BE}}{\Delta I_B}$$

Der differentielle Eingangswiderstand wird für Schaltungsberechnungen bei Ansteuerung mit Wechselgrößen bzw. Änderungsgrößen benötigt. Er beträgt bei Emitterschaltung einige hundert Ohm bis einige kΩ.

Ausgangskennlinien. Die gegenseitige Abhängigkeit der Ausgangsgrößen I_C und U_{CE} zeigt die Ausgangskennlinie. Diese I_C-U_{CE}-Kennlinien können sowohl mit konstanten Basisströmen **(Bild 3)** als auch mit konstanten Basis-Emitter-Spannungen **(Bild 1 Seite 192)** dargestellt werden.

Der Arbeitsbereich eines Transistors liegt im flachen Bereich der Kennlinie. Die Steigung ist in diesem Kennlinienbereich nahezu gleichbleibend. Das aus den Werten des Steigungsdreiecks ermittelte Verhältnis $\Delta U_{CE}/\Delta I_C$ bei konstantem I_B (Bild 3) gibt den *differentiellen Ausgangswiderstand* des Transistors im entsprechenden Arbeitspunkt an.

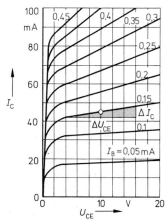

Bild 3: Ausgangskennlinien eines Transistors mit I_B als Parameter

r_{CE}	differentieller Ausgangswiderstand	Bei I_B = konstant:
ΔU_{CE}	Kollektor-Emitter-Spannungsänderung	
ΔI_C	Kollektorstromänderung	

$$r_{CE} = \frac{\Delta U_{CE}}{\Delta I_C}$$

Der differentielle Ausgangswiderstand wird ebenfalls für Schaltungsberechnungen bei Ansteuerung mit Wechselgrößen benötigt. Er liegt bei Emitterschaltung zwischen einigen kΩ und 100 kΩ.

Strom-Steuerkennlinie. Der Basisstrom eines Transistors steuert den Kollektorstrom. Deren Abhängigkeit zeigt die Strom-Steuerkennlinie **(Bild 2)**, auch I_C-I_B-Kennlinie genannt. Da sich der Kollektorstrom etwa proportional mit dem Basisstrom ändert, ist die Strom-Steuerkennlinie fast geradlinig. Dieser Kennlinie kann für den Arbeitspunkt der durch den Basisstrom hervorgerufene Kollektorstrom entnommen werden. Das Verhältnis I_C/I_B wird *Gleichstromverhältnis* genannt.

Die Steigung der Kennlinie $\Delta I_C/\Delta I_B$ gibt dagegen den *Stromverstärkungsfaktor* des Transistors (Kurzschluß-Stromverstärkung) an. Sowohl Gleichstromverhältnis wie auch Stromverstärkungsfaktor sind auf eine konstante Kollektor-Emitter-Spannung bezogen und liegen meist zwischen 50 und 600.

B	Gleichstromverhältnis	Bei U_{CE} = konstant:
I_C	Kollektorgleichstrom	
I_B	Basisgleichstrom	
β	Kurzschluß-Stromverstärkungsfaktor	
ΔI_C	Kollektorstromänderung	
ΔI_B	Basisstromänderung	

$$B = \frac{I_C}{I_B}$$

$$\beta = \frac{\Delta I_C}{\Delta I_B}$$

Während das Gleichstromverhältnis für Gleichgrößen wichtig ist, hat der Stromverstärkungsfaktor für die Wechselstromverstärkung Bedeutung. Meist ist für das Gleichstromverhältnis eine besondere Kennlinie angegeben **(Bild 3)**. Gleiche Transistortypen sind entsprechend ihrem Gleichstromverhältnis oft noch in Gruppen A, B und C bzw. I, II und III unterteilt.

In manchen Datenbüchern ist die Strom-Steuerkennlinie nicht aufgeführt. In diesen Fällen kann sie aus der Ausgangskennlinie mit I_B als Parameter entwickelt werden. Dazu zieht man für die konstante Kollektor-Emitter-Spannung eine Senkrechte, entnimmt an den Schnittpunkten mit den Basisstrom-Parametern die zugehörigen Kollektorströme und überträgt diese Wertepaare in das Strom-Steuer-Kennlinienfeld.

Spannungs-Steuerkennlinie. Die Abhängigkeit des Kollektorstroms von der Steuerspannung U_{BE} wird durch die Spannungs-Steuerkennlinie **(Bild 4)**, auch I_C-U_{BE}-Kennlinie genannt, bei konstantem U_{CE} dargestellt. Diese Kennlinie wird meist im logarithmischen Maßstab für I_C aufgezeichnet. Auch diese Kennlinie kann aus der Ausgangskennlinie mit U_{BE} als Parameter oder aus der Eingangskennlinie und der Strom-Steuerkennlinie mit U_{BE} als Parameter oder aus der Eingangskennlinie und der Strom-Steuerkennlinie entwickelt werden.

Die Spannungs-Steuerkennlinie hat fast den gleichen Verlauf wie die Eingangskennlinie, da sich der Kollektorstrom fast proportional mit dem Basisstrom ändert.

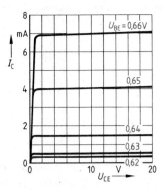

Bild 1: Ausgangskennlinien

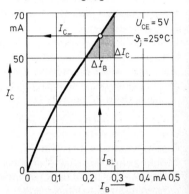

Bild 2: Strom-Steuerkennlinie

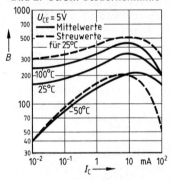

Bild 3: Kennlinien für B

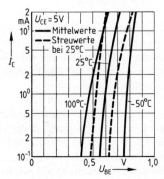

Bild 4: Spannungs-Steuerkennlinien

Die Steigung der Spannungs-Steuerkennlinie im linearen Maßstab wird auch als *Steilheit* bezeichnet.

S Steilheit
ΔI_C Kollektorstromänderung
ΔU_{BE} Basis-Emitter-Spannungsänderung

Bei U_{CE} = konstant:

$$S = \frac{\Delta I_C}{\Delta U_{BE}}$$

Bei Raumtemperatur gilt vereinfacht $S \approx I_C/26$ mV.

Infolge Eigenleitung ändern sich die Transistorströme auch mit der Temperatur. Deshalb werden für manche Kennlinien auch noch Parameter für kleinere und größere Temperaturen angegeben (Bild 4 Seite 192). Die wichtigsten Kennlinien kann man auch zusammen im Vier-Quadranten-Kennlinienfeld darstellen **(Bild 1)**. Dabei werden die Zusammenhänge zwischen den Strömen und Spannungen des Transistors besonders anschaulich.

Wiederholungsfragen

1. Wie ist ein NPN-Transistor aufgebaut?
2. Wie heißen die Elektroden eines Transistors?
3. Wie muß ein NPN-Transistor gepolt sein, damit er leitend ist?
4. Welche Zählrichtungen gelten für die Ströme und Spannungen eines Transistors?
5. Welche Abhängigkeit zeigt die Eingangskennlinie eines Transistors?
6. Aus welcher Kennlinie und wie wird der differentielle Ausgangswiderstand ermittelt?
7. Wodurch unterscheiden sich das Gleichstromverhältnis und der Kurzschluß-Stromverstärkungsfaktor?

2.6.2.4 Grenzwerte und Kennwerte von Transistoren

Zur Beurteilung von Transistoren werden außer den Kennlinien noch *Grenzwerte* und *Kennwerte* angegeben.

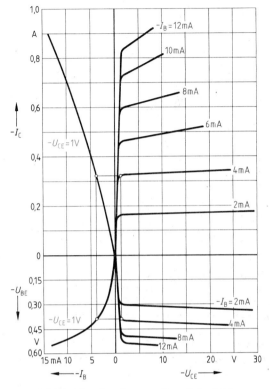

Bild 1: Vier-Quadranten-Kennlinienfeld eines PNP-Transistors

Grenzwerte sind vom Hersteller angegebene Höchstwerte, die nicht überschritten werden dürfen, weil sich sonst die Kennwerte des Bauelements verändern, dessen Lebensdauer sich verringert oder gar das Bauelement zerstört wird.

> Die Grenzwerte sind Höchstwerte, die nicht überschritten werden dürfen, weil sonst das Bauelement zerstört werden kann.

Die Grenzwerte begrenzen somit den Arbeitsbereich des Transistors **(Bild 1 Seite 194)**. Vom Hersteller werden Grenzwerte angegeben für die gesamte (totale) Verlustleistung P_{tot}, den Kollektorstrom I_C, die Kollektor-Emitter-Spannung U_{CE}, die Basis-Emitter-Spannung in Rückwärtsrichtung U_{EB} und die Sperrschichttemperatur ϑ_j. Die gesamte Verlustleistung setzt sich zusammen aus der Verlustleistung der Basis-Emitter-Strecke und der Verlustleistung der Kollektor-Emitter-Strecke. Meist kann die sehr kleine Steuerleistung vernachlässigt werden.

P_{tot} Gesamtverlustleistung
I_B, I_C Transistorströme (Grenzwerte)
U_{BE}, U_{CE} Transistorspannungen (Grenzwerte)

$$P_{tot} = I_B \cdot U_{BE} + I_C \cdot U_{CE} \qquad \boxed{P_{tot} \approx I_C \cdot U_{CE}}$$

Die höchstzulässige Verlustleistung hängt von der Temperatur ab und wird deshalb für eine bestimmte Umgebungstemperatur oder Gehäusetemperatur angegeben.

Die Kennlinie für die höchstzulässige Verlustleistung ist die *Verlustleistungshyperbel* (Bild 1). Sie kann in das Kennlinienfeld eingetragen werden. Dazu werden in der Formel $I_C \approx P_{tot}/U_{CE}$ nacheinander verschiedene Werte für U_{CE} eingesetzt. Die erhaltenen Wertepaare I_C und U_{CE} werden in das Kennlinienfeld eingetragen und miteinander verbunden.

Statische Kennwerte geben Auskunft über das Gleichstromverhalten des Transistors. Sie sind Mittelwerte. Bei einzelnen Transistoren können starke Abweichungen von Mittelwerten auftreten (Exemplarstreuung). Statische Kennwerte sind Restströme, Sättigungsspannung (Kollektor-Emitter-Restspannung) und Gleichstromverhältnis.

Restströme sind unerwünschte, temperaturabhängige Ströme infolge Eigenleitung. Man unterscheidet Kollektor-

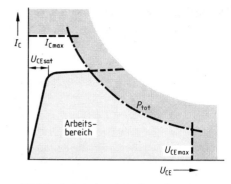

Bild 1: Arbeitsbereich eines Transistors

reststrom I_{CB0}* und Emitterreststrom I_{EB0}**. Die Restströme wirken sich besonders bei kleinen Kollektorströmen aus.

Die Kollektor-Emitter-Spannung, bei welcher die Kurve des Kollektorstromes vom ansteigenden in den flachen Verlauf übergeht, nennt man *Sättigungsspannung* (Kollektor-Emitter-Restspannung) (Bild 1).

Dynamische Kennwerte beschreiben das Verhalten des Transistors bei Ansteuerung mit Wechselspannung oder bei Impulsbetrieb. Dynamische Kennwerte sind Kurzschluß-Stromverstärkungsfaktor, Sperrschichtkapazitäten, Schaltzeiten, *Transitfrequenz*** und *Vierpol-Parameter*. Bei der Transitfrequenz ist der Stromverstärkungsfaktor 1. Vierpol-Parameter sind die *h*-Parameter[4*] für Niederfrequenz-Anwendungen und die *y*-Parameter für Hochfrequenz-Anwendungen **(Tabelle 1)**. Die *h*-Parameter lassen sich in *y*-Parameter umrechnen und umgekehrt. Da diese Parameter nur für sehr kleine Stromänderungen und Spannungsänderungen gelten, werden sie nur zur Berechnung von *Kleinsignalverstärkern* verwendet.

Tabelle 1: Vierpol-Parameter (Dynamische Transistorkennwerte)		
Eingang u_1 — Transistor-Vierpol — u_2 Ausgang		I_B U_{BE} — I_C U_{CE}
h-Kenngrößen (Parameter)	*y*-Kenngrößen (Parameter)	*Anwendungsbeispiel* *h*-Parameter für Emitterschaltung
$h_{11} = \dfrac{u_1}{i_1}$ bei $u_2 = 0$ Kurzschluß-Eingangswiderstand	$y_{11} = \dfrac{i_1}{u_1}$ bei $u_2 = 0$ Kurzschluß-Eingangsleitwert	$h_{11e} = \dfrac{\Delta U_{BE}}{\Delta I_B}$ bei U_{CE} = konst.
$h_{12} = \dfrac{u_1}{u_2}$ bei $i_1 = 0$ Leerlauf-Spannungsrückwirkung	$y_{12} = \dfrac{i_1}{u_2}$ bei $u_1 = 0$ Rückwärts-Steilheit	$h_{12e} = \dfrac{\Delta U_{BE}}{\Delta U_{CE}}$ bei I_B = konst.
$h_{21} = \dfrac{i_2}{i_1}$ bei $u_2 = 0$ Kurzschluß-Stromverstärkung	$y_{21} = \dfrac{i_2}{u_1}$ bei $u_2 = 0$ Vorwärts-Steilheit	$h_{21e} = \dfrac{\Delta I_C}{\Delta I_B}$ bei U_{CE} = konst.
$h_{22} = \dfrac{i_2}{u_2}$ bei $i_1 = 0$ Leerlauf-Ausgangsleitwert	$y_{22} = \dfrac{i_2}{u_2}$ bei $u_1 = 0$ Kurzschluß-Ausgangsleitwert	$h_{22e} = \dfrac{\Delta I_C}{\Delta U_{CE}}$ bei I_B = konst.

* I_{CB0} Strom zwischen Kollektor und Basis bei offenem Emitter;   ** I_{EB0} Strom zwischen Emitter und Basis bei offenem Kollektor;
*** Transit von transitus (lat.) = Übergang;   [4*] *h* von hybrid (griech.) = gemischt

Die Parameter gelten jeweils für einen bestimmten Arbeitspunkt und eine bestimmte Frequenz. Dabei bedeuten z. B. h_{11} den Wechselstrom-Eingangswiderstand und h_{21} den Wechselstromverstärkungsfaktor jeweils bei wechselstrommäßig kurzgeschlossener Kollektor-Emitter-Strecke (Kurzschluß-Stromverstärkungsfaktor) und h_{22} den Kehrwert des Wechselstrom-Ausgangswiderstands ohne Wechselstromaussteuerung. Zur Kennzeichnung der Emitterschaltung wird den Parametern ein e angehängt, z. B. bei h_{11e}. Die Parameter kann man auch den Kennlinien entnehmen, z. B. h_{11e} aus der Eingangskennlinie bei gleichbleibendem U_{CE}.

$h_{11e} = \Delta U_{BE}/\Delta I_B$ bei $U_{CE} =$ konstant.

Wird der Transistor bei einem anderen als dem für den h-Parameter angegebenen Arbeitspunkt betrieben, so können aus besonderen Kennlinien für I_C **(Bild 1)** bzw. für U_{CE} Korrekturfaktoren H_{ei} bzw. H_{eu} entnommen werden, mit denen der entsprechende h-Parameter zu multiplizieren ist.

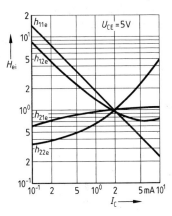

Bild 1: **Korrekturfaktoren H_{ei}**

h	Parameter für den gegebenen Arbeitspunkt
h'	Parameter für den gewählten Arbeitspunkt
H_{ei}, H_{eu}	Korrekturfaktoren für ein gewähltes I_C bzw. U_{CE}

$$h' = h \cdot H_{ei} \cdot H_{eu}$$

Beispiel: Wie groß ist h' im Arbeitspunkt $U_{CE} = 5$ V und $I_C = 0,5$ mA, wenn für $U_{CE} = 5$ V und $I_C = 2$ mA $h_{11e} = 4,5$ kΩ angegeben ist?

Lösung: Für U_{CE} wird kein Korrekturfaktor benötigt, d. h. $H_{eu} = 1$. Aus Bild 2 wird für h_{11e} und $I_C = 0,5$ mA $H_{ei} = 3,2$ entnommen.

$h_{11e}' = h_{11e} \cdot H_{ei} \cdot H_{eu} = 4,5$ kΩ $\cdot 3,2 \cdot 1 =$ **14,4 kΩ**

2.6.2.5 Bauformen

Transistoren erhalten wie die Halbleiterdioden ihre Haupteigenschaften durch den Grundwerkstoff, z. B. Silicium und Germanium, und durch das entsprechende Herstellungsverfahren. Je nach dem Herstellungsverfahren unterscheidet man *Legierungstransistoren* und *Diffusionstransistoren*.

Legierungstransistoren

Bei der Herstellung von Legierungstransistoren **(Bild 2)** wird der Dotierwerkstoff in das Halbleiterplättchen einlegiert*. Als Grundwerkstoff verwendet man meist Germanium, das für einen PNP-Transistor schwach N-leitend gemacht wird. Dieses dient als Basis. Danach wird beidseitig eine Indiumpille aufgelegt und erhitzt. Dabei schmilzt das Indium und legiert mit dem Germanium. So entstehen die P-leitenden Kollektorzone und Emitterzone. Dazwischen verbleibt die dünne N-leitende Basiszone (Bild 2). Die Kollektorzone wird etwas größer als die Emitterzone und die Basiszone sehr dünn gemacht, damit möglichst viele Ladungsträger vom Emitter zum Kollektor gelangen und nicht über die Basis abwandern.

Legierungstransistoren eignen sich für den NF-Bereich, für langsame Schaltvorgänge und für mittlere Leistungen. Wegen der langen Laufzeiten der Ladungsträger zum Durchlaufen der Basisschicht und wegen der großen Sperrschichtkapazitäten sind sie für hohe Frequenzen und als schnelle Schalter nicht geeignet.

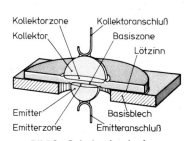

Bild 2: **Schnitt durch einen Legierungstransistor**

Diffusionstransistoren

Um kurze Laufzeiten und damit hohe Grenzfrequenzen zu erreichen, müssen sehr dünne Basisschichten vorhanden sein oder ein elektrisches Feld, welches die Ladungsträger rasch beschleunigt. Dies wird durch das Diffusionsverfahren erreicht.

* Legieren = Vermischen verschiedener Metalle

Bei der Herstellung von Diffusionstransistoren läßt man Dotierungsstoffe (z. B. Indium, Gallium, Aluminium) in gasförmigem Zustand auf einen Halbleiterkristall einwirken. Die Fremdatome diffundieren* gleichmäßig in den Kristall ein. Es lassen sich gegenüber dem Legierungsverfahren somit dünnere und gleichmäßigere Basisschichten erreichen. Innerhalb der Basiszone nimmt die Verteilung der Fremdatome zum Kollektor hin ab, wodurch sich ein elektrisches Feld (Driftfeld) bildet. Dieses beschleunigt zusätzlich die Ladungsträger. Da die verschiedenen Dotierungswerkstoffe mit unterschiedlicher Geschwindigkeit in einen Kristall eindringen, können N-Schicht und P-Schicht durch einen einzigen Diffusionsvorgang erzeugt werden.

Diffusionstransistoren sind bis zu Frequenzen von einigen GHz verwendbar. Die Kapazitäten zwischen Kollektorschicht, Basisschicht und Emitterschicht sind äußerst klein, weshalb diese Transistoren auch für Schaltzwecke verwendbar sind. Die am meisten verwendeten diffundierten Transistoren sind Planar-Transistoren und Mesa-Transistoren.

Planar-Transistoren** haben meist Silicium als Grundstoff. Durch ein fototechnisches Verfahren werden mittels Masken Deckschichten erzeugt, durch deren Öffnungen die Störstellenatome eindiffundieren.

Ein N-leitendes Siliciumplättchen, das den Kollektor bildet, läßt man an der Oberfläche oxidieren. Dieser Überzug aus SiO_2 **(Bild 1a)** bildet eine Schutzschicht. Nach dem Herausätzen eines Fensters läßt man Bor (dreiwertig) in das freigewordene Feld des N-Leiters eindiffundieren. Es bildet sich die P-leitende Basisschicht (Bild 1b). Gleichzeitig entsteht ein neuer Oxidüberzug an der Oberfläche. Nach dem Herausätzen eines Emitterfensters läßt man Phosphor eindiffundieren und erhält die N-leitende Emitterschicht (Bild 1c). In die erneut oxidierte Oberfläche werden noch Fenster für die Anschlußstellen freigeätzt und Aluminium zur Erzeugung sperrschichtfreier Kontaktstellen für die Anschlußdrähte dieses NPN-Silicium-Planar-Transistors aufgedampft (Bild 1d). Auf einer Siliciumscheibe von etwa 30 mm Durchmesser werden mehrere hundert derartige Transistorchips gleichzeitig hergestellt und anschließend getrennt.

Die PN-Übergänge von Planar-Transistoren gelangen nie an die Oberfläche, da sie sich bereits bei der Herstellung unter die schützende Oxidschicht schieben. Deshalb verzichtet man bei Planar-Transistoren mit kleineren Leistungen oft auf ein Gehäuse und vergießt sie direkt mit Kunstharz.

Silicium-Planar-Transistoren haben sehr schwache Restströme, große Stromverstärkungsfaktoren, selbst noch bei kleinen Stromstärken, sowie kleine Exemplarstreuungen. Sie werden für weite Frequenzbereiche und Leistungsbereiche hergestellt.

Mesa-Transistoren*** **(Bild 2)** können aus Germanium und aus Silicium hergestellt werden. Für einen PNP-Transistor wird z. B. in einem P-leitenden Germaniumscheibchen (Kollektor) die Basisschicht durch Diffusion mit Antimon hergestellt. Ein aufgedampfter Goldstreifen ergibt den sperrschichtfreien Basisanschluß. Der Emitter besteht aus einem aufgedampften und danach einlegierten Aluminiumstreifen. Aluminium ist dreiwertig und erzeugt somit die P-Leitung. Nach dem Auflöten des Germaniumscheibchens auf eine Grundplatte, die gleichzeitig Kollektoranschluß ist, wird durch Abätzen von der Oberfläche des Halbleiterplättchens die Mesaform erzeugt.

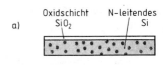

a)

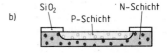

b)

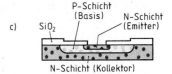

c)

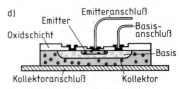

d)

Bild 1: Planar-Transistor

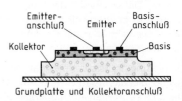

**Bild 2:
Aufbau eines Mesa-Transistors**

Nachteilig sind die freigelegten PN-Übergänge und der große Kollektor-Bahnwiderstand. Dies ist der Widerstand zwischen dem äußeren Kollektoranschluß und dem inneren unzugänglichen Kollektorpunkt. Die Restströme sind wesentlich größer als bei Planar-Transistoren. Mesa-Transistoren werden als HF-Transistoren und als HF-Leistungstransistoren verwendet.

* diffundere (lat.) = einzeln eindringen;   ** Planar-Transistor, nach seiner ebenen Aufbauform benannt; planus (lat.) = eben;
*** Mesa-Transistor, Transistoraufbau in Form eines Tafelberges; mesa (span.) = Tafelberg

Epitaxial-Transistoren* werden als Epitaxial-Planar-Transistoren und als Epitaxial-Mesa-Transistoren hergestellt **(Bild 1)**. Sie haben weitere Vorteile gegenüber den Planar-Transistoren bzw. Mesa-Transistoren. Die verhältnismäßig dicke Kollektorschicht der Planar- und Mesa-Transistoren hat einen sehr großen Kollektor-Bahnwiderstand und damit eine hohe Sättigungsspannung zur Folge. Beim Epitaxie-Verfahren läßt man für einen NPN-Transistor auf eine sehr stark dotierte, niederohmige N-leitende Siliciumschicht (N⁺) eine dünne, hochohmige N-Schicht (Epitaxie-Schicht) aufwachsen. In diese Epitaxie-Schicht läßt man nun in Planartechnik oder in Mesatechnik Dotierstoffe eindiffundieren, wodurch die Basis und der Emitter entstehen. Die verbleibende N-leitende Epitaxie-Schicht dient als Kollektor. Um einen kleinen Übergangswiderstand am Emitter und eine günstigere Stromverteilung zu erreichen, werden Basis und Emitter auch streifenförmig, ringförmig oder U-förmig angeordnet.

Epitaxial-Transistoren haben kleine Restströme, kleine Kapazitäten, hohe Grenzfrequenz bis in den GHz-Bereich, große Stromverstärkung, niedrige Sättigungsspannung, einen großen Aussteuerungsbereich, kurze Ladungsträger-Speicherzeit und damit eine kurze Schaltzeit. Außerdem wird das Verhältnis der Transistorwiderstände für sperrenden zu leitendem Zustand größer, was vor allem für Schaltzwecke erwünscht ist.

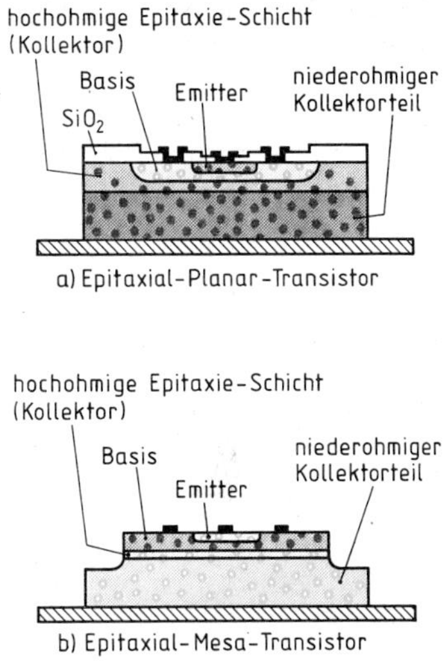

hochohmige Epitaxie-Schicht (Kollektor)
Basis — Emitter
SiO₂
niederohmiger Kollektorteil

a) Epitaxial-Planar-Transistor

hochohmige Epitaxie-Schicht (Kollektor)
Basis
Emitter
niederohmiger Kollektorteil

b) Epitaxial-Mesa-Transistor

**Bild 1:
Aufbau von Epitaxial-Transistoren**

Wegen dieser guten Eigenschaften sind Epitaxial-Transistoren, vor allem Epitaxial-Planar-Transistoren, die am häufigsten verwendeten bipolaren Transistoren. Sie werden als HF-Transistoren, NF-Transistoren, Schalttransistoren und als Leistungstransistoren eingesetzt.

Für größere Leistungen gibt es Epibasis-Transistoren und dreifachdiffundierte Transistoren.

Epibasis-Transistoren werden als NPN-Transistoren und als PNP-Transistoren gebaut. Auf ein stark N⁺-leitendes Siliciumplättchen ist eine P-leitende Epitaxie-Schicht aufgebracht, die als Basisschicht dient **(Bild 2)**.

Emitter und sperrschichtfreie Kontaktierung werden wie bei der Planartechnik hergestellt. Dabei diffundiert man meist mehrere Emitter in die großflächige Basiszone ein, welche danach parallel geschaltet werden. Ebenso sind auch mehrere Basisanschlüsse parallelgeschaltet. Dieser Aufbau ermöglicht eine gleichmäßigere Stromverteilung und dadurch eine höhere Belastbarkeit. Außerdem verbessert sich das Schaltverhalten bei großer Leistung.

Epibasis-Transistoren gibt es für Verlustleistungen bis 100 W. Sie werden meist als Leistungs-Schalttransistoren und NF-Leistungstransistoren verwendet.

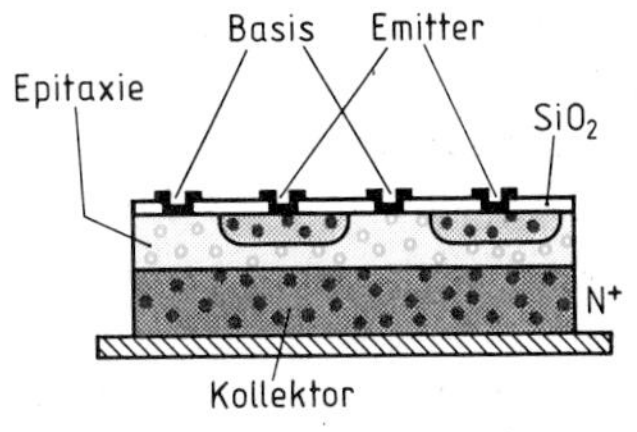

Dreifachdiffundierte Transistoren (Bild 3) werden als NPN-Transistoren gebaut. In ein schwach N-leitendes Siliciumplättchen wird auf der einen Seite durch die erste Diffusion eine stark N⁺-leitende Schicht erzeugt (Bild 3). Bei der zweiten Diffusion entsteht auf der anderen Seite des Plättchens eine P-Schicht, welche die großflächige Basis bildet. Bei der dritten Diffusion wird die N-leitende Emitter-Schicht aufgebaut.

Dreifachdiffundierte Transistoren vertragen sehr große Verlustleistungen. Ein weiterer Vorteil dieser Transistoren ist ihre hohe Spannungsfestigkeit und ihre verhältnismäßig kurze Schaltzeit. Dreifachdiffundierte Transistoren werden für Kollektor-Emitter-Spannungen bis zu einigen tausend Volt und Verlustleistungen bis etwa 200 W hergestellt. Sie werden in Schaltnetzteilen, in Ablenkstufen von Fernsehgeräten und als schnelle Schalter größerer Leistung eingesetzt.

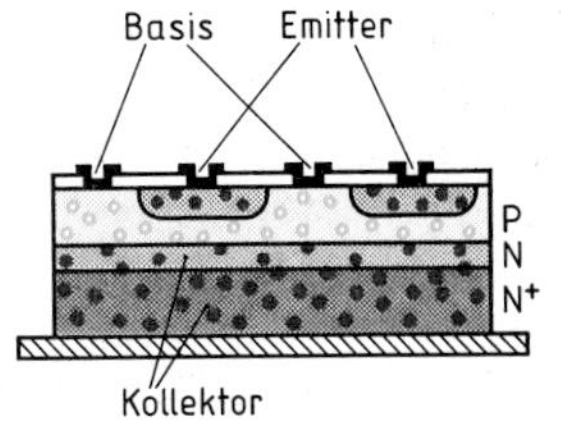

Epitaxie
Basis   Emitter
SiO₂
N⁺
Kollektor

Bild 2: Epibasis-Transistor

Basis   Emitter
P
N
N⁺
Kollektor

**Bild 3:
Dreifachdiffundierter Transistor**

* epi (griech.) = über; taxis (griech.) = Ordnung

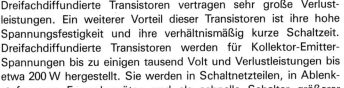

2.6.3 Unipolare Transistoren

Allgemeines

Bei unipolaren Transistoren fließt der Laststrom nur über *eine* Halbleiterstrecke desselben Leitungstyps, also über einen P-Leiter oder über einen N-Leiter, nicht über einen PN-Übergang.

Beim bipolaren Transistor wird der Widerstand der Halbleiterstrecke durch Zufuhr von Ladungsträgern über die Basis gesteuert, während die Form der Halbleiterstrecke im wesentlichen unverändert bleibt. Beim unipolaren Transistor wird der Widerstand der Halbleiterstrecke für den Laststrom durch ein elektrisches Feld gesteuert, welches den Leiterquerschnitt beeinflußt **(Bild 1)**. Zu den unipolaren Transistoren gehören die Feldeffekt-Transistoren oder kurz FET. Bei den FET nennt man die Halbleiterstrecke für den Laststrom *Kanal*. Man unterscheidet FET mit N-Kanal und FET mit P-Kanal. Die Anschlüsse des Kanals heißen *Source** und *Drain***.

> Beim Feldeffekt-Transistor wird der Widerstand des Kanals zwischen Source und Drain durch ein quer zum Kanal liegendes elektrisches Feld gesteuert.

Die Wirkung (Effekt) des elektrischen Feldes steuert beim FET den Laststrom. Das elektrische Feld wird durch eine Spannung zwischen der Steuerelektrode und dem Kanal hervorgerufen. Die Steuerelektrode wird *Gate**** genannt. Ein Steuerstrom vom Gate zum Kanal ist nicht erforderlich.

> Beim FET wird der Widerstand der Source-Drain-Strecke und damit der Drain-Strom von einer Spannung zwischen Gate und Source gesteuert.

Bei der Herstellung der FET geht man von P-leitendem oder von N-leitendem Silicium aus, in welches der Kanal eindiffundiert wird. In der Nähe der Anschlüsse für Drain und Source muß die Ladungsträgerkonzentration hoch sein, damit sich dort zwischen den metallischen Anschlüssen und dem Kanal keine Sperrschichten bilden **(Bild 2)**. Den verbleibenden Teil des Ausgangsmaterials nennt man *Substrat[4*]*. Das Substrat ist manchmal im Inneren des FET mit Source verbunden. Wenn es nach außen geführt ist, muß es in der Schaltung mit Source verbunden werden, weil bei der Steuerung des FET Ladungsträger von Substrat an den Kanal abgegeben werden.

> Das Substrat der FET muß mit Source verbunden sein, damit bei der Steuerung Ladungsträger zwischen Substrat und Kanal ausgetauscht werden können.

Das Gate muß gegenüber dem Kanal isoliert sein, damit bei angelegter Steuerspannung von Gate nach Source kein Strom fließt. Dazu gibt es zwei Möglichkeiten. Beim *Isolier-Gate-FET* (*IG-FET*) ist zwischen Kanal und Gate eine Isolierschicht aus Siliciumdioxid (SiO_2) angeordnet, und das Gate ist aufgedampftes Metall (Bild 2). Beim *PN-FET* (*Sperrschicht-FET, Junction[5*]-FET, J-FET*) wird als Gate ein Halbleitermaterial von anderem Leitungstyp als der Kanal angeordnet **(Bild 3)**. Bei einem N-Kanal nimmt man also ein P-Gate, bei einem P-Kanal ein N-Gate.

---

* Source (engl., sprich: sohrs) = Quelle;   ** Drain (engl., sprich: drehn) = Senke
*** Gate (engl., sprich: geht) = Tor;   [4*] Substrat (lat.) = Grundlage
[5*] junction (engl., sprich: janktschn) = Sperrschicht

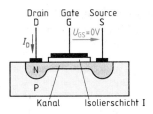

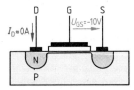

Bild 1: Steuerung der Kanalbreite und des Drain-Stromes I_D durch die Steuer-Spannung U_{GS}

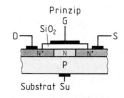

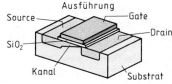

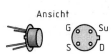

Bild 2: IG-FET mit N-Kanal

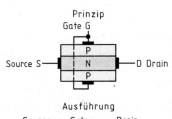

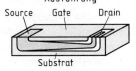

auch SDG statt SGD

Bild 3: PN-FET mit N-Kanal

Dadurch entsteht zwischen Gate und Kanal des FET ein PN-Übergang und damit eine Sperrschicht, welche bei richtiger Polung das Gate vom Kanal isoliert.

Bei den IG-FET gibt es Typen, die ohne Steuerspannung einen Kanal haben. Das sind die *selbstleitenden FET* oder *Verarmungs-FET*. Feldeffekt-Transistoren, bei denen sich der Kanal erst unter Einwirkung der Steuerspannung bildet, nennt man *selbstsperrende FET* oder *Anreicherungs-FET*. Die Art des FET ist aus dem Schaltzeichen zu erkennen **(Tabelle 1)**.

Verarmungs-IG-FET sind selbstleitend, Anreicherungs-IG-FET selbstsperrend.

Tabelle 1: Feldeffekt-Transistoren			Nach DIN 40 700 Bl. 8	
Kanalart	**Trennung zwischen Gate und Kanal**			
	Isolierschicht		**Sperrschicht**	
P	Selbstsperrender Anreicherungs-Isolier-schicht-FET mit P-Kanal (Anreicherungs-IG-FET mit P-Kanal)	Gate Source Drain Substrat	Sperrschicht-FET mit P-Kanal (PN-FET mit P-Kanal)	Gate Source Drain
N	Selbstleitender Verarmungs-Isolier-schicht-FET mit N-Kanal (Verarmungs-IG-FET mit N-Kanal)	Gate Source Drain Substrat	Sperrschicht-FET mit N-Kanal (PN-FET mit N-Kanal)	Gate Source Drain

Beim IG-FET liegt im Schaltzeichen das Gate der Source gegenüber. Der Leitungstyp ist hier beim Substrat in entsprechender Weise wie beim Emitter des bipolaren Transistors eingetragen. Bei einem P-lei-tenden Substrat geht der Pfeil nach innen. Hier ist ein N-Kanal vorhanden. Dagegen ist bei einem N-leitenden Substrat, kenntlich an einem Pfeil nach außen, ein P-Kanal vorhanden. Beim PN-FET berührt im Schaltzeichen das Gate den Kanal. Der Leitungstyp ist dort beim Gate wie beim Emitter eines bipolaren Transistors einge-tragen. Bei einem N-leitenden Gate ist also der Pfeil nach außen gerichtet. Hier ist dann ein P-Kanal vorhanden. Geht der Pfeil nach innen, so ist ein P-Gate vorhanden und ein N-Kanal.

Die Richtungen der Zählpfeile der Spannungen und der Ströme sind entsprechend wie bei den bipolaren Transistoren festgelegt **(Bild 1)**.

Bei den Feldeffekt-Transistoren unterscheidet man nach der Iso-lierung zwischen Gate und Kanal IG-FET und PN-FET. Beide Arten haben dieselben Anschlußbezeichnungen und dieselben Zählpfeile.

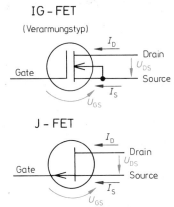

Bild 1: Zählpfeile bei den FET

Feldeffekt-Transistoren verursachen eine kleinere Rauschspannung als bipolare Transistoren, da bei ihnen die Ladungsträgerkonzentration durch das Steuern nicht verändert wird. Dagegen sind die Kapazitäten zwischen Gate und dem Kanal von Nachteil, weil damit RC-Schaltungen gebildet werden. Dadurch arbeiten FET langsamer als bipolare Transistoren, so daß sie für schnelle Datenverarbeitungsanlagen nicht in Frage kommen.

Wiederholungsfragen

1. Erklären Sie die grundsätzliche Wirkungsweise der Feldeffekt-Transistoren!
2. Wie heißen die drei Anschlüsse eines FET?
3. Warum wird bei den FET das Substrat mit Source verbunden?
4. Welches Verhalten bezüglich der Stromleitung ohne Ansteuerung haben die Verarmungs-IG-FET und die Anreicherungs-IG-FET?
5. Woran erkennt man im Schaltzeichen eines FET den Source-Anschluß?

Isolier-Gate-FET (IG-FET)

Beim IG-FET befindet sich zwischen Gate und Kanal eine isolierende Schicht. Je nach Substrat und Isolierschicht unterscheidet man z. B. MOSFET*, MISFET** und MASFET***. Beim MOSFET wird als Substrat Silicium verwendet, beim MISFET Galliumarsenid. Die Isolierschicht ist beim MOSFET und beim MISFET aus Siliciumdioxid (SiO_2 = Quarz). Beim MISFET können Steilheit, Grenzleistung und Grenzfrequenz größer sein als beim MOSFET. Beim MASFET ist die Isolierschicht aus Aluminiumoxid (Al_2O_3).

Die Isolierschicht trennt beim IG-FET den Laststromkreis fast völlig vom Steuerstromkreis. Dadurch ergeben sich winzige Restströme von einigen Femtoampere (1 fA = 10^{-15} A) und Eingangswiderstände bis 10^{18} Ω. Die Isolierschicht ist dicker als eine Sperrschicht. Dadurch ist die Durchbruchspannung höher, die Eingangskapazität kleiner und die Grenzfrequenz größer als beim PN-FET. Die Grenzfrequenz beträgt bis 400 MHz.

> Beim IG-FET besteht zwischen Laststromkreis und Steuerstromkreis keine elektrische Verbindung.

Das Gate des IG-FET kann sich wegen der Isolierung elektrostatisch aufladen. Dadurch kann die Isolierschicht durchschlagen werden, wodurch der FET zerstört wird. Deshalb ist für Transport und Lagerung der Gate-Anschluß mit den anderen Anschlüssen leitend verbunden. Beim Einbau darf diese Verbindung erst nach dem Einlöten geöffnet werden. Bei Reparaturen ist diese Verbindung vor dem Auslöten herzustellen.

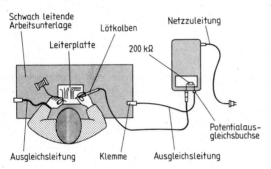

Bild 1: Arbeitsplatz für MOSFET

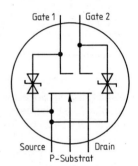

**Bild 2: Dual-Gate-IG-FET
mit Gate-Schutzschaltung**

> Beim IG-FET müssen Gate und Kanal über einen Widerstand oder über eine leitende Brücke verbunden sein.

Auch beim Löten von IG-FET oder entsprechenden IC sind besondere Maßnahmen zu treffen, damit die Isolierschicht nicht durchschlagen wird **(Bild 1)**. Der Lötkolben darf nicht direkt am Netz angeschlossen sein (Trenntransformator oder Batteriebetrieb). Ein Potentialausgleich durch eine schwach leitende und hochohmig geerdete Arbeitsunterlage, an welche auch die lötende Person angeschlossen ist, hat sich bewährt.

Zur Vermeidung von Spannungsdurchbrüchen zwischen Gate und Kanal werden bei vielen IG-FET-Arten Begrenzerdioden eindiffundiert **(Bild 2)**. Bei beliebig gepolter statischer Aufladung begrenzt jeweils die in Sperrichtung geschaltete Diode die Spannung auf etwa 10 V. Die Sperrschichtkapazität der Dioden verkleinert allerdings die Grenzfrequenz. Außerdem ist der Eingangswiderstand des FET nur noch etwa so groß wie der Sperrwiderstand der Diode.

Legt man an einen Verarmungs-IG-FET mit N-Kanal eine positive Gate-Source-Spannung, so werden Elektronen aus dem Substrat in den Kanal gesaugt, der Kanal wird mit Ladungsträgern angereichert. Ist die Gate-Source-Spannung negativ, so werden vorhandene Elektronen in das Substrat gedrückt. Dadurch tritt eine Verarmung an Ladungsträgern auf. In beiden Fällen ändert sich der Widerstand des Kanals, so daß der

---

* MOSFET Kunstwort aus **M**etal-**O**xide-**S**emiconductor-FET (engl.) = Metall-Oxid-Halbleiter-FET
** MISFET Kunstwort aus **M**etal-**I**nsulator-**S**emiconductor-FET (engl.) = Metall-Isolator-Halbleiter-FET
*** MASFET Kunstwort aus **M**etal-**A**lumina-**S**emiconductor-FET (engl.) = Metall-Aluminium-Halbleiter-FET

Drain-Strom durch die Gate-Source-Spannung gesteuert werden kann **(Bild 1)**. Die Verhältnisse bei IG-FET mit P-Kanal liegen entsprechend mit umgekehrter Polung.

Die Steuerung des Laststroms erfolgt beim IG-FET durch das elektrische Feld zwischen Gate und Substrat. In Verstärkerschaltungen können deshalb Koppelkondensatoren entfallen. Bei selbstleitenden Verarmungs-IG-FET nimmt je nach Polung der Gate-Source-Spannung der Laststrom zu oder ab.

Beim Verarmungs-IG-FET ist die Steuerung durch positive und durch negative Gate-Source-Spannung möglich.

Eine Vorspannung ist erforderlich, damit der Arbeitspunkt festliegt. Die Vorspannung kann beim selbstleitenden Verarmungs-IG-FET wie beim PN-FET mit einem Source-Widerstand erzeugt werden **(Bild 2)**.

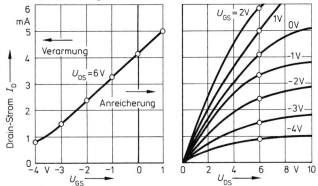

Bild 1: Kennlinien eines Verarmungs-IG-FET mit N-Kanal

Bild 2: Verstärkerstufe mit Verarmungs-IG-FET

Beim selbstsperrenden Anreicherungs-IG-FET liegt die Kennlinie für $U_{GS} = 0\,V$ im Kennlinienfeld ganz unten **(Bild 3)**. Die Vorspannung wird hier mit einem Spannungsteiler erzeugt, ähnlich wie bei einem Transistor in Emitterschaltung **(Bild 4)**. Der Spannungsteiler beim FET ist aber unbelastet.

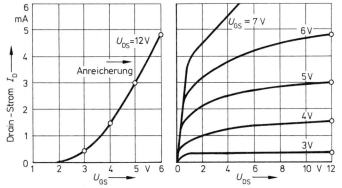

Bild 3: Kennlinien eines Anreicherungs-IG-FET mit N-Kanal

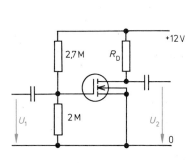

Bild 4: Verstärkerstufe mit Anreicherungs-IG-FET

Dual-Gate-IG-FET* enthalten zwei voneinander isolierte Gates und zwei in Reihe geschaltete Kanäle (Bild 2 Seite 200). Jedes Gate steuert einen Kanal. Diese FET sind z. B. für Mischstufen geeignet.

CMOS-FET sind *komplementäre*** FET, bestehen also aus wenigstens zwei FET mit jeweils entgegengesetztem Kanaltyp.

Aus den Kennlinienfeldern der FET kann man die Steilheit S und den differentiellen Ausgangswiderstand r_{DS} entnehmen. Beide Größen sind für die Bemessung von Verstärkern von Bedeutung.

Bei U_{DS} = konstant:

$$S = \frac{\Delta I_D}{\Delta U_{GS}}$$

Bei U_{GS} = konstant:

$$r_{DS} = \frac{\Delta U_{DS}}{\Delta I_D}$$

* duo (lat.) = zwei; ** complementum (lat.) = Ergänzungsmittel

Die *Steilheit* ist ein Maß dafür, wie groß der Drainstrom ist, der sich mit einer gegebenen Gatespannung steuern läßt. Sie ist um so größer, je größer der Kanalquerschnitt ist und je kleiner die Kanallänge ist.

VMOS-FET sind selbstsperrende IG-FET mit einem besonders kurzen Kanal **(Bild 1)**. Die Bezeichnung beruht auf der V-Form des Gate. Der Kanal bildet sich erst bei Anlegen der Spannung zwischen Gate und Source. Ohne U_{GS} sperrt der FET, weil zwischen Source und Drain ein PN-Übergang in Rückwärtsrichtung geschaltet ist. Ist U_{GS} dagegen positiv, so werden unter Einfluß des elektrischen Feldes Elektronen an den Rand des P-Bereiches gesaugt, so daß dort eine Anreicherung mit Ladungsträgern stattfindet. Dadurch bildet sich am Rand des P-Bereiches auf beiden Seiten des V ein kurzer N-Kanal.

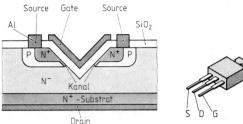

Bild 1: Aufbau eines VMOS-FET

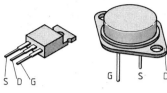

Bild 2: Ansichten von VMOS-FET und TMOS-FET

Beim VMOS-FET bildet sich ein kurzer Kanal gegenüber dem V-förmigen Gate, sobald eine richtig gepolte Gate-Source-Spannung vorhanden ist.

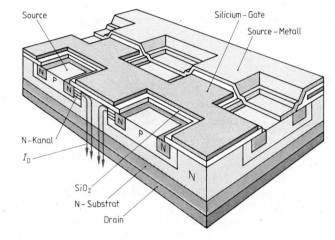

Bild 3: TMOS-FET

Die beiden Kanäle sind parallel geschaltet. Dadurch ist der Kanalquerschnitt groß und die Kanallänge klein. Deshalb haben VMOS-FET eine große Steilheit. Außerdem können wegen der Kanalform große Drainströme auftreten, ohne daß eine Überhitzung auftritt. Die Parallelschaltung ist möglich, da der Kanal einen positiven Temperaturkoeffizienten hat.

VMOS-FET sind auch für große Leistungen geeignet.

Es gibt VMOS-FET mit Drainströmen bis 8 A und Drain-Source-Spannungen bis 500 V **(Bild 2)**.

TMOS-FET sind selbstsperrende IG-FET, bei denen der Kanal wie bei den VMOS-FET sehr kurz ist. Außerdem ist aber bei den TMOS-FET eine Seite ganz metallisiert **(Bild 3)**, so daß keine Leiterkreuzungen von Sourceanschlüssen und Gateanschlüssen auftreten können. Aus Herstellungsgründen ist es erforderlich, die Gateanschlüsse aus hochdotiertem, polykristallinem Silicium aufzubauen. Man spricht deshalb auch von SIPMOS-FET*.

TMOS-FET haben dieselben Eigenschaften wie VMOS-FET, sie nehmen aber wegen der Source-Metallisierung weniger Platz ein. Dadurch ist es möglich, auf einem einzigen Chip zahlreiche FET in intergrierter Technik aufzubauen. TMOS-FET haben Drainströme bis 15 A und Drain-Source-Spannungen bis 500 V.

Wiederholungsfragen

1. Welche Eigenschaften haben IG-FET gegenüber PN-FET?
2. Warum werden in viele IG-FET Begrenzerdioden eindiffundiert?
3. Nennen Sie Vorsichtsmaßnahmen beim Einlöten von IG-FET, welche nicht mit Begrenzerdioden beschaltet sind!
4. Auf welche Weise wird bei Anreicherungs-IG-FET die Gate-Vorspannung erzeugt?

* SIP von **S**ilicium **p**olykristallin

PN-FET

Beim PN-FET (Sperrschicht-FET, Junction-FET, J-FET, **Bild 1**) befindet sich zwischen Gate und Kanal ein PN-Übergang (Junction). Je nach Dotierung unterscheidet man N-Kanal-PN-FET und P-Kanal-PN-FET. Am häufigsten sind die Typen mit N-Kanal, weil die Beweglichkeit der Elektronen größer ist als die der Löcher. Dadurch sind N-Kanal-FET für höhere Frequenzen geeignet als P-Kanal-FET. Die Gate-Zone ist jeweils vom entgegengesetzen Leitungstyp wie der Kanal, damit ein PN-Übergang entsteht.

Zwischen der Gate-Zone und dem Kanal bildet sich eine Sperrschicht. Wird das Gate so gepolt, daß diese in Sperrichtung betrieben wird, so verbreitert sich die Sperrschicht. Der wirksame Kanalquer-

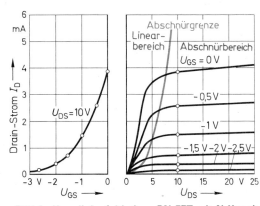

Bild 1: Kennlinienfeld eines PN-FET mit N-Kanal

schnitt wird um so kleiner, je höher die Gate-Kanal-Spannung ist. Dadurch läßt sich der Kanalstrom steuern. Bei Ansteuerung mit Wechselspannung ist eine Gate-Vorspannung erforderlich, welche die Gate-Source-Strecke sperrt. Beim PN-FET wird diese Vorspannung durch einen Source-Widerstand R_S erzeugt (Bild 2 Seite 201).

> Beim PN-FET darf die Vorspannung nicht umgepolt werden.

Der Reststrom der Gate-Kanal-Strecke entspricht dem Sperrstrom einer Diode. Er ist wegen der Eigenleitung stark temperaturabhängig. Er beträgt 0,1 pA bis 100 pA. Der Eingangswiderstand beträgt also bis etwa 10^{12} Ω.

Bei niedriger Drain-Source-Spannung U_{DS} nimmt der Strom I_D linear mit dieser Spannung zu, und zwar in Abhängigkeit von der Gate-Source-Spannung U_{GS} (Bild 1). Bei höherer Drain-Source-Spannung wird der Strompfad beim PN-FET mit N-Kanal zum Drain hin zunehmend positiv, das Gate also mehr negativ gegenüber dem Drain. Dadurch verbreitert sich die Sperrschicht weiter, so daß der Strom im Kanal fast „abgeschnürt" ist. Diese Abschnürgrenze hängt von der Gate-Source-Spannung ab (Bild 1). Bei einer Gate-Source-Spannung von etwa 30 V sowie bei Drain-Source-Spannungen von etwa 40 V bricht die Sperrschicht durch.

PN-FET laden sich statisch nicht auf, weil das Gate nicht so hochohmig vom Kanal isoliert ist. Dadurch ist ihre Verarbeitung einfacher. Als einzelne Bauelemente sind sie in der Nachrichtentechnik häufiger als IG-FET. Sie eignen sich aber weniger für IC, so daß dort IG-FET häufiger sind.

Eine Sonderform des PN-FET ist die *Strombegrenzungsdiode* **(Bild 2)**. Bei ihr ist im Inneren eine Verbindung zwischen Gate und Source hergestellt. Bei großer Stromstärke verengt die durch den Spannungsabfall im Kanal hervorgerufene Gate-Drainspannung den Kanal, so daß die Stromstärke auch bei zunehmender Drain-Source-Spannung stabilisiert wird. Allerdings tritt auch hier bei einer Drain-Source-Spannung von etwa 40 V ein Durchbruch der Sperrschicht auf (Bild 2).

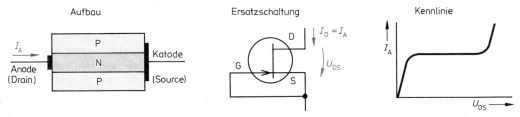

Bild 2: Strombegrenzungsdiode aus PN-FET

Wiederholungsfragen

1. Warum sind N-Kanal-PN-FET für höhere Frequenzen als P-Kanal-PN-FET geeignet?

2. Bei welchen Spannungshöhen bricht bei den PN-FET die Sperrschicht zwischen Gate und Kanal durch?

3. Welchen Vorteil haben PN-FET gegenüber IG-FET?

2.6.4 Besondere Transistoren

Fototransistoren

Beim Fototransistor gelangt über ein Lichtfenster oder eine optische Linse Licht in die Kollektor-Basis-Sperrschicht und erzeugt dort einen Fotostrom I_p, der im gleichen Verhältnis mit der Beleuchtungsstärke E_v steigt **(Bild 1)**. Er wirkt als Basisstrom.

> Der Kollektorstrom eines Fototransistors steigt mit der Beleuchtungsstärke.

Infolge ihres großen Stromverstärkungsfaktors besitzen Fototransistoren einen größeren *Fotokoeffizienten* (Fotoempfindlichkeit) als Fotodioden.

Grundsätzlich benötigen Fototransistoren keinen Basisanschluß (Bild 1), da sie durch Licht gesteuert werden. Meist wird der Basisanschluß jedoch herausgeführt, damit der Arbeitspunkt getrennt

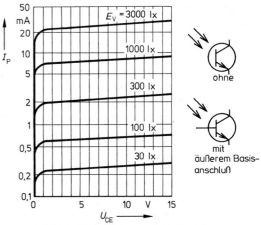

Bild 1: Kennlinie und Schaltzeichen eines Fototransistors

eingestellt und stabilisiert werden kann. Wegen der großen Kollektor-Basis-Kapazität haben Fototransistoren längere Schaltzeiten als Fotodioden und sind für einen Frequenzbereich bis etwa 250 kHz geeignet. Sie werden z. B. in Lichtschranken, Lochstreifenlesern und Lochkartenlesern und in Optokopplern eingesetzt.

Unijunction-Transistoren

Der Unijunction-Transistor* (UJT) hat nur einen einzigen PN-Übergang. Er hat einen Emitteranschluß und zwei Basisanschlüsse **(Bild 2)**, weshalb er auch als *Doppelbasis-Transistor* bezeichnet wird.

Der schwach dotierte N-Leiter hat einen großen Widerstand. Nach Anlegen von U_{BB} fließt fast kein Strom. Legt man zusätzlich U_{EB1} an, dann wird ab einer bestimmten Spannung, der Höckerspannung U_p, der PN-Übergang zwischen Emitter und Basis 1 leitend. Es fließt ein Emitterstrom, der den Kristall mit freien Ladungsträgern überschwemmt und einen sprunghaften Stromanstieg im N-Leiter bewirkt.

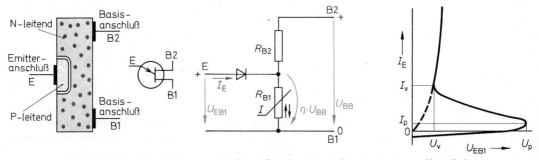

Bild 2: Unijunction-Transistor. Aufbau, Schaltzeichen, Ersatzschaltung, Kennlinie.

U_p hängt vom UJT-Typ und von der Spannung U_{BB} ab. Beim Unterschreiten der *Talspannung* sperrt der UJT wieder.

Der N-Leiter zwischen B1 und B2 stellt einen Spannungsteiler dar, der über den PN-Übergang zum Emitteranschluß führt. Die zum Durchschalten notwendige Spannung U_p muß um die Schleusenspannung U_s der Diode höher sein als die Spannung an R_{B1}.

η	inneres Spannungsteilerverhältnis
R_{B1}, R_{B2}	Übergangswiderstände vom jeweiligen Basisanschluß zum Emitter
U_p	Höckerspannung
U_s	Schleusenspannung des PN-Übergangs
U_{BB}	Spannung zwischen Basis 2 und Basis 1

$$\eta = \frac{R_{B1}}{R_{B1} + R_{B2}}$$

$$U_p = U_s + \eta \cdot U_{BB}$$

Diese Transistorart wird meist zum Zünden von Thyristoren und in Kippschaltungen verwendet.

* unijunction, Kunstwort aus uni- (engl.) = ein, einzig und junction (engl.) = Verbindung, Anschluß, hier: Übergang

2.6.5 Thyristoren

Thyristoren sind Bauelemente mit wenigstens vier aufeinander folgenden Halbleiterzonen wechselnder Leitungsart, z. B. PNPN.

Rückwärts sperrende Thyristortriode

Die rückwärts sperrende Thyristortriode, meist kurz *Thyristor** oder genauer *Einrichtungs-Thyristor* genannt, enthält eine Siliciumscheibe mit vier abwechselnd P-leitenden oder N-leitenden Zonen **(Bild 1)**. Derartige Thyristoren werden mit Nennsperrspannungen von 50 V bis 4500 V und Nennströmen von 0,4 A bis etwa 1000 A hergestellt **(Bild 2)**.

Die äußere P-Schicht ist die *Anode*, die äußere N-Schicht ist die *Katode*. Die innere P-Schicht ist meist das *Gate*. Außer diesem P-Gate-Thyristor kommt auch ein N-Gate-Thyristor vor. Bei ihm ist die innere N-Schicht das Gate.

> Der häufigste Thyristor ist ein PNPN-Halbleiter-Bauelement mit einem P-Gate.

Versuch 1: Schalten Sie einen Thyristor mit Anode und Katode in Reihe zu einer Glühlampe! Achten Sie darauf, daß Nennstrom und Nennsperrspannung des Thyristors nicht überschritten werden! Schließen Sie die Reihenschaltung an Ihren Versuchstransformator an, und erhöhen Sie die Wechselspannung allmählich bis zur Nennspannung der Lampe!
Die Glühlampe leuchtet nicht.

Beim Thyristor sind im Inneren drei Sperrschichten wirksam. Liegt zwischen Anode und Katode eine Spannung, so ist mindestens eine der Sperrschichten in Sperrichtung gepolt **(Bild 3)**.

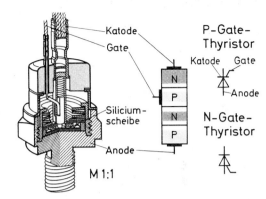

Bild 1: Einrichtungs-Thyristor mittlerer Größe (Nennstrom 50 A, Nennsperrspannung 750 V)

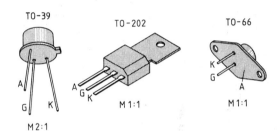

Bild 2: Verschiedene Bauformen von Einrichtungs-Thyristoren

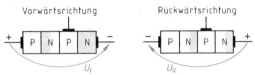

Bild 3: Vorwärtsrichtung und Rückwärtsrichtung beim Thyristor

Die Richtung der Spannung, bei der im Thyristor nur *ein* PN-Übergang in Sperrichtung geschaltet ist, nennt man *Vorwärtsrichtung* oder *Schaltrichtung*. Die Richtung, bei der zwei PN-Übergänge in Sperrichtung geschaltet sind, nennt man *Rückwärtsrichtung*.

Versuch 2: Wiederholen Sie Versuch 1, schließen Sie aber einen Gleichspannungserzeuger, z. B. eine Taschenlampenbatterie, mit dem Pluspol an das Gate und mit dem Minuspol über einen Stellwiderstand und einen Strommesser mit Milliamperebereich an die Katode an! Erhöhen Sie den Gatestrom, und achten Sie auf die Anzeige des Strommessers!
Schon bei einem schwachen Gatestrom (je nach Art des Thyristors 1 mA bis 100 mA) leuchtet die Glühlampe.

Der Gatestrom I_G überflutet den inneren P-Leiter so stark mit Ladungsträgern, daß die in der Mitte liegende Sperrschicht abgebaut wird. Die verbleibenden PN-Übergänge sind je nach Richtung der Anschlußspannung zwischen Anode und Katode beide in Vorwärtsrichtung oder in Rückwärtsrichtung geschaltet und wirken dann wie der PN-Übergang einer Halbleiterdiode **(Bild 1 Seite 206)**.

> Der Thyristor wirkt wie eine Diode, sobald ein Gatestrom fließt.

Thyristoren kann man deshalb als Gleichrichter und auch als kontaktlose Schalter verwenden. Ist durch den Steuerstrom die mittlere Sperrschicht abgebaut, so verhindern die Ladungsträger des Laststromes eine erneute Sperrung, auch wenn der Laststrom zurückgeht. Die Sperrschicht bildet sich erst wieder, wenn der Vorwärtsstrom (Durchlaßstrom) schwächer wird als der *Haltestrom* (Bild 1 Seite 206). So nennt man den kleinsten Vorwärtsstrom, bei dem der Thyristor noch im leitenden Zustand bleibt. Bei Betrieb mit

---

* Kunstwort aus **Thyra**tron und **Resistor** (Resistor = Widerstand);   ** Gate (engl., sprich: geht) = Tor

Wechselstrom wird am Ende jeder Halbperiode der Haltestrom unterschritten, so daß sich die Sperrschicht erneut bildet. Dadurch ist eine feinstufige Steuerung möglich (Schwingungspaketsteuerung, Phasenanschnittsteuerung).

Der Thyristor wird vom Gatestrom für den Durchlaß des Laststromes „gezündet". Bei Richtungsumkehr des Laststromes sperrt der Thyristor. Danach ist eine abermalige Zündung notwendig.

Der Aufbau der Sperrschicht nach Unterschreiten des Haltestromes benötigt einige Zeit. Während dieser Zeit muß der mittlere PN-Übergang von Ladungsträgern frei werden. Die *Freiwerdezeit*

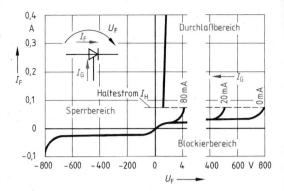

Bild 1: Kennlinie eines Thyristors

beträgt meist 100 µs bis 300 µs. Bei sogenannten schnellen Thyristoren kann sie kleiner sein als 5 µs. Dadurch sind die schnellen Thyristoren für Frequenzen bis etwa 100 kHz brauchbar, z. B. für die Horizontal-Ablenkung in Fernsehgeräten oder zum Aufbau von Generatoren mit großer Leistung für die induktive Erwärmung.

Legt man in Vorwärtsrichtung (zwischen Anode und Katode) vor dem Zünden eine Spannung an den Thyristor, so wird die Spannung während des Blockierens vom mittleren PN-Übergang aufgenommen. Während des *Spannungsanstiegs* fließt außer dem Sperrstrom noch der Ladestrom für die Sperrschichtkapazität. Dieser ist um so stärker, je schneller die Spannung ansteigt. Bei sehr schnellem Spannungsanstieg kann durch ihn der mittlere PN-Übergang so stark mit Ladungsträgern überflutet werden, daß der Thyristor zündet.

In Vorwärtsrichtung darf der Spannungsanstieg während des Blockierens nicht unzulässig schnell erfolgen.

Der Spannungsanstieg darf nur so schnell erfolgen, daß die *kritische Spannungssteilheit* du/dt des Thyristors nicht überschritten wird. Das ist der höchste Wert der Steilheit der Spannung in Vorwärtsrichtung, bei dem ein Thyristor ohne Gatestrom noch nicht vom gesperrten in den leitenden Zustand umschaltet. Die kritische Spannungssteilheit der Thyristoren liegt zwischen 50 V/µs und 1000 V/µs.

Auch der Stromanstieg darf bei Thyristoren nicht zu schnell erfolgen, z. B. beim Einschalten von Kondensatoren oder von Wirkwiderständen. Dann würden nämlich die Siliciumtabletten stellenweise überhitzt, weil sie im ersten Augenblick der Zündung noch nicht auf dem ganzen Querschnitt leiten. Die *kritische Stromsteilheit* di/dt eines Thyristors darf deshalb nicht überschritten werden. Sie liegt je nach Thyristortyp meist zwischen 100 A/µs und 1000 A/µs.

Die kritische Spannungssteilheit ist bei der Auswahl von Thyristoren für das Schalten von Gleichspannung sowie für Wechselspannung höherer Frequenz zu beachten, die kritische Stromsteilheit insbesondere für das Schalten von Kondensatoren und Wirkwiderständen mit großen Thyristoren. Werden Induktivitäten dem Thyristor vorgeschaltet oder nachgeschaltet, so werden Spannungsanstieg und Stromanstieg verlangsamt, so daß die kritischen Steilheiten nicht überschritten werden.

Bei Thyristoren dürfen die Anstiegsgeschwindigkeiten der Spannung und des Stromes nicht größer sein als die kritische Spannungssteilheit und die kritische Stromsteilheit.

Die in Rückwärtsrichtung sperrenden Thyristoren werden als steuerbare Gleichrichter, als Wechselrichter und als Stellglieder verwendet.

Zu den in Rückwärtsrichtung sperrenden Thyristoren gehört auch die Thyristortetrode. Diese hat ein P-Gate und ein N-Gate. Der Fotothyristor ist eine Thyristortetrode, die auch durch Licht gezündet werden kann.

Wiederholungsfragen

1. Was versteht man unter einem Thyristor?
2. Wie heißen die Anschlüsse einer rückwärts sperrenden Thyristortriode?
3. Welche beiden Richtungen sind beim Einrichtungs-Thyristor zu unterscheiden?
4. Warum kann ein Einrichtungs-Thyristor wie eine Diode wirken?

Abschaltthyristor

Schickt man nach dem Zünden eines Thyristors einen gegenüber dem Zünd-impuls umgekehrt gepolten Impuls über das Gate in den Thyristor, so wirkt der Gatestrom gegen den im Laststromkreis fließenden Strom. Dadurch könnte sich die Sperrschicht wieder bilden, wenn sich der Strom in der Siliciumtablette gleichmäßig über den ganzen Querschnitt verteilen würde. Das ist aber nicht der Fall. Es treten vielmehr beim Versuch einer derartigen Abschaltung in der Siliciumtablette in einigen Bereichen hohe Stromdichten auf, die zu einer Zerstörung des einfachen Einrichtungs-Thyristors führen.

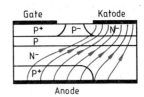

Bild 1: Stromverteilung beim Abschaltthyristor vor dem Löschen

> Gewöhnliche Einrichtungs-Thyristoren können durch einen umgekehrt gepolten Gatestrom nicht gelöscht werden.

Die Löschung durch einen geeignet gepolten Löschimpuls ist beim *Abschalt-thyristor (GTO-Thyristor*)* möglich. Dieser hat einen speziellen Schicht-aufbau **(Bild 1)**. Beim Abschalten wird der Strom durch den Gate-Lösch-impuls in einen dreischichtigen Bereich verdrängt, so daß sich der Abschalt-thyristor durch den Abschaltimpuls ähnlich wie ein bipolarer Transistor verhält, welcher keinen Basisstrom erhält, also sperrt **(Bild 2)**.

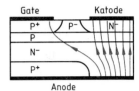

Bild 2: Stromverteilung beim Abschaltthyristor während des Löschens

Abschaltthyristoren werden mit Nennspannungen bis 2500 V und Nennströmen bis 1000 A hergestellt. Das Abschalten von thyristorgesteuerten Gleichstromkreisen wird mit derartigen Thyristoren einfach.

Triac

Zum Steuern von Wechselstrom kann man rückwärts sperrende Thyristortrioden in Gegenparallelschaltung verwenden. Dazu könnte man z. B. einen P-Gate-Thyristor und einen N-Gate-Thyristor nehmen. Rückt man den Aufbau beider Thyristoren zusammen **(Bild 3)**, so erhält man den Aufbau eines Halbleiterbau-elementes, welches das Verhalten der Gegenparallelschaltung hat, aber nur eine Steuerelektrode benötigt.

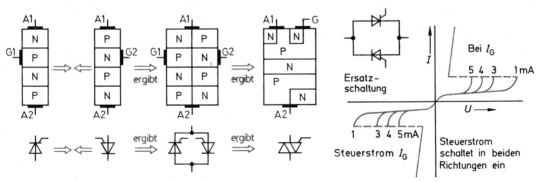

Bild 3: Entstehung des Aufbaus und des Schaltzeichens eines Triac

Bild 4: Kennlinie eines Triac

Ein beliebig gepolter Impuls zwischen Steuerelektrode und benachbarter Elektrode schaltet diesen Thyristor unabhängig von der Richtung der Spannung im Laststromkreis in den leitenden Zustand um **(Bild 4)**. Die in beiden Richtungen schaltbare (bidirektionale) Thyristortriode nennt man Zweirichtungs-Thyristor oder Triac**.

> Ein Triac kann mit Wechselstrom oder mit Gleichstrom in beiden Richtungen gezündet werden.

Die Zündung ist mit einer zwischen G und A1 (Bild 3) grundsätzlich beliebig gepolten Zündspannung in jeder Halbperiode möglich. Dabei sind vier Fälle, entsprechend den vier Quadranten eines Achsenkreuzes, zu unterscheiden:

---

* GTO von engl. Gate-Turn-Off = Gate-Abdrehen;

** Triac Kunstwort aus **Tri**ode = Bauelement mit drei Anschlüssen und **a**lternating **c**urrent (engl.) = Wechselstrom

1. Quadrant: Spannung von A2 nach A1 positiv, von G nach A1 positiv.

2. Quadrant: Spannung von A2 nach A1 positiv, von G nach A1 negativ.

3. Quadrant: Spannung von A2 nach A1 negativ, von G nach A1 negativ.

4. Quadrant: Spannung von A2 nach A1 negativ, von G nach A1 positiv.

Im 4. Quadranten dauert die Zündung am längsten, da der Zündstrom (von G nach A1) teilweise gegen den Betriebsstrom (von A1 nach A2) gerichtet ist. Dadurch erwärmt sich der Triac stärker. Eine positive Zündspannung U_{GA1} soll bei einer negativen Spannung von A2 nach A1 vermieden werden, da der Triac sonst zu warm wird. Es gibt aber Triac-Typen, die das Zünden in allen vier Quadranten aushalten.

Der Triac wird für Spannungen bis 1200 V und Ströme bis 120 A hergestellt. Er läßt sich als elektronisches Schütz und als Stellglied für Wechselstromverbraucher verwenden.

Thyristor-Tetrode

Die Thyristor-Tetrode ist eine Kombination von N-Gate-Thyristor und P-Gate-Thyristor **(Bild 1)**. Zwischen Katode und Anode ist katodenseitig das P-Gate G_K vorhanden, anodenseitig das N-Gate G_A. Die Thyristor-Tetrode wird entweder über das P-Gate G_K oder über das N-Gate G_A gezündet. Bei Zündung über das P-Gate muß die Gate-Katodenspannung U_{GKK} positiv sein, bei Zündung über das N-Gate muß U_{GAA} negativ sein. Das nicht zum Zünden benötigte Gate wird zur Stabilisierung der Schaltung durch einen hochohmigen Abschlußwiderstand R_{GAA} bzw. R_{GKK} mit der zugehörigen Hauptelektrode verbunden. Manche Thyristor-Tetroden können auch wie Vierschichtdioden durch Überschreiten der Spannung zwischen Anode und Katode gezündet werden, also ohne Zündstrom. Je größer der Abschlußwiderstand ist, desto kleiner werden Haltestrom und zum Zünden erforderliche Spannung zwischen Anode und Katode (Schaltspannung).

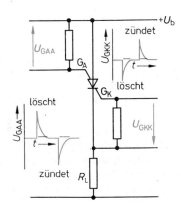

Bild 1: Löschen und Zünden bei der Thyristor-Tetrode

> Bei der Thyristor-Tetrode wird das nicht benötigte Gate über einen hochohmigen Widerstand mit der Hauptelektrode verbunden.

Bei der Thyristor-Tetrode kann über jedes Gate auch gelöscht werden. Zum Löschen ist im Thyristor eine umgekehrte Steuerstromrichtung erforderlich wie zum Zünden. Zur Löschung über das P-Gate muß die Gate-Katodenspannung U_{GKK} negativ sein. Zur Löschung über das N-Gate muß U_{GAA} positiv sein. Der erforderliche Löschstrom ist beim P-Gate anders als beim N-Gate. Außerdem hängt er vom Abschlußwiderstand und vom Laststrom ab **(Bild 2)**. Wie bei den anderen Thyristoren führt auch ein Unterschreiten des Haltestromes zum Löschen.

Das N-Gate der Thyristor-Tetrode kann anstelle der Anode selbst für den Hauptstromkreis verwendet werden, wenn die Anode über einen hochohmigen Widerstand mit dem N-Gate verbunden ist. Die Anode übernimmt hier die Aufgabe des Gate. Wird über dieses „Gate" ein Impuls gegeben, so wird der Thyristor mit einem schwächeren Löschstrom gelöscht, als es über das eigentliche Gate möglich wäre.

> Bei der Thyristor-Tetrode kann man Anode und Anodengate vertauschen.

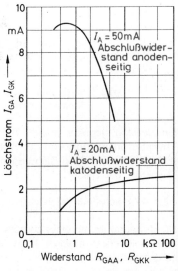

Bild 2: Löschstrom in Abhängigkeit vom Abschlußwiderstand

Der *Fotothyristor* ist eine Abart der Thyristor-Tetrode. Bei ihm fällt Licht bzw. Infrarotstrahlung über eine Linse in eine Sperrschicht und setzt dort Ladungsträger frei. Zum Zünden des Fotothyristors genügt schon ein Lichtimpuls von etwa 20 μs Dauer. Zusätzlich ist beim Fotothyristor Zündung oder Löschung über ein Gate wie bei den anderen Thyristor-Tetroden möglich.

Thyristor-Tetroden sind Kleinleistungs-Thyristoren. Sie werden für Spannungen bis etwa 200 V und Ströme bis 1 A hergestellt. Sie sind als schnelle Schalter geeignet.

Rückwärts leitender Thyristor

Diese Thyristortriode verhält sich wie ein Einrichtungs-Thyristor, zu dem eine Diode gegenparallel geschaltet ist. Dieser Thyristor wird in Schaltungen angewendet, bei denen eine derartige Diode erforderlich ist, z. B. bei manchen Umrichtern.

Thyristordioden

Thyristorarten ohne Steueranschluß nennt man meist nach der Zahl ihrer Schichten Vierschichtdioden **(Bild 1)** bzw. Fünfschichtdioden.

Die **Vierschichtdiode** (Shokley*-Diode) enthält ein Siliciumplättchen mit vier Schichten in der Reihenfolge PNPN ohne einen besonderen Steueranschluß. Sie verhält sich wie eine rückwärts sperrende Thyristortriode ohne Steuerstrom (Bild 1).

Die Vierschichtdiode „zündet", wenn in Vorwärtsrichtung die an ihr liegende Spannung größer wird als ihre Schaltspannung. Auch bei nachfolgender Verringerung der anliegenden Spannung bleibt die Vierschichtdiode leitend, so lange ihr Haltestrom

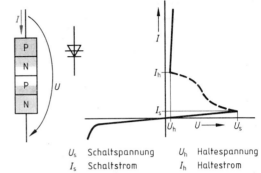

U_s Schaltspannung U_h Haltespannung
I_s Schaltstrom I_h Haltestrom

**Bild 1: Vierschichtdiode,
Schaltzeichen, Aufbau, Kennlinie**

nicht unterschritten wird. Die Vierschichtdiode kippt wieder in den gesperrten Zustand zurück, wenn der Haltestrom unterschritten wird.

Vierschichtdioden werden für Schaltspannungen von 20 V bis 200 V hergestellt und erfordern Halteströme von 1 mA bis 45 mA. Sie eignen sich als elektronische Schalter, insbesondere zum Triggern von Einrichtungs-Thyristoren.

Die **Fünfschichtdiode** enthält ein Siliciumplättchen mit fünf Schichten in der Reihenfolge PNPNP.

In jeder Spannungsrichtung sind zwei PN-Übergänge in Sperrichtung geschaltet. Dadurch erhält die Fünfschichtdiode in beiden Richtungen denselben Kennlinienverlauf wie die Vierschichtdiode in Vorwärtsrichtung. Unabhängig von der Richtung der angelegten Spannung schaltet deswegen die Fünfschichtdiode in den leitenden Zustand um, sobald die Spannung die erforderliche Höhe erreicht.

Die **Dreischichtdiode** (Diac**) enthält ein Siliciumplättchen mit drei Schichten in der Reihenfolge PNP **(Bild 2)**. Sie verhält sich wie eine Fünfschichtdiode, hat aber eine höhere Haltespannung. Die Schaltspannung beträgt etwa 25 V.

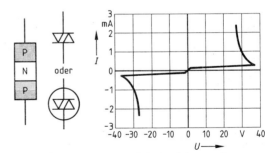

**Bild 2: Aufbau, Schaltzeichen und
Kennlinie einer Dreischichtdiode (Diac)**

Dreischichtdiode und Fünfschichtdiode sind in beiden Richtungen schaltbare (bidirektionale) Dioden. Sie werden vor allem zur Erzeugung von Spannungsimpulsen zum Zünden von Thyristoren bei Wechselspannungsbetrieb angewendet.

Wiederholungsfragen

1. Warum ist das Löschen mittels umgekehrt gepoltem Gateimpuls beim GTO-Thyristor möglich?
2. Was versteht man unter einem Triac?
3. Wie ist eine Thyristor-Tetrode aufgebaut?
4. Nennen Sie drei Triggerdioden für Einrichtungs-Thyristoren!
5. Wie hoch ist die Schaltspannung eines Diac etwa?

* Shokley, amerik. Wissenschaftler;
** Diac Kunstwort aus **Di**ode und **a**lternating **c**urrent (engl. = Wechselstrom)

2.6.6 Integrierte Schaltungen

Integrierte Schaltungen (IC*, IS**) sind Bausteine der Elektronik mit kleinen Abmessungen, in denen z. B. 100 passive oder aktive Schaltelemente untergebracht sind. Bei der Herstellung integrierter Schaltungen unterscheidet man Schichttechnik, Monolithtechnik und Hybridtechnik.

Schichtschaltungen

Bei Schichtschaltungen werden auf ein Trägerplättchen (Substrat***) aus Keramik oder Glas die verschiedenen Schichten für Widerstände und Kondensatoren aufgebracht. Man unterscheidet je nach dem angewendeten Verfahren *Dickschichttechnik* (Siebdrucktechnik) und *Dünnschichttechnik*.

Bei der **Dickschichttechnik (Bild 1)** werden auf das Substrat, z. B. aus Aluminiumoxid-Keramik, durch Siebdruck Pasten aufgebracht, die durch einen Einbrennprozeß ihre Festigkeit erlangen. Für Widerstände werden Pasten aus Metall-Legierungen, z. B. eine Mischung aus Silber-Palladium und Palladiumoxid, benutzt. Es lassen sich Widerstände zwischen 10 Ω und 5 MΩ herstellen, deren Toleranzen ohne Abgleich etwa $\pm 20\%$, mit Abgleich etwa 1% bis 2% betragen. Sie können bis 0,5 W/cm^2 belastet und bis 125 °C erhitzt werden. Kondensatoren werden z. B. mit Glaskeramik als Dielektrikum und Elektroden aus Silber hergestellt. Sie erreichen Kapazitäten von 30 pF/mm^2, jedoch nur eine geringe Güte. Als Leitungen und Kontakte werden Edelmetalle, z. B. Gold oder Silber-Palladium, verwendet.

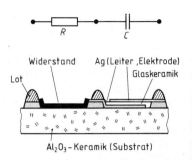

Bild 1: Dickschichtschaltung

Dickschichtschaltungen werden als Widerstands-Netzwerke und RC-Netzwerke verwendet, z. B. in der Datenverarbeitung als Abschlußwiderstände von Speichern und in Fernsprechanlagen als Dämpfungsglieder. Sie werden gegenüber monolithischen IC bei höheren Leistungen, höheren Frequenzen, geringeren Toleranzgrenzen, kleineren Stückzahlen und für kleinere Temperaturabhängigkeit verwendet.

Bei der **Dünnschichttechnik (Bild 2)** entstehen Widerstände, Kondensatoren und Leiterbahnen durch Aufdampfen oder Aufstäuben dünner Metall- und Metalloxidschichten auf das Substrat mittels Masken. Als Substrat wird Keramik, Glas oder Saphir verwendet. Beim Aufdampfen dienen Nickel-Chrom-Verbindungen als Widerstandswerkstoff und Siliciumoxid zur Isolierung. Beim Aufstäuben wird durch Masken Tantal auf das Substrat gestäubt, wo sich zusammen mit Stickstoff die Widerstandsschicht bildet. Als Isolierung und Dielektrikum dient Tantalpentoxid (Bild 2). Als Leitung und Kontaktierung wird Chrom, Nickel oder Gold verwendet.

Widerstände lassen sich bis etwa 1 MΩ mit einer Belastbarkeit von etwa 0,3 W/cm^2 herstellen. Sie können auf $\pm 0,5\%$ abgeglichen werden. Kapazitäten sind in Aufstäubetechnik mit Tantal bis 600 pF/mm^2 möglich.

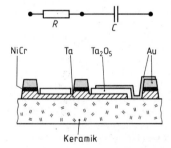

Bild 2: Dünnschichtschaltung

> Dünnschichtschaltungen in Tantaltechnik erlauben große, abgleichbare Widerstände und gepolte Kondensatoren großer Kapazität.

In Aufdampftechnik sind konstante Kapazitäten und hohe Güten möglich.

> Dünnschichtschaltungen sind bis in den Höchstfrequenzbereich als Widerstands-Netzwerke und RC-Netzwerke geeignet.

Monolithische Integrierte Schaltungen

Mit Hilfe der Planartechnik können auf einem einzigen Halbleiterplättchen (*Chip*[4*]) gleichzeitig aktive Bauelemente, z. B. bipolare Transistoren, und passive Bauelemente, z. B. Widerstände, aufgebaut werden.

---

* IC Abkürzung für **I**ntegrated **C**ircuit (engl.) = integrierter Schaltkreis;   ** IS Abkürzung für **I**ntegrierte **S**chaltung;
*** Substrat (lat.) = Unterlage, Grundlage, Träger;   [4*] Chip (engl.) = Marke, Kärtchen;

Diese Monolith-Technik* ermöglicht die Herstellung vollständiger Schaltungen mit z. B. mehreren hundert Bauelementen auf einem wenige mm² großen Siliciumplättchen als Substrat.

> In Monolith-Technik sind viele Bauelemente als vollständige Schaltung in ein einziges Siliciumplättchen eindiffundiert.

Alle Bauelemente müssen gegeneinander und gegenüber dem Träger isoliert sein, z. B. durch eine epitaxiale Sperrschichtisolation **(Bild 1)**. Durch eindiffundierte P-leitende Wände entsteht je Bauelement eine N-leitende Insel. Die PN-Übergänge der Trennwände wirken wie zwei gegeneinander geschaltete Dioden (Bild 1), von denen stets eine Diode sperrt und das Bauelement isoliert.

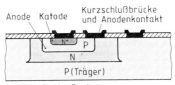

Bild 1: Isolierung der Bauelemente durch epitaxiale Sperrschichtisolierung

Die geforderten Transistoreigenschaften bestimmen die Art und Dauer der Diffusionsvorgänge. Dioden, Widerstände und Kondensatoren müssen ihre gewünschten Werte gleichzeitig mit der Diffusion der Transistoren erhalten. Damit die Bauelemente durch einen Metallfilm miteinander verbunden werden können, müssen alle Kontaktstellen auf dieselbe Oberfläche des Siliciumplättchens geführt werden.

Die für die Herstellung von IC nötigen Masken werden mit bis zu 1000facher Vergrößerung gezeichnet, fotografisch verkleinert, vervielfacht, nochmals verkleinert und auf eine Chrommaske umkopiert.

Bipolare und unipolare Transistoren sind in den IC ähnlich aufgebaut wie einzelne Planar-Transistoren, jedoch befinden sich alle Anschlüsse an derselben Oberfläche. Die stark dotierte N⁺-Schicht am Kollektoranschluß eines bipolaren Transistors **(Bild 2)** stellt einen kleinen Übergangswiderstand zwischen Kollektorschicht und Kollektoranschluß her. Zur Verringerung des Kollektor-Bahnwiderstandes wird in den P-leitenden Trägerwerkstoff eine N⁺-Schicht eindiffundiert, bevor man eine epitaxiale N-Schicht aufwachsen läßt. Dadurch und durch mehrere parallel geschaltete Kollektoranschlußstellen werden die Sättigungsspannungen niedrig gehalten.

In Monolith-Technik hergestellte IG-FET und PN-FET brauchen zwar weniger Platz und weniger Energie, schalten aber langsamer.

Dioden können als Emitter-Basis-Diode oder als Kollektor-Basis-Diode eines Transistorsystems aufgebaut sein, bei dem ein PN-Übergang kurzgeschlossen (Bild 2) oder nicht verwendet wird. Kollektor-Basis-Dioden haben höhere Sperrspannungen, Emitter-Basis-Dioden haben kürzere Schaltzeiten.

Widerstände können z. B. durch eine eingebettete P-leitende Bahn verwirklicht werden (Bild 2). Der Widerstand wird durch die Ladungsträgerkonzentration, die Diffusionstiefe, die Schichtbreite und die Schichtlänge bestimmt. Es lassen sich Widerstände zwischen 1 Ω und 50 kΩ mit etwa ± 10% herstellen. Da die Streuung zweier Widerstände auf demselben Plättchen jedoch nur etwa ± 1% beträgt, entwirft man integrierte Schaltungen so, daß ihre Eigenschaften von Widerstandsverhältnissen und nicht von Einzelwiderständen abhängig sind.

Kondensatoren werden mit einer Sperrschicht oder mit einer SiO₂-Schicht als Dielektrikum aufgebaut (Bild 2). Sperrschichtkondensatoren benötigen eine Vorspannung in Sperrichtung und wirken wie gepolte Kondensatoren, haben aber größere Kapazitäten als die polungsunabhängigen Metalloxidschicht-Kondensatoren. In Monolith-Technik sind Verstärker aber meist direkt gekoppelt.

Spulen werden in Monolith-Technik durch Reaktanzschaltungen**, welche ein induktives Verhalten haben, ersetzt.

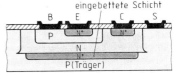

Emitter-Basis-Diode

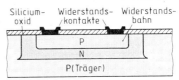

Transistor-Aufbau mit eingebetteter Schicht

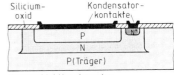

Widerstand

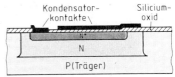

Sperrschichtkondensator

Metalloxidschicht-Kondensator

Bild 2: Bauelemente in Monolith-Technik

* Monolith (griech.) = Gegenstand aus einem Stein; ** Reaktanz (lat.) = Blindwiderstand

Diese integrierten Bauelemente werden durch aufgedampfte Verbindungsleitungen aus Aluminium oder Gold miteinander verbunden (**Bild 1**).

Monolithische IC sind klein, zuverlässig und haben einen kleinen Leistungsverbrauch. Die Grenzfrequenz kann bis zu einigen hundert MHz betragen, was Schaltzeiten von einigen ns entspricht. Als monolithische IC werden meist digitale Schaltungen mit vielen gleichartigen Einzelschaltungen hergestellt, z. B. Kippschaltungen, logische Verknüpfungsglieder, Zähler, digitale Speicher und auch vollständige Rechner. Je nach Schaltelementen spricht man z. B. von DTL (**D**ioden-**T**ransistor-**L**ogik), TTL (**T**ransistor-**T**ransistor-**L**ogik) und DTLZ (**D**ioden-**T**ransistor-**L**ogik mit **Z**-Diode). Die Betriebsspannungen liegen meist zwischen 3 V und 18 V, z. B. bei TTL-Technik 5 V und bei DTLZ-Technik meist 15 V. Schaltungen mit I^2L*-Technik werden mit Konstantstrom versorgt. Sie haben eine große Packungsdichte und kurze Schaltzeiten.

Analoge Schaltungen (lineare Schaltungen), z. B. Verstärker, Modulatoren, Demodulatoren, Decoder, Stabilisierungsschaltungen und Oszillatoren, werden oft als monolithische IC hergestellt.

Umfangreiche IC mit tausenden von Schaltelementen gibt es z. B. als LSI** oder VLSI***.

Hybridschaltungen

Hybridschaltungen[4*] sind Schichtschaltungen mit zusätzlich eingelöteten oder eingeschweißten Einzelbauelementen, wie z. B. Kondensatoren, Transistoren, oder ganzen monolithischen IC. Dadurch lassen sich die am besten geeigneten Bauelemente auf kleinstem Raum miteinander verbinden.

> Hybridschaltungen sind Schichtschaltungen mit zusätzlich eingebauten Einzelbauelementen und IC.

Hybridschaltungen sind auch bei kleinen Stückzahlen wirtschaftlich und ermöglichen Schaltungen mit speziellen Eigenschaften, z. B. hoher Betriebsspannung, großer Ausgangsleistung und kurzer Schaltzeit. Als Hybridschaltung werden z. B. Oszillatoren, aktive Filter und Digital-Analog-Umsetzer gebaut.

Wiederholungsfragen

1. **Welche Eigenschaften haben Dünnschichtschaltungen?**
2. **Welche Bauteile lassen sich in Monolithtechnik herstellen?**
3. **Was versteht man unter Hybridschaltungen?**

* I^2L = Abkürzung für Integrated Injection Logic (engl.)
   = zusammenfassende Einspritz-Logik;
** LSI = Abkürzung für **L**arge **S**cale **I**ntegration (engl.)
   = Zusammenfassung großen Maßstabes;
*** VLSI = Abkürzung für **V**ery **L**arge **S**cale **I**ntegration (engl.)
   = Zusammenfassung sehr großen Maßstabes;
4* Hybrid = Mischbildung

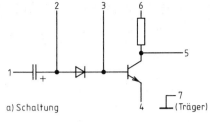

a) Schaltung

b) Oxidiertes Trägerplättchen

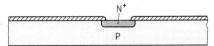

c) N+-Diffusion für den Transistor

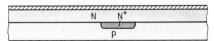

d) Wachstum einer Epitaxialschicht und Oxidation der Oberfläche

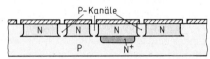

e) Isolationsdiffusion

f) P-Diffusion

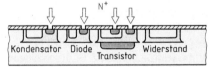

g) N+-Diffusion

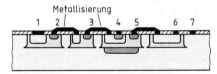

h) Metallisierung für die Kontakte und Zwischenverbindungen

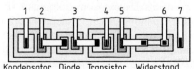

i) Draufsicht

Bild 1: Herstellungsschritte einer integrierten Schaltung in Monolith-Technik

2.6.7 Bezeichnung und Gehäuse von Halbleiterbauelementen

Für Standardtypen besteht die Typenbezeichnung aus zwei Buchstaben und drei Ziffern, für Industrietypen aus drei Buchstaben und zwei Ziffern (**Tabelle 1**).

Tabelle 1: Schlüssel für Bezeichnungen von Halbleiter-Einzelbauelementen

Erster Buchstabe (Halbleiterwerkstoff)	Zweiter Buchstabe (Art des Bauelements)		Dritter Buchstabe und Ziffern

A Germanium
B Silicium
C z. B. Galliumarsenid
D z. B. Indium-
    antimonid
R Polykristalliner
    Halbleiterwerkstoff,
    z. B. für fotoelektro-
    nische Bauelemente
	A Diode
	B Kapazitätsdiode
	C NF-Transistor
	D NF-Leistungstransistor*
	E Tunneldiode
	F HF-Transistor
	H Hall-Feldsonde
	K Hallgenerator im
	    magnetisch offenen Kreis
	L HF-Leistungstransistor*
	M Hallgenerator im magne-
	    tisch geschlossenen Kreis
		P Strahlungsempfind-
		    liches Bauelement
		Q Strahlungserzeugendes
		    Bauelement
		R Steuerbarer
		    Gleichrichter
		S Schalttransistor
		T Steuerbarer
		    Leistungsgleichrichter
		U Leistungs-
		    Schalttransistor*
		Y Leistungsdiode
		Z Z-Diode
			Die letzten Buchstaben des Alphabetes (Z, Y, X...) kennzeichnen die professionellen Typen (Industrietypen).
			
			Ziffern dienen der laufenden Kennzeichnung.

* Typen mit einem Wärmewiderstand $R_{thG} \leqq 15$ K/W			

Bei Z-Dioden werden zusätzlich weitere Buchstaben und Ziffern angehängt. Der erste Buchstabe davon kennzeichnet verschlüsselt die Toleranz der Zener-Spannung. Dabei bedeuten C ±5%, D ± 10% Toleranz. Den Wert der Zener-Spannung geben die folgenden Ziffern an. Das V zwischen den Ziffern ersetzt ein Komma, z. B. BZY 83/C 8V2.

Im amerikanischen Bezeichnungssystem wird die Zahl der Sperrschichten gekennzeichnet, z. B. Dioden, durch die Bezeichnung 1 N..., Transistoren, durch die Bezeichnung 2 N... Die nachfolgenden Ziffern dienen der laufenden Kennzeichnung. Außerdem gibt es japanische Bezeichnungssysteme.

Für integrierte Schaltungen sind die wichtigsten Bezeichnungsschlüssel der Pro-elektron-Schlüssel (**Tabelle 2**) und der amerikanische Schlüssel.

Tabelle 2: Pro-elektron-Bezeichnungsschlüssel für integrierte Schaltungen

	1. Buchstabe	2. Buchstabe	3. Buchstabe	Seriennummer

Einzelschaltung	S Digitale
	    Einzelschaltung
	T Analoge Schaltung
	U Gemischte Analog-/
	    Digitalschaltung
		Keine feste Bedeutung	neuer Schlüssel	

			Betriebstemperaturbereich: A nicht bestimmt B 0 bis 70 °C C −55 bis 125 °C D −25 bis 70 °C E −25 bis 85 °C F −40 bis 85 °C	4 Ziffern oder eine Serien- nummer einer bereits beste- henden Firmennummer für diesen Baustein
Schaltkreisfamilie	Die ersten zwei Buchstaben kennzeichnen die Schaltkreisfamilie. Deren Kenndaten, z. B. Betriebsspannung und Signalpegel, sind aufeinander abgestimmt.		alter Schlüssel	
			Funktion: H Kombinatorische Schaltung J Bistabile oder astabile Kippschaltung K Monostabile Kippschaltung L Pegelumsetzer Q Schreib-Lesespeicher R Festwertspeicher S Leseverstärker Y Verschiedene Schaltungen	Erste beiden Ziffern sind die Seriennummer. Dritte Ziffer gibt Betriebs- temperaturbereich an: 0 nicht bestimmt 1 0 bis 70 °C 2 −55 bis 125 °C 3 −10 bis 85 °C 4 15 bis 55 °C 5 −25 bis 70 °C 6 −40 bis 85 °C
Beispiel: TBC 0747 Analoge Schaltung (hier: Operationsverstärker) für −55 bis 125 °C Betriebstemperatur- bereich mit der Seriennummer 0747				

Im amerikanischen Bezeichnungssystem geben die ersten beiden Ziffern einer Seriennummer die Schaltkreisfamilie, die folgenden Ziffern den Baustein an. Davor kann die Herstellerfirma eine zusätzliche Kennzeichnung stellen, z. B. SN 7400, ein Baustein der TTL-Familie 74.. für den Betriebstemperaturbereich 0-70 °C. 00 kennzeichnet den Baustein, hier: 4fach NAND mit je zwei Eingängen.

Die wichtigsten Gehäuseformen für Transistoren (**Tabelle 1**) sind genormt, jedoch nicht die Reihenfolge der Anschlüsse für Emitter, Basis und Kollektor. Diese muß im Datenblatt nachgesehen werden.

Tabelle 1: Gehäuseformen für Transistoren (Auswahl)

Kleinsignaltransistoren, FET	Leistungstransistoren, Darlingtontransistoren	HF-Transistoren

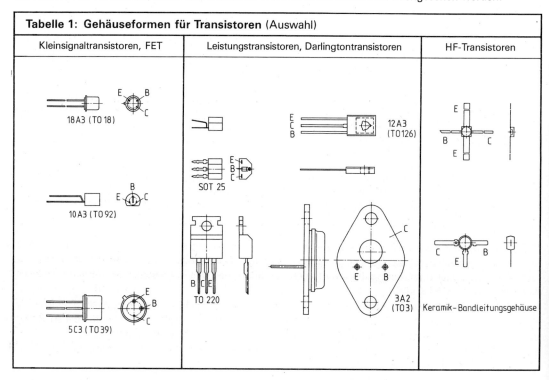

Bei Leistungstransistoren sind zur besseren Wärmeableitung die Kollektoren meist auf den Metall-Gehäuseboden gelötet. Diese Transistoren müssen deshalb auf ein eigenes, isoliert befestigtes Kühlblech oder über Glimmerscheiben isoliert auf ein gemeinsames Kühlblech geschraubt werden.

Bei Leistungstransistoren liegt der Kollektor meist am Gehäuse.

Für integrierte Schaltungen werden meist Dual-in-line-Gehäuse (DIL) mit z. B. 14, 16, 24, 40 oder 64 Anschlüssen, Flat-pack-Gehäuse und Miniaturgehäuse aus Kunststoff sowie aus Metall TO-Gehäuse mit 8, 10 oder 12 Anschlüssen (**Bild 1**) verwendet.

TO-Gehäuse

Flat-pack-Gehäuse

Dual-in-line-Gehäuse (DIL)

Bild 1: Gehäuse integrierter Schaltungen

Behandeln von Halbleiterbauelementen

Die Anschlußbeine dürfen nicht scharfkantig gebogen werden. Wiederholtes Biegen ist zu vermeiden. Bei der Montage von Halbleiterbauelementen, besonders wenn Kühlkörper verwendet werden, ist die Lage zu wählen, welche die bessere Kühlung gewährleistet. Die Lötzeit soll möglichst kurz sein. Bei 5 mm langen Anschlußdrähten soll diese bei Kolbenlötung mit $\vartheta \geq 245\,°C$ höchstens 10 s, bei Tauch- und Schwallbadlötung mit $\vartheta \geq 245\,°C$ höchstens 5 s betragen. Außerdem soll nur mit einem vom Netz galvanisch getrennten Lötkolben gearbeitet werden.

Werden Durchlaßwiderstand und Sperrwiderstand eines Halbleiterbauelements mittels eines Widerstandsmessers überprüft, so ist ein Schutzwiderstand vorzuschalten, da das Bauelement sonst in Durchlaßrichtung zerstört werden kann.

2.7 Strom im Vakuum und in der Gasstrecke

2.7.1 Elektronenröhren

Elektronenröhren bestehen aus einem luftleeren Kolben und mehreren Elektroden. Aus einer geheizten Elektrode, der Katode, treten Elektronen aus der Katodenoberfläche aus. Infolge dieser *Glühemission**, auch *thermische Elektronenemission* genannt, bildet sich vor der Katode eine negative Raumladungswolke **(Bild 1)**. Die wirksame Katodenschicht, z. B. Barium-Strontium-Oxid, ist meist auf ein Nickelröhrchen aufgetragen. Die Elektronenemission nimmt mit der Temperatur der Katode zu.

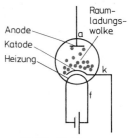

Bild 1: Elektronenemission in einer Diode

Eine Anode, meist aus Blech, fängt die emittierten Elektronen auf. Zwischen Anode und Katode wird eine Gleichspannung, die Anodenspannung, mit dem positiven Pol an die Anode gelegt. Die Elektronen der Raumladungswolke werden dadurch von der Anode angesaugt. Durch das Vakuum fließt ein Elektronenstrom von der Katode zur Anode. Bei umgekehrter Polung fließt kein Anodenstrom.

> Eine geheizte Elektronenröhre ist stromführend, wenn die Anode positiv ist gegenüber der Katode.

Eine Elektronenröhre, die nur eine geheizte Katode und eine Anode als Elektrode besitzt, wird *Diode*** genannt.

Triode und Pentode

Die *Triode**** hat drei Elektroden. Zwischen Katode und Anode befindet sich ein Steuergitter (g_1). Die *Pentode* hat zusätzlich ein Schirmgitter und ein Bremsgitter. Durch Verändern der Steuergitterspannung U_{g1} zwischen Steuergitter und Katode wird der Anodenstrom der Triode bzw. der Pentode gesteuert. Dabei erreicht man durch eine kleine Änderung der Steuergitterspannung eine große Änderung des Anodenstromes. Macht man das Steuergitter negativ gegenüber der Katode, so werden Elektronen von der negativen Ladung des Steuergitters zurückgestoßen. Mit zunehmender negativer Steuergitterspannung wird der Anodenstrom kleiner. Die negative Gitterspannung verhindert, daß Elektronen über das Steuergitter abfließen. Die Steuerung des Anodenstroms erfolgt somit leistungslos.

> Bei der Triode und der Pentode steuert die Steuergitterspannung den Anodenstrom. Eine negative Spannung am Steuergitter bewirkt eine leistungslose Steuerung.

Oszilloskopröhren

Zur Umwandlung elektrischer Signale in entsprechende sichtbare Graphen und Bilder verwendet man *Elektronenstrahlröhren*. Darin wird ein Elektronenstrahl erzeugt, der von einer *Elektronenoptik* gebündelt und von einem *Ablenksystem* zum Leuchtschirm abgelenkt wird **(Bild 2)**. Mit einer Oszilloskopröhre wird die gegenseitige Abhängigkeit zweier Größen dargestellt. Meist handelt es sich dabei um zeitabhängige Größen.

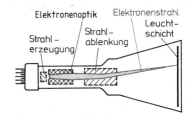

Bild 2: Aufbau einer Elektronenstrahlröhre

Elektronenoptik. Im luftleeren Röhrenkolben sendet eine geheizte Katode Elektronen aus, die zur Anode hin beschleunigt werden. Die zylinderförmige Anode hat eine kleine Öffnung und wirkt als Lochblende. Ein großer Teil der beschleunigten Elektronen gelangt durch das Loch der Anode auf den Leuchtschirm und regt die Schicht an dieser Stelle zum Leuchten an. Diesen Vorgang bezeichnet man als *Fluoreszenz[4*]*. Eine so angeregte Leuchtstelle leuchtet noch nach, was *Phosphoreszenz* genannt wird. Die Helligkeit des Leuchtflecks hängt von der Geschwindigkeit und der Dichte der auftreffenden Elektronen ab. Sie kann durch eine negative Steuergitterspannung beeinflußt werden.

---

* emissio (lat.) = herausschicken, entsenden;
** Diode = Kunstwort aus **Di**-Elektrode; di (griech. Vorsilbe) = zwei, doppelt;
*** Triode = Kunstwort aus **Tri**-Elektrode; tri (griech. Vorsilbe) = drei;
[4*] Fluoreszenz = Aufleuchten von Stoffen durch Bestrahlung mit Elektronen oder Licht

Auf die Steuerelektrode folgt in kleinem Abstand meist eine Beschleunigungselektrode, an welche eine gegen die Katode positive, konstante Spannung von einigen hundert bis 1000 Volt angelegt wird. Dadurch werden die Elektronen zum Leuchtschirm hin beschleunigt. Eine weitere Beschleunigung erfolgt durch eine nachfolgende Anode oder eine *Nachbeschleunigungselektrode*. Die Anode kann in zwei zylinderförmige Elektroden aufgeteilt sein und an einer positiven Spannung von mehreren tausend Volt liegen. Ein leitender Innenbelag (Graphit) des Röhrenkolbens ist mit der Anode verbunden **(Bild 1)**, die meist an Masse gelegt wird. Die Nachbeschleunigungselektrode erhöht die Helligkeit.

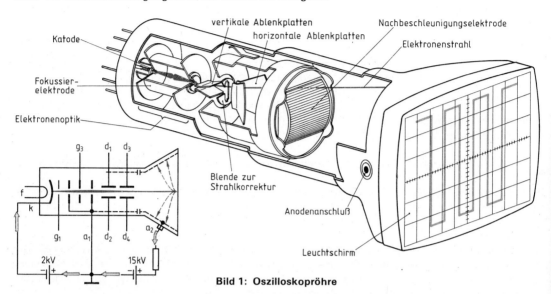

Bild 1: Oszilloskopröhre

Infolge der hohen Geschwindigkeit fließen kaum Elektronen über den Anodenzylinder ab, sondern sie gelangen als Elektronenstrahl weiter zum Leuchtschirm. Dort schlagen sie aus Atomen der Leuchtschicht Elektronen heraus, die *Sekundärelektronen* (Bild 1). Die Elektronen werden danach vom Graphitbelag der Röhre angezogen. Der Anodenstromkreis ist geschlossen.

Innerhalb des Elektronenstrahls stoßen sich die negativen Elektronen gegenseitig ab, so daß der Strahl auseinander laufen würde. Das Zusammenführen des Strahlenbündels in einen Punkt auf dem Leuchtschirm bezeichnet man als *Fokussierung**. Elektronenstrahlen können mittels elektrischer oder magnetischer Felder, die man als elektrische Linsen bezeichnet, fokussiert werden. Die Bündelung durch elektrische Felder (*elektrostatische Fokussierung*) erfolgt zwischen Elektroden, die gegeneinander eine Spannung aufweisen und wird durch eine Spannungsänderung an der Fokussierelektrode eingestellt. Elektrostatische Fokussierung wird in Oszilloskopröhren angewendet.

> Elektrische und magnetische Felder wirken auf einen Elektronenstrahl als elektrische Linsen und können den Strahl bündeln.

Strahlablenkung. Damit auf dem Bildschirm nicht nur ein Leuchtfleck sondern ein Bild entsteht, wird der Elektronenstrahl durch elektrische Felder oder durch magnetische Felder abgelenkt. In Oszilloskopröhren wird die *elektrostatische Strahlablenkung* **(Bild 2)** angewendet. Dabei durchläuft der Elektronenstrahl das elektrische Feld zwischen zwei Metallplatten und wird von der negativen Platte abgestoßen und von der positiven Platte angezogen. Die Ablenkung hängt von der an den Platten liegenden Spannung ab und erfolgt fast leistungslos und trägheitslos. Durch zwei hintereinander, senkrecht zueinander stehende Plattenpaare kann der Strahl sowohl in horizontaler**

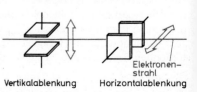

Vertikalablenkung   Horizontalablenkung

* focus (lat.) = Brennpunkt;   ** horizontal (griech.-lat.) = waagrecht

Bild 2: Elektrostatische Ablenkung

als auch in vertikaler* Richtung und damit auf jeden beliebigen Punkt des Bildschirms abgelenkt werden. Der *Ablenkkoeffizient* sinkt mit steigender Anodenspannung. Er wird in cm/V oder div/V** angegeben.

> Elektrostatische Strahlablenkung erfolgt durch eine Spannung an den Ablenkplatten. Sie erlaubt hohe Ablenkfrequenzen.

Bei magnetischer Strahlablenkung durchläuft der Elektronenstrahl die senkrecht zueinander stehenden Magnetfelder von zwei Spulenpaaren. Die Ablenkung ist vom Spulenstrom abhängig und erfordert Leistung. Sie ermöglicht große Ablenkwinkel und wird vorwiegend für Fernsehbildröhren, Bildröhren in Datensichtgeräten (Monitore) und Radarbildröhren verwendet.

Leuchtschirm. Als *Leuchtstoffe* dienen Oxide, Sulfide oder Silikate von Zink oder Cadmium, die durch einen kleinen Zusatz von Gold, Silber, Kupfer oder Mangan aktiviert wurden. Je nach Zusammensetzung des Leuchtstoffes sind Farbe und Nachleuchtdauer ($0{,}1\,\mu s$ bis mehrere Sekunden) des Leuchtpunktes verschieden. Meist werden grün leuchtende Schirme verwendet, weil das menschliche Auge für diese Farbe am empfindlichsten ist.

Zum gleichzeitigen Schreiben zweier periodischer Vorgänge dienen *Zweistrahlröhren*. Zwei Strahlerzeugungssysteme und zwei Ablenksysteme ermöglichen die getrennte, voneinander unabhängige Aussteuerung.

*Split-beam-Röhren**** **(Bild 1)** haben ein gemeinsames Strahlerzeugungssystem (Katode, Steuergitter und Elektronenoptik). Nach der Fokussierelektrode wird der Strahl durch eine Blende in zwei Strahlen aufgespalten (Bild 1) und danach durch zwei getrennte elektrostatische Ablenksysteme ausgelenkt.

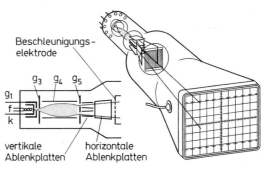

Bild 1: Split-beam-Röhre

Sichtspeicherröhren

Sichtspeicherröhren können Oszillogramme über längere Zeit speichern. Damit lassen sich auch einmalige Signalvorgänge auswerten. Die Speicherzeit kann mehrere Stunden betragen.

Die Speicherschicht einer *Netzspeicherröhre* besteht aus vielen, sehr gut gegeneinander isolierten Elementen. Trifft ein Elektronenstrahl auf die Oberfläche eines solchen Speicherelements, so werden aus dieser Elektronen herausgeschlagen **(Bild 2)**. Die Zahl der emittierten Sekundärelektronen hängt von der Geschwindigkeit der auftreffenden Primärelektronen und damit von der Beschleunigungsspannung ab. Je nach Energie der Primärelektronen werden die Speicherelemente negativ oder positiv aufgeladen. Das Kollektorgitter g_7, das an einer positiven Spannung liegt, fängt die Sekundärelektronen auf.

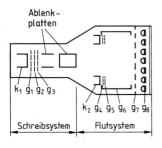
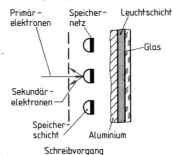
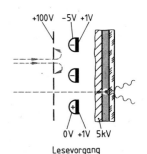

Bild 2: Netzspeicherröhre

Vor dem Beschreiben wird das gesamte Speichernetz g_8 negativ aufgeladen, so daß beim Schreibvorgang ein positives Ladungsbild in die Speicherschicht geschrieben wird. Beim Lesevorgang wird das Ladungsbild des Speichernetzes mittels eines Flutsystems (Bild 2) auf den Leuchtschirm übertragen. Speicherelemente, welche positiv aufgeladen sind, lassen die Elektronen passieren, negativ geladene Speicherelemente stoßen die Elektronen zurück. Die Helligkeit ist veränderbar.

---

* vertikal (lat.) = senkrecht; ** div von division (engl.) = Teilung; *** split-beam (engl.) = geteilter Strahl

Leuchtschirmspeicherröhren haben als Speicherelemente ein Mosaik von SiO_2-Zäpfchen. Ihre Betriebsspannungen sind kleiner, und es werden längere Speicherzeiten erreicht.

Magnetron

In einem luftleeren Kolben ist kreisförmig um die Katode der Anodenkörper angeordnet **(Bild 1)**. Mit einer Anodenspannung von einigen kV werden die emittierten Elektronen zur Anode beschleunigt. Infolge eines Dauermagneten **(Bild 2)** besteht senkrecht zur Anoden-Katodenstrecke ein konstantes Magnetfeld, wodurch die Elektronen auf eine kreisförmige Umlaufbahn abgelenkt werden.

Die Anode ist mit Hohlraumresonatoren versehen, die als Schwingkreise wirken. Zwischen zwei Anodenstegen entsteht so ein elektromagnetisches Wechselfeld. Durch Überlagerung der elektrischen und der magnetischen Felder werden nacheinander Verzögerung und Beschleunigung der Elektronen erreicht. Dadurch laufen die Elektronen bündelweise um (Dichtemodulation).

Gelangen Elektronen in dem Augenblick durch das Wechselfeld zwischen zwei Stegen, in welchem die Polarität des Feldes die Geschwindigkeit der Elektronen abbremst, so geben sie Energie an das Wechselfeld ab. Werden die Elektronen beschleunigt, so entziehen sie dem Wechselfeld Energie. Elektronen, die sich nicht phasenrichtig am Wechselfeld des Spalts vorbeibewegen, erreichen nach weiteren Umläufen die richtige Phasenlage. Die Mitkopplung ist so stark, daß Magnetrons als

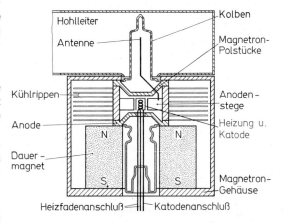

Bild 1: Magnetron

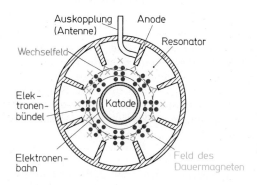

Bild 2: Vereinfachte Darstellung eines Magnetrons

Oszillatoren arbeiten. Die Frequenz des Wechselfeldes hängt von den Abmessungen der Hohlraumresonatoren ab.

Die so erzeugten Mikrowellen werden über eine Drahtschleife (Antenne) ausgekoppelt und in einen Hohlleiter abgestrahlt. Die im Magnetron entstehende Wärme wird z. B. über Kühlrippen abgeleitet (Bild 1).

> Magnetrons werden als HF-Generatoren verwendet.

Magnetrons dienen als Senderöhren in Radaranlagen, in Geräten für Kurzwellenbestrahlung und in Mikrowellenherden. In Mikrowellenherden werden Lebensmittel mit HF von 2,45 GHz ($\lambda = 12,2$ cm) erwärmt. Dabei werden die Mikrowellen von Nahrungsmitteln und Wasser absobiert; ihre Energie wird in Wärme umgesetzt. Von Metallen und glatten Oberflächen werden Mikrowellen dagegen reflektiert. Luft, Glas, Porzellan, Keramik und Kunststoffe lassen diese Wellen ungehindert durch. Die HF-Leistung der verwendeten Magnetrons beträgt etwa 600 W, die Anodenspannung etwa 4 kV. Der Wirkungsgrad liegt bei 50%.

> Mikrowellen erwärmen Nahrungsmittel und Wasser.

Wiederholungsfragen

1. Warum müssen die Katoden von Elektronenröhren geheizt werden?

2. Wodurch wird der Anodenstrom einer Triode gesteuert?

3. Welche Aufgabe hat eine Elektronenoptik?

4. Wodurch wird der Elektronenstrahl einer Elektronenstrahlröhre gebündelt?

5. Wie wird der Elektronenstrahl in Oszilloskopröhren abgelenkt?

6. Wozu dienen Sichtspeicherröhren?

2.7.2 Gasentladungsröhren

Allgemeines

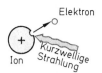

Bild 1: Ionisation

Gase sind bei Raumtemperatur und kleiner Feldstärke Nichtleiter. Um eine elektrische Leitfähigkeit zu erhalten, müssen die Gasatome ionisiert werden. Dabei entstehen hauptsächlich positive Ionen. Die Ionisation erfordert Energie in Form von Wärme, kurzwelliger Strahlung **(Bild 1)**, elektrischen Feldern oder Stoßenergie. Ein ionisiertes Gas nennt man *Plasma*.

Durch Zufuhr von Energie können Gase ionisiert werden.

Die bei der Stromleitung in Gasen auftretenden Erscheinungen bezeichnet man als *Gasentladung*.

Versuch 1: Verbinden Sie einen Pol des Hochspannungsgenerators mit einer Metallspitze, und erden Sie den anderen Pol!

Bei einer Spannung von einigen kV hört man ein Knistern. An der Spitze ist im Dunkeln eine Leuchterscheinung zu sehen.

Durch hohe elektrische Feldstärken entstehen um Spitzen und Kanten Glimm- und Sprühentladungen, die man *Koronaentladungen** nennt. Sie treten bei Gewittern z. B. an Antennenspitzen, Schiffsmasten und Eispickeln auf. Bei Zeilentransformatoren in Fernsehgeräten sind sie als Knistern und Prasseln hörbar.

Bei Empfangsantennen verhindert man Störungen durch Koronaentladungen, indem man auf die Antennenspitze eine Metallkugel (Prasselschutzkugel) setzt.

Bei *unselbständiger Entladung* wird ein Gas nur leitend solange Energie zugeführt wird, z. B. durch eine kurzwellige Bestrahlung. Sie wird bei Ionisationskammern und Geiger-Müller-Zählrohren ausgenutzt, die beide zur Messung kosmischer und atomarer Strahlung dienen.

Versuch 2: Steigern Sie die Spannung an einer Glimmlampe mit getrenntem Vorwiderstand von 0 V auf 200 V Gleichspannung **(Bild 2)**!

Bei 100 V bis 120 V fließt plötzlich Strom, gleichzeitig leuchtet die Glimmlampe. Die Spannung an der Lampe geht dabei auf 60 V bis 80 V zurück und bleibt trotz Steigerung der Gesamtspannung auf diesem Wert.

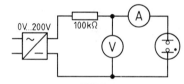

Bild 2: Versuchsschaltung mit Glimmlampe

Bleibt ein Gas leitend, ohne daß von außen ständig Wärme oder Strahlungsenergie zugeführt wird, so liegt eine *selbständige Gasentladung* vor. Eine solche Entladung tritt bei der Glimmlampe auf.

Eine Glimmlampe besteht aus einem Glaskolben mit zwei Elektroden, der mit Edelgas von geringem Druck gefüllt ist. Durch Licht, kosmische Höhenstrahlung und natürliche Radioaktivität sind ständig einige der Gasatome ionisiert. Legt man eine Spannung an die beiden Elektroden, so werden die positiven Ionen zur Katode und die Elektronen zur Anode hin beschleunigt. Wenn die Spannung hoch genug und der Gasdruck niedrig ist, dann wird die Geschwindigkeit und damit die Bewegungsenergie der Ladungsträger so groß, daß beim Zusammenstoß mit einem Gasatom ein Elektron oder mehrere aus dem Atom herausgeschlagen werden. Diesen Vorgang nennt man *Stoßionisation* **(Bild 3)**. Die neu entstandenen Ladungsträger werden beschleunigt und ionisieren ihrerseits wieder Gasatome, so daß in kurzer Zeit

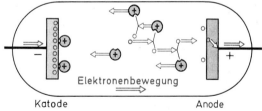

Bild 3: Stoßionisation

die Zahl der Ionen und Elektronen *lawinenartig* zunimmt. Die unselbständige Gasentladung geht in eine selbständige Gasentladung über. Der Strom muß begrenzt werden.

Die Elektronen werden von der Anode aufgenommen. Die Ionen gelangen zur Katode und werden dort durch Aufnahme von Elektronen wieder zu neutralen Atomen. Die Zeit, die zur Erzeugung der Ladungsträger benötigt wird, nennt man *Ionisierungszeit*. Sie beträgt etwa 10 µs bis 100 µs.

Bei jeder selbständigen Gasentladung ist eine Strombegrenzung durch einen Widerstand erforderlich.

Haben die aufprallenden Ladungsträger nicht genügend Energie, so können sie keine Elektronen aus den Atomen herausschlagen. Die Atome werden nur *angeregt*. Die Elektronen der äußersten Schale werden

* Corona (lat.) = Kranz, Krone

zwar ein Stück vom Atomkern entfernt, fallen aber dann wieder in ihre alte Bahn zurück. Dabei wird die aufgenommene Energie in Form eines kleinen Lichtblitzes frei. Dies geschieht bei einer großen Anzahl von Atomen. Es entsteht das *Glimmlicht*.

Nach dem Zünden der Glimmentladung geht die Spannung auf die *Brennspannung* zurück (**Bild 1**). Erhöht man die Stromstärke, so nimmt der Spannungsabfall an der Gasentladungsröhre kaum zu. Sie wirkt spannungsstabilisierend.

> Eine selbständige Gasentladung kann nur durch Unterschreiten der Brennspannung wieder gelöscht werden.

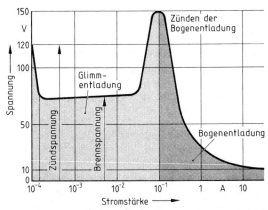

Bild 1: Spannungs-Stromkennlinie der Gasentladung

Wird eine zu große Spannung angelegt oder der Strom nicht genügend begrenzt, so entsteht aus der Glimmentladung eine Bogenentladung, und das Bauelement kann zerstört werden.

Glimmdioden

Glimmdioden haben eine Katode und eine Anode und sind mit Edelgas, z. B. Argon, gefüllt.

Glimmlampen dienen als Signal- und Anzeigelampen. Sie werden mit und ohne eingebauten Vorwiderstand hergestellt.

Ziffernanzeigeröhren sind eine Sonderform von Glimmlampen. Sie enthalten zehn Katoden in Form der Ziffern 0 bis 9 und eine gemeinsame Anode. Legt man Gleichspannung zwischen die Anode und eine der Katoden, so leuchtet die entsprechende Ziffer auf.

Planare Gasentladungsanzeigen (Bild 2) bestehen aus zwei Glasplatten mit geringem Abstand, zwischen denen sich die Gasfüllung befindet. Auf der hinteren Platte sind streifenförmige Katoden in 7-Segment-Anordnung oder 14-Segment-Anordnung aufgebracht. Die Anode ist als durchsichtiger, elektrisch leitender Belag auf das Deckglas aufgedampft. Um eine sichere Zündung bei kurzer Schaltzeit zu erreichen, sorgt eine ständig gezündete Hilfskatoden-Anodenstrecke für eine ausreichende Zahl von Ionen. Dadurch erreicht man Einschaltzeiten von 20 µs. Die Schaltspannung beträgt bei Verwendung einer Vorspannung nur etwa 30 V. Über jedes Segment fließen etwa 0,1 mA.

Glimmtrioden

Glimmtrioden (Relaisröhren) haben außer der Katode und der Anode nahe der Katode noch eine Zündelektrode (**Bild 3**). Über die Zündelektrode wird die Stoßionisation eingeleitet, die sich sofort auf die Anoden-Katodenstrecke ausweitet. Mit einem Zündstrom von einigen µA kann man Anodenströme bis etwa 40 mA auslösen. Die Hauptentladung wird nach erfolgter Zündung durch die Zündelektrode nicht mehr beeinflußt. Sie muß durch Unterbrechung des Anodenstromes gelöscht werden.

Relaisröhren werden meist als außengesteuerte Glimmtriode verwendet, z. B. als selbstanzeigender elektronischer Taster für elektronische Steuerungen in Aufzügen. Durch Berühren der aufgedampften Stirnfläche, die mit der Zündelektrode verbunden ist (Bild 3), zündet die Röhre. Das Glimmlicht dient gleichzeitig zur Anzeige des Betriebszustandes.

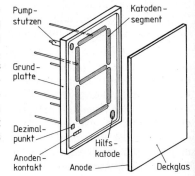

Bild 2:
Planare Gasentladungsanzeige

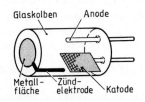

Bild 3:
Außengesteuerte Glimmtriode

Thyratronröhren

Das Thyratron ist eine meist mit Wasserstoff gefüllte Röhre mit einem oder zwei Gittern. Die Katode wird geheizt. Die Röhre arbeitet im Bereich der Bogenentladung bei einer Brennspannung von 8 V bis 12 V. Die Zündspannung der Röhre kann über das Steuergitter beeinflußt werden. Dadurch ist bei Wechselspannungsbetrieb eine Phasenanschnittsteuerung bzw. ein Impulsbetrieb möglich. Thyratrons werden bei großen Stromstärken bis kurzzeitig 60 kA und hohen Spannungen bis 150 kV eingesetzt. Wichtige Anwendungsgebiete sind die HF-Leistungselektronik, insbesondere die Radartechnik, und Stoßstromanlagen zur Formgebung von Blechteilen durch starke magnetische Felder.

Blitzröhren

Blitzröhren **(Bild 1)** dienen zur Erzeugung eines kurzen, sehr hellen Lichtblitzes. Sie werden in Fotoblitzgeräten und in Stroboskopen verwendet.

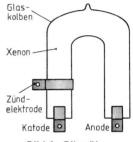

Die Blitzröhren sind mit Xenongas gefüllte Trioden. Xenon hat von allen Edelgasen die größte Lichtausbeute und gibt ein tageslichtähnliches Licht ab. Der Lichtblitz entsteht durch eine kurzzeitige Bogenentladung, bei der ein Strom von über 100 A fließt. Die Zündelektrode ist außen um das Entladungsrohr gewickelt.

Hochspannungsblitzröhren (1000 V bis 4000 V) haben bei gleicher Leistung eine kürzere Blitzdauer (etwa 1/5000 s) als Niederspannungsblitzröhren (400 V bis 500 V), die in den meisten Fotoblitzgeräten verwendet werden (Blitzdauer 1/1000 s). Die Helligkeit des Lichtblitzes hängt von der Entladungsenergie ab.

Bild 1: Blitzröhre

Geiger-Müller-Zählrohr

Das Geiger-Müller-Zählrohr zur Messung energiereicher Strahlung (α-, β- und γ-Strahlen) besteht aus einem Metallrohr als Katode und einem in der Längsachse angebrachten Draht als Anode **(Bild 2)**. An der Vorderseite befindet sich meist ein Glimmerfenster. Als Gasfüllung wird Edelgas mit einem Zusatz von Chlor oder von Alkohol verwendet. Durch die hohe Anodenspannung entsteht im Zähl

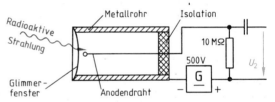

Bild 2: Geiger-Müller-Zählrohr

rohr eine große elektrische Feldstärke, die aber noch keine selbständige Entladung auslösen darf. Erst durch radioaktive Strahlung eintreffende ionisierende Teilchen lösen durch Stoßionisation eine Entladung aus. Das Zählrohr löscht sich selbst wieder. Die Entionisierungszeit ist so kurz, daß über 100 Entladungen je Sekunde möglich sind. Die Zahl der Spannungsimpulse am Außenwiderstand je Sekunde ist ein Maß für die Stärke der Strahlung.

2.7.3 Strahlungsgesteuerte Röhren

Durch elektromagnetische Strahlung, z. B. Licht, nehmen Elektronen Energie auf. Diese kann so groß sein, daß einige Elektronen aus ihrem festen Körper austreten und als freie Elektronen der Stromleitung zur Verfügung stehen (äußerer Fotoeffekt).

Beim äußeren Fotoeffekt werden durch Beleuchtung Elektronen aus einem festen Körper emittiert.

Die Fotoemission hängt vom Lichtstrom, von der Wellenlänge der elektromagnetischen Strahlung und vom Werkstoff des beleuchteten Körpers ab.

Vakuum-Fotozellen bestehen aus einem luftleeren Glaskolben, in dem eine Katode, z. B. aus Cäsium-Antimon (blauempfindlich), ist. Die aus der Katode emittierten Elektronen gelangen zur positiven Anode. Ohne Beleuchtung fließt durch die Fotozelle **(Bild 1, Seite 222)** ein sehr kleiner Dunkelstrom. Bei Beleuchtung fließt der Hellstrom. Die Empfindlichkeit ist etwa 50 µA/lm.

Es gibt auch gasgefüllte Fotozellen. Diese sind bis zu fünfmal
empfindlicher, aber wesentlich
träger. Sie können nur bis zu Frequenzen von 10 kHz verwendet
werden, während Vakuum-Fotozellen bis zu 100 MHz verwendbar sind. Fotozellen sprechen im
Gegensatz zu lichtempfindlichen
Halbleiterbauelementen auch auf
UV-Strahlung an. Fotozellen
werden z. B. zur Überwachung
von Ölfeuerungsanlagen verwendet.

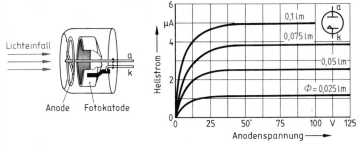

Bild 1: Vakuum-Fotozelle

Fotovervielfacher (Bild 2) werden dort verwendet, wo die Empfindlichkeit von Fotozellen nicht
ausreicht. Sie enthalten in einem luftleeren Glaskolben zwischen einer Fotokatode und der Anode
etwa 10 bis 17 Elektroden, die *Dynoden*. Jede
Dynode hat gegenüber der davorliegenden
Elektrode jeweils eine positive Spannung von etwa
100 bis 500 V.

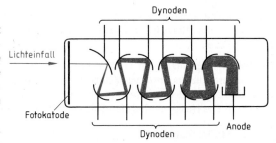

Bild 2: Fotovervielfacher

Bei Beleuchtung treten aus der Fotokatode Primärelektronen aus, die zur ersten Dynode beschleunigt
werden. Dort schlagen diese Sekundärelektronen
heraus. Diese werden zur zweiten Dynode beschleunigt und schlagen aus dieser weitere Sekundärelektronen heraus usw. Bei zehn Dynoden
erreicht man einen Stromverstärkungsfaktor von
etwa zwei Millionen.

Fotovervielfacher können noch sehr kleine Licht-
ströme erfassen.

Ihre Empfindlichkeit liegt zwischen 100 und 10 000
A/lm. Sie sind bis etwa 100 MHz verwendbar und
werden z. B. für lichtschwache fotometrische und
kernphysikalische Messungen, trägheitslose foto-
elektronische Steuer- und Regelschaltungen und in
der Fernsehtechnik zur Lichtpunktabtastung von
Diapositiven verwendet.

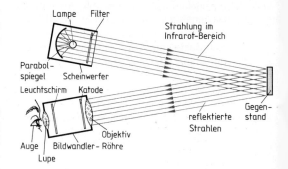

Bild 3: Infrarot-Nachtsichtgerät

Bildwandler-Röhren wandeln elektromagnetische Strahlung, z. B. im Infrarot-Bereich, in Licht um. In
einem luftleeren Glaskolben befindet sich auf der einen Stirnseite die durchscheinende Fotokatode und auf
der anderen Stirnseite ein Leuchtschirm. Die Elektronen, die bei Bestrahlung aus der Katode austreten,
werden in einer Elektronenoptik gebündelt und beschleunigt. Sie erzeugen beim Auftreffen auf den
Leuchtschirm ein Abbild des Objektes, welches für das Auge sichtbar wird.

Bildwandler-Röhren werden, z. B. in der Infrarot-Mikroskopie, bei der Werkstoffprüfung, bei biologischen
Untersuchungen und in Infrarot-Nachtsichtgeräten **(Bild 3)** verwendet.

Wiederholungsfragen

1. **Wie können Gase ionisiert werden?**
2. **Was versteht man unter Stoßionisation?**
3. **Warum ist bei einer Glimmlampe ein Vorwiderstand erforderlich?**
4. **Wodurch entsteht Sekundäremission?**

5. **Warum wird in Blitzröhren Xenon verwendet?**
6. **Welchen Vorgang nennt man äußeren Fotoeffekt?**
7. **Welchen Vorteil haben Fotovervielfacher gegenüber Fotozellen?**

2.8 Schaltungen mit Dioden und Thyristoren

2.8.1 Stromversorgung elektronischer Schaltungen

Elektronische Geräte erfordern meist Gleichspannung. Dagegen erfolgt der Netzanschluß an Wechselspannung. Wenn man von den Geräten mit reinem Batteriebetrieb absieht, ist für jedes elektronische Gerät deshalb ein *Netzanschlußgerät* (Netzteil) erforderlich. Diese Netzanschlußgeräte enthalten zur Umwandlung der Wechselspannung in Gleichspannung *Gleichrichter* (**Bild 1**). In den meisten Fällen ist auch noch eine Änderung der Spannung erforderlich, z. B. durch einen Transformator. Außerdem sind in den Netzanschlußgeräten *Überstromschutzeinrichtungen* enthalten, z. B. Schmelzsicherungen oder Schutzschalter. *Glättungseinrichtungen* bewirken, daß die gleichgerichtete Spannung, die einen Wechselspannungsanteil enthält, einer idealen Gleichspannung angenähert ist. Die *Stabilisierungseinrichtungen* bewirken eine konstant bleibende Gleichspannung (Bild 1) oder einen konstant bleibenden Gleichstrom, auch wenn die Last verschieden groß ist und wenn die Netzspannung schwankt.

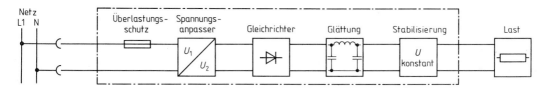

Bild 1: Übersichtsschaltplan eines Netzanschlußgerätes

Die verschiedenen Aufgaben eines Netzanschlußgerätes werden von verschiedenen Baugruppen wahrgenommen. Diese Baugruppen können voneinander getrennt sein. Zwei oder mehr Baugruppen können aber auch zu einer gemeinsamen Baugruppe zusammengefaßt sein. Die eine oder andere Baugruppe kann je nach Anforderung auch entfallen. So sind nicht bei allen elektronischen Geräten Stabilisierungseinrichtungen erforderlich. Dagegen kann die Baugruppe Spannungsanpasser im Umfang sehr verschieden sein. Sie besteht bei einfachen Geräten möglicherweise nur aus einem Vorwiderstand oder aus einem Transformator. Sie kann aber bei einem anderen Gerät, dem Schaltnetzteil, aus einem vorgeschalteten Gleichrichter bestehen, der die Netzspannung unmittelbar gleichrichtet, dem eine komplette Oszillatorschaltung nachgeschaltet ist, an die wieder ein Transformator mit einer Gleichrichterschaltung angeschlossen ist.

Netzanschlußgeräte bestehen aus Überlastungsschutz, Spannungsanpasser, Gleichrichter, Glättungseinrichtung und Stabilisierungsschaltung.

2.8.2 Gleichrichter

Als Gleichrichter wird das komplette *Gerät* zur Umwandlung von Wechselspannung in Gleichspannung bezeichnet. Der wesentliche Bestandteil des Gleichrichters ist die *Gleichrichterschaltung*. Diese enthält die Halbleiter-Bauelemente, den meist erforderlichen Transformator und manchmal Kondensatoren zur Glättung.

Versuch 1: Schalten Sie eine Siliciumdiode in Reihe mit einer 6,3-V-Glühlampe, und schließen Sie die Schaltung an 10 V Sinusspannung aus Ihrem Versuchsnetz an **(Bild 1 Seite 224)**!
Beobachten Sie die Glühlampe, und oszilloskopieren Sie die Spannung an der Glühlampe!
Die Glühlampe leuchtet. Ihre Spannung hat einen pulsförmigen Verlauf **(Bild 2 Seite 224)**.

Die Diode läßt den Vorwärtsstrom (Durchlaßstrom) nur fließen, wenn die Wechselspannung so gepolt ist, daß die Diode in Vorwärtsrichtung geschaltet ist und die Spannung größer ist als die Schleusenspannung. Ist die Diode in Rückwärtsrichtung (Sperrichtung) geschaltet, so fließt nur der schwache Rückwärtsstrom (Sperrstrom). Diesen läßt man bei Gleichrichterschaltungen meist unberücksichtigt. Außerdem berücksichtigt man die Schleusenspannung nicht, wenn die gleichzurichtende Wechselspannung größer ist als etwa 10 V. Man nimmt also an, daß in einer Gleichrichterdiode nur in Vorwärtsrichtung ein Strom fließt und daß dieser Strom sofort fließen kann, wenn die Diode in Vorwärtsrichtung geschaltet ist.

Verwendet man in der Gleichrichterschaltung nur eine einzige Diode, so fließt der Vorwärtsstrom während jeder Periode der Anschlußwechselspannung einmal als Impuls. Man nennt die Schaltung *Einpuls-Mittelpunktschaltung* (Kurzzeichen M1).

> Die Schaltung M1 besteht nur aus einer Diode oder bei sehr hohen Spannungen aus mehreren in Reihe geschalteten Dioden.

Versuch 2: Wiederholen Sie Versuch 1, ersetzen Sie aber die Glühlampe durch einen Spannungsmesser! Messen und oszilloskopieren Sie die Spannung! Schalten Sie parallel zum Spannungsmesser einen Kondensator mit 2,2 µF! Messen und oszilloskopieren Sie die Spannung erneut!

Ohne Kondensator ist die Ausgangsspannung des Gleichrichters etwa 4 V. Mit Kondensator wird die Spannung etwa 14 V. Beim Anschluß des Kondensators wird die Spannung geglättet (Bild 2).

Ein hinter dem Gleichrichter angeschlossener Spannungsmesser zeigt den Mittelwert der pulsförmigen Spannung an. Bei einem idealen Gleichrichter ohne Verluste und ohne Schleusenspannung der Dioden nennt man diesen Mittelwert ideelle Gleichspannung U_{di}.

Bei jeder Gleichrichterschaltung steht die ideelle Gleichspannung in einem festen Verhältnis zur Anschlußwechselspannung **(Tabelle 1 Seite 225)**. Je nach Art der verwendeten Gleichrichterdioden und nach Art der Belastung weicht die Ausgangsspannung des Gleichrichters von der ideellen Gleichspannung ab. Wird ein Kondensator an die Gleichrichterschaltung angeschlossen, so wird dieser aufgeladen. Ein angeschlossener Verbraucher entlädt den Kondensator, der pulsförmig wieder aufgeladen wird.

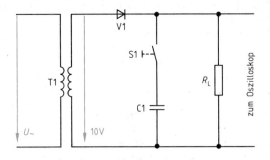

Bild 1: Versuchsschaltung zur Einpuls-Mittelpunktschaltung M1

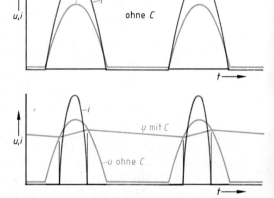

Bild 2: Spannungsverlauf und Stromverlauf

> An Gleichrichtern angeschlossene Kondensatoren erhöhen die gleichgerichtete Spannung und glätten diese.

In der Schaltung M1 fließt der gleichgerichtete Strom durch die Ausgangswicklung des Transformators. Dadurch wird der Eisenkern stark vormagnetisiert. Infolge der Vormagnetisierung braucht man einen Transformator mit einer größeren Leistung als die Leistungsangabe des Gleichrichters erwarten läßt. Diese Bauleistung des Gleichrichtertransformators liegt je nach Gleichrichterschaltung über der Gleichstromleistung (Tabelle 1 Seite 225).

2.8.3 Gleichrichterschaltungen

Die **Einpuls-Mittelpunktschaltung M1** wird zur Gleichrichtung schwacher Ströme verwendet. Speist die Gleichrichterschaltung einen Kondensator oder einen Akkumulator, so liegt Belastung mit Gegenspannung vor. Die in Sperrichtung gepolte Gleichrichterdiode muß dann die Summe der Anschlußwechselspannung und der Kondensatorspannung bzw. Akkumulatorspannung als Sperrspannung aushalten (Tabelle 1 Seite 225).

> In Schaltung M1 wird durch die Belastung mit einem Kondensator die Sperrspannung etwa verdoppelt.

Die **Zweipuls-Mittelpunktschaltung M2** besteht aus zwei Schaltungen M1 an den beiden Außenanschlüssen eines Transformators mit Mittelabgriff.

Die **Dreipuls-Mittelpunktschaltung M3** besteht aus drei Schaltungen M1 an den drei Außenklemmen eines Drehstromtransformators mit Sternpunkt. Sie liefert, wie alle Gleichrichter-Drehstromschaltungen, eine echte Gleichspannung, der eine niedrigere, pulsförmige Spannung überlagert ist.

Die **Zweipuls-Brückenschaltung B2** wird für Leistungen bis etwa 2 kW am häufigsten verwendet. Gegenüber der Schaltung M1 braucht man zwar mehr Gleichrichterdioden, jedoch kann ein kleinerer Transformator als bei Schaltung M1 verwendet werden. Außerdem ist die Glättung leichter möglich. Auch wird das Netz weniger mit höheren Teilschwingungen belastet als bei Schaltung M1. Nachteilig ist bei den Brückenschaltungen, daß der Strom durch zwei Dioden fließt. Dadurch ist der Spannungsabfall doppelt so groß wie bei den Mittelpunktschaltungen.

Die **Sechspuls-Brückenschaltung B6** wird für Leistungen über 2 kW am häufigsten verwendet. Es gibt noch weitere Gleichrichterschaltungen (Tabellenbuch Elektrotechnik).

Tabelle 1: Gleichrichterschaltungen

Benennung Kurzzeichen nach DIN 41761	Schaltplan des Gleichrichtersatzes U_1 Anschlußspannung U_{di} ideelle Leerlauf-gleichspannung I_d Gleichstrom	Spannungsverlauf T = Periodendauer der Netzfrequenz f $T = \dfrac{1}{f}$	U_{di}/U_1	P_T/P_d P_d Gleich-stromleistung P_T Transform.-Bauleistung	I_z Strom im Zweig
Einpuls-Mittelpunkt-schaltung M1			ohne C: 0,45 mit C: 1,41	3,1	I_d
Zweipuls-Mittelpunkt-schaltung M2			ohne C: 0,45 mit C: 0,71	1,5	$\dfrac{I_d}{2}$
Zweipuls-Brücken-schaltung B2			ohne C: 0,9 mit C: 1,41	1,23	$\dfrac{I_d}{2}$
Sechspuls-Brücken-schaltung B6			ohne C: 1,35 mit C: 1,41	1,1	$\dfrac{I_d}{3}$

Spannungsvervielfachung nennt man eine Gleichrichtung, bei der die Ausgangsspannung größer ist als der Scheitelwert der Anschlußwechselspannung. Bei der Spannungsvervielfachung werden Kondensatoren über Gleichrichterzweige aufgeladen und in Reihe zu einer Spannung, z. B. aus einem anderen Kondensator, geschaltet. Wird die Spannung auf das Doppelte erhöht, liegt ein *Spannungsverdoppler* vor. Wird die Spannung auf das Drei- oder Mehrfache erhöht, liegt ein *Spannungsvervielfacher* vor.

Man unterscheidet bei den Verdopplern Einpulsverdoppler und Zweipulsverdoppler **(Tabelle 1, Seite 226)** und bei den Vervielfachern entsprechend Einpulsvervielfacher und Zweipulsvervielfacher.

Beim *Einpulsverdoppler* (Villard-Verdoppler*) werden während jeder Periode die Kondensatoren einmal aufgeladen. Beim *Zweipulsverdoppler* (Delon-Verdoppler) werden nacheinander während je einer Halbperiode zwei in Reihe geschaltete Kondensatoren bis zum Scheitelwert der Anschlußwechselspannung aufgeladen. Jeder Gleichrichterzweig muß den doppelten Scheitelwert als Sperrspannung aushalten.

Beim *Einpulsvervielfacher* wird eine Vervielfachung der Anschlußwechselspannung um dieselbe Zahl vorgenommen, wie Gleichrichterzweige vorhanden sind. Beim *Zweipulsvervielfacher* wird eine Vervielfachung des Scheitelwerts der Anschlußwechselspannung um die halbe Zahl der Gleichrichterzweige vorgenommen.

Spannungsverdopplern und Spannungsvervielfachern können nur kleine Stromstärken entnommen werden. Spannungsvervielfacher werden z. B. bei der Hochspannungserzeugung in Farbfernsehgeräten und für elektrostatische Staubfilter angewendet.

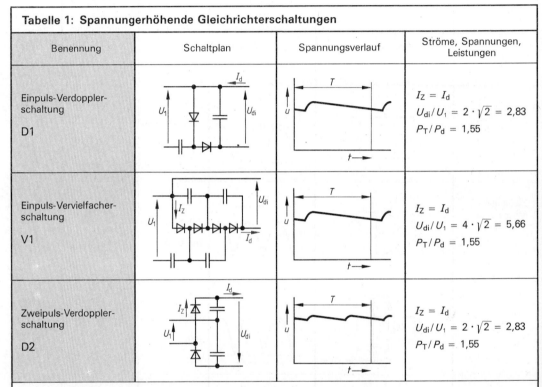

Tabelle 1: Spannungerhöhende Gleichrichterschaltungen

Benennung	Schaltplan	Spannungsverlauf	Ströme, Spannungen, Leistungen
Einpuls-Verdoppler-schaltung D1			$I_Z = I_d$ $U_{di}/U_1 = 2 \cdot \sqrt{2} = 2,83$ $P_T/P_d = 1,55$
Einpuls-Vervielfacher-schaltung V1			$I_Z = I_d$ $U_{di}/U_1 = 4 \cdot \sqrt{2} = 5,66$ $P_T/P_d = 1,55$
Zweipuls-Verdoppler-schaltung D2			$I_Z = I_d$ $U_{di}/U_1 = 2 \cdot \sqrt{2} = 2,83$ $P_T/P_d = 1,55$

I_d Gleichstrom, I_Z Zweigstrom, U_{di} ideelle Gleichspannung, U_1 Anschluß-Wechselspannung, P_d Gleichstromleistung, P_T Transformator-Bauleistung, T Periodendauer

Wiederholungsfragen

1. **Aus welchen Teilen besteht grundsätzlich ein Netzanschlußgerät?**
2. **Was versteht man unter einem Gleichrichter?**
3. **Worauf beruht die Wirkungsweise einer Diode zur Gleichrichtung?**
4. **Welche Folgen haben Kondensatoren, die hinter Gleichrichterschaltungen angeschlossen werden?**
5. **Nennen Sie vier Gleichrichterschaltungen, und geben Sie die Kurzzeichen dafür an!**
6. **Wie ist die grundsätzliche Wirkungsweise von der Spannungsvervielfachung?**
7. **Wozu verwendet man Spannungsvervielfacher?**

* Villard, franz. Physiker, 1860 bis 1934

2.8.4 Gleichrichter mit einstellbarer Spannung

Manchmal ist es erforderlich, daß die Höhe der gleichgerichteten Spannung *einstellbar* ist, z. B. für die Drehzahlsteuerung von Gleichstrommotoren. Die Verwendung eines Stellwiderstandes im Hauptstromkreis ist nicht zweckmäßig, da hohe Verlustleistung die Folge wäre. Dagegen kann eine Spannungseinstellung mit wenig Verlustleistung erreicht werden, wenn man an Stelle der Gleichrichterdiode rückwärts sperrende Thyristortrioden (Thyristoren) verwendet.

Versuch: Legen Sie eine 12-V-Glühlampe in Schaltung **Bild 1** über einen Thyristor V2, der von einer Vierschichtdiode V1 angesteuert wird, an 24 V Sinusspannung!

Messen und oszilloskopieren Sie die Spannung bei verschiedener Einstellung von R1!

Je kleiner die Resistanz (Widerstandswert) von R1 ist, desto vollständiger ist die Sinusform des Sinusimpulses der gleichgerichteten Spannung, und desto größer ist die gleichgerichtete Spannung (**Bild 2**).

Der Kondensator C1 wird in Schaltung Bild 1 während jeder positiven Halbperiode über R1 aufgeladen. Die Kondensatorspannung liegt über V1 an der Gate-Katodenstrecke von V2. Sobald die Zündspannung von V1 erreicht ist, wird V1 leitend, und C1 entlädt sich über V1 und V2. Dadurch wird V2 gezündet, so daß der Vorwärtsstrom fließen kann. An E1 tritt nun eine Spannung auf.

Je nach Einstellung von R1 ist die zum Zünden erforderliche Spannung von C1 früher oder später erreicht (**Bild 3**).

Auf dem Oszilloskop-Bildschirm erkennt man, daß durch die gegenüber dem Nulldurchgang verspätete Zündspannung ein *Anschnitt* der Sinuslinie hervorgerufen wird. Man spricht daher von *Anschnittsteuerung* (Phasenanschnittsteuerung). Angeschnitten werden sowohl die Spannung als auch der Strom.

> Bei der Anschnittsteuerung von Thyristoren wird der Zündzeitpunkt gegenüber dem Nulldurchgang der Spannung verschoben. Dadurch können die gleichgerichtete Spannung und der gleichgerichtete Strom eingestellt werden.

Die Zeit zwischen Nulldurchgang der Spannung und Zündzeitpunkt kann im Liniendiagramm als Winkel dargestellt werden. Dieser Winkel heißt *Zündwinkel* oder *Steuerwinkel*. Der Mittelwert $\bar{I}_d$ des Laststromes ist bei einem kleinen Zündwinkel größer als bei einem großen Zündwinkel (**Bild 4**).

Nachteilig bei der Anschnittsteuerung ist die Abweichung des Stromes von der Sinusform. Dadurch muß das Netz Blindleistung liefern. Außerdem treten wegen der scharfen Knicke, die gleichbedeutend mit hochfrequenten Oberschwingungen sind, Funkstörungen auf. Am öffentlichen Netz ist die Anschnittsteuerung nur beschränkt anwendbar.

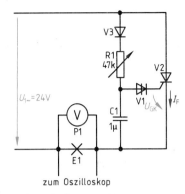

Bild 1: Einpuls-Mittelpunktschaltung mit Thyristor

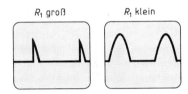

Bild 2: Schirmbilder der Spannungen von Versuch 1

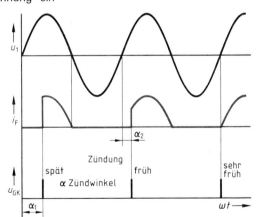

Bild 3: Anschnittsteuerung bei späterem und früherem Zündzeitpunkt

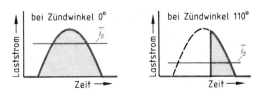

Bild 4: Laststrom bei verschiedenen Zündwinkeln

F.-In 8*

Für Gleichrichter mit einstellbarer Spannung können Thyristoren in allen Gleichrichterschaltungen verwendet werden. Meist werden die Brückenschaltungen B2 und B6 angewendet. Da hier der Vorwärtsstrom immer durch zwei in Reihe geschaltete, gleichrichtende Bauelemente fließt, genügt für die Anschnittsteuerung jeweils ein Thyristor im Gleichrichterzweig. Derartige Brückenschaltungen nennt man *halbgesteuert* (**Bild 1**).

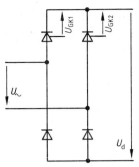

Bei den halbgesteuerten Brückenschaltungen braucht man je Brückenzweig eine Diode und einen Thyristor.

Halbgesteuerte Brückenschaltungen können als Gleichrichter arbeiten. Ersetzt man in ihnen die Dioden durch Thyristoren, so können derartige *vollgesteuerte* Brückenschaltungen bei geeigneter Ansteuerung auch als Wechselrichter arbeiten; also Gleichstrom in Wechselstrom umwandeln.

Bild 1: Halbgesteuerte Brückenschaltung B2

2.8.5 Glättung der gleichgerichteten Spannung

Die vom Gleichrichter gleichgerichtete Spannung wird grundsätzlich durch Siebglieder geglättet (**Bild 2**). Bei schwachen Strömen glättet man bevorzugt mit Kondensatoren, bei starken Strömen mit Induktivitäten. Bestehen Verbraucher aus Spulen mit großer Induktivität, z. B. Spulen von Magnetkupplungen oder Schützen, so glätten diese Verbraucher selbst den aufgenommenen Strom. Auf eigene Glättungsanordnungen kann dann verzichtet werden. Ebenfalls wird bei Ladegeräten für Akkumulatoren auf eine Glättung verzichtet, da Akkumulatoren wie große Kapazitäten wirken. Die Glättung ist um so leichter zu erzielen, je höher die Pulsfrequenz der gleichgerichteten Spannung ist.

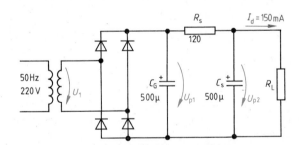

Bild 2: Gleichrichterschaltung mit RC-Siebung.
C_G Glättungskondensator, C_S Siebkondensator

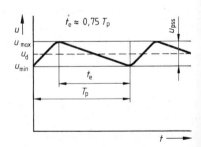

Bild 3: Glättung der gleichgerichteten Spannung

Die von der Gleichrichterschaltung gelieferte pulsförmige Spannung (**Bild 3**) ist die Summe aus der Gleichspannung U_d und einer Wechselspannung U_p mit der Pulsfrequenz $f_p = 1/T_p$. Diese Wechselspannung nennt man *Brummspannung*. Durch den *Glättungskondensator* wird U_d vergrößert und U_p verkleinert. Die hinter der Glättungseinrichtung verbleibende Wechselspannung mit der Pulsfrequenz (Brummspannung) hat etwa Dreieckform und ist um so kleiner, je größer die Kapazität und die Pulsfrequenz sind.

u_{pss}	Brummspannung (Spitze-Spitze)
I_d	Laststrom
t_E	Entladezeit
f_p	Brummfrequenz (Pulsfrequenz)
C_G	Kapazität des Glättungskondensators
U_p	Brummspannung (Effektivwert)
$\sqrt{3}$	Scheitelfaktor bei Dreieckform

$$Q \approx u_{pss} \cdot C_G = I_d \cdot t_E \Rightarrow u_{pss} \approx \frac{I_d \cdot t_E}{C_G}$$

$$U_p \approx \frac{u_{pss}}{2 \cdot \sqrt{3}}$$

$$u_{pss} \approx \frac{0{,}75 \cdot I_d}{f_p \cdot C_G}$$

Beispiel 1:	Eine Gleichrichterschaltung B2 liefert am Netz mit 50 Hz den Lastgleichstrom I_d = 150 mA. Der Glättungskondensator hat 500 µF. Wie groß ist die Brummspannung u_{pss}?
Lösung:	$u_{pss} \approx \dfrac{0{,}75 \cdot I_d}{f_p \cdot C_G} = \dfrac{0{,}75 \cdot 150\ \text{mA}}{2 \cdot 50\ \text{Hz} \cdot 500\ \text{µF}} = \mathbf{2{,}25\ V}$

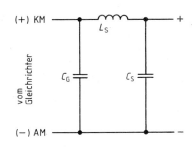

Bild 1: Glättungsschaltung mit Glättungskondensator C_G und LC-Siebung

Genügt die Glättung durch den Glättungskondensator allein nicht, so schaltet man zwischen ihm und der Last einen Tiefpaß. Bei kleinen Stromstärken verwendet man einen RC-Tiefpaß, bei großen einen LC-Tiefpaß **(Bild 1)**. Man spricht von *Siebung*. Bei der LC-Siebung treten kleinere Verluste auf als bei der RC-Siebung.

Zur Berechnung der Siebglieder, also der Tiefpässe, geht man vom *Siebfaktor* aus. Er ist das Verhältnis der Brummspannungen vor und hinter dem Siebglied. Werden mehrere Siebglieder in Reihe geschaltet, dann ist der Siebfaktor das Produkt der einzelnen Siebfaktoren.

s	Siebfaktor
U_{p1}, U_{p2}	Brummspannungen
s_1, s_2	einzelne Siebfaktoren

$$s = s_1 \cdot s_2 \qquad\qquad s = \frac{U_{p1}}{U_{p2}}$$

Beispiel 2:	Eine Brummspannung von 2,25 V soll verringert werden auf 0,2 V. Welcher Siebfaktor ist erforderlich?
Lösung:	$s = U_{p1}/U_{p2} = 2{,}25\ \text{V}/0{,}2\ \text{V} = \mathbf{11{,}25}$

Bei der RC-Siebung wird die Brummspannung durch den Siebwiderstand R_s und den Siebkondensator C_s herabgesetzt (Bild 1).

s	Siebfaktor
ω_p	Pulskreisfrequenz
R_s	Siebwiderstand
C_s	Kapazität des Siebkondensators

$$s \approx \frac{\sqrt{X_{Cs}^2 + R_s^2}}{X_{Cs}} \Rightarrow$$

Für $R_s \gg X_{Cs}$:

$$\boxed{s \approx \omega_p \cdot R_s \cdot C_s}$$

Beispiel 3:	Der Siebfaktor 11,25 (Beispiel 2) soll durch eine RC-Siebung realisiert werden, bei welcher ein Siebwiderstand von 22 Ω verwendet wird. Wie groß muß die Kapazität des Siebkondensators sein, wenn die Gleichrichterschaltung B2 am 50-Hz-Netz arbeitet?
Lösung:	$s \approx \omega_p \cdot R_s \cdot C_s \Rightarrow C_s \approx s/(\omega_p \cdot R_s) = 11{,}25/(2 \cdot 2 \cdot \pi \cdot 50\ \text{Hz} \cdot 22\ \Omega) = 814\ \text{µF} \approx \mathbf{800\ µF}$

Bei der LC-Siebung wird die Brummspannung durch die Siebdrosselspule und den Siebkondensator herabgesetzt. Weil die Wirkungen beider Bauelemente mit der Frequenz ansteigen, wächst der Siebfaktor mit dem Quadrat der Frequenz bzw. Kreisfrequenz.

s	Siebfaktor
ω_p	Pulskreisfrequenz
L_s	Induktivität der Siebdrosselspule
C_s	Kapazität des Siebkondensators

$$s \approx \frac{X_{Ls} - X_{Cs}}{X_{Cs}} \Rightarrow$$

Für $X_{Ls} \gg X_{Cs}$:

$$\boxed{s \approx \omega_p^2 \cdot L_s \cdot C_s}$$

Beispiel 4:	Der Siebfaktor 11,25 (Beispiel 3) soll jetzt durch eine LC-Siebung realisiert werden, wobei die Siebdrosselspule die Induktivität von 100 mH haben soll. Wie groß muß die Kapazität des Siebkondensators sein, wenn die Gleichrichterschaltung B2 am 50-Hz-Netz arbeitet?
Lösung:	$s \approx \omega_p^2 \cdot L_s \cdot C_s \Rightarrow C_s \approx s/(\omega_p^2 \cdot L_s) = 11{,}25/(2^2 \cdot 2^2 \cdot \pi^2 \cdot 50^2\ \text{Hz}^2 \cdot 100\ \text{mH}) = 285\ \text{µF} \approx \mathbf{270\ µF}$

Wiederholungsfragen

1. **Auf welche Weise erreicht man die Anschnittsteuerung mittels Thyristoren?**

2. **Was versteht man unter einer halbgesteuerten Brückenschaltung?**

3. **Wozu verwendet man vollgesteuerte Brückenschaltungen?**

4. **Welche Bauelemente verwendet man zum Glätten gleichgerichteter Spannungen?**

5. **Erklären Sie die Brummspannung!**

6. **Welche Arten der Siebung unterscheidet man?**

7. **Geben Sie den Vorteil der LC-Siebung an!**

2.8.6 Stabilisierung

Allgemeines

Spannung und Strom der Netzanschlußgeräte ändern sich, wenn sich die Eingangsspannung ändert, z. B. bei Netzspannungsschwankungen, oder wenn sich die Last ändert (Lastschwankungen) oder wenn sich die Temperatur ändert. Soll die Last auch in den genannten Fällen gleichbleibende Spannung oder gleichbleibenden Strom erhalten, so muß *stabilisiert** werden.

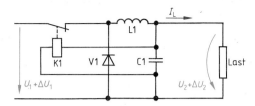

Bild 1: Spannungsstabilisierung mit Energiespeicher

Die Stabilisierung kann zusammen mit einem *Energiespeicher* vorgenommen werden **(Bild 1)** oder ohne Energiespeicher **(Bild 2)**.

Bei der Stabilisierung mit Energiespeicher wird C1 über L1 und den Öffner von K1 geladen. Die Erregerwicklung von K1 ist für den Sollwert von U_2 bemessen. Sobald C1 auf diesen Sollwert geladen ist, öffnet K1. Der Laststrom kommt nun teils aus

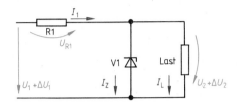

Bild 2: Spannungsstabilisierung ohne Energiespeicher

L1, wo eine Induktionsspannung hervorgerufen wird. Die Freilaufdiode V1 schließt den Stromkreis für die Induktionsspannung. C1 und L1 wirken als Energiespeicher. Sinkt die Spannung von C1 unter den Sollwert, so schließt K1 wieder den Stromkreis, so daß C1 neu aufgeladen wird. Als Schalter wird bei den tatsächlichen Schaltungen kein Relais, sondern ein elektronischer Schalter verwendet.

> Bei der Stabilisierung mit Energiespeicher arbeiten Kondensatoren und Induktivitäten als Energiespeicher, die von einem elektronischen Schalter abwechselnd auf Laden und Entladen geschaltet werden.

Die Stabilisierung mit Energiespeicher hat geringe Verluste und deshalb einen großen Wirkungsgrad. Sie arbeitet fast geräuschfrei, da die Schaltfrequenz oberhalb von 20 kHz liegt, also oberhalb der Hörschwelle.

Bei der Stabilisierung ohne Energiespeicher (Bild 2) sind R1 und V1 in Reihe geschaltet. Die Schaltung ist so bemessen, daß U_2 erheblich kleiner ist als U_1, so daß also an R1 ein großer Spannungsabfall U_{R1} eintritt. Steigt nun die Anschlußspannung auf $U_1 + \Delta U_1$, so liegt auch an V1 eine höhere Spannung. Dadurch wird die Stromstärke in V1 erheblich größer. Infolgedessen nimmt U_{R1} zu, und zwar im Idealfall um ΔU_1.

> Bei der Stabilisierung ohne Energiespeicher fließt der Strom durch einen Wirkwiderstand, so daß erhebliche Verluste auftreten.

Der Stabilisierungsfaktor gibt an, das Wievielfache der relativen Ausgangsspannungsänderung als relative Eingangsspannungsänderung auftritt.

S	Stabilisierungsfaktor
U_1, U_2	Eingangsspannung und Ausgangsspannung
$\Delta U_1, \Delta U_2$	Spannungsänderungen

$$S = \frac{\Delta U_1 / U_1}{\Delta U_2 / U_2} \qquad \boxed{S = \frac{\Delta U_1 \cdot U_2}{\Delta U_2 \cdot U_1}}$$

Spannungsstabilisierung mit Energiespeicher

Beim *Schaltnetzteil* **(Bild 3)** wird die Netzspannung gleichgerichtet und einem Schalttransistor zugeführt. Dieser schaltet mit einer Frequenz von 20 kHz oder mehr. Beim Schaltnetzteil mit Netztrennung arbeitet der Transistor auf einen Transformator mit nachfolgender Gleichrichtung. Beim Schaltnetzteil ohne Netztrennung arbeitet er direkt auf die Gleichrichterschaltung. Zur Stabilisierung der Ausgangs-

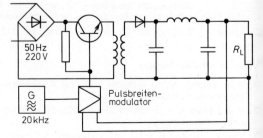

Bild 3: Schaltnetzteil (Prinzip)

stabilis (lat.) = gleichbleibend

230

spannung wird der Transistor von einer Regeleinrichtung angesteuert. Die Ansteuerung kann entweder so erfolgen, daß die Schaltfrequenz konstant ist und nur die Impulsbreite veränderlich ist (*Pulsbreitenmodulation*) oder so, daß die Impulsbreite konstant ist und die Frequenz veränderlich.

Schaltnetzteile rufen kein Geräusch hervor und erfordern nicht so große Transformatoren, Drosseln und Kondensatoren wie 50-Hz-Netzteile.

Spannungsstabilisierung ohne Energiespeicher

Versuch: Schalten Sie eine Z-Diode und einen Widerstand von etwa 1000 Ω in Reihe! Schließen Sie die Reihenschaltung an eine stellbare Gleichspannung so an, daß die Z-Diode in Rückwärtsrichtung gepolt ist **(Bild 1)**! Erhöhen Sie allmählich die Eingangsspannung, und messen Sie die Ausgangsspannung!

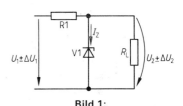

Die Ausgangsspannung steigt zunächst bis etwa zur Nennspannung der Z-Diode gleichmäßig an und bleibt danach weiter bei steigender Anschlußspannung stabil.

Bild 1:
Einfache Stabilisierungsschaltung

Bei kleinen Lastströmen ist die Stabilisierung allein mit Vorwiderstand und Z-Diode möglich.

Bemessung des Vorwiderstandes. Der erforderliche Vorwiderstand liegt zwischen zwei Größen R_{min} und R_{max}, die ihrerseits von der höchsten und niedrigsten Eingangsspannung, dem schwächsten und stärksten Zenerstrom (aus dem Datenblatt zu entnehmen) und dem schwächsten und stärksten Laststrom abhängen. R_{max} darf nicht überschritten werden, weil sonst die Diode nicht mehr begrenzt. R_{min} darf nicht unterschritten werden, weil sonst der Zenerstrom zu groß wird. Meist nimmt man einen Widerstand in der Nähe von R_{max}, weil dann die Verlustleistung in der Z-Diode kleiner ist.

R	Vorwiderstand
U_1	Eingangsspannung
U_Z	Zenerspannung
I_Z	Zenerstrom
I_L	Laststrom

$$R_{min} = \frac{U_{1max} - U_Z}{I_{Zmax} + I_{Lmin}}$$

$$R_{max} = \frac{U_{1min} - U_Z}{I_{Zmin} + I_{Lmax}}$$

Indizes max und min geben Größtwert und Kleinstwert an.

Ausgangsspannungs-Restschwankung. Die stabilisierte Ausgangsspannung schwankt bei richtiger Bemessung der Stabilisierung sehr schwach.

ΔU_{2u}, ΔU_{2i}	Ausgangsspannungsschwankungen
ΔU_1	Eingangsspannungsschwankung
r_z	differentieller Widerstand der Z-Diode
R	Vorwiderstand
ΔI_L	Laststromschwankung
α_{UZ}	Temperaturkoeffizient

Für Speisespannungsschwankung:

$$\Delta U_{2u} \approx \frac{\Delta U_1 \cdot r_z}{R}$$

Für Belastungsstromschwankung:

$$\Delta U_{2i} \approx - \Delta I_L \cdot r_z$$

Für Temperaturschwankung:

$$\Delta U_{2\vartheta} \approx U_z \cdot \alpha_{UZ} \cdot \Delta\vartheta$$

Beispiel: Wie hoch ist die Ausgangsspannungsschwankung, wenn die Eingangsspannung zwischen 34,5 V und 25,5 V schwankt, der Vorwiderstand 150 Ω beträgt und r_z zu 4 Ω angegeben ist?

Lösung: $\Delta U_{2U} \approx \dfrac{\Delta U_1 \cdot r_z}{R} = \dfrac{(34,5\,V - 25,5\,V) \cdot 4\,\Omega}{150\,\Omega}$

$= 0,24\ V$, d. h. $\pm$ **0,12 V.**

Spannungsstabilisierung mit Transistor. Schaltungen nach Bild 1 lassen keinen großen Laststrom zu, weil der Laststrom kleiner als der Zenerstrom sein muß. Einen großen Laststrom kann man durch Verwendung eines Reihentransistors erreichen **(Bild 2)**. Oft wird zusätzlich *Strombegrenzung* angewendet. Steigt in Schaltung Bild 2 die Eingangsspannung U_1 an, so wird U_2 größer. Dadurch wird $U_{BE} = U_Z - U_2$ etwas kleiner. Der Transistor wird also weniger weit aufgesteuert, er wird hochohmiger. U_2 bleibt etwa konstant.

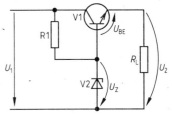

Bild 2: Spannungsstabilisierung
mit Reihentransistor

Spannungsstabilisierung durch Spannungsregelung ermöglicht einen großen Stabilisierungsfaktor, große Lastströme und Einstellbarkeit der Ausgangsspannung **(Bild 1)**. Bei dieser Stabilisierung wird die Ist-Spannung am Ausgang in einer Vergleicherstufe mit der Soll-Spannung verglichen. Weichen beide Spannungen voneinander ab, so beeinflußt die Vergleicherstufe ein Stellglied so, daß die Abweichung vermindert oder ganz ausgeglichen wird.

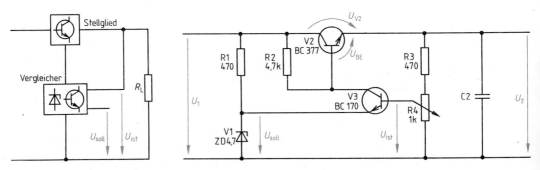

Bild 1: Spannungsstabilisierung mit Spannungsregelung
Links: Prinzip; rechts: Schaltung (V2 Stellglied, V1 und V3 Vergleicherstufe).

Als Vergleicherstufe dient z. B. eine Transistorschaltung (Bild 1). Auch werden Operationsverstärker oder integrierte Schaltkreise als vollständige Spannungsregler dazu verwendet. Als Stellglieder verwendet man Transistoren oder Thyristoren.

Stromstabilisierung

Eine Stromstabilisierung liegt vor, wenn der Ausgangsstrom in einem weiten Bereich unabhängig ist von der Eingangsspannung und vom Lastwiderstand. Stromstabilisierung ist vor allem mit Transistoren und Dioden möglich **(Bild 2)**. Der Ausgangsstrom erzeugt an R1 einen Spannungsabfall. An V2 bleibt die Spannung konstant. Sinkt der Laststrom unter seinen Sollwert, so ist der Spannungsabfall an R1 kleiner als die Spannung an V2, und die Basis-Emitterspannung steigt. Folglich fließt ein größerer Basisstrom, der einen stärkeren Kollektorstrom (Laststrom) zur Folge hat. Umgekehrt steuert ein kleiner werdender Basisstrom bei zu starkem Laststrom den Transistor zu. Mit R1 kann der Sollwert der Stromstärke eingestellt werden. V2 kann auch eine in Durchlaßrichtung geschaltete Diode sein.

Strombegrenzung ist ein Sonderfall der Stromstabilisierung. Bei der Strombegrenzung wird dafür gesorgt, daß der Höchstwert der Stromstärke nicht überschritten wird, z. B. auch nicht bei einem Kurzschluß. Bei der Strombegrenzung nach **Bild 3** wird U_{BE} kleiner, sobald I_L zu groß wird, weil die Durchlaßspannung U_F der Diode etwa konstant ist. Dadurch wird V1 zugesteuert.

Bei der *Kurzschluß-Schutzschaltung* **Bild 4** sperrt bei Kurzschluß V3. Dadurch wird V2 durchgesteuert, also die Basis von V1 auf 0 V gelegt. Damit sperrt V1, bis der Kurzschluß beseitigt ist.

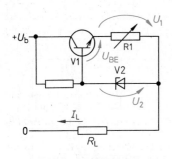

**Bild 2: Einfache Strom-
stabilisierung**

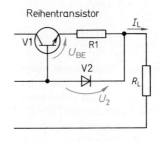

**Bild 3: Strombegrenzung
mit Widerstand und Diode**

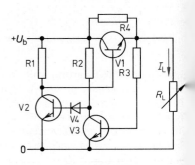

**Bild 4: Kurzschluß-
Schutzschaltung**

Elektronische Sicherungen. Strombegrenzung und Kurzschluß-Schutzschaltung zählen zu den einfachen elektronischen Sicherungen. Bei ihnen erfolgt Wiedereinschalten von selbst, sobald der Kurzschluß beseitigt ist. Mit Hilfe von Relais oder mit Hilfe von bistabilen Kippschaltungen können elektronische Sicherungen auch so aufgebaut werden, daß nach dem Auslösen wegen eines Kurzschlusses das Wiedereinschalten nur durch Betätigen eines Tasters möglich ist.

Stabilisierung mit integrierten Schaltungen

Bei integrierten Schaltungen können Spannungsstabilisierung und Strombegrenzung in einem Bauelement zusammengefaßt sein. Dadurch wird der Aufbau der Stabilisierungsschaltung sehr einfach (**Bild 1**).

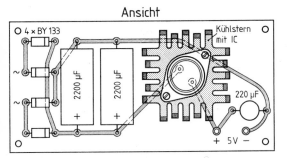
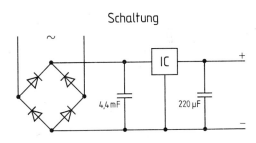

Bild 1: Gleichrichter und Stabilisierung eines Netzteils mit integrierter Schaltung

Die Wirkungsweise der Spannungsregelung mit IC kann recht verschieden sein. Bei der einfachen Prinzipschaltung (**Bild 2**) enthält der IC einen *Längstransistor* V1, einen Operationsverstärker A1 und eine Z-Diode V2 nebst einigen Widerständen.

V2 ruft zusammen mit R1 am nicht invertierenden Eingang von A1 (+) eine konstante Spannung hervor. A1 vergleicht diese Spannung mit der Spannung am invertierenden Eingang (−), die aus dem Spannungsteiler R2R3 entnommen wird. A1 vergleicht also die *Sollspannung* (+) mit der *Istspannung* (−). Bei Abweichung beider Spannungen voneinander wird die Basis von V1 je nach Richtung der Abweichung stärker oder weniger stark angesteuert. Ist z. B. die Istspannung zu niedrig, so wird V1 stärker angesteuert. Dadurch wird V1 niederohmiger, und die Istspannung U_2 steigt an.

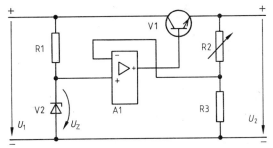

Bild 2: Spannungsregelung mit IC (Prinzipschaltung, Strombegrenzung nicht dargestellt)

Die Spannungsregelung ohne Energiespeicher erfolgt heute meist durch Spannungsregelung mittels IC, falls notwendig mit nachgeschalteter Leistungsstufe aus einzelnen Transistoren höherer Leistung.

Ein entscheidender Nachteil der Spannungsregler mit IC besteht darin, daß Leistungsteil, Spannungsvergleicher und Spannungsgeber thermisch (wärmemäßig) eng gekoppelt sind, da sie einander benachbart sind. Bei Präzisionsspannungsreglern wird eine Entkopplung dadurch hergestellt, daß getrennte Bausteine verwendet werden.

Wiederholungsfragen

1. Welche Aufgabe hat die Stabilisierung?
2. Geben Sie die beiden grundsätzlichen Möglichkeiten zur Stabilisierung an!
3. Warum treten bei der Stabilisierung ohne Energiespeicher erhebliche Verluste auf?
4. Wie muß der Vorwiderstand bei der einfachen Stabilisierungsschaltung mit Z-Diode bemessen werden?
5. Welchen Vorteil bietet die Stabilisierungsschaltung mit IC?
6. Nennen Sie den Nachteil der Spannungsregler mit IC!
7. Beschreiben Sie die Wirkungsweise eines einfachen Spannungsreglers nach Bild 2!

2.9 Verstärker

Verstärker haben die Aufgabe, schwache Signale so weit zu verstärken, daß diese schließlich einem Umsetzer (Wandler) zugeführt werden können. Kleine Spannungen bzw. Leistungen, z. B. von Mikrofonen oder Antennen, werden so hoch verstärkt, daß mit ihnen ein Lautsprecher betrieben oder eine Fernsehbildröhre angesteuert werden kann.

2.9.1 Grundbegriffe

Verstärkungsarten

Verstärkerstufen haben zwei Eingangsanschlüsse und zwei Ausgangsanschlüsse für das Signal. Sie sind also *Vierpole* (**Bild 1**). Da sie an den Ausgangsklemmen mehr Wirkleistung abgeben, als sie an den Eingangsklemmen aufnehmen, bezeichnet man sie als *aktive Vierpole.* Aktive Vierpole müssen an eine Gleichstromversorgung (Betriebsspannung U_b) angeschlossen werden, aus der die abgegebene Leistung entnommen wird.

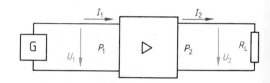

Bild 1: Verstärkerstufe als Vierpol

Als *Verstärkungsfaktor* bezeichnet man das Verhältnis einer Ausgangsgröße zu ihrer Eingangsgröße. Man unterscheidet zwischen Stromverstärkung, Spannungsverstärkung und Leistungsverstärkung.

I_1 Eingangsstrom
I_2 Ausgangsstrom
V_i Stromverstärkungsfaktor
U_1 Eingangsspannung
U_2 Ausgangsspannung
V_u Spannungsverstärkungsfaktor
P_1 Eingangsleistung
P_2 Ausgangsleistung
V_p Leistungsverstärkungsfaktor

$$V_i = \frac{I_2}{I_1}$$

$$V_p = V_u \cdot V_i$$

$$V_u = \frac{U_2}{U_1}$$

$$V_p = \frac{P_2}{P_1}$$

Neben der Verstärkung kann auch noch eine Phasenverschiebung oder Phasenumkehr der Ausgangsspannung gegenüber der Eingangsspannung auftreten. Das verstärkte Signal wird einem Lastwiderstand zugeführt.

Bei Endstufen von Verstärkern, insbesondere bei NF-Verstärkern mit Lautsprecherbetrieb, sind nicht die Verstärkungsfaktoren maßgebend, sondern die abgegebene Wechselstromleistung. Als Kenngröße wird die *Nennleistung* angegeben. Sie wird erreicht, wenn die Verstärkerstufe mit sinusförmigem Signal voll ausgesteuert wird und die Nennbelastung angeschlossen ist. Die aus der Stromversorgung aufgenommene Gleichstromleistung ist größer als die abgegebene Wechselstromleistung, da ein Teil als Verlustleistung in Wärme umgesetzt wird.

P_- Aufgenommene Gleichstromleistung
$P_\sim$ Abgegebene Wechselstromleistung
P_v Verlustleistung (auch P_{tot})

Leistungsbilanz:

$$P_- = P_\sim + P_v$$

Dämpfungsmaß und Verstärkungsmaß

Wird ein Signal durch einen Vierpol größer, so spricht man von *Verstärkung*. Wird ein Signal dagegen kleiner, so bezeichnet man dies als *Dämpfung*.

Der Verstärkungsfaktor wird als Verhältnis von Ausgangsgröße zu Eingangsgröße angegeben, der Dämpfungsfaktor dagegen als Verhältnis von Eingangsgröße zu Ausgangsgröße. Der Dämpfungsfaktor ist also der Kehrwert des Verstärkungsfaktors.

V Verstärkungsfaktor
D Dämpfungsfaktor
S_1 Eingangsgröße
S_2 Ausgangsgröße

$$V = \frac{S_2}{S_1}$$

$$D = \frac{S_1}{S_2}$$

$$D = \frac{1}{V}$$

Häufig verwendet man statt des Dämpfungsfaktors das Dämpfungsmaß in Bel* (B). Es ist der Zehner-Logarithmus des Leistungsdämpfungsfaktors (Tabelle 1).

Das Dämpfungsmaß wird in Bel bzw. in Dezibel angegeben.

in B: in dB:

a Dämpfungsmaß
P_1 Eingangsleistung
P_2 Ausgangsleistung

$$a = \lg \frac{P_1}{P_2}$$ $$a = 10 \cdot \lg \frac{P_1}{P_2}$$

Wenn der Eingangswiderstand und der Ausgangswiderstand gleich groß sind, was in der Nachrichtentechnik wegen der Leistungsanpassung häufig der Fall ist, kann man das Dämpfungsmaß auch aus den Spannungen berechnen.

a Dämpfungsmaß in dB
U_1, U_2 Spannungen

$$a = 10 \cdot \lg \frac{U_1^2 \cdot R}{R \cdot U_2^2}$$ $$a = 20 \cdot \lg \frac{U_1}{U_2}$$

Die Formel wird auch verwendet, wenn die Widerstände verschieden sind.

Beispiel 1: Die Eingangsspannung einer Antennenleitung beträgt 1 mV, die Ausgangsspannung 0,2 mV. Wie groß ist das Dämpfungsmaß?

Lösung: $a = 20 \cdot \lg \dfrac{U_1}{U_2} = 20 \cdot \lg \dfrac{1}{0,2} = 20 \cdot \lg 5 = \mathbf{14\,dB}$

Tabelle 1: Dämpfungsmaß und Dämpfungsfaktoren

Dämpfungsmaß in dB	0	3	6	10	14	20	26	30	40
Spannungsdämpfungsfaktor	1	1,41	2	3,16	5	10	20	31,6	100
Leistungsdämpfungsfaktor	1	2	4	10	25	100	400	1000	10 000

Das *Verstärkungsmaß* ist der Logarithmus aus dem Kehrwert des Dämpfungsfaktors. Man verwendet dafür meist kein besonderes Formelzeichen, sondern drückt das Verstärkungsmaß als negatives Dämpfungsmaß $-a$ aus (DIN 40 148). An Stelle von $-a$ verwendet man auch v.

Ein negatives Dämpfungsmaß gibt eine Verstärkung an.

Durch die logarithmische Angabe von Dämpfung und Verstärkung ist eine einfache Berechnung des gesamten Dämpfungsmaßes einer Übertragungsstrecke mittels Addition möglich.

a Gesamtes Dämpfungsmaß
$a_1, a_2 \ldots$ Einzeldämpfungsmaße

$$a = a_1 + a_2 + \ldots$$

Beispiel 2: In einem vierstufigen Verstärker treten die Spannungsverstärkungsfaktoren $V_1 = 5$, $V_2 = 50$, $V_3 = 50$ und $V_4 = 10$ auf. Wie groß ist das gesamte Verstärkungsmaß?

Lösung: $a = -(a_1 + a_2 + a_3 + a_4) = -(14\,dB + 34\,dB + 34\,dB + 20\,dB) = \mathbf{-102\,dB}$

Beispiel 3: Eine Antenne liefert eine Spannung von 500 µV an 75 Ω. Folgende Dämpfungen treten auf: Weiche 10 dB, Verteiler 4 dB, Antennenleitung 6 dB. Der Antennenverstärker hat eine 20fache Spannungsverstärkung. Wie groß ist a) das gesamte Dämpfungsmaß, b) die Ausgangsspannung am Ende der Leitung?

Lösung: Verstärkungsmaß des Verstärkers $-a_V = 20 \cdot \lg 20 = 26\,dB$
Gesamtes Dämpfungsmaß $a = a_1 + a_2 + a_3 - a_V = 10\,dB + 4\,dB + 6\,dB - 26\,dB = \mathbf{-6\,dB}$
Dämpfungsmaß $a = -6\,dB \Rightarrow V_u = 2 \Rightarrow U_2 = V_u \cdot U_1 = 2 \cdot 500\,µV = \mathbf{1\,mV}$

---

* Bell, amerik. Wissenschaftler, 1847 bis 1922

Eingangswiderstand und Ausgangswiderstand

Der Eingangswiderstand Z_e einer Verstärkerstufe belastet den Spannungserzeuger, der die Stufe ansteuert **(Bild 1)**. Er muß vor allem bei Verstärkerstufen mit bipolaren Transistoren beachtet werden. Bei Verstärkern mit Feldeffekttransistoren und bei Operationsverstärkern kann Z_e so groß sein, daß fast kein Eingangstrom fließt.

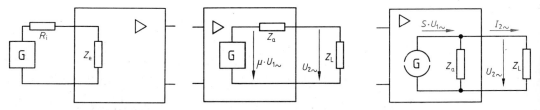

| Bild 1: Ersatzschaltung für den Eingang einer Verstärkerstufe | Bild 2: Verstärkerausgang als Ersatzspannungsquelle | Bild 3: Verstärkerausgang als Ersatzstromquelle |

Der Ausgangskreis einer Verstärkerstufe enthält im Ersatzschaltplan neben dem Ausgangswiderstand Z_a einen Spannungserzeuger bzw. einen Stromerzeuger. In der Darstellung als Ersatzspannungsquelle **(Bild 2)** liegt der Ausgangswiderstand mit dem außen zugeschalteten Lastwiderstand Z_L in Reihe. Die Leerlaufspannung des Spannungserzeugers hat die Größe $\mu \cdot U_{1\sim}$. Es ist die Eingangsspannung multipliziert mit dem größtmöglichen Spannungsverstärkungsfaktor μ (Leerlauf-Spannungsverstärkungsfaktor).

Häufig wird die Darstellung als Ersatzstromquelle **(Bild 3)** verwendet, bei der die Widerstände Z_a und Z_L parallel liegen. Der Stromerzeuger gibt einen Strom von der Größe $S \cdot U_{1\sim}$ ab. Es ist die Steilheit S des Transistors multipliziert mit der Eingangsspannung $U_{1\sim}$. Unter der *Steilheit* versteht man das Verhältnis von Ausgangsstromänderung zu Eingangsspannungsänderung.

Beide Ersatzschaltungen zeigen, daß bei einer Verstärkerstufe die Ausgangsspannung bzw. der Ausgangsstrom und damit die Verstärkungsfaktoren vom angeschlossenen Belastungswiderstand Z_L und von den Kenngrößen μ bzw. S des Verstärkerelements abhängen. Aus den Ersatzschaltungen können die Formeln für die Berechnung der Verstärkungsfaktoren abgeleitet werden.

Übertragungskurve

Versuch: Nehmen Sie die Ausgangsspannung eines NF-Verstärkers bei konstanter Eingangsspannung in Abhängigkeit von der Frequenz auf **(Bild 4)**!
Die Ausgangsspannung steigt zunächst an, bleibt über einen größeren Frequenzbereich etwa konstant und fällt bei höheren Frequenzen wieder ab **(Bild 5)**.

Ein idealer Verstärker sollte alle Frequenzen von 0 Hz bis ∞ Hz mit gleich großem Verstärkungsfaktor übertragen können. Durch die in den Schaltungen enthaltenen Kapazitäten ist dies jedoch nicht möglich.

Die Abhängigkeit der Ausgangsspannung bzw. des Verstärkungsfaktors von der Frequenz bezeichnet man als Übertragungskurve des Verstärkers. Bei der grafischen Darstellung wird die Frequenz meist im logarithmischen Maßstab aufgetragen (Bild 5).

Als obere bzw. untere Grenzfrequenz sind die Frequenzen festgelegt, bei denen die Ausgangsspannung auf 70% des Höchstwertes gefallen ist. Dies entspricht einer Dämpfung von 3 dB.

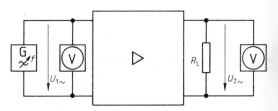

Bild 4: Meßschaltung

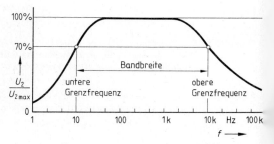

Bild 5: Übertragungskurve eines Verstärkers

Die Differenz zwischen oberer und unterer Grenzfrequenz bezeichnet man als Bandbreite Δf des Verstärkers.

Die *relative Bandbreite* wird auf die Bandmitte bezogen. Je nach Größe der relativen Bandbreite unterscheidet man zwischen *Breitbandverstärkern* und Schmalbandverstärkern. Letztere bezeichnet man auch als *selektive** *Verstärker*. Zu ihnen gehören die meisten Hochfrequenzverstärker, während z. B. Tonfrequenzverstärker zu den Breitbandverstärkern zählen.

Verzerrungen

Ein idealer Verstärker soll das Eingangssignal verstärken, ohne daß sich dabei die Kurvenform des Signals ändert. Dies gilt für sinusförmige und für nichtsinusförmige Signale. Oft treten aber Änderungen auf. Die entstehenden Veränderungen der Kurvenform bezeichnet man als *Verzerrungen*. Dabei unterscheidet man lineare und nichtlineare Verzerrungen.

Bei *linearen Verzerrungen* besteht zwischen den Eingangsgrößen und den Ausgangsgrößen des Verstärkers ein linearer Zusammenhang. Die Sinusform einer Wechselgröße wird nicht verändert, jedoch ihre Amplitude. Trotzdem können Verzerrungen auftreten, wenn mehrere Teilschwingungen gleichzeitig übertragen werden. Man kennt als lineare Verzerrungen die Dämpfungsverzerrungen und die Phasenverzerrungen.

Werden einzelne Signalspannungen mit unterschiedlicher Frequenz verschieden stark gedämpft oder verstärkt, so spricht man von *Dämpfungsverzerrungen* (**Bild 1**). Besonders störend wirken sich Dämpfungsverzerrungen bei der Übertragung von Impulsen aus. Impulse mit steilen Flanken stellen ein Frequenzgemisch mit großer Bandbreite dar. Ist die obere Grenzfrequenz eines Verstärkers nicht groß genug, so werden die hohen Frequenzen stark gedämpft. Damit ändert sich die Kurvenform der Impulse erheblich (**Bild 2**). Die erforderliche Grenzfrequenz des Verstärkers kann man aus der Anstiegszeit der Impulse berechnen.

τ Anstiegszeit
f_h obere Grenzfrequenz

$$f_h \geq \frac{1}{2 \cdot \tau}$$

Neben den Dämpfungsverzerrungen gehören auch die *Phasenverzerrungen* zu den linearen Verzerrungen, da auch bei ihnen keine Veränderung der Sinusform der *einzelnen* Teilschwingungen eintritt. Die *Laufzeit* einer Spannungsänderung (Phasenlaufzeit) oder einer dicht benachbarten Gruppe von Spannungen mit verschiedenen Frequenzen (Gruppenlaufzeit) hängt von den Kapazitäten und Induktivitäten in einem Verstärker ab und ist deshalb frequenzabhängig. Wenn zwei frequenzmäßig verschiedene Signale unterschiedliche Laufzeiten haben, so macht sich dies bereits bei geringen Unterschieden in einer Phasenverschiebung zwischen den Signalen bemerkbar. Deshalb werden Phasenverzerrungen auch als *Laufzeitverzerrungen* bezeichnet.

Sowohl Dämpfungsverzerrungen als auch Phasenverzerrungen treten bei Verstärkern im Bereich der beiden Flanken der Übertragungskurve auf.

* selectus (lat.) = ausgelesen

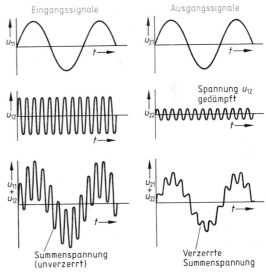

Bild 1: Dämpfungsverzerrung

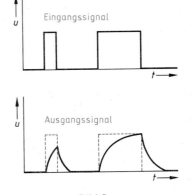

Bild 2:
Dämpfungsverzerrung von Impulsen

Bei *nichtlinearen Verzerrungen* besteht zwischen den Eingangsgrößen und den Ausgangsgrößen des Verstärkers ein nichtlinearer Zusammenhang, z. B. durch die *gekrümmte* Kennlinie eines Transistors **(Bild 1)**. Durch diese Kennlinie wird die Sinusform des Signals verändert. Durch die nichtlineare Kennlinie entstehen zusätzlich zur Frequenz der Grundschwingung weitere Teilschwingungen. Ihre Frequenzen sind ganzzahlige Vielfache der Frequenz der Grundschwingung. Infolge von Überlagerung der Grundschwingung mit den Teilschwingungen entsteht eine nichtsinusförmige Summenkurve **(Bild 2)**. Da sich jede nichtsinusförmige Kurvenform umgekehrt in eine Grundschwingung mit Teilschwingungen zerlegen läßt (*Fourier-Analyse**), kann man durch Bestimmen des prozentualen Anteils der Teilschwingungen den Grad der Verzerrung angeben. Das Maß dafür ist der *Klirrfaktor*.

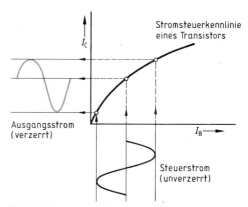

Bild 1: Verzerrung durch nichtlineare Kennlinie

k Klirrfaktor
U_{1f} Grundschwingung (Effektivwert)
U_{2f} 2. Teilschwingung (Effektivwert)
U_{3f} 3. Teilschwingung (Effektivwert)

$$k = \frac{\sqrt{U_{2f}^2 + U_{3f}^2 + \ldots}}{\sqrt{U_{1f}^2 + U_{2f}^2 + U_{3f}^2 + \ldots}}$$

Der Klirrfaktor ist ein wichtiges Maß für die Güte eines NF-Verstärkers. Für eine Tonübertragung mit Hi-Fi-Qualität ist ein Klirrfaktor von höchstens 1% zugelassen (DIN 45 500).

Zur Bestimmung des Klirrfaktors wird auf den Eingang des Verstärkers eine Sinusspannung von z. B. 1000 Hz gegeben. Die Ausgangsspannung wird mit einem abstimmbaren Spannungsmesser untersucht, der auf 1000 Hz, 2000 Hz und 3000 Hz eingestellt wird. Die 4. Teilschwingung ist meist so klein, daß sie vernachlässigt werden kann.

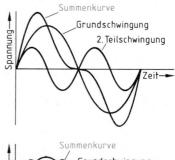

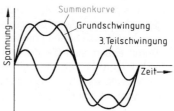

Bild 2: Addition von Grundschwingung und Teilschwingungen

Beispiel:	Eine Messung der Grundschwingung ergibt eine Spannung von 2 V, eine Messung der 2. Teilschwingung eine Spannung von 0,1 V und eine Messung der 3. Teilschwingung eine Spannung von 0,05 V. Wie groß ist der Klirrfaktor?

Lösung: $k = \dfrac{\sqrt{U_{2f}^2 + U_{3f}^2}}{\sqrt{U_{1f}^2 + U_{2f}^2 + U_{3f}^2}} = \dfrac{\sqrt{0,1^2 + 0,05^2}\ \text{V}}{\sqrt{2^2 + 0,1^2 + 0,05^2}\ \text{V}} = 0,056 = \textbf{5,6\%}$

Rauschen

Eine unangenehme Störung bei Verstärkern mit großer Bandbreite ist das *Rauschen*. Es wird z. B. hörbar, wenn man einen Fernsehempfänger auf einen Kanal ohne Sender schaltet. Im Rauschen sind alle Frequenzen mit gleichen Leistungsanteilen enthalten (*„weißes Rauschen"*). Es hört sich wie das Geräusch eines Wasserfalls an. In diesem Geräusch überwiegen die hohen Frequenzen, weil das Ohr hohe Frequenzen stärker wahrnimmt als die tiefen Frequenzen **(Bild 3)**.

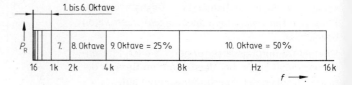

Bild 3: Verteilung der Rauschleistung auf den Hörbereich

* Fourier, franz. Mathematiker, 1768 bis 1830

Ursache des Rauschens ist die Zusammensetzung des elektrischen Stromes aus einzelnen Ladungsträgern. Es ist nicht möglich, alle Ladungsträger vollkommen gleichmäßig zu bewegen. Jede Unregelmäßigkeit bedeutet aber einen kleinen Störimpuls (*Stromrauschen*). In Halbleitern entstehen und verschwinden ständig Ladungsträger durch Paarbildung bzw. Rekombination. Bei bipolaren Transistoren erhöht sich dieses Stromrauschen noch durch den ungleichmäßigen Diffusionsvorgang in der Basis und durch die schwankende Stromverteilung zwischen Basisstrom und Kollektorstrom. Feldeffekttransistoren sind deshalb rauschärmer.

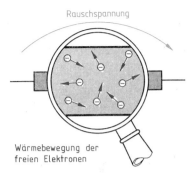

Rauschspannung

Wärmebewegung der freien Elektronen

Bild 1: Thermisches Rauschen eines Widerstandes

An einem Widerstand entsteht selbst dann eine Rauschspannung, wenn er von keinem Strom durchflossen wird **(Bild 1)**. Die Atome bzw. Moleküle eines Stoffs führen bei Wärme Schwingungen aus. An dieser Wärmebewegung nehmen auch die freien Elektronen teil. Diese Elektronenbewegung erzeugt an den Anschlüssen des Widerstands eine Spannung, die *thermische Rauschspannung*.

Das thermische Rauschen eines Widerstands läßt sich als einzige Rauschart berechnen, weil es zwischen der Temperatur eines Körpers und seiner Molekularbewegung einen gesetzmäßigen Zusammenhang gibt.

U_R Thermische Rauschspannung am Widerstand	$$U_R = \sqrt{4 \cdot k \cdot T \cdot \Delta f \cdot R}$$
Δf Bandbreite	
R Widerstand	Bei $\vartheta = 20\,°C$:
k Boltzmann-Konstante ($13{,}8 \cdot 10^{-24}$ Ws/K)	
ϑ Temperatur	
T Temperatur in K	$$\boxed{U_R = 0{,}128 \cdot 10^{-9}\ (\text{Ws})^{1/2} \cdot \sqrt{\Delta f \cdot R}}$$

Beispiel: Der Eingangswiderstand eines Verstärkers beträgt 1 MΩ, seine Bandbreite 16 kHz. Wie groß ist die wirksame Rauschspannung am Eingang (bei 20 °C)?

Lösung: $U_R = 0{,}128 \cdot 10^{-9}\ (\text{Ws})^{1/2} \cdot \sqrt{\Delta f \cdot R} = 0{,}128 \cdot 10^{-9}\ (\text{Ws})^{1/2} \cdot \sqrt{16\ \text{kHz} \cdot 1\ \text{M}\Omega} = \textbf{16 µV}$

Da sich nicht alle Anteile des Rauschens berechnen lassen, ermittelt man das Rauschen einer Verstärkerstufe durch eine Messung. Als Vergleich dient ein geeichter Rauschgenerator. Das Ergebnis der Messung wird als Rauschfaktor F angegeben.

Das Verhältnis von Nutzleistung zu Rauschleistung bezeichnet man als *Rauschabstand*, das logarithmische Verhältnis als Rauschabstandsmaß. Für eine rauschfreie Tonübertragung benötigt man ein Rauschabstandsmaß von 30 dB bis 40 dB. Dies entspricht einem Spannungsverhältnis von 32 : 1 bis 100 : 1.

Wiederholungsfragen

1. Was versteht man unter einem aktiven Vierpol?
2. Wie gibt man eine Verstärkung im Dämpfungsmaß an?
3. Auf welche zwei Arten kann man den Ausgangskreis einer Verstärkerstufe als Ersatzschaltung darstellen?
4. Warum können Impulse durch Dämpfungsverzerrungen, also lineare Verzerrungen, verformt werden?
5. In welchen Frequenzbereichen der Übertragungskurve eines Verstärkers entstehen lineare Verzerrungen?
6. Wodurch entstehen nichtlineare Verzerrungen?
7. Was versteht man bei nichtlinearen Verzerrungen unter Teilschwingungen?
8. Wie heißt das Maß für nichtlineare Verzerrungen?
9. Warum hört man beim Rauschen überwiegend hohe Frequenzen?
10. Wodurch entsteht die thermische Rauschspannung an einem Widerstand?

2.9.2 Verstärker mit bipolaren Transistoren

2.9.2.1 Grundschaltungen

Versuch 1: Legen Sie an einen NPN-Leistungstransistor, z. B. BD 439, in Schalterstellung 1 von **Bild 1** eine Betriebsspannung von 12 V und eine Basis-Emitter-Spannung von 0,8 V! Erhöhen Sie die Basis-Emitter-Spannung auf 1,0 V!

Der Basisstrom wird um etwa 10 mA, der Kollektorstrom um etwa 2 A größer. U_{CE} ist gleich U_b und bleibt konstant.

Versuch 2: Schalten Sie zwischen Kollektor und Betriebsspannung einen Widerstand $R_C = 4,7\,\Omega$, und wiederholen Sie den Versuch (Schalterstellung 2)!

Der Kollektorstrom wird um etwa 1 A größer, die Kollektor-Emitter-Spannung wird um etwa 4 V kleiner.

Durch eine Änderung des Basisstromes bzw. der Basis-Emitter-Spannung kann man den Kollektor-Emitter-Widerstand des Transistors ändern. Es tritt dadurch eine Kollektorstromänderung auf, die wesentlich größer ist als die Basisstromänderung. Schaltet man in den Kollektorstromkreis einen Widerstand R_C, so ändert sich durch den Spannungsabfall an diesem Widerstand auch die Kollektor-

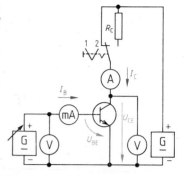

Bild 1: Transistor als Verstärker (Versuchsschaltung)

Emitter-Spannung. Diese Spannungsänderung ist wesentlich größer als die Änderung der Basis-Emitter-Spannung. Durch den Widerstand R_C erhält man neben der *Stromverstärkung* jetzt auch eine *Spannungsverstärkung*.

Verstärker mit Transistoren benötigen zur Spannungsverstärkung einen Widerstand im Ausgangskreis.

In der Versuchsschaltung (Bild 1) verläuft die Spannungsänderung auf der Ausgangsseite entgegengesetzt zur Spannungsänderung auf der Eingangsseite. Steuert man den Transistor mit Wechselspannung, so ist die Ausgangsspannung gegenphasig zur Eingangsspannung (Phasenverschiebungswinkel $\varphi = 180°$).

Ein Verstärkervierpol hat je zwei Anschlüsse auf der Eingangsseite und auf der Ausgangsseite, ein Transistor aber nur drei Anschlüsse. Deshalb muß einer der Transistoranschlüsse zumindest für den Wechselstrom sowohl im Eingangskreis als auch im Ausgangskreis verwendet werden. In der Versuchsschaltung Bild 1 ist dies der Emitteranschluß. Man bezeichnet deshalb diese Schaltung als *Emitterschaltung*. Entsprechend den beiden anderen Anschlüssen unterscheidet man davon die *Kollektorschaltung* und die *Basisschaltung* **(Tabelle 1).**

Tabelle 1: Grundschaltungen des Transistors			
Schaltungsart	Emitterschaltung	Kollektorschaltung	Basisschaltung
Schaltung			
Stromverstärkungs-faktor	groß, z. B. 300	groß, z. B. 300	< 1
Spannungs-verstärkungsfaktor	groß, z. B. 300	< 1	groß, z. B. 100
Leistungs-verstärkungsfaktor	sehr groß, z. B. 30 000	groß, z. B. 300	groß, z. B. 200
Eingangswiderstand Ausgangswiderstand	mittel, z. B. 5 kΩ groß, z. B. 10 kΩ	groß, z. B. 50 kΩ klein, z. B. 100 Ω	klein, z. B. 50 Ω groß, z. B. 10 kΩ
Lage der Eingangs-spannung zur Ausgangsspannung	gegenphasig	gleichphasig	gleichphasig
Die angegebenen Werte gelten für NPN-Kleinleistungstransistoren bei niederen Frequenzen.			

2.9.2.2 Emitterschaltung

Die Emitterschaltung hat den größten Leistungsverstärkungsfaktor und wird deshalb am häufigsten verwendet.

Will man die Verstärkungsgrößen der Schaltung ermitteln, so muß man zwischen *Kleinsignalverstärkung* und *Großsignalverstärkung* unterscheiden.

Bei kleinen Signalen können die Stromverstärkung und die Spannungsverstärkung mit Hilfe der Transistorkenngrößen berechnet werden. Von den vier dynamischen Kenngrößen werden dazu die Kurzschlußstromverstärkung, der Ausgangswiderstand und der Eingangswiderstand benötigt, die aus den Datenblättern entnommen werden können.

Der *Stromverstärkungsfaktor* für die Emitterschaltung läßt sich aus dem Wechselstrom-Ersatzschaltplan der Transistorstufe berechnen **(Bild 1)**.

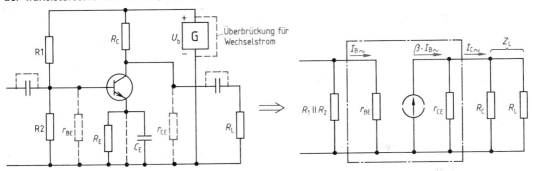

Bild 1: Wechselstrom-Ersatzschaltplan einer Verstärkerstufe in Emitterschaltung

Der Ausgangskreis der Verstärkerstufe wird als Ersatzstromquelle betrachtet. Die Ersatzstromquelle erzeugt den Strom $\beta \cdot I_{B\sim}$ und ist mit dem Ausgangswiderstand r_{CE} des Transistors belastet. Da der Betriebsspannungserzeuger für Wechselstrom keinen Widerstand darstellt, liegt der Kollektorwiderstand R_C parallel zum Ausgangswiderstand. Es entsteht eine Stromteilung. Weitere angeschlossene Widerstände, z. B. der Eingangswiderstand einer nachfolgenden Stufe, liegen parallel und verkleinern den Ersatzwiderstand Z_L entsprechend. Durch Z_L fließt der Kollektorstrom $I_{C\sim}$.

V_i Stromverstärkungsfaktor

$\beta = h_{21e}$ Kurzschlußstromverstärkungsfaktor

$r_{CE} \approx \dfrac{1}{h_{22e}}$ Leerlauf-Ausgangswiderstand des Transistors (bisher R_a)

R_L Lastwiderstand der Stufe

Z_L Gesamtlastwiderstand des Transistors

$$\frac{V_i}{\beta} = \frac{I_{C\sim}}{\beta \cdot I_{B\sim}}$$

$$= \frac{r_{CE} \cdot Z_L}{(r_{CE} + R_L)\, R_L}$$

Bei $R_L \gg R_C \Rightarrow Z_L \approx R_C$

Für Emitterschaltung:

$$\boxed{V_i = \beta \cdot \frac{r_{CE}}{r_{CE} + Z_L}}$$

Beispiel 1: Von einem Transistor sind als Kenngrößen bekannt $\beta = h_{21e} = 60$ und $1/r_{CE} \approx h_{22e} = 100\,\mu S$. Wie groß wird der Stromverstärkungsfaktor bei $Z_L = 2,2\ k\Omega$?

Lösung: $r_{CE} \approx \dfrac{1}{h_{22e}} = \dfrac{1}{100\,\mu S} = 10\ k\Omega;$ $V_i = \beta \cdot \dfrac{r_{CE}}{r_{CE} + Z_L} = 60 \cdot \dfrac{10\ k\Omega}{10\ k\Omega + 2,2\ k\Omega} = \mathbf{49}$

Oft ist der Lastwiderstand klein gegenüber dem Ausgangswiderstand des Transistors. Für überschlägige Rechnungen kann er deshalb vernachlässigt werden. Der Transistor arbeitet fast im Kurzschluß. Der Stromverstärkungsfaktor ist etwa gleich dem Kurzschlußstromverstärkungsfaktor $\beta = h_{21e}$.

Der *Spannungsverstärkungsfaktor* des Transistors kann aus demselben Ersatzschaltplan berechnet werden. Der Strom $\beta \cdot I_{B\sim}$ erzeugt an der Parallelschaltung von r_{CE} und Z_L einen Spannungsabfall, die Ausgangswechselspannung $U_{2\sim}$ des Transistors. Der Basisstrom erzeugt am Eingangswiderstand einen Spannungsabfall, die Eingangsspannung $U_{1\sim}$. Das Verhältnis der Ausgangswechselspannung zur Eingangswechselspannung ist der Spannungsverstärkungsfaktor des Transistors. Dabei kann die Rückwirkung vom Ausgang des Transistors auf den Eingang vernachlässigt werden.

V_u	Spannungsverstärkungsfaktor
β	Kurzschlußstromverstärkungsfaktor
r_{CE}	Leerlauf-Ausgangswiderstand des Transistors
r_{BE}	$\approx h_{11e}$ Eingangswiderstand des Transistors (bisher R_e)

$$U_{2\sim} = \beta \cdot I_{B\sim} \cdot \frac{r_{CE} \cdot Z_L}{r_{CE} + Z_L}$$

$$U_{1\sim} = I_{B\sim} \cdot r_{BE}$$

$$V_u = \frac{U_{2\sim}}{U_{1\sim}}$$

Für Emitterschaltung:

$$\boxed{V_u = \frac{\beta}{r_{BE}} \cdot \frac{r_{CE} \cdot Z_L}{r_{CE} + Z_L}}$$

Das Verhältnis β/r_{BE} wird auch als *Steilheit S* des Transistors bezeichnet.

S	Steilheit
ΔI_C	Kollektorstromänderung
ΔU_{BE}	Basis-Emitter-Spannungsänderung

$$S = \frac{\Delta I_C}{\Delta U_{BE}} = \frac{\beta}{r_{BE}}$$

$$\boxed{V_u = S \cdot \frac{r_{CE} \cdot Z_L}{r_{CE} + Z_L}}$$

Beispiel 2: Als Kenngrößen eines Transistors sind bekannt $\beta = 60$, $1/r_{CE} \approx h_{22e} = 100\ \mu S$ und $r_{BE} = 850\ \Omega$. Wie groß ist der Spannungsverstärkungsfaktor bei einem Lastwiderstand $Z_L = 2{,}2\ k\Omega$?

Lösung: $\quad V_u = \dfrac{\beta}{r_{BE}} \cdot \dfrac{r_{CE} \cdot Z_L}{r_{CE} + Z_L} = \dfrac{60}{0{,}85\ k\Omega} \cdot \dfrac{10\ k\Omega \cdot 2{,}2\ k\Omega}{10\ k\Omega + 2{,}2\ k\Omega} = \mathbf{127}$

Großsignalverstärkung bedeutet eine weite Aussteuerung im Ausgangskennlinienfeld des Transistors. Dies ist vor allem bei Endverstärkerstufen der Fall. Dabei machen sich die ungleichen Abstände der Kennlinien und ihre unterschiedlichen Steigungen bemerkbar. Eine Rechnung mit den Kenngrößen für die Kleinsignalverstärkung ist dann nicht mehr möglich.

Die Verstärkungsfaktoren können bei Bedarf aus den Kennlinien ermittelt werden. Wichtiger ist bei Endverstärkerstufen jedoch die Bestimmung der abgegebenen Wechselstromleistung, der aufgenommenen Gleichstromleistung und der Verlustleistung. Dazu wird der Lastwiderstand Z_L als *Arbeitsgerade* in das Kennlinienfeld eingezeichnet **(Bild 1)**. Z_L ist in diesem Fall gleich Z_C.

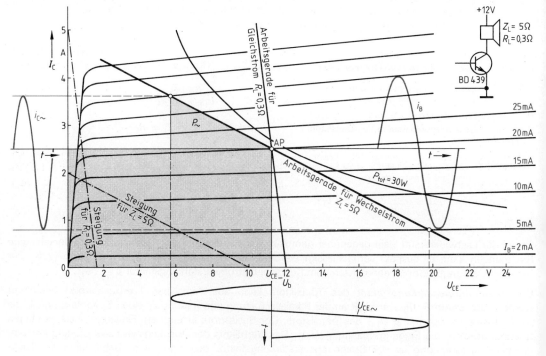

Bild 1: Ermittlung der Leistungen aus dem Ausgangskennlinienfeld

Ist der Lastwiderstand eine Spule, z. B. die Schwingspule eines Lautsprechers, so erhält man für ihren Wirkwiderstand R_L eine Arbeitsgerade für Gleichstrom, für ihren Scheinwiderstand Z_L eine Arbeitsgerade für Wechselstrom.

Zunächst wird die *Arbeitsgerade für Gleichstrom* eingezeichnet (Bild 1, Seite 242). Für die Konstruktion ihrer Steigung wählt man eine Spannung auf der waagrechten Achse, z. B. 1,5 V. Ein zweiter Punkt liegt auf der senkrechten Achse bei $I_C = U/R_L$, z. B. bei $I_C = 1,5\ V/0,3\ \Omega = 5\ A$. Die Verbindung dieser Punkte ergibt die Steigung der Geraden. Die Arbeitsgerade selbst verläuft parallel dazu durch den Punkt der Betriebsspannung U_b auf der waagrechten Achse.

Liegt auf diese Weise die Arbeitsgerade für Gleichstrom fest, so wird der Arbeitspunkt eingetragen. Er muß unterhalb der Leistungshyperbel (P_{tot}) liegen. Durch den Arbeitspunkt verläuft auch die Arbeitsgerade für Wechselstrom. Ihre Steigung wird auf die gleiche Weise wie oben beschrieben konstruiert.

Trägt man im Ausgangskennlinienfeld mit I_B als Parameter vom Arbeitspunkt aus den Basiswechselstrom ein, so kann man durch Projektion auf die Achsen den entstehenden Kollektorwechselstrom und die Kollektorwechselspannung entnehmen. Multipliziert man ihre beiden Effektivwerte, so erhält man die abgegebene Wechselstromleistung.

$\hat{\imath}_C$	Kollektorwechselstrom (Scheitelwert)
$\hat{u}_{CE}$	Kollektor-Emitter-Wechselspannung (Scheitelwert)
$P_{\sim}$	Wechselstromleistung

$$P_{\sim} = \frac{\hat{\imath}_C \cdot \hat{u}_{CE}}{2}$$

Faßt man diese Formel geometrisch auf, so ergibt sich die Fläche eines halben Rechtecks mit den Seiten $\hat{\imath}_C$ und $\hat{u}_{CE}$. Diese Fläche wird als *Leistungsdreieck* bezeichnet. Der Inhalt der Dreiecksfläche entspricht der Wechselstromleistung. Bei unsymmetrischer Aussteuerung erhält man einen genaueren Wert, wenn man die Wechselstromleistung auch für die zweite Halbschwingung ermittelt und den Mittelwert bildet.

Auch wenn der Transistor nicht ausgesteuert wird, fließt ständig der Kollektorruhestrom I_{C-} durch den Transistor. Aus dem Produkt I_{C-} mit der anliegenden Kollektor-Emitter-Gleichspannung U_{CE-} erhält man die vom Transistor aufgenommene Gleichstromleistung.

P_{-}	Gleichstromleistung
I_{C-}	Kollektorruhestrom
U_{CE-}	Kollektor-Emitter-Gleichspannung

$$P_{-} \approx I_{C-} \cdot U_{CE-}$$

Diese Gleichstromleistung kann als Rechteck in das Ausgangskennlinienfeld eingetragen werden (Bild 1, Seite 244). Die Differenz zwischen aufgenommener Gleichstromleistung und abgegebener Wechselstromleistung ist die im Transistor in Wärme umgesetzte Verlustleistung.

P_v	Gesamte Verlustleistung
P_{-}	aufgenommene Gleichstromleistung
$P_{\sim}$	abgegebene Wechselstromleistung

$$P_v = P_{-} - P_{\sim}$$

Wird der Transistor nicht ausgesteuert, so kann auch keine Wechselstromleistung abgeführt werden. Die zugeführte Gleichstromleistung wird dann vollständig in Wärme umgewandelt. Deshalb darf die zugeführte Gleichstromleistung die zulässige Verlustleistung P_{tot} nicht überschreiten, die sich aus der Umgebungstemperatur und dem Wärmewiderstand ermitteln läßt. Zeichnet man für diese Leistung bei verschiedenen Kollektor-Emitter-Spannungen die zugehörigen Kollektorströme in das Kennlinienfeld ein, so erhält man die *Leistungshyperbel*.

Beispiel 3: Der Transistor BD 439 in Bild 1, Seite 242, wird von einer Sinusspannung mit $\hat{\imath}_B = 15\ mA$ angesteuert. Bestimmen Sie im angegebenen Arbeitspunkt die aufgenommene Gleichstromleistung, die abgegebene Wechselstromleistung und die Verlustleistung!

Lösung:

$$P_{-} \approx I_{C-} \cdot U_{CE-} \approx 2,5\ A \cdot 11,2\ V = \mathbf{28\ W}$$

$$P_{\sim} = \frac{\hat{\imath}_C \cdot \hat{u}_{CE}}{2} \approx \frac{1,1\ A \cdot 5,4\ V}{2} \approx \mathbf{3\ W}$$

$$P_v = P_{-} - P_{\sim} \approx 28\ W - 3\ W = \mathbf{25\ W}$$

2.9.2.3 Kollektorschaltung und Basisschaltung

Bei der *Kollektorschaltung* **(Bild 1)** ist der Kollektor über die Stromversorgung wechselstrommäßig an Masse angeschlossen. Das Signal wird am Emitter ausgekoppelt. Die Kollektorschaltung nennt man auch *Emitterfolger*.

Die Eingangswechselspannung und die Ausgangswechselspannung sind fast gleich groß. Sie unterscheiden sich nur durch die kleine Steuerwechselspannung $U_{BE\sim}$, d.h. der Spannungsverstärkungsfaktor V_u ist etwas kleiner als 1. Der Wechselstrom im Ausgangskreis ist dagegen das β-fache vom Wechselstrom im Eingangskreis. Alle Widerstände des Ausgangskreises erscheinen auf der Eingangsseite β mal so groß, weil die Stromstärke dort $1/\beta$ mal so groß ist. Alle Widerstände des Eingangskreises erscheinen dagegen auf der Ausgangsseite $1/\beta$ mal so groß, weil die Stromstärke dort β mal so groß ist.

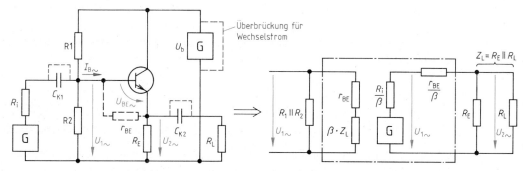

Bild 1: Kollektorschaltung mit Wechselstrom-Ersatzschaltplan

V_u	Spannungsverstärkungsfaktor	
r_{BC}	Eingangswiderstand des Transistors in Kollektorschaltung	
Z_e	Eingangswiderstand der Kollektorschaltung mit Basisspannungsteiler	
$r_{BE} \approx h_{11e}$	Kurzschluß-Eingangswiderstand	
$\beta = h_{21e}$	Kurzschluß-Stromverstärkungsfaktor	
Z_L	Gesamtlastwiderstand	
R_{12}	Ersatzwiderstand $R_1 \parallel R_2$	
r_{EC}	Ausgangswiderstand des Transistors in Kollektorschaltung	
Z_a	Ausgangswiderstand der Kollektorschaltung mit R_E	
R_i	Innenwiderstand des Steuerspannungserzeugers	

$$V_u \leq 1$$

$$r_{BC} = r_{BE} + \beta \cdot Z_L$$

$$Z_e = \frac{r_{BC} \cdot R_{12}}{r_{BC} + R_{12}}$$

$$r_{EC} = \frac{1}{\beta}(r_{BE} + R_i)$$

$$Z_a = \frac{r_{EC} \cdot R_E}{r_{EC} + R_E}$$

Wird ein Spannungsteiler mit $R_1 \parallel R_2 < R_i$ verwendet, so verkleinert sich der Ausgangswiderstand r_{EC} noch weiter.

Die Kollektorschaltung hat einen großen Eingangswiderstand und einen kleinen Ausgangswiderstand.

Die Kollektorschaltung wird deshalb meist als *Impedanzwandler* oder als Eingangsschaltung verwendet.

Bei der *Basisschaltung* (Tabelle 1, Seite 240) liegt die Basis des Transistors über einen Kondensator an Masse. Eine direkte Masseverbindung ist nicht möglich, da der Basis eine Gleichspannung als Vorspannung zugeführt werden muß. Der Emitter des Transistors ist über einen Widerstand oder auch über eine Spule, in die induktiv die Steuerspannung eingekoppelt wird, an den Minuspol der Betriebsspannung angeschlossen. Die Steuerspannung ist zwischen Basis und Emitter angelegt.

Da im Eingangskreis der Basisschaltung der große Emitterstrom durch einen kleinen Widerstand fließt, ist der Eingangswiderstand der Basisschaltung klein. Der Ausgangswiderstand ist dagegen groß. Der Stromverstärkungsfaktor ist kleiner als 1, da der Kollektorstrom im Ausgangskreis kleiner ist als der Emitterstrom im Eingangskreis. Die Basisschaltung wird für HF-Verstärker verwendet.

2.9.2.4 Einstellung und Stabilisierung des Arbeitspunkts

Bei NPN-Transistoren muß die Basis stets positiv, bei PNP-Transistoren stets negativ gegenüber dem Emitter sein. Transistoren werden deshalb mit einer Basis-Emitter-Vorspannung betrieben, der die Steuerwechselspannung überlagert wird.

Die Basis-Emitter-Vorspannung und die Kollektor-Emitter-Spannung stellen den *Arbeitspunkt* des Transistors ein. Die Kollektor-Emitter-Spannung ist die Differenz zwischen der Betriebsspannung und dem Spannungsabfall an den Widerständen im Kollektor-Emitter-Kreis. Die Basis-Emitter-Vorspannung wird über einen Spannungsteiler oder einen Vorwiderstand **(Bild 1)** aus der Betriebsspannung entnommen.

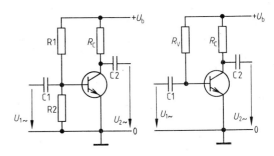

Bild 1: Erzeugung der Basis-Emitter-Vorspannung

Bei Erwärmung eines bipolaren Transistors steigen die Ströme an und der Arbeitspunkt verlagert sich. Dadurch ändern sich die Verstärkung, der Eingangswiderstand, der Ausgangswiderstand und die vom Transistor aufgenommene Gleichstromleistung. Der Arbeitspunkt muß deshalb *stabilisiert* werden. Für Transistoren mit kleiner Leistung, z. B. in Vorstufen, genügt eine elektrische Stabilisierung des Arbeitspunktes **(Tabelle 1)**. Die Schaltungen können miteinander kombiniert werden.

Bei Leistungstransistoren muß zusätzlich die im Innern entstehende Wärme abgeleitet werden. Die höchstzulässige Verlustleistung, die im Transistor auftreten darf, kann als Leistungshyperbel P_{tot} im Ausgangskennlinienfeld eingetragen werden.

Tabelle 1: Stabilisierung des Arbeitspunktes

Bezeichnung	Gleichstrom-gegenkopplung	Gleichspannungs-gegenkopplung	Stabilisierung mit Dioden	Stabilisierung durch Heißleiter
Schaltung				
Wirkungs-weise	Bei Zunahme des Kollektorstroms wird der Spannungsabfall an R_E größer und die Basis-Emitter-Spannung U_{BE} kleiner.	Bei Zunahme des Kollektorstroms wird die Kollektor-Emitter-Spannung und damit auch die Basis-Emitter-Spannung kleiner. Zusätzlich tritt Wechselspannungsgegenkopplung auf.	Die Dioden V1 und V2 werden in Durchlaßrichtung betrieben. Bei Erwärmung nimmt ihr Widerstand infolge Eigenleitung ab, so daß ihre Schleusenspannung sinkt und damit auch die Vorspannungen von V4 und V5.	Bei zunehmender Wärme wird der Widerstand von R2 und damit auch die Basis-Emitter-Spannung kleiner. Der Heißleiter muß thermisch mit dem Transistor verbunden sein.

2.9.2.5 Kopplung mehrstufiger Verstärker

Reicht die Verstärkung eines Transistors nicht aus, so werden zwei oder mehr Stufen hintereinander geschaltet. Die Verstärkungsfaktoren vervielfachen sich. Die Verbindung zweier Verstärkerstufen bezeichnet man als *Kopplung* (Tabelle 1).

Tabelle 1: Kopplungsarten

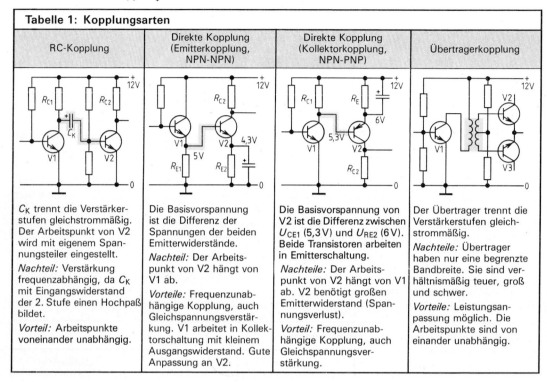

RC-Kopplung	Direkte Kopplung (Emitterkopplung, NPN-NPN)	Direkte Kopplung (Kollektorkopplung, NPN-PNP)	Übertragerkopplung
C_K trennt die Verstärkerstufen gleichstrommäßig. Der Arbeitspunkt von V2 wird mit eigenem Spannungsteiler eingestellt. *Nachteil:* Verstärkung frequenzabhängig, da C_K mit Eingangswiderstand der 2. Stufe einen Hochpaß bildet. *Vorteil:* Arbeitspunkte voneinander unabhängig.	Die Basisvorspannung ist die Differenz der Spannungen der beiden Emitterwiderstände. *Nachteil:* Der Arbeitspunkt von V2 hängt von V1 ab. *Vorteile:* Frequenzunabhängige Kopplung, auch Gleichspannungsverstärkung. V1 arbeitet in Kollektorschaltung mit kleinem Ausgangswiderstand. Gute Anpassung an V2.	Die Basisvorspannung von V2 ist die Differenz zwischen U_{CE1} (5,3V) und U_{RE2} (6V). Beide Transistoren arbeiten in Emitterschaltung. *Nachteile:* Der Arbeitspunkt von V2 hängt von V1 ab. V2 benötigt großen Emitterwiderstand (Spannungsverlust). *Vorteil:* Frequenzunabhängige Kopplung, auch Gleichspannungsverstärkung.	Der Übertrager trennt die Verstärkerstufen gleichstrommäßig. *Nachteile:* Übertrager haben nur eine begrenzte Bandbreite. Sie sind verhältnismäßig teuer, groß und schwer. *Vorteile:* Leistungsanpassung möglich. Die Arbeitspunkte sind voneinander unabhängig.

2.9.2.6 Gegenkopplung

Nichtlineare Verzerrungen lassen sich in Verstärkern nicht vermeiden, jedoch durch Gegenkopplung verkleinern.

Wird ein Teil der Ausgangsspannung eines Verstärkers auf den Eingang zurückgeführt, so spricht man von *Rückkopplung*. Ist die rückgekoppelte Spannung dabei in Phase mit der Eingangsspannung, handelt es sich um *Mitkopplung*. Ist die rückgekoppelte Spannung zur Eingangsspannung gegenphasig, so handelt es sich um *Gegenkopplung* (Bild 1). Die gegengekoppelte Spannung ist ein Teil der Ausgangswechselspannung. Der *Kopplungsfaktor* gibt das Verhältnis der gegengekoppelten Spannung zur Ausgangsspannung an.

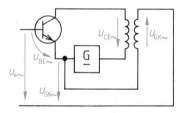

Bild 1: Prinzip der Gegenkopplung

Der Verstärkungsfaktor ist bei Gegenkopplung kleiner, da die Basis-Emitter-Spannung um die Gegenkopplungsspannung kleiner ist als die Eingangsspannung.

V_u' Spannungsverstärkungsfaktor bei Gegenkopplung
V_u Spannungsverstärkungsfaktor ohne Gegenkopplung
K Kopplungsfaktor

$$V_u' = \frac{V_u}{1 + K \cdot V_u}$$

Ist der Verstärkungsfaktor V_u groß, so wird bei Gegenkopplung $V_u' \approx 1/K$. Der Verstärkungsfaktor hängt dann nur von der Gegenkopplung ab. Schwankungen der Betriebsspannung, Temperaturänderungen und Alterung des Transistors wirken sich nicht aus.

Der Klirrfaktor wird bei Gegenkopplung im gleichen Verhältnis wie der Verstärkungsfaktor herabgesetzt.

Bei der **Stromgegenkopplung** liegt im Emitter-kreis ein Widerstand, an dem der Emitterstrom die Gegenkopplungsspannung hervorruft **(Bild 1)**. Zusammen mit der Wechselstromgegenkopplung tritt auch Gleichstromgegenkopplung auf, durch die der Arbeitspunkt stabilisiert wird. Soll die Wechselstromgegenkopplung kleiner sein als die Gleichstromgegenkopplung, so wird der Emitter-widerstand ganz oder zum Teil mit einem Konden-sator überbrückt. Bei vollständiger Überbrückung von R_E mit einem Kondensator tritt keine Wechsel-stromgegenkopplung auf, solange $R_E \ll X_C$ ist.

Die Stromgegenkopplung wird auch als *Reihen-gegenkopplung* bezeichnet, weil Eingangs-spannung und Gegenkopplungsspannung in Reihe liegen. Die eigentliche Steuerspannung ist um die Gegenkopplungsspannung kleiner als die Eingangs-spannung. Deshalb erscheint der Eingangswider-stand vergrößert. Ein Sonderfall der Reihengegen-kopplung ist die Kollektorschaltung.

Bei der *Spannungsgegenkopplung* wird ein Teil der Ausgangsspannung über zwei Stufen oder über eine Stufe **(Bild 2)** zurückgeführt. Die Spannungs-gegenkopplung über eine Stufe wird auch als *Parallelgegenkopplung* bezeichnet, weil Eingangs-spannung und Gegenkopplungsspannung parallel liegen. Da ein Teil des Eingangsstroms über den Gegenkopplungszweig fließt, erscheint der Ein-gangswiderstand verkleinert.

Bei Gegenkopplung wird die Bandbreite der gegen-gekoppelten Stufe größer **(Bild 3)**. In der Nähe der unteren und der oberen Grenzfrequenz nimmt der Verstärkungsfaktor ab. Dadurch wird die gegen-gekoppelte Spannung niedriger, die Gegenkopp-lung also schwächer. Infolgedessen liegen die Grenzfrequenzen weiter außen und es entstehen weniger Dämpfungsverzerrungen.

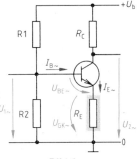

Bild 1:
Stromgegenkopplung

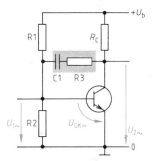

Bild 2: Spannungs-
gegenkopplung

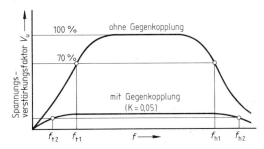

Bild 3: Übertragungskurve von Verstärkern
ohne Gegenkopplung und mit Gegenkopplung

Gegenkopplung verkleinert nichtlineare und lineare Verzerrungen.

2.9.2.7 Gegentaktschaltungen

Gegentaktschaltungen werden bei Großsignalverstärkung verwendet, z. B. in Endstufen von NF-Verstär-kern und von Sendern. Sie dienen zur Erhöhung der Leistung und haben einen größeren Wirkungsgrad und kleinere nichtlineare Verzerrungen als vergleichbare Eintaktschaltungen. Der Wirkungsgrad ist beson-ders bei batteriebetriebenen Geräten von Bedeutung. Der *Wirkungsgrad* hängt von der Lage des Tran-sistorarbeitspunkts auf der Arbeitsgeraden **(Bild 1, Seite 248)** ab. Man unterscheidet zwischen A-Betrieb, B-Betrieb und AB-Betrieb.

Bei *A-Betrieb* liegt der Arbeitspunkt in der Mitte der Arbeitsgeraden, die Aussteuerung erfolgt symme-trisch. Der Wirkungsgrad ist von der Aussteuerung abhängig. Ohne Aussteuerung wird die zugeführte Gleichstromleistung vollständig in Wärme umgesetzt. Bei sinusförmiger Vollaussteuerung bis an die Kol-lektor-Emitter-Sättigungsspannung U_{CEsat} ließe sich theoretisch ein Wirkungsgrad von etwa 45% erreichen.

Der tatsächliche Wirkungsgrad bei Aussteuerung mit Sprache oder Musik liegt jedoch nur bei etwa 20%. Der A-Betrieb wird deshalb bei Großsignalverstärkung selten verwendet.

Im *B-Betrieb* liegt der Arbeitspunkt des Transistors am unteren Ende der Arbeitsgeraden. Der Transistor ist ohne Signal gesperrt, es fließt kein Kollektorruhestrom. Eine solche Verstärkerstufe kann nur in einer Richtung ausgesteuert werden. Man benötigt einen zweiten Transistor für die andere Stromrichtung, der im Wechsel mit dem ersten Transistor arbeitet. Diesen Gegentaktbetrieb zweier Transistoren erreicht man am einfachsten mit zwei *komplementären Transistoren*, d.h. einem NPN-Transistor und einem PNP-Transistor mit gleichen Kennlinien, die gemeinsam angesteuert werden **(Bild 2)**. Bei positiver Steuerspannung fließt nur im NPN-Transistor Strom, bei negativer Steuerspannung nur im PNP-Transistor. Durch jeden Transistor fließt also nur Strom während einer Halbschwingung. Beide Transistoren arbeiten in Kollektorschaltung auf den gemeinsamen Lastwiderstand (Emitterwiderstand). Im Lastwiderstand überlagern sich die beiden Halbströme wieder zur vollständigen Kurvenform des Stromes.

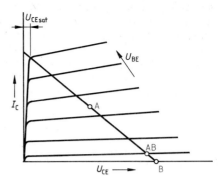

Bild 1: Betriebsarten von Endstufen

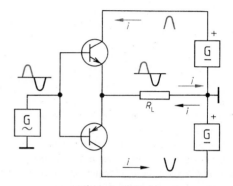

Bild 2: Grundschaltung einer Gegentakt-B-Endstufe mit komplementären Transistoren

Die von jedem der beiden Transistoren aufgenommene Gleichstromleistung ist abhängig von der Aussteuerung. Bei kleiner Aussteuerung wird weniger Leistung aufgenommen als bei großer Aussteuerung. In Pausen wird gar keine Leistung aufgenommen.

Den Wirkungsgrad im B-Betrieb kann man bei sinusförmigem Signal berechnen. Der Gleichwert des Kollektorstroms ist der arithmetische Mittelwert einer Halbschwingung.

I_{Cm} Gleichwert des Kollektorstroms (Halbschwingung)
$\hat{i}_C$ Scheitelwert des Kollektorstroms (Halbschwingung)

$$I_{Cm} = \frac{\hat{i}_C}{\pi}$$

Die anliegende Gleichspannung U_b ist konstant. Das Produkt aus Gleichspannung und Gleichwert des Stroms ergibt die aufgenommene Gleichstromleistung. Der Wirkungsgrad ist das Verhältnis von abgegebener Wechselstromleistung zu aufgenommener Gleichstromleistung.

$$\eta = \frac{P_\sim}{P_-} = \frac{\frac{1}{2} \cdot \hat{u}_{CE} \cdot \hat{i}_C}{2 \cdot U_b \cdot I_{Cm}} = \frac{\hat{u}_{CE} \cdot \hat{i}_C}{4 \cdot U_b \cdot \hat{i}_C/\pi} = \frac{\pi \cdot \hat{u}_{CE}}{4 \cdot U_b}$$

Bei Vollaussteuerung mit $\hat{u}_{CE} \approx U_b$:

$$\eta_{max} \approx \frac{\pi}{4} = 0,78$$

Wegen der Kollektor-Emitter-Sättigungsspannung U_{CEsat} wird in der Praxis nur ein Wirkungsgrad von etwa 0,7 erreicht.

> Gegentakt-B-Endstufen nehmen ohne Aussteuerung keine Gleichstromleistung auf. Ihr Wirkungsgrad bei Vollaussteuerung beträgt etwa 70%.

Beim B-Betrieb entstehen dadurch Verzerrungen des Kollektorstroms, daß zunächst die Schleusenspannung der Basis-Emitter-Strecke überwunden werden muß, bevor Strom fließen kann. Man bezeichnet diese Verzerrungen als *Übernahmeverzerrungen*, weil sie beim Übergang von einem zum anderen Transistor auftreten. Deshalb verwendet man in der Praxis meist den AB-Betrieb, bei dem beide Transistoren eine kleine Vorspannung haben und dadurch schwach leitend sind.

Die vollständige Schaltung einer einfachen Gegentakt-Endstufe **(Bild 1)** enthält noch zusätzliche Bauelemente zur Einstellung und Stabilisierung der Arbeitspunkte. Im Gegensatz zur Grundschaltung (Bild 2 Seite 248) wird hier nur ein einziger Spannungserzeuger verwendet. In diesem Fall muß der Lautsprecher über einen Kondensator mit großer Kapazität angeschlossen werden. Der Kondensator lädt sich auf, wenn über V1 Strom fließt. Bei der zweiten Halbschwingung wird er über V2 wieder entladen. Der Kondensator dient also als Hilfsspannungserzeuger.

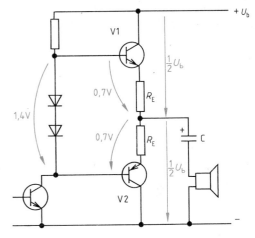

Bild 1: Gegentaktendstufe mit Komplementär-Transistoren

Gesamtschaltung eines Niederfrequenzverstärkers

Der NF-Verstärker **Bild 2** ist mit Siliciumtransistoren aufgebaut. Er enthält eine Vorverstärkerstufe, eine zweite Stufe zur Ansteuerung der Endstufe (Treiberstufe) und eine Gegentakt-AB-Endstufe mit komplementären Transistoren. Die Verstärkerstufen sind direkt gekoppelt. Deshalb enthält die Vorverstärkerstufe mit V1 einen PNP-Transistor, die Treiberstufe mit V2 einen NPN-Transistor. Beide Stufen arbeiten in Emitterschaltung.

Zur Stabilisierung des Verstärkers gegen Temperatureinflüsse und Spannungsschwankungen wurden zwei Maßnahmen getroffen. Die Arbeitspunkte der Endstufen-Transistoren sind mit Hilfe von zwei Siliciumdioden stabilisiert. Zusätzlich ist die Vorverstärkerstufe in der Mitte zwischen den beiden Endstufen-Transistoren angeschlossen. Dort liegt wegen der gleichstrommäßigen Reihenschaltung der beiden Tran-

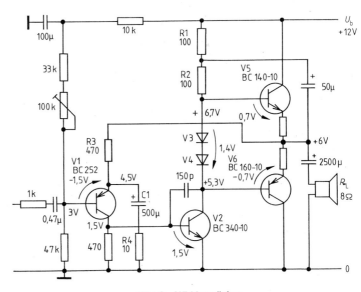

Bild 2: NF-Verstärker

sistoren die halbe Betriebsspannung. Will diese Spannung zunehmen, z. B. durch einseitige Erwärmung des oberen Transistors V5, so steigt auch der Strom durch V1. Dadurch wird die Basis-Emitter-Vorspannung an V2 größer und damit auch sein Kollektorstrom. Der Spannungsabfall an R1 und R2 steigt. Die Vorspannung an V5 wird kleiner, die Vorspannung an V6 dagegen größer. Somit wird die Spannungsverteilung zwischen V5 und V6 wieder korrigiert.

Wiederholungsfragen

1. In welchen Verstärker-Grundschaltungen können bipolare Transistoren betrieben werden?

2. Mit welcher Schaltungsart kann die größte Leistungsverstärkung erreicht werden?

3. Welche Wirkung hat ein Emitterwiderstand bei Temperaturerhöhung des Transistors?

4. Welche zwei Vorteile lassen sich mit Hilfe von Gegenkopplung in einem Verstärker erreichen?

5. Welche Betriebsarten unterscheidet man je nach Lage des Arbeitspunktes bei Endstufen?

6. Welche Größe kann dem Leistungsdreieck entnommen werden?

2.9.3 NF-Verstärker mit IC

Integrierte NF-Verstärker sind grundsätzlich gleich aufgebaut wie Verstärker aus einzelnen Bauelementen. Sie bestehen aus einer Vorverstärkerstufe, einer Treiberstufe und einer Gegentakt-B-Endstufe. Zusätzlich enthalten sind Begrenzerschaltungen in der Endstufe, die Schäden bei Kurzschluß der Ausgangsklemmen vermeiden sollen, sowie umfangreiche Stabilisierungsschaltungen. Die Stabilisierungsmaßnahmen sind insbesondere wegen der schlechten Wärmeleitung des IC und wegen der Gleichstromkopplung aller Stufen erforderlich.

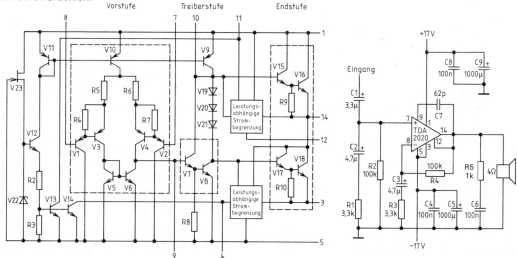

Bild 1: Integrierter NF-Verstärker (Innenschaltung und äußere Beschaltung)

Die *Innenschaltung* des Verstärkers in **Bild 1** enthält als Vorverstärker eine Differenzverstärkerstufe. Dadurch sind zwei Eingangsanschlüsse (7 bzw. 8) vorhanden, von denen einer für das Signal, der andere für den Anschluß einer äußeren Gegenkopplung verwendet wird. Die Treiberstufe ist mit zwei Transistoren aufgebaut. Der erste arbeitet in Kollektorschaltung, um die Vorverstärkerstufe nicht zu belasten. Die Endstufe ist eine *quasikomplementäre Gegentaktschaltung*. Die eigentlichen Endtransistoren V16 und V18 sind vom gleichen Leitungstyp (NPN). Die davor liegenden Transistoren V15 und V17 sind Komplementärtransistoren mit kleinerer Leistung. Bei den Transistoren V15 und V16 liegen die Basis-Emitter-Strecken in Reihe, bei V17 und V18 ist dagegen nur die Basis-Emitter-Strecke von V17 im Eingang wirksam. Deshalb muß die Vorspannung für die Endstufentransistoren mit insgesamt drei Dioden erzeugt werden. Die übrigen Schaltungsteile dienen der Stabilisierung und Strombegrenzung und sind deshalb nicht vollständig dargestellt.

Bei der *äußeren Beschaltung* ist die Gegenkopplung vom Ausgang (14) auf den zweiten, invertierenden Eingang (8) wichtig. Eine zweite Wechselspannungsgegenkopplung auf den Eingang der Treiberstufe (9) ist nur für hohe Frequenzen wirksam und soll die Schwingneigung bei diesen Frequenzen unterdrücken.

Die Betriebsspannung von 34 V wird symmetrisch angeschlossen. Jede Endstufenhälfte hat dadurch eine eigene Spannungsversorgung mit 17 V. Der Lautsprecher kann damit direkt ohne den sonst notwendigen Kondensator angeschlossen werden.

Besonders wichtig bei integrierten Verstärkern ist die Ableitung der in der Endstufe entstehenden Wärme. Im Gegensatz zu anderen IC haben deshalb die Gehäuse von NF-Verstärkern Kühlfahnen, die auf eine Metallfläche geschraubt werden sollen **(Bild 2)**. Eine bessere Wärmeleitung als mit DIL-Gehäusen läßt sich mit SIL-Gehäusen (SIL = single in line) erreichen, bei denen alle Stifte in einer Reihe liegen.

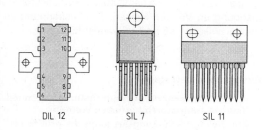

Bild 2: Gehäuseformen von integrierten NF-Verstärkern

2.9.4 Verstärker mit Feldeffekttransistoren

Feldeffekttransistoren haben einen sehr großen Eingangswiderstand, eine kleine Temperaturabhängigkeit und ein kleines Rauschen. Sie sind deshalb für manche Verstärkerschaltungen besser geeignet als bipolare Transistoren. Nachteilig sind dagegen ihre gegenüber bipolaren Transistoren wesentlich kleinere Steilheit sowie die größeren Kapazitäten.

Grundschaltungen

Feldeffekttransistoren werden zwischen Gate und Source gesteuert. Mit Hilfe der Gate-Source-Spannung wird der Drainstrom geändert. Will man diese Stromänderung in eine Spannungsänderung umsetzen, so benötigt man wie beim bipolaren Transistor einen Widerstand im Drainstromkreis.

Mit den drei Anschlüssen des Feldeffekttransistors lassen sich drei Verstärker-Grundschaltungen verwirklichen **(Tabelle 1)**. Sie werden nach dem Anschluß benannt, der sowohl für den Eingang als auch für den Ausgang des Verstärkers verwendet wird und deshalb wechselstrommäßig mit Masse verbunden ist. Am häufigsten wird die der Emitterschaltung entsprechende *Sourceschaltung* verwendet.

Die Schaltungen in Tabelle 1 enthalten einen Sourcewiderstand R_S bzw. R_{S1} zur Erzeugung der Gate-Vorspannung.

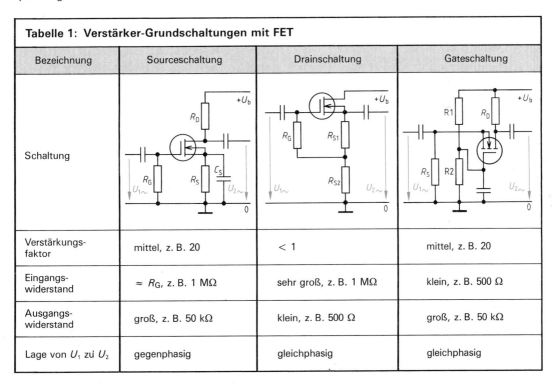

Tabelle 1: Verstärker-Grundschaltungen mit FET

Bezeichnung	Sourceschaltung	Drainschaltung	Gateschaltung
Schaltung			
Verstärkungs-faktor	mittel, z. B. 20	< 1	mittel, z. B. 20
Eingangs-widerstand	$\approx R_G$, z. B. 1 MΩ	sehr groß, z. B. 1 MΩ	klein, z. B. 500 Ω
Ausgangs-widerstand	groß, z. B. 50 kΩ	klein, z. B. 500 Ω	groß, z. B. 50 kΩ
Lage von U_1 zu U_2	gegenphasig	gleichphasig	gleichphasig

Einstellung und Stabilisierung des Arbeitspunktes

Die Lage des Arbeitspunktes im Kennlinienfeld wird durch zwei Spannungen bestimmt, die Drain-Source-Spannung und die Gate-Vorspannung. Die Temperaturabhängigkeit des Arbeitspunktes ist wesentlich geringer als bei bipolaren Transistoren. Außerdem ist der Temperaturkoeffizient des Drain-Source-Widerstands positiv. Bei einer Temperaturerhöhung um 150 K nimmt der Drainstrom um etwa 10% ab. Es besteht also nicht die Gefahr der Selbstzerstörung wie bei bipolaren Transistoren. Feldeffekttransistoren sind vielmehr *selbststabilisierend.* Trotzdem sind Stabilisierungsmaßnahmen sinnvoll, da mit dem Drain-strom auch der Verstärkungsfaktor abnimmt. Außerdem soll die Stabilisierung gegen Einflüsse von Exemplarstreuungen und Schwankungen der Betriebsspannung wirken.

Die Gate-Vorspannung wird am einfachsten mit einem Sourcewiderstand R_S erzeugt **(Tabelle 1)**. Dieser Widerstand dient gleichzeitig zur Stabilisierung des Arbeitspunkts. Will der Drainstrom z. B. abnehmen, so wird auch der Spannungsabfall an R_S kleiner. Die kleinere Vorspannung wirkt der Drainstromabnahme entgegen (Gleichstromgegenkopplung), so daß der Arbeitspunkt stabilisiert wird.

Bei selbstsperrenden IG-FET muß die Vorspannung mit einem Spannungsteiler erzeugt werden. Man kann jedoch auch bei diesen Transistoren zusätzlich einen Sourcewiderstand zur Arbeitspunktstabilisierung verwenden, wenn man den Spannungsabfall an R_S bei der Bemessung des Spannungsteilers berücksichtigt.

Tabelle 1: Gate-Vorspannungserzeugung bei FET

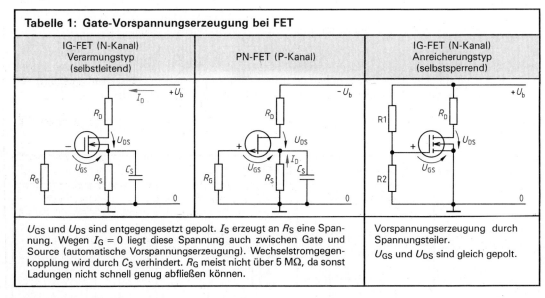

IG-FET (N-Kanal) Verarmungstyp (selbstleitend)	PN-FET (P-Kanal)	IG-FET (N-Kanal) Anreicherungstyp (selbstsperrend)

U_{GS} und U_{DS} sind entgegengesetzt gepolt. I_S erzeugt an R_S eine Spannung. Wegen $I_G = 0$ liegt diese Spannung auch zwischen Gate und Source (automatische Vorspannungserzeugung). Wechselstromgegenkopplung wird durch C_S verhindert. R_G meist nicht über 5 MΩ, da sonst Ladungen nicht schnell genug abfließen können.

Vorspannungserzeugung durch Spannungsteiler.
U_{GS} und U_{DS} sind gleich gepolt.

Erzeugt man die Gate-Vorspannung mit einem Sourcewiderstand, so muß dieser bei der Festlegung der Arbeitsgeraden für Gleichstrom zum Lastwiderstand addiert werden, da er in der gleichen Größenordnung wie dieser liegt. Die Arbeitsgerade für Gleichstrom **(Bild 2)** verläuft deshalb im Ausgangskennlinienfeld flacher als die Arbeitsgerade für Wechselstrom. Die Größe von R_D hängt also nicht nur von der Wahl des Arbeitspunktes und von U_b ab, sondern auch von R_S.

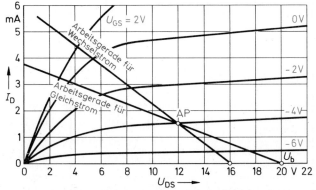

Bild 2: Arbeitsgeraden im Kennlinienfeld

Beispiel 1: Im Ausgangskennlinienfeld Bild 2 wurde der Arbeitspunkt bei $U_{DS} = 12$ V und $U_{GS} = -4$ V festgelegt. Die Betriebsspannung beträgt $U_b = 20$ V. Wie groß werden damit der Drainwiderstand R_D und der Source-Widerstand R_S, mit dem die Vorspannung erzeugt werden soll?

Lösung: Die Arbeitsgerade für Gleichstrom geht durch den Arbeitspunkt und endet auf der Spannungsachse bei $U_b = 20$ V. Aus ihrer Steigung wird der Gleichstromwiderstand $R = R_D + R_S$ ermittelt.

$$R = \frac{\Delta U_{DS}}{\Delta I_D} = \frac{8 \text{ V}}{1,5 \text{mA}} = 5,3 \text{ k}\Omega$$

Der Drain-Gleichstrom im Arbeitspunkt wird mit $I_D = 1,5$ mA aus dem Kennlinienfeld entnommen.

$$R_S = \frac{U_{GS}}{-I_D} = \frac{-4 \text{ V}}{-1,5 \text{ mA}} = \textbf{2,6 k}\boldsymbol{\Omega}$$

$$R_D = R - R_S = 5,3 \text{ k}\Omega - 2,6 \text{ k}\Omega = \textbf{2,7 k}\boldsymbol{\Omega}$$

Kleinsignalverstärkung mit FET

Viele Feldeffekttransistoren eignen sich wegen ihrer nichtlinearen Steuerkennlinie nur für Kleinsignal-verstärkung. Dabei wird für die Sourceschaltung meist nur der Spannungsverstärkungsfaktor angegeben, da fast kein Eingangsstrom fließt. Der Spannungsverstärkungsfaktor für die Sourceschaltung läßt sich aus dem Wechselstrom-Ersatzschaltplan der Verstärkerstufe **(Bild 1)** ableiten.

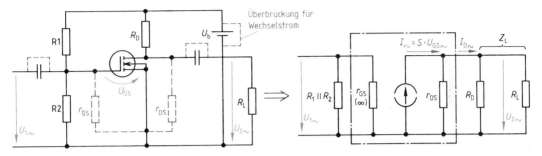

Bild 1: Wechselstrom-Ersatzschaltplan für eine Verstärkerstufe in Sourceschaltung

Der Ersatzschaltplan (Bild 1) entspricht weitgehend der Darstellung beim bipolaren Transistor. Die Ersatz-stromquelle erzeugt einen Wechselstrom der Größe $S \cdot U_{GS\sim}$. Die Steilheit S ist dabei das Verhältnis von Drainstromänderung zur Änderung der Gate-Source-Spannung. Sie kann entweder aus dem Ausgangs-kennlinienfeld ermittelt oder als y_{21s} aus dem Datenblatt entnommen werden. Der Drainwiderstand R_D liegt parallel zum Ausgangswiderstand r_{DS} des Transistors, da der Betriebsspannungserzeuger keinen Wider-stand für den Wechselstrom darstellt. Die Parallelschaltung von R_D mit dem am Verstärker angeschlos-senen Lastwiderstand R_L stellt den Gesamtlastwiderstand Z_L des Transistors dar.

r_{DS} kann ebenfalls aus dem Ausgangskennlinienfeld ermittelt oder als $1/y_{22s}$ aus dem Datenblatt ent-nommen werden. Die Ausgangsspannung $U_{2\sim}$ ($U_{DS\sim}$) entsteht als Spannungsabfall an der Parallel-schaltung der beiden Widerstände r_{DS} und Z_L.

$$U_{2\sim} = S \cdot U_{1\sim} \cdot \frac{r_{DS} \cdot Z_L}{r_{DS} + Z_L}; \quad V_u = \frac{U_{2\sim}}{U_{1\sim}}$$

V_u	Spannungsverstärkungsfaktor (Sourceschaltung)
$S = y_{21s}$	Steilheit in Sourceschaltung
$r_{DS} = 1/y_{22s}$	Ausgangswiderstand des FET (bisher R_a)
Z_L	Gesamtlastwiderstand des Transistors

$$\boxed{V_u = S \cdot \frac{r_{DS} \cdot Z_L}{r_{DS} + Z_L}}$$

$$\boxed{V_u = y_{21s} \cdot \frac{Z_L}{1 + y_{22s} \cdot Z_L}}$$

Beispiel 2: Berechnen Sie den Spannungsverstärkungsfaktor für einen MOSFET mit $S = 1,7$ mA/V und $r_{DS} = 47$ kΩ! Der Lastwiderstand ist $Z_L = 10$ kΩ.

Lösung: $\quad V_u = S \cdot \dfrac{r_{DS} \cdot Z_L}{r_{DS} + Z_L} = 1,7$ mA/V $\cdot \dfrac{47 \text{ k}\Omega \cdot 10 \text{ k}\Omega}{47 \text{ k}\Omega + 10 \text{ k}\Omega} = \textbf{14}$

Feldeffekttransistoren bewirken in Sourceschaltung nur eine kleine Spannungsverstärkung.

Da der Ausgangswiderstand von Feldeffekttransistoren meist groß ist gegenüber dem Lastwiderstand, kann man oft r_{DS} in der Parallelschaltung vernachlässigen. Die Formel für den Spannungsverstärkungs-faktor vereinfacht sich dadurch.

V_u	Spannungsverstärkungsfaktor	Bei $r_{DS} \gg Z_L$:
$S = y_{21s}$	Steilheit	
Z_L	Gesamtlastwiderstand des Transistors	$\boxed{V_u \approx S \cdot Z_L}$
	Bei $R_L \gg R_D \Rightarrow Z_L \approx R_D$	$\boxed{V_u \approx S \cdot R_D}$

Großsignalverstärkung mit FET

Für Großsignalverstärkung sind nur Leistungs-FET, z. B. VMOS-FET, geeignet. Ihre Steilheit ist wesentlich größer als die von Feldeffekttransistoren für Kleinsignalbetrieb. Außerdem ist ihre Steuerkennlinie weitgehend linear, wodurch überhaupt erst eine weite Aussteuerung möglich ist. Bei Großsignalverstärkung ist die Leistungsbilanz des Transistors wesentlich. Die abgegebene Wechselstromleistung und die aufgenommene Gleichstromleistung werden dazu aus dem Ausgangskennlinienfeld entnommen **(Bild 1)**.

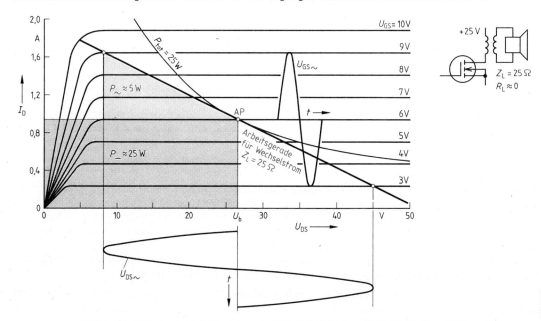

Bild 1: Ermittlung der Leistungen aus dem Ausgangskennlinienfeld eines FET

Es gelten die entsprechenden Beziehungen wie bei bipolaren Transistoren.

$P_\sim$	Wechselstromleistung
$\hat{i}_D$	Drain-Wechselstrom (Scheitelwert)
$\hat{u}_{DS}$	Drain-Source-Wechselspannung (Scheitelwert)
P_-	Gleichstromleistung
I_{D-}	Drain-Ruhestrom
U_{DS-}	Drain-Source-Gleichspannung ($U_{DS-} \approx U_b$)

$$P_\sim = \frac{\hat{i}_D \cdot \hat{u}_{DS}}{2}$$

$$P_- = I_{D-} \cdot U_{DS-}$$

Schaltungen mit FET

Feldeffekttransistoren werden z. B. in NF-Verstärkern, in Eingangschaltungen von HF-Verstärkern und in Meßverstärkern verwendet.

Der NF-Verstärker **Bild 2** besteht aus einer Vorstufe und einer Eintakt-A-Endstufe. Beide Transistoren arbeiten in Source-Schaltung. V1 ist ein selbstleitender IG-FET mit N-Kanal. Seine Vorspannung wird mit Hilfe eines Source-Widerstands erzeugt. Der größte Teil des Widerstands ist zur Vermeidung einer Wechselstromgegenkopplung mit einem Kondensator überbrückt. V2 ist ein selbstsperrender VMOS-FET. Seine Vorspannung muß mit einem Gate-Spannungsteiler erzeugt werden.

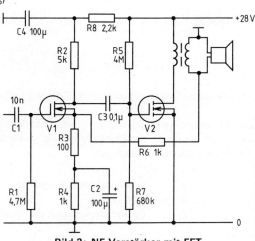

Bild 2: NF-Verstärker mit FET

Die beiden Stufen sind RC-gekoppelt. Da der Endstufentransistor einen Lastwiderstand von 20 Ω bis 30 Ω benötigt, um eine maximale Leistung abgeben zu können, ist der Lautsprecher über einen Übertrager angeschlossen, der den Lautsprecherwiderstand auf diesen Wert transformiert.

Vom Lautsprecher wird ein Teil der Wechselspannung auf den Source-Anschluß des ersten Transistors gegengekoppelt. Deshalb darf der Sourcewiderstand nicht vollständig kapazitiv überbrückt werden. Damit sich Schwankungen der Betriebsspannung nicht auf den Transistor V1 auswirken können, ist dessen Betriebsspannung über ein zusätzliches Siebglied (2,2 kΩ/100 µF) angeschlossen.

Der HF-Verstärker **Bild 1** enthält zwei selbstsperrende IG-FET in Source-Schaltung. Die Vorspannungserzeugung muß deshalb über Spannungsteiler erfolgen. Die erste Stufe arbeitet als *Resonanzverstärker*. Der Schwingkreis wird aus einer Induktivität und aus den Transistorkapazitäten gebildet. Die Drain-Source-Kapazität von V1 und die Gate-Source-Kapazität von V2 liegen parallel. Die zweite Stufe dient zur Entkopplung von Schwingkreis und nachfolgender Schaltung. Sie arbeitet mit einem Lastwiderstand von 100 Ω fast im Kurzschluß mit nur kleiner Spannungsverstärkung ($V_u \approx 2$).

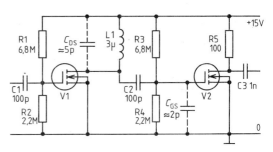

Bild 1: HF-Verstärker mit FET

Gemischte Schaltungen mit FET und bipolaren Transistoren

Feldeffekttransistoren und bipolare Transistoren ergänzen sich z. T. in ihren Eigenschaften. Die kleine Spannungsverstärkung von Feldeffekttransistoren kann durch bipolare Transistoren ausgeglichen werden. Feldeffekttransistoren haben dafür eine sehr hohe Stromverstärkung und einen sehr hohen Eingangswiderstand. Bei gemischten Eingangsschaltungen werden sie deshalb grundsätzlich als erstes Bauelement verwendet.

Die Verbindung von Sourceschaltung und Emitterschaltung **(Bild 2)** ergibt eine besonders hohe Leistungsverstärkung. Durch die Verbindung einer Drainschaltung mit einer Kollektorschaltung erhält man eine sehr hohe Stromverstärkung bei kleinem Ausgangswiderstand.

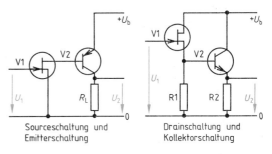

Sourceschaltung und Emitterschaltung

Drainschaltung und Kollektorschaltung

Bild 2: Gemischte Schaltungen mit FET

Geregelte Verstärker mit FET

Für geregelte Verstärkerstufen mit Feldeffekttransistoren verwendet man Doppelgate-FET. Mit einer Gleichspannung am Gate G2 **(Bild 3)** können die Steilheit und damit der Verstärkungsfaktor geändert werden. Geregelte Verstärkerstufen kommen hauptsächlich in den Eingangsschaltungen von Rundfunkempfängern und Fernsehempfängern vor.

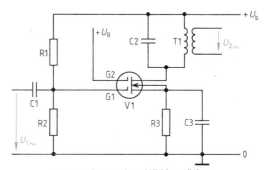

Bild 3: Geregelter HF-Verstärker mit Doppelgate-FET

Wiederholungsfragen

1. Warum wird bei Feldeffekttransistoren meist nur der Spannungsverstärkungsfaktor angegeben?

2. Welche zwei Schaltungsarten zur Gate-Vorspannungserzeugung werden bei FET angewendet?

3. Welchen Vorteil hat die automatische Vorspannungserzeugung?

4. Warum sind bei FET keine besonderen Maßnahmen gegen Temperatureinflüsse erforderlich?

5. Welche Vorteile haben Feldeffekttransistoren gegenüber bipolaren Transistoren?

6. Welche Eigenschaft des FET wird vor allem beim Einsatz in HF-Verstärkern ausgenützt?

7. Vergleichen Sie die Eigenschaften der Sourceschaltung mit den Eigenschaften der Emitterschaltung bei bipolaren Transistoren!

8. Welche Nachteile haben FET gegenüber bipolaren Transistoren?

9. Nennen Sie Anwendungsbeispiele für FET in Verstärkerschaltungen!

2.9.5 Operationsverstärker

Operationsverstärker* werden meist als integrierte Schaltkreise hergestellt **(Bild 1)**. Anwendung finden Operationsverstärker vor allem in der *analogen Signalverarbeitung*, z. B. als *Regelverstärker* in der Regelungstechnik, als *Meßverstärker* in der Meßtechnik oder als Verstärkerelement in aktiven Filterschaltungen. In der *Digitaltechnik* verwendet man Operationsverstärker z. B. für Kippschaltungen, Schwellwertschalter und Digital-Analog-Umsetzer. Operationsverstärker mit Leistungsausgangsstufe in kompakter Bauweise eignen sich zum direkten Ansteuern drehzahlgeregelter Gleichstrommotoren.

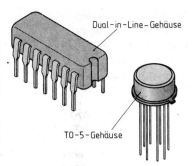

Bild 1: Operationsverstärker im Dual-in-line-Gehäuse und in TO-5-Gehäuse

2.9.5.1 Eigenschaften

Mit Operationsverstärkern können sowohl Gleichspannungen als auch Wechselspannungen verstärkt und übertragen werden. Besondere Eigenschaften sind große Spannungsverstärkung **(Bild 2)**, große Leistungsverstärkung, sehr großer Eingangsinnenwiderstand und kleiner Ausgangsinnenwiderstand.

Der Operationsverstärker **(Bild 3)** hat zwei Anschlüsse für eine *Differenzeingangsspannung* U_1 und einen Anschluß für die Ausgangsspannung U_2. Die Ausgangsspannung U_2 ist gegenüber der Differenzeingangsspannung im Vorzeichen umgekehrt. Beträgt die Differenzeingangsspannung z. B. 0,1 mV, dann ist die Ausgangsspannung -10 V. Die Spannungsumkehr wird durch das Minuszeichen im Schaltzeichen gekennzeichnet. Der mit dem Minuszeichen gekennzeichnete Eingang heißt *invertierender*** Eingang. Der andere Eingang, welcher mit einem Pluszeichen markiert ist, heißt *nichtinvertierender* Eingang.

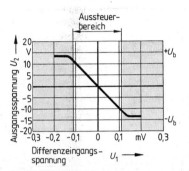

Bild 2: Übertragungskennlinie eines Operationsverstärkers

Neben dem Schaltzeichen mit Dreieck-Symbol verwendet man für Signalflußpläne Symbole in Rechteckform (Bild 3). Das Zeichen für Unendlich (∞) weist auf die sehr große Verstärkung des Operationsverstärkers hin.

Operationsverstärker benötigen sowohl eine positive als auch eine negative Betriebsspannung gegenüber dem Bezugspotential der Ausgangsspannung, z. B. gegenüber Masse. Die Betriebsspannungen betragen zwischen ± 5 V und ± 18 V.

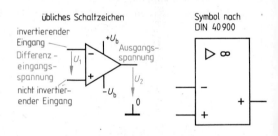

Bild 3: Schaltzeichen und Symbol für Operationsverstärker

> Operationsverstärker haben hohe Spannungsverstärkung, hohen Eingangsinnenwiderstand und kleinen Ausgangsinnenwiderstand.

Neben der hohen Verstärkung und dem großen Eingangsinnenwiderstand ist bei Operationsverstärkern eine hohe Nullpunktstabilität (kleine *Drift****) wichtig. Driftarme Operationsverstärker erzielt man mit Differenzverstärkerstufen. Diesen ist eine Treiberstufe und eine Endstufe nachgeschaltet.

Wiederholungsfragen

1. **Nennen Sie Anwendungen des Operationsverstärkers!**

2. **Welche besonderen Eigenschaften hat ein Operationsverstärker?**

3. **Wie sind die Eingänge des Operationsverstärkers benannt?**

4. **Welche Betriebsspannungen sind für Operationsverstärker üblich?**

* operari (lat.) = arbeiten, handeln; ** invertere (lat.) = umkehren; *** to drift (engl.) = wegtreiben

2.9.5.2 Schaltungsaufbau

Die Eingangsverstärkerstufe des Operationsverstärkers ist eine Differenzverstärkerstufe **(Bild 1)**. Die beiden Transistoren V1 und V2 sind über den gemeinsamen Emitterwiderstand R5 gekoppelt. Bei der Differenzeingangsspannung $U_1 = 0\,V$ fließt durch beide Transistoren ein etwa gleich großer Emitterstrom. Erhöht man die Basisspannung U_{B1} und beläßt U_{B2}, dann erhöht sich der Kollektorstrom I_{C1} und damit der Spannungsabfall U_{R3}. Der Kollektorstrom I_{C1} führt auch zu einem erhöhten Spannungsabfall an R5. Dadurch vermindert sich der Strom I_{C2}. Durch die Ansteuerung des Differenzverstärkereingangs mit U_1 werden die beiden Ausgangsspannungen U_{R3} und U_{R4} gegensinnig verändert. Es entsteht eine verstärkte Differenzausgangsspannung U_2. Verändert man die Eingangsspannungen U_{B1} und U_{B2} gegensinnig, so erzeugt man eine Differenzeingangsspannung U_1. Dadurch verändern sich die Kollektorströme und Emitterströme der beiden Transistoren gegensinnig.

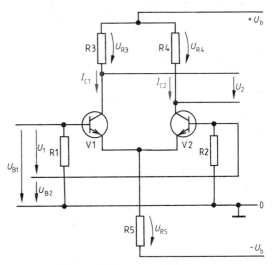

Bild 1: Differenzverstärkerstufe

Verändert man die Eingangsspannung U_{B1} und U_{B2} aber gleichsinnig, dann verändern sich die beiden Emitterströme und Kollektorströme ebenfalls gleichsinnig, jedoch nur wenig. Die Differenzausgangsspannung U_2 bleibt nahezu Null, und zwar um so genauer, je weniger sich die beiden Transistoren voneinander unterscheiden und je hochohmiger der gemeinsame Emitterwiderstand R5 ist. Deshalb wird anstelle eines gemeinsamen Emitterwiderstandes bei Operationsverstärkern eine *Konstantstromquelle* eingesetzt **(Bild 2)**. Der Transistor V3 wird über den Basisspannungsteiler vorgespannt. Es stellt sich ein nahezu konstanter Kollektorstrom ein. Der Eingangsdifferenzverstärkerstufe folgt meist eine zweite Differenzverstärkerstufe und eine Endstufe.

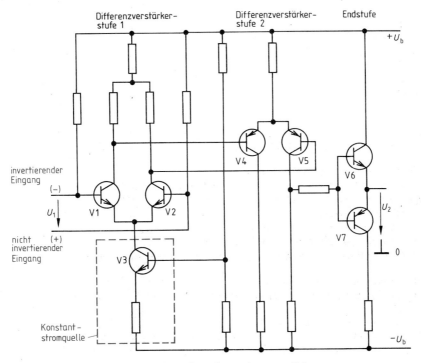

Bild 2: Aufbau eines Operationsverstärkers

2.9.5.3 Betriebsverhalten

Ersatzschaltung

Die wichtigsten Eigenschaften der Gesamtschaltung eines Operationsverstärkers und damit sein Betriebsverhalten können mit einem Ersatzschaltplan **(Bild 1)** dargestellt werden.

Die Differenzeingangsspannung U_1 wird mit dem Eingangsinnenwiderstand R_{ie} belastet. Dabei fließt ein sehr kleiner Strom I_1. Die Verstärkungseigenschaft des Operationsverstärkers wird durch die eingetragene Ersatzspannungsquelle mit der Ersatzspannung $U_0 = -V_0 \cdot U_1$ dargestellt. Dabei ist V_0 der Leerlauf-Spannungsverstärkungsfaktor. Diese Ersatzspannungsquelle speist den Verstärkerausgang mit einer von U_1 abhängigen Ausgangsspannung. Beim unbelasteten Operationsverstärker ist die Ausgangsspannung U_2 gleich der Ersatzspannung U_0. Wird der Ausgang des Operationsverstärkers belastet, dann fließt ein Strom I_2 und erzeugt in dem Ausgangsinnenwiderstand R_{ia} einen Spannungsabfall. Die Ausgangsspannung U_2 vermindert sich dabei um diesen belastungsabhängigen Spannungsabfall. Belastete Operationsverstärker haben eine kleinere Verstärkung als unbelastete.

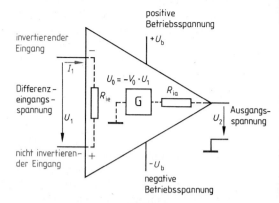

Bild 1:
Ersatzschaltplan für einen Operationsverstärker

Frequenzkompensation

Der Leerlauf-Spannungsverstärkungsfaktor V_0 bzw. das Leerlauf-Spannungsverstärkungsmaß v_0 nimmt für Eingangswechselspannungen mit zunehmender Frequenz ab **(Bild 2)**. Gleichzeitig erfährt die Ausgangsspannung mit zunehmender Frequenz eine zusätzliche Phasenverschiebung φ_z, z. B. infolge der Sperrschichtkapazitäten. Da die Operationsverstärker meist mit Gegenkopplung (180° Phasenverschiebung) betrieben werden, wird mit dieser zusätzlichen Phasenverschiebung von $-180°$ aus einer Gegenkopplung eine Mitkopplung. Bei einem Verstärkungsfaktor $V_0 > 1$ sind dann die Schwingungsbedingungen (Abschnitt 2.10) erfüllt.

> Operationsverstärker ohne Frequenzkompensation neigen zu hochfrequenten Schwingungen.

Die Frequenzkompensation erfolgt *extern* (außerhalb) oder *intern* (innerhalb) durch ein RC-Glied. Der Verstärkungsfaktor nimmt dadurch schon bei tieferen Frequenzen stark ab (Bild 2). Kenngrößen für frequenzkompensierte Operationsverstärker sind die Grenzfrequenz f_g, bei welcher das Verstärkungsmaß um 3 dB abgefallen ist, und die *Durchtrittsfrequenz* (*Transitfrequenz*) f_T, bei welcher das Leerlauf-Spannungsverstärkungsmaß $v_0 = 0$ dB beträgt. Kompensationskondensator und Kompensationswiderstand werden für verschiedene Frequenzgänge in den Datenblättern angegeben, wenn externe Kompensation vorgesehen ist. Bei intern kompensierten Operationsverstärkern entfällt die externe RC-Beschaltung.

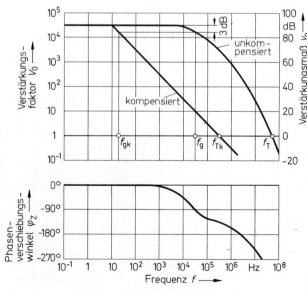

Bild 2: Frequenzkompensation

Nullpunktabgleich (Offset-Kompensation)

Die **Eingangs-Offset-Spannung** (input-offset-voltage*) ist die notwendige Gleichspannung am Differenz-eingang, damit die Ausgangsspannung im nicht ausgesteuerten Betrieb Null ist. Auch wenn am Eingang keine Spannung anliegt, kann z. B. durch Temperatureinfluß, Alterung und unsymmetrische Ausbildung der Differenzstufen-Transistoren am Ausgang eine Spannung entstehen, die Nullpunktabweichung (Aus-gangs-Offset-Spannung).

Zur *Offset-Kompensation* kann man dem Eingangssignal eine zusätzliche, einstellbare Gleichspannung, die Eingangs-Offset-Spannung, überlagern. Meist haben die Operationsverstärker zusätzliche Anschlüsse für einen Trimmwiderstand (Balance) zur Offset-Kompensation.

> Operationsverstärker müssen bei 0 V Eingangsspannung auf 0 V Ausgangsspannung abgeglichen werden.

Beispiel 1: Die Eingangs-Offset-Spannung beträgt $U_{1,\text{off}} = 10\ \mu V$, der Verstärkungsfaktor $V_0 = 10^5$. Berechnen Sie die Nullpunktabweichung U_2!

Lösung: $U_2 = V_0 \cdot U_{1,\text{off}} = 10^5 \cdot 10\ \mu V = \mathbf{1\ V}$

Gleichtaktverstärkung und Gleichtaktunterdrückung

Schließt man an beide Differenzeingänge des Operationsverstärkers eine gleich große Spannung U_{1CM}** an, so sollte die Ausgangsspannung stets 0 V sein. Durch Unsymmetrie im Operationsverstärker entsteht jedoch am Ausgang mit zunehmender Gleichtaktspannung U_{1CM} an beiden Eingängen (**Bild 1**) eine ungewollte Ausgangsspannung U_2. Der Gleichtakt-Verstärkungsfaktor V_{CM} ist das Verhältnis U_2/U_{1CM}. Anstelle des Gleichtakt-Verstärkungsfaktors wird auch das Gleichtakt-Verstärkungsmaß v_{CM} angegeben.

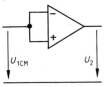

U_2	Ausgangsspannung
U_{1CM}	Eingangsspannung bei Gleichtaktansteuerung
V_{CM}	Gleichtakt-Verstärkungsfaktor
v_{CM}	Gleichtakt-Verstärkungsmaß

$$V_{CM} = \frac{U_2}{U_{1CM}}$$

$$v_{CM} = 20\ \lg\frac{U_2}{U_{1CM}}$$

Bild 1:
Gleichtaktansteuerung

Beispiel 2: Das Gleichtakt-Verstärkungsmaß beträgt $v_{CM} = -40$ dB. Ermitteln Sie die Ausgangsspannung U_2 für die Gleichtakt-Eingangsspannung $U_{1CM} = 1$ V!

Lösung: $v_{CM} = -40\ \text{dB} \Rightarrow V_{CM} = U_2/U_{1CM} = 0{,}01 \Rightarrow U_2 = V_{CM} \cdot U_{1CM} = 0{,}01 \cdot 1\ V = \mathbf{0{,}01\ V}$

Meist ist in den Datenblättern das Gleichtakt-Unterdrückungsverhältnis V_{CMRR}*** $= V_0 / V_{CM}$ oder das Gleichtakt-Unterdrückungsmaß $v_{CMRR} = v_0 - v_{CM}$ angegeben.

Beispiel 3: Das Gleichtakt-Unterdrückungsmaß beträgt $v_{CMRR} = 120$ dB, das Leerlauf-Verstärkungsmaß $v_0 = 80$ dB, die Gleichtakt-Eingangsspannung $U_{1CM} = 1$ V. Berechnen Sie die Spannung U_2 am Ausgang!

Lösung: $v_{CM} = v_0 - v_{CMRR} = 80\ \text{dB} - 120\ \text{dB} = -40\ \text{dB} \Rightarrow V_{CM} = 0{,}01$
$\Rightarrow U_2 = V_{CM} \cdot U_{1CM} = 0{,}01 \cdot 1\ V = \mathbf{0{,}01\ V}$

Wiederholungsfragen

1. Zeichnen Sie die Ersatzschaltung für einen Operationsverstärker!

2. Warum ist der Verstärkungsfaktor des belasteten Operationsverstärkers kleiner als der des unbelasteten?

3. Weshalb ist eine Frequenzkompensation erforderlich?

4. Mit welchen Bauteilen wird eine externe Frequenzkompensation ausgeführt?

5. Was versteht man unter der Eingangs-Offset-Spannung?

6. Wie stellt man eine Gleichtaktverstärkung beim Operationsverstärker fest?

---

* input (engl.) = Eingang; to offset (engl.) = weggehen; voltage (engl.) = Spannung;   ** CM von common-mode (engl.) = Gleichtakt;

*** CMRR von common-mode-rejection-ratio (engl.) = Gleichtakt-Unterdrückungs-Verhältnis

2.9.5.4 Grundschaltungen

Die Operationsverstärker werden mit ohmschen und kapazitiven Widerständen beschaltet. Meist darf der Operationsverstärker als ein *idealer Verstärker* mit unendlich großem Spannungsverstärkungsfaktor V_0, unendlich großem Eingangsinnenwiderstand R_{ie} und sehr kleinem Ausgangsinnenwiderstand R_{ia} betrachtet werden. Der besseren Übersichtlichkeit wegen werden im Schaltplan gewöhnlich die Anschlüsse für die Stromversorgung und die Anschlüsse für eine eventuelle Offset-Kompensation und Frequenzkompensation nicht dargestellt.

Invertierender Verstärker (Umkehrverstärker)

Mit der Schaltung als *Umkehrverstärker* wird eine Spannung U_e im Vorzeichen umgekehrt und im Betrag vergrößert oder verkleinert. Hierzu beschaltet man den Operationsverstärker mit einem Gegenkopplungswiderstand R_K und einem Eingangswiderstand R_e (**Bild 1**). Zur Kompensation der Spannungsverschiebung infolge des sehr kleinen Eingangsruhestromes I_1 kann man zwischen dem nichtinvertierendem Eingang und Masse den Widerstand R_p schalten. Dabei wählt man $R_p \approx R_K \| R_e$. In vielen Fällen kann man R_p weglassen und den nichtinvertierenden Eingang direkt mit Masse verbinden.

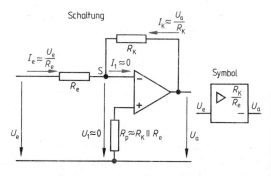

Bild 1: Invertierender Verstärker

Die am Differenzeingang anliegende Spannung U_1 ist im Vergleich zur Ausgangsspannung U_a sehr klein, da die Verstärkung sehr groß ist. Der Eingangsruhestrom I_1 ist ebenfalls sehr klein. Der Stromsummenpunkt S liegt damit praktisch auf dem gemeinsamen Bezugspotential (Masse) der Eingangsspannung und der Ausgangsspannung (**Bild 2**). Mit $I_1 \approx 0$ wird die Summe der auf den Summenpunkt S zufließenden Ströme $I_K + I_e = 0$ bzw. $I_K = -I_e$. Der Eingangsstrom I_e fließt daher als „eingeprägter" Strom über R_K zum Verstärkerausgang. Damit wird die Ausgangsspannung $U_a = -I_e \cdot R_K$.

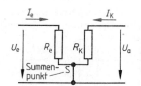

Bild 2: Ersatzschaltung zur Berechnung der Ausgangsspannung

Wegen $U_1 \approx 0$ hängt der Eingangsstrom I_e nur von U_e und R_e ab und beträgt $I_e = U_e / R_e$. Mit $I_e = -I_K$ erhält man für die Ausgangsspannung $U_a = -\dfrac{R_K}{R_e} \cdot U_e$. Der Verstärkungsfaktor des beschalteten Operationsverstärkers ist somit gleich dem Widerstandsverhältnis R_K / R_e.

U_a Ausgangsspannung
U_e Eingangsspannung
R_K Rückkopplungswiderstand
R_e Eingangswiderstand

$$U_a = -\frac{R_K}{R_e} \cdot U_e$$

Das Minuszeichen in der Formel deutet die Vorzeichenumkehr an. Es bleibt bei Berechnungen meist unberücksichtigt.

Beispiel 1: Eine Meßsignalspannung U_e beträgt $\pm 2,5$ V und soll auf ± 10 V verstärkt werden. Der Lastwiderstand für die Signalquelle soll größer oder gleich 10 kΩ sein. Bestimmen Sie die Beschaltungswiderstände!

Lösung: Der verlangte Verstärkungsfaktor beträgt $R_K / R_e = 10$ V$/2,5$ V $= 4$. Den Eingangswiderstand R_e wählt man zu 10 kΩ. $R_K = 4 \cdot R_e = \mathbf{40 \ k\Omega}$.

Nichtinventierender Verstärker

Beim nichtinvertierenden Verstärker haben Eingangsspannung und Ausgangsspannung gleiches Vorzeichen. Die Eingangsspannung U_e wird über R_S an den nichtinvertierenden Eingang angeschlossen (**Bild 1, Seite 261**). Dieser Widerstand dient lediglich zur Verminderung des Eingangsruhestromes und kann auch weggelassen werden. Der Eingangsstrom I_e ist wegen des hochohmigen Eingangsinnenwiderstandes des Operationsverstärkers sehr klein. Der Spannungserzeuger mit der Spannung U_e wird daher kaum belastet. Die Ausgangsspannung U_a wird zum invertierenden Eingang über den Rückkopplungswiderstand R_K zurückgeführt. Der rückgekoppelte Strom I_K fließt wegen $I_1 \approx 0$ nahezu unverändert über R_Q. Wegen der hohen Spannungsverstärkung des Operationsverstärkers ist $U_1 \approx 0$ V. Damit wird $I_K = U_a/(R_Q + R_K)$ und $I_Q = U_e/R_Q$. Mit $I_K = I_Q$ erhält man die Bestimmungsgleichung für die Ausgangsspannung $U_a = U_e \, (1 + R_K/R_Q)$.

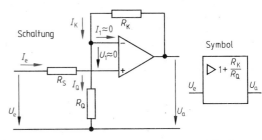

Bild 1: Nichtinvertierender Verstärker

U_a Ausgangsspannung
U_e Eingangsspannung
R_K Rückkopplungswiderstand
R_Q Eingangsquerwiderstand

$$U_a \approx \left(1 + \frac{R_K}{R_Q}\right) \cdot U_e$$

Spannungsfolger (Impedanzwandler)

Bei einem Spannungsfolger soll die Ausgangsspannung U_a gleich der Eingangsspannung U_e sein. Der Eingangswiderstand der Gesamtschaltung soll

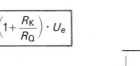

Bild 2: Spannungsfolger

sehr hochohmig sein, um die Spannung U_e nicht zu belasten und der Ausgangsinnenwiderstand soll klein sein, um ohne Spannungseinbruch belastbar zu sein.

Dies erreicht man mit einem Operationsverstärker in nichtinvertierender Schaltung, wobei der Rückkopplungswiderstand $R_K = 0$ und der Querwiderstand $R_Q = 0$ sind **(Bild 2)**. Da wegen der hohen Verstärkung des Operationsverstärkers U_1 sehr klein gegenüber U_e und U_a ist wird die Ausgangsspannung gleich groß wie die Eingangsspannung.

Summierverstärker

Bei der Schaltung als Summierverstärker dient der Operationsverstärker zur Addition und Verstärkung mehrerer Spannungen. Er wird über Eingangswiderstände angesteuert **(Bild 3)**.

Mit der Näherung $U_1 \approx 0$ und $I_1 \approx 0$ gilt:

$I_{e1} = \dfrac{U_{e1}}{R_{e1}}; \quad I_{e2} = \dfrac{U_{e2}}{R_{e2}}; \quad I_K = \dfrac{U_a}{R_K};$

$-I_K = I_{e1} + I_{e2} + \ldots$

Die einzelnen Eingangsspannungen können je nach Wahl der Eingangswiderstände verschieden hoch verstärkt werden.

Bild 3: Summierverstärker für drei Spannungen

Ausgangsspannung am Summierverstärker:

$$-U_a = \frac{R_K}{R_{e1}} \cdot U_{e1} + \frac{R_K}{R_{e2}} \cdot U_{e2} + \ldots$$

Beispiel 2: Bestimmen Sie die Beschaltungswiderstände R_{e1} und R_{e2} für die Addition zweier Meßspannungen $U_{e1} = 1$ V und $U_{e2} = 0,1$ V! Die Meßspannung U_{e2} ist gegenüber U_{e1} fünffach stärker zu berücksichtigen. Die Ausgangsspannung soll -6 V und der Gegenkopplungswiderstand 10 kΩ betragen.

Lösung: Die Spannung $-U_a$ setzt sich aus $\dfrac{R_K}{R_{e1}} \cdot U_{e1}$ und $\dfrac{R_K}{R_{e2}} \cdot U_{e2}$ zusammen. Damit U_{e2} fünffach stärker berücksichtigt wird, muß R_{e2} ein Fünftel von R_{e1} sein.

-6 V $= \dfrac{10 \text{ k}\Omega}{R_{e1}} \cdot 1$ V $+ \dfrac{10 \text{ k}\Omega}{R_{e1}/5} \, 0,1$ V $= \dfrac{10 \text{ k}\Omega}{R_{e1}} \cdot 1,5$ V $\Rightarrow R_{e1} = \mathbf{2,5 \text{ k}\Omega} \Rightarrow R_{e2} = \dfrac{1}{5} R_{e1} = \mathbf{500 \ \Omega}$

Differenzverstärker

Der Differenzverstärker **(Bild 1)** dient zur Bildung einer Ausgangsspannung, die verhältnisgleich zur Differenz zweier Eingangsspannungen ist. Meist verwendet man aber den Differenzverstärker zur Verstärkung einer Meßsignalspannung U_d, welche potentialfrei bleiben soll. In diesem Fall müssen beide Eingangswiderstände gleich groß sein. Der Widerstand zwischen dem nicht-

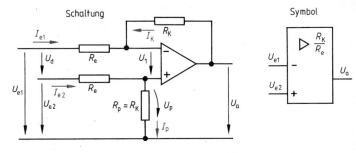

Bild 1: Differenzverstärker

invertierenden Eingang und Masse muß so groß gewählt werden wie der Rückkopplungswiderstand (Bild 1).

Mit der Näherung $U_1 \approx 0$ und $I_1 \approx 0$ gilt: $I_{e1} = \dfrac{U_{e1} - U_p}{R_e} = -I_K;$ $I_K = \dfrac{U_a - U_p}{R_K} \Rightarrow \dfrac{U_{e1}}{R_e} + \dfrac{U_a}{R_K} = \dfrac{U_p}{R_e} + \dfrac{U_p}{R_K}$

$$I_{e2} = \dfrac{U_{e2} - U_p}{R_e} = I_p;\qquad I_p = \dfrac{U_p}{R_K} \Rightarrow \dfrac{U_{e2}}{R_e} = \dfrac{U_p}{R_e} + \dfrac{U_p}{R_K}$$

Durch Subtraktion der Gleichungen erhält man: $\dfrac{U_{e1}}{R_e} + \dfrac{U_a}{R_K} - \dfrac{U_{e2}}{R_e} = 0 \Rightarrow U_a = (U_{e2} - U_{e1})\dfrac{R_K}{R_e} = U_d \cdot \dfrac{R_K}{R_e}$

U_a Ausgangsspannung
U_d Differenzeingangsspannung
R_K Rückkopplungswiderstand
R_e Eingangswiderstand

$$\boxed{U_a = \frac{R_K}{R_e} \cdot U_d}$$

Zur Subtraktion von Spannungen wird meist nicht der Differenzverstärker eingesetzt, sondern der Summierverstärker. Die zu subtrahierende Spannung wird hierfür in der Polarität vertauscht und addiert.

Differenzierer

Bei der Schaltung als Differenzierer **(Tabelle 1)** entsteht am Ausgang nur dann eine Spannung, wenn sich die Eingangsspannung ändert. Der Differenzierer hat als Eingangswiderstand einen Kondensator C_e. Über diesen Kondensator fließt nur bei sich ändernder Eingangsspannung U_e ein Strom. Der Rückkopplungswiderstand ist wie beim Invertierer ein ohmscher Widerstand R_K. Schaltet man auf den Eingang des Differenzierers eine Rechteckspannung, dann entsteht bei jedem Spannungswechsel ein Nadelimpuls am Ausgang (Tabelle 1). Für eine geradlinig ansteigende Eingangsspannung ist die Ausgangsspannung konstant. Bei sinusförmiger Eingangsspannung ist die Ausgangsspannung ebenfalls sinusförmig, aber in der Phase um 90° gedreht und in der Amplitude für Frequenzen $f > f_0 = 1/(2\pi R_K C_e)$ verstärkt und für Frequenzen $f < f_0$ abgeschwächt. Der Differenzierer wirkt wie ein Hochpaß.

Tabelle 1: Differenzierer

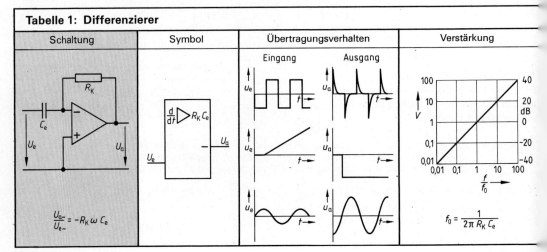

Integrierer

Der Integrierer hat als Eingangswiderstand einen Wirkwiderstand R_e und zur Rückkopplung einen Kondensator C_K **(Tabelle 1)**. Der über R_e fließende, von U_e abhängige Strom I_e fließt über den Summenpunkt in den Kondensator und lädt diesen auf die Ausgangsspannung U_a auf. Die Ausgangsspannung U_a ist verhältnisgleich der am Eingang anstehenden Spannung U_e, multipliziert mit der Zeit (Spannungszeitfläche). Bei rechteckförmiger Eingangsspannung erhält man eine Dreieckausgangsspannung (Tabelle 1). Ist die Eingangsspannung konstant, dann wächst die Ausgangsspannung mit umgekehrtem Vorzeichen geradlinig an. Für sinusförmige Eingangsspannung ist die Ausgangsspannung auch sinusförmig, in der Phase aber um 90° verschoben und in der Amplitude für Frequenzen $f > f_0 = 1/(2 \pi R_e C_K)$ abgeschwächt und für Frequenzen $f < f_0$ verstärkt. Der Integrierer wirkt ähnlich wie ein Tiefpaß.

Tabelle 1: Integrierer

Schaltung	Symbol	Übertragungsverhalten	Verstärkung

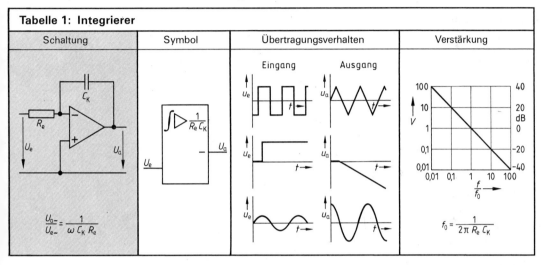

$$\frac{U_{a\sim}}{U_{e\sim}} = \frac{1}{\omega\, C_K\, R_e}$$

$$f_0 = \frac{1}{2\pi\, R_e\, C_K}$$

Aktive Filter

Mit Operationsverstärkern können besonders einfach Filterschaltungen im NF-Bereich hergestellt werden, z. B. Tiefpaßfilter zur Glättung eines Meßsignals bei gleichzeitiger Verstärkung. Man nennt Filterschaltungen, welche einen Verstärker enthalten, *aktive Filter*.

Ergänzt man einen Invertierer durch einen Kondensator C_K parallel zum Rückkopplungswiderstand **(Tabelle 2)**, so erhält man ein Tiefpaßfilter mit der Grenzfrequenz $f_g = 1/(2 \pi R_K \cdot C_K)$ und dem Verstärkungsfaktor $V = R_K/R_e$.

Tabelle 2: Aktives Tiefpaßfilter

Schaltung	Symbol	Übertragungsverhalten	Verstärkung

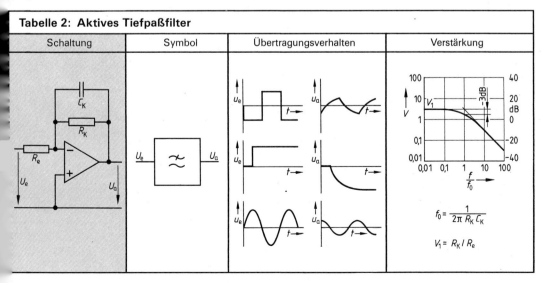

$$f_0 = \frac{1}{2\pi\, R_K\, C_K}$$

$$V_1 = R_K / R_e$$

2.10 Oszillatoren

Zur Erzeugung von ungedämpften elektrischen *Sinusschwingungen* verwendet man *Sinusgeneratoren* (*Oszillatoren**). Sie werden z. B. in Sendern, Empfängern, Meßgeräten und für Steueraufgaben verwendet. *Rechteckgeneratoren* und *Sägezahngeneratoren* liefern dagegen sprunghaft sich ändernde Wechselspannungen, nämlich Rechteckspannungen und Sägezahnspannungen.

2.10.1 Grundlagen der Schwingungserzeugung

Ein Oszillator besteht grundsätzlich aus einem *Verstärker*, einer *Mitkopplung*, einem *frequenzbestimmenden Glied* und einer *Amplitudenbegrenzung* (**Bild 1**).

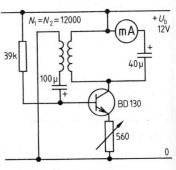

Selbsterregung

Versuch 1: Bauen Sie eine Versuchsschaltung zur Schwingungserzeugung (**Bild 2**) auf! Verbinden Sie die beiden Spulen magnetisch mit einem geschlossenen Eisenkern, und schalten Sie zur Kontrolle des Schwingstromes im Schwingkreis einen Strommesser für ±1 mA mit Nullstellung des Zeigers in Skalenmitte in Reihe zum Kondensator! Legen Sie die Schaltung an eine Betriebsspannung von 12 V! Polen Sie die Spule L1 um, und beobachten Sie wieder den Strommesser!
Nur bei einer bestimmten Polung bzw. einem bestimmten Wicklungssinn entsteht eine fortwährende Schwingung.

Eine Rückkopplung, bei welcher die rückgekoppelte Ausgangsspannung des Verstärkers die gleiche Phasenlage hat wie die Eingangsspannung des Verstärkers, bezeichnet man als Mitkopplung. Sie vergrößert die wirksame Eingangsspannung. Die so erhöhte Eingangswechselspannung wird verstärkt, ergibt eine größere Ausgangswechselspannung und damit auch eine größere rückgekoppelte Spannung.

> Phasenbedingung: Zur Schwingungserzeugung muß ein Teil der Ausgangsspannung phasenrichtig wieder dem Eingang zugeführt werden.

Bild 1: Übersichtsschaltplan eines Oszillators

Bild 2: Versuchsschaltung zur Schwingungserzeugung

Bei genügend starker Rückkopplung ist am Eingang keine Fremdspannung mehr nötig. Die kleinste Änderung im Betriebszustand einer solchen Schaltung, z. B. Einschalten, Rauschen oder Belastungsänderung, leitet Selbsterregung ein.

Versuch 2: Verringern Sie in Versuch 1 die Kopplung durch Öffnen des Jochs! Schließen Sie danach den Kern wieder! Beobachten Sie den Strommesser im Schwingkreis!
Wird die rückgekoppelte Spannung zu klein, so setzen die Schwingungen aus. Bei zunehmender Spannung setzen sie wieder ein.

Zur Aufhebung der Eigenverluste der Schaltung muß eine genügend starke Mitkopplung vorhanden sein, damit Schwingungen einsetzen und auch aufrecht erhalten bleiben. Die rückgekoppelte Spannung muß mindestens so groß sein wie die Spannung, welche diese Rückkopplungsspannung hervorgerufen hat. Der Kopplungsfaktor K gibt an, welcher Teil der Ausgangsspannung auf den Eingang rückgekoppelt wird. Je größer der Spannungsverstärkungsfaktor V_u ist, um so kleiner kann der Kopplungsfaktor sein. Das Produkt $K \cdot V_u$ nennt man *Ringverstärkung*.

> Amplitudenbedingung: Eine Schwingung setzt ein, wenn die Ringverstärkung größer als 1 ist. Im eingeschwungenen Zustand ist die Ringverstärkung gleich 1.

K	Kopplungsfaktor
V_u	Spannungsverstärkungsfaktor
φ_K	Phasenverschiebungswinkel zwischen rückgekoppelter Spannung und Eingangsspannung

Schwingungsbedingungen:

Phasenbedingung: $$\varphi_K = 0°$$

Amplitudenbedingung: $$K \cdot V_u \geq 1$$

Damit ein sicherer Schwingungseinsatz erreicht wird, wählt man K stets größer als $1/V_u$. Ist K kleiner als $1/V_u$, so klingt eine vorhandene Schwingung aus (gedämpfte Schwingung).

---

* oscillare (lat.) = schwingen

Frequenzbestimmung

Damit eine Schwingschaltung nur mit einer bestimmten Frequenz schwingt, muß in den Ausgangskreis oder in den Rückkopplungszweig ein frequenzabhängiges Glied, z. B. ein LC-Glied oder ein RC-Glied, eingebaut werden.

Versuch 3: Ersetzen Sie in der Versuchsschaltung Bild 2 Seite 264, den 40-µF-Kondensator durch einen Kondensator mit 10 µF, und beobachten Sie den Zeiger!
Mit der kleineren Schwingkreiskapazität schwingt der Oszillator mit höherer Frequenz.

Mit einem frequenzbestimmenden Glied, z. B. einem Schwingkreis, kann der Oszillator auf eine gewünschte Frequenz abgestimmt werden. Der Oszillator schwingt dann fast mit der Eigenfrequenz dieses Schaltgliedes, wenn die Phasenbedingung für die Selbsterregung erfüllt ist. Ist die Phasenbedingung für die Eigenfrequenz des Schwingkreises nicht erfüllt, so kann der Oszillator zwar noch erregt werden, schwingt jedoch mit einer anderen Frequenz. Die Oszillatorfrequenz weicht dann von der Eigenfrequenz des Schwingkreises so weit ab, bis die Phasenbedingung für die neue Frequenz wieder erfüllt ist.

Amplitudenbegrenzung

Tritt bei einer Schwingschaltung Selbsterregung ein, so wachsen die Schwingungsamplituden immer mehr an. Eine Begrenzung der Amplitude ergibt sich von selbst durch die Betriebsspannung, den Aussteuerungsbereich des Transistors bzw. die Übertragungskennlinie des Operationsverstärkers. Es entstehen dadurch aber Verzerrungen.

Eine fast unverzerrte Ausgangswechselspannung mit weitgehend stabiler Amplitude erreicht man durch „Verstärkungsregelung" oder durch „Regelung des Kopplungsfaktors". Dabei muß die Amplitude innerhalb des linearen Teils des Aussteuerungsbereichs begrenzt werden.

Eine Amplitudenbegrenzung erfolgt meist durch Verstärkergegenkopplung in Abhängigkeit von der Ausgangsspannung.

Bei Oszillatoren mit Transistoren wird die Basisvorspannung über einen Spannungsteiler oder Basisvorwiderstand erzeugt. Die Stabilisierung des Arbeitspunktes erfolgt meist über den Emitterwiderstand. Ist der Emitterwiderstand nicht durch einen Kondensator überbrückt **(Bild 1)**, so vergrößert sich mit steigender Amplitude auch die Stromgegenkopplung. Die Verstärkung sinkt, und die Amplitude bleibt etwa konstant (Verstärkungsregelung).

Als Emitterwiderstand oder Teilwiderstand des Emitterwiderstandes werden auch Glühlämpchen verwendet (Bild 1), die das Verhalten eines Kaltleiters haben. Dadurch wird die Regelempfindlichkeit der Stromgegenkopplung größer, und man erreicht eine gute Amplitudenregelung.

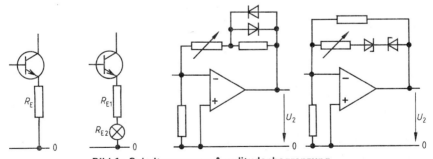

Bild 1: Schaltungen zur Amplitudenbegrenzung

Bei Oszillatoren mit Operationsverstärkern werden zur Amplitudenbegrenzung in den Gegenkopplungszweig antiparallel geschaltete Dioden, gegeneinander geschaltete Z-Dioden (Bild 1), NTC-Widerstände oder FET als steuerbare Widerstände geschaltet.

Speisung von Oszillatoren

Einem Oszillator kann die Speisespannung, z. B. die Kollektor-Emittergleichspannung, entweder in Reihe oder parallel zum frequenzbestimmenden Glied zugeführt werden. Man unterscheidet danach Reihenspeisung und Parallelspeisung.

Bei **Reihenspeisung (Bild 1)** sind Transistor, Schwingkreis und Gleichspannungserzeuger hintereinander geschaltet. Nachteilig ist, daß eine Gleichspannung am Schwingkreis liegt und daß bei Spulen mit Eisenkernen eine Gleichstromänderung die Induktivität der Spule und damit die Eigenfrequenz des Schwingkreises ändert.

Der Kondensator C_b legt den Fußpunkt des Schwingkreises für Wechselspannung an Masse und schließt damit den Kollektor-Wechselstromkreis. Oft genügt auch der parallel dazu liegende Siebkondensator des Netzteils.

Bei **Parallelspeisung** (Bild 1) liegen Transistor, Schwingkreis und Gleichspannungserzeuger parallel. Der Schwingkreis ist gleichspannungsfrei. Da der Gleichspannungserzeuger die Wechselspannung des Schwingkreises fast kurzschließt, muß dem Transistor die Gleichspannung über eine Drossel zugeführt werden. Bei hohen Frequenzen verwendet man anstelle der Drossel einen Wirkwiderstand (etwa 10 kΩ bis 100 kΩ). Der Kondensator C_T verhindert, daß die Speisespannung kurzgeschlossen wird.

2.10.2 Sinusgeneratoren mit Transistoren

Die Oszillatorschaltungen unterscheiden sich durch die Art der Rückkopplung. Transistorschaltungen haben einen kleinen Eingangswiderstand. Deshalb muß neben der Spannung auch ein Strom richtiger Phasenlage und Amplitude rückgekoppelt werden.

Bei niederen und mittleren Frequenzen wird die Emitterschaltung, bei hohen Frequenzen und bei kleinen Ausgangsleistungen wird dagegen die Basisschaltung bevorzugt.

Meißner-Oszillatorschaltung
Die Rückkopplungsspannung wird durch einen Übertrager phasenrichtig auf die Basis bzw. den Emitter zurückgeführt **(Bild 2)**.

Mit dem Widerstand R1 wird der Arbeitspunkt des Transistors und mit R2 der Rückkopplungsfaktor der Schaltung festgelegt. Der Kondensator C1 verhindert, daß die Gleichspannung über L1 kurzgeschlossen wird. Der kleine Eingangswiderstand und der Ausgangswiderstand des Transistors bedämpfen den Schwingkreis. Dadurch ist die Phasenbedingung für die Eigenfrequenz des Schwingkreises nicht mehr erfüllt, und der Oszillator schwingt mit einer anderen Frequenz. Deshalb wird der Schwingkreis fast nie in den Rückkopplungszweig, sondern stets in den Ausgangskreis gelegt. Die Bedämpfung durch den Transistor ist geringer, wenn der Kollektor an eine Anzapfung der Schwingkreisspule angeschlossen und der Ausgangswiderstand herauftransformiert wird.

Anstatt auf die Basis kann auch auf den Emitter induktiv zurückgekoppelt werden (Bild 2). Der Kondensator C1 verhindert, daß R_E gleichstrommäßig über L1 kurzgeschlossen wird. C_B legt die Basis wechselstrommäßig an Masse (Basisschaltung).

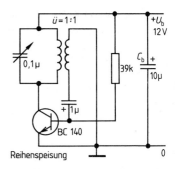

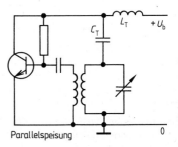

Bild 1: Speisung von Oszillatoren

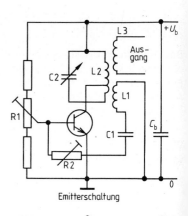

Emitterschaltung

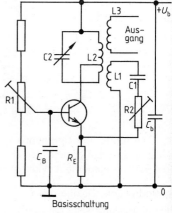

Basisschaltung

Bild 2:
Meißner-Oszillatorschaltung

Induktive Dreipunktschaltung

Ersetzt man in der Oszillatorschaltung nach Meißner den Übertrager durch einen Spartransformator und schließt Basis und Kollektor an die beiden einander entgegengesetzten Spulenenden an, so erhält man die *induktive Dreipunktschaltung* **(Bild 1)**. Der Gesamtschwingkreis liegt zwischen Kollektor und Basis. Die Rückkopplungsspannung wird über den Kopplungskondensator C_K auf die Basis geführt.

Die Bezeichnung dieser Schaltung wurde von den drei Anschlußpunkten der Schwingkreisspule abgeleitet. Sie wird auch *Hartley-Schaltung* oder induktive Spannungsteilerschaltung genannt.

Der Kondensator C_K und der Spannungserzeuger von U_b stellen für den Wechselstrom eine Überbrückung dar. Zeichnet man den Wechselstromkreis heraus (Bild 1), so erkennt man, daß die Rückkopplungsspannung an einem Spannungsteiler abgegriffen wird. Zur phasenrichtigen Mitkopplung müssen die Kollektorspannung und die Rückkopplungsspannung gegenphasig sein. Durch einen kapazitiven und einen induktiven Widerstand für den Spannungsteiler wird diese Forderung erfüllt. Der Kopplungsfaktor kann durch die Wahl der Anzapfung der Schwingkreisspule festgelegt werden.

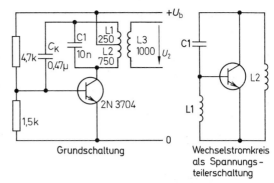

Grundschaltung   Wechselstromkreis als Spannungs-teilerschaltung

Bild 1: Prinzipschaltung eines induktiven Dreipunktoszillators

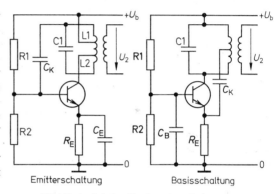

Emitterschaltung   Basisschaltung

Bild 2: Induktive Dreipunktschaltung

Zur Verringerung der Dämpfung des Schwingkreises wird auch hier der Kollektor oft an eine Anzapfung der Schwingkreisspule angeschlossen **(Bild 2)**.

In der Basisschaltung, welche vorwiegend bei mittleren und höheren Frequenzen angewandt wird, erfolgt die Mitkopplung über C_K auf den Emitter. Soll die Dämpfung klein sein, so ersetzt man R_E durch eine Drossel. Diese Oszillatorschaltung wird z. B. in Rundfunkempfängern verwendet.

Kapazitive Dreipunktschaltung

Greift man die Rückkopplungsspannung nicht an einem Teil der Spule, sondern an der Reihenschaltung der in zwei Kondensatoren aufgeteilten Schwingkreiskapazität ab, so erhält man die *kapazitive Dreipunktschaltung* **(Bild 3)**.

Sie wird auch *Colpitts-Schaltung* oder kapazitive Spannungsteilerschaltung genannt.

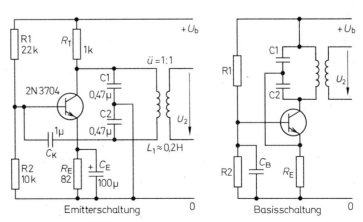

Emitterschaltung   Basisschaltung

Bild 3: Kapazitive Dreipunktschaltung

Auch hier wird die Rückkopplungsspannung an einem aus Induktivität und Kapazität bestehenden Spannungsteiler abgegriffen. Der Kopplungsfaktor wird durch das Kapazitätsverhältnis bestimmt.

Bei der Basisschaltung sind Eingangskreis und Ausgangskreis durch die wechselstrommäßig an Masse liegende Basis voneinander abgeschirmt. Dadurch wird eine gegenseitige Beeinflussung weitgehend vermieden. Diese Schaltung findet Anwendung in Sendern und Empfängern von Kurzwellenamateuren bei Frequenzen über 10 MHz.

Oszillator mit kapazitiver Rückkopplung

Bei niedrigen Frequenzen sind in der Basisschaltung Eingangsspannung und Ausgangsstrom in Phase. Bei hohen Frequenzen haben dagegen Eingangsspannung und Ausgangsstrom nicht mehr die gleiche Phasenlage, da die Basis-Emitterkapazität und der Eingangswiderstand des Transistors ein frequenzabhängiges RC-Glied bilden. Je nach Bauform des Transistors und Frequenz eilt der Ausgangswechselstrom zwischen 0° und 90° der Eingangswechselspannung nach. Da im Resonanzfall der Schwingkreis ein reiner Wirkwiderstand ist, eilt die Ausgangswechselspannung der Eingangswechselspannung ebenfalls nach. Im UKW-Bereich beträgt der Phasenverschiebungswinkel etwa 60° bis 85°. Um diesen Winkel muß die rückgekoppelte Größe gedreht werden.

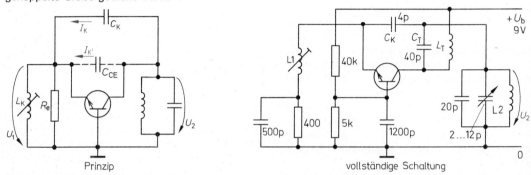

Bild 1: Oszillator mit kapazitiver Rückkopplung

Koppelt man die Ausgangsgröße über einen Kondensator C_K auf den Eingang zurück **(Bild 1)**, so eilt der Rückkopplungsstrom I_K der Ausgangsspannung um nahezu 90° vor. I_K ruft am Transistoreingangswiderstand R_e einen Spannungsabfall U_1 hervor. Da R_e wesentlich kleiner ist als $1/(\omega C_K)$ wird die Phasenlage von I_K und damit auch von U_1 vorwiegend durch C_K bestimmt, d. h. die Eingangsspannung eilt der Ausgangsspannung um fast 90° vor.

Mit der parallel zum Eingangswiderstand liegenden Induktivität kann die Phasenlage so weit verschoben werden, daß die Phasenbedingung zur Schwingungserzeugung erfüllt wird. Einen Teil der Rückkopplungskapazität bildet die Kollektor-Emitterkapazität C_{CE} des Transistors. Die parallel dazu geschaltete äußere Rückkopplungskapazität C_K hat nur wenige pF.

In der vollständigen Schaltung (Bild 1) verhindert der Kondensator C_T den Kurzschluß der Gleichspannung über L2, während die Drossel L_T einen Kurzschluß der Wechselspannung verhindert. Die Transistor-Oszillatorschaltung mit kapazitiver Rückkopplung wird vielfach in UKW- und Fernsehempfängern angewendet.

RC-Generatoren

In RC-Generatoren werden RC-Glieder zur frequenzabhängigen Rückkopplung verwendet. Diese RC-Glieder müssen die Ausgangswechselspannung phasengleich zur Eingangswechselspannung auf den Eingang zurückführen. Bei RC-Generatoren unterscheidet man je nach Art der Rückkopplung Phasenschiebergeneratoren und Wien-Brückengeneratoren.

Die Schwingfrequenz eines RC-Generators hängt vom RC-Glied und von der Schaltung ab.

f_0 Schwingfrequenz
R Widerstand
C Kondensator
m Schaltungsabhängiger Faktor

$$f_0 = \frac{1}{m \cdot R \cdot C}$$

Phasenschiebergeneratoren (Bild 1) sind meist einstufige Verstärker, deren Ausgangsspannung über mehrere hintereinander geschaltete RC-Glieder auf den Eingang zurückgeführt wird. Dabei können die Widerstände in Querrichtung und die Kondensatoren in Längsrichtung geschaltet sein ($m = 15{,}4$) oder umgekehrt ($m = 2{,}56$).

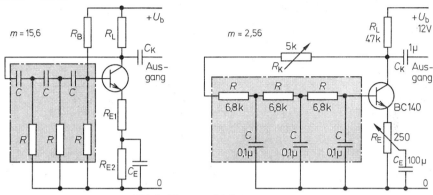

Bild 1: Phasenschiebergeneratoren

Jedes RC-Glied wirkt als Spannungsteiler, wobei die abgegriffene Spannung zur angelegten Spannung je nach dem Verhältnis des kapazitiven Widerstandes zum ohmschen Widerstand zwischen 0° und fast 90° phasenverschoben ist.

Die Ausgangsspannung eines Verstärkers in Emitterschaltung ist gegenphasig zur Eingangsspannung. Deshalb muß das rückgekoppelte Ausgangssignal um 180° phasenverschoben werden. Dies wird durch Hintereinanderschalten von drei RC-Gliedern (Bild 1) erreicht. Meist wählt man in der RC-Kette alle Widerstände und alle Kondensatoren gleich groß. Da jedes RC-Glied in einer Kette das vorangehende RC-Glied belastet, sind die Phasendrehungen durch die einzelnen Glieder nicht gleich groß. Ersetzt man z. B. die Kondensatoren durch einen Mehrfach-Drehkondensator, so läßt sich die Frequenz bis zu einem Verhältnis von 1 : 10 ändern.

In der Schaltung Bild 1 werden mit R_K der Mitkopplungsfaktor, mit R_E der Gegenkopplungsfaktor und damit der Verstärkungsfaktor eingestellt.

Wien-Brückengeneratoren greifen die Rückkopplungsspannung an einem Wien-Brückenzweig ab. Dieser besteht aus der Reihenschaltung von R und C und einer Parallelschaltung aus R und C.

Wenn bei diesem Brückenzweig **(Bild 2)** die beiden Widerstände und die beiden Kapazitäten jeweils gleich groß sind, so ist bei einer bestimmten Frequenz, der Schwingfrequenz, $R = 1/(\omega C)$, und die am Brückenzweig abgegriffene Rückkopplungsspannung U_B hat die gleiche Phasenlage wie die Spannung U_{B2} am Ausgang des Teilers. Der Wien-Brückengenerator muß deshalb einen zweistufigen Verstärker enthalten.

Die Gegenphasigkeit der ersten Verstärkerstufe wird durch die Gegenphasigkeit einer zweiten Verstärkerstufe aufgehoben. Die Ringverstärkung muß bei Wien-Brückengeneratoren mit gleichen R und gleichen C im Brückenzweig etwas größer als 3 sein, da die Spannung U_{B2} am unteren Brückenzweig (Bild 2) ein Drittel der rückgekoppelten Spannung U_B ist. Der frequenzbestimmende Faktor ist $m = 2\pi$.

Die Frequenz dieses Oszillators läßt sich durch Verändern beider Kapazitäten oder beider Widerstände im Brückenzweig abstimmen. Zur Stabilisierung wird außer einer Stromgegenkopplung (R2, R8) oft auch noch eine Spannungsgegenkopplung (R4) eingefügt.

Mit R7 wird der Mitkopplungsfaktor eingestellt.

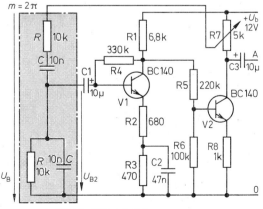

Bild 2: Wien-Brückengenerator

Der Wien-Brückengenerator ist wesentlich frequenzstabiler als der Phasenschiebergenerator und wird deshalb auch bevorzugt verwendet. Derartige RC-Generatoren werden für Frequenzen von 0,01 Hz bis etwa 500 kHz gebaut. Gegenüber LC-Generatoren haben sie den Vorteil, daß sie keine Induktivität benötigen. Dadurch entfallen magnetische Streufelder. Außerdem kann mit RC-Generatoren die Frequenz über einen größeren Bereich verändert werden als bei LC-Generatoren. Sinusform und Stabilität lassen sich dagegen nur mit entsprechendem Aufwand erreichen.

Quarzgesteuerte Sinusgeneratoren

In Quarzoszillatoren wird anstelle des frequenzbestimmenden Schwingkreises ein Schwingquarz verwendet.

Ein **Schwingquarz** ist ein in bestimmter Richtung aus einem Quarzkristall herausgeschnittenes Plättchen. Auf zwei gegenüberliegenden Flächen sind Kontaktelektroden angebracht. Legt man an diese Kontakte eine Wechselspannung an, so führt der Quarz aufgrund des Piezo-Effekts mechanische Schwingungen aus, deren Frequenz von den Abmessungen des Quarzes abhängt. Umgekehrt bilden sich bei Zug oder Druck an der Oberfläche des Kristalls elektrische Ladungen aus. Quarz (SiO_2) hat eine besonders konstante, mechanische Eigenfrequenz. Seine größte Frequenzabweichung beträgt 0,0001 %. Schwingquarze werden deshalb für Schwingungserzeuger bevorzugt, deren Oszillatorfrequenz dann nahezu unabhängig von der Betriebsspannung, der Belastung, der Rückkopplung sowie von der Temperatur ist.

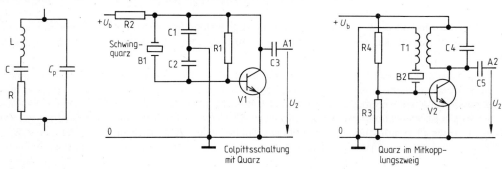

Bild 1: Ersatzschaltung des Schwingquarzes

Bild 2: Quarz-Oszillatorschaltungen

In seinen elektrischen Eigenschaften ist der Quarz mit einem Schwingkreis vergleichbar **(Bild 1)**. Er kann jedoch eine etwa tausendfach höhere Güte erreichen. Man verwendet einen Quarz entweder als Reihenschwingkreis oder als Parallelschwingkreis. Er hat je nach Betriebsart zwei verschiedene Eigenfrequenzen.

Quarzoszillatoren schwingen mit einer sehr konstanten Eigenfrequenz.

Quarzoszillatoren können mit Transistoren **(Bild 2)** oder mit Operationsverstärkern aufgebaut werden. Um bei Schaltungen mit Transistoren den Quarzoszillator möglichst wenig zu belasten, schaltet man meist noch einen Verstärker in Kollektorschaltung als Impedanzwandler nach. Quarzoszillatoren werden z. B. in Sendern, Eichgeneratoren, als Zeitbasis in Meß- und Schaltgeräten, in Präzisionsuhren und Rechnern verwendet.

2.10.3 Sinusgeneratoren mit Operationsverstärkern

Sinusgeneratoren mit Operationsverstärkern können grundsätzlich wie Oszillatoren mit Transistoren aufgebaut werden. Der Operationsverstärker wird so geschaltet, daß über ein frequenzbestimmendes Glied, z. B. eine Wien-Brücke oder eine RC-Kette, eine Mitkopplung für eine bestimmte Frequenz entsteht. Die Verstärkung wird am Operationsverstärker so eingestellt, daß die Ringverstärkung größer als 1 wird. Eine Amplitudenbegrenzung erfolgt z. B. durch Z-Dioden im Rückkopplungszweig des Operationsverstärkers.

RC-Generatoren werden meist mit Operationsverstärkern aufgebaut.

Beim **RC-Generator mit Phasenschieberkette** beträgt die Phasenverschiebung zwischen der Eingangsspannung und der Ausgangsspannung der RC-Kette für die Schwingfrequenz f_0 gerade — 180°. Führt man die Ausgangsspannung der RC-Kette über einen Umkehrverstärker auf den Eingang der RC-Kette zurück, dann wird die Phasenbedingung erfüllt, da die Spannungsumkehr durch den Operationsverstärker einer weiteren Phasenverschiebung um $-180°$ entspricht (**Bild 1**). Der Rückkopplungswiderstand R_K des Operationsverstärkers wird so eingestellt, daß der Generator sicher anschwingt.

$$f_0 \approx \frac{1}{15{,}4 \cdot R \cdot C}$$

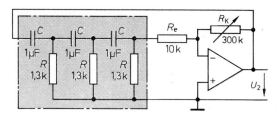

Bild 1: RC-Generator mit Phasenschieberkette

Beim **Wien-Brückengenerator (Bild 2)** mit gleichen Widerständen und gleichen Kapazitäten im Brückenzweig ist bei der Frequenz $f_0 = \dfrac{1}{2\pi RC}$ der Blindwiderstand $X_C = R$. Es gilt dann für die RC-Brückenglieder:

Scheinwiderstand der Reihenschaltung:

$$Z_1 = \sqrt{R^2 + X_C^2} = \sqrt{2R^2} = R\sqrt{2} \approx 1{,}4\,R$$

Scheinwiderstand der Parallelschaltung:

$$Z_2 = \frac{R \cdot X_C}{\sqrt{R^2 + X_C^2}} = \frac{R^2}{\sqrt{2R^2}} = \frac{R}{\sqrt{2}} \approx 0{,}7\,R$$

Die Spannung U_{B2} ist in Phase mit der Spannung U_B. Die Amplitude von U_{B2} ist jedoch nur $Z_1/(Z_1 + Z_2) = 0{,}7\,R/(0{,}7\,R + 1{,}4\,R) = 1/3$ von U_B. Diese Spannung U_{B2} wird auf den nicht invertierenden Eingang des OP gegeben, welcher mindestens den Spannungsverstärkungsfaktor 3 haben muß, um die Amplitudenbedingung zu erfüllen. Bei den in Bild 2 gewählten Widerständen für R_K und R_Q beträgt der Verstärkungsfaktor $V_u = 1 + R_K/R_Q = 1 + 22\ \text{k}\Omega/10\ \text{k}\Omega = 3{,}2$. Die Ringverstärkung ist somit größer als 1. Damit ist ein sicheres Anschwingen gewährleistet. Die gegeneinander geschalteten Z-Dioden begrenzen die Amplitude des Sinusgenerators.

Sollen Sinusspannungen innerhalb eines großen Frequenzbereichs erzeugt werden, so können bei einem *Mehrbereichs-Wien-Brückengenerator* (**Bild 3**) die Frequenzbereiche durch Umschaltung der Kondensatoren gewählt werden. Mit einem Zweifachpotentiometer läßt sich die Frequenz fein einstellen. In der Schaltung Bild 3 wird die Rückkopplungsspannung über einen Spannungsteiler abgegriffen, der aus C1, H1 und R1 besteht. Die

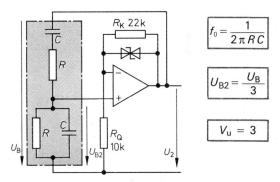

$$f_0 = \frac{1}{2\pi RC}$$

$$U_{B2} = \frac{U_B}{3}$$

$$V_u = 3$$

Bild 2: Wien-Brückengenerator

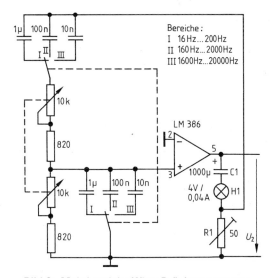

Bereiche:
I   16 Hz ... 200 Hz
II   160 Hz ... 2000 Hz
III 1600 Hz ... 20000 Hz

Bild 3: Mehrbereichs-Wien-Brückengenerator

Glühlampe wirkt als Kaltleiter und dient zur Amplitudenregelung. Steigt U_2 etwas an, so wird die Stromstärke durch H1 größer, und der Widerstand von H1 steigt an. Dadurch sinkt die rückgekoppelte Spannung und folglich auch wieder die Ausgangsspannung U_2.

Wiederholungsfragen

1. Welche Bedingungen müssen zur Schwingungserzeugung erfüllt sein?
2. Welche Aufgabe hat ein Schwingkreis in einer Oszillatorschaltung?
3. Warum wird bei Oszillatoren für höhere Frequenzen die Basisschaltung bevorzugt?
4. Wie erfolgt beim Meißner-Oszillator die Mitkopplung?
5. Wovon hängt die Schwingfrequenz eines RC-Phasenschiebergenerators ab?
6. Warum muß der Wien-Brückengenerator einen zweistufigen Verstärker erhalten?

2.10.4 Astabile Kippschaltung (Rechteckgenerator)

Zur Erzeugung von Rechteckspannungen bis zu Frequenzen von einigen MHz wird meist die astabile* Kippschaltung verwendet.

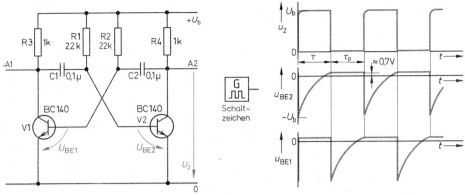

Bild 1: Astabile Kippschaltung

Astabile Kippschaltungen (**Bild 1**), auch *Multivibratoren*** genannt, bestehen aus zwei Transistorstufen. Das Ausgangssignal jeder Stufe wird über einen Kondensator auf den Eingang der anderen Stufe rückgekoppelt. Dadurch hat die Schaltung keinen stabilen Zustand und kippt ohne äußere Ansteuerung von einem Betriebszustand in den anderen.

Solange V1 gesperrt ist, wird C1 auf nahezu U_b aufgeladen mit positiver Ladung am Anschluß A1. Geht man davon aus, daß V1 leitend wird, so liegt C1 über R1 direkt an der Betriebsspannung U_b (**Bild 2**). C1 entlädt sich über diesen Stromkreis. An der Basis-Emitterstrecke von V2 liegt etwa diese Spannung U_{C1} mit negativem Potential an der Basis und sperrt V2. Gleichzeitig wird C2 über R4 und die leitende Basis-Emitterstrecke des Transistors V1 (Bild 2) von U_b aufgeladen. Die positive Polarität liegt am Anschluß A2.

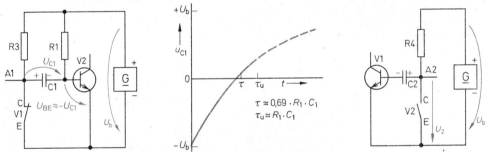

$$\tau \approx 0{,}69 \cdot R_1 \cdot C_1$$
$$\tau_u \approx R_1 \cdot C_1$$

Bild 2: Ersatzschaltungen für die Umladevorgänge

Nachdem C1 entladen ist, wird er von U_b mit umgekehrter Polarität aufgeladen (Bild 2 Mitte). Nach Erreichen von etwa 0,7 V wird V2 leitend und C2 mit Anschluß A2 an Masse gelegt. Die Spannung U_{C2} liegt jetzt an der Basis-Emitterstrecke von V1 mit negativem Potential an der Basis. Dadurch wird V1 gesperrt. Jetzt beginnt der Umladevorgang für C2 entsprechend der zuvor beschriebenen Umladung von C1. Erreicht U_{BE1} ungefähr + 0,7 V, so kippt die Schaltung wieder in die andere Lage. Die Schaltung schwingt selbständig.

> Die astabile Kippschaltung schaltet periodisch zwischen zwei Betriebszuständen um. Das Ausgangssignal ist nahezu eine Rechteckspannung.

Die Umladezeiten der Kondensatoren und damit die Zeiten, während denen die beiden Transistoren gesperrt sind, hängen von den Koppelkondensatoren C1 und C2 sowie von den Basiswiderständen R1 und R2 ab. Nach etwa 69 % der Umladezeitkonstanten τ_u (Bild 2) kippt der Schaltungszustand wieder um. Mit den Zeiten τ und τ_p (Bild 1) kann die Frequenz des Multivibrators bestimmt werden.

* a...(griech.) = nicht, un...; z. B. astabil = nicht stabil;   ** multi...(lat.) = viel, vielfach; vibrator (lat.) = Schwinger

Für volle Umladung von C1 und C2, also $\tau > 5\,R_3\,C_1$ und $\tau_p > 5\,R_4\,C_2$ sowie $U_b \gg U_{BE}$ und $U_{BER} < 7$ V (U_{BER} Basis-Emitterspannung in Rückwärtsrichtung):

$$\boxed{\tau \approx 0,69 \cdot R_1 \cdot C_1}$$

$$\boxed{\tau_p \approx 0,69 \cdot R_2 \cdot C_2}$$

$$\boxed{f_0 = \frac{1}{\tau + \tau_p}}$$

Schaltungserweiterungen

Über die Kondensatoren gelangt bei großen Betriebsspannungen eine hohe negative Sperrspannung ($\approx U_b$) an die Basis der Transistoren. Dadurch kann die Basis-Emitterstrecke durchbrechen, und die Umladung erfolgt dann bereits nach der Zeitdauer τ_2 statt nach τ_1 **(Bild 1)**. Um ein Überschreiten des Grenzwertes von $-U_{BE}$ zu vermeiden, schaltet man in Reihe zur Basisleitung eine *Schutzdiode*.

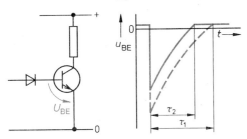

Bild 1: Schutzdiode

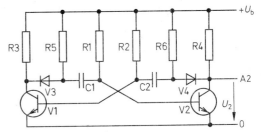

Bild 2: Erweiterte astabile Kippschaltung

Größere Flankensteilheit der Ausgangsspannung kann erreicht werden, wenn die Lastwiderstände der Transistoren nicht gleichzeitig als Ladewiderstände der Kondensatoren wirken. **(Bild 2)**. Hier wirken R3 R5 und R4 R6 als Lastwiderstände für V1 und V2 sowie R5 und R6 als Ladewiderstände für C1 und C2. Die Entkopplung erfolgt über die Dioden V3 und V4.

Zum Erreichen *langer Impulsdauern* und *niedriger Frequenzen* verwendet man FET, weil diese fast leistungslos gesteuert werden und deshalb große Gatewiderstände zulassen.

Astabile Kippschaltung mit Operationsverstärker **(Bild 3)**. Über den Widerstand R_K wird durch die Spannung U_2 der Kondensator C_Q aufgeladen. Mit zunehmender Kondensatorspannung am invertierenden Eingang wechselt die Eingangsspannung U_1 des Operationsverstärkers die Richtung, und der Verstärker wird entgegengesetzt ausgesteuert. Durch die mitkoppelnde Rückführung über R_M auf den nicht invertierenden Eingang wird der Operationsverstärker schnell übersteuert. Der Ausgang hat die gleiche Polarität wie der nicht invertierende Eingang. Der Wechsel der Ausgangsspannung in entgegengesetzte Richtung bewirkt ein Umladen des Kondensators. Dadurch wird erneut ein Polaritätswechsel am Verstärkereingang und am Verstärkerausgang eingeleitet. Es liegt ein Rechteckgenerator vor. Über E1 kann die astabile Kippschaltung synchronisiert werden.

Die astabile Kippschaltung wird als Rechteckgenerator für periodische Schaltvorgänge verwendet.

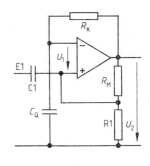

$$\boxed{f_0 \approx \frac{1}{2R_K\,C_Q\ln(1+2R_1/R_M)}}$$

Bild 3: Astabile Kippschaltung

2.10.5 Sägezahngeneratoren

Bei Sägezahngeneratoren steigen die Ausgangsspannung oder der Ausgangsstrom linear mit der Zeit an und fallen nach Erreichen eines Höchstwertes schnell wieder auf den Anfangswert zurück.

Die Grundschaltung besteht aus einem Kondensator, der über einen Widerstand aufgeladen und anschließend über einen Schalter entladen wird **(Bild 4)**. Zur Entladung werden elektronische Bauelemente mit Schalteigenschaften, z. B. Glimmlampe oder UJT, verwendet.

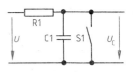

Bild 4:
Grundschaltung eines
Sägezahngenerators

Sägezahngeneratoren werden z. B. in Oszilloskopen und Fernsehgeräten zur Strahlablenkung und in digitalen Meßgeräten verwendet.

Sägezahngenerator mit Doppelbasis-Transistor

Die Grundschaltung enthält wieder ein RC-Glied **(Bild 1)**. Der Kondensator wird über die Widerstände R1 und R2 aufgeladen, bis die Schaltspannung U_p des UJT erreicht ist. Dann wird die Emitter-Basis-1-Strecke plötzlich leitend. Der Kondensator entlädt sich über die niederohmige E-B1-Strecke und R3 sehr schnell bis zur Talspannung U_v (Bild 1 rechts). Nach Unterschreiten von U_v sperrt der UJT wieder, und der Kondensator kann sich von neuem aufladen. Am Kondensator entsteht eine fast sägezahnförmige Spannung u_C. Gleichzeitig entstehen an R3 periodische Impulse, welche durch die Entladeströme erzeugt werden. Sofern R3 ≪ (R1 + R2) ist, werden die Impulsdauer sehr kurz und die Sägezahn-Rückflanke sehr steil.

Dieser Generator wird z. B. als Impulsgenerator zur Ansteuerung von Thyristoren verwendet. Er erzeugt Frequenzen bis etwa 100 kHz, bei Schaltungserweiterungen bis etwa 500 kHz.

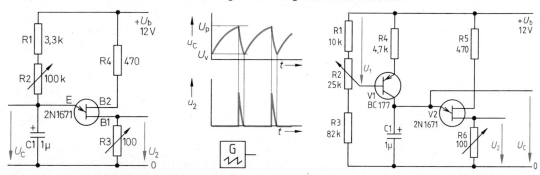

Bild 1: Einfacher Sägezahngenerator　　　　**Bild 2: Generator für linearisierte Sägezahnspannung**

In Schaltung Bild 1 hängt die Frequenz der Sägezahnspannung von R1 und R2, C1, den Spannungen U_p und U_v des UJT sowie von der Betriebsspannung U_b ab. An R3 kann eine Nadel-Impulsspannung U_2 abgegriffen werden, deren Impulsbreite und Impulshöhe mit R3 einstellbar ist.

Damit der Anstieg der Sägezahnspannung möglichst geradlinig verläuft, muß der Kondensator mit konstantem Strom aufgeladen werden. Dazu werden in der Schaltung Bild 1 die Widerstände R1 und R2 durch eine Konstantstromquelle **(Bild 2)** mit V1, R1, R2, R3 und R4 ersetzt. C1 lädt sich jetzt über den veränderlichen Innenwiderstand (Kollektor-Emitter-Strecke) des Transistors V1 und den Widerstand R4 auf. Die Entladung erfolgt über den UJT und R6.

> Zur Erzeugung einer linearisierten Sägezahnspannung wird ein Kondensator über eine Konstantstromquelle aufgeladen und danach über einen elektronischen Schalter wieder entladen.

Die Konstantstromquelle ist eine durch einen Emitterwiderstand stark gegengekoppelte Transistorstufe. Der Kondensator C1 des Sägezahngenerators Bild 2 ist dabei der Lastwiderstand. Will der Ladestrom für C1 abnehmen, so werden der Strom durch R4 und damit auch der Spannungsabfall U_{R4} an R4 kleiner. Da die Ausgangsspannung U_1 am Basisspannungsteiler konstant bleibt, wird U_{BE} an V1 stärker negativ. Dadurch wird V1 stärker ausgesteuert, so daß der Kollektorstrom gleich bleibt.

Mit R2 wird der Ladestrom und damit die Ladedauer für C1 und die Frequenz des Generators eingestellt. Die Frequenz läßt sich in weiten Grenzen ändern. An R6 kann eine Impulsspannung U_2 mit Nadelimpulsen abgegriffen werden. Mit R6 werden Impulsbreite und Impulshöhe und gleichzeitig die Steilheit der Rückflanke der Sägezahnspannung U_C eingestellt.

Wiederholungsfragen

1. Über welche Bauelemente erfolgt die Rückkopplung bei der astabilen Kippschaltung?
2. Erklären Sie den Umschaltvorgang bei der astabilen Kippschaltung!
3. Wovon hängt die Frequenz des Multivibrators ab?
4. Welche Aufgabe hat die Diode in der Basisleitung?
5. Durch welche Schaltungsmaßnahme kann die Flankensteilheit vergrößert werden?
6. Erklären Sie die Erzeugung einer linearisierten Sägezahnspannung!

2.11 Grundlagen der Digitaltechnik

2.11.1 Digitale Größen

Beim Messen einer elektrischen Spannung mit einem Zeigermeßgerät entspricht der Zeigerausschlag dem Wert der Meßgröße. Der Zeigerausschlag ist *analog** zur Meßgröße (**Bild 1**). Beim Ablesen des Meßgeräts ordnet der Beobachter dem Zeigerausschlag entsprechend der Skala einen Zahlenwert zu. Die Meßgröße wird damit *digital***, d. h. ziffernmäßig, bestimmt.

Meßgeräte sind heute vielfach mit einer Digitalanzeige, also einer Ziffernanzeige, ausgestattet (**Bild 2**). Gegenüber einer *Analoganzeige* (Anzeige mit Zeiger) hat die *Digitalanzeige* (Ziffernanzeige) den Vorteil einer eindeutigen und leichten Ablesbarkeit konstanter Meßgrößen und einer hohen Auflösung. Digitale Größen können einfach und fehlerfrei über weite Entfernungen übertragen werden. Sie lassen sich gut speichern und z. B. in Datenverarbeitungsanlagen auswerten. Größen, die sich laufend ändern, können digital nur intervallweise und in Stufen entsprechend der kleinstwertigsten Ziffer dargestellt werden. Digitalanzeigen sind daher zur Beobachtung von sich rasch ändernden Größen nicht so geeignet wie Analoganzeigen.

Digitale Größen werden in der Elektronik meist in *binärer**** Form, d. h. durch Zeichen mit zwei verschiedenen Werten, dargestellt. Die Zeichen für diese zwei verschiedenen Werte sind 0 und 1. Diese *Binärzeichen* heißen *Bit*[4*]. Den Binärzeichen ordnet man eine elektrische Größe zu, z. B. dem Zeichen 0 die Spannung 0 V oder einen niederen *Pegel* (Low[5*], L) und dem Zeichen 1 die Spannung 5 V oder einen hohen Pegel (High[6*], H).

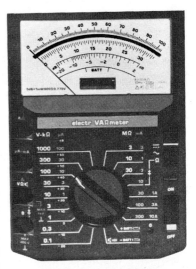

Bild 1: Analogmultimeter

> Binärzeichen haben zwei unterscheidbare Werte, z. B. 0 und 1.

In digitalen Steuerungen und Geräten werden Zahlen und andere Zeichen, wie z. B. Buchstaben, durch binäre Verschlüsselungen (Codes) dargestellt. Die einfachsten und häufigsten Codierungen sind der Zählcode und der Dualcode.

Bild 2: Digitalmultimeter

Zählcode

Mit dem Zählcode wird durch die Anzahl von Impulsen eine Zahl oder ein Zeichen dargestellt. Bei Strichmaßstäben (**Bild 3**) an numerisch gesteuerten Werkzeugmaschinen entsteht bei Bewegung ein Wechsel von Hell und Dunkel an der Fotodiode. Dieser Wechsel führt an der Fotodiode zu einer Impulsspannung. Die Zahl der Impulse ist ein Maß für den Weg und wird mit Hilfe eines elektronischen Zählers erfaßt.

Der Zählcode wird in der digitalen Meßtechnik vor allem zur Erfassung von Weglängen, Winkeln (Strichscheibe), zur Zeitmessung und Frequenzmessung verwendet. Die Zeitmessung erfolgt z. B. durch Zählen der Schwingungen eines Quarzoszillators. Für die Frequenzmessung zählt man die Zahl der Schwingungen in einem Zeitintervall.

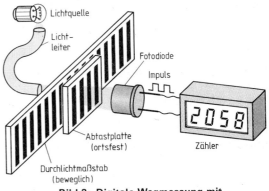

Lichtquelle

Lichtleiter

Fotodiode

Impuls

Zähler

Abtastplatte (ortsfest)

Durchlichtmaßstab (beweglich)

Bild 3: Digitale Wegmessung mit Strichmaßstab und Zähler

---

* analog (griech.) = entsprechend;   ** digital = ziffernmäßig von digitus (lat.) = Finger (mit dem man zählt);
*** binär (lat.) = aus zwei Einheiten bestehend;   4* das Bit, Kunstwort von binary digit (engl.) = Binärzeichen, Binärziffer;
5* Low (engl.) = nieder;   6* High (engl.) = hoch

Dualcode

Mit den Binärzeichen kann man durch Aneinanderreihen mehrerer 1-Bit und 0-Bit das duale* Zahlensystem, ähnlich dem Dezimalzahlensystem, aufbauen. Jedem 1-Bit einer so gebildeten Dualzahl wird je nach seiner Stelle ein Stellenwert (Gewicht) zugeordnet **(Tabelle 1)**.

Der Stellenwert ist für die erste Dualziffer von rechts gelesen $2^0 = 1$, für die zweite Dualziffer $2^1 = 2$, für die dritte Dualziffer $2^2 = 4$ usw. Die Stellenbewertung verdoppelt sich also immer mit der folgenden Stelle. Den Binärzeichen 0 ist stets der Wert Null zugeordnet.

Tabelle 1: Dualzahlen				
00	0	0	0	0
01	0	0	0	1
02	0	0	1	0
03	0	0	1	1
04	0	1	0	0
05	0	1	0	1
06	0	1	1	0
07	0	1	1	1
08	1	0	0	0
09	1	0	0	1
10	1	0	1	0
11	1	0	1	1
12	1	1	0	0
13	1	1	0	1
14	1	1	1	0
15	1	1	1	1
Stellenwert	8	4	2	1

Beispiel 1: Welcher Dezimalzahl entspricht die Dualzahl 1001?

Lösung:

$$1 \quad 0 \quad 0 \quad 1 \quad \triangleq \quad 8 + 0 + 0 + 1 = \mathbf{9}$$
Stellenwert: $\quad 2^3 \quad 2^2 \quad 2^1 \quad 2^0$
$$8 \quad 4 \quad 2 \quad 1$$

Beim Zählen im Dualsystem beginnt man ganz rechts mit 0, dann folgt 1. Zum Weiterzählen schreibt man in eine neue Stelle weiter links die Dualziffer 1, und in der ersten Stelle beginnt man wieder mit 0. So erhält man die Zahl 10. Jetzt kann für die nächste Zahl die rechte Stelle wieder erhöht werden zu 11. Zählt man nun weiter, so wird eine dritte Stelle nötig, und in der ersten und zweiten Stelle beginnt man wieder mit 0, also 100. Die nächste Zahl heißt 101, wieder die nächste 110, dann 111, und nun beginnt man mit der vierten Stelle und so fort.

Zur Verschlüsselung der ersten 16 Zahlen in Tabelle 1 sind vier Stellen, d. h. 4 Bit, nötig. Mit 5 Binärstellen lassen sich gerade doppelt soviel Zahlen, nämlich $2^5 = 32$, verschlüsseln. Hat man n Binärstellen, so kann man damit 2^n Zahlen darstellen.

Für die Bildung gebrochener Zahlen bewertet man die Dualziffern rechts vom Komma mit Potenzen von 2, deren Hochzahlen negativ sind.

Beispiel 2: Welchen Wert hat die Dualzahl 110, 101?

Lösung:

$$1 \quad 1 \quad 0, \quad 1 \quad 0 \quad 1 \quad \triangleq \quad 4 + 2 + 0 + 0,50 + 0,125 = \mathbf{6,625}$$
Stellenwert: $\quad 2^2 \quad 2^1 \quad 2^0 \quad 2^{-1} \quad 2^{-2} \quad 2^{-3}$
$$4 \quad 2 \quad 1 \quad \frac{1}{2} \quad \frac{1}{4} \quad \frac{1}{8}$$

Rechnen mit Dualzahlen

Das Rechnen im dualen Zahlensystem ist dem Rechnen im Dezimalsystem ähnlich.

Addition und Subtraktion. Dualzahlen werden wie Dezimalzahlen stellenweise addiert. Bei $1 + 1$ entsteht 0 und ein Übertrag 1 in die nächst höhere Stelle, so wie im Dezimalzahlensystem $9 + 1$ die Ziffer 0 ergibt und einen Übertrag in die nächste Stelle liefert.

$0 + 0 = 0$	$1 + 0 = 1$	$1 + 1 = 0$ merke 1

Beispiel 3: Berechnen Sie 14 + 6 mit Dualzahlen?

Lösung:

```
   14              1 1 1 0
 + 06            +   0 1 1 0
   1   Übertrag      1 1 1
 ────            ───────────
   20            1 0 1 0 0  ≙ 20
```

Im einzelnen addiert man bei der ersten Stelle von rechts $0 + 0 = 0$. Für die zweite Stelle, $1 + 1 = 10$, schreibt man 0 in die Summe und einen Übertrag 1 zum Summanden in die dritte Stelle. Jetzt addiert man in der dritten Stelle erst den Übertrag 1 mit der Dualziffer 1 des unteren Summanden. Dies gibt als Zwischensumme 10. Man schreibt nun wieder einen Übertrag 1 in die folgende Stelle und addiert in der dritten Stelle 0, herrührend von der Zwischensumme, plus 1, die Dualziffer des oberen Summanden. In der vierten Stelle addiert man $1 + 0 + 1 = 1 + 1 = 10$ und schreibt die Ziffer 0 in die Summe und einen Übertrag in die fünfte Stelle.

* duo (lat.) = zwei

Beim Subtrahieren sucht man wie bei Dezimalzahlen Stelle für Stelle die Differenz.

Beispiel 4: Berechnen Sie 12 − 6 mit Dualzahlen!

Lösung:	12		1 1 0 0
	− 06		− 0 1 1 0
	1	Übertrag	1 1
	06		**0 1 1 0** $\triangleq$ 6

Multiplikation und Division. Die Multiplikation wird entsprechend der Multiplikation von Dezimalzahlen durch stellenverschobenes Untereinanderschreiben der einzelnen Produkte und Addition ausgeführt. Entsprechendes gilt für die Division. Multiplikation und Division sind besonders einfach, da im dualen Zahlensystem das Einmaleins einfacher ist als im Dezimalsystem.

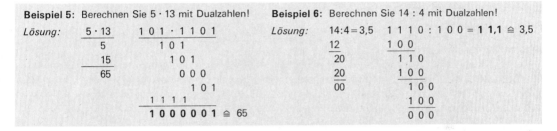

$$\boxed{1 \cdot 1 = 1} \qquad \boxed{1 \cdot 0 = 0} \qquad \boxed{0 : 1 = 0} \qquad \boxed{1 : 1 = 1}$$

Beispiel 5: Berechnen Sie 5 · 13 mit Dualzahlen!

Lösung:	5 · 13	1 0 1 · 1 1 0 1
	5	1 0 1
	15	1 0 1
	65	0 0 0
		1 0 1
		1 1 1 1
		1 0 0 0 0 0 1 $\triangleq$ 65

Beispiel 6: Berechnen Sie 14 : 4 mit Dualzahlen!

Lösung:	14:4=3,5	1 1 1 0 : 1 0 0 = **1 1,1** $\triangleq$ 3,5
	12	1 0 0
	20	1 1 0
	20	1 0 0
	00	1 0 0
		1 0 0
		1 0 0
		0 0 0

Darstellung negativer Zahlen durch Komplementbildung*. Um die Vorzeichen Plus und Minus darzustellen, z. B. bei Rechenmaschinen, kennzeichnet man eine positive Zahl durch Vorsetzen einer 0 in einer besonderen *Vorzeichenstelle*. Die betragsgleiche negative Zahl erhält man, indem ziffernweise die Ergänzung zwischen der positiven Zahl und 9 im Dezimalsystem bzw. 1 im Dualsystem gebildet wird. Es entsteht so das *Komplement* zur größten Ziffer *B*-1 des Zahlensystems mit der Basis *B*, das (*B*-1)-Komplement.

Beispiel 7: Stellen Sie mit Dezimalzahlen und Dualzahlen +5 und −5 dar!

Lösung:	Vorzeichenstelle	0 5 $\triangleq$ + 5	Vorzeichenstelle 0 1 0 1 $\triangleq$ + 101
	(9er-Komplement)	9 4 $\triangleq$ − 5	(1erKomplement)1 0 1 0 $\triangleq$ − 101

Im Dualsystem erhält man also das (*B*-1)-Komplement sehr einfach, nämlich durch Verneinen (Umkehren) sämtlicher Bit, d. h. aus 1 wird 0 und aus 0 wird 1. Das Verneinen wird auch *Invertieren*** genannt. Negative Dualzahlen haben stets eine 1 in der Vorzeichenstelle. Diese Darstellung der negativen Zahlen führt eine Subtraktion auf eine Addition zurück. Es ändern sich jedoch die Additionsregeln derart, daß ein Übertrag, welcher in der Vorzeichenstelle entsteht, zurück auf die kleinstwertige Ziffernstelle geht.

Im dualen Zahlensystem erfolgt die Komplementbildung durch Invertieren (Umkehren) jeder Ziffer.

Beispiel 8: Berechnen Sie mittels Komplementbildung −5 + 13 im Dezimalsystem und im Dualsystem!

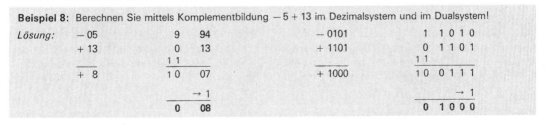

Lösung:	− 05	9	94	− 0101	1	1 0 1 0
	+ 13	0	13	+ 1101	0	1 1 0 1
		1 1			1 1	
	+ 8	1 0	07	+ 1000	1 0	0 1 1 1
			→ 1			→ 1
		0	08		0	1 0 0 0

Es gibt weitere Zahlensysteme, z. B. Oktalzahlen und Sedezimalzahlen. Rechenaufgaben siehe ,,Mathematik für Elektroniker''.

* Komplement (lat.) = Ergänzung;   ** invertere (lat.) = umkehren

2.11.2 Grundlagen der Schaltalgebra

Die Schaltalgebra ist ein Hilfsmittel, um eine Relaisschaltung oder eine kontaktlose Schaltung zu *beschreiben* oder zu entwerfen. Dabei werden die Schaltbedingungen, d. h. die Verknüpfungen der Schaltelemente, als *Schaltfunktionen* geschrieben. Die Schaltfunktionen sind schaltalgebraische Gleichungen. Funktion bedeutet Aufgabe oder Tätigkeit. In der Mathematik versteht man unter Funktion auch die formelmäßige Abhängigkeit mehrerer Größen.

Bei der *Analyse einer Schaltung* bestimmt man die Schaltbedingungen mit Hilfe der Schaltalgebra. Bei der *Synthese einer Schaltung* entwickelt man aus den Schaltbedingungen mit Hilfe der Schaltalgebra eine Schaltung. Die Grundlage der Schaltalgebra bildet die Boolesche* Algebra. Man nennt sie auch Algebra der Logik. Die veränderlichen Größen dieser Algebra können nur zwei Werte annehmen, nämlich z. B. ja oder nein, richtig oder falsch, 1 oder 0.

In der Elektronik gibt es Bauelemente, die nur zwei Schaltzustände kennen. So kann z. B. ein Relais entweder angezogen oder abgefallen sein. Drückt man dies mit Hilfe der Schaltalgebra aus, so bedeutet ein geschlossener Relaiskontakt für die Schaltung z. B. den Wert 1 und ein offener Relaiskontakt den Wert 0.

Regeln für die UND-Funktion

Ist ein Relais **(Tabelle 1)** über zwei *in Reihe* geschaltete Schließer a und b angeschlossen, so zieht das Relais an, wenn die Kontakte a und b geschlossen sind. In der Schaltalgebra ergibt dies die Schreibweise $x_{K1} = a \wedge b$ ($\wedge$ sprich: und). Das $\wedge$-Zeichen wird bei Rechnungen manchmal weggelassen, wenn Verwechslungen ausgeschlossen sind. Da a und b nur die Werte 1 oder 0 annehmen können, ergeben sich für den Schaltzustand des Relais K1 verschiedene Werte. Diese können in einer Wertetabelle (Tabelle1) zusammengestellt werden. Aus der Wertetabelle ergeben sich die Rechenregeln für die UND-Funktion (Tabelle 1).

Tabelle 1: UND-Funktion

Relais-Schaltung	Kontaktlose Schaltung	Schaltfunktion	Wertetabelle			Rechenregeln
		Relaisschaltung: $x_{K1} = a \wedge b$ Kontaktlose Schaltung: $x = e_1 \wedge e_2$ $x = e_1 \wedge e_2 \wedge ... \wedge e_n$	(a) e_1	(b) e_2	x_{K1} x	$0 \wedge 0 = 0$ $0 \wedge 1 = 0$ $1 \wedge 0 = 0$ $1 \wedge 1 = 1$
			0	0	0	
			0	1	0	
			1	0	0	
			1	1	1	

UND-Glied nennt man das entsprechende kontaktlose Bauelement (Tabelle 1). Es besitzt z. B. die beiden Eingänge E1 und E2 mit den Signalen e_1 und e_2 und einen Ausgang X mit dem Ausgangssignal x. Am Ausgang erscheint nur dann 1, wenn beide Eingänge 1 führen. Für alle anderen Eingangskombinationen erscheint am Ausgang immer 0. Für die Verknüpfung der Eingänge mit dem Ausgang gilt also $x = e_1 \wedge e_2$. Man nennt diese Gleichung die Schaltfunktion des UND-Gliedes. Bei Erweiterung des UND-Gliedes auf n Eingänge gilt die erweiterte Schaltfunktion $x = e_1 \wedge e_2 \wedge ... \wedge e_n$.

Ein UND-Glied führt am Ausgang nur dann ein Signal mit dem Wert 1, wenn alle Eingangssignale den Wert 1 haben.

* Boole, engl. Mathematiker, 1815 bis 1864

278

Regeln für die ODER-Funktion

Die ODER-Funktion ist bei der *Parallelschaltung* von Schließern erfüllt **(Tabelle 1)**.

Tabelle 1: ODER-Funktion

Relais-Schaltung	Kontaktlose Schaltung	Schaltfunktion	Wertetabelle				Rechenregeln

Relaisschaltung: $x_{K1} = a \vee b$

Kontaktlose Schaltung: $x = e_1 \vee e_2$
$x = e_1 \vee e_2 \vee \ldots \vee e_n$

(a)	(b)	x_{K1}
e_1	e_2	x
0	0	0
0	1	1
1	0	1
1	1	1

$0 \vee 0 = 0$
$0 \vee 1 = 1$
$1 \vee 0 = 1$
$1 \vee 1 = 1$

Das Relais K1 zieht an, wenn die Kontakte a oder b geschlossen sind. Dies ergibt in der Schaltalgebra die Schreibweise $x_{K1} = a \vee b$ ($\vee$* sprich: oder). Aus der Wertetabelle erhält man die Rechenregeln für die Zahlenwerte der ODER-Funktion (Tabelle 1).

ODER-Glied heißt das entsprechende kontaktlose Schaltelement (Tabelle 1). Am Ausgang X eines ODER-Gliedes erscheint 1, wenn an den Eingängen E1 oder E2 oder an beiden 1 anliegt. Für *n* Eingänge gilt also die Schaltfunktion $x = e_1 \vee e_2 \vee \ldots \vee e_n$. Das Zeichen ≥ 1 im Schaltzeichen sagt aus, daß mindestens ein Eingang das Signal mit dem Wert 1 führen muß, damit der Ausgang das Signal mit dem Wert 1 führt.

Regeln für die NICHT-Funktion

Die NICHT-Funktion wird auch als UMKEHR-Funktion, Negation, Invertierung oder Komplementierung bezeichnet. Sie entspricht bei einer Relaisschaltung einem Relais K1, das über einen *Öffner* $\bar{a}$ gesteuert wird **(Tabelle 2)**. In der Schaltalgebra schreibt man dafür $x_{K1} = \bar{a}$ ($\bar{a}$ sprich: a nicht).

Tabelle 2: NICHT-Funktion

Relais-Schaltung	Kontaktlose Schaltung	Schaltfunktion	Wertetabelle		Rechenregeln

Relaisschaltung: $x_{K1} = \bar{a}$

Kontaktlose Schaltung: $x = \bar{e}$

(a)	x_{K1}
e	x
0	1
1	0

$\bar{0} = 1$
$\bar{1} = 0$

Die Nicht-Funktion kehrt also 0 an *a* in 1 an K1 um und umgekehrt. NICHT-Glied heißt das entsprechende kontaktlose Schaltelement. Man nennt es auch Negationsstufe oder Inversionsstufe** oder Inverter.

UND-Funktion, ODER-Funktion und NICHT-Funktion sind die Grundfunktionen der Schaltalgebra.

Die Rechenregeln für die Zahlenwerte der Grundfunktionen zeigen, daß man in der Schaltalgebra mit drei Rechenarten auskommt. Diese Rechenarten sind eine Art Multiplikation (Konjunktion***), z. B. $1 \wedge 1 = 1$, eine Art Addition (Disjunktion[4*]), z. B. $1 \vee 1 = 1$, und die Umkehrung (Komplementierung, Inversion), z. B. $\bar{0} = 1$.

Schaltfunktionen und Signalschaltpläne

Die Verknüpfungen von Relaisschaltungen stellt man im Stromlaufplan dar. Bei kontaktlosen Schaltungen tritt an die Stelle des Stromlaufplanes der *Signalschaltplan*.

* V-Zeichen von vel (lat.) = oder;   ** Inversion (lat.) = Umkehrung;   *** Konjunktion (lat.) = Verbindung;   [4*] Disjunktion (lat.) = Trennung

Bei der Relaisschaltung **(Bild 1)** erhält das Relais K1 nur dann ein Signal mit dem Wert 1, wenn a oder b und c und $\overline{d}$ je ein Signal mit dem Wert 1 führen. Damit lautet die Schaltfunktion des Relais $x_{K1} = (a \lor b) \land c \land \overline{d}$. Wandelt man die Relaisschaltung (Bild 1) in einen Signalschaltplan **(Bild 2)** um, so werden die parallelen Schließer durch ein ODER-Glied mit dem Ausgangssignal $a \lor b$ ersetzt. Dieses Signal wird am Eingang des UND-Gliedes mit dem Signal c verknüpft. Das Ausgangssignal dieses UND-Gliedes $(a \lor b) \land c$ wird wieder an ein UND-Glied gelegt, dessen zweiter Eingang das Umkehrsignal von d, also $\overline{d}$, führt. Die Umkehrung des Signals d kann durch Vorschalten einer Umkehrstufe vor den zweiten Eingang des letzten UND-Gliedes erreicht werden. Eine andere Möglichkeit ist, ein UND-Glied mit einem negierten* Eingang (Bild 2) zu verwenden. Am Ausgang des letzten UND-Gliedes steht das der Schaltfunktion entsprechende Signal zur Verfügung.

Will man aus einer bestehenden Schaltfunktion die entsprechende Relaisschaltung entwickeln, so geht man dabei so vor, daß man die Schaltfunktion *von innen nach außen* auflöst.

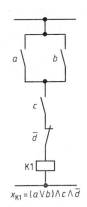

$x_{K1} = (a \lor b) \land c \land \overline{d}$

Bild 1: Relaisschaltung mit Schaltfunktion

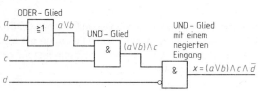

Bild 2: Signalschaltplan mit Schaltfunktion

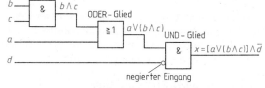

Bild 3: Beispiel eines Signalschaltplanes

Beispiel 1: Entwickeln Sie aus der Schaltfunktion $x = [(e \land f) \lor g] \land \overline{h}$ die Schaltung!

Lösung: $e \land f$ entspricht der Reihenschaltung der Schließer e und f. $(e \land f) \lor g$ bedeutet, daß zu den beiden Schließern e und f ein weiterer Schließer g parallel geschaltet werden muß. $[(e \land f) \lor g] \land \overline{h}$ bedeutet, daß zu obiger Schaltung ein Öffner $\overline{h}$ in Reihe geschaltet werden muß. Damit ist die Schaltfunktion in eine Schaltung umgewandelt.

Aus einer bestehenden Schaltfunktion kann man auch den Signalschaltplan entwickeln. Dazu ersetzt man die angegebenen Verknüpfungen durch entsprechende logische Glieder. Es ist dabei zweckmäßig, die Schaltfunktion schrittweise von innen nach außen aufzulösen.

Beispiel 2: Entwickeln Sie für die Schaltfunktion $x = [a \lor (b \land c)] \land \overline{d}$ den Signalschaltplan!

Lösung: $b \land c$ entspricht einem UND-Glied mit den Eingängen b und c. $b \land c$ ist mit a durch ein ODER-Glied verknüpft, und $a \lor (b \land c)$ ist mit $\overline{d}$ wieder mit einem UND-Glied verknüpft. Für die Schaltfunktion $x = [a \lor (b \land c)] \land \overline{d}$ erhält man den Signalschaltplan **Bild 3**.

Rechenregeln für binäre Größen

Die veränderlichen Größen (*Variablen***) können als Signale an den Eingängen oder Ausgängen nur zwei Werte annehmen, nämlich 0 oder 1. Die Rechenregeln gibt man in Form von Gleichungen an, wobei die Variablen z. B. mit a, b, c bezeichnet werden.

Rechenregeln für eine Veränderliche enthalten die Verknüpfungen einer Veränderlichen mit einer Konstanten 0 oder 1 **(Tabelle 1)**, sowie die Gesetze für die Verknüpfungen der Veränderlichen mit sich selbst bzw. deren Umkehrung. Durch Anwendung der Rechenregeln erhält

Tabelle 1: Rechenregeln für eine Veränderliche

$0 \land a = 0$	$0 \lor a = a$
$1 \land a = a$	$1 \lor a = 1$
$a \land a = a$	$a \lor a = a$
$a \land a \land ... \land a = a$	$a \lor a ... \lor a = a$
$a \land \overline{a} = 0$	$a \lor \overline{a} = 1$
$\overline{\overline{a}} = a$	

man Lösungen, die Vereinfachungen der entsprechenden Schaltung zulassen. So ist z. B. bei $1 \land a = a$ der dauernd geschlossene Kontakt 1 überflüssig (*redundant***), da nur die Variable a den Schaltzustand

* negieren (lat.) = verneinen; ** Variable (lat.) = veränderliche Größe; *** redundant (lat.) = überflüssig

beeinflußt. Der Kontakt 1 kann also weggelassen werden. Bei $1 \vee a = 1$ kann a entfallen, da z. B. bei einer Parallelschaltung der ständig geschlossene Kontakt 1 den Einfluß der Veränderlichen a überflüssig macht. Bei Mehrfachverknüpfungen einer Variablen mit sich selbst genügt es, dieselbe einmal zu verwenden (Tabelle 1 Seite 280). Eine Reihenschaltung einer Variablen mit ihrer Umkehrung ergibt stets den Wert 0, eine Parallelschaltung von a und $\bar{a}$ den Wert 1. Die Regel für die doppelte Umkehrfunktion folgt aus der nochmaligen Umkehrung der Umkehrfunktion (Tabelle 1 Seite 280).

Rechengesetze der Schaltalgebra sind das Kommutativgesetz (Vertauschungsgesetz), Assoziativgesetz (Verbindungsgesetz), die Distributivgesetze (Verteilungsgesetze) und die de Morganschen* Gesetze (Umkehrgesetze). Mit Hilfe dieser Gesetze ist es möglich, Vereinfachungen und Umformungen von Schaltfunktionen vorzunehmen.

Das *Kommutativgesetz* (*Vertauschungsgesetz*) sagt aus, daß die Glieder einer UND-Funktion beliebig vertauscht werden dürfen **(Tabelle 1)**. Dasselbe gilt für die Glieder einer ODER-Funktion. Man erkennt dies z. B. bei einer Relaisschaltung mit den Reihenkontakten bzw. Parallelkontakten a und b. Die Reihenfolge der Anordnung der Kontakte hat auf den Schaltzustand keinen Einfluß.

Das *Assoziativgesetz* (*Verbindungsgesetz*, Tabelle 1) sagt aus, daß die Veränderlichen, welche über eine UND-Funktion miteinander verbunden sind, zusammengefaßt werden dürfen. Dasselbe gilt für die ODER-Funktion. Vertauschungsgesetz und Verbindungsgesetz können miteinander verknüpft werden. Es gelten dabei dieselben Rechenregeln wie in der gewöhnlichen Algebra.

Das *1. Distributivgesetz* (*1. Verteilungsgesetz,* Tabelle 1) gestattet das Ausklammern von Veränderlichen.

Tabelle 1: Rechengesetze
Kommutativgesetz (Vertauschungsgesetz): $a \wedge b = b \wedge a$ $a \vee b = b \vee a$
Assoziativgesetz (Verbindungsgesetz): $a \wedge b \wedge c = (a \wedge b) \wedge c$ $\quad = a \wedge (b \wedge c) = (a \wedge c) \wedge b$ entsprechend mit $\vee$
1. Distributivgesetz (1. Verteilungsgesetz): $(a \wedge b) \vee (a \wedge c) = a \wedge (b \vee c)$ 2. Distributivgesetz (2. Verteilungsgesetz): $(a \vee b) \wedge (a \vee c) = a \vee (b \wedge c)$
De Morgansche Gesetze 1. Umkehrgesetz: $\overline{a \wedge b} = \bar{a} \vee \bar{b}$ 2. Umkehrgesetz: $\overline{a \vee b} = \bar{a} \wedge \bar{b}$

Beispiel 3: Prüfen Sie das erste Verteilungsgesetz durch Einsetzen der Werte 1 und 0 für die Veränderliche a!

Lösung: Erstes Verteilungsgesetz: $(a \wedge b) \vee (a \wedge c) = a \wedge (b \vee c)$
$a = 0$ eingesetzt, ergibt: $(0 \wedge b) \vee (0 \wedge c) = 0; 0 \wedge (b \vee c) = 0$
$a = 1$ eingesetzt, ergibt: $(1 \wedge b) \vee (1 \wedge c) = b \vee c;$
$\qquad 1 \wedge (b \vee c) = b \vee c$

Da alle Grundgesetze auch von rechts nach links gelesen werden dürfen, ist auch das Auflösen von Klammern möglich. Es gelten die gleichen Klammerregeln wie in der gewöhnlichen Algebra, wenn man $\vee$ durch $+$ und $\wedge$ durch $\cdot$ ersetzt.

Die Rechenregeln für die UND-Verknüpfung entsprechen teilweise den Regeln für die Multiplikation.

Das *2. Distributivgesetz* (Tabelle 1) wird durch Ausmultiplizieren zweier Klammern gewonnen, wobei man die Regeln der Schaltalgebra zur Vereinfachung der Ausdrücke benützt.

Beispiel 4: Prüfen Sie das zweite Verteilungsgesetz mit Hilfe der Klammerregel und den Gesetzen der Schaltalgebra!

Lösung: Zweites Verteilungsgesetz: $(a \vee b) \wedge (a \vee c) = a \vee (b \wedge c)$

1. Schritt: Klammern ausrechnen:
$(a \vee b)(a \vee c) = aa \vee ac \vee ba \vee bc$

2. Schritt: Vereinfachen: $a \wedge a = a$
$(a \vee b)(a \vee c) = a \vee ac \vee ba \vee bc$

3. Schritt: Ausklammern von a:
$(a \vee b)(a \vee c) = a(1 \vee c \vee b) \vee bc$

4. Schritt: Vereinfachen: $(1 \vee c \vee b) = 1$:
$(a \vee b)(a \vee c) = \boldsymbol{a} \vee (\boldsymbol{b} \wedge \boldsymbol{c})$

* de Morgan, engl. Mathematiker, 1806 bis 1871

Die *de Morganschen Gesetze* (*Umkehrgesetze*) sagen aus, daß bei der Umkehrung einer Schaltfunktion die einzelnen Veränderlichen negiert und die Rechenzeichen umgekehrt werden.

Beispiel 5: Bestimmen Sie die Umkehrfunktion der folgenden Schaltfunktion: $x = a \wedge b \wedge \overline{c}$!

Lösung: $\overline{x} = \overline{a\, b\, \overline{c}} = \overline{a} \vee \overline{b} \vee \overline{\overline{c}} = \overline{a} \vee \overline{b} \vee c$

Beispiel 6: Bestimmen Sie die Umkehrfunktion der folgenden Schaltfunktion: $x = a \wedge (b \vee \overline{c})$!

Lösung: $\overline{x} = \overline{a\,(b \vee \overline{c})} = \overline{a} \vee \overline{(b \vee \overline{c})} = \overline{a} \vee \overline{b}\,\overline{\overline{c}} = \overline{a} \vee (\overline{b} \wedge c)$

2.11.3 Grundschaltungen

Die Grundfunktionen der Schaltalgebra werden z. B. in Datenverarbeitungsanlagen benützt und als binäre Schaltkreise ausgeführt. Diese Bausteine sind meist integrierte Schaltungen **(Bild 1)**. Die Grundschaltungen sind die UND-Schaltung, ODER-Schaltung und NICHT-Schaltung.

Bei Schaltungen mit *positiver Logik* wird dem Signal mit dem Wert 1 die Spannung mit dem Pegel H (High*) zugeordnet. Damit wird ausgedrückt, daß die Spannung dieses Signals positiv gegenüber der Spannung des anderen Signals ist. Entsprechend wird dem Signal mit dem Wert 0 die Spannung mit dem Pegel L (Low**) zugeordnet. Die Spannung dieses Signals ist negativ gegenüber der Spannung des anderen Signals.

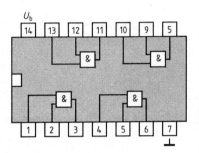

Bild 1: IC mit 4 UND-Gliedern

UND-Schaltung

UND-Schaltungen werden z. B. mit Transistoren verwirklicht. Bei der vereinfachten Transistorschaltung **Bild 2** schalten beide Transistoren V1 und V2 nur durch, wenn beide Eingänge E1 und E2 Signale mit dem Wert 1 ($\hat{=}$ +5 V) haben. Damit liegt dann etwa die Betriebsspannung +U_b, d. h. ein Signal mit dem Wert 1, am Ausgang X.

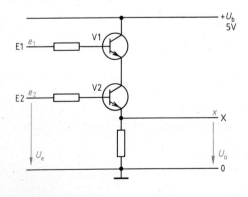

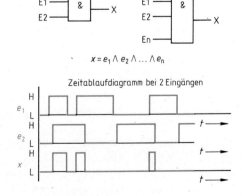

$x = e_1 \wedge e_2 \wedge \ldots \wedge e_n$

Zeitablaufdiagramm bei 2 Eingängen

Bild 2: UND-Schaltung mit mehreren Eingängen

* high (engl.) = hoch;   ** low (engl.) = nieder

282

Liegt nur an einem Eingang ein Signal mit dem Wert 1, so bleibt am Ausgang X das Signal mit dem Wert 0 ($\cong$ 0 V), weil ein Transistor gesperrt ist. Wenn an beiden Eingängen Signale mit dem Wert 0 anliegen, so sind beide Transistoren gesperrt, und am Ausgang liegt Signal mit dem Wert 0. Den Unterschied der Spannungen zwischen den Werten 0 und 1 bezeichnet man als Spannungshub.

Am Ausgang einer UND-Schaltung erscheint nur dann ein Signal mit dem Wert 1, wenn kein Eingang ein Signal mit dem Wert 0 führt, wenn also alle Eingänge Signale mit dem Wert 1 führen.

ODER-Schaltung

ODER-Schaltungen werden ebenfalls z. B. mit Transistoren ausgeführt. Bei der vereinfachten Transistorschaltung **Bild 1** muß mindestens ein Eingang ein Signal mit dem Wert 1 haben, damit am Ausgang X ein Signal mit dem Wert 1 anliegt.

Bei einer ODER-Schaltung erscheint am Ausgang ein Signal mit dem Wert 1, wenn mindestens ein Eingang ein Signal mit dem Wert 1 führt.

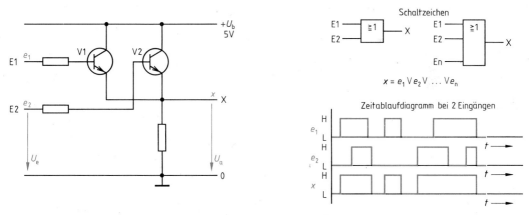

$$x = e_1 \vee e_2 \vee \ldots \vee e_n$$

Bild 1: ODER-Schaltung mit mehreren Eingängen

NICHT-Schaltung

NICHT-Schaltungen sind Transistorschalter **(Bild 2)**. Liegt am Eingang ein Signal mit dem Wert 1, so ist die Basis positiv gegenüber dem Emitter, der Transistor leitet. Am Ausgang liegt dann 0, weil der Widerstand der Kollektor-Emitterstrecke fast Null ist. Liegt dagegen am Eingang ein Signal mit dem Wert 0, so ist der Widerstand der Basis-Emitterstrecke sehr groß, und der Transistor sperrt. Am Ausgang erscheint 1.

Am Ausgang einer NICHT-Schaltung erscheint ein Signal mit dem Wert 1, wenn am Eingang ein Signal mit dem Wert 0 anliegt oder umgekehrt.

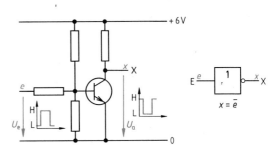

$$x = \bar{e}$$

Bild 2: NICHT-Schaltung

Logiksysteme

Eine Grundschaltung arbeitet z. B. als UND-Schaltung oder als ODER-Schaltung, je nachdem, welche Spannung man den Werten 0 und 1 zuordnet. Die UND-Schaltung Bild 2 Seite 282 arbeitet nur dann als UND-Schaltung, wenn dem Wert 1 die positive Spannung, dem Wert 0 die Spannung 0 V entspricht (H-AND-Schaltung).

Positive Logiksysteme haben als Signal mit dem Wert 1 eine stärker positive Spannung als das Signal mit dem Wert 0.

Ordnet man dagegen bei der UND-Schaltung Bild 2 Seite 282 dem H-Pegel ein Signal mit dem Wert 0 zu und dem L-Pegel ein Signal mit dem Wert 1, so erfüllt diese Schaltung eine ODER-Funktion (L-OR-Schaltung).

Negative Logiksysteme haben als Signal mit dem Wert 1 eine stärker negative Spannung als das Signal mit dem Wert 0.

Übliche Spannungen liegen zwischen $+ 24$ V und $- 24$ V **(Tabelle 1)**. Die Höhe der Spannung für ein bestimmtes Signal, z. B. das Signal mit dem Wert 1, gemessen ab der Spannung für das andere Signal, bezeichnet man als Spannungspegel.

Tabelle 1: Spannungspegel logischer Schaltungen (Auswahl)

Bezeichnung (Logik-Art)	Signal mit Wert 1	Signal mit Wert 0	Beispiel
Positive Logik	$+ 6$ V	0 V	Logische Schaltungen mit NPN-Transistoren
Positive Logik	0 V	$- 6$ V	Logische Schaltungen PNP-Transistoren
Negative Logik	$- 12$ V; $- 24$ V	0 V	Logische Schaltungen mit PNP-Transistoren
Positive Logik	$+ 3$ V; $+ 5$ V	0 V	Integrierte Halbleiter-Schaltungen

Bezeichnet man eine logische Schaltung ohne Angabe der Spannungszuordnung z. B. als UND-Gatter, so besagt dies, daß die UND-Funktion für positive Logik erfüllt ist.

Logikschaltungen ohne Angabe der Spannungszuordnung sind positive Logiksysteme.

Anwendung für binäre Grundschaltungen

Beispiel: Bei einer Lichtschrankensteuerung **(Bild 1 Seite 285)** dient als Lichtquelle eine Glühlampe. Sinkt die Helligkeit der Lampe so weit, daß der Signalumformer A anspricht, dann soll die Lichtschranke noch zuverlässig arbeiten. Der Signalumformer wird von einem Fotowiderstand gesteuert. Beim Ansprechen des Signalumformers A soll durch den Leuchtmelder darauf aufmerksam gemacht werden, daß die Glühlampe bald ausgewechselt werden muß.

Ist die Helligkeit der Lampe, z. B. durch Staubablagerung oder Fadenbruch, so weit gesunken, daß der Signalumformer B anspricht, so soll der Motor abgeschaltet und die Alarmlampe eingeschaltet werden. Der Ansprechwert des Signalumformers B ist also kleiner als der von A.

Die Betriebsspannung für Fotowiderstand und Verstärker soll ebenfalls überwacht werden. Sinkt sie zu weit ab, so ist der Signalumformer C nicht mehr erregt. Dann soll ebenfalls der Motor abgeschaltet werden. Der Leuchtmelder soll nie gleichzeitig mit der Alarmlampe leuchten.

Die Eingangssignale und die Ausgangssignale der Steuerung (Bild 1 Seite 285) bedeuten:

$a = 0$: Helligkeit der Glühlampe ist normal; $\quad$ $a = 1$: Helligkeit noch ausreichend oder zu klein;

$b = 0$: Helligkeit normal oder noch ausreichend; $\quad$ $b = 1$: Helligkeit kleiner als der untere Ansprechwert;

$c = 0$: Betriebsspannung ist nicht ausreichend; $\quad$ $c = 1$: Betriebsspannung ist ausreichend;

$x_1 = 0$: Motor aus; $\quad$ $x_1 = 1$: Motor ein;

$x_2 = 0$: Alarmlampe aus; $\quad$ $x_2 = 1$: Alarmlampe ein;

$x_3 = 0$: Leuchtmelder aus, Lichtschranke defekt. $\quad$ $x_3 = 1$: Leuchtmelder ein, Lichtschranke arbeitet noch, Lampe bald austauschen.

a) Stellen Sie die vollständige Tabelle der Schaltzustände auf! Berücksichtigen Sie, daß bei $b = 1$ und $a = 0$ jeweils $x_1 = 0$ und $x_2 = 1$ ist!

b) Bestimmen Sie die Schaltfunktionen für Motor, Alarmlampe und Leuchtmelder!

c) Geben Sie die Schaltungen an!

Wertetabelle der Lichtschrankensteuerung					
a	b	c	x_1	x_2	x_3
0	0	0	0	1	0
0	0	1	1	0	0
0	1	0	0	1	0
0	1	1	0	1	0
1	0	0	0	1	0
1	0	1	1	0	1
1	1	0	0	1	0
1	1	1	0	1	0

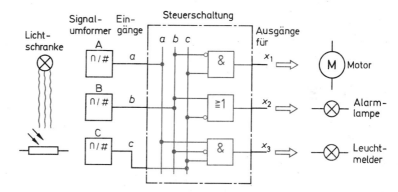

Bild 1: Lichtschrankensteuerung

Lösung:

a) Die vollständige Tabelle der Schaltzustände (Bild 1) erstellt man aus den gegebenen Signalzuordnungen.

b) Aus der Wertetabelle entnimmt man die Schaltfunktion für den Motor als ODER-Normalform der Zeilen 2 und 6:

$$x_1 = (\bar{a} \wedge \bar{b} \wedge c) \vee (a \wedge \bar{b} \wedge c)$$

Vereinfachung: Ausklammern von $\bar{b} \wedge c$:

$$x_1 = (\bar{a} \vee a) \wedge (\bar{b} \wedge c) = 1 \wedge (\bar{b} \wedge c) = \bar{b} \wedge c = \overline{\mathbf{b}} \wedge \mathbf{c}$$

Die Schaltfunktionen für die Alarmlampe entnimmt man aus den Zeilen 2 und 6 als ODER-Normalform:

$$\bar{x}_2 = (\bar{a} \wedge \bar{b} \wedge c) \vee (a \wedge \bar{b} \wedge c)$$

Vereinfachung: Ausklammern von $\bar{b} \wedge c$:

$$\bar{x}_2 = (\bar{a} \vee a) \wedge (\bar{b} \wedge c) = 1 \wedge (\bar{b} \wedge c) = \bar{b} \wedge c$$

$$x_2 = \overline{\bar{b} \wedge c} = b \vee \bar{c}$$

Die Schaltfunktion des Leuchtmelders erhält man aus Zeile 6 der Wertetabelle:

$$x_3 = a \wedge \bar{b} \wedge c \quad \text{oder:} \quad x_3 = a \wedge x_1$$

c) Zur Verwirklichung der Schaltung benötigt man zwei UND-Glieder und ein ODER-Glied (Bild 1).

Die logischen Grundschaltungen ermöglichen die Verwirklichung komplizierter Schaltaufgaben.

Wiederholungsfragen

1. Welche Werte können veränderliche Größen der Schaltalgebra annehmen?

2. Wie stellt man die Werte des Schaltzustandes eines Relais zusammen?

3. Wie heißen die Grundfunktionen der Schaltalgebra?

4. Wie heißen die Rechenarten der Schaltalgebra?

5. Welche Gesetze enthalten die Rechenregeln für eine Veränderliche?

6. Wie lauten die Rechengesetze der Schaltalgebra?

7. Wann erscheint am Ausgang einer UND-Schaltung ein Signal mit dem Wert 1?

8. Wodurch unterscheidet sich die ODER-Schaltung von der UND-Schaltung?

9. Woraus besteht eine NICHT-Schaltung?

10. Wodurch sind positive Logiksysteme gekennzeichnet?

2.11.4 Elektronische Schalter

Mit *elektronischen Schaltern*, z. B. Dioden, Transistoren, Thyristoren, kann ein Laststromkreis kontaktlos geschaltet werden. Dabei nutzt man den Sperrzustand ($\triangleq$ Schalter geöffnet) und den Durchlaß-zustand ($\triangleq$ Schalter geschlossen) dieser Bauelemente als Schalt-zustand aus. Die Schaltzeit ist kurz, es entstehen keine Kontakt-schwierigkeiten, z. B. durch Kontaktoxidation, Bildung einer Funkenstrecke oder Prellen. Elektronische Schalter können unmit-telbar durch elektrische Größen, z. B. Strom, Spannung, durch Licht oder Magnetfelder gesteuert werden.

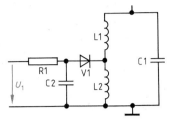

Bild 1: Schwingkreisumschaltung durch eine Diode

Diode als Schalter. Dioden werden für NF und HF als Schalter verwendet. Sie müssen kurze Schaltzeit, kleine Kapazität und kleine Induktivität sowie einen kleinen differentiellen Widerstand haben. **Bild 1** zeigt ein Anwendungsbeispiel. Bei negativer Spannung U_1 ist die Diode V1 gesperrt, und im Schwingkreis sind L1 und L2 wirksam. Wird U_1 positiv, so wird V1 leitend und L2 über V1 und C2 kurzgeschlossen. Jetzt ist nur noch L1 wirksam und damit die Eigenfrequenz größer.

Transistor als Schalter. Wird ein *Wirkwiderstand* (ohmsche Last) von einem Transistor geschaltet, so liegen die Arbeitspunkte EIN und AUS auf der Widerstandsgeraden **(Tabelle 1)**. Diese kann oberhalb der Leistungshyperbel liegen, sofern die Arbeitspunkte unterhalb der Leistungshyperbel liegen und die Schalt-zeit kurz ist.

Schalttransistoren haben im leitenden Zustand einen kleinen Vorwärtswiderstand und eine kleine Sätti-gungsspannung, im gesperrten Zustand einen großen Widerstand in Rückwärtsrichtung und einen kleinen Reststrom sowie kurze Schaltzeiten. Sie werden z. B. in Kippschaltungen verwendet.

Um einen stabilen Arbeitspunkt EIN, eine kurze Schaltzeit und eine niedrige Sättigungsspannung U_{CEsat} zu erhalten, übersteuert man den Transistor mit dem zwei- bis fünffachen Basisstrom, der zum Durchsteuern des gewünschten Kollektorstromes gerade erforderlich wäre.

I_B Basisstrom
I_C Kollektorstrom
R_v Basisvorwiderstand
B_{min} kleinstes Gleichstromverhältnis
R_L Lastwiderstand
$ü$ Übersteuerungsfaktor (2 bis 5)

$$I_B \approx \frac{I_C \cdot ü}{B_{min}}$$

$$R_v \approx \frac{B_{min} \cdot R_L}{ü}$$

Induktive Last (Tabelle 1) bewirkt beim Einschalten einen verzögerten Stromanstieg. Beim Ausschalten entsteht eine Spannungsüberhöhung, die sehr groß sein kann. Ein zur Induktivität parallel geschaltetes RC-Glied oder eine Freilaufdiode verhindert eine Zerstörung des Transistors.

Kapazitive Last (Tabelle 1) hat beim Einschalten eine Stromüberhöhung zur Folge, die ebenfalls den Transistor zerstören kann. Beim Ausschalten sinkt der Strom dagegen sehr schnell ab. Stromüber-höhung kann z. B. durch einen in Reihe geschal-teten Wirkwiderstand verringert werden.

> Beim Ausschalten induktiver Lasten und beim Einschalten kapazitiver Lasten entstehen im Transistor große Verlustleistungen, die ihn zer-stören können.

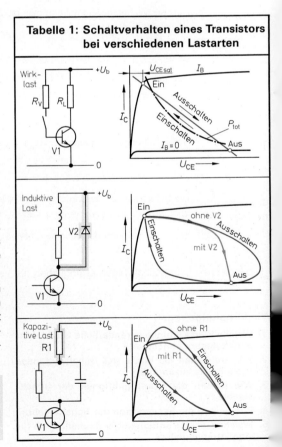

Tabelle 1: Schaltverhalten eines Transistors bei verschiedenen Lastarten

Der Ausgangsimpuls des Transistors ist infolge der Sperrschicht-kapazität und der Trägheit der Ladungsträger gegenüber dem Eingangsimpuls verzögert und verformt. Die Einschaltzeit t_{ein} ist die Summe von Verzögerungszeit t_d und Erstübergangsdauer (Anstiegszeit) t_r (**Bild 1**), die Ausschaltzeit t_{aus} als Summe von Speicherzeit t_s und Letztübergangsdauer (Abfallzeit) t_f. Durch Übersteuerung wird die Einschaltzeit verkürzt, aber die Ausschalt-zeit verlängert. Steile Impulsflanke und kurze Schaltzeit werden durch einen Kondensator parallel zum Basisvorwiderstand erreicht. Der Transistor wird dann beim Einschalten übersteuert. Ist der Kondensator aufgeladen, so wirkt nur der Basisvorwiderstand. Die Übersteuerung ist damit aufgehoben, so daß beim Abschalten fast keine Speicherzeit entsteht.

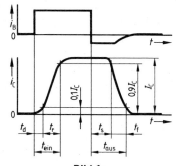

Bild 1:
Schaltzeiten von Transistoren

2.11.5 Kippschaltungen

Kippschaltungen können nur die Ausgangspegel L oder H abgeben. Die Änderung erfolgt sprunghaft.

Bistabile Kippschaltung

Die bistabile* Kippschaltung (**Bild 2**) wird auch bistabile Kippstufe oder *Flipflop* genannt.

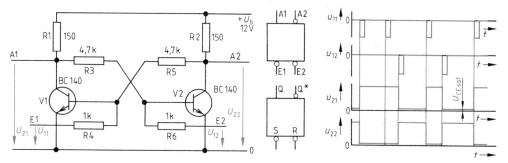

Bild 2: Bistabile Kippschaltung mit Spannungsdiagrammen

Ist z. B. der Transistor V1 leitend, so liegt an dessen Kollektor nur noch eine Sättigungsspannung U_{CEsat} von etwa 50 bis 200 mV (Pegel L). Diese Spannung gelangt über den Vorwiderstand R3 an die Basis des Transistors V2 und sperrt diesen. Dessen Ausgangsspannung U_{22} ist dadurch fast gleich der Betriebs-spannung U_b (Pegel H). An dieser Spannung liegt über R5 die Basis von V1 und hält V1 leitend. Gelangt über den Eingang E1 ein negativer Impuls auf die Basis von V1, so wird dieser gesperrt. An seinem Kollektor springt die Spannung fast auf die Betriebsspannung $+U_b$. Die Basis des Transistors V2 wird dadurch gegenüber dem Emitter positiv, und V2 wird leitend. An dessen Kollektor liegt jetzt nur noch die niedrige Sättigungsspannung. Dadurch ist U_{BE1} fast 0 V und bewirkt, daß V1 auch nach dem Ende des Auslöseimpulses gesperrt bleibt. Es besteht wieder ein stabiler Betriebszustand.

Ein negativer Impuls auf E2 kippt das Flipflop wieder zurück. Dieser Impuls sperrt den Transistor V2, U_{22} springt auf fast U_b, U_{BE1} wird positiv, V1 wird leitend, U_{21} springt auf etwa 0 V und hält V2 über R3 gesperrt. Der zweite stabile Betriebszustand ist erreicht. Eine bistabile Kippschaltung, die an einem Ein-gang gesetzt und am anderen Eingang zurückgesetzt wird, bezeichnet man als *RS-Kippschaltung***. Mit abwechselnd positiven und negativen Impulsen kann an einem einzigen Eingang gesteuert werden.

> Bistabile Kippschaltungen haben zwei stabile Betriebszustände. Bei Ansteuerung schalten sie abwech-selnd von einem in den anderen Zustand. Die Ausgangssignale sind einander entgegengesetzt.

Die *statischen**** *Eingänge* E1 und E2 (Bild 2) sprechen auf Gleichspannungen und Impulse an.

> An statischen Eingängen ist nur der Zustand des Eingangssignals wirksam (Zustandssteuerung).

---

* bi...(lat.) = zwei; stabil (lat.) = beständig, fest;   ** R von reset (engl.) = zurücksetzen, S von set (engl.) = setzen;
*** statisch (griech.) = gleichbleibend, ruhend

Im Schaltzeichen werden die Ausgänge auch mit Q und Q* angegeben (Bild 2 Seite 287). Da am Eingang E1 nicht H-Pegel sondern L-Pegel den Ausgang A1 auf H-Pegel schaltet, wird dies durch ein Negationszeichen (Kreis) gekennzeichnet.

Durch Schaltungsergänzungen ist auch eine Ansteuerung eines gemeinsamen Einganges E durch Impulse mit nur einer Polarität wirksam **(Bild 1)**. Die Dioden V3 und V4 ermöglichen nur die Ansteuerung mit negativen Impulsen. Durch die RC-Glieder R7C3 und R8C4 wird ein Spannungssprung am Eingang E differenziert. Ein Sprung von H auf L ergibt den negativen Steuerimpuls. Der Eingang E spricht nur auf Spannungssprünge an und wird als *dynamischer* Eingang* bezeichnet. Im Schaltzeichen

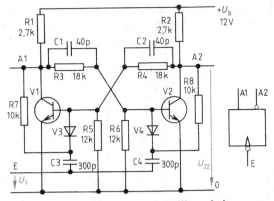

Bild 1: Erweiterte bistabile Kippschaltung

(Bild 1) wird er durch einen Pfeil dargestellt. Bei Wirksamkeit eines Sprunges von H-Pegel auf L-Pegel ist außerdem noch das Negationszeichen notwendig.

> An dynamischen Eingängen ist nur die Zustandsänderung des Eingangssignals wirksam (Flankensteuerung).

Bistabile Kippschaltungen werden als *Speicher* und in *Zählschaltungen* verwendet. Bei gemeinsamem dynamischem Eingang hat das Ausgangssignal nur noch die halbe Frequenz des Eingangssignals. Sie werden deshalb auch als *Frequenzteiler* eingesetzt.

Monostabile Kippschaltung

Die monostabile Kippschaltung **(Bild 2)**, hat nur einen stabilen Zustand, sie ist *monostabil***.

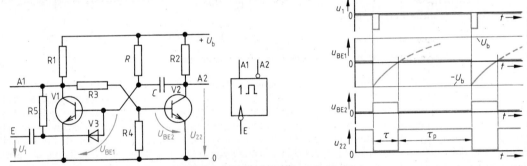

Bild 2: Monostabile Kippschaltung

Beim Anlegen der Betriebsspannung werden die Transistoren V1 leitend und V2 gesperrt. In diesem Zustand bleibt die monostabile Kippschaltung, bis sie angesteuert wird. Durch einen negativen Auslöseimpuls werden V1 gesperrt und damit V2 leitend. Entsprechend dem Umschaltvorgang bei der astabilen Kippschaltung wird jetzt der Kondensator C über V2 parallel zur Basis-Emitterstrecke von V1 gelegt mit der negativen Polarität an der Basis. Dadurch bleibt V1 auch nach Verschwinden des Auslöseimpulses gesperrt (labiler*** Betriebszustand), bis sich C über R entladen und auf etwa 0,6 V umgekehrt aufgeladen hat (Bild 2). Dann wird V1 wieder leitend, und die Stufe kippt in die stabile Lage zurück.

> Monostabile Kippschaltungen werden nach Ansteuerung in einen labilen Betriebszustand gebracht und kippen nach einer Umschaltzeit wieder selbsttätig in ihren stabilen Zustand zurück.

Der labile Zustand dauert so lange an, bis sich der Kondensator C über den Widerstand R entladen hat. Bis zur nächsten Ansteuerung muß C über R2 erst wieder aufgeladen werden. Dazu ist eine Mindestpausendauer τ_p notwendig.

---

* dynamisch (griech.) = wechselnd, bewegt;   ** mono (griech.) = einzeln, allein;   *** labil (lat.) = unsicher, veränderlich

τ	Impulsdauer	R, R_2	Widerstände
C	Kapazität	τ_p	Pausendauer
U_b	Betriebsspannung	U_{BER}	U_{BE} in Rückwärtsrichtung

Für $U_b \gg U_{BE}$ und $U_{BER} < 7$ V:

$$\tau \approx 0{,}69 \cdot R \cdot C \qquad \tau_p \geq 5 \cdot R_2 \cdot C$$

Sperrt ein negativer Eingangsimpuls den Transistor V1, so wird durch dessen hohe Kollektorspannung die Diode V3 gesperrt. Weitere Eingangsimpulse können den Kippvorgang und die Umschaltzeit nicht mehr beeinflussen bis die stabile Lage wieder erreicht ist. Dann liegen über der Diode V3 etwa 0 V, und es genügt ein kleiner negativer Impuls, um V3 in Durchlaßrichtung zu schalten und V1 zu sperren. Positive Eingangsimpulse werden gesperrt.

Auch mit einem Operationsverstärker läßt sich eine monostabile Kippschaltung aufbauen **(Bild 1)**. Wegen der Diode V1 kann sich C_Q nur auf eine negative Spannung aufladen. Im stabilen Betriebszustand ist U_2 positiv. Durch einen negativen Impuls auf E1 kippt die Stufe in den labilen Zustand, U_2 ist negativ, und C_Q lädt sich über R_K negativ auf. Wird $U_C > U_{R1}$, so kippt die Stufe wieder in den stabilen Zustand.

Monostabile Kippschaltungen werden als *Impulsgeber* und *Impulsformer* verwendet.

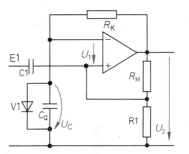

Bild 1: Monostabile Kippschaltung

R_K	Rückkopplungswiderstand
C_Q	Eingangsquerkapazität
R_M	Mitkopplungswiderstand
R_1	Spannungsteilerwiderstand
τ	Impulsdauer

$$\tau \approx R_K \, C_Q \ln\left(1 + \frac{R_1}{R_M}\right)$$

2.11.6 Schwellwertschalter (Schmitt-Trigger)

Der Schmitt*-Trigger** **(Bild 2)** erzeugt Spannungsimpulse, deren Impulsdauer von der Eingangsspannung U_1 abhängig ist (Bild 2). Dabei können auch sich langsam ändernde Eingangsspannungen die Schaltung zum Kippen bringen.

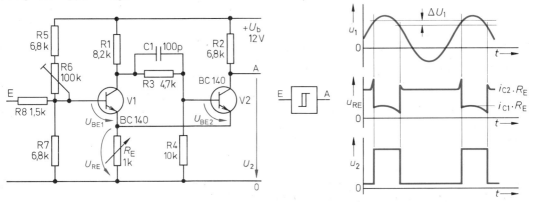

Bild 2: Schmitt-Trigger-Schaltung

Der Transistor V2 muß übersteuert und $I_{C2} > I_{C1}$ sein. Außerdem soll V2 über C1 schneller schalten als V1. Im Ruhezustand ist der Transistor V1 gesperrt. Dadurch steuert dessen positive Kollektorspannung über den Spannungsteiler R3 R4 den Transistor V2 aus, V2 leitet. Legt man an den Eingang eine ansteigende Eingangsspannung U_1, so ändert sich der Betriebszustand der Schaltung erst, wenn die Eingangsspannung größer wird als die Summe aus U_{RE} und der für den Durchlaß nötigen Basis-Emitterspannung U_{BE1}. Jetzt beginnt der Transistor V1 zu leiten. Die Spannungen an seinem Kollektor und damit auch an der Basis von V2 nehmen ab. I_{B2} wird kleiner. I_{C2} bleibt wegen der Übersteuerung noch kurzzeitig unverändert, wodurch U_{RE} noch kurzzeitig steigt und U_{BE2} noch weiter sinkt. I_{C2} sinkt und damit U_{RE}. U_{BE1} und somit auch I_{C1} steigen dadurch weiter an, so daß V1 schlagartig leitet und V2 sperrt. Unterschreitet U_1 eine bestimmte Spannung, so kippt die Schaltung in den Ausgangszustand zurück.

* Schmitt, Erfinder dieser Schaltung; ** Trigger (engl.) = Auslöser

Schmitt-Trigger-Schaltungen setzen auch langsam sich ändernde Eingangsspannungen in Rechteck-impulse gleicher Frequenz um.

Der gewünschte *Schwellwert* für den Schaltvorgang wird mit dem Spannungsteiler R5 R6 R7 eingestellt. Die beiden Umschaltpunkte bei steigender und sinkender Eingangsspannung haben aber nicht den gleichen Schwellwert **(Bild 1)**. Je nach Anwendung muß diese Spannungsdifferenz (*Hysteresespannung*) groß oder klein sein. Die Schaltdifferenz wird also durch die Arbeitspunkte der beiden Transistoren und den gemeinsamen Emitterwiderstand bestimmt. Sie ist um so größer, je größer die Differenz der beiden Kollektorströme und damit der beiden Lastwiderstände und je größer der Emitterwiderstand ist. Da $I_{C2} > I_{C1}$ sein muß, ist $R_2 < R_1$.

Die Steuerkennlinie (Bild 1) zeigt die Schaltdifferenz, die sich bei Belastung des Ausgangs ändert. Vor allem wird der Spannungshub der Ausgangsspannung zwischen den beiden Schaltzuständen bei Belastung kleiner.

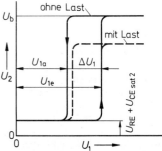

U_{1e}	Einschaltspannung
U_{1a}	Ausschaltspannung
ΔU_1	Schaltdifferenz
I_{C1}, I_{C2}	Kollektorströme
U_{BE1}	Basis-Emitterspannung von V1
R_E	Emitterwiderstand

$$U_{1e} = I_{C2} \cdot R_E + U_{BE1}$$
$$U_{1a} = I_{C1} \cdot R_E + U_{BE1}$$
$$\Delta U_1 = U_{1e} - U_{1a}$$

$$\boxed{\Delta U_1 = (I_{C2} - I_{C1}) \cdot R_E}$$

Bild 1: Steuerkennlinie

Da der Schwellwertschalter bei einer bestimmten Spannung das Ausgangssignal *sprungartig* wechselt, findet er auch Anwendung in Dämmerungsschaltern und Temperaturwächtern. Dabei wird in der Schaltung Bild 2 Seite 289, anstelle von R7 z. B. eine Fotodiode bzw. ein Kaltleiterwiderstand eingebaut. Außerdem dient er zum Triggern in Oszilloskopen, um dort ein stehendes Bild zu erhalten.

Schwellwertschalter mit Operationsverstärker **(Bild 2)** benötigen zur Aussteuerung positive und negative Eingangsspannungen. Soll die Ausgangsspannung U_{21} bei positiver Eingangsspannung ebenfalls positiv werden, so wird der Operationsverstärker am nicht-invertierenden Eingang angesteuert und über R_K überkritisch mitgekoppelt. Diese Mitkopplung hält diese Schaltung in jeder Sättigungslage des Operationsverstärkers stabil. Nur die Eingangsspannung U_1 kann diese Schaltlage ändern.

Ist U_{21} in der Sättigungslage U_{b1}, z. B. +15 V, so spricht die Schaltung nur auf eine negative Eingangsspannung U_1 an. U_2 wird dann negativ und R_K koppelt diese negative Spannung auf den Eingang zurück. Die Schaltung bleibt jetzt auch ohne U_1 in dieser Lage. Durch eine positive Eingangsspannung kippt die Schaltung wieder in die andere Lage zurück. Die Schaltdifferenz ΔU_1 wird mit R_K verändert (Bild 2).

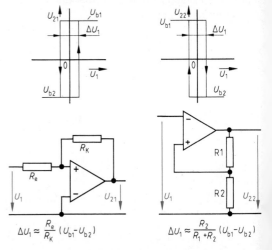

$$\Delta U_1 \approx \frac{R_e}{R_K} (U_{b1} - U_{b2})$$

$$\Delta U_1 \approx \frac{R_2}{R_1 + R_2} (U_{b1} - U_{b2})$$

Bild 2: Schwellwertschalter

Wird ein Operationsverstärker am invertierenden Eingang angesteuert und ein Teil der Ausgangsspannung U_{22} auf den nichtinvertierenden Eingang zurückgekoppelt (Bild 2), so kippt bei Ansteuerung mit $+ U_1$ der Ausgang auf etwa $- U_{b2}$, z. B. -15 V.

Wiederholungsfragen

1. Warum wird ein Schalttransistor übersteuert?
2. Wie können Überspannungen beim Schalten von Induktivitäten niedrig gehalten werden?
3. Welche Eigenschaft hat eine bistabile Kippschaltung?
4. Wodurch unterscheiden sich dynamische und statische Eingänge von Kippschaltungen?
5. Wovon hängt die Impulsdauer monostabiler Kippschaltungen ab?
6. Welche Eigenschaften haben Schwellwertschalter?

2.12 Meßgeräte

Elektrische Meßgrößen können mit den menschlichen Sinnesorganen *nicht direkt* erfaßt werden. Ihre Messung erfolgt deshalb indirekt durch Umsetzung in eine andere physikalische Größe oder in eine Impulszahl. Zur Umsetzung und zur Anzeige des Meßwertes dienen *Meßgeräte*. Man unterscheidet Meßgeräte mit *analoger Anzeige* und solche mit *digitaler Anzeige*. Zu den Meßgeräten mit analoger Anzeige gehören die Zeigermeßgeräte und das Oszilloskop.

> Unter einem Meßgerät versteht man ein Meßinstrument mit allem Zubehör. Die eigentliche Umsetzung der Meßgröße in einen Zeigerausschlag geschieht im Meßwerk.

2.12.1 Prinzip eines Meßwerks

Meßwerke arbeiten meist mit elektromagnetischer Umsetzung der Meßgröße in eine Kraft. Durch den Stromfluß in einer Spule entsteht ein *Antriebsmoment* M_A, das auf einen drehbar gelagerten Zeiger wirkt **(Bild 1)**. Die Drehung des Zeigers spannt einen mechanischen Energiespeicher, z. B. eine Feder. Dadurch entsteht ein *Rückstellmoment* M_R, das mit zunehmendem Zeigerausschlag größer wird. Sind beide Momente gleich groß, so kommt die Zeigerbewegung zum Stillstand, und der Meßwert kann auf der Skala

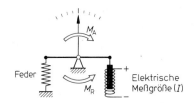

Bild 1: Prinzip eines Meßwerks

abgelesen werden. Bei der Messung dient also das Rückstellmoment der Feder als Vergleichsnormal. Durch die Rückstellfeder wird außerdem der Nullpunkt des Zeigers auf der Skala festgelegt. Er wird dann erreicht, wenn die Feder völlig entspannt ist.

> Meßwerke vergleichen das von der Meßgröße erzeugte Moment mit dem Moment einer Feder.

Wegen dieses Prinzips ist es notwendig, daß neben der Rückstellkraft der Feder keine weiteren Kräfte auftreten, die das Meßergebnis verfälschen würden. Deshalb müssen vor allem die Reibungskräfte möglichst klein gehalten werden. Reibungskräfte treten in den Lagern des Drehorgans auf, das den Zeiger trägt. Man verwendet deshalb entweder eine *Spitzenlagerung* in Hartmetallpfannen oder Edelsteinpfannen, eine *Zapfenlagerung* oder eine *Spannbandlagerung*. Bei der Spannbandlagerung ist das Drehorgan fast reibungslos zwischen zwei Bändern eingespannt.

Ein Nachteil dieses Meßprinzips ist die *Schwingungsfähigkeit* des Systems, die durch die Feder verursacht wird. Damit der Zeiger beim plötzlichen Einschalten oder Abschalten der Meßgröße nicht um seinen Ausschlag pendelt, benötigt das Meßwerk eine *Dämpfung*. Die Dämpfung wird so bemessen, daß der Zeiger möglichst rasch und ohne wesentliches Überschwingen seinen Ausschlag erreicht **(Bild 2)**. Der aperiodische Grenzfall der Dämpfung wird bei Meßwerken vermieden, da sich hierbei der Zeiger zu langsam einstellen würde.

Die Dämpfung spielt auch eine wichtige Rolle bei der Messung von gleichgerichtetem Wechselstrom. Das Meßwerk zeigt keinen pulsierenden Gleichstrom an, sondern infolge der Dämpfung den Mittelwert aller Augenblickswerte. Der arithmetische Mittelwert kann bei Sinusform in den Effektivwert umgerechnet und mit diesem die Skala kalibriert* werden.

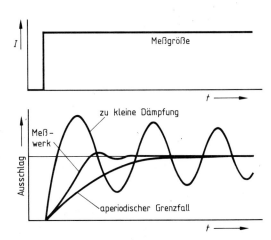

Bild 2: Dämpfung von Meßwerken

Zur Dämpfung verwendet man entweder eine *Wirbelstromdämpfung*, eine *Luftdämpfung* oder eine *Flüssigkeitsdämpfung*. Die Wirbelstromdämpfung benötigt einen Dauermagneten. Wenn ein solcher im

---

* kalibrieren (arab., griech.) = ein genaues Maß geben

Meßwerk vorhanden ist, kann z. B. das Drehorgan selbst zur Wirbelstromdämpfung dienen. Bei Induktionsmeßwerken mit einer Aluminiumscheibe als Drehorgan wird ein Dauermagnet angebaut. Die Luftdämpfung arbeitet mit einem Flügel in einer geschlossenen Kammer. Bei Flüssigkeitsdämpfung befindet sich das Drehorgan in Öl.

2.12.2 Meßwerke

Nach dem elektromagnetischen Prinzip arbeiten das Drehspulmeßwerk, das Dreheisenmeßwerk, das elektrodynamische Meßwerk, das Kreuzspulmeßwerk und das Induktionsmeßwerk.

Drehspulmeßwerk

Beim Drehspulmeßwerk (Bild 1) liegt eine drehbar angeordnete Spule im Feld eines Dauermagneten. Zur Stromzuführung werden die beiden Rückstellfedern verwendet. Fließt ein Strom durch die Spule, so wird diese abgelenkt. In einem homogenen Magnetfeld ist die Ablenkung proportional der Stromstärke. Die Skalenteilung ist deshalb linear.

Um ein radial-homogenes Magnetfeld herzustellen, befindet sich innerhalb der Spule ein zylindrischer Weicheisenkern. Die Richtung der Ablenkung hängt von der Stromrichtung ab. Das Drehspulmeßwerk ohne Zusatz ist deshalb nur für Gleichstrom geeignet. Für Wechselstrom benötigt es einen Gleichrichter.

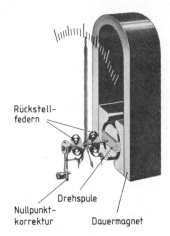

| Bei Drehspulmeßwerken ist der Ausschlag proportional der Stromstärke. Die Richtung des Ausschlags ist abhängig von der Stromrichtung. |

Die Dämpfung des Meßwerks erfolgt durch Wirbelstromdämpfung. Die Spule ist zu diesem Zweck auf ein geschlossenes Aluminiumrähmchen gewickelt, in dem bei der Drehbewegung Wirbelströme entstehen. Auch die Spule selbst trägt zur Dämpfung bei. Bei der Drehbewegung entsteht eine Induktionsspannung, die im geschlossenen Meßstromkreis einen Strom hervorruft, der die Bewegung bremst. Hochwertige Drehspulmeßgeräte sollen deshalb beim Transport an den Anschlüssen kurzgeschlossen werden.

Rückstellfedern

Drehspule

Nullpunktkorrektur

Dauermagnet

Bild 1: Drehspulmeßwerk mit Außenmagnet

In *Betriebsmeßgeräten*, z. B. Vielfach-Meßgeräten, werden oft Drehspulmeßwerke mit Kernmagnet verwendet, weil damit eine besonders gedrängte Bauform möglich ist (Bild 2). Der Dauermagnet befindet sich als zylindrischer Körper im inneren der Drehspule. Ein Weicheisenmantel dient als magnetischer Rückschluß. Die Drehspule wird von einem Spannband gehalten. Dadurch entfällt die Lagerung einer Achse mit den unvermeidlichen Reibungsverlusten. Durch das Spannband ist das Meßwerk von einer bestimmten Gebrauchslage unabhängig. Das Spannband dient zugleich zur Stromzuführung und als Rückstellkraft.

Der Eigenverbrauch von Drehspulmeßwerken ist sehr klein. Sie werden deshalb sowohl in Betriebsmeßgeräten verwendet, als auch für Präzisionsmeßgeräte mit Meßbereichen von 1 µA und darunter gebaut. Besonders hochempfindliche Meßwerke haben anstelle eines mechanischen Zeigers einen Lichtzeiger. Ein kleiner Spiegel, der auf dem Spannband des Meßwerks befestigt ist, reflektiert eine Lichtmarke. Je größer die Lichtzeigerlänge ist, um so empfindlicher ist das Meßwerk. Es sind Messungen bis 10 pA je Skalenteil möglich.

Spannband

Drehspule

Zeiger

Kernmagnet

Weicheisenmantel

Bild 2: Drehspulmeßwerk mit Kernmagnet

Dreheisenmeßwerk

Beim Dreheisenmeßwerk sind zwei gebogene *Weicheisenbleche* in einer *Ringspule* angeordnet (**Bild 1**). Das eine ist am feststehenden Spulenkörper, das andere an einer drehbaren Achse befestigt. Fließt der zu messende Strom durch die Spule, so werden beide Eisenbleche *gleichsinnig* magnetisiert und stoßen sich ab. Die Achse wird soweit gedreht, bis das Moment der Rückstellfeder gleich dem von der Abstoßung hervorgerufenen Moment ist. Die Magnetisierung beider Eisenbleche ist jeweils von der Stromstärke I abhängig. Das entstehende Moment ist deshalb proportional I^2.

Beim Dreheisenmeßwerk wäre also eigentlich eine quadratisch unterteilte Skala erforderlich. Durch eine geeignete Formgebung der Eisenbleche kann man jedoch erreichen, daß weite Teile der Skale fast linear geteilt sind. Die Abstoßung der Eisenbleche ist von der Richtung der Magnetisierung nicht abhängig. Das Dreheisenmeßwerk ist deshalb auch für Wechselstrom geeignet. Durch die Dämpfung und die Trägheit der bewegten Teile ist der Ausschlag proportional dem Mittelwert des Stromquadrats. Dadurch ist eine Kalibrierung der Skala im Effektivwert möglich.

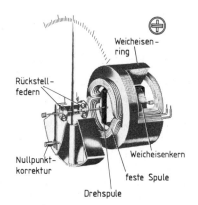

Bild 1: Dreheisenmeßwerk

> Dreheisenmeßwerke sind für Gleichstrom und Wechselstrom geeignet. Bei Wechselstrommessung zeigen sie bei jeder Kurvenform den Effektivwert an.

Da das Dreheisenmeßwerk keinen Dauermagneten enthält, ist auch keine Wirbelstromdämpfung möglich. Das Meßwerk ist deshalb mit einer Luftdämpfung versehen. Der Eigenverbrauch von Dreheisenmeßwerken ist wesentlich größer als der von Drehspulmeßwerken. Vorteilhaft sind vor allem die robuste und billige Bauweise sowie die Effektivwertbildung bei Wechselstrom, selbst bei verzerrter Kurvenform.

Dreheisenmeßwerke und Drehspulmeßwerke werden im wesentlichen für die gleichen Meßaufgaben bei unterschiedlichen Genauigkeitsanforderungen verwendet (**Tabelle 1**).

Tabelle 1: Drehspulmeßwerk und Dreheisenmeßwerk					
System	Prinzip	Stromart	Genauigkeit	Eigenverbrauch	Dämpfung
Drehspul-meßwerk	Stromdurchflossene Spule im Magnetfeld	DC	bis 1‰	µA	Wirbelstrom-dämpfung
Dreheisen-meßwerk	Abstoßung gleichsinnig magnetisierter Eisenkerne	UC (DC und AC)	bis 1%	mA	Luftdämpfung

Elektrodynamisches Meßwerk

Beim elektrodynamischen Meßwerk (**Bild 2**) liegt eine Drehspule im Feld eines Elektromagneten. Die magnetischen Wirkungen der Ströme durch die Drehspule bzw. durch die feste Spule multiplizieren sich. Werden beide Ströme gleichzeitig umgepolt, so ändert sich die Richtung des Ausschlags nicht. Elektrodynamische Meßwerke sind deshalb auch für Wechselstrom geeignet.

> Elektrodynamische Meßwerke zeigen das Produkt zweier Ströme an.

Die Stromzuführung zur Drehspule erfolgt wie beim Drehspulinstrument über die beiden Rückstellfedern. Das Meßwerk arbeitet mit einer Luftdämpfung. Eine Wirbelstromdämpfung würde wegen der auftretenden Verluste zu Meßfehlern führen. Deshalb besteht auch der Eisenmantel der festen Spule aus lamelliertem Blech. Der Eisenmantel dient zur Erhöhung der magnetischen Flußdichte und zur Abschirmung von Fremdfeldern.

Bild 2: Elektrodynamisches Meßwerk

Elektrodynamische Meßwerke werden wegen ihrer Produktbildung ausschließlich als *Leistungsmesser* verwendet. Die feste Spule ist der *Strompfad*, die Drehspule der *Spannungspfad*. Bei Sinusspannung ist die Leistungskurve ebenfalls eine Sinuskurve mit doppelter Frequenz. Durch die Trägheit des Instruments wird der Mittelwert, d. h. die Wirkleistung, angezeigt.

Elektrodynamische Leistungsmesser zeigen die Wirkleistung an.

Induktionsmeßwerk

Beim Induktionsmeßwerk werden durch fest-stehende Spulen Wirbelströme im Drehorgan induziert. Sind die Spulen räumlich versetzt und die Ströme durch die Spulen phasenverschoben, so entsteht ein Drehfeld, dem das Drehorgan, eine Trommel aus Aluminium oder Kupfer, zu folgen versucht **(Bild 1)**. Induktionsmeßwerke arbeiten also nach dem Prinzip des Induktionsmotors mit Kurzschlußläufer.

Wird eine Spule bzw. ein Spulenpaar an Wechsel-spannung gelegt, das andere mit einem Ver-braucherstrom gespeist, so ist der Ausschlag proportional dem Produkt aus Strom und Span-nung. Das Induktionsmeßwerk kann deshalb als Leistungsmesser verwendet werden.

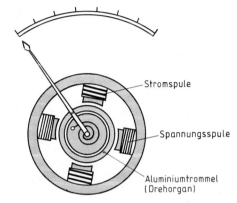

Bild 1: Induktionsmeßwerk mit Zeiger

Induktionsmeßwerke zeigen das Produkt zweier Größen an.

Infolge der um 90° versetzten Spule wird die Blindleistung angezeigt. Durch eine zusätzliche Phasenver-schiebung von 90° kann auch Wirkleistung gemessen werden. Dies wird z. B. durch die hohe Induktivität der Spannungsspule erreicht.

Induktionsmeßwerke haben den Vorteil, daß das Drehorgan keine Stromzuführung benötigt. Ist keine Rückstellfeder vorhanden, so führt das Dreh-organ eine fortwährende Drehbewegung aus. Wird diese Drehbewegung auf ein Zählwerk übertragen, so kann damit elektrische Leistung mal Zeit, d. h. Arbeit, gemessen werden. Zähler enthalten ein Induktionsmeßwerk mit einer Aluminiumscheibe als Drehorgan **(Bild 2)**. Durch die Form des Dreh-organs ist eine andere Anordnung der Spannungs-spule und der Stromspule erforderlich. Die beiden magnetischen Flüsse sind wie beim Zeigermeßwerk um 90° versetzt, so daß über die Wirbelströme in der Scheibe ein Antriebsmoment entsteht. Zur Hemmung dient eine Wirbelstrombremse mit Hilfe eines Dauermagneten. Das Bremsmoment steigt mit zunehmender Drehzahl. Sind das Antriebs-moment und das Bremsmoment gleich groß, so stellt sich eine konstante Drehzahl ein.

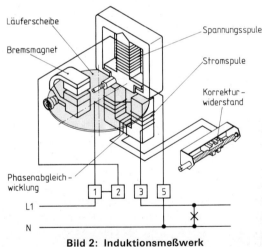

Bild 2: Induktionsmeßwerk (Scheibenmeßwerk) für Zähler

Die Drehzahl der Zählerscheibe ist proportional dem Antriebsmoment, d. h. der elektrischen Leistung.

Der Bremsmagnet hat außerdem die Aufgabe, die Scheibe bei Wegfall des Antriebsmoments stillzusetzen, da sonst infolge der Trägheit des Drehorgans eine Fehlanzeige entstehen würde.

Wenn Zähler zur Verrechnung der bezogenen elektrischen Arbeit verwendet werden, muß ihre Genauigkeit groß sein. Sie werden deshalb amtlich geeicht. Die Zählerkonstante gibt die Zahl der Umdrehungen je kWh an.

2.12.3 Meßwert und Meßgenauigkeit

Beim Messen einer physikalischen Größe wird festgestellt, wie oft die Einheit in der Meßgröße enthalten ist. Das Ergebnis wird als Meßwert bezeichnet. Es ist das Produkt aus einem Zahlenwert und einer Einheit. Die Angabe $U = 10\,V$ besagt, daß die gemessene Spannung zehnmal so groß ist wie 1 V.

> Der Meßwert ist das Produkt aus einer Zahl und einer Einheit.

Die Aufgabe der elektrischen Meßtechnik ist es, eine Meßgröße als Meßwert anzuzeigen. Die Zeigermeßgeräte werden in sieben *Genauigkeitsklassen* eingeteilt **(Tabelle 1)**.

Tabelle 1: Genauigkeitsklassen							
Klasse	0,1	0,2	0,5	1	1,5	2,5	5
rel. Fehlergrenze	±0,1%	±0,2%	±0,5%	±1%	±1,5%	±2,5%	±5%
Verwendung	Feinmeßgeräte			Betriebsmeßgeräte			

Die Genauigkeitsklasse gibt an, welche *Fehlergrenze* (Meßunsicherheit) höchstens auftreten darf. Die relative Fehlergrenze wird in Prozent vom Meßbereichsendwert angegeben. Bei nichtlinearen Skalen bezieht sie sich auf die Skalenlänge. Die Fehlergrenze ist in erster Linie durch die Bauweise des Meßwerks bedingt, z. B. durch die Lagerreibung oder durch ein ungleichmäßiges Magnetfeld im Luftspalt. Die Fehlergrenze darf jedoch auch durch äußere Einflüsse wie Temperatur, Lage oder Einfluß eines Fremdfeldes den angegebenen Wert der Genauigkeitsklasse nicht überschreiten.

> **Beispiel 1:** Ein Strommesser mit linear geteilter Skala hat einen Meßbereich von 3 A. Wie groß darf in der Klasse 1,5 die Fehlergrenze F sein?
>
> *Lösung:* $F = (\pm 1,5\%) \cdot A = \dfrac{\pm 1,5 \cdot 3\,A}{100} = \pm 0,045\,A = \pm \mathbf{45\,mA}$

Dieser Anzeigefehler kann auch im unteren Bereich der Skala auftreten. Er ist dann prozentual um ein Vielfaches größer.

> **Beispiel 2:** Mit dem 3-A-Meßbereich des Meßgeräts aus Beispiel 1 wird eine Stromstärke von 0,5 A gemessen. Wie groß ist die relative Meßunsicherheit in % bei einer Fehlanzeige von 45 mA?
>
> *Lösung:* $F = \dfrac{0,045\,A}{0,5\,A} \cdot 100\% = \mathbf{9\%}$

> Der Meßbereich ist so zu wählen, daß im letzten Drittel der Skala gemessen wird.

In diesem Fall ist der größte auftretende Anzeigefehler höchstens gleich dem anderthalbfachen Wert der Genauigkeitsklasse **(Bild 1)**. Die Skalenendwerte der Meßbereiche sind genormt.

Tragbare Betriebsmeßgeräte sind deshalb als Vielfachmeßgeräte gebaut.

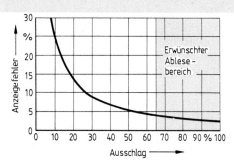

Bild 1: Abhängigkeit des Anzeigefehlers vom Ausschlag

2.12.4 Kennzeichnung und Eigenschaften von Meßgeräten

Die Art des Meßwerks und die wichtigsten Eigenschaften eines Meßgeräts sowie besondere Hinweise werden auf der Skala durch Sinnbilder und Zahlen angegeben **(Tabelle 1)**.

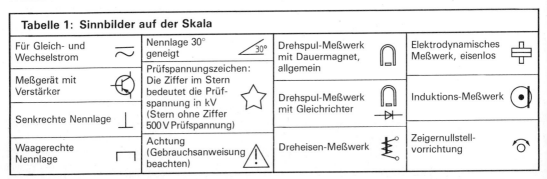

Tabelle 1: Sinnbilder auf der Skala							
Für Gleich- und Wechselstrom	$\sim$	Nennlage 30° geneigt	/30°	Drehspul-Meßwerk mit Dauermagnet, allgemein	⌓	Elektrodynamisches Meßwerk, eisenlos	⊡
Meßgerät mit Verstärker	⬤	Prüfspannungszeichen: Die Ziffer im Stern bedeutet die Prüfspannung in kV (Stern ohne Ziffer 500 V Prüfspannung)	☆	Drehspul-Meßwerk mit Gleichrichter	⌓	Induktions-Meßwerk	⊙
Senkrechte Nennlage	⊥						
Waagerechte Nennlage	⊓	Achtung (Gebrauchsanweisung beachten)	⚠	Dreheisen-Meßwerk	⚡	Zeigernullstellvorrichtung	↻

Die Empfindlichkeit eines Meßgeräts in Skalenteilen je Einheit oder mm je Einheit geht aus der Skalenbeschriftung nicht hervor. Man kann sie jedoch aus dem kleinsten Meßbereich und dem Skalenendwert berechnen.

Beispiel 1: Ein Vielfachmeßgerät hat einen kleinsten Strommeßbereich von 0,3 mA und eine Skala mit 30facher Teilung. Wie groß ist seine Empfindlichkeit?

Lösung: Empfindlichkeit $= \dfrac{30\ \text{Skt}}{300\ \mu\text{A}} = \textbf{0,1 Skt/}\mu\textbf{A}$

Häufig wird die Empfindlichkeit auch als Innenwiderstand je Volt in kΩ/V angegeben. Darunter versteht man den Widerstand bezogen auf 1 V, den ein Vielfachmeßgerät bei Spannungsmessung hat. Den Innenwiderstand kann man aus den kleinsten Meßbereichen für Strommessung bzw. Spannungsmessung berechnen.

Beispiel 2: Ein Vielfachmeßgerät hat einen kleinsten Strommeßbereich von 0,3 mA und einen kleinsten Spannungsmeßbereich von 0,15 V. Wie groß ist sein Innenwiderstand je V?

Lösung: $R_i = \dfrac{U}{I} = \dfrac{0,15\ \text{V}}{0,3\ \text{mA}} = 5000\ \Omega \Rightarrow$

$\Rightarrow R_i/U = \dfrac{5\ \text{k}\Omega}{0,15\ \text{V}} = \textbf{33,3 k}\Omega\textbf{/V}$

Besonders hohe Innenwiderstände bis einige MΩ/V haben Meßgeräte mit Verstärkern.

2.12.5 Vielfachmeßgeräte

Vielfachmeßgeräte enthalten meist ein Drehspulmeßwerk. Sie sind für *Spannungsmessung* und *Strommessung* bei Gleichstrom und Wechselstrom sowie teilweise noch für *Widerstandsmessung* geeignet **(Bild 1)**. Die Anschlüsse für Spannungsmessung (V) und für Strommessung (A) sind meist getrennt herausgeführt, da sonst durch falsche Schalterbedienung das Meßwerk zerstört werden kann.

Für Gleichgrößen und für Wechselgrößen sowie für Widerstandsmessungen ist jeweils eine getrennte Skala vorhanden. Die beiden Skalen für Gleichgrößen und für Wechselgrößen unterscheiden sich im unteren Teil des Meßbereichs. Die Skala für Gleichgrößen ist linear geteilt. Die Skala für Wechselgrößen ist wegen der Schleusenspannung der Gleichrichterdioden im unteren Teil etwas zusammengedrängt.

Bild 1: Vielfachmeßgerät

Als Gleichrichterdioden werden Germaniumdioden und Schottky-Dioden verwendet. Das Meßwerk zeigt den arithmetischen Mittelwert (**Bild 1**) des gleichgerichteten Stroms an. Dieser Mittelwert ist kleiner als der Effektivwert aus der entsprechenden Sinuskurve. Es besteht jedoch bei *Sinusform* ein konstanter Quotient von 1,11 zwischen dem Effektivwert und dem arithmetischen Mittelwert. Deshalb wird die Skala mit dem Effektivwert kalibriert.

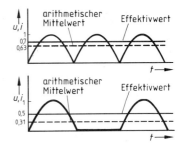

Bild 1: Arithmetischer Mittelwert und Effektivwert bei verschiedener Kurvenform

> Drehspulmeßgeräte mit Gleichrichter sind in Effektivwerten kalibriert. Die Anzeige ist nur bei Sinusgrößen richtig.

Wegen der Schleusenspannung der Dioden entstehen bei kleinen Wechselspannungen zusätzliche Fehler. Meßbereiche unter 1 V, z. B. 300 mV, sind deshalb nur für Gleichspannungsmessung vorgesehen und müssen mit einem getrennten Schalter eingestellt werden. Wegen dieses Einflusses der Diodenkennlinie haben Vielfachmeßgeräte nur die Genauigkeitsklasse 1,5 für Wechselgrößen. Um Fehler durch schräges Ablesen zu vermeiden, sind die Meßgeräte meist mit einem Messerzeiger und einer Spiegelskala ausgestattet.

> Beim Messen einer unbekannten Meßgröße ist aus Sicherheitsgründen zunächst der größte Meßbereich einzustellen und dann zurückzuschalten, bis die Anzeige im oberen Skalendrittel liegt.

Den Meßwert erhält man, indem man die abgelesenen Skalenteile durch den Skalenendwert dividiert und mit dem am Schalter angegebenen Faktor und der Einheit multipliziert.

Beispiel: Im Meßbereich 6 V werden 24 Skalenteile angezeigt. Der Skalenendwert beträgt 30. Wie groß ist der Meßwert?

Lösung: $U = \dfrac{6\,V}{30} \cdot 24 = \textbf{4,8 V}$

Die Schaltung eines Vielfachmeßgeräts (**Bild 2**) zeigt, daß für die Widerstandsmessung eine Batterie eingebaut ist. Es wird meist das Prinzip der Strommessung bei bekannter Spannung angewendet. Beim Widerstand Null zwischen den Anschlüssen (Kurzschluß) zeigt das Meßgerät Vollausschlag. Der Nullpunkt kann mit dem Potentiometer „Nullabgleich" eingestellt werden. Bei unendlich großem Widerstand zeigt das Meßgerät keinen Ausschlag. Da die Skala nach dem Ohmschen Gesetz mit $I \sim 1/R$ kalibriert ist, sind die größeren Widerstandswerte dicht zusammengedrängt. Für Widerstandsmessungen ist deshalb meist noch eine Meßbereichserweiterung mit dem Faktor 1000 vorgesehen. Dazu wird bei größeren Widerstandswerten ein Nebenwiderstand kurzgeschlossen. Die beiden antiparallel zum Meßwerk geschalteten Dioden dienen als Überlastungsschutz.

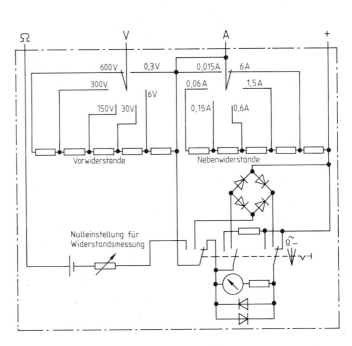

Bild 2: Schaltung eines Vielfachmeßgeräts

2.12.6 Besondere Meßgeräte

Meßbrücken

Elektrische Widerstände können nicht direkt gemessen werden. Man ermittelt sie indirekt durch eine Strommessung und eine Spannungsmessung. Die Methode der Strommessung bei bekannter Spannung wurde beim Vielfachmeßgerät bereits beschrieben.

Genauer sind die Methoden des Stromvergleichs oder des Spannungsvergleichs zwischen dem zu messenden Widerstand und einem bekannten Widerstand. Nach diesem Prinzip arbeiten auch die Widerstandsmeßbrücken (**Bild 1**).

Zwischen zwei Spannungsteilern liegt im eigentlichen Brückenzweig ein Spannungsmesser mit Nullstellung des Zeigers in der Skalenmitte. Wenn die Spannungen U_1 und U_3 bzw. U_2 und U_4 gleich groß sind, zeigt der Nullindikator keinen Ausschlag. Die Brücke ist abgeglichen. Da die Widerstände den Spannungen proportional sind, kann man den unbekannten Widerstand durch eine Verhältnisrechnung ermitteln.

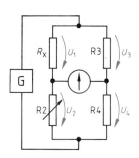

Bild 1: Prinzip einer Widerstandsmeßbrücke

Bei Abgleich:

$$\frac{U_1}{U_2} = \frac{U_3}{U_4} \Rightarrow \frac{R_x}{R_2} = \frac{R_3}{R_4} \Rightarrow \boxed{R_x = R_2 \cdot \frac{R_3}{R_4}}$$

Bei der Meßbrücke zur Messung von Wirkwiderständen (*Wheatstone-Meßbrücke**) ist der Widerstand R2 ein umschaltbarer Festwiderstand, der den Meßbereich festlegt. Die Widerstände R3 und R4 sind als gemeinsamer Drehwiderstand oder als Schleifdraht mit Schleifer ausgeführt. Mit einem Drehknopf werden die Widerstände verändert, bis der Zeiger des Meßwerks auf Null steht. Bei *Betriebsmeßbrücken* (**Bild 2**) ist der Drehknopf mit einer Skala verbunden, auf welcher der Widerstandswert direkt abgelesen werden kann.

Widerstände unter $1\,\Omega$ können mit der Wheatstone-Meßbrücke nicht mehr genau gemessen werden, da die Zuleitungen das Meßergebnis verfälschen. Man verwendet hierfür eine erweiterte Schaltung, die *Thomson-Meßbrücke*** , bei der die Widerstände der Zuleitungen nicht in die Messung eingehen (**Bild 3**). Bei dieser Schaltung wird der zu messende Widerstand über vier Leiter angeschlossen. Zwei Leiter dienen zur Zuführung eines starken Stromes durch den Meßwiderstand. Mit zwei weiteren Leitern wird der Spannungsabfall am Meßwiderstand abgegriffen. Die Brücke ist abgeglichen, wenn $U_x = U_2$ ist. Außerdem muß $R_5/R_6 = R_3/R_4$ sein.

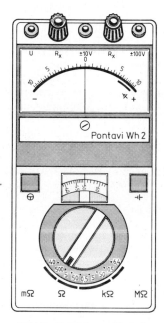

Bild 2: Betriebsmeßbrücke (Wheatstone-Meßbrücke)

Bei Abgleich:

$$\boxed{R_x = R_2 \frac{R_3}{R_4}}$$

Mit der Thomson-Meßbrücke lassen sich Widerstände bis $0,1\,\text{m}\Omega$ messen. Die Meßbrücken für Wirkwiderstände werden mit Gleichspannung gespeist. Wegen der erforderlichen großen Stromstärke durch den Meßwiderstand ist bei Thomson-Meßbrücken Netzanschluß erforderlich.

* Wheatstone, engl. Physiker, 1802 bis 1875
** Thomson, engl. Physiker, 1856 bis 1940

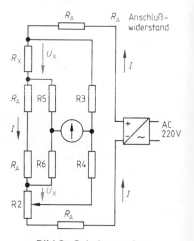

Bild 3: Schaltung einer Thomson-Meßbrücke

Meßbrücken zur Messung von Blindwiderständen enthalten als Vergleichsnormal eine Kapazität. Zur Kapazitätsmessung wird meist die Schaltung nach Wien* **(Bild 1)** verwendet, zur Induktivitätsmessung die Schaltung nach Maxwell**. Wegen der entgegengesetzten Phasenlage des Stromes bei der Kapazitätsmessung bzw. bei der Induktivitätsmessung liegen die Vergleichskapazitäten bei den beiden Meßbrücken in verschiedenen Zweigen. Es gelten folgende Abgleichbedingungen:

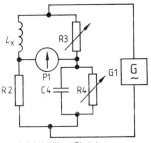

Kapazitätsmeßbrücke
nach Wien

Kapazitätsmeßbrücke
nach Wien:

$$C_x = C_2 \frac{R_4}{R_3}$$

$$\tan \delta = \omega \cdot C_2 \cdot R_2$$

Induktivitätsmeßbrücke
nach Maxwell:

$$L_x = C_4 \cdot R_2 \cdot R_3$$

$$\tan \delta = \frac{1}{\omega \cdot C_4 \cdot R_4}$$

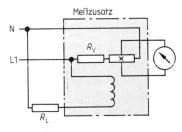

Induktivitätsmeßbrücke
nach Maxwell

**Bild 1: Meßbrücken
für Blindwiderstände**

Die Kapazität C_x wird mit R4 abgeglichen, die Induktivität L_x mit R3. Mit den Potentiometern R2 bzw. R4 wird der Fehlwinkel δ kompensiert.

Betriebsmeßbrücken können zwischen L-Messung und C-Messung umgeschaltet werden. Sie sind direkt in L, C und Verlustfaktor $\tan \delta$ kalibriert. Es können Verlustfaktoren bis 0,1 (Güte 10) gemessen werden. Für größere Verlustfaktoren ist eine abgewandelte Brückenschaltung erforderlich. Die Brücken werden mit Wechselspannung im Tonfrequenzbereich gespeist, z. B. mit $f = 1$ kHz. Statt eines Spannungsmessers kann auch ein Kopfhörer als *Nullindikator* verwendet werden.

Leistungsmesser mit Hall-Generator

Bei der Messung von elektrischer Leistung ist es erforderlich, das Produkt von Strom und Spannung anzuzeigen. Diese Produktbildung wird beim elektrodynamischen Meßwerk durch die Überlagerung zweier Magnetfelder erreicht, die direkt auf die Zeigerachse des Meßwerks einwirken. An Stelle eines elektrodynamischen Meßwerks kann auch ein Hall-Generator als Multiplizierer verwendet

**Bild 2: Leistungsmesser
mit Hall-Generator**

werden **(Bild 2)**. Die Meßspannung wird über einen Vorwiderstand an den Hall-Generator angeschlossen. Der Meßstrom fließt durch eine *Hilfsspule*, deren Magnetfeld das Plättchen des Hallgenerators durchsetzt. Die entsprechende Hall-Spannung ist proportional dem Produkt aus Spannung und Stromstärke. Sie wird von einem Drehspulinstrument angezeigt.

Wiederholungsfragen

1. Welche beiden Aufgaben hat bei Meßwerken die Rückstellkraft?
2. Beschreiben Sie den grundsätzlichen Aufbau eines Drehspulmeßwerks!
3. Warum ist das Dreheisenmeßwerk auch für Wechselstrom verwendbar?
4. Was bedeutet die Angabe 1,5 auf der Skala eines Meßgeräts?
5. Warum soll die Anzeige eines Meßgeräts möglichst im oberen Drittel der Skala liegen?
6. Wozu werden Induktionsmeßwerke hauptsächlich verwendet?
7. Warum können kleine Widerstände nicht mit der Wheatstone-Brücke gemessen werden?
8. Wozu dienen die Abgleichelemente einer Kapazitäts- bzw. Induktivitätsmeßbrücke?

* Wien, dt. Physiker, 1864 bis 1928
** Maxwell, engl. Physiker, 1831 bis 1871

2.12.7 Oszilloskop

Oszilloskope (Elektronenstrahl-Oszillografen) dienen meist zur Darstellung und Messung von periodischen Vorgängen. Speicheroszilloskope können auch einmalige Vorgänge wiedergeben. Die Anzeige erfolgt auf dem Bildschirm einer Elektronenstrahlröhre.

2.12.7.1 Aufbau und Wirkungsweise

Ein Oszilloskop **(Bild 1)** gibt auf dem Bildschirm seiner Elektronenstrahlröhre das Linienbild der zu untersuchenden Spannung wieder. Das Linienbild entsteht durch eine periodisch wiederholte Ablenkung (Zeitablenkung) des Elektronenstrahls in waagrechter Richtung und gleichzeitige Ablenkung in senkrechter Richtung durch die Signalspannung. Eine positive Signalspannung erzeugt eine senkrechte Ablenkung des Elektronenstrahls nach oben, eine negative Signalspannung eine senkrechte Ablenkung nach unten.

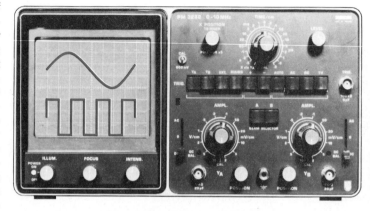

Bild 1: Oszilloskop für 2 Vorgänge

Für die Zeitablenkung benötigt man eine gleichmäßig ansteigende Sägezahnspannung, um eine konstante Ablenkgeschwindigkeit des Elektronenstrahls in waagrechter Richtung zu erreichen.

Der Strahl wird von links nach rechts geführt und kehrt dann sehr schnell in seine Ausgangslage zurück. Während des Rücklaufs wird der Strahlstrom gesperrt, so daß der Rücklauf unsichtbar bleibt (*Rücklaufverdunklung*).

Die Spannung für diese horizontale Zeitablenkung wird in einem *Ablenkgenerator* erzeugt und anschließend noch verstärkt **(Bild 2)**. In Sonderfällen kann eine von außen über den X-Eingang zugeführte Spannung zur Ablenkung verwendet werden.

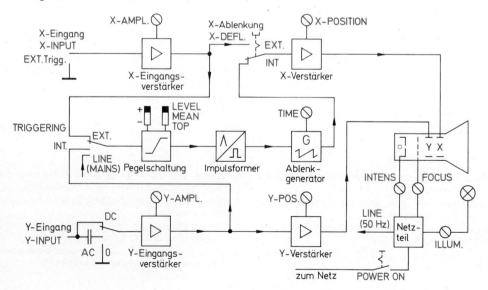

Bild 2: Übersichtsschaltplan eines triggerbaren Einkanal-Oszilloskops

Die Signalspannung wird meist ebenfalls verstärkt, da der Ablenkkoeffizient einer Elektronenstrahlröhre etwa 3 V/cm bis 5 V/cm beträgt. Um ein Bild von 10 cm Höhe zu erreichen, benötigt man also eine Spannung von 30 V bis 50 V. Die Verstärkung der Signalspannung geschieht im *Y-Verstärker* des Oszilloskops.

Triggerung

Die Zeitablenkung muß immer beim gleichen Augenblickswert der Signalspannung beginnen, damit sich auf dem Bildschirm des Oszilloskops ein stehendes Bild ergibt. Dies wird durch *Triggerung* (**Bild 1**) des Ablenkgenerators bewirkt. Darunter versteht man die Auslösung der Zeitablenkung durch einen Impuls. Der Impuls wird von einer monostabilen Kippschaltung erzeugt, sobald die Signalspannung einen bestimmten Wert erreicht hat. Diese Auslösespannung (Triggerniveau) ist einstellbar. Der Ablenkgenerator schwingt nach Auslösung nur eine Periode lang, d. h. der Elektronenstrahl läuft einmal über den Bildschirm und wieder zurück. Anschließend bleibt er in Ruhe, bis er durch den nächsten Triggerimpuls wieder ausgelöst wird.

Bei älteren Oszilloskopen, die nicht getriggert werden können, läuft der Ablenkgenerator freischwingend. Damit hier ein stehendes Bild auf dem Schirm zustande kommt, muß die Signalfrequenz ein ganzzahliges Vielfaches der Ablenkfrequenz sein. Dies wird durch *Synchronisierung* des Ablenkgenerators erreicht. Die Synchronisierung kann durch die Signalspannung oder eine von außen zugeführte Spannung geschehen.

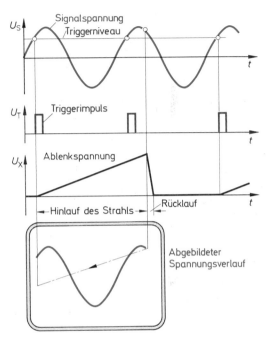

Bild 1: Getriggerte Zeitablenkung eines Oszilloskops

2.12.7.2 Bedienung des Oszilloskops

Oszilloskope haben heute meist eine einheitliche, aus dem Englischen abgeleitete Beschriftung. Sofern ein Oszilloskop keinen getrennten Netzschalter POWER ON hat, ist dieser meist mit dem Helligkeitseinsteller INTENSITY verbunden. Nach dem Einschalten dauert es etwa eine halbe Minute, bis man die Helligkeit des Strahles einstellen kann. Zu große Helligkeit kann die Leuchtschicht des Bildschirms beschädigen.

Ohne anliegende Signalspannung arbeitet der Ablenkgenerator meist freischwingend, so daß auf dem Bildschirm ein waagrechter Strich geschrieben wird. Bei manchen Oszilloskopen muß jedoch der Trigger-Wahlschalter auf FREE RUN (freier Lauf) oder AUTOMATIC stehen, um den Strahl ohne Signal einstellen zu können.

Die Schärfeeinstellung wird mit den Stellern FOCUS und ASTIGMATISMUS vorgenommen.

Über die Eingangsbuchse und den Eingangsschalter des Y-Verstärkers (AC/DC/O) kann man die Meßspannung direkt an den Verstärkereingang legen (DC). Ein Gleichspannungsanteil wird dann durch eine Verschiebung der Nullinie angezeigt. Will man den Gleichspannungsanteil unterdrücken, so muß man auf AC umschalten. In diesem Fall liegt ein Kondensator vor dem Verstärkereingang. Bei Schalterstellung 0 bzw. GROUND ist der Verstärkereingang mit Masse verbunden. In dieser Stellung kann die Nullinie bestimmt werden.

Nach Anlegen der Signalspannung kann man die Schreibhöhe mit dem Steller Y-AMPLITUDE, die Bildbreite mit dem Steller X-AMPLITUDE (oder X-MAGN) ändern.

Mit dem Triggerwahlschalter kann die Triggerung z. B. durch die Signalspannung (INTERN), durch eine Fremdspannung (EXTERN) oder durch die Netzspannung (LINE oder MAINS) gewählt werden. Das Triggerniveau kann stufenlos verändert (LEVEL) oder auf einige feste Werte eingestellt werden, z. B. auf den Spitzenwert (TOP) oder den Nulldurchgang (MEAN, eigentlich Mittelwert) der Signalspannung, ebenso auf Anstieg (+, positive Richtung) oder Abfall (−, negative Richtung) der Signalspannung.

Durch Ändern der Zeitablenkung (TIME) vergrößert oder verkleinert sich die Zahl der abgebildeten Perioden der Signalspannung. Soll die Ablenkung mit einer Fremdspannung geschehen, muß diese an den X-Eingang angeschlossen und die X-Ablenkung (X-DEFLECTION) auf EXTERN umgeschaltet werden. Mit den Stellern X-POSITION und Y-POSITION (auch SHIFT) läßt sich das Bild in waagrechter bzw. senkrechter Richtung verschieben. Bei manchen Oszilloskopen kann zum genaueren Ablesen der dargestellten Spannung und für Fotoaufnahmen auf dem Bildschirm ein Raster beleuchtet werden (ILLUMINATION).

2.12.7.3 Messungen mit dem Oszilloskop

Die **Darstellung der Form** von Wechselspannungen und Impulsen ist die wichtigste Anwendung des Oszilloskops. Aus Veränderungen der Sinusform lassen sich z. B. Rückschlüsse auf die nichtlinearen Verzerrungen in einem Verstärker ziehen. Die Veränderungen von Rechteckimpulsen geben Auskunft über die Bandbreite eines Verstärkers oder weisen auf Resonanzerscheinungen im Verstärker hin **(Bild 1)**.

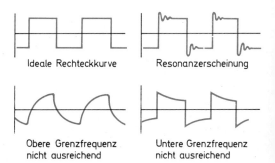

Ideale Rechteckkurve   Resonanzerscheinung

Obere Grenzfrequenz   Untere Grenzfrequenz
nicht ausreichend   nicht ausreichend

Bild 1: Oszillogramme von Rechteckspannungen nach einem Verstärker

Bei der Reparatur von Rundfunk- und Fernsehgeräten wird mit Oszilloskopen die Wirkungsweise von Baugruppen untersucht. In den Schaltbildern von Fernsehgeräten werden vom Hersteller zu diesem Zweck die vorgeschriebenen Oszillogramme an zahlreichen Meßpunkten angegeben.

Zur **Spannungsmessung** wird meist die X-Ablenkung abgeschaltet oder die X-Verstärkung verkleinert. Nach Abschalten der X-Ablenkung wird auf dem Bildschirm ein senkrechter Strich geschrieben. Aus der Strichlänge läßt sich die Größe der Meßspannung ermitteln.

Bei den meisten Oszilloskopen ist am Einstellknopf für die Y-Verstärkung der Ablenkkoeffizient angegeben. Dieser Ablenkkoeffizient kann auch mit Hilfe einer Eichspannung ermittelt werden.

u_{ss} Meßspannung (Spitze-Spitze) in V
s Strichlänge in Teileinheiten
a Ablenkkoeffizient in V je Teileinheit

$$u_{ss} = s \cdot a$$

Beispiel 1: Eine Sinusspannung erzeugt eine Strichlänge von 4 Teileinheiten. Der Ablenkkoeffizient beträgt 10 V je Teileinheit. Wie groß ist die Spitze-Spitze-Spannung?

Lösung: $u_{ss} = s \cdot a = 4 \cdot 10\,V = $ **40 V**

Die **Frequenzmessung** ist mit einem triggerbaren Oszilloskop besonders einfach. Die Feineinstellung für die Zeitablenkung muß voll aufgedreht sein. Am Wahlschalter TIME/DIV für die Zeitablenkung ist die Zeit angegeben, die der Elektronenstrahl beim Hinlauf für eine Teileinheit des Rasters benötigt. Man bezeichnet diese Angabe als Zeitmaßstab. Zur Frequenzbestimmung zählt man die Teileinheiten innerhalb einer ganzen Periode des abgebildeten Spannungsverlaufs aus und erhält damit die Periodendauer. Ihr Kehrwert ist die gesuchte Frequenz.

Beispiel 2: Bei einer Spannung umfaßt eine Periode 8 Teileinheiten auf dem Bildschirm. Der Zeitmaßstab beträgt 5 µs/Div. Wie groß ist die Frequenz der Spannung?

Lösung: Periodendauer T = Teileinheiten · Zeitmaßstab = 5 µs/Einheit · 8 Einheiten = 40 µs

$$\Rightarrow f = \frac{1}{T} = \frac{1}{40\,\mu s} = \textbf{25 kHz}$$

Genauer wird allerdings die Frequenzmessung mit Hilfe von *Lissajous-Figuren**. Hierbei wird die Spannung eines geeichten Vergleichsgenerators auf den X-Eingang des Oszilloskops gegeben und zur Horizontalablenkung benützt. Sind z. B. die Signalspannung und die Vergleichsspannung sinusförmig und in Phase, so entsteht auf dem Bildschirm ein gegen die Waagrechte geneigter Strich **(Tabelle 1)**. Bei Phasenverschiebung oder voneinander abweichenden Frequenzen erhält man dagegen andere Lissajous-Figuren (Tabelle 1). Die Genauigkeit der Messung hängt von der Genauigkeit der Frequenz des Vergleichsgenerators ab.

Bei nicht triggerbaren Oszilloskopen erfolgt die Frequenzmessung durch Vergleich mit der Ablenkfrequenz. Nur wenn die Frequenz der Meßspannung so groß wie die Frequenz der Ablenkspannung oder ein ganzzahliges Vielfaches davon ist, entsteht auf dem Bildschirm ein stehender Linienzug. Die X-Verstärkung muß so eingestellt werden, daß alle geschriebenen Perioden der Meßspannung auf dem Bildschirm sichtbar sind. Die Anzahl der Perioden multipliziert man mit der Ablenkfrequenz und erhält als Ergebnis die Frequenz der zu untersuchenden Spannung. Mit dem Feinsteller läßt sich die Ablenkfrequenz zwischen zwei am Umschalter angegebenen Werten stufenlos einstellen. Deshalb muß der Feinsteller bei der Messung am linken oder rechten Anschlag stehen.

Zur **Darstellung der Durchlaßkurve eines Filters** muß man eigentlich die Ausgangsspannung in Abhängigkeit von der Frequenz messen. Mit Hilfe eines Oszilloskops und eines Wobbelgenerators** kann man die Durchlaßkurve direkt abbilden **(Bild 1)**.

Unter Wobbeln versteht man die periodische Änderung der Meßfrequenz. Diese periodisch schwankende Frequenz wird von einem Wobbelgenerator erzeugt. Die Größe der Frequenzänderung bezeichnet man als *Wobbelhub*. Beträgt er bei einer eingestellten Meßfrequenz von 1000 kHz z. B. ± 50 kHz, so ändert sich die Meßfrequenz ständig zwischen 950 kHz und 1050 kHz. Die Häufigkeit der Frequenzänderung je Sekunde wird als *Wobbelfrequenz* bezeichnet. Sie beträgt meist 50 Hz, muß aber bei tiefen Meßfrequenzen oder großem Wobbelhub kleiner sein.

Außer der Meßfrequenz liefert der Wobbelgenerator noch eine Ablenkspannung für das Oszilloskop. Die Frequenz dieser Ablenkspannung ist gleich der Wobbelfrequenz. Dadurch wird erreicht, daß Frequenzänderung und Ablenkung genau gleichlaufen. Das Oszilloskop zeigt die mit der Frequenz sich ändernde Wechselspannung an (Bild 1). Durch Gleichrichten erhält man die Hüllkurve. Sie ist gleichzeitig die Durchlaßkurve des Filters.

* Lissajous, franz. Physiker, 1822 bis 1880

** wobbeln = Frequenzen verschieben

Tabelle 1: Lissajous-Figuren

Schirmbild	Auswertung
	$U = U_n$ $f = f_n$ $\varphi = 90°$
	$U = U_n$ $f = f_n$ $\varphi = 30°$
	$U = U_n$ $f = f_n$ $\varphi = 90°$
	$U = U_n$ $f = f_n$ $\varphi = 180°$
	$U = U_n$ $f = 2 f_n$
	$U = U_n$ $f = \dfrac{1}{2} \cdot f_n$

U Meßspannung, *f* Meßfrequenz, U_n Vergleichsspannung, f_n Vergleichsfrequenz, φ Phasenverschiebungswinkel

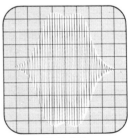

vor Gleichrichtung

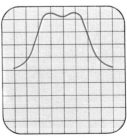

nach Gleichrichtung

Bild 1: Entstehen der Durchlaßkurve

Kennliniendarstellung

Die Kennlinie eines Bauelements ist die grafische Darstellung zweier von einander abhängiger Größen, z. B. von Strom und Spannung, in einem rechtwinkligen Koordinatensystem. Die um 90° versetzten Ablenkplatten des Oszilloskops entsprechen einem solchen Koordinatensystem. Man kann deshalb auf dem Oszilloskop Kennlinien abbilden. Als Meßspannung verwendet man eine Wechselspannung, da bei Gleichspannung nur jeweils ein Punkt der Kennlinie dargestellt würde. Ströme müssen mit Hilfe von Widerständen *in Spannungen* umgesetzt werden. Will man z. B. die Strom-Spannungs-Kennlinie einer Z-Diode darstellen **(Bild 1)**, so muß der Strom in Spannung an einem Hilfswiderstand R2 umgesetzt werden. Dessen Widerstandswert soll klein sein, da die am X-Eingang liegende Spannung um den Spannungsabfall an R2 verfälscht wird. Aus diesem Grund kann der Vorwiderstand R1 nicht zur Messung verwendet werden.

Bei der Aufnahme der Hystereseschleife von Elektroblechen **(Bild 2)** wird die Feldstärke H mit Hilfe des Magnetisierungsstromes dargestellt. Dieser ruft einen Spannungsabfall am Hilfswiderstand R1 hervor. Die induzierte Spannung auf der Ausgangsseite ist der magnetischen Flußdichte B proportional. Das RC-Glied auf der Ausgangsseite dient zur Korrektur der auftretenden Phasenverschiebung.

Tastköpfe dienen zur Verbindung des Meßobjekts mit dem Oszilloskop **(Bild 3)**.

Im einfachsten Fall besteht ein Tastkopf aus einer Tastspitze mit abgeschirmter Verbindungsleitung (Tastkopf 1:1). Durch die Abschirmung soll verhindert werden, daß elektrische oder magnetische Störfelder über die Verbindungsleitung auf den Verstärkereingang einwirken können.

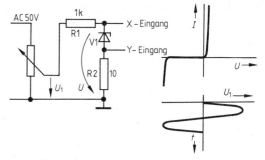

Bild 1: Meßschaltung zur Darstellung der Kennlinie einer Z-Diode

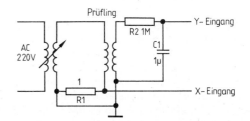

Bild 2: Meßschaltung zur Darstellung einer Hysterese-Schleife

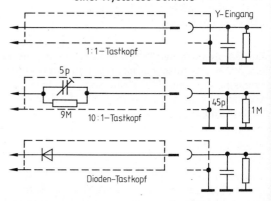

Bild 3: Tastköpfe für Oszilloskope (Übersicht)

Bei höheren Meßspannungen besteht die Gefahr der Übersteuerung des Eingangsverstärkers. In diesem Fall verwendet man Teiler-Tastköpfe, die mit dem Eingangswiderstand des Verstärkers einen Spannungsteiler 10:1 oder 100:1 bilden. Da der Eingangswiderstand einen *kapazitiven Anteil* enthält, muß auch der Tastkopfwiderstand kapazitiv überbrückt werden. Sonst würde bei zunehmend hohen Frequenzen das Spannungsteilerverhältnis immer mehr anwachsen, da der Eingangs-Scheinwiderstand des Verstärkers immer kleiner wird. Durch die Tastkopfkapazität liegt bei hohen Frequenzen ein kapazitiver Spannungsteiler vor. Die Tastkopfkapazität muß bei einem Teilerverhältnis von 10:1 etwa $\frac{1}{9}$ der Eingangskapazität betragen.

Bei Spannungsmessungen mit dem Oszilloskop muß das Teilerverhältnis des Tastkopfes berücksichtigt werden.

Dioden-Tastköpfe enthalten eine Diode zur Gleichrichtung von Hochfrequenz. Man verwendet sie z. B. bei Filteruntersuchungen mit einem Wobbelgenerator. Durch die Gleichrichtung wird nur die Hüllkurve der Wechselspannung dargestellt.

2.12.7.4 Oszilloskope für mehrere Vorgänge

Zur gleichzeitigen Darstellung von zwei periodischen Vorgängen benötigt man ein Zweistrahl-Oszilloskop oder ein Zweikanal-Oszilloskop.

Zweistrahl-Oszilloskope enthalten eine Elektronenstrahlröhre mit zwei Strahlsystemen und zwei getrennte Y-Verstärker **(Bild 1)**. Die beiden Elektronenstrahlen werden in der Röhre meist mit einer gemeinsamen Katode erzeugt und anschließend geteilt (split-beam-Technik*). Dieses Verfahren hat den Vorteil, daß die gemeinsame X-Ablenkung besonders genau erfolgt und damit ein guter Vergleich der beiden Signalspannungen möglich ist.

Zweikanal-Oszilloskope enthalten eine normale Elektronenstrahlröhre mit einem Strahlsystem. Der Zweistrahleffekt wird durch einen elektronischen Schalter bewirkt, der ständig zwischen den beiden Y-Verstärkern des Oszilloskops umschaltet (Bild 1). Bei entsprechend gewählter Umschaltfrequenz unterscheidet sich das Schirmbild nicht von dem eines echten Zweistrahl-Oszilloskops.

Bei tiefen Signalfrequenzen arbeitet der elektronische Schalter mit hoher Umschaltfrequenz („chopped"), z. B. mit 400 kHz. Die beiden abgebildeten Kurvenzüge sind dadurch in kleine Teilstücke zerhackt **(Bild 2)**. Die Abstände zwischen den Teilstücken würden zu groß, wenn die Signalfrequenz in der gleichen Größenordnung wie die Umschaltfrequenz läge. Deshalb arbeitet der elektronische Schalter bei hohen Signalfrequenzen mit tiefer Umschaltfrequenz („alternating"). Die Kurvenzüge sind jetzt nicht mehr zerhackt, sondern werden abwechselnd geschrieben. Durch die Trägheit des Auges ist dieser Vorgang ebenfalls nicht sichtbar. Die Umschaltung von „chopped" auf „alternating" erfolgt im Oszilloskop oft automatisch je nach Signalfrequenz.

Haben die beiden Meßsignale unterschiedliche Frequenzen, so muß die Triggerung im gleichen Takt zwischen den Signalfrequenzen umgeschaltet werden, damit ein stehendes Bild entsteht.

Elektronische Schalter werden zusammen mit zwei Y-Vorverstärkern auch als Vorsatzgeräte für Einstrahl-Oszilloskope gebaut, die damit als Zweikanal-Oszilloskope betrieben werden können.

* split (engl.) = aufteilen; beam (engl.) = Strahl

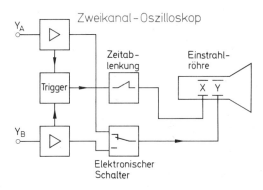

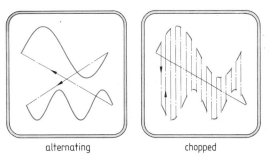

Bild 1: Übersichtsschaltplan eines Zweistrahl-Oszilloskops und eines Zweikanal-Oszilloskops

Bild 2: Betriebsarten beim Zweikanaloszilloskop

2.12.7.5 Speicheroszilloskope

Elektronenstrahl-Oszilloskope für die Darstellung sehr langsam ablaufender Vorgänge oder sehr schneller, einmalig ablaufender Vorgänge, sind mit einer nachleuchtenden Röhre, mit einer Speicherröhre oder einem digitalen Speicher ausgestattet. Bei langsamen Vorgängen sieht man sonst nur einen Leuchtpunkt über den Bildschirm wandern. Schnelle Vorgänge, z. B. Stoßimpulse, sind sonst auf dem Bildschirm überhaupt nicht zu erkennen.

Durch geeignete Mischung von Fluoreszenzstoffen für die Leuchtschicht erreicht man *Nachleuchtzeiten* von bis zu 20 s bei 10% Resthelligkeit. Für Nachleuchtzeiten von einigen Minuten bis zu einigen Stunden verwendet man *Speicherröhren*. Diese enthalten hinter der Leuchtschicht eine oder zwei netzförmige Speicherelektroden (Targets). Der schreibende Elektronenstrahl erzeugt darauf ein Ladungsbild, das längere Zeit erhalten bleibt und durch Berieselung mit Elektronen sichtbar gemacht werden kann. Je nach Zahl und Wirkungsweise der Speichernetze unterscheidet man zwischen monostabilen Speicherröhren, bistabilen Speicherröhren und Transferspeicherröhren. Letztere arbeiten zunächst als monostabile Speicher und wandeln dann das Ladungsbild in den bistabilen Zustand um, in dem es länger erhalten werden kann.

Digitale Speicheroszilloskope wandeln die Eingangsspannung in ein digitales Signal um und speichern dieses (**Bild 1**).

Die Umwandlung geschieht in der gleichen Weise wie bei digitalen Meßgeräten, d. h. die Meßspannung wird in kurzen Zeitabständen abgetastet. Eine Umwandlung der Meßgröße in das Dezimalzahlensystem ist nicht erforderlich. Die Speicherung erfolgt in binärer Form. Die Abtastfrequenz muß dabei etwa fünfmal so groß sein wie die Meßfrequenz, damit beim Lesen des Speichers wieder die vollständige Kurvenform entsteht. Vorteile der digitalen Speicherung sind die beliebig lange Speicherzeit und die Wiederholbarkeit des ge-

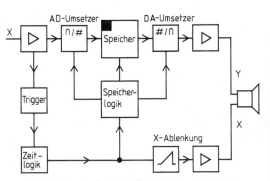

Bild 1: Vereinfachter Übersichtsschaltplan eines digitalen Speicheroszilloskops

speicherten Kurvenzugs, außerdem die Möglichkeit zur zeitlichen Dehnung sowie die Möglichkeit zur Darstellung von Signalteilen, die vor der Triggerschwelle liegen (PRE TRIGGER).

Den Speicherteil eines solchen Oszilloskops bezeichnet man auch als *Transienten-Speicher* oder *Transienten-Recorder*. Transienten-Speicher können auch als Zusatzgeräte zu herkömmlichen Oszilloskopen verwendet werden.

> Mit Speicheroszilloskopen kann man einmalig ablaufende Vorgänge längere Zeit hindurch sichtbar machen.

Wiederholungsfragen

1. Warum hat die Zeitablenkspannung eines Oszilloskops Sägezahnform?
2. Auf welche 2 Arten kann man mit einem Oszilloskop eine Frequenzmessung durchführen?
3. Wodurch entstehen Lissajous-Figuren?
4. Welche Größe muß bei der Spannungsmessung mit einem Oszilloskop bekannt sein?
5. Welche Zeit gibt der Zeitmaßstab für die X-Ablenkung an?
6. Welche Vorteile hat die Triggerung der Zeitablenkung eines Oszilloskops gegenüber der Synchronisation?
7. Welche Arten von Tastköpfen werden bei Oszilloskopen verwendet?
8. Wodurch unterscheiden sich die Elektronenstrahlröhren eines Zweistrahl-Oszilloskops und eines Zweikanal-Oszilloskops?
9. Wozu dienen Speicheroszilloskope?
10. Geben Sie drei Möglichkeiten zur Speicherung von Signalen in Speicheroszilloskopen an!
11. Wie arbeitet ein digitales Speicheroszilloskop grundsätzlich?

2.13 Schutzmaßnahmen

2.13.1 Allgemeines

Zum Schutz für Menschen, Tiere und Sachen wurden vom *Verband Deutscher Elektrotechniker* (*VDE*) Sicherheitsbestimmungen erlassen zur Verhütung von Unfällen durch elektrischen Strom. Die wichtigsten VDE-Bestimmungen werden vom Deutschen Institut für Normung (DIN) auch als DIN-Norm herausgegeben. Vom VDE geprüfte und überwachte Betriebsmittel und Geräte tragen ein VDE-Prüfzeichen (**Bild 1**).

VDE-Bestimmungen dienen dem Schutz von Menschen und Tieren und müssen eingehalten werden.

Außerdem müssen die *Unfallverhütungsvorschriften* des Verbandes der gewerblichen Berufsgenossenschaften (VBG) beachtet werden.

Die wichtigsten Sicherheitsbestimmungen für elektrische Betriebsmittel und Anlagen mit Nennwechselspannungen bis 1000 V und höchstens 500 Hz sowie Nenngleichspannungen bis 1500 V sind VDE 0100 (DIN 57100, Errichten von Starkstromanlagen mit Nennspannungen bis 1000 V) und VDE 0105 (DIN 57105, VDE-Bestimmungen für den Betrieb von Starkstromanlagen).

VDE-Prüfzeichen

Verbandszeichen für Leitungen und Kabel

Verbandskennfaden für Leitungen und Kabel

VDE-Elektronik-Prüfzeichen

Bild 1: VDE-Prüfzeichen

2.13.2 Grundbegriffe

Neutralleiter (N) sind unmittelbar geerdete Leiter, in welchen der Betriebsstrom fließt. *Außenleiter* (L1, L2, L3) sind Leiter, die Stromquellen mit Verbrauchsmitteln verbinden, aber nicht vom Mittelpunkt oder Sternpunkt ausgehen. *Schutzleiter* (PE*) verbinden Körper, die im Fehlerfall unter Spannung stehen können, mit dem Neutralleiter bzw. Erder. PEN-Leiter sind Neutralleiter mit Schutzleiterfunktion, die alte Bezeichnung war Nulleiter.

Handbereich ist der vom Menschen mit der Hand erreichbare Bereich.

Erder sind Leiter, die im Erdreich liegen und leitend mit diesem verbunden sind, z. B. Banderder, Staberder, Wasserrohrnetz. Betriebserdung ist die Erdung des Neutralleiters.

Potentialausgleich ist die Beseitigung von Potentialunterschieden durch eine leitende Verbindung, z. B. zwischen Schutzleitern, leitfähigen Rohren und leitfähigen Gebäudeteilen.

2.13.3 Direktes und indirektes Berühren

Direktes Berühren liegt vor, wenn Körperteile, z. B. Hände, zwei gegeneinander Spannung führende Leiter berühren (**Bild 2**). Ist ein Leiter des Energieversorgungsnetzes mit Erde verbunden, so liegt auch bei Berührung von nur einem Leiter eine direkte Berührung vor, weil der Stromkreis über den Standort geschlossen wird (Bild 2). Die durch den Körper fließende Stromstärke hängt von der Spannung, dem Körperwiderstand R_K, den Übergangswiderständen $R_{Ü1}$ und $R_{Ü2}$ und gegebenenfalls vom Widerstand R zwischen Standort und Erdungspunkt des Neutralleiters ab.

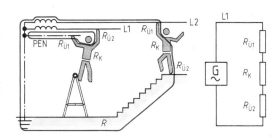

Bild 2: Direktes Berühren

Innerhalb des Handbereichs darf ein direktes Berühren spannungsführender Teile nicht möglich sein.

Zum Schutz gegen direktes Berühren müssen spannungsführende Teile, z. B. Leiter, vollständig isoliert sein (Basisisolierung). Lacküberzug, Emailleüberzug, Oxidschichten und Faserstoffumhüllungen gelten nicht als ausreichender Schutz gegen direktes Berühren.

---

* PE von protection earth (engl.) = Schutzerde (Schutzleiter)

Indirektes Berühren liegt vor, wenn ein sonst spannungsfreier, leitfähiger Teil eines Betriebsmittels (Körper), der durch Isolationsfehler Spannung gegen Erde annimmt, berührt wird. Die dabei am menschlichen Körper anliegende Spannung wird *Berührungsspannung* U_L genannt. Sie ist um die am Erdungswiderstand R_E zwischen Standort und Erde abfallende Spannung kleiner als die auftretende Fehlerspannung U_F **(Bild 1)**.

> Die höchstzulässige Berührungsspannung U_L ist für Menschen 50 V Wechselspannung oder 120 V Gleichspannung, für Tiere 25 V Wechselspannung.

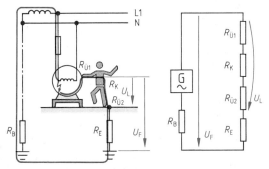

Bild 1: Indirektes Berühren

Fehlerarten, durch die ein indirektes Berühren einer Spannung auftreten kann, sind Körperschluß, Kurzschluß und Erdschluß **(Bild 2)**.

Körperschluß ist eine durch Isolationsfehler leitende Verbindung zwischen Körper, z. B. Gehäuse, und betriebsmäßig unter Spannung stehender Leiter oder Teile. *Kurzschluß* ist eine durch einen Fehler entstandene leitende Verbindung zwischen betriebsmäßig gegeneinander unter Spannung stehender Leiter, wenn im Fehlerstromkreis kein Nutz-

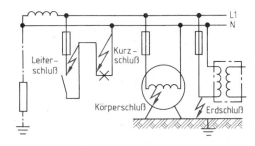

Bild 2: Fehlerarten

widerstand, z. B. eine Glühlampe, liegt. Liegt im Fehlerstromkreis ein Nutzwiderstand, so besteht ein *Leiterschluß*. *Erdschluß* ist eine durch einen Fehler entstandene leitende Verbindung eines Außenleiters oder isolierten Neutralleiters mit Erde.

In elektrischen Starkstromanlagen sind stets Schutzmaßnahmen gegen *direktes Berühren*, z. B. Basisisolierung, und bei *indirektem Berühren*, z. B. Schutztrennung, anzuwenden.

Elektrische Geräte werden den Schutzklassen I (für Schutzleiteranschluß), II (mit Schutzisolierung) oder III (für Schutzkleinspannung) zugeordnet.

2.13.4 Netzform-unabhängige Schutzmaßnahmen

Diese Schutzmaßnahmen haben keinen Schutzleiter und verhindern das Entstehen einer zu hohen Berührungsspannung.

Schutzkleinspannung

Die Verbraucher werden über einen besonderen Erzeuger mit einer Nennwechselspannung unter 50 V (meist 12 V und 42 V) oder mit einer Nenngleichspannung unter 120 V versorgt. Als Erzeuger sind zugelassen Sicherheitstransformatoren, galvanische Elemente, Motorgeneratoren und elektronische Geräte mit Spannungsbegrenzung. Spartransformatoren, Spannungsteiler und Vorwiderstände sind zur Erzeugung der Schutzkleinspannung *nicht zulässig*.

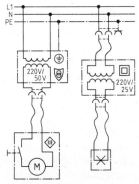

Bild 3: Erzeugung von Schutzkleinspannung (Beispiele)

Transportable Sicherheitstransformatoren müssen schutzisoliert sein. Leitungen und Installationsmaterial müssen für mindestens 250 V isoliert sein, ausgenommen Spielzeuge und Fernmeldeanlagen. Geräte für Schutzkleinspannung (Geräteschutzklasse III, Kennzeichen: ⧈) dürfen keine Anschlüsse für Schutzleiter haben, und ihr Stecker darf nicht in Netzsteckdosen passen. Spannungsführende Teile von Stromkreisen mit Schutzkleinspannung dürfen weder mit Erdungsleitungen, Schutzleitern noch mit leitenden Teilen von Stromkreisen anderer Spannung verbunden sein.

Bei Werkzeugen und bei Geräten mit Elektromotor ist grundsätzlich ein Schutz gegen direktes Berühren erforderlich, sonst erst ab 25 V Wechselspannung bzw. 60 V Gleichspannung.

Anwendungsbeispiele: Spielzeuge, Geräte zur Körperpflege, Geräte für Tierhaltung, Unterwasserbeleuchtung, Notbeleuchtung sowie Handleuchten für Backöfen und Kesselbau.

Funktionskleinspannung

Können bei Verwendung von Nennspannungen unter 50 V Wechselspannung bzw. 120 V Gleichspannung nicht alle Anforderungen an die Schutzmaßnahme Schutzkleinspannung erfüllt werden, z. B. wenn ein Pol der Kleinspannung geerdet sein muß, so sind noch zusätzliche Schutzmaßnahmen notwendig. Diese *Kombination* von Schutzmaßnahmen wird *Funktionskleinspannung* genannt.

Wird kein für Schutzkleinspannung zulässiger Erzeuger verwendet oder keine elektrische Trennung zwischen spannungsführenden, leitenden Teilen von Stromkreisen mit Schutzkleinspannung und Stromkreisen höherer Spannung vorgenommen oder werden Leitungen mit Schutzkleinspannung nicht von Leitungen anderer Stromkreise getrennt verlegt, so ist ein zusätzlicher Schutz gegen direktes Berühren und ein Schutz bei indirektem Berühren notwendig. Als solcher Schutz gilt:

1. Der Körper des Betriebsmittels wird an den Schutzleiter des Eingangsstromkreises angeschlossen, wenn in diesem ein Schutz bei indirektem Berühren angewendet wird. Ein Leiter des Stromkreises der Funktionskleinspannung darf dann zusätzlich an den Schutzleiter des Eingangsstromkreises angeschlossen werden.

2. Der Körper des Betriebsmittels wird an den nicht geerdeten Potentialausgleichsleiter des Eingangsstromkreises angeschlossen, wenn in diesem Schutztrennung angewendet wird.

Die Stecker von Stromkreisen mit Funktionskleinspannung dürfen nicht in Netzsteckdosen passen. Außerdem dürfen die Steckvorrichtungen von Funktionskleinspannung und von Schutzkleinspannung nicht zusammenpassen.

Begrenzung der Entladungsenergie

Ein Schutz gegen direktes Berühren ist nicht notwendig, wenn die Entladungsenergie kleiner ist als 350 mJ.

Schutzisolierung

Geräte der Schutzklasse II (Kennzeichen: ⧈) werden gegen unzulässig hohe Berührungsspannung durch eine Schutzisolierung geschützt **(Bild 1)**. Diese kann als Schutz-Isolierumhüllung, Schutz-Zwischenisolierung oder verstärkte Isolierung ausgeführt sein. Die Schutzisolierung muß zusätzlich zur Basisisolierung vorhanden sein.

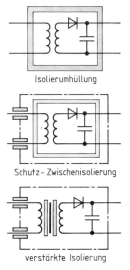

Isolierumhüllung

Schutz-Zwischenisolierung

verstärkte Isolierung

Bild 1: Beispiele für Schutzisolierung eines Ladegeräts

Schutzisolierte Geräte dürfen nicht mit dem Schutzleiter verbunden werden.

Deshalb sind industriell gefertigte Geräte, z. B. Rundfunk- und Fernsehgeräte, nur über zweiadrige Leitungen und Stecker ohne Schutzkontakt angeschlossen.

Die Schutzisolierung wird z. B. angewendet bei Haushaltsgeräten, Kleingeräten, Elektrowerkzeugen, elektronischen Geräten, Leuchten und transportablen Trenntransformatoren. Ähnlich wie die Schutzisolierung wirkt der Schutz durch nichtleitende Räume (Standortisolierung). Dabei wird durch isolierende Wände, Fußböden und Abdeckungen eine leitende Verbindung des Menschen mit Erde verhindert.

Schutztrennung

Bei Schutztrennung wird jeder einzelne Stromkreis durch einen *Trenntransformator* nach VDE vom Netz getrennt, so daß bei einem Fehler des angeschlossenen Geräts keine Berührungsspannung auftreten kann. Schutztrennung ist jedoch nur wirksam, wenn auf der Ausgangsseite kein Erdschluß auftritt. Zulässig sind bei Trenntransformatoren nur Eingangsspannungen bis 500 V.

Sind Trenntransformatoren ortsveränderlich, so müssen sie schutzisoliert sein, sind sie ortsfest, so müssen sie ebenfalls schutzisoliert oder der Ausgang muß vom Eingang und vom leitfähigen Gehäuse durch besonders starke Isolierung getrennt sein. Der Ausgangsstromkreis darf weder mit Erde noch mit anderen Stromkreisen verbunden werden (**Bild 1**). Er soll von anderen Stromkreisen getrennt verlegt werden. Als bewegliche Leitungen sind mindestens Gummischlauch- leitungen H07RN-F bzw. A07RN-F zu verwenden.

Im Stromkreis mit Schutztrennung dürfen leitfähige Teile von Betriebsmitteln nicht mit Erde, Schutzleitern und leitfähigen Teilen anderer Stromkreise verbunden werden. Dadurch ist die Berührung eines der beiden Leiter ungefährlich.

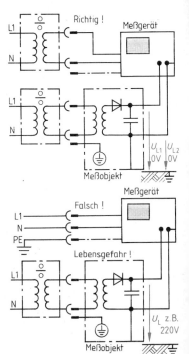

Ist Schutztrennung allein oder neben anderen Schutzmaßnahmen vorgeschrieben, so darf an einen Trenntransformator nur ein Ver- braucher mit höchstens 16 A Nennstrom angeschlossen werden. Bei Arbeiten auf metallischem Standort, z. B. in Kesseln, auf Stahl- gerüsten und Schiffsrümpfen, muß das Gehäuse des Verbrauchers durch eine besondere Leitung mit dem Standort verbunden werden.

An Trenntransformatoren darf meist nur ein Verbraucher mit höchstens 16 A Nennstrom angeschlossen werden.

Schutztrennung wird z. B. bei der Fehlersuche in elektronischen Geräten mit Netzanschluß verwendet. Dort muß jedes Gerät an einen eigenen Trenntransformator angeschlossen sein und darf nicht geerdet werden (Bild 1). Weitere Anwendungen sind Rasiersteck- dosen in Hotels, Naßschleifmaschinen, Poliermaschinen und elek- trisches Werkzeug für das Arbeiten im Behälterbau und an Stahl- gerüsten, sofern sie nicht mit Schutzkleinspannung betrieben werden.

Bild 1: Richtige und falsche Anwendung von Schutztrennung

Wiederholungsfragen

1. Wozu dienen VDE-Sicherheitsbestimmungen?
2. Welchen Geltungsbereich hat VDE 0100?
3. Was versteht man unter einem PEN-Leiter?
4. Unter welcher Bedingung liegt indirektes Berüh- ren vor?
5. Erklären Sie die verschiedenen Fehlerarten?

6. Für welche Schutzmaßnahme sind Geräte der Schutzklasse II vorgesehen?
7. Welche Bedingungen gelten für die Schutzmaß- nahme Schutzkleinspannung?
8. Was ist bei Anwendung von Schutztrennung zu beachten?

2.13.5 Netzform-abhängige Schutzmaßnahmen (Schutz durch Abschaltung oder Meldung)

Diese Schutzmaßnahmen haben einen Schutzleiter und schalten nach dem Auftreten eines Fehlers selbständig durch vorgeschaltete *Überstromschutzeinrichtungen*, z. B. Schmelzsicherungen, oder Fehler- strom-Schutzeinrichtungen, z. B. FI-Schutzschalter, ab. Sie verhindern so das *Bestehenbleiben* einer unzulässig hohen Berührungsspannung. Bei Isolationsüberwachungseinrichtungen erfolgt dagegen *keine Abschaltung* sondern eine *Meldung* des Fehlers.

Als Schutzleiter wird eine grün-gelbe Ader bzw. ein grün-gelber isolierter Leiter verwendet. Alle leitfähigen Körper der Betriebsmittel, z. B. Gehäuse, müssen an einen Schutzleiter angeschlossen werden. In jedem Gebäude muß ein Hauptpotentialausgleich stattfinden.

Die grün-gelbe Ader von Leitungen und grün-gelbe Leiter dürfen nur als Schutzleiter (PE) oder als PEN- Leiter verwendet werden.

Potentialausgleichsleiter dürfen als Leiter ebenfalls grün-gelb isoliert sein.

Alle Schutzmaßnahmen mit Schutzleiter sind vom Errichter der Anlage vor Inbetriebnahme durch Be- sichtigen, Erproben und Messen zu prüfen.

Netzformen

Die anzuwendende Schutzmaßnahme hängt von der Erdverbindung des Niederspannungsnetzes **(Tabelle 1)** ab. Bei der Bezeichnung der Netzform gibt der erste Buchstabe die Art der Erdung des Erzeugers an (T* direkte Erdung; I** Isolierung gegen Erde oder über einen Scheinwiderstand mit Erde verbunden). Der zweite Buchstabe bezeichnet die Erdungsbedingungen der Betriebsmittel (T = direkte Erdung der Körper; N*** = direkte Verbindung der Körper mit Betriebserder). Der dritte Buchstabe gibt an, wie Schutzleiter und Neutralleiter schaltungsmäßig ausgeführt sind (S⁴* Neutralleiter und Schutzleiter getrennt verlegt; C⁵* Neutralleiter und Schutzleiter als PEN-Leiter vereint).

Tabelle 1: Netzformen

TN-S-Netz	TN-C-Netz	TT-Netz	IT-Netz
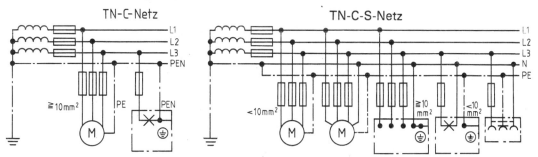			
Neutralleiter und Schutzleiter sind im gesamten Netz getrennt geführt, im Erzeuger aber verbunden und geerdet. Fehlerstrom fließt durch PE.	PEN-Leiter übernimmt Neutralleiterfunktion und Schutzleiterfunktion. Fehlerstrom fließt durch PEN-Leiter.	Sternpunkt des Erzeugers geerdet und mit Neutralleiter verbunden, Körper der Betriebsmittel über PE mit Erder. Fehlerstrom fließt über Erder.	Sternpunkt des Erzeugers ist nicht geerdet. Körper der Betriebsmittel sind geerdet. Erster Fehlerstrom wird begrenzt.
Schutz durch Überstrom-Schutzeinrichtungen, durch Fehlerstrom-Schutzeinrichtungen oder durch beides.	Schutz durch Überstrom-Schutzeinrichtungen, auch zusammen mit Fehlerstrom-Schutzeinrichtungen.	Schutz meist durch Überstrom-Schutzeinrichtungen und/oder Fehlerstrom-Schutzeinrichtungen.	Schutz durch Isolationsüberwachung, Überstrom-Schutzeinrichtungen, Fehlerstrom-Schutzeinrichtungen.

Schutzmaßnahmen im TN-Netz

Im TN-Netz müssen alle Körper von Geräten der Schutzklasse I (Kennzeichen: ⏚) mit dem geerdeten Punkt des speisenden Netzes durch den Schutzleiter bzw. PEN-Leiter verbunden werden. Dieser ist beim Eintritt in ein Gebäude nochmals über den Fundamenterder zu erden.

In TN-Netzen führt ein vollständiger Körperschluß zum Kurzschluß, und die Anlage wird über die vorgeschaltete Schutzeinrichtung innerhalb 0,2 s abgeschaltet.

Leiterquerschnitte und Kennwerte der Schutzeinrichtungen müssen entsprechend gewählt werden. Beim TN-C-Netz **(Bild 1)** übernimmt der PEN-Leiter die Funktion des Schutzleiters und des Neutralleiters. Der PEN-Leiter muß mindestens 10 mm² Cu haben und darf nicht alleine schaltbar sein, auch nicht durch eine Überstrom-Schutzeinrichtung.

Bild 1: Schutz des TN-Netzes durch Überstrom-Schutzeinrichtungen

* T von terre (franz.) = Erde; ** I von isolated (engl.) = isoliert; *** N von neutral;
⁴* S von separated (engl.) = getrennt; ⁵* C von combined (engl.) = vereint, verbunden

Im TN-S-Netz wird der Verbraucher mit Neutralleiter und Schutzleiter von meist weniger als 10 mm² Querschnitt angeschlossen (Bild 1 Seite 311). Mit mindestens 10 mm² Cu darf auch an einen PEN-Leiter angeschlossen werden. Zulässige Schutzeinrichtungen sind

1. Überstrom-Schutzeinrichtungen, z. B. Schmelzsicherungen, Gerätesicherungen, Leitungsschutzschalter.

2. Fehlerstrom-Schutzeinrichtungen, z. B. FI-Schutzschalter.

Wird ein PEN-Leiter verwendet, so muß der Schutz der Anlage durch Überstrom-Schutzeinrichtungen erfolgen. Diese Schutzmaßnahme ist jedoch in medizinisch genutzten Räumen sowie in landwirtschaftlich genutzten Anlagen nicht erlaubt.

Der Schutz durch Überstrom-Schutzeinrichtungen in einem TN-Netz wurde bisher als *Nullung* bezeichnet. Bei Verwendung einer Fehlerstrom-Schutzeinrichtung nach **Bild 1** sprach man von einer schnellen Nullung.

Als Schutz durch Fehlerstrom-Schutzeinrichtung (Bild 1) dient meist ein Fehlerstrom-Schutzschalter (FI-Schutzschalter). Er wird zwischen das Netz und den Verbraucher angeschlossen und schaltet die Anlage innerhalb etwa 0,2 s allpolig ab. Die Körper der Betriebsmittel müssen mit dem Schutzleiter PE verbunden werden (Bild 1). Der Schutzleiter darf nicht über den FI-Schutzschalter geführt werden.

FI-Schutzschalter **(Bild 2)** enthalten einen Summenstromwandler, an dessen Ausgangswicklung eine Auslösespule für den Schalter Q1 angeschlossen ist. Durch den Summenstromwandler führen die Leiter L1, L2, L3 und N, nicht jedoch der PE. Im fehlerfreien Zustand sind die zufließenden Ströme gleich groß wie die abfließenden Ströme. Ihre Summe ist Null. Die magnetischen Wechselfelder heben sich auf, und die Auslösespule spricht nicht an. Im Fehlerfall fließt ein Fehlerstrom über den Schutzleiter, und die Summe der Ströme im Summenstromwandler ist nicht mehr Null. Das resultierende Wechselfeld erzeugt eine Spannung, die beim Nennfehlerstrom über die Auslösespule und den Schalter Q1 die Leitungen allpolig abschaltet. FI-Schutzschalter gibt es für Nennfehlerströme zwischen 10 mA und 1 A.

Schutzmaßnahmen im TT-Netz

Im TT-Netz müssen alle Körper *geerdet* werden **(Bild 3)**. Sind mehrere Körper durch eine gemeinsame Schutzeinrichtung geschützt oder gleichzeitig berührbar, so müssen diese Körper alle durch Schutzleiter an einen *gemeinsamen Erder* angeschlossen werden.

Fehlerstrom-Schutzeinrichtungen sind im TT-Netz besonders wirkungsvoll und werden in Werkstätten, Labors, Schulen, Ausbildungsstätten, Schwimmbädern, medizinisch genutzten Räumen, brandgefährdeten Räumen, landwirtschaftlichen Betriebsstätten und auf Baustellen verwendet.

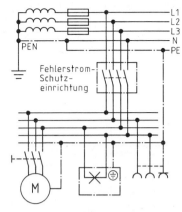

Bild 1: TN-Netz mit Fehlerstrom-Schutzeinrichtung

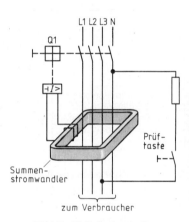

Bild 2: FI-Schutzschalter

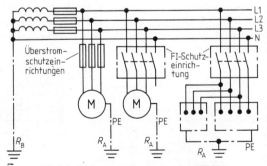

Bild 3: Schutzmaßnahmen im TT-Netz

Wiederholungsfragen

1. Wofür darf eine grün-gelbe Ader nur verwendet werden?

2. Welche Schutzmaßnahmen schalten im Fehlerfall eine Anlage ab?

3. Erklären Sie die Wirkungsweise eines FI-Schutzschalters!

4. Nennen Sie Anwendungen von Fehlerstrom-Schutzeinrichtungen im TT-Netz!

3 MSR-Technik (Messen, Steuern, Regeln)

3.1 Dreiphasenwechselspannung, Drehstrom

3.1.1 Entstehung

Versuch: Befestigen Sie am Ständer einer Versuchsmaschine drei gleiche Spulen, die gegeneinander um 120°
versetzt sind **(Bild 1)**! Schließen Sie an jede Spule einen
Drehspulspannungsmesser mit Nullpunkt in Skalenmitte
an! Drehen Sie das Polrad!

*Die Zeiger der drei Spannungsmesser schlagen bei jeder
vollen Umdrehung des Polrades nacheinander je einmal
nach links und nach rechts aus.*

Der Versuch kann auch mit drei um 120° versetzten
Spulen mit Eisenkern und einem starken Stabmagneten als Polrad durchgeführt werden.

Bei Drehung des Polrades wird in jeder Spule eine
Wechselspannung erzeugt. Die entstehenden
Spannungen sind gleich groß, jedoch zeitlich um $\frac{1}{3}$
Periode gegeneinander phasenverschoben. Die
Phasenverschiebung beträgt daher 120°. Bei
gleicher Belastung jeder Spule beträgt die Phasen-
verschiebung zwischen den Strömen ebenfalls 120°
(Bild 1).

> Drei um je 120° phasenverschobene Wechsel-
> ströme nennt man Dreiphasenwechselstrom
> oder Drehstrom.

Die Anfänge der drei Spulen erhalten die Bezeich-
nungen U1, V1, W1, ihre Enden U2, V2, W2. Zur
Fortleitung der elektrischen Energie sind in diesem
Fall sechs Leiter erforderlich (Bild 1).

Im Linienbild **Bild 2** hat im Zeitpunkt I (90°) der in
der Spule U1 U2 fließende Strom I_1 seinen Höchstwert. Der Strom I_2 in der Spule V1 V2 und der
Strom I_3 in der Spule W1 W2 sind entgegengerichtet und halb so groß. Die Summe der Ströme
I_2 und I_3 ist so groß wie der Strom I_1. Die Summe
der drei Ströme ist Null. Dies gilt für jede andere
Stelle zwischen 0° und 360°. Man kann deshalb die
Zahl der sechs Leiter vermindern, wenn man die
drei Spulen in geeigneter Weise miteinander verbindet (verkettet).

3.1.2 Verkettung

Verbindet man die drei Enden U2, V2, W2 bei Erzeuger oder Verbraucher, so entsteht die *Sternschaltung* **(Bild 3)**. Durch Verbindungen von U1 mit W2,
W1 mit V2, V1 mit U2 erhält man die *Dreieckschaltung* (Bild 3). An U1, V1, W1 schließt man die drei
Leiter an. Jede Schaltung bildet ein *verkettetes
Drehstromsystem.*

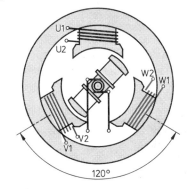

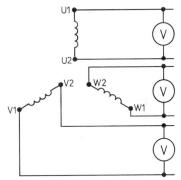

Bild 1: Erzeugung von Drehstrom

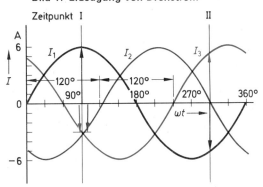

Bild 2: Linienbild der Wechselströme

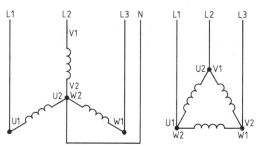

Bild 3: Sternschaltung und Dreieckschaltung

313

Verkettungsfaktor

Versuch: Schließen Sie drei gleiche Verbraucher, z. B. drei Glühlampen, in Sternschaltung an einen Drehstrom-Kleinspannungstransformator an, und messen Sie die Spannungen zwischen den Außenleitern und zwischen Außenleiter und Neutralleiter!

Zwischen L1 und L2, L2 und L3, L3 und L1 liegen drei gleich hohe Spannungen. Zwischen L1 und N, L2 und N, L3 und N erhält man ebenfalls drei gleich hohe Spannungen, die aber niedriger sind als die zuerst gemessenen.

Die höhere Spannung nennt man Leiterspannung, die niedrige Sternspannung. Das Verhältnis von Leiterspannung zu Sternspannung ergibt den *Verkettungsfaktor* $\sqrt{3} = 1{,}73$.

3.1.3 Sternschaltung (Kennzeichen Y)

Bezeichnungen

Die drei von den Spulenanfängen U1, V1, W1 abgehenden Leiter nennt man Außenleiter L1, L2, L3. Der vom Sternpunkt abgehende Leiter heißt Neutralleiter N. Die Spannung zwischen den Außenleitern (L1 und L2, L2 und L3, L3 und L1) nennt man Dreieckspannung oder Leiterspannung U. Die Spannung zwischen den Außenleitern und dem Neutralleiter (L1 und N, L2 und N, L3 und N) heißt Sternspannung U_Y. Bei Sternschaltung ist sie gleich der Strangspannung U_{Str}.

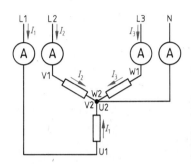

Bild 1: Sternschaltung

Ströme

Versuch: Schalten Sie die beim Versuch in 3.1.2 verwendeten Verbraucher zwischen je einen Außenleiter und den Neutralleiter an den Transformator, und schalten Sie in jeden Leiter einen Strommesser **(Bild 1)**! Schalten Sie erst einen, dann den zweiten, dann den dritten Verbraucher ein! Messen Sie dabei die Ströme!

Der Strom im Neutralleiter ist bei einem eingeschalteten Verbraucher so groß wie der Strom im Außenleiter. Bei zwei eingeschalteten Verbrauchern bleibt der Strom im Neutralleiter so groß wie in einem Außenleiter. Sind drei gleiche Verbraucher in Stern geschaltet, so fließt im Neutralleiter kein Strom.

Der Strom im Neutralleiter ist ebenso groß wie die geometrische Summe der Außenleiterströme. Die bei der Sternschaltung fließenden Ströme lassen sich im Zeigerbild **(Bild 2)** darstellen.

Addiert man z. B. die Ströme I_1 und I_2 geometrisch, so erhält man einen Summenstrom, dessen Betrag ebenso groß ist wie der Strom I_3. Daher ist die Summe aller drei Ströme gleich Null. Im Neutralleiter fließt kein Strom, wenn bei Drehstromverbrauchern die Belastung der drei Außenleiter gleich ist.

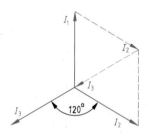

Bild 2: Sternschaltung, Zeigerbild der Ströme

> Bei gleichmäßiger (symmetrischer) Belastung ist der Neutralleiter stromlos.

Damit die Verbraucherstränge Energie aufnehmen, genügt es also, sie an die drei Außenleiter anzuschließen. Der Neutralleiter braucht nicht mit dem Sternpunkt verbunden werden.

Bei der Sternschaltung fließt der ganze Leiterstrom durch den Wicklungsstrang, weil keine Stromverzweigung vorliegt.

Bei Sternschaltung:

> Bei der Sternschaltung ist der Leiterstrom ebenso groß wie der Strangstrom.

$$I = I_{Str}$$

Spannungen

Die Strangspannungen sind bei der Sternschaltung um 120° gegeneinander verschoben **(Bild 1)**. Die Leiterspannungen sind gleich den geometrischen Differenzen der Strangspannungen.

Bei der Sternschaltung ist die Leiterspannung $\sqrt{3}$ mal so groß wie die Strangspannung.

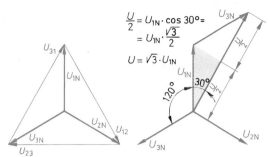

$$\frac{U}{2} = U_{1N} \cdot \cos 30° =$$
$$= U_{1N} \cdot \frac{\sqrt{3}}{2}$$
$$U = \sqrt{3} \cdot U_{1N}$$

Bild 1: Spannungen bei der Sternschaltung

Bei Sternschaltung:

U Leiterspannung
U_{Str} Strangspannung

$$\boxed{U = \sqrt{3} \cdot U_{Str}}$$

Beispiel: Ein Drehstrommotor ist an ein 380-V-Netz in Sternschaltung angeschlossen. Wie groß ist die Strangspannung des Motors?

Lösung: $U_{Str} = \dfrac{U}{\sqrt{3}} = \dfrac{380\text{ V}}{\sqrt{3}} =$ **220 V**

Ein **Vierleiter-Drehstromnetz** ist an den vier Leitern zu erkennen, die vom Erzeuger ausgehen. Beim 380-V-Netz beträgt die Außenleiterspannung 380 V, die Sternspannung 220 V. Es bestehen daher sechs Anschlußmöglichkeiten für die Verbraucher. Die meisten Niederspannungsnetze sind Vierleiternetze, weil zwei verschiedene Spannungen zur Verfügung stehen. Diese ermöglichen den Anschluß von Großgeräten, wie z. B. Drehstrommotoren, an die Spannungen 380 V und Kleingeräten, wie z. B. Glühlampen, an die Spannungen 220 V.

3.1.4 Dreieckschaltung (Kennzeichen △)

Spannungen

Versuch: Schalten Sie drei gleiche Verbraucher für 380 V in Dreieckschaltung an einen Drehstrom-Kleinspannungstransformator **(Bild 2)**, und messen Sie die Spannungen und Ströme!

An den Strängen liegt die Leiterspannung. Der Leiterstrom ist $\sqrt{3}$ mal so groß wie der Strangstrom.

Bei der Dreieckschaltung ist die Leiterspannung gleich der Strangspannung.

Bei Dreieckschaltung:

$$\boxed{U = U_{Str}}$$

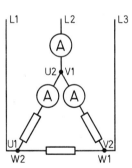

Bild 2: Dreieckschaltung

Die Leiterspannung U wird deshalb auch Dreieckspannung $U_\triangle$ genannt.

Ströme

Der Phasenverschiebungswinkel zwischen den drei Strömen in den drei Strängen beträgt jeweils 120°. Deshalb ist auch der Leiterstrom $\sqrt{3}$ mal so groß wie der Strangstrom. Er ist gleich der geometrischen Differenz der Strangströme **(Bild 3)**.

Bei Dreieckschaltung:

Bei der Dreieckschaltung ist der Leiterstrom $\sqrt{3}$ mal so groß wie der Strangstrom.

$$\boxed{I = \sqrt{3} \cdot I_{Str}}$$

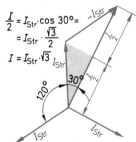

$$\frac{I}{2} = I_{Str} \cdot \cos 30° =$$
$$= I_{Str} \cdot \frac{\sqrt{3}}{2}$$
$$I = I_{Str} \cdot \sqrt{3}$$

Bild 3: Dreieckschaltung: Leiterstrom und Strangstrom

In der Sternschaltung und in der Dreieckschaltung ist also eine Leitergröße gleich der Stranggröße, die andere Leitergröße ist das $\sqrt{3}$ fache der entsprechenden Stranggröße.

3.1.5 Leistungen bei Drehstrom

Bei symmetrischer Last $S = 3 \cdot S_{Str} = 3 \cdot U_{Str} \cdot I_{Str}$	
symmetrische Sternschaltung	symmetrische Dreieckschaltung
$S = 3 \cdot I \cdot \dfrac{U}{\sqrt{3}} = \sqrt{3} \cdot U \cdot I$	$S = 3 \cdot \dfrac{I}{\sqrt{3}} \cdot U = \sqrt{3} \cdot U \cdot I$

Die gesamte Scheinleistung ist die Summe der drei Strangleistungen. In der Sternschaltung und in der Dreieckschaltung ist die Scheinleistung gleich zu berechnen. Für die Ermittlung der Scheinleistung genügt also in beiden Schaltungen die Messung der Leiterspannung und des Leiterstromes.

S Scheinleistung
U Leiterspannung
I Leiterstrom
P Wirkleistung
Q Blindleistung

$P = S \cdot \cos\varphi \Rightarrow$

$Q = S \cdot \sin\varphi \Rightarrow$

$$\boxed{S = \sqrt{3} \cdot U \cdot I}$$

$$\boxed{P = \sqrt{3} \cdot U \cdot I \cdot \cos\varphi}$$

$$\boxed{Q = \sqrt{3} \cdot U \cdot I \cdot \sin\varphi}$$

Beispiel: Drei Heizwiderstände mit je 40 Ω sind an ein Drehstromnetz von 380/220 V a) in Stern, b) in Dreieck geschaltet. Berechnen Sie die Leistungen, und vergleichen Sie diese bei beiden Schaltungen!

Lösung: a) Sternschaltung: $I = I_{Str} = \dfrac{U_{Str}}{R_{Str}} = \dfrac{220\ V}{40\ \Omega} = 5,5\ A$

$P = \sqrt{3} \cdot U \cdot I \cdot \cos\varphi = \sqrt{3} \cdot 380\ V \cdot 5,5\ A \cdot 1 \approx 3600\ W = \mathbf{3,6\ kW}$

b) Dreieckschaltung: $I_{Str} = \dfrac{U_{Str}}{R_{Str}} = \dfrac{380\ V}{40\ \Omega} = 9,5\ A$; $I = I_{Str} \cdot \sqrt{3} = 9,5\ A \cdot \sqrt{3} = 16,5\ A$

$P = \sqrt{3} \cdot U \cdot I \cdot \cos\varphi = \sqrt{3} \cdot 380\ V \cdot 16,5\ A \cdot 1 \approx 10800\ W = \mathbf{10,8\ kW}$

$\dfrac{P_{Stern}}{P_{Dreieck}} = \dfrac{3,6\ kW}{10,8\ kW} = \dfrac{1}{3} = \mathbf{1:3}$

Bei gleicher Netzspannung nimmt ein Verbraucher in Dreieckschaltung die dreifache Leistung auf wie in Sternschaltung.

$$P_\Delta = 3 \cdot P_Y$$

Zur **Messung der Leistung** in Vierleiteranlagen genügt bei symmetrischer Belastung der drei Außenleiter ein Leistungsmesser für Einphasen-Wechselstrom. Der Spannungspfad wird an die Sternspannung gelegt. Die gemessene Leistung ist die Strangleistung. Zur Messung der Gesamtleistung werden Meßgeräte verwendet, deren Skalen den dreifachen Wert angeben.

Ist der Sternpunkt nicht zugänglich und kein Neutralleiter vorhanden, so kann mit Hilfe von drei gleich großen Widerständen ein *künstlicher Sternpunkt* geschaffen werden **(Bild 1)**. Einer dieser Widerstände kann der Ersatzwiderstand des Spannungspfades sein.

In Dreileiteranlagen ist die Leistungsmessung im *Zwei-Leistungsmesser-Verfahren* (*Aronschaltung* **Bild 2**) möglich. Die Strompfade liegen dabei in zwei verschiedenen Außenleitern, während die Spannungspfade zwischen diesen Außenleitern und dem dritten Außenleiter geschaltet sind. Beim Leistungsmesser mit zwei Meßsystemen wirken beide Meßsysteme auf eine gemeinsame Achse. Das Instrument zeigt dadurch die Gesamtleistung an. Die Schaltung dient zur Messung der Leistung in Hochspannungsanlagen.

Bei unsymmetrischer Belastung (*Schieflast*) im Vierleiternetz muß die Leistungsmessung mit drei Leistungsmessern ausgeführt werden. Jeder Leistungsmesser mißt die Leistung im Außenleiter. Meist wirken die drei Meßsysteme auf eine gemeinsame Achse.

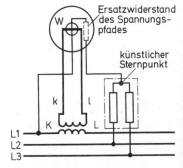

Bild 1: Leistungsmessung mit künstlichem Sternpunkt

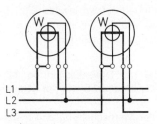

Bild 2: Zwei-Leistungsmesser-Schaltung (Aronschaltung)

3.1.6 Unsymmetrische Belastung bei Sternschaltung und Dreieckschaltung

Versuch 1: Schließen Sie drei Verbraucher verschiedener Leistung in Sternschaltung an einen Drehstrom-Kleinspannungstransformator an! Messen Sie die Ströme im Neutralleiter und in den Außenleitern! Messen Sie die Strangspannungen!

Im Neutralleiter fließt Strom. Die Ströme in den Außenleitern sind verschieden groß.

Bei unsymmetrisch belasteter Sternschaltung fließt im Neutralleiter Strom. Seine Größe ist von den Belastungen in den Strängen abhängig. Er läßt sich zeichnerisch als die *geometrische* Summe der Leiterströme ermitteln **(Bild 1)**.

Versuch 2: Schalten Sie wie in Versuch 1 drei Verbraucher verschiedener Leistung in Dreieck an dasselbe Netz! Messen Sie die Leiterspannungen, Leiterströme und Strangströme! Vergleichen Sie die Meßwerte!

Die Leiterspannungen sind gleich groß. Die Leiterströme und die Strangströme sind verschieden groß.

Bei unsymmetrischer Belastung einer Dreieckschaltung fließen verschieden starke Ströme **(Bild 2)**. Der Leiterstrom ist dabei nicht mehr wie bei symmetrischer Belastung das $\sqrt{3}$fache vom zugehörigen Strangstrom. Bei unsymmetrischer Belastung mit gleichartigen Widerständen haben die Strangströme einen Phasenverschiebungswinkel von 120°, sind aber verschieden (Bild 2).

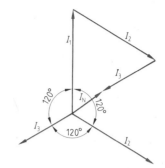

Bild 1: Ströme bei unsymmetrischer Belastung in Sternschaltung

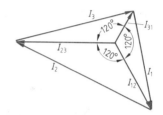

Bild 2: Ströme bei unsymmetrischer Belastung in Dreieckschaltung

3.1.7 Transformierung von Drehstrom

Schaltungen von Einphasentransformatoren ermöglichen die Transformierung von Dreiphasenwechselspannung.

Transformatorensätze aus drei Einphasentransformatoren belasten das speisende Netz symmetrisch. Die drei Stränge der Oberspannungswicklung können in Y (Stern) oder D (Dreieck) geschaltet werden. Entsprechend können die drei Stränge der Unterspannungswicklung geschaltet werden, wobei es für jede Schaltungsart zwei Möglichkeiten gibt.

Die Schaltungen beider Wicklungen und die Phasenverschiebung werden auf dem Leistungsschild von Drehstromtransformatoren mit einem Kurzzeichen für die Schaltgruppe, z. B. Dy5, angegeben, dessen Ziffer aus der Teilung des Uhrzifferblattes zu erklären ist **(Bild 3)**. Dy5 bedeutet, daß die Oberspannungsseite in Dreieck, die Unterspannungsseite in Stern geschaltet ist. Der Phasenverschiebungswinkel ist gleich dem Winkel zwischen den Uhrzeigern um 5 Uhr, nämlich $5 \cdot 30° = 150°$.

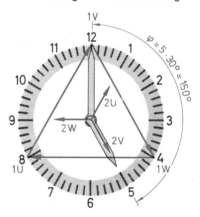

Bild 3: Kennziffer der Phasenverschiebung für Dy5

Die Übersetzungsformel von Einphasentransformatoren gilt bei Schaltungen für Dreiphasenwechselspannung und bei Drehstromtransformatoren nur für die Strangspannungen, nicht für Eingangsspannung und Ausgangsspannung des Netzes.

Drehstromtransformatoren enthalten in einem Gehäuse drei zusammengebaute Einphasentransformatoren. Der Eisenkern ist meist ein Dreischenkelkern, bei dem jeder Schenkel eine Oberspannungswicklung und eine Unterspannungswicklung trägt. Zur besseren Kühlung und Isolierung sind Drehstromtransformatoren meist in einem Kessel mit Ölfüllung oder Askarelfüllung. Askarel ist ein chemisch behandeltes, nicht brennbares Öl. Es gibt auch Drehstromtransformatoren, die mit Gießharz umgossen sind.

3.1.8 Drehfeld

Versuch 1: Schließen Sie die Versuchsmaschine in Sternschaltung an eine niedrige Dreiphasen-Wechselspannung an! Bringen Sie anstelle des Polrades eine drehbar gelagerte Magnetnadel an!

Die Magnetnadel dreht sich.

Der Versuch kann auch mit drei um je 120° versetzten Spulen mit Eisenkern und einer umlaufenden Magnetnadel durchgeführt werden. Bei direktem Anschluß an das Netz müssen bei geringer Windungszahl der Spulen Widerstände in Reihe geschaltet werden.

Jede von Wechselstrom durchflossene Spule erzeugt ein magnetisches Wechselfeld. Die Stellung des gemeinsamen Magnetfeldes von drei Spulen wird von den Augenblickswerten der drei Wechselströme bestimmt **(Bild 1)**. Im Verlauf einer Periode dreht sich dieses Magnetfeld um 360° und nimmt die Magnetnadel mit. Ein solches, sich drehendes Magnetfeld nennt man *Drehfeld*.

> Drehstrom erzeugt in drei um je 120° versetzten Spulen ein Drehfeld.

Bei einem zweipoligen Drehfeld (zweipolige Maschine) dreht sich das Feld im Verlauf einer Periode einmal. Ist die Frequenz 50 Hz, so dreht sich das Magnetfeld in der Minute $60 \cdot 50 = 3000$ mal.

Versuch 2: Wiederholen Sie Versuch 1, und vertauschen Sie zwei Außenleiter!
Die Magnetnadel dreht sich in entgegengesetzter Richtung.

> Durch Vertauschen zweier Außenleiter ändert sich die Drehrichtung des Drehfeldes.

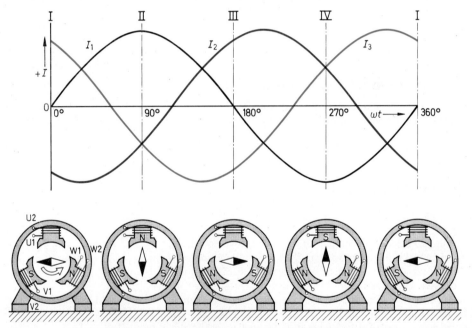

Bild 1: Entstehung eines zweipoligen Drehfeldes

Drehstrommaschinen arbeiten mit Drehfeldern. Die *Synchronmaschine* hat als Läufer ein Polrad. Dieses läuft genau so schnell (synchron) um wie das Drehfeld. Die *Asynchronmaschine* hat einen Läufer mit einem Käfig (Kurzschlußläufer) oder einen Läufer mit einer Wicklung (Schleifringläufer). Der Läufer dreht sich beim Motor langsamer und beim Generator schneller als das Drehfeld.

Wiederholungsfragen

1. Was versteht man unter Dreiphasenwechselstrom (Drehstrom)?
2. Welche Schaltungen sind bei Drehstromverbrauchern möglich?
3. Wie groß ist die Leiterspannung bei der Dreieckschaltung im Vergleich zur Strangspannung?
4. Wodurch kann bei Drehstrommotoren die Drehrichtung des Drehfeldes umgekehrt werden?

3.2 Stromversorgung

3.2.1 Möglichkeiten der Stromversorgung

Elektronische Geräte sind meist für den Netzanschluß bestimmt **(Bild 1)**, z. B. das Oszilloskop. Daneben kommt auch der Betrieb an einer Batterie vor. Oft wird verlangt, daß wahlweise Netzbetrieb möglich sein muß, z. B. bei Digitalinstrumenten.

> Elektronische Geräte sind für Netzbetrieb oder Batteriebetrieb oder beides bestimmt.

Der *Netzbetrieb* ist besonders einfach, wenn das elektronische Gerät nur Wechselspannung erfordert, z. B. ein Dimmer für die Steuerung der Helligkeit von Lampen. Dann erfolgt die Speisung direkt oder über einen Transformator aus dem Netz. Erfordert das Gerät dagegen Gleichspannung, so erfolgt die Speisung über einen *Gleichrichter* (Bild 1), z. B. bei einem Oszilloskop.

Der *Batteriebetrieb* ist besonders einfach, wenn das elektronische Gerät nur Gleichspannung erfordert, z. B. bei einem Spannungsmesser mit Verstärker. Dann erfolgt die Speisung direkt aus der Batterie. Erfordert das Gerät dagegen Wechselspannung, so erfolgt die Speisung über einen *Wechselrichter* (Bild 1), der aus der Batterie-Gleichspannung Wechselspannung erzeugt.

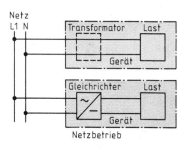
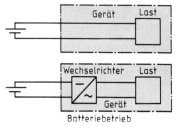
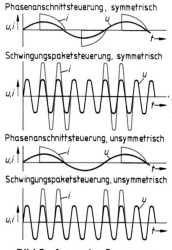

Bild 1: Netzbetrieb und Batteriebetrieb elektronischer Geräte

3.2.2 Leistungsgrenzen am öffentlichen Netz

Elektronische Geräte und Anlagen sind meist am öffentlichen Niederspannungsnetz angeschlossen. Die höchstzulässige Leistung des Gerätes oder der Anlage ist dadurch grundsätzlich nur durch die Überstromschutzeinrichtung (Sicherung, z. B. Leitungsschutzschalter) begrenzt. Ist z. B. ein elektronisches Gerät an die Steckdose eines Beleuchtungsstromkreises mit einem 16-A-Leitungsschutzschalter angeschlossen, so kann eine Leistung von 220 V · 16 A = 3250 VA bzw. 3250 W entnommen werden. Das trifft allerdings nur zu, wenn durch die Stromversorgung des elektronischen Gerätes die Sinusform der Netzspannung nicht beeinflußt wird.

> Die zulässige Höchstleistung elektronischer Geräte ohne Beeinflussung der Sinusform der Netzspannung ist nur durch das Überstromschutzorgan des Stromkreises begrenzt.

Ohne Beeinflussung der Sinusform der Netzspannung arbeiten z. B. elektromedizinische Geräte, Datenverarbeitungsanlagen und Funksender.

Oft erfolgt bei der Stromversorgung von Geräten eine Steuerung durch Beeinflussung der Kurvenform des Netzstromes (Steuerungstechnik, Abschnitt 3.8). Dafür gibt es verschiedene Möglichkeiten **(Bild 2)**.

Wird die Kurvenform des Netzstromes beeinflußt, so ändert sich das Betriebsverhalten der Generatoren und Transformatoren im Netz nachteilig. Bei der *Anschnittsteuerung* (Phasenanschnittsteuerung) muß das Netz Blindleistung liefern. Außerdem treten Oberschwingungen auf. Bei der *Schwingungspaketsteuerung* treten Belastungsstöße auf, die zu Schwankungen der Netzspannung führen und

Bild 2: Arten der Steuerung durch Beeinflussung der Netz-Sinusspannung

damit zum Flackern von Lampen (*Flickerwirkung**). Bei den unsymmetrischen Steuerungen tritt im Netz ein Gleichstromanteil auf, welcher Transformatoren vormagnetisiert und dadurch deren Übertragungseigenschaften verschlechtert. Deshalb ist die höchstzulässige Leistung elektronischer Geräte mit Beeinflussung der Netz-Sinusform beschränkt **(Tabelle 1)**.

Tabelle 1: Geräte mit elektronischer Steuerung am öffentlichen Netz			Nach TAB
Art und Anschluß	Höchstzulässige Anschlußwerte am Netz 380 V/220 V		
	Anschnittsteuerung		Schwingungspaket-steuerung bei reiner Wirklast. Schalthäu-figkeit** 1000 je min
	Glühlampen	Wirklast + ind. Last	
Beleuchtungsanlagen in Wohnungen	Bis 1000 W je Kundenanlage		—
Symmetrische Steuerung Außenleiter-Neutralleiter 3 Außenleiter-Neutralleiter* 3 Außenleiter* 2 Außenleiter	700 W 1 200 W 3 600 W 2 000 W	1 400 W 2 500 W 10 000 W 4 500 W	400 W 1 800 W 1 800 W 900 W
Unsymmetrische Steuerung	400 W	400 W	400 W

* Die Last soll symmetrisch sein, also auf die drei Außenleiter gleichmäßig verteilt sein.
** Bei der symmetrischen Schwingungspaketsteuerung ist die zulässige Höchstleistung um so größer, je geringer die Schalthäufigkeit (Ein oder Aus) je min ist.

Die Anschnittsteuerung soll nur dann angewendet werden, wenn eine andere Steuerung, z. B. mit Schwingungspaketen, nicht ausreicht. Das ist bei der *Helligkeitssteuerung* und bei der elektronischen *Drehzahlsteuerung* von Motoren der Fall. Dagegen ist bei Heizungssteuerungen die Schwingungspaketsteuerung möglich und deshalb die Anschnittsteuerung nicht zulässig.

Anschnittsteuerung und Schwingungspaketsteuerung haben Rückwirkungen auf das Netz zur Folge und dürfen deshalb im öffentlichen Netz nicht mit unbegrenzten Leistungen angewendet werden.

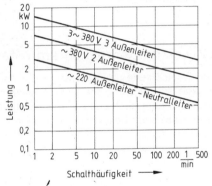

Bild 1: Zulässige Leistungen bei symmetrischer Schwingungspaketsteuerung

Am wenigsten hat die symmetrische Schwingungspaketsteuerung nachteilige Folgen, vor allem, wenn die Schalthäufigkeit gering ist. Bei einer Schalthäufigkeit von 1 je min wird in einer Minute einmal eingeschaltet oder einmal ausgeschaltet. Es tritt in einer Minute nur einmal ein Flicker auf. Die zulässige Geräteleistung ist dann bei Drehstromanschluß über 17 kW **(Bild 1)**. Beim Anschluß an das Einphasennetz 220 V (Beleuchtungsstromkreis) ist die zulässige Geräteleistung dann immerhin noch 3,5 kW.

Wiederholungsfragen

1. Welche Betriebsarten hinsichtlich der Stromversorgung unterscheidet man bei den elektronischen Geräten?
2. Warum enthalten die meisten elektronischen Geräte eine Gleichrichterschaltung?
3. Wie groß ist die Höchstleistung eines elektronischen Gerätes ohne Beeinflussung der Kurvenform der Netzspannung, welches für den Anschluß an eine Steckdose eines Beleuchtungsstromkreises bestimmt ist?
4. Welche Arten der Steuerung durch Beeinflussung der Netz-Sinusspannung gibt es?
5. In welchen Fällen wendet man die Anschnittsteuerung an?

* flicker (engl.) = flackern

3.2.3 Gesteuerte Gleichrichter und Gleichstromsteller

Gesteuerte Gleichrichter ermöglichen die Stromversorgung von Gleichstromverbrauchern aus einem Wechselstromnetz. Gleichstromsteller liefern eine veränderbare Spannung aus einem Gleichstromnetz.

Schaltungen von gesteuerten Gleichrichtern

Gesteuerte Gleichrichter wenden mit Hilfe von Thyristoren den

Tabelle 1: Wichtige steuerbare Gleichrichterschaltungen

Benennung der Schaltung	Kurzzeichen	Schaltplan
Halbgesteuerte Zweipuls-Brückenschaltung mit Freilaufzweig, Steuerung katodenseitig	B2HKF oder B2HF oder B2H	
Halbgesteuerte Sechspuls-Brückenschaltung mit Freilaufzweig, Steuerung katodenseitig	B6HK oder B6H	

Phasenanschnitt an. Grundsätzlich können alle Gleichrichterschaltungen mit Thyristoren ausgeführt werden. Besonders verbreitet als steuerbare Gleichrichter sind aber die *halbgesteuerten Brückenschaltungen* **(Tabelle 1)**.

Außer der alphanumerischen Kennzeichnung der betreffenden Gleichrichterschaltung geben ergänzende Kennbuchstaben die Art des gesteuerten Gleichrichters an **(Tabelle 2)**.

Tabelle 2: Ergänzende Kennbuchstaben von Stromrichterschaltungen

C	Vollgesteuerte Schaltung
F	Freilaufzweig
H	Halbgesteuerte Schaltung
K	Katodenseitig

Es gibt noch weitere Kennbuchstaben (Tabellenbuch Elektrotechnik). Die Brückenschaltungen können aus einzelnen Bauelementen aufgebaut werden oder aus *Modulen* (Baugruppen, **Bild 1**).

Für das Anschnittverfahren erfordert jeder Thyristor im richtigen Zeitpunkt einen Spannungsimpuls am Gate. Diese Impulse können durch Beschaltung der Thyristoren mit je einer Zündschaltung erzeugt werden. Die Schaltung wird etwas einfacher, wenn eine Brückenschaltung aus Dioden verwendet wird **(Bild 2)**, in deren Diagonale der Thyristor mit der Last liegt. Dann ist nur eine Zündschaltung erforderlich.

Schutz der Thyristoren

Gegen **Stromüberlastung** sind Thyristoren wegen ihrer kleinen Wärmekapazität sehr empfindlich. Es müssen deshalb *flinke* (verzögerungsarme) Überstromschutzeinrichtungen verwendet werden.

> Thyristoren erfordern flinke Schmelzsicherungen oder flinke Schutzschalter.

Die Überstromschutzeinrichtungen können vor die Schaltung der Thyristoren als *Strangsicherungen* oder in die Schaltung als *Zweigsicherung* gelegt werden **(Bild 3)**.

Bild 1: Modul für eine vollgesteuerte Brückenschaltung für einen Zweigstrom von 160 A

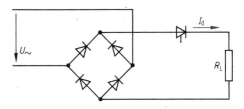

Bild 2: Steuerbarer Gleichrichter mit nur einem Thyristor

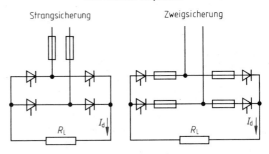

Bild 3: Überstromschutz von Thyristoren

Gegen **Spannungsüberlastung** (Überspannungsspitzen) sind Thyristoren besonders empfindlich. Überspannungsspitzen entstehen aus verschiedenen Gründen **(Tabelle 1)**, z. B. bei Schaltvorgängen.

Tabelle 1: Überspannungsschutz bei Thyristoren

Ort der Beschaltung (Bild 1)	Schutz gegeben bei			
	Anschnitt-steuerung	sonstigem Schalten der Last	Schalten des Transformators	Spannungsspitzen aus dem Netz
Transformator, Eingangsseite (1)	nein	nein	ja	bedingt
Transformator, Ausgangsseite (2)	nein	nein	ja	ja
an der Zelle (3)	bedingt gegen alle Überspannungsarten			
an der Last (4)	ja	ja	nein	nein

Zum Schutz gegen Überspannungen werden bei elektronischen Steuerungen Reihenschaltungen aus Kondensatoren und Wirkwiderständen verwendet **(Bild 1)**. Diese *RC-Beschaltung* kann parallel zur Eingangsseite oder zur Ausgangsseite des Transformators (Transformatorbedämpfung), parallel zum Thyristor (Zellenbedämpfung) oder parallel zur Last (Lastbedämpfung) vorgenommen werden. Je nach Schaltung ist der Schutz gegen die Art der Überspannung verschieden (Tabelle 1). Die erforderliche Größe der Kapazität und des Widerstandes ist je nach Bedämpfungsart, Spannung und Strom verschieden (Tabellenbuch Elektrotechnik).

Bei elektronischen Steuerungen sind Thyristoren gegen Überspannung zu schützen.

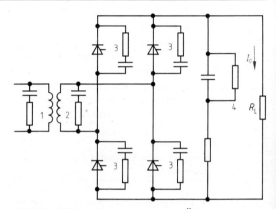

Bild 1: *RC-Beschaltungen gegen Überspannung*

Gegen **zu große Stromanstiegsgeschwindigkeit** (zu großen di/dt-Wert) sind große Thyristoren empfindlich, insbesondere beim Schalten von Lasten ohne Induktivität oder von Kondensatoren. Man verlangsamt die Stromanstiegsgeschwindigkeit durch *Thyristor-Schutzdrosseln* (Sättigungs-Drosselspulen). Das können Ringkerne sein, durch die der Anschlußleiter gezogen wird.

Die Drosselspulen sind besonders wirksam, wenn sie von Wechselstrom durchflossen werden **(Bild 2)**. Bei diesem *bipolaren* Betrieb wird die Stromanstiegsgeschwindigkeit stark verkleinert. Beim *unipolaren* Betrieb (Bild 2) fließt der Strom in gleicher Richtung durch die Drosselspule, so daß diese weniger wirksam ist. Bei Wechselstromstellern wendet man den bipolaren Betrieb an, bei Gleichrichterschaltungen den unipolaren Betrieb.

Wiederholungsfragen

1. **Welche Gleichrichterschaltungen eignen sich als gesteuerte Gleichrichter?**
2. **Welche Schaltungen kommen häufig als gesteuerte Gleichrichter vor?**
3. **Erklären Sie die Stromrichterbezeichnung B6HK!**
4. **Wie werden Thyristoren gegen Stromüberlastung geschützt?**
5. **Wie schützt man Thyristoren gegen Spannungsüberlastung?**
6. **Welche Aufgabe haben Thyristor-Schutzdrosseln?**
7. **Nennen Sie die beiden Betriebsarten von Thyristor-Schutzdrosseln!**

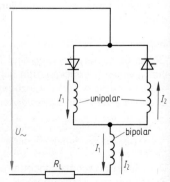

Bild 2: Schaltung von Thyristor-Schutzdrosseln

Zündspannung für steuerbare Gleichrichter

Wird ein Thyristor mit einem Signal angesteuert, das gerade dem Mindestwert des erforderlichen Steuersignals entspricht, so wird zunächst nur die unmittelbare Umgebung des Gate-Kontaktes leitend. Der übrige Teil wird erst mit zunehmendem Strom der Anoden-Katodenstrecke leitend.

> Zum schnellen Zünden eines Thyristors wird das Gate mit Stromimpulsen angesteuert, die weit über dem höchstzulässigen Gleichstromwert des Steuerstromes liegen.

Infolge der merklichen Exemplarstreuung der Thyristoren kann man die erforderliche Stromstärke für den Steuerstrom I_G nicht exakt angeben. Man unterscheidet hinsichtlich des Zündens verschiedene *Bereiche* (Bild 1). Diese Bereiche sind von der Kristalltemperatur abhängig. Je größer die Temperatur ist, desto kleiner sind die erforderlichen Zündströme und Zündspannungen.

Die Erzeugung der Impulse für die Zündung erfolgt auf verschiedene Weise. Bei der Impulserzeugung mittels RC-Glied wird ein Kondensator über einen Widerstand aufgeladen. Nach Erreichen einer bestimmten Spannung wird der Kondensator schnell über ein Bauelement mit Schaltereigenschaften über das Thyristorgate entladen (Bild 2).

Schaltet man eine Begrenzer-Diode hinter eine Einpuls-Mittelpunktschaltung, so schneidet die Begrenzer-Diode von den positiven Sinus-Halbperioden die Kuppen ab. Es entsteht eine ungefähr trapezförmige Spannung (Bild 3). An diese Spannung legt man die Reihenschaltung aus einem Stellwiderstand und einem Kondensator sowie den Unijunktion-Transistor (Bild 2). Je nach Größe des Widerstandes lädt sich der Kondensator verschieden rasch auf. Sobald die Spannung am Kondensator genügend hoch ist, wird der Unijunktion-Transistor leitend und entlädt den Kondensator. Dadurch tritt an dem Basiswiderstand R4 ein Spannungsimpuls auf (Bild 3), der den Thyristor zündet.

Der Kondensator beginnt sich sofort nach der Entladung wieder aufzuladen. Sobald aber die pulsierende, trapezförmige Spannung zu Null wird, wird die Spannung zwischen den beiden Basen auch Null. Der Transistor leitet den Strom vom Emitter zur unteren Basis, da er jetzt wie ein in Durchlaßrichtung geschalteter PN-Übergang wirkt. Der Kondensator entlädt sich also beim Nulldurchgang der trapezförmigen Spannung. Die Ladung des Kondensators beginnt immer bei Beginn jeder Periode. Die Impulsabgabe wird also mit dem Netz synchronisiert.

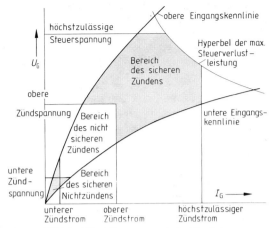

Bild 1: Zünddiagramm eines Thyristors

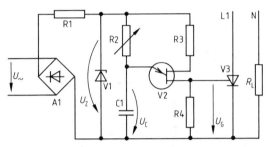

Bild 2: Anschnittsteuerung für eine Einpulsschaltung mit UJT-Transistor als Triggerschalter

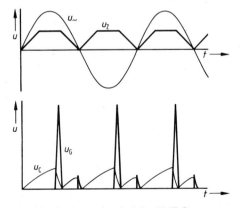

Bild 3: Spannungen bei der UJT-Steuerung

Der Stellwiderstand kann in der angegebenen Schaltung auch durch einen Transistor ersetzt werden. Schaltungen für Thyristor-Zweipulsschaltungen enthalten als Gleichrichter eine Schaltung B2. An Stelle des UJT können auch andere Triggerschalter verwendet werden, z. B. Diac oder Vierschichtdioden.

Nachteilig ist bei den Zündschaltungen mit diskreten Bauelementen die Abhängigkeit von der Exemplarstreuung sowie der Umstand, daß eine völlige Entladung des Kondensators vor der Wiederaufladung nicht möglich ist, so daß die Zündimpulse von der Idealform abweichen. Deshalb verwendet man zum Ansteuern der Thyristoren vielfach IC. Deren Wirkungsweise ist zwar komplizierter, jedoch ist der Anschluß einfach.

Der IC **(Bild 1)** enthält eine *Synchronisierstufe*, die aus der Sinusspannung des Netzes Rechteckimpulse macht **(Bild 2)**. Weiter ist ein Sägezahngenerator (*Rampengenerator*) vorhanden, der entsprechende Impulse liefert **(Bild 3)** und von der Synchronisierstufe angesteuert wird. Ein *Spannungskomparator* vergleicht eine in der Höhe verschiebbare Spannung mit den Augenblickswerten der Sägezahnspannung. Sobald die Sägezahnspannung die Verschiebespannung erreicht hat, wird in jeder Halbperiode ein *Flipflop* gesetzt. Dieses triggert eine monostabile Kippstufe. Dadurch ist es möglich, die Impulsdauer über R_t und C_t an den Anschlüssen 11 und 2 (Bild 1) einzustellen. Schließlich erfolgt noch eine Kanalauftrennung mit Hilfe von *ODER-Verknüpfungen* und Transistoren. Dadurch wird erreicht, daß während der positiven Halbperiode der Ausgang 14 einen Impuls liefert, während der negativen Halbperiode aber der Ausgang 10. Dadurch lassen sich mit nur einem IC zwei Thyristoren einer Zweipuls-Schaltung ansteuern. Der Zündzeitpunkt innerhalb jeder Halbperiode wird durch eine positive Spannung an Anschluß 8 (*Verschiebespannung*) eingestellt.

Das Ansteuern von Thyristoren mit IC ergibt exakte Zündzeitpunkte und gleichbleibende Zündimpulse.

Zum Ansteuern von Sechspuls-Brückenschaltungen oder Dreipuls-Mittelpunktschaltungen sind drei IC erforderlich.

Wiederholungsfragen

1. Warum sind zum Ansteuern der Thyristoren Impulse nötig, die stärker sind als der höchstzulässige Gleichstromwert?
2. Wie hängen Zündstrom und Zündspannung von der Sperrschichttemperatur des Thyristors ab?
3. Beschreiben Sie den grundsätzlichen Vorgang beim Zünden eines Thyristors!
4. Nennen Sie drei Triggerschalter für Thyristoren!
5. Welche Stufen sind in einem Ansteuer-IC für Thyristoren enthalten?
6. Wie kann bei Ansteuerung durch ein IC die Impulsbreite beeinflußt werden?
7. Welche Vorteile haben Ansteuer-IC gegenüber Ansteuerschaltungen aus diskreten Bauelementen?
8. Wieviele Ansteuer-IC sind erforderlich für
   a) Zweipuls-Brückenschaltung, b) Sechspuls-Brückenschaltung?

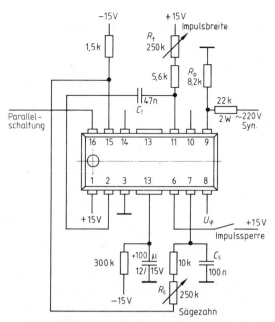

Bild 1: Beschalteter IC (UAA 145) zum Ansteuern einer Zweipuls-Schaltung

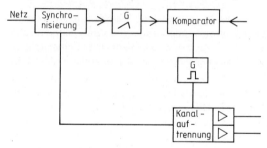

Bild 2: Blockschaltplan eines Ansteuer-IC

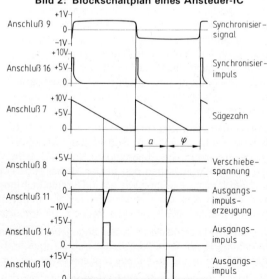

Bild 3: Impulse bei einem Ansteuer-IC (Ax UAA 145). α Steuerwinkel, φ Stromflußwinkel

Gleichstromsteller zur Abwärtssteuerung

Soll aus einer hohen Gleichspannung eine niedrige Gleichspannung verlustarm erzeugt werden, so kann die hohe Gleichspannung durch einen Thyristorschalter in Impulse veränderbarer Breite getaktet werden (*Pulsbreitenmodulation*, **Bild 1**). Der Laststrom stellt sich dann auf einen Mittelwert ein, insbesondere bei induktiver Last.

Der Thyristor als Gleichstromschalter erfordert besondere Löscheinrichtungen, da der Haltestrom unterschritten werden muß. Für übliche Thyristoren braucht man einen Löschkondensator, einen Hilfsthyristor, eine Löschspule und eine sperrende Diode (Bild 1). Bei Verwendung der Abschaltthyristoren (GTO-Thyristoren) entfällt die Löscheinrichtung.

Vor dem Zünden von V1 wird V2 gezündet. Dadurch lädt sich der Kondensator entsprechend der angeschlossenen Spannung auf. Nach dem Laden sperrt V2. Wird nun V1 gezündet, so kann sich der Kondensator C1 über die Diode V3 und die Löschspule L1 entladen. Durch Selbstinduktion erzeugt die Löschspule eine Spannung, so daß sich der Kondensator mit umgekehrter Polung auflädt. Eine erneute Entladung wird durch die Sperrdiode V3 verhindert. Nun kann

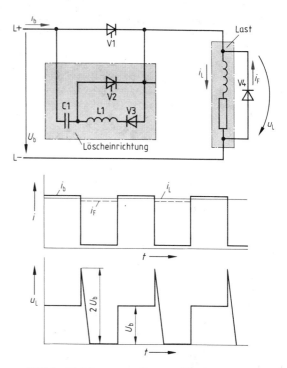

Bild 1: Gleichstromsteller zur Abwärtssteuerung

nach Abschalten des Steuerstromes von V1 durch Zünden von V2 die Kondensatorspannung in Rückwärtsrichtung an V1 gelegt werden. Dadurch wird dieser gelöscht.

Die Abwärtssteuerung wird z. B. für die Drehzahleinstellung von batteriegespeisten Antrieben verwendet. Außer der Löscheinrichtung braucht man einen Taktgeber, der die Impulse zum Zünden des Hauptthyristors und des Hilfsthyristors liefert. Als Taktgeber verwendet man ähnliche Schaltungen wie bei den Taktgebern für Spannungswandler. Meist wird die Taktfrequenz konstant gehalten und die Impulsbreite verändert.

Gleichstromsteller zur Aufwärtssteuerung

Zuerst wird der Hauptthyristor V1 gezündet (**Bild 2**). Dadurch fließt der Strom i_b durch L2 und V1. Wird jetzt V1 mit Hilfe der Zündung von V2 gelöscht, so wird in L2 eine hohe Spannung induziert. Die in L2 gespeicherte Energie hält den Strom i_b aufrecht, der über V4 fließt und eine höhere Spannung als U_b hat.

Die Aufwärtssteuerung in der beschriebenen Schaltung wird z. B. bei der Nutzbremsung von Gleichstrommotoren angewendet. Ähnliche Schaltungen kommen beim Flußwandler vor (Abschnitt 3.2.5).

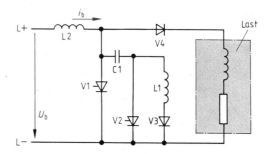

Bild 2: Gleichstromsteller zur Aufwärtssteuerung

3.2.4 Wechselrichter

Elektronische Spannungswandler zum Umwandeln von Gleichspannung in Wechselspannung nennt man Wechselrichter. Wechselrichter können einen Transformator mit Mittelabgriff enthalten (**Bild 1 Seite 326**). Legt man die Gleichspannung, z. B. aus einer Batterie, abwechselnd an die beiden Wicklungsteile der Eingangswicklung, so wird in der Ausgangswicklung eine nicht sinusförmige Wechselspannung induziert.

Fremdgeführte Wechselrichter (Bild 2) enthalten als Schalter Thyristoren, die durch den Steuerstrom nicht löschbar sind. Der Taktgeber zündet nacheinander die Thyristoren, so daß der Gleichspannungserzeuger jeweils mit einer Wicklungshälfte der Eingangswicklung verbunden ist. Damit der vorher gezündete Thyristor gelöscht wird, muß er beim Zünden des nächsten Thyristors stromlos gemacht werden. Das geschieht mit Hilfe eines *Löschkondensators*, den man auch Kommutierungskondensator nennt.

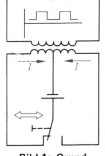

Bild 1: Grundsätzliche Wechselrichterschaltung

> Das Abschalten von Gleichstrom mittels eines normalen Thyristors erfordert einen Löschkondensator.

Wenn der Thyristor V1 (Bild 2) gezündet hat, ist der Kondensator links mit dem Minuspol verbunden, rechts dagegen über die Wicklung des Transformators mit dem Pluspol. Bei Zündung von V2 ist zunächst V1 noch nicht gelöscht, so daß die beiden Anschlüsse des Kondensators über beide Thyristoren miteinander verbunden sind. Der Kondensator entlädt sich also, und zwar ist die Richtung des Entladestromes umgekehrt zur Stromrichtung in V1. Dessen Strom wird mithin unterdrückt, so daß die Sperrschicht aufgebaut werden kann. Nun ist der Kondensator über V2 an die Gleichspannung angeschlossen, aber in umgekehrter Polung wie vorher. Sobald V1 gezündet wird, löscht der Kondensator V2 in entsprechender Weise.

Netzgeführte Wechselrichter

Sie arbeiten mit Thyristoren bei hohen Spannungen, z. B. zur Hochspannungs-Gleichstromübertragung (HGÜ).

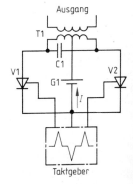

Bild 2: Fremdgeführter Spannungswandler

Die Zündimpulse für die Thyristoren werden dem Wechselspannungsnetz entnommen. Grundsätzlich lassen sich alle Gleichrichterschaltungen als netzgeführte Wechselrichter verwenden, wenn an Stelle der Gleichrichterdioden Thyristoren benützt werden. Für die Dreipuls-Mittelpunktschaltung braucht man mithin drei Thyristoren, für die Sechspuls-Brückenschaltung sechs Thyristoren.

Der Minuspol der Gleichspannung muß an die Katoden angeschlossen sein, damit Gleichstrom fließen kann. Werden nun die Thyristoren im richtigen Takt des Netzes gezündet, so fließt der Gleichstrom jeweils zu einem Wicklungsstrang des Transformators und induziert in der zugehörigen Ausgangswicklung eine Spannung, die höher ist als die Netzspannung.

> Bei netzgeführten Wechselrichtern fließt der Gleichstrom jeweils im Takt des Netzes zu einem von den Thyristoren freigegebenen Wicklungsstrang, so daß Energie ans Netz abgegeben wird.

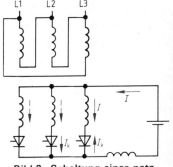

Bild 3: Schaltung eines netzgeführten Wechselrichters

Bei den Drehstromschaltungen macht das Löschen der vorher gezündeten Thyristoren keine Schwierigkeit. Zwar bleibt nach dem Zünden eines Thyristors der vorher gezündete Thyristor noch leitend, weil er noch nicht gelöscht wurde. Dadurch ist der Transformator zunächst kurzgeschlossen. Es fließt nun ein Kurzschlußstrom, und zwar immer gegen den Strom des vorher gezündeten Thyristors (Bild 3). Dadurch wird dieser rasch gelöscht. Die Löschung wird durch die Richtung der Dreieckspannung des Transformators erzwungen und stellt sich auch bei den anderen mehrphasigen Schaltungen ein. Bei den einphasigen Schaltungen, z. B. Schaltung M2 oder Schaltung B2, müßten eigene Löscheinrichtungen getroffen werden.

Wiederholungsfragen

1. Was versteht man unter Pulsbreitenmodulation bei einem Gleichstromsteller zur Abwärtssteuerung?
2. Welche zusätzlichen Bauelemente sind für Löschschaltungen üblicher Thyristoren erforderlich?
3. Nennen Sie je ein Anwendungsbeispiel für Gleichstromsteller zur Abwärtssteuerung und zur Aufwärtssteuerung!
4. Erklären Sie den Begriff Wechselrichter!

3.2.5 Flußwandler und Sperrwandler

Elektronische Spannungswandler zur Umwandlung von Gleichspannung in eine Gleichspannung anderer Höhe kommen als *Flußwandler* (Durchfluß-wandler) oder als *Sperrwandler* vor.

Flußwandler übertragen während der Stromaufnahme aus dem Gleichspannungsnetz Energie in angeschlossene Last **(Bild 1)**. Als Schalter wird meist ein Transistor verwendet. Ist dieser leitend (Schalter geschlossen), so wird ein Ladekondensator über eine Drosselspule aufgeladen (Bild 1). Je nach Tastgrad ist die Kondensatorspannung verschieden. Ist der Transistor gesperrt (Schalter offen), so wird in der Drosselspule eine Spannung induziert, welche den Laststrom mit aufrecht erhält. Die Energielieferung an den Lastwiderstand erfolgt also teilweise aus dem Kondensator und teilweise aus der Drosselspule (Speicherdrosselspule). In der Schaltung Bild 1 ist die Ausgangsspannung kleiner als die Eingangsspannung, es liegt also Abwärtssteuerung vor.

Speicherdrosselwandler sind nur für die Abwärtssteuerung geeignet.

Eine Trennung vom Netz liegt beim Speicherdrosselwandler nicht vor. Diese Trennung ist möglich, wenn man einen Transformator verwendet **(Bild 2)**.

Außerdem kann dann durch geeignetes Übersetzungsverhältnis des Transformators die Ausgangsspannung größer als die Eingangsspannung sein.

Die Diode V2 bewirkt die Entmagnetisierung des Transformatorkernes bei Sperrbeginn von V1. Ihre Wirkungsweise ist wie bei einer Freilaufdiode.

Der Flußwandler mit Transformator kann für die Abwärtssteuerung und für die Aufwärtssteuerung verwendet werden.

Gegentaktwandler bestehen aus zwei Flußwandlern, die im Gegentakt auf einen gemeinsamen Transformator arbeiten. Außerdem wird eine gemeinsame Drosselspule verwendet **(Bild 3)**. Beim Gegentaktwandler muß dafür gesorgt sein, daß jeweils ein Transistor sperrt, während der andere leitet. Ist in Schaltung Bild 3 V1 leitend, so fließt auf der Ausgangsseite der Laststrom über V3 und L1. Wenn V1 sperrt und V2 leitet, fließt der Laststrom über V4 und L1.

Es gibt weitere Schaltungsarten von Flußwandlern. Flußwandler kommen z. B. in Schaltnetzteilen vor. Die Ansteuerung erfolgt mit RC-Generatoren, meist in Form von IC. Es gibt auch vollständige Schaltungen in Form von IC, die nur noch durch Induktivitäten und Kapazitäten zu beschalten sind.

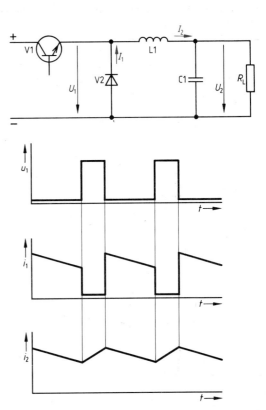

Bild 1: Prinzip eines Speicherdrosselwandlers (Flußwandler zu Abwärtssteuerung)

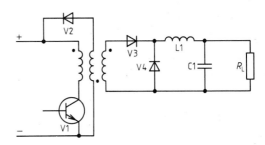

Bild 2: Flußwandler mit Transformator (Eintakt-Spannungswandler)

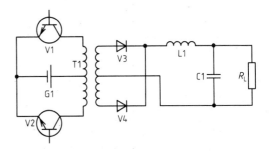

Bild 3: Gegentaktwandler

Sperrwandler übertragen dann Energie in die angeschlossenen Verbraucher, wenn aus dem speisenden Netz keine Energie aufgenommen wird, der Schalter also sperrt. Ist in Schaltung **Bild 1** der Transistor V1 leitend (Schalter geschlossen), so wird die Drosselspule L1 magnetisiert. Wird nun V2 sperrend (Schalter offen), so wird in L1 eine hohe Spannung induziert, die in Reihe zur Netzspannung geschaltet ist. Dadurch wird über V2 der Ladekondensator geladen. Da die induzierte Spannung höher als die Netzspannung sein kann, ist der Sperrwandler für die Aufwärtssteuerung geeignet.

> Sperrwandler sind auch ohne Transformator für die Aufwärtssteuerung geeignet.

Bei einer anderen Anordnung von Schalter, Drosselspule und Diode kann die Polung der Ausgangsspannung entgegengesetzt wie in Bild 1 sein **(Bild 2)**. Man spricht bei dieser Schaltung auch von einem *invertierenden Wandler*. Ist in Schaltung Bild 2 der Transistor leitend, so fließt ein Strom über L1 nach 0. Wird V1 sperrend, so entsteht in L1 eine Induktionsspannung, welche einen Strom i_2 hervorruft, der über C1 und V2 fließt. Dadurch wird C1 in der angegebenen Polung geladen. Auch mit diesem invertierenden Sperrwandler kann Aufwärtssteuerung oder Abwärtssteuerung erfolgen.

Soll eine Trennung vom Netz erfolgen, so verwendet man einen Transformator **(Bild 3)**. Dieser wirkt zugleich als Induktivität. Wenn der Transistor leitend ist, wird der Transformatorkern magnetisiert und nimmt dadurch Energie auf. Wenn der Transistor sperrend wird, entsteht in der Ausgangswicklung des Transformators eine Spannung, die über V2 den Ladekondensator auflädt.

Verwendet man einen Transformator mit mehreren Ausgangswicklungen, kann jede in derselben Weise beschaltet werden, so daß mehrere Ausgangsgleichspannungen abgenommen werden können.

> Sperrwandler mit Transformator sind für die Aufwärtssteuerung und die Abwärtssteuerung geeignet.

Die Ansteuerung der Sperrwandler erfolgt wie bei den Flußwandlern. Auch hier gibt es IC, welche nur noch mit Induktivitäten, Kondensatoren und Widerständen beschaltet werden müssen. Derartige Schaltungen findet man in Schaltnetzteilen.

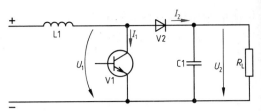

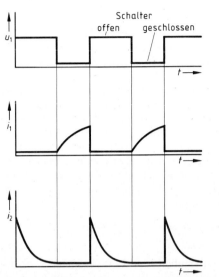

Bild 1: Sperrwandler für Aufwärtssteuerung ohne Netztrennung

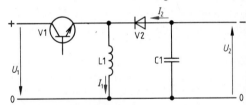

Bild 2: Invertierender Sperrwandler

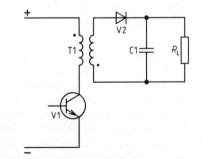

Bild 3: Sperrwandler mit Netztrennung

Wiederholungsfragen

1. Erklären Sie den Unterschied zwischen einem Flußwandler und einem Sperrwandler!
2. Für welche Art der Spannungssteuerung sind Flußwandler ohne Transformatoren geeignet?
3. Wie sind Gegentaktwandler aufgebaut?
4. Für welche Art der Spannungssteuerung sind Sperrwandler ohne Transformator geeignet?
5. Wodurch erfolgt die Ansteuerung der Flußwandler und der Sperrwandler?
6. Wozu eignen sich Sperrwandler?

3.2.6 Umrichter

Umrichter (Frequenzumrichter) richten eine Wechselspannung von z. B. 50 Hz in eine Wechselspannung anderer Frequenz, insbesondere veränderbarer Frequenz, um.

Umrichter mit Gleichstromzwischenkreis

Umrichter mit Gleichstromzwischenkreis bestehen im Prinzip aus einem Gleichstromsteller, einem Glättungsteil und einem Wechselrichter, meist mit einstellbarer Frequenz **(Bild 1)**. Der Gleichstromsteller ist aus Dioden und Thyristoren aufgebaut. Der Glättungsteil aus Drosselspulen und Kondensatoren stellt einen Tiefpaß dar. Der Wechselrichter enthält außer Spulen und Kondensatoren Transistoren oder Thyristoren. Im Gleichstromsteller wird aus der Netzwechselspannung eine einstellbare Gleichspannung gewonnen. Der Wechselrichter macht daraus eine Wechselspannung, deren Amplitude von der Höhe der speisenden Gleichspannung abhängt. Ist die Frequenz des Wechselrichters einstellbar, so kann die Ausgangs-Wechselspannung nach Amplitude und Frequenz gesteuert werden.

Beim Umrichter mit Gleichstromzwischenkreis ist eine Steuerung der Höhe der Ausgangs-Wechselspannung und der Frequenz möglich.

Nachteilig ist der geringe Wirkungsgrad, weil die drei Einzelwirkungsgrade miteinander zu multiplizieren sind.

Beispiel: Bei einem Umrichter mit Gleichstromzwischenkreis nach Bild 1 sind die Wirkungsgrade des Gleichstromstellers 0,8, des Glättungsteils 0,95 und des Wechselrichters 0,78. Wie groß ist der Wirkungsgrad des Umrichters?

Lösung: $\eta = \eta_1 \cdot \eta_2 \cdot \eta_3 = 0{,}8 \cdot 0{,}95 \cdot 0{,}78 = \mathbf{0{,}59}$

Umrichter mit Gleichstromzwischenkreis können zur Speisung von drehzahlgesteuerten Drehstrom-Kurzschlußläufermotoren verwendet werden **(Bild 2)**. Zur Lieferung der *Blindleistung* für die Kurzschlußläufermotoren muß gewährleistet sein, daß nach Abschalten der Thyristoren des Wechselrichters ein Strom der entgegengesetzten Richtung fließen kann. Zu diesem Zweck werden den Thyristoren Dioden *antiparallel* geschaltet. Dieselbe Maßnahme ist bei der Löscheinrichtung für die Thyristoren des Wechselrichters erforderlich. Anstelle der Antiparallelschaltung von Thyristortriode und Diode verwendet man auch *rückwärts leitende* Thyristortrioden (Tabellenbuch Elektrotechnik).

Rückwärts leitende Thyristortrioden ermöglichen in Wechselrichterschaltungen die Lieferung von Blindleistung ohne Blindleistungsdioden.

Pulsumrichter

Beim Pulsumrichter wird über eine Dioden-Brückenschaltung aus der Netzspannung eine konstante Gleichspannung gewonnen. Diese wird in der üblichen

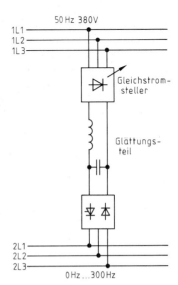

Bild 1: Umrichter mit Gleichstromzwischenkreis

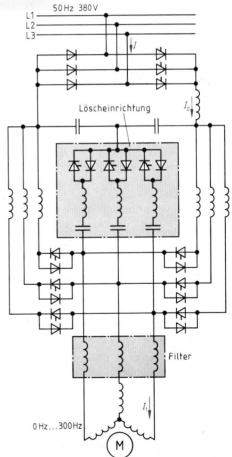

Bild 2: Frequenzsteuerung eines Drehstrom-Kurzschlußläufermotors mittels Umrichter mit Gleichstromzwischenkreis

329

Weise mit einem Tiefpaß geglättet. Aus dieser Gleichspannung wird mittels einer Brückenschaltung aus Transistoren eine Pulsfolge von Rechteckimpulsen gewonnen. Durch geeignete Ansteuerung der Transistoren **(Bild 1)** folgt auf ein Impulspaket derselben Polung ein Impulspaket mit entgegengesetzter Polung **(Bild 2)**. Soll z. B. auf die Anschlüsse U und V des Motors von Bild 1 eine Impulsfolge wie in Bild 2 oben kommen, so müssen die Transistoren V2 und V3 jeweils zusammen viermal erst auf Leiten und dann auf Sperren gesteuert werden. Danach bleiben V2 und V3 auf Sperren, und V4 und V1 werden zusammen viermal erst auf Leiten und dann auf Sperren gesteuert. In entsprechender Weise, jedoch um 120° versetzt, werden die Transistoren für die Speisung der Anschlüsse VW und WU angesteuert.

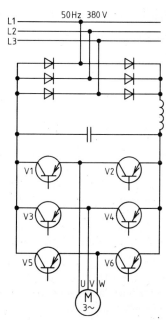

> Beim Pulsumrichter werden mittels einer Sechspuls-Brückenschaltung aus Transistoren Impulspakete wechselnder Polung in die Anschlüsse eines Kurzschlußläufermotors gegeben.

Im Gegensatz zu den Thyristorschaltungen sind bei der Transistorschaltung keine Löscheinrichtungen erforderlich. Der Höchstwert der Rechteckimpulse liegt durch die Gleichspannung fest und bleibt beim Steuern unverändert. Trotzdem läßt sich eine Spannungssteuerung bewirken, wenn man den Tastgrad ändert. Ist der Tastgrad nahe bei 1, die Pausendauer also klein, so ist der Mittelwert der Spannung in einer Halbperiode groß (Bild 2 oben). Bei großer Pausendauer τ_P ist dagegen der Mittelwert der Spannung klein (Bild 2 unten). Es wird also die Pulsbreitenmodulation angewendet.

Bild 1: Schaltungsaufbau des Leistungsteils eines Pulsumrichters für 6 kVA Ausgangsleistung

> Beim Pulsumrichter erfolgt die Spannungssteuerung durch Pulsbreitenmodulation.

Die Pulsfrequenz kann dabei gleich bleiben, z. B. 1,5 kHz. Liegen 8 Rechteckimpulse in einer Periode (Bild 2 oben), so beträgt die Frequenz der Grundschwingung 1500 Hz/8 = 187,5 Hz. Bei 12 Rechteckimpulsen in einer Periode (Bild 2 unten) sind es 1500 Hz/12 = 125 Hz. Die Anzahl der in einer Halbperiode liegenden Impulse wird durch den Zeitpunkt der Umsteuerung der Transistoren bestimmt. Damit kann durch Umkehrung der Ansteuerung der Transistoren die Frequenz der Grundschwingung bestimmt werden.

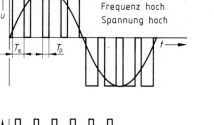

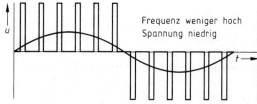

> Beim Pulsumrichter erfolgt die Frequenzsteuerung durch Steuerung der Impulszahl gleicher Polung.

Bild 2: Spannungen und Frequenzen bei der Pulsbreitenmodulation eines Pulsumrichters

Pulsumrichter haben einen höheren Wirkungsgrad als Umrichter mit Gleichstromzwischenkreis. Nachteilig ist bei ihnen das Auftreten von Oberschwingungen. Dadurch müssen Motoren an Pulsumrichtern etwas größer gewählt werden, als der mechanischen Belastung entspricht. Man rechnet mit einem Zuschlag von etwa 15 %.

Wiederholungsfragen

1. Welche Aufgaben haben Umrichter?
2. Nennen Sie zwei Arten von Frequenzumrichtern!
3. Welchen Nachteil haben Frequenzumrichter mit Gleichstromzwischenkreis?
4. Warum verwendet man in Wechselrichterschaltungen rückwärts leitende Thyristortrioden?
5. Beschreiben Sie die Wirkungsweise eines Pulsumrichters!

3.2.7 Lineare Spannungsregler

Prinzip

Beim linearen Spannungsregler ändert sich die Stellgröße *linear* mit der Regeldifferenz (**Bild 1**).

Bei der *Serienregelung* liegt ein Transistor in Reihe zur Last (*Längstransistor*). Der Transistor stellt also einen Vorwiderstand dar. Bei steigender Ausgangsspannung, z. B. infolge kleineren Laststromes, wird dafür gesorgt, daß der Transistor hochohmiger wird. Dadurch bleibt die Ausgangsspannung annähernd gleich.

Bei der *Parallelregelung* liegt ein Transistor parallel zur Last (**Bild 2**). Sein Strom belastet also die vorhergehende Schaltung zusätzlich zum Laststrom. Bei steigender Ausgangsspannung, z. B. infolge kleineren Laststromes, wird dafür gesorgt, daß der Transistor niederohmiger wird, also mehr Strom aufnimmt. Damit bleibt der Strom in der vorhergehenden Schaltung annähernd gleich groß und ebenso der dort auftretende Spannungsabfall. Dadurch bleibt die Ausgangsspannung fast unverändert.

> Bei linearen Spannungsreglern arbeiten Transistoren als veränderbare Widerstände, meist als Vorwiderstand.

Die dadurch auftretende Verlustleistung erfordert eine gute Kühlung der Transistoren (**Bild 3**) und bewirkt einen niedrigen Wirkungsgrad (**Tabelle 1**).

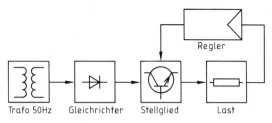

**Bild 1: Serienregelung
beim linearen Spannungsregler**

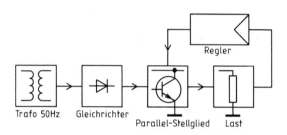

**Bild 2: Parallelregelung
beim linearen Spannungsregler**

Tabelle 1: Eigenschaften von Netzteilen

Größe	Linearregler	Schaltregler
Ausgangsspannung	beliebig	beliebig
Ausgangsstrom	beliebig	beliebig
Schwankung der Ausgangsspannung	0,01%	0,2%
Brumm u_{pss}	< 5 mV	40 mV
Nachregelzeit	< 100 µs	1 ms
Wirkungsgrad	30 bis 50%	über 75%
Gewicht, Volumen	100%	20%

Bild 3: Spannungsgeregeltes Netzteil

Gegenüber den Schaltreglern haben lineare Spannungsregler außer bei Wirkungsgrad und Baugröße günstige Eigenschaften. Deshalb werden sie dann eingesetzt, wenn Wirkungsgrad, Wärmeentwicklung und Gewicht von geringer Bedeutung sind, z. B. bei Geräten mit kleiner Leistung.

Schaltungen linearer Spannungsregler

Die Belastbarkeit von linearen Spannungsreglern mit Längstransistor wird durch den Längstransistor bestimmt. Hochbelastbare Transistoren erfordern große Basisströme, die durch vorgeschaltete Transistoren in Kollektorschaltung gewonnen werden **(Bild 1)**. Wenn die Belastbarkeit eines einzigen Längstransistors nicht ausreicht, so können mehrere „parallel" geschaltet werden. Dabei ist durch gleich große Emitterwiderstände eine Stromgegenkopplung erforderlich, damit sich der Laststrom gleichmäßig auf beide Transistoren aufteilt.

> Bei den linearen Spannungsreglern ist die Belastbarkeit um so größer, je höher der Längstransistor oder die Längstransistoren belastbar sind.

Vielfach wird eine Spannungsstabilisierung verlangt, bei welcher zusätzlich eine *Strombegrenzung* wirksam ist. Bis zur höchstmöglichen Stromstärke liegt dann eine Spannungsstabilisierung vor. Sobald aber die höchstzulässige Stromstärke erreicht ist, liegt eine Stromstabilisierung vor. Bei einer Spannungsstabilisierung mit Strombegrenzung kann also die Spannung an der Last einen Höchstwert nicht übersteigen und der Strom in der Last auch nicht.

Die *Stromstabilisierung* kann erreicht werden, wenn ein zweiter Regeltransistor verwendet wird **(Bild 2)**. Dieser vergleicht eine stromabhängige Istspannung mit einer Sollspannung. Wird in Schaltung Bild 2 der Laststrom zu groß, so wird die Basis von V2 stärker positiv, V2 also mehr leitend. Dadurch wird die Basis von V1 mehr negativ, so daß V1 zu sperren anfängt und den Strom begrenzt.

Es gibt weitere Möglichkeiten zur Strombegrenzung.

> Lineare Spannungsregler sind meist mit einer Strombegrenzung ausgeführt.

Die eigentliche Reglerschaltung wird meist nicht mehr aus diskreten Bauelementen aufgebaut, sondern aus integrierten Schaltkreisen. Dagegen ist bei den linearen Schaltkreisen der Längstransistor meist ein einzelner Leistungstransistor auf einem Kühlkörper.

Die Reglerschaltung kann mit Hilfe eines Operationsverstärkers aufgebaut sein **(Bild 3)**. Dabei erhält der invertierende Eingang die Istspannung, der nicht invertierende Eingang die Sollspannung. Der Ausgang des Operationsverstärkers liefert dann die Stellspannung zum Steuern des Längstransistors. Mit einem weiteren Operationsverstärker kann eine Stromstabilisierung bewirkt werden.

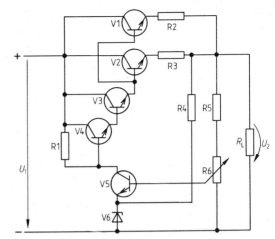

Bild 1: Linearer Spannungsregler größerer Leistung

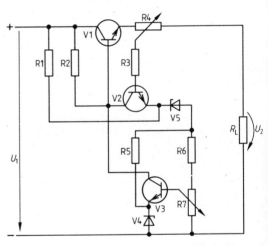

Bild 2: Linearer Spannungsregler mit Strombegrenzung durch zusätzlichen Regeltransistor V2

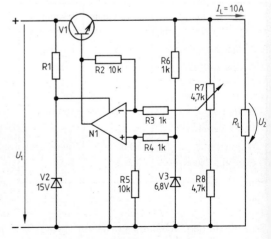

Bild 3: Linearer Spannungsregler mit Operationsverstärker

Als Längstransistoren können auch FET verwendet werden **(Bild 1)**. Dann ist der zum Ansteuern erforderliche Gatestrom sehr klein. Damit können sie direkt vom Operationsverstärker angesteuert werden. Es können mehrere FET parallel geschaltet werden (Bild 1), weil infolge des positiven Temperaturkoeffizienten der FET der Strom sich gleichmäßig auf die FET verteilt. Führt z. B. zunächst V1 mehr Strom, so erwärmt dieser V1 mehr als der Strom in V2 den FET V2. Dadurch wird die Drain-Source-Strecke von V1 hochohmiger, so daß der Strom in V1 abnimmt und in V2 zunimmt.

VMOS-FET als Stellglieder von linearen Spannungsreglern erfordern keine Impedanzwandler vor den Gates und können ohne Symmetrieglieder parallel geschaltet werden.

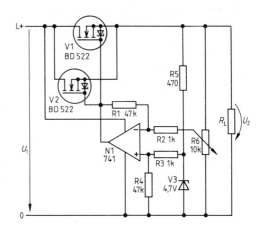

Bild 1: Spannungsregler mit VMOS-Stelltransistoren

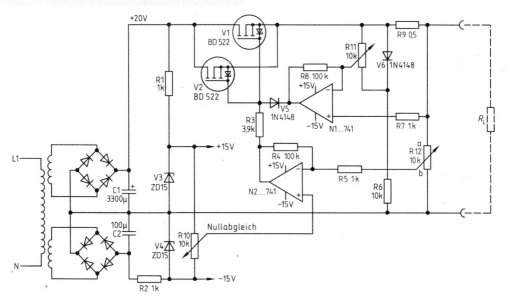

Bild 2: Netzgerät mit linearem Spannungsregler für Ausgangsspannung ab 0 V und einstellbare Strombegrenzung

Soll die Ausgangsspannung zwischen Null und der Höchstspannung einstellbar sein, so muß eine zweite Spannung für die Operationsverstärker vorhanden sein **(Bild 2)**. Es ist zweckmäßig eine Strombegrenzung vorzusehen. In Schaltung Bild 2 dient A1 der Strombegrenzung, die mit R11 einzustellen ist. Die Ausgangsspannung wird mit R12 über A2 eingestellt.

An Stelle der bei den Spannungsreglern erforderlichen Z-Dioden bzw. Dioden werden vielfach *Referenzspannungsquellen** verwendet, deren Durchbruchspannung durch die Beschaltung beeinflußt werden kann. Bei der *Band-Gap-Schaltung*** **(Bild 3)** ist die Durchbruchspannung U_Z gleich der Basis-Emitterspannung von V3 zuzüglich einer von der Beschaltung abhängigen Spannung.

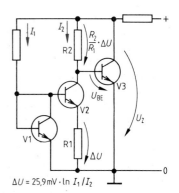

$$\Delta U = 25{,}9\,\text{mV} \cdot \ln I_1/I_2$$

Bild 3: Band-Gap-Referenzspannungsquelle

* referre (lat.) = wieder bringen;
** band-gap (engl., sprich: bänd-gäp) = Band-Lücke

Die Baugruppen der linearen Spannungsregler sind meist als IC ausgeführt. Dieser enthält also mindestens einen Längstransistor kleinerer Leistung, einen Operationsverstärker und eine Z-Diode bzw. eine Referenzspannungsquelle. Reicht die Leistung des im IC enthaltenen Längstransistors nicht aus, so steuert der IC eine Leistungsstufe aus getrennten Transistoren an **(Bild 1)**.

Die seitens der Industrie angebotenen Festspannungsregler sind in ähnlicher Weise aufgebaut. Sie liefern feste Spannungen von z. B. $\pm$ 15 V gegen 0.

Wiederholungsfragen

1. Welche Arten der Regelung unterscheidet man bei linearen Spannungsreglern?
2. Erklären Sie den Begriff Längstransistor!
3. Nennen Sie die günstigen Eigenschaften von linearen Spannungsreglern!
4. Warum kommen bei linearen Spannungsreglern höherer Leistung Kollektorschaltungen vor?
5. Wie ist die grundsätzliche Wirkungsweise der Stromstabilisierung?
6. Welche Baugruppen müssen in einem IC für die lineare Spannungsregelung mindestens enthalten sein?

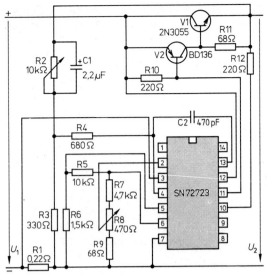

Bild 1: Linearer Spannungsregler
mit IC und nachgeschalteter Leistungsstufe

7. Welche Vorteile bieten VMOS-FET als Stellglieder von linearen Spannungsreglern?
8. Welche Baugruppen werden bei linearen Spannungsreglern anstelle von Z-Dioden auch verwendet?

3.2.8 Schaltregler

Prinzip

Die Versorgung einer elektronischen Schaltung mit einer stabilisierten Spannung kann über einen *Schaltregler* erfolgen. Bei ihm ändert sich die Stellgröße mit der Regeldifferenz. Als Stellglied wird ein elektronischer Schalter verwendet **(Bild 2)**.

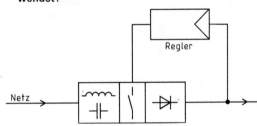

Bild 2: Prinzip eines Schaltreglers

Beim **primär getakteten Schaltregler** wird die Netzspannung gleichgerichtet, mit hoher Frequenz geschaltet **(Bild 3)**, so daß eine Wechselspannung entsteht, und danach wieder gleichgerichtet. Die Regelung erfolgt mit Pulsbreitenmodulation. Der Schalter arbeitet also immer mit derselben Schaltfrequenz, jedoch ist der Tastgrad verschieden.

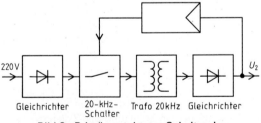

Bild 3: Primär getakteter Schaltregler

Bei der **Thyristorregelung** wird die Netzspannung auf den gewünschten Wert transformiert und über einen steuerbaren Gleichrichter auf den gewünschten Wert geregelt **(Bild 4)**. Schaltregler mit Thyristorregelung erfüllen aber keine hohen Anforderungen in Bezug auf die Restwelligkeit und die Schnelligkeit der Ausregelung. Man verwendet sie deshalb als Vorregler. Da ihr Transformator mit Netzfrequenz arbeitet, ist er groß und schwer.

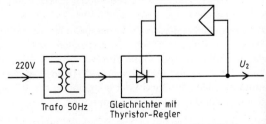

Bild 4: Schaltregler mit Thyristorregelung

Beim **sekundär getakteten Schaltregler** wird die Netzspannung zunächst transformiert und danach gleichgerichtet, zerhackt und wieder gleichgerichtet **(Bild 1)**. Es wird die Pulsbreitenmodulation angewendet. Nachteilig ist der schwere Transformator mit Netzfrequenz. Deshalb wird diese Schaltung nur für die Versorgung von mehreren Ausgängen angewendet.

Beim **linearen Regler mit Thyristorvorregler** wird der hohe Wirkungsgrad des Thyristor-Vorreglers mit den guten Regeldaten eines linearen Reglers kombiniert **(Bild 2)**. Von Nachteil ist aber das hohe Gewicht des Transformators für Netzfrequenz. Derartige Regler werden als Laborgeräte verwendet.

Beim **DC/DC-Wandler** liegt als Eingangsspannung schon eine Gleichspannung vor. Dadurch entfällt die Gleichrichtung der Netz-Wechselspannung **(Bild 3)**. Sie eignen sich für die dezentrale Stromversorgung von Leiterplatten durch Mini-Module sowie zur Stromversorgung elektronischer Geräte aus Batterien.

Schaltungen von Schaltreglern

Schaltregler kleinerer Leistung arbeiten mit IC, die den Zeitgeberteil und den Leistungteil enthalten **(Bild 4)**. Derartige Schaltregler-IC können auch in Schaltnetzteilen ohne Transformator arbeiten, z. B. bei der *Abwärtsregelung*. Die Schaltung besteht dann nur aus einem mit Widerständen, Kondensatoren und Induktivitäten beschaltetem IC **(Bild 5)**.

Der IC kann z. B. in einem TO-3-Gehäuse untergebracht sein. Er enthält den Leistungteil aus den Transistoren V1 und V2 (Bild 4), die Diode V3 für den Flußwandler und den eigentlichen Steuerteil. Dieser enthält einen mit etwa 10 kHz schwingenden Oszillator, eine Kippschaltung, einen Vergleicher und den Referenzspannungserzeuger. Die Frequenz des Oszillators kann durch den Kondensator am Anschluß 4 beeinflußt werden.

Im Steuerteil wird die Ausgangsspannung mit der *Referenzspannung* verglichen. Wenn eine Abweichung vorliegt, werden über die Kippschaltung V2 und damit V1 angesteuert. Jetzt wird über die Induktivität der Ausgangskondensator (1 mF) geladen. Das Schalten von V1 und V2 erfolgt mit der Oszillatorfrequenz, und zwar mit der Pulsbreitenmodulation.

Es gibt auch Schaltregler, die je nach Beschaltung für Abwärtsregelung, Aufwärtsregelung und invertierende Regelung geeignet sind.

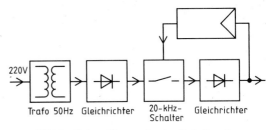

Bild 1: Sekundär getakteter Schaltregler

220V · Trafo 50Hz · Gleichrichter · 20-kHz-Schalter · Gleichrichter

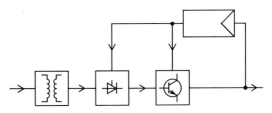

Bild 2: Linearer Regler mit Thyristor-Vorregler

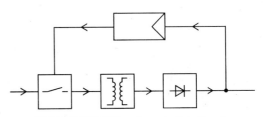

Bild 3: DC/DC-Wandler mit Schaltregler

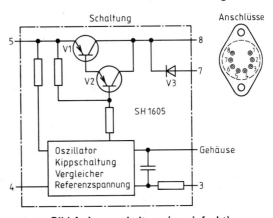

Bild 4: Innenschaltung (vereinfacht) eines Schaltreglers-IC für Abwärtsregelung

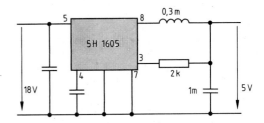

Bild 5: Stabilisierungsschaltung bei einem DC/DC-Wandler für Abwärtsregelung

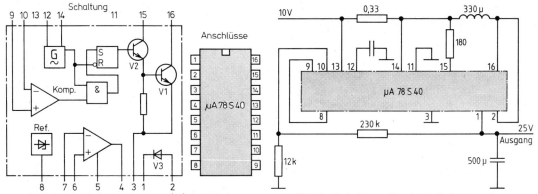

Bild 1: Vereinfachte Innenschaltung eines Universal-Schaltreglers-IC für Abwärtsregelung, Aufwärtsregelung und invertierende Regelung

Bild 2: Schaltung für die Aufwärtsregelung mit dem Universal-Schaltregler von Bild 1

Diese Universal-Schaltregler **(Bild 1)** enthalten Baugruppen, die nicht bei allen Anwendungen erforderlich sind, so daß bei der betreffenden Anwendung die dazugehörigen Anschlüsse nicht beschaltet werden. Bei der Schaltung für eine Aufwärtsregelung **Bild 2** sind z. B. die Anschlüsse 4 bis 7 nicht belegt, da der im IC enthaltene Operationsverstärker nicht benötigt wird. Sonst ist aber die Wirkungsweise ähnlich wie die der vorhergehenden Schaltungen. Bei größeren Leistungen steuert ein IC Transistoren an, die als Schalter arbeiten **(Bild 3)**. Auch hier kann die Schaltung als Flußwandler oder auch als Sperrwandler ausgeführt sein.

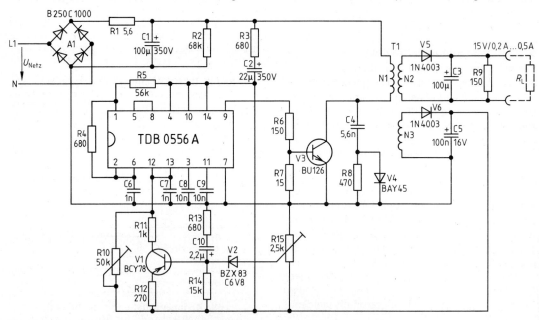

Bild 3: Schaltnetzteil mit Sperrwandler und IC

Schaltregler werden vielfach auf *Europakarten* mit den Maßen 100 mm x 160 mm aufgebaut. Man erkennt sie meist an den großen Kondensatoren und Induktivitäten sowie an den vorhandenen IC. Die Schaltfrequenz beträgt meist 10 kHz bis 50 kHz. Jedoch kommen in Ausnahmefällen auch 200 kHz vor.

Wiederholungsfragen

1. Woraus besteht bei einem Schaltregler das Stellglied?

2. Welche Arten der Schaltregler unterscheidet man?

3. Welche Baugruppen müssen in einem Schaltregler IC mindestens vorhanden sein?

4. Was versteht man unter einem Universal-Schaltregler?

3.3 Elektromotoren

3.3.1 Allgemeines

Isolierstoffklassen

Bei den Elektromotoren werden die im Betrieb auftretenden Verluste in Wärme umgewandelt. Die Temperatur in den Wicklungen und anderen Motorenteilen erhöht sich, bis ein Gleichgewicht zwischen *Verlustwärme* und *abgeführter* Wärme vorhanden ist. Wegen der Temperaturempfindlichkeit der Wicklungsisolation **(Tabelle 1)** darf die höchstzulässige Dauertemperatur nicht überschritten werden. Die Grenzübertemperatur ist die zulässige Temperaturzunahme. Sie wird als *Übertemperatur* über einer Raumtemperatur von 35 °C angegeben.

Tabelle 1: Isolierstoffklassen				
Klasse	höchstzulässige Dauer- temperatur	Grenz- übertemperatur	Isolierstoffe (Beispiele)	Behandlung
B	135 °C	100 °C	Kunstharzlacke, Glas, Polykarbonatfolien	ohne
E	125 °C	90 °	Hartpapier, Hartgewebe	ohne
			Preßspan mit Folie	getränkt
			Triacetatfolie	ohne
H	185 °C	150 °C	Asbest, Glimmer, Silikone	getränkt
Weitere Isolierstoffklassen siehe Tabellenbuch Elektrotechnik				

Schutzarten

Bei Elektromotoren und anderen Betriebsmitteln wird der Schutz gegen Fremdkörper (Schmutz) und gegen Wasser durch zwei Ziffern hinter einem Kurzzeichen IP* angegeben **(Bild 1)**. Die erste Ziffer kann von 0 bis 6 reichen. Sie gibt den Schutz gegen das Eindringen von Fremdkörpern an. 0 bedeutet keinen Schutz, 6 Schutz gegen Staubeintritt. Die zweite Ziffer kann von 0 bis 8 reichen. Sie gibt den Schutz gegen das Eindringen von Wasser an. 0 bedeutet keinen Schutz, 8 Schutz gegen Wassereintritt beim Untertauchen (Tabellenbuch Elektrotechnik).

Bild 1: Angabe der Schutzart bei Schutz gegen mittelgroße Fremdkörper und Tropfwasser

Betriebsarten

Bei der Auswahl von Elektromotoren ist deren Betriebsart zu berücksichtigen. So erwärmt sich ein Motor bei einem Betrieb mit Pausen weniger als bei andauernder Belastung und kann deshalb kleiner sein. Man unterscheidet die Nennbetriebsarten S1 bis S8.

Bei *Dauerbetrieb* S1 ist der Motor bei Nennlast so lang in Betrieb, daß die Beharrungstemperatur erreicht wird **(Bild 2)**. Motoren mit der Angabe S1 dürfen also dauernd mit ihrer Nennlast belastet werden.

Bei *Kurzzeitbetrieb* S2 wird die Beharrungstemperatur nicht erreicht, weil die Pausen so lang sind, daß sich der Motor auf die Ausgangstemperatur abkühlt.

Bei Aussetzbetrieb S3, S4 und S5 sind Betriebsdauer und Pausen kurz. Die Spielzeit beträgt meist 10 min. Die Pause ist so kurz, daß ein Abkühlen der Maschine auf Raumtemperatur nicht erfolgt. S3 liegt vor, wenn der Anlaufstrom des Motors unerheblich ist, S4 wenn er erheblich ist. Bei S5 erwärmt der Bremsstrom den Motor zusätzlich.

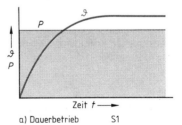

a) Dauerbetrieb S1

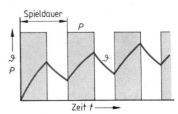

b) Aussetzbetrieb S3, S4, S5

Bild 2: Betriebsarten von Elektromotoren

* IP von International Protection (engl.) ≙ internationale Schutzart

Leistungsschild

Die wichtigsten Kennwerte von Elektromotoren sind auf ihrem Leistungsschild angegeben **(Bild 1)**, jedoch nicht bei Kleinstmotoren. Angegeben sind der Hersteller, die Typenbezeichnung und die Maschinenart. Nennspannung, Nennfrequenz, Nennstrom und Nennleistung (mechanische Leistungsabgabe) für die angegebene Betriebsart sind ebenfalls angegeben. Wenn keine Betriebsart angegeben ist, kann der Motor im Dauerbetrieb mit der angegebenen Nennleistung belastet werden.

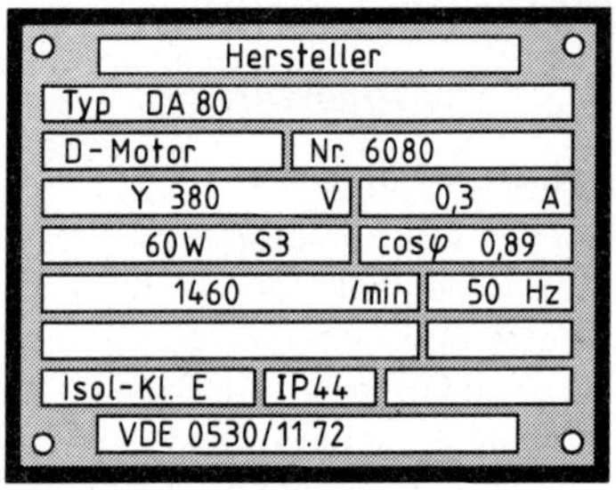

> Auf dem Leistungsschild eines Elektromotors sind alle Angaben enthalten, die zur Beurteilung des Motors erforderlich sind.

Hersteller				
Typ DA 80				
D–Motor		Nr. 6080		
Y 380		V	0,3	A
60 W	S3		cos φ	0,89
1460		/min	50	Hz
Isol-Kl. E		IP44		
VDE 0530 / 11.72				

Bild 1: Leistungsschild eines Drehstrommotors mit einer Nennleistung von 60 W

3.3.2 Wechselstrommotoren mit Magnetläufer

Prinzip

Versuch: Hängen Sie einen Stabmagneten kippsicher nach **Bild 2** auf! Legen Sie einen zweiten Stabmagneten mit entgegengesetzter Polung darunter! Drehen Sie den zweiten Stabmagneten (Bild 2)!
Der aufgehängte Stabmagnet dreht sich mit.

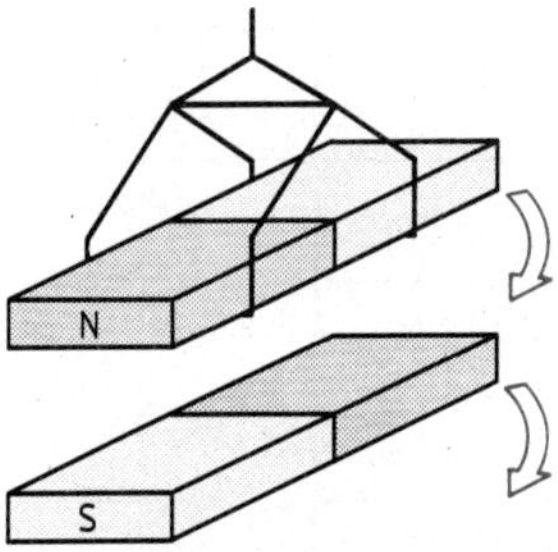

Durch Drehen eines Magneten entsteht ein *magnetisches Drehfeld*. Dieses nimmt einen im Magnetfeld befindlichen Magneten mit.

Bei Elektromotoren mit Magnetläufern wird das Drehfeld meist im Ständer erzeugt **(Bild 3)**. Man spricht dann von einem *Innenläufermotor*. Das Drehfeld kann aber auch vom inneren Teil des Motors erzeugt werden, der dann fest angeordnet ist. Drehen tut sich dann der äußere Teil. Man spricht dann von einem *Außenläufermotor*. Elektromotoren sind meist Innenläufermotoren.

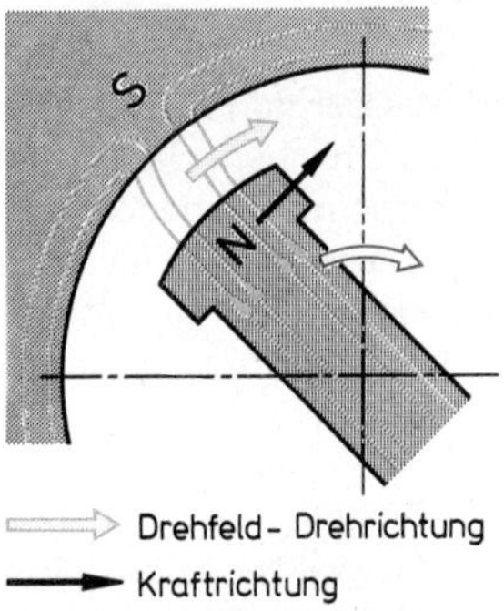

Erzeugung des Drehfeldes

Drei um 120° versetzte Spulen erzeugen ein Drehfeld, wenn Dreiphasenwechselstrom durch sie fließt (Abschnitt 3.1.8). Bei der technischen Ausführung von Drehstrommotoren liegen die Spulen verteilt über den Umfang des Ständerblechpaketes, meist in Nuten **(Bild 4)**. Die *Magnetpole* bilden sich erst, wenn durch die drei Wicklungsstränge die drei Wechselströme des Dreiphasenwechselstromes fließen.

Bild 2: Mitnahme eines Stabmagneten durch ein magnetisches Drehfeld

⇨ Drehfeld- Drehrichtung
➡ Kraftrichtung

Bild 3: Drehfeld und Läufer beim Innenläufermotor

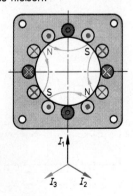
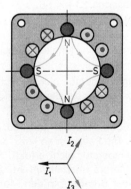
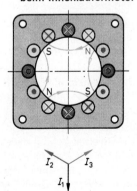

Bild 4: Entstehung eines vierpoligen Drehfeldes durch Dreiphasenwechselstrom in einem Motorständer mit 12 Nuten

338

Ein magnetisches Drehfeld entsteht auch, wenn durch zwei gegeneinander versetzte Wicklungsstränge *zwei* Wechselströme fließen, die gegeneinander eine Phasenverschiebung haben, z. B. von 90° **(Bild 1)**. Allerdings ist dieses Drehfeld meist nicht so gleichmäßig wie das Drehfeld des Drehstromes, seine Stärke schwankt. Man spricht von einem elliptischen Drehfeld.

> Ein magnetisches Drehfeld entsteht, wenn in $n \geq 2$ Wicklungssträngen n Wechselströme fließen, die gegeneinander eine Phasenverschiebung haben.

Bei den Drehstrommotoren werden drei Wechselströme mit Phasenverschiebung direkt vom Netz geliefert. Bei Wechselstrommotoren mit Drehfeld liefert das Netz nur einen Wechselstrom. Der erforderliche 2. Wechselstrom wird über einen Blindwiderstand, z. B. einen Kondensator, aus dem Netz bezogen, so daß er gegenüber dem ersten Wechselstrom eine Phasenverschiebung erhält.

Beim *Spaltpolprinzip* **(Bild 2)** ist ein kleiner Teil der Motorpole durch Nuten abgespalten. Um die Spaltpole liegen Kurzschlußringe. Jeder Kurzschlußring bildet zusammen mit der Ständerwicklung einen Transformator. Dieser Transformator hat eine sehr große Streuung, weil nur ein Teil der Feldlinien der Ständerwicklung die Kurzschlußwicklung durchsetzt. Dadurch tritt zwischen dem Strom in der Ständerwicklung und dem Strom in der Kurzschlußwicklung eine Phasenverschiebung auf.

> Das Drehfeld von Spaltpolmotoren dreht sich stets vom Hauptpol zum Spaltpol.

Die Drehzahl des Drehfeldes hängt bei den genannten Verfahren von der Frequenz und von der Polpaarzahl der Wicklung ab, also von deren Ausführung.

n_s Drehfelddrehzahl (Umdrehungsfrequenz)
f Frequenz der Wechselströme
p Polpaarzahl

$$n_s = \frac{f}{p}$$

Beispiel: Ein schnellaufender Spaltpolmotor hat zwei Pole und wird an 400 Hz betrieben. Wieviel Umdrehungen je Minute macht das Drehfeld?

Lösung: $n_s = f/p = 400 \text{ Hz}/1 = 400 \text{ 1/s} = 400 \cdot 60 \text{ 1/min} = $ **24 000 1/min**

Synchronmotoren

Bei den Synchronmotoren dreht sich der Läufer *synchron** (gleich schnell) mit dem Drehfeld.

> Synchronmotoren haben dieselbe Drehzahl (Umdrehungsfrequenz) wie ihr Drehfeld.

Als Läufer wird bei den Synchronmotoren ein Magnet verwendet, und zwar bei den kleinen Synchronmotoren **(Bild 3)** ein Dauermagnet, sonst meist ein Elektromagnet. Der Strom für den Elektromagneten wird über zwei Schleifringe dem Läufer zugeführt.

Synchronmotoren für Drehstrom gibt es mit Nennleistungen von 1 kW bis 1000 kW. Sie werden zum Antrieb von großen Pumpen und Gebläsen verwendet sowie zum Antrieb von Schiffspropellern. Ihre Drehzahl läßt sich durch Ändern der Frequenz steuern.

* synchron (griech.) = gleichzeitig

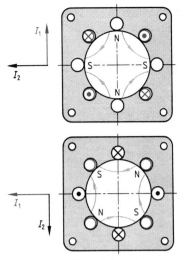

Bild 1: Entstehung eines vierpoligen Drehfeldes durch zwei phasenverschobene Wechselströme

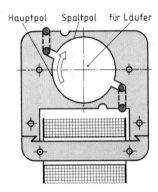

Bild 2: Ständer eines zweipoligen Spaltpolmotors

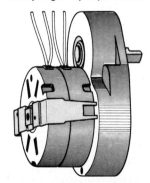

Bild 3: Kleiner Synchronmotor mit 500 1/min und angebautem Getriebe

Schnellaufende Spaltpolmotoren haben in einem vierpoligen oder zweipoligen Ständer (Bild 2 Seite 339) einen Dauermagneten gleicher Polzahl.

Langsamlaufende Spaltpolmotoren als Synchronmotoren sind meist als Außenläufer gebaut **(Bild 1)**. Zur Erzielung der erforderlichen hohen Polzahl wird bei ihnen das *Klauenpolprinzip* angewendet **(Bild 2)**. Der innenliegende Ständer besteht dann aus einer ringförmigen Erregerspule und zwei Ständerhälften aus Stahlblech. Die Ständerhälften tragen am Umfang Blechlappen, die als Klauenpole wirken. Die Polung der Klauenpole einer Ständerhälfte ist also jeweils gleich. Hat z. B. jede Ständerhälfte 5 Klauen, so hat der Motor 10 Pole.

Um jeden 2. Klauenpol der Ständerhälfte liegt ein gemeinsamer *Kurzschlußring* (Bild 1). Durch ihn wirken diese Klauenpole wie Spaltpole. Es gibt auch andere Ausführungen von langsamlaufenden Spaltpolmotoren. Bei Innenläufern ist oft kein Kurzschlußring vorhanden. Seine Aufgabe wird dann von einem Blech wahrgenommen, das zum Hauptpol anders liegt als zum Spaltpol. Das kann z. B. das Blech sein, aus dem die Klauenpole selbst herausgeschnitten sind. Die Phasenverschiebung der Ströme und der magnetischen Flüsse wird durch die verschiedenartige Ausstanzung der Lappen für Hauptpole und Spaltpole erzielt.

Der Läufer von langsamlaufenden Spaltpolmotoren als Synchronmotoren ist ein hartmagnetischer Blechnapf bei den Außenläufermotoren, der durch das Drehfeld selbst magnetisiert wird. Bei den Innenläufermotoren wird ein mehrpoliger Dauermagnet verwendet oder ein hartmagnetischer Zylinder.

Langsamlaufende Spaltpolmotoren als Synchronmotoren werden bei Leistungsaufnahmen von 1 bis 4 W in Uhren, Programmsteuerungen, Zeitrelais, Betriebsstundenzählern, schreibenden Meßgeräten und Steuerungen angewendet. Nachteilig ist bei ihnen, daß die Drehrichtung nicht umschaltbar ist.

Kondensatormotoren als Synchronmotoren sind meist zweipolig oder vierpolig ausgeführt, haben also eine hohe Drehzahl. Zur Herabsetzung der Drehzahl und zur Erhöhung des abgebbaren Drehmoments wird deshalb oft ein mechanisches Getriebe angebaut (Getriebemotor). Ständer und Wicklung sind nach Bild 1, Seite 339, ausgeführt. Durch Vorschalten eines Kondensators C1 vor den Hilfsstrang wird das Drehfeld an Einphasenwechselspannung ermöglicht **(Bild 3)**. Je nach Schaltung des Kondensators vor den Strang L1 oder L2 erfolgt Rechtslauf oder Linkslauf.

> Kondensatormotoren können je nach Kondensatoranschluß beim Blick auf die Abtriebsseite gegen den Uhrzeigersinn (Linkslauf) oder mit dem Uhrzeigersinn (Rechtslauf) drehen.

Betriebsverhalten der Synchronmotoren

Das nach dem Einschalten bei noch stillstehendem Läufer auftretende Drehmoment heißt *Anzugsmoment*. Es ist bei Synchron-

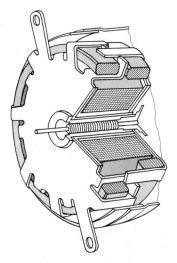

Bild 1: Langsamlaufender Spaltpol-Synchronmotor

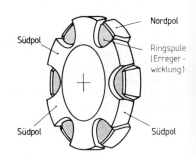

Bild 2: Klauenpolprinzip

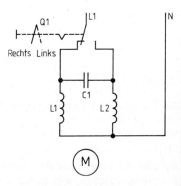

Bild 3: Schaltung für Linkslauf und Rechtslauf bei einem Kondensator-Synchronmotor

motoren grundsätzlich sehr klein (**Bild 1**), weil der Läufer der schnellen Umdrehung des Drehfeldes nicht sofort folgen kann. Das gilt vor allem für große Synchronmotoren. Diese haben deshalb als Anlaufhilfe meist einen Anlaufkäfig, so daß sie wie Käfigläufermotoren (Abschnitt 3.3.4) anlaufen. Bei den kleinen Synchronmotoren bewirken Wirbelströme im Läufer beim Anlauf ein Anzugsmoment, weil diese nach der Lenzschen Regel die Ursache, nämlich das Vorbeieilen der Magnetpole des Ständerdrehfeldes, zu hemmen suchen.

Nach dem Hochlaufen auf die Drehfelddrehzahl bleibt die Umdrehungsfrequenz des Synchronmotors konstant, und zwar unabhängig von der Belastung. Jedoch tritt bei Belastung ein *Lastwinkel* zwischen der Leerlaufstellung des Läufers und der Laststellung auf (**Bild 2**). Das vom Motor entwickelte Drehmoment ist bei einem Lastwinkel von 90° am größten. Dann steht der Läufer in der Mitte zwischen einem Nordpol und einem Südpol des Ständerdrehfeldes. Das größte Drehmoment eines Drehfeldmotors nennt man *Kippmoment*. Beim Synchronmotor ändert sich das Kippmoment linear mit der Betriebsspannung.

> Synchronmotoren haben eine lastunabhängige Drehzahl, ein kleines Anzugsmoment und ein Kippmoment, das linear von der Betriebsspannung abhängt.

Wiederholungsfragen

1. **Nennen Sie drei Betriebsarten von elektrischen Motoren!**
2. **Wodurch entsteht ein magnetisches Drehfeld?**
3. **Was versteht man unter einem Synchronmotor?**
4. **Welchen Nachteil haben Spaltpolmotoren?**
5. **Geben Sie die Betriebseigenschaften von Synchronmotoren an!**

3.3.3 Gleichstrommotoren mit Magnetläufer

Für Gleichstrommotoren können Magnetläufer verwendet werden, wenn eine geeignete Wicklungsanordnung so vom Gleichstrom durchflossen wird, daß ein magnetisches Drehfeld entsteht.

Schrittmotoren

Die Welle eines Schrittmotors dreht sich bei jedem Gleichstromimpuls (Rechteckimpuls) um einen gleichbleibenden Winkel, den *Schrittwinkel*, weiter. Bei einer raschen Impulsfolge geht die Schrittbewegung in eine kontinuierliche* Drehbewegung über. Der Schrittmotor kann *ohne Schrittfehler* arbeiten, seine Drehbewegung ist also streng proportional der Impulszahl.

Bei den Schrittmotoren mit Magnetläufern unterscheidet man den *Einstrang-Schrittmotor* (Einphasen-Schrittmotor, **Bild 3**) und den *Zweistrang-Schrittmotor* (Zweiphasen-Schrittmotor, **Bild 1 Seite 342**).

Jeder dieser Motoren kann eine unipolare oder eine bipolare Wicklung haben. Bei der unipolaren Wicklung genügt ein einpoliger Wechselschalter, bei der bipolaren ist ein zweipoliger zum Ansteuern erforderlich.

* continuo (lat.) = ununterbrochen

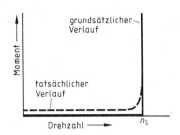

Bild 1: M-*n*-Kennlinie eines kleinen Synchronmotors

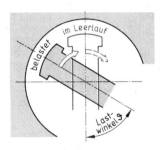

Bild 2: Lastwinkel beim Synchronmotor

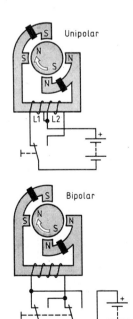

Bild 3: Einstrang-Schrittmotor

Zum Ansteuern werden meist keine mechanischen oder elektromechanischen Schalter verwendet sondern elektronische Schaltungen.

> Zum Betrieb von Schrittmotoren sind besondere Ansteuerschaltungen erforderlich.

Bei den Einstrang-Schrittmotoren entsteht das Drehfeld ähnlich wie bei den Spaltpolmotoren. Die Drehfeldrichtung ist dadurch nicht umschaltbar. Der magnetische Wechselfluß verläuft bei ihnen nicht sinusförmig, sondern rechteckig.

Bei den Zweistrang-Schrittmotoren entsteht das Drehfeld ohne Spaltpole durch geeignete Ansteuerung der Wicklungsstränge **(Tabelle 1)**. Die Drehfeldrichtung ist bei den Zweistrang-Schrittmotoren durch Änderung der Ansteuer-Reihenfolge umschaltbar (Tabelle 1).

Der Schrittwinkel der Schrittmotoren hängt von der Polpaarzahl und der Strangzahl ab.

α Schrittwinkel
m Strangzahl (Phasenzahl)
p Polpaarzahl

$$\alpha = \frac{180°}{m \cdot p}$$

Beispiel 1: Wie groß ist der Schrittwinkel beim Zweistrang-Schrittmotor Bild 1?

Lösung: $m = 2$, $p = 1$ $\Rightarrow$ $a = 180°/(m \cdot p)$
   $= 180°/(2 \cdot 1) =$ **90°**

Vom Schrittwinkel hängt die Kenngröße z_U = Schrittzahl/Umdrehung ab.

$$\frac{360°}{\alpha} = \frac{360°}{180°/(m \cdot p)} = 2\,mp$$

z_U Schrittzahl/Umdrehung
m Strangzahl
p Polpaarzahl

$$z_U = 2 \cdot m \cdot p$$

Bei den Schrittmotoren kommen sehr verschiedene Schrittwinkel vor **(Tabelle 2)**.

Tabelle 2: Typische Schrittwinkel

Schritt-winkel	1,8°	2°	3,6°	7,5°	9°	11,25°	15°	30°	45°
Schritte/ Umdrehung	200	180	100	48	40	32	24	12	8

Die Drehzahl eines Schrittmotors hängt vom Schrittwinkel und der Schrittfrequenz f_{sch} der Ansteuerimpulse ab. Dabei ist nicht die Frequenz des einzelnen Impulses im Wicklungsstrang maßgebend, sondern die Frequenz, mit der sich die Ansteuerung ändert **(Bild 2)**.

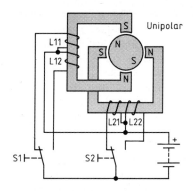

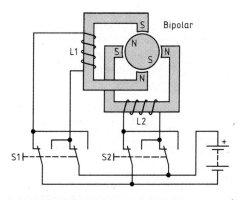

Bild 1: Zweistrang-Schrittmotoren

Tabelle 1: Taktfolge für den Zweistrang-Schrittmotor Bild 1

Richtung	Schritt	Schalter S1	Schalter S2
Rechts	0 = 4	←	←
	1	←	→
	2	→	→
	3	→	←
Links	0 = 4	←	←
	1	→	←
	2	→	→
	3	←	→

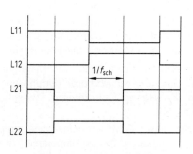

Bild 2: Zeitablaufdiagramm für Zweistrang-Schrittmotor Bild 1 oben bei Rechtslauf

$$n \quad \text{Drehzahl (Umdrehungsfrequenz)}$$

f_{sch} Schrittfrequenz

m Strangzahl

p Polpaarzahl

$$n = \frac{\alpha \cdot f_{sch}}{360°}$$

$$\boxed{n = \frac{f_{sch}}{2 \cdot m \cdot p}}$$

Beispiel 2: Ein Zweistrang-Schrittmotor hat 18 Pole und wird mit einer Schrittfrequenz von 1000 Hz angesteuert. Wie groß ist die Umdrehungsfrequenz in 1/min?

Lösung: $m = 2$ und $p = 9 \Rightarrow n = f_{sch}/(2 \cdot m \cdot p) = 1000\ \text{Hz}/(2 \cdot 2 \cdot 9) = 27{,}78\ 1/s = \textbf{1667 1/min}$

Klauenpolprinzip beim Schrittmotor. Schrittmotoren mit Schrittwinkel von etwa 7,5° und mehr haben einen Ständer nach dem Klauenpolprinzip **(Bild 1)**. Dabei sind zwei Ringspulen mit Klauenpolen versehen. Die Klauenpole jeder Ringspule greifen ineinander. Die prinzipielle Anordnung ist dadurch wie in Bild 1, Seite 342, nur sind mehr Pole vorhanden.

Der Magnetläufer hat dieselbe Polzahl wie der Ständer. Er ist entlang seines Umfangs magnetisiert.

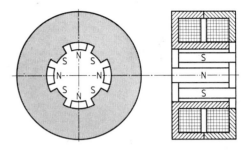

Bild 1: Klauenpolprinzip bei Schrittmotoren mit großem Schrittwinkel

Gleichpolprinzip beim Schrittmotor. Mit dem Gleichpolprinzip kann man eine höhere Polzahl und damit einen kleineren Schrittwinkel als mit dem Klauenpolprinzip erhalten.

Beim Schrittmotor nach dem Gleichpolprinzip wird ein vielpoliger Läufer mit einem zweipoligen Dauermagneten verwendet.

Beim Schrittmotorläufer nach dem *Gleichpolprinzip* ist ein zylindrischer, zweipoliger Dauermagnet zwischen zwei gezahnten Polrädern angeordnet **(Bild 2)**. Dadurch erhalten die Zähne jedes Polrades dieselbe Polung.

Die beiden Polräder sind gegeneinander um eine halbe Zahnteilung versetzt. Der Magnetfluß geht über die Polzähne eines Polrads, durch den Ständer, die Polzähne des anderen Polrads und zurück durch den Dauermagneten (Bild 2). Der magnetische Fluß wechselt bei jedem Schritt von dem einem Polrad zum anderen, weil nach jedem Schritt der magnetische Widerstand im magnetischen Kreis anders ist.

Der Ständer ist auch bei diesem Schrittmotor mit zwei Strängen versehen. Die Polteilung der Ständerwicklung muß aber so groß sein wie die Polteilung des Läufers, also halb so groß wie die Polteilung eines Polrads **(Bild 3)**.

Ist der Ständer stromlos, so stellt sich der Läufer in eine Raststellung entsprechend dem kleinsten magnetischen Widerstand ein. Bei entsprechender Ansteuerung dreht sich der Läufer um eine Polteilung weiter.

Schrittmotoren nach dem Gleichpolprinzip haben hohe Polzahlen und damit kleine Schrittwinkel.

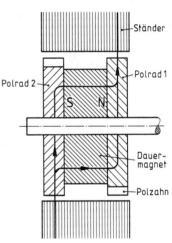

Bild 2: Läufer eines Schrittmotor nach dem Gleichpolprinzip

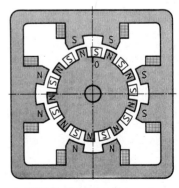

Bild 3: Schrittmotor nach dem Gleichpolprinzip

Betriebsverhalten. Das von einem Schrittmotor abgebbare Drehmoment und die maximale Schrittfrequenz sind sehr stark vom Ansteuergerät abhängig. Ohne Ständerstrom tritt wegen der magnetischen Kräfte ein *Rastmoment* auf. Mit ansteigender Ansteuerfrequenz nimmt der Scheinwiderstand der Ständerwicklung zu, so daß sich die Stromaufnahme verringert. Die *Start-Stoppfrequenz* ist die größte Frequenz, bei welcher der Motor im Leerlauf ohne Schrittfehler anläuft und stoppt **(Bild 1)**. Das *Startgrenzmoment* ist das lastabhängige Drehmoment, bei welchem noch ein Anlauf gewährleistet ist, jedoch keine Beschleunigung. Das Lastmoment muß also kleiner sein als das Startgrenzmoment. Das abgebbare Drehmoment ist bei Nennstrom mit steigender Frequenz zunehmend bis zu einem Kippmoment, sinkt dann aber wieder **(Bild 2)**.

Im zulässigen Betrieb bei nicht zu großem Lastmoment dreht sich der Schrittmotor bei jedem Ansteuerimpuls genau um den Schrittwinkel, jedoch kann ein Lastwinkel auftreten. Dieser kann fast so groß sein wie der Schrittwinkel. Es tritt keine Addition der Lastwinkel ein. Der Schrittfehler beträgt also am Ende der Ansteuerung unabhängig von der Impulszahl maximal einen Schrittwinkel.

Anwendungen. Schrittmotoren werden für Stellantriebe, Drucker, Fernanzeigen, Fernsteuerungen, Zähleinrichtungen, Kurvenschreiber, Kartenleser und weitere Aufgaben in der Steuerungs- und Regelungstechnik verwendet.

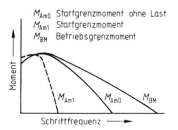

Bild 1: **M-f-Kennlinien eines Schrittmotors**

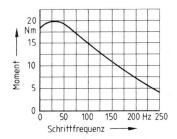

Bild 2: **Lastkennlinie eines Schrittmotors**

Außer den beschriebenen Schrittmotoren gibt es weitere Typen, z. B. mit weichmagnetischem Läufer nach dem Reluktanzprinzip (Abschnitt 3.3.6).

Elektronikmotor

Es gibt verschiedene Arten von Elektronikmotoren. Beim Elektronikmotor mit Dauermagnetläufer trägt der Ständer drei Wicklungsstränge, die nacheinander an Gleichspannung gelegt werden **(Bild 3)**. Dadurch entsteht ein magnetisches Drehfeld, welches den Läufer mitnimmt.

Das Weiterschalten muß in Abhängigkeit von der Läuferstellung erfolgen. Als Fühler für die Läuferstellung können z. B. Feld-

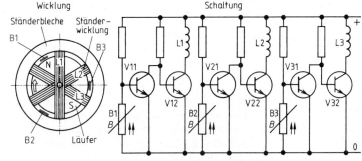

Bild 3: **Elektronikmotor**

platten verwendet werden. Steht der Läufer so, daß die Flußdichte bei Feldplatte B1 groß ist, so ist dieser Widerstand hochohmig, V11 wird also leitend. Dadurch sperrt V12, so daß L1 keinen Strom führt. L2 und L3 führen dagegen Strom. Nun dreht sich der Läufer. Entsprechend steuert er dann V21 und danach V31.

Wiederholungsfragen

1. Beschreiben Sie die Wirkungsweise eines Schrittmotors!

2. Welche Arten der Schrittmotoren unterscheidet man?

3. Warum können Schrittmotoren nicht direkt am Netz betrieben werden?

4. Wovon hängt der Schrittwinkel eines Schrittmotors ab?

5. Nennen Sie neun typische Schrittwinkel von Schrittmotoren!

6. In welchen Fällen arbeiten Schrittmotoren mit dem Klauenpolprinzip und wann nach dem Gleichpolprinzip?

7. Warum ist bei Schrittmotoren trotz Auftretens eines Lastwinkels der Schrittfehler klein?

8. Wie ist der prinzipielle Aufbau von Elektronikmotoren?

3.3.4 Motoren mit Kurzschlußläufer

Aufbau

Die meisten Motoren für Wechselstrom oder für Drehstrom enthalten einen Kurzschlußläufer **(Bild 1)**. Dieser besteht aus Welle, Blechpaket, Stäben in den Nuten des Blechpaketes und zwei Kurzschlußringen. Ohne Blechpaket bilden die Stäbe und Kurzschlußringe einen *Käfig* **(Bild 2)**.

> Kurzschlußläufermotoren nennt man auch Käfigläufermotoren.

Meist besteht der Käfig aus Aluminium, welches im Druckgußverfahren in die Nuten eingepreßt wird. Daneben gibt es bei größeren Motoren auch gelötete Käfige aus Kupferstäben (Bild 2). Die Form der Käfige kann verschieden sein. Meist sind die Stäbe schräg gestellt, damit das Drehmoment unabhängig von der Läuferstellung ist.

Der Ständer von Kurzschlußläufermotoren ist wie der Ständer von Wechselstrommotoren mit Magnetläufern aufgebaut, z. B. beim Drehstrommotor oder beim Spaltpolmotor.

> Im Ständer eines Kurzschlußläufermotors wird wie bei den Magnetläufermotoren für Wechselstrom ein magnetisches Drehfeld erzeugt.

Wirkungsweise

Nach dem Einschalten induziert das magnetische Drehfeld des Ständers in den Stäben des Käfigs Spannungen. Zwischen den Spannungen in den einzelnen Stäben bestehen Phasenverschiebungen, weil die Stäbe räumlich versetzt sind. Im Läufer ist also eine *Vielphasenspannung* wirksam. Bei 22 Stäben sind 22 Wechselspannungen wirksam. Infolge der Kurzschlußringe kann ein Vielphasenwechselstrom fließen, z. B. bei 22 Stäben ein 22phasiger Wechselstrom. Weil bei den Kurzschlußläufermotoren der Läuferstrom durch Induktion zustande kommt, nennt man derartige Motoren auch *Induktionsmotoren*.

> Wechselstrommotoren sind meist Induktionsmotoren. Bei ihnen kommt der Läuferstrom durch Induktion zustande.

Der mehrphasige Läuferstrom ruft im Läufer ein magnetisches Drehfeld hervor **(Bild 3)**. So lange der Läufer sich noch nicht dreht, hat der Läuferstrom dieselbe Frequenz wie der Ständerstrom, am 50-Hz-Netz also 50 Hz. Dadurch ist die Umdrehungsfrequenz des Läuferdrehfeldes gleich der Umdrehungsfrequenz des Ständerdrehfeldes. Die magnetischen Drehfelder üben aufeinander Kräfte aus wie bei einem Magnetläufer, so daß sich der Kurzschlußläufer in der Richtung des Ständerdrehfeldes dreht.

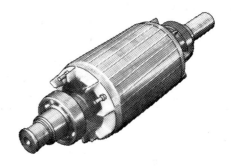

Bild 1: Kurzschlußläufer (Käfigläufer)

Staffel-Läufer

Läufer mit geschränkten Stäben

aus Aluminium gegossen

aus Kupfer hartgelötet

Bild 2: Käfigformen von Kurzschlußläufern (Blechpaket weggeätzt)

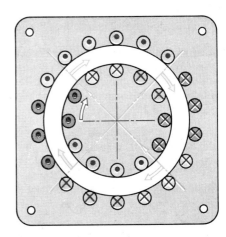

——————▷ magnetische Achse Ständerfeld
--------▷ magnetische Achse Läuferfeld
⇒ Drehrichtung Ständerfeld
⇒ Drehrichtung Läuferfeld

Bild 3: Zusammenwirken von Ständer- und Läuferdrehfeld

Betriebsverhalten

Bei einsetzender Drehung des Kurzschlußläufers eilt das Ständerdrehfeld langsamer als vorher an den Käfigstäben vorbei. Dadurch nimmt die Frequenz der Läuferströme ab. Außerdem nimmt auch die induzierte Spannung ab und damit der Läuferstrom. Damit sinkt auch der vom Netz aufgenommene Ständerstrom **(Bild 1)**.

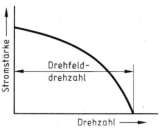

Bild 1: **Stromaufnahme beim Kurzschlußläufermotor**

> Beim Kurzschlußläufermotor nehmen Frequenz der Läuferspannung und Ständerstrom beim Anlauf ab.

f_L Frequenz der Läuferspannung
f Frequenz der Ständerspannung
n_L Läuferdrehzahl
n_s Drehfelddrehzahl

$$f_L = f - \frac{f \cdot n_L}{n_s}$$

> **Beispiel 1:** Ein zweipoliger Spaltpolmotor hat eine Drehfelddrehzahl von 3000 1/min, sein Läufer dreht sich mit 2400 1/min. Wie groß ist die Frequenz des Läuferstromes bei Betrieb am 50-Hz-Netz?
>
> *Lösung:* $f_L = f - f \cdot n_L/n_s = 50\ Hz - 50\ Hz \cdot 2400/3000 =$ **10 Hz**

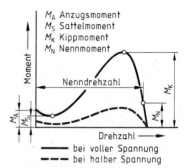

M_A Anzugsmoment
M_S Sattelmoment
M_K Kippmoment
M_N Nennmoment

—— bei voller Spannung
- - - bei halber Spannung

Bild 2: **Drehmomente beim Kurzschlußläufermotor**

Wenn der Kurzschlußläufer die Umdrehungsfrequenz des Drehfeldes erreicht hat, wird in den Stäben keine Spannung mehr induziert. Im Läufer fließt dann kein Strom mehr. Der Motor kann dann aber auch kein Drehmoment mehr angeben.

Das Zurückbleiben des Läufers gegenüber dem Ständerdrehfeld bezeichnet man als *Schlupf*. Der Schlupf wird meist in % der Drehfelddrehzahl angegeben. Der bei Nenndrehzahl auftretende Schlupf (Nennschlupf) beträgt etwa 4% bis 10%. Bei Betrieb mit herabgesetzter Spannung, z. B. zur Drehzahlsteuerung, kann der Schlupf erheblich größer sein. Der Schlupf ist proportional der Frequenz des Läuferstromes.

Da im Stillstand der Motoren nach dem Einschalten der Ständerstrom am stärksten ist, liegt die Vermutung nahe, daß dann auch das Drehmoment (Anzugsmoment) am größten ist. Tatsächlich wird aber das größte Drehmoment (Kippmoment) erst bei einer viel höheren Drehzahl erreicht **(Bild 2)**.

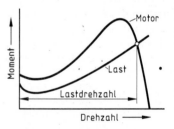

Bild 3: **Lastdrehzahl beim Asynchronmotor**

Das hängt mit der Frequenz der Läuferspannung zusammen. Mit zunehmender Drehzahl des Läufers sinkt auch der Blindwiderstand im Läufer, da mit dem Hochlaufen die Frequenz der Läuferspannung abnimmt. Dadurch nimmt die Phasenverschiebung zwischen Läuferspannung und Läuferstrom ab. Infolgedessen liegt das Läuferdrehfeld bei höherer Drehzahl günstiger zum Ständerdrehfeld, so daß das Drehmoment trotz abnehmendem Ständerstrom ansteigt (Bild 2). Erst bei einer Drehzahl von etwa 80% der Drehfelddrehzahl überwiegt die Wirkung des abnehmenden Läuferstromes, so daß das Drehmoment sinkt.

Die Läuferdrehzahl ist nach dem Hochlaufen des Kurzschlußläufermotors bei Belastung immer niedriger als die Drehfelddrehzahl **(Bild 3)**. Kurzschlußläufermotoren arbeiten *asynchron**. Man nennt sie deshalb auch *Asynchronmotoren*.

> Bei den Asynchronmotoren erreicht der Läufer die Drehzahl, bei welcher sich die Motorkennlinie und die Kennlinie der Last schneiden.

* a Vorsilbe, die verneint, asynchron = nicht synchron

Stromverdrängungsläufer

Es gibt Kurzschlußläufermotoren, deren Läufer beim Einschalten einen *großen* Wirkwiderstand haben, der aber beim Hochlaufen abnimmt. Bei derartigen Kurzschlußläufermotoren ist der Anzugsstrom klein und das Anzugsmoment groß.

Zur Erhöhung des Läuferwiderstandes beim Einschalten sind in den Läufernuten von geeigneter Form zwei Stäbe angeordnet **(Bild 1)**. Durch diese fließt im Betrieb der Wechselstrom. Dieser erzeugt um jeden Läuferstab ein magnetisches Streufeld. Dieses ist um den unteren Läuferstab stärker, weil hier die magnetischen Feldlinien einen kürzeren Luftweg haben. Beide Streufelder induzieren in den Läuferstäben Spannungen, die nach der Lenzschen Regel die Ursache zu hemmen suchen. Die Spannungen suchen also den Wechselstrom in beiden Stäben zu hemmen. Dabei ist wegen des stärkeren Streuflusses die Wirkung im unteren Stab stärker als im oberen. Der Läuferstrom wird mithin zum Luftspalt zu verdrängt. Dieselbe Wirkung tritt auch bei einzelnen Läuferstäben auf, wenn diese schmal und hoch sind **(Bild 2)**. Beim Hochlaufen verringert sich die Stromverdrängung, weil die Frequenz des Läuferstromes abnimmt und damit die durch das Streufeld induzierte Spannung.

Stromverdrängungsläufer haben ein großes Anzugsmoment und einen kleinen Anzugsstrom **(Bild 3)**. Allerdings ist bei ihnen im Vergleich zum Rundstabläufer der Leistungsfaktor und der Wirkungsgrad etwas kleiner.

Anwendung

Kurzschlußläufermotoren sind die meist angewandten Elektromotoren. Sie kommen als schnellaufende Spaltpolmotoren (Bild 2 Seite 339) oder als langsamlaufende Spaltpolmotoren nach Bild 1, Seite 340, mit weniger als 1 W Nennleistung bis etwa 50 W Nennleistung vor, als Kondensatormotoren von 1 W bis 1000 W Nennleistung und als Drehstrommotoren von 50 W Nennleistung bis mehr als 2000 kW.

Wiederholungsfragen

1. Beschreiben Sie den Aufbau eines Kurzschlußläufers!
2. Wodurch kommt der Strom im Läufer eines Kurzschlußläufermotors zustande?
3. Auf welche Weise entsteht die Kraft auf den Läufer eines Kurzschlußläufermotors?
4. Warum nimmt die Frequenz des Läuferstromes beim Kurzschlußläufermotor mit zunehmender Drehzahl ab?
5. Erklären Sie den Begriff Schlupf!
6. Geben Sie die Eigenschaften eines Stromverdrängungsläufers an!
7. Nennen Sie drei häufig vorkommende Kurzschlußläufermotoren, und geben Sie dazu die üblichen Nennleistungen an!

3.3.5 Wirbelstromläufermotoren

Eine Sonderform des Kurzschlußläufermotors sind Kleinstmotoren mit Wirbelstromläufern **(Bild 4)**. An Stelle des Käfigs in einem Blechpaket wird hier bei Innenläufern ein kleiner, massiver Stahlzylinder verwendet, bei Außenläufern ein Blechnapf. Die Wirkungsweise ist dieselbe wie bei den Kurzschlußläufermotoren, jedoch sind anstelle der Stabströme die Wirbelströme wirksam.

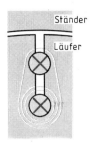

Bild 1: Streufeldlinien beim Doppelnutläufer

Bild 2: Nutformen von Stromverdrängungsläufern

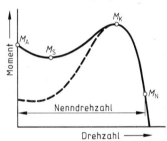

—— beim Stromverdrängungsläufer
‒ ‒ ‒ beim Rundstabläufer

Bild 3: Drehmomentkennlinien

Innenläufer

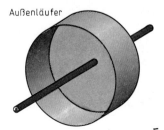

Außenläufer

Bild 4: Wirbelstromläufer

3.3.6 Reluktanzmotoren

Hat das Blechpaket eines Kurzschlußläufermotors an seinem Umfang so viele Aussparungen, wie der Motor Pole hat **(Bild 1)**, dann laufen die Feldlinien des Ständerdrehfeldes lieber durch das Läuferblech als durch die Aussparungen, weil in den Aussparungen der magnetische Widerstand erheblich größer ist. Nach dem Hochlaufen sträubt sich deshalb der Läufer, gegenüber dem Drehfeld zurückzubleiben. Infolge des Käfigs läuft dieser *Reluktanzmotor** als Asynchronmotor an und arbeitet dann als Synchronmotor weiter.

Reluktanzmotoren haben eine konstante Drehzahl. Bei Wirbelstromläufern für Außenläufermotoren, z. B. langsamlaufende Spaltpolmotoren, genügt für die Reluktanzwirkung die Anordnung von so vielen Bohrungen in der Stirnfläche des Außenläufers wie der Motor Pole hat **(Bild 2)**.

Reluktanzmotoren werden wie kleine Synchronmotoren verwendet. Man nennt sie auch *synchronisierte Asynchronmotoren* sowie fälschlich auch Synchronmotoren.

3.3.7 Sonstige Drehfeldmotoren

Anwurfmotor

Versuch 1: Schließen Sie die Anschlüsse U1 und V1 eines kleinen Drehstrommotors an das Einphasennetz an, und schalten Sie ein!
Der Motor brummt, läuft aber nicht an.

Drehen Sie den Motor von Hand an!
Der Motor läuft hoch.

Das magnetische Wechselfeld im Ständer des Motors kann man sich in *zwei* Drehfelder zerlegt denken, die entgegengesetzte Richtung haben **(Bild 3)**. Wird der Läufer in eine Richtung angeworfen, so steigt das Drehmoment in dieser Richtung an, während es in der anderen abnimmt.

> Ein magnetisches Wechselfeld übt auf einen sich drehenden Kurzschlußläufer ein Drehmoment aus.

Deshalb laufen Drehstrommotoren auch weiter, wenn ein Außenleiter ausfällt. Meist sind die Motoren dadurch überlastet und werden zerstört, wenn kein geeigneter Schutz vorgesehen ist, z. B. ein Motorschutzschalter.

Drehstrommotor als Kondensatormotor

Versuch 2: Schließen Sie einen kleinen Drehstrommotor △ 220 V mit einem Kondensator 8 μF nach **Bild 3** an!
Der Motor läuft an.

Wegen des Kondensators sind im Ständer zwei gegeneinander phasenverschobene Ströme wirksam. Dadurch entsteht ein magnetisches Drehfeld. Drehstrommotoren lassen sich in der *Steinmetzschaltung* **(Bild 4)** mit etwa 70% ihrer Nennleistung an Einphasenwechselspannung betreiben, wenn ihre Strangspannung so groß ist wie die Netzspannung. Bei 220 V ist je kW Nennleistung ein Kondensator von 70 μF erforderlich.

* reluctare (lat.) = sich sträuben

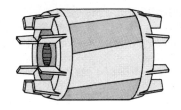

wird auch mit Aussparungen hergestellt

Blechform

Bild 1: Läufer (ohne Welle) eines Reluktanzmotors 500 W

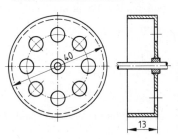

Bild 2: Läufer eines Spaltpol-Reluktanzmotors mit 8 Polen

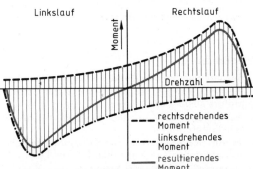

Linkslauf   Rechtslauf

Moment

Drehzahl →

- - - rechtsdrehendes Moment
- · - · linksdrehendes Moment
——— resultierendes Moment

Bild 3: Drehmomente eines Anwurfmotors

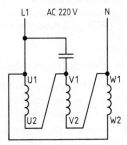

Bild 4: Steinmetzschaltung

Schleifringläufermotor

Der Schleifringläufermotor ist ein Drehstromasynchronmotor, dessen Ständer wie bei einem Kurzschlußläufermotor aufgebaut ist. Der Läufer hat dagegen eine *Drahtwicklung* mit derselben Polzahl wie der Ständer. Die Anschlüsse der Läuferwicklung, die meist in Stern geschaltet ist, sind an drei Schleifringe geführt. An die Schleifringe ist ein Anlasser mit drei Widerständen angeschlossen **(Bild 1)**. Je nach Stellung des Anlassers sind der Läuferstrom, der Ständerstrom, das Drehmoment und damit der Schlupf verschieden groß. Außer zum Anlassen des Motors kann der Anlasser zur *Schlupfsteuerung* und damit zur begrenzten Drehzahlsteuerung verwendet werden **(Bild 2)**. Schleifringläufermotoren verwendet man für Nennleistungen ab 4,4 kW für Hebezeuge.

Getriebemotoren

Wird an einen Motor ein Getriebe angebaut, so spricht man von einem Getriebemotor. Bei ihm ist die Abtriebsdrehzahl viel kleiner als die Drehzahl des eigentlichen Motors. Im selben Umfang ist sein Drehmoment größer. Getriebemotoren gibt es mit kleinen Spaltpolmotoren von weniger als 1 W Nennleistung bis zu Drehstrommotoren mit etwa 100 kW Nennleistung.

Bremsmotoren

Bremsmotoren enthalten außer dem eigentlichen Motor eine Federdruckbremse. Bei Einschalten des Motors wird diese gelöst, z. B. durch einen *Bremslüftmagneten*. Bei Abschalten bremst die Federdruckbremse den Motor schnell ab.

Linearmotor

Linearmotoren sind Antriebsmaschinen, die eine geradlinige (lineare) Bewegungskraft hervorrufen, keine kreisförmige wie andere Motoren. Zum Verständnis der Wirkungsweise denkt man sich den Ständer eines Drehstrommotors am Umfang aufgeschnitten und gestreckt **(Bild 3)**. Wird die in eine Ebene gestreckte Drehstromwicklung mit Drehstrom gespeist, so bewegen sich die Pole in gleicher Richtung, z. B. von rechts nach links. Ein derartiges Magnetfeld nennt man magnetisches *Wanderfeld*.

Beim Linearmotor ist ein magnetisches Wanderfeld wirksam.

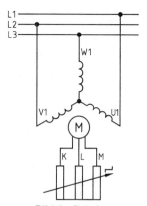

Bild 1: Schaltung eines Schleifringläufermotors mit Anlasser

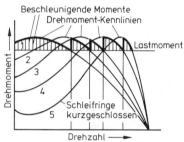

Bild 2: Drehmomentkennlinien eines Schleifringläufermotors mit verschiedenen Anlaßwiderständen

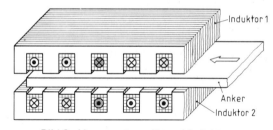

Bild 3: Linearmotor mit zwei Induktoren

Dem Ständer des Drehstrommotors entspricht der *Induktor* des Linearmotors, dem Kurzschlußläufer entspricht der Anker. Der Anker ist meist massiv aus Stahl, auch mit einem Überzug aus einem Leiterwerkstoff. Durch das Wanderfeld des Induktors und durch die Wirbelströme im Anker wird auf den Anker eine Kraft in Richtung des Wanderfeldes ausgeübt.

Der Induktor kann fest angeordnet sein und der Anker beweglich, z. B. bei einem Motor zum Toröffnen. Auch die entgegengesetzte Anordnung kommt vor, z. B. bei elektrischen Schnellbahnen.

Wegen des großen Luftspaltes haben Linearmotoren einen großen Schlupf und damit einen niedrigen Wirkungsgrad.

Wiederholungsfragen

1. Erklären Sie den Begriff Wirbelstromläufer!
2. Welches Betriebsverhalten hat ein Reluktanzmotor im Anlauf und welches im Betrieb?
3. Beschreiben Sie die Wirkungsweise eines Anwurfmotors!
4. Welche Aufgabe hat die Steinmetzschaltung?
5. Wodurch unterscheidet sich der Läufer eines Schleifringläufermotors vom Läufer eines Kurzschlußläufermotors?
6. Wie arbeitet ein Bremsmotor beim Abschalten?
7. Warum haben Linearmotoren einen niedrigen Wirkungsgrad?

3.3.8 Stromwendermotoren

Motoren mit einem *Stromwender* (Kommutator*, Kollektor**) sind meist für den Betrieb mit Gleichspannung geeignet. Einige Bauarten davon können auch mit Wechselstrom betrieben werden.

Aufbau

Der Ständer hat bei den Stromwendermotoren die Aufgabe, ein feststehendes Magnetfeld zu erzeugen. Das erfolgt bei Gleichstrommotoren mit Dauermagneten (bis 30 kW) oder mit einer *Feldwicklung*, bei Wechselstrommotoren immer mit einer Feldwicklung (*Erregerwicklung*). Der Läufer wird bei Stromwendermotoren meist *Anker* genannt. Er besteht aus Welle, Blechpaket, Drahtwicklung und Stromwender **(Bild 1)**. Die Stromzuführung zum Anker erfolgt über *Kohlebürsten*, die im *Bürstenapparat* des Ständers befestigt sind.

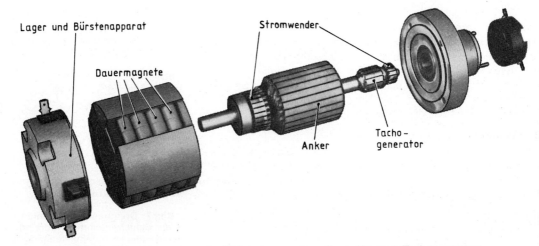

Bild 1: Dauermagneterregter Gleichstrommotor mit angebautem Tachogenerator

Bei Motoren, deren Drehzahl schnell den Steuerbefehlen folgen soll, z. B. bei Stellantrieben, muß das Trägheitsmoment klein sein. Das erreicht man durch einen Läuferaufbau ohne Elektrobleche oder durch schlanke Läufer. Eine verbreitete Form ist der *Scheibenläufermotor* **(Bild 2)**. Bei ihm wird als Läufer eine dünne, eisenfreie Scheibe verwendet. Auf beiden Seiten davon befinden sich ähnlich einer gedruckten Schaltung dünne Leiterbahnen anstelle einer Wicklung. Auf der Läuferscheibe schleifen direkt die Kohlebürsten, so daß kein weiterer Stromwender erforderlich ist. Beiderseits der Läuferscheibe bewirken Dauermagnete, daß sie von einem starken, gleich gerichteten Magnetfeld durchsetzt wird (Unipolarmaschine).

> Der Scheibenläufermotor ist ein dauermagneterregter, trägheitsarmer Gleichstrommotor für reaktionsschnelle Antriebe.

Wirkungsweise

Im Ständer der Stromwendermotoren wird durch den Erregerstrom oder durch Dauermagnete das magnetische Ständerfeld erzeugt.

Versuch 1: Lagern Sie den Anker einer zweipoligen Stromwendermaschine nach **Bild 1, Seite 351**! Führen Sie dem Stromwender Strom zu! Prüfen Sie mit einer Magnetnadel die Polung.

Der stromdurchflossene zweipolige Anker hat einen Nordpol und einen Südpol.

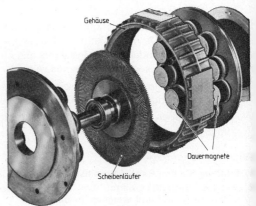

Bild 2: Scheibenläufermotor

* commutare (lat.) = vertauschen; ** collectum (lat.) = zusammengelesen

Versuch 2: Drehen Sie den stromdurchflossenen Anker von Versuch 1, und beobachten Sie die magnetische Polung!
Die Lage der Magnetpole bleibt unverändert.

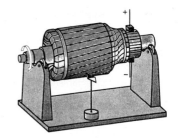

Der Anker eines Stromwendermotors wirkt auch bei Drehung wie *ein* Elektromagnet mit feststehenden Polen. Zwar ändert sich bei der Drehung die Lage der Ankerspulen, jedoch wird durch den Stromwender der Strom so umgepolt, daß die Lage der Ankerpole gleich bleibt. Durch das Zusammenwirken von Erregerfeld des Ständers und Ankerfeld des Läufers tritt eine Kraft auf, die den Anker dreht.

Bild 1: Nachweis des Läuferfeldes

Bei der Drehung des Ankers sucht sich das Ankerfeld in die gleiche Richtung zu drehen wie das Erregerfeld **(Bild 2)**. Da der Strom aber immer wieder anderen Ankerspulen zugeführt wird, nimmt auch das Ankerfeld immer wieder seine ursprüngliche Richtung an.

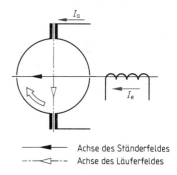

> Bei Stromwendermotoren tritt ein Drehmoment auf, wenn ein Erregerfeld vorhanden ist und im Anker Strom fließt.

Die Richtung des Drehmoments von Stromwendermotoren wird umgekehrt, wenn man die Richtung des Ankerfeldes durch Umpolen des Ankerstromes umkehrt. Die Umpolung des Erregerstromes der Ständerwicklung würde ebenfalls zur Drehrichtungsänderung führen, jedoch ist dann kurzzeitig kein Erregerfeld vorhanden, so daß die Umpolung des Erregerstromes zur Drehrichtungsumkehr meist vermieden wird.

——————— Achse des Ständerfeldes
- - - - - - - - Achse des Läuferfeldes

Bild 2: Erregerfeld und Ankerfeld drehen den Läufer

> Zur Drehrichtungsumkehr von Stromwendermotoren polt man den Ankerstrom um.

Das Drehmoment von Stromwendermotoren hängt vom magnetischen Fluß des Ständers und vom Ankerstrom ab.

> Je stärker der magnetische Fluß des Ständers und je größer die Stromstärke im Anker sind, um so größer ist das Drehmoment.

Versuch 3: Schließen Sie einen Gleichstrommotor über einen Strommesser an einen einstellbaren Spannungserzeuger an! Halten Sie den Läufer fest, und erhöhen Sie die Spannung von 0 V an beginnend!
Schon bei einer sehr niedrigen Spannung fließt der volle Nennstrom.

Im Stillstand des Motors ist für den Ankerstrom nur die am Anker anliegende Spannung und der kleine Widerstand der Ankerwicklung maßgebend. Bei Anschluß an die volle Spannung würde eine unzulässig große Stromstärke fließen. Direktes Einschalten ist deshalb nur bei Kleinmotoren oder bei Anschluß an Schaltungen mit Strombegrenzung möglich.

> Mittelgroße und große Gleichstrommotoren läßt man bei herabgesetzter Ankerspannung an.

Wird die Ankerspannung durch einen Anlaßwiderstand herabgesetzt **(Bild 3)**, so muß dieser in den Ankerstromkreis geschaltet werden. Die Größe des Anlaßwiderstandes hängt vom Ankerwiderstand, dem Motornennstrom, der Netzspannung und der Größe des zulässigen Anlaßspitzenstromes ab (Tabellenbuch Elektrotechnik).

Bild 3: Anlaßwiderstand für Gleichstrommotor

Dreht sich der Läufer eines Stromwendermotors, so schneiden die Leiter des Läufers magnetische Feldlinien, und es wird in ihnen eine Spannung induziert. Diese ist so gerichtet, daß die Ursache der Induktion, also der Ankerstrom, gehemmt wird. Dadurch sinkt mit wachsender Drehzahl im Läufer die Stromstärke.

> Im drehenden Anker von Stromwendermotoren entsteht Spannung. Sie verringert die Stromaufnahme.

Drehzahleinstellung

Versuch 4: Schließen Sie einen Stromwendermotor (z. B. fremderregten Motor) so an, daß Ankerspannung und Erregerstrom unabhängig gesteuert und gemessen werden können! Schalten Sie den Erregerstrom ein, und lassen Sie ihn unverändert, erhöhen Sie aber die Ankerspannung!

Der Anker dreht sich erst langsam, dann schnell.

Stellen Sie jetzt eine mittlere Ankerspannung ein, verändern Sie aber die Erregerspannung!

Der Anker nimmt bei bei kleiner Erregerspannung einen stärkeren Ankerstrom auf und dreht sich schneller.

Wird die Ankerspannung vergrößert, so nimmt der Motor einen stärkeren Strom auf. Dadurch entwickelt er ein größeres Drehmoment und wird so lange beschleunigt, bis die steigende, induzierte Spannung den Ankerstrom wieder verkleinert. Durch Verringerung der Erregerspannung sinken der Erregerstrom und damit die induzierte Spannung im Anker. Der Anker nimmt deswegen einen stärkeren Strom auf und wird so lange beschleunigt, bis die induzierte Spannung wieder etwa so groß ist wie vorher.

> Vergrößerung der Ankerspannung erhöht die Drehzahl, Verkleinerung verringert sie. Verkleinerung der Erregerspannung erhöht die Drehzahl.

Man verkleinert die Ankerspannung, wenn der Motor *unterhalb* der Nenndrehzahl arbeiten soll. Man verkleinert die Erregerspannung, wenn der Motor *oberhalb* seiner Nenndrehzahl arbeiten soll.

Ankerstrom und Ankerquerfeld

Versuch 5: Schalten Sie vor den Anker eines Stromwendermotors einen Strommesser, und schließen Sie den Motor an die halbe Nennspannung an! Schalten Sie ein, und bremsen Sie nach dem Hochlaufen den Motor ab!

Der Strom im Anker nimmt bei Belastung zu.

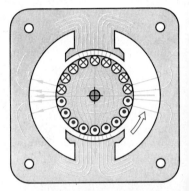

Bild 1: Ankerquerfeld

Belastung verringert die Ankerdrehzahl und damit die induzierte Spannung. Infolgedessen steigt die Stromstärke an.

Bei Belastung von Stromwendermotoren entsteht wegen des Ankerstromes ein *Ankerquerfeld* **(Bild 1)**. Dieses setzt sich mit dem Hauptfeld des Ständers zu einem resultierenden Feld zusammen **(Bild 2)**, dessen Achse gegenüber der Achse des Hauptfeldes verschoben ist, und zwar gegen die Drehrichtung des Motors. Das bewirkt, daß in anderen Nuten als bei Leerlauf Spannungen induziert werden. Die Kohlebürsten des Motors müssen aber so eingestellt sein, daß sie mit dem Teil der Wicklung verbunden sind, in dem keine Spannung induziert wird. Diese Lage der Wicklungsteile sowie die entsprechende Bürstenstellung nennt man *neutrale Zone.*

> Belastung des Motors verschiebt die neutrale Zone gegen die Drehrichtung.

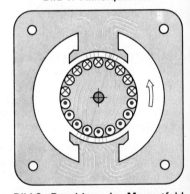

Bild 2: Resultierendes Magnetfeld

Bei Stromwenderkleinmotoren verschiebt man die Bürsten *gegen* die Drehrichtung aus der neutralen Zone für den Leerlauf, damit bei mittlerer Belastung kein Bürstenfeuer auftritt.

Bei Gleichstrommotoren ab 1 kW Nennleistung sind meist *Wendepole* vorhanden **(Bild 3)**. Diese liegen zwischen den Hauptpolen und wirken dem Ankerquerfeld entgegen. Ihre Wicklung ist in Reihe zum Anker geschaltet. Bei starker Belastung ist dadurch das Wendepolfeld ebenfalls stark. Wendepole ermöglichen eine funkenfreie Stromwendung durch den Kommutator.

> Bei Motoren folgt in Drehrichtung auf jeden Hauptpol ein gleichnamiger Wendepol.

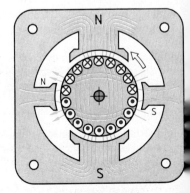

Bild 3: Wendepole

Schaltungen und Betriebsverhalten

Die bei Stromwendermotoren vorkommenden Arten unterscheiden sich durch die Schaltung der Erregerwicklung im Ständer zur Ankerwicklung **(Tabelle 1)**.

Tabelle 1: Übliche Stromwendermotoren

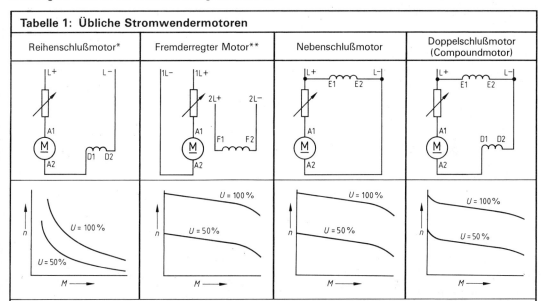

Reihenschlußmotor*	Fremderregter Motor**	Nebenschlußmotor	Doppelschlußmotor (Compoundmotor)

Drehrichtungsumkehr: Bei allen Schaltungen durch Vertauschen von A1 und A2 bzw. B1 und B2.
Wendepolwicklungen: Bei Maschinen über 1 kW sind Wendepole vorhanden mit Wendepolwicklung B1B2. Diese ist in Reihe zu A1A2 geschaltet. Anschlüsse B1B2 sind nicht immer herausgeführt.

* Der Reihenschlußmotor kann mit Wechselstrom arbeiten, wenn der Ständer geblecht ist. Kleine Wechselstrom-Reihenschlußmotoren nennt man auch Universalmotoren.

** Zu den fremderregten Motoren gehören auch die Stromwendermotoren mit Dauermagneterregung.

Der **Reihenschlußmotor** kann ein sehr großes Drehmoment entwickeln, weil bei Belastung Ankerstrom und Erregerstrom gleich zunehmen. Bei ihm ist auch der Betrieb mit Wechselstrom möglich, wenn der Ständer geblecht ist. Im Leerlauf nimmt die Drehzahl sehr stark zu, der Motor „geht durch", seine Drehzahl ist stark lastabhängig. Er wird für Elektrowerkzeuge und für Fahrzeugantriebe verwendet.

Der **fremderregte Motor** ist der häufigste Gleichstrommotor. Bei ihm kann die Drehzahl durch Änderung der Ankerspannung und durch Änderung der Erregerspannung gesteuert werden. Er wird zum Antrieb hochwertiger Werkzeugmaschinen und als Stellmotor verwendet. Als Kleinmotor kommt er bei batteriegespeisten Motoren vor, z. B. bei Cassettenrecordern. Der Scheibenläufermotor ist gleichfalls ein fremderregter Motor. Fremderregte Motoren werden fälschlich in Prospekten auch Nebenschlußmotoren genannt. Sie können auch eine Reihenschluß-Hilfswicklung im Ständer haben und verhalten sich dann wie Doppelschlußmotoren.

Der **Nebenschlußmotor** hat dasselbe Verhalten wie der fremderregte Gleichstrommotor. Er ist weniger gut drehzahlsteuerbar, da er aus einem einzigen Spannungserzeuger gespeist wird.

Der **Doppelschlußmotor** ist eine Kombination von Reihenschlußmotor und Nebenschlußmotor. Die Reihenschlußwicklung erhöht das Drehmoment. Jedoch wird dadurch die Lastabhängigkeit der Drehzahl größer.

Wiederholungsfragen

1. Beschreiben Sie den Aufbau eines Stromwendermotors!
2. Wozu dienen Scheibenläufermotoren?
3. Unter welchen Bedingungen tritt bei Stromwendermotoren ein Drehmoment auf?
4. Wodurch erreicht man die Drehrichtungsumkehr bei einem Stromwendermotor?
5. Wie erreicht man bei Stromwendermotoren eine Einstellung der Drehzahl?
6. Welche Aufgabe haben die Wendepole?
7. Nennen Sie die Schaltungen der üblichen Stromwendermotoren!
8. Zu welchen Stromwendermotoren gehören die Motoren mit Dauermagneterregung?

3.3.9 Grundgleichungen der elektrischen Maschinen

Drehmomentgleichung

In elektrischen Maschinen (Motoren und Generatoren) entsteht das Drehmoment $M = F \cdot r$ aus der Kraft F des vom Strom I durchflossenen Leiters im Magnetfeld mit der Flußdichte B, der Leiterzahl z und dem Halbmesser r **(Bild 1)**. Allerdings liegt nur ein Teil der Leiter im vollen Magnetfeld. Deshalb ist zusätzlich mit dem Polbedeckungsverhältnis α malzunehmen ($\alpha < 1$).

$$M = F \cdot r = B \cdot I \cdot l \cdot z \cdot r \cdot \alpha$$

Aus der Gleichung ist zu erkennen, daß das Drehmoment einer Maschine abhängig ist von der magnetischen Flußdichte B, dem Läuferstrom I und den Abmessungen der Maschine $l \cdot z \cdot r \cdot \alpha$. Diese faßt man zu einer Maschinenkonstanten C_m zusammen.

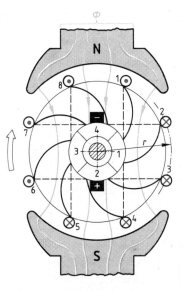

Bild 1: Prinzip beim Gleichstrommotor

M	Drehmoment
C_m	Maschinenkonstante
I	Läuferstrom
Φ	magnetischer Fluß aller Pole

$$[M] = A \cdot Vs = Ws = Nm \qquad \boxed{M = C_m \cdot I \cdot \Phi}$$

Beispiel 1: Ein Gleichstrommotor entwickelt ein Drehmoment von 0,1 Nm unter Nennbedingungen. Infolge schlechter Kühlung darf der Läuferstrom nur das 0,8fache und der Polfuß nur das 0,9fache der Nennwerte betragen. Wie groß ist unter diesen Bedingungen das Drehmoment?

Lösung: $M_{neu} = C_m \cdot I_{alt} \cdot 0{,}8 \cdot \Phi_{alt} \cdot 0{,}9 = 0{,}1 \cdot 0{,}72 \, \text{Nm} = \mathbf{0{,}072 \, Nm}$

Das Drehmoment einer elektrischen Maschine steigt mit dem magnetischen Fluß und dem Läuferstrom der Maschine. Es ist von Art und Abmessung der Maschine abhängig.

Spannungsgleichung

Bei den Generatoren und bei den Motoren wird im Betrieb durch Induktion Spannung erzeugt, weil die Leiter der Läuferwicklung das magnetische Feld schneiden (Bild 1). Die induzierte Spannung U_i hängt von der in einem Leiter erzeugten Spannung $U_i = B \cdot l \cdot v$, der Leiterzahl z und dem Polbedeckungsverhältnis α ab ($\alpha < 1$).

$$U_i = B \cdot l \cdot v \cdot z \cdot \alpha = B \cdot l \cdot 2 \cdot \pi \cdot n \cdot r \cdot z \cdot \alpha$$

Aus der Gleichung erkennt man, daß die induzierte Spannung abhängig ist von der magnetischen Flußdichte, der Drehzahl und den Abmessungen der Maschine, die man zu einer Maschinenkonstanten zusammenfaßt.

U_i	induzierte Spannung
C_u	Maschinenkonstante
Φ	magnetischer Fluß aller Pole
n	Drehzahl (Umdrehungsfrequenz)

$$[U_i] = 1/s \cdot Vs = V \qquad \boxed{U_i = C_u \cdot n \cdot \Phi}$$

Die für das Drehmoment maßgebende Maschinenkonstante C_m ist von der für die Induktion maßgebenden Maschinenkonstanten C_u verschieden.

Beispiel 2: Ein fremderregter Gleichstrommotor macht bei einer Ankerspannung von 240 V 1550 Umdrehungen je Minute. Durch Herabsetzen der Ankerspannung soll seine Drehzahl auf 600 1/min gesenkt werden. Die Erregerspannung bleibt unverändert. Wie groß muß die neue Ankerspannung U_A sein ($U_i \approx U_A$)?

Lösung: $U_A \approx U_i \Rightarrow U_{Aneu} \approx U_{ialt} \cdot 600/1550 = 240 \, \text{V} \cdot 0{,}387 = \mathbf{92{,}9 \, V}$

Die induzierte Spannung einer elektrischen Maschine steigt mit der Drehzahl und dem magnetischen Fluß. Sie ist von Art und Abmessung der Maschine abhängig.

3.4 Kombinatorische Digitaltechnik

3.4.1 Abgeleitete Rechenregeln der Schaltalgebra

Aus den Grundgesetzen der Schaltalgebra kann man weitere Rechenregeln **(Tabelle 1)** herleiten. Zur besseren Übersicht wird innerhalb der Rechnung in den folgenden Beispielen das $\wedge$-Zeichen weggelassen.

Beispiel 1: Zeigen Sie, daß $a \vee (a \wedge b) = a$ ist!

Lösung: Entsprechend der algebraischen Rechnung
$a + ab = a (1 + b)$ gilt $a \vee ab = a (1 \vee b) = \boldsymbol{a}$

Beispiel 2: Zeigen Sie, daß $(a \vee b) \wedge (\bar{a} \vee c) = (a \wedge c) \vee (\bar{a} \wedge b)$ ist!

Lösung:
1. Schritt: Ausmultiplizieren:
$(a \vee b)(\bar{a} \vee c) = a\bar{a} \vee ac \vee b\bar{a} \vee bc$

2. Schritt: Vereinfachen, da $a \wedge \bar{a} = 0$:
$(a \vee b)(\bar{a} \vee c) = ac \vee b\bar{a} \vee bc$

3. Schritt: Letztes Glied mit $\bar{a} \vee a = 1$ erweitern:
$(a \vee b)(\bar{a} \vee c) = ac \vee b\bar{a} \vee bca \vee bc\bar{a}$

4. Schritt: Ausklammern:
$(a \vee b)(\bar{a} \vee c) = ac (1 \vee b) \vee b\bar{a} (1 \vee c)$

5. Schritt: Vereinfachen, da $1 \vee b = 1$ und $1 \vee c = 1$:
$(a \vee b)(\bar{a} \vee c) = \boldsymbol{(a \wedge c) \vee (\bar{a} \wedge b)}$

Tabelle 1: Abgeleitete Regeln

Regel	Beweis
$a \vee (a \wedge b) = a$	$a \wedge (1 \vee b) = a$
$a \wedge (a \vee b) = a$	$(a \wedge a) \vee (a \wedge b)$ $= a \vee (a \wedge b) = a$
$a \wedge (\bar{a} \vee b) = a \wedge b$	$(a \wedge \bar{a}) \vee (a \wedge b)$ $= a \wedge b$
$a \vee (\bar{a} \wedge b) = a \vee b$	s. Mathematik für Elektroniker
$(a \vee b) \wedge (\bar{a} \vee c)$ $= (a \wedge c) \vee (\bar{a} \wedge b)$	s. Beispiel 2

3.4.2 NAND-Funktion

Wendet man die NICHT-Funktion auf die UND-Funktion an, so erhält man die *NAND-Funktion**. Die NAND-Funktion stellt die Verneinung der UND-Funktion dar. Sie sagt aus, daß z. B. bei der Schaltfunktion $x = \overline{a \wedge b}$ dann $x = 1$ ist, wenn $a = 0$ und $b = 0$, oder $a = 0$ und $b = 1$, oder $b = 0$ und $a = 1$ sind. Alle Grundfunktionen lassen sich mit Hilfe von NAND-Gliedern verwirklichen **(Tabelle 2)**. Davon wird bei IC Gebrauch gemacht. Meist verwendet man dabei NAND-Glieder mit mehr als zwei Eingängen.

Tabelle 2: Grundfunktionen aus NAND-Gliedern

Zur Realisierung einer vorhandenen Schaltfunktion mit NAND-Gliedern ersetzt man die einzelnen Verknüpfungen entsprechend Tabelle 2 durch NAND-Schaltungen. Soll die Schaltfunktion minimiert werden, so wird diese zweimal invertiert, und anschließend werden die de Morganschen Gesetze angewendet. Schaltalgebraisch ist die Schreibweise von Schaltfunktionen mit Hilfe von NAND-Funktionen sehr unübersichtlich. Man geht deshalb bei der Aufstellung einer Schaltfunktion so vor, daß man sie aus den Grundfunktionen zusammensetzt und erst im Endzustand umwandelt.

* NAND = Kunstwort aus NOT **AND** (engl.) = NICHT UND

Beispiel 1: Stellen Sie die UND-Funktion $s = a \wedge \bar{b} \wedge c$ durch NAND-Funktionen dar, und zeichnen Sie den Schaltplan!

Lösung: $s = a \wedge \bar{b} \wedge c \Rightarrow \bar{s} = \overline{a \wedge \bar{b} \wedge c} \Rightarrow \bar{\bar{s}} = s = \overline{\overline{a \wedge \bar{b} \wedge c}} \Rightarrow$ **Bild 1**

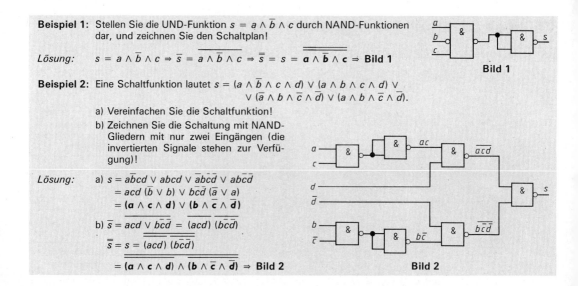

Bild 1

Beispiel 2: Eine Schaltfunktion lautet $s = (a \wedge \bar{b} \wedge c \wedge d) \vee (a \wedge b \wedge c \wedge d) \vee$ $\vee (\bar{a} \wedge b \wedge \bar{c} \wedge \bar{d}) \vee (a \wedge b \wedge \bar{c} \wedge \bar{d})$.

    a) Vereinfachen Sie die Schaltfunktion!

    b) Zeichnen Sie die Schaltung mit NAND-Gliedern mit nur zwei Eingängen (die invertierten Signale stehen zur Verfügung)!

Lösung:
a) $s = a\bar{b}cd \vee abcd \vee \bar{a}b\bar{c}\bar{d} \vee ab\bar{c}\bar{d}$
$= acd\,(\bar{b} \vee b) \vee b\bar{c}\bar{d}\,(\bar{a} \vee a)$
$= (a \wedge c \wedge d) \vee (b \wedge \bar{c} \wedge \bar{d})$

b) $\bar{s} = \overline{acd \vee b\bar{c}\bar{d}} = \overline{(acd)}\,\overline{(b\bar{c}\bar{d})}$

$\bar{\bar{s}} = s = \overline{\overline{(acd)}\,\overline{(b\bar{c}\bar{d})}}$

$= (a \wedge c \wedge d) \wedge (b \wedge \bar{c} \wedge \bar{d}) \Rightarrow$ **Bild 2**

Bild 2

3.4.3 NOR-Funktion

Wendet man die NICHT-Funktion auf die ODER-Funktion an, so erhält man die *NOR-Funktion**. Die NOR-Funktion stellt also die Verneinung der ODER-Funktion dar. Sie sagt aus, daß z. B. bei der Schaltfunktion $s = \overline{a \vee b}$ dann $s = 1$ ist, wenn beide Eingangsvariablen 0 sind. Bei allen anderen Kombinationen hat die Schaltfunktion den Wert 0. Mit NOR-Gliedern lassen sich ebenfalls die Grundfunktionen darstellen **(Tabelle 1)**.

Tabelle 1: Grundfunktionen aus NOR-Gliedern

NICHT-Funktion	UND-Funktion	ODER-Funktion
$x = \bar{e}$	$x = e_1 \wedge e_2$	$x = e_1 \vee e_2$
$x = \bar{e}$	$x = \overline{\bar{e}_1 \vee \bar{e}_2} = e_1 \wedge e_2$	$x = \overline{\overline{e_1 \vee e_2}} = e_1 \vee e_2$

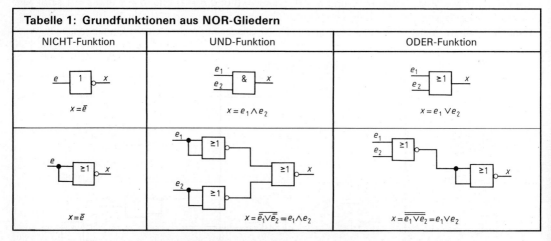

Beispiel:
a) Die Schaltfunktion $s = (a \wedge \bar{b}) \wedge (\bar{c} \vee d)$ ist so umzuformen, daß sie mit NOR-Gliedern verwirklicht werden kann.

b) Entwerfen Sie die Schaltung!

Lösung:
a) $s = (a\bar{b})(\bar{c} \vee d) \Rightarrow \bar{s} = \overline{(a\bar{b})(\bar{c} \vee d)} = \overline{a\bar{b}} \vee \overline{(\bar{c} \vee d)}$

$= (\bar{a} \vee b) \vee \overline{(\bar{c} \vee d)}$

$\bar{\bar{s}} = s = \overline{\overline{(\bar{a} \vee b)} \vee \overline{(\bar{c} \vee d)}}$

b) **Bild 3**

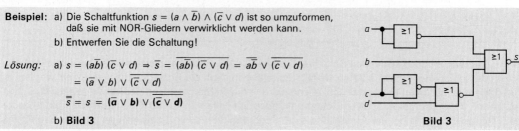

Bild 3

---

* NOR = Kunstwort aus **NOT OR** (engl.) = NICHT ODER

3.4.4 Logische Funktionen zweier Eingangsvariablen

Für die Verknüpfung von zwei Eingangsvariablen gibt es 16 Möglichkeiten. Technisch verwertbar sind davon 10 Verknüpfungen (**Tabelle 1**).

Tabelle 1: Technisch brauchbare logische Funktionen von zwei Eingangsveränderlichen

Eingang (Beispiel)		a	0 0 1 1	Schaltfunktion	Bezeichnung
		b	0 1 0 1		
Ausgang	Normalform	s_2	0 0 0 1	$s_2 = a \wedge b$	Konjunktion, UND
		s_3	0 0 1 0	$s_3 = a \wedge \bar{b}$	Inhibition
		s_5	0 1 0 0	$s_5 = \bar{a} \wedge b$	Inhibition
		s_7	0 1 1 0	$s_7 = (\bar{a} \wedge b) \vee (a \wedge \bar{b})$	Antivalenz, Exklusiv-ODER, XOR
		s_8	0 1 1 1	$s_8 = a \vee b$	Disjunktion, ODER
	negierte Form	s_9	1 0 0 0	$s_9 = \overline{a \vee b}$	neg. Disjunktion, NOR
		s_{10}	1 0 0 1	$s_{10} = (\bar{a} \wedge \bar{b}) \vee (a \wedge b)$	Äquivalenz
		s_{12}	1 0 1 1	$s_{12} = \overline{a \wedge b}$	Implikation
		s_{14}	1 1 0 1	$s_{14} = \overline{a \wedge \bar{b}}$	Implikation
		s_{15}	1 1 1 0	$s_{15} = \overline{a \wedge b}$	neg. Konjunktion, NAND

$$s_9 = \bar{s}_8; \; s_{10} = \bar{s}_7; \; s_{12} = \bar{s}_5; \; s_{14} = \bar{s}_3; \; s_{15} = \bar{s}_2$$

Die *Antivalenz* nennt man auch *Exklusiv-ODER* bzw. *XOR* (**Bild 1**).

Beispiel 1: Die Variablen a und b sollen durch die XOR-Funktion verknüpft werden. a) Stellen Sie eine ausführliche Wertetabelle für die XOR-Funktion $s = (\bar{a} \wedge b) \vee (a \wedge \bar{b})$ auf! b) Was ist bei der Ausgangsvariablen s auffällig?

Lösung: a)

a	b	$\bar{a}$	$\bar{b}$	$\bar{a} \wedge b$	$a \wedge \bar{b}$	s
0	0	1	1	0	0	0
0	1	1	0	1	0	1
1	0	0	1	0	1	1
1	1	0	0	0	0	0

b) **s hat nur dann den Wert 1, wenn nur a oder nur b den Wert 1 haben.**

Die Ausgangsvariable eines Exklusiv-ODER-Gliedes hat nur dann den Wert 1, wenn an einem und nur an einem Eingang die Variable den Wert 1 hat.

Beispiel 2: Geben Sie die Schaltfunktion für ein XOR-Glied mit den Eingangssignalen a und b und dem Ausgangssignal s an, und verwirklichen Sie die Schaltfunktion mit NAND-Gliedern!

Lösung: $s = (\bar{a} \wedge b) \vee (a \wedge \bar{b}) \Rightarrow \bar{s} = \overline{(\bar{a} \wedge b) \vee (a \wedge \bar{b})}$

$= \overline{(\bar{a} \wedge b)} \wedge \overline{(a \wedge \bar{b})} \Rightarrow \bar{\bar{s}} = s = \overline{\overline{(\bar{a} \wedge b)} \wedge \overline{(a \wedge \bar{b})}}$

$\Rightarrow$ **Bild 2**

Die *Äquivalenz* geht aus der Antivalenz hervor, wenn man diese verneint (Tabelle 1).

Auf die gleiche Weise entstehen durch Verneinung der Funktionen s_2, s_3, s_5 und s_8 die Funktionen s_9, s_{12}, s_{14} und s_{15}.

Ein Äquivalenz-Glied heißt auch *Exklusiv-NOR* (**Bild 3**). Die Ausgangsvariable eines Äquivalenz-Gliedes hat nur dann den Wert 1, wenn beide Eingangsvariablen den Wert 0 oder beide den Wert 1 haben.

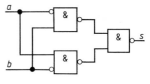

Bild 1: Exklusiv-ODER-Glied
(Antivalenz-Glied, XOR-Glied)

Bild 2: XOR-Glied
mit NAND-Gliedern

Bild 3: Äquivalenz-Glied
(Exklusiv-NOR-Glied)

Beispiel 3: Geben Sie die Schaltfunktion für ein Äquivalenzglied mit den Eingangssignalen a und b und dem Ausgangssignal s an, und verwirklichen Sie die Schaltfunktion mit NOR-Gliedern!

Lösung:

$$s = (\overline{a} \wedge \overline{b}) \vee (a \wedge b) \Rightarrow$$

$$\Rightarrow \quad \overline{s} = \overline{(\overline{a} \wedge \overline{b}) \vee (a \wedge b)}$$

$$= \overline{(\overline{a} \wedge \overline{b})} \wedge \overline{(a \wedge b)}$$

$$= (a \vee b) \wedge (\overline{a} \vee \overline{b}) \Rightarrow$$

$$\Rightarrow \quad \overline{\overline{s}} = s = (a \vee b) \wedge (\overline{a} \vee \overline{b})$$

$$s = \overline{(a \vee b) \vee (\overline{a} \vee \overline{b})} \Rightarrow \text{Bild 1}$$

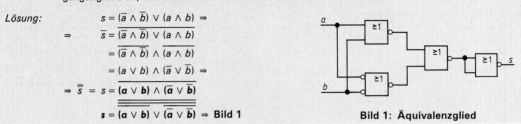

Bild 1: Äquivalenzglied

3.4.5 Analyse und Synthese von Schaltungen

Bei der Analyse einer Schaltung kann man die Schaltfunktion z. B. aus dem Stromlaufplan bzw. Übersichtsschaltplan mit Hilfe der Schaltalgebra bestimmen. Dabei läßt sich die Schaltfunktion meist noch vereinfachen, so daß ein kleinerer Aufwand an Schaltgliedern erforderlich ist. Ferner muß man wissen, bei welchen Kombinationen der Eingangsvariablen die Ausgangsvariable den Wert 1 hat. Durch Einsetzen der Werte 0 und 1 in die Schaltfunktion für alle möglichen Kombinationen der Eingangsvariablen kann dies erreicht werden. Eine einfachere Möglichkeit liefert die ODER-Normalform bzw. die UND-Normalform.

ODER-Normalform

Bei der ODER-Normalform (disjunktive Normalform) enthält jeder Term der Schaltfunktion alle nicht verneinten oder verneinten Eingangsvariablen in UND-Verknüpfung. Die einzelnen Terme sind durch ODER miteinander verknüpft. Schaltfunktionen lassen sich durch Erweitern in die ODER-Normalform umwandeln.

a	b	c	q
0	0	0	0
0	0	1	0
0	1	0	0
0	1	1	1
1	0	0	1
1	0	1	1
1	1	0	0
1	1	1	1

Beispiel 1: Es sei nebenstehende, vollständige Wertetabelle der Schaltzustände gegeben. Wie lautet die ODER-Normalform für das Ausgangssignal q?

Lösung: $q = (\overline{a} \wedge b \wedge c) \vee (a \wedge \overline{b} \wedge \overline{c}) \vee (a \wedge \overline{b} \wedge c) \vee (a \wedge b \wedge c)$

Beispiel 2: Eine Lampe wird von vier Stellen geschaltet. Sie soll bei folgenden Schalterzuständen brennen: Schalter A nicht betätigt und Schalter B und C betätigt, oder Schalter A und C betätigt und B nicht betätigt, oder Schalter D betätigt und A und B betätigt. a) Stellen Sie die Schaltfunktion s für die Lampe auf! b) Suchen Sie alle weiteren Schalterstellungen, für die die Lampe leuchtet, d. h. bilden Sie die ODER-Normalform!

Lösung: a) $s = (\overline{a} \wedge b \wedge c) \vee (a \wedge \overline{b} \wedge c) \vee (d \wedge a \wedge b)$

b) In jedem UND-Term müssen sämtliche Veränderlichen vorkommen. Im 1. und 2. Term fehlt die Variable d, im 3. Term die Variable c.

1. Schritt: 1. und 2. Term mit $(d \vee \overline{d}) = 1$, 3. Term mit $(c \vee \overline{c}) = 1$ erweitern. Damit ändert sich am Wert der Schaltfunktion nichts.

$$s = \overline{a}bc(d \vee \overline{d}) \vee a\overline{b}c(d \vee \overline{d}) \vee dab(c \vee \overline{c})$$

2. Schritt: Ausmultiplizieren:

$$s = (\overline{a} \wedge b \wedge c \wedge d) \vee (\overline{a} \wedge b \wedge c \wedge \overline{d}) \vee (a \wedge \overline{b} \wedge c \wedge d) \vee (a \wedge \overline{b} \wedge c \wedge \overline{d}) \vee$$
$$\vee (a \wedge b \wedge c \wedge d) \vee (a \wedge b \wedge \overline{c} \wedge d)$$

Die ODER-Normalform besteht also aus 6 UND-Termen, d. h. es gibt 6 Schalterstellungskombinationen für die die Lampe leuchtet. So leuchtet z. B. die Lampe, wenn A ausgeschaltet, B, C und D eingeschaltet sind (1. Term).

Die Glieder der ODER-Normalform sind UND-Terme (Vollkonjunktionen) der Eingangsvariablen. Die Zahl der Glieder der ODER-Normalform ist gleich der Zahl der Kombinationen der Eingangsvariablen, für die die Schaltfunktion den Wert 1 annimmt. Mit Hilfe der ODER-Normalform läßt sich die vollständige Wertetabelle aufstellen. Grundsätzlich erhält man bei n unabhängigen Eingangsvariablen 2^n verschiedene Kombinationsmöglichkeiten. Die vollständige Wertetabelle der Schaltzustände besteht also aus 2^n Zeilen.

UND-Normalform

Bei der UND-Normalform (konjunktive Normalform) besteht die Schaltfunktion aus Termen, in denen die verneinten Eingangsveränderlichen durch ODER verknüpft sind und den Ausgangswert $q = 0$ liefern. Die Terme sind durch UND miteinander verknüpft. Die UND-Normalform liefert sofort die Zahl der Kombinationen der Eingangsvariablen, bei denen die Schaltfunktion den Wert 0 annimmt. Die UND-Normalform zieht man der ODER-Normalform vor, wenn z. B. aus der Wertetabelle der Schaltzustände ersichtlich ist, daß die Ausgangsvariable häufiger den Wert 1 als den Wert 0 hat.

Bei der Synthese einer Schaltung ist meist die vollständige Wertetabelle gegeben. Man bildet dann die ODER-Normalform. Anschließend versucht man mit den Regeln der Schaltalgebra so weit zu vereinfachen, daß sich die Schaltfunktion mit dem geringsten Aufwand an Schaltgliedern verwirklichen läßt. Dieses Vereinfachen nennt man Reduzieren* oder Minimieren**. Die Schaltfunktion kann auch bei unvollständiger Wertetabelle in ODER-Normalform aufgestellt werden.

Beispiel 1: Es sei folgende Wertetabelle gegeben.
a) Wie lautet die ODER-Normalform?
b) Wie lautet die UND-Normalform?

a	b	c	q
0	1	0	1
0	1	1	1
1	0	0	0
1	0	1	0
1	1	0	1
1	1	1	0

Lösung: a) $q = (\overline{a} \wedge b \wedge \overline{c}) \vee (\overline{a} \wedge b \wedge c) \vee (a \wedge b \wedge \overline{c})$

b) 1. Lösung: $q = (\overline{a} \vee b \vee c) \wedge (\overline{a} \vee b \vee \overline{c}) \wedge (\overline{a} \vee \overline{b} \vee \overline{c})$

2. Lösung: $\overline{q} = (a \wedge \overline{b} \wedge \overline{c}) \vee (a \wedge \overline{b} \wedge c) \vee (a \wedge b \wedge c)$

$$q = \overline{\overline{q}} = \overline{(a \wedge \overline{b} \wedge \overline{c}) \vee (a \wedge \overline{b} \wedge c) \vee (a \wedge b \wedge c)}$$
$$= (\overline{a} \vee b \vee c) \wedge (\overline{a} \vee b \vee \overline{c}) \wedge (\overline{a} \vee \overline{b} \vee \overline{c})$$

Beispiel 2: Eine Lampe soll von drei verschiedenen Schaltern A, B und C geschaltet werden können. die Lampe soll leuchten, wenn alle Schalter ausgeschaltet sind, oder wenn A und B ausgeschaltet und C eingeschaltet sind, oder wenn A eingeschaltet und B und C ausgeschaltet sind, oder wenn A und B eingeschaltet und C ausgeschaltet sind. a) Stellen Sie die vollständige Wertetabelle auf! b) Entnehmen Sie daraus die ODER-Normalform der Schaltfunktion s! c) Reduzieren Sie die Normalform mit den Regeln der Schaltalgebra! d) Geben Sie die Schaltung mit kontaktlosen Schaltelementen an!

Lösung: a) Die vollständige Wertetabelle **(Bild 1)** besteht bei 3 Eingangsvariablen aus $2^3 = 8$ Zeilen.

b) Aus den Zeilen 1, 2, 5 und 7 erhält man die ODER-Normalform:

$s = (\overline{a} \wedge \overline{b} \wedge \overline{c}) \vee (\overline{a} \wedge \overline{b} \wedge c) \vee (a \wedge \overline{b} \wedge \overline{c}) \vee (a \wedge b \wedge \overline{c})$

c) Vereinfachung:

1. Schritt: Ausklammern von $\overline{a}$ und $a \Rightarrow s = \overline{a}\,(\overline{b}\overline{c} \vee \overline{b}c) \vee a\,(\overline{b}\overline{c} \vee b\,\overline{c})$

2. Schritt: Ausklammern von $\overline{b}$ bzw. $\overline{c} \Rightarrow s = \overline{a}\overline{b}\,(\overline{c} \vee c) \vee a\overline{c}\,(\overline{b} \vee b)$

3. Schritt: Vereinfachen, da $b \vee \overline{b} = 1$ bzw. $c \vee \overline{c} = 1 \Rightarrow s = (\overline{a} \wedge \overline{b}) \vee (a \wedge \overline{c})$

d) Schaltung **Bild 1**.

a	b	c	s
0	0	0	1
0	0	1	1
0	1	0	0
0	1	1	0
1	0	0	1
1	0	1	0
1	1	0	1
1	1	1	0

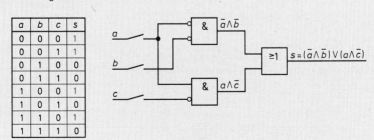

Bild 1: Wertetabelle der Schaltzustände und Schaltung

---

* reducere (lat.) = zurückführen (verkleinern);   ** minimum (lat.) = das Kleinste

3.4.6 Karnaugh-Diagramm

Das *Karnaugh-Diagramm* (Karnaugh-Veitch-Diagramm, KV-Diagramm)* enthält in gedrängter Form die Informationen der Wertetabelle **(Bild 1)**.

Das Karnaugh-Diagramm hat bei n Eingangsvariablen 2^n Felder (Bild 1). In die Felder wird 1 eingetragen, wenn der UND-Term der Eingangsvariablen den Wert 1 der Schaltfunktion liefert. Die anderen Felder erhalten den Wert 0.

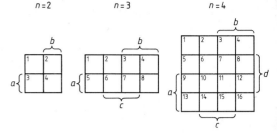

Bild 1: KV-Diagramme mit n Veränderlichen

Beispiel 1: Übertragen Sie aus nebenstehender Wertetabelle die Schaltkombinationen, die $x = 1$ liefern, in ein Karnaugh-Diagramm!

Lösung: **Bild 2.** Das Karnaugh-Diagramm hat $2^4 = 16$ Felder. Für die erste Zeile der Wertetabelle $\bar{a}b\bar{c}d$ sucht man im Diagramm das Feld, welches keine a-Markierung (Felder 1 bis 8), welches b-Markierung (verbleiben Felder 3, 4, 7, 8), welches keine c-Markierung (verbleiben Felder 4, 8) und welches d-Markierung (verbleibt Feld 8) enthält. Entsprechend überträgt man die restlichen Zeilen der Wertetabelle (Bild 1).

a	b	c	d	x
0	1	0	1	1
1	1	1	0	1
1	0	1	1	1
0	0	0	1	1
alle übrigen				0

Bild 2

> Jeder Zeile der Wertetabelle entspricht ein Feld im KV-Diagramm.

Die Streifen für die Variablen (a, b, c, d) können im KV-Diagramm auch anders liegen, z. B. a mit d getauscht.

Beispiel 2: Wandeln Sie die für die vier Eingangsvariablen a, b, c, d gegebene vollständige Wertetabelle der Schaltzustände **(Bild 3)** in ein Karnaugh-Diagramm um!

Lösung: Man zeichnet das Karnaugh-Diagramm mit 16 Feldern (Bild 3) und überträgt aus der Wertetabelle der Schaltzustände in das Diagramm die Werte 1 bei solchen Kombinationen der Eingangsvariablen, bei denen $s = 1$ wird.

Die Minimierung einer Schaltfunktion kann direkt dem Karnaugh-Diagramm entnommen werden. Dazu faßt man benachbarte Felder, die jeweils den Wert 1 haben, zu Blöcken zusammen. Die Zusammenfassung muß immer so erfolgen, daß ein Block 2, 4 oder 8 Felder enthält, die ein Rechteck oder ein Quadrat bilden. Benachbarte Felder **(Bild 1 Seite 361)** sind auch Felder der letzten und der ersten Zeile und der letzten und der ersten Spalte. Die einzelnen Felder dürfen auch in mehreren Zusammenfassungen vorkommen (Bild 1 Seite 361).

> Jede Zusammenfassung im Karnaugh-Diagramm soll möglichst viele Felder enthalten. Die Zahl der Zusammenfassungen soll möglichst klein sein.

Jede Zusammenfassung (Block) bildet ein Glied der gesuchten Schaltfunktion. Die Variablen, die innerhalb des Blocks ihren Zahlenwert nicht ändern, werden miteinander durch die UND-Funktion verknüpft. Die sich ergebenden Terme der Blöcke verknüpft man durch die ODER-Funktion. Diese schaltalgebraische Gleichung ist

a	b	c	d	s
0	0	0	0	0
0	0	0	1	0
0	0	1	0	0
0	0	1	1	0
0	1	0	0	0
0	1	0	1	1
0	1	1	0	0
0	1	1	1	1
1	0	0	0	0
1	0	0	1	0
1	0	1	0	0
1	0	1	1	0
1	1	0	0	0
1	1	0	1	1
1	1	1	0	0
1	1	1	1	1

Bild 3: Wertetabelle und Karnaugh-Diagramm

* Karnaugh, engl. Mathematiker

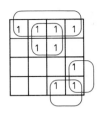

Bild 1: Benachbarte Felder bei KV-Diagrammen für 4 Variable (Beispiele)

die *reduzierte Schaltfunktion*. Die Zusammenfassung der Felder mit dem Wert 1 im Karnaugh-Diagramm liefert die reduzierte Schaltfunktion für die Ausgangsvariable s. Überwiegen im Diagramm die Felder mit dem Wert 1, so ist es zweckmäßig durch Blockbildung der Felder mit dem Wert 0 den Wert $\bar{s}$ der Ausgangsvariablen zu ermitteln. Durch nochmaliges Negieren von $\bar{s}$ erhält man dann den Wert s der Ausgangsvariablen.

Beispiel 3: Bestimmen Sie die Schaltfunktion des Karnaugh-Diagramms **(Bild 2)**, a) durch Blockbildung der Felder mit dem Wert 1, b) durch Blockbildung der Felder mit dem Wert 0!

Lösung: a) Block 1: cd, Block 2: $\bar{b}c$, Block 3: $b\bar{c}\bar{d}$

Schaltfunktion:

$s = cd \vee \bar{b}c \vee b\bar{c}\bar{d}$

$= (c \wedge d) \vee (\bar{b} \wedge c) \vee (b \wedge \bar{c} \wedge \bar{d})$

b) Block 1: $\bar{b}\bar{c}$, Block 2: $\bar{c}\bar{d}$, Block 3: $bc\bar{d}$

Schaltfunktion:

$\bar{s} = \bar{b}\bar{c} \vee \bar{c}\bar{d} \vee bc\bar{d}$

$\bar{\bar{s}} = \overline{\bar{b}\bar{c} \vee \bar{c}\bar{d} \vee bc\bar{d}} = \overline{(\bar{b}\bar{c})}\,\overline{(\bar{c}\bar{d})}\,\overline{(bc\bar{d})} = (b \vee c)(c \vee \bar{d})(\bar{b} \vee \bar{c} \vee d)$

$= (bc \vee b\bar{d} \vee c \vee c\bar{d})(\bar{b} \vee \bar{c} \vee d) = [c(b \vee \bar{d} \vee 1) \vee b\bar{d}](\bar{b} \vee \bar{c} \vee d)$

$= (c \vee b\bar{d})(\bar{b} \vee \bar{c} \vee d) = \bar{b}c \vee c\bar{c} \vee cd \vee b\bar{d}\bar{b} \vee b\bar{d}\bar{c} \vee b\bar{d}d$

$= (\bar{b} \wedge c) \vee (c \wedge d) \vee (b \wedge \bar{c} \wedge \bar{d})$

für b): für a):

Block 1 — Block 1

Block 2 — Block 2

Block 3 — Block 3

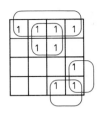

Bild 2: Zusammenfassungen von Feldern im Karnaugh-Diagramm

Beispiel 4: Entnehmen Sie der Wertetabelle der Schaltzustände von Beispiel 2 (Bild 3 Seite 360) die ODER-Normalform der Schaltfunktion s, und vereinfachen Sie sie! b) Entnehmen Sie die vereinfachte Schaltfunktion direkt aus dem Karnaugh-Diagramm!

Lösung: a) Die ODER-Normalform ergibt sich aus den Zeilen mit $s = 1$ der vollständigen Wertetabelle zu:

$s = \bar{a}b\bar{c}d \vee \bar{a}bcd \vee ab\bar{c}\bar{d} \vee ab\bar{c}d$

1. Schritt: Ausklammern:

$s = \bar{a}bd\,(\bar{c} \vee c) \vee ab\bar{c}\,(d \vee \bar{d})$

2. Schritt: Vereinfachen, da $(\bar{c} \vee c) = 1$ und $(d \vee \bar{d}) = 1$:

$s = \bar{a}bd \vee ab\bar{c} = (\bar{a} \wedge b \wedge d) \vee (a \wedge b \wedge \bar{c})$

b) Im Karnaugh-Diagramm bildet man 2 Rechteckblöcke (Bild 3 Seite 360). Block 1 ergibt $\bar{a}bd$, Block 2 ergibt $ab\bar{c}$

Schaltfunktion: $s = \bar{a}bd \vee ab\bar{c} = (\bar{a} \wedge b \wedge d) \vee (a \wedge b \wedge \bar{c})$

Die Bestimmung der reduzierten Schaltfunktion ist bei mehr als zwei Eingangsvariablen mit Hilfe des Karnaugh-Diagramms einfacher als mit schaltalgebraischen Mitteln.

Wiederholungsfragen

1. Wie entsteht die NAND-Funktion?

2. Wie lautet die Schaltfunktion für die XOR-Verknüpfung?

3. Was versteht man unter der Äquivalenz?

4. Wie sind die Eingangsvariablen in der ODER-Normalform enthalten?

5. Wieviel Felder dürfen die möglichen Blöcke im Karnaugh-Diagramm enthalten?

6. Wie sollen die Zusammenfassungen von Feldern im Karnaugh-Diagramm erfolgen?

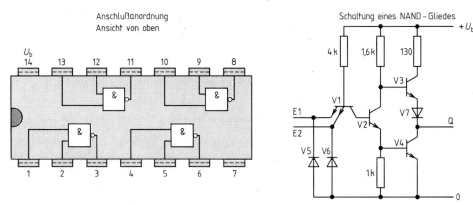

Anschlußanordnung
Ansicht von oben

Schaltung eines NAND-Gliedes

Bild 1: IC mit vier NAND-Gliedern mit zwei Eingängen

3.4.7 NAND-Schaltungen und NOR-Schaltungen

Die Grundschaltungen werden meist als IC ausgeführt. Diese enthalten Einzelschaltungen aus NAND-Gliedern oder NOR-Gliedern. Die gewünschte Grundschaltung wird durch entsprechende Zusammenschaltung der NAND-Glieder bzw. NOR-Schaltungen erreicht.

> Mit NAND-Gliedern und NOR-Gliedern lassen sich alle Grundschaltungen herstellen.

Eine integrierte Schaltung aus NAND-Gliedern in TTL-Technik **(Bild 1)** ist auf einem Chip untergebracht. Die Anschlüsse sind fortlaufend nummeriert und den einzelnen Gliedern entsprechend zugeordnet.

NAND-Glieder und NOR-Glieder werden als IC in bestimmten *Schaltkreisfamilien* hergestellt. Diese unterscheiden sich in Betriebsspannung, Signalpegel, Schaltzeit und Signallaufzeit. Eine *Kompatibilität** zwischen den Familien ist nur teilweise gegeben.

NAND-Schaltungen

Bei der TTL-Familie (**T**ransistor-**T**ransistor-**L**ogik) unterscheidet man verschiedene Ausführungsarten.

Die **Standard-TTL-Schaltung** (Bild 1) besteht aus einem Multi-Emitter-Transistor V1, der eine UND-Verknüpfung der Eingangssignale vornimmt. Der nachgeschaltete Inverter, bestehend aus den Transistoren V2, V3 und V4, kehrt das Eingangssignal um. Liegt z. B. an den Eingängen ein Signal mit dem Wert 0, so ist die Basisspannung von V2 nicht ausreichend zu seiner Durchsteuerung. Die Transistoren V2 und V4 werden gesperrt, V3 leitet. Am Ausgang Q liegt ein Signal mit dem Wert 1.

* Kompalibilität (lat.) = Verträglichkeit

362

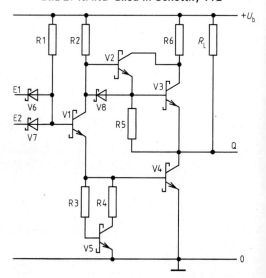

Bild 2: NAND-Glied in Schottky-TTL

Bild 3: Low-Power-Schottky-TTL-NAND-Glied

Die Dioden V5 und V6 verhindern, daß negative Eingangsspannungen zu einem unzulässig hohen Basis-strom von V1 führen können.

Die **Schottky-TTL-Schaltung*** enthält *Schottky-Transistoren* **(Bild 2 Seite 362)**. Das sind bipolare Transistoren, bei denen parallel zur Basis-Kollektor-Strecke eine Schottky-Diode geschaltet ist. Außerdem sind alle Eingänge durch Schottky-Dioden gegen Überspannung geschützt. Die Wirkungsweise ist dieselbe wie bei der Standard-TTL-Schaltung. Die Schottky-Dioden reduzieren jedoch die Signallaufzeit gegenüber der Standard-TTL-Schaltung erheblich. Sie ist nur etwa halb so groß.

Die **Low-Power-Schottky-TTL-Schaltung**** **(Bild 3 Seite 362)** hat bei gleicher Signallaufzeit wie die Standard-TTL-Schaltung eine erheblich geringere Leistungsaufnahme. Als Eingänge werden bei dieser Schaltung zwei Schottky-Dioden verwendet, die eine höhere Spannungsfestigkeit aufweisen als Multi-Emitter-Eingänge.

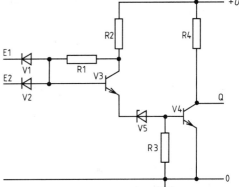

Die **LSL-Schaltung***** **(Bild 1)** hat die Eigenschaft, die Auswirkung einer Störspannung, hervorgerufen z. B. durch Abschalten von Induktivitäten, zu ver-hindern. Dies geschieht durch Anhebung des Ein-gangsspannungspegels mit Hilfe einer Z-Diode, Herab-setzung der Arbeitsgeschwindigkeit und Erhöhung der Betriebsspannung. Bei dem LSL-NAND-Glied (Bild 1) geschieht die Verknüpfung mit Hilfe der Dioden V1 und V2 im Basiskreis des Transistors V3. Die Negierung erfolgt über die nachgeschaltete Ausgangsstufe. Die Betriebsspannung wird auf 15 V gesetzt, damit wird die Schwellenspannung vergrößert. Der Spannungs-hub zwischen H-Pegel und L-Pegel wird erheblich ver-größert. Zur Erhöhung der dynamischen Störsicherheit kann zwischen Ausgang und Basis von V3 ein Konden-sator geschaltet sein. Die Schaltzeiten erhöhen sich dadurch allerdings erheblich.

Bild 1: NAND-Glied in LSL

Die **PMOS-Schaltung (Bild 2)** eines NAND-Gliedes arbeitet mit negativer Logik. Der Transistor V1 wirkt als Lasttransistor, die Tran-sistoren V2 und V3 sind in Reihe geschaltet. Liegen z. B. beide Ein-gänge an einem Signal mit dem Wert 1 ($\cong -U_b$), so schalten V2 und V3 durch. V1 führt Strom, und am Ausgang Q liegt ein Signal mit dem Wert 0. Liegt dagegen an einem Eingang ein Signal mit dem Wert 0, so bleibt der zugehörige Transistor gesperrt, und am Aus-gang erscheint ein Signal mit dem Wert 1.

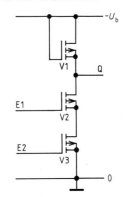

**Bild 2: NAND-Glied
in PMOS-Technik**

Die **CMOS-Schaltung (Bild 3)** eines NAND-Glieds besteht wie die PMOS-Schaltung aus der Reihenschaltung der Transistoren V3 und V4. Es gilt positive Logik. Liegen z. B. beide Eingänge an Signal mit dem Wert 0, so leiten die Transistoren V1 und V2, die Transistoren V3 und V4 aber bleiben gesperrt. Der Transistor V5 wirkt als Schalter. Je nach Ansteuerung von V5 ist der Ausgang Q hoch-ohmig abgetrennt oder durchgeschaltet. Die Schaltung hat also die Zustände 0,1 oder hochohmig (Tri-state = drei Zustände).

CMOS-NAND-Schaltungen haben hohe Störsicherheit und sind billig herzustellen.

NOR-Schaltungen
NOR-Schaltungen werden in TTL-Technik, MOS-Technik und ECL-Technik[4*] ausgeführt.

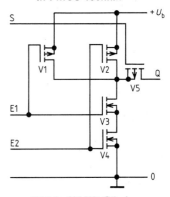

**Bild 3: NAND-Glied
in CMOS-Technik**

---

* Schottky, Physiker, 1886 bis 1976;   ** Low Power (engl.) = geringe Leistung
*** LSL Kunstwort aus *L*angsame *S*törsichere *L*ogik
 [4*] ECL Kunstwort aus *E*mitter *C*oupled *L*ogic (engl.) = emittergekoppelte Logik

Die **TTL-Schaltung (Bild 1)** mit zwei Eingängen besteht aus sechs Transistoren. Liegt z. B. an E1 ein Signal mit dem Wert 1, so steuert der Emitterstrom von V2 den Transistor V6 durch, und der Ausgang Q führt ein Signal mit dem Wert 0. V5 bleibt dabei gesperrt. Liegt ein Signal mit dem Wert 1 an E2 und ein Signal mit dem Wert 0 an E1, so steuert V4 den Transistor V3 an, V2 bleibt gesperrt. Am Ausgang Q liegt ein Signal mit dem Wert 0. Liegen an beiden Eingängen Signale mit dem Wert 1, so leitet V6, und der Ausgang Q führt ein Signal mit dem Wert 0. Erst Signale mit dem Wert 0 an beiden Eingängen bewirken, daß V2 und V3 sperren. Über R2 wird V5 leitend, und am Ausgang Q liegt ein Signal mit dem Wert 1.

Bei der **NMOS-Schaltung (Bild 2)** sind die Kanäle der Transistoren V2 und V3 parallelgeschaltet. Der Transistor V1 wirkt als Widerstand.

Bei der **CMOS-Schaltung (Bild 3)** leiten die Transistoren V1 und V2, wenn an beiden Eingängen Signal mit dem Wert 0 anliegt. Die Transistoren V3 und V4 dagegen bleiben gesperrt, und am Ausgang Q liegt ein Signal mit dem Wert 1. Liegt z. B. am Eingang E1 ein Signal mit dem Wert 1, so sperrt der Transistor V1. V3 wird leitend, so daß am Ausgang Q ein Signal mit dem Wert 1 erscheint.

Die **ECL-NOR/ODER-Schaltung (Bild 4)** arbeitet in emittergekoppelter Logik (ECL), die besonders kurze Impulsverzögerungszeiten erlaubt. Die Schaltung (Bild 4) besteht aus einem Differenzverstärker mit den Zweigen V1, V2 und V3 mit konstanter Basisspannung U_{Ref}. Über die Transistoren V4 und V5 werden die stets gegensätzliche Pegel führenden Ausgänge Q* ($\overline{Q}$) und Q beschaltet. Führen beide Eingänge Signale mit dem Wert 0, so sperren beide Eingangstransistoren. Der Spannungsabfall am Widerstand R1 ist kleiner als am Widerstand R2, so daß der Transistor V4 mehr Basisstrom erhält als der Transistor V5. An Q liegt dann ein Signal mit dem Wert 1, an Q* dagegen ein Signal mit dem Wert 0. Bei jeder anderen Kombination der Eingangssignale leitet einer oder beide Eingangstransistoren.

Wiederholungsfragen

1. Welche Aufgabe hat der Transistor V1 einer Standard-TTL-Schaltung?
2. Wodurch unterscheiden sich Schottky-TTL-Schaltungen von Standard-TTL-Schaltungen?
3. Welche Eigenschaft hat die LSL-Schaltung?
4. Welche Vorteile haben CMOS-NAND-Schaltungen?
5. Was versteht man unter Tri-state?
6. Welchen Vorteil haben ECL-Schaltungen?

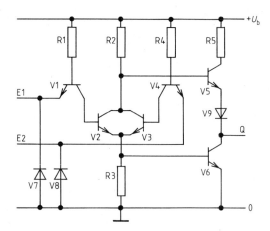

Bild 1: NOR-Glied in TTL-Technik

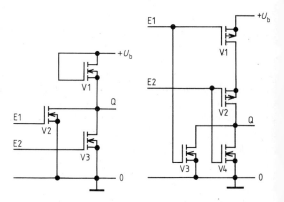

Bild 2: NOR-Glied in NMOS-Technik

Bild 3: NOR-Glied in CMOS-Technik

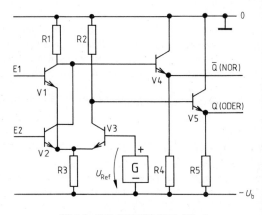

Bild 4: ECL-NOR/ODER-Glied

3.4.8 Kennzeichnung integrierter Schaltungen

Zur Kennzeichnung integrierter Schaltungen dienen statische und dynamische Daten sowie Angaben über die Störsicherheit.

Statische Daten

Grenzdaten sind Grenzwerte, die unbedingt eingehalten werden müssen. Sie gelten meist bei 25 °C. *Kenndaten* sind die aus der Fertigung ermittelten Mittelwerte. Sie gelten bei 25 °C und der vorgesehenen Speisespannung. Der Streubereich wird für den schlechtesten Fall (worst-case*) angegeben.

Charakteristische *Kennlinien* geben über das Betriebsverhalten Aufschluß. Die Übertragungskennlinien eines Schaltgliedes geben den Zusammenhang zwischen Eingangsspannung und Ausgangsspannung an. Sie hängen von der Belastung und der Temperatur ab. Man entnimmt aus den Übertragungskennlinien die Pegel und den statischen Störabstand.

Weitere Daten sind der *Eingangslastfaktor* (fan in) und der Ausgangslastfaktor (fan out). Der Eingangslastfaktor gibt die Belastung eines Eingangs bezogen auf den Zustand H oder Zustand L an.

Beispiel 1: Eine TTL-Schaltung hat den Eingangslastfaktor $F_I = 3$. Je Eingang bedeutet ein Pegel L eine Belastung von 1,6 mA, ein Pegel H eine Belastung von 40 µA. Wie groß sind die Eingangsströme in beiden Schaltzuständen?

Lösung: L-Eingangsstrom: $I_{IL} = 3 \cdot 1{,}6$ mA = **4,8 mA**   H-Eingangsstrom: $I_{IH} = 3 \cdot 40$ µA = **120 µA**

Der *Ausgangslastfaktor* gibt an, wie oft ein Ausgang den Eingangsstrom eines Eingangs mit $F_L = 1$ übernehmen kann. Man unterscheidet dabei L-Ausgangslastfaktor und H-Ausgangslastfaktor.

Beispiel 2: Für die TTL-Schaltung Bild 1, Seite 362, beträgt der Strom im Zustand L je Eingang $I_{IL} = 1{,}6$ mA. Der L-Ausgangs-Lastfaktor $F_{QL} = 10$. Mit welchem Laststrom darf der Ausgang betrieben werden?

Lösung: Ausgangslaststrom bei L-Belastung: $I_{QL} = I_{IL} \cdot F_{QL} = 1{,}6$ mA $\cdot$ 10 = **16 mA**

Dynamische Daten

Die *Signal-Laufzeit* t_p gibt die Impulsverzögerung zwischen Eingangssignal und Ausgangssignal an, wenn das Signal von L nach H (t_{PLH}) bzw. von H nach L (t_{PHL}) wechselt **(Bild 1)**.

Die *Signal-Übergangszeiten* t_{TLH} und t_{THL} der Impulsflanken werden zwischen den Kennlinienpunkten von 10% und 90% der Ausgangsspannungs-Kennlinie ermittelt (Bild 1).

Die *Paarlaufzeit* t_{PD} gibt die Signalverzögerung an, die zwei in Reihe geschaltete Verknüpfungsglieder bewirken. Sie ergibt sich zu $t_{PD} = t_{PLH} + t_{PHL} = 2\,t_P$.

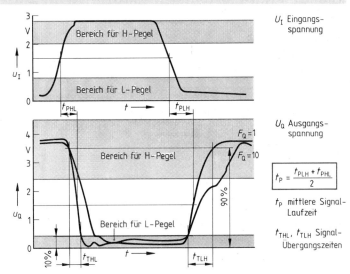

Bild 1: Pegel, Signal-Laufzeit und Signal-Übergangszeit von IC

Störsicherheit

Der *statische Störabstand* gibt den zulässigen Spannungshub an, der den Zustand des Schaltgliedes noch nicht ändert.

Die *dynamische Störsicherheit* gibt das Verhalten der integrierten Schaltungen gegenüber Störimpulsen an, deren Dauer klein ist gegenüber der Signal-Laufzeit. Man unterscheidet dabei zwischen Eingangsempfindlichkeit und Empfindlichkeit gegen kapazitive Störeinkopplung (Übersprechstörungen).

---

* worst (engl.) = schlecht, case (engl.) = Fall

3.4.9 Anwendungen

Grundlegend ist bei Anwendungsschaltungen in der kombinatorischen Digitaltechnik, daß einer Änderung der Eingangsvariablen unmittelbar die Änderung der Ausgangsvariablen folgt. Bei der Entwicklung der Schaltung werden die Schaltfunktionen erstellt und mit Hilfe der Schaltalgebra bzw. des KV-Diagramms minimiert. Die Realisierung der Schaltung erfolgt dann mit den gewählten digitalen Gliedern, z. B. NAND-Glieder.

Code-Umsetzer

Ein Code-Umsetzer hat die Aufgabe, einen vorhandenen Datencode in einen anderen umzusetzen. Es gibt verschiedene Codes (Abschnitt 4.2). Häufig kommen dabei Vierergruppen von Binärzeichen vor. Diese bezeichnet man als *Tetraden**.

Beispiel 1:

Eine Sieben-Segment-Anzeige **(Bild 1)** soll zur Zifferndarstellung im 8-4-2-1-Code vorliegenden Dezimalziffern 0 bis 9 verwendet werden.

a) Wie lautet die Schaltfunktion s_a für den Leuchtbalken a? b) Übertragen Sie die Schaltfunktion in ein KV-Diagramm, und tragen Sie in die Felder der nicht verwendeten Tetraden (Pseudotetraden, hier 1010 bis 1111) den Buchstaben X ein! c) Minimieren Sie die Schaltfunktion s_a für den Leuchtbalken a unter Verwendung der Pseudotetraden! (Hinweis: Für X kann 1 gesetzt werden, damit sich möglichst große Blöcke bilden lassen). d) Entwerfen Sie eine Schaltung nur mit NAND-Gliedern! (Die invertierten Signale stehen zur Verfügung).

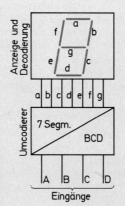

8-4-2-1-Code				⟹	7-Segmente-Code							⟹	Dezimalzahl
D	C	B	A		a	b	c	d	e	f	g		
0	0	0	0		1	1	1	1	1	1	0		*0*
0	0	0	1		0	1	1	0	0	0	0		*1*
0	0	1	0		1	1	0	1	1	0	1		*2*
0	0	1	1		1	1	1	1	0	0	1		*3*
0	1	0	0		0	1	1	0	0	1	1		*4*
0	1	0	1		1	0	1	1	0	1	1		*5*
0	1	1	0		0	0	1	1	1	1	1		*6*
0	1	1	1		1	1	1	0	0	0	0		*7*
1	0	0	0		1	1	1	1	1	1	1		*8*
1	0	0	1		1	1	1	0	0	1	1		*9*

Bild 1

Lösung:

a) $s_a = (\overline{a} \wedge \overline{b} \wedge \overline{c} \wedge \overline{d}) \vee (\overline{a} \wedge b \wedge \overline{c} \wedge \overline{d}) \vee (a \wedge b \wedge \overline{c} \wedge \overline{d})^* \vee$
$\vee (a \wedge \overline{b} \wedge c \wedge \overline{d}) \vee (a \wedge b \wedge c \wedge \overline{d}) \vee (\overline{a} \wedge \overline{b} \wedge \overline{c} \wedge d) \vee$
$\vee (a \wedge \overline{b} \wedge \overline{c} \wedge d)$

b) **Bild 2**

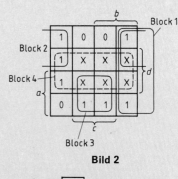

Bild 2

c) Block 1: $b \wedge \overline{c}$; Block 2: $\overline{a} \wedge \overline{c}$
Block 3: $a \wedge c$; Block 4: d

$s_a = (b \wedge \overline{c}) \vee (\overline{a} \wedge \overline{c}) \vee (a \wedge c) \vee d$

d) $\overline{s_a} = \overline{(b \wedge \overline{c}) \vee (\overline{a} \wedge \overline{c}) \vee (a \wedge c) \vee d}$
$= \overline{(b \wedge \overline{c})} \wedge \overline{(\overline{a} \wedge \overline{c})} \wedge \overline{(a \wedge c)} \wedge \overline{d}$

$\overline{\overline{s_a}} = s_a = \overline{\overline{(b \wedge \overline{c})} \wedge \overline{(\overline{a} \wedge \overline{c})} \wedge \overline{(a \wedge c)} \wedge \overline{d}}$

Schaltung **Bild 3**

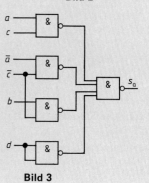

Bild 3

---

* Tetrade (griech.) = Vierergruppe

Multiplexer und Demultiplexer

Mit einem *Multiplexer* kann durch einen Befehl *eine* ausgewählte Datenleitung auf den Ausgang durchschalten. Ein 2-Kanal-Multiplexer **(Bild 1)** besteht z. B. aus UND-Gliedern, NOR-Glied und NICHT-Glied, wobei die Auswahl der Kanäle über das Steuersignal *s* erfolgt. Meist besitzt ein Multiplexer einen Freigabe-Eingang (Enable), der z. B. bei 0-Pegel alle Eingänge vom Ausgang abkoppelt, und zwar unabhängig vom Steuersignal. Die Ausgänge sind meist in *Tri-state-Technik* ausgeführt. Die Kanalwahl kann willkürlich erfolgen (random mode) oder die Abfrage der Dateneingänge erfolgt nacheinander (sequentielle Auswahl). Bei Datenverarbeitungsanlagen, insbesondere bei Mikrocomputern, erfolgt die Durchschaltung der Ausgänge, also der angeschlossenen Geräte, durch den Multiplexer über einen *Bus* **(Bild 2)**. Der Bus stellt eine Sammelschiene aus Datenleitungen, Adreßleitungen und der Interruptleitung (Unterbrechungsleitung) dar. Alle angeschlossenen Geräte besitzen hier einen Adressendecodierer. Dieser schaltet das betreffende Gerät an den Bus, wenn an der Adressenleitung die Geräteadresse ansteht.

Beim Anschluß digitaler Signalempfänger erfolgt dabei die Durchschaltung der einzelnen Leitungen mit UND-Gliedern. Ein 8-Bit-Multiplexer (SN 74151) besteht aus Kanalwähler und Dateneingängen **(Bild 3)**. Die Kanalwahlleitungen werden binär adressiert und zwar von $a = 0$, $b = 0$ und $c = 0$ für die Datenleitung DØ in aufsteigender Reihenfolge.

Beispiel 3:

Welches Datensignal tritt am Ausgang Q des Multiplexers (Bild 3) auf, wenn an den Kanälen die Signalkombinationen wie folgt auftreten:

a) $a = 1$, $b = 0$, $c = 0$; b) $a = 0$, $b = 1$, $c = 1$; c) $a = 1$, $b = 1$, $c = 1$?

Lösung:

a) $q = \overline{d1}$; b) $q = \overline{d6}$; c) $q = \overline{d7}$

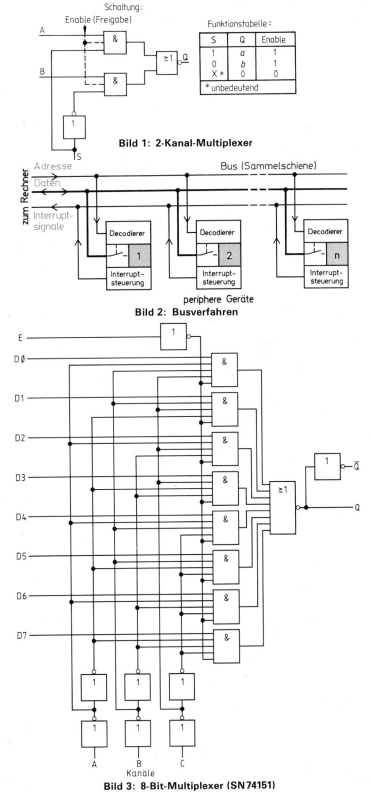

Bild 1: 2-Kanal-Multiplexer

Bild 2: Busverfahren

Bild 3: 8-Bit-Multiplexer (SN 74151)

Ein *Demultiplexer* hat die Aufgabe, die von einem Multiplexer auf einer Leitung gebündelten Signale wieder in entsprechende Einzelsignale zu sortieren. Er stellt also die Umkehrung des Multiplexers dar. Dazu ist eine Synchronisation zwischen Multiplexer und Demultiplexer erforderlich. Dies geschieht über ein Taktsignal für die Steuerungen von Multiplexer und Demultiplexer. Eine Multiplexer/Demultiplexer-Schaltung kann daher auch zur Übertragung paralleler Daten über eine serielle Datenleitung verwendet werden. Der Multiplexer übernimmt dabei die Parallel-Serienumsetzung, der Demultiplexer wandelt die empfangenen Daten in Serien-Parallelumsetzung wieder um. Bei sequentieller Auswahl des Multiplexvorgangs ist es ausreichend, wenn an der sendenden und an der empfangenden Stelle die gleiche Steuerschaltung vorhanden ist. Dann muß nur das Taktsignal seriell mit den Daten übertragen werden. Demultiplexer/Decoder gibt es in TTL-Technik und CMOS-Technik. In den Ausführungsarten unterscheidet man z. B. 1 zu 2-Bit-Demultiplexer, 1 zu 4-Bit-Demultiplexer, 1 zu 8-Bit-Demultiplexer und 1 zu 16-Bit-Demultiplexer.

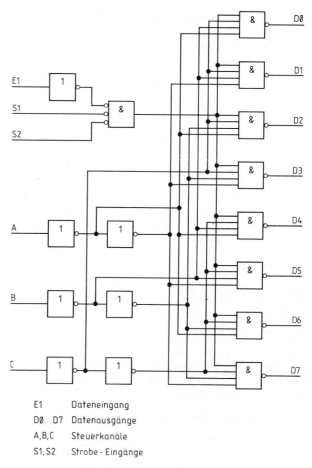

E1	Dateneingang
DØ...D7	Datenausgänge
A,B,C	Steuerkanäle
S1,S2	Strobe-Eingänge

Bild 1: Demultiplexer (SN 74138)

Die Demultiplexer-Schaltung **(Bild 1)**, bestehend aus dem TTL-IC SN 74138, ist ein 3-Bit-Demultiplexer (3-zu 8-Demultiplexer). Die Daten liegen am Eingang E1 an. Die beiden *Strobe-Eingänge** S1 und S2 ermöglichen die Sperrung des Demultiplexers. Die Steuerung erfolgt über die drei Kanäle A, B, C wie beim Multiplexer SN 74151 (Bild 3 Seite 367). Am selektierten Datenausgang liegt bei dieser Schaltung (Bild 1) immer das invertierte Dateneingangssignal an.

Beispiel 4: Am Demultiplexer (Bild 1) liegt am Dateneingang ein Signal mit dem Wert 1 an. Die Kanäle haben die Signale $a = 1$, $b = 1$ und $c = 0$, die Strobeeingänge haben Signale mit dem Wert 0. a) Welcher Ausgang ist angesteuert, und welches Signal führt er? b) Welche Signale führen die restlichen Ausgänge?

Lösung: a) **D3 ist angesteuert; $d3 = 0$;**

   b) **Die restlichen Ausgänge haben Signale mit dem Wert 1.**

Wiederholungsfragen

1. Wodurch kennzeichnet man integrierte Schaltungen?
2. Nennen Sie dynamische Daten integrierter Schaltkreise!
3. Wodurch werden Signalzeiten beeinflußt?
4. Wodurch ist die Störsicherheit gekennzeichnet?
5. Welche Aufgabe erfüllt ein Multiplexer?
6. Woraus besteht ein Bus?
7. Wie arbeitet ein Demultiplexer?
8. Welche Umwandlung der Daten geschieht im Demultiplexer?

* Strobe-Impuls = Tastimpuls, Austastimpuls

3.5 Sequentielle Digitaltechnik

3.5.1 Allgemeines

In der Signalverarbeitung ist es sehr oft erforderlich, Signalzustände über die Dauer ihres Auftretens hinaus festzuhalten und wirksam werden zu lassen. Dazu werden für die binären Signale Signalspeicher (*Binärspeicher*) benötigt **(Bild 1)**. Sequentielle* Digitalschaltungen (*Schaltwerke*) besitzen neben nicht speichernden Verknüpfungsgliedern, z. B. NAND-Gliedern, derartige Signalspeicher. Die Werte der Ausgangsgrößen einer solchen Schaltung hängen nicht nur von den Werten der Eingangsgrößen ab, sondern auch noch von den Zuständen der Binärspeicher zum gleichen Zeitpunkt.

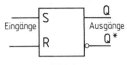

Bild 1:
Schaltzeichen eines
Binärspeichers

Ein Binärspeicher kann mit einer bistabilen Kippschaltung realisiert werden. Bistabile Kippschaltungen (Flipflop) können den Informationsgehalt von einem Bit speichern. Ein Signalspeicher besitzt z. B. einen *Setzeingang* S (abgeleitet von set (engl.) = setzen) und einen *Rücksetzeingang* R (abgeleitet von reset (engl.) = rücksetzen). Durch Signal am S-Eingang kann der Binärspeicher gesetzt werden. Am Q-Ausgang des Binärspeichers wird dadurch ein Signal mit dem Wert 1 erzeugt. Der Ausgang Q* (sprich: Q Stern) liefert dann ein Signal mit dem Wert 0. Solange der Binärspeicher nicht durch ein Signal am R-Eingang zurückgesetzt wird, bleibt er gesetzt, auch wenn das Setzsignal nicht mehr vorhanden ist. Der Q-Ausgang liefert also weiterhin ein Signal mit dem Wert 1. Durch ein Signal am R-Eingang wird der Binärspeicher zurückgesetzt. Der Q-Ausgang liefert ein Signal mit dem Wert 0, der Q*-Ausgang dagegen ein Signal mit dem Wert 1. Auch der Rücksetzzustand bleibt erhalten, wenn das Rücksetzsignal nicht mehr vorhanden ist oder noch weitere Signale am R-Eingang einwirken.

Die beiden Ausgänge Q und Q* des Binärspeichers liefern Spannungspegel, welche zueinander gegensätzlich sind, z. B. H-Pegel am Q-Ausgang und L-Pegel am Q*-Ausgang. Man spricht hier von zueinander *komplementären** Ausgängen.* Es gibt verschiedene Binärspeicher. Sie unterscheiden sich hauptsächlich durch die Art der Ansteuerung und der Auslösung des Kippvorganges von dem einen stabilen Zustand in den anderen stabilen Zustand.

> Sequentielle Digitalschaltungen enthalten Flipflop als Signalspeicher und Verknüpfungsglieder.

3.5.2 Realisierung eines Binärspeichers aus Verknüpfungsgliedern

Versuch 1: Bauen Sie die Schaltung nach **Bild 2** auf! Legen Sie an den S̄-Eingang*** H-Pegel und an den R̄-Eingang L-Pegel! Beobachten Sie die Pegel der Ausgänge Q und Q* mittels der LED!

Das Signal am Ausgang Q besitzt L-Pegel, das Signal am Ausgang Q* dagegen H-Pegel.

Liegt am R̄-Eingang L-Pegel, dann besitzt wegen des NAND-Gliedes der Ausgang Q* auf jeden Fall H-Pegel, ganz gleich, ob das zweite Eingangssignal von D2, also das Ausgangssignal von D1, L-Pegel oder H-Pegel besitzt. Somit liegen an beiden Eingängen von D1 zwei Signale mit H-Pegel. Deshalb erscheint am Ausgang Q ein Signal mit L-Pegel.

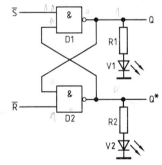

Bild 2: Realisierung
der R̄S̄-Kippschaltung
mit NAND-Gliedern

Versuch 2: Legen Sie an den S̄-Eingang der Schaltung nach Bild 2 L-Pegel und an den R̄-Eingang- H-Pegel! Beobachten Sie die Pegel der Ausgänge Q und Q* mittels der LED!

Das Signal am Ausgang Q besitzt H-Pegel, am Ausgang Q* entsteht ein Signal mit L-Pegel.

Liegt am S̄-Eingang L-Pegel, dann besitzt der Ausgang Q wegen des NAND-Gliedes H-Pegel. An D2 liegen zwei Signale mit H-Pegel. Am Ausgang Q* erscheint folglich ein Signal mit L-Pegel. Bei der Schaltung nach Bild 2 handelt es sich um eine R̄S̄-Kippschaltung, die mit zwei NAND-Gliedern aufgebaut ist. Die Signale der Ausgänge Q bzw. Q* besitzen entweder H-Pegel oder L-Pegel. Das Setzen dieser Kippschaltung erfolgt mit einem L-Pegel am S̄-Eingang und einem H-Pegel am R̄-Eingang. Am Q-Ausgang entsteht dann ein H-Pegel und am Q*-Ausgang ein L-Pegel. Das Rücksetzen dieser Schaltung erfolgt mit einem L-Pegel am R̄-Eingang und einem H-Pegel am S̄-Eingang. Am Q-Ausgang erscheint dann ein L-Pegel und

---

* sequi (lat.) = folgen   ** complementum (lat.) = Ergänzung   *** S̄ sprich: S nicht

am Q*-Ausgang ein H-Pegel. Bei den Ausgängen Q und Q* handelt es sich um zueinander gegensätzliche Ausgänge. L-Pegel am Q-Ausgang bedeutet H-Pegel am Q*-Ausgang.

> Die $\overline{\text{RS}}$-Kippschaltung besitzt einen Setzeingang und einen Rücksetzeingang. Die Spannungspegel der Ausgänge sind zueinander komplementär.

Versuch 3: Legen Sie anschließend an Versuch 2 an beide Eingänge der Schaltung nach Bild 2, Seite 369, H-Pegel, und beobachten Sie die Ausgangspegel mittels der LED!
Die Ausgangspegel ändern sich gegenüber den in Versuch 2 erhaltenen nicht.

Das NAND-Glied D1 besitzt über die Verbindung mit dem Q*-Ausgang eine Eingangsgröße mit L-Pegel. Am Ausgang Q bleibt daher der H-Pegel erhalten. Die zwei H-Pegel am Eingang von D2 liefern an dessen Ausgang einen L-Pegel, der auch bisher vorhanden war. Wird Versuch 3 unmittelbar nach Versuch 1 gemacht, so sieht man, daß auch hier die Ausgangsspannungspegel von Versuch 1 erhalten bleiben.

Versuch 4: Legen Sie an beide Eingänge der Schaltung nach Bild 2, Seite 369, L-Pegel, und beobachten Sie die Ausgangspegel mittels der LED!
An den Ausgängen Q und Q entstehen Signale mit H-Pegel.*

Liegt sowohl am $\overline{\text{R}}$-Eingang als auch am $\overline{\text{S}}$-Eingang L-Pegel, dann erscheint an den Ausgängen Q und Q* wegen der NAND-Glieder je ein Signal mit H-Pegel. Die Ausgänge Q und Q* haben also *nicht* komplementäre Pegel. Man spricht deshalb von einem *irregulären Zustand*. Wiederholt man anschließend an Versuch 4 den Versuch 3, so erhält man an den Ausgängen Q und Q* zwar komplementäre Pegel, jedoch kann an Q der H-Pegel oder der L-Pegel erscheinen. Das hängt von der Gatterlaufzeit der beiden NAND-Glieder ab. Diesen Zustand bezeichnet man als *nicht definiert*.

> Beim $\overline{\text{RS}}$-Flipflop kann bei gleichartiger Ansteuerung ein irregulärer Zustand oder auch ein nicht definierter Zustand eintreten.

Die Ergebnisse der oben gemachten Versuche lassen sich in einer *Arbeitstabelle* zusammenfassen **(Bild 1)**. Der Zeitpunkt t_n ist der Zeitpunkt, zu dem die Eingangsspannungspegel an die Eingänge $\overline{\text{R}}$ und $\overline{\text{S}}$ des Signalspeichers gelegt werden. Der Zeitpunkt t_{n+1} folgt auf den Zeitpunkt t_n. Mit q_n wird der Zustand des Flipflops zum Zeitpunkt t_n beschrieben. Das Flipflop kann sich zum Zeitpunkt t_n im *gesetzten* Zustand oder im *zurückgesetzten* Zustand befinden. Der zum Zeitpunkt t_n zu q_n komplementäre Zustand des Flipflop ist der Zustand $\overline{q}_n$.

Zeitpunkt t_n		Zeitpunkte t_n und t_{n+1}		
$\overline{\text{R}}$	$\overline{\text{S}}$	Q	Q*	
L	H	L	H	
H	L	H	L	
H	H	q_n	$\overline{q}_n$	
L	L	H	H	irregulär
L→H L→H		H oder L	L oder H	nicht definiert

Bild 1: Arbeitstabelle des $\overline{\text{RS}}$-Flipflop

Die Aussagen der Arbeitstabelle nach Bild 1 können mittels eines Zeitablaufdiagrammes graphisch dargestellt werden **(Bild 2)**. In einem Zeitablaufdiagramm werden Gatterlaufzeiten von Verknüpfungsgliedern nicht berücksichtigt. Verzögerungszeiten von Verzögerungsgliedern hingegen sind zu berücksichtigen. Das Zeitablaufdiagramm zeigt den zeitlichen Ablauf von Vorgängen. Die Zeitachse wird meist nicht angegeben. Der Binärwert 0, also in der meistens verwendeten positiven Logik der L-Pegel, ist die Grundlinie des Signalzuges. Der Binärwert 1 wird von der Grundlinie aus nach oben aufgetragen, also der H-Pegel.

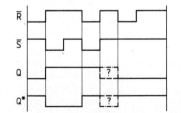

Bild 2: Zeitablaufdiagramm des $\overline{\text{RS}}$-Flipflop

> Die Funktionsweise eines Binärspeichers kann anhand einer Arbeitstabelle oder eines Zeitablaufdiagrammes gezeigt werden.

Anstelle der Arbeitstabelle mit den Pegeln L und H kann auch eine Wertetabelle mit den Werten 0 und 1 aufgestellt werden.

Wiederholungsfragen

1. Woraus bestehen sequentielle Digitalschaltungen?
2. Wodurch kann ein Binärspeicher realisiert werden?
3. Welcher Zusammenhang besteht zwischen den Spannungspegeln an den Ausgängen Q und Q* eines Flipflop?
4. Nennen Sie die Eingänge einer $\overline{\text{RS}}$-Kippschaltung!
5. Erklären Sie den irregulären Zustand eines $\overline{\text{RS}}$-Flipflop!
6. Womit kann die Funktionsweise eines Binärspeichers dargestellt werden?

3.5.3 Asynchrone Flipflop

Asynchrone Flipflop sind Flipflop, welche *ohne* Taktsignal arbeiten. Ein solches Flipflop kann zu jeder Zeit durch Eingangssignale eingestellt werden.

Das $\overline{RS}$-Flipflop ist ein asynchrones Flipflop **(Tabelle 1)**. Man bezeichnet es auch als Grundflipflop, weil die kreuzweise rückgekoppelten Glieder in fast jeder bistabilen Kippschaltung enthalten sind. Ersetzt man die beiden NAND-Glieder durch NOR-Glieder, dann erhält man das asynchrone RS-Grundflipflop (Tabelle 1). Auch dieses Flipflop kann gesetzt und zurückgesetzt werden. Besitzen beide Eingangssignale den Wert 1, dann besitzen die Ausgangssignale an den Ausgängen Q und Q* den Wert 0. Es liegt somit ein irregulärer Zustand vor. Das RS-Flipflop besitzt ebenso wie das $\overline{RS}$-Flipflop einen irregulären Zustand und einen nicht definierten Zustand.

> Asynchrone Flipflop besitzen keinen Takteingang.

Weitere asynchrone Flipflop sind z. B. das SL-Flipflop, das EL-Flipflop und das $R\overline{S}$-Flipflop (Tabelle 1). Bei diesen Flipfloptypen handelt es sich um Abarten des RS-Flipflop bzw. des $\overline{RS}$-Flipflop. Irreguläre Zustände und nicht definierte Zustände gibt es bei diesen Flipflop nicht. Werden beim SL-Flipflop die Eingänge S und L mit Signalen des Wertes 1 angesteuert, dann entsteht am Q-Ausgang ein Signal mit dem Wert 1 und am Q*-Ausgang ein Signal mit dem Wert 0. Bei allen anderen Kombinationen der Eingangsspannungspegel verhält sich das SL-Flipflop wie das RS-Flipflop. Man bezeichnet es auch als RS-Flipflop mit *dominierendem** S-Eingang. Bei einer Ansteuerung des EL-Flipflop mit Eingangssignalen des Wertes 1 liefert der Q-Ausgang ein Signal mit dem Wert 0 und der Q*-Ausgang ein Signal mit dem Wert 1. Bei allen anderen Kombinationen der Eingangsspannungspegel verhält sich das EL-Flipflop wie das RS-Flipflop. Es wird auch als RS-Flipflop mit dominierendem R-Eingang bezeichnet. Beim $R\overline{S}$-Flipflop erfolgt das Setzen durch ein Signal mit dem Wert 0 am $\overline{S}$-Eingang. Das Rücksetzen des Flipflop geschieht mittels eines Signals mit dem Wert 1 am R-Eingang. Auch bei diesem Flipflop dominiert das Rücksetzen. Derartige Flipfloptypen werden z. B. in der Steuerungstechnik als Ersatz für Schützschaltungen verwendet.

* dominari (lat.) = herrschen

Tabelle 1: Asynchrone Flipflop

Schaltzeichen	Realisierung	Wertetabelle			

$\overline{RS}$-Flipflop

$\overline{S}$	$\overline{R}$	Q	Q*
0	0	1	1
0	1	1	0
1	0	0	1
1	1	q_n	$\overline{q}_n$
$0\to1$	$0\to1$	1 oder 0	0 oder 1

RS-Flipflop

S	R	Q	Q*
0	0	q_n	$\overline{q}_n$
0	1	0	1
1	0	1	0
1	1	0	0
$1\to0$	$1\to0$	0 oder 1	1 oder 0

SL-Flipflop, RS-Flipflop mit dominierendem S-Eingang

S	L	Q
0	0	q_n
0	1	0
1	0	1
1	1	1

EL-Flipflop, RS-Flipflop mit dominierendem R-Eingang

E	L	Q
0	0	q_n
0	1	0
1	0	1
1	1	0

$R\overline{S}$-Flipflop mit dominierendem R-Eingang

$\overline{S}$	R	Q
0	0	1
0	1	0
1	0	q_n
1	1	0

Flipflop ohne irreguläre Zustände und mit Vorrang für Setzen oder Rücksetzen können durch Beschaltung mit binären Verknüpfungsgliedern realisiert werden.

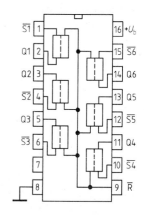

Bild 1: TTL-Baustein 74118, bestehend aus 6 $\overline{RS}$-Kippschaltungen

Bei Flipflop, die keine irregulären Zustände besitzen, brauchen in der Wertetabelle bzw. in der Arbeitstabelle nur die Werte eines Ausgangssignals angegeben werden. Dabei handelt es sich im allgemeinen um die Signale des Ausganges Q. Die Werte des zum Ausgang Q komplementären Ausgangs Q* werden dann nicht angegeben.

Die $\overline{RS}$-Kippschaltung ist häufiger zu finden als die RS-Kippschaltung. Aus technologischen Gründen wird bei der integrierten Schaltungstechnik meistens das NAND-Glied als Grundbaustein verwendet. Im TTL-Baustein 74118 **(Bild 1)** sind sechs $\overline{RS}$-Kippschaltungen enthalten. Hier sind die $\overline{R}$-Eingänge aller sechs Kippschaltungen intern zusammengeschaltet und nur auf einen Anschluß herausgeführt. Alle sechs Flipflop werden deshalb durch ein Rücksetzsignal am $\overline{R}$-Eingang gleichzeitig zurückgesetzt. Dagegen kann jedes der sechs Flipflop einzeln über den jeweiligen Setzeingang $\overline{S}$ gesetzt werden.

In der integrierten TTL-Schaltungstechnik überwiegt das NAND-Glied als Grundbaustein.

Es gibt auch TTL-Bausteine, die z. B. vier RS-Flipflop enthalten. Von diesen vier Flipflop haben zwei je einen Setzeingang und einen Rücksetzeingang. Die beiden anderen Flipflop hingegen sind mit je zwei Setzeingängen und nur mit je einem Rücksetzeingang ausgestattet. Die beiden Setzeingänge sind dann bei jedem Flipflop über ein UND-Glied miteinander verknüpft.

3.5.4 Synchrone Flipflop

Flipflop, die mittels eines *Taktes* gesteuert werden, nennt man synchrone Flipflop. Ein taktgesteuertes Flipflop besitzt außer dem Setzeingang und dem Rücksetzeingang noch den *Takteingang*, den man auch *Clockeingang** nennt.

Realisierung des taktflankengesteuerten JK-Flipflop

Versuch 1: Bauen Sie die Schaltung nach **Bild 2** auf! Legen Sie nacheinander an die Eingänge J und K Signale mit L-Pegel und H-Pegel und allen möglichen Kombinationen! Beobachten Sie mittels der LED die Werte der Ausgangssignale Q und Q*!

Die Signale der Ausgänge Q und Q ändern sich bei den verschiedenen Pegelkombinationen der Eingangssignale nicht.*

Infolge des nicht angeschlossenen Takteinganges entstehen an den Ausgängen der NAND-Glieder D4 und D6 Signale mit H-Pegel.

Am Ausgang Q wird L-Pegel angenommen und am Ausgang Q* ein H-Pegel. Die Eingangssignale von D5 haben beide H-Pegel. Am Ausgang Q bleibt somit der L-Pegel erhalten, am Ausgang Q* hingegen der H-Pegel.

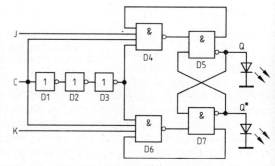

Bild 2: Realisierungsmöglichkeit eines taktflankengesteuerten JK-Flipflop

* clock (engl.) = Uhr, Takt

Versuch 2: Legen Sie an die Eingänge J und K der Schaltung nach Bild 2, Seite 372, Signale mit H-Pegeln! Die Taktimpulse für den Takteingang C sollen mit einem prellfreien Taster (Schließer) erzeugt werden. Betätigen Sie mehrmals den Taster, und beobachten Sie dabei mittels der LED die Signale der Ausgänge Q und Q*!

Bei jedem Drücken des Tasters leuchten die von den Signalen der Ausgänge Q und Q angesteuerten LED abwechselnd einmal auf und einmal nicht auf.*

Als Ausgangszustand der Schaltung wird angenommen, daß das Signal am Q-Ausgang H-Pegel besitzt und das Signal am Q*-Ausgang L-Pegel. Durch die drei NICHT-Glieder D1, D2 und D3 wird der Wert des Taktsignales invertiert, und wegen der Signallaufzeiten dieser Glieder tritt eine Zeitverzögerung des Taktsignales ein. Wird der Taster gedrückt, dann besitzt D4 Eingangssignale mit den Pegeln L von D5, H vom J-Eingang, H vom Takt und zunächst H von D3. Das Ausgangssignal des NAND-Gliedes D4 hat dann H-Pegel. Die Eingangssignale des NAND-Gliedes D6 besitzen zunächst alle H-Pegel. Am Ausgang von D6 erscheint also ein L-Pegel. An beiden Eingängen von D7 liegen nun L-Pegel und H-Pegel. Am Ausgang Q* erscheint wegen der Invertierung ein H-Pegel. An D5 liegen jetzt zwei H-Pegel. Das Signal am Ausgang Q besitzt wegen der Invertierung L-Pegel. An diesem Zustand ändert sich während dem Drücken des Tasters und auch nach dem Loslassen des Tasters nichts. Sobald das Taktsignal nämlich die NICHT-Glieder D1, D2 und D3 durchlaufen hat, besitzt mindestens ein Eingangssignal der Glieder D4 und D6 den Pegel L bei gedrücktem Taster. Die Signale an den Ausgängen Q und Q* behalten deshalb ihre Pegel bei. Dasselbe gilt auch nach Loslassen des Tasters. In diesem Fall besitzt ebenfalls ein Eingangssignal der NAND-Glieder D4 und D6 den Pegel L. Durch erneutes Drücken des Tasters kippt die Schaltung in ihre andere Lage. Am Ausgang Q entsteht H, am Ausgang Q* dagegen L.

> Beim JK-Flipflop erfolgt bei jedem Taktsignal ein Kippen, wenn an beiden Eingängen H-Pegel liegen.

Versuch 3: Legen Sie an die Eingänge J und K der Schaltung nach Bild 2, Seite 372, L-Pegel! Takten Sie mehrmals mit Hilfe des prellfreien Tasters, beobachten Sie dabei mittels der LED die Pegel der Ausgänge Q und Q*!

Die Pegel an den Ausgängen Q und Q ändern sich nicht.*

Unabhängig vom Taktimpuls besitzen die Ausgangssignale von D4 und von D6 die Pegel H. Zum Umschalten müßte aber nach Versuch 2 an D4 oder an D6 ein L-Pegel austreten. Demzufolge können sich jetzt die Pegel der Signale an den Ausgängen Q und Q* nicht ändern.

Versuch 4: Legen Sie an die Eingänge J und K der Schaltung nach Bild 2, Seite 372, die Pegel H und L und danach L und H! Takten Sie mit Hilfe des prellfreien Tasters, beobachten Sie mittels der LED die Signale der Ausgänge Q und Q*!

*Es stellen sich die in der Arbeitstabelle (**Bild 1**) angegebenen Ausgangswerte ein.*

Mit H-Pegel am J-Eingang und L-Pegel am K-Eingang wird das JK-Flipflop gesetzt, d.h., am Ausgang Q entsteht H. Das Setzen erfolgt erst, wenn der Taktimpuls am Takteingang eintrifft. Das Rücksetzen des Flipflop geschieht mit H-Pegel am K-Eingang und L-Pegel am J-Eingang. Auch das Rücksetzen erfolgt nur in Verbindung mit dem Taktimpuls. Irreguläre Zustände oder nicht definierte Zustände besitzt das JK-Flipflop nicht.

t_n			t_{n+1}	
C	J	K	Q	Q*
L, H	beliebig		q_n	$\bar{q}_n$
↑	L	L	q_n	$\bar{q}_n$
↑	L	H	L	H
↑	H	L	H	L
↑	H	H	$\bar{q}_n$	q_n

Bild 1: Arbeitstabelle des JK-Flipflop

Versuch 5: Wiederholen Sie den Versuch 2 mit einem zusätzlich in die Schaltung nach Bild 2, Seite 372, eingebauten NICHT-Glied D8 (**Bild 2**)!

Beim Loslassen des gedrückten Tasters leuchten die von den Signalen der Ausgänge Q und Q angesteuerten LED abwechselnd einmal auf und einmal nicht auf.*

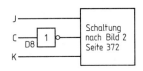

Bild 2: Realisierung der Taktflankensteuerung mit abfallender Flanke

Als Ausgangszustand wird angenommen, daß das Signal am Q-Ausgang H-Pegel besitzt und das Signal am Q*-Ausgang L-Pegel. Außerdem soll der Taster als gedrückt betrachtet werden. Am Ausgang von D8 ist dann ein L-Pegel. Die Ausgangssignale von D4 und D6 besitzen beide H-Pegel. Die Pegel an den Ausgängen Q und Q* ändern sich deshalb nicht. Durch das Loslassen des Tasters entsteht am Ausgang von D8 ein H-Pegel. Wegen der Gatterlaufzeiten der NICHT-Glieder D1, D2 und D3 (Bild 2 Seite 372) liegt am Ausgang von D3 vorerst noch ein H-Pegel. Die Eingangssignale von D6 besitzen also zunächst alle H-Pegel, wodurch am Ausgang von D6 der zum Kippen der Schaltung erforderliche L-Pegel entsteht.

6. Das Kippen des JK-Flipflop kann abhängig von seiner Schaltung mit der ansteigenden Flanke oder mit der abfallenden Flanke des Taktsignals erfolgen.

Arten der Taktsteuerung

Die Wirkungsweise der Taktsteuerung des JK-Flipflop kann am besten anhand eines Zeitablaufdiagrammes dargestellt werden **(Bild 1)**. Man spricht hier vom *taktflankengesteuerten* JK-Flipflop. Das Setzen bzw. das Rücksetzen des Flipflop erfolgt beim Eintreffen der Taktflanke. Von einer *ansteigenden (positiven) Flanke* spricht man, wenn das Taktsignal von L-Pegel auf H-Pegel übergeht. Bei einer *abfallenden (negativen) Flanke* wechselt das Taktsignal von H-Pegel auf L-Pegel. Taktflankengesteuerte Flipflop sind gegen Störimpulse der Eingangssignale geschützt, sofern diese nicht gleichzeitig mit der Taktflanke eintreffen. Derartige Störungen treten z. B. durch Einstreuungen aus Thyristorschaltungen auf.

5. Bei taktflankengesteuerten Flipflop unterscheidet man Steuerungen mit negativer Flanke und positiver Flanke.

Neben taktflankengesteuerten Flipflop gibt es noch *taktzustandsgesteuerte* Flipflop. Das Setzen bzw. das Rücksetzen des Flipflop hängt hier vom Zustand des Taktes ab **(Bild 2)**. Während das Taktsignal H-Pegel besitzt, arbeitet das Flipflop wie ein asynchrones Flipflop. Es kann dann also gesetzt oder zurückgesetzt werden. Während das Taktsignal aber L-Pegel besitzt, bleiben die Signale am Setzeingang und am Rücksetzeingang des Flipflop wirkungslos. Das Flipflop kann dann weder gesetzt noch zurückgesetzt werden. Werden die Eingänge J, K und C gleichzeitig mit H-Pegeln angesteuert, dann kippt dieses taktzustandsgesteuerte Flipflop dauernd. Taktzustandsgesteuerte Flipflop sind gegen Störimpulse der Eingangssignale sehr anfällig. Tritt ein Störimpuls während eines H-Pegels des Taktsignals am J-Eingang des Flipflop auf, dann wird das Flipflop gesetzt, sofern es nicht schon gesetzt ist.

7. Synchrone Flipflop besitzen meist eine Taktflankensteuerung.

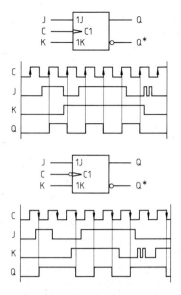

Bild 1: Schaltzeichen und Zeitablaufdiagramm des taktflankengesteuerten JK-Flipflop, oben mit positiver Flanke, unten mit negativer Flanke

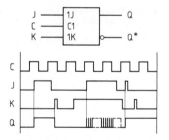

Bild 2: Schaltzeichen und Zeitablaufdiagramm des taktzustandsgesteuerten JK-Flipflop

Wiederholungsfragen

1. Woran erkennt man asynchrone Flipflop?
2. Nennen Sie fünf asynchrone Flipflop!
3. Wie können Flipflop mit Vorrang für Rücksetzen realisiert werden?
4. Was versteht man unter einem synchronen Flipflop?

5. Welche Steuerungen unterscheidet man bei taktflankengesteuerten Flipflop?
6. Bei welcher Ansteuerung erfolgt beim JK-Flipflop ein Kippen bei jedem Taktsignal?
7. Welche Taktsteuerung ist bei synchronen Flipflop am häufigsten?

Master-Slave-Flipflop

Beim Master-Slave-Flipflop* unterscheidet man zwei verschiedene Flipfloptypen. Der eine ist zweiflankengesteuert und der andere ist taktzustandsgesteuert.

Das zweiflankengesteuerte JK-Flipflop besteht aus zwei z. B. mit der positiven Taktflanke gesteuerten JK-Flipflop **(Bild 1)**. Mit der positiven Taktflanke wird die an den Eingängen J und K anliegende Information in das *Master-Flipflop*, also in das erste Flipflop, eingespeichert. Wegen des NICHT-Gliedes D2 liegt am C-Eingang des Slave-Flipflop, also am zweiten Flipflop, L-Pegel, so daß dieses vorerst weder gesetzt noch zurückgesetzt werden kann. Mit der folgenden negativen Taktflanke wird das Master-Flipflop verriegelt, während wegen des NICHT-Gliedes D2 das *Slave-Flipflop* nun die im Master-Flipflop eingespeicherte Information übernehmen kann.

Das Master-Slave-JK-Flipflop besitzt die ähnliche Arbeitstabelle wie das taktflankengesteuerte JK-Flipflop. Das Setzen bzw. das Rücksetzen dieses Master-Slave-Flipflop erfolgt beim Eintreffen der negativen Taktflanke **(Bild 2)**. Es verhält sich also ähnlich wie das durch die negative Taktflanke gesteuerte JK-Flipflop.

Das taktzustandsgesteuerte Master-Slave-JK-Flipflop unterscheidet sich im Schaltungsaufbau vom zweiflankengesteuerten nur dadurch, daß das Master-Flipflop und das Slave-Flipflop taktzustandsgesteuerte JK-Flipflop sind. Dieses Master-Slave-Flipflop ist gegen Störungen der Signale für die Eingänge J und K ungeschützt, jedoch verhält es sich sonst genau so wie das durch die negative Taktflanke gesteuerte JK-Flipflop **(Bild 3)**.

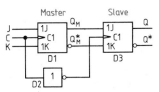

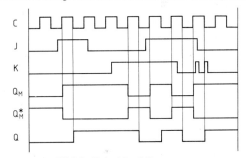

Bild 1: Schaltzeichen und Schaltung des zweiflankengesteuerten Master-Slave-JK-Flipflop

Bild 2: Zeitablaufdiagramm des Master-Slave-JK-Flipflop

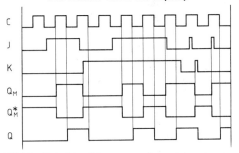

Bild 3: Zeitablaufdiagramm des taktzustandsgesteuerten Master-Slave-JK-Flipflop

Sonderformen von JK-Flipflop

Viele JK-Flipflop besitzen neben den Eingängen J, K und C noch spezielle Eingänge zum Setzen bzw. zum Rücksetzen **(Bild 4)**. Durch Vorhandensein der Eingänge $\overline{R}$ und $\overline{S}$ kann so ein Flipflop auch als asynchrones $\overline{RS}$-Flipflop verwendet werden. Das Setzen oder Rücksetzen über die Eingänge $\overline{S}$ oder $\overline{R}$ erfolgt unabhängig von den Spannungspegeln an den Eingängen J, K und C. Soll so ein Flipflop als JK-Flipflop zum Einsatz kommen, dann müssen die unbenutzten Eingänge $\overline{R}$ und $\overline{S}$ beide an H-Pegel gelegt werden.

Manche in der Praxis vorkommende JK-Flipflop besitzen mehrere J-Eingänge und mehrere K-Eingänge **(Bild 5)**. Die J-Eingänge sind bei diesem Flipfloptyp ebenso wie die K-Eingänge über UND-Glieder miteinander verknüpft. Auch dieses Flipflop besitzt spezielle Eingänge zum Setzen bzw. zum Rücksetzen. Unbenutzte J-Eingänge und K-Eingänge dieses Flipflop sind bei Betrieb stets zu beschalten.

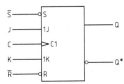

Bild 4: JK-Flipflop mit zusätzlichen $\overline{S}$- und $\overline{R}$-Eingängen

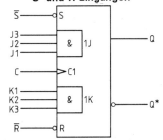

Bild 5: JK-Flipflop mit mehreren J- und K-Eingängen

---

* master (engl.) = Meister; slave (engl.) = Sklave; sprich: Master-slehv

Sonstige synchrone Flipflop

Weitere synchrone Flipflop sind z. B. das RS-Flip-flop, das D-Flipflop* und das T-Flipflop** **(Tabelle 1)**. Das synchrone RS-Flipflop besitzt ebenso wie das asynchrone RS-Flipflop einen irregulären Zustand.

Das D-Flipflop besitzt neben dem Takteingang C noch einen D-Eingang. Realisieren kann man dieses Flipflop mit einem JK-Flipflop, wobei sich vor dem K-Eingang ein NICHT-Glied befinden muß. Der J-Eingang des JK-Flipflop ist mit dem Eingang des NICHT-Gliedes verbunden und stellt den D-Eingang des D-Flipflop dar. Das T-Flipflop besitzt außer dem Takteingang C noch einen T-Eingang. Aufbauen kann man dieses Flipflop mit einem JK-Flipflop, wobei die Eingänge J und K des JK-Flipflop mitein-ander verbunden sein müssen.

Betriebsdaten von Flipflop

Die Betriebsdaten der unterschiedlichen Flipflop-typen findet man in Datenblättern **(Tabelle 2)**. Die Schaltkreisfamilie des Flipflop gibt an, mit welcher binären Grundschaltung das Flipflop aufgebaut ist. Neben der Nennbetriebsspannung wird sowohl die minimale (kleinstmögliche) als auch die maximale (größtmögliche) Betriebsspannung angegeben. Bei Unterschreitung bzw. Überschreitung dieser Grenzwerte garantiert der Hersteller eine tadellose Funktion des Flipflop nicht mehr.

Die *Leistungsaufnahme* kann aus der Nennbetriebsspannung und der Stromaufnahme berechnet werden. Die *Eingangsspannung* gibt diejenigen Spannungen an, die ein Eingangssignal besitzen darf, damit ein H-Pegel oder ein L-Pegel noch sicher erkannt wird. In der Spalte *Schaltverzögerung* gibt der erste Wert die Zeit für den Wechsel der Ausgangsspannung von H nach L an, der zweite Wert die Zeit für einen Wechsel der Ausgangsspannung von L nach H, gemessen vom Zeitpunkt der Taktwirkung. Die *Arbeitsfrequenz* gibt die maximale Frequenz an, bei der die Schaltung noch zuverlässig arbeitet. Unter der *Ausgangsspannung* des Flipflop ist diejenige Spannung zu verstehen, welche ein H-Pegel mindestens und ein L-Pegel höchstens besitzt.

Tabelle 1: Synchrone Flipflop

Schaltzeichen	Arbeitstabelle				
RS-Flipflop	c_n	s_n	r_n	q_{n+1}	$\bar{q}_{n+1}$
	↓	L	L	q_n	$\bar{q}_n$
	↓	L	H	L	H
	↓	H	L	H	L
	↓	H	H	L	L
D-Flipflop	c_n	d_n		q_{n+1}	$\bar{q}_{n+1}$
	↓	L		L	H
	↓	H		H	L
T-Flipflop	c_n	t_n		q_{n+1}	$\bar{q}_{n+1}$
	↓	L		q_n	$\bar{q}_n$
	↓	H		$\bar{q}_n$	q_n

Tabelle 2: Betriebsdaten von Flipflop (Beispiel)

Familie	Art	Betriebs-spannung U_b in V			I_A in mA	P_{zu} in mW	Eingangs-spannung U_e in V		t_z in ns	f in MHz	Ausgangs-spannung U_a in V		Temperatur-bereich in °C
TTL	JK-FF pfl, tuS, R	min 4,7	N 5	max 8	14	70	min H 1,8	max L 0,85	20/12	20	min H 2,4	max L 0,45	0 bis 75

I_A Stromaufnahme, P_{zu} Leistungsaufnahme, t_z Schaltverzögerung, f Arbeitsfrequenz, pfl mit positiver Taktflanke gesteuert, tu taktunabhängig, min minimal, max maximal, N Nenn(spannung)

Wiederholungsfragen

1. Welche Aussagen kann man bezüglich der Arbeits-tabellen von Master-Slave-JK-Flipflop und takt-flankengesteuerten JK-Flipflop gemacht werden?
2. Nennen Sie die beiden Arten der Master-Slave-Flipflop!
3. Welche Aufgabe haben die Eingänge $\bar{R}$ und $\bar{S}$ an einem JK-Flipflop?
4. Erklären Sie die Kurzbezeichnung JK-FF, pfl, tuS, tuR aus einem Flipflop-Datenblatt!

* D von delay (engl.) = Verzögerung   ** T von trigger (engl.) = Drücker am Gewehr

3.5.5 Kontaktlose Steuerung mit Kippschaltungen

Das **Monoflop** (monostabile Kippschaltung) besitzt einen *stabilen* Ruhezustand und einen *labilen* (instabilen) Arbeitszustand. Das Monoflop **(Bild 1)** befindet sich im Ruhezustand, wenn sein Q-Ausgang ein Signal mit dem Wert 0 liefert. Wird das Monoflop durch eine negative Flanke in seinen Arbeitszustand gebracht, so herrscht am Q-Ausgang zunächst H-Pegel, dann kippt das Monoflop nach Ablauf einer schaltungs-technisch bestimmbaren Zeit von alleine wieder in

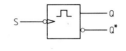

seinen stabilen Zustand zurück (Bild 1). Monoflop sind meist flankengesteuert, die Steuerung erfolgt also entweder mit ansteigender oder abfallender Setzimpulsflanke. Monoflop werden als *Signalspeicher* oder als *Signalformer* eingesetzt. Sie können bis zum Rückkippen in die Ruhestellung den Informationsgehalt von einem Bit speichern. Die Verweildauer im labilen Zustand hängt vom Monofloptyp ab, sie reicht von etwa 30 ns bis zu einigen Minuten. Als Signalformer wird das Monoflop zum Erzeugen von Rechtecksignalen, zum Verzögern oder zum Verkürzen von Signalen und in manchen Fällen auch als Frequenzteiler eingesetzt. Die Verzögerungszeit bzw. die Verkürzungszeit der am Monoflop anliegenden Signale liegt zwischen 12 ns und 700 ns.

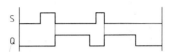

Bild 1: Schaltzeichen und Zeitablaufdiagramm eines Monoflops

Bei den Monoflop unterscheidet man nachtriggerbare und nicht nachtriggerbare **(Bild 2)**. Beim nicht nachtriggerbaren Monoflop ist die Dauer des Arbeitszustandes unabhängig von der Länge und dem Abstand der Setzimpulse. Beim nachtriggerbaren Monoflop dagegen wird mit jeder Setzimpulsflanke der Arbeitszustand neu gestartet.

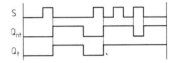

Bild 2: Zeitablaufdiagramm für nicht nachtriggerbares (Q_{nt}) und nachtriggerbares (Q_t) Monoflop

Mit **Verzögerungsgliedern** kann eine Anstiegsverzögerung oder eine Abfallverzögerung oder beides erreicht werden **(Tabelle 1)**. Verzögerungsglieder werden z. B. zur Impulsverkürzung, Impulsverzögerung und Impulsverlängerung verwendet.

Im Schaltzeichen können t_1 und t_2 auch durch die tatsächlichen Verzögerungszeiten ersetzt werden.

Verzögerungsglieder können mit RC-Gliedern und nachfolgendem Schmitt-Trigger aufgebaut werden, mit monostabilen Kippstufen **(Bild 3)** und mit digitalen Verknüpfungsgliedern.

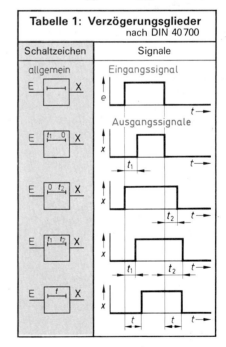

Tabelle 1: Verzögerungsglieder nach DIN 40700

Bei Eintreffen eines H-Pegels am S-Eingang des Monoflops erscheint am X-Ausgang des ODER-Gliedes ebenfalls ein H-Pegel. Mit der abfallenden Flanke des Setzimpulses kippt das Monoflop in seinen labilen Arbeitszustand. Am X-Ausgang des ODER-Gliedes bleibt der H-Pegel noch so lange erhalten, bis das Monoflop wieder seinen stabilen Ruhestand eingenommen hat.

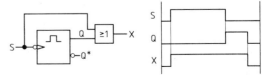

Bild 3: Realisierung eines Verzögerungsgliedes mit einem Monoflop

Der **Steuerstromkreis** von Schützschaltungen kann oft durch eine kontaktlose Steuerung ersetzt werden, z. B. wenn Funken und Kontaktabbrand der Steuerkontakte verhindert werden müssen. Die Realisierung kontaktloser Steuerungen erfolgt durch asynchrone Flipflop, Monoflop, Verzögerungsglieder, binäre Verknüpfungsglieder und Anpassungsglieder, z. B. Optokoppler. Zur Realisierung des Steuerstromkreises einer Schützschaltung mit Haltekontakt (Bild 2 Seite 119) gibt es zwei Schaltungsvarianten. Bei beiden ist zu beachten, daß wegen der *Drahtbruchgefahr* das Einschalten mit Schließern und das Ausschalten mit Öffnern erfolgen muß.

Beim Aufbau mit einem asynchronen Flipflop **(Bild 1)** wird ein RS-Flipflop mit dominierendem Rücksetzeingang benötigt. Durch Betätigen des Tasters S2 wird das Flipflop mit einem H-Pegel gesetzt. Der Flipflopausgang Q liefert dann ein Signal mit H-Pegel, welches das Schütz K1 ansteuert. Das Schütz K1 bleibt so lange mit einem H-Pegel angesteuert, bis der Taster S1 gedrückt wird. Durch Betätigen des Tasters S1 entsteht an D1 ein Signal mit L-Pegel. Am Ausgang des Invertierungsgliedes D1 wird dann ein H-Pegel-Signal geliefert, welches das Flipflop D2 zurücksetzt, sein Ausgang liefert ein Signal mit L-Pegel, das Schütz K1 wird also abgeschaltet. Für den Fall, daß die Taster S1 und S2 gleichzeitig gedrückt werden, wird das Flipflop ebenfalls zurückgesetzt, weil es einen dominierenden R-Eingang besitzt. Bei Verwendung eines $\overline{\text{R}}\text{S}$-Flipflop entfällt das Invertierungsglied D1. Die Taster S1 und S2 können auch durch kontaktlose Schaltungen, z. B. Näherungsschalter, ersetzt werden. Die Ausgangssignale der Anpassungsglieder U1 und U2 besitzen TTL-Pegel. In den Anpassungsgliedern können entweder Monoflop oder Schmitt-Trigger enthalten sein, die für steile Signalflanken sorgen. Außerdem bestehen die Anpassungsglieder meist aus Optokopplern, die für eine Umsetzung der Signale von 220 V auf 5 V sorgen. Das Anpassungsglied A1 erzeugt ein für das Schütz zu dessen Ansteuerung nötiges Signal.

Der kontaktlose Schaltungsteil kann auch ohne Flipflop verwirklicht werden **(Bild 2)**. Wird der Taster S2 gedrückt, dann entsteht am Ausgang Q des UND-Gliedes D4 ein Signal mit H-Pegel, sofern S1 nicht zur gleichen Zeit gedrückt wird. Durch die Rückkopplung dieses Ausgangssignales auf das ODER-Glied D3 wird erreicht, daß auch bei jetzt nicht mehr gedrücktem Taster S2 das Ausgangssignal von D4 weiterhin einen H-Pegel besitzt. Dieser Zustand kann nur durch Betätigen des Tasters S1 geändert werden. Werden S1 und S2 gleichzeitig betätigt, dann entsteht am Ausgang von D4 ebenfalls ein Signal mit L-Pegel. Die in der Schaltung nach Bild 1 erforderlichen Anpassungsglieder sind auch bei dieser Schaltung erforderlich.

Wiederholungsfragen

1. Welche Eigenschaften hat ein Monoflop?
2. Auf welche Art erfolgt die Steuerung der Monoflop?
3. Wie unterscheidet man Monoflop bezüglich der Triggerung?
4. Mit welchen Gliedern kann eine Anstiegsverzögerung oder eine Abfallverzögerung erreicht werden?
5. Wodurch können Verzögerungsglieder realisiert werden?
6. Womit lassen sich kontaktlose Steuerungen realisieren?
7. Mit welchen Kontakten muß wegen der Drahtbruchgefahr das Einschalten und mit welchen das Ausschalten erfolgen?
8. Welche Aufgabe haben die Anpassungsglieder der Ausgangssignale in kontaktlosen Steuerungen?

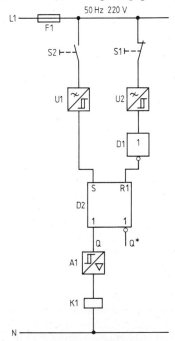

Bild 1: Kontaktlose Steuerung mit RS-Flipflop (Stromversorgung der Baugruppen nicht dargestellt)

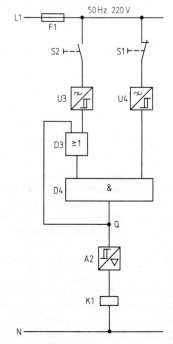

Bild 2: Kontaktlose Steuerung mit binären Verknüpfungsgliedern

3.5.6 Synchrone Zähler

Bei der synchronen Betriebsweise synchroner Flipflop werden die Takteingänge aller in einer sequentiellen Schaltung enthaltenen Flipflop gleichzeitig von einem Taktsignal angesteuert. Die Schaltzeit des ganzen Netzwerkes entspricht der Schaltzeit eines einzelnen Flipflop.

Wertetabelle und Zeitablaufdiagramm aus der Schaltung

Versuch 1: Bauen Sie die Schaltung nach **Bild 1** auf! Takten Sie mehrmals mittels eines prellfreien Tasters (Schließer), und beobachten Sie die Signale der Ausgänge Q1 und Q2 mittels der LED!
Die LED leuchten in Abhängigkeit der Taktimpulse im Dualcode auf. Es erfolgt ein Zählen von 0 bis 3.

Die Wertetabelle dieses Dualzählers hat vier Zeilen **(Bild 2)**, weil die Schaltung vier Zustände (0, 1, 2, 3) besitzt. Die Wertetabelle wird unterteilt in zwei Bereiche. Diese Bereiche beschreiben den Zustand der Schaltung zum Zeitpunkt t_n und zum Zeitpunkt t_{n+1}, also in den Zeitpunkten vor und nach dem Taktimpuls. Jeder nicht invertierte Flipflopausgang erhält in jedem Bereich eine Spalte. q_{1n} ist der Wert am Ausgang Q1 zum Zeitpunkt t_n, q_{n+1} ist der Wert am Ausgang Q1 zum Zeitpunkt t_{n+1}. Mit q_1 wird der Wert der niederwertigsten Stelle beschrieben. Zum Zeitpunkt t_n haben die Flipflopausgänge Q1 und Q2 z. B. die Werte 0. Nach dem nun folgenden Taktimpuls besitzt der Ausgang Q1 den Wert 1, der Ausgang Q2 weiterhin den Wert 0. Diese Werte entsprechen für den nächsten Takt dem Zeitpunkt t_n, sie werden deshalb in diesen Zeitbereich übertragen. Entsprechend wird die Wertetabelle vervollständigt. Aus der Wertetabelle kann das Zeitablaufdiagramm entnommen werden **(Bild 3)**.

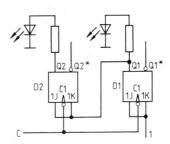

Bild 1: Dualzähler für 0 bis 3

> Die Wertetabelle einer sequentiellen Schaltung hat so viele Zeilen, wie Schaltzustände vorhanden sind und zweimal so viele Spalten wie Kippschaltungen.

Die Anzahl der für einen synchronen Zähler erforderlichen synchronen Flipflop erhält man aus der Anzahl der Schaltzustände. Ein Flipflop besitzt $2^1 = 2$ Zustände, zwei Flipflop besitzen $2^2 = 4$ Zustände. Drei Flipflop besitzen $2^3 = 8$ Zustände. Besonders häufig sind Zähler mit 4 Flipflop. Diese *Zähltetrade* hat $2^4 = 16$ Zustände, kann also von 0 bis 15 zählen.

Zeitpunkt t_n		Zeitpunkt t_{n+1}	
q_{2n}	q_{1n}	q_{2n+1}	q_{1n+1}
0	0	0	1
0	1	1	0
1	0	1	1
1	1	0	0

Bild 2: Wertetabelle
für Dualzähler für 0 bis 3

Schaltfunktion aus Wertetabelle

Aus der Wertetabelle kann die Schaltfunktion der sequentiellen Schaltung ermittelt werden. Die Schaltfunktion besteht aus so vielen schaltalgebraischen Gleichungen, wie Flipflop vorhanden sind. Anhand der Wertetabelle stellt man deshalb für jedes Flipflop der Schaltung ein KV-Diagramm auf, und zwar für die Zeitpunkte t_{n+1}. Mit jedem KV-Diagramm kann dann eine schaltalgebraische Gleichung aufgestellt werden. Die Ausgangsvariablen der Gleichungen sind die Signale zu den Zeitpunkten t_{n+1}, sie stehen also links vom Gleichheitszeichen. Die Signale zu den Zeitpunkten t_n sind die Variablen rechts vom Gleichheitszeichen.

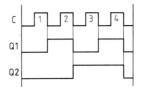

Bild 3: Zeitablaufdiagramm
für Dualzähler 0 bis 3

Beispiel 1: Es ist die Schaltfunktion zur Wertetabelle nach Bild 2 mit Hilfe von KV-Diagrammen aufzustellen.

Lösung: Zuerst werden die KV-Diagramme erstellt **(Bild 4)**. Beim KV-Diagramm für q_{2n+1} ist keine Vereinfachung möglich, wohl aber beim KV-Diagramm für q_{1n+1}.

$$q_{1n+1} = \overline{q_{1n}} \qquad q_{2n+1} = (\overline{q_{2n}} \wedge q_{1n}) \vee (q_{2n} \wedge \overline{q_{1n}})$$

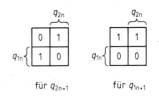

Bild 4: KV-Diagramme für Bild 2

Enthält eine Wertetabelle weniger Zeilen als grundsätzlich möglich wären, so können in die Kästchen des KV-Diagrammes, welche diesen Zeilen entsprechen, beliebige Werte eingetragen werden, also 0 oder 1. Es ist zweckmäßig, diese Kästchen mit X zu kennzeichnen.

Schaltung aus Schaltfunktion

Ist die Schaltfunktion einer sequentiellen Schaltung bekannt, so läßt sich daraus die Schaltung realisieren. Nachfolgend wird das Berechnungsverfahren für synchrone Zähler angewendet.

Die Schaltfunktion des synchronen Zählers muß folgende Form haben, die man Problemfunktion nennt:

$$q_{1n+1} = (g_{11n} \wedge q_{1n}) \vee (g_{12n} \wedge \overline{q_{1n}})$$
$$q_{2n+1} = (g_{21n} \wedge q_{2n}) \vee (g_{22n} \wedge \overline{q_{2n}})$$
$$q_{3n+1} = (g_{31n} \wedge q_{3n}) \vee (g_{32n} \wedge \overline{q_{3n}})$$
$$q_{4n+1} = (g_{41n} \wedge q_{4n}) \vee (g_{42n} \wedge \overline{q_{4n}})$$
$$\ldots\ldots = \ldots\ldots \quad \ldots\ldots \vee \ldots\ldots \quad \ldots\ldots$$

Die Terme g_{11n}, g_{21n}, g_{31n}, $g_{41n} \cdots$ sowie g_{12n}, g_{22n}, g_{32n}, $g_{42n} \cdots$ ergeben die Eingangsfunktionen (Verknüpfungen) für die J-Eingänge und die K-Eingänge der JK-Flipflop. Bei synchronen Zählern verwendet man meist taktflankengesteuerte JK-Flipflop oder Master-Slave-JK-Flipflop.

Eingangsfunktion für JK-Flipflop:

$$k = \overline{g_{i1n}} \qquad j = g_{i2n} \qquad (i = 1,2,3\ldots)$$

Für andere Flipflop sind andere Eingangsfunktionen erforderlich.

Beispiel 2: Eine Schaltfunktion hat die Form $q_{2n+1} = (\overline{q_{1n}} \wedge q_{2n}) \vee (q_{1n} \wedge \overline{q_{2n}})$.
  a) Wie lautet die Problemfunktion?   b) Wie sind j und k beschaffen?
  c) Wie sind die Eingänge 1J und 1K der Kippschaltung D2 anzuschließen?

Lösung: a) Die Problemfunktion ist gleich der gegebenen Schaltfunktion.
  b) $j = g_{22n} = q_{1n}$ und $k = \overline{g_{21n}} = q_{1n}$.
  c) 1J von D2 ist mit Q1 zu verbinden, 1K mit Q1 (Bild 1 Seite 379).

Treten in der Schaltfunktion Bestandteile der Problemfunktion nicht auf, so sind in der Schaltfunktion die Werte 0 einzusetzen.

Beispiel 3: Eine Schaltfunktion lautet $q_{1n+1} = \overline{q_{1n}}$
  a) Wie lautet die Problemfunktion? b) Wie sind j und k beschaffen? c) Woher kommen die Anschlüsse zu 1J und 1K der Kippschaltung D1?
Lösung: a) $q_{1n+1} = \overline{q_{1n}} = (0 \wedge q_{1n}) \vee (1 \wedge \overline{q_{1n}})$
  b) $j = g_{12n} = 1$ und $k = \overline{g_{11n}} = \overline{0} = 1$
  c) 1J von D1 ist mit 1 zu verbinden, 1K mit 1 (Bild 1 Seite 379).

Enthält die Schaltfunktion q_{in+1} weder Terme für q_{in} noch für $\overline{q_{in}}$, dann muß die Schaltfunktion anders gebildet werden.

Beispiel 4: Bei einem synchronen Zähler tritt nebenstehendes KV-Diagramm auf.
  a) Wie lautet eine geeignete Schaltfunktion? b) Wie lautet die Problemfunktion? c) Welches ist die Eingangsfunktion für j und k? d) Wo sind 1J und 1K anzuschließen?

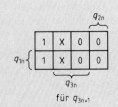

Lösung: a) Die naheliegende Schaltfunktion $q_{3n+1} = \overline{q_{2n}}$ ist ungeeignet, weil weder eine Verknüpfung mit q_{3n} noch mit $\overline{q_{3n}}$ gegeben ist. Man kann aber anstelle der X die Werte 0 einsetzen und erhält $q_{3n+1} = \overline{q_{3n}} \wedge \overline{q_{2n}}$
  b) $q_{3n+1} = \overline{q_{3n}} \wedge \overline{q_{2n}} = (0 \wedge q_{3n}) \vee (\overline{q_{2n}} \wedge \overline{q_{3n}})$
  c) $j = g_{32n} = \overline{q_{2n}}$ und $k = g_{31n} = \overline{0} = 1$
  d) 1J wird mit Q2* verbunden und 1K mit 1.

3.5.7 Beispiele für synchrone Zähler

Zähler für 0 bis 15

Es soll ein synchroner Zähler entworfen werden, der im Dualcode von 0 bis 15 zählt.

1. Schritt: Man ermittelt die für die Schaltung erforderliche Anzahl von Flipflop. Der Zähler besitzt 16 Schaltzustände. Wegen $2^4 = 16$ benötigt man also vier Flipflop (Zähltetrade).

2. Schritt: Entwurf der Wertetabelle für den Zähler **(Bild 1)**. Das Flipflop mit dem Ausgang Q1 stellt die niederwertigste Stelle der Dualzahlen 0 bis 15 dar, das Flipflop mit dem Ausgang Q4 die höchstwertigste. Man unterteilt die Wertetabelle in die Bereiche t_n und t_{n+1}. Sie wird beginnend mit der Ausgangszahl 0 entsprechend den einzelnen Taktimpulsen bis zur Endzahl 15 aufgestellt.

3. Schritt: Erstellen der KV-Diagramme **(Bild 2)**. Für jedes Flipflop wird ein KV-Diagramm benötigt. Für die Zeilen, die z.B. in der Spalte q_{1n+1} mit 1 markiert sind, werden die entsprechenden Kästchen im KV-Diagramm für q_{1n+1} aufgesucht und mit 1 gekennzeichnet. Entsprechend werden die KV-Diagramme für q_{2n+1}, q_{3n+1} und q_{4n+1} erstellt.

4. Schritt: Ermittlung der Schaltfunktion des Dualzählers. Anhand der vier KV-Diagramme werden vier schaltalgebraische Gleichungen erstellt, die die Formen der vier gesuchten Problemfunktionen besitzen müssen.

$q_{1n+1} = (0 \land q_{1n}) \lor (1 \land \overline{q}_{1n})$

$q_{2n+1} = (\overline{q}_{1n} \land q_{2n}) \lor (q_{1n} \land \overline{q}_{2n})$

$q_{3n+1} = ((\overline{q}_{2n} \lor \overline{q}_{1n}) \land q_{3n}) \lor (q_{1n} \land q_{2n} \land \overline{q}_{3n})$

$q_{4n+1} = ((\overline{q}_{1n} \lor \overline{q}_{2n} \lor \overline{q}_{3n}) \land q_{4n}) \lor$
$\qquad\qquad \lor (q_{1n} \land q_{2n} \land q_{3n} \land \overline{q}_{4n})$

5. Schritt: Aufbau der Zählerschaltung **(Bild 3)**. Die Realisierung der Schaltung erfolgt mit JK-Flipflop. Die Eingangsfunktionen der vier Flipflop lauten:

$k_1 = \overline{0} = 1, j_1 = 1, k_2 = q_{1n}, j_2 = q_{1n}$

$k_3 = q_{2n} \land q_{1n}, j_3 = q_{1n} \land q_{2n}$

$k_4 = q_{1n} \land q_{2n} \land q_{3n}, j_4 = q_{1n} \land q_{2n} \land q_{3n}$

Schließt man entsprechend dieser Eingangsfunktionen die Eingänge J und K der vier Flipflop an, dann erhält man einen Zähler, der abhängig vom Taktimpuls im Dualcode von 0 bis 15 zählt und bei 15 mit dem nächsten Taktimpuls wieder auf 0 springt.

q_{4n}	q_{3n}	q_{2n}	q_{1n}	q_{4n+1}	q_{3n+1}	q_{2n+1}	q_{1n+1}
0	0	0	0	0	0	0	1
0	0	0	1	0	0	1	0
0	0	1	0	0	0	1	1
0	0	1	1	0	1	0	0
0	1	0	0	0	1	0	1
0	1	0	1	0	1	1	0
0	1	1	0	0	1	1	1
0	1	1	1	1	0	0	0
1	0	0	0	1	0	0	1
1	0	0	1	1	0	1	0
1	0	1	0	1	0	1	1
1	0	1	1	1	1	0	0
1	1	0	0	1	1	0	1
1	1	0	1	1	1	1	0
1	1	1	0	1	1	1	1
1	1	1	1	0	0	0	0

Bild 1: Wertetabelle des Dualzählers für 0 bis 15

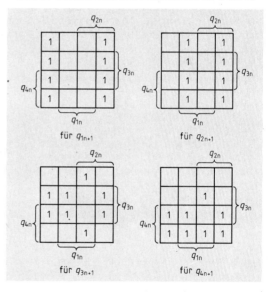

Bild 2: KV-Diagramme für Dualzähler für 0 bis 15

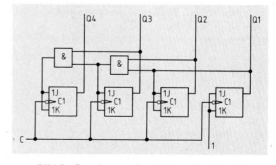

Bild 3: Synchroner Dualzähler für 0 bis 15

Zähler für 0 bis 9

Es soll ein synchroner Dualzähler entworfen werden, der von 0 bis 9 zählt und dann wieder auf 0 zurückspringt.

1. Schritt: Ermittlung der erforderlichen Anzahl der Flipflop. Der Zähler besitzt 10 Schaltzustände. Dafür reichen drei Flipflop nicht aus, weil $2^3 = 8$ Zustände ergeben. Mit vier Flipflop kann man maximal $2^4 = 16$ Zustände realisieren, somit also auch 10 verschiedene Schaltzustände.

2. Schritt: Entwurf der Wertetabelle für den Zähler (**Bild 1**). Das Signal q_{1n} besitzt die niedrigste Stellenwertigkeit, q_{4n} die höchste. In die in die Zeitbereiche t_n und t_{n+1} unterteilte Wertetabelle trägt man die Zahlen 0 bis 9 im Dualcode ein. Für die im Zähler zu unterdrückenden Zahlen 10 bis 15 schreibt man in die Spalten q_{1n+1} bis q_{4n+1} ein X. Die diesen Zahlen entsprechenden Schaltzustände werden nicht berücksichtigt.

3. Schritt: Erstellen der KV-Diagramme (**Bild 2**). Für jedes Flipflop wird ein KV-Diagramm erstellt. In die KV-Diagramme werden neben den in den Spalten q_{1n+1} bis q_{4n+1} mit 1 gekennzeichneten Zeilen auch die mit X gekennzeichneten eingetragen.

4. Schritt: Beim Aufstellen der Schaltfunktion des Zählers anhand der KV-Diagramme können die X zum Teil durch 1 ersetzt werden. Das wird vor allem mit den X-Kästchen der KV-Diagramme gemacht, die dann dadurch ein geschickteres Zusammenfassen der Kästchen, die 1 enthalten, ermöglichen. Die vier Problemfunktionen des Dualzähler sind

$$q_{1n+1} = (0 \wedge q_{1n}) \vee (1 \wedge \overline{q}_{1n})$$
$$q_{2n+1} = (\overline{q}_{1n} \wedge q_{2n}) \vee (q_{1n} \wedge \overline{q}_{4n} \wedge \overline{q}_{2n})$$
$$q_{3n+1} = ((\overline{q}_{1n} \vee \overline{q}_{2n}) \wedge q_{3n}) \vee (q_{1n} \wedge q_{2n} \wedge \overline{q}_{3n})$$
$$q_{4n+1} = (\overline{q}_{1n} \wedge q_{4n}) \vee (q_{1n} \wedge q_{2n} \wedge q_{3n} \wedge \overline{q}_{4n}).$$

5. Schritt: Aufbau der Zählerschaltung (**Bild 3**). Die Eingangsfunktionen der vier JK-Flipflop der Zählerschaltung lauten:

$$k_1 = \overline{0} = 1, j_1 = 1, k_2 = q_{1n}, j_2 = q_{1n} \wedge \overline{q}_{4n}$$
$$k_3 = q_{1n} \wedge q_{2n}, j_3 = q_{1n} \wedge q_{2n}$$
$$k_4 = q_{1n}, j_4 = q_{1n} \wedge q_{2n} \wedge q_{3n}$$

Schließt man entsprechend dieser Eingangsfunktionen die Eingänge J und K der vier Flipflop an, dann erhält man einen vom Taktimpuls abhängigen Dualzähler für 0 bis 9.

q_{4n}	q_{3n}	q_{2n}	q_{1n}	q_{4n+1}	q_{3n+1}	q_{2n+1}	q_{1n+1}
0	0	0	0	0	0	0	1
0	0	0	1	0	0	1	0
0	0	1	0	0	0	1	1
0	0	1	1	0	1	0	0
0	1	0	0	0	1	0	1
0	1	0	1	0	1	1	0
0	1	1	0	0	1	1	1
0	1	1	1	1	0	0	0
1	0	0	0	1	0	0	1
1	0	0	1	0	0	0	0
1	0	1	0	X	X	X	X
1	0	1	1	X	X	X	X
1	1	0	0	X	X	X	X
1	1	0	1	X	X	X	X
1	1	1	0	X	X	X	X
1	1	1	1	X	X	X	X

Bild 1: Wertetabelle des Dualzählers für 0 bis 9

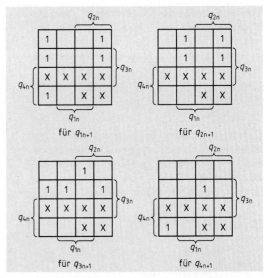

Bild 2: KV-Diagramme für Dualzähler für 0 bis 9

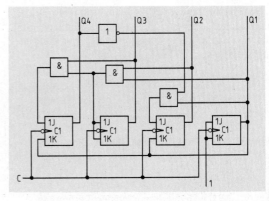

Bild 3: Synchroner Dualzähler für 0 bis 9

Zähler im Exzeß-3-Code

Es soll ein Zähler im Exzeß-3-Code mit dem Zählzyklus 10 entworfen werden. Der Zähler zählt von 0 bis 9 und springt dann wieder auf 0 zurück.

1. Schritt: Ermittlung der erforderlichen Anzahl der Flipflop. Der Zähler besitzt 10 verschiedene Schaltzustände. Man benötigt dazu vier Flipflop ($2^2 = 16$ Zustände).

2. Schritt: Entwurf der Wertetabelle für den Zähler **(Bild 1)**. Das Signal q_{1n} besitzt die niedrigste Stellenwertigkeit, q_{4n} die höchste. In die in die Zeitbereiche t_n und t_{n+1} unterteilte Wertetabelle trägt man die Zahlen 0 bis 9 im Exzeß-3-Code ein. Für die in diesem Zahlensystem nicht vorkommenden Dualzahlen schreibt man in die Spalten q_{1n+1} bis q_{4n+1} ein X.

3. Schritt: Für jedes Flipflop wird in gewohnter Weise ein KV-Diagramm erstellt **(Bild 2)**. Anstatt die X-Zeilen der Wertetabelle in das KV-Diagramm zu übertragen, können neben den in den Spalten q_{1n+1} bis q_{4n+1} mit 1 gekennzeichneten Zeilen auch die mit 0 gekennzeichneten in das KV-Diagramm (natürlich mit 0) eingetragen werden. In die dann noch freien Kästchen ist X einzutragen.

4. Schritt: Beim Aufstellen der Schaltfunktion des Zählers anhand der KV-Diagramme können die X durch 1 ersetzt werden. Das wird vor allem mit den X-Kästchen der KV-Diagramme gemacht, die dann dadurch ein geschickteres Zusammenfassen der Kästchen ermöglichen, die 1 enthalten. Die vier Problemfunktionen des Zählers im Exzeß-3-Code sind:

$$q_{1n+1} = (0 \wedge q_{1n}) \vee (1 \wedge \overline{q}_{1n})$$

$$q_{2n+1} = (\overline{q}_{1n} \wedge q_{2n}) \vee ((q_{1n} \vee q_{3n} \wedge q_{4n}) \wedge \overline{q}_{2n})$$

$$q_{3n+1} = ((\overline{q}_{2n} \wedge \overline{q}_{4n} \vee \overline{q}_{1n} \wedge q_{2n}) \wedge q_{3n}) \vee$$
$$\vee (q_{1n} \wedge q_{2n} \wedge \overline{q}_{3n})$$

$$q_{4n+1} = (\overline{q}_{3n} \wedge q_{4n}) \vee (q_{1n} \wedge q_{2n} \wedge q_{3n} \wedge \overline{q}_{4n})$$

5. Schritt: Aufbau der Zählerschaltung **(Bild 3)**. Die Eingangsfunktionen der vier JK-Flipflop der Zählerschaltung lauten

$$k_1 = \overline{0} = 1, j_1 = 1, k_2 = q_{1n}, j_2 = q_{1n} \vee$$
$$\vee\, q_{3n} \wedge q_{4n}, k_3 = (q_{2n} \vee q_{4n}) \wedge (q_{1n} \vee \overline{q}_{2n}),$$
$$j_3 = q_{1n} \wedge q_{2n}, k_4 = q_{3n}, j_4 = q_{1n} \wedge q_{2n} \wedge q_{3n}.$$

Schließt man entsprechend dieser Eingangsfunktionen die Eingänge J und K der vier Flipflop an, dann erhält man einen Zähler im Exzeß-3-Code.

q_{4n}	q_{3n}	q_{2n}	q_{1n}	q_{4n+1}	q_{3n+1}	q_{2n+1}	q_{1n+1}
0	0	1	1	0	1	0	0
0	1	0	0	0	1	0	1
0	1	0	1	0	1	1	0
0	1	1	0	0	1	1	1
0	1	1	1	1	0	0	0
1	0	0	0	1	0	0	1
1	0	0	1	1	0	1	0
1	0	1	0	1	0	1	1
1	0	1	1	1	1	0	0
1	1	0	0	0	0	1	1
0	0	0	0	X	X	X	X
0	0	0	1	X	X	X	X
0	0	1	0	X	X	X	X
1	1	0	1	X	X	X	X
1	1	1	0	X	X	X	X
1	1	1	1	X	X	X	X

Bild 1: Wertetabelle des Exzeß-3-Code-Zählers

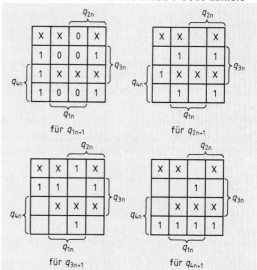

Bild 2: KV-Diagramme für Exzeß-3-Code-Zähler

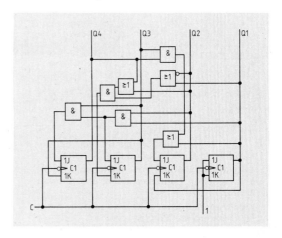

Bild 3: Synchroner Exzeß-3-Code-Zähler

Vorwärts-Rückwärtszähler

Es soll ein Zähler entworfen werden, der wahlweise im Dualcode vorwärts oder rückwärts zählen kann, und zwar im Zahlenbereich zwischen 0 und 5.

1. Schritt: Ermittlung der erforderlichen Anzahl der Flipflop. Der Zähler besitzt 6 Schaltzustände. Man benötigt dazu drei Flipflop ($2^3 = 8$ Zustände). Damit der Zähler das Vorwärtszählen vom Rückwärtszählen unterscheiden kann, ist noch ein Schalter S1 (Schließer) erforderlich.

2. Schritt: Entwurf der Wertetabelle **(Bild 1)**. Das Signal q_{1n} besitzt die niedrigste Stellenwertigkeit, q_{3n} die höchste. Bei geöffnetem Schalter S1 arbeitet der Zähler in Vorwärtsrichtung, bei geschlossenem Schalter arbeitet er in Rückwärtsrichtung. Für die vom Zähler zu unterdrückenden Zahlen schreibt man in die Spalten q_{1n+1} bis q_{3n+1} ein X.

3. Schritt: Für jedes Flipflop wird ein KV-Diagramm erstellt **(Bild 2)**. Wegen des Signals, das über den Schalter S1 in den Zähler gelangt, benötigt man KV-Diagramme für vier Eingangsveränderliche.

4. Schritt: Die drei Problemfunktionen des Zählers erhält man aus den KV-Diagrammen.

$$q_{1n+1} = (0 \wedge q_{1n}) \vee (1 \wedge \overline{q}_{1n})$$

$$q_{2n+1} = ((\overline{s}_1 \wedge \overline{q}_{1n} \vee s_1 \wedge q_{1n}) \wedge q_{2n}) \vee ((q_{1n} \wedge \overline{q}_{3n} \wedge \overline{s}_1 \vee \overline{q}_{1n} \wedge q_{3n} \wedge s_1) \wedge \overline{q}_{2n})$$

$$q_{3n+1} = ((\overline{q}_{1n} \wedge \overline{s}_1 \vee q_{1n} \wedge s_1) \wedge q_{3n}) \vee ((\overline{q}_{1n} \wedge \overline{q}_{2n} \wedge s_1 \vee q_{1n} \wedge q_{2n} \wedge \overline{s}_1) \wedge \overline{q}_{3n})$$

5. Schritt: Aufbau der Zählerschaltung **(Bild 3)**. Die Eingangsfunktionen der drei JK-Flipflop des Dualzählers lauten:

$$k_1 = \overline{0} = 1, j_1 = 1$$

$$k_2 = (s_1 \vee q_{1n}) \wedge (\overline{s_1 \wedge q_{1n}})$$

$$j_2 = (q_{1n} \wedge \overline{q}_{3n} \wedge \overline{s}_1) \vee (\overline{q}_{1n} \wedge q_{3n} \wedge s_1)$$

$$k_3 = k_2, j_3 = (\overline{q}_{1n} \wedge \overline{q}_{2n} \wedge s_1) \vee (q_{1n} \wedge q_{2n} \wedge \overline{s}_1)$$

Wiederholungsfragen

1. Wieviele Zeilen und wieviele Spalten hat die Wertetabelle einer sequentiellen Schaltung?
2. Wieviele KV-Diagramme beschreiben das Verhalten einer sequentiellen Schaltung mit vier Flipflop?
3. In welchen Schritten geht man beim Entwurf eines synchronen Zählers vor?
4. Warum werden zum Entwurf eines Vorwärts-Rückwärtszählers mit drei Flipflop KV-Diagramme für vier Variable verwendet?

s_1	q_{3n}	q_{2n}	q_{1n}	q_{3n+1}	q_{2n+1}	q_{1n+1}
0	0	0	0	0	0	1
0	0	0	1	0	1	0
0	0	1	0	0	1	1
0	0	1	1	1	0	0
0	1	0	0	1	0	1
0	1	0	1	0	0	0
1	0	0	0	1	0	1
1	1	0	1	1	0	0
1	1	0	0	0	1	1
1	0	1	1	0	1	0
1	0	1	0	0	0	1
1	0	0	1	0	0	0
0	1	1	0	X	X	X
0	1	1	1	X	X	X
1	1	1	0	X	X	X
1	1	1	1	X	X	X

Bild 1: Wertetabelle für Vorwärts-Rückwärtszähler

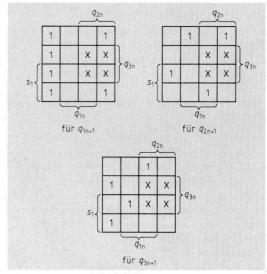

Bild 2: KV-Diagramme für Vorwärts-Rückwärtszähler

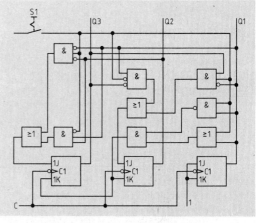

Bild 3: Vorwärts-Rückwärtszähler

3.5.8 IC-Zähler

Die meisten als IC erhältlichen Zähler zählen im dualen Zahlensystem von 0 bis 9 oder von 0 bis 15. Das Schaltzeichen **(Bild 1)** eines solchen Zählers enthält einen *Steuerblock* und vier sich daran anschließende Blöcke, von denen jeder ein Flipflop darstellt. Der T-Eingang ist der Eingang für die zu zählenden Impulse. Der R-Eingang dient zum Rücksetzen des Zählers auf den Wert 0. An den Ausgängen Q1 bis Q4 kann der Zählerstand entsprechend der dort anliegenden Spannungspegel ermittelt werden. Der Ausgang Q1 gehört der niederwertigsten Zählstufe an, der Ausgang Q4 der höchstwertigsten.

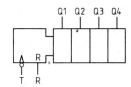

Bild 1: Schaltzeichen eines Binärzählers, 4 bit

Ein Zähler, der von 0 bis 9 zählen kann, wird *Zähldekade* genannt. Er kann mit CTR* und DIV 10** gekennzeichnet werden **(Bild 2)**. Für einen Zähler, der vorwärts von 0 bis 99 zählt, sind zwei Zähldekaden erforderlich, nämlich eine für die Einerstelle (D1) und eine für die Zehnerstelle (D3). Der Zählerstand der Zähldekade D1 wird bei jeder negativen Taktflanke an ihrem T-Eingang um 1 erhöht. Beträgt der Zählerstand 9, dann springt mit dem nächsten

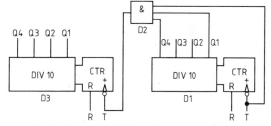

Bild 2: Dezimalzähler in Vorwärtsrichtung von 0 bis 99

Taktimpuls der Zählerstand von D1 auf 0, und der T-Eingang des Zählers D3 erhält wegen des UND-Gliedes D2 einen Impuls.

Dadurch erhöht sich bei D3 der Zählerstand z. B. von 0 auf 1. Mit den weiteren Zählimpulsen zählt D1 wieder bis 9, nach dem folgenden Impuls besitzt D3 den Zählerstand 2 und D1 den Zählerstand 0. Die Bildung des Übertrages erfolgt durch das UND-Glied D2. Seine Eingangssignale sind das Zählimpulssignal sowie die Signale der Ausgänge Q1 und Q4 des Zählers D1. Die Eingangssignale von D2 besitzen genau dann alle H-Pegel, wenn D1 den Zählerstand 9 besitzt und ein neuer Zählimpuls kommt. Auf den Zählerstand 99 (beide Zähldekaden besitzen den Wert 9), folgt mit der nächsten negativen Taktflanke der Zählerstand 00.

Dezimalzähler werden meist aus integrierten Schaltungen aufgebaut, wobei jeder IC eine Zähldekade darstellt.

Es gibt Zähldekaden als IC zu kaufen, die selber einen *Übertragsbildner* besitzen und wahlweise als Vorwärtszähler oder als Rückwärtszähler verwendet werden können **(Bild 3)**. Solche Zähldekaden besitzen zwei Takteingänge zum Zählen der Impulse, nämlich den T_V-Eingang zum *Vorwärtszählen* und den T_R-Eingang zum *Rückwärtszählen*. Mit dem Rücksetzeingang R kann mit einem H-Pegel der Zählerstand 0 eingestellt werden. Mit den Eingängen A, B, C und D kann durch eine entsprechende Kombination von L-Pegeln und H-Pegeln ein beliebiger Zählerstand eingestellt werden. Die Werte dieser Eingangssignale werden jedoch erst bei Eintreffen eines L-Pegels am $\overline{S}$-Eingang in den Zähler übernommen und erscheinen dann an den Zählerausgängen Q1, Q2, Q3 und Q4.

Wegen der Möglichkeit einer Voreinstellung des Zählers auf einen bestimmten Wert, nennt man so einen Zähler auch *programmierbar*. Wird der Zähler

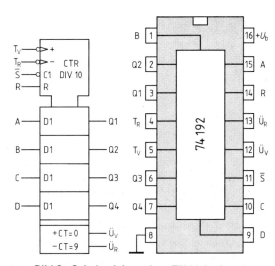

Bild 3: Schaltzeichen einer Zähldekade mit Übertragsbildner und Zählervoreinstellung

* CTR von counter (engl.) = Zähler;   ** DIV von divide (engl.) = teilen

als Vorwärtszähler betrieben, dann zählt der Zähler von dem über die Eingänge A bis D voreingestellten Zählerstand an aufwärts. Wird der Zähler dagegen als Rückwärtszähler betrieben, so erfolgt ein Zählen von dem voreingestellten Zählerstand an abwärts bis 0. Die Ausgänge des Übertragsbildners sind im Schaltzeichen an dessen Ausgangsblock angebracht. Die Signale an den Ausgängen $\ddot{U}_V$ bzw. $\ddot{U}_R$ sind nur dann 1, wenn der Zählerstand 9 bzw. 0 erreicht ist und der auf den diesen Zählerstand verursachende Zählimpuls folgende Zählimpuls eingetroffen ist. Mit der negativen Flanke dieses Zählimpulses nimmt dann das Signal des Ausganges $\ddot{U}_V$ bzw. $\ddot{U}_R$ wieder den Wert 0 an. Die Anschlüsse für die Betriebsspannung U_b sowie für die Masse sind im Schaltzeichen nicht vorhanden.

Für einen Zähler, der im Zahlenbereich von 0 bis 9999 wahlweise vorwärts oder rückwärts zählen kann, sind vier entsprechende Zähldekaden erforderlich **(Bild 1)**.

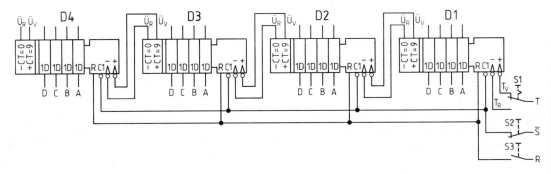

Bild 1: Dezimalzähler im Zahlenbereich von 0 bis 9999

Für die Einerstelle ist die Zähldekade D1, für die Tausenderstelle die Zähldekade D4 zuständig. Für Vorwärtszählbetrieb ist der Übertragausgang $\ddot{U}_V$ einer Zähldekade mit dem T_V-Eingang (+) der Zähldekade für die nächst höhere Zählstelle zu verbinden, also z.B. der T_V-Eingang von D2 mit dem $\ddot{U}_V$-Ausgang von D1. Der $\ddot{U}_V$-Ausgang von D4 bleibt unbeschaltet. Für den Rückwärtszählbetrieb gilt das gleiche für die T_R-Eingänge (−) und die $\ddot{U}_R$-Ausgänge. Zur Voreinstellung des Zählers müssen an die Eingänge A bis D der Zähldekaden entsprechende H-Pegel oder L-Pegel gelegt werden. In der Schaltung Bild 1 ermöglicht der Schalter S1 die Wahl für Vorwärtszählen oder Rückwärtszählen. Mit dem Taster S2 kann die an den Eingängen A bis D der einzelnen Zähldekaden anliegende Information in den Zähler übernommen werden. Das Rücksetzen des Zählers auf den Zählerstand 0 erfolgt mit dem Taster S3. Anstelle von mechanischen Tastern können auch elektronische Schalter verwendet werden.

> Dekadenzähler bestehen meist aus programmierbaren Zähldekaden mit Übertragsbildnern. Sie können je nach Schaltung als Vorwärtszähler, Rückwärtszähler oder Vorwärts-Rückwärtszähler ausgeführt sein.

Außer IC, die von 0 bis 9 zählen können, gibt es auch solche, die von 0 bis 15 zählen können. Mit letzteren ist der Aufbau von Zählschaltungen für das *Sedezimalsystem* möglich. Ferner gibt es Zählschaltungen, die in einem IC-Zähler mehr als 4 Bit enthalten, z.B. 7-Bit-Zähler, 12-Bit-Zähler und 14-Bit-Zähler **(Bild 2)**.

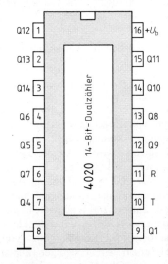

Bild 2: 14-Bit-Dualzähler

Wiederholungsfragen

1. Beschreiben Sie das Schaltzeichen einer Zähldekade!
2. Wie werden Dezimalzähler meist aufgebaut?
3. Wozu dienen die Eingänge T_V und T_R einer Zähldekade?
4. Was versteht man unter einem programmierbaren Zähler?
5. Für welchen Zweck verwendet man IC-Zähler, die von 0 bis 15 zählen können?

3.5.9 Asynchrone Zähler

Asynchrone Zählschaltungen unterscheiden sich in ihrem Schaltungsaufbau besonders durch die Ansteuerung der Flipflop-Takteingänge
gegenüber synchronen Zählschaltungen (**Bild 1**). Beim synchronen
Dualzähler von 0 bis 3 steuert das Zählimpulssignal die Flipflop D1 und
D2. Beim asynchronen Dualzähler von 0 bis 3 steuert dagegen das
Zählimpulssignal c das Flipflop D1, das Ausgangssignal q_1 das Flipflop D2.

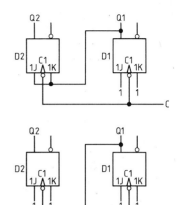

Das zu zählende Taktimpulssignal steuert in asynchronen Zählschaltungen meist nur *ein* Flipflop. Die übrigen in der Schaltung enthaltenen synchronen Flipflop werden dann von den Ausgangssignalen
der anderen synchronen Flipflop angesteuert. Ein Schaltschritt eines
beliebigen Flipflop der Schaltung kann erst dann stattfinden, wenn
der Schaltschritt des steuernden Flipflop abgeschlossen ist. Die
Schaltzeit des ganzen Netzwerkes entspricht der Summe der Schaltzeiten der nacheinander schaltenden Flipflop.

**Bild 1: Oben synchroner
Dualzähler, unten asynchroner
Dualzähler**

Die Flipflop einer synchronen Zählschaltung werden alle vom Zählimpulssignal gesteuert, die Flipflop einer asynchronen Zählschaltung dagegen von verschiedenen Signalen.

Asynchrone Zähler sind schwer berechenbar, ihre Schaltung findet man durch logische Überlegung oder
durch Änderung bekannter Zählschaltungen (Tabellenbuch). Bei asynchronen Zählern ist die Anzahl der
erforderlichen Flipflop gleich groß wie bei synchronen Zählern. Für einen asynchronen Dualzähler 0 bis 7
braucht man drei Flipflop, da der Zähler 8 Schaltzustände besitzt.

Beispiel 1: Es ist ein asynchroner Dualzähler für 0 bis 7 aus synchronen JK-Flipflop zu entwickeln.

Lösung: 1. Schritt: Aufstellung des Zeitablaufdiagrammes **Bild 2**, wie bei synchronen Zählern.
2. Schritt: Umsetzen der Erkenntnisse aus dem Zeitablaufdiagramm in die Schaltung **Bild 3**.

Das Zeitablaufdiagramm zeigt den Verlauf des
zu zählenden Taktimpulses c, sowie die Ausgangssignale q_1, q_2, q_3 der drei Flipflop, welche
die Schaltzustände 0 bis 7 darstellen. Die niederwertigste Stelle besitzt das Signal q_1, die
höchstwertigste Stelle das Signal q_3. Aus dem
Zeitablaufdiagramm ist zu erkennen, daß das
Signal q_1 immer dann von 0 nach 1 oder von 1
nach 0 wechselt, wenn das Taktsignal c eine
negative Flanke (1-0-Übergang) besitzt. Das bedeutet, daß das Taktsignal c als Takteingangssignal des Flipflop mit dem Ausgangssignal q_1
verwendet werden kann. Immer wenn q_2 kippen
muß, besitzt q_1 eine negative Flanke. Das Signal
q_1 kann deshalb als Takteingangssignal für das
Flipflop mit dem Ausgangssignal q_2 verwendet
werden. Immer wenn q_3 kippen muß, besitzt q_2
eine negative Flanke, weshalb q_2 als Takteingangssignal für das Flipflop mit dem Ausgangssignal q_3 verwendet werden kann.

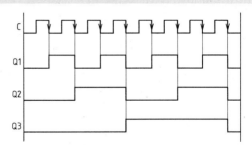

**Bild 2: Zeitablaufdiagramm
des asynchronen Dualzählers von 0 bis 7**

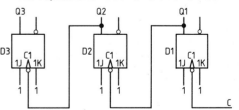

Bild 3: Asynchroner Dualzähler für 0 bis 7

In der Schaltung des asynchronen Dualzählers von 0 bis 7 (Bild 3) wird der Takteingang von D1 vom Taktsignal c angesteuert. Der Takteingang von D2 wird vom Ausgangssignal q_1 angesteuert, der Takteingang
von D3 wird vom Ausgangssignal q_2 angesteuert. Zur Bestimmung der Signale für die J-Eingänge und die
K-Eingänge der Flipflop gilt die folgende Überlegung: Ein JK-Flipflop kippt genau dann mit jedem Takt-

impuls in seine andere Lage, wenn an den Eingängen J und K je ein H-Pegel liegt. Wegen der Beschaltung der Takteingänge der Flipflop D1 bis D3 von oben reicht es bei dieser Schaltung aus, an die Eingänge J und K aller Flipflop einen H-Pegel zu legen.

Bei einem asynchronen Dualzähler von 0 bis 9 sind neben vier Flipflop noch weitere Verknüpfungen erforderlich.

Beispiel 2: Es soll ein asynchroner Dualzähler entwickelt werden, der von 0 bis 9 zählt und dann wieder auf 0 springt. Es sollen dabei JK-Flipflop verwendet werden, die mit negativer Taktflanke gesteuert werden.

Lösung: 1. Schritt: Erstellen des Zeitablaufdiagrammes (**Bild 1**).

2. Schritt: Umsetzen der Erkenntnisse aus dem Zeitablaufdiagramm in die Schaltung **Bild 2**.

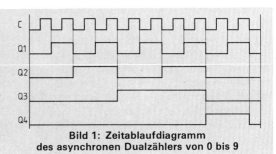

Bild 1: Zeitablaufdiagramm des asynchronen Dualzählers von 0 bis 9

Das Zeitablaufdiagramm enthält das Zählimpulssignal c und die vier Ausgangssignale q_1 bis q_4 der vier Flipflop. Das Signal q_1 kippt immer dann in seine andere Lage, wenn das Signal c einen 1-0-Übergang hat. Deshalb verwendet man das Zählimpulssignal als Takteingangssignal für das Flipflop D1 (Bild 2). Das Signal q_2 kippt meist, wenn q_1 eine negative Flanke besitzt, aber nicht bei der negativen Taktflanke von q_1 beim Zählerwechsel von 9 nach 0. Man verwendet das Signal q_1 als Takteingangssignal des Flipflop D2. Jedoch benötigt man dann für den J-Eingang und den K-Eingang von D2 eine spezielle Ansteuerschaltung, welche ein Kippen von q_2 für den Zählerwechsel von 9 nach 0 verhindert. Mit jeder negativen Flanke von q_2

kippt das Ausgangssignal q_3 des Flipflop D3. Das Signal q_2 wird also als Takteingangssignal von D3 verwendet. Für das Takteingangssignal von D4 kommen entweder das Signal q_1 oder das Zählsignal c in Frage. Das Signal q_4 muß bei dem Zählerwechsel von 7 nach 8 und bei Zählerwechsel von 9 nach 0 kippen. Man verwendet zweckmäßigerweise das Signal q_1, weil q_1 weniger oft kippt als c, so daß dann durch die noch zu entwerfende Ansteuerschaltung der J-, K-Eingänge von D4 weniger Kippmöglichkeiten von q_4 unterdrückt werden müssen.

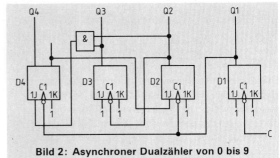

Bild 2: Asynchroner Dualzähler von 0 bis 9

Wegen der oben gewählten Takteingangssteuerung von D1 und D3 reicht es bei diesen Flipflop aus, an die Eingänge J und K je einen H-Pegel zu legen. Für das Signal q_2 muß für den Zählerwechsel 9-0 ein *Ankippen* (0-1-Übergang) verhindert werden. Das *Auskippen* (1-0-Übergang) erfolgt durch das Signal q_1 als Takteingangssignal von D2 immer zum richtigen Zeitpunkt, so daß es ausreicht, an den K-Eingang des JK-Flipflop einen H-Pegel zu legen. An den J-Eingang von D2 muß dagegen ein Signal gelegt werden, das durch folgende logische Verknüpfung entsteht (Bild 1): $j_{D2} = (q_1 \wedge \overline{q}_2 \wedge \overline{q}_3 \wedge \overline{q}_4) \vee (q_1 \wedge \overline{q}_2 \wedge q_3 \wedge \overline{q}_4)$. Dadurch besitzt der J-Eingang von D2 genau H-Pegel bei den Zählerstellungen 1 und 5, so daß mit der folgenden negativen Flanke von q_1 das Signal q_2 einen 0-1-Übergang erfährt. In der Gleichung für j_{D2} von oben ist jedoch noch viel Überflüssiges (Redundanz) vorhanden. Das Signal q_2 wechselt von 0 nach 1, wenn q_1 einen H-Pegel und q_4 einen L-Pegel besitzen. Weil q_1 bereits als Takteingangssignal für D2 berücksichtigt ist, reduziert sich die Gleichung auf $j_{D2} = \overline{q}_4$. Bei der Belegung des J-Einganges und des K-Einganges von D4 gilt die gleiche Überlegung. Das Auskippen erfolgt durch q_1 als Takteingangssignal von D4 richtig. Deshalb genügt es, einen H-Pegel an den K-Eingang zu legen. Der J-Eingang hingegen darf nur bei der Zählerstellung 7 einen H-Pegel besitzen, um mit der dann folgenden negativen Flanke von q_1 von 0 nach 1 zu kippen. Es gilt $j_{D4} = q_1 \wedge q_2 \wedge q_3 \wedge \overline{q}_4$. Auch in dieser Gleichung steckt Redundanz. Das Signal q_1 ist bereits im Takteingangssignal berücksichtigt. Nur in der Zählerstellung 7 besitzen q_2 und q_3 je einen H-Pegel, weshalb $j_{D4} = q_2 \wedge q_3$ ausreicht.

1. Worin liegt der Unterschied zwischen einer asynchronen Zählschaltung und einer synchronen Zählschaltung?
2. Wie viele JK-Flipflop sind für einen asynchronen Zähler erforderlich, der von 0 bis 9 zählt?
3. Erklären Sie den Begriff Ankippen!

4. In welchen Schritten geht man beim Entwurf einer asynchronen Zählschaltung vor?
5. Was enthält ein asynchroner Dualzähler, der von 0 bis 9 zählt, zusätzlich zu seinen Flipflop?
6. Erklären Sie den Begriff Auskippen!

3.5.10 Synchrone Schieberegister

Prinzip

Das synchrone Schieberegister kann als Spezialfall des synchronen Zählers aufgefaßt werden. Schieberegister können mit JK-Flipflop aufgebaut werden. Beim synchronen Schieberegister werden alle Flipflop vom Taktsignal an C bzw. T gesteuert. Man unterscheidet zwischen *seriellen* Schieberegistern **(Bild 1)**, *parallelen* Schieberegistern und *rückgekoppelten* Schieberegistern (Ringzähler, **Bild 3, Seite 390**).

Beim Schieberegister mit serieller Dateneingabe wird die Information an die Eingänge J und K des Flipflop D1 gebracht. Die Ausgangssignale von D1 sind die Eingangssignale von D2. Die Ausgangssignale von D2 sind die Eingangssignale von D3. Wegen der seriellen Informationseingabe werden beim Schieberegister mit drei Flipflop drei Taktimpulse benötigt, bis die gesamte Information voll in das Register aufgenommen ist. Die Information wird taktweise von links nach rechts in das Register geschoben. Das erste Bit des vorher an

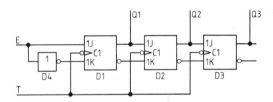

Bild 1: Dreistufiges Schieberegister

D1 seriell angelegten Codewortes wird mit dem vierten Taktimpuls bei D3 aus dem Register hinausgeschoben, das zweite Bit mit dem fünften Taktimpuls, das dritte mit dem sechsten Taktimpuls. Diese Art des Auslesens der Information wird als Prinzip des *seriellen Auslesens* bezeichnet. Natürlich kann auch der gesamte Inhalt des Schieberegisters an den Ausgängen der Flipflop D1 bis D3 gleichzeitig abgenommen werden. Man spricht dann von einem *parallelen Auslesen*. Das Verhalten des Schieberegisters ist auch an einem Zeitablaufdiagramm erkennbar **(Bild 2)**.

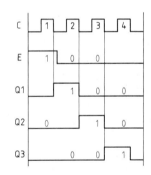

Bild 2: Zeitablaufdiagramm für Codewort 100 beim Schieberegister

Beispiel: In das Schieberegister Bild 1 soll das Codewort 100 eingespeichert werden. Entwerfen Sie das Zeitablaufdiagramm!

Lösung: Man trägt die Taktimpulse bei C ein und die Eingangsinformation 100 bei E. Diese wird taktweise weitergeschoben, bis nach dem 3. Takt die Information 100 an Q3, Q2 und Q1 abgenommen werden kann (Bild 2).

Schieberegister haben meist vier Stufen (4-Bit-Schieberegister) oder acht Stufen (8-Bit-Schieberegister). Ihre Schaltung entspricht dem besprochenen dreistufigen Schieberegister **(Bild 3)**, wenn das Einlesen seriell erfolgen soll.

Das vereinfachte Schaltzeichen eines vierstufigen Schieberegisters ist wie bei einem vierstufigen Zähler aufgebaut **(Bild 1 Seite 390)**.

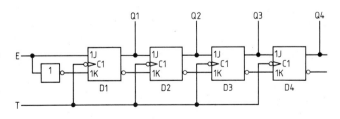

Bild 3: 4-Bit-Schieberegister für serielles Einlesen

Das Einlesen der Information in ein Schieberegister kann auch parallel erfolgen, so daß alle Bit eines Codewortes gleichzeitig abgespeichert werden. Dazu ist erforderlich, daß die JK-Flipflop des Schieberegisters Setzeingänge und Rücksetzeingänge haben. Außerdem ist eine Beschaltung mit einem kombinatorischen Netzwerk erforderlich (**Bild 2**).

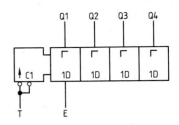

Bild 1: Vereinfachtes Schaltzeichen des 4-Bit-Schieberegisters für serielles Einlesen

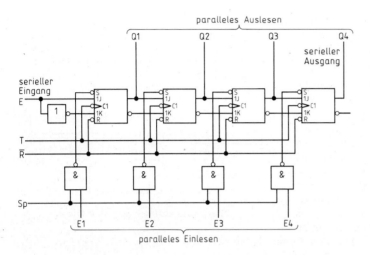

Bild 2: 4-Bit-Schieberegister für wahlweise seriellen oder parallelen Betrieb

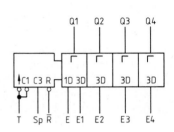

Es gibt Schieberegister, die wahlweise mit seriellem oder parallelem Einlesen und seriellem oder parallelem Auslesen arbeiten können. Dadurch ist auch ein Übergang von seriellem in parallelen Betrieb und umgekehrt möglich.

> Schieberegister dienen zur Zwischenspeicherung, zur Serien-Parallelwandlung und zur Parallel-Serienwandlung binärer Codeworte.

Beim rückgekoppelten Schieberegister nach **Bild 3** wird die Eingangsinformation des ersten Flipflop D1 nicht von außen zugeführt, sondern die Eingangssignale von D1 sind die Ausgangssignale von D3.

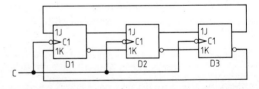

Bild 3: Dreistufiges rückgekoppeltes Schieberegister

Dieses Schieberegister ist das einfachste rückgekoppelte Schieberegister. Bei anderen rückgekoppelten Schieberegistern werden die Ausgangssignale der Flipflop über ein kombinatorisches Netzwerk miteinander verknüpft. Diese kombinatorische Schaltung liefert dann die Eingangssignale für das erste Flipflop des Registers. Rückgekoppelte Schieberegister arbeiten *zyklisch* (im Kreis). Man verwendet sie, wenn es erforderlich ist, die gespeicherten Informationen fortlaufend zu wiederholen.

Wiederholungsfragen

1. Welche Arten der Schieberegister unterscheidet man?

2. Beschreiben Sie die Arbeitsweise eines Schieberegisters mit serieller Dateneingabe!

3. Geben Sie die beiden Einlesearten von Informationen in Schieberegister an!

4. Aus welchen Baugruppen besteht ein Schieberegister für wahlweise seriellen oder parallelen Betrieb?

5. Welche Aufgabe haben Schieberegister?

6. Wozu verwendet man rückgekoppelte Schieberegister?

Entwurf eines synchronen Schieberegisters

Es soll ein rückgekoppeltes Schieberegister mit JK-Flipflop entworfen werden, das die sechs Zustände a bis f nach **Bild 1** enthält. Es soll sich dabei um ein Schieberegister mit Eigenstart handeln, d.h., die Zustände a bis f werden unabhängig von den Ausgangszuständen der einzelnen Flipflop taktweise geschoben.

Zustand	D1	D2	D3
a	1	0	0
b	1	1	0
c	0	1	1
d	1	0	1
e	0	1	0
f	0	0	1

Bild 1: Zustände des rückgekoppelten Schieberegisters

Zustand	q_{1n}	q_{2n}	q_{3n}	q_{1n+1}	q_{2n+1}	q_{3n+1}
—	0	0	0	1	0	0
a	1	0	0	1	1	0
b	1	1	0	0	1	1
c	0	1	1	1	0	1
d	1	0	1	0	1	0
e	0	1	0	0	0	1
f	0	0	1	1	0	0
—	1	1	1	0	0	1

Bild 2: Wertetabelle des zu entwerfenden Schieberegisters

Beim Entwurf dieses Schieberegisters kann ähnlich wie beim Entwurf synchroner Schieberegister vorgegangen werden. Zunächst wird die vollständige Wertetabelle erstellt, welche die Zustände des Registers für den momentanen Taktimpuls und für den folgenden Taktimpuls enthält **(Bild 2)**. Aus der Wertetabelle ist zu entnehmen, daß das Schieberegister drei Flipflop besitzt. Im Gegensatz zu den synchronen Zählschaltungen müssen hier nur die Eingangssignale j und k für das erste Flipflop ermittelt werden. Es wird also nur die Spalte für q_{1n+1} in ein KV-Diagramm eingetragen **(Bild 3)**. Die Ausgangssignale des ersten Flipflop sind die Eingangssignale des zweiten, die Ausgangssignale des zweiten Flipflop sind die Eingangssignale des dritten Flipflop. Anhand des KV-Diagrammes wird die schaltalgebraische Gleichung für das erste Flipflop erstellt, die die Form der gesuchten Problemfunktion besitzen muß.

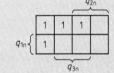

$$q_{1n+1} = (\overline{q}_{2n} \wedge \overline{q}_{3n} \wedge q_{1n}) \vee ((\overline{q}_{2n} \vee q_{3n}) \wedge \overline{q}_{1n})$$

Daraus können ermittelt werden

$$\overline{k}_1 = \overline{q}_{2n} \wedge \overline{q}_{3n} \quad \text{und } k_1 = q_{2n} \vee q_{3n}$$

sowie $j_1 = \overline{q}_{2n} \vee q_{3n}$.

Entsprechend sind 1J und 1K von D1 anzuschließen **(Bild 4)**.

Bild 3: KV-Diagramm für erstes Flipflop des Registers

Bei der Berechnung von rückgekoppelten Schieberegistern wird das Rechenverfahren für synchrone Zähler angewendet, jedoch nur für das erste Flipflop.

Schieberegister als IC

Die meisten Schieberegister sind in TTL-Technik oder in CMOS-Technik hergestellt. Es gibt IC, die ein Schieberegister darstellen, aber auch solche, die zwei Schieberegister enthalten. Es gibt folgende Schieberegisterarten: Schieberegister mit serieller Dateneingabe und serieller Datenausgabe; Schieberegister mit serieller Dateneingabe und serieller oder paralleler Datenausgabe; Schieberegister mit serieller oder paralleler Dateneingabe und serieller Datenausgabe. Schieberegister, die alle diese Eigenschaften gemeinsam besitzen, also sowohl parallele Dateneingabe und Datenausgabe sowie serieller Dateneingabe und Datenausgabe, nennt man Universalschieberegister.

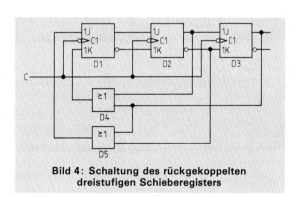

Bild 4: Schaltung des rückgekoppelten dreistufigen Schieberegisters

Bei *Universalschieberegistern* (**Bild 1**) besteht häufig die Möglichkeit, die Information wahlweise entweder von links nach rechts oder von rechts nach links zu schieben. Bei dem Schieberegister nach Bild 1 handelt es sich um ein universelles 8-Bit-Schieberegister. Die 8 Bit besagen, daß das Schieberegister aus acht Speichern (Flipflop) aufgebaut ist. In der Literatur findet man manchmal auch den Begriff *8-Stage-Register**, was besagt, daß es sich um ein achtstufiges (8-Bit) Schieberegister handelt. Dieses Schieberegister besitzt einen Eingang für die Betriebsspannung U_b, für den Masseanschluß dient der IC-Fuß 12. Die Eingänge E1 bis E8 dienen zur parallelen Dateneingabe, Q1 bis Q8 sind die entsprechenden parallelen Datenausgänge. Mit S_{er} ist der serielle Dateneingang für rechtsseitiges Schieben, mit S_{el} der serielle Dateneingang für linksseitiges Schieben gekennzeichnet. Mit den beiden Eingängen $\overline{S}_r$ und $\overline{S}_l$ kann über entsprechende Pegel die Betriebsweise des Registers eingestellt werden (**Tabelle 1**). Neben einem Rücksetzeingang $\overline{R}$ gibt es noch den Takteingang T.

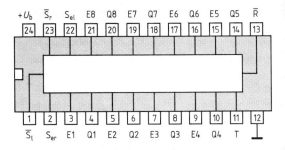

Bild 1: Universalschieberegister für Linksschieben und Rechtsschieben

Tabelle 1: Wirkung der Eingänge $\overline{S}_r$, $\overline{S}_l$		
$\overline{S}_r$	$\overline{S}_l$	Betriebsweise
L	L	Takteingang T wird gesperrt
L	H	Schieben nach rechts
H	L	Schieben nach links
H	H	parallele Dateneingabe

Wiederholungsfragen

1. Beschreiben Sie den Entwurf eines synchronen Schieberegisters!
2. Welche Schieberegisterarten kommen als IC vor?
3. Was versteht man unter einem Universalschieberegister?
4. Erklären Sie die Angabe 8-Stage-Register!
5. Welche Aufgaben haben die Anschlüsse 1 bis 24 des IC Bild 1?
6. Was versteht man unter einem Schieberegister mit Eigenstart?

3.5.11 Zähler mit Codeumsetzer

Beim Entwurf von Zählschaltungen, die in einem speziellen Code zählen, z. B. im Exzeß-3-Code, wird neben der Realisierung durch Flipflopschaltungen auch die Realisierung durch Codeumsetzer angewendet. Es ist meist weniger aufwendig, an eine handelsübliche Zähldekade einen Codeumsetzer anzuschließen, an dessen Ausgängen in diesem Code gezählt wird (**Bild 2**).

Ein Codeumsetzer ist ein kombinatorisches Netzwerk. Sein Entwurf erfolgt in vier Schritten.

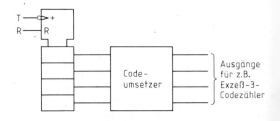

Bild 2: Prinzipschaltplan zur Decodierung

Schritt 1: **Aufstellen der Wertetabelle** (**Bild 1** Seite 393). Die Ausgangssignale der Zähldekade sind die Eingangssignale des Codeumsetzers. Sie sind die Eingangsvariablen der Wertetabelle. Die Ausgangsvariablen der Wertetabelle entsprechen den Ausgangssignalen des Codeumsetzers.

Schritt 2: Für jede Ausgangsvariable der Wertetabelle wird ein KV-Diagramm entworfen, dessen Eingangsvariablen die Eingangsvariablen der Wertetabelle sind (**Bild 2** Seite 393).

Schritt 3: Anhand der KV-Diagramme werden die Schaltfunktionen für die Ausgangssignale des Codeumsetzers ermittelt.

---

* stage (engl., sprich: stehtsch) = Stufe

Schritt 4: Mit den Schaltfunktionen kann die kombinatorische Schaltung des Codeumsetzers erstellt werden **(Bild 3)**.

Ausgehend von einem Dezimalzähler, der von 0 auf 9 zählt, soll ein Exzeß-3-Codezähler entwickelt werden.

1. Schritt: In der Wertetabelle (Bild 1) sind mit a bis d die Eingangssignale des Codeumsetzers bezeichnet. Das Signal d besitzt dabei die niedrigste Stellenwertigkeit. Die Ausgangssignale des Codeumsetzers sind mit q_1 bis q_4 bezeichnet. Die niederwertigste Stelle des Exzeß-3-Codezählers besitzt das Signal q_1. Für die nicht verwendeten Zählerzustände 10 bis 15 des Dezimalzählers trägt man in die Spalten q_1 bis q_4 ein X ein.

2. Schritt: Für die Signale q_1 bis q_4 zeichnet man jeweils ein KV-Diagramm für vier Eingangsvariable (Bild 2). In den KV-Diagrammen werden die nicht verwendeten Zählerzustände des Dezimalzählers mit einem X gekennzeichnet. Außerdem werden für die Zeilen, die in den q-Spalten mit 1 markiert sind, in dem für das jeweilige q richtigen KV-Diagramm die entsprechenden Kästchen aufgesucht und ebenfalls mit 1 gekennzeichnet.

3. Schritt: Anhand der KV-Diagramme stellt man die Schaltfunktionen für die Signale q_1 bis q_4 auf. Dabei werden die mit X gekennzeichneten Kästchen dann wie ein Kästchen mit 1 betrachtet, wenn sich dadurch eine einfachere (kürzere) Schaltfunktion ermitteln läßt.

$$q_1 = \overline{d}; \quad q_2 = (d \wedge c) \vee (\overline{d} \wedge \overline{c})$$

$$q_3 = (c \wedge \overline{b}) \vee (\overline{b} \wedge d) \vee (b \wedge \overline{c} \wedge \overline{d})$$

$$q_4 = (c \wedge b) \vee (\overline{a} \wedge b \wedge d) \vee (a \wedge \overline{b})$$

4. Schritt: Der Schaltplan des Exzeß-3-Codezählers (Bild 3) kann mittels der Schaltfunktionen q_1 bis q_4 erstellt werden.

Wiederholungsfragen

1. Warum verwendet man anstelle spezieller Zählschaltungen auch handelsübliche Zähldekaden mit speziellen Codeumsetzern?
2. Woraus besteht ein Codeumsetzer?
3. In welchen Schritten geht man beim Entwurf eines Codeumsetzers vor?
4. Wie viele KV-Diagramme sind für den Entwurf eines Codeumsetzers erforderlich, damit eine Zähldekade 0 bis 9 im Exzeß-3-Code zählt?
5. Wie werden in KV-Diagrammen nicht verwendete Zählerzustände gekennzeichnet?

a	b	c	d	q_4	q_3	q_2	q_1
0	0	0	0	0	0	1	1
0	0	0	1	0	1	0	0
0	0	1	0	0	1	0	1
0	0	1	1	0	1	1	0
0	1	0	0	0	1	1	1
0	1	0	1	1	0	0	0
0	1	1	0	1	0	0	1
0	1	1	1	1	0	1	0
1	0	0	0	1	0	1	1
1	0	0	1	1	1	0	0
1	0	1	0	X	X	X	X
1	0	1	1	X	X	X	X
1	1	0	0	X	X	X	X
1	1	0	1	X	X	X	X
1	1	1	0	X	X	X	X
1	1	1	1	X	X	X	X

Bild 1: Wertetabelle des Exzeß-3-Codezähler-Codeumsetzers

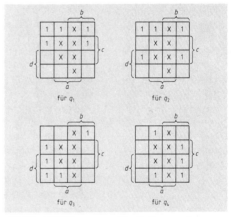

Bild 2: KV-Diagramm für Codeumsetzer in Exzeß-3-Code

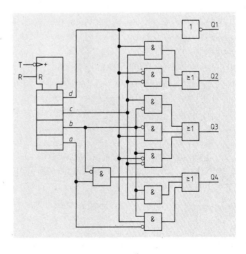

Bild 3: Codeumsetzer für Exzeß-3-Codezähler

3.5.12 Ansteuerschaltungen von Schrittmotoren

Eine Schrittmotor-Ansteuerschaltung **(Bild 1)** setzt die als Eingangsinformation anliegende Schrittimpulsfolge in die für die sequentielle Ansteuerung der Wicklungen erforderlichen Kombinationen von L-Pegel und H-Pegel um. Leistungsverstärker verstärken die Ausgangssignale der Steuerschaltung, die Freilaufdioden sorgen für ein rasches Abklingen der beim Abschalten in den Wicklungen auftretenden induktiven Spannungsspitzen und schützen so den Leistungstransistor.

Bei der *Zwei-Strang-Ansteuerung* (Bild 1 Seite 342) werden jeweils zwei Stränge gleichzeitig erregt. Die Erregersignale der Stränge L11 bis L22 müssen dabei einen bestimmten zeitlichen Ablauf besitzen **(Bild 2)**. Aus dem Zeitablaufdiagramm erkennt man, daß die Stränge L11 und L12 Signale mit entgegengesetzten Pegeln besitzen, ebenso die Stränge L21 und L22. Für die zu entwerfende Schaltung reichen also zwei Flipflop aus. Für Linkslauf besitzen die Signale der Stränge eine andere Reihenfolge der L-Pegel und H-Pegel als für Rechtslauf. Deshalb muß in die Schaltung ein Schalter eingebaut werden, mit dem Rechtslauf oder Linkslauf des Schrittmotorläufers eingestellt werden kann. Es soll hier ein Schließer verwendet werden. Der Schrittmotor soll bei am Schließer anliegendem H-Pegel Rechtslauf besitzen. Anhand des Zeitablaufdiagrammes können für die zu realisierende Logikschaltung die Wertetabelle **(Bild 3)** und das KV-Diagramm **(Bild 4)** aufgestellt werden.

Die aus Bild 4 hervorgehende minimierte Schaltfunktion enthält nicht für l_{11n+1} die Variable l_{11n} und nicht für l_{21n+1} die Variable l_{21n}. Damit ist sie nicht als Problemfunktion geeignet. Beschreibt man aber die Lage der 1 von Bild 4 einzeln, so erhält man die Problemfunktion.

$$l_{11n+1} = ((s \wedge l_{21n}) \vee (\overline{s} \wedge \overline{l}_{21n})) \wedge l_{11n} \vee$$
$$\vee ((\overline{s} \wedge \overline{l}_{21n}) \vee (s \wedge l_{21n})) \wedge \overline{l}_{11n}$$

$$l_{21n+1} = ((s \wedge \overline{l}_{11n}) \vee (\overline{s} \wedge l_{11n})) \wedge l_{21n} \vee$$
$$\vee ((s \wedge \overline{l}_{11n}) \vee (\overline{s} \wedge l_{11n})) \wedge \overline{l}_{21n}$$

Für die J-Eingänge und K-Eingänge der beiden zu verwendenden JK-Flipflop erhält man die folgenden Eingangsfunktionen:

$$k_1 = \overline{(s \wedge l_{21n})} \wedge (s \vee l_{21n})$$
$$j_1 = \overline{(s \vee l_{21n})} \vee (s \wedge l_{21n})$$

$$k_2 = \overline{(s \wedge \overline{l}_{11n})} \wedge \overline{(\overline{s} \wedge l_{11n})}$$
$$j_2 = (s \wedge \overline{l}_{11n}) \vee (\overline{s} \wedge l_{11n})$$

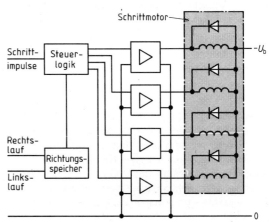

Bild 1: Prinzip einer Schrittmotoransteuerschaltung

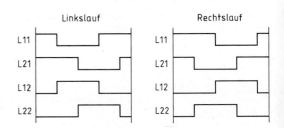

Bild 2: Zeitablaufdiagramm der Strangsignale für Linkslauf und für Rechtslauf

	s	l_{21n}	l_{11n}	l_{21n+1}	l_{11n+1}
Rechtslauf	1	1	1	0	1
	1	0	1	0	0
	1	0	0	1	0
	1	1	0	1	1
Linkslauf	0	1	1	1	0
	0	1	0	0	0
	0	0	0	0	1
	0	0	1	1	1

Bild 3: Wertetabelle für Rechtslauf und Linkslauf des Schrittmotors

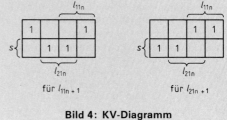

Bild 4: KV-Diagramm

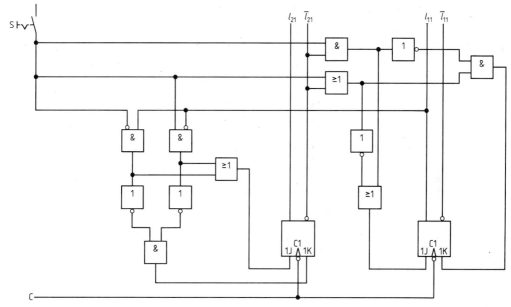

Bild 1: Steuerschaltung einer Zwei-Strang-Ansteuerschaltung

Mit diesen Ergebnissen kann die gesuchte Schaltung zur Ansteuerung des Schrittmotors aufgebaut werden **(Bild 1)**. Mit ihr werden sowohl für Rechtslauf als auch für Linkslauf des Schrittmotors je vier Schaltzustände erzeugt.

Bei der *Ein-Strang-Ansteuerung* wird immer nur ein Wicklungsstrang zu gleicher Zeit erregt (Bild 1 Seite 342, **Bild 2**). Zunächst wird nur die Wicklung L11 erregt, dann mit den folgenden Schrittimpulsen die Wicklungsstränge L21, L12 und L22. Wird in einer Ansteuerschaltung abwechselnd in Ein-Strang-Ansteuerung und Zwei-Strang-Ansteuerung gearbeitet, dann führt der Motor jeweils nur einen halben Schritt aus. Man spricht dann von *Halb-schritt-Ansteuerung* **(Bild 3)**. Zunächst ist z.B. nur die Wicklung L11 erregt. Es liegt also Ein-Strang-Ansteuerungsbetrieb vor. Mit dem folgenden Schrittimpuls werden die Wicklungen L11 und L21 erregt. Es herrscht dann Zwei-Strang-Ansteuerungsbetrieb. Mit dem folgenden Schrittimpuls wird nur die Wicklung L21 erregt. Es liegt wieder Ein-Strang-Ansteuerung vor (Bild 3). Die Halb-schritt-Ansteuerung ist insbesondere dann vorteil-haft, wenn mit Resonanzproblemen gerechnet werden muß.

Wiederholungsfragen

1. Aus welchen Baugruppen besteht die Ansteuer-schaltung für einen Schrittmotor?
2. Wie viele Flipflop enthält die Ansteuerschaltung eines Schrittmotors, wenn die Umschaltung von Rechtslauf in Linkslauf durch einen zusätzlichen Schalter erfolgt?
3. Welche Arten der Ansteuerung unterscheidet man bei den Schrittmotoren?

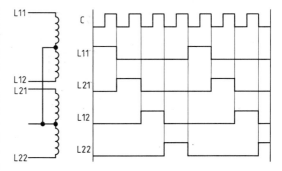

Bild 2: Ein-Strang-Ansteuerung Zeitablaufdiagramm für Linkslauf

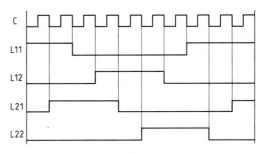

Bild 3: Zeitablaufdiagramm für Halbschritt-Ansteuerung

3.6 Analog-Digital-Umsetzer und Digital-Analog-Umsetzer

Beim Messen elektrischer Größen, z. B. Strom, Spannung, Widerstand, oder auch nichtelektrischer Größen, z. B. Längen, Gewicht, Temperatur, über entsprechende Sensoren erhält man die Meßgröße meist in analoger Form als Strom oder Spannung. Zur Anzeige, Meßdatenübertragung, Meßdatenspeicherung und Meßdatenverarbeitung sind dagegen die Meßgrößen oft in eine digitale Form, also in Zahlenwerte, umzusetzen. Die hierfür verwendeten Baugruppen heißen *Analog-Digital-Umsetzer (AD-Umsetzer)* **(Bild 1)**.

Will man mit einer digitalen Steuerung, z. B. mit einem Computer, Maschinen und Anlagen steuern oder regeln, z. B. bei der Drehzahlregelung für einen Motor, müssen entsprechend den im Computer errechneten Zahlenwerten analoge Steuergrößen, meist Spannungen, erzeugt werden. Die Bausteine zur Umsetzung von Zahlen in proportionale Spannungen heißen *Digital-Analog-Umsetzer (DA-Umsetzer)* (Bild 1).

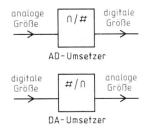

Bild 1: Schaltzeichen für AD-Umsetzer und DA-Umsetzer nach DIN 40 900

3.6.1 Analog-Digital-Umsetzer

Man unterscheidet *Momentanwert-Umsetzer* und *integrierende Umsetzer*. Bei den Momentanwert-Umsetzern wird die analoge Eingangsspannung zu festen Zeitpunkten erfaßt und in eine Zahl umgesetzt. Die wichtigsten Verfahren zur Analog-Digital-Umsetzung sind das Sägezahnverfahren und die Stufenverschlüsselung. Bei den integrierenden Umsetzern wird die mittlere Eingangsspannung während eines Umsetzintervalls in einen Zahlenwert umgesetzt. Nach diesem Verfahren arbeiten der *Spannungs-Frequenz-Umsetzer* und der *Dual-Slope-Umsetzer**.

Momentanwert-AD-Umsetzer

Beim **Sägezahnverfahren** wird die angelegte Meßspannung U_x (Analogwert) mit einer im Gerät erzeugten konstanten, sägezahnförmigen Spannung U_v verglichen **(Bild 2)**. Dabei wird die Zeit gemessen, welche diese sägezahnförmige Spannung mit bekannter Anstiegssteilheit benötigt, bis sie denselben Augenblickswert erreicht wie die unbekannte Meßspannung. Diese Zeit wird durch Impulse ausgezählt. Die Anzahl der Impulse ist gleich den Ziffernschritten. Dieser Digitalwert entspricht der angelegten Meßspannung.

> Beim Sägezahnverfahren werden Meßspannung und lineare Sägezahnspannung miteinander verglichen und die Meßzeit durch Impulse ausgezählt.

AD-Umsetzer nach dem Sägezahnverfahren lassen sich mit wenig Schaltungsaufwand aufbauen, sind aber weniger genau. Die Meßgenauigkeit derartiger Umsetzer erreicht etwa 0,1%. Da beim Sägezahnverfahren der Augenblickswert einer Spannung zum Zeitpunkt des Istwertvergleiches erfaßt wird, ist dieses Verfahren sehr störempfindlich gegenüber überlagerten Wechselspannungen. Eine Dämpfung von Störspannungen ist nur durch Eingangsfilter möglich. Diese verringern jedoch wieder die Meßgeschwindigkeit. Die Meßzeigt liegt zwischen 0,1 s und 10 µs.

Der **Stufenumsetzer** arbeitet nach einem Spannungs-Kompensationsverfahren. Dabei wird die analoge Eingangsspannung U_x mit einer bekannten Bezugsspannung U_v, angepaßt über einen Span-

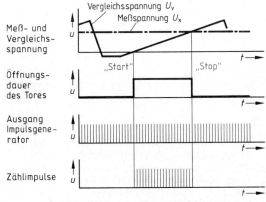

Bild 2: Sägezahn-Umsetzverfahren

* duo (lat.) = zwei; slope (engl.) = Neigung, Flanke

nungsteiler, durch Kompensation verglichen (**Bild 1**). Der Abgleich erfolgt durch stufenweises Kurzschließen von Teilwiderständen des Spannungsteilers. Dies geschieht selbsttätig über eine elektronische Steuerschaltung. Mit der Stufe höchster Wertigkeit wird begonnen. Danach werden nacheinander die Stufen niedriger Wertigkeit zugeschaltet. Überwiegt im Verlauf des Abgleichs die Vergleichsspannung ($U_v > U_x$), so schaltet man die zuletzt hinzugekommene Stufe wieder ab und dafür die Stufe der nächst niedrigeren Wertigkeit wieder ein. Auf diese Weise entsteht eine Vergleichsgröße, die der Eingangsgröße bis auf einen kleinen Rest entspricht. Der Rest ist durch die begrenzte Stufenteilung und Empfindlichkeit des Differenzverstärkers bedingt. Bei Stufenumsetzern erreicht man einen Wertebereich bis 14 bit. Die Eingangsspannung kann damit auf $1/2^{14} = 1/16\,384$ aufgelöst werden. Stufenumsetzer gibt es auch für eine BCD-Verschlüsselung, z. B. mit 8-4-2-1-Code. Der Spannungsteiler enthält dann für jede Dekade 4 Widerstände mit einem Teilungsverhältnis 8/4/2/1 (Bild 1). Die Umsetzung dauert nur wenige µs.

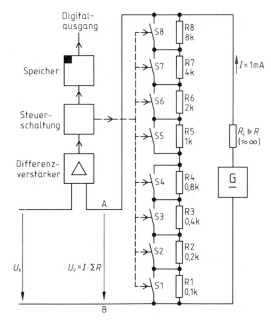

Bild 1: Stufenumsetzer (Prinzip für 2 Dezimalstellen)

Stufenumsetzer sind Momentanwert-Umsetzer und setzen eine Spannung schrittweise in sehr kurzer Zeit in einen digitalen Wert um.

Beispiel:

Die Gleichspannung $U_x = 7,3$ V soll mit einem Stufenumsetzer (Bild 1) in ein binär-dezimal-codiertes Ausgangssignal umgesetzt werden. Bestimmen Sie den zeitlichen Ablauf für den Umsetzvorgang!

Lösung:

Zunächst sind alle Widerstände des Spannungsteilers kurzgeschlossen. Der Umsetzvorgang beginnt mit dem Öffnen des Schalters S8 (**Tabelle 1**). An R8 fällt $U_v = 8$ k$\Omega \cdot 1$ mA $= 8$ V ab. Bei geöffnetem S8 ist U_v größer als U_x und bei geschlossenem S8 kleiner als U_x. Für die zugehörige Stufenwertigkeit 8 wird die Binärziffer 0 ausgegeben. Nun schließt man R8 wieder kurz und öffnet S7. Es entsteht an R7 die Vergleichsspannung $U_v = 4$ V. Jetzt ist die Vergleichsspannung kleiner als die Meßspannung. S7 bleibt geöffnet. Für die Stufenwertigkeit 4 wird die Binärziffer 1 ausgegeben. S6 wird geöffnet. Die Vergleichsspannung erhöht sich dadurch um 2 V auf 6 V. Sie ist aber immer noch kleiner als die Meßspannung. S6 bleibt geöffnet, und die Binärziffer 1 wird für die Stufenwertigkeit 2 ausgegeben. Das Verfahren wird fortgesetzt bis zur kleinsten Stufenwertigkeit.

Tabelle 1: Abgleich eines Stufenumsetzers

	Stufen-wertigkeit	Schaltzustand der Stufe	$U_v > U_x$	Digital-wert
Dekade 10^0	$10^0 \cdot 2^3 = 8$	S8 geöffnet	ja	0
		S8 geschlossen	nein	
	$10^0 \cdot 2^2 = 4$	S7 geöffnet	nein	1
		S7 bleibt geöffnet		
	$10^0 \cdot 2^1 = 2$	S6 geöffnet	nein	1
		S6 bleibt geöffnet		
	$10^0 \cdot 2^0 = 1$	S5 geöffnet	nein	1
		S5 bleibt geöffnet		
Dekade 10^{-1}	$10^{-1} \cdot 2^3 = 0,8$	S4 geöffnet	ja	0
		S4 geschlossen	nein	
	$10^{-1} \cdot 2^2 = 0,4$	S3 geöffnet	ja	0
		S3 geschlossen	nein	
	$10^{-1} \cdot 2^1 = 0,2$	S2 geöffnet	nein	1
		S2 bleibt geöffnet		
	$10^{-1} \cdot 2^0 = 0,1$	S1 geöffnet	nein	1
		S1 bleibt geöffnet	$U_v = U_x = 7,3$ V	

Integrierende AD-Umsetzer

Der Digitalwert wird bei den integrierenden AD-Umsetzern als Mittelwert der Meßspannung gebildet, und zwar gemittelt über eine feste Zeitdauer (Integrationszeit). Kurzzeitige Spannungsschwankungen im Meßsignal U_x, insbesondere auch überlagerte Störspannungen, werden hierbei unterdrückt. Zwangsläufig ist die Zeit für die AD-Umsetzung länger als bei den Momentanwertmeßverfahren. Integrierende AD-Umsetzer kommen meist bei den digitalen Multimetern, also bei Meßgeräten mit einer Anzeige, zur Anwendung.

Integrierende AD-Umsetzer erfassen den Mittelwert einer Spannung.

Beim **Spannungs-Frequenz-Umsetzer (Bild 1)** wird der analoge Meßwert U_x in eine verhältnisgleiche Impulsfrequenz umgesetzt. Diese Impulse werden dann während einer genau festgelegten, konstanten Zeit gezählt. Die Summe aller während der Meßzeit gezählten Impulse ist ein direktes Maß für den Meßwert.

Die konstante Integrationszeit (Meßzeit) kann z. B. durch einen quarzgesteuerten Impulsgenerator erzeugt werden. Dessen Frequenz wird durch einen Frequenzteiler soweit herabgesetzt, daß die Impulsdauer T der gewünschten Integrationszeit entspricht. Meist ist bei derartigen AD-Umsetzern die Integrationszeit einstellbar, z. B. 0,01 s, 0,1 s und 1 s. Mit der Integrationszeit steigt die Zahl der Impulse und damit die Auflösung, d. h. die Feinheit der Unterteilung in Digitalschritte, z. B. 10^3, 10^4 und 10^5. Gleichzeitig sinkt aber die Meßfolge, d. h. die Zahl der Umsetzungen je Zeiteinheit.

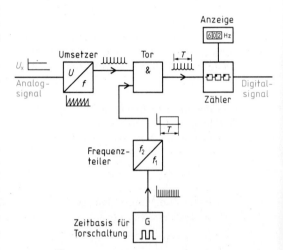

Bild 1: Übersichtsschaltplan eines AD-Umsetzers (Spannungs-Frequenz-Umsetzverfahren)

Dual-Slope-Umsetzer verwenden zur Umsetzung die beiden Flanken einer sägezahnförmigen Spannung. Die Meßwertbestimmung erfolgt in zwei Umsetzungsstufen.

Die abfallende Flanke eines Startimpulses löst den Umsetzzyklus aus **(Bild 2)**.

Der Kondensator eines Integrierers wird durch die Meßspannung U_x über eine konstante Integrationszeit T_i aufgeladen. Die erreichte Kondensatorendspannung U_i ist proportional zu dem Mittelwert der Meßspannung U_x. Nach Ablauf der Integrationszeit T_i wird der Kondensator über eine konstante Vergleichsspannung U_v entladen. Die Entladezeit ist umso länger, je höher der Kondensator aufgeladen war. Die Entladezeit wird über eine Impulszählung als Digitalwert erfaßt. Dieser Digitalwert entspricht der mittleren Meßspannung.

Dual-Slope-Umsetzer laden durch die Meßspannung einen Integrierer in einer konstanten Ladezeit auf und zählen die Entladezeit aus.

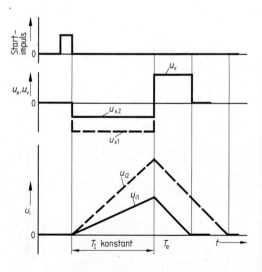

Bild 2: Zeitlicher Verlauf der Spannungen beim Dual-Slope-Umsetzer

3.6.2 Digital-Analog-Umsetzer

Zur Sollwerteinstellung analoger Regelkreise durch Rechner oder digitale Meßanlagen ist eine Umsetzung der verschlüsselten Digitalsignale in die entsprechenden Analogsignale notwendig. Dies erfolgt mit einem

DA-Umsetzer (Digital-Analog-Umsetzer). Er setzt die digitale Größe in eine analoge elektrische Größe, z. B. Spannung oder Strom, um.

DA-Umsetzer bestehen aus einem Operationsverstärker, welcher als Summierer Teilströme addiert **(Bild 1)**. Die Teilströme entsprechen den Wertigkeiten der Binärstellen. Bei einem 8-4-2-1-codierten Binärsignal sind die Teilströme im Verhältnis 8/4/2/1 gestuft. Die Eingangswiderstände des Operationsverstärkers stehen dann im Verhältnis 1/2/4/8. Die in Bild 1 dargestellten Schalter werden als elektronische Schalter ausgeführt, der DA-Umsetzer selbst als IC.

Zur DA-Umsetzung addiert man Teilströme entsprechend der Stellenwertigkeit des Digitalsignals.

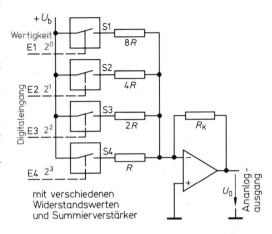

mit verschiedenen
Widerstandswerten
und Summierverstärker

Bild 1: Digital-Analog-Umsetzer mit Teilströmen

Beispiel: Ein DA-Umsetzer mit Teilströmen nach Bild 1 hat die Widerstände $8R = 100\ k\Omega$, $4R = 50\ k\Omega$, $2R = 25\ k\Omega$ und $R = 12{,}5\ k\Omega$. $U_b = 10\ V$ und $R_K = 1\ k\Omega$. An E3 wird H-Signal gelegt, entsprechend der Dualzahl $0100 = 4$. Wie groß ist die Ausgangsspannung U_a?

Lösung: H-Signal an E3 ⇒ S3 geschlossen ⇒ es fließt $I_2 \approx -I_K$

$$I_2 = \frac{U_b}{2R} = \frac{10\ V}{25\ k\Omega} = 0{,}4\ mA \qquad U_a = I_K \cdot R_K = -0{,}4\ mA \cdot 1\ k\Omega = \mathbf{-0{,}4\ V}$$

Zur DA-Umsetzung mit Wechselspannung verwendet man einen Transformator mit mehreren Ausgangswicklungen **(Bild 2)**. Die Eingangswicklung wird mit Wechselspannung gespeist. Die Schalter, welche durch die Digitalsignale gesteuert werden, verbinden die Ausgangswicklungen miteinander.

Diese DA-Umsetzung erfolgt sehr genau, aber nicht besonders schnell. Die Anzahl der Binärstellen des Eingangssignals bestimmt die Anzahl der Ausgangswicklungen und Schalter. Die Windungszahlen der Ausgangswicklungen sind so bemessen, daß ein Binärcode angewendet werden kann, z. B. $N_1 = 2^0 \cdot N = N$; $N_2 = 2^1 \cdot N = 2 \cdot N$; $N_3 = 2^2 \cdot N = 4 \cdot N$; usw.

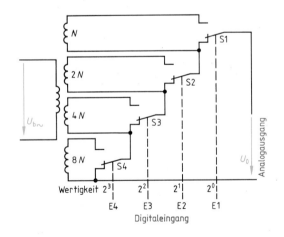

Bild 2: DA-Umsetzer mit Wechselspannung als Analogsignal

Wiederholungsfragen

1. Wofür benötigt man Digital-Analog-Umsetzer und wofür Analog-Digital-Umsetzer?

2. Welche beiden Gruppen unterscheidet man bei AD-Umsetzern?

3. Bei welchen AD-Umsetzern werden Störspannungen, die dem Meßsignal überlagert sind unterdrückt?

4. Erklären Sie das Prinzip des Dual-Slope-Umsetzers!

5. Beschreiben Sie die Funktionsweise eines DA-Umsetzers!

6. Wodurch wird das Verhältnis der Eingangswiderstände beim DA-Umsetzer bestimmt?

3.7 Elektronisches Messen

Zur Steuerung, Regelung und Überwachung von Anlagen und Maschinen benötigt man elektrische Signale, welche einer physikalischen Größe, z. B. einem Abstand oder einem Drehmoment, entsprechen. In vielen Fällen dient das Signal zur Anzeige eines Meßwertes. Man bezeichnet die Geräte, die eine physikalische Größe zum Zweck ihrer Messung im Sinne des Feststellens von Zahlenwert und Einheit in ein elektrisches Signal umsetzen, als *Meßwertgeber*.

Häufig wird für Einrichtungen der Regelungstechnik, Steuerungstechnik, der Überwachung und Sicherung von Anlagen ein Signal benötigt, welches Abweichungen von vorgegebenen Sollgrößen oder welches Gegebenheiten anzeigt, z. B. das Vorhandensein eines Werkstücks. Diese Signalgeber nennt man Aufnehmer, Fühler, Sonden, Detektoren oder *Sensoren**. Oft kann man durch Kalibrieren** aus Sensorsignalen auch Meßwerte ableiten.

3.7.1 Arten von Meßwertgebern und Sensoren

Meßwertgeber und Sensoren sind Bauelemente, deren elektrische Eigenschaften durch elektrische Größen, z. B. einen Strom, oder auch durch nichtelektrische Größen, z. B. eine Kraft, beeinflußt werden. Sie formen elektrische, mechanische, thermische, optische und chemische Größen in passende elektrische Signale um. Dies geschieht meist in mehreren Stufen. So wird z. B. zur Kraftmessung zunächst durch elastische Verformung einer Feder die Kraft in einen Weg umgeformt und dieser Weg ändert über eine Potentiometerverstellung ein Widerstandsverhältnis, welches schließlich zu einem veränderten Spannungsabfall führt **(Bild 1)**. Die so veränderte Spannung kann z. B. verstärkt, linearisiert, moduliert oder als codiertes Signal über eine Sendeeinrichtung zu einem Empfänger zur Messung, Steuerung, Regelung oder Überwachung übertragen werden.

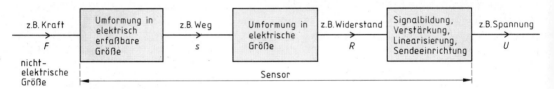

Bild 1: Aufbau eines Sensors

Entsprechend der Wirkungsweise bei der Umformung nichtelektrischer Größen in elektrische Größen unterscheidet man *passive* und *aktive* Sensoren **(Bild 2)**.

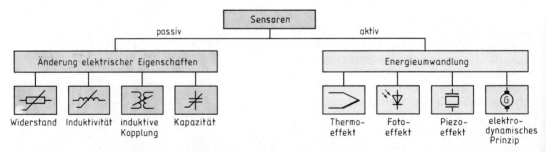

Bild 2: Einteilung der Sensoren

Aktive Sensoren formen mechanische Energie, thermische Energie, Lichtenergie oder chemische Energie direkt in elektrische Energie um. Aktive Sensoren sind daher Spannungserzeuger und beruhen auf einem Umwandlungseffekt, wie z. B. Thermoeffekt, Fotoeffekt, Piezoeffekt, elektrodynamisches Prinzip.

Passive Sensoren beeinflussen elektrische Größen durch nichtelektrische Größen, wie z. B. einen Widerstand durch einen Weg. Es erfolgt keine Energieumwandlung. Man spricht deshalb von einer passiven

---

* sensus (lat.) = gefühlt
** to calibrate (engl.) = einmessen, feststellen des Zusammenhangs zwischen Meßgröße und Anzeige

Umformung. Damit ein Erfassen der elektrischen Größen des passiven Sensors möglich ist, benötigen diese eine Hilfsstromquelle. Die elektrische Meßgröße des passiven Sensors wird durch eine physikalische, chemische oder mechanische Einwirkung der nichtelektrischen Größen verändert oder aber durch ein Kompensationsverfahren mit einer bekannten elektrischen Größe ausgeglichen.

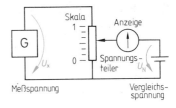

Bild 1:
Gleichspannungskompensator

Bei einem Widerstandsthermometer verändert die zu messende Temperatur den elektrischen Widerstand des Sensors durch physikalische Beeinflussung. Ein Säuresensor erfaßt den Widerstand der Säure zwischen zwei Elektroden. Chemische Veränderungen ändern diesen Widerstand. Ein Dehnungsmeßstreifen oder ein Reckdraht ändert seinen Widerstand infolge der mechanischen Verformung beim Dehnen, also durch mechanische Beeinflussung. Bei einem Gleichspannungskompensator **(Bild 1)** wird die zu erfassende Spannung U_x mit Hilfe einer Vergleichsspannung bestimmt. Durch manuelles oder auch selbsttätiges Verschieben des Spannungsteilerabgriffs bringt man das Anzeigeinstrument auf den Wert Null. Ein Maß für die Meßspannung ist die Stellung des Spannungsteilerabgriffs.

Man unterscheidet aktive Sensoren und passive Sensoren.

3.7.2 Sensoren mit Widerstandsänderung

Viele physikalische Größen beeinflussen den Widerstand eines elektrischen Bauelements und werden dadurch erfaßbar. Die wichtigsten Sensoren dieser Art sind potentiometrische Sensoren, Widerstandsthermometer, Dehnungsmeßstreifen.

Potentiometrische Sensoren zur Längenmessung und zur Winkelmessung

Durch Verschieben oder Verdrehen des Potentiometerabgriffs erhält man eine Meßspannung, die proportional zum Verdrehwinkel oder Verschiebeweg ist. Die Widerstandschicht besteht meist aus sehr hartem und abriebfestem Leitplastik. Gegenüber Kohleschichtpotentiometern oder Drahtpotentiometern erreicht man damit eine wesentlich höhere Lebensdauer mit etwa 10^8 Schleiferspielen. Das Leitplastik ist bündig mit dem Plastikträgermaterial verpreßt. Eine am Rand eingefräste Korrekturrille **(Bild 2)** ermöglicht eine besonders hohe Linearität (besser als 0,1%), d.h., die Abweichung der Potentiometerschleiferspannung U_s von der geraden Spannungs-Drehwinkel-Kennlinie ist über dem gesamten Verstellbereich kleiner als 0,1% der angelegten Potentiometerspannung U_0. Der Potentiometerabgriff besteht aus mehreren, auf unterschiedliche mechanische Frequenzen abgestimmten Federn, so daß auch bei Vibration ein sicherer Kontakt gegeben ist.

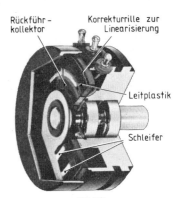

Bild 2:
Leitplastik-Meßpotentiometer

Drehpotentiometer gibt es mit linearer Kennlinie zur Winkelerfassung mit einem Drehwinkelbereich bis etwa 350° oder als Mehrgangpotentiometer bis 3600° oder auch ohne Begrenzung als durchdrehbare Potentiometer.

Funktionspotentiometer, z.B. Sinus-Kosinus-Potentiometer, liefern direkt Meßspannungen, welche dem Sinus und dem Kosinus des eingestellten Drehwinkels entsprechen **(Bild 3)**. Bei diesem Potentiometer greifen zwei um 90° versetzte Schleifer die Potentiometerspannung ab. Durch unterschiedlich breiten Leitplastikauftrag zwischen der positiven und negativen Speisespannung wird der Spannungsverlauf sinusförmig.

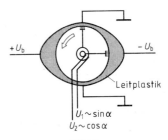

Bild 3:
Sinus-Kosinus-Potentiometer

Ähnlich wie beim Sinus-Kosinus-Potentiometer ermöglichen Potentiometer mit mehreren Anzapfungen an der Leitplastikschicht durch Anschluß verschiedener Speisespannungen eine fast beliebige Funktionsdarstellung. Sie eignen sich z. B. zur Korrektur oder Linearisierung von Kennlinien, welche beim Erfassen physikalischer Größen über Drehwinkel oder Wege notwendig sind.

Schiebepotentiometer mit Leitplastik werden in Längen bis etwa 1 m hergestellt. Man verwendet sie zur Wegmessung an Maschinen, Justiereinrichtungen und Aufzeichnungsgeräten, z. B. an Kompensationsschreibern **(Bild 1)** und Plottern.

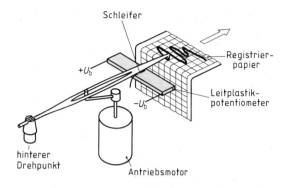

Bild 1: Kompensationsschnellschreiber mit potentiometrischer Wegmessung

Beim **Kompensationsschnellschreiber** wird der Schreibstift solange verstellt, bis die am Leitplastikpotentiometer abgegriffene Spannung U_i der aufzuzeichnenden Spannung U_s entspricht. Der Zeiger mit dem Schreibstift folgt durch eine Lageregelung **(Bild 2)** mit Rückführung des Wegistwertes der aufzuzeichnenden Spannung U_s. Durch die Rückführung erreicht man hohe Genauigkeiten, absolute Nullpunktstabilität beim Antriebssystem und vor allem eine hohe Dynamik, d. h. ein schnelles Folgen des Schreibstiftes. Der Frequenzbereich für die aufzuzeichnende Spannung reicht bei Kompensationsschnellschreibern bis zu 200 Hz.

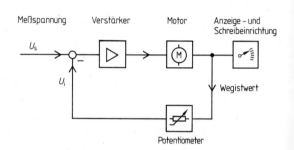

Bild 2: Signalflußplan für einen Kompensationsschnellschreiber mit potentiometrischer Rückführung

Widerstandsthermometer

Unter dem Einfluß der Temperatur verändert sich der Widerstand der Metalle und Halbleiter. Durch Messen des Widerstandes wird die zu erfassende Temperatur bestimmt.

Metallthermometer haben meist eine Meßwicklung aus Platindraht oder Nickeldraht **(Bild 3)**. Platinwiderstandsthermometer Pt 100 haben einen Nennwiderstand von 100 Ω bei 0 °C und ermöglichen sehr genaue Messungen in einem Temperaturbereich zwischen −220 °C und 1000 °C. Im Meßbereich zwischen 0 °C und 200 °C können Messungen bis auf 1/100 K genau durchgeführt werden. Im Meßbereich bis 1000 °C beträgt der Meßfehler immer noch weniger als 0,5 % ≙ 5 K. Bei den Nickel-Metallthermometern reicht der Meßbereich von −60 °C bis +200 °C. Der Nennwiderstand beträgt ebenfalls 100 Ω bei 0 °C. Die Widerstands-Temperatur-Kennlinie bei Nickel ist nicht so linear wie die Widerstands-Temperatur-Kennlinie bei Platin.

Die Widerstandsmessung erfolgt meist in einer *Zweileiter-Brückenschaltung* **(Bild 1, Seite 403)** oder in einer *Dreileiter-Brückenschaltung* **(Bild 2, Seite 403)**. Das Widerstandsthermometer liegt bei der Brückenschaltung in einem Brückenzweig. Der Abgleich der Brückenschaltung geschieht durch Verändern eines der drei Brückenwiderstände. Die Dreileiter-Brückenschaltung hat gegenüber der Zweileiter-Brückenschaltung große Vorteile.

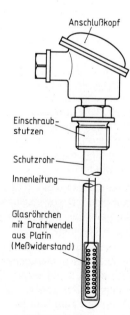

Bild 3: Metallthermometer Pt 100

Bei Temperaturmessungen hat das Meßobjekt gegenüber der Meßbrücke meist eine unterschiedliche Temperatur und liegt häufig mehrere Meter von der Meßbrücke entfernt. So erfährt auch die Kupferzuleitung zu dem Thermometer Temperaturunterschiede und damit Widerstandsänderungen, die bei der Zweileiter-Brückenschaltung zur Widerstandsänderung des Meßfühlers als Fehlergröße hinzutreten. Bei der Dreileiter-Schaltung liegt eine Leiterader im Brückenzweig des Thermometers, die zweite Leiterader im Brückenzweig des Brückenfestwiderstandes R1. Bei gleichsinniger Widerstandsänderung der Leiterwiderstände wird die Meßbrücke nicht verstimmt (Bild 2). Die auch vorhandene Widerstandsänderung in der mittleren Leiterader für die Erfassung der Brückenquerspannung und damit für die Erfassung des Meßsignals ist unerheblich, da in diesem Leiter bei einem hochohmigen Meßgerät bzw. Meßdifferenzverstärker fast kein Strom fließt und damit auch kein Spannungsabfall entsteht.

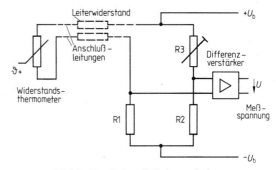

Bild 1: Zweileiter-Brückenschaltung zur Temperaturmessung

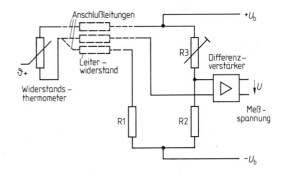

Bild 2: Dreileiter-Brückenschaltung zur Temperaturmessung

Chemische Analyse mit Widerstandsthermometer

Zur Analyse* (Bestimmung) der Bestandteile von Gemischen, Emulsionen, chemischen Verbindungen oder Legierungen sind elektrische Messungen üblich.

Wärmeleitverfahren zur Gasanalyse beruhen darauf, daß Gase verschiedene Wärmeleitfähigkeiten haben. Zur Messung benützt man eine Meßbrücke, die zwei Platindrähte als Brückenwiderstände enthält **(Bild 3)**. Die Drähte werden elektrisch beheizt. Das Meßgas umspült den einen Platindraht, ein Vergleichsgas bekannter Zusammensetzung den anderen. Haben beide Gase die gleiche Zusammensetzung, so ist auch die Kühlwirkung auf die Platindrähte gleich, und die Brücke wird nicht verstimmt. Bei Abweichungen der Zusammensetzung des Meßgases vom Vergleichsgas zeigt das Anzeigeinstrument die Spannung U_x an. Man verwendet solche Verfahren z. B. zur CO_2-Bestimmung von Verbrennungsgasen. Als Vergleichsgas dient dabei Luft.

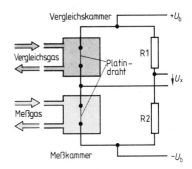

Bild 3: Gasanalyse nach dem Wärmeleitverfahren

Halbleiterthermometer haben einen Heißleiter (NTC-Widerstand) oder einen Kaltleiter (PTC-Widerstand) als Sensorelement. Gegenüber den Metallthermometern haben die Halbleiterthermometer höhere Temperaturbeiwerte, sind also empfindlicher auf Temperaturänderungen. Ihre Widerstands-Temperatur-Kennlinie ist aber stark unlinear. Der Meßbereich reicht von ca. −70 °C bis 300 °C. Das geringe Bauvolumen und die damit verbundene geringe Wärmespeicherung der Halbleiterthermometer ermöglicht insbesondere die Erfassung von Oberflächentemperaturen und Temperaturschwankungen. Dem Meßobjekt wird nur wenig Wärme entzogen und damit erreicht man genaue Oberflächentemperaturmessungen. Die geringe Wärmekapazität ermöglicht auch eine schnelle Anpassung an sich verändernde Temperaturen.

---

* Analyse = Zerlegung, z. B. einer chemischen Verbindung in ihre Grundstoffe

Dehnungsmeßstreifen

Dehnungsmessungen, z. B. an Maschinen, Brückenträgern und Stahlkonstruktionen, werden mit Dehnungsmeßstreifen (DMS) oder Reckdrähten vorgenommen **(Bild 1)**. Sie haben den Zweck, das Bauteil bei ruhender (statischer) Belastung zu überprüfen oder den Einfluß bei wechselnder (dynamischer) Belastung zu erfassen. Die Längenänderungen (Dehnungen) sind dabei sehr gering, meist nur 0,1...10 μm. Die Wirkung der Dehnungsmeßstreifen beruht auf der Widerstandserhöhung eines Drahtes, wenn dieser durch Dehnung verlängert und dabei gleichzeitig im Querschnitt verkleinert wird. Dehnungsmeßstreifen werden heute meist nicht mehr mit Draht hergestellt, sondern als *Folien-Dehnungsmeßstreifen*, wobei wie bei der Herstellung gedruckter Schaltungen ein metallisches Meßgitter in einem galvanischen Verfahren auf eine Trägerfolie aufgetragen wird. Um kleine Baulängen von wenigen Millimetern zu erhalten sind die Leitungswege mäanderförmig* aufgebracht, und zwar in Längsrichtung sehr dünn und in den Umkehrschleifen, also in Querrichtung, breit. Durch die Mäanderform erreicht man eine große wirksame Leiterlänge. Die Widerstandsänderung ist bei Dehnungen in Längsrichtung entsprechend hoch und bei etwaigen Querdehnungen sehr gering.

Die Dehnungsmeßstreifen werden auf das Meßobjekt so aufgeklebt, daß die Meßgitterlängsrichtung der Richtung entspricht, in welcher man Dehnungen bzw. mechanische Spannungen erfassen will. Zur gleichzeitigen Messung in mehreren Richtungen gibt es spezielle Dehnungsmeßstreifen **(Bild 2)**, z. B. mit Meßgittern, welche unter 120° zueinander oder unter 45° zur Streifenlängsrichtung ausgerichtet sind.

Als Widerstandswerkstoff verwendet man meist Konstantan (60% Cu, 40% Ni) oder eine Chrom-Nickel-Legierung (80% Cr, 20% Ni). Das Meßelement des Halbleiterdehnungsmeßstreifens besteht aus einem etwa 15 μm dicken Siliciumstreifen, welcher aus einem Siliciumkristall herausgeschnitten ist.

Die Nennwiderstände der Dehnungsmeßstreifen sind 120 Ω, 350 Ω und 600 Ω. Die Widerstandsänderung bei Dehnung wird durch den *k*-Faktor angegeben. Er beträgt bei Konstantan und Chrom-Nickel 2,0, bei Silicium etwa 150.

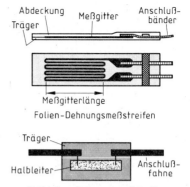

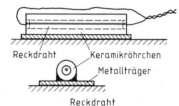

Folien-Dehnungsmeßstreifen

Halbleiter-Dehnungsmeßstreifen

Reckdraht

Bild 1: Sensoren zur Dehnungsmessung

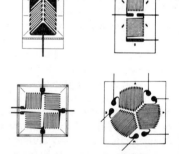

Bild 2: Ausführungsformen von Dehnungsmeßstreifen

ΔR Widerstandsänderung
R Nennwiderstand
k Faktor
Δl Längenänderung
l Nennlänge des Dehnungsmeßstreifens
ε Dehnung

$$\varepsilon = \frac{\Delta l}{l} \qquad \boxed{\frac{\Delta R}{R} = k \cdot \varepsilon}$$

Dehnungsmeßstreifen müssen mit großer Sorgfalt auf das Meßobjekt geklebt werden. Auf eine dünne Klebefuge ist zu achten, damit der Dehnungsmeßstreifen die Dehnungen oder auch Stauchungen des Meßobjekts in gleicher Weise mit ausführt. Als Kleber werden hart-elastische Einkomponentkleber oder Zweikomponentkleber verwendet. Einen mechanischen Schutz erhalten die Dehnungsmeßstreifen nach dem Aufkleben durch Abdecken mit einem Kitt oder einer Metallkapsel.

---

* Mäander (nach dem Fluß in Kleinasien) = geschlängelter Flußlauf

Bei den Meßschaltungen unterscheidet man die *Viertelbrückenschaltung* mit einem aktiven Dehnungsmeßstreifen, welcher der Dehnung des Meßobjekts unterworfen ist, die *Halbbrückenschaltung* mit zwei aktiven Dehnungsmeßstreifen und die *Vollbrückenschaltung* mit vier aktiven Dehnungsmeßstreifen **(Tabelle 1)**.

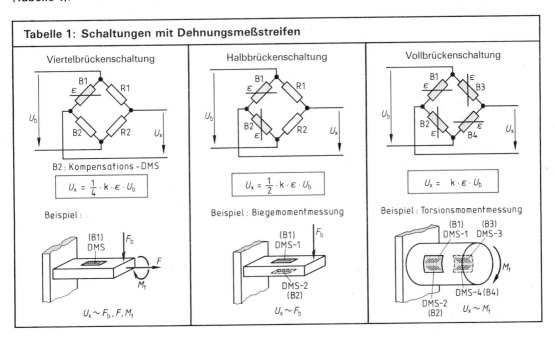

Tabelle 1: Schaltungen mit Dehnungsmeßstreifen

Die Viertelbrückenschaltung hat nur ein Viertel der Empfindlichkeit der Vollbrückenschaltung. Sie wird meist nur in Verbindung mit einem Kompensations-Dehnungsmeßstreifen verwendet (Tabelle 1). Dieser hat die Aufgabe der Temperaturkompensation. Der aktive Dehnungsmeßstreifen erfährt außer durch Dehnung auch durch Temperaturänderungen eine Widerstandsänderung. Zur Kompensation dieses Temperatureinflusses bringt man in die Nähe des aktiven Dehnungsmeßstreifens einen weiteren Dehnungsmeßstreifen, klebt diesen aber nicht auf das Meßobjekt auf, sondern läßt auf ihn nur dieselbe Temperatur einwirken. Der Kompensations-Dehnungsmeßstreifen wird in der Brückenschaltung in den gleichen Zweig wie der aktive Dehnungsmeßstreifen geschaltet. Die beiden übrigen Brückenwiderstände sind konstante Widerstände.

Die Halbbrückenschaltung läßt sich vorteilhaft verwenden, wenn zugleich eine Dehnung (Widerstandserhöhung um ΔR) und eine Stauchung (Widerstandsverminderung um ΔR) vorliegt, z. B. bei einer Biegemomentmessung an einem Biegestab (Tabelle 1). Das zu messende Biegemoment wirkt im Gegentakt auf die Brückenschaltung. Etwaige Temperaturänderungen als auch Zugkräfte wirken im Gleichtakt und werden daher unterdrückt. Eine günstige Auswerteschaltung ist die Vollbrückenschaltung mit zwei gedehnten und zwei gestauchten Dehnungsmeßstreifen. Diese Schaltung verwendet man zur Messung des Torsionsmoments und bei speziellen Sensoren, wie z. B. bei Kraftmeßdosen, Drucksensoren und Drehmomentmeßnaben.

Die Brückenschaltungen können mit Gleichstrom oder auch Wechselstrom gespeist werden. Gleichstrom-Brückenschaltungen **(Bild 1)** sind leichter abzugleichen als Wechselstrom-Brückenschaltungen. Sie enthalten einen driftarmen Gleichspannungsverstärker, sowie bei einem Sechs-Leiter-Brückenanschluß zwei Prüfleiter für die Spannung U_B der Brücke.

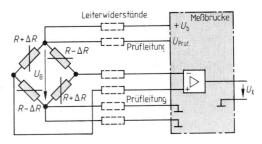

Bild 1: Gleichstrommeßbrückenschaltung

Für genaue Messungen muß die Brückenspannung U_B unabhängig von Leitungslänge und Umgebungstemperatur konstant gehalten werden. Mit den Prüfleitern für die Brückenspannung wird der Spannungsfall in den Brückenspeiseleitungen erfaßt und die Brückenspeisespannung soweit erhöht ($U_b > U_B$), daß U_B den vorgesehenen Wert von z. B. 10 V erreicht. Mit Gleichspannungsmeßbrücken für Dehnungsmeßstreifen sind Dehnungsschwingungen bis etwa 50 kHz erfaßbar.

Wechselspannungs-Meßbrücken arbeiten meist mit einer 5-kHz-Wechselspannung **(Bild 1)**. Die Amplitude der Brückenspannung entspricht der zu messenden Dehnung. Die Dehnung wird damit einer 5-kHz-Träger-Wechselspannung aufmoduliert. Diese Dehnungsmeßbrücken nennt man Trägerfrequenzmeßbrücken. Aufgrund von Leitungskapazitäten ist die Wechselspannungs-Meßbrücke keine reine Wirkwiderstandsmeßbrücke und muß nach Betrag (R-Abgleich) und Phase (C-Abgleich) abgeglichen werden. Ein vorzeichenrichtiges Ausgangssignal, das dem Wechsel der Dehnung entspricht, erhält man durch eine *phasenrichtige Gleichrichtung* **(Bild 2)**. Hierbei wird im gleichen Takt mit der 5-kHz-Generatorspannung jede zweite Halbschwingung der amplitudenmodulierten Brückenspannung umgeklappt.

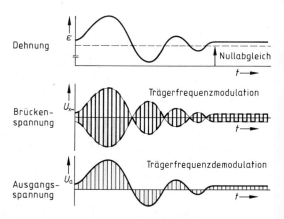

Bild 1: Trägerfrequenz-Meßbrücke

Bild 2: Signalmodulation und Demodulation

Kraftmeßdosen mit Dehnungsmeßstreifen enthalten je zwei Dehnungsmeßstreifen, die auf Stauchung und auf Zug beansprucht werden **(Bild 3)** und auf einen speziellen Druckkörper aufgeklebt sind. Kraftmeßdosen dieser Art erlauben Kräftemessungen von wenigen Newton bis über 1000 kN. Man verwendet sie z. B. zur Kraftmessung an Pressen, Walzen und als Wägezellen für elektronische Waagen.

Hitzdrahtsonden, Heißfilmsonden

Für die Messung von Gasströmungen oder Flüssigkeitsströmungen, sowie für Messungen von Druck, Dichte und Temperatur verwendet man Hitzdrahtsonden oder Heißfilmsonden (*Anemometer**).

Bei der Hitzdrahtsonde oder der Heißfilmsonde **(Bild 4)** wird der Hitzdraht oder der Heißfilm durch den Strom einer Meßbrücke erwärmt. Die Hitzdrahtsonde besteht z. B. aus einem sehr feinen Wolframdraht von 0,4 mm bis 3 mm Länge und 1 µm bis 5 µm Durchmesser. Der Draht ist auf die verjüngten Enden der Nickelfühlerhalter geschweißt. Die Hitzdrähte sind für bestimmte Drücke, maximale Luft- bzw. Wassergeschwindigkeiten und maximale Drahttemperaturen bemessen. Die Heißfilmsonde enthält als Fühler einen dünnen Film aus Nickel, der auf einen Träger aus Quarz aufgestäubt ist. Die Nickelschicht ist zum Schutz mit einer sehr dünnen SiO_2-Schicht (0,2 µm bis 0,5 µm) überzogen. Die Filmlänge liegt zwischen 0,15 mm und 0,75 mm, die Filmbreite zwischen 0,35 mm und 1,25 mm. Die Fühlerhalter sind vergoldete Nickeldrähte.

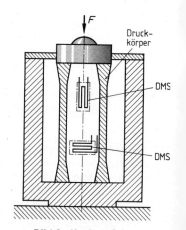

Bild 3: Kraftmeßdose mit Dehnungsmeßstreifen

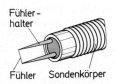

Bild 4: Hitzdrahtsonde

* Anemometer (griech.) = Windmesser

Wirkungsweise. Man unterscheidet *Konstantstrom-Anemometer* und *Konstanttemperatur-Anemometer.* Beim Konstantstrom-Anemometer **(Bild 1)** wird der Fühler mit einem konstanten Strom gespeist. Der Strom im Brückenzweig heizt die Sonde dauernd. Bei verstärkter Kühlung, z. B. durch Erhöhung der Strömungsgeschwindigkeit des Gases, ändert sich die Temperatur und damit der Widerstand der Sonde. Die Brücke wird dadurch verstimmt. Die Brückenspannung ist also ein Maß für die Meßgröße, z. B. die Geschwindigkeit. Wegen der thermischen Trägheit der Fühler sind Konstantstrom-Anemometer für Schwankungsmessungen nicht geeignet, dagegen können kleine Geschwindigkeitsänderungen genau gemessen werden. Beim Konstanttemperatur-Anemometer **(Bild 2)** wird der Widerstand des Fühlers und damit seine Temperatur konstant gehalten. Die Brückenspannung dient als Maß für die Wärmeübertragung. Der Servoverstärker* dient zur Nachregelung der Brückenspannung bei Änderung der Fühlertemperatur. Die Schaltung ist auch bei schnell veränderlichen Meßgrößen geeignet.

Bei beiden Anemometer-Betriebsarten müssen Störungen, z. B. Temperaturschwankungen bei Geschwindigkeitsmessungen, ausgeglichen werden (Kompensation). Weitere Störquellen können Fühlerverschmutzungen, Blasenbildungen, Verschleiß und Oxidation der Fühler, Vibrationen und Wirbelbildungen sein.

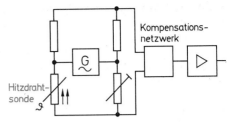

Bild 1: Konstantstrom-Anemometer

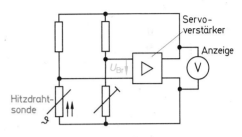

Bild 2: Konstanttemperatur-Anemometer

Sensoren mit Feldplatten

Feldplatten verwendet man bei Sensoren zum berührungslosen Erfassen von kleinen Wegen und Winkeln.

Beim Wegsensor werden zwei Feldplatten **(Bild 3)** von dem magnetischen Fluß eines fest eingebauten Dauermagneten mit mittlerer Stärke durchflutet. Bei Annäherung eines beweglichen Dauermagneten verändern sich die Flußdichten in den beiden Feldplatten gegensinnig. Die Feldplattenwiderstände verändern sich dabei auch gegensinnig und steuern eine Meßbrücke an. Die Brückenquerspannung ist im Arbeitsbereich des Sensors fast linear abhängig vom Weg s zwischen Wegsensor und beweglichem Dauermagnet **(Bild 4)**.

Drehwinkelsensoren sind ähnlich aufgebaut. Der Dauermagnet ist hier drehbar gelagert. Die Brückenquerspannung ändert sich sinusförmig mit dem Drehwinkel. Für kleine Drehwinkeländerungen im mittleren Bereich ist die Spannung U_x näherungsweise proportional zum Drehwinkel.

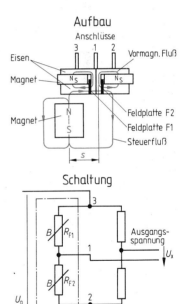

Wiederholungsfragen

1. In welche Funktionsblöcke gliedert sich der Aufbau eines Sensors?
2. In welche der beiden Hauptgruppen werden Sensoren eingeteilt? Wodurch unterscheiden sich diese Gruppen?
3. Wofür verwendet man potentiometrische Sensoren?
4. Welche elektrische Größe wird bei Dehnungsmeßstreifen durch Dehnung verändert?
5. Welche Arten von Brückenschaltungen unterscheidet man bei Dehnungsmessungen?
6. Welche physikalische Größe wird durch Kompensations-Dehnungsmeßstreifen kompensiert?
7. Wofür verwendet man Hitzdrahtsonden?
8. Welche mechanischen Größen können mit Feldplatten erfaßt werden?

Bild 3: Wegsensor

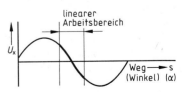

Bild 4: Ausgangssignal beim Wegsensor bzw. beim Drehwinkelsensor mit Feldplatten

* servus (lat.) = Diener

3.7.3 Induktive Sensoren

Induktive Sensoren arbeiten mit Wechselstrom und beruhen auf einer Veränderung der Induktivität oder der induktiven Kopplung oder der Wirbelstrombildung. Die wichtigsten Sensoren sind die induktiven Wegsensoren und Dickenmeßsonden.

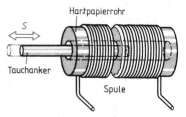

Bild 1: Aufbau des Tauchankersensors

Sensoren mit Veränderung der Induktivität

Der **Tauchankersensor** eignet sich zur Wegerfassung für Meßlängen von 50...1500 mm. Er besteht z. B. aus einem Rohr **(Bild 1)**, welches eine Meßwicklung trägt. Ein Rundstabkern aus magnetisch weichem Eisen kann in das Rohr eingetaucht werden, dabei verändert sich die Induktivität der Spule. Die Messung führt man mit Wechselstrom in einer Brückenschaltung durch. Hierzu wird die Tauchankerspule durch eine zweite Spule gleicher Abmessung mit innerem festen Rundstabkern und durch zwei Wirkwiderstände **(Bild 2)** ergänzt. Diese Sensoren verwendet man häufig auch zur *Füllstandsanzeige*. Induktive Füllstandsanzeiger sind besonders dann geeignet, wenn sich die Flüssigkeit, deren Stand gemessen werden soll, unter Druck befindet. In diesem Fall taucht der Weicheisenkern in ein Druckrohr ein.

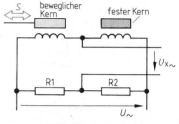

Bild 2: Schaltung eines Tauchankersensors

Differentialspulensensoren haben ebenfalls einen Tauchkern aus magnetisch weichem Werkstoff. Befindet sich der Tauchkern in der Mittenstellung **(Bild 3)**, dann sind beide Induktivitäten gleich groß. Verschiebt man den Tauchkern nach der einen oder anderen Richtung ändert sich das Verhältnis der Induktivitäten gegensinnig. Die Differentialspule wird von einer Trägerfrequenzmeßbrücke meist mit 5 kHz gespeist. Die Brückenquerspannung ist sehr gut proportional zum Verschiebeweg s. Man erreicht eine Wegauflösung von etwa 1 μm. Zur Erkennung der Verschieberichtung ist eine phasenrichtige Gleichrichtung (Demodulation) der Brückenquerspannung erforderlich. Bei einer *Trägerfrequenzmeßbrücke* (Bild 3) wird durch den Demodulator im Takt des Frequenzgenerators jede zweite Halbschwingung umgeklappt. Dadurch entsteht eine Ausgangsspannung U_x, welche vorzeichenrichtig dem Weg s entspricht.

Die Trägerfrequenzmeßbrücke muß als Wechselspannungsbrücke nach Betrag und Phase abgeglichen werden. Hierzu wird für die jeweilige Ausgangslage des Kerns der Differentialspule im unempfindlichsten Meßbereich durch wechselweises Verändern eines Brückenwiderstandes die Brücke im Betrag sodann durch Verändern eines Kondensators in der Phase auf eine immer kleiner werdende Brückenquerspannung abgeglichen, bis schließlich kein Zeigerausschlag mehr erkennbar ist. Danach wiederholt man den Abgleich mit höherer Brückenempfindlichkeit (Verstärkung). Das Erfassen von Wegschwingungen ist nur möglich, wenn die Frequenz der Wegschwingung höchstens ein Viertel der Speisefrequenz der Meßbrücke (Trägerfrequenz) ist.

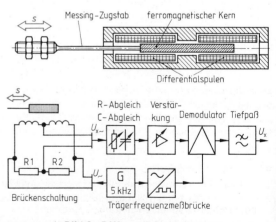

Bild 3: Differentialspulensensor

Sensoren mit Veränderung der Dämpfung und des Scheinwiderstandes

Induktive berührungslose Grenztaster schalten bei Annäherung an einen metallischen Gegenstand **(Bild 1, Seite 409)**. Aus einer Spule mit offenem Schalenkern tritt ein hochfrequentes, elektromagnetisches Feld aus. Die Spule ist der induktive Teil eines Schwingungskreises, welcher von einem Oszillator mit einer Frequenz von mehreren kHz angeregt wird. Gelangt ein metallischer Gegenstand in die Nahzone der Schwingkreisspule, so wird durch die auftretenden Wirbelströme die Oszillatorschwingung sehr stark gedämpft, so daß der nachgeschaltete Schwellwertschalter anspricht. Hierzu wird die Oszillatorschwingung hochohmig einem Demodulator zugeleitet und mit einem Schmitt-Trigger als *Grenzwertglied* auf Signalunterschreitung überwacht. Über einen Verstärker erhält man antivalente Signale.

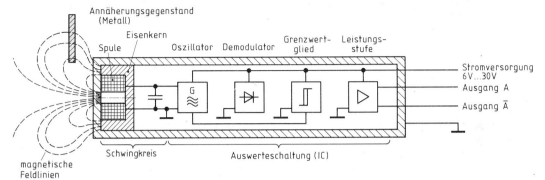

Bild 1: Induktiver Grenztaster

Sensoren mit Veränderung der induktiven Kopplung

Mit dem **Differentialtransformator** kann eine *Wegmessung* durchgeführt werden. Der Transformator hat einen beweglichen, ferromagnetischen Kern **(Bild 2)** und zwei Ausgangsspulen. Das Meßprinzip beruht auf einer Veränderung der magnetischen Kopplung zwischen der Eingangsspule und den Ausgangsspulen. Mit einer Zweipuls-Brückenschaltung wird jede der Ausgangsspannungen gleichgerichtet. Die zugehörigen Gleichströme I_{21}, I_{22} durchfließen den Strommesser einander gegengerichtet, so daß dieser bei gleichgroßen Ausgangsspannungen nicht ausschlägt. Verschiebt man den Kern nach oben, dann sind die beiden Gleichströme verschieden groß. Der Strommesser zeigt die Verschiebung des Kernes an, und zwar je nach Richtung der Verschiebung mit verschiedener Stromrichtung.

Dickenmessung mit Förster-Sonde*. Die Förstersonde **(Bild 3)** besteht aus zwei gleichen Transformatoren mit zwei stabförmigen, leicht sättigbaren Kernen. Die Eingangswicklungen einer Förstersonde werden in entgegengesetzter Richtung vom Wechselstrom durchflossen. Die Ausgangswicklungen sind hintereinandergeschaltet und liefern die Ausgangsspannung Null, da die Teilspannungen U_1 und U_2 in jedem Augenblick gegeneinander gerichtet sind. Wenn jedoch zusätzlich ein magnetisches Gleichfeld auftritt, entsteht eine Wechselspannung doppelter Frequenz, deren Größe von der Stärke des Gleichfeldes abhängt.

Zur Dickenmessung beeinflußt man ein Magnetfeld durch die Dicke des Prüflings (Bild 3). Die Sonde wird auf den Prüfling aufgesetzt. Ihr gegenüber liegt ein Magnet M_1. Der Magnet M_2 kann so eingestellt werden, daß die Ausgangsspannung Null ist, wenn der Sollwert der Dicke des Prüfgutes erreicht ist. Jede Abweichung des Abstandes zwischen Sonde und Magnet M_1 ändert die Vormagnetisierung der Kerne verschiedenartig, so daß am Sondenausgang eine Wechselspannung auftritt. Diese wird verstärkt, gleichgerichtet und dem Meßwerk zugeführt. Solche Sonden verwendet man zur kontinuierlichen Dickenmessung.

Bild 2: Differentialtransformator

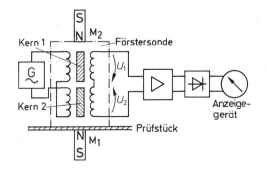

Bild 3: Förster-Sonde mit Dickenmeßeinrichtung

* Dr. Förster, deutscher Physiker, geb. 13. 2. 1908

409

Drehmelder (Resolver*) verwendet man zur genauen *Drehwinkel-erfassung* oder *Drehwinkelregelung*. Aufgebaut ist der Drehmelder ähnlich wie ein kleiner Synchronmotor. Er hat einen *Stator*** (Ständer) mit zwei um 90° versetzten Statorwicklungen und einen *Rotor**** (Läufer) mit einer Rotorwicklung **(Bild 1)**.

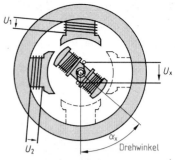

Bild 1: Drehmelder

Die Statorwicklungen werden mit den zwei Wechselspannungen $u_1 = \hat{u}_1 \cdot \sin \omega t$ und $u_2 = \hat{u}_1 \cdot \sin (\omega t + \pi/2) = \hat{u}_1 \cdot \cos \omega t$ gespeist. An der drehbar gelagerten Rotorwicklung wird sowohl durch die eine als auch durch die andere Statorwicklung eine Spannung induziert. Die Induktion ist maximal, wenn die Rotorwicklung und die Stator-wicklung sich in gleicher Richtung gegenüber stehen und gleich Null, wenn die Rotorwicklung quer zur Statorwicklung steht. Die Meßspan-nung an der Rotorwicklung hängt somit vom Drehwinkel α_x ab und beträgt bei einer Transformatorübersetzung von 1/1:

$$u_x = u_1 \cdot \cos \alpha_x + u_2 \cdot \sin \alpha_x = \hat{u}_1 \cdot \sin \omega t \cdot \cos \alpha_x + \hat{u}_1 \cdot \cos \omega t \cdot \sin \alpha_x =$$
$$= \hat{u}_1 \cdot \sin (\omega t + \alpha_x), \text{ d.h. die Meßspannung } u_x \text{ ist gegenüber der}$$
Speisespannung u_1 um den Winkel α_x phasenverschoben **(Bild 2)**.

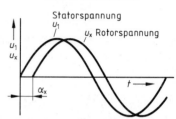

Bild 2: Phasenverschiebung der Meßspannung

Der Drehwinkel entspricht also der Phasenverschiebung. Er kann durch digitale Phasenmessung erfaßt werden.

Das **Inductosyn** besteht aus einem Maßstab mit mäanderförmiger Leiterbahn und einem beweglichen Gleiter mit zwei um ¼ Mäanderteilung versetzten mäanderförmigen Leiterbahnen **(Bild 3)**. Der Gleiter ent-spricht dem Stator des Drehmelders und der Maßstab dem Rotor. Die mäanderförmigen Leiterbahnen haben einen Windungsabstand von meist 2 mm. Man sagt, sie haben einen *Zyklus* oder eine *Polteilung* von 2 mm. Verschiebt man den Gleiter gegenüber dem Maßstab, so liegt in zyklischem Wechsel die eine und die andere Leiterbahn des Gleiters deckungsgleich über der Leiterbahn des Maßstabs. Da der Gleiter die zwei elektrisch 360°/4 = 90° versetzten Leiterbahnen hat, werden im Maßstab zwei Spannungen induziert. An den Maßstabklemmen erhält man dann die Meßspannung $u_x = \hat{u}_1 \cdot \sin (\omega t + \alpha_x)$.

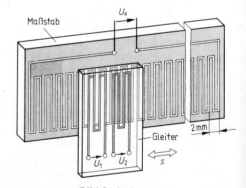

Bild 3: Inductosyn

Zur Wegmessung über die gesamte Maßstabslänge müssen die Zyklen gezählt und innerhalb eines Zyklus die Phasenlage der Meßspannung u_x gegenüber u_1 ermittelt werden. Meist wird das Inductosyn als *Istwertgeber* in einem Lageregelkreis für Maschinentische verwendet. Hierbei gibt man eine Soll-Wechselspannung vor und ver-gleicht mit dieser die Phasenlage der Ist-Wechselspan-nung. Bei Abweichungen wird der Antrieb für den Maschinentisch und damit für den dort befestigten Gleiter so angesteuert, daß sich die Phasendifferenz vermindert.

Wiederholungsfragen

1. Auf welchen Eigenschaften beruhen induktive Sensoren?
2. Erklären Sie die Wirkungsweise eines induktiven Grenztasters!
3. Wofür verwendet man Differentialtransforma-toren?
4. Welche Größe erfaßt man mit der Förster-Sonde?
5. Beschreiben Sie den Aufbau eines Drehmelders!
6. Welche mechanische Größe erfaßt man mit einem Drehmelder und in welche elektrische Größe wird diese umgewandelt?
7. Wozu verwendet man das Inductosyn?

* resolve (engl.) = auflösen;   ** Status (lat.) = Stand;   *** rota (lat.) = Rad, Rolle

3.7.4 Kapazitive Sensoren

Kapazitive Sensoren reagieren auf *Kapazitätsände-rungen* hervorgerufen durch Verändern der Elek-trodenabstände oder des Dielektrikums.

Kapazitive Drucksensoren

Durch Abstandsänderung zweier Kondensatorplat-ten erhält man eine Kapazitätsänderung und damit eine Veränderung des kapazitiven Blindwiderstan-des des Sensors. Für Druckmessungen erfaßt man die Verlagerung einer Membran **(Bild 1)**. Gemessen wird die Kapazitätsänderung mit einer Wechsel-spannungsmeßbrücke.

Bei **kapazitiven Füllhöhenmessern** für isolieren-de Flüssigkeiten **(Bild 2)** sind die Behälterwand und eine eingeführte Elektrode Kondensatorplatten, die Flüssigkeit das Dielektrikum. Die Kapazität dieses Kondensators ist von der Füllhöhe der enthaltenen Flüssigkeit abhängig.

Bei leitenden Flüssigkeiten verwendet man isolierte Innenelektroden, z. B. bei Laugen und bei Säuren. Die Flüssigkeit selbst wirkt dann als Kondensator-platte. Die Messung erfolgt über eine Brücken-schaltung (Bild 2). Die Brücke wird mit hochfre-quenter Spannung gespeist. Die Anzeige erfolgt nach Gleichrichtung am Meßgerät.

3.7.5 Aktive Sensoren

Thermoelemente

Thermoelemente dienen zur Temperaturmessung bis 1300 °C. Sie bestehen aus zwei verschiedenen Metalldrähten, deren Enden an einer Seite mitein-ander verlötet oder verschweißt sind. Erwärmt man die Verbindungsstelle, so kann man an den freien Enden eine niedrige Gleichspannung U_{th} abnehmen **(Bild 3)**.

Technische Thermoelemente bestehen aus Thermo-paaren, z. B. Kupfer und Konstantan, Eisen und Konstantan, Nickel-Chrom und Konstantan, Platin-Rhodium und Platin. Die Thermospannung steigt mit der Temperatur an. Sie liegt je nach Thermopaar zwischen 1 mV und 70 mV **(Bild 4)**. Die Drähte werden durch keramische Stoffe gegeneinander isoliert und in ein Schutzrohr eingelegt **(Bild 5)**. Zur Temperaturmessung wird das Thermoelement in der einfachsten Meßanordnung (Bild 3) über eine *Ausgleichsleitung* mit einem Spannungsmesser verbunden. Sie besteht aus thermoelektrisch gleich wirkenden Werkstoffen wie das Thermoelement. Die Ausgleichsleitung verlängert das Thermo-element, so daß dessen Enden in den Bereich der Raumtemperatur kommen.

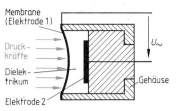

Bild 1: Kapazitive Druckmeßdose

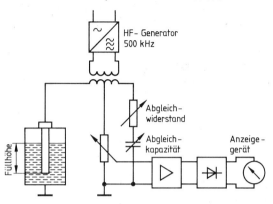

Bild 2: Kapazitiver Füllhöhenmesser mit Meßanlage

Bild 3: Versuchsanordnung zur Temperaturmessung mit einem Thermoelement

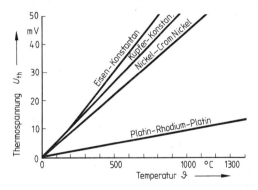

Bild 4: Thermospannungen

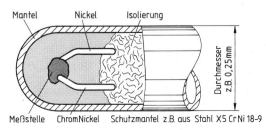

Bild 5: Mantelthermoelement mit isolierter Meßstelle

Piezoelektrische Sensoren

Piezoelektrische Sensoren erzeugen bei Belastung durch Zugkräfte, Druckkräfte oder Schubkräfte eine elektrische Ladung und damit an den Anschlußelektroden eine elektrische Spannung. Dieser Piezoeffekt läßt sich z. B. an Quarzkristallen (SiO_2) feststellen. Bei Sensoren verwendet man meist Blei-Zirkonat-Titanat-Kristalle. Diese haben eine mehr als 1000fach höhere Empfindlichkeit als Quarz und weisen bei der Energieumwandlung von mechanischer Energie in elektrische Energie einen Wirkungsgrad von etwa 50% auf.

Beim *Längseffekt* **(Bild 1)** werden durch die Kraftwirkung die negativen Gitterpunkte im Kristallgitter gegen die positiven Gitterpunkte verschoben. An den Oberflächen der Kristallscheiben sind dann Ladungsunterschiede als Spannung zwischen den Belägen meßbar. Die Ladung wird dabei an den Angriffsflächen der Kraft abgenommen.

Beim *Quereffekt* (Bild 1) entsteht durch Einwirkung der Kraft in Richtung der neutralen Kristallachse eine Ladung auf der dazu senkrechten Kristallfläche, die über einen Metallbelag abgenommen werden kann.

Beim *Schubeffekt* verschieben sich die Schwerpunkte der positiven und negativen Ladungen senkrecht zur angreifenden Schubkraft.

Piezoelektrische Sensoren werden als Drucksensoren, Kraftsensoren und Beschleunigungssensoren verwendet.

Piezodrucktaster und Piezogrenztaster sind Tastschalter, welche allein über eine mechanische Kraft und praktisch ohne Tastweg schalten. Im Gegensatz zu den kapazitiven Tasten und induktiven Tasten sind sie nicht durch Annäherung eines Gegenstandes oder aufgrund von Feuchtigkeit ansprechbar. Ein zufälliges Berühren bewirkt noch kein Schalten.

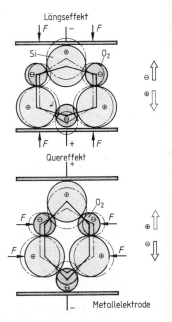

Bild 1: Längseffekt und Quereffekt bei Quarz (SiO₂)

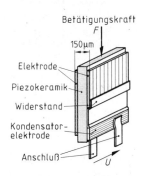

Bild 2: Piezotaster

Das Tastenelement **(Bild 2)** besteht aus einer etwa 0,15 mm dünnen Piezokeramikfolie. Bei Betätigung mit weniger als 1 µm Weg verformt sich das Tastenelement schon so stark, daß durch den piezoelektrischen Quereffekt an den flächigen Elektroden ein genügend starkes elektrisches Signal zur Verfügung steht. Zu dem Tastelement gehört ein RC-Tiefpaß zur Unterdrückung ungewollter Körperschallstörspannungen.

Die Schaltelektronik **(Bild 3)** ist als integrierter CMOS-Schaltkreis aufgebaut. Über eine Spannungsquelle G1 mit sehr hochohmigem Widerstand werden die Elektroden der Piezotaste bis nahe an die Schaltschwelle des Schwellwertschalters 1 aufgeladen.

Bei Betätigungsdruck erzeugt das Piezoelement zusätzlich eine Spannung von etwa 0,7 V, wodurch der Schaltvorgang ausgelöst wird. Die Vorspannung U_2 ist im Ruhezustand etwa gleich der halben Speisespannung U_1; sie erhöht sich beim Umschalten des Schwellwertschalters 1 um U_1. Dies wirkt sich rückkoppelnd aus und führt zu eindeutigem Durchschalten der Piezotaste.

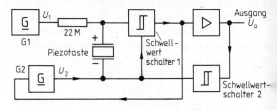

Bild 3: Schaltungsprinzip der Piezotaste

Sensoren mit Fotoelement

Beim **Feuersensor (Bild 1)** wird das niederfrequente Flackern (< 50 Hz) der Flamme mit Fotoelementen in ein Wechselspannungssignal umgewandelt und in einem Verstärker etwa mit dem Faktor 3500 selektiv im Frequenzbereich zwischen etwa 2 Hz und 20 Hz verstärkt. Mit einem nachfolgenden Schwellwertschalter wird ein Relais geschaltet, falls über mehrere Sekunden ein flackerndes Licht auf die Fotoelemente fällt.

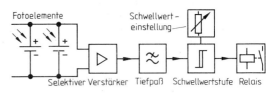

Bild 1: Feuersensor

Induktions-Sensoren

Das Induktionsprinzip verwendet man bei aktiven Sensoren und Meßwertgebern für das Erfassen von Bewegungen insbesondere bei Drehzahlmeßgebern und Geschwindigkeitssensoren. Durch Bewegen der Spule oder durch Verändern des magnetischen Flusses oder durch wechselnde Stromstärke und damit durch Erzeugen eines magnetischen Flusses entsteht die induzierte Spannung.

Tachogeneratoren[*] verwendet man zur Drehzahlmessung. Sie sind wie *Gleichspannungsgeneratoren* mit Permanenterregung, Kollektoren und Bürsten oder wie *Wechselspannungsgeneratoren* aufgebaut. Da die Tachogeneratoren nur die Spannungserzeugung als Aufgabe haben, sind sie klein. Zur Drehzahlmessung bei Antrieben mit Drehrichtungsumkehr verwendet man *Gleichspannungs-Tachogeneratoren*. Diese liefern der Drehrichtung entsprechend eine positive oder negative Gleichspannung.

Kenngröße des Tachogenerators ist der Tachokoeffizient K_T. Er gibt die Spannung bezogen auf die Drehzahl an. Ein Tachogenerator mit $K_T = 0,01 \text{ V/min}^{-1}$ liefert bei einer Drehzahl von $n = 1000 \text{ min}^{-1}$ die Tachospannung 10 V. Bedingt durch die Spannungsabnahme über Stromwender und Bürsten ist die Tachogeneratorspannung mit Oberschwingungen, dem sogenannten Rippeln, behaftet. Die *Rippelspannung* ist proportional zum Spannungsmittelwert und beträgt je nach Polzahl des Tachogenerators zwischen 0,1 % und 10 %. Die Zahl der *Rippelzyklen* je Umdrehung ist bei hochwertigen Tachogeneratoren, also bei solchen mit kleinen Rippelspannungen, groß und beträgt z. B. 500. Bei einfachen Tachogeneratoren liegt die Zahl der Rippelzyklen bei 20 je Umdrehung.

Wechselspannungs-Tachogeneratoren **(Bild 2)** liefern eine Einphasenwechselspannung oder eine Mehrphasenwechselspannung. Die Wechselspannung wird zur Drehzahlanzeige oder Drehzahlregelung meist über eine Zweipuls-Brückenschaltung gleichgerichtet und mit einem RC-Filter geglättet. Wechselspannungsgeneratoren eignen sich nur zur Drehzahlerfassung bei Antrieben mit *einer* Drehrichtung, da die Tachospannung die Polarität bei Drehrichtungswechsel nicht wechselt.

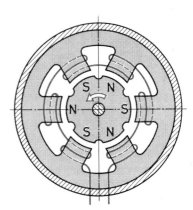

Bild 2: Wechselspannungs-Tachogenerator

Tachogeneratoren werden häufig zusammen mit den Antriebsmotoren als eine Baueinheit hergestellt. Dies hat neben der kompakten Bauweise den Vorteil, daß eine Kupplungsverbindung zwischen Motor und Tacho entfällt. Kupplungen sind entweder formschlüssig, z. B. Klauenkupplung, oder kraftschlüssig, z. B. Wellrohrkupplung. Im ersten Fall ist ein Spiel in der Kupplung und damit eine Signalverfälschung unvermeidbar und im zweiten Fall ist eine Nachgiebigkeit, d. h. eine Federwirkung und damit ein mechanisches Schwingen, unvermeidbar. Dies kann bei schnellen Drehzahländerungen zu Fehlanzeigen führen.

Bei einer kompakten Motor/Tacho-Bauweise ist der Tachogenerator entweder als Hohlwellen-Tachogenerator ausgeführt und direkt auf die Antriebswelle aufgezogen, oder die Ankerwicklung des Tachogenerators ist neben der Motorankerwicklung mit in die Ankernuten eingelegt.

---

[*] Tachogenerator (griech.) = Geschwindigkeitserzeuger

413

Tauchmagnetsensoren bestehen aus einer Spule, in welche ein Magnetkern eintaucht **(Bild 1)**. Die in der Spule induzierte Spannung ist proportional der Bewegungsgeschwindigkeit des Magnetkernes. Bei konstanter Geschwindigkeit wird eine Gleichspannung erzeugt, bei Vibration eine Wechselspannung, welche die Schwinggeschwindigkeit wiedergibt.

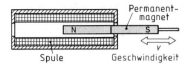

Bild 1: Tauchmagnetsensor

Beim **Tauchspulensensor** taucht eine Spule in das Magnetfeld eines Permanent-Topfmagneten ein **(Bild 2)**. Die induzierte Spulenspannung ist proportional der Spulengeschwindigkeit. Man verwendet Tauchspulensensoren zur Schwinggeschwindigkeitsmessung bei kleinen Schwingwegen.

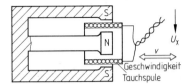

Bild 2: Tauchspulensensor

Wirbelstromsensoren zur Beschleunigungsmessung haben als schwingende Masse eine Kupferscheibe in einem konstanten Magnetfeld **(Bild 3)**. Das Wirbelstromfeld der Kupferscheibe induziert in der Spule eine Spannung, die der Änderungsgeschwindigkeit der Wirbelströme und damit der Beschleunigung der Kupferplatte verhältnisgleich ist.

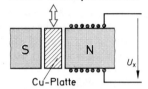

Bild 3: Wirbelstromsensor
zur Beschleunigungsmessung

Induktive Durchflußsensoren (Bild 4) bestehen aus einem im Feld eines Magneten befindlichen Isolierrohr, durch das die leitende Flüssigkeit strömt. In der Flüssigkeit wird nach dem Induktionsgesetz eine Spannung induziert, die an den quer zur Strömungsrichtung angebrachten Elektroden abgenommen werden kann. Diese Spannung ist der mittleren Strömungsgeschwindigkeit verhältnisgleich und damit auch dem gesuchten Durchfluß. Die Sensoren arbeiten mit Wechselstrommagneten, so daß an den Elektroden Wechselspannung abgenommen wird. Dies hat den Vorteil, daß zur Verstärkung der Meßspannung Wechselspannungsverstärker verwendet werden können.

Induktive Durchflußmesser zeichnen sich durch genaue Messung, lageunabhängigen Einbau, Möglichkeit zur Messung auch zähflüssiger Stoffe und Unabhängigkeit der Messung von Dichte, Druck und Temperatur der Flüssigkeit aus.

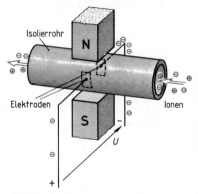

Bild 4: Induktiver Durchflußsensor

Wiegand-Sensoren[*] beruhen auf dem physikalischen Effekt der plötzlichen Änderung der *Magnetisierungsrichtung* bei Drähten aus Vicalloy (10% Vanadium, 52% Kobalt, 38% Eisen), wenn man diese in ein magnetisches Feld bestimmter Stärke bringt. Unabhängig von der Änderungsgeschwindigkeit des äußeren Feldes wird dabei in einer Spule, welche den Wiegand-Draht umhüllt, ein Spannungsimpuls erzeugt. Mit einem Wiegand-Sensor können z. B. Umdrehungsfrequenzen durch wechselweises Ummagnetisieren mit zwei rotierenden Magneten **(Bild 5)** erfaßt werden.

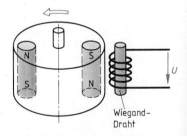

Bild 5: Drehzahlmessung
mit Wiegand-Sensor

Wiederholungsfragen

1. Worin unterscheiden sich aktive Sensoren von passiven Sensoren?

2. Welche physikalische Effekte werden für aktive Sensoren ausgenützt?

3. Welche drei Umwandlungseffekte unterscheidet man bei Piezokristallen?

4. Welche Art von Tachogenerator eignet sich für die Erfassung von Drehzahl und Drehrichtung?

5. Erklären Sie den Begriff Tachokonstante!

6. Woher kommt das „Rippeln" bei der Tachospannung?

7. Skizzieren Sie den Aufbau eines Tauchmagnetsensors!

[*] nach dem Erfinder Wiegand

3.7.6 Meßwertgeber für elektrische Größen (Meßumformer)

Zur Überwachung, Regelung und Steuerung elektrischer Netze und Anlagen müssen Spannung, Stromstärke, Wirkleistung und Blindleistung, Leistungsfaktor, Phasenverschiebungswinkel und Frequenz erfaßt und oft in eine zentrale Station übertragen werden. Die Signalübertragung geschieht meist analog mit einem *eingeprägten Gleichstrom*. Die Meßnenngröße entspricht dabei einem Strom von 20 mA. Durch die Bindung der Meßgröße an ein Stromsignal entstehen keine Signalverfälschungen durch Spannungsfälle in den Übertragungsleitungen. Ferner wird das Stromsignal durch kapazitive oder induktive Spannungseinstreuungen in die Leitung nur gering gestört. Der Meßwertgeber hat einen niederohmigen Ausgang, der Meßwertempfänger einen niederohmigen Eingang, da er als Strommesser arbeitet.

Meßwertgeber für Wechselspannung und Wechselstrom haben in der Eingangsschaltung einen Spannungswandler bzw. Stromwandler **(Bild 1)**. Wandler sind ähnlich aufgebaut wie Transformatoren. Sie dienen der Umwandlung der zu messenden Größen von z. B. 220 V in ein Meßsignal von 10 V. Ferner ermöglichen Wandler eine *Potentialtrennung* zwischen Eingang und Ausgang des Meßumformers. Das Meßsignal wird gleichgerichtet, mit einem Ausgangsverstärker geglättet und als eingeprägtes Stromsignal übertragen. Das Ausgangssignal entspricht dem arithmetischen Mittelwert der Wechselgröße.

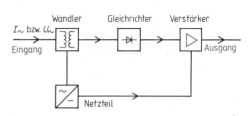

Bild 1: **Meßwertgeber (Prinzip) für Wechselstrom oder Wechselspannung**

Leistungsmeßwertgeber (Bild 2) haben für Strom und Spannung je einen Wandler um eine Potentialtrennung und Signalanpassung zu erreichen. Das Wechselstromsignal und Wechselspannungssignal werden in einem elektronischen Multiplizierer multipliziert. Die Ausgangsspannung des Multiplizierers entspricht der Leistung. Sie wird in einem nachgeschalteten Verstärker geglättet und in ein eingeprägtes Gleichstromsignal umgewandelt.

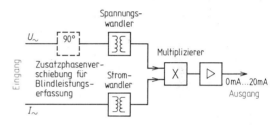

Bild 2: **Meßwertgeber für Wirkleistung bzw. Blindleistung**

Zur Blindleistungsmessung wird die Eingangsspannung mit einer Phasenschieberbrücke zusätzlich um 90° gedreht. Das Meßsignal entspricht dann der Blindleistung $Q = U \cdot I \sin \varphi = U \cdot I \cos (\varphi + 90°)$.

Meßwertgeber für die Netzfrequenz arbeiten nach dem Prinzip der *Kondensatorumladung*. Der Ladestrom eines Kondensators ist dabei um so größer, je höher die Frequenz ist. Er wird gleichgerichtet, geglättet, verstärkt und als eingeprägtes Stromsignal übertragen. Der Verstärker ist so bemessen, daß dem Stromsignal 0 mA bis 20 mA z. B. die Frequenzen 48 Hz bis 52 Hz entsprechen.

Meßwertgeber für Phasenverschiebungswinkel sind z. B. Signalgeber für Leistungsfaktoren. Die Eingangsspannung und der Eingangsstrom werden über Spannungswandler bzw. Stromwandler je einem Komparator für die *Nulldurchgänge* zugeführt. Mit dem Nulldurchgang der Spannung wird ein Flipflop gesetzt und mit dem Nulldurchgang des Stromes rückgesetzt. Das Flipflop liefert im zeitlichen Mittel eine Ausgangsspannung, welche dem Phasenverschiebungswinkel proportional ist.

Gleichstrom-Meßwertgeber haben zur Potentialtrennung *Hallsonden* **(Bild 3)**. Der Gleichstrom erzeugt durch die Eingangsspule einen magnetischen Fluß Φ in der Hallsonde. Diese liefert eine Meßspannung U_x, welche dem magnetischen Fluß und damit dem Gleichstrom I_e proportional ist. Die Meßspannung U_x wird mit einem Verstärker in ein eingeprägtes Gleichstromsignal umgewandelt. Mit dem Gleichstrommeßgeber können auch sich ändernde Gleichströme und auch Wechselströme erfaßt werden.

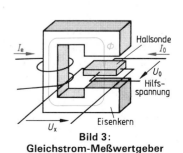

Bild 3:
Gleichstrom-Meßwertgeber

3.7.7 Störungen in Meßleitungen

Die Übertragung der Signale zwischen den Meßwertgebern bzw. den Sensoren und den Meßverstärkern, den Anzeigeeinrichtungen, z. B. einem Oszilloskop, oder der Meßdatenverarbeitung, z. B. einem Tischrechner, kann so gestört sein, daß eine Messung überhaupt nicht mehr möglich ist. Ursache für Störungen in Signalleitungen sind galvanische Störbeeinflussungen, kapazitive Einstreuungen und induktive Einstreuungen.

Galvanische Störbeeinflussungen entstehen durch gemeinsame Stromwege eines Meßstromkreises mit anderen Stromkreisen, z. B. anderen Meßstromkreisen, Steuerstromkreisen oder Leistungsstromkreisen **(Bild 1)**. Durch den gemeinsamen Bezugsleiter verschiedener Sensoren oder anderer elektronischer Baugruppen entstehen durch den Leitungswiderstand und durch den Übergangswiderstand in den Anschlüssen oder Steckverbindungen *Spannungsabfälle*, die sich direkt dem Meßsignal überlagern. Falls kein eigenes Netzteil für jeden Meßstromkreis oder jede Elektronikbaugruppe vorhanden ist, faßt man alle Bezugsleiter (Masseleiter) *sternförmig* zu einem Bezugspunkt zusammen. Neben der direkten Störbeeinflussung durch gemeinsame Leitungs-Wirkwiderstände verursachen induktive und kapazitive Leitungswiderstände Störungen, und zwar in um so stärkerem Maße, je höherfrequent die Signalspannungen bzw. je steiler die Impulsflanken bei Impulssignalen sind.

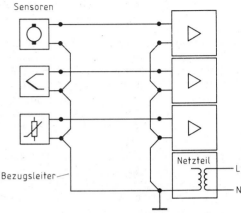

falsch: Durchgeschleifter Bezugsleiter

> **Beispiel:**
> Bei einer Leitung der Länge $l = 2\,\text{m}$ beträgt die längenbezogene Induktivität $\Delta L/\Delta l = 1\,\mu\text{H/m}$. Es wird ein Strom von $I = 500\,\text{mA}$ mit einer Stromanstiegszeit von $t = 1\,\mu\text{s}$ geschaltet. Welche Spannungsstörung erhält man bei gemeinsam verwendetem Bezugsleiter für das Sensorsignal und das Schaltsignal?
>
> *Lösung:*
> Leitungsinduktivität: $L = \dfrac{\Delta L}{\Delta l} \cdot l = \dfrac{1\,\mu\text{H}}{\text{m}} \cdot 2\,\text{m} = 2\,\mu\text{H}$
>
> Stromänderung des Schaltsignals: $\dfrac{\Delta i}{\Delta t} = \dfrac{500\,\text{mA}}{1\,\mu\text{s}}$
>
> induzierte Spannung: $u_i = -L \cdot \dfrac{\Delta i}{\Delta t} = -2\,\mu\text{H} \cdot \dfrac{500\,\text{mA}}{1\,\mu\text{s}}$
> $= -1\,\text{V}$

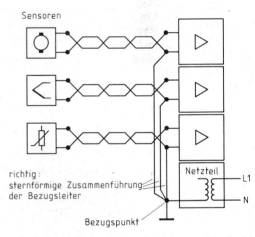

richtig:
sternförmige Zusammenführung
der Bezugsleiter

Bild 1: Falscher und richtiger Anschluß des Bezugsleiters

Galvanische Störbeeinflussungen vermeidet man durch *galvanische Entkopplung*. Dies geschieht durch Vermeiden gemeinsamer Bezugsleiter, auch innerhalb eines Schaltschrankes, und durch Potentialtrennung der Stromkreise. Eine Potentialtrennung erfolgt elektromagnetisch durch Transformatoren für jeden Stromkreis, oder elektromechanisch über Relais oder optoelektronisch durch Optokoppler.

> Bezugsleiter elektronischer Sensoren und Baugruppen werden sternförmig zu einem Bezugspunkt zusammengefaßt.

Bezugsleiter sind leitende Verbindungen, auf welche die Potentiale signalführender Leiter bezogen werden. Bezugsleiter können mit dem Schutzleiter im Schaltschrank verbunden und damit geerdet werden. Die Erdung soll nur an einem Punkt erfolgen.

Induktive Einstreuungen entstehen durch *induktive Kopplung* zweier Stromkreise oder durch andere *elektromagnetische Felder*. Die induktive Kopplung entsteht durch eine Leiterschleife, z. B. gebildet aus Signalleiter und Bezugsleiter. Verdrillt man beide Leiter, dann verringert sich der Flächeninhalt der Leiterschleife und damit die Wirkung eines magnetischen Störflusses **(Bild 1)**. Ferner induziert der magnetische Störfluß in jeder Teilschleife gleich hohe Teilspannungen entgegengesetzter Polung, die sich gegenseitig aufheben.

Induktive Einstreuungen verringert man durch verdrillte Meßleitungen.

Beim *Verlegen* der Meßleitungen ist darauf zu achten, daß diese in möglichst weitem Abstand zu anderen Leitungen, insbesondere zu Starkstromleitungen und Leitungen mit Impulsströmen, liegen. Meßleitungen sollen nicht parallel zu anderen Leitungen verlegt werden. Gemeinsame Kabelkanäle und Kabelbäume sind zu vermeiden.

Durch *Schirmung* der Meßleitungen, der Sensoren und der magnetischen Störquellen, z. B. Thyristorsteller, vermindert man *magnetische Einstreuungen*.

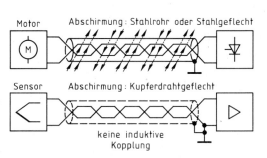

Bild 1: Induktive Einstreuungen und Schutzmaßnahmen

Magnetische Störungen können durch magnetische Leiter aus ferromagnetischem Werkstoff abgeschirmt werden oder durch *Wirbelstromschirme* in ihrer Wirkung vermindert werden **(Bild 1)**.

Die Abschirmung besteht hier aus einem Kupferdrahtgeflecht oder einem versilberten Kupferdrahtgeflecht, also aus einem sehr gut leitenden Werkstoff. Hochfrequente magnetische Felder verursachen im Schirm Wirbelströme und werden dadurch für die innen liegenden Meßleitungen stark gedämpft.

Stahlblechgehäuse und das Verlegen der Leitungen in Stahlrohren oder in Kabeln mit Stahlgeflechtummantelung ermöglichen eine Abschirmung, insbesondere der Störquellen. Mit hochpermeablen Werkstoffen, z. B. Mumetall (75% Ni, 8% Fe, 5% Cu, 2% Cr), erreicht man eine besonders gute Abschirmwirkung.

Kapazitive Einstreuungen entstehen durch ungewollte Kapazitäten zwischen verschiedenen Stromkreisen, z. B. durch die Leitungskapazität parallelverlaufender Leitungen zwei verschiedener Stromkreise. Zur Verringerung kapazitiver Einstreuungen sind wie zur Verringerung induktiver Einstreuungen gemeinsame Kabelkanäle und Kabelbäume zu vermeiden. Störquellen wirken um so stärker, je kürzer die Spannungsanstiegszeit in den störenden Stromkreisen ist und je hochohmiger der gestörte Stromkreis ist. Meßwertgeber mit niederohmigen Ausgangswiderständen und Meßverstärker mit niederohmigen Eingangswiderständen sind daher weniger empfindlich gegenüber kapazitiven Einstreuungen als solche mit hochohmigen Widerständen. Kapazitive Einstreuung vermindert man ferner durch *Schirmung* mit Schirmen aus gut leitendem Werkstoff. Bei abgeschirmten Meßleitungen schließt man den Schirm nur auf einer Seite an den Bezugsleiter an (Bild 1).

Niederohmige Meßsysteme sind weniger störempfindlich als hochohmige Meßsysteme.

Eine **Verringerung der Störungen** beim elektronischen Messen mechanischer Größen erreicht man meist auch durch Filtern mit RC-Gliedern. Die Meßsignale sind Gleichspannungssignale oder niederfrequente Wechselspannungen, z. B. entsprechend den mechanischen Schwingungen, während die eingestreuten Spannungen meist hochfrequent bzw. impulsförmig sind. Mit RC-Tiefpaßfiltern erreicht man in diesen Fällen eine starke Verringerung der Einstreuung.

Störspannungen bestimmter Frequenz, z. B. der Netzfrequenz (Netzbrumm), können mit Bandsperren (selektive Filter) ausgeblendet werden.

3.7.8 Digitale Meßgeräte

Die wichtigsten digitalen Meßgeräte sind digitale Spannungsmesser (Digitalvoltmeter), Vielfachmesser (Digital-Multimeter), Frequenzmesser, Zeitmesser, Periodendauermesser und Zähler.

Analog arbeitende Geräte wandeln die analoge Meßgröße in eine analoge Anzeige um. Demgegenüber wird bei den digitalen Geräten die Meßgröße in einen digitalen Wert umgesetzt und dann einer Ziffernanzeige zugeführt.

Digitale Spannungsmesser

Legt man an den Eingang eines AD-Umsetzers eine Meßspannung an, so wird diese in einen Digitalwert umgesetzt. Die Höhe der Spannung kann mittels einer Anzeigeeinheit ziffernmäßig (digital) angezeigt werden. Je nach verlangter Güteklasse, Meßgeschwindigkeit und Störunempfindlichkeit werden Sägezahnumsetzer, Stufenumsetzer oder integrierende Umsetzer verwendet.

Beim digitalen Spannungsmesser sind dem AD-Umsetzer ein Bereichsumschalter (Spannungsteiler) mit Eingangsverstärker vorgeschaltet **(Bild 1)**. Je nach verwendetem AD-Umsetzverfahren kann auch noch ein Eingangsfilter nötig sein.

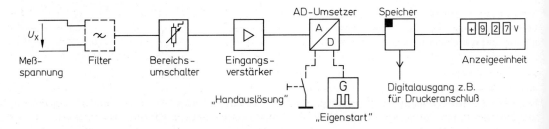

Bild 1: Übersichtsschaltplan eines digitalen Spannungsmessers

Die Meßbereiche können von Hand eingestellt werden. Oftmals wird in Geräten der Bereich für größtmögliche Empfindlichkeit auch automatisch ausgesucht. Das Meßergebnis einschließlich Kommastelle und Polarität wird über einen Speicher geführt und auf einer Ziffernanzeige angezeigt. Übliche Betriebsmeßgeräte besitzen eine dreistellige Anzeige; es gibt aber auch Geräte mit vierstelliger und fünfstelliger Anzeige. Die Auflösung (Ablesegenauigkeit) reicht bei fünfstelliger Anzeige bis $10^{-5} = 0,001\%$ vom Meßbereichsendwert.

Digitale Spannungsmesser haben meist einen großen Eingangswiderstand, z. B. 10 MΩ. Das Anlegen einer zu hohen Eingangsspannung ist deshalb für das Gerät, anders als bei analogen Meßgeräten, unschädlich.

Digitale Spannungsmesser sind sehr hochohmige Meßgeräte.

Digitale Multimeter sind Vielfachmeßgeräte, mit denen Spannungen, Ströme und Widerstände gemessen werden können. Diese Geräte sind digitale Spannungsmesser, denen zur Umwandlung der Meßgrößen Strom und Widerstand in eine entsprechende Gleichspannung Meßwertumformer vorgeschaltet sind. So benötigt man im einfachsten Fall zur Strommessung einen Präzisionswiderstand, an dem eine dem Meßstrom verhältnisgleiche Spannung U_x abfällt. Eine Widerstandsmessung ist z. B. mit einem Erzeuger möglich, der einen konstanten Strom liefert (Konstantstromquelle). Dieser eingeprägte Strom durchfließt den zu messenden Widerstand und erzeugt eine ihm proportionale Spannung U_x.

Digitale Zähler

Digitale Zählgeräte dienen zum Zählen, zur Frequenzmessung, zur Zeitmessung und zur Periodendauermessung. Da für Zählen, Frequenzmessung, Periodendauermessung und Zeitmessung nahezu dieselben Baugruppen benötigt werden, baut man Universalzähler, mit denen diese Messungen möglich sind.

Geradeauszählen (Fortlaufendes Zählen). Für die Bestimmung von Stückzahlen, bei Messungen der Radioaktivität und bei sonstigen Zählvorgängen werden die von einem Fühler gelieferten Zählimpulse über einen Eingangsverstärker, einen Impulsformer und eine Torschaltung (UND-Verknüpfung) auf einen Zähler gegeben **(Bild 1)**. Das Tor wird z. B. durch einen Taster geöffnet, und der Zähler beginnt mit der fortlaufenden Zählung. Bei erneuter Betätigung des Tasters wird das Tor geschlossen. Das Zählergebnis wird über den Speicher durch die Anzeigeeinheit sichtbar gemacht.

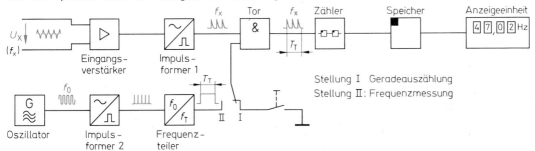

Bild 1: Geradeauszähler und Frequenzmesser

Frequenzmesser zählen die Schwingungen je Zeiteinheit. Die Grundschaltung ist die gleiche wie beim Geradeauszähler. Um die Frequenz einer Spannung beliebiger Kurvenform festzustellen, werden die ankommenden Schwingungen durch den Impulsformer in Impulse derselben Frequenz umgesetzt (Bild 1). Der Eingangsverstärker ermöglicht, daß auch die Frequenz einer kleinen Eingangsspannung noch gemessen werden kann.

Die so gewonnenen Impulse gelangen über eine Torschaltung auf den Zähler. Die Toröffnungszeit T_T (Zeitbasis) wird durch einen Zeitgeber genau festgelegt. Die Zahl der auf den Zähler geführten Impulse entspricht dadurch der zu messenden Frequenz. Ist das Tor z. B. 1 s lang geöffnet und gelangen während dieser Zeit z. B. 78576 Impulse auf den Zähler, so werden 78576 Impulse je Sekunde = 78576 Schwingungen je Sekunde = 78576 Hz gezählt bzw. gemessen. Die Anzeige kann somit bei einer Toröffnungszeit von 1 s direkt in Hz angegeben werden.

Mit der Öffnungszeit kann damit der Meßbereich geändert werden. Wählt man z. B. eine Zeitbasis von 1 ms, so wird die Frequenz in kHz angezeigt, bei einer Zeitbasis von 1 μs dagegen in MHz.

Digital arbeitende Frequenzmesser setzen die Schwingungen der Meßspannung in Impulse um und zählen die Impulse je Zeiteinheit.

Die Anzeigeeinheit ist über einen Speicher an den Zähler angeschlossen. Durch den zwischengeschalteten Speicher entsteht ein flimmerfreies, stehendes Bild der Anzeige. Außerdem kann während der folgenden Messung das vorher gespeicherte Ergebnis z. B. durch einen Drucker ausgegeben werden. Digital arbeitende Frequenzmesser haben meist 6- bis 8stellige Anzeigeeinheiten.

Die Genauigkeit der digitalen Frequenzmessung ist von der Genauigkeit der Öffnungszeit des Tores abhängig. Deshalb wird die Zeitbasis z. B. einem Quarzoszillator mit einer Frequenz von 0,1 MHz, 1 MHz oder 10 MHz und einer Fehlergrenze von $10^{-5} = 10^{-3}\%$ bis $10^{-9} = 10^{-7}\%$ entnommen. Diese Oszillatorfrequenz wird dann mit dekadischen Frequenzteilerstufen heruntergesetzt, bis die gewünschte Impulsfrequenz von z. B. 1 Hz und damit eine Meßzeit von 1 s zur Verfügung steht. Eine hohe Oszillatorfrequenz von etwa 1 MHz ist erforderlich, da in diesem Bereich die Frequenz sehr konstant ist.

Die Genauigkeit einer digitalen Frequenzmessung hängt außerdem von der Meßdauer ab. Soll eine Frequenz von 100 kHz mit einer Fehlergrenze von $10^{-2} = 1\% \triangleq 10^3$ Hz gemessen werden, so ist eine Toröffnungszeit von $1/10^3$ Hz $= 10^{-3}$ s $= 1$ ms nötig. Um dagegen eine Fehlergrenze von $10^{-5} = 0,001\% \triangleq$ $\triangleq 1$ Hz zu erreichen, muß das Tor $1/(1$ Hz$) = 1$ s lang geöffnet bleiben.

Soll eine Frequenz von 100 Hz auf $10^{-5} = 0,001\% = 10^{-3}$ Hz genau gemessen werden, so wäre eine Meßzeit von $1/10^{-3}$ Hz $= 10^3$ s $= 1000$ s erforderlich. Da sich bei tiefen Frequenzen und hoher Genauigkeit also lange Meßzeiten ergeben, verwendet man hier die Periodendauermessung. Damit kann man wieder schnell und trotzdem genau messen, da z. B. bei 100 Hz die Periodendauer nur eine hundertstel Sekunde beträgt.

Periodendauermessung. Durch Vertauschen von Meßeingang und Quarzoszillator eines Frequenzmessers wird nicht mehr die Frequenz, sondern die Periodendauer $T_x = 1/f_x$ gemessen **(Bild 1)**. Man steuert das Tor jetzt mit der zu messenden Frequenz. Zur genauen Festlegung der Öffnungszeit des Tores gelangt die Meßfrequenz erst noch auf einen Impulsformer.

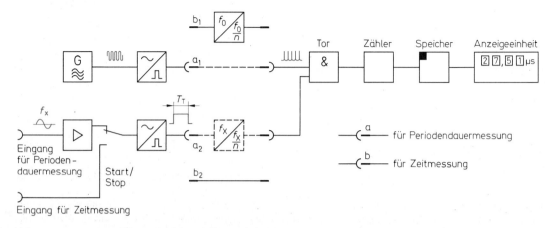

Bild 1: Schaltung für Periodendauermessung und Zeitmessung

Die Schwingungen des Quarzoszillators werden in einem Impulsformer in Impulse umgewandelt. Die Impulse gelangen durch das Tor in den Zähler. Je höher die zu messende Frequenz ist, um so kürzer ist die Öffnungszeit des Tores. Es gelangen dann weniger Impulse in den Zähler als bei niedriger Frequenz. Die Zahl der gezählten Impulse ist also ein Maß für die Periodendauer der zu messenden Frequenz.

> Bei der Periodendauermessung steuert die Meßfrequenz die Toröffnungszeit. Die durch das Tor gelangenden Impulse eines Quarzoszillators mit Impulsformer werden gezählt.

Für die *Zeitmessung* kann grundsätzlich die gleiche Schaltung wie für die Messung der Periodendauer verwendet werden (Bild 1). Das Tor wird jedoch nicht von einer unbekannten Frequenz, sondern durch Startsignale und Stoppsignale gesteuert, die dem Gerät zugeführt werden. Der Frequenzteiler liegt jedoch zwischen Oszillator und Tor. Damit kann die Zeitdauer T_x direkt in s, ms oder µs gemessen und angezeigt werden.

Digitaluhren sind Zeitmesser, bei denen der Zähler so geschaltet ist, daß er z. B. Sekunden, Minuten und Stunden anzeigt. Die Zähldekaden sind so verbunden, daß nach 60 s ein Übertragimpuls an die nächste Dekade gegeben wird und gleichzeitig die beiden ersten Zählstufen wieder auf Null gestellt werden. Ebenso müssen die nächsten Stufen nach entsprechender Impulszahl bzw. Zeit zurückgestellt werden und einen Übertragimpuls abgeben.

Derartige Zeitmesser und Digitaluhren werden z. B. als Zeitbasis in Meß- und Prüfanlagen und als elektronische Stoppuhren bei Sportveranstaltungen verwendet. Bei einem Wettlauf wird durch den Abzug der Startpistole ein Startimpuls auf das Tor der Digitaluhr gegeben. Bei der Ankunft im Ziel wird z. B. von einer Lichtschranke ein Stoppimpuls gegeben und das Tor geschlossen. Das Zeitergebnis kann sofort über eine Großsichtanlage dem Publikum sichtbar gemacht und von einem Drucker ausgedruckt werden.

Wiederholungsfragen

1. Wodurch unterscheidet sich die Anzeige bei digitalen Meßgeräten und analogen Meßgeräten?
2. Aus welchen Baugruppen besteht ein digitaler Spannungsmesser?
3. Welche Größen kann man mit Universalzähler messen?
4. Warum wird die Zeitbasis einem Frequenzgenerator hoher Frequenz entnommen?
5. Weshalb wird zur Frequenzmessung niederer Frequenzen eine Periodendauermessung durchgeführt?
6. Aus welchen Baugruppen besteht eine Digitaluhr?

3.8 Steuerungstechnik

3.8.1 Steuerungsarten

Steuerungen werden eingeteilt nach Art der Signaldarstellung, nach Art der Signalverarbeitung und nach Art der Programmverwirklichung.

Art der Signaldarstellung

Bei einer *analogen Steuerung*, z. B. einer Helligkeitssteuerung für eine Glühlampe, wird analog zur gewünschten Helligkeit der Lampenstrom über einen Stellwiderstand eingestellt. Das analoge Signal wird durch die Stromstärke und damit durch die *Amplitude* eines Signals dargestellt **(Tabelle 1)**. Neben der Signaldarstellung durch die Signalamplitude gibt es andere Möglichkeiten, z. B. die Pulsbreitenmodulation (Tabelle 1). Das Signal ist hierbei analog dem Verhältnis von Pulsdauer zu Pulspause. Nimmt man den Mittelwert dieses Signals, dann erhält man hohe Werte bei langer Pulsdauer und kleiner Pulspause und kleine Werte bei kleiner Pulsdauer und großer Pulspause.

Häufig verwendet man in der analogen Signalverarbeitung eine Signaldarstellung durch die *Phasenlage*, z. B. bei der Steuerung von Thyristoren mit Zündimpulsen. Je nach Zündwinkel (Phasenverschiebung zwischen Spannungsnulldurchgang und Zündimpuls) entsteht ein mehr oder weniger starker

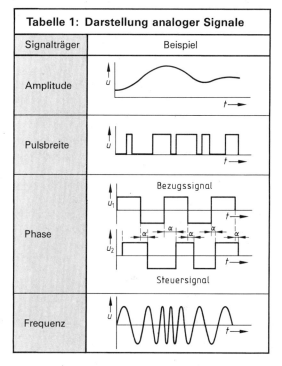

Tabelle 1: Darstellung analoger Signale	
Signalträger	Beispiel
Amplitude	
Pulsbreite	
Phase	
Frequenz	

Strom. Auch die Signalfrequenz kann Träger eines analogen Steuersignals sein, z. B. kann man bei Synchronmotoren und Schrittmotoren die Drehzahl über die Frequenz des Motorstroms steuern.

> Analoge Signale werden durch Amplitude, Pulsbreite, Phase oder Frequenz dargestellt.

In *binären Steuerungen* ist die Signaldarstellung binär, also zweiwertig. Die Signalverarbeitung geschieht meist durch Verknüpfungsglieder und Kippglieder. Bei *digitalen Steuerungen* werden Signale codiert, z. B. durch Zahlen, dargestellt. Steuerungen mit Rechnern sind digitale Steuerungen.

Art der Signalverarbeitung

Steuerungen teilt man weiter nach Art der Signalverarbeitung in Verknüpfungssteuerungen (kombinatorische Steuerungen) und Ablaufsteuerungen (sequentielle Steuerungen) ein. Die Ablaufsteuerungen können zeitabhängig oder prozeßabhängig geführt sein.

Bei einer zeitabhängigen Ablaufsteuerung wird über Taktgeber, Zeitrelais, Uhrwerke oder Steuermotoren der Programmablauf z. B. eines Rührwerkes geführt **(Bild 1)**. Bei *prozeßabhängigen Ablaufsteuerungen* erfolgen die einzelnen Steuereingriffe nicht starr an einen Zeitpunkt gekoppelt, sondern abhängig vom Zustand des Prozesses (Geschehens), z. B. bei einem Rührwerk beginnt der Rührvorgang erst, wenn über einen Füllstandssensor der Steuerung gemeldet wird, daß der Kessel mit dem zu mischenden Stoff gefüllt ist. Das Rührwerk rührt solange bis ein weiterer Sensor die Vermischung feststellt.

> Ablaufsteuerungen sind zeitabhängig oder prozeßabhängig geführt.

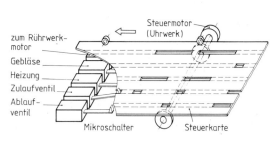

Bild 1: Programmsteuerung eines Rührwerks

Art der Programmverwirklichung

Ein Steuerprogramm kann in einem Programmspeicher gespeichert sein oder aber durch die Art der Verdrahtung bzw. der elektrischen Verbindungswege und Bauteile auf einer gedruckten Schaltung vorgegeben sein. Dementsprechend unterscheidet man **(Tabelle 1)** speicherprogrammierte Steuerungen (SPS) und verbindungsprogrammierte Steuerungen (VPS).

Speicherprogrammierte Steuerungen (SPS) sind austauschprogrammierbar, wenn der Programmspeicher, z. B. ein ROM*, zum Programmwechsel ausgetauscht werden muß. Speicherprogrammierte Steuerungen nennt man *freiprogrammierbar*, wenn für einen Wechsel des Steuerprogramms kein mechanischer Eingriff erforderlich ist. Dies gilt z. B. für Steuerungen mit Rechner. Das Programm ist hier im Arbeitsspeicher des Rechners gespeichert (Abschnitt 4).

Bei *verbindungsprogrammierten Steuerungen (VPS)* unterscheidet man solche, deren Verbindungswege fest sind, z. B. durch die Verdrahtung bei einer Relaissteuerung, und umprogrammierbare Steue-

Tabelle 1: Programmverwirklichung		
	Art	Beispiel
Speicher-programmiert SPS	austausch-programmierbar	Programm-steuerung mit Steuerkarte
	frei-programmierbar	Rechner-steuerung
Verbindungs-programmiert VPS	festprogrammiert	Relaissteuerung
	umprogrammier-bar	Programm-steuerung mit Steckerfeld

rungen. Hier können Programmänderungen durch Verändern von Drahtbrücken oder über Diodenstecker vorgenommen werden, wie z. B. bei Steuerungen mit Kreuzschienenverteilern (Abschnitt 3.8.4).

Man unterscheidet speicherprogrammierte Steuerungen und verbindungsprogrammierte Steuerungen.

3.8.2 Analoge Steuerungen (Beispiele)

Bei der Steuerung durch Analogsignale werden diese vom Eingangsteil, z. B. einem Sensor oder einem Potentiometer, meist in Form einer Spannung geliefert. Sie beeinflussen den Ausgangsteil über Stellglieder und Verstärker so, daß die Aufgabengröße analog (entsprechend) der Eingangsgröße sich ändert. Dadurch lassen sich stufenlose Steuerungen aufbauen.

Helligkeitssteuerung mit Dimmer

Dimmer** bestehen aus einem Wechselstromsteller für die Anschnittsteuerung **(Bild 1)** mit zusätzlichen Bauelementen.

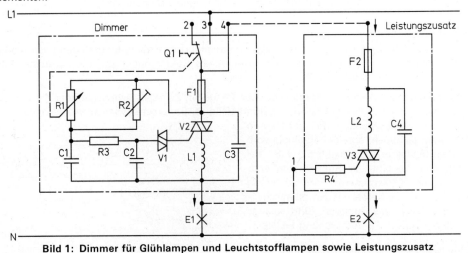

Bild 1: Dimmer für Glühlampen und Leuchtstofflampen sowie Leistungszusatz

* ROM Kunstwort aus **R**ead **O**nly **M**emory (engl.) = Lesespeicher;   ** dim (engl.) = verdunkeln

R1 ist der Stellwiderstand zur Einstellung der gewünschten Helligkeit. Mit R2 wird der Dimmer so eingestellt, daß bei Betätigung von Q1 die Lampen gerade schwach leuchten. Q1 ist ein Drehschalter oder Druckschalter, der meist als Wechselschalter ausgeführt ist. Über seinen Betätigungsknopf wird R1 eingestellt. R2 wird über eine Schraube fest eingestellt. Die Feinsicherung F1 schützt den Dimmer vor Überbeanspruchung durch einen Kurzschluß, z. B. beim Durchbrennen eines Glühfadens, wobei sich durch Gasionisation ein Lichtbogen bilden kann.

Gegen Überlastung durch Anschließen einer zu großen Last schützt die Feinsicherung nicht. Die Nennlast des Dimmers darf also keinesfalls überschritten werden. Reicht die Leistung eines einzelnen Dimmers nicht aus, so verwendet man einen *Leistungszusatz*, der in eine eigene Unterputzdose eingebaut wird. Der Leistungszusatz wird über den Lastausgang des Dimmers angesteuert.

Bei Verwendung eines Leistungszusatzes ist der Anschluß der Verbraucher so vorzunehmen, daß die Last gleichmäßig auf Dimmer und Leistungszusatz verteilt ist.

Da Leistungszusätze keinen eigenen Schalter haben, müssen sie vom Schalter des Dimmers mit geschaltet werden. Dazu ist der Anschluß 4 erforderlich (Bild 1 Seite 422). Dieser Anschluß ist bei Dimmern, die nur für Glühlampen geeignet sind, nicht vorhanden. Er ist bei solchen Dimmern vorhanden, die zusätzlich für Leuchtstofflampen geeignet sind. Man nennt sie Leuchtstofflampen-Dimmer.

Der Funkenstörkondensator C3 bildet mit der Schutzdrossel L1 einen Parallelschwingkreis, sobald der Triac V2 durchgesteuert ist. Die Resonanzfrequenz ist sehr viel höher als 50 Hz. Bei einer zu geringen Bedämpfung durch eine zu kleine Wirklast könnte der Schwingkreisstrom so gegen den 50-Hz-Laststrom gerichtet sein, daß der Haltestrom des Triac unterschritten wird. Wegen der hohen Resonanzfrequenz würde das Licht unmittelbar nach dem Zünden des Triac wieder erlöschen.

Bei Dimmern muß eine Grund-Wirklast von mindestens 20 W vorhanden sein.

Beim Anschließen der Dimmer legt man den Anschluß ↑ (ausweisender Pfeil) zweckmäßigerweise zur Last hin, weil dann bei offenem Dimmerschalter die elektronischen Bauelemente vom Netzleiter L1 getrennt sind (**Bild 1**). Bei Leistungszusätzen und beim Steuern von Leuchtstofflampen würde bei anderer Schaltung am Anschluß 4 die Spannung mit Phasenanschnitt liegen.

Bei Leuchtstofflampensteuerungen ist der Anschluß 4 erforderlich, um die Heiztransformatoren für die Elektroden der Leuchtstofflampen anschließen zu können. Diese sind erforderlich, damit die Elektroden der Leuchtstofflampe trotz herabgesetztem Strom so heiß bleiben, daß die Elektronenemission stattfinden kann.

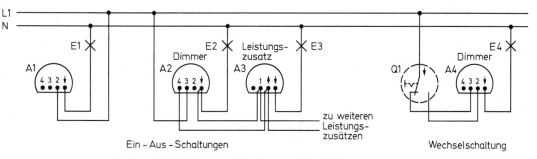

Bild 1: Dimmer-Schaltungen für Glühlampen

Schwingungspaketsteuerung mit Nullspannungsschalter

Für große Leistungen, z. B. bei Elektroheizungen, sind Steuerschaltungen mit Phasenanschnitt nach den TAB (Technischen Anschlußbedingungen der Energieversorgungsunternehmen) nicht zulässig, weil dabei Blindleistung dem Netz entnommen wird. In diesen Fällen wendet man deshalb die Schwingungspaketsteuerung mit Nullspannungsschalter an.

Nullspannungsschalter schalten die volle Leistung ein oder aus, wenden also keinen Phasenanschnitt an **(Bild 1)**. Dadurch ist die Oberschwingungsbelastung des Netzes und die Blindleistungsentnahme kleiner als bei Phasenanschnittverfahren. Soll die elektrische Leistung kontinuierlich wirken, so muß die Periodendauer der Schwingungspakete etwa ein Zehntel der Zeitkonstanten der Steuerstrecke betragen. Nullspannungsschalter dienen hauptsächlich zum Steuern und Regeln elektrischer Heizungen. Motoren können nur dann mit Nullspannungsschaltern gesteuert werden, wenn sie infolge ihrer Trägheit langsam anlaufen.

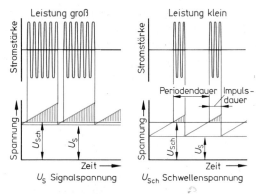

Bild 1: Schwingungspaketsteuerung

Bei einer hohen Gleichspannung des Steuersignals (Bild 1) wird die Sägezahnspannung stark angehoben. Sie durchstößt dann während einer längeren Zeit die Schwellspannung einer Torschaltung als bei niedriger Gleichspannung des Steuersignals. Während dieser Zeit wird der Thyristor, z. B. ein Triac, periodisch mit Netzfrequenz gezündet. Die Steuerung der Last erfolgt also mit Schwingungs-Impulspaketen. Die Pulsfrequenz ist gleich der Frequenz der Sägezahnspannung, die Impulsdauer der Schwingungsimpulse hängt von der Gleichspannung des Steuersignals ab.

3.8.3 Binäre Steuerungen

Die meisten Steuerungen sind *binäre* Steuerungen. Verwirklicht werden diese Steuerungen mit Schaltkontakten, z. B. durch Relais, oder kontaktlos mit Halbleiterschaltern, oder digitalen Verknüpfungsgliedern und Flipflops, oder mit speicherprogrammierten Steuerungen (Abschnitt 4). Kontaktlose Steuerungen haben keinen mechanischen Verschleiß, eine höhere Schaltgeschwindigkeit, kleinere Baugröße, kleineren Verdrahtungsaufwand und höhere Zuverlässigkeit. Nachteilig ist, daß die Schaltsignale meist nicht potentialfrei sind, sondern ein gemeinsames Bezugspotential haben, und daß meist keine Verbraucher großer Leistung, z. B. Drehstrommotoren, direkt kontaktlos geschaltet werden können.

Aufbau und Bauelemente binärer Steuerungen

Binäre Steuerungen gliedert man in die Baugruppen Signaleingabe, Signalverarbeitung und Signalausgabe **(Bild 2)**. Die Signaleingabeeinheit enthält Bauelemente zur Pegelanpassung, z. B. Spannungsteiler, um aus einem 24-V-Signal ein 5-V-Signal zu erzeugen, Bauelemente zur Potentialtrennung, z. B. Optokoppler, Bauelemente zur Entstörung, z. B. RC-Tiefpaßfilter, Bauelemente zur Entprellung, z. B. Monoflop, und Bauelemente zur Statusanzeige*, z. B. LED.

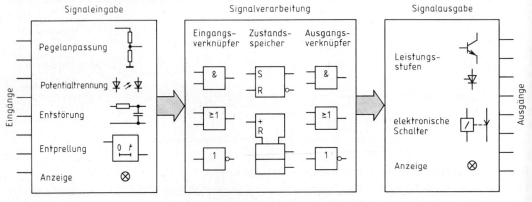

Bild 2: Aufbau einer binären Steuerung

* status (lat.) = Zustand

424

Die *Signaleingabe* geschieht über ein Bedienfeld mit Tastern und Schaltern und über Signalgeber aus der zu steuernden Maschine oder Anlage. Meist verwendet man bei kontaktlosen Binärsteuerungen auch kontaktlose Signalgeber, z.B. induktive, kapazitive oder optoelektronische Grenztaster.

Die *Signalverarbeitung* gliedert man in die Funktionseinheiten Eingangsverknüpfer, Zustandsspeicher und Ausgangsverknüpfer. In dem Eingangsverknüpfer werden mit UND-Gliedern, ODER-Gliedern und NICHT-Gliedern die Schaltbedingungen ermittelt, welche zu einem neuen Arbeitsschritt (Zustand) der zu steuernden Anlage führen. Bei einem Rührwerk darf z.B. der Rührvorgang erst beginnen, wenn Wasser eingelaufen ist und die Solltemperatur erreicht ist. Diesen Zustand merkt sich die Steuerung z.B. durch Setzen eines Flipflops. Als Zustandsspeicher (Merker) verwendet man neben Flipflops auch Zähler. In jedem Zustand ist eine bestimmte Steuerungsaufgabe auszuführen. Abhängig vom Zählerstand des Zählers oder von den Flipflop-Ausgängen werden die Ausgangssignale gebildet. Dies geschieht im Ausgangsverknüpfer.

Die *Signalausgabe* hat die Aufgabe, Stellglieder, wie z.B. Motoren, Ventile, Kupplungen elektrisch zu schalten. Hierfür enthält die Ausgabeeinheit Leistungsstufen mit Transistoren und Thyristoren. Zur Kontrolle der Ausgangssignale gehören zur Ausgangseinheit meist noch Leuchtmelder.

Steuerungen enthalten die Baugruppen Signaleingabe, Signalverarbeitung und Signalausgabe.

Wiederholungsfragen

1. Wie werden analoge Signale dargestellt?
2. Wodurch unterscheiden sich binäre Steuerungen von digitalen Steuerungen?
3. Wie sind Ablaufsteuerungen geführt?
4. Nennen Sie die Arten der Programmverwirklichung bei Programmsteuerungen!

Steuerung einer Zuführeinrichtung

Eine Zuführeinrichtung **(Bild 1)** soll ein Werkstück einer Presse zuführen, sobald dieses bereitgestellt ist. Das Vorhandensein eines Werkstücks wird durch die Unterbrechung der Lichtschranke B1 signalisiert ($b_1 = 0$). Ist ein Werkstück vorhanden, soll zunächst der Greifer mit dem Schließmagnet Y1 schließen ($y_1 = 1$). Das Schließen wird durch einen berührungslosen Grenztaster S1 im Greifer überwacht ($s_1 = 1$, Greifer geschlossen). Nachdem der Greifer geschlossen ist, soll der Greifer durch Einschalten des Motors M1 ausgefahren werden ($m_1 = 1$) bis der Grenztaster S2 anspricht ($s_2 = 1$). Nach Erreichen des Grenztasters S2 soll der Greifer öffnen ($y_1 = 0$) und durch Einschalten des Eilgangmotors M2 ($m_2 = 1$) zurückfahren bis zur Betätigung (Unterbrechung) des Grenztasters S3 ($s_3 = 0$). Dies ist die Ruhestellung und gleichzeitig Ausgangsstellung bis wieder ein Werkstück zur Zuführung bereitliegt. Die Ruhestellung soll durch den Leuchtmelder H1 angezeigt werden ($h_1 = 1$).

Den Steuerungsablauf macht man sich zunächst mit einem *Funktionsplan* nach DIN 40710 Blatt 6 klar **(Bild 2)**. Für jeden Schritt im Ablauf des Zuführvorganges zeichnet man untereinander je einen quadratischen Block mit fortlaufender Numerierung und Benennung der Schritte. Zu jedem Schrittblock werden über eine Bezugslinie die Bedingungen angeschrieben, welche zum Übergang von einem Schritt zum nächsten führen.

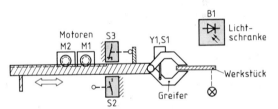

Bild 1: Zuführeinrichtung

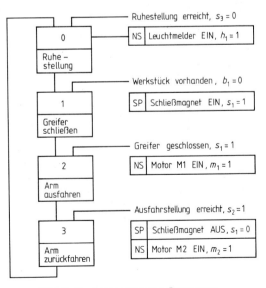

Bild 2: Funktionsplan zur Steuerung der Zuführeinrichtung

425

Für den Schritt 1 ist diese Bedingung: „Werkstück vorhanden", $b_1 = 0$. Die Befehle, die in jedem Schritt auszuführen sind, zeichnet man eingerahmt rechts neben jeden Schrittblock. Für Schritt 1 also „Schließmagnet Ein", $y_1 = 1$.

Der Schließmagnet soll aber auch noch im folgenden Schritt geschaltet sein, der Befehl also gespeichert bleiben bis er widerrufen wird. Dies kennzeichnet man durch ein „SP" vor dem Befehl. Ist der Greifmagnet geschlossen, dann spricht der Grenztaster S1 an. Dies ist die Voraussetzung für den Übergang zu Schritt 2. Hier soll der Greifarm ausfahren, der Motor M1 also eingeschaltet werden. Dieser Befehl gilt nur während des Schrittes 2. Er ist also nichtspeichernd (NS). Mit dem Signal $s_3 = 1$ ist die Ausfahrstellung erreicht, der Greifer soll öffnen und weiterhin geöffnet bleiben. Gleichzeitig wird der Befehl für das Zurückfahren des Greifarms mit dem Eilgangmotor M2 ausgegeben. Die Ruhestellung und gleichzeitig die Ausgangsstellung erreicht man mit dem Öffnen des Grenztasters S3 ($s_3 = 0$).

Ablaufsteuerungen stellt man mit einem Funktionsplan dar.

In der Steuerung muß nun jeder Schritt der Ablaufkette in einem Zustandsspeicher binär gespeichert werden. Als Speicher verwendet man meist Kippglieder, z. B. $\overline{\text{RS}}$-Flipflop, oder Relais mit Selbsthaltekontakt bzw. Halbleiterschalter mit Selbsthaltung. Die 4 Schritte 0 bis 3 werden codiert gespeichert. Die Zahl der Binärspeicher richtet sich nach dem verwendeten Code (Tabelle 1). Beim Dualcode benötigt man die geringste Zahl von Binärspeichern. Der Eingangsverknüpfer und der Ausgangsverknüpfer wird hier aber aufwendiger, da eine Schrittcodierung und Schrittdecodierung auszuführen ist. Bei einfachen Steuerungen wird der Zählcode oder 1-aus-n-Code bevorzugt. Im ersten Fall wird mit jedem Schritt ein weiteres Flipflop gesetzt, im zweiten Fall für jeden Schritt ein Flipflop. Bei Relaisschaltungen und

Tabelle 1: Zustandscodierung

Code	Flipflop-Ausgang	Schritt			
		0	1	2	3
Dualcode	Q1	0	1	0	1
	Q2	0	0	1	1
Zählcode	Q1	0	1	1	1
	Q2	0	0	1	1
	Q3	0	0	0	1
1-aus-4-Code	Q1	1	0	0	0
	Q2	0	1	0	0
	Q3	0	0	1	0
	Q4	0	0	0	1

Schaltungen mit Halbleiter-Hilfsschütz (statisches Schütz, elektronisches Relais) wird man eine Schaltung mit dem 1-aus-4-Code bevorzugen. Für jeden Schritt ist dann ein Relais mit Selbsthaltekontakt notwendig.

Ablaufsteuerungen enthalten Zustandsspeicher.

Beispiel 1: Entwerfen Sie eine Steuerschaltung für die Zuführeinrichtung entsprechend dem Funktionsplan Bild 2, Seite 425, für eine Zustandscodierung mit dem Zählcode!

Lösung: Wir benötigen 3 Flipflop (Bild 1). In der Grundstellung (Schritt 0) sind alle Flipflop rückgesetzt. Der Schritt 1 wird durch $b_1 = 0$ der Lichtschranke B1 eingeleitet. Wir können also das Flipflop 1 mit dem negierten Signal $\overline{b}_1$ setzen. Der Schritt 2 wird mit dem Signal $s_1 = 1$ eingeleitet. Wir setzen damit das Flipflop 2. Mit dem Signal $s_2 = 1$ wird das Flipflop 3 gesetzt (Schritt 3). Die Ruhestellung wird mit dem Öffner des Grenztasters S3 erreicht. Mit $s_3 = 0$ werden alle Flipflop rückgesetzt. Verwendet man Flipflop mit negiertem Rücksetzeingang, dann werden durch die Signalunterbrechung ($s_3 = 0$), aber auch bei Drahtbruch, die Flipflop rückgesetzt. Die Befehlssignale erhält man sehr einfach durch Verknüpfen der Flipflopausgänge.

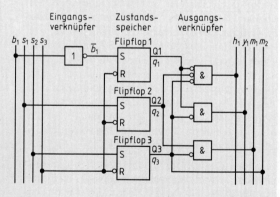

Bild 1: Steuerschaltung für die Zuführeinrichtung

Leuchtmelder H1: $h_1 = \overline{q}_1 \wedge \overline{q}_2 \wedge \overline{q}_3$ (Schritt 0);

Schließmagnet Y1: $y_1 = q_1 \wedge \overline{q}_3$ (Schritt 1 und Schritt 2);

Motor M1: $m_1 = q_2 \wedge \overline{q}_3$ (Schritt 2);

Motor M2: $m_2 = q_3$ (Schritt 3).

Beispiel 2: Entwerfen Sie eine Steuerschaltung für die Zuführeinrichtung unter Verwendung des Dualcodes für den Zustandsspeicher!

Lösung: Wir benötigen 2 Flipflop **(Bild 1)**. In der Grundstellung (Schritt 0) sind beide Flipflop rückgesetzt. Sowohl im Schritt 1 ($b_1 = 0$) als auch im Schritt 3 ($s_2 = 1$) muß das Flipflop 1 gesetzt sein. Beide Signale werden über eine ODER-Verknüpfung an den Setzeingang angeschlossen. Im Schritt 2 ($s_1 = 1$) und auch in der Ruhestellung (Schritt 0, $s_3 = 0$) wird das Flipflop 1 rückgesetzt. Dies geschieht mit einer ODER-Verknüpfung zum Rücksetzeingang. Im Schritt 2 wird ferner mit $s_1 = 1$ das Flipflop 2 gesetzt. Rückgesetzt wird das Flipflop 2 mit $s_3 = 0$ (Ruhestellung). Die Ausgangsbefehle erhält man durch Verknüpfen der beiden Zustandsspeicher. Der Leuchtmelder soll in der Ruhestellung eingeschaltet sein ($h_1 = \overline{q}_1 \wedge \overline{q}_2$). Der Schließmagnet Y1 soll sowohl in Schritt 1 als auch in Schritt 2 betätigt sein [$y_1 = (q_1 \wedge \overline{q}_2) \vee (\overline{q}_1 \wedge q_2)$]. Der Motor M1 soll in Schritt 2 eingeschaltet ($m_1 = \overline{q}_1 \wedge q_2$) und der Motor M2 im Schritt 3 eingeschaltet sein ($m_2 = q_1 \wedge q_2$).

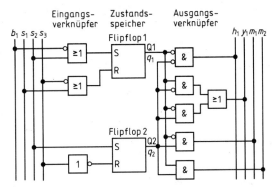

Bild 1: Steuerschaltung für die Zuführeinrichtung

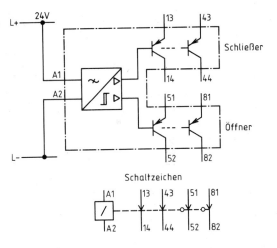

Bild 2: Halbleiter-Hilfsschütz, Aufbau und Schaltzeichen

Steuerungen mit Halbleiter-Hilfsschützen

Das Halbleiter-Hilfsschütz kann man wie übliche elektromechanische Hilfsschütze mit Schaltkontakten verwenden. Die Schaltungen sind den Relaisschaltungen ähnlich. Die Anschlußnumerierung entspricht elektromechanischen Hilfsschützen. Geschaltet wird rein elektronisch ohne mechanisch bewegte Teile. Angesteuert wird das Halbleiter-Hilfsschütz **Bild 2** meist über eine 24-V-Gleichspannung. Über eine Filterstufe werden Störspannungen unterdrückt. Der Filterstufe folgt eine Trigger- und Verstärkerstufe für die Schließerausgänge und Öffnerausgänge. Die Ausgangstransistoren sind mit einer Schutzbeschaltung gegen Störspannungen, insbesondere gegen Überspannungen, geschützt, welche beim Schalten induktiver Lasten auftreten. Der Strom kann in den Öffnern und Schließern im Unterschied zu elektromechanischen Hilfsschützen nur in *einer* Richtung fließen. Im Schaltzeichen (Bild 2) wird die Stromflußrichtung durch einen Pfeil angegeben.

Halbleiter-Hilfsschütze schalten ohne mechanisch bewegte Teile.

Halbleiter-Hilfsschütze haben eine hohe Lebensdauer bei einer gleichzeitig hohen Schaltspielzahl mit bis zu 75 Schaltspielen je Sekunde. Die Ein- und Abschaltverzögerung ist klein und beträgt etwa 3 ms. Das Einschalten des Schließers und das Ausschalten des Öffners geschieht überlappungsfrei. Öffner und Schließer haben im geschalteten Zustand einen Widerstand von einigen mΩ und im nichtgeschalteten Zustand von einigen kΩ. Die Schließer und Öffner können mit einem Strom von etwa 200 mA belastet werden. Die Stromaufnahme des Hilfsschützeinganges beträgt etwa 10 mA.

Halbleiter-Hilfsschütze haben eine hohe Lebensdauer.

Speicherschaltungen verwirklicht man bei binären Steuerungen meist mit $\overline{RS}$-Flipflop oder JK-Flipflop. Diese werden durch Anlegen eines H-Pegels am Setzeingang in den Einschaltzustand gebracht und ebenso durch Anlegen eines H-Pegels an den Rücksetzeingang in den Ruhezustand geschaltet. Gefährlich ist dies bei Drahtbruch in der Rücksetzleitung. Dann kann der notwendige H-Pegel nicht zur Wirkung kommen. Der Ruhezustand wird nicht erreicht. Für Maschinensteuerungen soll nach VDE 0113 eine Bewegung durch An-Spannung-Legen erfolgen und das Stillsetzen durch Abschalten einer Spannung. Selbsthalteschaltungen mit Relais oder mit Halbleiter-Hilfsschütze erfüllen diese Forderungen. Das Einschalten einer Selbsthalteschaltung mit Halbleiter-Hilfsschütze erfolgt durch An-Spannung-Legen, das Ausschalten durch „Wegnehmen" der Spannung. Die Selbsthalteschaltung ist drahtbruchsicher. Bei einer Spannungsunterbrechung bleibt auch bei Spannungswiederkehr die Selbsthaltespannung stets ausgeschaltet und damit die gesteuerte Maschine im ausgeschalteten Zustand.

Selbsthalteschaltungen mit Halbleiter-Hilfsschütz werden durch Spannungsunterbrechung rückgesetzt.

Beispiel: Entwerfen Sie einen Stromlaufplan mit Halbleiter-Hilfsschützen für die Steuerung der Zuführeinrichtung entsprechend dem Funktionsplan Bild 2, Seite 425! Die Steuerungszustände sollen mit dem 1-aus-4-Code verschlüsselt werden (Tabelle 1 Seite 426).

Lösung: Jeden Zustand speichern wir über eine Selbsthalteschaltung (**Bild 1**). Bei geschlossenem Grenztaster S3 befindet sich die Steuerung in der Ruhestellung. Das Schütz K1 hält sich über K1 selbst. Mit Erscheinen eines Werkstücks schließt der Öffner der Lichtschranke B1. Damit wird der Schritt 1 eingeleitet. Das Schütz K2 hält sich selbst und schaltet das Ruhestellungsschütz K1 aus. Ist der Greifer geschlossen, folgt mit dem Schließen des Grenztasters S1 der Schritt 2. Das Schütz K3 schaltet, hält sich selbst und schaltet K2 ab. Bei Erreichen der Ausfahrstellung schaltet der Grenztaster S2 und damit das Schütz K4. Schütz K3 wird ausgeschaltet.

Ist die Ruhestellung wieder erreicht (S3 geschlossen), dann schaltet Schütz K1 und löscht Schütz K4. Die Ausgangssignale erhält man durch Verknüpfen der Schützkontakte entsprechend der Steuerungszustände. Im Ruhezustand ist K1 geschaltet und schaltet den Leuchtmelder H1. In Schritt 1 und Schritt 2 wird mit K2 und K3 der Schließmagnet Y1 geschaltet. Im Schritt 2 mit K2 das Motorschütz für den Motor M1 und mit K3 im Schritt 3 das Motorschütz für Motor M2.

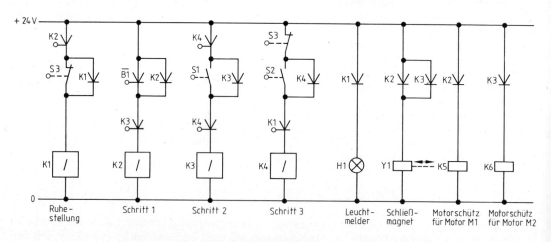

Bild 1: Stromlaufplan für die Steuerung einer Zuführeinrichtung

Wiederholungsfragen

1. Wofür verwendet man den Funktionsplan?
2. Wie stellt man im Funktionsplan Ablaufschritte dar?
3. Bei welcher Zustandscodierung benötigt man die geringste Zahl von Binärspeichern?

4. Wie werden im Stromlaufplan Öffner und Schließer bei Halbleiter-Hilfsschütze dargestellt?
5. Durch welche Eigenschaften unterscheiden sich Halbleiter-Hilfsschütze von anderen Hilfsschützen?

3.8.4 Digitale Steuerungen (Beispiele)

Mit digitalen Steuerungen kann man z. B. Maschinentische durch Vorgabe von Zahlenwerten um bestimmte Weglängen (Positionen) verschieben. Solche Steuerungen nennt man auch *numerische Steuerungen (NC*)*.

Positioniersteuerung mit Strichmaßstab

Soll ein bestimmter Weg gefahren werden, so wird die betreffende Zahl der Weginkremente** in den Zähler gesetzt und mit jedem Impuls vom Wegmeßsystem um 1 heruntergezählt. Steht im Zähler die Zahl Null, so wird der Antrieb stillgesetzt (**Bild 1**). Es muß also ständig geprüft werden, ob der Zählerstand Null erreicht ist. Die Fahrrichtung wird durch das Vorzeichen im Eingabeprogramm bestimmt.

Infolge der Massenträgheit ist es oft nicht möglich, den Maschinenschlitten unmittelbar stillzusetzen. Um zu verhindern, daß der Maschinenschlitten über das Ziel hinausfährt, wird in bestimmten Abständen zum Ziel hin die Geschwindigkeit vermindert. Weil im Zähler auf Null heruntergezählt wird, kann die Umschaltung auf kleinere Geschwindigkeiten immer bei denselben Zählerständen (Umschaltpunkten) erfolgen.

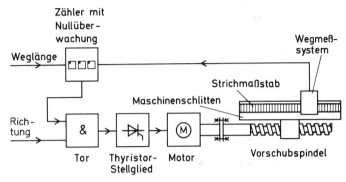

Bild 1: Numerische Steuerung mit Strichmaßstab

Ist der Vorschubantrieb des Maschinenschlittens stetig in der Geschwindigkeit stellbar, z. B. mit einem Gleichstromantrieb mit Thyristor-Stellglied, so kann bei Annäherung an das Ziel mit kleiner werdendem Zählerstand die Geschwindigkeit stetig verringert werden. Der Zählerstand wird dann über einen DA-Umsetzer in eine proportionale Spannung umgesetzt. Diese Spannung dient als Geschwindigkeitssollwert für den Vorschubantrieb.

Anstelle eines inkrementalen Wegmeßsystems und eines gewöhnlichen Stellantriebes kann für die Vorschubbewegung ein elektrischer Schrittmotor benützt werden. Der Schrittmotor macht mit jedem Ansteuerimpuls einen Winkelschritt und stellt damit den Maschinenschlitten um eine Wegeinheit weiter, z. B. um 0,01 mm.

Dateneingabe in digitale Steuerungen

Die Eingabe der Daten für digitale Steuerungen geschieht mittels eines digitalen Datenträgers. Der einfachste Datenträger ist ein **Dekadenschalter (Bild 2)**. Beim Dekadenschalter können Ziffern von 0 bis 9 eingestellt werden.

Der Schalter hat je nach BCD-Code mehrere Anschlüsse. Beim 8-4-2-1-Code sind 5 Anschlüsse vorhanden, nämlich einer für die Zuführung der elektrischen Spannung und vier Signalausgänge, deren Pegel den eingestellten Ziffern entsprechen (**Bild 1** Seite 430). Die Dekadenschalter können aneinandergereiht zur Eingabe von Zahlen mit beliebig vielen Stellen dienen.

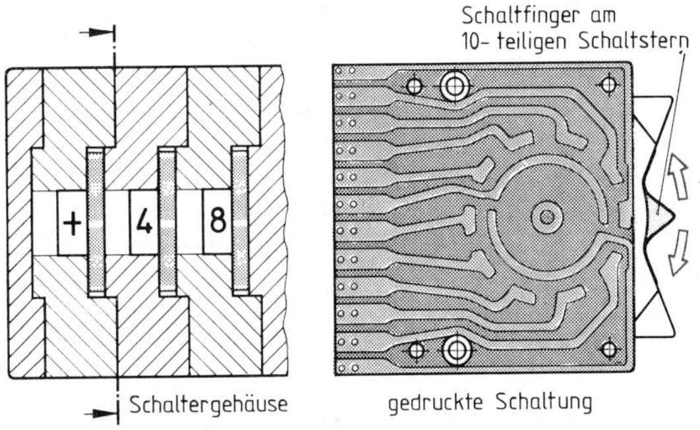

Bild 2: Dekadenschalter

---

* NC Abkürzung für Numerical Controlled (engl.) = numerisch gesteuert

** Inkrement (lat.) = Zuwachs

Kreuzschienenverteiler verwendet man zur Dateneingabe und als Programmspeicher. Im Kreuzschienenverteiler kreuzen sich rechtwinklig in zwei übereinanderliegenden Ebenen Kontaktschienen, welche über *Diodenstecker* **(Bild 2)** verbunden werden.

Jeder Spalte wird ein einzelner Programmschritt zugeordnet. So werden in der Spalte 1 z. B. die Positionswerte des Punktes 1, in der Spalte 2 die Positionswerte des Punktes 2 gesteckt. Die Ausgangssignale werden an den Zeilenschienen als H-Pegel oder L-Pegel abgegriffen.

Beim Programmschritt 1 wird über ein *Fortschaltrelais* die Schiene der Spalte 1 an die Speisespannung $+ U_b$ gelegt. Die Schienen der waagrechten Zeilen haben dann H-Pegel, wenn an deren Kreuzung mit der Spalte 1 ein Diodenstecker steckt.

Hätte man nur eine Spalte, so könnte man die Kreuzungen mit einem Kurzschlußstecker, also ohne Diode, verbinden. Damit aber nicht über die Stecker der übrigen Spalten die Signale an andere Zeilen gelangen, darf der Strom nur von der Spaltenschiene zur Zeilenschiene fließen und nicht von der Zeilenschiene zu anderen Spaltenschienen. Diese Entkopplung erreicht man durch Dioden, welche in Diodenstecker eingebaut sind **(Bild 3)**. Kreuzschienenverteiler haben oft bis zu hundert Spalten und hundert Zeilen.

Will man am Kreuzschienenverteiler z. B. eine zweistellige Dezimalzahl eingeben, so sind 2 mal 4 Zeilen erforderlich. Es werden dann für die Zeilen 1 bis 4 die Werte 1, 2, 4, 8 vereinbart und für die Zeilen 5 bis 8 die Werte 10, 20, 40 und 80.

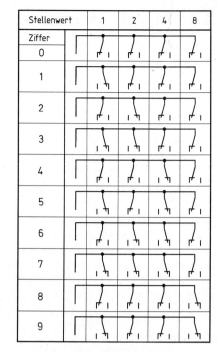

Bild 1: Kontaktstellungen beim Dekadenschalter im 8-4-2-1-Code

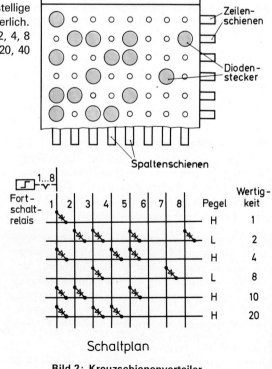

Bild 2: Kreuzschienenverteiler

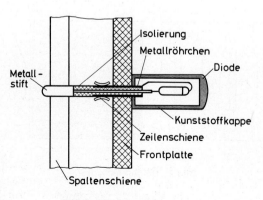

Bild 3: Diodenstecker

430

3.9 Regelungstechnik

3.9.1 Grundbegriffe

Bei einem Heizlüfter **(Bild 1)** soll von Hand so eingeschaltet und ausgeschaltet werden, daß der erreichte Wert der Raumtemperatur, der *Istwert*, immer gleich groß wie der *Sollwert* ist. Dabei ergeben sich immer Abweichungen. Der handbetätigte Schalter wird deshalb durch einen *Regler*, z.B. ein Kontaktthermometer (Bild 1), ersetzt. Sobald die Raumtemperatur unter den Sollwert sinkt, wird über ein Signal des Kontaktthermometers ein Signalumformer, z.B. ein Schütz, betätigt, welcher den Stromkreis des Heizgerätes so lange schließt, bis der Sollwert der Raumtemperatur erreicht ist.

> Regelungen haben einen geschlossenen Wirkungsablauf und deshalb eine Rückführung.

Bei dieser Temperaturregelung (Bild 1) ist die Raumtemperatur die *Regelgröße*, der Heizlüfter die *Regelstrecke* und die Stromstärke im Heizlüfter die *Stellgröße*. Die gesamte Schaltung bildet einen *Regelkreis*.

In einem Regelkreis wird die Regelgröße einem vorgegebenen Wert angepaßt. Dazu benötigt man eine *Regeleinrichtung*, die den Regelvorgang über die *Regelstrecke* bewirkt. Ein Gerät innerhalb der Regeleinrichtung wird *Regler* genannt, wenn es mehrere Aufgaben der Regeleinrichtung erfüllt, z.B bei einem Temperaturregler das Vergleichen der Temperatur mit der eingestellten Temperatur und das Schließen des Stromkreises.

> Ein Regelkreis besteht aus Regeleinrichtung und Regelstrecke.

Bei der Temperaturregelung Bild 1 besteht die Regeleinrichtung aus Kontaktthermometer und Schütz, die Regelstrecke ist der Heizlüfter.

Bei einem Generator mit Spannungsregelung **(Bild 2)** soll die Spannung u_i geregelt werden. u_i ist dann die Regelgröße x. Der Sollwert x_s wird mit einer Spannung U_s durch den Sollwerteinsteller der Regeleinrichtung eingestellt.

Wird der Sollwert geändert, z.B. durch Verstellen des Sollwerteinstellers, so ist er durch eine von außen wirkende Führungsgröße w beeinflußt worden. Die Führungsgröße verändert also den Sollwert. Das Zusammenwirken der einzelnen Größen zeigt der Signalflußplan **(Bild 1, Seite 432)**.

Eine *Störgröße z* ist z.B. die wechselnde Belastung des Generators. Sie bewirkt, daß am Verstärkereingang eine wechselnde Differenzspannung, die *Regeldifferenz e*, anliegt. Die Regeldifferenz ist die Differenz zwischen dem Sollwert x_s (Spannung U_s) und dem durch eine Meßeinrichtung, die z.B. im Regler enthalten ist, gemessenen Istwert x (Spannung u_i).

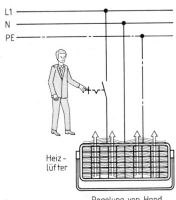

Regelung von Hand

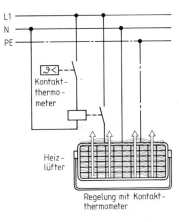

Regelung mit Kontakt-thermometer

Bild 1:
Regelung eines Heizlüfters

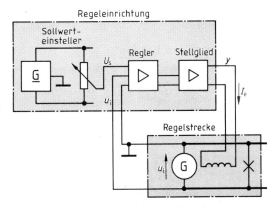

Bild 2: Regelkreis eines Generators mit Spannungsregelung

Durch die Regeldifferenz e wird die Stellgröße y beeinflußt, z.B. der Erregerstrom des Generators. Das kann z.B. mit einem Verstärker im Regler erfolgen. Am Verstärkereingang wird die Regelgröße mit der *Führungsgröße* verglichen, er ist der Vergleicher (Bild 2). Der Regler enthält also den Vergleicher und den Regelverstärker.

Eine Regeleinrichtung besteht aus Sollwerteinsteller, Meßeinrichtung, Vergleicher und Stellglied.

Bei einer Regelung wird also der gewünschte Wert einer Größe, der Sollwert, mit dem tatsächlichen Wert einer Größe, dem Istwert, verglichen, und an diesen angeglichen, damit die Regeldifferenz möglichst klein ist.

Wiederholungsfragen

1. Woran erkennt man Regelungen!
2. Woraus besteht ein Regelkreis?
3. Wie ist die Regeldifferenz e festgelegt?
4. Welchen Wert verändert die Führungsgröße *w*?

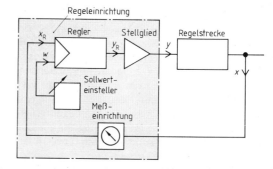

x Regelgröße, y Stellgröße, x_R Reglereingangsgröße, y_R Reglerausgangsgröße, w Führungsgröße

Bild 1: Signalflußplan eines Regelkreises.

3.9.2 Regeleinrichtung und Regler

In der Regeleinrichtung wird die Änderung der Regelgröße mit Hilfe von Meßumformer, Sollwerteinsteller, Regler und Stellglied in eine Änderung der Stellgröße umgeformt. Ist bei der Spannungsregelung (Bild 2, Seite 431) die Generatorspannung u_i, z.B. durch eine plötzliche Netzentlastung, größer als die entsprechende Spannung U_s am Sollwerteinsteller, so ist die Regeldifferenz negativ. Der Regler bewirkt, daß die Generatorspannung kleiner wird, und zwar durch Verkleinerung des Erregerstromes, also der Stellgröße y. Ist dagegen die Generatorspannung u_i kleiner als U_s, also der Istwert kleiner als der Sollwert, so ist die Regeldifferenz positiv. Die Regeldifferenz hat z.B. bei Spannungsverkleinerung zur Folge, daß der Regler den Erregerstrom, die *Stellgröße y*, vergrößert.

> Regeleinrichtungen haben meist eine Wirkungsumkehr zur Folge.

Regler ohne Hilfsenergie benötigen zum Betrieb keine gesonderte Energiequelle, z.B. Bimetallregler im Bügeleisen, Kapillarrohrregler in Warmwasserbereitern.

Regler mit Hilfsenergie benötigen zum Betrieb des Stellgliedes eine gesonderte Energiequelle, z.B. Regler mit Widerständen, Schützen, Thyristoren als Stellglieder.

Die Regler teilt man in unstetige Regler und stetige Regler ein.

3.9.2.1 Unstetige Regler

Bei unstetigen Reglern hat die Stellgröße nur zwei oder drei feste Werte. Ein Zweipunktregler hat zwei feste Werte, ein Dreipunktregler drei.

Zweipunktregler, z.B. Raumtemperatur-Regler mit Thermostat als Sollwerteinsteller, enthalten einen Schalter mit zwei Stellungen. Bei ihnen kann die Stellgröße nur die beiden Schaltstellungen EIN und AUS annehmen. Bei Temperatur-Regelstrecken breitet sich die Wärme oft sehr langsam aus. Deshalb steigt auch nach dem Abschalten der Stellgröße die Temperatur noch an **(Bild 1, Seite 433)** und nach dem Wiedereinschalten der Stellgröße geht sie noch einige Zeit zurück. Es tritt eine *Verzugszeit T_u* auf, welche die Schwankungen der Regelgröße verursacht.

Größere Schwankungen der Regelgröße x entstehen dadurch, daß der Thermostat erst bei einer höheren Temperatur als dem eingestellten Sollwert ausschaltet. Die Differenz zwischen oberem Ansprechwert x_o und unterem Ansprechwert x_u des Stellgliedes nennt man *Schaltdifferenz*. Die Regelgröße x, die Temperatur, schwankt um die Schaltdifferenz zusätzlich zur Schwankung infolge der Verzugszeit. Die Schalthäufigkeit des Stellgliedes wird aber durch die Schaltdifferenz verkleinert.

> Je größer die Schaltdifferenz des Reglers ist, desto größer ist die Schwankung der Regelgröße und desto kleiner ist die Schalthäufigkeit.

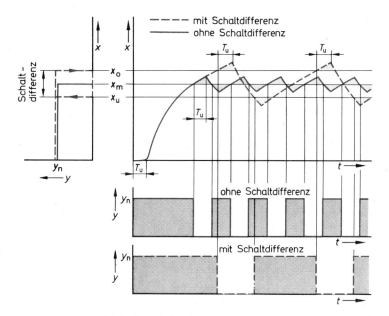

Bild 1: Kennlinie eines Zweipunktreglers

Ein elektronischer Zweipunktregler für eine Raumheizung **(Bild 2)** hat als Fühler für die Temperatur einen Heißleiter. Dieser bildet mit R6 einen Spannungsteiler. Seine Betriebsspannung wird mit R2 und der Z-Diode V3 konstant gehalten. Die Basisspannung des Transistors V1 hängt von der Temperatur des Heißleiters ab. Die Ansprechtemperatur der Regeleinrichtung, der Sollwert x_s, wird mit R6 eingestellt. Der Ansprechbereich ist durch R6 festgelegt. Die Teilerspannung steuert einen nachfolgenden Schwellwertschalter. Das Relais schaltet den Steuerstromkreis der Heizung.

Ein einfacher elektronischer Zweipunktregler **(Bild 3)** ist ein Operationsverstärker, bei dem ein Teil der Ausgangsspannung phasengleich zur Eingangsspannung rückgekoppelt wird (Mitkopplung). Der Operationsverstärker ist dabei so angeschlossen, daß Eingangsspannung und Ausgangsspannung die gleiche Richtung haben.

Die Breite der U_a-U_e-Kennlinie (Bild 3) ist die *Schaltdifferenz*. Das Verhältnis der Widerstände $R_1/(R_1 + R_2)$ und die Spannung $U_{a1} + |U_{a2}|$ bestimmen im wesentlichen das Kippen der Schaltung und damit die Schaltdifferenz ΔU_e. Bei kleiner Schaltdifferenz ist die Schaltfrequenz groß und bei großer Schaltdifferenz klein.

$$\Delta U_e = (U_{a1} + U_{a2}) \cdot R_1/(R_1 + R_2)$$

Als Eingangssignal kann z.B. eine von einem Thermoelement gelieferte Gleichspannung dienen.

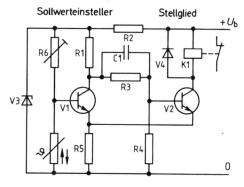

Bild 2: Elektronischer Zweipunktregler

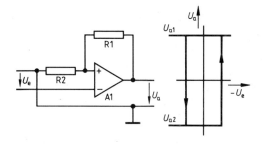

Bild 3: Vereinfachter elektronischer Zweipunktregler

Dreipunktregler enthalten z. B. einen Schalter mit den drei Stellungen 1 – 0 – 2 **(Bild 1)**. Die Stellgröße kann also drei Werte annehmen. Im Unempfindlichkeitsbereich, d. h. innerhalb eines gewissen Bereiches um den Sollwert der Regelgröße, spricht der Dreipunktregler nicht an.

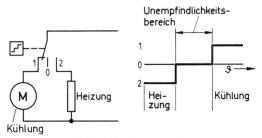

Bild 1: Dreipunktregler

3.9.2.2 Stetige Regler

Bei stetigen Reglern kann die Stellgröße y innerhalb des Stellbereiches Y_h *jeden* Wert annehmen. Im Gegensatz zu den unstetigen Reglern hat bei den stetigen Reglern jede Änderung der Regeldifferenz e auch eine Änderung der Stellgröße y zur Folge.

Die stetigen Regler werden nach dem zeitlichen Verhalten ihrer Stellgröße y in Abhängigkeit von der Regeldifferenz e eingeteilt. Kennzeichen dafür ist die *Sprungantwort* des Reglers. Man versteht darunter den zeitlichen Verlauf der Stellgröße y in Abhängigkeit von der Zeit bei sprungartigem Verlauf der Regeldifferenz e. Die Sprungantwort kann gemessen werden, z. B. durch Zuschalten einer Spannung auf der Eingangsseite und Ermittlung der Ausgangsspannung mittels eines schreibenden Meßgerätes.

> Die Art des stetigen Reglers erkennt man an der Sprungantwort.

Teilt man die Sprungantwort durch die Sprunghöhe des Eingangssignals, so erhält man die *Übergangsfunktion*. Die Übergangsfunktionen werden in die Blöcke im Signalflußplan eingetragen.

Proportionaler Regler (P-Regler)

Bei der Regelung eines Flüssigkeitsstandes **(Bild 2)** wird das Zuflußventil für die Regelstrecke über einen Hebel von einem Schwimmer verstellt. Dieser mißt den Flüssigkeitsstand. Die Regelgröße x ist die Höhe des Flüssigkeitsstandes, die Stellung des Schwimmers und damit der Sollwert x_s ist durch die Höhe der Befestigung des Hebels bestimmt. Störgrößen z sind der Druck im Zuflußrohr und im Abflußrohr.

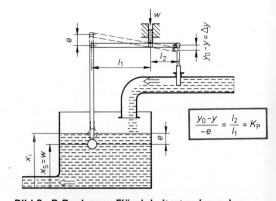

$$\frac{y_0 - y}{-e} = \frac{l_2}{l_1} = K_P$$

Fließt je Zeiteinheit eine größere Wassermenge in den Behälter als aus dem Behälter, so hebt sich der Schwimmer bis zum Istwert x_i. Proportional (verhältnisgleich) dazu wird das Ventil über das Gestänge geschlossen. Der Regeldifferenz e folgt also eine proportionale Verstellung der Stellgröße y.

Bild 2: P-Regler zur Flüssigkeitsstandsregelung

Es liegt ein P-Regler vor. Er hat einen Stellbereich Y_h, der dem Durchmesser des Zuflußrohres entspricht (Bild 2). Damit ist der Regelbereich des P-Reglers festgelegt. Man bezeichnet ihn als P-Bereich X_p.

> P-Regler bewirken eine zur Regeldifferenz proportionale Verstellung der Stellgröße.

Die Kenngröße K_p des P-Reglers Bild 2, Seite 435, läßt sich nach dem Hebelgesetz berechnen. Allgemein ist K_p das Verhältnis von Ausgangsgrößenänderung zu Eingangsgrößenänderung.

K_p Proportionalkoeffizient
y_0 Ausgangsstellung des Stellgliedes
y Endstellung des Stellgliedes
l_1 Hebelarm
l_2 Hebelarm
e Regeldifferenz

$$K_p = \frac{y - y_0}{e}$$

$$K_p = \frac{l_2}{l_1}$$

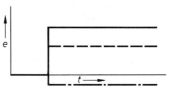

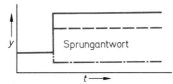

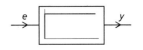

Bild 1:
Sprungantwort des P-Reglers

Beispiel: Bei einer Flüssigkeitsstandsregelung nach Bild 2, Seite 434, beträgt die Regeldifferenz 1% der Sollhöhe von 200 mm. Sie soll eine Stellgliedverstellung von 70% der Ausgangsstellung $y_0 = 20$ mm hervorrufen. Wie groß ist der Proportionalkoeffizient K_p?

Lösung: $e = w - x = 0{,}01 \cdot 200$ mm $= 2$ mm;

$y - y_0 = 0{,}7 \cdot 20$ mm $= 14$ mm; $K_p = \dfrac{y - y_0}{e} = \dfrac{14 \text{ mm}}{2 \text{ mm}} = 7$

Die Sprungantwort **(Bild 1)** des idealen P-Reglers zeigt, daß bei sprungartiger Änderung der Regeldifferenz am Eingang des Reglers eine ebensolche Änderung der Stellgröße am Ausgang zeitlich unverzögert auftritt. Tatsächlich kann ein P-Regler die Regelgröße oft nicht auf ihrem Sollwert halten. Wird z. B. bei einer Flüssigkeitsstandsregelung der Druck im Zulaufrohr gesteigert, so nimmt die Zuflußmenge zu, und der Schwimmer steigt. Das Ventil schließt verhältnisgleich. Der Regler kann also nur bei erhöhtem Schwimmerstand verhindern, daß die Flüssigkeit noch weiter steigt, so lange die Störgröße anhält. Beim Regeln mit einem P-Regler kann es also eine bleibende Regeldifferenz geben. Das gilt nicht immer, z. B. wenn ein P-Regler eine Regelstrecke mit I-Verhalten beeinflußt. Die bleibende Regeldifferenz kann durch Vergrößern der Kenngröße K_p, z. B. durch Verkleinerung von l_1, vermindert werden. Bei großer Kenngröße K_p kann der Regelkreis instabil werden und schwingen.

Ein einfacher elektronischer P-Regler ist ein Operationsverstärker mit Gegenkopplung. Die Verstärkung ist dabei vom Verhältnis R_K/R_e der beiden Widerstände abhängig **(Bild 2)**. Durch Veränderung dieser Widerstände ist jede gewünschte Verstärkung erzielbar.

An R_{e2} liegt die dem Sollwert x_s entsprechende Spannung U_s, an R_{e1} die dem Istwert x_i entsprechende Spannung u_i. Die Ausgangsspannung ist der Summe dieser Spannungen proportional. U_s und u_i müssen verschiedene Vorzeichen haben. Dadurch bildet der Verstärker eine Spannung, die der Regeldifferenz e entspricht. Mit den Widerständen läßt sich der Regler für die gewünschten Erfordernisse bemessen.

Integrierender Regler (I-Regler)

Die unerwünschte bleibende Regeldifferenz infolge des starren Zusammenhanges zwischen Stellgröße und Regeldifferenz beim P-Regler läßt sich mit einem integrierenden Regler (I-Regler) verhindern. Dabei wird die Stellgeschwindigkeit v_y, mit der sich die Stellgröße ändert, von der Regeldifferenz e abhängig gemacht. Die Stellgröße wird also so lange verändert, wie eine Regeldifferenz vorhanden ist.

Prinzip:

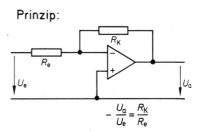

$$-\frac{U_a}{U_e} = \frac{R_K}{R_e}$$

Schaltung:

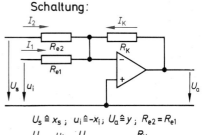

$U_s \triangleq x_s$; $u_i \triangleq -x_i$; $U_a \triangleq y$; $R_{e2} = R_{e1}$

$$-\frac{U_a}{R_K} = \frac{u_i}{R_{e1}} + \frac{U_s}{R_{e2}} \Rightarrow -U_a = \frac{R_K}{R_{e1}}(u_i + U_s)$$

Bild 2: Elektronischer P-Regler

Bei einem Druckregler **(Bild 1)** verstellt z. B. eine Membran als Meßwerk durch den Druck (Regelgröße x) über einen Hebel ein Strahlrohr. Dessen Stellung bestimmt den Zufluß des Öles zum Stellantrieb für die Öffnung des Stellgliedes. Der Stellkolben erhält einen der Auslenkung des Strahlrohres proportionalen Ölstrom, und damit eine entsprechende Stellgeschwindigkeit.

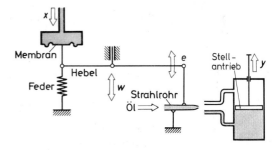

I-Regler bewirken, daß die Stellgröße um so mehr ansteigt oder abfällt, je länger die Regeldifferenz bestehen bleibt.

Bild 1: I-Regler für Druck

Die Kenngröße K_I des I-Reglers ist das Verhältnis Stellgeschwindigkeit zu Regeldifferenz.

Die Sprungantwort des I-Reglers **(Bild 2)** zeigt einen geradlinigen Anstieg der Stellgröße bei sprungartiger Änderung der Regeldifferenz. Der Wert der Stellgröße ist nach oben durch den Stellbereich Y_h begrenzt. Während beim idealen P-Regler auf die Änderung der Regeldifferenz unverzüglich die Stellgrößenänderung folgt, folgt beim I-Regler die Stellgröße erst allmählich der Regeldifferenz.

$$y = K_I \cdot \int e \cdot dt$$

Die Stellgröße ist also dem zeitlichen Integral über der Regeldifferenz proportional.

I-Regler verhindern eine bleibende Regeldifferenz, bewirken aber eine langsame Ausregelung.

Ein einfacher elektronischer I-Regler **(Bild 3)** ist ein Operationsverstärker, der als Integrierer geschaltet ist. An die Stelle des Rückkopplungswiderstandes R_K wird ein Kondensator C_K geschaltet. Die Ausgangsspannung U_a ist damit verhältnisgleich den Eingangsspannungen multipliziert mit der Zeit (Spannungszeitfläche). Bei konstanter Summe der Eingangsspannungen nimmt die Ausgangsspannung geradlinig mit der Zeit zu.

Bild 2: Sprungantwort des I-Reglers

Mit $y = -U_a$ gilt: $-U_a = \dfrac{1}{C_k \cdot R_{e1}} \int U_e \cdot dt = \dfrac{1}{T_I} \int e \cdot dt = K_I \int e \cdot dt$

$T_I = C_k \cdot R_{e1}$ Integrierzeit; $K_I = \dfrac{1}{T_I}$ Integrierkoeffizient

PI-Regler

Beim PI-Regler setzt sich die Stellgröße y aus zwei Anteilen zusammen. Ein Anteil der Sprungantwort **(Bild 1, Seite 437)** ist wie beim P-Regler proportional zur Regeldifferenz, der andere Anteil ist wie beim I-Regler der Regeldifferenz und der Zeit proportional. Die Sprungantwort des PI-Reglers entsteht also durch Überlagerung der Sprungantworten eines P-Reglers und eines I-Reglers.

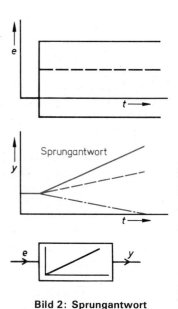

Bild 3: Elektronischer I-Regeler

Verlängert man die Gerade der Sprungantwort des Reglers rückwärts, so erhält man die Nachstellzeit T_n des PI-Reglers. Um diese Zeit hätte bei einer reinen I-Regelung der I-Regler früher eingreifen müssen, um die gleiche Änderung der Stellgröße zu bewirken.

PI-Regler regeln die Regeldifferenz schneller aus als I-Regler.

Die Nachstellzeit T_n ist konstant, unabhängig von der Regeldifferenz, denn bei Änderung der Regeldifferenz ändert sich die Steilheit der Sprungantwort im gleichen Maße. Die Kenngrößen des PI-Reglers sind der Proportionalkoeffizient K_P und der Integrierkoeffizient K_I. Man verwendet auch K_P und die Nachstellzeit T_n.

Ein einfacher mechanischer PI-Regler (Bild 2) besteht z. B. aus einem Kolben mit zwei Bohrungen, der an einer Feder aufgehängt ist und sich in einem Behälter mit Öl befindet. Bei sprunghaftem Anstieg der Kraft wird die Feder zunächst sprunghaft gedehnt, anschließend folgt die gleichmäßige Kolbenbewegung nach oben, bedingt durch die Federkraft. Die Anordnung zeigt also ein PI-Verhalten.

Ein elektronischer PI-Regler (Bild 3) besteht grundsätzlich aus der Parallelschaltung eines P-Reglers und eines I-Reglers.

Regelgleichung:

$$-U_a = \frac{R_k}{R_{e1}}\left(U_e + \frac{1}{R_K \cdot C_K}\int U_e \, dt\right) \Rightarrow$$

$$\Rightarrow y = K_P\left(e + \frac{1}{T_n}\int e \cdot dt\right)$$

K_P Proportionalkoeffizient

$T_n = R_K \cdot C_K$ Nachstellzeit

Differenzierender Regler (D-Regler)

Ein D-Regler bildet ein Signal, das der Änderungsgeschwindigkeit der Regeldifferenz entspricht. Eine sprunghafte Änderung der Regeldifferenz bedeutet bei einem idealen D-Regler eine unendlich große Änderungsgeschwindigkeit der Stellgröße, die im gleichen Augenblick wieder auf Null abfällt. Eine solche Nadelfunktion ist aber praktisch nicht erreichbar, da kein Gerät unendlich hohe Signale liefern kann.

D-Regler kennzeichnet man oft durch die Anstiegsantwort (Bild 4). Diese ist das Ausgangssignal bei gleichmäßig zunehmendem Eingangssignal. Die Anstiegsantwort des D-Reglers zeigt, daß bei konstanter Änderungsgeschwindigkeit der Regeldifferenz eine sprunghafte Änderung der Stellgröße erfolgt.

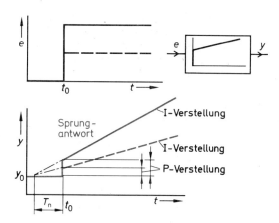

Bild 1: Sprungantwort des PI-Reglers

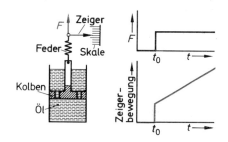

Bild 2: Mechanischer PI-Regler

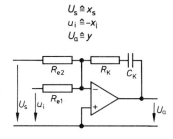

Bild 3: Elektronischer PI-Regler

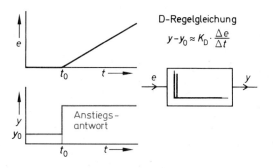

Bild 4: Anstiegsantwort des D-Reglers

437

D-Regler bewirken eine Änderung der Stellgröße entsprechend der Änderungsgeschwindigkeit der Regeldifferenz.

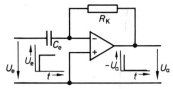

Bild 1: Elektronischer D-Regler

Die Kenngröße K_D des D-Reglers ist das Verhältnis von Stellgröße zur Änderungsgeschwindigkeit der Regeldifferenz.

Ein elektronischer D-Regler **(Bild 1)** ist ein als Differenzierer geschalteter Operationsverstärker. Gegenüber dem I-Regler liegt an Stelle des Widerstandes der Kondensator und an Stelle des Kondensators der Widerstand. Das D-Verhalten wird durch das RC-Glied bestimmt. Die Ausgangsspannung U_a in Abhängigkeit von der Zeit ist eine abklingende Exponentialfunktion.

D-Regler werden nur im Zusammenhang mit P-Reglern oder PI-Reglern verwendet, da bei konstanter Regeldifferenz die Stellgröße Null ist. Somit ist keine Regelung möglich.

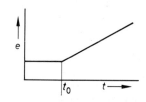

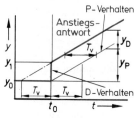

PD-Regelgleichung

$$y - y_0 \approx K_p \cdot e + K_D \cdot \frac{\Delta e}{\Delta t}$$

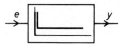

Bild 2: Anstiegsantwort des PD-Reglers

PD-Regler

Ein PD-Regler besteht aus der Parallelschaltung eines P-Gliedes (P-Regler) und eines D-Gliedes (D-Regler). Die Anstiegsantwort des PD-Reglers **(Bild 2)**, d.h. die Abhängigkeit der Stellgröße von der sich mit konstanter Geschwindigkeit ändernden Regeldifferenz, zeigt eine Parallelverschiebung des ansteigenden Teiles der Stellgröße gegenüber der Stellgröße bei einem P-Regler. Es entsteht eine Vorhaltezeit T_v. Sie gibt an, um welche Zeit vor dem betrachteten Zeitpunkt t_0 der Anstieg der Stellgröße bei einem reinen P-Regler hätte beginnen müssen, um zum Zeitpunkt t_0 den Wert y_1 der Stellgröße zu erhalten (Bild 2). Durch die D-Aufschaltung (zusätzliches D-Glied) gelingt es also bereits zur Zeit t_0, den Wert y_1 der Stellgröße zu erhalten. Ohne D-Aufschaltung wäre er erst nach Ablauf der Vorhaltezeit T_v erreicht.

PD-Regler regeln eine Regeldifferenz schneller aus als P-Regler.

Die Kenngrößen des PD-Reglers sind K_P und K_D bzw. K_P und T_v.

Ein elektronischer PD-Regler besteht grundsätzlich aus der Parallelschaltung eines P-Reglers und eines D-Reglers. Um den Aufwand geringer zu halten, kann man den PD-Regler auch mit einem einzigen Verstärker verwirklichen **(Bild 3)**.

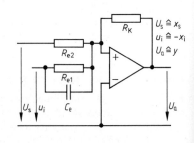

Regelgleichung: $-U_a = \dfrac{R_K}{R_{e1}} \left(U_e + R_{e1} \cdot C_e \cdot \dfrac{dU_e}{dt} \right)$

wobei: $K_P = \dfrac{R_K}{R_{e1}}$ und $T_v = R_{e1} \cdot C_e \Rightarrow$

$\Rightarrow -U_a = K_P \left(U_e + T_v \cdot \dfrac{dU_e}{dt} \right) \Rightarrow$

$\Rightarrow \quad y = K_P \left(e + T_v \cdot \dfrac{de}{dt} \right)$

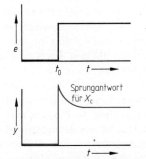

Bild 3: Elektronischer PD-Regler (Prinzip)

PID-Regler

Ein PID-Regler enthält die Parallelschaltung eines P-Gliedes, eines I-Gliedes und eines D-Gliedes.

Die Sprungantwort des PID-Reglers (**Bild 1**) setzt sich aus der P-Verstellung, I-Verstellung und D-Verstellung zusammen. Sie zeigt, daß am Anfang eine starke Verstellung durch das D-Glied erfolgt, danach wird diese ungefähr bis zum Anteil des P-Gliedes zurückgenommen. Dann steigt sie entsprechend dem Einfluß des I-Gliedes linear an. Die Kenngrößen des PID-Reglers sind K_P, K_I und K_D bzw. K_P, T_n und T_v.

> PID-Regler regeln eine Regeldifferenz schnell und ohne bleibende Regeldifferenz aus.

Ein elektronischer PID-Regler enthält z. B. ein D-Glied am Eingang und ein I-Glied in der Rückführung (**Bild 2**). Die Güte eines solchen PID-Reglers steigt mit der Verstärkung des Verstärkers und der Güte des Kondensators in der Rückführung.

Regelgleichung:

$$-U_a = \frac{R_K}{R_{e1}} \left(U_e + \frac{1}{R_K \cdot C_K} \int U_e \, dt + R_{e1} \cdot C_e \cdot \frac{dU_e}{dt} \right) \Rightarrow$$

$$\Rightarrow y = K_P \left(e + \frac{1}{T_n} \int e \cdot dt + T_v \cdot \frac{de}{dt} \right)$$

Wiederholungsfragen

1. Woraus besteht eine Regeleinrichtung?
2. Woran erkennt man unstetige Regler?
3. Was versteht man unter der Schaltdifferenz eines Stellgliedes?
4. Woran erkennt man die Art eines stetigen Reglers?
5. Welche Eigenschaft hat ein P-Regler beim Regeln?
6. Wie ist die Kenngröße des I-Reglers festgelegt?
7. Woraus besteht ein einfacher elektronischer I-Regler?
8. Wodurch unterscheiden sich PI-Regler von I-Reglern?
9. Wie wirkt ein PD-Regler?
10. Welche Eigenschaften hat ein PID-Regler?

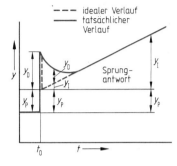

Bild 1: Sprungantwort des PID-Reglers

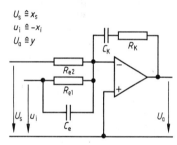

Bild 2: Elektronischer PID-Regler (Prinzip)

3.9.3 Regelstrecken

Für die Beschreibung der Regelstrecken wird die Sprungantwort betrachtet, also der Verlauf der Ausgangsgröße bei sprungartiger Änderung der Eingangsgröße. Eine Regelstrecke hat als Eingangsgröße die *Stellgröße y* und als Ausgangsgröße die *Regelgröße x*. Ferner wirken auf sie die *Störgrößen z* ein. Die Regelgröße *x* wird durch die von der Regeleinrichtung gelieferte Stellgröße *y* beeinflußt, wenn an der Strecke Störgrößen angreifen.

Die *Stell-Sprungantwort* ist der Verlauf der Regelgröße *x* bei sprungartiger Änderung der Stellgröße und konstanter Störgröße. Die *Stör-Sprungantwort* ist die Sprungantwort der Regelgröße *x* bei sprungartiger Änderung der Störgröße und konstanter Stellgröße.

Regelstrecken sind aus verschiedenen Gliedern *(Regelstreckenglieder)* zusammengesetzt. Man unterscheidet Glieder *mit* Ausgleich, Glieder *ohne* Ausgleich, Glieder *ohne* Verzögerung, Glieder *mit* Verzögerung und *Totzeitglieder*. Bei einem Totzeitglied tritt der zeitliche Verlauf des Eingangssignals einige Zeit später als Verlauf des Ausgangssignals auf. Die dazwischen liegende Zeit nennt man *Totzeit T_t*. Im einfachsten Fall besteht die ganze Regelstrecke aus einem derartigen Glied. Solche einfachen Regelstrecken verhalten sich wie die entsprechenden Glieder.

Regelstrecken mit Ausgleich

Erfolgt beim Eintreffen einer Störgröße durch die Änderung der Stellgröße eine beschränkte Änderung der Regelgröße, so wird der Einfluß der Störgröße verringert. Man spricht dann von einer Regelstrecke mit Ausgleich.

Regelstrecken mit Ausgleich und Verzögerung haben nach einer Übergangszeit $T_{ü}$ einen neuen Wert der Regelgröße x **(Tabelle 1)**. Die Übergangszeit ist die Zeit, nach welcher der neue Wert der Regelgröße bis auf 1% erreicht ist.

Regelstrecken mit Ausgleich und mit Verzögerung unterteilt man nach ihren Sprungantworten in Regelstrecken mit Verzögerung 1. Ordnung, 2. Ordnung und höherer Ordnung. Regelstrecken mit Verzögerung enthalten mindestens so viele Energiespeicher, z. B. Kondensatoren, Spulen, Schwungmassen, wie die Ordnungszahl angibt.

Regelstrecken mit Verzögerung 1. Ordnung (Tabelle 1) entstehen z.B. durch ein RC-Glied. Der Energiespeicher ist der Kondensator. Bei sprungartiger Änderung der Eingangsspannung (Stellgröße y) ändert sich die Kondensatorspannung (Regelgröße x) nach einer Exponentialfunktion. Die Zeitkonstante dieser Regelstrecke ist das Produkt RC.

Regelstrecken mit Verzögerung 2. Ordnung (Tabelle 1) entstehen z.B. durch Reihenschaltung von zwei Regelstrecken 1. Ordnung. Die Sprungantwort unterscheidet sich von der Sprungantwort der Regelstrecke 1. Ordnung vor allem durch ihren zunächst waagrechten Verlauf. Der Verlauf der Stell-Sprungantwort wird durch die Verzugszeit T_{u} und die Ausgleichszeit T_{g} (Tabelle 1) angenähert beschrieben. Verzögerungsglieder 2. Ordnung sind auch Schwingungsglieder, z. B. ein Feder-Masse-System oder ein Schwingkreis. Die Regelgröße schwingt über und pendelt auf den Endwert ein.

Regelstrecken mit Verzögerung höherer Ordnung haben Stell-Sprungantworten ähnlich der Regelstrecke 2. Ordnung. Die Verzugszeit wird dabei mit der Ordnungszahl größer.

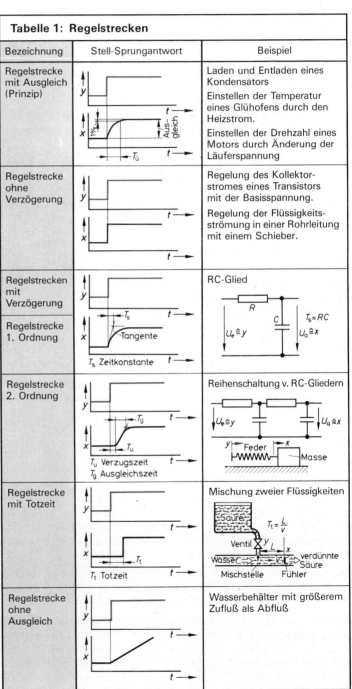

Tabelle 1: Regelstrecken

Bezeichnung	Stell-Sprungantwort	Beispiel
Regelstrecke mit Ausgleich (Prinzip)		Laden und Entladen eines Kondensators. Einstellen der Temperatur eines Glühofens durch den Heizstrom. Einstellen der Drehzahl eines Motors durch Änderung der Läuferspannung
Regelstrecke ohne Verzögerung		Regelung des Kollektorstromes eines Transistors mit der Basisspannung. Regelung der Flüssigkeitsströmung in einer Rohrleitung mit einem Schieber.
Regelstrecken mit Verzögerung / Regelstrecke 1. Ordnung		RC-Glied
Regelstrecke 2. Ordnung		Reihenschaltung v. RC-Gliedern
Regelstrecke mit Totzeit		Mischung zweier Flüssigkeiten
Regelstrecke ohne Ausgleich		Wasserbehälter mit größerem Zufluß als Abfluß

Regelstrecken mit Totzeit haben bei sprungartiger Änderung der Stellgröße ebenfalls eine sprungartige Änderung der Regelgröße zur Folge, aber erst nach einer gewissen Zeit. Diese nennt man Totzeit T_t. Bei der Mischung zweier Flüssigkeiten ist z. B. die Totzeit der Strecke vom Abstand des Sensors von der Mischstelle und von der Strömungsgeschwindigkeit abhängig.

Bei *Regelstrecken mit Ausgleich und Verzögerung* ist die Regelgrößenänderung um so größer, je größer der Übertragungskoeffizient K_S der Regelstrecke bei festen Werten der Störgrößen ist. Der *Ausgleichswert Q* ist der Kehrwert des Übertragungskoeffizienten K_S. Aus den Kennlinien der Regelstrecke **(Bild 1)** kann man den Übertragungskoeffizienten K_S ermitteln. Diese Kennlinien erhält man, wenn man bei konstanter Störgröße für jeden Wert der Stellgröße y den zugehörigen Wert der Regelgröße x aufzeichnet. Für jeden Wert der Störgröße ergibt sich eine Kennlinie der Regelstrecke. Der Übertragungskoeffizient K_S kann für jeden Arbeitspunkt jeder Kennlinie ermittelt werden **(Bild 1)**. Ist die Kennlinie eine Gerade, so ist der Übertragungskoeffizient K_S konstant. Es liegt eine lineare Regelstrecke vor.

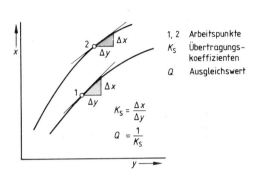

Bild 1: Kennlinien einer Regelstrecke und Übertragungskoeffizient

Regelstrecken mit Ausgleich ohne Verzögerung sind z. B. Verstärker als Stellglieder für Motoren. Die auch bei einem Verstärker vorhandene kleine Verzögerungszeit kann gegenüber der Einstellzeit der Motordrehzahl vernachlässigt werden. Regelstrecken ohne Verzögerung sind z. B. auch Transistoren und Röhren. Beim Transistor ist die Stellgröße z. B. die Basis-Emitterspannung, die Regelgröße der Kollektorstrom. Dieser folgt praktisch unverzögert der Steuerspannung.

Regelstrecken ohne Ausgleich

Ist der Übertragungskoeffizient K_S unendlich groß, so liegt eine Regelstrecke ohne Ausgleich vor. Regelstrecken ohne Ausgleich haben die Eigenschaft, daß die Regelgröße nach einer Störung immer mehr anwächst. Bei einem Wasserbehälter steigt der Wasserspiegel immer weiter an, wenn die Ablaufmenge kleiner ist als die Zulaufmenge.

Zur Kennzeichnung einer Regelstrecke ohne Ausgleich, die I-Verhalten hat, dient der Integrierkoeffizient K_I. Der Integrierkoeffizient K_I ist das Verhältnis der Ausgangsgröße zur Fläche zwischen Eingangsgröße und Zeitachse der Regelstrecke.

Wiederholungsfragen

1. Welche Eingangsgröße und Ausgangsgröße hat eine Regelstrecke?
2. Welche Sprungantworten unterscheidet man bei der Regelstrecke?
3. Welche Glieder enthalten Regelstrecken?
4. Wie ermittelt man den Übertragungskoeffizienten einer Regelstrecke?

5. Wie unterteilt man Regelstrecken mit Ausgleich mit Verzögerung?
6. Wodurch sind Regelstrecken mit Totzeit gekennzeichnet?
7. Welche Eigenschaft haben Regelstrecken ohne Ausgleich?

3.9.4 Regelkreise

Regelkreise werden durch die Gesamtheit aller Glieder gebildet, die an der Regelung teilnehmen. Der Regelkreis wird unterteilt in Regeleinrichtung und Regelstrecke. Regelkreise können unstetige Regler oder stetige Regler sowie die verschiedenen Arten von Regelstrecken enthalten.

3.9.4.1 Regelkreise mit unstetigen Reglern

Regelkreise mit unstetigen Reglern verhalten sich z. B. wie Zweipunktregler. Bei der Temperaturregelung Bild 1, Seite 431, besteht der Regelkreis aus dem Zweipunktregler (Thermostat) und einer Regelstrecke mit Verzögerung (Elektroofen).

Regelkreise mit unstetigen Reglern haben den Nachteil, daß die Regelgröße zwischen zwei oder mehr Werten schwankt. Störgrößenänderungen werden vom Regler ausgeglichen. Bei der Temperaturregelung wird dies z. B. durch Änderung des Verhältnisses von Einschaltzeit zu Ausschaltzeit erreicht.

3.9.4.2 Regelkreise mit stetigen Reglern

Regelkreise mit stetigen Reglern bestehen aus dem stetigen Regler und einer entsprechenden Regelstrecke. Die Störgrößen können am Anfang, in der Mitte oder am Ende der Regelstrecke angreifen. Je nachdem ändert sich die Stör-Sprungantwort. Zur Kennzeichnung und Beschreibung dieser Regelkreise verwendet man die *Stör-Sprungantwort*, wobei man den Angriffspunkt der Störgröße am Anfang der Regelstrecke annimmt.

Regelkreis mit P-Regler und Regelstrecke mit Verzögerung

Der Signalflußplan **(Tabelle 1)** enthält in den Blöcken die Übergangsfunktionen von Regler und Regelstrecke.

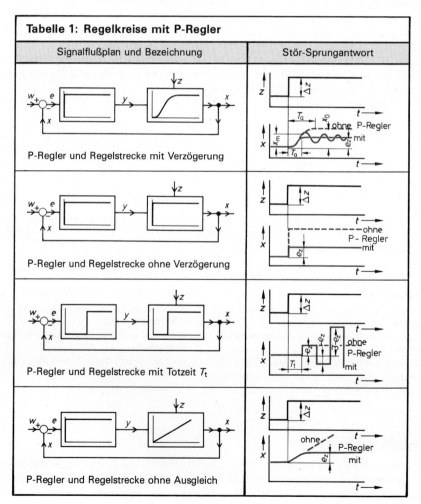

Tabelle 1: Regelkreise mit P-Regler

Signalflußplan und Bezeichnung	Stör-Sprungantwort
P-Regler und Regelstrecke mit Verzögerung	
P-Regler und Regelstrecke ohne Verzögerung	
P-Regler und Regelstrecke mit Totzeit T_t	
P-Regler und Regelstrecke ohne Ausgleich	

Der Kreis vor dem Regler bedeutet eine Additionsstelle von Größen, wobei z. B. ein negatives Vorzeichen die Wirkungsumkehr angibt. Der Punkt hinter der Regelstrecke ist das Zeichen für eine Verzweigungsstelle. An ihr wird die Regelgröße x abgenommen. Den Verlauf der Regelgröße x bei sprungartiger Änderung der Störgröße z zeigt die Stör-Sprungantwort. Man entnimmt ihr, daß bei diesem Regelkreis eine bleibende Regeldifferenz e_z entsteht. Diese wird durch den P-Regler verursacht.

Die Stör-Sprungantwort zeigt ferner, daß die Regelgröße bei der Regelung mit einem P-Regler in einer kürzeren Zeit ihren Beharrungswert erreicht als ohne P-Regler. Diese Zeit heißt Ausregelzeit T_a.

Je kürzer die Ausregelzeit ist, desto besser ist die Regelung.

Zur Beurteilung des Regelvorganges ist außerdem die *Überschwingweite* x_m der Regelgröße wichtig. Nach Auftreten einer Störung kann die Regelgröße zunächst um einen Mittelwert schwingen, wobei die Überschwingweite mit der Zeit immer kleiner wird. Nach einer gewissen Zeit ist die Schwingung auf den Beharrungswert der Regelgröße abgeklungen. Die Regelgröße schwingt über, da der Regler zunächst mit einer großen Stellgrößenänderung antwortet. Dadurch geht die Regelgröße nach der anderen Richtung zurück, und der Regler muß wieder eingreifen.

Je kleiner die Überschwingweite der Regelgröße ist, desto besser ist die Regelung.

Schaukelt sich dagegen die Schwingung der Regelgröße immer mehr auf, so ist die Regelung instabil und damit unbrauchbar. Dieses Aufschaukeln bezeichnet man als *Selbsterregung*.

Regelkreise müssen bei der Inbetriebnahme auf ihre Stabilität geprüft werden.

Regelkreise mit P-Reglern haben meist eine geringe Überschwingweite und eine kleine Ausregelzeit.

Der Kreisverstärkungsfaktor V_0 einer Regelung mit P-Regler und Regelstrecke mit Verzögerung ist das Produkt aus dem Übertragungskoeffizienten (Übertragungsbeiwert) K_R des Reglers und dem Übertragungskoeffizienten K_S der Regelstrecke.

V_0 Kreisverstärkungsfaktor
K_R Übertragungskoeffizient des P-Reglers
K_S Übertragungskoeffizient der Regelstrecke

$$V_0 = K_R \cdot K_S$$

$K_R = \dfrac{\Delta y}{\Delta x}$ kann man in jedem Arbeitspunkt der zugehörigen Kennlinie (Stellgröße y in Abhängigkeit von der Regelgröße x des Reglers) bei festen Werten der Führungsgrößen und Störgrößen ermitteln.

Der Regelfaktor R gibt an, um welchen Teil die bleibende Regeldifferenz e_z mit P-Regler kleiner ist als ohne P-Regler.

R Regelfaktor
V_0 Kreisverstärkungsfaktor
e_z bleibende Regeldifferenz mit P-Regler
e_0 bleibende Regeldifferenz ohne P-Regler
Δz Störgrößenänderung

$$e_z = \frac{-K_S \cdot \Delta z}{1 + K_S \cdot K_R}; \quad e_0 = -K_S \cdot \Delta z$$

$$R = \frac{1}{1 + V_0} \qquad R = \frac{e_z}{e_0}$$

Eine Vergrößerung des Kreisverstärkungsfaktors ist meist nur durch Änderung des Übertragungskoeffizienten K_R des Reglers möglich, da K_S meist durch die Regelstrecke festlegt. Der Kreisverstärkungsfaktor darf nicht zu groß gemacht werden, sonst wird der Regelkreis instabil.

Regelkreis mit P-Regler und Regelstrecke ohne Verzögerung

Bei diesem Regelkreis folgt die Regelgröße x einer Störgrößenänderung unverzüglich (Tabelle 1 Seite 442). Verzögerungsarme Regler und Regelstrecken kommen z. B. bei stabilisierten Netzgeräten vor.

Regelkreis mit P-Regler und Regelstrecke mit Totzeit

Nach einer sprungartigen Änderung der Störgröße am Eingang der Regelstrecke vergrößert sich am Ausgang nach Ablauf der Totzeit T_t die Regelgröße ebenso sprungartig (Tabelle 1 Seite 442).

Nimmt man z. B. einen Übertragungskoeffizienten $K_R = -2$ an, so senkt der Regler die Regelgröße um $2\,e_z$ auf den Wert e_z. Der Übertragungskoeffizient der Regelstrecke ist dabei zu $K_S = 1$ angenommen, also $e_z = K_S \cdot y_z = y_z$. Der P-Regler verändert darauf die Stellgröße um $K_R \cdot (2\,e_z) = -2 \cdot (2\,e_z) = -4\,y_z$. Da $K_S = 1$ ist, steigt die Regelgröße nach Ablauf der Totzeit um $-4\,e_z$, also von e_z auf $-3\,e_z$. Es kommt eine Schwingung zustande.

Regelkreis mit P-Regler und Regelstrecke ohne Ausgleich

Die Stör-Sprungantwort zeigt, daß die Regelgröße einen Beharrungswert erreicht; ohne Regler würde sie immer mehr ansteigen. Auch bei diesem Regelkreis ist der Übergang in den Beharrungszustand mit Schwingungen der Regelgröße verbunden. Es bleibt eine bleibende Regeldifferenz bestehen, da ein P-Regler verwendet wird. Die Regeldifferenz ist klein, wenn der Übertragungskoeffizient des Reglers groß ist.

Regelkreis mit I-Regler und Regelstrecke mit Verzögerung

Die Stör-Sprungantwort (Tabelle 1, Seite 445) zeigt, daß der Verlauf der Regelgröße zunächst der Sprungantwort der Regelstrecke bis zum Erreichen der Überschwingweite $e_ü$ entspricht. Wegen der großen Regeldifferenz wird die Stellgeschwindigkeit des I-Reglers groß. Die Regeldifferenz wird dadurch kleiner und ebenso die Stellgeschwindigkeit des I-Reglers. Der Regelvorgang dauert so lange, bis Regeldifferenz und Stellgeschwindigkeit zu Null geworden sind. Regelgröße und Stellgeschwindigkeit des I-Reglers klingen mit Schwingungen oder bei kleinem Übertragungskoeffizienten ohne Schwingungen ab.

Regelkreis mit I-Regler und Regelstrecke ohne Verzögerung

Die Stör-Sprungantwort zeigt, daß die Regelgröße gleichzeitig mit der Störgröße die Überschwingweite $e_ü$ erreicht. Der Regler ändert nun zunächst mit großer Geschwindigkeit die Stellgröße. Dadurch nimmt die Regelgröße zunächst rasch ab. Mit kleiner werdender Regeldifferenz wird auch die Stellgeschwindigkeit kleiner. Die Regeldifferenz klingt nach einer Exponentialfunktion ab.

Regelkreis mit I-Regler und Regelstrecke mit Totzeit

Die Regelgröße ändert sich nach Ablauf der Totzeit T_{t1} sprungartig um den Wert x_m (Tabelle 1), wobei x_m verhältnisgleich zum Übertragungskoeffizienten K_R des Reglers und der Störgrößenänderung ist. Die Stellgrößenänderung, die der Regler an die Regelstrecke abgibt, wird von dieser erst nach Ablauf der Totzeit T_{t2} in eine Regelgrößenänderung umgesetzt (Tabelle 1). Hat die Regelstrecke den Sollwert erreicht, so hat die Stellgröße wegen der Totzeit T_{t2} der Regelstrecke ihren Sollwert bereits wieder überschritten, so daß die Regelgröße unter ihren Sollwert abfällt. Nach Ablauf einer weiteren Totzeit wird die Regeldifferenz wieder abgebaut. Die Regelgröße führt also einige Schwingungen aus, bis der Beharrungszustand erreicht ist.

Regelkreise mit I-Reglern haben keine bleibende Regeldifferenz.

Regelkreise mit I-Regler und Regelstrecke ohne Ausgleich

Ein derartiger Regelkreis arbeitet instabil, wie die Stör-Sprungantwort der Regelgröße (Tabelle 1) zeigt.

I-Regler sind für Regelkreise mit Regelstrecken ohne Ausgleich nicht verwendbar.

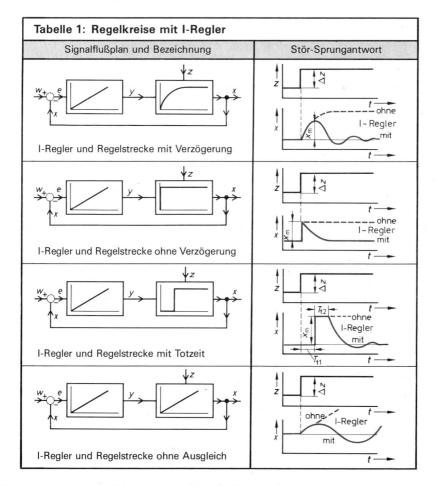

Tabelle 1: Regelkreise mit I-Regler

Signalflußplan und Bezeichnung	Stör-Sprungantwort
I-Regler und Regelstrecke mit Verzögerung	
I-Regler und Regelstrecke ohne Verzögerung	
I-Regler und Regelstrecke mit Totzeit	
I-Regler und Regelstrecke ohne Ausgleich	

Bei der Wasserstandsregelung Bild 2, Seite 434, mit Hilfe eines I-Reglers, z.B. einem das Zuflußventil betätigenden Gleichstrommotor, dessen Ankerspannung über ein vom Schwimmer betätigtes Potentiometer eingestellt wird, würde der Sollwert nie eingehalten werden können. Der Wasserstand würde dauernd zwischen leer und voll schwanken, also keinen Sollwert einhalten. Ohne I-Regler würde das Becken entweder überlaufen oder leerlaufen, je nach Wasserentnahme.

Regelkreis mit PI-Regler und Regelstrecke mit Verzögerung

Die Stör-Sprungantwort zeigt **(Tabelle 1)**, daß die Überschwingweite x_m bei gleicher Störgrößenänderung wie bei einem I-Regler schon wesentlich kleiner ist. Außerdem wird der Sollwert früher erreicht und somit die Ausregelzeit verkürzt. Durch Veränderung der Nachstellzeit bzw. des Proportionalbereiches des PI-Reglers läßt sich das Regelverhalten, also die Form der Sprungantwort, sehr gut beeinflussen.

PI-Regler haben die Vorteile des P-Reglers, nämlich kleine Überschwingweite, und des I-Reglers, nämlich vollständige Ausregelung von Störungen.

Regelkreis mit PID-Regler und Regelstrecke mit Verzögerung

Die Stör-Sprungantwort **(Tabelle 1)** zeigt, daß bei Regelkreisen mit PID-Reglern die Überschwingweite und die Ausregelzeit kleiner sind als bei den anderen Regelkreisen.

In Regelkreisen mit PID-Reglern werden Störungen am schnellsten ausgeregelt.

Der Nachteil ist die schwierige Einstellung der PID-Regler, da Übertragungskoeffizient K_P, Nachstellzeit T_n und Vorhaltzeit T_v eingestellt werden müssen.

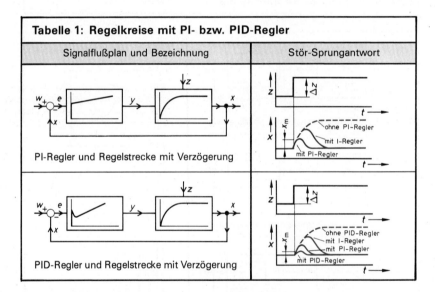

Tabelle 1: Regelkreise mit PI- bzw. PID-Regler

Signalflußplan und Bezeichnung	Stör-Sprungantwort
PI-Regler und Regelstrecke mit Verzögerung	
PID-Regler und Regelstrecke mit Verzögerung	

3.9.4.3 Folgeregelung

Bei der Folgeregelung folgt die Regelgröße der Führungsgröße, z. B. bei einer Gleichlaufregelung (Regelung auf gleiche Drehzahl) zweier Motoren. Die Führungsgröße ist zeitveränderlich. Es erfolgt eine Anpassung der Regelgröße an die Führungsgröße.

Nach dem Verlauf der Führungsgröße unterscheidet man bei Folgeregelungen die *Zeitplanregelung* und die *Festwertregelung* (DIN 19226).

Die Zeitplanregelung ist eine Folgeregelung, bei der die Führungsgröße nach einem Zeitplan vorgegeben wird, z. B. eine programmgesteuerte Temperaturregelung. Die Festwertregelung ist eine Regelung, bei der die Führungsgröße während der Regelung auf einen festen Wert eingestellt ist, z. B. die Spannungsregelung eines Generators.

Die Regelgröße stellt sich bei sprungartiger Änderung der Führungsgröße mit einem Einschwingvorgang auf den neuen Wert der Führungsgröße ein. Die Einschwingvorgänge sind ähnlich wie bei einer Störung. Man kann entsprechend der Stör-Sprungantwort eine Führungs-Sprungantwort der Regelgröße ermitteln.

3.9.4.4 Frequenzgang

Zur Beschreibung des dynamischen Verhaltens der Glieder eines Regelkreises verwendet man außer der Sprungantwort den Frequenzgang. Der Frequenzgang ist der in Abhängigkeit von der Frequenz dargestellte Verstärkungsfaktor V.

Als Eingangssignale werden bei der Messung des Frequenzganges Sinusschwingungen verwendet, deren Amplituden konstant und deren Frequenzen veränderlich sind. Die am Ausgang des Gliedes sich ergebende Schwingungsantwort ist der zeitliche Verlauf der Ausgangsgröße im eingeschwungenen Zustand bei sinusförmiger Eingangsgröße. Zur Auswertung müssen Amplitude und Phasenlage der Ausgangsschwingung im Vergleich zur Eingangsschwingung in Abhängigkeit von der Frequenz aufgezeichnet werden und zwar entweder als *Ortskurve* des Frequenzgangs (Nyquist-Kurve*) oder als *Frequenzkennlinien* (Bode-Diagramm**).

Die Ortskurve des Frequenzgangs **(Bild 1)** erhält man, wenn man für jede Frequenz die Ausgangsschwingung als Zeiger darstellt. Die Länge des Zeigers entspricht der Ausgangsamplitude, die Winkellage der Phasenverschiebung zwischen Eingangssignal und Ausgangssignal. Verbindet man die Zeigerspitzen miteinander, so ergibt sich die Ortskurve des Frequenzgangs.

Die Frequenzkennlinien enthalten den Frequenzgang für die Verstärkung und den Frequenzgang für den Phasenverschiebungswinkel (Bild 1). Die Verstärkung (Amplitudengang) in Abhängigkeit von der Frequenz wird dabei meist in logarithmischer Teilung aufgetragen, der Phasenverschiebungswinkel (Phasengang) in linearer Teilung. Beide Kennlinien zusammen bilden das Bode-Diagramm.

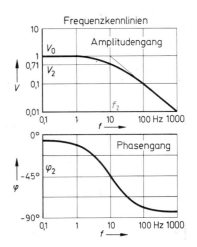

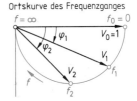

Bild 1: Ortskurve des Frequenzgangs und Frequenzkennlinien für eine Regelstrecke mit Verzögerung 1. Ordnung

Der Frequenzgang wird oft zur Untersuchung von Antriebsregelungen gemessen, dagegen seltener in der Verfahrenstechnik und bei Prozeßregelungen, weil dort die Verzögerungszeiten verhältnismäßig lang sind. Zur Untersuchung des Frequenzverhaltens wären dazu Schwingungen mit sehr tiefen Frequenzen erforderlich. Deshalb untersucht man derartige Regelkreise meist mit Hilfe der Sprungantwort der Glieder des Kreises.

Wiederholungsfragen

1. Welchen Nachteil haben Regelkreise mit unstetigen Reglern?
2. Wozu verwendet man die Stör-Sprungantwort?
3. Welchen Einfluß hat die Ausregelzeit auf die Regelung?
4. Worauf müssen Regelkreise bei Inbetriebnahme geprüft werden?
5. Wie wirkt die Kreisverstärkung auf Störungen im Regelkreis?
6. In welchen Regelkreisen sind P-Regler nicht verwendbar?
7. Welchen Vorteil haben Regelkreise mit I-Reglern?
8. In welchen Regelkreisen werden Störungen am schnellsten geregelt?
9. Was ist eine Festwertregelung?
10. Welche Kurven enthält ein Bode-Diagramm?

3.9.5 Einstellen der Regler

Eine gute Regelung wird erst durch die richtige *Einstellung* des Reglers erreicht. Bei einem P-Regler muß der Übertragungskoeffizient K_R eingestellt werden, beim PI-Regler zusätzlich die Nachstellzeit T_n und beim PID-Regler sind drei Werte einzustellen, der Übertragungskoeffizient K_R, die Nachstellzeit T_n und die Vorhaltzeit T_v.

* Nyquist, amerikanischer Elektrotechniker, 1889
** Bode, deutscher Erfinder; Diagramm (griech.) = Schaubild

Die Einstellung ist so zu wählen, daß die Anregelzeit T_{an}, die Ausregelzeit T_a und Überschwingweite x_m **(Bild 1)** oder die Regelfläche, (Zeitfläche zwischen der Führungsgröße w und der Regelgröße x) möglichst klein werden. Das Toleranzband, welches die Anregelzeit und die Ausregelzeit bestimmt, wählt man meist zu $2 \cdot \Delta e = 6\%$ der Sprunghöhe.

Vor dem Einstellen des Reglers muß überprüft werden, ob das Stellglied der Regeleinrichtung auf die Regelstrecke im Sinne einer Verminderung der Regeldifferenz einwirkt. Zu dieser Überprüfung trennt man vor der Inbetriebnahme den Regelkreis auf, z. B. zwischen dem Regler und dem Stellglied. An den Ausgang des Reglers

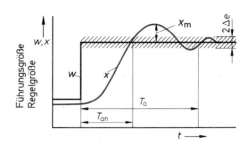

Bild 1: Kenngrößen zur Beurteilung des Regelverhaltens

schließt man einen Spannungsmesser an **(Bild 2)**. An den Eingang des Stellgliedes schließt man eine einstellbare Gleichspannung an, z. B. einen Spannungsteiler und einen Spannungsmesser. Zuerst wird nun der Regler eingeschaltet und der Sollwertsteller auf den Istwert eingestellt, so daß die Regeldifferenz Null ist und der Spannungsmesser am Regler ebenfalls Null anzeigt. Dann schaltet man die Regelstrecke ein

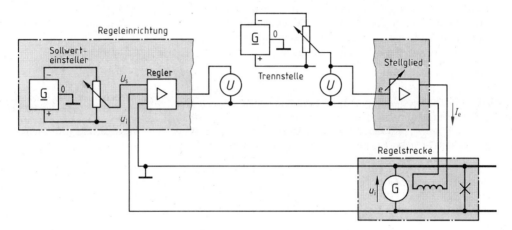

Bild 2: Schaltung zur Überprüfung des Wirkungssinnes des Reglers

und verändert langsam die Spannung am Stellgliedeingang. Bei richtigem Wirkungssinn des Reglers müssen die beiden Spannungsmesser Spannungen entgegengesetzter Polarität anzeigen. Ist das nicht der Fall, so stimmt der Wirkungssinn des Reglers nicht. Bei falschem Wirkungssinn ist ein Glied im Regelkreis in seiner Signalwirkung umzukehren. Diese Wirkungsumkehr kann man meist am einfachsten durch Umpolen des Meßfühlers erreichen.

> Der Wirkungssinn des Reglers ist zu überprüfen, bevor man den Regelkreis schließt.

Wird der Regelkreis bei falschem Wirkungssinn des Reglers geschlossen, dann bewirkt die kleinste Störung oder Führungsgrößenänderung eine Erhöhung oder Verminderung der Regelgröße, bis diese in ihre natürliche Begrenzung kommt, z. B. bis die Maximaldrehzahl bei einer Drehzahlregelung erreicht ist. Der Regelkreis ist monoton* instabil.

Liegen *unterlagerte Regelkreise* vor, wie z. B. bei der Lagerregelung von numerisch gesteuerten Werkzeugmaschinen, wird grundsätzlich mit der Einstellung des Reglers des *innersten* Regelkreises begonnen, während die Regler der äußeren Kreise abgetrennt bleiben. Danach stellt man den Regler des von innen nach außen folgenden Regelkreises ein.

---

* monoton (griech.) = eintönig (nicht wechselnd)

Bestimmung der Einstellwerte der Regler

Bei einem *P-Regler* erhöht man von kleinsten Werten beginnend schrittweise den Übertragungskoeffizient K_R und beobachtet z. B. am Oszilloskop den Regelvorgang bei sprunghafter Änderung der Führungsgröße oder Störgröße. Mit zunehmendem Übertragungskoeffizienten vermindert sich die Anregelzeit, während sich die Ausregelzeit und Überschwingweite erhöhen. Die günstigste Einstellung ist meist dann erreicht, wenn die Überschwingweite zwischen 10% und 20% der Sprunghöhe beträgt und die Ausregelzeit bei etwa dem 2- bis 4fachen der Anregelzeit liegt.

Beim *I-Regler* kommt man meist ebenso durch Probieren am schnellsten zur günstigsten Einstellung. Man beginnt hier mit großen Integrierzeitkonstanten und stellt schrittweise unter Beobachtung des Regelvorganges kleinere Zeitkonstanten ein.

Liegt ein *PI-Regler* oder ein *PID-Regler* vor, so ist das Verfahren der schrittweisen Veränderung aller Einstellgrößen des Reglers schwierig, da nun für jeden Übertragungskoeffizienten K_R alle Nachstellzeiten T_n und alle Vorhaltzeiten T_v, also alle Kombinationen der zwei bzw. drei Kenngrößen des Reglers, durchprobiert werden müßten.

Tabelle 1: Einstellung der Regler			
P-Regler	$K_R \approx 0,5\, K_{Rkrit}$	—	—
PI-Regler	$K_R \approx 0,5\, K_{Rkrit}$	$T_n \approx 0,8\, T_S$	—
PID-Regler	$K_R \approx 0,6\, K_{Rrit}$	$T_n \approx 0,5\, T_S$	$T_v \approx 0,1\, T_S$

Rohwerte erhält man mit folgendem Verfahren: Zunächst wird der Regler als P-Regler eingestellt und der Übertragungskoeffizient K_R soweit erhöht, bis der Regelkreis schwingt, also instabil wird. Dieser kritische Übertragungskoeffizient K_{Rkrit} wird notiert und die Schwingungsdauer T_S der Regelgröße gemessen. Daraus lassen sich günstige Einstellgrößen für den Regler bestimmen **(Tabelle 1)**.

Ausgehend von diesen Werten kann man dann meist durch geringfügiges Verändern der einen oder anderen Einstellgröße das günstigste Regelverhalten erzielen.

Oft können die Einstellwerte nicht oder nur schwer in weitem Bereich verändert werden, z. B. bei mechanischen Reglern. Dann bestimmt man die Kennwerte aus den Zeitkonstanten und der Verstärkung der Regelstrecke. Für Regelstrecken aus einem Totzeitglied und einem Verzögerungsglied berechnet man die Kennwerte nach **Tabelle 2**. Für andere Regelstrecken mit Ausgleich wird beim PI-Regler die Nachstellzeit T_n gleich der größten in der Regelstrecke vorkommenden Verzögerungszeitkonstanten gewählt. Den Übertragungskoeffizienten wählt man so, daß die Kreisverstärkung $V_0 = K_R K_S$ größer als 1 ist, z. B. 10.

Tabelle 2: Einstellkennwerte

Regelstrecke

P-Regler	$K_R \approx 0,3\, \dfrac{T}{T_t \cdot K_S}$ bis $0,7\, \dfrac{T}{T_t \cdot K_S}$
PI-Regler	$K_R \approx 0,3\, \dfrac{T}{T_t \cdot K_S}$ bis $0,7\, \dfrac{T}{T_t \cdot K_S}$
	$T_n \approx 1\,T$ bis $4\,T$
PID-Regler	$K_R \approx 0,6\, \dfrac{T}{T_t \cdot K_S}$ bis $1,2\, \dfrac{T}{T_t \cdot K_S}$
	$T_n \approx 1\,T$ bis $2\,T$
	$T_v \approx 0,4\, T_t$ bis $0,5\, T_t$

Wiederholungsfragen

1. Durch welche Kenngrößen gibt man das Regelverhalten an?
2. Warum muß der Wirkungssinn des Reglers überprüft werden?
3. Wie wird der Wirkungssinn des Reglers überprüft?
4. Welcher Regler muß bei einem Drehzahlregelkreis mit unterlagerter Stromregelung zuerst eingestellt werden?
5. Wie geht man bei der Bestimmung der Einstellwerte eines P-Reglers vor?
6. Wie stellt man I-Regler am schnellsten ein?
7. Warum ist die Einstellung eines PI-Reglers schwieriger als die eines P-Reglers?
8. Wie bestimmt man die Kennwerte für eine Regelstrecke mit einem Totzeitglied und einem Verzögerungsglied?

4 Datentechnik

4.1 Begriffe

Daten sind Zeichen, die eine Information darstellen, z. B. Ziffern und Buchstaben.

Die Einsatzmöglichkeiten des Computers sind begründet durch seine Fähigkeit, *Daten* in großer Zahl zu speichern und diese Daten stets griffbereit, also mit kleiner *Zugriffszeit*, miteinander zu kombinieren, zu vergleichen, zu sortieren und durch Rechnung umzuwandeln.

Datenverarbeitungsanlagen arbeiten mit *digitalen Daten*, also mit Ziffern, Buchstaben und anderen Zeichen. Zur Verarbeitung von Daten, z. B. von Meßwerten, müssen diese der Datenverarbeitungsanlage zusammen mit Anweisungen für die Art der Verarbeitung eingegeben werden. Die vollständige Anweisung für die Lösung einer Aufgabe, welche mit einer Datenverarbeitungsanlage durchgeführt werden soll, heißt *Programm*.

Die Programmerstellung aller Datenverarbeitungsanlagen erfolgt durch Schreiben von Anweisungen und durch Zusammenfügen fertiger Programmteile. Programme nennt man *Software***. Im Unterschied dazu steht die *Hardware****. Mit Hardware bezeichnet man alle mechanischen und elektrischen Baueinheiten der Datentechnik.

> Programme nennt man Software. Die Baueinheiten einer Datenverarbeitungsanlage nennt man Hardware.

Die Hauptbaugruppe einer Datenverarbeitungsanlage ist die *Zentraleinheit* mit dem *Prozessor* für die eigentliche Abwicklung der Rechenvorgänge, dem *Zentralspeicher* und dem *Eingabe-Ausgabe-Werk* **(Bild 1)**.

Die Geräte außerhalb der Zentraleinheit nennt man *periphere*[4*] Geräte. Zu den peripheren Geräten zählen die Geräte zur Bedienung der Rechenanlage, die Geräte für die Dateneingabe und Datenausgabe sowie die peripheren Speicher, wie z. B. Magnetbandspeicher und Magnetplattenspeicher. Die peripheren Speicher sind Großraumspeicher in denen Programme und Daten abgelegt werden, welche nicht ständig zur Verarbeitung gebraucht werden oder welche für den momentan ablaufenden Rechenvorgang nicht benötigt werden.

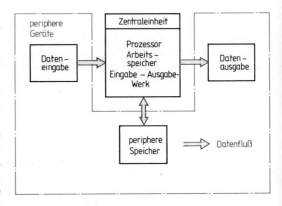

Bild 1: Aufbau einer Datenverarbeitungsanlage

> Bei Datenverarbeitungsanlagen unterscheidet man die Zentraleinheit und periphere Geräte.

Die *Dateneingabe* geschieht meist mit einem *Datensichtgerät*. Über eine Schreibmaschinentastatur werden Daten und auch Programme geschrieben und auf einem Bildschirm sichtbar gemacht. Ergebnisse der Datenverarbeitung erscheinen ebenfalls auf dem Bildschirm.

> Datensichtgeräte dienen der Dateneingabe und Datenausgabe.

Mit Druckern, das sind Geräte ähnlich elektrischer Schreibmaschinen, oder mit *Plottern*[5*], das sind Geräte mit Zeichenstift, können die Rechenergebnisse auf Papier gedruckt bzw. gezeichnet werden.

---

* Computer (engl.) = Rechner; ** Software (engl., sprich: softwehr) = weiche Ware, hier: Programme

*** Hardware (engl., sprich: hardwehr) = harte Ware, hier: Bauteile, Geräte, Anlage; [4*] peripher (griech.) = am Rande liegend

[5*] Plotter von to plot (engl.) = aufzeichnen

Die Datensichtgeräte, Drucker und Plotter und andere *Eingabe-Ausgabe-Geräte,* wie z. B. Lochkarten-stanzer, Lochkartenleser, Magnetplatten usw., werden dort aufgestellt, wo sie der Anwender benötigt, z. B. in der Buchhaltung, in der Arbeitsvorbereitung oder in der Fabrikhalle. Datenstationen zur Daten-eingabe und Datenausgabe nennt man Terminals*. An eine Rechenanlage sind oft viele Terminals über große Entfernungen angeschlossen.

Zum Steuern, Regeln und Überwachen von Geschehnissen (Prozessen), z. B. von Fertigungsvorgängen, Verkehrseinrichtungen, Lagerhallen usw., setzt man *Prozeßrechner* ein. Dies sind Datenverarbeitungs-anlagen, die Daten unmittelbar, ohne Zutun des Menschen, aus dem Prozeßgeschehen erhalten und auch unmittelbar das Prozeßgeschehen beeinflussen.

Zur Dateneingabe dienen hier vor allem digitale Meßgeräte und digitale Sensoren. Viele Meßgrößen, wie z. B. Spannung, Druck, Geschwindigkeit einer Bewegung usw., sind analoge Größen. Über Analog-Digital-Umsetzer werden die analogen Größen in eine digitale Form gebracht und sind damit verarbeitbar für den Prozeßrechner. Die Überwachung von Prozessen geschieht heute schon vielfach automatisch mit Fernsehkameras. Die Fernsehbildsignale werden hierfür digitalisiert und mit hoher Geschwindigkeit zum Rechner übertragen. Zum Steuern und Regeln des Prozeßgeschehens sind vom Prozeßrechner z. B. Ventile und Motoren zu schalten, Werkzeugmaschinen zu steuern und Anlagen zu regeln. Die digitalen Rechnerausgangssignale müssen daher als Digitalsignale ausgegeben oder in analoge Größen umgesetzt werden **(Bild 1)**.

Prozeßrechner dienen der automatischen Steuerung, Regelung und Überwachung technischer Vorgänge.

Vom Prozeßrechner aus werden die *Verkehrsverteiler* und die *Multiplexer*** gesteuert. Verkehrsverteiler und Multiplexer dienen dem Durchschalten der momentan zur Verarbeitung vorgesehenen Prozeßgröße. Im Rechner laufen alle Rechenoperationen nacheinander ab. Es können somit die Eingabedaten nur nach-einander verarbeitet werden. Auch können die Ausgabedaten für die verschiedenen Geräte nur nachein-ander gesendet werden. Da die Rechenoperationen sehr schnell ablaufen, erhält man durch häufiges Um-schalten im Verkehrsverteiler und in den Multiplexern von einem Eingang bzw. Ausgang auf den nächsten den Eindruck, als verarbeite die Datenverarbeitungsanlage die anfallenden Daten alle gleichzeitig.

Bei der *direkten digitalen Regelung* (DDC***) bildet der Rechner meist für mehrere aus dem Prozeß kommende Regelgrößen die Regeldifferenzen und ermittelt je nach den programmierten Reglerarten (P-, PI-, PID-Regler) die Stellgrößen. Der Rechner ist damit Teil der Regelkreise. Man spricht von *geschlos-sener Prozeßkopplung*.

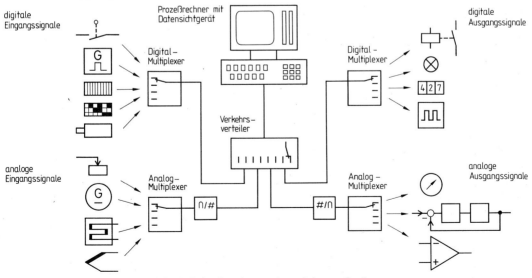

Bild 1: Prozeßrechner mit peripheren Geräten

---

* Terminal von terminus (lat.) = Ende, hier: Endstation;   ** Multiplexer (engl.) = Mehrfachkoppler, Sammler
*** DDC Abkürzung für Direct Digital Control (engl.) = direkte digitale Regelung

Computer die aus einem oder wenigen integrierten Schaltkreisen bestehen heißen *Mikrocomputer*. Haupt-bestandteil eines Mikrocomputers ist der *Mikroprozessor*, die Zentraleinheit des Mikrocomputers. Der Mikroprozessor ist ein integrierter Schaltkreis mit mehreren tausend Transistorfunktionen. In ihm laufen alle Rechenvorgänge und Programmsteuerungsvorgänge ab. Mit Mikroprozessoren werden z. B. leistungs-fähige Tischrechner ausgestattet. Mikroprozessoren und auch Mikrocomputer setzt man vielfach als Ein-zwecksteuerungen für Maschinen, Meßgeräte und Anlagen ein.

Mikroprozessoren sind universelle Rechenbausteine und Steuerungsbausteine.

Mikrocomputer und Mikroprozessoren sind sehr preisgünstige Baugruppen. Wie andere Datenver-arbeitungsanlagen arbeiten auch diese programmgesteuert. Die Programmerstellung, also die Software, für eine Steuerungsaufgabe ist daher meist viel teurer als die Kosten für die verwendeten Bauteile und Geräte, nämlich die Hardware.

Wiederholungsfragen

1. Welche Bezeichnungen sind für Datenverarbei-tungsanlagen auch gebräuchlich?
2. Erläutern Sie die Begriffe Hardware und Soft-ware!
3. Wie nennt man die Hauptbaugruppe einer Daten-verarbeitungsanlage?
4. Welche Geräte bezeichnet man als periphere Geräte?

5. Was ist ein Terminal?
6. Wofür setzt man Prozeßrechner ein?
7. Welche Aufgabe haben Verkehrsverteiler?
8. Warum benötigt man für analoge Signale bei der Dateneingabe AD-Umsetzer und bei der Daten-ausgabe DA-Umsetzer?
9. Welche Aufgabe hat ein Multiplexer?
10. Was versteht man unter einem Mikroprozessor?

4.2 Darstellung von Daten in einer Rechenanlage

Daten sind Zeichen, die eine Information darstellen, z. B. Meßwerte, Berechnungen oder Texte. Sie be-stehen aus Zahlen, Buchstaben oder Sonderzeichen. Zahlen nennt man numerische Zeichen, Buchstaben nennt man Alphazeichen.

Zahlen, Buchstaben und Sonderzeichen zusammen nennt man alphanumerische Zeichen.

In Geräten der Datentechnik stellt man die Daten binärcodiert in einer Folge vom Binärzeichen mit den Bits 0 und 1 dar. Eine zusammengehörende Folge von Binärzeichen nennt man Binärwort. Ein Binärcode besteht aus Binärworten. Man unterscheidet Codes für Zahlen und Codes für alphanumerische Zeichen.

4.2.1 Festpunktzahlen und Gleitpunktzahlen

Zahlen können in einem Rechner als Festpunktzahlen bzw. Festkommazahlen oder als Gleitpunktzahlen bzw. Gleitkommazahlen* dargestellt werden. Der Zahlenbereich bei der *Festpunktdarstellung* ist durch

Tabelle 1: Festpunktzahlen		
positive 16-bit-Festpunktzahlen	positive und negative 16-bit-Festpunktzahlen	
0000 0000 0000 0000 = 0 0000 0000 0000 0001 = 1 0000 0000 0000 0010 = 2 ⋮ 1111 1111 1111 1111 = 65 535	0111 1111 1111 1111 = 32 767 ⋮ 0000 0000 0000 0001 = 1 0000 0000 0000 0000 = 0	
	1111 1111 1111 1111 = −1 1111 1111 1111 1110 = −2 ⋮ 1000 0000 0000 0000 = −32 768	

---

* Im angloamerikanischen Sprachraum werden gebrochene Zahlen nicht mit einem Komma sondern mit einem Punkt geschrieben.

die Wortlänge gegeben. Eine Wortlänge von z. B. 16 bit ermöglicht die duale Verschlüsselung von $2^{16} = 65\,536$ Zeichen, also von 0 bis 65 535 **(Tabelle 1, Seite 452)**. Will man positive und negative Zahlen dual verschlüsseln, so reicht der Zahlenbereich von -32768 bis -1 und von 0 bis $+32767$. Für die Zahlen selbst werden dabei nur 15 Bits verwendet, und ein Bit kennzeichnet das Vorzeichen. Die Darstellung der negativen Zahlen geschieht durch Komplementbildung mit dem *B*-Komplement. Bei Rechenvorgängen mit Festpunktzahlen wird keine Rücksicht auf die Lage des *Radixpunkts** (Komma) genommen. Allein der Benutzer muß wissen, an welcher Stelle der Radixpunkt bei den ein- und auszugebenden Zahlen steht. Eine Speicherstelle für den Radixpunkt gibt es bei Festpunktzahlen nicht.

Zur Erhöhung der Genauigkeit mit Festpunktzahlen kann durch Doppelwortrechnung oder Vierfachwortrechnung die Stellenzahl verdoppelt oder vervierfacht werden. Die Rechenzeit erhöht sich dabei.

Bei der *Gleitpunktdarstellung* stellt man jede Zahl als Produkt aus einem Zifferteil und einer Potenz dar, z. B. könnte die Zahl 632.4 durch $0.6324 \cdot 10^3$ dargestellt werden. Die Zahl 0.6324 ist die *Mantisse*, die 10er Potenz hat die Basis 10 und den Exponenten 3. Bei dieser Zahlendarstellung beginnt jede Mantisse immer mit Null und dem Radixpunkt. Diese Null und der Radixpunkt müssen daher nicht gesondert im Rechner dargestellt werden, sondern erst bei der Ausgabe des Zahlenergebnisses berücksichtigt werden. Bei einer 32-bit-Gleitpunktzahl werden z. B. 24 bit für die Mantisse reserviert, 7 bit für den Exponenten einer Potenz zur Basis 16 und 1 bit für das Vorzeichen **(Bild 1)**.

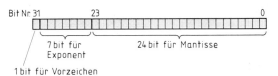

Bild 1: Darstellung einer 32-bit-Gleitpunktzahl

Ein 24-bit-Binärwort ermöglicht die Darstellung einer Mantisse mit $2^{24} = 16\,777\,216$ Zeichen, also der Zahlen von 0 bis 16 777 215. Mit den 7 Bits für den Exponenten kann man $2^7 = 128$ verschiedene Exponentwerte darstellen. Diese teilt man auf in die Exponenten -64 bis -1 und 0 bis $+63$ **(Tabelle 1)**.

Zahlen werden in einer Rechenanlage als Festpunktzahlen oder als Gleitpunktzahlen dargestellt.

Tabelle 1: Verschlüsselung des Exponenten einer Gleitpunktzahl	
Exponent	Bedeutung
000 0000	$16^{-64+0} = 16^{-64}$
000 0001	$16^{-64+1} = 16^{-63}$
$\vdots$ $\vdots$	$\vdots$ $\vdots$
011 1111	$16^{-64+63} = 16^{-1}$
100 0000	$16^{-64+64} = 16^{0} = 1$
100 0001	$16^{-64+65} = 16^{+1}$
$\vdots$	$\vdots$
111 1111	$16^{-64+127} = 16^{+63}$

Beispiel 1: Ermitteln Sie die binäre Form der Zahl 13,625 als Gleitpunktzahl!

Lösung: 1. Schritt: Die Dezimalzahl wird in eine ganze Zahl und in eine gebrochene Zahl unterteilt: $13{,}625 = 13 + 0{,}625$

2. Schritt: Die ganze Zahl wird als Dualzahl geschrieben:
$13 = 1 \cdot 2^3 + 1 \cdot 2^2 + 0 \cdot 2^1 + 1 \cdot 2^0 \cong 1101$

3. Schritt: Die gebrochene Zahl wird als Dualzahl geschrieben:
$0{,}625 = 1 \cdot 2^{-1} + 0 \cdot 2^{-2} + 1 \cdot 2^{-3} \cong 0{,}101$

4. Schritt: Die Dualzahl ist somit 1101,101

5. Schritt: Die Dualzahl wird als Gleitpunktzahl geschrieben: $1101{,}101 = 0.1101101 \cdot 2^{+4}$

6. Schritt: Die Dualzahl wird als Gleitpunktzahl geschrieben mit einer Potenz zur Basis 16:
$0.1101101 \cdot 2^{+4} = 0.1101101 \cdot 16^{+1}$

7. Schritt: Die Dualzahl wird als Gleitpunktzahl in einem 32-bit-Wort dargestellt. Der Exponent $+1$ hat nach Tabelle 1 die Ziffernfolge 100 0001. Da die darzustellende Zahl positiv ist, hat das Bit Nr. 31 den Wert 0.

Man erhält: $13{,}625 \cong$ 0 100 0001 1101 1010 0000 0000 0000 0000

| Vorzeichen | Exponent | Mantisse |

---

* Radixpunkt von radix (lat.) = Wurzel, Grund. Bei der Radixschreibweise wird die Grenze zwischen dem ganzzahligen Teil und dem gebrochenen Teil einer Zahl durch den Radixpunkt angegeben.

Beispiel 2: Ermitteln Sie den Wert der Gleitpunktzahl 1 100 0011 0011 0110 0100 0000 0000 0000!

Lösung: 1. Schritt: Zunächst wird der Wert der Mantisse ermittelt. Die Mantisse steht in den Bits Nr. 0 bis 23 und beträgt: 0.0011 0110 01.

2. Schritt: Durch achtmaliges Stellenverschieben erhält man:
$$0.0011\ 0110\ 01 = 110110.01 \cdot 2^{-8} = 110110.01 \cdot 16^{-2}$$

3. Schritt: Man ermittelt die zugehörige Dezimalzahl: $110110{,}01 \cdot 16^{-2} =$
$$= (1 \cdot 2^5 + 1 \cdot 2^4 + 0 \cdot 2^3 + 1 \cdot 2^2 + 1 \cdot 2^1 + 0 \cdot 2^0 + 0 \cdot 2^{-1} + 1 \cdot 2^{-2}) \cdot 16^{-2} =$$
$$= (32 + 16 + 4 + 2 + 0{,}25) \cdot 16^{-2} = 54{,}25 \cdot 16^{-2}$$

4. Schritt: Der Exponent 100 0011 wird mit Hilfe der Tabelle 1, Seite 453, entschlüsselt. Er hat den Wert 3.

5. Schritt: Das Vorzeichen der Gleitpunktzahl ist negativ, da das Bit Nr. 31 den Wert 1 hat.

6. Schritt: Die Gleitpunktzahl ist somit $-54{,}25 \cdot 16^{-2} \cdot 16^{+3} = -54{,}25 \cdot 16 = \mathbf{-868}$.

BCD-Codes* ermöglichen die direkte Verschlüsselung von Dezimalzahlen ohne Umrechnung in das Dualzahlensystem **(Tabelle 1)**. Die Verschlüsselung erfolgt Ziffer für Ziffer. Mit 4 Bit können $2^4 = 16$ Zeichen verschlüsselt werden, also auch die 10 Ziffern von 0 bis 9. Zur Verschlüsselung der Zahlen von 0 bis 999 999 benötigt man bei einem BCD-Code entsprechend den 6 Dezimalstellen mindestens $6 \cdot 4 = 24$ Bits. Bei einer Verschlüsselung im Dualcode können schon mit 20 Bits die Zahlen von 0 bis $2^{20} = 1\,048\,576$ verschlüsselt werden. Häufig werden Dezimalziffern mit mehr als 4 Bit verschlüsselt. Einen solchen Code nennt man *redundant*** (weitschweifig). Eine redundante Codierung ermöglicht bei der Datenerfassung und Datenübertragung eine Fehlererkennung. BCD-Codes sind zum Rechnen nicht so gut geeignet wie der Dualcode. Es gelten immer Sonderregeln (siehe Mathematik für Elektroniker).

Tabelle 1: Beispiele von BCD-Codes

Dezimal-ziffer	1-aus-10-Code	8-4-2-1-Code	Exzeß-3-Code	Aiken-Code	Biquinär-Code		2-aus-5-Code
0	0 0 0 0 0 0 0 0 0 1	0 0 0 0	0 0 1 1	0 0 0 0	0 0 0 0 1	0 1	1 1 0 0 0
1	0 0 0 0 0 0 0 0 1 0	0 0 0 1	0 1 0 0	0 0 0 1	0 0 0 1 0	0 1	0 0 0 1 1
2	0 0 0 0 0 0 0 1 0 0	0 0 1 0	0 1 0 1	0 0 1 0	0 0 1 0 0	0 1	0 0 1 0 1
3	0 0 0 0 0 0 1 0 0 0	0 0 1 1	0 1 1 0	0 0 1 1	0 1 0 0 0	0 1	0 0 1 1 0
4	0 0 0 0 0 1 0 0 0 0	0 1 0 0	0 1 1 1	0 1 0 0	1 0 0 0 0	0 1	0 1 0 0 1
5	0 0 0 0 1 0 0 0 0 0	0 1 0 1	1 0 0 0	1 0 1 1	0 0 0 0 1	1 0	0 1 0 1 0
6	0 0 0 1 0 0 0 0 0 0	0 1 1 0	1 0 0 1	1 1 0 0	0 0 0 1 0	1 0	0 1 1 0 0
7	0 0 1 0 0 0 0 0 0 0	0 1 1 1	1 0 1 0	1 1 0 1	0 0 1 0 0	1 0	1 0 0 0 1
8	0 1 0 0 0 0 0 0 0 0	1 0 0 0	1 0 1 1	1 1 1 0	0 1 0 0 0	1 0	1 0 0 1 0
9	1 0 0 0 0 0 0 0 0 0	1 0 0 1	1 1 0 0	1 1 1 1	1 0 0 0 0	1 0	1 0 1 0 0
Stellen-wert	9 8 7 6 5 4 3 2 1 0	8 4 2 1		2 4 2 1	4 3 2 1 0	5 0	7 4 2 1 0 für die Ziffern 0 bis 9

Beim **1-aus-10-Code** werden die Dezimalziffern von 0 bis 9 mit 10 Bit verschlüsselt. Die Stellenbewertung für die erste Stelle von rechts gelesen ist 0, für die zweite Stelle 1, für die dritte Stelle 2, usw.

Beispiel 1: Drücken Sie die Zahl 809 im 1-aus-10-Code aus!

Lösung: 809 ≙ **0100000000 0000000001 1000000000**

Diese Codierung ermöglicht eine Fehlerüberprüfung. Es müssen für eine dreistellige Dezimalzahl stets drei 1-Bits entstehen. Wird beim Lesen oder bei der Signalübertragung ein Bit verfälscht, so ist dieser Fehler leicht zu bemerken. Nachteilig bei diesem Code ist die große Anzahl der Binärzeichen, die nötig sind, um eine Dezimalzahl zu verschlüsseln.

Redundante Codes ermöglichen eine Fehlererkennung.

---

* BCD Kurzform für **B**inary **C**oded **D**ecimal (engl.) = binär codiertes Zehnersystem;   ** redundant (lat.) = überfließend

Im **8-4-2-1-Code** sind die Ziffern 0 bis 9 als Dualzahlen verschlüsselt. Es werden für eine Dezimale 4 Bit benötigt. Diese Codierung ist geeignet, um Dezimalzahlen in Binärzahlen von Hand umzuschreiben.

Beispiel 2: Drücken Sie die Zahl 809 im 8-4-2-1-Code aus!

Lösung: 809 = **1000 0000 1001**

Beim Addieren dieser Binärzahlen gelten Sonderregeln. Erfolgt in der Dezimalzahl ein Zehnerübertrag, so muß in der Binärzahl als Korrektur 0110 hinzuaddiert werden (siehe Mathematik für Elektroniker).

Zum Rechnen ist diese Verschlüsselung ungünstig, da bei einer Addition immer zuvor entschieden werden muß, ob im Dezimalsystem ein Übertrag erfolgt.

Der **Exzeß-3-Code** hat keine Stellenbewertung für die Ziffern 0 bis 9. Die verschiedenen Kombinationen aus 1 und 0 sind den Dezimalziffern nur zugeordnet.

Beispiel 3: Drücken Sie die Zahl 809 im Exzeß-3-Code aus!

Lösung: 809 ≙ **1011 0011 1100**

Erfolgt in der Dezimalrechnung bei der Addition einer Dezimalstelle ein Zehnerübertrag in die nächste Stelle, so entsteht auch in der binären Rechnung bei dieser Dezimalstelle ein Übertrag. Als Korrektur muß 0011 zum Ergebnis addiert werden. Falls kein Übertrag in der Dezimalrechnung erfolgt, entsteht auch in der binären Rechnung kein Übertrag und dem Ergebnis ist 1101 als Korrektur hinzu zu addieren.

Dieser Code ist gut zum Rechnen geeignet, da bei der Addition immer dann, wenn ein Zehnerübertrag erfolgt, auch ein 1-Bit als Übertrag entsteht. Es ist leicht zu entscheiden, welche Korrektur zu machen ist.

Der Exzeß-3-Code ist zum Rechnen durch einfache Korrekturen geeignet.

Beispiel 4: Rechnen Sie 18 + 13 im Exzeß-3-Code!

Lösung:

18	0100	1011
+ 13	+ 0100	0110
1	1 1	1 1
31	**1001**	**0001**
	1101	0011 Korrektur
	1	1 1
	0110	**0100** ≙ 31

Der **Aiken-Code*** ist für elektronische Zähler gut geeignet. Beim Addieren gelten komplizierte Sonderregeln.

Der **biquinäre**** **Code** setzt sich aus dem 5stelligen (quinären) Teil mit der Stellenbewertung 4-3-2-1-0 und einem 2stelligen Teil mit der Bewertung 5-0 zusammen. Der Code eignet sich gut zur Fehlerüberprüfung und daher zur Fernübertragung von Zahlen, da sowohl im 2stelligen als auch im 5stelligen Teil nur ein Bit den Wert 1 haben darf.

Beim **2-aus-5-Code** hat ein Codewort immer zwei Bit mit dem Wert 1. Dieser Code ermöglicht daher eine Prüfung auf Fehler.

Den 2-aus-5-Code verwendet z.B. die Post zur Codierung der Postleitzahl bei Briefsendungen **(Bild 1)**. Neben das Adreßfeld werden hierfür fluoreszierende Striche aufgedruckt.

Unter UV-Strahlung erscheinen diese Striche hell und können von einem Codeleser schnell erfaßt werden.

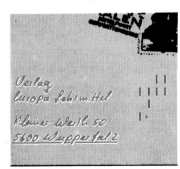

Entschlüsselung
mit 2- aus 5-Code   5 6 0 0

Bild 1: Codierung der Postleitzahl

* Aiken, amerikanischer Erfinder
** biquinär = 2-5-stellig, Kunstwort aus bis (lat.) = 2 und quinque (lat.) = 5

Wiederholungsfragen

1. Was versteht man unter Daten?
2. Erläutern Sie die Begriffe numerische Zeichen, Alphazeichen, alphanumerische Zeichen!
3. Wie werden Daten in Geräten der Datentechnik dargestellt?
4. Wodurch ist der Zahlenbereich bei Festpunktzahlen festgelegt?
5. Wie werden negative Festpunktzahlen dargestellt?
6. Nennen Sie ein Beispiel für eine Gleitpunktzahl! Erklären Sie an Hand dieses Beispiels die Begriffe Basis, Mantisse und Exponent!
7. Wie wird das Vorzeichen einer Gleitpunktzahl verschlüsselt?
8. Was versteht man unter BCD-Codes?
9. Wieviele Bits benötigt man mindestens zur Verschlüsselung dreistelliger Dezimalzahlen mit einem BCD-Code?
10. Was versteht man unter einem redundanten Code?
11. Worauf beruht die Möglichkeit der Fehlerprüfung beim 2-aus-5-Code?

4.2.2 Darstellung von alphanumerischen Zeichen

Mit einer Rechenanlage können nicht nur Zahlen verarbeitet und gespeichert werden, sondern auch Texte und Zeichenketten. Mit jeweils 8 Bit = 1 Byte wird ein alphanumerisches Zeichen verschlüsselt. Es können somit $2^8 = 256$ verschiedene Zeichen verschlüsselt (codiert) werden. Die üblich verwendeten Codes sind der EBCDI-Code* und der ASCII-Code**. Der ASCII-Code ist in DIN 66 003 genormt und enthält 128 Zeichen (**Tabelle 1**). Mit 128 Zeichen können alle Großbuchstaben, Kleinbuchstaben, Ziffern und viele Sonderzeichen sowie Anweisungen bzw. Steuersignale dargestellt werden. Die Binärdarstellung z. B. der Ziffer 7 ist 011 0111. Die Codierung der Ziffern entspricht für die Bit 0 bis 3 dem 8-4-2-1-Code. Die Steuerzeichen dienen vor allem der Formatbeschreibung bei der Datenaufzeichnung mit Druckern oder Bildschirmen. Z. B. bewirkt das Zeichen LF[3*] = = 000 1010 bei einem Drucker einen Papiervorschub um eine Zeile. Mit dem Zeichen EOT[4*] = 000 0100 wird das Ende einer Datenübertragung signalisiert. Da für 128 Zeichen nur 7 Bits zur Codierung erforderlich sind, aber meist 8 Bit bei Datenspeichern und Übertragungskanälen zur Ver-

Tabelle 1: 7-Bit-Code (ASCII-Code)

Bit Nr. 7			0	0	0	0	1	1	1	1
6			0	0	1	1	0	0	1	1
5			0	1	0	1	0	1	0	1
4 3 2 1			Steuerzeichen		Ziffern, Buchstaben, Sonderzeichen					
0 0 0 0			NUL	DLE	SP	0	@	P	'	p
0 0 0 1			SOH	DC1	!	1	A	Q	a	q
0 0 1 0			STX	DC2	"	2	B	R	b	r
0 0 1 1			ETX	DC3	#	3	C	S	c	s
0 1 0 0			EOT	DC4	$	4	D	T	d	t
0 1 0 1			ENQ	NAK	%	5	E	U	e	u
0 1 1 0			ACK	SYN	&	6	F	V	f	v
0 1 1 1			BEL	ETB	'	7	G	W	g	w
1 0 0 0			BS	CAN	(	8	H	X	h	x
1 0 0 1			HT	EM	)	9	I	Y	i	y
1 0 1 0			LF	SUB	*	:	J	Z	j	z
1 0 1 1			VT	ESC	+	;	K	[	k	{
1 1 0 0			FF	FS	,	<	L	\	l	|
1 1 0 1			CR	GS	-	=	M	]	m	}
1 1 1 0			SO	RS	.	>	N	⌐	n	—
1 1 1 1			SI	US	/	?	O	_	o	DEL

fügung stehen, verwendet man das 8. Bit als Prüfbit. Bei der meist angewandten Prüftechnik wird das 8. Bit so gewählt, daß die Quersumme der Bits mit dem Wert 1 geradzahlig ist. Die 8-Bit-Verschlüsselung der Ziffer 7 ist somit 1011 0111.

Der ASCII-Code ist ein 7-Bit-Code zur Verschlüsselung alphanumerischer Zeichen.

---

* EBCDI Kurzform für **E**xtended **B**inary **C**oded **D**ecimal **I**nterchange Code (engl.) = Erweiterter BCD-Code für Datenaustausch
** ASCII Kurzform für **A**merican **S**tandard **C**ode for **I**nformation **I**nterchange (engl.) = Amerikanischer Standardcode für den Informationsaustausch
[3*] LF Kurzzeichen für **l**ine**f**eed (engl.) = Zeilenvorschub
[4*] EOT Kurzzeichen für **E**nd **o**f **T**ransmission (engl.) = Ende der Übertragung

4.2.3 Sedezimalzahlen und Oktalzahlen

Sedezimalzahlen

Zur Beschreibung der Arbeitsvorgänge in einer Datenverarbeitungsanlage, insbesondere im Umgang mit Mikroprozessoren, ist die binäre Schreibweise mit 8 oder mehr Bits meist umständlich. Man faßt daher jeweils 4 Bits zu einer Ziffer zusammen. Mit 4 Bits können $2^4 = 16$ verschiedene Zeichen dargestellt werden. Diese 16 verschiedenen Zeichen heißen *sedezimale* Ziffern* (**Tabelle 1**). Die ersten 10 Zeichen sind die Ziffern 0 bis 9 des Dezimalzahlensystems und die weiteren 6 Ziffern sind die Buchstaben A bis F des Alphabets. Die Basis der Sedezimalzahlen ist 16. Die Stellenwertigkeit beträgt für Stellen vor dem Komma 16^0, 16^1, 16^2 usw. und nach dem Komma 16^{-1}, 16^{-2}, 16^{-3} usw.

Die *Umwandlung* einer mehrstelligen Dualzahl in eine Sedezimalzahl erfolgt von rechts beginnend immer in Gruppen von 4 Bits.

Tabelle 1: Zahlensysteme			
dezimal	sedezimal	oktal	dual
00	0	00	0000
01	1	01	0001
02	2	02	0010
03	3	03	0011
04	4	04	0100
05	5	05	0101
06	6	06	0110
07	7	07	0111
08	8	10	1000
09	9	11	1001
10	A	12	1010
11	B	13	1011
12	C	14	1100
13	D	15	1101
14	E	16	1110
15	F	17	1111

Beispiel 1: Wandeln Sie die Dualzahl 1111100111000101 in eine Sedezimalzahl um!

Lösung: 1111 1001 1100 0101 = F 9 C 5
          F   9   C   5

In umgekehrter Weise können Sedezimalzahlen in Dualzahlen gewandelt werden. Dies geschieht für jede Ziffer (Stelle) der Sedezimalzahl unter Berücksichtigung der Stellenwertigkeit.

Zur Umwandlung einer Dezimalzahl in eine Sedezimalzahl dividiert man diese fortlaufend durch 16 und wandelt die Divisionsreste nach Tabelle 1 in Sedezimalzahlen um.

Beispiel 2: Bestimmen Sie die Sedezimalzahl zu 63 941!

Lösung: 63 941 : 16 = 3 996 Rest 5
            3 996 : 16 =   249 Rest 12
              249 : 16 =   15 Rest 9
               15 : 16 =   0 Rest 15

63 941 $\cong$ **F 9 C 5**

Für das Rechnen mit Sedezimalzahlen gelten Sonderregeln (siehe Mathematik für Elektroniker). Verwendet man einen Computer zu Rechnungen im Sedezimalsystem, so steht meist ein Rechenprogramm, das diese Sonderregeln enthält, zur Verfügung. Dadurch wird das Rechnen mit sedezimalen Zahlen einfach. Sedezimalzahlen werden auch *Hexadezimalzahlen*** genannt. Zur deutlichen Unterscheidung gegenüber anderen Zahlensystemen kann man die Sedezimalzahlen auch mit dem Index 16 oder H, z. B. $F9C5_{16}$ oder $F9C5_H$ kennzeichnen.

Oktalzahlen*** können sehr einfach aus Dualzahlen gebildet werden. Man teilt die Dualzahlen in Gruppen von 3 Bits auf und schreibt dafür die zugehörige Oktalziffer an (Tabelle 1). Die Basis der Oktalzahlen ist 8. Die Stellenwertigkeit beträgt für Stellen vor dem Komma 8^0, 8^1, 8^2 usw., für Stellen nach dem Komma 8^{-1}, 8^{-2}, 8^{-3} usw.

Wiederholungsfragen

1. Mit welchen Codes verschlüsselt man alphanumerische Zeichen?
2. Wie kann man einen Code auf mögliche Fehler prüfen?
3. Aus welchen Zeichen bestehen Sedezimalzahlen?
4. Welche Basis haben Oktalzahlen?
5. Weshalb verwendet man Sedezimalzahlen oder Oktalzahlen in der Datentechnik?

* Sedezimal von sedecim (lat.) = sechzehn
** Hexadezimal von hexa (lat.) = sechs und dezimal von deci (lat.) = zehn
*** Oktalzahlen von octo (lat.) = acht

4.3 Funktionseinheiten einer Datenverarbeitungsanlage

4.3.1 Aufbau

Eine Datenverarbeitungsanlage (DVA) besteht aus der Zentraleinheit (CPU*) und den peripheren Geräten **(Bild 1)**. Die Zentraleinheit umfaßt den Prozessor, den Zentralspeicher und das Eingabe-Ausgabe-Werk.

Entsprechend den Arbeitsvorgängen in einer DVA unterscheidet man die Funktionseinheiten *Rechenwerk, Leitwerk (Steuerwerk), Taktgenerator, Eingabe-Ausgabe-Werk* und *Zentralspeicher*. Diese Funktionseinheiten sind über *Sammelleitungen (Bussystem)* miteinander verbunden. Man unterscheidet den *Datenbus* für den Austausch von Daten, den *Adreßbus* für den Austausch von Adressen und den *Steuerbus* für die Übertragung von Steuersignalen.

In dem Zentralspeicher werden Daten und Programme gespeichert. Das Rechenwerk erhält aus dem Zentralspeicher die für die Rechnungen notwendigen Daten und liefert die Ergebnisse dorthin zurück, das Leitwerk bekommt von ihm die erforderlichen Anweisungen und Befehle.

Das Leitwerk steuert nach den im Zentralspeicher niedergelegten Befehlen alle übrigen Funktionseinheiten. Bei Tischrechnern und Prozeßrechnern sind häufig Rechenwerk und Leitwerk in einem integrierten Schaltkreis, dem Mikroprozessor, zusammengefaßt.

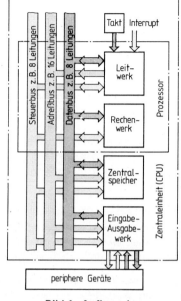

Bild 1: Aufbau einer Datenverarbeitungsanlage

4.3.2 Zentralspeicher

Der Zentralspeicher, auch Arbeitsspeicher genannt, wird unterteilt in kleinere Speichereinheiten, die *Speicherzellen*. Jede Speicherzelle hat eine Nummer, die sogenannte *Adresse*. In **Bild 2** ist symbolisch ein Ausschnitt aus einem Speicher gezeichnet. Eine Speicherzelle besteht aus *Speicherstellen*. In jeder Speicherstelle kann ein Bit gespeichert werden. Die Speicherstelle kann also den Wert 0 oder 1 annehmen.

Bei kleinen Rechenanlagen sind Speicherzellen mit 8 Speicherstellen, also 8 bit, üblich. Hier wird in einer Speicherzelle ein sogenanntes Maschinenwort (kurz gesagt Wort) von 1 Byte = 8 bit gespeichert.

Bei mittleren Rechenanlagen und Prozeßrechnern verwendet man häufig Speicher und auch Rechenwerke für eine Wortlänge von 16 bit oder 32 bit. Große wissenschaftliche Rechenanlagen haben Wortlängen von 64 bit = 8 Byte.

Rechenanlagen für die kaufmännische Datenverarbeitung haben oft keine feste Wortlänge. Die kleinste noch adressierbare Speicherzelle ist bei diesen Anlagen 8 bit lang. In einer 8-bit-Speicherzelle kann ein Byte, also ein alphanumerisches Zeichen, gespeichert werden.

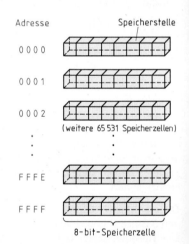

Bild 2: Zentralspeicher mit 8-bit-Speicherzellen für 64 K-Worte zu 8 bit

Die Größe des Zentralspeichers ist zugleich ein Maß für die Größe einer Rechenanlage und wird bestimmt durch die Anzahl der direkt adressierbaren Speicherzellen oder Bytes. Ausgedrückt wird die Speichergröße in Vielfachen von $2^{10} = 1024 \triangleq 1$ K-Byte = 1 KB. Bei einem Kleinrechner beträgt die Speichermenge des Zentralspeichers z. B. 64 K-Byte. Es können also $64 \cdot 1024 = 2^6 \cdot 2^{10} = 2^{16} = 65536$ Speicherzellen adressiert werden. Zur dualen Verschlüsselung von 2^{16} Speicheradressen benötigt man 16 bit oder 4stellige Sedezimalzahlen von 0000 bis FFFF (Bild 2). Der Adressenbereich erstreckt sich dann von 0 bis 65 535.

---

* CPU Kurzform für Central Processing Unit (engl.) = Zentraleinheit

Der Zentralspeicher ist in Speicherzellen mit einer Adresse für jede Speicherzelle aufgeteilt.

Als Speicherbauelemente verwendet man *Halbleiterspeicher*, und zwar für gleichbleibende Programme und Daten sogenannte *Nur-Lesespeicher* **(ROM*)**, für die übrigen Programme und Daten *Schreib-Lesespeicher* **(RAM**)**. Die ROM werden vor dem Einbau in den Zentralspeicher programmiert, also mit den binären Werten 0 und 1 versehen. Diese Speicher können beim Betrieb des Rechners nur nach ihrem Inhalt abgefragt (gelesen) werden. RAM sind Speicher, die mit wechselndem Speicherinhalt „beschrieben" werden können, z. B. mit Daten oder auch Programmen. Die Speicherinhalte können gelesen und auch während des Rechnerbetriebs gelöscht werden.

Register sind Zwischenspeicher, meist für ein oder zwei Maschinenworte. Aufgebaut sind Register mit Flipflop oder mit RAM-Speicherelementen. Sie sind einfacher adressierbar als die Speicherzellen im Zentralspeicher, da es nur wenige Registerspeicher gibt, z. B. 8 oder 16. Die Registeradresse umfaßt daher nur 3 bit oder 4 bit.

4.3.3 Rechenwerk

Im Rechenwerk können die arithmetischen*** Operationen[4*] Addieren, Subtrahieren, Multiplizieren und Dividieren durchgeführt werden. Alle übrigen Rechenarten, wie z. B. Wurzelziehen und Potenzieren, verwirklicht man durch vielfaches Anwenden der erstgenannten vier Grundrechenarten. Ebenso kann man im Rechenwerk auch UND-, ODER- und Exklusiv-ODER-Verknüpfungen, also logische Operationen, ausführen. Hauptbestandteil des Rechenwerks ist die *arithmetisch logische Einheit* (ALU[5*]). Darüberhinaus kann man das Rechenwerk danach abfragen, ob ein Ergebnis gleich Null oder negativ ist oder einen Überlauf bzw. Übertrag zur Folge hatte. Diese Abfrage nennt man Statusabfrage. Zum Rechenwerk gehören neben der arithmetisch logischen Einheit noch Register zur Datenzwischenspeicherung. Eine besondere Bedeutung hat das *Akkumulatorregister*[6*] (ACC). Es ist als Schieberegister aufgebaut **(Bild 1)**.

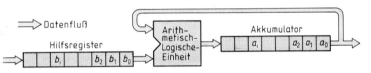

Bild 1: Arithmetisch logische Einheit mit Akkumulator und Hilfsregister

Soll z. B. zu einer Zahl a (1. Operand[4*]) die Zahl b (2. Operand) addiert werden, so wird die Zahl a über das Hilfsregister und die ALU ohne Veränderung in den Akkumulator geschrieben ($a \rightarrow$ ACC). Danach wird die Zahl b in das Hilfsregister gebracht und zum Speicherinhalt des Akkumulators im Rechenwerk hinzuaddiert. Das Ergebnis steht anschließend im Akkumulator ($b + <ACC> \rightarrow <ACC>$). In der Kurzschreibweise bedeutet die spitzwinklige Klammer „Inhalt von". Diese Kurzschreibweise besagt also: die Zahl b wird zum Inhalt a des Akkumulators hinzuaddiert, und das Ergebnis der Addition wird zum neuen Inhalt des Akkumulators.

In einem Rechenwerk werden die einzelnen Ziffern a_i, b_i der Dualzahlen a und b stellenweise addiert **(Tabelle 1)**.

Für die Summe gilt die Schaltfunktion:

$$f_i = (\overline{a_i} \wedge b_i) \vee (a_i \wedge \overline{b_i})$$

Den Übertrag c_{i+1} (Carry[7*]) für die nächste Stelle bildet man mit einer UND-Verknüpfung:

$$c_{i+1} = a_i \wedge b_i$$

Tabelle 1: Regeln für die Addition von 2 Dualziffern	
Ziffer a_i + Ziffer b_i = Summe f_i	Übertrag c_{i+1}
0 + 0 = 0	0
0 + 1 = 1	0
1 + 0 = 1	0
1 + 1 = 0	1

---

* ROM Kurzbezeichnung für Read Only Memory (engl.) = Nur-Lesespeicher

** RAM Kurzbezeichnung für Random Access Memory (engl.) = Speicher mit wahlfreiem Zugriff (Schreib-Lesespeicher)

*** arithmetisch (griech.) = durch Rechnung;   [4*] Operation (lat.) = Arbeit, Handlung

[5*] ALU Kurzbezeichnung für Arithmetic Logical Unit (engl.) = Arithmetisch-Logische-Einheit

[6*] Akkumulator von accumulare (lat.) = sammeln;   [7*] Carry (engl.) = Übertrag, Überlauf

Tabelle 1: Die wichtigsten Operationen des Rechenbausteins SN 74181		
Steuereingänge $S_3\ S_2\ S_1\ S_0$	Verknüpfungs-operation ($M = 1$)	arithmetische Operation $c_n = 0 \qquad c_n = 1$
0 0 0 0	$f = \overline{a}$	$f = a \qquad\qquad f = a + 1$
1 0 0 1	$f = (a \wedge \overline{b}) \vee (\overline{a} \wedge b)$	$f = a + b \qquad f = a + b + 1$
0 1 1 0	$f = (a \wedge \overline{b}) \vee (\overline{a} \wedge b)$	$f = a - b - 1 \qquad f = a - b$
1 1 1 1	$f = a$	$f = a - 1 \qquad\ f = a$
1 0 1 1	$f = a \wedge b$	
1 1 1 0	$f = a \vee b$	
1 0 1 0	$f = b$	
0 1 0 1	$f = \overline{b}$	

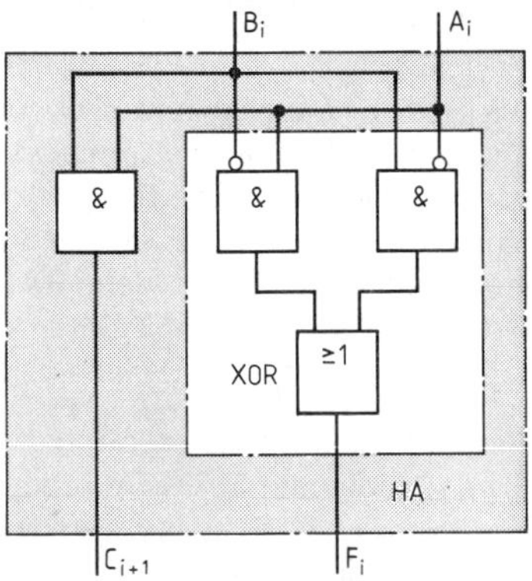

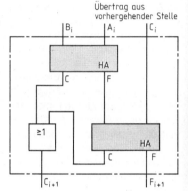

Bild 1: Halbaddierer

Für die Addition einer Dualziffer benötigt man somit eine UND-Verknüpfung und eine Exklusiv-ODER-Verknüpfung. Rechenbausteine für diese Aufgabe nennt man Halbaddierer (HA) **(Bild 1)**. Zur vollständigen Addition einer Dualziffer muß noch ein eventueller Übertrag c_i aus der nächst niederwertigeren Stelle berücksichtigt werden. Dies geschieht durch Zusammenschalten von zwei Halbaddierern und einer ODER-Verknüpfung zu einem Volladdierer (VA) **(Bild 2)**.

Beim 4-Bit-Volladdierer sind vier 1-Bit-Volladdierer in einer Kaskade zusammengeschaltet **(Bild 3)**. Die Subtraktion einer Dualzahl geschieht durch Addition des (B-1)-Komplements. Eine spezielle Subtrahierschaltung ist daher nicht erforderlich. 4-Bit-Recheneinheiten für arithmetische Operationen und logische Verknüpfungsoperationen gibt es als IC, z. B. in TTL-Technik den Rechenschaltkreis SN 74181 N **(Bild 4)**.

Der Rechenbaustein SN 74181 enthält intern 75 Schaltkreisfunktionen, womit 16 verschiedene arithmetische Operationen mit zwei vierstelligen Dualzahlen ($a_3\ a_2\ a_1\ a_0$, $b_3\ b_2\ b_1\ b_0$) durchgeführt werden können. Die einzelnen arithmetischen Operationen werden über die vier Steueranschlüsse S3 S2 S1 S0 angewählt. An den Ausgängen F3 F2 F1 F0 steht das Rechenergebnis und an C_{n+4} der zugehörige Übertrag an. Mit dem Rechenbaustein können auch 16 verschiedene logische Funktionen, wie z. B. UND, ODER, Exklusiv-ODER, ausgeführt werden. Diese Betriebsart wird über den Mode-Eingang* ($M = 1$) eingeschaltet **(Tabelle 1)**. Die Rechenfunktionen unterscheiden sich, wenn das Übertragbit c_n den Wert 1 oder 0 hat.

Der Rechenbaustein läßt sich ebenfalls zu Kaskaden zusammenschalten. Man kann durch Aneinanderschalten mehrerer 4-Bit-Rechenbausteine arithmetisch logische Einheiten für bis zu 64 bit lange Datenworte zusammenstellen. Das Übertragbit wird bei jeder Rechenoperation von einem Rechenbaustein zum nächsten übertragen (*Ripple-Carry-Prinzip***). Dadurch nimmt die Rechenzeit zu, wenn die Stellenzahl ansteigt. Für eine 4-Bit-Dualzahl beträgt z. B. die gesamte Rechenzeit 22 ns und für eine 64-Bit-Dualzahl 217 ns.

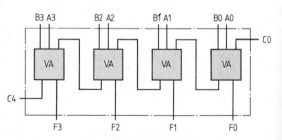

Bild 2: Volladdierer

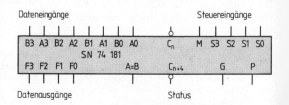

Bild 3: 4-Bit-Volladdierer

Bild 4: 4-Bit-Universalrechenbaustein

* Mode (engl.) = Betriebsart

** ripple (engl.) = rieseln, carry (engl.) = Übertrag

460

4.3.4 Leitwerk

Das Leitwerk steuert den *Arbeitsablauf* im Rechner, und zwar nach dem im Zentralspeicher stehenden Programm. Dieses besteht aus einer Folge von Befehlen für das Steuerwerk. Das Leitwerk entschlüsselt die Befehle und veranlaßt ihre Ausführung. Ein solcher Befehl kann z. B. ein Additionsbefehl sein. Es erfolgt nun vom Leitwerk zunächst eine Aufforderung an den Zentralspeicher, den Inhalt einer bestimmten Speicherzelle, also die Zahl in dieser Speicherzelle, in das Rechenwerk zu übertragen, um dort zu einer anderen Zahl hinzuaddiert zu werden.

Der Additionsbefehl muß demnach mindestens aus zwei Teilen bestehen: aus einem ersten Teil, dem *Operationsteil*, in welchem die Operation „Addieren" (ADD) verschlüsselt ist, und aus einem zweiten Teil, dem *Adreßteil*, in welchem die Speicheradresse steht, unter welcher die zu addierende Zahl im Zentralspeicher zu finden ist **(Bild 1)**.

Operationsteil	Adreßteil
Operationscode	Adresse

Bild 1: Befehlswort bei einer 1-Adreß-Maschine

Ein Befehlswort kann mehr als ein Maschinenwort umfassen und z. B. je nach Befehlsart in einer, zwei oder auch drei Speicherzellen gespeichert sein. Bei einem Rechner mit einem 64-K-Zentralspeicher ist zur direkten Adressierung ein Adreßteil von 16 Bit ($64 \cdot 2^{10} = 2^{16}$) erforderlich. Verfügt der Rechner nur über eine Maschinenwortlänge von 8 bit, dann sind für den Adreßteil zwei Maschinenworte erforderlich. Für den Operationsteil benötigt man aber auch noch ein Maschinenwort. Der Befehl erstreckt sich daher auf drei Maschinenworte. Rechner mit einem Befehlsaufbau, bei welchem nur eine Adresse im Befehlswort steht, nennt man *Ein-Adreß-Maschinen*.

Operationsteil	Adreßteil		
Operationscode	1. Adresse	2. Adresse	3. Adresse

Bild 2: Befehlswort bei einer Drei-Adreß-Maschine

Großrechenanlagen sind meist als *Drei-Adreß-Maschinen* gebaut **(Bild 2)**. Zur Durchführung einer Addition steht bei der Drei-Adreß-Maschine im Operationsteil die Verschlüsselung für den Additionsbefehl. Die erste Adresse benennt die Speicherzelle, in welcher der 1. Summand steht, die zweite Adresse benennt die Speicherzelle für den 2. Summanden und die dritte Adresse gibt an, in welche Speicherzelle das Ergebnis der Addition gebracht werden soll.

Befehlsdecoder

Im Leitwerk gibt es gemäß seiner Aufgabe Schaltungen, um den Operationsteil eines Befehls zu erkennen und den Operationscode zu entschlüsseln. Dieser Baustein heißt *Befehlsdecoder*. Ergänzt wird der Befehlsdecoder durch ein *Befehlsregister*. Bei einem Programmablauf wird ein Befehlswort nach dem anderen in das Befehlsregister übertragen und dort von dem nachgeschalteten Befehlsdecoder in Operationsteil und Adreßteil zerlegt **(Bild 3)**. Beim Entschlüsseln des Operationsteils erkennt der Befehlsdecoder, daß z. B. eine Addition im Rechenwerk auszuführen ist. Der Adreßteil wird in das Adreßregister des Speichers übertragen, um dort das Auslesen der Zahl zu veranlassen, welche im Speicher unter dieser Adresse steht.

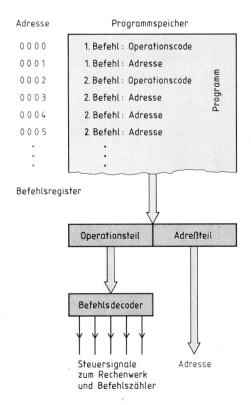

Bild 3: Befehlsdecoder

Befehlszähler

Welche Befehle aus dem Zentralspeicher abzurufen sind, wird durch den Befehlszähler (PC*) bestimmt. Der Befehlszähler ist ein Dualzähler, der bei Programmstart z. B. bei 0000 beginnt und damit den ersten Befehl des Programms in das Befehlsregister einliest. Da im gezeigten Beispiel (Bild 3 Seite 461) zu dem 1. Befehl zwei Maschinenworte gehören, wird der Befehlszähler sofort nach Ausführung des 1. Befehls um 2 erhöht, also auf 0002 gesetzt. Der 2. Befehl umfaßt in diesem Beispiel drei Maschinenworte. Somit werden auch 3 Maschinenworte in das Befehlsregister übertragen und der Befehlszähler auf die Zahl 0005 gesetzt. Der Befehlszähler wird bei den meisten Befehlen im Programmablauf um die Zahl der Maschinenworte des Befehls erhöht. In ihm steht somit immer die Programmadresse des Befehls, welcher als nächster zur Ausführung kommt.

Befehlsarten

Die Befehle teilt man nach der Art ihrer Operationen ein. Man unterscheidet hier Befehle für arithmetische Operationen, also für Rechenvorgänge, Befehle für logische Operationen, also für Schalt- und Steuervorgänge, Befehle für den Datentransport und Befehle zur Durchführung von Sprüngen im Programmablauf (Sprungbefehle).

Bei den *arithmetischen Befehlen* steht im Operationsteil verschlüsselt die Art der Operation, z. B. ADDIERE eine Konstante (ADI), und im Adreßteil steht die zu addierende Konstante.

Um den Sachverhalt der Funktion eines Befehls einfach darstellen zu können, bedient man sich einer Kurzschreibweise, eines mnemotechnischen** Codes und einer Funktionsgleichung (**Tabelle 1**, Zeile 1).

Bei logischen Operationen ist die Befehlsfunktion ähnlich. Mit ORI xx_{16} wird der Inhalt des Akkumulators mit der zweistelligen Sedezimalzahl xx bitweise durch ODER verknüpft und in den Akkumulator gebracht (Tabelle 1, Zeile 2).

Mit dem *Transportbefehl* LDA (Tabelle 1, Zeile 3) transportiert man den Inhalt der Speicherzelle, welche durch die Adresse (zwei Maschinenworte) benannt ist, zum Akkumulator.

Tabelle 1: Beispiele für Befehle eines Mikrorechners

Zeile	Mnemo-technischer Code	Binärver-schlüsselung	Funktion	Erläuterung
1	ADI xx_{16} Add immidiate Addiere direkt	1100 0110 xxxx xxxx (Adresse)	$\langle ACC \rangle + Konst. \rightarrow \langle ACC \rangle$	Die wählbare konstante Dualzahl xx_{16} wird zum Inhalt des Akkumulators hinzugezählt und ergibt den neuen Akkumulatorinhalt.
2	ORI xx_{16} OR immidiate ODER-Verknüpfung direkt	1111 0110 xxxx xxxx	$\langle ACC \rangle \lor Konst. \rightarrow \langle ACC \rangle$	Wählbare konstante Dualzahl xx_{16} wird bitweise mit dem Inhalt des Akkumulators mit ODER verknüpft und ergibt den neuen Akkumulatorinhalt.
3	LDA $xxxx_{16}$ Load accumulator Lade Akkumulator	0011 1010 xxxx xxxx xxxx xxxx	$\langle xx\ xx \rangle \rightarrow \langle ACC \rangle$	Inhalt der Speicherzelle mit der Adresse $xx\ xx_{16}$ wird zum Akkumulator transportiert.
4	JMP $xxxx_{16}$ Jump Springe	1100 0011 xxxx xxxx xxxx xxxx	$xx\ xx \rightarrow PC$	Der Befehlszähler wird mit der Adresse $xx\ xx_{16}$ geladen.
5	JC $xxxx_{16}$ Jump on Carry Springe bei Übertrag	1101 1010 xxxx xxxx xxxx xxxx	$xx\ xx \rightarrow PC$, wenn Carry-Bit = 1	Der Befehlszähler wird mit der Adresse $xx\ xx_{16}$ geladen, wenn das Carry-Bit des Rechenwerks 1 ist.
6	CALL $xxxx_{16}$ Call Rufe	1100 1101 xxxx xxxx xxxx xxxx	$xx\ xx \rightarrow PC$	Der Befehlszähler wird mit der Adresse $xx\ xx_{16}$ geladen. Die Rücksprungadresse $xx\ xx_{16} + 3$ wird gespeichert.
7	RET Return Kehre zurück	1100 1001		Die gespeicherte Rücksprungadresse wird in den Befehlszähler geladen.

---

* PC Abkürzung für **P**rogram **C**ounter (engl.) = Befehlszähler
** Mnemotechnik (griech.) = die Kunst, das Gedächtnis mit Hilfsmitteln zu unterstützen

Sprungbefehle erlauben ein Überspringen von Programmteilen oder ein Zurückspringen im Programmablauf. Damit können Programmabschnitte mehrfach durchlaufen werden. Man unterscheidet *unbedingte* Sprünge, *bedingte* Sprünge und Sprünge in ein *Unterprogramm*.

Beim unbedingten Sprung wird das Programm bei der Adresse im Zentralspeicher fortgesetzt, die im Sprungbefehl angegeben ist (Tabelle 1 Seite 462, Zeile 4), oder aber es werden soviele Speicherzellen übersprungen, wie im Sprungbefehl benannt sind (Sprung mit relativer Sprungadresse). Entsprechend der Adresse wird der Befehlszähler PC gesetzt. Die bedingten Sprungbefehle sind nur wirksam, wenn im Rechenwerk bestimmte Bedingungen erfüllt sind, z.B. wenn das Übertragbit (Carry-Bit) 1 ist. Der Befehlszähler wird mit der im Sprungbefehl genannten Adresse geladen, wenn die Bedingung (Tabelle 1 Seite 462, Zeile 5) erfüllt ist. Andernfalls wird im Programm ohne Verzweigung fortgefahren, der Befehlszähler also um 3 erhöht, da der Sprungbefehl drei Maschinenworte umfaßt.

In einem Programm ist z.B. an der Stelle 10F6 der Programmablauf **(Tabelle 1)** nach 2135 zu verzweigen, *falls* bei der vorhergehenden Rechenoperation ein Übertrag (Carry-Bit = 1) entstand. Wenn dies nicht der Fall ist, soll das Programm weitergeführt werden. Die Verzweigung erreicht man mit dem Befehl JC 2135.

> Mit bedingten Sprungbefehlen kann man ein Programm verzweigen.

Programme gliedert man in Hauptprogramme und Unterprogramme. Programmteile, die man innerhalb eines Programmablaufs wiederholt benötigt, werden als Unterprogramme geschrieben. Mit einem Unterprogrammsprungbefehl kann man das Hauptprogramm verlassen, in das Unterprogramm springen und nach dessen Bearbeitung in das Hauptprogramm zurückkehren. Es soll z.B. im Anschluß an den Befehl mit der Adresse 1004 ein Unterprogramm ab Adresse C001 bis C1A5 bearbeitet werden **(Tabelle 2)**. Nach Beendigung des Unterprogramms soll dann das Hauptprogramm fortgeführt werden. Für einen solchen Zweck kann man das Hauptprogramm mit dem Unterprogrammsprungbefehl CALL C001 verlassen. Mit diesem Befehl wird der Befehlszähler auf C001 gesetzt (Tabelle 1 Seite 462, Zeile 6) und zusätzlich die ursprüngliche Folgeadresse 1008 in einem besonderen Register gespeichert. Am Ende des Unterprogramms bewirkt der Befehl RET einen Rücksprung in das Hauptprogramm zur Adresse 1008.

Tabelle 1: Programmverzweigung

Adresse	Programm	
10F4	xxxx xxxx	
10F5	xxxx xxxx	
10F6	1101 1010	JC
10F7	0011 0101	35
10F8	0010 0001	21
10F9	xxxx xxxx	
10FA	xxxx xxxx	
2131	xxxx xxxx	
2132	xxxx xxxx	
2133	xxxx xxxx	
2134	xxxx xxxx	
2135	xxxx xxxx	
2136	xxxx xxxx	

Tabelle 2: Unterprogrammsprung

Adresse	Programm		
1001	xxxx xxxx		
1002	xxxx xxxx		
1003	xxxx xxxx		
1004	xxxx xxxx		
1005	1100 1101	CALL	Hauptprogramm
1006	0000 0001	01	
1007	1100 0000	C0	
1008	xxxx xxxx		
1009	xxxx xxxx		
100A	xxxx xxxx		
C001	xxxx xxxx		
C002	xxxx xxxx		Unterprogramm
⋮	⋮ ⋮		
C1A4	xxxx xxxx		
C1A5	1100 1001	RET	

Befehle sind in der *Befehlsliste* des Rechners zusammengestellt. Mikrorechner und Mikroprozessoren können meist mit über 100 verschiedenen Befehlen programmiert werden. Bei Großrechenanlagen ist die Zahl der Befehle geringer, dafür sind die Befehle mächtiger.

4.3.5 Eingabe-Ausgabe-Werk und Interrupt-Steuerung

Über das Eingabe-Ausgabe-Werk (EA-Werk) erfolgt der Datenaustausch zwischen der Zentraleinheit und den peripheren Geräten, z.B. einem Bildschirm. Es ist einerseits an das Bussystem der Zentraleinheit angeschlossen und andererseits an Eingabeleitungen und Ausgabeleitungen für Daten sowie an Steuerleitungen der peripheren Geräte (Bild 1 Seite 458).

Mit dem Datenbus überträgt man sowohl Eingabedaten als auch Ausgabedaten. Er arbeitet in beiden Richtungen (bidirektional*). Über den Adreßbus wird dem EA-Werk die Adresse des Geräts übermittelt, welches Daten empfangen oder liefern soll.

Die Ein-/Ausgabe von Daten geschieht dabei entweder mit Ein-/Ausgabebefehlen, z. B. INxx, OUTxx (xx Adresse des peripheren Geräts), oder über das Speicherseiten-Verfahren. Beim Speicherseiten-Verfahren verlaufen die Ein-/Ausgabe-Operationen wie Schreib-/Lese-Operationen direkt mit dem Speicher. Anstelle von Speicherplätzen werden periphere Geräte angesprochen. Ein Teil des Speicheradreßbereiches kann dann aber nicht zur Datenspeicherung verwendet werden. Ein Vorteil des Speicherseiten-Verfahrens besteht darin, daß die Dateneingabe und die Datenausgabe mit allen Befehlen, die zum Datenverkehr mit dem Arbeitsspeicher vorhanden sind, genutzt werden kann.

Das EA-Werk enthält ferner *Zwischenspeicher (Pufferspeicher)* für die Daten, da die peripheren Geräte meist nicht mit demselben Takt wie die Zentraleinheit Daten liefern und empfangen können. Meist können die peripheren Geräte Daten nur langsamer aufnehmen, als sie vom Rechner zur Verfügung gestellt werden. Die Datenübergabe an periphere Geräte erfolgt meist nicht gebunden an den Takt des Rechners.

Dem EA-Werk gehören ferner Schaltungen an, welche die Daten so bereitstellen, wie sie das periphere Gerät benötigt. Man spricht von *Schnittstellen* und unterscheidet Parallelschnittstellen, Byte-serielle-Schnittstellen** und Bit-serielle-Schnittstellen. Bei der 32-bit-Parallelschnittstelle stehen an einem 32poligen Anschluß 32 bit an, um z. B. eine 32/4 = 8stellige Ziffernanzeige zu bedienen (4 bit je Dezimalziffer). Byte-serielle-Schnittstellen enthalten acht Datenleitungen zur Übertragung eines Bytes, z. B. zur Übergabe eines alphanumerischen Zeichens an einen Drucker. Zum Drucken eines Textes wird nacheinander (seriell) ein Byte nach dem anderen übertragen. Die Bit-serielle-Schnittstelle enthält nur eine Datenleitung. Zur Darstellung des alphanumerischen Zeichens K ≅ 100 1011 wird die Bitfolge 1101001 gesendet. Hinzu kommen noch Bits für den Beginn (Startbit) und für das Ende (Stopbit) eines Zeichens und ein Prüfbit. Zur Anpassung parallel vorliegender Daten an periphere Geräte mit seriellem Datenanschluß mit unterschiedlichen Übertragungsgeschwindigkeiten und unterschiedlicher Datendarstellung und Steuersignaldarstellung gibt es einen universellen Baustein (USART***).

Der DMA-Betrieb[4*] (direkter Speicherzugriff) ermöglicht einen direkten Datenaustausch mit hoher Geschwindigkeit zwischen dem Speicher des Rechners und einem peripheren Speicher. Während des DMA-Betriebs ist der Zentralprozessor gestoppt. Ein DMA-Betrieb ist dann gerechtfertigt, wenn ganze Datenblöcke ausgetauscht werden.

Über die *Interrupt-Leitungen*[5*] können periphere Geräte auf den Programmablauf Einfluß nehmen. Trifft ein Interrupt-Signal ein, dann unterbricht das Leitwerk den Programmablauf, speichert den Inhalt des Programmzählers aber in einen Pufferspeicher und ruft das Programm auf, das vom Programmierer für den Fall des Eintreffens dieses Interrupt-Signals vorgesehen ist. Nun wird dieses vorrangige Programm ausgeführt und erst danach das ursprüngliche Programm fortgesetzt. Da gleichzeitig auf mehreren Interrupt-Leitungen Unterbrechersignale eintreffen können, haben die Interrupt-Signale einen unterschiedlichen Rang (Priorität[6*]). Der Interrupt höchster Priorität kommt stets zuerst zur Ausführung.

Wiederholungsfragen

1. Welche Funktionseinheiten enthält die Zentraleinheit?

2. Durch was sind die Funktionseinheiten miteinander verbunden?

3. Wie nennt man die Speichereinheiten des Zentralspeichers in denen je ein Maschinenwort gespeichert wird?

4. Aus welchen Teilen besteht ein Befehlswort?

5. Nennen Sie die wichtigsten Befehlsarten!

6. Mit welchem Befehl können Programmverzweigungen ausgeführt werden?

7. Wozu dienen Interrupt-Signale?

---

* bidirektional von bi (lat.) = doppel und directio (lat.) = Richtung; ** seriell (lat.) = nacheinander, in Reihe
*** USART Kurzbezeichnung für Universal-Seriell-Asynchronos-Receiver-Transmitter (engl.) = universeller serieller asynchroner Sender/Empfänger
[4*] DMA Kurzbezeichnung für Direct Memory Access (engl.) = direkter Speicherzugriff; [5*] Interrupt (engl.) = Unterbrecher
[6*] Prior (lat.) = der erste

4.4 Mikrocomputer

4.4.1 Funktionseinheiten

Ein Mikrocomputersystem **(Bild 1)** besteht wie eine EDV-Anlage aus einer Zentraleinheit (CPU), Speicher und peripheren Geräten. Die Zentraleinheit bildet der Mikroprozessor in Verbindung mit Taktgeber und Systemsteuerung. Die Verbindung mit den Speichern und den peripheren Geräten findet über ein Bussystem (Steuerleitungen) statt. Man unterscheidet Adreßbus, Datenbus und Steuerbus.

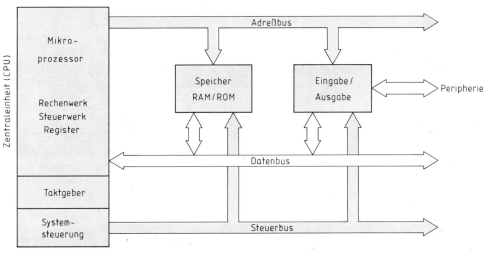

Bild 1: Funktionseinheiten eines Mikrocomputers

Die Verbindung zu den peripheren Geräten wird mit dem Bussystem über die Eingabe-/Ausgabe-Einheit hergestellt.

4.4.2 Mikroprozessor

Das Kernstück eines Mikrocomputers ist der Mikroprozessor. Er enthält verschiedene Funktionseinheiten. Als Beispiel sollen diese am Mikroprozessor 8080 erläutert werden. Weiterentwicklungen dieses Prozessors sind z. B. die Prozessoren 8085 und 8086. Sie unterscheiden sich durch kürzere Befehlsausführungszeiten (höhere Taktfrequenz) und größere Bitzahl pro Wort (16 Bit beim 8086).

> Der Mikroprozessor ist die Zentraleinheit eines Mikrocomputers.

4.4.2.1 Aufbau

Der Mikroprozessor 8080 ist ein 8-Bit-Prozessor auf *einem* Chip. Daten und Informationen werden auf einem 8-Bit-Zweiweg-Datenbus (D0 bis D7) übertragen. Adressen für Speicher und Peripheriegeräte werden über einen 16-Bit-Adreßbus (A0 bis A15) übertragen. Seine *Anschlußbelegungen* (Pin-Belegung*) der 40 Pins zeigt **Bild 2**. Er hat sechs Zeit-

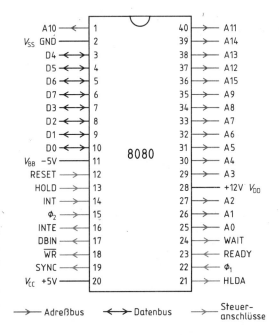

Bild 2: Pin-Belegung eines Mikroprozessors

* pin (engl.) = Stelze, Bein

465

signalausgänge und Steuerausgänge (SYNC, DBIN, WAIT, WR, HLDA, INTE) und vier Steuereingänge (READY, HOLD, INT, RESET). Dazu kommen vier Eingänge für die Spannungsversorgung ($+12$ V, $+5$ V, -5 V, GND = Masse) und zwei Takteingänge (Φ_1 und Φ_2).

Funktion der Anschlüsse

Adreßbus: 16 Anschlüsse A0 bis A15, Adressierung von $2^{16} = 65536$ Adressen möglich, nur Signalausgabe möglich (unidirektional)

Datenbus: 8 Anschlüsse D0 bis D7, Ein-/Ausgabe möglich (bidirektional)

Stromversorgung: 4 Anschlüsse (2, 11, 20, 28)

Taktversorgung: 2 Anschlüsse (15, 22)

Steueranschlüsse: Dafür sind nur noch die folgenden 10 Anschlüsse übrig. Zusätzliche Steuerfunktionen werden im Zeitmultiplexbetrieb über den Datenbus ausgeführt.

Die Abkürzungen an den Anschlüssen in Bild 2, Seite 465, haben folgende Bedeutung:

RESET: Löschen des Befehlszählerinhalts mit positivem Impuls, Start des Mikroprozessors bei Adresse 0.

HOLD: Anhalten des Prozessors bei Anlegen von 1-Signal. Adreßbus und Datenbus werden in den hochohmigen Zustand geschaltet. Nur die Peripheriegeräte können das Bussystem benützen. Dies ist z.B. erforderlich, wenn man Daten von außen direkt in den Speicher laden will unter Umgehung des Prozessors (DMA-Betrieb).

INT: **INT**errupt = Unterbrechung bedeutet, daß mit einem Signal an diesem Eingang das laufende Programm unterbrochen und das Interruptprogramm abgearbeitet wird.

INTE: **INT**errupt **E**nable bedeutet Anzeige, ob ein Interrupt möglich ist.

DBIN: **D**ata-**B**us-**IN** bedeutet Anzeige der Dauer der Dateneingabe in den Prozessor.

$\overline{\text{WR}}$: So lange $\overline{\text{WR}}$ im L-Zustand ist, gibt der Prozessor Daten an Speicher oder Peripherie aus. Verwendbar als Taktsignal für Speicher oder Peripherie.

SYNC: Mittels einer Steuerlogik wird von den Takteingangssignalen ein Synchronisationsimpuls abgeleitet, der den Anfang eines jeden Operationszyklus festlegt.

WAIT: Signal gibt an, daß sich der Prozessor in einem Wartezyklus befindet.

READY: Signal gibt an, daß auf dem Datenbus Speicherdaten oder Eingabedaten zum Einlesen in den Prozessor bereitstehen.

Φ_1, Φ_2: Takteingänge

Damit der Prozessor als komplette Zentraleinheit arbeiten kann, benötigt er noch zwei weitere integrierte Schaltungen, den Taktgeber und die Systemsteuerung **(Bild 1)**. Die Abkürzungen haben dabei folgende Bedeutung:

INTA: **INT**errupt **A**cknowledge = Quittung für Interruptversuch. Das Signal erscheint auf der Datenbus-Bitleitung D0. Es wird vom Prozessor nach erkanntem Interrupt gesendet. Es wird auch dazu verwendet, einen RESTART-Befehl auf den Datenbus zu leiten, wenn DBIN aktiv wird.

$\overline{\text{WO}}$: Dieses Signal erscheint auf D1. Es zeigt an, daß der Prozessor im gegenwärtigen Operationszyklus entweder einen Speicherschreibzyklus ausführt oder eine Datenausgabe erfolgt.

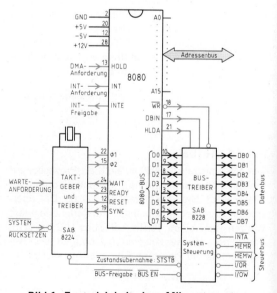

Bild 1: Zentraleinheit eines Mikrocomputers

STACK: Dieses Signal zeigt an, daß auf dem Adreßbus die Adresse des Stapelzeigers liegt. Das Signal erscheint auf D2.

HLTA: **HaLT A**cknowledge erscheint auf D3 und zeigt an, daß ein Halt-Befehl ausgeführt wird.

OUT: Signal erscheint auf D4. Der Prozessor gibt Daten an ein Peripheriegerät aus. Dazu liegt auf dem Adreßbus die Adresse eines Ausgabekanals. Der Datenbus erhält die Ausgabedaten, sobald WR aktiv wird.

M1: Signal erscheint auf D5. Es zeigt an, daß der Prozessor in einem Abrufzyklus zum Einholen des ersten Befehls-Bytes ist.

INP: Eingabe. Signal erscheint auf D6 und zeigt an, daß auf dem Adreßbus die Adresse des Eingabegerätes liegt. Die Eingabedaten werden auf den Datenbus gegeben, sobald DBIN aktiv wird.

MEMR: **MEM**ory **R**ead (Speicher lesen). Über D7 wird angezeigt, daß der Datenbus Daten aus dem Speicher liest.

4.4.2.2 Arbeitsweise

Der Mikroprozessor 8080 enthält verschiedene Funktionseinheiten **(Bild 1)**.

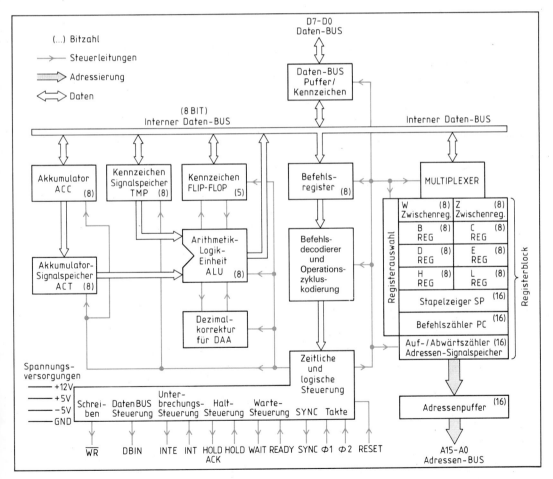

Bild 1: Übersichtsschaltplan des Mikroprozessors 8080

Rechenwerk

Das Rechenwerk verarbeitet 8-Bit-Worte parallel in der ALU im Zusammenwirken mit dem 8-Bit-Akkumulator-Register (ACC), dem 8-Bit-Zwischenspeicher-Akkumulator (ACT), dem 5-Bit-Zustandsregister *(Flagregister)* und dem 8-Bit-Zwischenregister. In der ALU werden *arithmetische Operationen*, nämlich Addieren, Subtrahieren, Inkrementieren (1 Addieren), Dekrementieren (1 Subtrahieren), ferner *logische Operationen* (UND-Verknüpfung, ODER-Verknüpfung, XOR-Verknüpfung, Komplementierung) und *Schiebeoperationen* (Schieben nach rechts bzw. links um eine Stelle) durchgeführt.

> In der ALU werden arithmetische Operationen, logische Operationen und Schiebeoperationen durchgeführt.

Die Dezimalkorrektur-Logik dient zur Durchführung der dezimalen Addition im BCD-Code.

Registerblock und Adressierlogik

Der *Registerblock* (Bild 1 Seite 467) enthält als Registerauswahl sechs 16-Bit-Register, und zwar den Befehlszähler PC (**P**rogram **C**ounter), Stapelzeiger SP (**S**tack-**P**ointer), die Registerpaare B, D und H sowie das Zwischenspeicher-Registerpaar W, Z. Der *Befehlszähler* PC ist ein 16-Bit-Register, das die Adresse des im Programm als nächsten abzuarbeitenden Befehl enthält. Bei jedem Befehlsabruf zählt der PC automatisch weiter. Mit 16 Bit Wortbreite kann man $2^{16} = 65536$ Speicherplätze adressieren. Der *Stapelzeiger* SP gibt die nächste Adresse der im Stapelspeicher aufbewahrten Adressen der Registerinhalte an. Er wird heruntergezählt, wenn Daten in den Stapelspeicher eingeschrieben werden, und heraufgezählt, wenn dem Stapel Daten entnommen werden. Der Stapelspeicher wird z. B. bei Unterprogrammen benützt.

Die *Mehrzweckregisterpaare* B, D und H **(Bild 1)** können auch als Einzelregister B, C, D, E, H und L benützt werden. Das Registerpaar H kann außerdem zur Adressierung einer beliebigen Speicherstelle mit dem Inhalt M verwendet werden. Befehle mit dem Operanden M besagen, daß seine Adresse im Registerpaar H steht. Das Akkumulator-Register und das Flagregister wird auch als Registerpaar PSW (**P**rogram **S**tatus **W**ord) verwendet.

Das *Flagregister* enthält 5 Flags mit je 1 Bit. Sie speichern gewisse Zustandsformen des Prozessors ab. Die Abkürzungen kommen von den englischen Bezeichnungen der Flags her: S = Sign (Vorzeichen), Z = Zero (Null), AC = = Auxiliary Carry (Hilfscarry), P = Parity (Gleichheit), CY = = Carry (Übertrag). Das Registerpaar W, Z wird nur intern verwendet und steht für Programme nicht zur Verfügung.

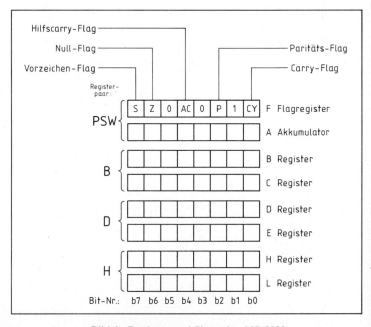

Bild 1: Register und Flags des MP 8080

Der *Multiplexer* (Bild 1 Seite 467) überträgt 8-Bit-Datenworte zwischen dem internen Datenbus und der Registermatrix.

Der *Adressen-Signalspeicher* empfängt Daten von einem der drei Registerpaare und steuert die 16-Bit-Adressenpuffer A0 bis A15 sowie den Auf-/Abwärtszähler. Der Auf-/Abwärtszähler erhält Daten vom Adressen-Signalspeicher und überträgt sie zur Registermatrix. Die 16-Bit-Daten können heraufgezählt oder heruntergezählt oder zwischen den Registerpaaren übertragen werden.

Steuerwerk

Das Steuerwerk besteht aus *Befehlsregister* und *Steuerlogik* (Bild 1 Seite 467). Bei einem Programmablauf wird das erste Byte eines Befehls vom internen Datenbus zum Befehlsregister übertragen. Dann wird der Inhalt mit Hilfe des *Befehlsdecoders* entschlüsselt. Der Decoder liefert seinerseits Steuersignale für Registermatrix, ALU und Datenpuffer. Außerdem gehen die Ausgangssignale des Befehlsdecoders und die externen Signale an die Steuerlogik des Systems. Diese liefert entsprechende Zustandssignale und Zykluszeitsignale.

4.4.3 Software

Mikrocomputer werden wie EDV-Anlagen programmiert. Als Programmiersprachen verwendet man meist maschinennahe Sprachen, sogenannte Assemblersprachen. Die Schreibweise der Befehle als mnemonische Ausdrücke ist bei den einzelnen Prozessortypen zwar verschieden, die Befehlsstruktur dagegen ist fast gleich. Leider sind z. B. für den Prozessor 8080 geschriebene Programme nicht für einen 6502-Prozessor verwendbar. Das Programm muß umgeschrieben werden.

Befehlssatz

Die Mikroprozessoren 8080 und 8080A haben einen Befehlssatz von 244 Befehlen, der 8085 hat 246 Befehle. Man unterscheidet Datentransportbefehle, arithmetische Befehle, logische Befehle, Sprungbefehle, Sonderbefehle und Pseudobefehle. Meist verwendet man nur etwa 30 dieser Befehle **(Tabelle 2 Seite 470).**

Datentransportbefehle. Diese Befehle werden zur Datenübertragung zwischen Akkumulator, Registern, RAM-Speicher und E-/A-Geräten verwendet. Befehle: MOV, MVI, LDA, STA, STAX, LDAX (Auswahl).

Arithmetische Befehle. Mit den arithmetischen Befehlen können Registerinhalte und Speicherinhalte addiert, subtrahiert, inkrementiert und dekrementiert werden. Befehle: ADD, SUB, ADI, SUI, INR, DCR, INX, DCX (Auswahl).

Logische Befehle. Logische Befehle erlauben eine UND-, ODER-, und XOR-Verknüpfung von Registerinhalten und Speicherinhalten. Befehle: ANA, ANI, ORA, ORI, XRA, XRI, CMP, CPI (Auswahl).

Sprungbefehle. Bedingte und unbedingte Sprungbefehle erlauben Programmverzweigungen. Dazu gehören noch die entsprechenden Rücksprungbefehle. Befehle: JMP, JC, JZ, JNZ, CALL, CZ, CNZ, RST, RET (Auswahl).

Sonderbefehle. Dies sind z. B. Befehle zum Setzen von Unterbrechungsmarken, Löschen und Setzen von Zustandsbits und für Schiebeoperationen. Befehle: EI, DI, NOP, HLT, RLC, RRC, RAL, CMC (Auswahl).

Pseudobefehle. Zur Programmerstellung und Durchführung sind Pseudobefehle erforderlich. So weist z. B. der Befehl ORG einem Quellenprogramm die Startadresse zu. ORG 0400H bedeutet, daß das Programm bei der hexadezimalen Adresse 0400 beginnt. Das hinter der Zahl angehängte H bedeutet hexadezimal.

Der Pseudobefehl EQU erlaubt es, einem symbolischen Namen einen hexadezimalen Wert zuzuweisen. MAX EQU 0480H bedeutet, daß dem symbolischen Namen MAX der Wert 0480H zugewiesen wird.

Befehlsformate

Man unterscheidet 1-Byte-Befehle, 2-Byte-Befehle und 3-Byte-Befehle.

1-Byte-Befehle. Bei diesen Befehlen sind alle Informationen im Befehlscode enthalten. Der Befehl MOV A, B (Code 01111000) bedeutet, daß der Inhalt des Quellregisters B in das Zielregister A (Akkumulator) übertragen wird.

2-Byte-Befehle. Im zweiten Byte steht entweder der Operand oder eine E-/A-Adresse. Der Befehl MVI B, 04H (Code 1. Byte: 00000110, 2. Byte: 00000100) bedeutet, daß die Hexadezimalzahl 04 in das Zielregister B übertragen wird.

3-Byte-Befehle. Im zweiten und dritten Byte steht eine (vierstellige) Adresse. Der Befehl STA 0480H bedeutet: Der Inhalt des ACC wird in Adresse 0480H gespeichert. Im zweiten Byte steht die rechte Adressenhälfte 80, im dritten Byte die linke Adressenhälfte 04.

Adressierungsarten

Man unterscheidet direkte Adressierung, direkte Register-Adressierung, indirekte Register-Adressierung und unmittelbare Adressierung **(Tabelle 1)**.

Tabelle 1: Adressierungsarten				
Adressierungs-art	Adresse	Maschinen-code hexadezimal	Mnemo	Wirkungsweise des Befehls
Direkt	0420 0421 0422	3A 50 04	LDA 0450H	⟨Adresse 0450⟩ → ACC niederwertiges Adreßbyte höherwertiges Adreßbyte
Direkt Register	0430	78	MOV A, B	⟨B⟩ → ACC
Indirekt Register	0440	46	MOV B, M	Inhalt der Adresse im H, L-Register → B; M = memory
Unmittelbar (immediate)	0450 0451	0E 48	MVI C, 48H	48H → C
	0460 0461 0462	01 80 04	LXI B, 0480H	80H → C, 04H → B Konstante Konstante

⟨...⟩ sprich: Inhalt von ...; 48H = Hexadezimalzahl 48

Wesentliche Befehle

In Tabelle 2 sind die am meisten verwendeten Befehle der Assemblersprache des Mikroprozessors 8080 in alphabetischer Reihenfolge aufgelistet.

Damit ein Assemblerübersetzer (kurz Assembler genannt) das in mnemonischen Ausdrücken geschriebene Programm in die Maschinensprache (dargestellt durch Dualzahlen) umwandeln kann, sind z. B. bei Wertzuweisungen bestimmte Schreibweisen (Syntaxregeln) vorgeschrieben **(Tabelle 1, Seite 471)**. Werden diese Regeln bei Erstellung des Quellprogramms nicht genau eingehalten, so gibt der Assembler nach der Assemblierung in der fehlerhaften Programmzeile eine Syntax-Fehlermeldung aus (Abschnitt 4.4.4).

Tabelle 2: Befehle des 8080-Mikroprozessors (Auswahl)	
Befehl	Bedeutung
ADC, ACI	ADD WITH CARRY (Addiere mit Übertrag)
ADD, ADI	ADD (Addiere)
ANA, ANI	LOGICAL AND (Bilde logisches UND)
CALL	CALL SUBROUTINE (Rufe Unterprogramm auf)
CMP, CPI	COMPARE (Vergleiche)
DCR	DECREMENT (Dekrementiere)
IN	INPUT (Eingabe)
INR	INCREMENT (Inkrementiere)
INX	INCREMENT 16 BIT (Inkrementiere 16-Bit-Wort)
JC	JUMP IF CARRY (Springe bei gesetztem Übertragsbit)
JMP	JUMP (Springe)
JNC	JUMP IF NO CARRY (Springe, wenn Übertrag gelöscht)
JNZ	JUMP IF NO ZERO (Springe, wenn nicht Null)
JZ	JUMP IF ZERO (Springe, wenn Null)
LDA	LOAD ACCUMULATOR (Lade Akkumulator)
LXI	LOAD 16 BIT (Lade Inhalt 16-Bit-Wort)
MOV	MOVE (Übertrage, Kopiere)
MVI	MOVE IMMEDIATE (Übertrage unmittelbar)
OUT	OUTPUT (Ausgabe)
RAL	ROTATE WITH CARRY LEFT (Verschiebe mit Übertrag nach links)
RAR	ROTATE WITH CARRY RIGHT (Verschiebe mit Übertrag nach rechts)
RET	RETURN FROM SUBROUTINE (Kehre vom Unterprogramm zurück)
STA	STORE ACCUMULATOR (Speichere Akkumulator)
SUB	SUBTRACT (Subtrahieren)

Wiederholungsfragen

1. Welche Bussysteme gibt es bei Mikrocomputern?
2. Welche Funktion hat der Mikroprozessor?
3. Wieviel Leitungen hat der Adreßbus?
4. Welche Register enthält der Mikroprozessor 8080?
5. Welche Aufgabe hat die ALU?
6. Welche Adressierungsarten unterscheidet man beim Mikroprozessor 8080?
7. Welche Bedeutung hat der Anschluß INT?
8. Erläutern Sie den Befehl JNC!

Tabelle 1: Wertzuweisungen

Wertzuweisung	Befehl
Hexadezimal	MVI M, 24H
Dezimal	MVI M, 36 oder MVI M, 36D
Binär	MVI M, 00100100B
ASCII-Konstante	MVI M, '$'
Name	MAX EQU 24H oder MAX EQU 36 MVI M, MAX = MVI M, 36

Bei allen Beispielen ist der Maschinencode gleich:
1. Byte 00110110, 2. Byte 00100100

4.4.4 Programmerstellung

Bei der Programmerstellung analysiert man die zu lösende Aufgabe zunächst genau. Man erstellt dazu einen Plan, der den Ablauf eines Programms in entsprechenden symbolischen Darstellungen enthält, den *Programmablaufplan*. Das Schreiben des Programms wird entsprechend der Vorgabe durch den Programmablaufplan vorgenommen. Dabei sind bei den verschiedenen Assemblersprachen sprachenabhängige Regeln einzuhalten. Zunächst erstellt der Programmierer das *Quellprogramm*. Dies ist die Befehlsfolge, geschrieben in mnemonischen Befehlen. Eine Kommentierung eines Befehls geschieht hinter demselben in derselben Zeile. Zur Trennung von Befehl und Kommentar dient z. B. ein Strichpunkt (Semicolon ;). Insgesamt besteht ein Quellprogramm aus Namensspalte, Befehlsspalte und Spalte für den Kommentar. Steht zur Programmerstellung *kein* Entwicklungssystem (Kapitel 4.4.6) zur Verfügung, so muß der Programmierer die Adresseneinteilung und die Übersetzung der mnemonischen Befehle in die Maschinensprache selbst vornehmen. Die Übersetzung in die Maschinensprache kann man mit Hilfe der Befehlsliste des Prozessors vornehmen. Ein Entwicklungssystem mit Assembler macht diese Handarbeit überflüssig.

Zum Erlernen des Programmierens von Mikrocomputern gibt es eine Vielzahl von Mikrocomputer-Lehrsystemen. Die folgenden Beispiele sind auf einem derartigen Gerät ablauffähig. Verwendung findet die Assembler-Programmiersprache des Mikroprozessors 8080/8085. Das Lehrsystem hat z. B. je acht Eingabe-

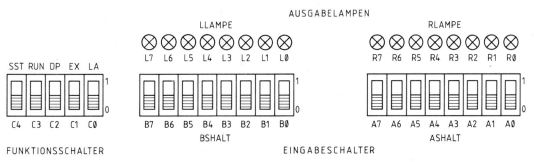

Bild 1: Tastatur und Display eines Mikrocomputer-Lehrsystems

schalter A und B **(Bild 1)**, je acht als binäre Ausgabe verwendete LED (RLAMPE, LLAMPE) und fünf Funktionsschalter C0 bis C4. Auf dem Gerät können in der Maschinensprache des 8080-Prozessors geschriebene Programme ablaufen. Die Eingabe der Befehle im hexadezimalen Maschinencode erfolgt über die als ASHALT bezeichneten Schalter und den Schalter C2 in die über ASHALT und C0 eingegebene Startadresse in aufsteigender Adressenfolge. Mit Schalter C1 können die Adresseninhalte geprüft werden. C3 ist der Startschalter. Schalter C4 erlaubt die schrittweise Abarbeitung eines Programms (SST = single step*).

* single step (engl.) = einzelner Schritt

Tabelle 1: Befehlsliste MP8080

Mnemotechnischer Code	Hexadezimaler Code	Zahl der Taktzyklen	Mnemotechnischer Code	Hexadezimaler Code	Zahl der Taktzyklen
MOV A, B	78	5	INX H	23	5
MOV B, A	47	5	DCR A	3D	5
MOV A, M	7E	7	DCR C	ØD	5
MVI A, D8*	3E	7	DCX B	ØB	5
MVI C, D8	ØE	7	ORA C	B1	4
LDA Adr**	3A	13	JNZ Adr	C2	10
STA Adr	32	13	PUSH PSW	F5	11
LXI B, D16***	Ø1	10	PUSH B	C5	11
LXI H, D16	21	10	POP B	C1	10
IN D8	DB	10	POP PSW	F1	10
OUT D8	D3	10	CALL Adr	CD	17
ADD B	80	4	NOP	ØØ	4
ADD M	86	7	RET	C9	10
INR A	3C	5	HLT	76	7

* D8 = 8 bit Datengröße (Konstante, logisch/arithmetischer Ausdruck); ** Adr = 16 bit Adresse;
*** D16 = 16 bit Datengröße (Konstante, logisch/arithmetischer Ausdruck, Adresse)

Beispiel 1: In der Speicherzelle mit der Adresse 0420H und dem symbolischen Namen AZ1 steht die Zahl Z1 = 08H. Zu dieser Zahl soll die an den A-Schaltern eingestellte Zahl Z2 = 06H addiert werden. Das Ergebnis ERG soll zunächst an der linken Lampenreihe angezeigt und anschließend unter der Adresse 0421H gespeichert werden.

a) Entwerfen Sie einen Programmablaufplan!

b) Schreiben Sie das Quellprogramm (Programmname ADZ2)!

c) Übersetzen Sie mit Hilfe einer Befehlsliste **(Tabelle 1)** das Quellprogramm in ein Objektprogramm! Startadresse sei 0400H; die codierten Befehle und die Adressen sind als Hexadezimalzahlen angegeben.

Lösung: a) Der Programmablaufplan **(Bild 1)** gibt die Reihenfolge des Programms in genormten Symbolen an. An Hand des Programmablaufplans wird das Quellprogramm entwickelt.

b) Quellprogramm:

NAME	BEFEHL	KOMMENTAR
ADZ2:	IN ASHALT	;Z2 einlesen
	MOV B,A	;Z2 → Reg. B
	LDA 0420H	;Z1 → ACC
	ADD B	;Addition ⟨B⟩ + ⟨ACC⟩ → ⟨ACC⟩
	OUT LLAMPE	;Ergebnis → linke Lampen
	STA 0421H	;Speicherung Ergebnis unter Adresse 0421
	HLT	;Halt

Bild 1

c) Der Assembler erstellt aus dem Quellprogramm das Objektprogramm. Dabei werden die symbolischen Befehle in den Maschinencode übersetzt und den entsprechenden Adressen zugewiesen. Damit das Programm unabhängig von im Befehl angegebenen Adressen wird, kann man diesen symbolischen Namen mit Hilfe der Anweisung EQU zuordnen. Die Anweisung ORG bewirkt bei einem Assembler-Übersetzer die automatische Berechnung der zu den Befehlen gehörenden Adressen.

ADRESSE	CODE	NAME	BEFEHL	KOMMENTAR
			ORG 0400H	;Zuweisung der Startadresse
		AZ1	EQU 0420H	;Adresse 0420H erhält Adreßnamen AZ1
		ERG	EQU 0421H	;Adresse 0421H erhält Adreßnamen ERG
		LLAMPE	EQU 02H	;Zuweisung für Ausgabe an LLAMPE
		ASHALT	EQU 02H	;Zuweisung für Eingabe über A-Schalter
0400	DB02	ADZ2:	IN ASHALT	;Z2 einlesen
0402	47		MOV B,A	;Z2 → Reg. B
0403	3A2004		LDA AZ1	;Z1 → ACC
0406	80		ADD B	;Addition
0007	D302		OUT LLAMPE	;Ausgabe Ergebnis
0409	322104		STA ERG	;Speicherung Ergebnis
040C	76		HLT	
			END	;Ende-Anweisung

Nach erfolgtem Laden des Programms wird im Lehrsystem mit Hilfe des Schalters LA (LOAD ADRESS) die Startadresse 0400H eingestellt und durch Betätigung des Schalters C3 (RUN) das Programm gestartet. An den Ausgabelampen LLAMPE erscheint das Ergebnis 00001110 ≙ 0EH.

Beispiel 2: Die Additionsaufgabe von Beispiel 1 soll erweitert werden. Die zu addierenden Zahlen sind im Speicher ab der Adresse ADZA1 in aufsteigender Reihenfolge abgelegt. Zur ersten Zahl soll die nächstfolgende Zahl addiert, anschließend zum Ergebnis die nächste Zahl addiert werden. Dieser Vorgang soll sich so lange wiederholen, bis die Zahlen von 10 aufeinander folgenden Speicherplätzen addiert sind. Das Endergebnis ist unter der Adresse ERG abzulegen und in LLAMPE anzuzeigen. Es soll indirekte Adressierung verwendet werden. a) Entwerfen Sie einen Programmablaufplan! b) Schreiben Sie das Quellprogramm, Programmname ADSPZ! c) Das Objektprogramm beginnt bei Adresse 0400H, ADZA1 entspricht Adresse 0430H, ERG entspricht Adresse 0440H. Übersetzen Sie das Quellprogramm!

Lösung: a) **Bild 1**

b)

NAME	BEFEHL	KOMMENTAR
NAME	ADSPZ	
INP:	LXI H,ADZA1	;Adresse 1. Zahl → H,L
	MVI C,0AH	;Setzen Schleifenzähler SZ
	MOV A,M	;1. Zahl → ACC
ADZ:	INX H	;Adr. folgende Zahl → H,L
	ADD M	;Addition
	DCR C	;SZ erniedrigen
	JNZ ADZ	;Schleife wiederholen ;bis ⟨SZ⟩ = 0
	STA ERG	;Ergebnis speichern
	OUT LLAMPE	;Ergebnis ausgeben
	HLT	

c) Für das Objektprogramm müssen zunächst die symbolischen Namen durch die Anweisung EQU definiert werden, ebenso der Programmbeginn durch die Anweisung ORG.

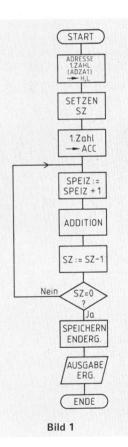

Bild 1

ADRESSE	CODE	NAME	BEFEHL	KOMMENTAR
		NAME ADSPZ		
		ORG 0400H		;Zuweisung Startadresse
		ADZA1 EQU 0430H		;Zuweisung Adresse 1. Zahl
		ERG EQU 0440H		;Zuweisung Ergebnisadresse
		LLAMPE EQU 02H		;Zuweisung Code LLAMPE
0400	213004	INP:	LXI H, ADZA1	;Adresse 1. Zahl → H,L
0403	0E0A		MVI C, 0AH	;Setzen SZ
0405	7E		MOV A, M	;1. Zahl → ACC
0406	23	ADZ:	INX H	;Adr. 2. Zahl → H,L
0407	86		ADD M	;
0408	0D		DCR C	;SZ erniedrigen um 1
0409	C20604		JNZ ADZ	;Schleife wiederholen bis ⟨SZ⟩ = 0
040C	324004		STA ERG	;Ergebnis speichern
040F	D302		OUT LLAMPE	;Ergebnis ausgeben
0411	76		HLT	
			END	;Ende-Anweisung

Vor Ausführung des Programms müssen die zu addierenden Zahlen in den zehn aufeinander folgenden Adressen ab Adresse 4DZA1 = 0430H geladen werden. Beim verwendeten Lehrsystem geschieht dies mit den Schaltern LA (Einstellung der Adresse), A-Schalter (Einstellung der zu ladenden Zahl) und DP (Speicherung in Adresse). **Bild 1** zeigt das mit Hilfe eines Entwicklungssystems übersetzte Quellenprogramm.

Programme, die man immer wieder benötigt, schreibt man als Unterprogramme. Durch einen CALL-Befehl kann man dieselben aufrufen und in das laufende Programm einbauen. Ein CALL-Befehl in einem Programm bewirkt, daß in einem definierten Speicher, dem Stack (Stapelspeicher), die Rücksprungadresse gespeichert wird.

```
ASM80 ADSPZ.SRC

ISIS-II 8080/8085 MACRO ASSEMBLER, V3.0        ADSPZ     PAGE     1

 LOC  OBJ          LINE      SOURCE STATEMENT

                    1                          NAME ADSPZ
 0400               2                          ORG 0400H
 0430               3                          ADZA1 EQU 0430H
 0440               4                          ERG EQU 0440H
 0002               5                          LLAMPE EQU 02H
                    6
                    7
 0400 213004        8          INP:    LXI H, ADZA1    ;ADRESSE 1. ZAHL NACH H,L
 0403 0E0A          9                  MVI C, 0AH      ;SETZEN SZ AUF 10
 0405 7E           10                  MOV A, M        ;1. ZAHL NACH ACC
 0406 23           11          ADZ:    INX H           ;ADRESSE 2. ZAHL NACH H,L
 0407 86           12                  ADD M           ;
 0408 0D           13                  DCR C           ;SZ ERNIEDRIGEN
 0409 C20604       14                  JNZ ADZ         ;SCHLEIFE WIEDERHOLEN BIS ⟨SZ⟩=0
 040C 324004       15                  STA ERG         ;ERGEBNIS SPEICHERN
 040F D302         16                  OUT LLAMPE      ;ERGEBNIS AUSGEBEN
 0411 76           17                  HLT             ;
                   18                  END             ;ENDEANWEISUNG

PUBLIC SYMBOLS

EXTERNAL SYMBOLS

USER SYMBOLS
ADZ    A 0406    ADZA1  A 0430    ERG    A 0440    INP    A 0400    LLAMPE A 0002

ASSEMBLY COMPLETE,   NO ERRORS
```

Bild 1: Mit Entwicklungssystem erstelltes Objektprogramm von Beispiel 2

Werden im Unterprogramm gleiche Register wie im Hauptprogramm verwendet, so muß man prüfen, ob deren Inhalte aus dem Hauptprogramm nach Abarbeitung des Unterprogramms wieder benötigt werden. Ist dies der Fall, so rettet man die Registerinhalte vor Ablauf des Unterprogramms in den Stack. Dies geschieht durch entsprechende PUSH-Befehle am Anfang des Unterprogramms. Das Rückschreiben der alten Inhalte der Register erfolgt nach dem Abarbeiten des Unterprogramms durch entsprechende POP-Befehle.

Bei Hauptprogrammen, die Unterprogramme verwenden, muß zu Programmbeginn der Stackpointer (Stapelzeiger) geladen werden.

Der Stackpointer zeigt bei der Initialisierung auf die oberste Stackadresse. Man legt sie meist in den obersten Adressbereich des RAM-Speichers.

Vielfach benötigte Unterprogramme sind Zeitschleifen. Zur Erstellung von Zeitschleifen gibt es verschiedene Programmiermöglichkeiten. Eine häufig verwendete Methode ist die Programmierung mit Registerpaarzählung.

Beispiel 3: Es soll eine Zeitschleife für 10 ms programmiert werden. Das Programm soll so gestaltet werden, daß es als Unterprogramm aufrufbar ist. Der Systemtakt des verwendeten Lehrsystems beträgt 984 600 Hz. Dies entspricht einer Zykluszeit $T \approx 1,0156$ µs. Das Programm soll nach der Methode Registerpaarzählung entwickelt werden.

a) Entwerfen Sie einen Programmablaufplan! b) Berechnen Sie die Zahl der Zyklen für $t = 10$ ms! c) Erstellen Sie die Programmstruktur, und ermitteln Sie die Schleifenzahl! d) Schreiben Sie das Quellprogramm!

Lösung: a) **Bild 1**

b) Zyklenzahl $Z = t/T = 10$ ms$/1,0156$ µs = **9846**

c) Grobstruktur des Programms: Die Zahl der Zyklen pro Befehl für den 8080 entnimmt man der Befehlsliste (Tabelle 1, Seite 472).

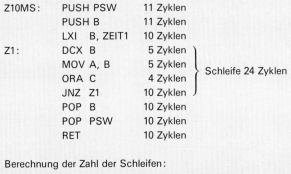
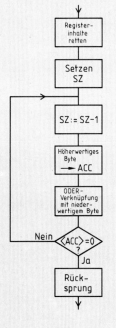

Z10MS:	PUSH PSW	11 Zyklen
	PUSH B	11 Zyklen
	LXI B, ZEIT1	10 Zyklen
Z1:	DCX B	5 Zyklen
	MOV A, B	5 Zyklen
	ORA C	4 Zyklen
	JNZ Z1	10 Zyklen
	POP B	10 Zyklen
	POP PSW	10 Zyklen
	RET	10 Zyklen

Schleife 24 Zyklen (DCX B, MOV A, B, ORA C, JNZ Z1)

Berechnung der Zahl der Schleifen:

Gesamtzahl der Zyklen: 9846 Zyklen	9846 Zyklen	
Davon ab PUSH, LXI, POP, RET:	− 62 Zyklen	
Schleifenzyklen:	9784 Zyklen	
407 · 24 Zyklen (407 Schleifen):	−9768 Zyklen	
Rest:	16 Zyklen	
4 NOP-Befehle	− 16 Zyklen	
Zyklusfehler ZF:	Ø Zyklen	

Der Schleifenwert für Register B als Schleifenzähler ist also 407 = Ø197H, d. h. ZEIT1 EQU Ø197H

d) Quellprogramm: Für 10 ms wird der Schleifenzähler auf Ø197H gesetzt.

Bild 1: Zeitschleife

NAME	BEFEHL	KOMMENTAR
ZEIT1	EQU 0197H	
Z10MS:	PUSH PSW	;Akkuinhalt und Flagzustände retten
	PUSH B	;⟨B⟩ retten
	LXI B, ZEIT1:	;Laden Schleifenzahl
Z1:	DCX B	;Registerpaar B dekrementieren
	MOV A, B	;⟨B⟩ → ACC
	ORA C	;⟨B⟩ ∨ ⟨C⟩
	JNZ Z1	;Schleife
	NOP	;Füllbefehle, No Operation
	NOP	
	NOP	
	NOP	
	POP B	;Rückladen Registerinhalte
	POP PSW	
	RET	;Rücksprung ins Hauptprogramm
	END	

Wird dieses Quellprogramm übersetzt in ein Objektprogramm mit Startadresse 04B0H, so nimmt es den Adressbereich von 04B0H bis 04C1H in Anspruch.

Für die Programmierung längerer Zeitschleifen, z. B. 1 s, verwendet man das 10-ms-Programm als Unterprogramm. Eine Zeitschleife für 1 s, Programmname Z1SEC, benötigt den Adreßbereich von z. B. 0490H bis 04A8H (Bild 1).

LOC	OBJ	LINE	SOURCE STATEMENT	
		1		NAME Z1SEC
0490		2		ORG 0490H
		3		
0063		4	ZEIT2 EQU 63H	;ENTSPRICHT 99D
0113		5	ZEIT3 EQU 0113H	;ENTSPRICHT 275D
04B0		6	Z10MS EQU 04B0H	;ANFANGSADRESSE UNTERPROGRAMM
		7		
0490	F5	8	Z1SEC:	PUSH PSW
0491	C5	9		PUSH B	;SICHERN DER REGISTER IM STACK
		10		
0492	3E63	11		MVI A, ZEIT2	;SCHLEIFENZAHL LADEN
		12		
0494	CDB004	13	Z2:	CALL Z10MS	;AUFRUF UNTERPROGRAMM
0497	3D	14		DCR A	
0498	C29404	15		JNZ Z2	;SCHLEIFE
		16		
049B	011301	17		LXI B, ZEIT3	;SCHLEIFENZAHL ZWEITE SCHLEIFE
		18		
049E	0B	19	Z3:	DCX B	
049F	78	20		MOV A, B	
04A0	B1	21		ORA C	
04A1	C29E04	22		JNZ Z3	;SCHLEIFE
		23		
04A4	3C	24		INR A	;FUELLBEFEHL
04A5	00	25		NOP	;FUELLBEFEHL
		26		
04A6	C1	27	Z4:	POP B	
04A7	F1	28		POP PSW	
04A8	C9	29		RET	;RUECKLADEN UND RUECKSPRUNG
		30		END

Bild 1: Zeitschleife für 1 Sekunde

Beispiel 4: Eine Ampelanlage für eine Hauptstraße und eine Nebenstraße arbeitet nach dem Impulsdiagramm **Bild 1, Seite 477.** Als Ausgabeport wird RLAMPE des Lehrsystems gewählt. Der Einfachheit halber wird für jede Straße nur eine Lampenreihe Rot-Gelb-Grün ausgegeben (Bild 1 Seite 477). Die auszugebenden Datenwörter ergeben sich aus der Zuordnung der Ampeln H1 (Hauptstraße) und N1 (Nebenstraße) zu RLAMPE. Damit eine Übersetzung in ein Objektprogramm möglich ist, sollen die Zuordnungen der symbolischen Namen wie folgt angegeben werden: ORG 0400H, Z10MS EQU 04B0H, Z1SEC EQU 0490H, RLAMPE EQU 01H, SPOINT EQU 04FEH. Schreiben Sie das Quellprogramm!

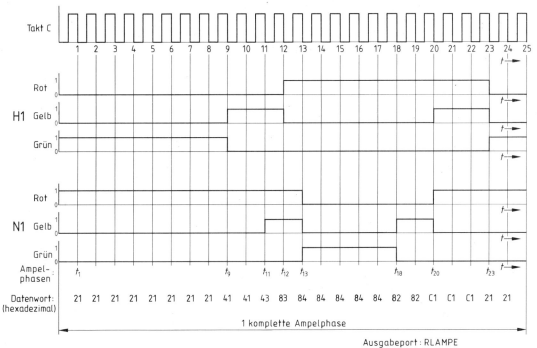

Bild 1: Impulsdiagramm einer Ampelanlage

NAME	BEFEHL	KOMMENTAR
	NAME AMPL1	
	ORG 0400H	
	Z10MS EQU 04B0H	;Zuweisung 10 ms-Schleife innerhalb 1 s-Schleife
	Z1SEC EQU 0490H	;Zuweisung 1 s-Schleife
	RLAMPE EQU 01H	
	SPOINT EQU 04FEH	;Zuweisung Stackpointer
AMPL1:	LXI SP, SPOINT	;Initialisierung Stackpointer
AMP:	MVI C, 0BH	;Zähler auf 11 setzen
AMP1:	MVI A, 21H	;H1 grün, N1 rot; t_{23} bis t_9
	OUT RLAMPE	;Ausgabe an RLAMPE
	CALL Z1SEC	;Unterprogramm Zeitschleife
	DCR C	;SZ erniedrigen
	JNZ AMP1	;⟨C⟩ = 0?
	MVI C, 02H	;Zähler
AMP2:	MVI A, 41H	;H1 gelb, N1 rot; t_9
	OUT RLAMPE	;
	CALL Z1SEC	;
	DCR C	;
	JNZ AMP2	;
AMP3:	MVI A, 43H	;H1 gelb, N1 gelb; t_{12}
	OUT RLAMPE	;
	CALL Z1SEC	;

```
AMP4:       MVI  A, 83H          ;H1 rot, N1 rot+gelb; $t_{12}$
            OUT  RLAMPE          ;
            CALL Z1SEC           ;

            MVI  C, 05H          ;Zähler
AMP5:       MVI  A, 84H          ;H1 rot, N1 grün; $t_{13}$ bis $t_{17}$
            OUT  RLAMPE          ;
            CALL Z1SEC           ;
            DCR  C               ;
            JNZ  AMP5            ;

            MVI  C, 02H          ;Zähler
AMP6:       MVI  A, 82H          ;H1 rot, N1 gelb; $t_{18}+t_{19}$
            OUT  RLAMPE          ;
            CALL Z1SEC           ;
            DCR  C               ;
            JNZ  AMP6            ;

            MVI  C, 03H          ;Zähler
AMP7:       MVI  A, 0C1H         ;H1 rot+gelb, N1 rot; $t_{20}$ bis $t_{22}$
            OUT  RLAMPE          ;
            CALL Z1SEC           ;
            DCR  C               ;
            JNZ  AMP7            ;
            JMP  AMP             ;Nächste Ampelphase
            END
```

4.4.5 Entwicklungssysteme

Programme für Mikrocomputer werden meist mit Hilfe von *Entwicklungssystemen* erstellt. Ein Entwicklungssystem besteht aus einem Gerät mit Bildschirm und Tastatur. Im Gerät befindet sich ein Mikrocomputer, der die Aufbereitung von Textzeilen, die Übersetzung des Programms, das Zusammenfügen (Binden) von Programmmodulen und das Zuweisen von endgültigen Adressen (Locate) sowie den Datenverkehr mit Disketten ermöglicht. Meist besitzt ein solches Entwicklungssystem mehrere Diskettenlaufwerke und zur Ausgabe einen Drucker. Zum Testen des entwickelten Programms dient ein ETA (**E**mulations-**T**est-**A**dapter), der den Ablauf des Programms unter Echtzeitbedingungen, gesteuert vom Entwicklungssystem, erlaubt. Ein Programmiergerät UPM (**U**niversal **P**ROM **M**apper) ermöglicht die Übertragung eines getesteten Maschinencodes in einen programmierbaren Speicherbaustein.

Ablauf der Programmentwicklung

Die Aufgabenstellung wird in einem *Pflichtenheft* formuliert. Die Entwicklung der Programmteile erfolgt über die Tastatur mit Hilfe eines speziellen *Bedienerprogramms*, dem EDITOR **(Bild 1 Seite 479)**. Dieser erlaubt die Entwicklung des Programms am Bildschirm mit allen Möglichkeiten der Änderung, z. B. Einfügen von Befehlen, Korrektur falscher Befehle, Umsetzung ganzer Programmabschnitte. Ist das geschriebene Programm nach Meinung des Programmierers in Ordnung, so wird es mit Hilfe des *Assembler-Übersetzers* in die Maschinensprache übersetzt. Auftretende Fehler werden gemeldet und können durch erneuten Editoraufruf korrigiert werden. Bei der Assemblierung wird vom Assembler ein Listprogramm (Bild 1 Seite 479) und ein Objektprogramm erstellt. Das Listprogramm erlaubt eine Kontrolle des Programms, z. B. auf *Syntaxfehler* (Fehler in der Assemblersprache). Das Objektprogramm kann mit Hilfe des Betriebsprogramms „Binder" (LINK)* mit den benützten Bibliotheksprogrammen (z. B. Unterprogramme) zu einem gebundenen *Objektprogramm* zusammengestellt werden. Ebenso können mehrere Objektprogramme zu einem gebundenen Objektprogramm „gelinkt" werden. Da dieses Programm meist bei Adresse 0 beginnt, wird es durch das Betriebsprogramm LOCATE lauffähig gemacht. Dazu werden dem Programm endgültige Adressen zugewiesen und z. B. die Sprungadressen entsprechend neu berechnet. Die Aufbewahrung erfolgt auf einer Diskette.

* to link (engl.) = binden

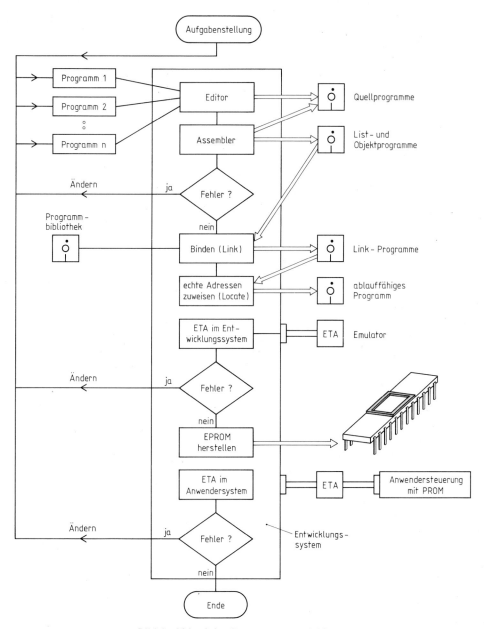

Bild 1: Ablauf der Programmentwicklung

In der sich anschließenden Testphase wird das Programm mit Hilfe des ETA erprobt. Der ETA erlaubt es, das mit den echten Adressen versehene Maschinenprogramm in den Arbeitsspeicher des Entwicklungssystems zu laden und von dort aus ablaufen zu lassen.

Wiederholungsfragen

1. Welche Programme schreibt man als Unterprogramme?
2. Wie werden Unterprogramme aufgerufen?
3. Wie übersetzt man ein Quellprogramm in ein Objektprogramm?
4. Woher erhält man die Datenwörter bei einer Ampelsteuerung?
5. Wie erfolgt die Programmentwicklung mit Hilfe eines Entwicklungssystems?
6. Welche Aufgabe hat der ETA?

479

4.5 Speicher

4.5.1 Zentralspeicher

Zentralspeicher sind meist Halbleiterspeicher. Es gibt davon verschiedene Ausführungsarten **(Bild 1)**.

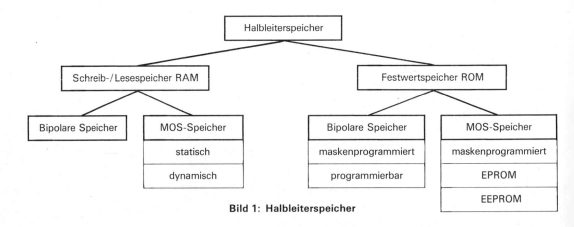

Bild 1: Halbleiterspeicher

4.5.1.1 Schreib-Lese-Speicher (RAM)

Schreib-Lese-Speicher sind Speicher mit *wahlfreiem Zugriff*, d.h. Daten oder Programme können über eine Adresse beliebig oft eingeschrieben und wieder ausgelesen werden. Die verwendeten Halbleiterspeicher werden als bipolare Speicher oder als MOS-Speicher ausgeführt.

Arbeitsweise

Schreib-Lese-Speicher sind entweder wortorganisiert oder bitorganisiert.

Wortorganisierte Schreib-Lese-Speicher (Bild 2) haben eine in Wortleitungen und Bitleitungen eingeteilte *Speichermatrix**. Die Ansteuerung für die Adressen der Zeilen (row**) erfolgt über Wortdecoder, die Bitleitungen (Spaltenleitungen, column***) werden über Bitdecoder an die Eingabe-/Ausgabe-Schaltung geschaltet.

> Bei wortorganisierten Speichern kann nur ein ganzes Wort, bestehend aus mehreren Bit, angesteuert werden.

Die Zahl der Adresseneingänge ist gleich der Summe aus den *dualen Logarithmen* der Zahl der Zeilen und Spalten. So hat z.B. ein 1024-bit-Speicher $x = 32$ Zeilen und $y = 32$ Spalten. Die Zahl der Adresseneingänge beträgt also $\log_2 x + \log_2 y = \log_2 32 + \log_2 32 = 5 + 5 = 10$.

* Matrix: Anordnung von Elementen in Spalten und Zeilen
** row (engl.) = Zeile
*** column (engl.) = Spalte

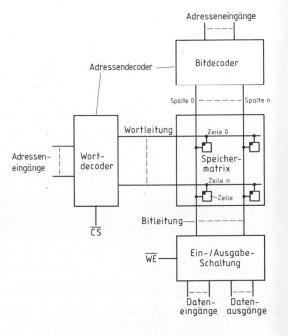

Bild 2: Wortorganisierter Speicher

Die Eingabe-/Ausgabe-Schaltungen stellen die Verbindung zwischen den externen Schaltungen und der Speichermatrix her. Beim Schreiben liefert die Eingangsschaltung die entsprechenden Pegel zum Setzen der Speicherelemente der von den Wortleitungen angewählten Zeile über die Bitleitungen. Beim Lesen liefert die Ausgangsschaltung die über die Bitleitungen ausgelesenen Werte der Speicherelemente in für die angeschlossenen Schaltungen entsprechenden Pegeln. Der Eingang $\overline{WE}$ (**W**rite **E**nable*) dient zur Steuerung der Eingabe-/Ausgabe-Schaltung (Bild 2 Seite 480) für „Schreiben" oder „Lesen". So kann z. B. das Signal mit dem Wert 0 an diesem Eingang Schreibbetrieb bedeuten. Bei großer Zahl von Speicher-

elementen einer Matrix wären viele Wortleitungen und Bitleitungen erforderlich. Man organisiert deshalb größere Speicher aus mehreren Bausteinen gleicher Größe. Über einen Steuerbefehl am Eingang $\overline{CS}$ (Chip Select**) kann der Adreß-decoder abgeschaltet werden (Bild 2 Seite 480), so daß weder gelesen noch geschrieben werden kann. Soll die entsprechende Matrix angesteuert werden, so wird der Baustein über das $\overline{CS}$-Signal aktiviert. Eine praktische Ausführung eines Speicherbausteins ist z. B. das TTL-RAM SN7489 (**Bild 1**). Es ist ein Schreib-Lese-Speicher mit $16 \cdot 4$ bit $= 64$ bit. Der Adressendecoder hat 16 UND-Glieder mit je 4 Eingängen. Diese werden durch die vier Eingänge A0 bis A3 adressiert. Die Dateneingabe erfolgt über die Dateneingänge D0 bis D3 über UND-Glieder und Schreibver-stärker an den Bitleitungen. Die Datenausgabe erfolgt über Lese-verstärker mit *Tri-State-Ausgän-*

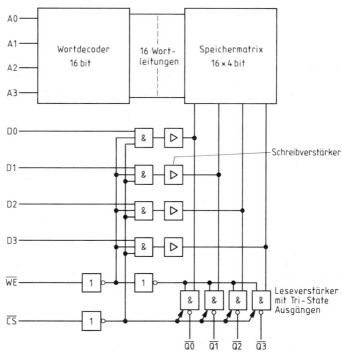

Bild 1: Speicherbaustein SN7489

gen. Über ein Signal mit dem Wert 0 am Eingang $\overline{WE}$ liegt Schreibbetrieb vor, über ein Signal mit dem Wert 1 an WE Lesebetrieb. Der Baustein sperrt, wenn am $\overline{CS}$-Eingang ein Signal mit dem Wert 1 anliegt.

Bitorganisierte Speicher haben eine Speichermatrix, in der jedes einzelne Speicherelement über seine X-Adresse und Y-Adresse aufgerufen werden kann. Als Speicherelemente werden z. B. bipolare Speicher-elemente mit Vielfach-Emitter-Transistoren verwendet.

Speicherelemente

Die Speicherelemente (Speicherzellen) übernehmen die Speicherung der binären Einheit 1 bit innerhalb einer Speichermatrix. Speicherelemente, die die Information 1 bit in einem Flipflop speichern, heißen *statische Speicherelemente*. Speicherelemente, die 1 bit über integrierte Kapazitäten speichern, heißen *dynamische Speicherelemente*.

Statische Speicher enthalten Flipflop als Speicherelemente. Dynamische Speicher enthalten Kapazitäten als Speicherelemente.

Statische Speicherelemente benötigen im Gegensatz zu dynamischen Speicherelementen keinen Auf-frischzyklus zur Erhaltung ihrer binären Information. Bei dynamischen Speicherelementen ist dieser erforderlich, da sich durch Entladung der Kapazitäten nicht eindeutige Signalzustände ergeben können.

* write enable (engl.) = Schreibfreigabe; ** chip select (engl.) = Bausteinauswahl

Statische Speicherelemente werden in bipolarer Technik (TTL, ECL), NMOS-Technik oder CMOS-Technik ausgeführt.

Bipolare Speicher mit *Vielfach-Emitter-Transistoren* **(Bild 1)** enthalten als Speicherelement zwei zu einem Flipflop geschaltete Vielfach-Emitter-Transistoren. Die Emitter x und y dienen beim bitorganisierten Speicher zur Adressierung der Zelle, der dritte Emitter wird zum Schreiben oder Lesen benötigt. Bei einem wortorganisierten Speicher mit bipolaren Speicherelementen sind nur zwei Emitter erforderlich. Der Emitter für die Y-Adresse entfällt.

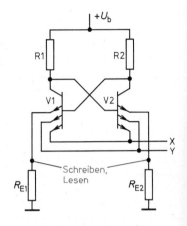

Ist z. B. V1 durchgeschaltet (Bild 1), so wird V2 gesperrt. Über R_{E1} fließt ein Strom, der einen Spannungsabfall an R_{E1} verursacht. An R_{E2} dagegen fällt keine Spannung ab. Wird jetzt an V2 ein Emitter an 0 V gelegt, so schaltet V2 durch, da seine Basis an positiver Spannung liegt. Damit liegt aber auch am Kollektor von V2 die Spannung 0 V, d. h. V1 wird gesperrt. Bei durchgeschaltetem Transistor V1 ist 0 gespeichert, bei durchgeschaltetem Transistor V2 dagegen 1.

Die Widerstände R_{E1} und R_{E2} werden bei den Speicherschaltungen durch die Schreibverstärker bzw. Leseverstärker gebildet. Dabei wird z. B. V1 vom Schreibverstärker und Leseverstärker für 0, V2 vom Schreibverstärker und Leseverstärker für 1 angesteuert. Die Schreib-/Leseverstärker sind umschaltbar auf die einzelnen Speicherelemente.

Bild 1:
Bipolares Speicherelement
(bitorganisierter Speicher)

Zum Schreiben von 1 werden die x-Leitung und die y-Leitung gleichzeitig an positive Spannung gelegt. Der Schreibverstärker für 1 liegt ebenfalls an positiver Spannung und legt den dritten Emitter von V2 an 0 V. Das Flipflop kippt in Stellung 1 an V2. Ist V2 bereits durchgeschaltet, so ändert sich seine Lage nicht. Beim Lesen sind beide Schreibverstärkereingänge an 0 V gelegt. Hat V2 ein Signal mit dem Wert 1 gespeichert, so wird der Leseverstärker durchgesteuert, und 1 wird ausgelesen.

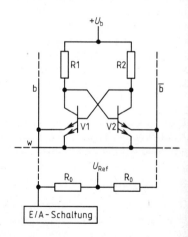

Bei einem statischen Speicherelement für einen wortorganisierten Speicher **(Bild 2)** treten an die Stelle der Adressenleitungen der bitorganisierten Speicherzelle die Wortleitung w und die beiden Bitleitungen b und $\overline{b}$. Im Speicherbetrieb arbeitet dieses Speicherelement durch Anlegen einer niedrigen Spannung an die Wortleitung wie die bitorganisierten Speicherelemente. Es ist also immer ein Transistor durchgeschaltet, der andere gesperrt. Bei bipolaren Speicherelementen fließt auch im Speicherzustand immer ein Strom. Deshalb ist die Verlustleistung hoch.

Bipolare Speicher haben kleine Zugriffszeiten, aber großen Leistungsbedarf.

Bild 2:
Bipolares Speicherelement
(wortorganisierter Speicher)

Beim Lesen eines wortorganisierten Speicherelementes (Bild 2) wird die Wortleitung vom Wortdecoder auf eine Spannung in der Größenordnung von $+U_b$ gelegt. Falls z. B. V1 gesperrt war, wechselt der Strom von V2 auf den Emitter, der mit $\overline{b}$ verbunden ist. Der Strom in $\overline{b}$ bewirkt am rechten Widerstand R_0 eine hohe Spannung, die die Ausgangsschaltung erkennt, z. B. als Signal mit dem Wert 0. Wird die Wortleitung wieder auf niedrige Spannung gelegt, so fließt in V2 wieder in dem Emitter Strom, der mit w verbunden ist.

Dasselbe gilt entsprechend, wenn V2 durchgeschaltet ist. Das Lesen eines Speicherelementes erfolgt also zerstörungsfrei (NDRO*).

Beim Schreiben erfolgt die Auswahl des Speicherelementes wie beim Lesen. Die Eingabeschaltung legt z. B. b auf eine höhere Spannung als U_{Ref}, dann wird 1 eingeschrieben, bei niedrigerer Spannung als U_{Ref} wird 0 eingeschrieben.

Statische Speicherelemente in ECL-Technik mit Emitterkopplung **(Bild 1)** arbeiten beim Lesen und Schreiben wie die wortorganisierten Speicherelemente. Je ein Emitter der beiden Transistoren ist über eine Konstantstromquelle mit der negativen Betriebsspannung verbunden, wobei der Strom vom Emitter des jeweils leitenden Transistors kommt. Die Transistoren werden aber nicht in der Sättigung betrieben und können deshalb sehr schnell umgesteuert werden.

Statische Speicherelemente in ECL-Technik haben Zugriffszeiten unter 10 ns.

Während des reinen Speicherbetriebes liegt die Wortleitung an negativer Spannung, so daß die Verlustleistung gering bleibt. Bei Auswahl des Speicherelementes steigt die Verlustleistung stark an, weil die Wortleitung an positiver Spannung liegt.

MOS-Speicher bestehen meist aus Anreicherungs-IG-FET mit N-Kanal **(Bild 2)**, bei CMOS-Technik auch mit P-Kanal **(Bild 3)**.

Statische MOS-Speicher bestehen aus Transistor-Flipflop-Speicherelementen.

Bei dem Speicherelement Bild 2 bilden die Transistoren V1 und V2 das Speicherflipflop, V3 und V4 dienen als Arbeitswiderstände, V5 und V6 sind Steuertransistoren.

Bei durchgeschaltetem Transistor V1 liegt etwa 0 V (entsprechend Signal mit dem Wert 0) am Gate von V2 und sperrt diesen selbstsperrenden FET. Wird die Wortleitung w an positive Spannung gelegt (entsprechend Signal mit dem Wert 1), so schalten V5 und V6 auf die Bitleitungen b und $\bar{b}$ durch. Zum Schreiben werden also zunächst V5 und V6 über w angesteuert. Das Setzen des Flipflop erfolgt anschließend über die Bitleitungen, die entgegengesetzte Signale führen müssen. Liegt z. B. 0 V an b, so liegt diese Spannung über V5 am Gate von V2. War V2 vorher leitend, so wird er jetzt gesperrt. Bei gesperrtem V2 ändert sich am Schaltzustand nichts.

Zum Lesen werden die Leseverstärker beider Bitleitungen hochohmig an U_b geschaltet, so daß sie nicht mehr entgegengesetzte Signale führen. Wenn nun V5 und V6 über ein Signal mit dem Wert 1

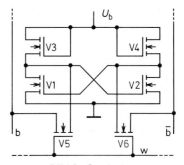

Bild 1:
Speicherelement in ECL-Technik

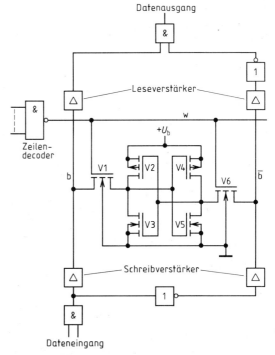

Bild 2: Statisches
MOS-Speicherelement

Bild 3: CMOS-Speicherelement

---

* NDRO (engl.) = Abkürzung für **N**on **D**estructive **R**ead **O**ut
= zerstörungsfreies Lesen

(Spannung) an der Wortleitung w leitend werden, dann liegt die Bitleitung desjenigen Transistors an 0 V (Signal 0) dessen Drainanschluß 0 V führt. Die Bitleitungen ermöglichen also eine eindeutige Aussage über den Signalzustand des Flipflop.

Statische MOS-Speicherelemente in CMOS-Technik bestehen meist aus 6 Transistoren, nämlich vier N-Kanal-MOSFET und zwei P-Kanal-MOSFET (Bild 3, Seite 483).

Die Ansteuerung einer Speicherzeile erfolgt wieder über den *Adressendecoder*. Das Speicherflipflop besteht aus den beiden Invertern V2V3 und V4V5, wobei je ein P-Kanal-MOSFET und N-Kanal-MOSFET einen Inverter bilden. Das Schreiben und Lesen der Information geschieht zerstörungsfrei über die Transistoren V1 und V6. Die Wirkungsweise ist dieselbe wie bei statischen MOS-Speicherelementen. CMOS-Speicherelemente sind unempfindlich gegen Schwankungen der Betriebsspannung. Sie arbeiten in einem Spannungsbereich von $+2$ V bis $+12$ V einwandfrei.

Das Eingangssignal gelangt über den Schreibverstärker an die Bitleitung b und gelangt invertiert an die Bitleitung $\overline{b}$. Bei einem Signal mit dem Wert 0 am Eingang hat b ein Signal mit dem Wert 1, $\overline{b}$ hat ein Signal mit dem Wert 0. Die Leseverstärker sind ebenfalls invertiert. Das UND-Glied am Datenausgang faßt die Schreib-Lese-Leitungen zusammen. Bei gespeichertem Signal mit dem Wert 1 haben beide Eingänge des UND-Gliedes ein Signal mit dem Wert 1, am Ausgang liegt also ein Signal mit dem Wert 1 an. Bei gespeichertem Signal mit dem Wert 0 haben beide Eingänge ein Signal mit dem Wert 0 und am Ausgang liegt ein Signal mit dem Wert 0 an.

CMOS-Speicherelemente haben einen kleinen Leistungsverbrauch und kurze Zugriffszeiten.

Dynamische MOS-Speicher (DRAM) haben als Speicherelement z. B. drei Transistoren **(Bild 1)**, wobei die Gatekapazität von V1 zur Speicherung der Information verwendet wird.

Bei der Schaltung Bild 1 mit IG-FET des N-Kanal-Typs speichert die Zelle ein Signal mit dem Wert 1, wenn die Gatekapazität so weit aufgeladen ist, daß V1 leitet. Ein Signal mit dem Wert 0 wird gespeichert, wenn V1 gesperrt ist.

Zum Schreiben von einem Signal mit dem Wert 1 wird an den Dateneingang eine positive Spannung gelegt, gleichzeitig an die Schreibauswahlleitung. V3 ist leitend, und die Gatekapazität von V1 lädt sich positiv auf. Anschließend wird die Schreibauswahlleitung wieder auf Masse gelegt. V3 ist dann gesperrt, und das Signal mit dem Wert 1 bleibt gespeichert.

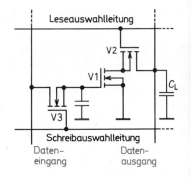

Bild 1: Dynamisches MOS-Speicherelement

Zum Lesen wird zunächst die Leitungskapazität C_L der Ausgangsleitung positiv aufgeladen. Anschließend wird die Leseauswahlleitung an positive Spannung gelegt, so daß V2 leitet. Ist V1 ebenfalls leitend, so entlädt sich die Leitungskapazität des Datenausgangs über V2 und V1 gegen Masse. Ist V1 gesperrt, so bleibt die Ladung erhalten. Die Sperrung oder Durchschaltung von V1 bestimmt aber die abgespeicherte Information in der Gatekapazität. Nach Ansteuerung der Leseauswahlleitung hat bei gespeicherter 1 der Datenausgang 0 V, bei gespeicherter 0 dagegen positive Spannung.

Da sich die Gatekapazität auch nach kurzer Zeit entlädt, muß alle 2 ms ein Auffrischzyklus erfolgen. Dieser ist ein vereinfachter Lese-/Schreibzyklus. Die Zykluszeit für einen Lese-/Schreibvorgang beträgt wegen der großen Kapazitäten der Feldeffekttransistoren und der Zeit für den Auffrischzyklus 300 ns bis 600 ns.

Dynamische MOS-Speicher mit 3-Transistor-Speicherelementen haben kleine Verlustleistungen, große Integrationsdichte, aber große Zykluszeiten.

Wesentlich höhere Integrationsdichten erreicht man mit dynamischen 1-Transistor-Speicherelementen. Ein 1-Transistor-Speicherelement **(Bild 1 Seite 485)** besteht aus einem N-Kanal-MOSFET mit einem kleinen Kondensator zwischen Transistor und Masse (Substrat). Die Information ist darin als Kondensatorladung gespeichert. Durch die Wortleitung wird das Speicherelement angewählt. Ist eine 1 im Kondensator gespeichert, erscheint auf der Datenleitung eine Spannung, die der Leseverstärker erkennt und H-Pegel, entsprechend Signal mit dem Wert 1, am Datenausgang ausgibt. Enthält der Kondensator keine oder nur geringe Ladung, so tritt auf der Datenleitung keine oder nur eine sehr kleine Spannung auf. Der Leseverstärker liefert dann ein Signal mit dem Wert 0 am Datenausgang. Zur eindeutigen Signalerkennung

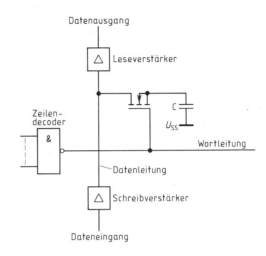

sind bei einem Speicher mit 1-Transistor-Speicherelementen noch *Bewerteverstärker* zur Bewertung der Kondensatorladung vorhanden. Außerdem sind noch Referenzelemente erforderlich, die vor der Abfrage auf eine hohe Spannung über einen Ladegenerator aufgeladen werden. Beim Einschreiben wird der Kondensator bei einem Signal mit dem Wert 1 aufgeladen, bei einem Signal mit dem Wert 0 entladen. Die Ladung bzw. Entladung geschieht durch den Schreibverstärker.

Nachteilig ist, daß die Information beim Lesen zerstört wird. Bei jedem Lesezyklus werden daher alle Speicherelemente der angewählten Zeile sofort nach dem Lesen aufgefrischt, d. h. in den ursprünglichen Zustand gebracht. Da sich die Kondensatoren der nicht angewählten Zeilen über Leckströme entladen, müssen auch diese durch einen *Refresh-Zyklus** wieder aufgeladen werden. Der Refresh-Zyklus muß mindestens alle 2 ms erfolgen.

Bild 1: 1-Transistor-Speicherelement

1-Transistor-Speicherelemente erlauben sehr hohe Integrationsdichten. Ihre Information muß aber laufend durch einen Refresh-Zyklus aufgefrischt werden.

Der dynamische Speicher 4116 **(Bild 2)** hat eine Speicherorganisation von $16384 \cdot 1$ bit. Seine Zugriffszeit liegt zwischen 150 ns und 200 ns. Die Speichermatrix hat 128 Zeilen und 128 Spalten. Zur Selektion einer Zeile sind also 14 Adressen erforderlich, die über sieben Adresseneingänge zu je sieben im Multiplexverfahren eingegeben werden. Das Zeitablaufdiagramm **Bild 3** zeigt den Lesezyklus, Schreibzyklus und Refresh-Zyklus. Der Lesezyklus beginnt mit der Auswahl der Zeile

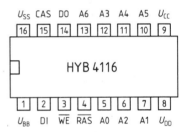

Bild 2: Dynamischer Speicherbaustein mit 16 KB

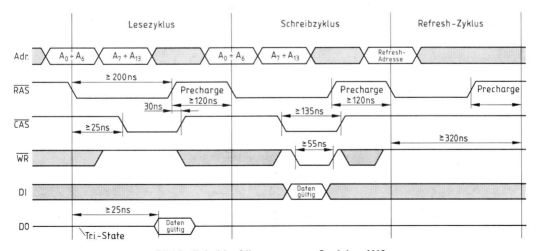

Bild 3: Zeitablaufdiagramm von Speicher 4116

* refresh (engl.) = wiederauffrischen

485

über die Adressen A0 bis A6. Der Inhalt der Zeile wird in den 128 bit breiten Leseverstärker mit der fallenden Flanke des RAS-Signals* übernommen. Anschließend wird das gewünschte Bit durch Anlegen der höherwertigen Adreßbit A7 bis A13 (Spaltenadresse) mit fallender Flanke des CAS-Signals** aus den im Leseverstärker vorhandenen 128 bit ausgewählt. Mit dem 7 bit breiten Adreßbus läßt sich also eines der 16384 Speicherelemente auswählen. Durch das CAS-Signal wird auch der Ausgangsverstärker aktiviert, und die Daten liegen anschließend am DO-Ausgang (Datenausgang). Beim Schreibzyklus liegen die Daten am DI-Eingang (Dateneingang), und werden mit fallender Flanke des WR-Signals (Schreibsignal) in analoger Weise wie beim Lesen in den Speicher übernommen. Der Inhalt der ausgewählten Zeile wird mit der steigenden Flanke des RAS-Signals aus dem Leseverstärker wieder in die Zeile eingeschrieben. Dazu ist die sog. Precharge-Zeit*** (Bild 3 Seite 485) erforderlich, während der der Speicher gesperrt ist. Der Refresh-Zyklus aller übrigen Zeilen wird gesondert durchgeführt. Dies kann z. B. über einen Zeitgeber erfolgen, der den Prozessor über einen Halt-Befehl unterbricht, die Auffrischung aller 128 Zeilen einleitet und dann den Ablauf wieder freigibt. Gerasterte Zeitabschnitte (Bild 3 Seite 485) bedeuten, daß der Baustein auf das Eingangssignal nicht reagiert. Hochohmige Ausgänge (DO) sind durch Linien auf halber Signalhöhe dargestellt.

Wiederholungsfragen

1. Welche Ausführungsarten von Halbleiterspeichern gibt es?
2. Wie ist ein wortorganisierter Speicher aufgebaut?
3. Wodurch unterscheiden sich statische Speicher von dynamischen Speichern?
4. Welche Besonderheit haben dynamische Speicher?

5. Welche Eigenschaften haben bipolare Speicher?
6. Wie arbeitet ein 1-Transistor-Speicherelement?
7. In welchen Techniken werden bipolare Speicherelemente hergestellt?
8. Welchen Vorteil haben 1-Transistor-Speicherelemente?

4.5.1.2 Festwertspeicher mit wahlfreiem Zugriff (ROM)

Festwertspeicher (ROM) enthalten nach ihrer Fertigstellung einen nicht mehr veränderbaren Inhalt. Sie sind Informationsspeicher ohne Schreibbetrieb. Ihre Speicherelemente sind nur Koppelelemente, die an den Kreuzungspunkten einer Speichermatrix eine Verbindung zwischen Wortleitung (Zeilenleitung) und Bitleitung (Datenleitung) herstellen oder nicht herstellen (Bild 1).

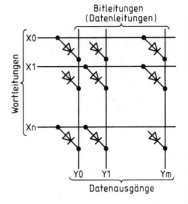

Arbeitsweise

Festwertspeicher haben wie Schreib-Lese-Speicher *wahlfreien Zugriff* zu den Speicherelementen. Sie sind wortorganisiert. Die Organisationsform eines Festwertspeichers entspricht Bild 2 Seite 480, jedoch ohne Eingabeschaltungen. Dafür haben manche Bauarten eine Programmierlogik zur Selbstprogrammierung durch den Anwender. Nach ihrem Aufbau unterscheidet man maskenprogrammierbare und programmierbare Festwertspeicher.

Maskenprogrammierbare Festwertspeicher werden im Herstellerwerk nach einer *Maske* programmiert und dem Anwender ausgeliefert. Dieses Verfahren ist wirtschaftlich, wenn große Stückzahlen gefertigt werden können. Programmierbare Festwertspeicher werden dem Anwender unprogrammiert geliefert und von diesem mit Hilfe eines *Programmiergerätes* selbst programmiert. Festwertspeicher gibt es als bipolare Speicher und MOS-Speicher.

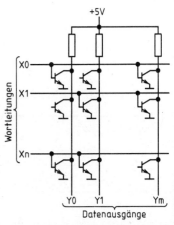

Bild 1: Maskenprogrammierbare bipolare Festwertspeicher

* RAS Abk. für Row Address Strobe (engl.) = Zeilenadressimpulse
** CAS Abk. für Column Address Select (engl.) = Spaltenadresseauswahl
*** precharge (engl.) = wiederaufladen

Maskenprogrammierbare bipolare Festwertspeicher

Diese Speicher bestehen z. B. aus einer Diodenmatrix oder Transistormatrix (Bild 1, Seite 486). Bei der Maskenprogrammierung werden anhand der Maske durch gezielte hohe Ströme z. B. die Anodenanschlüsse oder die Basisanschlüsse unterbrochen. Bei Anlegen einer Spannung an die ausgewählte Wortleitung fließt dann nur zu den Bitleitungen Strom, die noch eine leitende Verbindung zur Wortleitung haben. So ist z. B. die Signalwertigkeit 0, wenn die Verbindung unterbrochen ist, und 1, wenn sie vorhanden ist. Maskenprogrammierte bipolare Festwertspeicher werden wegen ihres hohen Leistungsbedarfs kaum mehr angewendet.

Programmierbare bipolare Festwertspeicher (PROM*)

Diese Speicher enthalten Dioden in integrierter Form (Bild 1), deren Anoden über einen Sicherungsdraht (fusable link**) mit den Bitleitungen verbunden sind. An die Stelle der Dioden können auch integrierte bipolare Multi-Emitter-Transistoren treten, deren Emitter über den Sicherungsdraht mit den Bitleitungen verbunden sind.

Das Sicherungselement ist ein 0,02 mm dicker NiCr-Draht, der beim Programmieren abgeschmolzen wird. Die Verbindung zwischen Y0 und X1 wird z. B. unterbrochen, indem man an Y0 die positive Betriebsspannung und die Zeilenleitung an Masse legt.

Maskenprogrammierbare MOS-Festwertspeicher

Diese Speicher (Bild 2) bestehen aus einer Matrix, in der entweder eine Verbindung zwischen Wortleitung und Bitleitung über einen Transistor vorhanden ist oder kein Transistor vorhanden ist. Die Auswahl eines Speicherelementes erfolgt durch Anlegen eines Signals mit dem Wert 1 an die Wortleitung, an allen anderen Wortleitungen liegen Signale mit dem Wert 0. Ist im Speicherelement ein MOS-Transistor vorhanden, so leitet dieser und zieht die Datenleitung auf 0-Pegel. Ist im Speicherelement kein Transistor, so fließt kein Strom und die Datenleitung behält Signal mit dem Wert 1. Das Datenleitungssignal wird durch Ausgangsverstärker verstärkt dem Datenausgang zugeführt.

Maskenprogrammierte MOS-Festwertspeicher erlauben große Speicherkapazitäten je Baustein.

Programmierbare MOS-Festwertspeicher

Derartige Speicher sind mehrfach programmierbare Festwertspeicher (REPROM***), d. h. man kann durch einen Löschvorgang den ursprünglichen Zustand vor der Programmierung wiederherstellen. Das Löschen kann dabei durch Bestrahlung mit UV-Strahlung oder durch elektrische Impulse erfolgen. Diese Speicher eignen sich besonders gut für die Entwicklung elektronischer Geräte und für kleine Serien.

* PROM Kunstwort aus **P**rogrammable **ROM** (engl.) = programmierbarer Lesespeicher
** fusable link (engl.) = Schmelzeinsatz
*** REPROM Kunstwort aus **REP**rogrammable **ROM** (engl.) = löschbarer programmierbarer Lesespeicher

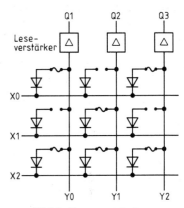

Bild 1: Programmierbarer bipolarer Festwertspeicher

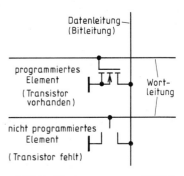

Bild 2: Maskenprogrammierung bei ROM in MOS-Technik

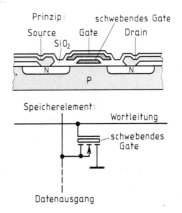

Bild 3: FAMOS-Speicherelement

EPROM* sind programmierbare MOS-Festwertspeicher, deren Inhalt durch Bestrahlen mit UV-Strahlung vollständig gelöscht werden kann. Anschließend sind die einzelnen Speicherelemente wieder programmierbar. Ihre Wirkungsweise beruht auf einer Verschiebung der Schleusenspannung eines MOS-Transistors. Verwendet wird dazu ein FAMOS-Speicherelement**, das zwei Gates enthält **(Bild 3 Seite 487)**. Das eine Gate ist ein *schwebendes* Gate (floating gate), das andere ist das Steuergate für das Speicherelement. Das schwebende Gate speichert Elektronen und damit die Information. Die Programmierung erfolgt durch Injektion energiereicher Elektronen aus dem Kanal. Der N-Kanal-FET arbeitet im Anreicherungsbetrieb. Zur Auswahl der Zeile (Wortleitung) dient das über dem schwebenden Gate integrierte Steuergate (select gate). Liegt am Steuergate die Spannung 0 V, so kann weder im ungeladenen wie im geladenen Zustand ein Strom zwischen Source und Drain fließen. Beim Programmieren liegt am Steuergate und am Drainanschluß Spannung. Eine 1 ist vorhanden, wenn sich im Bereich des schwebenden Gates keine negativen Ladungen befinden. Als Speicherelement liegt der FAMOS-Transistor mit dem Steuergate an der Wortleitung und dem Drainanschluß an der Datenleitung (Bild 3 Seite 487). Die Löschung der Speicherelemente erfolgt mit Hilfe von UV-Strahlung von 253,5 nm Wellenlänge mit einer Energie von 10 Ws/cm^2, Dauer 5 bis 10 Minuten. Dabei wird der ganze Speicher gelöscht.

FAMOS-Speicherelemente können Informationen mehrere Jahre spannungslos speichern.

EAROM***, **EEPROM**[4*] sind so aufgebaut, daß man einzelne Speicherelemente oder Worte gezielt ändern kann, ohne daß der Baustein aus der Schaltung entfernt werden muß. Verwendet werden meist MNOS-Speicherelemente. Sie bestehen aus einem MNOS-Transistor, dessen Grenzschicht zwischen Siliciumnitrid und Siliciumsubstrat unterhalb des Gates die Information speichert. Durch Anlegen einer Gate-Spannung von 25 V bis 30 V können Ladungsträger die Siliciumdioxid-Schicht durchtunneln und sich an der Grenzschicht zwischen den beiden Isolatoren anlagern **(Bild 1)**. Dadurch erreicht man bei normalen Betriebstemperaturen eine Speicherzeit von 10 Jahren. Der Speicherzustand des MNOS-Transistors wird durch eine negative Gatespannung von −25 V bis −30 V erreicht. An der Grenzfläche lagern sich Defektelektronen an, im Kanal tritt eine Anhäufung negativer Ladungsträger auf und sperrt den Transistor. Bei positiver Gatespannung gelangen Elektronen aus dem Kanal in die Grenzfläche. Im Kanal bleiben Defektelektronen zurück, und es tritt eine leitende Verbindung zwischen Sourceanschluß und Drainanschluß auf. Der Transistor leitet, falls zwischen Drain und Source eine Spannung anliegt, d. h. das Speicherelement ist gelöscht. Damit der Transistor wegen der niedrigen Schleusenspannung nicht dauernd im leitenden Zustand bleibt, macht man die Siliciumdioxidschicht auf einem begrenzten Raum sehr dünn (Bild 1). Die Einschreibzeit für Daten beträgt etwa 1 ms, die Löschzeit ca. 10 ms.

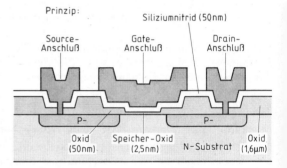

Prinzip:

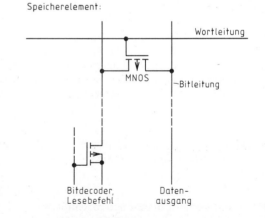

Bild 1: MNOS-Speicherelement

EEPROM und EAROM können in der Schaltung programmiert werden. Ihre Zugriffszeit ist ähnlich wie bei EPROM.

---

* EPROM Kunstwort aus Erasable Programmable **ROM** (engl.) = löschbarer programmierbarer Lesespeicher
** FAMOS Kunstwort aus Floating Gate Avalanche Injection **MOS** (engl.) = MOS-Transistor mit schwebenden Gate
*** EAROM Kunstwort aus Electrically Alterable **ROM** (engl.) = elektrisch veränderlicher Lesespeicher
[4*] EEPROM Kunstwort aus Electrically Erasable **PROM** (engl.) = elektrisch löschbarer PROM

Weitere EEPROM mit Löschbarkeit einzelner Speicherelemente sind z. B. FLOTOX-Speicherelemente* und FAMOS-Speicherelemente in CMOS/SOS-Technologie.

4.5.1.3 Ringkernspeicher

Ringkernspeicher waren vor dem Aufkommen der Halbleiterspeicher als Zentralspeicher in DV-Anlagen eingesetzt. Sie sind noch in älteren Anlagen und in militärischen Spezialanlagen vorhanden. Datenträger beim Ringkernspeicher sind kleine Ferritringkerne (0,3 mm bis 2 mm Außendurchmesser, 0,15 mm bis 1,3 mm Innendurchmesser), die in Form einer Speichermatrix an den Kreuzungspunkten horizontaler und vertikaler Schreibdrähte eingefädelt sind **(Bild 1)**. Ein dritter Draht, der Lesedraht, ist nach einem gesonderten System durch die Kerne geführt. Eine Ummagnetisierung eines Kerns kann nur erfolgen, wenn beide Schreibdrähte im gleichen Magnetisierungssinn den halben Schreibstrom führen. So ist es möglich, jeden Kern einer Matrix zu adressieren, da der halbe Schreibstrom allein zur Ummagnetisierung eines Kerns nicht ausreicht.

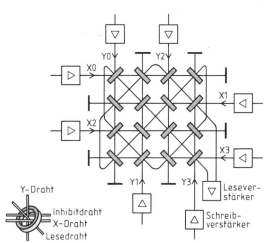

Bild 1: Ringkernspeichermatrix

Ein Kernspeicherblock besteht aus mehreren Matrizen, bei 8-bit-Worten z. B. aus acht Matrizen. Damit man in die zur gleichen Adresse gehörenden Kerne aller Matrizen eine 0 oder 1 einschreiben kann, ist ein vierter Draht, der Inhibitdraht**, durch die Kerne parallel zum waagrechten Schreibdraht gefädelt. Er ist pro Matrize getrennt ansteuerbar und führt z. B. in den Matrizen der angewählten Adresse, die den Wert 0 enthalten sollen, den negativen halben Schreibstrom. Damit wird in diese Kerne statt einer 1 eine 0 eingeschrieben.

Das Lesen erfolgt, indem gleichzeitig durch die beiden Schreibdrähte ein Stromimpuls derart geschickt wird, daß beim Zustand 1 des Kerns eine Ummagnetisierung in den Zustand 0 erfolgt. Im Lesedraht wird dann eine Spannung induziert, die als Signal mit dem Wert 1 erkannt wird.

> Ringkernspeicher behalten Ihre Information bei Stromausfall. Beim Lesen wird die Information gelöscht und muß sofort wieder eingeschrieben werden. Die Zugriffszeit und der Preis sind groß gegenüber Halbleiterspeichern.

4.5.2 Periphere Speicher

Magnetplattenspeicher

Magnetplattenspeicher sind die wichtigsten peripheren Speicher. Ein Plattenspeicher besteht aus mehreren zu einem *Stapel* zusammengefaßten, schnell rotierenden Platten (hard disk***). Die Platten sind aus Aluminium und tragen auf ihren Oberflächen eine sehr dünne Schicht aus Eisenoxid **(Bild 2)**. Die beiden äußeren Plattenseiten eines Stapels werden zur Datenspeicherung meist nicht benützt. Damit keine Schmutzteilchen auf die Plattenoberflächen gelangen kann, befindet sich der Stapel in einer luftdicht verschlossenen Kammer. Das Schreiben und Lesen erfolgt über *Magnetköpfe*, die in ge-

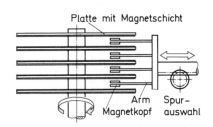

Bild 2: Magnetplattenspeicher mit beweglichen Köpfen

---

* FLOTOX Kunstwort aus **FLO**ating-Gate-Tunnel-**OX**ide (engl.) = FAMOS-Speicherelement mit im Tunnelprozeß entstandenem schwebendem Gate
** inhibit (engl.) = verhindern;   *** hard disk (engl.) = Festplatte

ringem Abstand über der Plattenoberfläche ange-ordnet sind. Durch den Spurauswahlmechanismus werden die Magnetköpfe über die gewünschte Spur gebracht.

Die Plattenoberfläche einer Platte ist in *Spuren* in Form konzentrischer Kreise eingeteilt. Die Spuren selbst sind in *Sektoren* aufgeteilt, die eine feste Anzahl von Bit enthalten. Die Dichte der Spuren und die Aufzeichnungsdichte in der Spur sind vom Magnetkopf und der Plattenbeschaffenheit abhängig.

Ein gebräuchliches Aufzeichnungsverfahren der binären Informationen ist die *Doppelfrequenzauf-zeichnung* (Bild 1). Dabei wird der Wert 1 durch Richtungsumkehr der Magnetisierung, der Wert 0 durch Fehlen der Umkehr dargestellt. Zur Gewin-nung eines Synchronisiersignals wird zusätzlich nach jedem Bit die Magnetisierungsrichtung umge-kehrt (Bild 1).

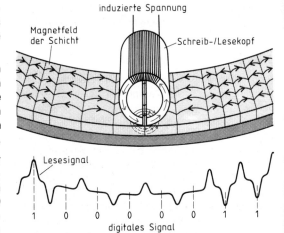

Bild 1: Doppelfrequenzaufzeichnung

Magnetplattenspeicher in *Winchester-Technologie** sind Hochleistungsplattenspeicher mit extrem genau gefertigten Platten. Die Platten rotieren z. B. mit 3600 1/min, was z. B. am Plattenrand eine Kopfgeschwin-digkeit von 160 km/h bedeutet. Der Magnetkopf ist in Dünnschichttechnik gefertigt und „fliegt" in einem Abstand von ca. 0,6 µm über der Plattenoberfläche. Beim Anhalten und Anfahren der Platte „landet" und „startet" der Kopf auf einer nicht zum Speicherbereich gehörenden Randzone der Platte. Die Kapazität einer Plattenseite kann einige Milliarden Bit betragen. So kann z. B. eine 30-MB-Platte den Inhalt der Bibel (6 MB) fünfmal speichern. Die Spurdichte liegt bei 30 Spuren je mm, die Übertragungsgeschwindigkeit kann bis zu 10 Mbit/s betragen. Die *Zugriffszeit*, die sich aus der Zeit für das Aufsuchen der Spur und Auf-suchen des gewünschten Sektors zusammensetzt, liegt zwischen 10 ms und 100 ms.

Magnetplattenspeicher sind schnelle Peripheriespeicher mit hohen Speicherkapazitäten.

Floppy-Disk-Speicher

Floppy-Disk-Speicher** *(Diskettenspeicher)* sind Speicher, bei denen der Informationsträger aus einer mit Eisenoxid beschichteten dünnen Polyesterfolie, der Diskette, besteht. Der Scheibendurchmesser beträgt 8 Zoll, $5\frac{1}{4}$ Zoll oder $3\frac{1}{2}$ Zoll. Im Gegensatz zur Festplatte liegt bei einer Diskette im Betrieb der Magnetkopf *(Schreib-/Lesekopf)* auf der Scheibe auf. Dies bedeutet, daß infolge Abrieb die Lebensdauer von Disketten begrenzt ist. Die $3\frac{1}{2}$-Zoll-Diskette ist in einem festen Plastikgehäuse mit selbstschließendem Zugriffsfenster untergebracht.

Die Drehzahl beträgt bis 600 1/min. Die maximale Speicherkapazität liegt bei 2 MB, die Übertragungs-rate kann bis 500 kbit/s betragen. Die Datenauf-zeichnung und das Lesen einer Diskette erfolgt über das Zugriffsfenster (Bild 2). Die Disketten sind in Spuren und Sektoren aufgeteilt. Dabei werden die vom Zentralspeicher auf die Diskette zu übertragen-den Daten meist nicht in sequentieller Folge auf die Diskette übertragen, sondern auf freie Sektoren der Diskette verteilt (Bild 1 Seite 491). Die Verwaltung der so aufgeteilten Daten übernimmt das *Disketten-Betriebssystem* (DOS = **D**iskette **O**peration **S**ystem). Es sorgt für eine optimale Nutzung des Speicher-raumes einer Diskette.

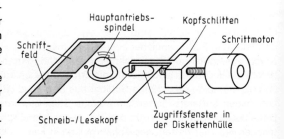

Bild 2: Datenaufzeichnung auf einer Diskette

* Winchester = Projektname bei IBM*für diese Platte
** floppy-disk (engl.) = schlaffe Scheibe

Disketten sind preisgünstige, periphere Informationsspeicher.

Magnetbandspeicher

Magnetbandspeicher sind ähnlich wie ein Tonbandgerät aufgebaut **(Bild 2)**. Auf dem Band sind meist 9 Spuren nebeneinander angeordnet. Zu jeder Spur gehört ein eigener Magnetkopf. Es kann also ein alphanumerisches Zeichen gleichzeitig gespeichert werden. Das neunte Bit dient als Kontrollbit. Die Bandgeschwindigkeit beträgt 10″/s (Zoll/s)* bis 250″/s. Die Bänder sind meist ½″ = 12,7 mm breit und 80 m, 360 m oder 730 m lang und auswechselbar. Damit das Band bei der hohen Start-Stop-Beanspruchung nicht reißt, sind Vakuumkammern als Zugentlastung vorhanden (Bild 2). Es werden Aufzeichnungsdichten bis zu 6250 Zeichen je Zoll erreicht.

Die Datenspeicherung auf dem Magnetband erfolgt *blockweise*. Jeder *Block* hat seine Adresse. Es kann nur blockweise geschrieben oder gelesen werden.

Magnetbandspeicher können große Datenmengen speichern, haben aber eine große Zugriffszeit.

Kassettenrecorder mit Magnetbandkassetten werden hauptsächlich bei Kleincomputern eingesetzt. Die Recorder sind gegenüber den in der HiFi-Technik verwendeten Geräten in der Antriebstechnik verbessert. Verwendet werden 3,2 mm breite und 90 m lange Bänder. Die Aufzeichnung erfolgt bitseriell meist auf 1 bis 2 Spuren. Die Datendichte liegt bei guten Geräten bei 800 bit/″ im Phase-Encoded-Aufzeichnungsverfahren.

Magnetbandkassetten sind preiswerte Datenspeicher, allerdings mit großer Zugriffszeit.

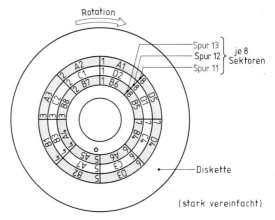

A: 7 Sektoren belegt C: 4 Sektoren belegt
B: 8 Sektoren belegt D: 5 Sektoren belegt

Bild 1: Datenverteilung auf einer Diskette

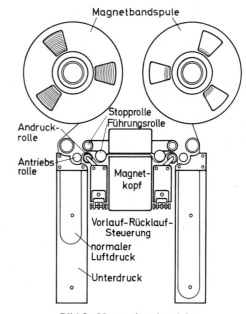

Bild 2: Magnetbandspeicher

Magnetblasenspeicher

Magnetblasenspeicher (Blasendurchmesser 0,003 mm) sind Speicher, die mit Hilfe bestimmter magnetischer Werkstoffe, z.B. Granat, Daten in Form von *magnetischen Einschlüssen* speichern können. Bei Granat erreicht man z.B., daß unter der Einwirkung eines äußeren Magnetfeldes von Natur aus eingelagerte Magnetstreifen sich zu *Magnetblasen* zusammenziehen. Diesen Blasen (engl. magnetic bubbles) ordnet man die binäre Einheit 1 bit zu, wenn sich eine solche an dem dafür vorgesehenen Ort befindet, oder den Wert 0, wenn an dem abgefragten Ort keine Blase vorhanden ist. Damit sich die Blasen auf festgelegten Bahnen bewegen können, sind in die Granatschicht z.B. Winkelelemente aus einer Nickel-Eisen-Legierung eindiffundiert **(Bild 1 Seite 492)**. Auf diesen Elementen lassen sich die Blasen durch ein magnetisches Drehfeld bewegen. Jeder Metallwinkel stellt dabei einen Speicherplatz dar.

* ″ = Abkürzung für 1 Zoll = 25,4 mm

491

Magnetblasenspeicher behalten ihre Information auch bei Spannungsausfall.

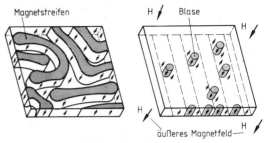

Bild 1: Blasenbildung

Das Einfügen der Blasen in die Schleifen und das Auslesen erfolgt über *Tore* **(Bild 2)**. Diese Tore sind parallel zum Eingabekanal bzw. Ausgabekanal verlaufende stromführende Leiter. So wird z. B. beim Einschreiben einer Blase in eine Schleife durch das ringförmige Magnetfeld des Tores (Bild 2) die im Eingabekanal vom Generator bereitgestellte Blase in die Schleife hineingezwungen. Das Auslesen erfolgt in ähnlicher Weise über Ausgabetor und Ausgabekanal, und zwar zerstörungsfrei. Ein Detektor erkennt, ob an der abgefragten Stelle der Schleife eine Blase vorhanden war oder nicht. Magnetblasenspeicher lassen sehr große Speicherdichten zu, sind aber wegen der aufwendigen Elektronik für den Schreibvorgang und Lesevorgang teuer.

4.5.3 Sonderausführungen

Silospeicher (FIFO*) sind serielle Speicher, bei denen die eingegebenen Daten in derselben Reihenfolge wieder ausgegeben werden, wie sie eingegeben worden sind. Mit jedem Takt werden neue Daten eingeschrieben und die im Speicher vorhandenen Daten weitergeschoben. Derartige Speicher werden z. B. als Pufferspeicher verwendet, wenn z. B. Sender und Empfänger verschiedene Arbeitsgeschwindigkeiten haben.

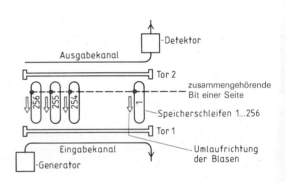

Bild 2: Prinzip eines Magnetblasenspeichers

Stapelspeicher (LIFO**) sind Speicher, bei denen die Daten in der eingegebenen Reihenfolge gespeichert werden. Beim Auslesen werden die zuletzt eingegebenen Daten zuerst ausgelesen. Derartige Speicher dienen bei DV-Anlagen als Zwischenspeicher, z. B. bei Mikrocomputern als Stack-Register.

Assoziativspeicher (CAM***) sind spezielle Speicher, bei denen die Daten nach Inhaltsmerkmalen gespeichert werden. Bei diesen Speichern wird mit Hilfe von Suchworten nach Daten, unabhängig von ihrem per Adresse vorgegebenem Speicherplatz, gesucht. Derartige Speicher sind sehr aufwendig, da sie neben der üblichen Speichertechnik entsprechende Vergleicherschaltungen zur Datenerkennung benötigen.

NOVRAM[4*], **NV-RAM** sind Schreib-Lese-Speicher, die die Eigenschaften eines statischen RAM mit denen eines elektrisch überschreibbaren ROM (EAROM, EEPROM) in sich vereinigen. Jeder RAM-Speicherplatz hat im EEPROM seinen Doppelgänger. Die Arbeitsweise ist so, daß der Speicher unter normalen Betriebsbedingungen als RAM arbeitet. Erst beim Abschalten bzw. beim Ausfall der Betriebsspannung wird innerhalb von 10 ms der gesamte RAM-Speicherinhalt in das EEPROM kopiert. Das Netzteil muß dazu so beschaffen sein, daß die Betriebsspannung für diesen Zeitraum noch vorhanden ist.

Wiederholungsfragen

1. Wodurch sind Festwertspeicher gekennzeichnet?
2. Wie erfolgt die Programmierung bei bipolaren Festwertspeichern?
3. Welchen Vorteil haben MOS-Festwertspeicher?
4. Womit werden EPROM-Speicher gelöscht?
5. Welchen Vorteil haben FAMOS-Speicherelemente?
6. Welche besondere Eigenschaft haben Ringkernspeicher?
7. Nennen Sie periphere Speicher!
8. Woraus besteht der Informationsträger eines Floppy-Disk-Speichers?

---

* FIFO (engl.) = Abkürzung für First In First Out;   ** LIFO (engl.) = Abkürzung für Last In First Out
*** CAM (engl.) = Content Addressable Memory;   [4*] NOVRAM Kunstwort aus Non Volatile RAM (engl.) = nichtflüchtiges RAM

4.6 Geräte zur Dateneingabe und Datenausgabe

Die *Eingabe* von Daten in eine Rechenanlage erfolgt von Hand über eine Tastatur in Verbindung mit einem Datensichtgerät oder maschinell über Lochkarten, Lochstreifen oder Magnetplatten. Bei Rechenanlagen zur Meßdatenverarbeitung geschieht die Dateneingabe in codierter Form über Analog-Digital-Umsetzer. Mit einem speziellen Meßdatenbus, dem IEC-Bus* (DIN IEC 625), können viele Meßgeräte an Datenverarbeitungsanlagen direkt angeschlossen und im Rechenprogramm angesprochen werden. *Klarschriftleser* erfassen Daten von Formularen, z. B. von Überweisungsformularen, und übertragen sie zur Rechenanlage. Mit Digitalisiertafeln und Kurvenlesern werden Zeichnungen abgetastet und digital zum Rechner übertragen. Spezielle *Interface-Schaltungen*** ermöglichen auch die Digitalisierung von Fernsehbildern und von akustischen Signalen. Damit gelingt eine Bildeingabe und eine Spracheingabe. Der Rechner wird „sehend" und „hörend".

Die *Datenausgabe* geschieht meist über Datensichtgeräte, Drucker und Plotter. *Plotter* sind vom Rechner gesteuerte Zeichenmaschinen. Bei Prozeßrechnern erfolgt die Datenausgabe über Binärausgänge zum direkten Schalten, z. B. von Stellgliedern, oder über Digital-Analog-Umsetzer, z. B. für die Sollwertvorgabe drehzahlgeregelter Antriebe. Zur Datenzwischenspeicherung oder zur Datenverarbeitung in anderen Rechenanlagen gibt man Daten auf Magnetbändern, Magnetplatten, Lochkarten oder Lochstreifen aus. Lochstreifen verwendet man meist noch als Datenträger zur Steuerung numerisch gesteuerter Werkzeugmaschinen (NC-Maschinen***).

Lochkartengeräte verwendet man nur noch bei größeren Rechenanlagen.

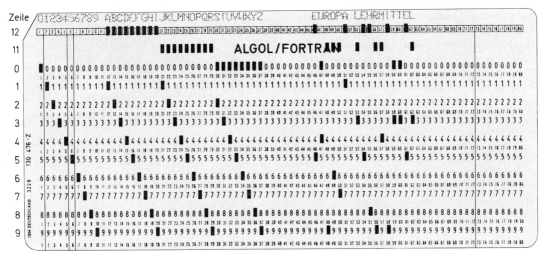

Bild 1: IBM-Lochkarte (Hollerith-Karte)

Die *Lochkarte* ist meist in 80 senkrechte Spalten und in 12 waagrechte Zeilen eingeteilt **(Bild 1)**. Je Spalte kann eine Ziffer oder ein Buchstabe codiert dargestellt werden. Für jede Ziffer wird ein Rechteckloch in die hierfür vorgesehene Zeile gestanzt (1-aus-10-Code). Für die Darstellung eines Buchstabens wird zusätzlich ein Rechteckloch gestanzt, und zwar für die ersten neun Buchstaben A bis I in der Zeile 12, für die nächsten neun Buchstaben J bis R in der Zeile 11 und für die letzten acht Buchstaben in der Zeile 0.

Meist wird am oberen Rand der Karte von der Kartenschreibmaschine der Klartext mitgeschrieben, und zwar so, daß in der betreffenden Spalte codierte Zeichen jeweils darüber steht. Die obere linke Kartenecke ist abgeschnitten. Ein falsches Einlegen der Lochkarte wird dadurch vermieden.

Vom Lochkartenleser werden die Lochkarten fotoelektronisch oder mit Kontaktbürsten Spalte für Spalte abgetastet. Bei sehr schnellen Lesegeräten wird die ganze Karte auf einmal abgefragt. Man erzielt Lesegeschwindigkeiten bis zu 2000 Karten je Minute.

* IEC, Abkürzung für Internationale Elektrotechnische Kommission   ** Interface (engl.) = Zwischenstück
*** NC, Abkürzung für Numerial Controlled (engl.) = numerisch gesteuert

Lochstreifengeräte sind meist in zwei getrennten Baueinheiten als Lochstreifenleser und Lochstreifen-stanzer vorhanden. Beim 8-Spur-Lochstreifen (DIN 66 024) werden sieben Spuren für die Darstellung der alphanumerischen Zeichen und für Steuerzeichen verwendet und eine Spur für Prüfzeichen **(Bild 1)**.

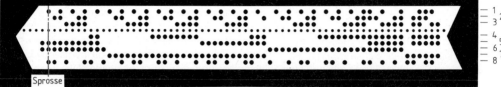

Bild 1: 8-Spur-Lochstreifen mit ISO-Code (nach DIN 66 024)

Diese 8. Spur wird so gelocht, daß die Summe der Löcher einer Sprosse (Bild 1) stets geradzahlig ist. Die Binärzeichen der 8. Spur nennt man *Paritybits**. Beim Lesen des Lochstreifens wird geprüft ob die Zahl der Löcher bei jedem Zeichen geradzahlig ist. Seitlich der Mitte werden in den Lochstreifen Transportspurlöcher gestanzt. Sie dienen dem Lochstreifentransport und der Synchronisierung beim Lesen des Lochstreifens. Lochstreifen werden meist über einen fotoelektronischen Leser im Durchlichtverfahren gelesen **(Bild 2)**. Der Loch-streifen wird dabei über eine Fotodiodenzeile mit neun Fotodioden gezogen. Durch die außermittige Transportspurlochung wird ein falsches Einlegen des Lochstreifens verhindert. Mit fotoelektroni-schen Lochstreifenlesern können bis zu 500 Zeichen je Sekunde gelesen werden.

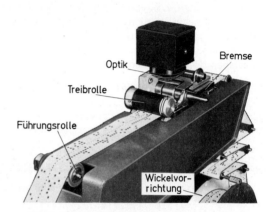

Bild 2: Fotoelektronischer Lochstreifenleser

Datensichtgeräte bestehen aus einem Bildschirm, einer alpha-numerischen Tastatur und einer Steuerschaltung **(Bild 3)**. Bei Mikrocomputern ist die Steuer-schaltung meist Bestandteil der Rechenanlage, und ein gewöhn-licher Fernsehapparat kann als Bildschirm verwendet werden. Aufgabe der Steuerschaltung ist es, fortlaufend ein Bildschirmbild mit den darzustellenden Daten zu erzeugen. Für ein flimmerfreies Bild wird das Bildschirmbild meist 50 mal in der Sekunde auf den Bildschirm geschrieben.

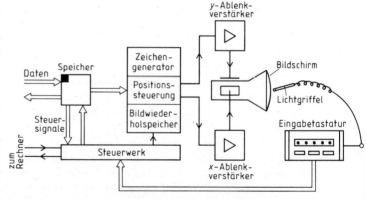

Bild 3: Datensichtgerät

Die Bildschirmdaten werden hierzu in einem RAM-Speicher als Bildwiederholspeicher gespeichert. Der Zeichengenerator erzeugt aus den vom Rechner kommenden Daten eine Befehlsfolge für die Ablenkein-heit. Diese führt den Elektronenstrahl der Bildschirmröhre entsprechend dem darzustellenden Zeichen und steuert die Hell-Dunkel-Tastung. Die Positionssteuereinheit besteht aus einem Mikroprozessor und steuert die Lage der jeweils darzustellenden Zeichen entsprechend ihrer Zeichenposition und Spaltenposition.

* Parity (engl.) = Gleichheit, Parität

494

Die Strahlablenkung erfolgt elektromagnetisch wie beim Fernseher oder elektrostatisch wie bei einem Oszilloskop. Mit einem *Lichtgriffel* mit eingebautem Fototransistor kann die Position auf dem Bildschirm festgestellt werden. Der Lichtgriffel liefert an die Positionssteuerung der Elektronenstrahlablenkeinheit einen Impuls in dem Zeitpunkt, zu dem der Elektronenstrahl unter dem Fototransistor einen Bildpunkt erzeugt. Über den Zeilenzähler wird die Zeilennummer und damit die Y-Koordinate und über den Spaltenzähler die Spaltennummer und damit die X-Koordinate festgestellt **(Bild 1)**. Da der Bildschirm 50 mal je Sekunde beschrieben wird, können auch ständige Positionsveränderungen des Lichtgriffels erfaßt werden. Mit dem Lichtgriffel ist daher ein Zeichnen auf dem Bildschirm möglich. Durch Antasten eingeblendeter Felder (Menütasten) können vorbereitete Programme oder Daten aufgerufen werden (Bild 1).

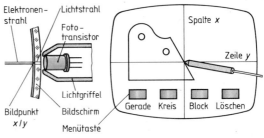

Bild 1: Dateneingabe mit Lichtgriffel

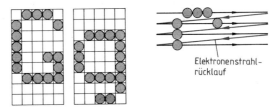

Bild 2: Darstellung eines alphanumerischen Zeichens im (5 x 9)-Punktraster

Zur Darstellung alphanumerischer Zeichen auf einem Bildschirm verwendet man entweder Punktgeneratoren oder Liniengeneratoren. Mit Punktgeneratoren stellt man Großbuchstaben z. B. im (5 x 7)-Punktraster **(Bild 2)** dar. Bei Datensichtgeräten mit gleichzeitiger Darstellung von Großbuchstaben und Kleinbuchstaben benötigt man mindestens ein (5 x 9)-Punktraster. Kommerzielle Geräte haben meist ein (9 x 12)-Punktraster. Eine Bildschirmseite umfaßt bei diesen Geräten 24 Zeilen mit 80 Zeichen. Die Zeichen können in verschiedenen Helligkeitsstufen, und hell auf dunklem Grund oder wahlweise dunkel auf hellem Grund, unterstrichen und auch blinkend, dargestellt werden. Die Punkte werden wie beim Fernsehbild Zeile für Zeile geschrieben (Bild 2). Auch lassen sich Bilder durch Aneinanderfügen von einzelnen Bildpunkten erzeugen. Auf diese Weise können Diagramme und Zeichnungen am Bildschirm betrachtet werden. Die Bildschirmauflösung beträgt z. B. 480 x 640 Punkte.

Farb-Datensichtgeräte erlauben eine besonders übersichtliche Darstellung einer Graphik. Bildschirme mit Liniengeneratoren können den Elektronenstrahl lückenlos, ähnlich wie bei einem Oszilloskop, entsprechend den zu erzeugenden Linien führen. Buchstabensymbole werden dabei aus Geradenstücken zusammengesetzt. Bildschirmgeräte dieser Art verwendet man vor allem zur Darstellung von feingliedrigen Zeichnungen, z. B. von Konstruktionszeichnungen.

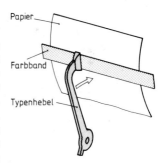

Datensichtgeräte dienen dem Dialog zwischen Mensch und Rechner.

Drucker (printer*) ermöglichen eine Datenausgabe auf Papier. Sie dienen der Dokumentation von Daten und dem Schriftverkehr. Man unterscheidet Drucker, bei welchen ein Zeichen nach dem anderen geschrieben wird (serial printer) und Zeilendrucker (parallel printer), welche eine komplette Zeile auf einmal drucken. Das Druckverfahren bestimmt die Druckgeschwindigkeit, die Druckqualität bzw. Schreibqualität und den Zeichenvorrat. Schreibmaschinenähnlich sind Typenhebeldrucker, Kugelkopfdrucker und Typenraddrucker **(Bild 3)**.

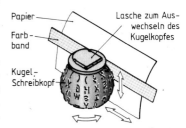

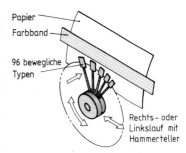

Bild 3: Typenhebeldrucker, Kugelkopfdrucker, Typenraddrucker

* printer (engl.) = Drucker

495

Die Druckqualität dieser Drucker ist sehr hoch. Man bezeichnet sie auch als *Schönschreibdrucker*. Bei Kugelkopfdruckern und Typenraddruckern sind durch Tausch der Kugelköpfe oder Typenräder viele Schriftarten möglich. Es können etwa 20 Zeichen je Sekunde gedruckt werden. Dabei wird durch Drehen mit einem Schrittmotor der Kugelkopf oder das Typenrad in die Position des zu druckenden Zeichens gedreht. Ebenfalls über Schrittmotoren angetrieben erfolgt die Zeilenbewegung für den Kugelkopf oder des Typenrades sowie der Zeilenvorschub für das Papier. Gedruckt wird sowohl im Hinlauf als auch im Rücklauf.

Mit *Matrixdruckern* werden Zeichen durch ein Punktraster dargestellt. Man unterscheidet dabei Nadeldrucker, Thermodrucker und Tintendrucker. Mit z. B. 9 Nadeln in einer Reihe oder 18 Nadeln in zwei Reihen können in einem Rasterfeld beliebige Zeichen dargestellt werden (**Bild 1**). Die Nadeln werden einzeln gegen ein Farbband und das zu beschreibende Papier angeschlagen.

Der Zeichengenerator bestimmt während der Zeilenbewegung des *Nadel-Schreibkopfes*, welche Nadeln betätigt werden müssen. Die Schriftart, die Schriftgröße und die Schriftdicke werden ausschließlich durch die Software für die Ansteuerung der Nadeln bestimmt. Neben der Darstellung von alphanumerischen Zeichen ermöglicht der Matrixdrucker auch die Darstellung von Diagrammen und Zeichnungen (**Bild 2**).

> Mit Matrixdruckern können sowohl Texte wie auch Diagramme, Zeichnungen und Bilder dargestellt werden.

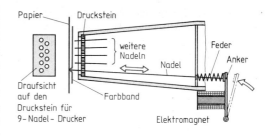

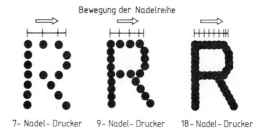

Bild 1: Prinzip und Schriftbild eines Nadeldruckers (stark vergrößert)

7- Nadel- Drucker   9- Nadel- Drucker   18- Nadel- Drucker

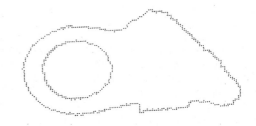

Bild 2: Darstellung eines Werkstücks mit Drucker

Die Schreibgeschwindigkeit der Nadeldrucker liegt bei ca. 300 Zeichen je Sekunde. Bei Thermomatrixdruckern sind anstelle der Nadelreihe des Nadeldruckers Mikroheizelemente angebracht, welche Thermopapier durch Erwärmung blau oder schwarz färben. Bei Tintendruckern sind anstelle der Nadeln dünne Tintenröhrchen angebracht. Die Tinte wird über Piezo-Röhrchen, durch Spannungsimpulse gesteuert, tröpfchenweise auf das Papier gebracht.

Sehr hohe Druckgeschwindigkeiten erreicht man mit *Typentrommel-Druckern*. Man bezeichnet diese Geräte auch als Schnelldrucker. Die Typenräder sind zu einer Trommel aufgereiht (**Bild 3**) und bewegen sich ständig mit hoher Geschwindigkeit. Auf jedem Typenrad befinden sich sämtliche Buchstaben, Ziffern, die Satzzeichen und die Rechenzeichen. Die Anzahl der Typenräder ist gleich der Anzahl der Zeichen je Zeile. Vor der Typentrommel sind *Druckhämmer* angeordnet. Diese Druckhämmer werden durch Magnetkraft jeweils dann gegen das zwischen Typenrad und Druckhammer befindliche Papier geschleudert, wenn das zu druckende Zeichen auf dem Typenrad sich gerade vorbeidreht. Es entsteht ein „fliegender" Abdruck. Die Druckhämmer werden so ausgelöst, daß nach einer Umdrehung der Typentrommel eine vollständige Zeile abgedruckt ist.

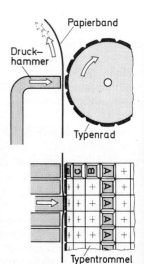

Bild 3: Schnelldrucker

Plotter* sind Zeichenmaschinen **(Bild 1)**. Die Zeichenstifte werden bei Tischplottern in der x-Achse und y-Achse entsprechend der zu zeichnenden Linie mit Hilfe einer numerischen Positioniersteuerung bewegt. Bei *Trommelplottern* wird der Zeichenstift nur in einer Achse, quer zur Trommel, bewegt. Die andere Achse ist die Trommel, mit dem darauf gespanntem Papier. Sie wird über den Rechner so vorwärts und rückwärts gedreht, daß ebenfalls die gewünschte Zeichnungslinie entsteht. Die Bewegungen werden meist mit Schrittmotoren ausgeführt. Durch die digitale Vorgabe der Linien und durch die kleinste Schrittweite bei Schrittmotorantrieben, z. B. bei Schrittweiten von 0,1 mm, werden Kurvenzüge durch Geradenstückchen in einem 0,1 mm Raster angenähert (Bild 1). Die Plottersteuerung enthält Liniengeneratoren und Symbolgeneratoren, welche aus den vom Rechner übermittelten Daten für Linienanfang und Linienende oder z. B. für Buchstabensymbole die Bewegungen der zwei Zeichenmaschinenachsen errechnen.

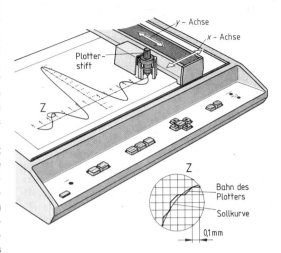

Bild 1: Tisch-Plotter

Mit Plottern können Zeichnungen hoher Zeichnungsqualität hergestellt werden.

Datenübertragung

Die Datenübertragung zwischen einer Datenverarbeitungsanlage und den peripheren Geräten, z. B. einem Datensichtgerät, einem Plotter oder einem Digitalmultimeter, erfolgt meist über Standard-Schnittstellen. Eine *Schnittstelle* ist gekennzeichnet durch die Art der Datenübertragung, wie z. B. Bit-seriell, Byte-seriell und Bit-parallel, durch die Höhe der Signalspannung oder der Signalstromstärke und weiter durch die Übertragungsrate (in Baud = bit/s) sowie durch den Signalcode. Stimmen die Schnittstellenkennzeichen zwischen Datenempfänger und Datensender nicht überein, dann muß eine *Anpaßschaltung* (Interface**) dazwischengeschaltet werden. In ihr wird z. B. durch Parallel-Serien-Umsetzung ein 16-bit-Parallelausgang in einen Byte-seriellen-Ausgang umgesetzt, indem man die 16 bit auf 2 x 8 bit aufteilt und nacheinander sendet. Für längere Datenleitungen (über 10 m) eignet sich besonders die 1-bit-serielle Datenübertragung. Da gleichzeitig hierbei nicht mehrere Signale übertragen werden, gibt es keine gegenseitige Störung. Die Datenübertragungsgeschwindigkeit ist abhängig von der Leitungslänge. Die Signalübertragung erfolgt häufig über eine V.24-Schnittstelle. Die V.24-Schnittstelle ist international festgelegt in der CCITT-Recommendation V.24***.

Zur Übertragung von alphanumerischen Zeichen verwendet man hierbei den ASCII-Code (Tabelle 1 Seite 456) mit einem Startbit, 7 Zeichenbits, einem Paritätsbit und wahlweise 1 Stopbit oder 2 Stopbits, also insgesamt 10 oder 11 Bits **(Bild 2)**. Somit können bei einer Übertragungsrate von 110 Baud = 110 bit/s = = 10 · 11 bit/s 10 alphanumerische Zeichen je Sekunde übertragen werden.

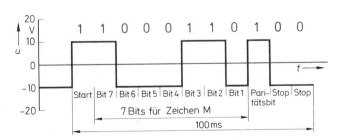

Bild 2: Zeichendarstellung des Zeichen M bei Bit-serieller Datenübertragung mit 110 Baud

* Plotter (engl.) = Zeichengerät;　** Interface (engl.) = Zwischenstück

*** CCITT **C**omité **C**onsultatif **I**nternational **T**éléphonique et **T**élégraphique (franz.) = beratender internationaler Ausschuß für Telefon und Telegrafie; Recommendation (franz.) = Empfehlung

Für die Meßdatenverarbeitung mit Rechnern gibt es eine international genormte *Schnittstelle*, den *IEC-Bus* (DIN IEC 625). Die Schnittstelle besteht aus einer Kabelverbindung mit 16 Leitungen **(Bild 1)**. Die maximale Kabellänge beträgt 20 m und die maximale Datenübertragungsgeschwindigkeit 250 000 Byte/s. Diese Daten werden in einem 8-Bit-Datenbus mit den Leitungen DIO 1...8 Byte nach Byte übertragen. Der Code für die Daten ist der ASCII-Code (Abschnitt 4.1.2). Da an diesen Bus mehrere Geräte anschließbar sind, müssen die Daten adressiert werden, und jedes angeschlossene Gerät muß eine andere Adresse aufweisen. Diese Adressen können bei Meßgeräten mit IEC-Bus-Anschluß meist über kleine Schalter oder Lötbrücken eingestellt werden. Bei den Geräten unterscheidet man *Hörer* (engl. Bezeichnung: listener) und *Sprecher* (engl. Bezeichnung: talker). Hörer sind Geräte, welche nur Daten empfangen können, z.B. ein Plotter oder ein Digital-Analog-Umsetzer. Sprecher sind Geräte, die Daten senden, z.B. ein Digitalvoltmeter. Der Controller ist sowohl Sprecher und Hörer, da er Daten empfängt und sendet. Zur Steuerung der Datenübertragung dienen acht Steuerleitungen. Davon verwendet man fünf Steuerleitungen zur *Buskontrolle* (Bild 1). Mit dem Signal ATN werden alle angeschlossenen Geräte aufgefordert die gesendeten Daten als Geräteadresse zu lesen. Das adressierte Gerät übernimmt nun eine Hörerfunktion oder Sprecherfunktion. Damit können vom Controller bestimmte Geräte in Bereitschaft gesetzt werden entweder Daten zu empfangen oder Daten zu senden. Die Datenübertragung von einem Sprecher-Gerät zu einem oder mehreren Hörer-Geräten geschieht im *Handshake-Verfahren**. Bei diesem Verfahren melden die an der Datenübertragung beteiligten Geräte, mit dem NRFD-Signal (H-Pegel), daß sie bereit sind, Daten zu empfangen oder zu senden. Sind die Daten von den adressierten Hörer-Geräten empfangen worden, dann schaltet jeder Hörer die NDAC-Leitung auf

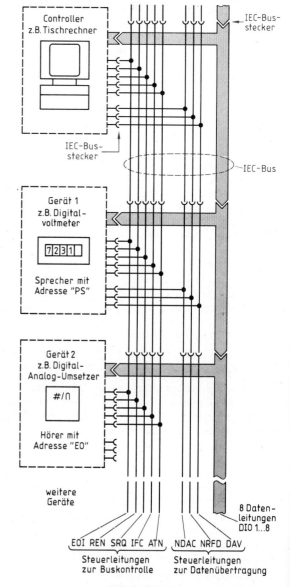

Bild 1: IEC-Bus

H-Pegel. Ist auch nur ein beteiligter Hörer noch nicht fertig mit der Datenübernahme, dann bleibt sein NDAC-Anschluß auf L-Pegel und damit auch die gesamte Leitung. Die Übertragungszeit richtet sich somit bei jedem übertragenen Datenbyte nach dem Gerät, das die längste Zeit zur Datenübernahme benötigt. Damit gelingt es Geräte mit sehr unterschiedlichen Datenverarbeitungsgeschwindigkeiten an einen Rechner anzuschließen. Zum Aufruf der IEC-Bus-Steuersignale gibt es Rechnerbefehle.

Wiederholungsfragen

1. **Wieviel Zeilen und Spalten hat die übliche Lochkarte?**

2. **Wodurch ermöglicht der 8-Spur-Lochstreifen eine Fehlerprüfung?**

3. **Wofür verwendet man Plotter?**

4. **Wie erreicht man beim IEC-Bus die Anpassung an sehr unterschiedliche Geschwindigkeiten in der Datenübertragung?**

* shake-hand (engl.) = Händeschütteln

4.7 Programmieren mit Programmiersprachen

4.7.1 Allgemeines

Der Vorteil von Programmiersprachen ist, daß sie ziemlich *maschinenunabhängig* sind. Sie werden auch höhere Programmiersprachen genannt und sind auf bestimmte Problemstellungen ausgerichtet. Es gibt eine Vielzahl höherer Programmiersprachen, mit denen sich kaufmännische, mathematisch-technische und Steuerungsprobleme lösen lassen. Für den Programmierer haben diese Sprachen eine Reihe von Vorteilen. Anweisungen in der jeweiligen Fachsprache machen die Programme besser überschaubar als binär codierte Anweisungen. Das Programmieren erfordert weniger Zeit, und die Programmiersprachen sind leichter erlernbar.

Auch bei diesen Sprachen erfolgt eine Übersetzung der Sprachelemente in die Maschinensprache. Die einfache Handhabung einer höheren Sprache bedingt allerdings einen höheren Aufwand für das *Übersetzerprogramm*.

> Übersetzerprogramme für höhere Programmiersprachen heißen Compiler.

Für verschiedene Rechner sind auch verschiedene Compiler notwendig. Großrechenanlagen verfügen über mehrere Compiler, so daß Anwendungsprogramme in verschiedenen Sprachen (**Tabelle 1**) abgearbeitet werden können.

Arten von Programmiersprachen

Tabelle 1: Problemorientierte Programmiersprachen

Name	Bedeutung	Anwendung
BASIC	Beginners All-Purpose Symbolic Instruction Code = Symbolischer Allzweck-Befehlscode für Anfänger	mathematisch-naturwissenschaftlich, kaufmännisch
COBOL	Common Business Oriented Language = Allgemein kaufmännisch orientierte Sprache	kaufmännisch
FORTRAN	Formula Translation = Formelübersetzung	mathematisch-naturwissenschaftlich
PASCAL	Mathematikername	mathematisch-naturwissenschaftlich
PL/1	Program Language No. 1 = Programmsprache Nr. 1	kaufmännisch und mathematisch-naturwissenschaftlich
APT	Automatically Programmed Tool = Werkzeugprogrammierung	Steuerung von Werkzeugmaschinen
ALGOL	Algorithmic Language = Sprache für Rechenverfahren	mathematisch-naturwissenschaftlich

Englische Programmierausdrücke

Programmiersprachen, wie z. B. BASIC oder FORTRAN, enthalten Worte oder Abkürzungen, die aus der englischen Sprache stammen. Zum Programmieren ist deshalb ein bescheidener Wortschatz an englischen Ausdrücken unentbehrlich (**Tabelle 2**).

Tabelle 2: Häufige englische Worte zum Programmieren

Englisches Wort	Aussprache	Wörtliche deutsche Bedeutung	Englisches Wort	Aussprache	Wörtliche deutsche Bedeutung
CONTINUE	kontinju	fortsetzen	NEXT	next	das Nächste
END	end	Ende	PRINT	print	drucken
FREE	frie	frei	RETURN	ritörn	zurückgehen, zurückkommen
FOR	fohr	für			
GO	gou	gehen	RUN	rann	laufen, anfangen
IF	if	wenn	READ	ried	lesen
INPUT	input	Eingabe, Eingang	SAVE	sehf	retten, aufheben
LET	let	lassen	STEP	stepp	Schritt
LIST	list	auflisten	STOP	stopp	Halt
LOAD	loud	laden	THEN	senn	dann
NEW	nju	neu	TO	tu	nach, zu

Die Bedeutung der englischen Worte ist beim Programmieren ähnlich wie deren deutsche Übersetzung. Abweichungen sind auch möglich (**Tabelle 1**). Oft wird anstelle eines ausgeschriebenen englischen Wortes nur dessen Anfang verwendet, und auch nur dieser Anfang von der Maschine verstanden (Tabelle 1).

Tabelle 1: Bedeutung englischer Worte beim Programmieren		
Wort	Aussprache	Bedeutung für das Programmieren
CONT	kontinju	Setze Programmausführung fort!
END	end	Ende des Programmtextes.
FRE	frie	Wieviel Speicherplätze sind frei?
FOR .. NEXT	for next	Wiederhole die Schleife!
GO SUB 2000	gou sab	Gehe zum Unterprogramm mit der Startadresse 2000!
GOTO 100	goutou	Springe zum Programmschritt mit der Zeilennummer 100!
IF .. THEN	if senn	Wenn eine bestimmte Bedingung erfüllt ist, gehe zum Schritt ....!
INPUT	input	Eingabe während Programmlauf, Programm wartet auf Wert.
LIST	list	Drucke den Programmtext aus!
NEW	nju	Lösche den Arbeitsspeicher!
PRINT	print	Drucke auf dem Bildschirm!
RUN	rann	Starte das Programm!
LOAD	loud	Lade das Programm aus einem externen Speicher!
SAVE	sehf	Lade das Programm in den externen Speicher!

Neben den angeführten englischen Worten kommen beim Programmieren zahlreiche weitere vor (Tabellenbuch Elektronik). Die Bedeutung einzelner Ausdrücke kann in den verschiedenen Programmiersprachen unterschiedlich sein.

Die Grundworte bei Programmiersprachen sind englische Ausdrücke.

Satzzeichen beim Programmieren

Ein Programm ist in einem ähnlichen Stil wie ein Telegramm geschrieben. Anders als in einer normalen Sprache nennt man Schreibfehler in den Programmausdrücken *Syntaxfehler**. Wichtig sind auch die verwendeten Satzzeichen und Abstände im Programm.

Ein *Punkt* wird als Dezimalzeichen bei der Zahlendarstellung verwendet, z. B. 3.14 gleich 3,14. Das Komma hat eine besondere Bedeutung. Es dient als Trennzeichen, um verschiedene Zahlen einer Zahlenreihe voneinander zu trennen, oder es gibt an, welche Abstände beim Ausdrucken zwischen den einzelnen Werten freigelassen werden sollen. Ein *Strichpunkt* verhindert eben dies, d. h., es wird Wert an Wert ohne Lücke ausgegeben. Dies ist für die übersichtliche Darstellung wichtig. *Anführungszeichen* (Hochkomma) vor und nach einem Wort bewirken, daß dieses Wort als Text behandelt wird und nicht etwa als Programmwort. Texte lassen sich auch mit Hilfe einiger besonderer Befehle weiterverarbeiten. In manchen BASIC-Versionen ist es möglich, mehrere Befehle in eine Zeile zu schreiben. Dann dient ein *Doppelpunkt* dazu, dies dem Rechner mitzuteilen. Diese Anordnung spart Speicherplatz und Verarbeitungszeit, ergibt aber eine unübersichtliche Programmdarstellung.

Erscheint auf dem Bildschirm ein *Fragezeichen*, so macht es den Benutzer darauf aufmerksam, daß der Rechner von ihm eine Eingabe eines Wertes oder einer Anweisung über die Tastatur erwartet. Solange dies nicht geschehen ist, wird das Programm nicht weiterbearbeitet. Ein Fragezeichen erscheint auch, wenn eine Programmzeile einen Fehler enthält. Meist wird dann vom Rechner noch eine Erklärung der Fehlerart an das Fragezeichen angefügt.

Da ein Rechner nicht mitdenken kann, ist es wichtig, die Schreibregeln sehr sorgfältig anzuwenden, sonst meldet sich der Rechner mit Fehlerausdrucken oder er mißversteht einzelne Programmschritte.

Satzzeichen haben in BASIC besondere Bedeutung.

Wiederholungsfragen

1. **Nennen Sie Satzzeichen, die in BASIC eine besondere Bedeutung haben!**

2. **Welche Bedeutung hat ein Fragezeichen auf dem Bildschirm?**

* syntax (griech.) = Satzlehre

4.7.2 Prinzipielles Vorgehen bei BASIC

Mit einem Personalcomputer (PC) können die Grundrechenarten und einige Funktionen auch direkt berechnet werden. Diese direkte Befehlsausführung entspricht der Wirkungsweise eines Taschenrechners. Im Gegensatz zum Taschenrechner, der Ergebnisse selbsttätig sofort anzeigt, muß dem Rechner gesagt werden, daß er das Ergebnis auf dem Bildschirm ausdrucken soll. Dies geschieht mit dem *PRINT-Befehl*. Eine Addition erfolgt dann durch Eingabe mit der Tastatur **(Bild 1)** z.B. so:

PRINT 3 + 5

Nach dem Eingeben dieser Anweisung soll die Rechnung ausgeführt werden. Dies erreicht man durch Drücken der *RETURN-Taste*. Als Ergebnis erscheint in der nächsten Zeile die 8. Auf dem Bildschirm sind dann folgende Zeilen zu sehen:

PRINT 3 + 5
   8

Personalcomputer können für die Grundrechenarten und mehrere Funktionen wie Taschenrechner benutzt werden.

Bild 1: Heimcomputer-Tastatur CBM

Die eben beschriebene Betriebsart der *direkten Befehlsausführung* schöpft allerdings nicht annähernd die vollen Rechnerfähigkeiten aus. Dies erreicht man durch Erstellen eines Programmes. Dies geschieht dadurch, daß der Benutzer seine Befehle adressiert, d.h. jede Zeile mit einer Zeilennummer beginnt, auf die dann der eigentliche Befehl erfolgt. Ist ein Befehl vollständig eingegeben, so wird die RETURN-Taste betätigt. Dadurch wird der Befehl im Rechner in Maschinensprache übersetzt und im Arbeitsspeicher abgelegt. Gleichzeitig überprüft der Rechner, ob der Befehl in „gültiger Sprache" geschrieben ist. Er *interpretiert* (versteht) den eingegebenen Befehl. Erkennt der Rechner einzelne Begriffe aus dem Wortschatz der Programmiersprache nicht, so erscheint eine Fehlermeldung auf dem Bildschirm. Hat man z.B. statt PRINT das Wort PRUNT eingegeben, meldet sich der Rechner mit: ? SYNTAX ERROR*. Nun muß der Benutzer die Zeile verbessern. Dazu wird die Zeile noch einmal getippt und PRINT eingegeben. Nach Betätigen der RETURN-Taste überprüft der Rechner die Zeile aufs neue. Ist die Zeile jetzt fehlerfrei, kann mit der Eingabe des nächsten Programmschrittes begonnen werden.

Interpretersprachen bearbeiten Programme zeilenweise.

So wird ein Programm Zeile für Zeile im Dialog von Rechner und Benutzer hergestellt. Diese gegenseitige Beeinflussung von Rechner und Programmierer nennt man *im Dialog programmieren*.

Dialogbetrieb ist die wechselseitige Steuerung eines Programmes durch Rechner und Benutzer.

Durch bestimmte Befehle kann auch während der Programmbearbeitung ein Dialog mit dem Rechner geführt werden.

* Syntax-Error = Satzlehrefehler

Programmeingabe

Nach dem Einschalten meldet sich der Rechner meist mit einer Textanzeige auf dem Bildschirm. Dies kann z. B. der Firmenname mit der zu verwendenden Programmiersprache, die Zahl der freien Speicherplätze, eine Fertigmeldung (READY*) oder eine Laufwerksangabe sein. Auf dem Bildschirm erscheint zusätzlich ein Zeichen, z. B. ein Quadrat, Cursor** genannt. Der Cursor markiert die Stelle, an der das nächste Zeichen geschrieben wird, wenn auf eine Taste gedrückt wird. Über besondere Tasten kann der Cursor an jede Stelle des Bildschirms bewegt werden. Nach Eingabe der Zahl 100 steht der Cursor rechts neben der Null. Mit der 100 haben wir bereits die erste Zeilennummer für einen Befehl eingegeben. Es können auch andere Zeilennummern gewählt werden, wichtig ist nur, daß zwischen zwei Befehlen noch genügend Platz für spätere Programmergänzungen bleibt. Aus diesem Grund werden für die Zeilennummern *Zehnerschritte* gewählt.

Das Befehlsende wird dem Rechner durch Drücken der RETURN-Taste mitgeteilt, dadurch wird die ganze Zeile auch im Rechner abgespeichert. In der nächsten Zeile soll dem Rechner z. B. der Name des Benutzers mitgeteilt werden. Der Befehl dazu:

    100 PRINT "WIE HEISSEN SIE?"

    110 INPUT A$***

Bei der Programmausführung verlangt der Rechner hier eine Texteingabe und wartet so lange, bis diese erfolgt ist. Anschließend soll der Rechner die oben gestellte Frage beantworten und den Namen ausgeben.

    120 PRINT "SIE HEISSEN ";A$

Beim Programmlauf wird dadurch der zwischen den Hochkommas stehende Text einschließlich der Blanks (Leerzeichen) ausgegeben und direkt daran, da ein Strichpunkt folgt, der nach Zeile 110 eingegebene Text. Das Programm soll für andere Namen wieder verwendet werden, dazu dient ein Sprungbefehl an den Programmanfang, nämlich zur Zeile 100.

    130 GOTO 100

Ein Programm wird üblicherweise durch eine Programmende-Anweisung abgeschlossen:

    140 END

Nachdem das Programm nun im Arbeitsspeicher des Rechners steht, ist es sinnvoll, es noch einmal anzuschauen und zu überprüfen ob auch alle Befehle vorhanden sind.

Dies erreicht man durch Eingabe eines *Systembefehls* LIST. Diese Befehle haben keine Zeilennummer und werden nach Drücken der RETURN-Taste sofort ausgeführt.

Systembefehle (Kommandos) haben keine Zeilennummer.

Auf dem Bildschirm erscheint dann die *Programmliste* (**Bild 1**):

    100 PRINT "WIE HEISSEN SIE?"
    110 INPUT A$
    120 PRINT "SIE HEISSEN ";A$
    130 GOTO 100
    140 END

Bild 1: Programm

Programmablauf

Soll das Programm zum „Laufen" gebracht werden, erhält der Rechner ein Startkommando. Dies ist wiederum ein Systembefehl (Kommando): RUN

Nach Eingabe von RUN und betätigen der RETURN-Taste erscheint auf dem Bildschirm in der nächsten Zeile die Frage:

    WIE HEISSEN SIE?
    ?

Das Fragezeichen sagt dem Benutzer, daß der Rechner jetzt eine Eingabe über die Tastatur erwartet. Wir geben z. B. ein:

    KARL MAIER

Nach Drücken der RETURN-Taste erscheint in der folgenden Zeile der Ausdruck:

    SIE HEISSEN KARL MAIER

---

* ready (engl., sprich: reddi) = fertig   ** Cursor (engl., sprich: Köhrser) = Oberflächenfleck   *** sprich: A Dollar; $ = Abkürzung des Dollar

Anschließend fragt der Rechner wieder:

Der Rechner ist also automatisch wieder an den Programmanfang zurückgekehrt. Um das Programm abzubrechen, wird die RUN-STOP-Taste benutzt. Ein neuer Start erfolgt wieder durch Eingabe des Systembefehls RUN.

Wiederholungsfragen

1. Mit welchem Befehl wird eine geschriebene Programmzeile im Arbeitsspeicher abgelegt?
2. Wie heißt die zeilenweise Bearbeitung von Programmen?
3. Was versteht man unter Dialogbetrieb?
4. Warum wählt man für die Zeilennummern z. B. Zehnerschritte?
5. Mit welchem Befehl kann das Programm auf dem Bildschirm aufgelistet werden?
6. Welcher Befehl veranlaßt die Abarbeitung des eingegebenen Programmes?

Speichern und Laden von Programmen

Mit einem Kassettenrecorder kann ein in den Rechner eingegebenes Programm gespeichert werden. Dazu soll das Programm gemäß Bild 1, Seite 502, verwendet werden. Um Verwechslungen mit anderen Programmen auszuschließen, erhält das Programm eine zusätzliche Zeile, die als Kommentar den Programmnamen enthält. Für dieses Programm wird z. B. geschrieben: 90 REM NAME?

```
 90 REM NAME?
100 PRINT "WIE HEISSEN SIE?"
110 INPUT A$
120 PRINT "SIE HEISSEN "; A$
130 GOTO 100
140 END
```

Bild 1: Programm NAME?

Nach dem Befehl REM* kann ein beliebiger Text eingegeben werden, der allerdings nicht länger als eine Zeile sein darf. Bei der Programmbearbeitung wird diese Zeile vom Rechner überlesen. Nach dem Befehl LIST erscheint das Programm **(Bild 1)** in der richtigen Reihenfolge mit der Zeile 90 am Anfang. Bei längeren Programmen ist die Verwendung von Kommentaren zur näheren Erläuterung notwendig.

Speichern. Der Vorgang beginnt mit der Eingabe des Systembefehls SAVE "NAME?". Bevor nun die RETURN-Taste gedrückt wird, muß der Kassettenrecorder für die Aufnahme vorbereitet sein. Es werden gleichzeitig die Tasten Aufnahme (Record) und Spielen (Play) gedrückt. Nun wartet man noch etwa 20 bis 30 Sekunden, um sicher zu sein, daß der Bandvorspann vorbei ist, und drückt dann die RETURN-Taste. Der Rechner gibt das Programm als Tonfolge aus. Diese wird gespeichert. Wenn das ganze Programm gespeichert ist, erfolgt am Bildschirm eine Meldung READY, und der Kassettenrecorder wird von selbst abgeschaltet. Erfolgt keine Abschaltung, so wartet man etwas und schaltet den Kassettenrecorder von Hand aus.

Auf einer Kassette lassen sich mehrere Programme abspeichern. Deshalb ist es wichtig, daß jedes Programm einen Namen hat, um später die Suche nach ihm zu erleichtern. Die Programmnamen sollen sich deutlich voneinander unterscheiden. Gibt man nach dem Speichern VERIFY "NAME?" ein und drückt anschließend die PLAY-Taste, so wird das gespeicherte Programm überprüft. Stimmt das Programm auf der Kassette mit dem Programm im Rechner überein, erscheint auf dem Bildschirm OK andernfalls ein "VERIFY ERROR".

Laden. Mit dem Systembefehl LOAD "NAME?" wird dem Rechner gesagt, daß er das abgespeicherte Programm NAME? von der Kassette in den Arbeitsspeicher holen soll. Nach Drücken der RETURN-Taste wartet der Rechner auf die Daten, die als Tonfolge vom Band kommen. Wird jetzt der Kassettenrecorder auf Spielen (Play) geschaltet, wird das Programm eingelesen. Zuerst überprüft der Rechner, ob der nach LOAD eingegebene Name und der auf dem Band gefundene übereinstimmen. Sind mehrere Programme auf einer Kassette und ist das erste gespeicherte Programm nicht das gesuchte, so erfolgt nur der Ausdruck des gefundenen Programmnamens, z. B. FOUND NOTE, und kein Einlesen dieses Programmes.

---

* REM Abkürzung für REMARK (engl.) = Bemerkung;   ** VERIFY (engl.) = verwirklichen, überprüfen

*** ERROR (engl.) = Fehler;   **** FOUND (engl.) = gefunden, von to find = finden

Der Rechner sucht nun weiter. Ist der gewünschte Programmname gefunden, wird das Programm eingelesen und steht dem Benutzer wieder zur Verfügung. Bevor es gestartet wird, sollte man sich wieder überzeugen, ob es auch ganz eingelesen wurde. Dies geschieht wieder über den LIST-Befehl. Jetzt kann das Programm wie üblich mit RUN gestartet werden.

Eine andere Möglichkeit ein Programm zu holen besteht darin, daß zur gleichen Zeit die zwei Tasten SHIFT* und RUN-STOP gedrückt werden. Der Rechner ist damit auch wieder zum Einlesen bereit und übernimmt nach Drücken der Taste PLAY (Spielen) des Kassettenrecorders das Programm. In dieser Betriebsart erfolgt der Programmstart dann allerdings automatisch. Für größere Programme ist das Verfahren mit dem Kassettenrecorder zu langsam. Man verwendet deshalb meist Floppy-Disk-Speicher. Die Befehle für Eingabe und Ausgabe sind ähnlich wie bei Kassettenbetrieb.

Wiederholungsfragen

1. Mit welchem Befehl kann ein Programm abgespeichert werden?

2. Warum darf bei externem Kassettenrecorder die RETURN-Taste nicht sofort betätigt werden?

3. Mit welchem Befehl wird das Einlesen von der Kassette durchgeführt?

4. Warum sind Programmnamen wichtig?

4.7.3 Programmieren ohne Verzweigung in BASIC

Geradeausprogramm

Die einfachste Art der Programmierung ist das Geradeausprogramm **(Bild 1)**. Alle Befehle werden nach aufsteigender Zeilennummer ausgeführt. Es werden so viele Anweisungen ausgeführt, wie Zeilennummern, d.h. Befehle, vorhanden sind.

Es soll z.B. ein Programm erstellt werden, das den Notendurchschnitt von vier Schülern berechnet. Die Noten sollen vom Rechner angefordert werden und anschließend soll das Ergebnis mit einem Kommentar ausgegeben werden.

Nachdem alle 4 Noten abgespeichert sind (Bild 1), kann mit der Berechnung begonnen werden. In Zeile 200 wird die Summe S der vier Noten berechnet. Aus der Summe wird durch Teilen der Durchschnitt N berechnet.

Als Ergebnis wird die Zahl N ausgegeben.

Das Programm beginnt mit dem Programmnamen. Der Rechner fragt nach der 1. Note und erwartet nach dem Fragezeichen die Eingabe einer Zahl, die der Variablen A zugeordnet wird. Genauso werden die weiteren drei Noten erfragt und den Variablen B, C und D zugeordnet. Die Zeilen 200 und 210 lassen sich auch zu einer Zeile zusammenfassen, z.B.: 200 N = (A + B + C + D)/4. Die Zeile 210 müßte dann allerdings *gelöscht* werden. Das erreicht man durch Eingabe der Zeilennummer 210 und drücken der RETURN-Taste. Hat man das Programm fertig eingegeben, so ist es sinnvoll, eine Überprüfung durch Auflisten des Speicherinhaltes mit dem LIST-Befehl vorzunehmen.

```
100 REM NOTENDURCHSCHNITT
110 PRINT "1. NOTE";
120 INPUT A
130 PRINT "2. NOTE";
140 INPUT B
150 PRINT "3. NOTE";
160 INPUT C
170 PRINT "4. NOTE";
180 INPUT D
190 REM SUMME UND DURCHSCHNITT
200 S = A + B + C + D
210 N = S/4
220 PRINT"DER DURCHSCHNITT IST ";N
230 END
```

Bild 1: Programm NOTENDURCHSCHNITT

Nun wird das Programm mit RUN gestartet. Auf dem Bildschirm erscheint die Frage nach der 1. Note **(Bild 2)**. Erst nach Eingabe der Zahl 3 und Betätigen der RETURN-Taste wird die 2. Note erfragt. Nach Eingabe der 4. Note erscheint in der nächsten Zeile der Ergebnisausdruck.

```
1.NOTE? 3
2.NOTE? 4
3.NOTE? 1
4.NOTE? 2
DER DURCHSCHNITT IST 2.5
```

Bild 2: Ergebnisausdruck

Geradeausprogramme werden nach aufsteigender Zeilennummer abgearbeitet.

* SHIFT (engl.) = anheben

504

Für dieses Programm soll nun der Arbeitsablauf grafisch mit Hilfe von Sinnbildern dargestellt werden:

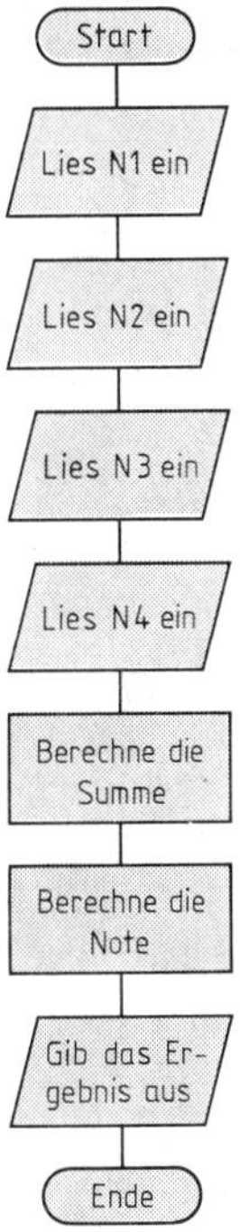

Programmablaufplan

Programmablaufpläne bestehen aus Sinnbildern für die durchzuführenden Operationen, wie z. B. Ausgabe, Eingabe, Ablauflinien, Gliederungen und Bemerkungen. Die Verarbeitungsrichtung von Vorgängen wird durch Pfeile festgelegt. In die Sinnbilder kommen nur knappe, informative Texte oder Symbole, z. B. mathematische Zeichen.

> Der Programmablaufplan ist eine grafische Darstellung von Programmen.

Der Programmablaufplan beginnt und endet mit einem Oval, der Grenzstelle **(Bild 1)**. Die nächsten 4 Schritte sind Eingaben mit den INPUT-Befehlen. Eingabe und Ausgabe werden durch Parallelogramme dargestellt. Darauf werden die beiden Rechenoperationen durchgeführt. Das Sinnbild hierfür ist ein Rechteck. Anschließend erfolgt eine Ausgabe, die wieder durch ein Parallelogramm dargestellt wird. Den Schluß des Programmablaufplans bildet wieder eine Grenzstelle, die das Ende des Programms anzeigt.

Bild 1: Programmablaufplan

Mathematische Operationen

Für die Addition und die Subtraktion werden die gleichen Zeichen wie in der Mathematik verwendet **(Tabelle 1)**. Für die Division wird der schräge Bruchstrich eingesetzt. Die Multiplikation und das Potenzieren werden durch Sonderzeichen dargestellt. Das Multiplikationszeichen muß gesetzt werden, da der Rechner sonst nicht zwischen Namen und Multiplikation unterscheiden kann. Für das Potenzieren sind je nach Rechnertyp verschiedene Sonderzeichen in Gebrauch.

Tabelle 1: Rechenzeichen	
Operation	BASIC-Zeichen
Addition	+
Subtraktion	—
Multiplikation	*
Division	/
Potenz	$\wedge$, **, $\uparrow$
Klammern	( )

> Multiplikationszeichen müssen gesetzt werden.

Die Reihenfolge der Ausführung ist die gleiche wie in der Mathematik. Zuerst wird potenziert, dann multipliziert, dann addiert. Multiplikation und Division sind wie Addition und Subtraktion gleichrangig. Will man eine andere Reihenfolge in der Bearbeitung, so müssen einzelne Ausdrücke in Klammern gesetzt werden. Der Rechner arbeitet gleichrangige Ausdrücke nacheinander von links nach rechts ab.

> Gleichrangige Ausdrücke werden von links nach rechts abgearbeitet.

Alle übrigen mathematischen Operationen werden mit Hilfe von Standardfunktionen ausgeführt.

Systembefehle

Systembefehle dienen der Steuerung des Rechners und der angeschlossenen Peripherie-Geräte, wie z. B. Kassettenrecorder, Bildschirm und Drucker.

SAVE-Befehl und LOAD-Befehl bewirken das Abspeichern und Holen von Programmen von Kassettengerät oder Diskettengerät.

Beide Befehle enthalten üblicherweise den Programmnamen. Wird LOAD allein eingegeben, so wird das nächste Programm der Kassette eingelesen (Tabelle 1). Beginnt man mit dem Schreiben eines neuen Programms, muß der Arbeitsspeicher des Rechners „geleert" werden, um zu verhindern, daß alte Zeilen in das neue Programm geraten. Dazu wird der Befehl NEW verwendet.

Den Überblick über das geschriebene Programm erhält man durch das Auflisten der im Arbeitsspeicher befindlichen Programmzeilen mit dem LIST-Befehl. Durch Anfügen von Zeilenzahlen kann man auch einzelne Zeilen oder Programmstücke anschauen.

Mit dem RETURN-Befehl wird dem Rechner gesagt, daß eine Zeile, d.h. eine Anweisung, fertig geschrieben ist, und in den Arbeitsspeicher gebracht werden soll. Der Start eines Programmes erfolgt mit dem RUN-Befehl. Der Rechner beginnt mit der Abarbeitung des Programms in der niedrigsten verwendeten Zeilennummer.

Tabelle 1: Systembefehle	
Befehl	Bedeutung — Auswirkung
SAVE	Speichert im Arbeitsspeicher stehende Programme ab.
LOAD	Holt abgespeicherte Programme in den Arbeitsspeicher zurück
NEW	Löscht alle Speicherplätze
LIST	Bringt den Arbeitsspeicherinhalt auf den Bildschirm
LIST 10	Bringt z.B. die Zeile 10 auf den Bildschirm
RETURN	Überträgt Bildschirmzeile in den Arbeitsspeicher
RUN	Bewirkt den Programmstart in der ersten beschriebenen Zeile
RUN 200	Programmstart erfolgt z.B. in der Zeile 200

Systembefehle dienen zur Rechnersteuerung.

Systembefehle (Tabelle 1) haben keine Zeilennummer, da sie direkt auf den Rechner einwirken und nicht in das Programm eingreifen. Manche Systembefehle, z.B. RUN, können aber auch mit Zeilennummer als Programmierbefehle verwendet werden.

Programmierbefehle

Im Programm nach Bild 1, Seite 504, werden die Buchstaben A, B, C, D als Formelzeichen für die vier Noten benutzt. Die Buchstaben von A...Z dienen als *Variable*, denen im Laufe des Programms oder auch zu Beginn, Werte zugewiesen werden können.

Folgt auf den Buchstaben ein Dollarzeichen, z.B. bei A$, so kann diese Variable zum Speichern von Text verwendet werden. Der gespeicherte Text wird als Zeichenkette oder *String** bezeichnet (A$ sprich: A-Dollar). Er muß im Programm zwischen Hochkomma gesetzt werden.

Im Programm Bild 1, Seite 502, wurde mit dem Schlüsselwort GOTO ein Sprung an den Programmanfang durchgeführt. Die Zeilennummer nach GOTO gibt das Sprungziel an (Tabelle 2). Der Rechner kann nur dahin springen. Man spricht hier von der *unbedingten Sprunganweisung*. Man kann Vorwärtssprünge und Rückwärtssprünge programmieren. Die Anweisung END zeigt dem Rechner, daß das Programm in dieser Zeile zu Ende ist. Das END kann auch fehlen. Mit PRINT können eine oder mehrere Berechnungen, Texte oder Werte von Variablen ausgegeben werden. Soll ein Text ausgegeben werden, so wird er durch Anführungszeichen gekennzeichnet. Als Abkürzung für PRINT kann ein ? (Fragezeichen) verwendet werden. Die INPUT-Anweisung hält den Rechner in einer Wartestellung fest, bis eine Eingabe durch die Tastatur erfolgt ist. Es können Variable und Textvariable eine Zuweisung erhalten.

Tabelle 2: Programmierausdrücke	
Ausdruck	Bedeutung — Auswirkung
A...Z	Variablen im Programm $A = 1$ $B = 10$ $C = A + B$
A$...Z$	Textvariablen (Strings) A$ = "MAX" B$ = "HUBER"
GOTO (Nr.)	Unbedingter Sprung zur nach GOTO genannten Zeile 100 GOTO 20 10 GOTO 50
END	Beendigt ein Programm, ist die letzte Programmzeile
PRINT, ?	Gibt Daten auf dem Bildschirm (oder Drucker) aus
INPUT	Eingabe von Werten (Zahlen und Texten) über die Tastatur
REM	Ermöglicht das Einfügen von Kommentartexten.

* String (engl.) = Kette

Wiederholungsfragen

1. Welche Eigenschaften hat ein Geradeauspro-gramm?
2. Woraus besteht ein Programmablaufplan?
3. Was ist ein Programmablaufplan?
4. Warum darf bei BASIC das Multiplikationszeichen nicht fehlen?
5. In welcher Reihenfolge werden gleichrangige Ausdrücke vom Rechner abgearbeitet?
6. Welche Aufgaben haben Systembefehle?
7. Wodurch unterscheiden sich mathematische Variablen von Textvariablen?
8. Wozu dienen REM-Anweisungen im Programm?

4.7.4 Programmieren einer Schleife mit GOTO

Beim Geradeausprogramm werden die Anweisungen nach den *aufsteigenden* Zeilennummern ausgeführt. Manchmal ist es jedoch erforderlich die normale Reihenfolge zu ändern. Dies kann in Abhängigkeit von einzugebenden oder im Programm erst errechneten Werten erfolgen.

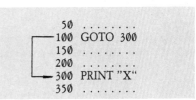

Bild 1: Vorwärtssprung

Unbedingte Sprunganweisung GOTO

Diese Anweisung bewirkt, daß das Programm nicht mit der in der folgenden Zeile stehenden Anweisung fortgesetzt wird, sondern mit der Zeile fortgesetzt wird, die als Sprungziel nach dem Wort GOTO steht. Nach Ausführung des Sprunges wird das Programm weiter geradeaus abgearbeitet, wenn nicht andere Anweisungen die Reihenfolge wieder ändern. Mit einem *Vorwärtssprung* **(Bild 1)** kann ein Programmstück übersprun-gen werden. Mit einem *Rückwärtssprung*, bei dem die Zeilen-nummer vor dem GOTO größer als die Zeilennummer nach dem GOTO ist, werden Programmschleifen **(Bild 2)** gebildet.

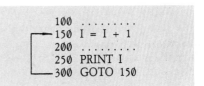

Bild 2: Programmschleife

> Mit dem Vorwärtssprung werden Programmteile übersprungen, mit dem Rückwärtssprung werden Programmschleifen gebildet.

In der Programmschleife Bild 2 wird mit der Anweisung I = I + 1 der Variablen I bei jedem Schleifendurch-gang ein um 1 größerer Wert zugeordnet. Der Befehl bewirkt, daß in dieser Zeile zum gerade vorhandenen Wert von I eine 1 addiert wird, und dieser neu berechnete Wert wieder der Variablen I zugeordnet wird.

Manchmal wird ausführlicher der Befehl LET I = I + 1 mit derselben Wirkung geschrieben. Mit I = I + 1 in einer Schleife wird also ein *Zähler* (Counter) verwirklicht. Damit der Rechner diese Schleife verlassen kann, muß in Abhängigkeit von einer in der Schleife vorhandenen Bedingung aus der Schleife gesprungen werden.

Diese Form der Entscheidungs-Anweisung lautet in BASIC: IF...THEN ...

IF und THEN gehören immer zusammen. Einzeln dürfen sie nicht verwendet werden. Nach IF steht die Bedingung, nach THEN steht, was getan wird. Nach THEN kann eine beliebige BASIC-Anweisung stehen. Im Beispiel **Bild 1, Seite 508**, prüft der Rechner, ob der Wert der Zahl I mit der Zahl 3 übereinstimmt. Es kann z. B. auch festgestellt werden, ob zwei Werte ungleich sind, oder ob ein Wert größer als der andere ist. Insgesamt gibt es sechs Möglichkeiten **(Tabelle 1)**, um zu vergleichen, sowie sinnvolle Kombinationen aus diesen Bedingungen.

Tabelle 1: Vergleichsmöglichkeiten

In BASIC	Bedeutung
A = B	A ist gleich B
A < B	A ist kleiner als B
A > B	A ist größer als B
A < > B	A ist ungleich B
A < = B	A ist kleiner oder gleich B
A > = B	A ist größer oder gleich B

> Ist die Vergleichsbedingung erfüllt, wird der Befehl ausgeführt.
>
> Ist die Vergleichsbedingung nicht erfüllt, wird der Befehl übersprungen und die folgende Zeile bearbeitet.

Beispiel: Das Programm NAME? (Bild 1, Seite 503) soll so geändert werden, daß nur noch dreimal nach dem Namen gefragt wird. a) Stellen Sie das geänderte Programm auf! b) Welcher Ergebnisausdruck erscheint nach Eingabe von RUN und der Eingabe der Namen ANTON, FRITZ, KARL?

Lösung: a) **Bild 1**
b) **Bild 2**

```
100 REM NAMENSPROGRAMM
110 I = 0
120 PRINT"WIE HEISSEN SIE ";
130 INPUT A$
140 PRINT"SIE HEISSEN ";A$
150 PRINT
160 I = I + 1
170 IF I < 3 THEN GOTO 120
180 END
```

Bild 1: Namensprogramm

```
WIE HEISSEN SIE? ANTON
SIE HEISSEN ANTON

WIE HEISSEN SIE? FRITZ
SIE HEISSEN FRITZ

WIE HEISSEN SIE? KARL
SIE HEISSEN KARL
```

Bild 2: Ergebnisausdruck

Im Programm Bild 1 ist in der Zeile 100 als erstes der Name geändert worden, um Verwechslungen auszuschließen. In der Zeile 160 wird mit einem Zähler die Anzahl der Schleifendurchgänge ermittelt. In der folgenden Zeile erfolgt die Abfrage, ob zum Programmanfang gesprungen werden soll, oder ob das Programm beendet, d.h. aus der Schleife herausgesprungen werden soll. Zeile 110 setzt den Wert der Variablen I am Programmanfang auf Null. Sie dient gleichzeitig dazu, das Programm übersichtlich zu machen. Zusätzlich bewirkt eine Festlegung häufig gebrauchter Variablen am Programmanfang kürzere Rechnerzeiten.

Statt in der Zeile 110 I = 0 zu setzen, kann auch I = 1 eingegeben werden. Dann wird unser Programm allerdings nur noch zweimal durchlaufen, bis die Sprungbedingung in Zeile 170 nicht mehr erfüllt ist. Wenn das Programm wie bisher dreimal durchlaufen werden soll, muß die Abfrage geändert werden. Zeile 170 kann wie folgt geändert werden: 170 IF I < 4 THEN GOTO 110. Oder man kann auch durch Verwenden eines anderen Vergleichbefehls schreiben: 170 IF I < = 3 THEN GOTO 110. Setzt man für I am Anfang z.B. 10 ein, muß man für dreimaliges Durchlaufen der Schleife natürlich I in Zeile 170 entsprechend wählen.

Die Differenz der I-Werte der Zeilen 110 und 170 gibt die Zahl der Schleifendurchgänge an.

Der **Programmablaufplan** zum Namensprogramm Bild 1 zeigt das Prinzip der Lösung **(Bild 3)**. Das Programm beginnt mit einer Grenzstelle, d.h. einem *Oval*, das den Anfang des Programmablaufplans darstellt. Im folgenden Rechteck wird in einer Rechenoperation der Variablen I der Wert Null zugewiesen. Ein *Rechteck* ist das Symbol für eine durchzuführende Operation, z.B. Addition, Zuweisung usw. Im nächsten Schritt gibt der Rechner eine Frage auf dem Bildschirm aus. Für Eingabe und Ausgabe wird als Kennzeichen ein *Parallelogramm* verwendet. Es folgt also ein zweites Parallelogramm, das die Eingabe anzeigt. Nach dem Drücken der RETURN-Taste erscheint die Antwort auf dem Bildschirm. Dies ist auch wieder durch ein Parallelogramm auszudrücken. Der nächste Programmschritt ist die Addition von 1 zum derzeit vorhandenen Wert von I. Da es sich um eine Rechenoperation handelt, wird wieder ein Rechteck verwendet. Nun wird die Abfrage durchgeführt, ist I kleiner als der vorgegebene Wert 3. Das Symbol für eine Verzweigung ist die *Raute*. Ist die Bedingung wahr, wird zum Programmanfang zurückgesprungen, andernfalls wird das Programm beendet. Der Rücksprung wird durch eine Ablauflinie dargestellt, die von einer Rautenspitze ausgehend zurück zum Schleifenanfang führt und dort mit der Pfeilspitze in einer Zusammenführung endet. In BASIC bleibt eine Rautenspitze frei, da keine Mehrfachbedingungen mit einem Befehl programmierbar sind.

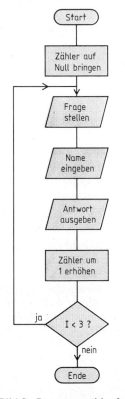

Bild 3: Programmablaufplan zu Namensprogramm

508

Statt eines Programmablaufplanes (PAP) kann zur grafischen Darstellung eines Programmes auch ein *Struktogramm* verwendet werden **(Bild 1)**. In einem Struktogramm hat jedes Strukturelement nur einen Eingang und einen Ausgang. Daher ist diese Art grafischer Darstellung besonders für den modularen Programmaufbau, d.h. für das strukturierte Programmieren, geeignet (siehe Abschnitt Unterprogrammtechnik).

In einem Struktogramm bildet jedes Rechteck einen Strukturblock. Auch ein ganzes Programm wird also durch ein Rechteck dargestellt. Innerhalb eines Strukturblocks wird entsprechend dem Programmverlauf weiter in Rechtecke oder bei Fallabfragen (Verzweigungen) in Dreiecke unterteilt.

Das Namensprogramm (Bild 1 Seite 508) besteht aus einem Rahmenrechteck, daß in der ersten Zeile das Wort Start oder eine Abkürzung für den Programmnamen enthält. Entsprechend dem Programm wird weiter von oben nach unten in Teilrechtecke unterteilt. Die Programmzeilen 120 bis 160 werden durch eingerückte Rechtecke dargestellt

Start
Zähler auf Null setzen
Frage stellen
Eingabe machen
Ausgabe der Antwort
I = I + 1
Solange I < 3
Ende

Bild 1: Struktogramm für das Namensprogramm

und entsprechend nacheinander gelesen. Die Zeile 170 steht unten in L-Form, somit werden die vorausgegangenen vier Anweisungen mit umfaßt. Auf diese Weise können in einem Struktogramm Schleifen dargestellt werden.

Struktogramme führen zu einem konsequenten modularen Programmaufbau mit nur wenigen Sprüngen.

Wiederholungsfragen

1. Wie kann man Programmteile überspringen?
2. Wie können Schleifen programmiert werden?
3. Welche Möglichkeiten gibt es zur grafischen Darstellung von Programmen?

4.7.5 Programmieren mehrerer Schleifen

Manchmal sollen in einem Programm *mehrere* Abfragen durchgeführt werden. Dann sind auch eine entsprechende Anzahl von Abfragen mit dem IF...THEN-Befehl nötig. Für jede Schleife ist dann auch eine eigene *Laufvariable* erforderlich, um sicherzustellen, daß das Programm auch in der gewünschten Weise arbeitet. Laufvariablen erhalten meist Buchstaben von I ab, also I, J, K, ... usw. Außer den mathematischen Vergleichen können auch Abfragen mit String-Variablen durchgeführt werden. Im Programm wird z.B. die Frage gestellt, ob das Programm noch einmal bearbeitet werden soll. In der nächsten Zeile muß der Benutzer des Rechners dann z.B. ein JA oder ein NEIN eingeben. In Abhängigkeit von der Antwort wird die Schleife verlassen oder neu bearbeitet.

Beispiel: Erweitern Sie das Notenprogramm (Bild 1 Seite 504) so, daß durch die Verwendung zweier Schleifen der Notendurchschnitt für beliebige Schülerzahlen und eine beliebige Zahl von Klassen ermittelt werden kann.

    a) Erstellen Sie das Programm!

    b) Welcher Ergebnisausdruck ergibt sich?

Lösung: a) **Bild 2**

       b) **Bild 1**, Seite 510

```
100 REM KLASSENDURCHSCHNITTE
110 S = 0
120 I = 0
130 PRINT "WIEVIELE SCHUELER ";
140 INPUT Z
150 I = I + 1
160 PRINT I;".NOTE = ";
170 INPUT N
180 S = S + N
190 IF I < Z THEN GOTO 150
200 Q = S/Z
210 PRINT "DER NOTENDURCHSCHNITT IST ";Q
220 PRINT
230 PRINT "NEUE KLASSE ;JA-NEIN";
240 INPUT A$
250 IF A$ = "JA" THEN GOTO 110
260 END
```

Bild 2: Programm Klassendurchschnitt

In der Zeile 110 (Bild 2, Seite 509) wird die Variable S auf Null gesetzt. Dies ist nötig, damit bei jedem neuen Programmlauf wieder von Null aus aufaddiert wird und nicht der alte Summenwert als Anfangswert verwendet wird. Deshalb muß im Programm auch zu dieser Zeile zurückgesprungen werden. I wird ebenfalls auf Null gesetzt, dies dient wieder der Programmübersichtlichkeit. In Zeile 130 fragt der Rechner nach der Schülerzahl je Klasse. Diese wird dann in der nächsten Zeile eingegeben. Mit dem Zähler in Zeile 150 wird dem Schüler eine Zählnummer zugewiesen, die in der nächsten Zeile im PRINT-Befehl ausgegeben wird. Zusätzlich wird im zweiten Teil des PRINT-Befehls das Wort ausgedruckt. Durch das Semikolon am Zeilenende wird bewirkt, daß das Fragezeichen des INPUT-Befehls und die folgende Noteneingabe in der gleichen Zeile erfolgen. In der Zeile 180 wird die Notensumme berechnet. Zur Summe S, die im ersten Durchgang noch Null ist, wird der eingegebene Wert N addiert. In der Zeile 190 wird abgefragt, ob die Zahl der eingegebenen Noten kleiner als die Zahl der in der Zeile 130 vereinbarten Schülerzahl ist. Ist dies nicht der Fall, so wird zur Zeile 150 zurückgesprungen. Sobald alle Noten eingegeben sind, wird die Zeile 200 ausgeführt und der Notendurchschnitt der Klasse berechnet. Die Ausgabe des berechneten Notendurchschnittes erfolgt wieder mit einem PRINT-Befehl. Der PRINT-Befehl in Zeile 220 bewirkt das Schreiben einer Leerzeile. Damit erreicht man einen Absatz bevor in der folgenden Zeile gefragt wird ob für eine neue Klasse der Notendurchschnitt bearbeitet werden soll. Wird JA eingegeben, so wird an den Programmanfang, d. h. zur Zeile 110 zurückgesprungen. In der Zeile 250 wird überprüft, ob der eingegebene String JA heißt. Wird hier NEIN eingegeben, so wird das Programm beendet. Statt NEIN kann aber auch jeder andere Buchstabe oder eine Zahl eingegeben werden, da nur das JA die Sprungbedingung erfüllt.

Nach der Eingabe von RUN erscheint dann die erste Zeile des Ergebnisausdrucks (Bild 1). Ist die letzte Note eingegeben erscheint automatisch die Zeile mit dem Notendurchschnitt. Üblicherweise druckt der Rechner sechs Stellen nach dem Dezimalpunkt aus. Um die Darstellung auf eine Dezimale nach dem Dezimalpunkt zu beschränken läßt sich die INT-Funktion verwenden (Abschnitt 4.7.8). Dazu muß zunächst mit 10 multipliziert werden, danach die INT-Anweisung durchgeführt und dann wieder durch 10 geteilt werden.

Da im Programm Bild 2, Seite 509, zwei Bedingungen abgefragt werden, müssen im Programmablaufplan **(Bild 2)** auch zwei entsprechende Sinnbilder auftreten. Wird die Schleife zur Berechnung des Durchschnitts für eine Klasse durchlaufen, so spricht man von der inneren Schleife. Entsprechend ist durch den Rücksprung zum Programmanfang die äußere Schleife festgelegt. Die Ablauflinien der beiden Schleifen dürfen sich nicht schneiden, da sonst die Gefahr besteht, daß nicht das ganze Programm abgearbeitet wird.

Wiederholungsfragen

1. **Wie lassen sich in einem Programm mehrere Abfragebedingungen verwirklichen?**

2. **Warum kann für verschiedene Abfragebedingungen nicht die gleiche Laufvariable verwendet werden?**

WIEVIELE SCHUELER? 5
1.NOTE = ? 2
2.NOTE = ? 3
3.NOTE = ? 1
4.NOTE = ? 4
5.NOTE = ? 2
NOTENDURCHSCHNITT IST 2.4

NEUE KLASSE : JA-NEIN? JA
WIEVIELE SCHUELER? 4
1.NOTE = ? 1.5
2.NOTE = ? 2
3.NOTE = ? 3.5
4.NOTE = ? 1
NOTENDURCHSCHNITT IST 2

NEUE KLASSE : JA-NEIN? NEIN

Bild 1: Ergebnisausdruck

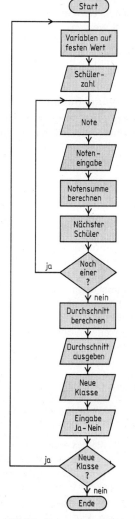

Bild 2: Doppelschleife

4.7.6 Programmieren von Schleifen mit der Laufanweisung FOR...NEXT

In den bisher besprochenen Programmen sind Schleifen ein wesentlicher Teil zur wiederholten Ausführung von Programmteilen. Die Schleife setzte sich aus dem Zähler und der Verzweigungsanweisung IF...THEN zusammen. BASIC besitzt für diese oft verwendete Anweisungsfolge eine besondere Anweisung, die mit dem Beispiel **Bild 1** erklärt werden soll.

Zeile 110 sagt dem Rechner: Führe die Zeile (oder Zeilen) zwischen der FOR-Anweisung und der NEXT-Anweisung mehrmals aus. Bei jedem Durchgang erhält I einen um 1 größeren Wert als beim vorhergegangenen Durchgang. Der erste Wert für I ist 1, der letzte Wert 5. Nach dem letzten Durchgang wird das Programm mit der nach dem NEXT folgenden Anweisung fortgesetzt.

> Nach NEXT muß dieselbe Variable stehen wie nach FOR.

Die Wirkungsweise sieht man am Ausdruck **Bild 2**.

Beim ersten Durchgang hat I den Wert 1, also wird 1 und 1∗1 ausgegeben. Zeile 130, die letzte Anweisung der Schleife, bewirkt den Rücksprung zur Zeile 110. Die Schleife wird noch mal durchlaufen, diesmal mit I = 2, also wird 2 und 2∗2 ausgegeben. Das geht so weiter, bis mit I = 5 der letzte Durchgang erfolgt ist. Dann sind die Schleife und Zeile 140 abgearbeitet.

Statt des Endwertes 5 kann auch eine Variable eingesetzt werden, die z. B. vorher mit einem INPUT-Befehl festgelegt wurde. Dies entspricht in Programm Bild 2, Seite 509 z. B. dem Z der Schülerzahl. Damit kann die Schleife, so oft es im Einzelfall gewünscht wird, durchlaufen werden. Auch der Anfangswert 1 kann durch eine Variable ersetzt werden.

> FOR...NEXT ersetzt den Zähler und den IF...THEN-Befehl.

Die FOR...NEXT-Schleife ist aber noch vielseitiger.

Im Quadratzahlen-Programm Bild 1 wird die Laufvariable I bei jedem Durchgang schrittweise um 1 vergrößert. Es können jedoch beliebige Schrittweiten verwendet werden, nur muß man das dem Rechner auch extra sagen. Dies geschieht mit dem Zusatz STEP und der Schrittweite dahinter.

```
100 REM SCHLEIFE
110 FOR I = 1 TO 5
120 PRINT I, I∗I
130 NEXT I
140 PRINT "SCHLEIFENENDE"
150 END
```

Bild 1:
Schleife für Quadratzahlenprogramm

```
1            1
2            4
3            9
4           16
5           25
SCHLEIFENENDE
```

Bild 2: Quadratzahlen-Ausdruck

```
100 REM UNGERADE QUADRATE
110 FOR I = 1 TO 9 STEP 2
120 PRINT I, I∗I
130 NEXT I
140 END
```

Bild 3: Ungerade Quadratzahlen

```
1            1
3            9
5           25
7           49
9           81
```

Bild 4: Ausdruck
Ungerade Quadratzahlen

Beispiel 1: Das Quadratzahlen-Programm Bild 1 soll so geändert werden, daß nur Quadratzahlen zu einer ungeraden Basis berechnet werden.
a) Stellen Sie das geänderte Programm auf!
b) Welcher Ausdruck erscheint nach der Eingabe von RUN?

Lösung: a) **Bild 3**
b) **Bild 4**

Der Zusatz STEP 2 im Programm Bild 3 sagt dem Rechner, erhöhe bei jedem Schleifendurchgang I um 2! Es lassen sich auch andere Schrittweiten verwenden, z. B. 5, 10, 0.1, 0.2. Am Rechner erhält man für den ersten Fall mit I = 2 den Ausdruck nach Bild 4.

Beim ersten Durchgang hat I den Wert 1, also wird wieder 1 und 1∗1 ausgegeben. Im zweiten Durchgang ist I = 3, also wird 3 und 3∗3 ausgegeben. Die obere Schleifengrenze ist I = 9, also wird 9 und 9∗9 ausgegeben und die Schleife beendet.

Die FOR...NEXT-Anweisung kann auch mit abwärtszählendem I benutzt werden. Dann muß allerdings der Anfangswert von I größer als der Endwert sein, und die Schrittweite nach STEP muß negativ sein.

Geschachtelte Schleifen. Die Programmierung mit FOR...NEXT-Schleifen spart gegenüber der Verwendung von Zähler und dem IF...THEN-Befehl eine Programmzeile. Außerdem wird das Programm übersichtlicher. Besonders bei ineinander geschachtelten Schleifen ist die FOR...NEXT-Anweisung günstig.

Beispiel 2: Unter Verwendung von zwei FOR...NEXT-Schleifen soll eine Einmaleins-Tabelle programmiert werden.
a) Stellen Sie das Programm auf! b) Welchen Programmausdruck erhält man?

Lösung: a) **Bild 1**
b) **Bild 2**

Für die äußere Schleife, die in Zeile 120 beginnt, wird als Laufvariable z. B. I gewählt. Die Schleife wird zehnmal durchlaufen und ist in der Zeile 200 zu Ende. Die innere Schleife beginnt in Zeile 130 und verwendet als Laufvariable z. B. das J. Schleifenende ist die Zeile 180. Die J-Schleife befindet sich also innerhalb der I-Schleife.

Die Berechnung der einzelnen Einmaleins-Werte findet in Zeile 140 statt. Die Zeilen 150 bis 190 dienen nur dazu einen übersichtlichen Ausdruck der einstelligen, zweistelligen und dreistelligen

```
100  REM EINMALEINS-TABELLE
110  PRINT "EINMALEINS-TABELLE"
120  FOR I = 1 TO 10
130  FOR J = 1 TO 10
140  X = I*J
150  IF X < 10 THEN PRINT "    ";X;:GOTO 180
160  IF X = 100 THEN PRINT X;      :GOTO 200
170  PRINT " ";X;
180  NEXT J
190  PRINT
200  NEXT I
210  END
```

Bild 1: Einmaleins-Programm

Zahlen in Tabellenform zu ermöglichen. Dazu wird im Druckbefehl nach dem Wort PRINT eine entsprechende Zahl von Leerstellen (Blanks) zwischen Hochkommas eingefügt. Durch die Semikolon wird erreicht, daß mit einem Blank Abstand der nächste PRINT-Befehl in der gleichen Zeile ausgeführt wird.

In den Zeilen 150 und 160 wird je noch ein zweiter Befehl, vom ersten durch Doppelpunkt getrennt, geschrieben, der auch in Abhängigkeit von der Sprungbedingung mit ausgeführt wird.

Zuerst wird I = 1 gesetzt und die innere Schleife mit J von 1 bis 10 durchlaufen. Dann wird mit I = 2 wieder die ganze J-Schleife durchlaufen. Für I = 10 und J = 10 wird der letzte Durchgang gemacht. Insgesamt wird die innere Schleife 100mal durchlaufen, die äußere 10mal (Bild 2).

Schleifenanweisungen beginnen mit FOR und der zugehörigen Laufvariablen und enden mit NEXT und derselben Laufvariablen.

EINMALEINS-TABELLE

1	2	3	4	5	6	7	8	9	10
2	4	6	8	10	12	14	16	18	20
3	6	9	12	15	18	21	24	27	30
4	8	12	16	20	24	28	32	36	40
5	10	15	20	25	30	35	40	45	50
6	12	18	24	30	36	42	48	54	60
7	14	21	28	35	42	49	56	63	70
8	16	24	32	40	48	56	64	72	80
9	18	27	36	45	54	63	72	81	90
10	20	30	40	50	60	70	80	90	100

Bild 2: Ergebnisausdruck Einmaleins-Tabelle

Je nach Rechnertyp können bis zu 10 Schleifen ineinander geschachtelt werden. Sind in einem Programm mehrere Schleifen enthalten, so müssen Anfangszeile und Endzeile jeder einzelnen Schleife die gleiche Laufvariable enthalten. Wichtig ist, daß sich die Schleifen nicht überschneiden. Macht man um die einzelnen Schleifen jeweils eine Klammer (Bild 1) so dürfen diese sich nicht schneiden.

Wiederholungsfragen

1. Auf welche Weisen kann in BASIC eine Schleife gebildet werden?

2. Welche Vorteile bietet die FOR...NEXT-Anweisung?

3. Was versteht man unter geschachtelten Schleifen?

4. Wie können ineinander geschachtelte Schleifen überprüft werden?

4.7.7 Unterprogrammtechnik

Die Zerlegung eines Programms in einzelne Blöcke bezeichnet man als modulare Programmierung **(Bild 1)**. Das Programm besteht dann aus den Programmbausteinen *Hauptprogramm*, auch *Steuerprogramm* genannt, und den *Unterprogrammen*. Mit dem Hauptprogramm fordert man das gewünschte Unterprogramm an. Nach der Beendigung des Unterprogramms wird die nächste Zeilennummer des Hauptprogramms ausgeführt. Dies kann aber wieder der Sprung in ein Unterprogramm sein. Hat der Rechner auch dieses Unterprogramm bearbeitet, erfolgt wieder der Rücksprung. Jedes Unterprogramm kann beliebig oft vom Hauptprogramm aufgerufen werden.

Prinzipiell kann auch jedes Unterprogramm wieder ein weiteres Unterprogramm aufrufen und dieses wieder eins. Dies erschwert aber die Möglichkeit des Programmtestens. Aus diesem Grunde werden Programme nach der *Baumstruktur* aufgebaut **(Bild 2)**. Damit erhält man eine bestimmte Rangordnung innerhalb des Programms, so daß Programmfehler leichter bis zum Entstehungsort zurückverfolgt werden können.

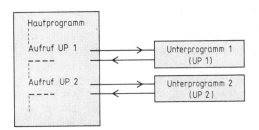

Bild 1: Hauptprogramm und Unterprogramm

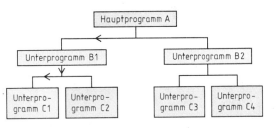

Bild 2: Baumstruktur

Programme, die nach der Baumstruktur organisiert sind, heißen strukturierte Programme.

Der Aufruf eines Unterprogramms erfolgt in BASIC mit dem *GOSUB-Befehl*. Dies bedeutet soviel wie „gehe ins Unterprogramm zur Zeilennummer" und führe die dort stehenden Befehle aus. Aus dem Unterprogramm erfolgt der Rücksprung in das aufrufende Hauptprogramm mit dem Befehl RETURN. Dies bedeutet: kehre zu der letzten Anweisungsnummer des Hauptprogramms zurück und setze das Programm in der nächsten Zeile fort.

Für sich oft wiederholende Programmstücke schreibt man Unterprogramme, da dadurch im Programm viel Platz gespart wird.

Beispiel: Aus einem beliebigen Hauptprogramm sollen nacheinander mit dem GOSUB-Befehl ein SINUS- und ein COSINUS-Unterprogramm aufgerufen werden. Stellen Sie das Programm auf!

Lösung: **Bild 3**

In Zeile 110 (Bild 3) wird in das erste Unterprogramm gesprungen, daß mit Zeile 400 beginnt. Der dort berechnete Wert von Z wird nach dem Rücksprung aus dem Unterprogramm in das Hauptprogramm in Zeile 120 ausgedruckt. Im weiteren Verlauf wird in Zeile 140 in das 2. Unterprogramm gesprungen und der Cosinus berechnet. Der berechnete Wert wird durch die Zeile 150 ausgegeben und das Hauptprogramm mit der Zeile 160 fortgesetzt.

```
100 INPUT "WINKEL IN GRAD ";A
110 GOSUB 400
120 PRINT "SINUS A = ";Z
130 . . . . .
140 GOSUB 500
150 PRINT "COSINUS A = ";Z
160 END

400 REM SINUS-UNTERPROGRAMM
410 Z = SIN(A/180*3.1415)
420 RETURN

500 REM COSINUS-UNTERPROGRAMM
510 Z = COS(A/180*3.1415)
520 RETURN
```

Bild 3: Unterprogramme

Zeilennummern für Unterprogramme werden üblicherweise weit über die Hauptprogrammzeilennummern oder aber an den Anfang gelegt.

4.7.8 Standardfunktionen

Eine Funktion zeigt das Abhängigkeitsverhältnis zwischen zwei mathematischen Größen auf. Für die Wurzel wird als Funktion z. B. geschrieben $y = \sqrt{x}$. Die mathematische Abhängigkeit der Größe y von der unabhängigen Größe x wird durch das Wurzelzeichen dargestellt. In der Mathematik gibt es eine ganze Reihe solcher Funktionen (**Tabelle 1**). Da diese Funktionen oft gebraucht werden, sind sie im Rechner fest einprogrammiert. Um sie zu kennzeichnen, verwendet man eine sinnvolle Abkürzung als BASIC-Namen, der dann im Programm aufgerufen wird. Funktionen, die im Rechner fest einprogrammiert sind, nennt man *Standardfunktionen*.

> Standardfunktionen ersparen Programmierarbeit.

Bei den Winkelfunktionen SIN(X), COS(X) und TAN(X) muß man beachten, daß das Argument X in rad (Radiant) eingesetzt werden muß.

Tabelle 1: Standardfunktionen

BASIC	Mathematik	Bedeutung
ABS(X)	$\lvert x \rvert$	der Absolutwert von x ABS $(-1.5) = 1.5$
ATN(X)	arctan x	Winkel in rad aus Tangens x
COS(X)	cos x	Cosinus von x (x in rad)
EXP(X)	$e^x = \exp x$	Exponentialfunktion mit e $= 2{,}7182$
INT(X)	—	größte ganze Zahl $\leq x$ INT $(2.4) = 2$; INT $(-1.2) = -2$
LOG(X)	ln x	natürlicher Logarithmus
RND(X)	—	liefert Zufallszahl zwischen $\emptyset$ und 1
SGN(X)	sgn (x)	Vorzeichen einer Zahl 1 für X $> \emptyset$, $\emptyset$ für X $= \emptyset$ -1 für X $< \emptyset$
SIN(X)	sin x	Sinus von x (x in rad)
SQR(X)	$\sqrt{x}$	positive Quadratwurzel von x, nur für $x \geq \emptyset$
TAN(X)	tan x	Tangens von x (x in rad)

Da in BASIC Buchstaben als Variablen dienen, mußte für die *e-Funktion* eine andere Abkürzung gefunden werden. Es werden, wie bei allen anderen Standardfunktionen auch, dafür drei Buchstaben verwendet, in diesem Fall die ersten drei des Wortes Exponentialfunktion. EXP(1) bedeutet also $e^1 = 2{,}71$.

Für den *Logarithmus* gilt, daß er, wie in der Mathematik üblich, nur für positive Werte festgelegt ist. Mit LOG(X) wird der *natürliche* Logarithmus aufgerufen. Den Zehner-Logarithmus erhält man durch LOG(X) / LOG(10).

Die meisten BASIC-Rechner enthalten auch eine Zufallsfunktion, die mit RND(X)* aufgerufen wird. Üblicherweise wird eine Zufallszahl zwischen $\emptyset$ und 1 ausgegeben. Bei jedem Aufruf der RND(X)-Funktion wird eine andere Zufallszahl erzeugt. Diese Funktion ist für Computer-Spiele wichtig. Mit der SGN(X)-Funktion**, der Vorzeichen-Funktion, werden die Vorzeichen der Werte einer Funktion durch die Zahlen $+1$, -1 ausgedrückt, außerdem ist SGN($\emptyset$) gleich Null. Bei der Sinus-Funktion bedeutet das, daß der positiven Halbperiode $+1$, der negativen Halbperiode -1 und dem Nulldurchgang die Null zugeordnet werden. Es entsteht also über eine Schwingung hinweg die Zahlenfolge: $\emptyset$, $1{,}\emptyset$, $-1{,}\emptyset$.

Für das Wurzelziehen steht die Funktion SQR(X)*** zur Verfügung. Ebenso wie der Logarithmus ist diese Funktion nur für positive Werte von X festgelegt.

Bei allen diesen Standard-Funktionen kann das X entweder eine Konstante, also eine Zahl oder eine Variable, der bereits ein Wert zugewiesen wurde, oder auch ein mathematischer Ausdruck sein.

> Das X in Standardfunktionen steht für eine Zahl, Variable oder eine Formel.

Wenn die Standardfunktionen außerhalb eines Programms verwendet werden, so muß vor ihnen PRINT eingegeben werden, z. B. PRINT SQR(5). Nach RETURN erscheint dann das Ergebnis auf dem Bildschirm.

* RANDOM (engl.) = Zufall
** SIGN (engl.) = Vorzeichen
*** SQUARE-ROOT (engl.) = Quadratwurzel

FORTRAN-Hauptprogramme enden mit den beiden Anweisungen *STOP* und *END*.

> **Beispiel 4:** Vervollständigen Sie das Namensprogramm aus Beispiel 1!
>
> *Lösung:* **Bild 1**

Dieses Programm hat den Nachteil, daß es nur für einen Programmdurchlauf einwandfrei funktioniert. Wird nämlich ein Name mit z.B. 15 Zeichen eingegeben und beim nächsten mal einer mit nur 4 Zeichen, dann erscheinen auf dem Bildschirm neben den vier neuen Zeichen noch die letzten 11 Zeichen des vorherigen Namens.

Programmieren einer Schleife

Zum mehrmaligen Gebrauch des Namensprogrammes ist es sinnvoll, die Feldelemente des Feldes NAME mit Blanks vorzubesetzen. Diese „Normierung" wird nach der letzten FORMAT-Anweisung gemacht. Der FOR...NEXT-Schleife in BASIC entspricht in FORTRAN die *DO-Schleife*. Eine DO-Schleife besitzt den Aufbau DO Anweisungsnummer Laufvariable = Anfangswert, Endwert, Schrittweite. Wird die Schrittweite nicht angegeben, dann wird sie vom Rechner auf eins gesetzt. Die Programmzeile mit der angegebenen Anweisungsnummer ist die letzte Anweisung des Schleifenbereichs. Die Anweisungsnummern müssen in FORTRAN nicht aufsteigend numeriert werden. Es ist zweckmäßig, als letzte Anweisung einer DO-Schleife die Anweisung *CONTINUE* zu nehmen. Sie ist eine Leeranweisung, die an beliebiger Stelle im Programm stehen kann, ohne daß die Reihenfolge der Programmausführung beeinflußt wird. Die Zuweisung der Blanks zu den einzelnen Feldelementen erfolgt über eine Variable. Diese Variable muß im Vereinbarungsteil des Programms vereinbart werden. Mit der Vereinbarungsanweisung DATA IBL/1H / wird die Variable IBL mit einem Blank besetzt.

```
       PROGRAM NAME
C PROGRAMM ZUR EINGABE EINES NAMENS
       DIMENSION NAME(20)
600    FORMAT(1H ,17HWIE HEISSEN SIE ?)
601    FORMAT(1H ,13HSIE  HEISSEN: ,20A1)
500    FORMAT(20A1)
       WRITE (6,600)
       READ (5,500)(NAME(I),I=1,20)
       WRITE (6,601)(NAME(I),I=1,20)
       STOP
       END
```

Bild 1: Vollständiges Namensprogramm

```
       PROGRAM NAME
C PROGRAMM ZUR EINGABE EINES NAMENS
       DIMENSION NAME(20)
       DATA IBL/1H /
600    FORMAT(1H ,17HWIE HEISSEN SIE ?)
601    FORMAT(1H ,13HSIE  HEISSEN: ,20A1)
500    FORMAT(20A1)
       DO 20 I=1,20
       NAME(I)=IBL
20     CONTINUE
       WRITE (6,600)
       READ (5,500)(NAME(I),I=1,20)
       WRITE (6,601)(NAME(I),I=1,20)
       STOP
       END
```

Bild 2: Erweitertes Namensprogramm

> **Beispiel 5:** Wie lautet das Namensprogramm, wenn das Feld NAME mit Blanks normiert wird?
>
> *Lösung:* **Bild 2**

Die DO-Anweisung bewirkt, daß der Schleifenbereich einschließlich der Anweisung mit der angegebenen Anweisungsnummer mindestens einmal durchlaufen wird.

Mit einer logischen *IF-Anweisung* können Vergleiche durchgeführt werden **(Tabelle 1)**. Es ist zu beachten, daß die Vergleichsoperatoren zwischen zwei Punkten stehen müssen. Eine logische IF-Anweisung kann folgendermaßen aussehen: IF(X.GT.Y)GOTO12. Bei der Programmabarbeitung wird dann zur Anweisungsnummer 12 gesprungen, wenn die Variable X größer ist als die Variable Y. Eine UND-Verknüpfung kann geprüft werden mit IF((A.LT.B).AND.(C.LT.B))I=I+1.

Jeder einzelne Vergleich muß innerhalb eines Klammerpaares stehen.

Tabelle 1: Vergleichsoperatoren

Operator	Bedeutung	mathematisches Symbol
.GT.	größer als	$>$
.GE.	größer gleich	$\geq$
.LT.	kleiner als	$<$
.LE.	kleiner gleich	$\leq$
.EQ.	gleich	$=$
.NE.	ungleich	$\neq$
.AND.	UND	$\wedge$
.OR.	ODER	$\vee$

Arithmetische Rechenoperationen

Arithmetische Rechenoperationen wie Addition, Subtraktion, Multiplikation und Division werden in FORTRAN gleich programmiert wie in BASIC. Beim Potenzieren muß ** geschrieben werden, z. B. 2**3.

In FORTRAN gibt es mehr Rechenfunktionen als in BASIC, z. B. die Modulofunktion (Rest bei Division).

Beispiel 6: Programmieren Sie ein FORTRAN-Programm, das dem BASIC-Programm nach **Bild 1** entspricht!

Lösung: **Bild 2**

Zu der Formatangabe F6.2 für die Ausgabe muß noch erwähnt werden, daß zwar nur zwei Stellen nach dem Komma ausgegeben werden, der Rechner aber intern mit einer 32-Bit-Gleitpunktdarstellung rechnet (je nach Rechenanlage) und das Ergebnis auch so speichert, so daß bei eventuellen weiteren Rechenoperationen also nicht mit nur zwei Nachkommastellen weitergerechnet wird. In FORTRAN kann auch mit doppelter Genauigkeit gerechnet werden, was als *DOUBLE PRECISION* bezeichnet wird. Hierbei rechnet der Rechner mit z. B. einer 64-Bit-Gleitpunktdarstellung. DOUBLE PRECISION erkennt der Rechner anhand spezieller Anweisungen.

Für arithmetische Rechenoperationen gelten in FORTRAN ähnliche Vorschriften wie in BASIC.

```
10  REM MULTIPLIKATION
20  INPUT"EINGABE ";A
30  INPUT"EINGABE ";B
40  C = A*B
50  PRINT"ERGEBNIS: ";C
60  GOTO20
70  END
```

Bild 1: Multiplikationsprogramm in BASIC

```
      PROGRAM MULT
C MULTIPLIKATION
600   FORMAT(1H ,8HEINGABE?)
601   FORMAT(1H ,9HERGEBNIS:,F6.2)
500   FORMAT(F5.1)
20    WRITE (6,600)
      READ (5,500)A
      WRITE (6,600)
      READ (5,500)B
      C = A*B
      WRITE (6,601)C
      GOTO 20
      STOP
      END
```

Bild 2: Multiplikationsprogramm in FORTRAN für reelle Zahlen mit einer Nachkommastelle und drei Vorkommastellen

Unterprogramme

FORTRAN-Unterprogramme sind ähnlich aufgebaut wie FORTRAN-Hauptprogramme. Ein *Unterprogramm* beginnt mit der Anweisung SUBROUTINE Programmname (A, B, C, ...), wobei der Programmname ein symbolischer Name ist. A, B, C sind Variable oder Felder, deren Werte sowohl im Hauptprogramm als auch im Unterprogramm bekannt sein sollen. Der dazu erforderliche Unterprogrammaufruf hat die Form CALL Programmname (D, E, F, ...). Bei der Ausführung des Unterprogrammsprunges übernimmt die Variable D den Wert von A, E den von B und F den von C. Beim Rücksprung erfolgt das gleiche in umgekehrter Weise. Im Unterprogramm kann nun mit einer Variablen A gerechnet werden, ohne daß die Variable A des Hauptprogrammes in ihrem aktuellen Wert verändert wird. Das gleiche gilt, wenn die Variable A im Hauptprogramm verändert wird. Die Variable A im Unterprogramm wird dann nicht verändert. Das ist ein grundlegender Unterschied zu BASIC-Unterprogrammen. Ein Unterprogramm endet mit den Anweisungen RETURN und END. Jedes FORTRAN-Unterprogramm darf eigene Vereinbarungen wie DIMENSION, REAL, INTEGER, DATA, FORMAT besitzen.

In Unterprogrammen sind die Werte von Variablen aus dem Hauptprogramm nur dann bekannt, wenn sie speziell übergeben werden.

Wiederholungsfragen

1. Wie kennzeichnet man in FORTRAN Kommentare?

2. Nennen Sie vier Beispiele von Vereinbarungsanweisungen!

3. Wodurch werden in FORTRAN Formatanweisungen wirksam?

4. Wie wird in FORTRAN eine Schleife programmiert?

5. Welche Bedeutung hat die IF-Anweisung?

6. Welchen Vorteil bietet FORTRAN gegenüber BASIC bei den arithmetischen Rechenoperationen?

4.8 Betriebssysteme

Betriebssysteme sind Programme zum Betrieb einer Rechenanlage. Sie sind abgestimmt auf die typischen Eigenschaften einer Rechenanlage und deren periphere Geräte. Das Betriebssystem steuert und überwacht den Betriebsablauf. Es übersetzt und startet die Rechenprogramme, organisiert den Datenaustausch mit den peripheren Geräten und meldet Fehler und Störungen. Die Betriebssysteme sind Lieferbestandteil einer Rechenanlage und bestimmen wesentlich deren Leistungsfähigkeit. Meist ist der Hauptteil des Betriebssystems auf einer Magnetplatte oder bei kleinen Anlagen in einem ROM oder auf einer Diskette gespeichert. Man unterscheidet Organisationsprogramme, Übersetzerprogramme, Dienstprogramme und Hilfsprogramme.

> Betriebssysteme sind Programme zum Betrieb und zur Überwachung einer Datenverarbeitungsanlage.

4.8.1 Organisationsprogramme

Organisationsprogramme sind zumindest teilweise in einem ROM gespeichert und damit stets im Rechner verfügbar. Einen Teil der Organisationsprogramme nennt man *Monitor**. Er ermöglicht z. B. das Einlesen des gesamten Betriebssystems von einer Magnetplatte oder von einer Diskette, denn bereits zum Einlesen des Betriebssystems benötigt man Steuerbefehle und somit ein Programm. Das Betriebssystem wird im unteren oder oberen Adreßbereich des Arbeitsspeichers abgespeichert. Der Monitor liefert auch Betriebsdaten zu einem Datensichtgerät für den Operator, dem Bediener einer Rechenanlage, damit dieser im Bilde ist, welche Funktionen die Rechenanlage gerade ausführt, z. B. „Einlesen des Betriebssystems". Das Organisationsprogramm ermöglicht verschiedene Betriebsarten der Rechenanlage.

Stapelbetrieb. Beim Stapelbetrieb sammelt man ablaufbereite *Benutzerprogramme*, z. B. als Lochkartenstapel. Das Organisationsprogramm des Betriebssystems holt ein Benutzerprogramm nach dem anderen in den Arbeitsspeicher und führt deren Bearbeitung aus. Für eine günstige Nutzung einer Rechenanlage ist es nicht zweckmäßig, die Benutzerprogramme vollständig nacheinander auszuführen, da z. B. ein anderes Benutzerprogramm schon bearbeitet werden kann, während für das eine Benutzerprogramm Zwischenergebnisse geplottet werden **(Bild 1)**.

> Im Stapelbetrieb müssen Programm und Daten vor Beginn der Bearbeitung vollständig vorhanden sein.

Das Betriebssystem organisiert im *Mehrprogramm-Betrieb* (*Multiprogramming***) den Ablauf so, daß mehrere Programme stückweise in schnellem Wechsel verarbeitet werden. Die Benutzer der Rechenanlage haben damit den Eindruck des *gleichzeitigen* Verarbeitens mehrerer Programme.

Die Benutzerprogramme können mit unterschiedlichem Rang (*Priorität****) bedient werden. So können z. B. durch das Betriebssystem Programme mit kurzer Laufzeit bevorzugt gegenüber Programmen mit langen Laufzeiten bedient werden.

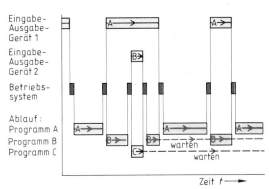

Bild 1: Zeitlicher Ablauf bei einem Mehrprogrammbetrieb

Das Programm A in Bild 1 hat die höchste Priorität. Es wird stets bedient. Nur in den Zeitbereichen, in denen für Programm A ein Eingabe-Ausgabe-Gerät angesprochen wird, arbeitet der Rechner am Programm B. Es hat den nächst niederen Rang (niedere Priorität). In den Zeitbereichen, in denen für Programm A und für Programm B zugleich Eingabe-Ausgabe-Geräte angesprochen werden, führt die Zentraleinheit Rechenoperationen für Programm C aus (Bild 1).

---

* Monitor (lat.) = Aufseher, Überwacher
** Multiprogramming (engl.) = Mehrprogrammbetrieb
*** Priorität von prior (lat.) = der Erste

Time-Sharing-Betrieb. Im Time-Sharing-Betrieb* können viele Teilnehmer über entsprechend viele Datenstationen die Rechenanlage gleichzeitig nutzen. Das Betriebssystem teilt die Rechenzeit so ein, daß jeder Teilnehmer z. B. jede Sekunde einmal mit Rechenoperationen und Eingabe-Ausgabe-Operationen bedient wird, sofern von seiner Datenstation eine Anfrage ausgeht. Hierbei verkehrt der Benutzer über die Datenstation so mit der Rechenanlage, als stünde sie ihm ausschließlich zur Verfügung. Er kann über seine Datenstation Programme erstellen, laden, testen und die Ergebnisse in Empfang nehmen. Das Betriebssystem stellt jedem Teilnehmer den benötigten Arbeitsspeicher als *virtuellen*** *Speicher* zur Verfügung. Tatsächlich steht aber nicht der gesamte Arbeitsspeicher nur einem Teilnehmer zur Verfügung, sondern für jeden Teilnehmer werden Programmteile, aufgeteilt in *„Seiten"* (Pages***), in einem schnellen peripheren Speicher, z. B. einer Magnetplatte gespeichert und bei Bedarf in einen gerade freien Bereich des Arbeitsspeichers geholt. Diesen Vorgang nennt man *Seitenwechsel* oder *Paging*.

Im Time-Sharing-Betrieb werden in schnellem zeitlichen Wechsel mehrere Benutzerstationen von der Rechenanlage bedient.

Realzeitbetrieb. Im Realzeitbetrieb sind die zur Bearbeitung notwendigen Programme stets betriebsbereit im Rechner vorhanden und der Rechner wartet auf anfallende Daten, z. B. auf Meßwerte, um diese unmittelbar zu verarbeiten. Die Datenverarbeitung muß abgeschlossen sein bis neue Daten wieder vorliegen.

Dialogbetrieb. Beim Dialogbetrieb[4*] steht der Benutzer in ständiger Verbindung mit der Rechenanlage. Diese antwortet meist über eine Bildschirmausgabe sofort auf eingegebene Anweisungen.

On-line[5*] und Off-line[6*]. Mit On-line bezeichnet man eine *direkte* Verbindung zwischen einer Benutzerstation, z. B. einem Drucker und einer Datenverarbeitungsanlage. Im Gegensatz dazu steht Off-line für einen Datenverkehr über Datenträger wie z. B. Lochkarten und Magnetband.

4.8.2 Übersetzerprogramme

Übersetzerprogramme übersetzen die z. B. in BASIC oder in einer anderen Programmiersprache erstellten Programme in die *Maschinensprache*. Bei den Übersetzerprogrammen unterscheidet man zwischen Assemblern[7*] für die Übersetzung maschinenorientierter Sprachen, Compilern[8*] für die Übersetzung problemorientierter Sprachen, z. B. für FORTRAN, und Interpretern für die Übersetzung dialogorientierter Sprachen, z. B. für BASIC.

Bei großen Rechenanlagen stellt das Betriebssystem dem Benutzer *mehrere* Programmiersprachen zur Verfügung. Es enthält also mehrere Compiler. Mit einem Compiler werden vollständige Programme in die Maschinensprache übersetzt und anschließend verarbeitet. Kleine Rechenanlagen besitzen häufig ein Betriebssystem mit einem *Interpreter*, z. B. einen BASIC-Interpreter. Beim Interpreter wird das fertige Programm nicht vollständig übersetzt und dann abgearbeitet, sondern Befehl für Befehl während des Programmablaufs übersetzt.

Die Programmlaufzeiten sind für Interpreter-Programme immer länger als für compilierte Programme.

4.8.3 Dienstprogramme

Die wichtigsten Dienstprogramme sind Bibliotheksprogramme, Sortier-Misch-Programme, Testprogramme und Hilfsprogramme. Mit Bibliotheksprogrammen verwaltet man die *Programmbibliothek*. Eine Programmbibliothek umfaßt die Standardprogramme, welche die Rechnerhersteller mitliefern, z. B. Programme zur Lösung mathematischer Aufgaben. *Sortier-Misch-Programme* benötigt man zum Sortieren großer Datenbestände nach bestimmten Merkmalen, z. B. werden Stichworte eines Buches bezüglich der alphabetischen Reihenfolge sortiert. *Testprogramme* ermöglichen eine schnelle Überprüfung der Funktionseinheiten. *Hilfsprogramme* verwendet man zur Verwaltung der Rechenanlage, z. B. zur Rechenzeiterfassung und damit zur Gebührenabrechnung für die Benutzer.

---

* Time-Sharing (engl.) = Zeitteilung;   ** virtuell (lat.) = scheinbar;   *** page (engl.) = Seite
4* dialog (griech.) = Zwiegespräch;   5* On-line (engl.) = in Linie, in Verbindung;   6* Off-line (engl.) = weg von der Verbindung, getrennt
7* to assemble (engl.) = zusammenstellen;   8* to compile (engl.) = zusammensetzen

4.9 Speicherprogrammierte Steuerungen

4.9.1 Allgemeines

Speicherprogrammierte Steuerungen (SPS) sind in ihrem Aufbau und in ihrer Funktionsweise elektronischen Datenverarbeitungsanlagen sehr ähnlich **(Bild 1)**. Sie enthalten die Funktionseinheiten Steuerwerk, Merker, Programmspeicher, Zeitgeber, Eingabeeinheit und Ausgabeeinheit. Als Steuerwerk dient z. B. ein üblicher Mikroprozessor.

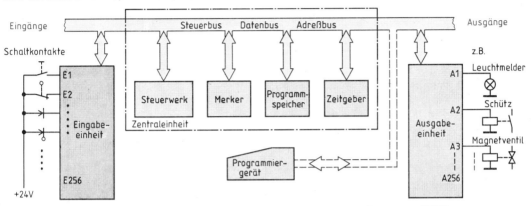

Bild 1: Funktionseinheiten einer speicherprogrammierten Steuerung (SPS)

Eingabesignale und Ausgabesignale sind meist *Schaltsignale*. Das Steuerwerk hat also die Aufgabe Schaltsignale entsprechend den Regeln der Schaltalgebra zu verarbeiten. Im Unterschied zu verbindungsprogrammierten Steuerungen (VPS) sind bei speicherprogrammierten Steuerungen die Steuerfunktionen durch ein Programm und nicht durch Verdrahtung und Wahl der Schaltbaugruppen festgelegt. So unterscheidet sich z. B. eine speicherprogrammierte Steuerung für eine Sägemaschine nicht von der für eine Transportanlage bezüglich der Hardware, sondern nur durch ein anderes Programm.

In speicherprogrammierten Steuerungen sind die Steuerungsfunktionen durch das Programm festgelegt.

Mit speicherprogrammierten Steuerungen können neben binären Steuerungen auch einfache digitale Steuerungen verwirklicht werden. Viele speicherprogrammierte Steuerungen ermöglichen daher außer der Verarbeitung von Schaltsignalen auch die Verarbeitung von digitalen Größen, z. B. von Zahlen in einem BCD-Code.

4.9.2 Funktionseinheiten

Im **Programmspeicher** wird das Programm für die Steuerungsaufgabe gespeichert. Während der Programmentwicklung verwendet man batteriegepufferte RAM-Speicher. Ist aber das Programm einmal festgelegt und fehlerfrei erprobt, tauscht man den RAM-Speicher durch einen ROM-, PROM- oder EPROM-Speicher mit gleichem Programminhalt. Das Steuerungsprogramm und damit auch die Steuerungsfunktionen bleiben bei abgeschalteter Steuerung in diesen Speicherbausteinen erhalten.

Das Steuerungsprogramm besteht aus einer Folge von Steuerungsanweisungen. Eine Steuerungsanweisung wird eingeteilt in einen Operationsteil und einen Operandenteil **(Bild 2)**.

Der *Operationsteil* gibt an, welche Operation mit der Anweisung durchgeführt werden soll, z. B. eine UND-Verknüpfung. Bei einem 4-Bit-Operationsteil gibt es $2^4 = 16$ verschiedene Operationen. Im Operandenteil steht die Adresse mit wem diese Operation durchzuführen ist.

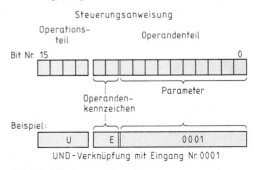

Bild 2: Gliederung einer Steuerungsanweisung

Der *Operandenteil* wird gegliedert in den Kennzeichenteil (2 Bits) und den Parameterteil (z. B. 10 Bits). Mit den zwei Kennzeichenbits gibt man an, ob sich die Anweisung auf Eingangssignale (E), Ausgangssignale (A), Zeitsignale (T) oder auf Signale für den Merker (M) bezieht. Der Parameter bestimmt nun die Anweisung näher, z. B. die Nummer des Signaleingangs, des Signalausgangs oder des Merkers.

Adresse des Programm- speichers	Steuerungsprogramm
0000	Anweisung 0
0001	Anweisung 1
. . . .	.
. . . .	.
. . . .	U E 1
. . . .	U E 2
. . . .	= A 1
. . . .	.
. . . .	.
. . . .	letzte Anweisung

Die Steuerungsanweisungen stehen in ununterbrochener Folge im Programmspeicher.

Das **Steuerwerk** übernimmt in der Reihenfolge der Adressen aus dem Programmspeicher eine Steuerungsanweisung nach der anderen, entschlüsselt diese Anweisungen und führt diese aus. Mit UE1 **(Bild 1)** wird das Binärsignal des Eingangs E1 abgefragt. Hat dieses den Wert 0, dann wird der Ausgang A1 auch auf den Wert 0 gesetzt.

Bild 1: Programmspeicher

Haben hingegen der Eingang E1 UND nachfolgend auch der Eingang E2 die Werte 1, dann wird der Ausgang A1 auf den Wert 1 gesetzt. Anschließend wird eine andere Verknüpfung durchgeführt. Da sich jederzeit die Eingangssignale ändern können, muß die Abfrage der Eingangssignale und somit der Programmdurchlauf in ständigem Zyklus wiederholt werden. Das Steuerwerk überwacht den zyklischen Durchlauf aller Anweisungen. Die letzte Anweisung eines Steuerungsprogramms ist daher stets eine Sprunganweisung auf den Programmanfang. Die *Reaktionszeit* einer speicherprogrammierten Steuerung ist im längsten Fall gerade gleich der *Programmzykluszeit*. Diese ist abhängig von der Programmlänge, beträgt aber nur wenige Millisekunden. Zur Steuerung von Maschinen und Anlagen ist diese Reaktionszeit meist ausreichend klein.

Bei speicherprogrammierten Steuerungen wird das Steuerungsprogramm mit kurzer Zykluszeit ständig wiederholend bearbeitet.

Merker sind 1-Bit-Speicher zur Zwischenspeicherung binärer Ergebnisse, die z. B. an anderer Stelle im Steuerungsprogramm noch benötigt werden. Tritt z. B. die UND-Verknüpfung $E1 \wedge E2$ in mehreren Steuerungsgleichungen auf, dann genügt eine einmalige Ermittlung des Ergebnisses. Dieses wird z. B. im Merker M1 als 1 oder 0 abgelegt und kann dort abgefragt werden. Damit verkürzen sich die Programme wesentlich. Merker sind RAM-Speicher. Die Speicherkapazität beträgt z. B. 1024 Merker (1 Kbit).

Die *Zeitgeber* ermöglichen zeitabhängige Prozeßsteuerungen. Man unterscheidet je nach Art der Zeitbildung Zeitglieder und Zeitgeber mit Digitaluhr. Zeitglieder sind elektronische, analoge oder digitale Zeitrelais, welche über Ausgangssignale der speicherprogrammierten Steuerung geschaltet werden. Nach Ablauf der eingestellten Zeit liefern diese Zeitglieder ein Steuerungssignal. Meist enthalten speicherprogrammierte Steuerungen eine programmierbare Digitaluhr (Timer*) bestehend aus einem Taktgenerator, Zähler, Zeitspeicher, Rechenwerk und Befehlsdecoder **(Bild 2)**.

Im Speicher der Digitaluhr wird für jede Zeitbildung ein Speicherplatz belegt und die gewünschte Zeit, meist Vielfache von 10 ms, gespeichert. Innerhalb von 10 ms werden alle im Speicher angegebenen Zeitwerte in den Subtrahierer geladen und um eine Zeiteinheit vermindert. Ist das Ergebnis Null, die betreffende Zeit also abgelaufen, dann erfolgt eine Zeitfertigmeldung für das betreffende Zeitglied.

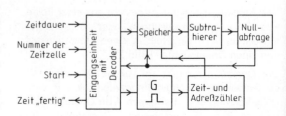

Bild 2: Programmierbare Digitaluhr

* Timer (engl.) = Zeitgeber, Uhr

Die Eingabeeinheit ist unterteilt in Eingabebaugruppen von meist 8 oder 16 Binäreingängen. Eine Eingabebaugruppe **(Bild 1)** enthält Schaltungen zur Signalanpassung, z. B. einen Spannungsteiler, und RC-Filter zur Störungsunterdrückung. Für Gleichspannungssignale ist ferner eine Diode als Verpolungsschutz vorhanden, bei Wechselspannungssignalen eine Gleichrichterbrückenschaltung. Zur Potentialtrennung wird das entstörte Gleichspannungssignal über einen Optokoppler dem Baugruppenmultiplexer zugeführt. Ein Leuchtmelder ermöglicht bei der Inbetriebnahme oder Fehlersuche das Erkennen des Schaltzustandes der Eingangssignale. Der Multiplexer wird über den Adreßdecoder geschaltet. Mit Erscheinen einer bestimmten Eingabeadresse schaltet der Multiplexer das angewählte Eingangssignal auf die Datenleitung.

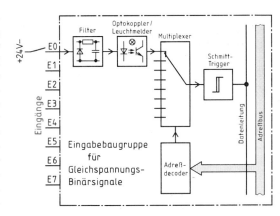

Bild 1: Eingabebaugruppe

Eingangssignale werden in der Eingabebaugruppe gefiltert, entstört, im Signalpegel der Steuerung angepaßt und über Optokoppler potentialfrei übertragen.

Die Ausgabeeinheit ist ebenfalls in Baugruppen von meist 8 oder 16 Binärausgängen unterteilt. Eine Ausgabebaugruppe **(Bild 2)** enthält Leistungsstufen, z. B. Transistoren für binäre Gleichspannungssignale (24 V, 200 mA) oder Triac zur direkten Ansteuerung von Wechselstromlasten (z. B. 50 Hz, 220 V).

Die Leistungsstufen werden über Optokoppler *potentialfrei* angesteuert und sind gegen Überspannungen, wie sie z. B. beim Schalten von Induktivitäten auftreten, geschützt. Über eine Leuchtdiode wird der Signalzustand angezeigt. Die Leistungsstufe enthält außerdem eine *Überwachungsschaltung* für Kurzschluß. Im Kurzschlußfall wird ein Alarm gemeldet. Da im Programmablauf das Setzsignal für einen bestimmten Ausgang nur für die Zeitdauer von wenigen µs anliegt, enthält die Ausgabeeinheit Speicher, z. B. Monoflops, zur Zwischenspeicherung eines Ausgangssignals für die Dauer einer Programmzykluszeit. Soll ein Ausgangssignal dauernd anliegen, ist also die Verknüpfungsgleichung für dieses Ausgangssignal stets erfüllt, dann wird das Monoflop mit jedem Programmzyklus neu gesetzt und bleibt daher gesetzt.

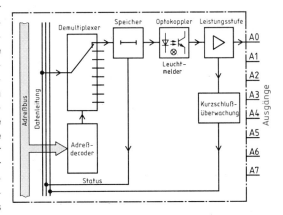

Bild 2: Ausgabebaugruppe

Unterbleibt aufgrund irgendeiner Störung z. B. im Steuerwerk der regelmäßige Programmzyklus, dann schalten alle Ausgangsstufen nach Ablauf einer Zykluszeit aus und schalten die angeschlossenen Stellglieder einer Maschine ab. Damit verhindert man gefährliche Betriebszustände. Die einzelnen Ausgänge werden über ihre Adresse vom Steuerwerk geschaltet. Im Adreßdecoder wird die Adresse des im Programm angewählten Ausgangs entschlüsselt und über den Demultiplexer das Schaltsignal durchgeschaltet.

Meist können auch Ausgänge über ihren *Status* (Signalzustand) abgefragt werden. Damit erhält man die Möglichkeit nicht nur Eingänge untereinander zu verknüpfen, sondern auch Ausgänge mit Eingängen, z. B. entsprechend einer Selbsthalteschaltung $E1 \lor A1 = A1$.

Speicherprogrammierte Steuerungen ermöglichen die Verknüpfung von Eingangssignalen und Ausgangssignalen.

4.9.3 Programmierung binärer Steuerungsaufgaben

Allgemeine Anweisungen

Ein Steuerungsprogramm besteht aus einer Folge von Anweisungen. Diese Anweisungen sind im Programmspeicher in Form von Binärworten gespeichert. Eine Programmierung mit Anweisungen in Form von Binärworten ist prinzipiell möglich, aber unübersichtlich und nicht leicht lernbar. Die meisten speicherprogrammierten Steuerungen werden über Programmiergeräte mit Funktionstasten programmiert. Hier gibt es z. B. für eine UND-Verknüpfung eine spezielle UND-Taste. Beim Betätigen dieser Taste wird die für diese Steuerung erforderliche Anweisung in Form eines Binärworts vom Programmiergerät erzeugt und im Programmspeicher gespeichert. Die Programmierarten sind steuerungsabhängig und sehr unterschiedlich. Meist verwendet man zur Darstellung eines Programms mnemotechnische Zeichen in Verbindung mit Zeichen der Schaltungsalgebra, Symbole aus Funktionsplänen und Kontaktpläne (**Tabelle 1** Seite 525). *Kontaktpläne* sind Nachbildungen von Stromlaufplänen. Die Anweisungen sind Verknüpfungsanweisungen, Speicheranweisungen für die Merker, Anweisungen zur Zeitbildung und Organisationsanweisungen. Diese Anweisungen schreibt man in der Reihenfolge der zu verknüpfenden Signale untereinander an. Die Steuerungsaufgabe macht man sich anhand eines Funktionsplans oder eines Stromlaufplans zuvor klar. Bei vielen speicherprogrammierten Steuerungen erhält man nach dem Programmieren über einen Drucker die programmierten Anweisungen in Form einer *Anweisungsliste*, in Form eines *Funktionsplans* oder eines Kontaktplans ausgedruckt (nicht gezeichnet). Die so erstellte Programmdokumentation ist daher in der Art anders als gezeichnete Schaltpläne. In der Kontaktplandarstellung druckt der Drucker die Strompfade von links nach rechts und jeweils untereinander.

Beispiel 1: Eine Lampe H1 soll nur leuchten, wenn die Schließer S1 und S2 betätigt und der Öffner S3 nicht betätigt werden bzw. wenn die Signale s_1 und s_2 jeweils H-Pegel haben und s_3 einen L-Pegel hat. Erstellen Sie die Anweisungsliste für eine speicherprogrammierte Steuerung!

Lösung: Zunächst zeichnet man einen Funktionsplan für das Lampensignal h_1 oder einen Stromlaufplan mit der Lampe H1 (**Bild 1**). Nun trägt man in diesen Plan die Nummern der Eingänge ein, an welche die Schaltsignale angeschlossen werden und die Nummer des Ausgangs, an welchen die Lampe angeschlossen wird (Rotdruck). Entsprechend den Anweisungen nach Tabelle 1, Seite 525, erstellt man die Anweisungsliste (Programm) durch Untereinanderschreiben der einzelnen Anweisungen (**Bild 2**). Das Programm schließt mit einem unbedingten Sprung zu seinem Anfang ab, so daß im Steuerungsbetrieb das Programm dauernd durchlaufen wird. In eine Querverweisliste trägt man die zu den Eingängen und Ausgängen gehörenden Benennungen für die Signale, Schaltkontakte und Stellglieder ein (Bild 2).

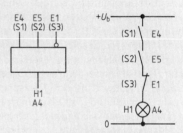

Bild 1: Funktionsplan und Stromlaufplan

Adresse	Anweisung	Erläuterung
000	U E4	Abfrage von Eingang 4
001	U E5	UND-Verknüpfung mit Eingang 5
002	UNE 1	UND-Nicht-Verknüpfung mit Eingang 1
003	= A4	Das Ergebnis wird auf Ausgang 4 gegeben
004	PE	Unbedingter Sprung zum Programmanfang (Programm-Ende)

Querverweisliste:		Eingänge	Ausgänge
		E1 ≙ S3	
		E4 ≙ S1	A4 ≙ H1
		E5 ≙ S2	

Bild 2: Programm für Beispiel 1

Tabelle 1: Benennungen, Zeichen und Symbole zur Programmierung nach DIN 19239

Kennzeichen von Operanden	Blaudruck: englische Benennung					
	E Eingang / I Input	A Ausgang / O Output	M Merker / M Memory	T Zeitglied / T Timer	Z Zähler / C Counter	P Programmbaustein / P Programmodule

Operationen		Beispiel/Erläuterung		
Benennung	mnemotechnisches Zeichen	Anweisungs- liste	Funktionsplan	Kontaktplan
UND / AND	U A	U E1 U E2	E1 E2 &	E1 E2
ODER / OR	O O	O E1 O E2	E1 E2 1 — An Stelle von 1 auch mit ≥ 1 gebräuchlich	E1 E2
Negation / negation	N N	UN E1 U E2	E1 E2 &	E1 E2
Exklusiv-ODER / OR-exclusive	XO XO	XO E1 XO E2	E1 E2 =1	E1 E2 / E1 E2
Zuweisung / assignment	= =	= A1	— A1	A1 —( )—
Setzen / set	S S	S A1	S — A1	A2 —(S)—
Rücksetzen / reset	R R	R M1	R — M1	M1 —(R)—
Sprung unbedingt / jump unconditionally	SP JP	SP 400	Sprung auf Adresse 400	
Sprung bedingt / jump conditionally	SPB JPC	SPB 1704	Sprung auf Adresse 1704, falls vorhergehende Verknüpfung erfüllt ist	
		SPBN 1704	Sprung auf Adresse 1704, falls vorhergehende Verknüpfung nicht erfüllt ist	
Programm-Ende / end program	PE EP		mit dieser Anweisung erfolgt ein Sprung zum Programmanfang	
Nulloperation / no operation	NOP NOP		diese Anweisung bewirkt keine Operation. Sie dient z. B. Freihalten einer Adresse für eine später einzufügende Aweisung	

Zur Programmbeschreibung dient neben der Anweisungsliste meist ein mit dem Programmiergerät erstellter Funktionsplan oder ein Kontaktplan (Bild 1). Zu vielen Programmiergeräten gehört ein Datensichtgerät. Auf dem Bildschirm erscheint dann der Funktionsplan oder der Kontaktplan. Dabei werden Linien meist mit alphanumerischen Zeichen dargestellt. Geräte mit graphikverarbeitenden Bildschirmen und Druckern ermöglichen eine bessere Aufzeichnung.

Bei Verknüpfungen in mehreren Verknüpfungsebenen bildet man Teilverknüpfungen, ähnlich der Klammernbildung in der Schaltalgebra. Die Ergebnisse der Teilverknüpfungen speichert man in Merkern und verknüpft anschließend die Merker.

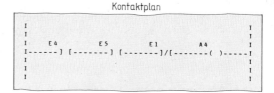

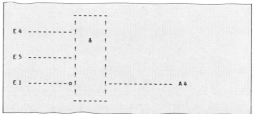

Bild 1: Kontaktplan und Funktionsplan zu Beispiel 1

Beispiel 2: Die Anweisungsliste für eine Verknüpfung zu dem Stromlaufplan bzw. zu dem Funktionsplan nach **Bild 2** ist zu erstellen.

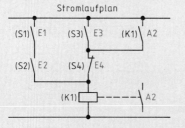

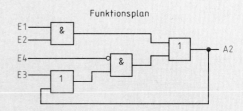

Bild 2: Beispiel für eine Verknüpfung in mehreren Ebenen

Lösung: Zunächst bildet man die UND-Verknüpfung E1 UND E2 und speichert das Ergebnis im Merker 1 (Bild 3). Dann verknüpft man E3 ODER A2 und speichert das Ergebnis im Merker 2. Jetzt ist die 1. Verknüpfungsebene abgeschlossen. Nun verknüpft man den Merker 2 mit dem negierten Eingang E4 und speichert dieses Ergebnis im Merker 3. Das Ausgangssignal erhält man durch die ODER-Verknüpfung des Merkers 1 mit dem Merker 3.

Anweisungs-liste	Erläuterung
U E 1	Abfrage von Eingang E1
U E 2	UND-Verknüpfung mit E2
= M 1	Ergebnis mit Merker M1 speichern
U E 3	Abfrage von Eingang E3
O A 2	ODER-Verknüpfung mit Ausgang A2
= M 2	Ergebnis im Merker M2 speichern
U M 2	Abfrage von Merker M2
UNE 4	UND-Nicht-Verknüpfung mit E4
= M 3	Ergebnis im Merker M3 speichern
U M 1	Abfrage des Merkers M1
O M 3	ODER-Verknüpfung mit M3
= A 2	Zuweisung auf A2
PE	Programm-Ende

Bild 3: Programm für Beispiel 2

Wiederholungsfragen

1. Welche Funktionseinheiten enthält eine speicherprogrammierte Steuerung?

2. Worin unterscheiden sich speicherprogrammierte Steuerungen von verbindungsorientierten Steuerungen?

3. Nennen Sie Beispiele für Steuerungsanweisungen!

4. Wofür benötigt man die Merker?

5. Weshalb muß bei speicherprogrammierten Steuerungen das Programm mit kurzer Zykluszeit ständig wiederholend bearbeitet werden?

6. Welche Möglichkeiten der Programmdokumentation gibt es für speicherprogrammierbare Steuerungen?

7. Zeichnen Sie die Kontaktplan-Symbole für Schließer und Öffner!

Spezielle Anweisungen

Setzbefehle und *Rücksetzbefehle* ermöglichen die Programmierung von Kippgliedern bzw. die Programmierung bistabiler Relais **(Bild 1)**.

Beispiel 3: Ermitteln Sie die Anweisungsliste für eine Schaltung nach Bild 1.

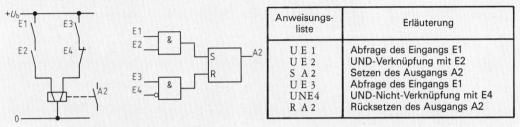

Anweisungs-liste	Erläuterung
U E 1	Abfrage des Eingangs E1
U E 2	UND-Verknüpfung mit E2
S A 2	Setzen des Ausgangs A2
U E 3	Abfrage des Eingangs E1
UNE4	UND-Nicht-Verknüpfung mit E4
R A 2	Rücksetzen des Ausgangs A2

Bild 1: Schaltung als bistabiles Relais mit RS-Flipflop

Bild 2: Programm für Beispiel 3

Lösung: Man programmiert die Verknüpfung für den Setzeingang und schließt mit einem Setzbefehl für den Ausgang A2 ab **(Bild 2)**. Danach programmiert man in gleicher Weise die Verknüpfung für den Rücksetzeingang.

In Beispiel 3 ist die Bedingung für das Rücksetzen dominierend (vorherrschend), da die Rücksetzbedingung nach der Setzbedingung programmiert ist.

Bei gleichzeitigem Erfüllen von Setzbedingung und Rücksetzbedingung dominiert die im Programm zuletzt bearbeitete Bedingung.

Verzögerungszeiten programmiert man bei Steuerungen mit Zeitgliedern über Zuweisungsbefehle für die *Zeitglieder* **(Bild 3)**. Zeitglieder einer SPS werden für die *Einschaltverzögerung* wie *anzugsverzögerte* Relais behandelt. Die Zeitdauer wird für die einzelnen Zeitglieder bei Programmende in die Steuerung eingegeben. Die dazu erforderlichen Handhabungsbefehle sind je nach Art der SPS verschieden. Es können Zeiten von wenigen Millisekunden bis zu mehreren Stunden eingegeben werden. Soll eine *Ausschaltverzögerung* realisiert werden, so baut man in den Stromlaufplan einen anzugsverzögerten Öffner ein **(Bild 1**, Seite 528).

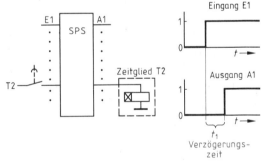

Bild 3: Steuerung mit Einschaltverzögerung

Beispiel 4:
Erstellen Sie die Anweisungsliste zur Bildung eines Schaltsignals an A1 mit Einschaltverzögerung von $t_1 = 1$ s, geschaltet über ein Signal an E1!

Lösung:
Man stellt an einem Zeitglied, z. B. T2, die Zeit $t_1 = 1$ s ein. Das verzögerte Ausgangssignal erhält man über eine Abfrage des Eingangs T2 **(Bild 4)**.

Funktion	Anweisungs-liste	Erläuterung
	U E 1	Eingangssignal
	= T 2	Start des Zeitglieds
	U T 2	Abfrage des Zeitglieds
	= A 1	Zuweisung des Ausgangs

Bild 4: Programm für Beispiel 4

Beispiel 5:

Erstellen Sie die Anweisungsliste für eine SPS, die durch das Signal von E1 den Ausgang A1 sofort einschaltet und durch Signal von E2 den Ausgang A1 verzögert abschaltet **(Bild 1)**.

Lösung:

Schließer E1 oder A1 und Öffner T1 steuern den Ausgang A1. Ein Merker M1 steuert den Ausgang T1. Der Merker M1 wird vom Schließer E2 oder Schließer M1 und dem Schließer A1 gesteuert **(Bild 1)**.

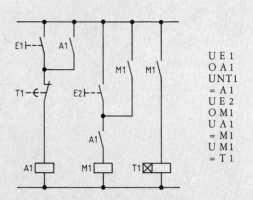

```
U  E 1
O  A 1
UNT1
=  A 1
U  E 2
O  M1
U  A 1
=  M1
U  M1
=  T 1
```

Bild 1: Stromlaufplan und Anweisungsliste zu Abschaltverzögerung Beispiel 5

4.9.4 Programmierung digitaler Steuerungsaufgaben

Viele speicherprogrammierte Steuerungen ermöglichen neben der Verarbeitung einzelner Binärsignale auch die Verarbeitung von Binärworten, also von Digitalsignalen. Hierzu gibt es Operationen zum Zählen und Rechnen, wie z. B. ADDIEREN, SUBTRAHIEREN, MULTIPLIZIEREN, DIVIDIEREN. Mit den Vergleichsoperationen GROESSER, GLEICH und KLEINER können Steuerfunktionen abhängig von einem Zahlenwert ausgegeben werden. Operationen für Codeumsetzungen wie CODIEREN DUAL/DEZIMAL ermöglichen z. B. die Eingabe von Lageistwerten über dualcodierte Winkelcodierer und den Vergleich mit dezimal vorgegebenen Lagesollwerten. Damit können Maschinen auch numerisch gesteuert werden. Die Ausgabe digitaler Größen im Dualcode ermöglicht die Ansteuerung von Digital-Analog-Umsetzern. Es gibt speicherprogrammierte Steuerungen mit Eingabebaugruppen und Ausgabebaugruppen auch für analoge Größen.

4.9.5 Programmiergeräte

Mit Programmiergeräten wird das Programm in Form der Anweisungsliste (AWL), des Kontaktplans (KOP) oder des Funktionsplans (FUP) erstellt und in den Maschinencode übersetzt. Das Programmiergerät dient vor allem als Compiler. Mit Hilfe des Programmiergeräts *testet* man auch speicherprogrammierte Steuerungen. Eingangssignale und Ausgangssignale können mit dem an die Steuerung angeschlossenen Programmiergerät *simuliert* werden, d.h. zur Probe geschaltet werden. Das Programm kann man im Test an beliebigen Stellen anhalten und schrittweise ausführen. Während dieser Testphase können auch die gespeicherten Werte der Merker abgefragt werden.

Das Programmiergerät ermöglicht in der Testphase ein Korrigieren fehlerhafter Programme. Programmteile können herausgenommen, eingefügt oder an eine andere Stelle verschoben werden. Während der Testphase befindet sich das übersetzte Programm entweder in einem RAM-Speicher der speicherprogrammierten Steuerung oder in einem RAM-Speicher des Programmiergeräts **(Bild 2)**.

Ist der Programmtest abgeschlossen, so wird mit Hilfe des Programmiergeräts das fehlerfreie Maschinenprogramm in ein EPROM kopiert und dieses EPROM in die speicherprogrammierte Steuerung eingesetzt. Das Programmiergerät kann dann von der Steuerung entfernt werden.

Bei manchen SPS wird das getestete Programm in ein EEPROM der SPS eingelesen.

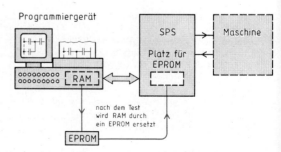

Bild 2: Programmiergerät

Firmenverzeichnis

Die nachfolgend aufgeführten Firmen haben die Bearbeiter der Teile 1 bis 3 durch Beratung, durch Zurverfügungstellung von Druckschriften, Fotos und Retuschen sowohl bei der Textbearbeitung als auch bei der bildlichen Ausgestaltung des Buches unterstützt. Es wird ihnen hierfür herzlich gedankt.

AEG-Telefunken
1000 Berlin-Grunewald
6000 Frankfurt
3000 Hannover

Akustische u. Kino-Geräte GmbH
8000 München 15

Alfred Neye, Enatechnik
2085 Quickborn — Hamburg

Amphenol-Tuchel Electronics GmbH
7100 Heilbronn

Audax Audio Projekt
7000 Stuttgart 1

Blaupunkt-Werke GmbH
3200 Hildesheim

Brown, Boveri & Cie AG
6800 Mannheim

Camille Bauer
CH 5610 Wohlen

CEM, Cie Electro-Mecanique
Paris

Cerberus AG
Bad Ragaz, Schweiz

Contraves AG
CH 8052 Zürich

Deutsche ITT Industries GmbH
7800 Freiburg

Deutsche Philips GmbH
2000 Hamburg 1

Doduco KG
7530 Pforzheim

Dr. Böhm GmbH & Co KG
4950 Minden

Dr. Johannes Heidenhain
8225 Traunreut

Dual, Gebr. Steidinger
7742 St. Georgen

DURAG-Apparatebau GmbH
2000 Hamburg 61

Eugen Beyer
7100 Heilbronn

Falkenthal & Presser KG
7440 Nürtingen

Fernmeldetechnisches Zentralamt FTZ
6100 Darmstadt

Georg Neumann GmbH
1000 Berlin 61

Gossen & Co GmbH
8520 Erlangen

Grundig-Werke GmbH
8510 Fürth

Hartmann & Braun AG
6000 Frankfurt

Heinrich Dietz
4330 Mülheim

Hottinger-Meßtechnik GmbH
6100 Darmstadt

IBM Deutschland
7032 Sindelfingen

Institut Dr. Förster
7410 Reutlingen

Isophon-Werke GmbH
1000 Berlin 42

Kathreim-Werke KG
8200 Rosenheim 2

Kistler Instrumente KG
CH 8408 Winterthur

Klöckner-Moeller
5300 Bonn 1

Kontron GmbH & Co KG
8000 München-Feldmoching

Leybold's Nachfolger
5000 Köln-Bayental

Lockheed M & S Co
USA Sunnyvale, CA 94088

LOEWE OPTA GmbH
8640 Kronach

Margret Gruber GmbH
8000 München 80

Nordmende Rundfunk KG
2800 Bremen

Novotechnik KG
7302 Ostfildern

Peerless Elektronik GmbH
4000 Düsseldorf

Phywe AG
3400 Göttingen

Resista GmbH
8300 Landshut

Richard Hirschmann
7300 Eßlingen

Robert Bosch GmbH
7000 Stuttgart W

Rohde & Schwarz
8000 München

Rosenthal Isolatoren GmbH
8672 Selb

SABA GmbH
7730 Villingen

Schleicher GmbH & Co KG
1000 Berlin 21

Semikron GmbH
8500 Nürnberg

Sennheiser electronic
3002 Wedemark

Siemens AG
8000 München 8
8520 Erlangen

Standard Elektrik Lorenz AG
8500 Nürnberg
7530 Pforzheim
7000 Stuttgart 40

Steatit Magnesia AG
5050 Porz

Sylvana GmbH
3000 Hannover

Telcon-Magnetic Cores Ltd
Chapelhall Airdrie Lanarkshire
Great Britain

Telefunken electronic GmbH
7100 Heilbronn

TWK-Elektronik
4000 Düsseldorf

Vacuumschmelze GmbH
6450 Hanau

Valvo GmbH
2000 Hamburg 1

Vibro-Meter AG
CH 1701 Fribourg

Visomat-Geräte GmbH
6500 Mainz-Weisenau

Wandel & Goltermann
7412 Eningen

Westinghouse GmbH
3000 Hannover-Linden

Wickmann-Werke AG
5810 Witten-Annen

Wilhelm Sihn jr. KG
7532 Niefern

Zentro-Elektrik
7530 Pforzheim

Sachwortverzeichnis

G

H

I